普通高等教育“十一五”国家级规划教材

本书第四版荣获首届全国教材建设奖全国优秀教材二等奖

全国优秀教材
二等奖

全国高等学校法学专业核心课程教材

刑　　法

Criminal Law

（第五版）

主　　编　马克昌

执行主编　莫洪宪

撰 稿 人　（以撰写章节先后为序）

马克昌　夏　勇　齐文远
于改之　李希慧　林亚刚
莫洪宪　康均心　陈家林
陈金林

高等教育出版社·北京

内容提要

本书是普通高等教育"十一五"国家级规划教材，第四版荣获首届全国教材建设奖全国优秀教材二等奖。第五版在第四版的基础上，立足于我国刑事法治实践，以马克思主义法治理论为指导，结合《刑法修正案（十一）》及最新司法解释和司法理论，构建科学的内容体系。内容上，全书分为二十四章，其中第一章至第十三章为刑法总论，第十四章至第二十四章为刑法各论，在采用通说的同时，兼顾不同观点的争论，并区分重点罪名和非重点罪名，详略有别，重点分明。体例上，在各章之首设置重点提示，各章末尾设置复习思考题，并附有案例分析和争议问题，帮助读者掌握重点，开阔学术视野，加深对刑法知识的理解。

图书在版编目（CIP）数据

刑法 / 马克昌主编. --5 版. -- 北京：高等教育出版社，2022.3

ISBN 978-7-04-057937-6

Ⅰ. ①刑… Ⅱ. ①马… Ⅲ. ①刑法 – 中国 – 高等学校 – 教材 Ⅳ. ① D924

中国版本图书馆 CIP 数据核字（2022）第 013215 号

Xing Fa

策划编辑 程传省　责任编辑 程传省　封面设计 杨立新　版式设计 王艳红
责任校对 刘丽娴　责任印制 刁 毅

出版发行	高等教育出版社	网　址	http://www.hep.edu.cn
社　址	北京市西城区德外大街 4 号		http://www.hep.com.cn
邮政编码	100120	网上订购	http://www.hepmall.com.cn
印　刷	山东百润本色印刷有限公司		http://www.hepmall.com
开　本	787mm × 1092mm 1/16		http://www.hepmall.cn
印　张	41.25	版　次	2007 年 8 月第 1 版
字　数	980 千字		2022 年 3 月第 5 版
购书热线	010-58581118	印　次	2022 年 3 月第 1 次印刷
咨询电话	400-810-0598	定　价	80.00 元

本书如有缺页、倒页、脱页等质量问题，请到所购图书销售部门联系调换

物 料 号 57937-00

作者简介

（以撰写章节先后为序）

马克昌 武汉大学法学院教授、博士生导师，兼任中国刑法学研究会名誉会长。代表性著作：《比较刑法原理》《犯罪通论》（主编）、《刑罚通论》（主编）等。

夏 勇 中南财经政法大学刑事司法学院教授、法学博士、博士生导师，兼任中国刑法学研究会学术委员会委员。代表性著作：《定罪与犯罪构成》《和谐社会目标下"犯罪化"与"非犯罪化"的标准》《中国军事法学基础理论研究》《英美刑法——五国刑法论要》等。

齐文远 中南财经政法大学刑事司法学院教授、法学博士、博士生导师，兼任中国刑法学研究会学术顾问。代表性著作：《刑法、刑事责任和刑事政策》（合著）、《刑法学》（主编）等。

于改之（女） 华东政法大学刑事法学院教授、法学博士、博士生导师，中国法治战略研究中心主任，兼任中国刑法学研究会副会长、上海市法学会刑法学研究会副会长。代表性著作：《刑民分界论》（独著）、《刑法与民法的对话》（译著）、《刑法知识的更新与增长——西原春夫教授90华诞祝贺文集》等。

李希慧 北京师范大学法学院教授、法学博士、博士后、博士生导师。代表性著作：《刑法解释论》《妨害社会管理秩序罪新论》等。

林亚刚 武汉大学法学院教授、法学博士、博士生导师，兼任中国刑法学研究会学术委员会委员。代表性著作：《犯罪过失研究》《危害公共安全罪新论》《刑法学教义（总论）》《刑法学教义（分论）》等。

莫洪宪 武汉大学法学院教授、法学博士、博士生导师，兼任中国刑法学研究会学术顾问、中国廉政法制研究会副会长。代表性著作：《有组织犯罪研究》、《百罪通论（上下卷）》（执行主编）、《犯罪学概论》（主编）等。

康均心　中南财经政法大学刑事司法学院教授、法学博士、博士生导师,兼任中国犯罪学研究会高级顾问、湖北省法学会刑法研究会会长。代表性著作:《理想与现实——中国死刑制度报告》《法院改革研究》《生命刑法原理》等。

陈家林　武汉大学法学院教授、法学博士、博士生导师,兼任中国刑法学研究会常务理事。代表性著作:《外国刑法理论的思潮与流变》《共同正犯研究》《不能犯初论》等。

陈金林　武汉大学法学院副教授、法学博士、硕士生导师,兼任中国犯罪学研究会理事。代表性著作:《积极一般预防理论研究》等。

目录

第一章　刑法概说

重点提示：

刑法的概念和分类，刑法的性质和任务，罪刑法定原则的含义和要求，适用刑法人人平等原则的立法体现和司法适用，罪责刑相适应原则的立法体现和司法适用，刑法空间效力的概念和原则，我国刑法对国内犯的适用原则，我国刑法对国外犯的适用原则，我国刑法的溯及力问题。

第一节　刑法的概念、性质与体系

一、刑法的概念与分类

（一）刑法的概念

关于刑法的概念，我国刑法理论界大体有三种不同的观点。第一种观点："刑法是掌握国家政权的统治阶级，为了维护本阶级的统治和利益，根据自己的意志，规定何种行为是犯罪并对该行为处以何种刑罚的法律。"[①] 第二种观点认为："刑法是规定犯罪及其刑事责任的法律规范的总和。"[②] 第三种观点认为："刑法是规定犯罪、刑事责任和刑罚的法律。具体些说，刑法是掌握政权的阶级即统治阶级，为了维护本阶级政治上的统治和经济上的利益，根据自己的意志，规定哪些行为是犯罪和应负刑事责任，并给犯罪以何种刑罚处罚的法律。"[③] 本书赞同第三种观点，因为它不仅揭示了刑法的阶级本质和法律特征，而且科学地揭示了刑法的内容。我国刑法除规定了什么行为是犯罪，还规定了刑事责任，并专门规定了刑罚及其具体运用。所以，在刑法的定义中，不反映刑事责任，自属有所不足；不反映刑罚，更难认为妥当；只有将犯罪、刑事责任和刑罚完全反映出来，才符合我国刑法规定的实际。

---

① 何秉松主编：《刑法教程》，中国法制出版社 1998 年版，第 8 页。

② 张明楷：《刑法学》，法律出版社 2003 年版，第 23 页。

③ 高铭暄、马克昌主编：《刑法学》（上编），中国法制出版社 1999 年版，第 3 页。

（二）刑法的分类

了解刑法的分类，有助于全面理解和适用刑法。根据不同的标准，刑法主要分为以下几种：

1. 广义刑法与狭义刑法。这是以刑法的具体内涵为标准所作的分类。所谓广义刑法，是指规定犯罪、刑事责任和刑罚的一切法律，包括刑法典、单行刑法（如《关于惩治骗购外汇、逃汇和非法买卖外汇犯罪的决定》）和附属刑法［如《中华人民共和国公司法》（以下简称《公司法》）[①] 中规定犯罪和刑事责任的条款］。所谓狭义刑法，是指具有法典形式的刑法，在我国指《中华人民共和国刑法》（以下简称《刑法》）。"刑法"一词，常常在狭义上使用，但有时也在广义上使用。

2. 形式刑法与实质刑法。这是以刑法的外形表现为标准所作的分类。所谓形式刑法，是指从外形上或名称上一看便知其为刑法的法律，刑法典和单行刑法均属之。例如，《中华人民共和国刑法修正案》（以下简称《刑法修正案》），从名称上即可知其为刑法，所以是形式刑法。所谓实质刑法，是指从外形上或名称上看不是刑法，但其内容却规定了犯罪及其刑事责任或刑罚处罚的法律条款，各种附属刑法均属之。例如，《中华人民共和国药品管理法》（以下简称《药品管理法》）、《中华人民共和国税收征收管理法》（以下简称《税收征收管理法》）中规定犯罪和刑事责任的条款，都是实质刑法。形式刑法，由于均以犯罪、刑事责任或刑罚为内容，又称为单一刑法。实质刑法，由于将犯罪、刑事责任或刑罚相关规定附于某一法律中，又称为附属刑法。

3. 普通刑法与特别刑法。这是以刑法适用情况为标准所作的分类。所谓普通刑法，是指具有普遍适用性质的刑法。详言之，普通刑法适用的范围很广，原则上对任何人、任何事（犯罪），在任何时间、任何地域均可适用。刑法典、刑法修正案均属之。所谓特别刑法，是指仅适用于特别人、特别事（犯罪）或仅在特别时间、特别地域适用的刑法。现行的单行刑法和附属刑法，均属特别刑法。需要指出，普通刑法与特别刑法系是相对而言的。例如，刑法典是普通刑法，但我国《刑法》第十章军人违反职责罪，由于其适用对象限于军人，相对其他各章则是特别法。

一个行为既触犯普通刑法又触犯特别刑法时，根据特别法优于普通法的原则，应当适用特别刑法。

4. 司法刑法与行政刑法。这是以规定犯罪的情况为标准所作的分类。所谓司法刑法，又称犯罪刑法或固有刑法，是指规定以违反社会伦理道德为前提的犯罪的刑法。刑法典中规定杀人、放火、抢劫、强奸等犯罪的法条，都是司法刑法。所谓行政刑法，有广义与狭义之分。广义的行政刑法，是指对违反行政法的行为予以制裁的法律。这里的制裁，包括行政罚与刑罚。狭义的行政刑法，是指规定某些违反行政法的行为构成犯罪并使之负刑事责任、受刑罚处罚的法律。通常认为，仅规定行政处罚的法律称为行政刑法是不妥当的，因为它与刑法的定义不相符合，所以行政刑法应当只限于狭义的行政刑法。例如，上述《药品管理法》《税收征收管理法》等法律中规定构成犯罪追究刑事责任的条款均属于行政刑法。

---

① 为表述方便，本书法律法规有的使用简称，不一一说明。

二、刑法的性质、任务与功能

（一）刑法的性质

我国学者通常认为，刑法的性质有两种含义：一是阶级性质，二是法律性质。

1. 刑法的阶级性质。马克思主义认为，刑法与其他法律一样不是从来就有的，而是历史发展到一定阶段的产物，是随着私有制、阶级、国家的产生而产生的。简言之，刑法是阶级社会的产物。掌握了国家政权的统治阶级，为了维护自己的统治和本阶级的利益，根据自己的意志制定了刑法，所以，刑法具有很强的阶级性。刑法的阶级本质是由国家的本质决定的，奴隶制刑法、封建制刑法、资本主义刑法分别由奴隶制国家、封建制国家、资本主义国家掌握政权的统治阶级所制定，它们分别是奴隶主阶级的刑法、封建地主阶级的刑法、资产阶级的刑法。这些刑法虽然具有不同的性质，但它们都有一个共同点，即都以财产私有制为基础，所以，它们都是维护剥削阶级利益的，是保护剥削阶级剥削劳动人民的工具。与此不同，我国刑法是社会主义类型的刑法，是建立在以生产资料公有制为主体的经济基础之上的，它保护社会主义的根本制度和国家政权，维护广大人民群众和一切公民的合法利益，因而与剥削阶级国家刑法具有本质区别。

2. 刑法的法律性质。具体包括以下几个方面：(1) 规定内容的特定性。刑法是以犯罪、刑事责任、刑罚为内容的法律，这是它的首要特征。各个法律由于各自规定的特定内容不同而互相区别。例如，宪法是规定国家的社会制度、公民的权利与义务、国家机构的法律；婚姻法是规定婚姻、家庭关系的法律。(2) 调整范围的广泛性。这也是刑法与其他部门法的不同之处。其他部门法只调整某一方面的社会关系，如民法只调整一定范围的财产关系和人身关系；经济法只调整一定的经济关系；行政法只调整行政关系。而刑法调整的范围包括受到犯罪侵害的一切社会关系，如政治的、经济的、人身的、财产的、社会秩序的、职务的、军职的等各方面的社会关系。(3) 强制手段的严厉性。强制性是法律不同于其他行为规范如道德规范的特征，可以说一切法律都有强制性，但刑法的强制性不同于其他法律，它以强制手段的严厉性而与其他法律相区别。例如，违反民法的，要承担赔偿损失、支付违约金、赔礼道歉等民事责任；违反治安管理处罚法的，要受到警告、罚款、拘留等制裁。而违反刑法的，可能受到被限制自由、被剥夺自由、被剥夺政治权利、被没收财产甚至被剥夺生命的制裁。可见刑法的强制手段比其他法律的强制手段严厉得多。不仅如此，在一般情况下，犯罪人与被害人对刑事案件不得自行“私了”。(4) 保护权益的后盾性。一项保护某种权益的法律，为了保证其实施，往往规定“法律责任”一章，即违反该项法律应负的责任。上述的《公司法》《药品管理法》等都有这样的规定。在这样的章节中，除了规定违反该项法律应受行政处罚外，往往还规定构成犯罪的，应当追究刑事责任。这就是当某项法律本身规定的制裁手段不足以保护该项法律规定的权益时，需要借助刑法的强制手段来加以保护。可见，刑法是其他法律保护权益的坚强后盾。有学者说，刑法是其他部门法的保护法，也是这个意思。

（二）刑法的任务

《刑法》第 2 条规定：“中华人民共和国刑法的任务，是用刑罚同一切犯罪行为作斗争，以保卫国家安全,保卫人民民主专政的政权和社会主义制度,保护国有财产和劳动群众集体所有的财产,保护公民私人所有的财产,保护公民的人身权利、民主权利和其他权利,维护社会秩序、经济秩序,保障社会主义建设事业的顺利进行。"由此可见,我国刑法的任务包括两个方面:一是惩罚任务,二是保卫任务。惩罚任务是完成保卫任务的手段,保卫任务是惩罚任务所要达到的目的。二者紧密联系,不可偏废。

1. 惩罚任务。我国《刑法》第 2 条揭示了刑法的惩罚任务,即"用刑罚同一切犯罪行为作斗争"。它包含三层意思:(1) 用刑罚同犯罪行为作斗争,即对犯罪行为判处刑罚或以刑罚相威胁,这体现了刑法的特色。(2) 这里讲的是同犯罪行为作斗争,而不是同犯罪思想作斗争。因为只有行为才可能引起外界的变化,造成危害社会的结果。(3) 所谓同一切犯罪行为作斗争,是指既要同危害国家安全的犯罪作斗争,也要同普通刑事犯罪作斗争。这里没有比照 1979 年《刑法》第 2 条的规定将同危害国家安全犯罪作斗争突出出来,因为形势已经发生变化,这类犯罪已经大为减少。

2. 保卫任务。根据《刑法》第 2 条的规定,刑法的保卫任务,有以下四个方面:

(1) 保卫国家安全,保卫人民民主政权和社会主义制度。国家安全是国家生存和发展的根本前提。人民民主专政的政权,"对于胜利了的人民,这是如同布帛菽粟一样地不可以须臾离开的东西"①。社会主义制度具有无比的优越性,它消灭了帝国主义、官僚资产阶级和封建地主阶级对劳动人民的剥削和压迫,保证我国不断地发展生产力,促进社会的快速前进,因而这一保卫任务是我国刑法的首要任务。为此,我国刑法将危害国家安全罪置于分则第一章,列为各类犯罪之首,并对其规定了特别严厉的刑罚,以便打击这类犯罪。

(2) 保护社会主义的经济基础。经济基础是社会一定历史阶段生产关系的总和,其主要内容是生产资料所有制形式以及与之相联系的生产、分配、流通形式。现阶段,我国实行的是以生产资料公有制为主体、多种所有制并存的所有制形式和社会主义市场经济。我国刑法保护社会主义经济基础,就是保护社会主义公共财产和公民私人所有的合法财产,保护社会主义市场经济。我国《刑法》设置"破坏社会主义市场经济秩序罪"和"侵犯财产罪"两章,就是为了同这些犯罪作斗争,以保障社会主义的经济基础。

(3) 保护公民的人身权利、民主权利和其他权利。保护公民的人身权利、民主权利和其他权利,是人民民主专政国家的一贯政策,也是刑法的一项重要任务。人身权利指人身安全权利和其他与人身有关的权利,如生命、健康、人身自由等权利。民主权利指依法参与国家管理和参加社会生活的权利,如选举权与被选举权、宗教信仰自由等。其他权利指上述人身权利、民主权利以外的权利,如婚姻自由权等。为了保护公民的上述权利,我国刑法对杀人、伤害、强奸等严重侵犯人身权利的犯罪,规定了严厉的刑罚,同时规定了破坏选举罪、非法剥夺公民宗教信仰自由罪、侵犯少数民族风俗习惯罪、暴力干涉婚姻自由罪等,以便用刑罚方法同侵犯公民民主权利和其他权利的犯罪行为作斗争。

(4) 维护社会秩序,保障社会主义建设事业的顺利进行。稳定良好的社会秩序,是顺利进行社会主义现代化建设的必要条件。因此,维护社会秩序是我国刑法的又一重要任务。为此,我国《刑法》设置"妨害社会管理秩序罪"专章,对妨害公务罪、聚众扰乱社会秩序罪、招摇撞骗罪、伪证罪、组织他人偷越国(边)境罪等犯罪规定了相应的刑罚,以维护稳定良好

---

①《毛泽东选集》第 4 卷,人民出版社 1991 年版,第 1502 页。

的社会秩序。

从 1979 年起，我国工作的重点已经转移到社会主义现代化建设方面，国家的主要任务就是有计划地进行社会主义现代化建设。邓小平指出："我们的政治路线，是把四个现代化建设作为重点，坚持发展生产力，始终扭住这个根本环节不放松……"[①] 所以，在相当长的一段历史时期，我国刑法的主要任务就是保障社会主义现代化建设顺利进行。因而不论 1979 年《刑法》还是 1997 年《刑法》，都将这一任务明确列入我国刑法条文中。

（三）刑法的功能

刑法的功能，日本刑法学者通常称为刑法的机能，是指刑法可能产生的积极作用。对于刑法有哪些功能，学者之间意见并不一致。一般说来，刑法的功能可以概括为如下三种：

1. 规制功能，也可称为维持秩序功能，即刑法对人们的行为加以规制，或者说维护社会正常秩序的功能。当然规制功能并不限于刑法，其他法律甚至道德也有这种功能，但刑法的这种功能有其独特形式，特别值得关注。刑法将一定的行为规定为犯罪并规定与之相适应的刑罚，表明国家对这种行为的否定性的价值评判，这就是要求公民根据刑法的规定，不得实施某种行为（禁止规范），或者必须实施某种行为（命令规范）。公民按照刑法中包含的行为规范规制自己的行为，从社会角度看，也就是维护了社会的正常秩序。

2. 保护功能，也可称为保护法益功能。法益，指受法律保护的国家的、社会的或个人的利益。刑法将侵害一定利益的行为规定为犯罪并规定相应的刑罚，从行为人的角度看，是要求行为人规制自己的行为，不得侵害一定的法益；但从可能遭受侵害的法益的角度看，则是对国家的、社会的、个人的法益的保护。

3. 保障功能，也可称为保障人权功能，即刑法具有的限制国家权力滥用，保障公民不受刑罚权的非法侵害和保障犯罪行为人不受刑法规定之外的刑罚处罚的功能。我国刑法明文规定实行罪刑法定原则，行为人只有实施了刑法规定为犯罪的行为，才受刑法追究；没有实施刑法规定为犯罪的行为，则不受刑法追究；即使实施了刑法规定为犯罪的行为，也只能依照刑法的规定追究，既不能为了加重处罚而随意更改罪名，更不能法外用刑，如刑法没有规定没收财产刑的，就不能科处没收财产。德国著名刑法学家李斯特所谓"刑法是犯人的大宪章"，应当说在上述意义上是正确的。

三、刑法的体系和解释

（一）刑法的体系

体系指事物的组成部分按照一定的规则组成的互相联系的有机整体。刑法体系有广义与狭义之分。广义的刑法体系，指刑法的各种渊源（刑法典、单行刑法、附属刑法）及其相互关系；狭义的刑法体系，指刑法典的组成和结构。本书所说的刑法体系，通常指后者。刑法典一般由总则、分则两大部分组成。1997 年《刑法》除设有总则、分则两编外，另于最后部分设置附则。总则、分则编下设章，一部分章下设节，章节之下设条文，附则不分章节，仅设一

---

①《邓小平文选》第 3 卷，人民出版社 1993 年版，第 64 页。

个条文。节下又可分为条、款、项等层次。

1997 年《刑法》第一编为总则,共五章,依次为:刑法的任务、基本原则和适用范围,犯罪,刑罚,刑罚的具体运用,其他规定。其中第二章、第三章、第四章章下均设有节,如第二章犯罪下设四节,依次为:犯罪和刑事责任,犯罪的预备、未遂和中止,共同犯罪,单位犯罪。第一章和第五章章下则未设节。第二编为分则,共十章,依次为:危害国家安全罪,危害公共安全罪,破坏社会主义市场经济秩序罪,侵犯公民人身权利、民主权利罪,侵犯财产罪,妨害社会管理秩序罪,危害国防利益罪,贪污贿赂罪,渎职罪,军人违反职责罪。其中第三章、第六章章下设有节,由于内容庞杂,该两章均设节较多,如第三章设八节,第六章设九节(基于节省篇幅的考虑,不再列举节名)。附则仅有一条,即第 452 条,其内容为规定 1997 年《刑法》开始施行的日期和修订后的《刑法》与原有单行刑事法律的关系。

节或章之下为条,条是刑法典的基本构成单位,刑法典的全部条文用统一的序号编排,不受编、章、节划分的影响。1997 年《刑法》共 452 条,统一编号从第 1 条至第 452 条。条下是款,款是条的构成单位,款无编号,其标志是另起一行。并非每一条下均设有款,有的条文没有分款,而有的条文设有多款。款下为项,是某些条或款下设立的单位,用加括号的序数编排且每项另行起行。例如,《刑法》第 236 条强奸罪下设 3 款,第三款又设有 6 项,分别用序号(一)(二)(三)(四)(五)(六)编排,各项均另行起行。引用刑法条文时,应说明引用第 ×× 条或第 ×× 条第 × 款或第 ×× 条第 × 款第 × 项。

刑法条文在同一条款里,可能表达一个意思,也可能表达两个或两个以上的意思。例如《刑法》第 50 条第 1 款规定:“判处死刑缓期执行的,在死刑缓期执行期间,如果没有故意犯罪,二年期满以后,减为无期徒刑;如果确有重大立功表现,二年期满以后,减为二十五年有期徒刑;如果故意犯罪,情节恶劣的,报请最高人民法院核准后执行死刑;对于故意犯罪未执行死刑的,死刑缓期执行的期间重新计算,并报最高人民法院备案。”本款即表达四层意思,分别用分号隔开而不另起一行,以段相称。如果同一条款表达两层意思的,以前段、后段相称;同一条款表达三层意思的,以前段、中段、后段相称。当同一条款的后段对前段表示相反、例外、限制或补充的意思时经常使用“但是”一词表达。“但是”起始的这段文字,学理上称为“但书”。我国刑法条款中的“但书”,包括以下几种情况:(1) 对前段表示相反的意思,如《刑法》第 13 条的但书;(2) 对前段表示例外的意思,如《刑法》第 8 条的但书;(3) 对前段表示限制的意思,如《刑法》第 20 条第 2 款和第 21 条第 2 款的但书;(4) 对前段表示补充的意思,如《刑法》第 37 条的但书。由此可见,但书对刑事立法意图的准确表达起着重要作用,理解和适用刑法时对此应当给予必要的注意。

(二) 刑法的解释

1. 刑法解释概述

刑法解释是对刑法条文含义的阐明。刑法条文是用简练的文字规定的,因而有可能产生歧义。为了准确理解刑法规定的含义,就需要对刑法加以解释。刑法解释具有解释主体的广泛性、解释效力的多层次性和解释方法的多样性等特征。它有助于正确理解刑法规定的含义,有利于正确实施刑法,指导司法实践,有利于弥补刑法立法的缺陷或不足,有助于刑法和刑法理论的完善和发展。

刑法解释有几种不同的分类,但通常采用二元分类法,即:根据解释效力的强弱分为立法解释、司法解释和学理解释;根据解释方法的不同分为文理解释和论理解释。

2. 立法解释、司法解释和学理解释

立法解释,指由国家立法机关所作的解释。通常认为立法解释包括三种情况:一是在刑法中所作的解释性规定,如《刑法》第 99 条规定的"本法所称以上、以下、以内,包括本数"。二是在法律的起草说明中所作的解释。例如,时任全国人大常委会副委员长的王汉斌在《关于〈中华人民共和国刑法(修订草案)〉的说明》中将《刑法》第 5 条解释为罪刑相当原则,并进一步解释说"罪刑相当,就是罪重的量刑要重,罪轻的量刑要轻"。三是在刑法施行的过程中,立法机关对发生歧义的规定所作的解释。例如,2000 年 4 月 29 日全国人大常委会《关于〈中华人民共和国刑法〉第九十三条第二款的解释》对"其他依照法律从事公务的人员"的解释。本书认为,第一种和第三种都是典型的立法解释,但第二种能否称为立法解释则很值得研究。

司法解释,指由国家司法机关所作的解释。全国人大常委会《关于加强法律解释工作的决议》第 2 条规定:"凡属于法院审判工作中具体应用法律、法令的问题,由最高人民法院进行解释。凡属于检察院检察工作中具体应用法律、法令的问题,由最高人民检察院进行解释。……"由此可见,有权对刑法进行司法解释的机关是最高人民法院和最高人民检察院(简称"两高")。近几年来,"两高"特别是最高人民法院对刑法具体应用的问题作了大量的司法解释,对刑法的正确施行起了积极作用,但在解释的准确性、科学性等方面也还存在某些问题,有待不断改进。

学理解释,指由国家宣传机构、社会组织、教学科研单位或者专家学者从学理上对刑法规定的含义所作的解释。例如,刑法释义、刑法教材、刑法学术专著、论文等,均属于学理解释。学理解释不具有法律效力,但正确的学理解释有助于理解刑法规定的含义,对司法机关正确执行刑法有重大的帮助,对我国刑法理论的发展起着推动作用。

3. 文理解释和论理解释

文理解释,指依据刑法条文中文句的意义所作的解释。解释的根据主要是语词的含义、语法与标点。拉丁法谚云:"文字之解释为先。"因而,文理解释被认为是刑法解释的基础。《刑法》第 91 条对"公共财产"的解释、第 92 条对"公民私人所有的财产"的解释等,均属文理解释。文理解释,应注意法律与社会现实的关系,结合法律整体,前后贯通来进行,断章取义必然导致解释的错误。

论理解释,指考虑立法精神,结合刑法制定的理由、沿革、当时的背景、刑法原理,以逻辑推理的方法,对刑法规定的含义所作的解释。论理解释的特点是,联系一切有关因素阐明刑法规定的含义,而不拘泥于字面的意义。论理解释又分为以下几种:

(1) 扩张解释,指根据刑法的立法精神,将刑法规定中所使用的词语的含义扩大到较字面含义为广,以阐明刑法规定真实含义的解释。例如,将买卖伪造的国家机关证件行为,解释为依《刑法》第 280 条第 1 款的规定以买卖国家机关证件罪定罪,即属扩张解释。扩张解释不能超出词语可能具有的含义,对此应予充分的重视。

(2) 缩小解释,或称限制解释,指根据刑法的立法精神,将刑法规定中所使用的词语的含义缩小到较字面含义为窄,以阐明刑法规定真实含义的解释。例如,《刑法》第 232 条规定的故意杀人罪的"人",解释为他人而不包括本人,即属缩小解释。

(3) 当然解释,又称自然解释,指刑法虽未明文规定某一事项,但依形式逻辑推理或事物本身属性的当然道理，作出将该事项包括在该规定适用范围之内的解释。例如，最高人民法院研究室关于“《刑法》第 313 条规定的‘判决、裁定’，不包括人民法院的调解书”的解释，即属当然解释。

(4) 历史解释，又称沿革解释，指根据刑法制定或修订的时代背景与同类规定历史沿革，阐明刑法规定真实含义的解释。例如，关于数罪并罚问题，有的学者根据 1952 年《惩治贪污条例》第 4 条第 1 款第 6 项规定“屡犯不改者”“得从重或加重处罚”，同条第 2 款规定“因贪污兼犯他种罪者，合并处刑”，说明新中国成立以来的刑事立法，就是同种数罪不实行并罚，不同种数罪才实行并罚。这可以说是历史解释。

第二节　刑法的基本原则

一、刑法的基本原则概述

刑法的基本原则，指刑法本身所具有的、贯穿刑法始终的准则，也是指导全部刑事立法和刑事司法的准则。

首先，刑法的基本原则是刑法本身所固有的，不是所有部门法所共有的，也不是其他部门法所具有的原则。国家法律体系包括许多部门法，刑法只是其中之一。这些部门法既有共同性，也有各自特殊性。所以各部门法既有共同的原则，也有各自特有的原则。刑法以其规定犯罪、刑事责任、刑罚的特殊内容而具有自己固有的基本原则。但有的国家的刑法如《俄罗斯刑法典》将诸如“公民在法律面前一律平等的原则”“公正原则”等法律的普遍原则规定为刑法的基本原则，不过它们在条文实际内容的规定上都结合刑法而予以具体化。

其次，刑法的基本原则必须是贯穿刑法始终的原则，而不是刑法某一部分的原则。刑法是由各个构成部分组成的，各个构成部分往往有自己的指导原则。如量刑的原则、数罪并罚的原则、刑罚执行的原则等，虽然其都有重要意义，但都属于刑法的某一部分的原则，只具有局部性，不可能成为刑法的基本原则。刑法的基本原则既然必须贯穿刑法始终，那么它就必须具有全局性。

最后，刑法的基本原则是指导全部刑事立法和刑事司法的原则。所谓指导全部刑事立法和刑事司法，即全部刑事立法和刑事司法都要遵循这些原则来进行。就刑事立法而言，不仅刑法典的制定和修订要遵循这些原则，单行刑事法律和附属刑法的制定和修订也莫不如此；就刑事司法而言，审判固然要遵循这些原则，起诉、侦查同样也不能例外。由此可见，刑法的基本原则对刑事立法和刑事司法具有巨大指导作用。

刑法的基本原则是刑事立法和刑事司法中的根本性问题，1979 年《刑法》对此虽未予规定，但还是引起了刑法理论界的重视。刑法理论工作者和实务工作者对刑法的基本原则进行了深入的研究，发表了不少很有价值的见解，并在对 1979 年《刑法》着手修订时，纷纷建议在修订后的刑法中规定刑法的基本原则。建议规定的刑法基本原则很多，主要有：罪刑法定原则、罪刑相适应原则、罪责自负原则、公民在法律面前人人平等原则、惩罚与教育相结合原则、惩办与宽大相结合原则、主客观相一致原则、人道主义原则等。1997 年《刑法》在认真研究各种意见的基础上，于第 3 条至第 5 条明文规定了三项刑法的基本原则，即罪刑法定原则、适用刑法人人平等原则、罪责刑相适应原则。

二、罪刑法定原则

（一）罪刑法定原则的概念和内容

罪刑法定原则，是指什么行为是犯罪和对这种行为处以何种刑罚，必须预先由法律明文规定的原则。罪刑法定原则是18世纪西方启蒙思想家为反对封建刑法的罪刑擅断而提出的，它的核心或宗旨是限制司法权的滥用和保障人权。它的内容或者说派生原则，经过学者的长期研究，被认为主要有以下几个方面：

1. 排斥习惯法，即习惯法不能成为刑法的渊源，刑法的渊源只能是立法机关通过的成文法，法院不能依习惯法对行为人定罪判刑，而只能依规定犯罪和刑罚的成文法作为定罪判刑的依据。因而德国学者迈尔（Mayer）将这一派生原则概括为"除法律规定，不得科刑"①。

2. 禁止类推。类推是对刑法没有明文规定为犯罪的行为，比照分则中同它最相类似的条文定罪判刑的制度。它有悖于罪刑法定原则，因为按照罪刑法定原则的要求，对行为的定罪判刑，必须根据事前法律明文规定。而类推则是对刑法没有明文规定为犯罪的行为，根据法官的理解，依照与之最相类似的条文定罪判刑。这可能导致法官随意适用法律，侵害公民的自由权利。因此，禁止类推被认为是罪刑法定原则的一个派生原则。

3. 刑法无溯及效力，或称事后法的禁止，即不允许根据行为后施行的刑法处罚刑法施行前的行为。主张这一派生原则的理由有二：一是一个人只能根据已经施行的法律规范自己的行为，依行为当时的法律不构成犯罪，他的行为就是合法的，行为后施行的法律是行为人不能预测的，因此不能作为判定其构成犯罪的依据，否则可能导致"不教而诛"。二是对于行为时合法的行为，如果因为行为后的法律认为构成犯罪而处罚行为人，将会导致人们无法确定自己的行为今后是否会被定罪判刑，不免心怀惶恐，不利于社会的安定。这些理由都是从保障个人权利出发的，后来西方学者根据"有利于被告人"的原则，对刑法无溯及力的观点有所改变，即不再主张刑法绝对无溯及力，而是主张新法重于旧法时，无溯及力；新法轻于旧法时，则有溯及力。并认为这不仅不违反罪刑法定原则的要求，而且正符合罪刑法定原则的宗旨。

4. 禁止绝对的不确定刑。绝对的不确定刑，指法律未明文规定确定的刑罚。这种情况因违反罪刑法定原则而被禁止。它包括两种情况：一是法律对于刑种和量刑均没有明确规定，如仅规定对直接责任人员可以由司法机关追究刑事责任。二是只规定刑种而没有规定量刑。例如，规定构成犯罪的处有期徒刑。前一种情况称为绝对的不定期刑，它违反罪刑法定原则，也为学者所公认。后者是相对的不定期刑，有的学者认为它不违反罪刑法定原则。本书认为，相对的不定期刑，由于没有确定的刑期，而将实际执行的刑期由司法机关确定，同样违反罪刑法定原则的要求，因为它有悖于罪刑法定原则保障人权的宗旨。

5. 明确性原则。这一原则早在启蒙思想家的著作中就已论及。如孟德斯鸠（Montesquieu）在《论法的精神》一书中就曾说过，"法律的用语，对每一个人要能唤起同样的观念"，"在

---

① 转引自《泷川幸辰刑法著作集》第4卷，世界思想社1981年版，第31页。

法律已经把各种观念很明确地加以规定之后,就不应再回头使用含糊笼统的措辞”。[①] 这就要求立法者立法时用语必须明确易懂,避免含糊笼统。明确性原则被认为是罪刑法定原则的派生原则则是晚近的事情。因此,若说上述四个派生原则是传统的派生原则,明确性原则则可以说是新的派生原则。

6. 实体的适当原则,即刑法所规定的犯罪和刑罚都应适当的原则。以前,罪刑法定原则仅被理解为犯罪与刑罚的法定,20 世纪 60 年代以来,日本学者团藤重光等受美国宪法中适当的法律程序(due process of law)原则的影响,提出实体的适当原则也应是罪刑法定原则的派生原则,以后为日本刑法界所承认。这一原则作为罪刑法定原则新的派生原则,包括如下两方面内容:(1) 犯罪规定的适当,即刑法将该行为规定为犯罪有合理的根据,亦即根据行为侵犯的客体和行为危害社会的严重程度,应当将该行为在刑法中作为犯罪加以规定。(2)刑罚规定的适当,包括残酷刑罚的禁止和罪刑的相当。

(二) 罪刑法定原则在我国刑事立法中的体现

《刑法》第 3 条规定:“法律明文规定为犯罪行为的,依照法律定罪处刑;法律没有明文规定为犯罪行为的,不得定罪处刑。”这在刑法中以法律条文的形式明确肯定了罪刑法定原则。它具体包括两个方面:(1)刑法规定为犯罪的,依照刑法的规定定罪量刑;(2)刑法未规定为犯罪的,不得判定有罪和判处刑罚。这表明了我国实行罪刑法定原则的坚定立场。不仅如此,上述罪刑法定原则的各个派生原则,均在我国刑法立法上得到了充分的体现。

1. 我国刑法采取成文法而排斥习惯法,习惯法不是我国刑法的渊源。《刑法》对罪刑法定原则的表述,不仅要求犯罪法定化,而且要求刑罚法定化。

2. 我国 1979 年制定《刑法》时,考虑到《刑法》分则的条文不多(只有 103 条),可能会出现新的社会危害行为需要追究刑事责任,因而在《刑法》中规定了予以严格限制的类推制度,但它毕竟是不符合罪刑法定原则的。1997 年修订《刑法》时,立法机关考虑到《刑法》分则条文增加到 300 多条,对各种犯罪已经进一步作了明确、具体的规定,而且审判机关原来办案中也很少适用类推制度,因而取消了关于类推制度的规定。在这个问题上,我国刑法与罪刑法定原则的禁止类推的派生原则也完全相符合。

3. 我国刑法在溯及力问题上采取从旧兼从轻原则,即原则上适用旧法,但新法不认为是犯罪或者处刑较轻的,适用新法,这是符合罪刑法定原则的。但是过去有个别单行刑法(如 1983 年《关于严惩严重危害社会治安的犯罪分子的决定》)提高了某些犯罪的法定刑,在时间效力上却规定溯及适用,这不符合罪刑法定原则的要求。当时刑法没有明文规定罪刑法定原则,这可作为特别规定加以解释,但现行刑法已明文规定了罪刑法定原则,今后这种情况应当注意避免。

4. 我国刑法分则没有规定不确定刑,除个别情况规定的是绝对确定的法定刑(如《刑法》第 121 条规定“以暴力、胁迫或其他方法劫持航空器……致人重伤、死亡或者使航空器遭受严重破坏的,处死刑”)外,绝大多数规定的都是相对确定的法定刑(如 3 年以上 10 年以下有期徒刑),完全符合罪刑法定原则。事实上,当前采用罪刑法定原则的刑法典,绝大多数都是相对确定的法定刑。

---

① [法]孟德斯鸠:《论法的精神》(下),张雁深译,商务印书馆 1963 年版,第 297 页。

5. 我国立法机关对明确性原则相当重视。1997年修订《刑法》时，提出1979年《刑法》存在的问题之一就是“制定刑法时对有些犯罪行为分析研究不够，规定得不够具体，不好操作，或者执行时随意性大，如渎职罪、流氓罪、投机倒把罪三个‘口袋’，规定得都比较笼统”（见王汉斌副委员长《关于〈中华人民共和国刑法（修订草案）〉的说明》）。这也就是某些犯罪行为的规定不够明确，所以修订《刑法》时很注意在明确性上下功夫。例如，将流氓罪、投机倒把罪分解为若干具体的犯罪，新规定的犯罪多采用叙明罪状，注意用词的清晰明确，受到广泛认同。

6. 我国《刑法》第13条明文规定了犯罪的定义，同时规定“但是情节显著轻微危害不大的，不认为是犯罪”，为我们判断是否构成犯罪提供了科学标准。我国《刑法》分则中的各种犯罪都是根据这一标准规定的。同时我国刑法是社会主义刑法，残酷的刑罚与我国刑法的性质完全相悖，因而在我国刑法中没有、也不可能存在。罪责刑相适应已作为我国刑法的基本原则被《刑法》明文规定，对此，将在后面专门论述。

（三）罪刑法定原则在刑事司法上的体现

1. 定罪。在侦查、起诉和审判阶段，确定行为人的罪名，必须完全根据刑法的规定，而不允许为加重或减轻处罚而随意更改罪名。

2. 量刑。法院在量刑时，必须严格根据刑法规定的法定刑幅度，按照量刑原则，考虑从宽从严的情节和行为对社会的危害程度，确定适当的刑罚，而不允许脱离刑法的规定随意量刑。

3. 行刑。刑法规定了各个刑种和刑罚制度如减刑、假释等，执行刑罚时必须严格遵守这些规定。不符合法定条件和未经法定程序，对任何人都不能予以减刑和假释。

三、适用刑法人人平等原则

（一）适用刑法人人平等原则概述

适用刑法人人平等原则，是指对实施了犯罪行为的人，在适用刑法上，不分种族、性别、职业、地位、出身、财产状况，一律依照刑法的规定，同等地追究刑事责任。这一原则是我国宪法所规定的公民在法律面前一律平等原则在刑法上的具体化。我国刑法是社会主义刑法，历来主张在适用刑法上一律平等。彭真1979年6月26日在第五届全国人民代表大会第二次会议上所作的《关于七个法律草案的说明》中曾强调指出：“在法律面前人人平等……是反对任何人搞特权的思想武器。……对于违法犯罪的人，不管他资格多老，地位多高，功劳多大，都不能加以纵容和包庇，都应该依法制裁。在我们社会主义国家里……不允许有任何超越法律之外或者凌驾于法律之上的特权。”20世纪80年代初邓小平也曾反复指示说：“公民在法律和制度面前人人平等，……不管谁犯了法，都要由公安机关依法侦查，司法机关依法办理，任何人都不许干扰法律的实施，任何犯了法的人都不能逍遥法外。”[1]这表明在刑法适用上人人平等，是我国刑法的坚定立场，但在刑法修订过程中，对要不要在刑法

---

① 《邓小平文选》第2卷，人民出版社1994年版，第332页。

中规定这一原则却存在不同意见。否定说以法律面前人人平等原则宪法中已有规定，刑法作为部门法自然应当适用为理由，主张无须在刑法中再加以规定。肯定说主张应当在刑法中规定这一原则，主要理由是：(1) 宪法虽然规定了法律面前人人平等原则，但这并不能排除在部门法中把这一原则具体化。事实上，我国民事诉讼法、刑事诉讼法等部门法中都规定了这一原则，因为这些部门法有此需要。刑法直接涉及人们的生命、自由和财产，更有必要规定这一原则。(2) 我国封建社会历史很长，人们受封建思想的影响很深，我们虽然强调公民在适用法律上人人平等，实际上在现实生活中由于种种原因，往往不能真正做到。因此在刑法中规定这一原则，有利于避免在刑事司法实践中出现超越法律的特权问题。立法机关采取了后一观点，在《刑法》第 4 条规定了这一原则，即“对任何人犯罪，在适用法律上一律平等。不允许任何人有超越法律的特权”。

(二) 适用刑法人人平等原则的适用

1. 在定罪上平等。即行为只要符合刑法规定的某一犯罪的构成要件，不论行为人的出身、地位、财产状况如何，都应依照法律条文的规定平等地定罪，绝不允许拥有某种权力的人，以权压法、逃避应有的制裁。

2. 在量刑上平等。即对犯有同样罪行的人，应依据相同的量刑标准判处刑罚，不得在法律之外因行为人的出身、地位、财产状况等的不同而减轻或加重处罚。我国刑法没有如封建刑法那样规定皇亲国戚官吏贵族及其亲属犯罪享有“请”(奏请皇帝裁决)、“减”(对一定之罪减刑)、“赎”(用钱物赎罪)、“当”(用官品抵罪)、“免”(用免官抵罪)等特权，而是身份平等的刑法。只要严格依法量刑，适用刑法人人平等原则就能实现。

3. 在行刑上平等。即判处同样刑罚的人，应当依法受到相同的待遇，不得在法律之外因出身、地位、财产状况等的不同而受到优待或苛待。《中华人民共和国监狱法》(以下简称《监狱法》) 第 39 条第 2 款所规定的“监狱根据罪犯的犯罪类型、刑罚种类、刑期、改造表现等情况，对罪犯实行分别关押，采取不同方式管理”，是依据罪犯的犯罪类型、刑罚种类、刑期、改造表现等情况而作的区别对待，而不是依据罪犯的出身、地位、财产状况等而作的区别对待。这种区别对待是正当的、必要的，不属于行刑上的不平等问题。

四、罪责刑相适应原则

(一) 罪责刑相适应原则的概念和内容

罪责刑相适应原则，是指刑罚的轻重与犯罪行为的社会危害程度和犯罪分子应承担的刑事责任的大小相适应。这一原则原通常称为罪刑相当原则，或称罪刑均衡原则、罪刑相适应原则，是 18 世纪西方启蒙思想家为反对封建刑法的重刑主义而提出的。孟德斯鸠认为，罪与刑之间应有适当的比例，刑罚的轻重应当协调；贝卡里亚(Beccaria) 明确提出“刑罚与犯罪相对称”的观点，主张犯罪行为有一个按照从最严重犯罪到最轻微犯罪顺序排列的阶梯，需要有一个相应的由最重到最轻的刑罚的阶梯，互相对称，勿乱其序。我国刑法学者普遍接受罪刑相适应的观点，并建议将之作为基本原则在刑法中明文加以规定。立法机关赞同这一建议，同时根据我国刑事司法实践的情况，在《刑法》第 5 条作了这样的规定：“刑罚的轻重，应当与犯罪分子所犯罪行和承担的刑事责任相适应。”这就对西方学者所提出的罪刑相适应原则作了适当的改进。那么，应当怎样理解罪责刑相适应这一原则呢？本书认为，我国刑法规定的这一原则包括如下内容：

1. 在立法上，法定刑必须与犯罪行为的性质和社会危害程度相适应，即法定刑的刑罚种类应当与犯罪的性质相适应。按照贝卡里亚的观点，刑罚所剥夺的利益应当是犯罪人所追求或侵害的利益，应针对其所追求的不同利益设置不同的刑种。这种观点如果绝对化固然不妥，但从一定意义上说则是可取的。例如，对危害生命的杀人罪，就设置死刑；对贪财图利的犯罪，应设置罚金或没收财产；对绝大多数犯罪，就设置自由刑等。这样设置刑种是合理的。

2. 在裁判时，对犯罪人的宣告刑应当与犯罪人的犯罪行为和其承担的刑事责任的大小相适应。宣告刑是法官就特定犯罪在裁判中宣告的刑罚。确定宣告刑，首先应考虑其与犯罪行为的轻重相适应，在与危害程度相当的法定刑的幅度内选择应当判处的刑罚。其次必须考虑承担的刑事责任。刑事责任指行为人由于实施犯罪行为而应承担的代表国家的司法机关依法给予的惩罚或责难，包括责任的有无和责任的大小。这里所说的刑事责任，是指刑事责任的大小。因为既然谈到刑罚，自然以应承担刑事责任为前提，至于判处什么刑罚，则应当根据刑事责任的大小来确定，所以宣告刑还应当与承担的刑事责任大小相适应。刑事责任的大小，首先由犯罪行为的社会危害程度来决定，同时，它还受到行为人犯罪中的情节、犯罪前的表现和犯罪后的态度的影响。

（二）罪责刑相适应原则在刑事立法上的体现

1. 规定了区别对待的量刑原则。我国刑法规定，量刑应当根据犯罪事实、犯罪性质、犯罪情节和对社会的危害程度，依照刑法的有关规定判处。这就要求量刑要根据不同的犯罪事实和不同的刑事责任区别对待，做到判处的刑罚与犯罪行为和刑事责任相适应。

2. 规定了区别对待的诸多量刑情节。我国刑法根据犯罪行为的社会危害程度和人身危险大小，规定了从轻、减轻、免除处罚或者从重处罚的诸多情节。例如，不满 18 周岁的人犯罪，应当从轻或者减轻处罚；又聋又哑的人或者盲人犯罪，可以从轻、减轻或者免除处罚；对中止犯，没有造成损害的，应当免除处罚；造成损害的，应当减轻处罚；对犯罪集团的首要分子，按照集团所犯的全部罪行处罚；对累犯，应当从重处罚。诸如此类，不胜枚举，充分体现了罪责刑相适应原则。

3. 根据不同的犯罪性质设置不同的刑种。我国刑法对危害生命的犯罪，如故意杀人、故意伤害致人死亡、强奸致人死亡、抢劫致人死亡以及其他特别严重的犯罪，均规定了死刑；对经济犯罪和财产犯罪，一般均规定了罚金，情节严重的，则规定了没收财产；滥用政治权利聚众扰乱社会秩序，冲击国家机关，非法游行、集会、示威等犯罪，均规定了剥夺政治权利；对比较轻微的犯罪，规定了拘役或者管制；而对绝大多数犯罪则规定了有期徒刑，因为有期徒刑有较大的量刑幅度。由此可见，对不同性质的犯罪在刑种的设置上也体现了罪责刑相适应原则。

4. 各种犯罪都设置了轻重不同的法定刑幅度。我国刑法对法定刑幅度的设置主要有两种情况：(1) 设置可供选择的不同刑种。例如，《刑法》第 232 条规定：“故意杀人的，处死刑、无期徒刑或者十年以上有期徒刑；……”这里就规定了可供选择的三个刑种：死刑、无期徒刑和有期徒刑。(2) 同一刑种设置可供选择的量刑幅度。例如,《刑法》第 316 条第 2 款规定:"劫夺押解途中的罪犯、被告人、犯罪嫌疑人的,处三年以上七年以下有期徒刑;情节严重的,处七年以上有期徒刑。"这里后段规定的上限是有期徒刑的法定上限,即 15 年有期徒刑。这便于审判机关根据犯罪的性质、罪行的轻重、行为人危险性的大小,依法判处与其犯罪和刑事责任相适应的刑罚。

(三) 罪责刑相适应原则在刑事司法上的适用

1. 要求在重视定罪的同时也要重视量刑。我国审判机关对犯罪行为的定性一贯予以高度重视,定性错误往往会直接改判或发回重审,但对量刑,个别审判机关除了判刑畸轻畸重的会予以纠正外,至于多判几年或少判几年,往往认为无关紧要而不作纠正。这种情况不利于罪责刑相适应原则的贯彻。

2. 克服重刑思想,强化量刑公正观念。我国古代法家代表人物商鞅主张"行刑重其轻者,轻者不生,则重者无从至矣"[①],这是典型的重刑主义。这种重刑思想长期盛行于中国封建社会,至今在人们头脑中还根深蒂固,对我国刑事立法和司法都产生了这样或那样的影响。必须克服重刑思想,树立现代法治理念,强化重罪重判、轻罪轻判、量刑公正的执法观念。当然,轻纵犯罪的现象也应当防止。

3. 在行刑的过程中也要贯彻罪责刑相适应原则。罪责刑相适应原则,不仅要在量刑环节适用,在行刑过程中也要贯彻。在行刑过程中,服刑人的情况会不断发生变化甚至发生很大变化。个人的情况不同,变化也不相同。如有的罪犯认罪服法,遵守监规,努力劳动,加紧改造;有的罪犯大错不犯,小错不断,劳动应付,生活懒散;有的罪犯钻研技术,有发明创造,或者揭发他人重大犯罪,受到立功奖励;有的罪犯则在监狱中称王称霸,欺压其他犯人,甚至故意犯新罪。这些不同情况反映了服刑人人身危险性的消长,对其刑事责任都会产生影响。在行刑过程中,应根据具体情况该减刑的减刑,该假释的假释,该撤销缓刑的撤销缓刑,该撤销假释的撤销假释。而对于有些犯罪,刑法规定不得假释,则不予假释,如此等等。

第三节 刑法的适用范围

一、刑法的适用范围概述

刑法的适用范围,或称刑法的效力范围,指刑法在什么地域内对什么人和从什么时间起至什么时间止具有效力。它要解决的问题是:刑法在什么地域对什么人适用和在什么时间里适用,它包括刑法的空间效力和刑法的时间效力两个方面。刑法的适用范围涉及国家的主权、国际关系、国家和公民及法人利益的保护以及新旧刑事法律如何适用等重大问题,因而各国刑法典对刑法的适用范围都作了规定,我国《刑法》第一章第 6 条至第 12 条规定了刑法的空间效力与时间效力。

---

①《商子·说民》。

二、刑法的空间效力

（一）刑法的空间效力的概念

刑法的空间效力，或称刑法的地域的适用范围，指刑法在什么地域内对什么人适用。它解决的是国家刑事管辖权的范围问题。刑事管辖权是国家主权的重要组成部分，任何一个主权国家都会在刑法中对刑法的空间效力作出规定。但由于各国社会政治经济情况和历史文化传统习惯的不同，在采取什么原则规定本国刑法的空间效力问题上采用不同的主张，概括起来，主要有以下五种：

1. 领土原则，或称属地主义，即以维护国家主权原则为出发点，主张凡是在本国领域内犯罪的，都适用本国刑法，而不问行为人与被害人的国籍；反之，在本国领域外犯罪的，都不适用本国刑法。这一原则只有英美等个别国家采用。

2. 国籍原则，或称属人主义，即以本国公民有忠诚于本国法律的义务为出发点，主张只要本国公民犯罪，都适用本国刑法，而不问行为人的行为发生在国内还是在国外；反之，外国公民犯罪，即使在本国领域内实施，也不适用本国刑法。理论上属人主义有积极的属人主义与消极的属人主义之分：如上所述，本国公民犯罪均适用本国刑法，为积极的属人主义；本国公民为被害人时适用本国刑法，为消极的属人主义。现代各国刑法均没有仅仅采用这一原则。

3. 自卫原则，或称保护主义，即以保护本国利益为出发点，主张凡是侵害本国国家或公民利益的犯罪，都适用本国刑法，而不问行为人是本国人还是外国人，也不问犯罪发生在国内还是国外。理论上，保护主义有国家保护主义与个人保护主义之分：保护本国国家利益的场合，为国家保护主义；保护在国外的本国国民利益的场合，为个人保护主义，也称为消极的属人主义。

4. 普遍管辖原则，或称普遍原则或世界主义，即以保护各国的共同利益为出发点，主张只要实施犯罪，任何国家都可以适用本国刑法，而不问犯罪地在何国、行为人是何国公民，也不问侵害何国利益。普遍管辖原则的根据是犯罪世界性说。该说认为不论行为人是何国人，也不论在何国实施，犯罪对社会总是一种危害，因而任何国家都有权管辖。

5. 综合原则，或称折中主义。上述诸说虽各有所长，但也各有不足。领土原则就刑法适用于本国领域内的一切犯罪而言，固然维护了国家主权，但对本国公民在国外的犯罪与外国人在本国领域外危害本国利益的犯罪，不适用本国刑法，则不利于维护本国主权和保护本国利益。国籍原则可以弥补领土原则的不足，但仅仅适用这一原则，会使外国人犯罪得不到处罚，不利于国家主权的维护和本国利益的保护。自卫原则保护了本国利益，值得肯定，但它同样不能单独适用，而只能作为对领土原则和国籍原则的补充。普遍管辖原则对各国共同打击国际犯罪具有积极作用，但它也只能作为补充的原则适用。基于上述情况，便产生了综合原则。它兼采以上诸说之长，以领土原则为基础，以国籍原则、自卫原则、普遍管辖原则为补充。即凡在本国领域内犯罪的，不论本国人还是外国人都适用本国刑法；本国人在外国犯罪和外国人在本国领域外对本国国家或公民犯罪的，在一定条件下适用本国刑法；对于国际犯罪，也可以适用本国刑法。现代各国刑法典关于刑法适用范围的规定大多采用这种主张。

我国刑法关于刑法适用范围的规定,采用的也是综合原则,既维护了我国的主权,保护了国家和公民的利益,又便于履行我国在参加或批准的国际条约中所承担的义务。

（二）对国内犯的适用原则

国内犯,指在中华人民共和国领域内的犯罪。对国内犯的适用原则是领土原则,《刑法》第 6 条第 1 款规定:“凡在中华人民共和国领域内犯罪的,除法律有特别规定的以外,都适用本法。”依照本条规定,不论行为人是否我国公民,也不论被侵害的是否我国利益,只要是在我国领域内犯罪的,除法律有特别规定的以外,都适用我国刑法。适用本条规定,需要符合下列条件:

1. 在“中华人民共和国领域内”犯罪。中华人民共和国领域内,指我国国家主权所及的空间区域。具体包括:(1) 领陆,指我国国境线以内的陆地领土及其地下层,是领域的基本部分。(2) 领水,指在陆地疆界内或与陆地疆界相邻接的水域,又分为内水和领海。内水,指内湖、内河、内海及界水的一部分。界水,不可航行的河流以河道中心线为界,可航行的河流以主航道中心线为界。领海,指滨海国家领有的沿岸一定宽度的海水域。1958 年 9 月 4 日我国政府关于领海的声明宣布:我国领海宽度为 12 海里。(3) 领空,指领陆和领水的上部空间。上部空间分为空气空间和外层空间两部分。空气空间受国家主权管辖,外层空间不受国家主权管辖,所以领空应指领陆和领水上部的空气空间。此外,我国《刑法》第 6 条第 2 款规定:“凡在中华人民共和国船舶或者航空器内犯罪的,也适用本法。”这一规定将我国船舶和航空器视为我国领域。所谓“中华人民共和国船舶或者航空器”,指具有我国国籍的船舶或者航空器,既指军舰、军用航空器,也指商船、商用航空器;并且它们不论是在航行途中或处于停泊状态,也不论是航行在公海或公海上空或者其他国家领水或领空,只要在我国船舶或者航空器内犯罪的,都适用我国刑法。

那么,如何认定是否是在我国领域内犯罪呢?例如,在外国领域内开枪,杀害了我国境内的居民;或者在我国领域内发出装有爆炸装置的邮件给居住在外国的居民,该居民拆邮件时被炸成重伤,能否认为是在我国领域内犯罪?对此,理论上有不同的见解:(1) 行为地说,认为犯罪就是实施了符合犯罪构成要件的行为,所以实施犯罪行为之地,就是犯罪地。(2) 结果地说,认为刑法规定某种行为是犯罪,系着眼于该行为往往导致发生危害社会的结果,所以结果发生之地才是犯罪地。(3) 中间结果地说,或称中间现象地说、中间影响地说、中间地说,认为从实施犯罪行为到结果发生之间增加结果发生危险之地,为中间结果地,应以中间结果地为犯罪地。例如,在甲国开枪,向在乙国领域的人射击致其重伤,被害人赴丙国医疗不治而死,乙国即中间结果地。如果在甲国开枪致人重伤,被害人经乙国前往丙国医疗不治而死,乙国就不是中间结果地,而只是经过地,即不能认为是犯罪地。(4) 遍在说,又称混在说,或称折中说、综合说,认为犯罪的行为和结果都是犯罪构成的要件,把它们强行割裂开来,强调某一方面,都不能认为正确,应当看到,犯罪行为是引起犯罪结果的行为,犯罪结果则是由行为引起的结果,二者不应相互分离来立论。所以,不论是行为地还是结果地,都是犯罪地。

前两种观点都失之片面,不利于维护国家主权与保护国家和公民的利益,因而均不足取。第四种观点既克服了上述两种观点的片面性,又有利于维护国家主权和保护本国利益,因而为许多国家的刑法典所采用。第三种观点影响较小,虽为一些学者所主张或介绍,但各国刑法典采用此观点的甚为罕见。根据维护国家主权和保护本国利益的原则,参考外国的立法例,我国《刑法》采用遍在说,于第 6 条第 3 款规定,“犯罪的行为或者结果有一项发生在中华人民共和国领域内的,就认为是在中华人民共和国领域内犯罪”,适用我国刑法。

2. 法律没有对刑法的适用作出特别规定。《刑法》第 6 条虽然确立了领土原则,但也规定了例外情况,即法律有特别规定的,不“适用本法”。所以,只有在法律没有对“本法”的适用作特别规定时,才能按照前述原则适用“本法”;如果在我国领域内实施的犯罪存在法律有特别规定的情况,即排除“本法”的适用。那么,“法律有特别规定”指什么情况呢?对此,基于将“本法”理解为广义的刑法还是狭义的刑法而有不同的理解。如果将“本法”理解为广义的刑法(包括刑法典、单行刑法和附属刑法),“法律有特别规定”指如下两种情况:

(1)对享有外交特权和豁免权的外国人的刑事责任的特别规定。《刑法》第 11 条规定:“享有外交特权和豁免权的外国人的刑事责任,通过外交途径解决。”这是根据国际惯例作出的规定,既利于外交代表履行其职责和保持国家之间的正常外交关系,又维护了我国的主权和法律尊严。根据《维也纳外交关系公约》和《中华人民共和国外交特权与豁免条例》规定,在我国享有外交特权和豁免权的外国人有:一是外交官及其家属。其中,外交官包括外交代表和外交职员,外交官的家属指外交官的配偶和未成年子女。二是外国元首、外国政府首脑及其他高级人员。外国元首指前来我国访问的外国君主、总统以及他们的配偶;外国政府首脑及其他高级人员指前来我国访问的外国政府总理以及进行业务接触、谈判的外交部部长或相当人员。三是享有在我国过境或者逗留期内所必需的豁免的人员,如途经我国的外国驻第三国的外交代表和与其共同生活的配偶及未成年子女等。

根据《维也纳领事关系公约》和《中华人民共和国领事特权与豁免条例》规定,领事官员享有一定的外交特权和豁免权,其司法豁免权限于非重大犯罪和领事官员职务上的行为。

应当指出,按照我国《刑法》第 11 条的规定,享有外交特权和豁免权的外国人在我国领域内犯罪,并不是认为他的行为不构成犯罪或当然不负刑事责任,而是对他的刑事责任问题通过外交途径解决。例如,要求派遣国将其召回,或者宣布其为不受欢迎的人,或者让其限期离境等。

(2)我国香港特别行政区和澳门特别行政区基本法中的特别规定。由于历史的原因,我国刑法的效力无法及于港澳地区。根据邓小平“一国两制”的构想,1997 年 7 月 1 日起,我国对香港恢复行使主权,成立了香港特别行政区。依据我国香港特别行政区基本法,香港特别行政区实行高度自治,享有行政管理权、立法权和独立的司法权和终审权。这样,香港特别行政区施行本地区的刑法,全国性的刑法在该地区没有效力。1999 年 12 月 20 日我国对澳门恢复行使主权后,根据“一国两制”原则,澳门特别行政区依据其基本法,施行本地区的刑法,全国性刑法在该地区也没有效力。

如果将“本法”理解为狭义的刑法,即仅指《中华人民共和国刑法》,那么,除前述两种情况外,“法律有特别规定”还指如下两种情况:

(1)民族自治地方所制定的变通或者补充规定。我国是一个多民族国家,各民族在政治、经济、文化等方面发展很不平衡,历史传统、风俗习惯和宗教信仰也很不一致,考虑到少数民族地区的特殊情况,我国《刑法》第 90 条规定:“民族自治地方不能全部适用本法规定的,可以由自治区或者省的人民代表大会根据当地民族的政治、经济、文化的特点和本法规定的基本原则,制定变通或者补充的规定,报请全国人民代表大会常务委员会批准施行。”据此可见，实施这一例外规定必须符合下列条件：首先，只有民族自治地方制定的变通或者补充规定，才排斥《刑法》的适用；其次，这种规定必须以当地民族的政治、经济、文化的特点和刑法规定的基本原则为根据；最后，这种规定须经报请全国人大常委会批准才能施行。除此之外，民族自治地方仍然适用《刑法》。

(2) 国家立法机关制定的特别刑法规定。根据社会情况的变化，为了惩治新的社会危害行为，国家立法机关会在刑法典之外，制定特别刑法。例如，为了惩治日益严重的骗购外汇、非法买卖外汇犯罪，1998 年 12 月 29 日全国人大常委会通过了《关于惩治骗购外汇、逃汇和非法买卖外汇犯罪的决定》，并于即日公布施行。根据特别法优于普通法的原则，此后对破坏外汇管理的犯罪，适用该决定追究刑事责任。

(三) 对国外犯的适用原则

国外犯，指在中华人民共和国领域外的犯罪。对国外犯的适用原则，根据情况分别适用国籍原则、自卫原则和普遍管辖原则。

1. 关于国籍原则的规定。《刑法》第 7 条第 1 款规定："中华人民共和国公民在中华人民共和国领域外犯本法规定之罪的，适用本法，但是按本法规定的最高刑为三年以下有期徒刑的，可以不予追究。"第 2 款规定："中华人民共和国国家工作人员和军人在中华人民共和国领域外犯本法规定之罪的，适用本法。"这是关于国籍原则的规定。根据上述第 1 款的规定，我国公民在我国领域外犯罪的，不论犯何种罪，不论当地法律是否认为是犯罪，也不论所犯罪行侵犯的是何国利益或何国公民的利益，原则上都适用我国刑法，只是最高刑为 3 年以下有期徒刑的，可以不予追究。所谓我国公民，是指具有我国国籍的人，具体包括定居在外国尚未取得外国国籍的华侨，临时出国旅游、经商或学习的人员，以及取得我国国籍的具有外国血统的人。所谓本法规定的最高刑，是指某一条文中与罪行轻重相应的法定刑幅度的最高刑。某一条文如果只有一个法定刑幅度，该法定刑幅度的最高刑就是该条文的最高刑。所谓"可以不予追究"，是指一般不予追究，但不是绝对不予追究，根据具体情况必要时也可以追究。之所以以最高刑为 3 年以下有期徒刑的犯罪为限，是因为这是较轻的犯罪，不需要都予以追究。

根据上述第 2 款的规定，我国国家工作人员和军人犯罪的，与一般公民犯罪相比，不论所犯罪行应判刑罚的轻重，都适用我国刑法，没有最高刑为 3 年以下有期徒刑的犯罪可以不予追究的例外规定。这是因为国家工作人员和军人负有特殊职责和使命，国家对他们的要求严于普通公民。

2. 关于自卫原则的规定。《刑法》第 8 条规定："外国人在中华人民共和国领域外对中华人民共和国国家或者公民犯罪，而按本法规定的最低刑为 3 年以上有期徒刑的，可以适用本法，但是按照犯罪地的法律不受处罚的除外。"这是关于自卫原则的规定。据此，外国人在我国领域外犯罪，只有具备如下条件，才可以适用我国刑法：(1) 侵犯了我国的国家利益或公民利益，依照我国刑法已构成犯罪；(2) 根据我国刑法规定，其法定最低刑为 3 年以上有期徒刑；(3) 按照犯罪地的法律，这种犯罪也应受处罚；按照犯罪地的法律不应受处罚的，不适用我国刑法。条文规定"可以适用本法"，是出于对实际情况的考虑，留有自由掌握的余地。本条规定有利于保护我国的国家利益和我国驻外工作人员以及其他在外国的我国公民的利益。

3. 关于普遍管辖原则的规定。《刑法》第 9 条规定:"对于中华人民共和国缔结或者参加的国际条约所规定的罪行,中华人民共和国在所承担条约义务的范围内行使刑事管辖权的,适用本法。"这是关于普遍管辖原则的规定。这一原则是为了惩治日益严重的国际犯罪而确立的。为了有效对付这类国际犯罪,各国缔结了不少国际条约,20 世纪 70 年代以来我国陆续参加了其中一些条约,这样,就承担着对实施条约规定的罪行行使管辖权的义务,因而,《刑法》对此设专条作了规定。按照普遍管辖原则适用我国刑法,必须符合下列条件:(1) 追诉的犯罪是我国缔结或者参加的国际条约所规定的罪行。(2) 追诉的犯罪在我国所承担的义务范围之内。(3) 追诉的犯罪发生在我国领域之外。如果发生在我国领域之内,应依领土原则适用我国刑法。(4) 犯罪人必须是外国人或无国籍人,如果是我国公民,应依国籍原则适用我国刑法。(5) 追诉的犯罪必须在我国刑法中有明文规定,这是我国刑法的罪刑法定原则的当然要求。(6) 犯罪人在我国领域内居住或者进入我国领域,否则就没有行使普遍管辖权的义务和可能。

(四) 外国刑事判决的效力

本国公民或外国人在本国领域外犯罪,虽然都可以适用本国刑法,但犯罪地国家会依据领土原则适用犯罪地国家的刑法。本国公民或外国人在本国领域外犯罪,经过外国审判后,还能否适用本国刑法呢? 这涉及外国刑事判决的效力问题,对此有两种观点:

1. 承认外国刑事判决的效力。此观点根据法律上"一事不再理"的原则,主张经外国审理判决的犯罪,本国法院不再对其提起追诉。《法国刑法典》第 113–9 条的规定是其适例。

2. 不承认外国刑事判决的效力。此观点根据国家主权原则,主张否认外国刑事判决的效力,认为同一犯罪虽经外国审理判决,本国仍然可以依法追究,但考虑到在外国已经受过刑罚处罚,可以减轻或者免除处罚。由于此说主张对在外国受判决的事实作必要的考虑,所以被称为考虑主义或算入主义。《日本刑法典》第 5 条是其适例。

我国刑事立法采后说,认为我国是独立自主的社会主义国家,外国的刑事判决对我国没有拘束力,不能适用"一事不再理"的原则不再追究,仍应依照我国刑法审判。不过,外国所判处的刑罚已被执行一部或全部的,如果不予考虑,仍然全部执行我国所判处的刑罚,将会使犯罪人受到双重处罚,显然有失公平。为了合理解决这一问题,需要根据外国刑罚的执行情况,减轻或免除处罚。因此,我国《刑法》第 10 条规定:"凡在中华人民共和国领域外犯罪,依照本法应当负刑事责任的,虽然经过外国审判,仍然可以依照本法追究,但是在外国已经受过刑罚处罚的,可以免除或者减轻处罚。"

三、刑法的时间效力

(一) 刑法的时间效力的概念

刑法的时间效力,或称刑法的时间的适用范围,也称时际刑法,指刑法什么时间发生效力、什么时间失去效力以及对生效以前实施的犯罪行为是否适用,亦即刑法是否具有溯及既往的效力。这些问题,对刑法的适用至关重要,因而各国刑法均有关于刑法的时间效力的规定。我国刑法也不例外,只是仅规定了溯及力问题。

（二）刑法的生效时间与失效时间

1. 刑法的生效时间，指刑法发生效力的时间。刑法发生效力之后才能适用，因而我国的刑事立法对生效的时间都明文加以规定。根据已有立法例，我国刑法的生效时间有两种情况：(1) 自公布之日生效。如《关于惩治骗购外汇、逃汇和非法买卖外汇犯罪的决定》第 9 条规定："本决定自公布之日起施行。"该决定是 1998 年 12 月 29 日公布的，因此，它生效的时间是 1998 年 12 月 29 日。(2) 在公布后经过特定时间生效。内容丰富、条文较多的刑事法律，需要在公布后留给执法人员和公民一定的学习、了解时间，为适用法律打下良好的基础。如 1997 年《刑法》是 1997 年 3 月 14 日公布的，其第 452 条第 1 款规定："本法自 1997 年 10 月 1 日起施行。"其生效时间是 1997 年 10 月 1 日。

2. 刑法的失效时间，指刑法失去效力的时间。刑法失去效力后，对新发生的犯罪不再适用。综合以往的立法例，刑法的失效时间有三种情况：(1) 废止。法律明文规定废止之日失效。如《刑法》第 452 条第 2 款规定，附件一所列《惩治军人违反职责罪暂行条例》等 15 个条例、补充规定和决定，自刑法施行之日起予以废止。刑法施行之日为 1997 年 10 月 1 日，据此，上述 15 个单行刑法均自 1997 年 10 月 1 日起失效。(2) 由其他法律代替。被代替的法律从代替的法律生效之日起失效。如《刑法》第 452 条第 3 款规定，附件二所列《关于禁毒的决定》等 8 个补充规定和决定，其中有关刑事责任的规定已纳入刑法，自刑法施行之日起不再适用。据此，上述 8 个单行刑法中关于刑事责任的规定，均自 1997 年 10 月 1 日起失效。(3) 修订，或称修改。经修订的刑法或刑法条文施行之日，原刑法或刑法条文即行失效。如 1999 年 12 月 25 日通过的《刑法修正案》对《刑法》第 168 条等若干条文进行了修改，于第 9 条规定："本修正案自公布之日起施行。"公布之日亦即通过之日，因此，《刑法》第 168 条等经修改的若干条文，均自 1999 年 12 月 25 日失效。

（三）刑法的溯及力

如前所述，刑法在生效后才能适用。那么，刑法生效后，能否对其生效前的犯罪适用？此即刑法是否具有追溯既往的效力问题，也就是刑法的溯及力问题。对此，刑法理论上有五种不同的主张：

1. 从新原则。即主张刑法具有溯及力，行为后法律变更的，审理案件应适用审判时的法律（新法）。理由是：刑法归根结底是由社会政治经济情况决定的，社会政治经济情况变化了，刑法就应当相应地加以修改，所以新法更适合变化了的社会政治经济情况，审理案件自然应当适用新法。如果适用已经过时的旧法，就违背了立法者修改刑法的宗旨。

2. 从旧原则。主张刑法没有溯及力，当行为后法律有变更时，审理案件仍适用行为时法（旧法）。理由是：首先，一个人只能以行为时有效的法律规范自己的行为，因而审理某种行为，自然应当适用行为时法即旧法；如果适用新法，行为时为合法行为，审判时为犯罪行为，会使人们心怀疑惧、无所适从，不利于社会的安定。其次，行为时刑法认为是合法的，而审判时依照新法追究刑事责任，岂不是不教而诛，有悖情理？并且与罪刑法定原则、保障人权的功能相违背。而按照从旧原则，这些问题都可以得到解决。

上述两种主张，应当说都有一定的道理，但都只看到了问题的一面，不是恰当解决问题的办法，因而当代各国刑事立法单独采用从新原则或从旧原则的都很少见。

3. 从轻原则。即不论新法或旧法,哪个刑法处罚轻,就适用哪个刑法。亦即新刑法处罚轻,就有溯及力;否则,就没有溯及力。如《日本刑法典》第 6 条规定:“由于犯罪后的法律致刑罚发生变更时,适用处刑较轻的法律。”如何理解“刑罚发生变更”?对此,虽然学者之间有不同的意见,但通说认为,其不限于“刑罚发生变更”,也包括作为刑罚的前提条件的构成要件的变更。

4. 从新兼从轻原则。即新刑法原则上有溯及力,但旧刑法处罚较轻的,适用旧刑法审理。我国民国时期 1928 年《刑法》第 2 条的规定是其适例。该条规定:“犯罪时之法律与裁判时之法律,遇有变更者,依裁判时之法律处断,但犯罪时法律之刑较轻者,适用较轻之刑。”

5. 从旧兼从轻原则。即原则上适用旧刑法,新刑法没有溯及力,但新刑法处罚较轻时,适用新刑法,即在这种情况下新刑法有溯及力。如《瑞士刑法典》第 2 条规定:“1. 在本法生效后所为之重罪或轻罪,依本法判处。2. 在本法生效前所为之重罪或轻罪于本法生效后判处的,惟本法处刑较轻者,始可适用本法。”对刑法的溯及力,《俄罗斯联邦刑法典》第 10 条第 1 款规定:“一、规定行为不构成犯罪、减轻刑罚或以其他方式改善犯罪人状况的刑事法律,有溯及既往的效力……”所谓从轻的“轻”,不限于刑罚较轻,还包括不构成犯罪和其他有利于犯罪人的情况。

上述后三种主张,基本精神是一致的,第五种主张更符合罪刑法定原则的要求,因而为我国刑法所采纳。

(四) 我国刑法关于溯及力的规定

我国《刑法》在溯及力问题上采取从旧兼从轻原则,第 12 条规定:“中华人民共和国成立以后本法施行以前的行为,如果当时的法律不认为是犯罪的,适用当时的法律;如果当时的法律认为是犯罪的,依照本法总则第四章第八节的规定应当追诉的,按照当时的法律追究刑事责任,但是如果本法不认为是犯罪或者处刑较轻的,适用本法。本法施行之前,依照当时的法律已经作出的生效判决,继续有效。”根据此规定,中华人民共和国成立以后,1997 年 9 月 30 日以前实施的行为,应当按照以下情况分别处理:

1. 当时的法律(包括 1979 年《刑法》、单行刑法和附属刑法)不认为是犯罪,修订后的刑法认为是犯罪的,适用当时的法律,修订后的刑法没有溯及力。

2. 当时的法律认为是犯罪,并且按照修订后的刑法第四章第八节的规定应当追诉的,除修订后的刑法不认为是犯罪或者处刑较轻的以外,适用当时的法律追究刑事责任,修订后的刑法没有溯及力。这里包含两种情况:(1) 当时的法律和修订后的刑法关于罪名、犯罪构成、情节以及法定刑没有变化的,适用当时的法律追究刑事责任。(2) 当时的法律比修订后的刑法处罚较轻的,适用当时的法律。所谓较轻,不仅指法定刑较轻,也包括其他有利于行为人的规定。例如,当时的法律关于适用假释的条件规定比修订后的刑法较宽松,所以 1997 年 9 月 30 日以前犯罪,1997 年 10 月 1 日以后仍在服刑的累犯以及因杀人、爆炸、抢劫、强奸、绑架等暴力性犯罪被判 10 年以上有期徒刑、无期徒刑的犯罪人,适用 1979 年《刑法》第 73 条的规定,可以假释。

3. 当时的法律认为是犯罪,修订后的刑法不认为是犯罪或者处刑较轻的,修订后的刑法有溯及力。这里也包含两种情况:(1) 当时的法律认为是犯罪,修订的刑法不认为是犯罪,应当按照后者不追究刑事责任。(2) 当时的法律和修订后的刑法都认为是犯罪,但后者处刑较轻的，应当依照后者追究刑事责任。所谓处刑较轻，与上述“较轻”的解释相同。例如，当时的法律尚未对立功表现作出规定，所以，1997 年 9 月 30 日以前犯罪者，有揭发他人行为等立功表现的，适用修订后《刑法》第 68 条的规定，可以从轻或减轻处罚。

4. 修订后的刑法施行以前，依照当时的法律已经作出的生效判决，继续有效。刑法的溯及适用，限于未经审理或未作出生效判决的案件；依法已生效的判决，不应依据修订后的刑法加以改变，以维护法院判决的严肃性和稳定性。当时的法律实施期间已审结的案件，修订后的刑法施行后按照审判监督程序重新审理的，适用当时的法律规定。这样，标准统一，便于认定原来案件的处理是否正确。

复习思考题

1. 如何理解刑法？刑法主要有哪些分类？
2. 如何理解罪刑法定原则？罪刑法定原则在我国刑事立法上如何体现？
3. 刑法空间效力的原则包括哪些内容？我国刑法对国内犯的适用有哪些规定？对国外犯的适用有哪些规定？
4. 我国刑法是怎样解决溯及力问题的？

自测习题及参考答案

第二章　犯罪概说

重点提示：

我国刑法中的犯罪概念及其基本特征，自然犯与法定犯，基本犯、加重犯与减轻犯。

第一节　犯罪的概念

一、犯罪的定义

（一）犯罪定义的类型

犯罪定义是揭示犯罪概念的内涵的逻辑方法，指出犯罪概念所反映的犯罪的本质属性或基本特征。在刑法中，对犯罪所下的定义是各种各样的，归结起来主要有以下三种类型：

1. 形式定义。犯罪的形式定义，指仅从犯罪的法律特征上给犯罪下定义，而不涉及犯罪的本质特征。西方国家刑事立法和刑法理论对犯罪所下的定义多为犯罪的形式定义。例如，《西班牙刑法典》第1条规定："依自由意志及疏忽之行为而为法律所处罚者谓之犯罪及过失罪。"此外，日本著名刑法学家团藤重光认为："如果更正确地给刑法上的犯罪下定义，可以说它是充足构成要件的违法、有责的行为。"① 这些定义都只说明了犯罪的法律特征，而对于法律为什么将这种行为规定为犯罪，则完全加以回避。

2. 实质定义。犯罪的实质定义，指仅从犯罪的本质特征上给犯罪下定义，而不涉及犯罪的法律特征。例如，1919年《苏俄刑法指导原则》第6条规定："犯罪是危害某种社会关系、制度的作为或不作为……"1922年《苏俄刑法典》第6条规定："威胁苏维埃制度基础及工农政权在向共产主义制度过渡时期所建立的法律秩序的一切危害社会的作为或不作为，都认为是犯罪。"此后，这一定义为1942年《蒙古人民共和国刑法典》第6条所仿效。这种定义旗帜鲜明地宣示了犯罪的阶级性，揭示了法律为何将某种行为规定为犯罪，但没有阐明犯罪的法律特征，不能明确判断某种行为是否构成犯罪，在司法实践中缺乏可操作性，所以后来对该定义作了修正。

西方国家刑法典没有从实质上给犯罪下定义，但西方刑法学者有人提出过犯罪的实质

---

① ［日］团藤重光：《刑法纲要总论》（修订版），创文社1979年版，第84页。

定义。例如，意大利著名犯罪学家加罗法洛(Garofalo)认为："犯罪是一种既对社会有害又侵害了一种或两种最基本怜悯和正直情感的行为。"[①] 这是从人类的道德和感情角度出发给犯罪下的定义，既没有揭示犯罪的阶级本质，又回避了犯罪的法律特征，而且将犯罪与道德联系在一起，也欠妥当。

3. 实质与形式相统一的定义。犯罪的实质与形式相统一的定义，指从犯罪的本质特征和法律特征两个方面给犯罪下定义。例如，1958 年《苏联和各加盟共和国刑事立法纲要》第 7 条第 1 款规定："凡是刑事法律规定的危害苏维埃社会制度或国家制度，破坏社会主义经济体系和侵犯社会主义所有制，侵犯公民的人身、政治权利、劳动权利、财产权利和其他权利的危害社会的行为(作为或不作为)，以及刑事法律规定的违反社会主义法律秩序的其他危害社会的行为，都是犯罪。"1997 年施行的《俄罗斯联邦刑法典》第 14 条第 1 款规定："本法典以刑罚相威胁的被禁止的有罪过地实施的危害社会的行为为犯罪。"苏联学者认为："犯罪就是刑事法律所规定的危害社会、侵犯社会主义社会关系并应受到惩罚的行为。"[②]后两个定义更为简练。这种定义，避免了仅从实质或形式角度下定义的片面性，既揭示了犯罪的阶级性，又阐明了犯罪的法律特征，将犯罪的实质特征与法律特征有机地结合起来，比较合理，值得借鉴。

(二) 我国刑法中的犯罪定义

《刑法》第 13 条给犯罪下了一个实质与形式相统一的定义，规定："一切危害国家主权、领土完整和安全，分裂国家、颠覆人民民主专政的政权和推翻社会主义制度，破坏社会秩序和经济秩序，侵犯国有财产或者劳动群众集体所有的财产，侵犯公民私人所有的财产，侵犯公民的人身权利、民主权利和其他权利，以及其他危害社会的行为，依照法律应当受刑罚处罚的，都是犯罪，但是情节显著轻微危害不大的，不认为是犯罪。"这一定义立足我国国情，参考外国可取的立法例，以 1979 年《刑法》第 10 条规定的犯罪定义为基础修订而成。它在揭示犯罪危害我国各种社会关系的实质的同时，又揭示了犯罪的法律特征——依照法律应当受刑罚处罚，从犯罪的阶级实质和法律形式的统一上给我国的犯罪下了一个完整的定义，是认定犯罪、划分罪与非罪界限的基本依据。

二、犯罪的基本特征

对于犯罪的基本特征，我国刑法学界认识不一，但通说认为，犯罪具有如下三个基本特征：

(一) 严重的社会危害性

行为具有严重的社会危害性是犯罪的本质特征。一个人的行为，如果对社会没有危害性，或者对社会的危害程度轻微，就不可能构成犯罪，行为的社会危害性只有达到严重程度，才可能构成犯罪。犯罪固然有社会危害性，但一般违法行为也有社会危害性，因而社会危害性不能将犯罪与违法行为区别开来。由此可见，认为社会危害性是犯罪的本质特征，实欠妥

---

① [意]加罗法洛:《犯罪学》，耿伟、王新译，中国大百科全书出版社 1996 年版，第 67 页。

② [苏]Н.А.别利亚耶夫、М.И.科瓦廖夫主编:《苏维埃刑法总论》，马改秀、张广贤译，群众出版社 1987 年版，第 68 页。

当。认为行为的严重社会危害性是犯罪的本质特征，是有法律根据的。《刑法》第 13 条的“但书”明文规定“情节显著轻微危害不大的，不认为是犯罪”，说明只有社会危害严重的行为，才能认为是犯罪。而且，我国刑法分则条文关于具体犯罪的规定，也体现了上述观点：分则条文对于行为本身具有严重社会危害性的，未规定限制性情节，如背叛国家罪、故意杀人罪、强奸罪、抢劫罪等；对于社会危害性可能大也可能小的行为，则设置了限制性规定，如将“数额较大”“情节严重”“造成严重后果”“情节恶劣”等规定为犯罪构成要件，用以区分罪与非罪，概括起来，就是行为只有具有严重的社会危害性，才可能构成犯罪。

严重的社会危害性当然以社会危害性为前提。所谓行为的社会危害性，是指行为对我国社会主义初级阶段的社会关系造成实际危害或现实威胁。《刑法》第 13 条列举的可能遭受侵害的社会关系有：(1) 国家主权、领土完整和安全，人民民主专政的政权和社会主义制度；(2) 社会秩序和经济秩序；(3) 国有财产或者劳动群众集体所有的财产、公民私人所有的财产；(4) 公民的人身权利、民主权利和其他权利；(5) 其他社会关系。社会危害性包括两种情况：一是对我国的某一社会关系造成实际危害，如侵害某一公民的健康权利、侵占公私所有的财产等；二是对我国的某一社会关系造成现实威胁，即虽未造成现实损害但具有造成损害的现实可能性，刑法分则规定的危险犯（指以危害结果发生的危险为要件的犯罪）与总则规定的犯罪预备、犯罪未遂和犯罪中止，都对某种社会关系造成现实的威胁，因而同样具有社会危害性。

关于行为的社会危害性是行为的客观属性，还是行为主客观要素的统一，学者间存在着争论。客观属性说认为，社会危害性指行为客观上造成的危害，如果加入行为人主观方面的因素，就将行为的社会危害程度与行为人的刑事责任等同起来。主客观要素统一说认为，社会危害性应理解为主客观要素的统一，因为造成客观损害结果的行为，是受人的主观因素即意识和意志支配的，它体现了人的主观恶性，是主观见之于客观的东西，所以，社会危害性必然是客观因素与主观因素的统一。本书赞同后一观点。因为行为的社会危害性及其程度，不只是由行为客观上的损害来评价的，还包括行为人主观方面的要件。例如，故意杀人和过失致人死亡，客观上所造成的损害相同，但社会危害程度却大不一样，这是结合主观因素评价的结果。因此我国刑法对二者的法定刑规定差别很大：《刑法》第 232 条规定，故意杀人的，处死刑、无期徒刑或者 10 年以上有期徒刑；情节较轻的，处 3 年以上 10 年以下有期徒刑。第 233 条规定，过失致人死亡的，处 3 年以上 7 年以下有期徒刑；情节较轻的，处 3 年以下有期徒刑。由此可见，行为的社会危害性及其程度，必须综合客观因素与主观因素统一加以评定。

此外，还应指出，行为的社会危害性及其程度，是与社会的政治经济形势紧密联系的。某种行为在一定形势下具有严重的社会危害性，因而被规定为犯罪；而在另一种形势下，可能因丧失其严重的社会危害性而不再被规定为犯罪。相反的情况在社会生活中同样存在，即某种行为原来没有社会危害性或社会危害性不严重，随着形势的变化，会变得具有严重的社会危害性而被作为犯罪加以规定。例如，伪造、倒卖计划供应票证的行为，在物资供应不足和计划经济体制下，具有严重的社会危害性，因而 1979 年《刑法》将它规定为犯罪；但随着经济的发展和向社会主义市场经济过渡，物资供应充分，计划供应票证取消，1997 年《刑法》也就不再规定这种犯罪。又如，侵犯商业秘密、损害商业信誉、商品声誉、虚假广告等行为，在计划经济时期，它们的社会危害性程度都不严重，因而 1979 年《刑法》没有作为犯罪加以规定；但在市场经济条件下，它破坏正常的社会主义市场经济秩序，具有严重的社会危害性，因而 1997 年《刑法》将它们规定为犯罪。由此可见，评价一种行为的社会危害性及其程度，必须紧密结合行为时的社会政治经济形势。

（二）刑事违法性

所谓刑事违法性，指行为违反刑法规范，或者行为符合刑法规定的犯罪构成。例如，《刑法》第 236 条规定，以暴力、胁迫或者其他手段强奸妇女的，处 3 年以上 10 年以下有期徒刑。其中包含的行为规范——禁止强奸，就是刑法规范。强奸行为违反了该条所包含的禁止强奸的刑法规范，符合该条所规定的强奸罪的犯罪构成。这里所说的刑法规范，不仅体现在作为刑法典的《中华人民共和国刑法》中，而且体现在单行刑法和附属刑法中；不限于刑法分则的规范，也包括刑法总则的规范。

如何理解刑事违法性？在西方刑法理论中存在着客观违法性说与主观违法性说的争论。客观违法性说认为，行为只要违反法律规范，就是违法；至于行为人能否理解法律规范的意义，对认定是否违法毫无关系。主观违法性说认为，法是命令，只有能理解命令的有责任能力者违反法律规范的行为，才是违法行为。我国刑法坚持主客观相统一的原则，认为对刑事违法性的认定，必须坚持主客观的统一。只有行为人的行为客观上是违法的，行为人有责任能力和故意或过失，才能谈到行为的刑事违法性。否则，如果行为只是客观上违法，行为人不具有责任能力或者没有故意或过失，那就不存在刑事违法性。

刑事违法性与违法既有联系又有区别。二者的联系在于：刑事违法性也是违法，是违法的种类之一。二者的区别在于：违法的外延比较广泛，既包括刑事违法，也包括行政违法、民事违法等。例如，执法人员打骂违反治安管理的人，是行政违法；子女对父母不尽赡养义务，是民事违法等。这些违法均不构成犯罪，在这个意义上常常将违法与犯罪加以区别。只有行为具有刑事违法性，才构成犯罪。所以犯罪的法律特征，只能是刑事违法性，而不是一般的违法性。

那么，刑事违法性与严重社会危害性是什么关系呢？如前所述，某种行为只有在侵犯我国的社会关系达到严重社会危害性程度时，立法机关才会将这种行为在法律上规定为犯罪。由此可以得出结论：严重的社会危害性是第一性的，刑事违法性是第二性的，是由行为的严重社会危害性所决定的。严重社会危害性是刑事违法性的基础，刑事违法性是严重社会危害性的法律表现。严重社会危害性是犯罪的本质特征，刑事违法性则是犯罪的法律特征。如果行为没有社会危害性或者没有达到严重程度，立法机关就不会将它规定为犯罪，因而也就不会发生刑事违法性问题。所以在考察某一行为是否构成犯罪时，除依据刑法条文的规定，还需要认定该行为的社会危害性程度。如果该行为情节显著轻微危害不大，就应当适用《刑法》第 13 条但书的规定，不认为是犯罪，这种行为就不具有刑事违法性。

（三）应受刑罚处罚性

应受刑罚处罚性，指行为应当受到刑罚处罚，它以行为的严重社会危害性和刑事违法性为前提；如果行为不具有严重社会危害性和刑事违法性，就不应当受刑罚处罚。应受刑罚处罚性也是一种评价，即对具有严重社会危害性和刑事违法性的行为的评价。由于刑罚是在各种制裁方法中最严厉的制裁方法，它远比治安管理处罚、行政处罚等严厉，不但可以剥夺人的财产、自由,而且可以剥夺人的生命,所以只有对严重危害社会和违反刑法规范的行为,才给予应受刑罚处罚性的评价。

应受刑罚处罚性作为犯罪的一个基本特征,也有法律根据。《刑法》第13条关于犯罪的定义规定,“……以及其他危害社会的行为,依照法律应当受刑罚处罚的,都是犯罪”,揭示了“应当受刑罚处罚”是犯罪不可或缺的特征。同时,《中华人民共和国治安管理处罚法》(以下简称《治安管理处罚法》)第2条规定:“……构成犯罪的,依法追究刑事责任;尚不够刑事处罚的,由公安机关依照本法给予治安管理处罚。”这就向我们指出:够刑事处罚,应当给予刑罚处罚的,是犯罪;不够刑事处罚,应当给予治安管理处罚的,是违反治安管理行为。这也表明应否受刑罚处罚是区别犯罪与一般违法行为的重要特征。

在刑法中有些条文规定可以或者应当“免除处罚”,这与应受刑罚处罚性是犯罪的基本特征的提法是否矛盾?本书认为,二者并不矛盾。因为“免除处罚”是以行为应受刑罚处罚即犯罪为前提的,只有行为应受刑罚处罚,但具有免除处罚的量刑情节时,才可以或者应当免除处罚。例如,对于预备犯,可以免除处罚;对于没有造成损害的中止犯,应当免除处罚。如果行为不应受刑罚处罚,如情节显著轻微危害不大的,就不能免除处罚,而应当依法宣告无罪。

需要指出:上述犯罪的三个基本特征,是密切联系在一起的,只是为了论说的方便,才分别一一加以阐述。

第二节　犯罪的分类

一、理论分类

(一) 自然犯与法定犯

自然犯与法定犯系以犯罪行为是否违反社会伦理为标准所作的分类。

自然犯或称刑事犯,指无须等待法律规定,由于其性质上违反社会伦理而被认为是犯罪者。例如,杀人罪、伤害罪、放火罪、强奸罪、盗窃罪、抢劫罪等均属之。这类犯罪在各国刑法典中均普遍作了规定,由于其具有违反社会伦理的性质,其社会危害性易于为人们所认识。

法定犯或称行政犯,指并不违反社会伦理,由于行政取缔的目的,根据法律的禁止才被认为是犯罪者。例如,妨害清算罪、非法经营同类营业罪、擅自设立金融机构罪、违法发放贷款罪、串通投标罪等均属之。这类犯罪都以违反一定的经济行政法规为前提,原来未被认为是犯罪,随着社会情况的变化,在一些经济行政法规中首先作为被禁止的行为或作为犯罪加以规定,随后在修订的刑法中加以吸收而规定为犯罪。

对是否有必要区分自然犯与法定犯,日本有些学者以法定犯的自然犯化的例子不少,区分不易且无实益为理由持否定意见。而我国学者对这种分类则多持肯定态度,如有的学者指出:“一般认为,从犯罪人的主观恶性程度上看,自然犯较之法定犯要严重得多,但在违法性问题的认定上,由于行政法规错综复杂,所以,对法定犯的判定又比自然犯要困难得多。同时,由于行政法规会因为国家管理目的改变而时常发生变化,因此,法定犯又经常处于变动之中，缺乏像自然犯那样的稳定性。正因为两类犯罪各有其特殊性，所以，在认定、处罚及预防方面，均采取不相同的对策。”[①] 本书认为，我国学者的见解是适宜的。因为自然犯与法定犯的区分尽管是相对的、困难的，但二者存在区别则是不争的事实，认识和掌握二者各自的特点，在司法实践中是有益的。

（二）隔离犯与非隔离犯

隔离犯与非隔离犯系以行为实施的地点或时间与犯罪结果发生的地点或时间是否有间隔为标准所作的分类。

隔离犯，指行为实施的地点或时间与犯罪结果发生的地点或时间存在间隔的犯罪。隔离犯又可分为隔地犯与隔时犯。隔地犯，指行为人实施的行为与作为犯罪构成要件的结果发生于不同地点的犯罪。例如，行为人在甲地邮局邮寄放有爆炸装置的包裹至乙地，乙地居民王某收到包裹后，拆包裹时被炸死，即为爆炸罪的隔地犯。隔地犯的行为和结果，只要其中一项发生在我国领域内，都适用我国刑法；行为和结果都发生在我国国内的，一般不发生法律适用问题，但发生法院对案件的管辖问题。在法院对案件的管辖发生竞合时，依照《中华人民共和国刑事诉讼法》（以下简称《刑事诉讼法》）第 25 条的规定解决。隔时犯，指行为人实施的行为与作为犯罪构成要件的结果发生于不同时间的犯罪。例如，甲杀害乙，没有立即致死，经送医院抢救无效，乙于 6 天后死亡，即为杀人罪的隔时犯。犯罪的行为与结果发生在不同时间，以什么标准确定犯罪的时间？对此，我国刑法没有明文规定。学者通说认为，一般应以犯罪行为实施的时间为犯罪时间。

非隔离犯，指行为实施的地点或时间与犯罪结果发生的地点或时间相同的犯罪。例如，行为人在甲地开枪杀乙，当时将乙杀死，即为非隔离犯。非隔离犯不像隔离犯那样发生法律适用问题或法院管辖问题。

二、法定分类

（一）国事犯罪与普通犯罪

国事犯罪与普通犯罪系以行为是否危害国家的主权、政权、社会制度和安全为标准所作的分类。

国事犯罪，指行为危害国家的主权、政权、社会制度和安全的犯罪。《苏俄刑法典》分则第一章章名为国事罪，后为《蒙古人民共和国刑法典》等所仿效。国事犯罪的名称当由此而来。但当今世界各国刑法典分则大多未再采用这一名称，我国《刑法》分则第一章名称为“危害国家安全罪”，本章之罪即属国事犯罪。国事犯罪危害国家的根本政治制度和社会制度，具有最严重的社会危害性，所以我国《刑法》将这类犯罪置于分则的第一章并设置了严厉的刑罚，同时规定“犯本章之罪的，可以并处没收财产”。

普通犯罪，指国事犯罪即危害国家安全罪之外的刑事犯罪，我国《刑法》分则第一章以外的罪，如危害公共安全罪，破坏社会主义市场经济秩序罪，侵犯公民人身权利、民主权利

---

① 苏惠渔主编：《刑法学》，中国政法大学出版社 1994 年版，第 73 页。

罪,侵犯财产罪等都是普通犯罪。普通犯罪有些也很严重,也可能适用死刑,但法定刑中死刑所占的比例比前者要小很多,且大多未规定可以并处没收财产。

(二) 身份犯与非身份犯

身份犯与非身份犯系以在犯罪构成上犯罪主体是否限定于特定身份为标准所作的分类。

身份犯,指在犯罪构成上犯罪主体被限定于具有一定身份的人的犯罪。例如,滥用职权罪、玩忽职守罪的犯罪主体限于国家机关工作人员,受贿罪的犯罪主体限于国家工作人员,这些犯罪都是身份犯。

非身份犯,指不要求犯罪主体具有一定的身份即可以构成的犯罪。例如,放火罪、爆炸罪、故意杀人罪、故意伤害罪、盗窃罪、诈骗罪等,都是非身份犯。这些犯罪,达到法定年龄、具有刑事责任能力的人均可构成。区分身份犯与非身份犯对于正确定罪具有重要意义。

(三) 亲告罪与非亲告罪

亲告罪与非亲告罪系根据是否以被害人的告诉为处理条件所作的分类。

亲告罪,指刑法明文规定需要被害人的告诉才处理的犯罪。《刑法》第 98 条后段规定:"如果被害人因受强制、威吓无法告诉的,人民检察院和被害人的近亲属也可以告诉。"《刑法》第 246 条规定的侮辱罪、诽谤罪,第 257 条第 1 款规定的暴力干涉婚姻自由罪,第 260 条第 1 款规定的虐待罪,都是亲告罪。这些犯罪之所以被规定为亲告罪,首先,是因为它们所侵害的权利较轻,危害不是很大,法院是否处理,宜尊重被害人的意见;其次,有的犯罪涉及被害人的名誉,不宜任意提起诉讼,以免损害被害人的名誉,是否告诉应由被害人决定;最后,有的犯罪,被害人与被告人之间还有亲属关系,被害人往往只是要求被告人停止侵害,并不希望他因此受刑事处罚,除非万般无奈,通常不愿告到法院。所以对于这类犯罪,采取"告诉才处理"的原则,除上述特殊情况以及第 260 条第 3 款规定的"被害人没有能力告诉"的情形外,司法机关一般不主动追究。

非亲告罪,指刑法规定亲告罪以外的犯罪。这类犯罪在刑法分则中占绝大多数。这些犯罪在诉讼程序上不需要被害人的告诉就能侦查、起诉、审判,除了刑事诉讼法规定的自诉案件外,均由人民检察院向人民法院提起公诉,人民检察院遇有《刑事诉讼法》第 177 条规定的情况时,应当或者可以作出不起诉决定。

(四) 基本犯、加重犯与减轻犯

基本犯、加重犯与减轻犯系根据行为的社会危害性程度所作的分类。

基本犯,指刑法分则规定的不具有加重或减轻情节的犯罪。例如,《刑法》第 237 条第 1 款规定:"以暴力、胁迫或者其他方法强制猥亵他人或者侮辱妇女的,处五年以下有期徒刑或者拘役。"本款规定的就是强制猥亵、侮辱罪的基本犯。刑法分则以基本犯为标本规定各种犯罪。

加重犯,指刑法分则规定的在基本犯的基础上具有加重情节并加重处罚的犯罪。例如,《刑法》第 237 条第 2 款规定:"聚众或者在公共场所当众犯前款罪的,或者有其他恶劣情节的,处五年以上有期徒刑。"本款规定的就是强制猥亵、侮辱罪的加重犯。我国刑法中的加重犯条文大多用“情节特别严重的”“后果特别严重的”“致人重伤、死亡的”“引起被害人重伤、死亡的”“数额巨大的”“致使国家利益遭受特别重大损失的”或者列举若干严重情节等来表述。在刑法分则中规定加重犯的条款不在少数。

减轻犯,指刑法分则规定的在基本犯的基础上具有减轻情节并减轻处罚的犯罪。例如,《刑法》第233条规定:“过失致人死亡的,处三年以上七年以下有期徒刑;情节较轻的,处三年以下有期徒刑。本法另有规定的,依照规定。”本条后半段规定的就是过失致人死亡罪的减轻犯。我国刑法中的减轻犯条文主要用“情节较轻的”“积极参加的”“其他参加的”等来表述。在刑法分则中规定减轻犯的条款相对来说为数不多。

复习思考题

1. 怎样理解我国刑法中犯罪的基本特征?
2. 犯罪同一般违法行为的区别在哪里?
3. 在我国理论上犯罪可以分为哪些种类?
4. 《刑法》分则规定的犯罪可以分为哪些种类?

自测习题及参考答案

第三章 犯罪构成

重点提示：

我国刑法中犯罪构成的概念和分类，犯罪客体的概念和分类，危害行为，危害结果，刑法上的因果关系，自然人犯罪主体，单位犯罪主体，犯罪故意，犯罪过失，刑法上的认识错误。

第一节 犯罪构成概述

一、犯罪构成理论的沿革

（一）“犯罪构成”一词的来源与演变

德、日刑法理论不使用“犯罪构成”，而使用“构成要件”一词，1851 年意大利学者法利纳休斯（Farinacius）提出 corpusdelicti 一词，表示已被证明的犯罪事实，属于诉讼法上的概念，这被认为是“构成要件”一词的来源。随后传到德国，1796 年德国学者克莱因（Klein）将 corpusdelicti 译成德语 tatbestand，字意为“行为情况”，仍然是诉讼法上的概念。直到费尔巴哈，tatbestand 才明确地被作为实体刑法上的概念来使用。昭和初期，构成要件理论被引进日本，日本学者将 tatbestand 译为“构成要件”。虽然被学者认为译词不大恰当，但因广泛使用，至今仍为日本学者所普遍接受。在苏联刑法学中，相当于日文译文“构成要件”一词的是用 cocmal nepecmynlehua（犯罪构成），不过内涵有所不同。中华人民共和国成立后，翻译苏联的刑法教材，即将此词译为犯罪构成，沿用到现在。

（二）德国、日本的构成要件理论

一般认为，构成要件论始于德国学者 E. 贝林（E.Beling）的提倡。1906 年贝林出版其《犯罪论》一书，提出了构成要件的见解，奠定了现代刑法学中的构成要件的理论基础。他认为犯罪成立的条件有三，即构成要件符合性、违法性、有责性，构成要件符合性只是犯罪成立的条件之一。构成要件是犯罪行为的类型或犯罪类型的外部的轮廓。它纯粹由客观的、记述的要素构成，与主观的、规范的要素没有关系。这就与其犯罪类型的观点相矛盾，因而受到批评。晚年他作了修正，将犯罪类型与构成要件加以区别，认为犯罪类型是由各种不同要

素构成的整体，构成要件则是理论上先于犯罪类型的指导形象。这样，构成要件就成为内容空虚的抽象的概念。

德国学者迈尔以贝林初期的构成要件论为基础，一方面认为构成要件符合性与违法性必须明确区分，同时认为构成要件符合性是违法性的认识根据，就像烟与火的关系。他还承认法律上的构成要件中有规范的要素和主观的要素，实际上仍维持构成要件只具有记述性和客观性的观点。不过，他毕竟推进了构成要件的类型化。

德国学者 E. 梅茨格尔（E.Mezger）提出违法类型论，进一步发展了迈尔的构成要件论，主张构成要件是违法性的存在根据。实施符合构成要件的行为，只要不存在不法阻却事由，即构成违法行为。他还认为构成要件符合性是修饰犯罪成立要件的概念，而不是独立的犯罪成立要件。例如，符合构成要件的行为、符合构成要件的不法、符合构成要件的责任。这样他将行为、不法、责任确定为其犯罪论的核心。

日本学者小野清一郎、泷川幸辰将德国的构成要件论引入日本，各自展开自己的理论研究。小野清一郎主张违法责任类型论，认为构成要件不仅是违法类型，也是责任类型；并认为构成要件要素不只是单纯记述性的、客观的，也包含规范的、主观的要素，他还试图将构成要件论作为整个刑事法领域的指导原理。泷川幸辰最初认为构成要件是违法性的表征，后来转而采取违法类型说，主张构成要件表现为具备了违法性的“行为模式”，即违法类型。第二次世界大战以后，出现了团藤重光的定型说。该说认为构成要件是违法、有责行为的法的定型。可以看出，在日本，构成要件理论并未趋于一致。

（三）苏联的犯罪构成理论

苏联的犯罪构成理论当以著名刑法学者特拉伊宁（Trainin）的观点为代表，他撰写的《犯罪构成的一般学说》对犯罪构成理论作了全面系统的论述。其主要观点可以概括如下：

1. 犯罪构成理论在苏维埃刑法理论体系中居于核心地位。他认为，在苏联，犯罪构成是刑事责任的唯一根据；某人的行为具备犯罪构成，便可对其适用刑罚，否则，就不能追究刑事责任。

2. 苏维埃刑法中的犯罪构成是犯罪成立要件的总和。在他看来，行为符合犯罪构成，也就构成犯罪，而与西方刑法理论只把构成要件符合性作为犯罪成立要件之一，显然不同。

3. 确定犯罪构成的概念时不能脱离犯罪的实质定义。他认为，不应把犯罪的概念与犯罪构成的概念截然分开，也不应把它们混淆起来，在确定犯罪构成的概念时，不能脱离《苏俄刑法典》第 6 条中的犯罪的实质定义。

4. 犯罪构成的因素是决定苏维埃法律所规定的犯罪的全部事实。他主张犯罪构成的因素分为四类，即犯罪客体、犯罪客观方面、犯罪主体、犯罪主观方面。

此外，他还对犯罪构成的分类、犯罪构成与刑法总则方面的问题作了详细的论述。

苏联学者中除特拉依宁外，还有契柯瓦则、皮昂特考夫斯基等对犯罪构成理论作出了一定的贡献。他们的基本观点是一致的，但在某些问题上还有分歧。

（四）我国的犯罪构成理论

新中国成立初期，国家提倡学习苏联，在刑法学上从苏联引进了其犯罪构成理论。党的十一届三中全会后，要求健全社会主义法制，犯罪构成逐渐为刑法理论研究者所重视。从那时起，学者不断发表研究犯罪构成的论文，并先后出版了《犯罪构成论》《犯罪构成系统论》和《犯罪构成原理》等著作。这些论著力图突破苏联的构成要件理论模式，探索建立自己的犯罪构成理论，各抒己见，展开讨论。首先，对犯罪构成是法律概念还是理论概念，存在法定说、理论说和折中说的争论。对此，有学者主张应将犯罪构成的概念与犯罪构成理论的概念加以区别，前者是法律概念，后者是理论概念，这一观点得到不少学者的赞同。其次，对犯罪构成包含哪些要件，争议更大，有二要件说、三要件说、四要件说、五要件说不一而足，且除五要件说外，各说内部还有不同的见解。但通说为四要件说，即认为犯罪构成要件可以分为犯罪客体、犯罪客观方面、犯罪主体和犯罪主观方面四个方面。不过，对四个方面的排列顺序，仍然存在分歧。此外，有的学者运用系统论等方法，对建立新的犯罪构成体系作了尝试，也有学者主张用“犯罪模式”一词代替犯罪构成，但这些见解都还未为多数学者所接受。因而如何建立我国的犯罪构成理论体系，仍然有待进一步深入研究。

二、犯罪构成的概念

（一）犯罪构成的定义和特征

根据我国刑法理论的通说，犯罪构成是我国刑法规定的，决定某一具体行为的社会危害性及其程度，而为该行为构成犯罪所必须具备的一切客观要件和主观要件的有机统一体。它具有如下特征：

1. 犯罪构成的法定性。即犯罪构成是由我国刑法加以规定的。我国刑事法律虽然没有采用“犯罪构成”一词，但是刑法确实规定了构成犯罪必须具备的要件，刑法理论正是将刑法的这种规定概括为犯罪构成的。出于立法技术的考虑，刑法将各种具体犯罪的犯罪构成要件规定于分则，而将各种犯罪的共同构成要件规定于总则。例如，《刑法》第 233 条过失致人死亡罪的构成要件是：客观方面是致人死亡，主观方面是过失，客体是他人的生命权利，至于主体，条文未加规定，需要根据总则的规定来认定。总则对主体的刑事责任年龄、刑事责任能力、单位、犯罪主观方面的故意或过失等均一一加以规定。上例中过失致人死亡罪，根据总则的规定，犯罪主体是年满 16 周岁，具有刑事责任能力的自然人。同时总则还对被称为修正的犯罪构成的犯罪预备、犯罪中止、犯罪未遂以及共同犯罪中的主犯、从犯、胁从犯和教唆犯作了规定。由此可见，没有刑事法律的规定，也就没有犯罪构成。

需要指出的是，犯罪构成与犯罪构成事实虽有密切联系，但二者不能混同，犯罪构成是刑事法律的规定，犯罪构成事实是符合犯罪构成的事实。换言之，前者是法定问题，后者是事实问题。二者的密切联系在于：行为的具体事实符合法定的犯罪构成时，才能称为犯罪构成事实，才能追究行为人的刑事责任；而仅有法定的犯罪构成，没有犯罪构成事实，是不可能发生追究刑事责任问题的。

2. 构成要件的主客观统一性。即犯罪构成是一系列主观要件和客观要件的有机统一体。与前述贝林主张的构成要件只包括客观的要件而不包括主观的要件不同，我国刑法中的犯罪构成既包括客观要件，也包括主观要件。其中，客观要件指犯罪客体和犯罪客观方面的要件；主观要件指犯罪主体和犯罪主观方面的要件。犯罪客体、犯罪客观方面、犯罪主体、犯罪主观方面都包括不止一个要件，所以它们不是“四个要件”，而是四个方面的要件。通说中常有人称“四大件”,如果把它理解为“四个方面的要件”的简体,是可以的;如果理解为“四个要件”则属不妥。

应当指出,犯罪构成并不是各个主客观要件的简单相加即所谓“总和”,而是各个要件相互间存在着密切联系的有机统一整体。构成一种犯罪,行为人必须达到刑事责任年龄并具有刑事责任能力,主观上出于故意或者过失,实施了危害社会的行为,并引起了危害结果,造成某种客体的损害。可见一种犯罪是由犯罪主体基于犯罪的主观方面,实施了犯罪的客观方面,侵犯了犯罪客体才构成的。没有犯罪的主观方面和客观方面,行为人不可能成为犯罪主体,客观存在的某种社会关系也不可能成为犯罪客体;而犯罪的主观方面和客观方面,都是以行为人即犯罪主体的存在为前提的,离开了一个方面,另一方面也不可能存在。因而必须牢记:我们只是在进行分析时才将各个要件分别论述,实际上这些要件是密切联系组成一个犯罪构成整体的。

3. 犯罪构成与社会危害性的统一性。即犯罪构成与行为的社会危害性及其程度是一致的,而不是相脱离的。这表现在:(1) 犯罪构成以行为的社会危害性为内容。众所周知,犯罪构成是决定某一具体行为的社会危害性及其程度而为该行为构成犯罪所必需的一切要件的整体。换言之,犯罪构成说明行为因具备哪些条件而有严重的社会危害性进而成为犯罪。如果各个要件的整体不能说明行为具有严重的社会危害性,就不存在犯罪构成。由此可见,犯罪构成不是空洞的,而是以行为的严重社会危害性为内容的。(2) 行为的社会危害性通过犯罪构成来认定。如前所述,我国刑法的基本原则之一是罪刑法定原则,何种程度的社会危害行为构成犯罪,都由立法者在刑法中加以规定,这就表现为一定的犯罪构成;所以行为的社会危害性及其程度需要通过犯罪构成来认定,从而也可以说,犯罪构成是行为的社会危害性的法律标志。行为符合犯罪构成,就说明该行为具有构成犯罪的严重社会危害性。

(二) 犯罪构成与犯罪概念的关系

犯罪构成与犯罪概念是两个既相区别又有联系的范畴。二者的区别在于:犯罪概念表述犯罪本质特征和法律特征,它回答的是“什么是犯罪”的问题;犯罪构成说明犯罪所必须具备的要件,它回答的是“具备哪些条件才能成立犯罪”的问题。换言之,二者的根本区别在于彼此的功能不同。二者的联系在于:犯罪构成以犯罪概念为基础,离开犯罪概念,犯罪构成就失去了依据,也就谈不上犯罪构成;犯罪概念通过犯罪构成来阐明,离开犯罪构成,行为是否构成犯罪也就难以具体认定。

顺便指出,我国刑法中犯罪构成与犯罪概念的关系与德、日刑法中构成要件与犯罪概念的关系是不同的。在德、日刑法中,犯罪概念通常被定义为符合构成要件的、违法的、有责的行为,符合构成要件只是犯罪概念的一个特征,二者的关系是部分与整体的关系。在我国刑法中,行为符合犯罪构成,也就构成犯罪,无须再增加其他要件,二者的关系是形式与内容的关系。

(三) 犯罪构成的意义

1. 有利于实现罪刑法定原则。《刑法》第 3 条明文规定了罪刑法定原则,罪刑法定原则的派生原则——排斥习惯法、明确性原则、实体适当原则要求刑法明文、明确、恰当地规定各种犯罪的成立条件和法律后果,以便司法实践操作,而犯罪构成正是犯罪成立条件的概括,所以它有利于罪刑法定原则的实现。犯罪构成可以使确实犯了罪的人受到追究,以维护社会秩序;也可以使未实施罪行的人不受处罚,以保障人权。犯罪构成,有助于罪刑法定原则维护社会秩序和保障人权的功能的实现。

2. 对刑事司法实践起着特别重要的指导作用。刑事司法实践中,不论侦查、起诉还是审判,都必须以犯罪构成为指导。具体言之,它具有如下作用:(1) 区分罪与非罪。一种行为是否构成犯罪,只能以犯罪构成为准来判断,行为符合犯罪构成的,才能构成犯罪;不符合犯罪构成的,则不构成犯罪。(2) 区分此罪与彼罪。在刑事司法实践中,不仅要区分罪与非罪,还需要对行为准确定性,即区分此罪与彼罪。区分此罪与彼罪,也只能以事实为根据,依照刑法规定的各个具体的犯罪构成来判定。例如,行为符合过失致人死亡罪的构成要件的,应定过失致人死亡罪,而不能定故意杀人罪,即根据各自的犯罪构成,将过失致人死亡罪与故意杀人罪区别开来。(3) 区分犯罪的不同形态。我国刑法对犯罪过程中的犯罪形态规定有犯罪预备、犯罪未遂和犯罪中止,它们的刑事责任轻重大不相同,在刑事司法实践中必须将各种形态加以区分。区分的根据是分则中规定的某一具体的犯罪构成和总则中各种修正的犯罪构成。此外,区分共同犯罪中的主犯、从犯、胁从犯或教唆犯,区分一罪与数罪,也都要以犯罪构成为标准来解决。(4) 区分普通犯罪、重罪与轻罪。刑法分则条文根据行为的社会危害性程度,普通犯罪之外,往往规定了重罪或轻罪的构成。根据这些构成,便可将普通犯罪与重罪、轻罪加以区分。这些罪行轻重不同的犯罪构成背后规定着轻重不同的法定刑,所以,犯罪构成不仅对定罪非常重要,对量刑也具有重要意义。

三、犯罪构成的分类

借鉴外国的刑法理论,结合我国刑法规定的实际情况,根据不同的标准,从不同的角度,可以将我国刑法中的犯罪构成分为四类。

(一) 基本的犯罪构成与修正的犯罪构成

这是以犯罪构成的形态为标准所作的区分。所谓基本的犯罪构成,是指刑法分则条文就某一犯罪的既遂状态所规定的犯罪构成。例如,《刑法》第 114 条规定的放火罪、决水罪、爆炸罪、投放危险物质罪,第 236 条规定的强奸罪,第 252 条规定的侵犯通信自由罪以及其他绝大多数条款规定的犯罪都是基本的犯罪构成。基本的犯罪构成一般是刑法分则或单行刑法所规定的既遂犯和单独犯的犯罪构成,但也有少数条款规定两个或两个以上行为人犯罪的犯罪构成,《刑法》第 104 条规定的武装叛乱、暴乱罪等就是适例,这并不影响其为基本的犯罪构成。

所谓修正的犯罪构成,或称扩张的犯罪构成,是指以基本的犯罪构成为基础,适应故意犯罪过程中的犯罪形态或共同犯罪的形式而分别加以修改变更的犯罪构成。犯罪预备、犯罪未遂、犯罪中止和主犯、从犯、胁从犯、教唆犯的犯罪构成,就是两类不同的修正的犯罪构成。修正的犯罪构成分别规定在刑法总则之中,因而不能说犯罪预备或教唆犯不存在犯罪构成,只是在确定这类犯罪构成时,需要把有关犯罪在分则中规定的犯罪构成和总则中关于该修正的犯罪构成的规定结合起来加以认定。例如,为了杀人而购买毒药,这是故意杀人罪的犯罪预备,应当根据《刑法》分则第 232 条关于故意杀人罪的规定和总则第 22 条关于犯罪预备的规定确定它的犯罪构成。由此可见,修正的犯罪构成不可能脱离基本的犯罪构成而独立存在。

(二) 普通的犯罪构成与派生的犯罪构成

这是以犯罪构成中行为的社会危害性为标准所作的区分。所谓普通的犯罪构成,也可称为原始的犯罪构成,是指刑法条文对具有通常社会危害程度的行为所规定的犯罪构成。相对于危害严重或危害较轻的犯罪构成,它是犯罪构成的基本形态或原始形态。例如,《刑法》第 260 条第 1 款规定的虐待罪,就是普通的虐待罪的构成。

所谓派生的犯罪构成,指以普通的犯罪构成为基础,由于具有严重或较轻社会危害程度的情节而从普通的犯罪分化出来的犯罪构成。它包括严重的犯罪构成和减轻的犯罪构成。前者指由于犯罪主体、犯罪情节或危害结果不同,行为的社会危害性因而增大,相应地规定加重刑罚或从重处罚的犯罪构成。如《刑法》第 260 条第 2 款规定“犯前款罪,致使被害人重伤、死亡的”,就是虐待罪的严重的犯罪构成。后者指由于犯罪情节较轻、行为的社会危害程度较小,相应地规定减轻刑罚的犯罪构成。如《刑法》第 232 条后段规定的“情节较轻的”,就是故意杀人罪的减轻的犯罪构成。

在刑法分则中,这三种犯罪构成并非在同一条文中同时存在,规定普通的犯罪构成与严重的犯罪构成的条款较多,而规定普通的犯罪构成和减轻的犯罪构成的条款则为数较少。区分这类犯罪构成的意义是便于审判人员根据罪行的轻重量刑。

(三) 封闭的犯罪构成与开放的犯罪构成

这是以法律条文对犯罪构成要件表述的情况为标准所作的区分。所谓封闭的犯罪构成,或称完结的犯罪构成,是指刑法条文完整地规定了犯罪构成要件,不需要法官予以补充的犯罪构成。通常的犯罪构成是封闭的犯罪构成。

所谓开放的犯罪构成,或称待补充的犯罪构成,是指刑法条文仅规定了部分构成要件,适用时需要法官予以补充的犯罪构成。所谓“开放”,是指对法官开放。所以,对开放的犯罪构成来说,仅仅形式上符合刑法条文规定的构成要件是不够的,必须经法官的实质判断加以补充,才能确定是否符合犯罪构成。这种犯罪构成主要是过失犯和不真正不作为犯。在过失犯中,如《刑法》第 233 条规定的“过失致人死亡的”,法律上要求的注意义务的内容不能不由法官来确定。在不真正不作为犯中,如有作为义务的人出于故意不给婴儿喂奶致婴儿死亡时,虽然构成不作为杀人,但作为义务的有无和范围,则委之于法官的判断。区分这类犯罪构成的意义在于:大多数犯罪根据刑法条文本身就可确定,但开放的犯罪构成,则需要借助法官的补充才能确定。

(四) 简单的犯罪构成与复杂的犯罪构成

这是以犯罪构成内部的结构状况为标准所作的区分。所谓简单的犯罪构成,或称单纯的犯罪构成,是指刑法条文规定的犯罪构成的诸要件均属单一的犯罪构成。例如,《刑法》第 234 条第 1 款规定的故意伤害罪的构成。该条款规定的是一个客体——他人的身体健康权利,一种行为——伤害,一种罪过形式——故意。

所谓复杂的犯罪构成,或称混合的犯罪构成,是指刑法条文规定的犯罪构成的诸要件并非均属单一的犯罪构成。其又可细分为如下几种：

1. 选择的犯罪构成，指刑法条文规定有两种以上供选择的要件的犯罪构成。其特点在于：就该种犯罪构成，刑法条文规定了若干供选择的要件，但对于犯罪构成来说，并不需要具备法条所列举的供选择的全部要件，只要具备其中一个要件就够了。例如，《刑法》第263条规定“以暴力、胁迫或者其他方法抢劫公私财物的”，其中“暴力”“胁迫”“其他方法”就是供选择的要件，具备三者之中任何一个要件都可以构成本罪。供选择的要件之间，在刑法条文上用顿号（、）或“或者”来表示。选择的犯罪构成中的“选择”情况极为复杂，可以从不同的角度再加以区分：

第一，同一性质的选择与不同性质的选择。这是根据选择要件的性质是否相同所作的区分。同一性质的选择，指刑法条文规定的犯罪构成的选择要件具有相同的性质。根据选择要件的特性，可分为：(1) 犯罪对象的选择，如《刑法》第240条规定“拐卖妇女、儿童的”，这里的妇女、儿童就属于犯罪对象的选择。(2) 犯罪方法的选择，如上述第263条规定的抢劫罪，其中暴力、胁迫、其他方法就属于犯罪方法的选择。(3) 犯罪地点的选择，如《刑法》第291条规定“聚众扰乱车站、码头、民用航空站……或者其他公共场所秩序”，这里的车站、码头等就属于犯罪地点的选择。(4) 犯罪结果的选择，如《刑法》第236条第3款第6项规定“致使被害人重伤、死亡或者造成其他严重后果的”，这里重伤、死亡等就属于犯罪结果的选择。(5) 犯罪主体的选择，如《刑法》第306条规定“在刑事诉讼中，辩护人、诉讼代理人……”，这里的辩护人、诉讼代理人就属于犯罪主体的选择。(6) 犯罪目的的选择，如《刑法》第276条规定“由于泄愤报复或者其他个人目的……”，这里的泄愤报复、其他个人目的就属于犯罪目的的选择。此外，还有其他要件的选择，限于篇幅，不再论述。不同性质的选择，指刑法条文规定的犯罪构成的选择要件具有不同的性质。例如，《刑法》第340条规定“违反保护水产资源法规，在禁渔区、禁渔期或者使用禁用的工具、方法捕捞水产品……”，这里的禁渔区是犯罪地点，禁渔期是犯罪时间，使用禁用的工具、方法是犯罪方法，因而是不同性质的选择。

第二，单层选择与多层选择。这是根据选择性要件层次性数量所作的区分。单层选择，指刑法条文规定的某一犯罪构成的要件只有一个层次的选择。例如《刑法》第345条第1款规定“盗伐森林或者其他林木，数量较大的”，这里只有一个层次的选择，即森林或者其他林木等犯罪对象的选择。这种选择也可能表现为犯罪方法、犯罪地点等其他性质要件的选择。多层选择，指刑法条文规定的某一犯罪构成的要件具有两个层次以上的选择。它既包括两个层次的选择，如《刑法》第283条规定“非法生产、销售专用间谍器材或者窃听、窃照专用器材的”，这里就有两个层次的选择：第一层次是非法生产、销售等犯罪行为的选择，第二层次是专用间谍器材或窃听、窃照专用器材等行为对象的选择。也包括两个层次以上的选择，如《刑法》第269条规定“犯盗窃、诈骗、抢夺罪，为窝藏赃物、抗拒抓捕或者毁灭罪证而当场使用暴力或者以暴力相威胁的”，这里就有三个层次的选择。三个层次非常清楚，不再分别说明。这种两个以上层次选择的构成在我国刑法条文中为数不多。

2. 包括两个客体的犯罪构成，即刑法条文规定的一个具体的犯罪构成中包括两个互不相同的客体。例如，《刑法》第243条规定的诬告陷害罪，同时侵犯了他人的人身权利和司法机关的正常活动两个客体。

3. 包括多个行为的犯罪构成,即刑法条文规定的犯罪构成包含的不是一个行为,而是两个或更多的行为。这里所说的多个行为,不是供选择的要件,而是必须同时具备的要件,否则不可能构成该种犯罪。例如,《刑法》第236条规定的强奸罪,就包括暴力(或胁迫)和奸淫两种行为,只有这两种行为都具备时,强奸罪(既遂)才能成立。

4. 包括两个罪过形式的犯罪构成,即刑法条文规定的具体的犯罪构成包含的不是一个罪过形式,而是两个罪过形式。同时具备该两个罪过形式,才能构成该种犯罪。例如,《刑法》第257条第2款规定犯暴力干涉婚姻自由罪"致使被害人死亡的"就包含两个罪过形式:暴力干涉他人婚姻自由的罪过形式是故意,使被害人死亡的罪过形式是过失。

区分这类犯罪构成的意义在于:帮助我们分析各种犯罪构成的内部结构,分清一罪与数罪,避免将上述各种复杂的犯罪构成作为数罪看待。

四、犯罪构成要件

(一)犯罪构成要件的概念

所谓犯罪构成要件,指犯罪构成的成分。例如,《刑法》第305条规定的伪证罪,"证人、鉴定人、记录人、翻译人"是犯罪主体,"故意"是罪过形式,"意图陷害他人或者隐匿罪证"是犯罪目的,"在刑事诉讼中"是行为时间,"对与案件有重要关系的情节作虚假证明、鉴定、记录、翻译"是行为,这些成分的有机统一体,就是伪证罪的犯罪构成,其中的各个构成成分,就是犯罪构成的要件。其特征包括:(1)犯罪构成要件是行为构成犯罪所必须具备的成分。缺少这些成分,或者根本不构成犯罪,如缺少故意或过失;或者不可能达到犯罪的完成形态,如缺少犯罪结果。(2)犯罪构成要件是由法律规定的。法律规定不仅指刑法分则、单行刑法的规定,也包括总则的规定。例如,上述伪证罪的构成要件均由刑法分则规定,而认定犯罪不可缺少的要件,如刑事责任年龄、刑事责任能力以及什么是故意或过失,均由刑法总则规定。

(二)犯罪构成要件的分类

犯罪构成要件,可以根据不同的标准作不同分类。如何分类,意见尚不一致。本书认为,参照外国刑法理论,结合我国的实际情况,宜将犯罪构成要件分为以下几类:

1. 客观的要件与主观的要件。这是以犯罪构成的要件属于客观还是属于主观为标准所作的区分。客观的要件,指形成犯罪构成内容的、表现于外界的、离开行为人的意识而独立在外部存在的要件。例如,犯罪客体、犯罪对象、犯罪行为、犯罪结果以及犯罪的方法、时间和地点等,都是客观的要件。主观的要件,指形成犯罪构成内容的、说明实施犯罪的行为人的、存在于行为人内部的、心理方面的要件。例如,成为犯罪主体所要求的刑事责任年龄、刑事责任能力、特定身份、犯罪故意、犯罪过失、犯罪目的等,都是主观的要件。

2. 记述的要件与规范的要件。这是以确定犯罪构成的要件是否经过价值判断为标准所作的区分。记述的要件指是否存在仅仅根据对事实的认识就能确定的要件。例如,《刑法》第116条规定的破坏交通工具罪,作为犯罪对象的火车、汽车、电车、船只等,根据对事实的认识就能确定,而不需要经过一定的价值判断,所以是记述的要件。规范的要件,指是否存在需要由法官根据特定的社会文化和法律进行评价后才能确定的要件。例如,《刑法》第237条第1款规定的强制猥亵罪中的“猥亵”,第365条规定的组织淫秽表演罪中的“淫秽表演”等,仅仅根据对事实的认识还不能确定,还需要经过法官的评价甚至需要经过专家的鉴定才能最后确定,所以是规范的要件。

比较上述两种要件可以看出:记述的要件是明确的,易于认定;规范的要件不够明确,难以认定。根据罪刑法定原则中的明确性原则,刑事立法应尽量多用记述的要件,少用规范的要件。但刑事立法是复杂的,它要反映社会上形形色色的事物,所以不能全用记述的要件,而不用规范的要件,否则,既不利于刑事立法,也会脱离社会生活实际。

3. 共同的要件与选择的要件。这是以犯罪构成的要件是否为每一犯罪构成所必需为标准所作的区分。共同的要件,指每一犯罪构成都必须具有而不可缺少的要件。这类要件有犯罪客体、犯罪行为、刑事责任年龄、刑事责任能力、犯罪的故意或过失等,它们是每一犯罪构成所必须具备的,缺少其中之一,就不存在犯罪构成。选择的要件,指不是每一犯罪构成必须具有的,而只是一部分犯罪构成具有的要件。这类要件有犯罪对象、危害结果、特定身份、单位、犯罪目的以及行为的时间、地点、方法等。例如,《刑法》第341条第1款规定的危害珍贵、濒危野生动物罪,其犯罪对象只能是珍贵、濒危野生动物,否则不可能构成本罪。有些犯罪如盗窃罪、诈骗罪等,并不是没有犯罪对象,但它们并不以特定的犯罪对象为犯罪构成的要件,所以犯罪对象是选择的要件。其他的选择要件与此类似,不再一一说明。

4. 具体的要件与一般的要件。这是以犯罪构成要件是某一具体的犯罪构成的要件,还是犯罪构成的共同的要件为标准所作的区分。具体的要件,指某一具体的犯罪构成所必须具备的要件。例如,《刑法》第275条规定的故意毁坏财物罪,其犯罪构成的要件是:(1)故意;(2)毁坏;(3)公私财物;(4)数额较大或有其他严重情节,再加上总则规定的刑事责任年龄、刑事责任能力、自然人等。刑法上规定的犯罪构成是多种多样的,区分罪与非罪、此罪与彼罪,应根据各个具体的犯罪构成的不同要件来确定。一般的要件,指在一些犯罪构成中共同存在的要件。我国刑法理论通说认为,犯罪构成的一般的要件包括:(1)犯罪客体;(2)犯罪客观方面;(3)犯罪主体;(4)犯罪主观方面等四个方面的要件(不是四个要件)。一般的要件不同于共同的要件,它包括共同的要件与选择的要件,是与具体的要件相对而言的;共同的要件是与选择的要件相对而言的。如果说研究具体的要件,主要是刑法各论的任务,那么,研究一般的要件,则是刑法总论的任务。

第二节　犯罪客体

一、犯罪客体的概念与意义

(一)犯罪客体的概念

客体,“哲学上指主体以外的客观事物,是主体认识和实践的对象”[①]。在刑法学上,犯罪

① 中国社会科学院语言研究所词典编辑室编:《现代汉语词典》(增补本),商务印书馆2012年版,第737页。

客体指主体危害社会的行为所侵犯的事物。一种行为之所以构成犯罪，首先在于它侵犯了刑法所保护的客体，否则，刑法就不可能将它规定为犯罪，所以犯罪客体是任何犯罪所不可缺少的要件。如何界定犯罪客体，理论上有各种不同的见解，但通说认为，所谓犯罪客体，是指我国刑法所保护的犯罪行为所侵犯的社会关系。它具有如下主要特征：

1. 犯罪客体是一种社会关系，即犯罪行为侵犯的是我国社会主义社会的一定的社会关系。社会关系是“人们在社会活动和交往过程中所形成的相互关系的总称”[①]。按照列宁的分析：“……把社会关系分成物质的社会关系和思想的社会关系。思想的社会关系不过是物质的社会关系的上层建筑，而物质的社会关系是不以人的意志和意识为转移而形成的，是人维持生存的活动的（结果）形式。”[②] 换言之，物质关系即生产关系，是社会的经济基础；思想关系即政治、法律、宗教等各种非物质关系，是社会的上层建筑，它为经济基础所决定，同时也给经济基础以影响。不论社会的经济基础还是上层建筑，都可能受犯罪行为侵犯而成为犯罪客体。由于经济基础是社会发展到一定阶段的社会经济制度，上层建筑又由它决定，所以经济基础和上层建筑具有鲜明的阶级性，从而以社会关系作为犯罪行为侵犯的客体，也就清楚地揭示了犯罪的阶级本质。

在我国，犯罪行为侵犯的客体，实际上绝大多数都是社会主义社会关系，但这里没有指出犯罪客体是社会主义社会关系，因为：(1) 我国宪法允许私营经济的存在和发展，外资企业在我国也已有相当数量，在社会主义市场经济条件下，它们对我国经济的发展起着积极作用，刑法应当对它们加以保护。(2) 我国已经加入世界贸易组织，世贸组织的基本原则之一——国民待遇原则也要求我国对外资企业同样予以保护。这些非社会主义社会关系也可能被犯罪行为侵犯，从而成为我国刑法中的犯罪客体。将犯罪客体表述为社会关系，这些非社会主义社会关系也就可以包括在内。

近些年来，我国部分刑法学者对犯罪客体的通说提出挑战，认为“社会关系”说已经不合时宜，主张以“社会利益”说、“社会关系与利益”说、“社会关系与生产力”说、“权益”说等取代。这些意见丰富和深化了犯罪客体理论，但直到现在，无论哪一种观点都还没有得到广泛的赞同，因而本书仍然采取通说。

2. 犯罪客体是我国刑法所保护的社会关系。社会关系的内容非常丰富，范围特别广泛，但不是一切社会关系都由刑法保护，因为社会关系的重要性是大不相同的。有些社会关系极为重要，如国家安全、公共安全、生命权利等，这些社会关系急需刑法加以保护。有些社会关系虽不如上述社会关系重要，但也有相当的重要性，如经济秩序、生命权利之外的人身权利、婚姻家庭、财产权利、社会秩序、国家机关的正常活动等，这些社会关系可以由民法、行政法等加以保护，也可以由刑法加以保护。有些社会关系比较一般，如友谊、恋爱、邻居、师徒等，这些社会关系由道德加以保护，不需要动用刑法。总之，根据社会关系的重要性程度，不同的社会关系分别由不同的行为规范加以保护，只有重要的社会关系，才由刑法加以保护，因为刑法是最严厉的法律手段。刑法保护的社会关系，都在刑法条文中明确规定。例如，《刑法》第 2 条规定保卫国家安全、人民民主专政的政权和社会主义制度，保护国有财产和劳动群众集体所有财产、公民私人所有的财产，公民的人身权利、民主权利和其他权利，

① 辞海编辑委员会编纂：《辞海》（1999 年版缩印本），上海辞书出版社 2002 年版，第 1475 页。

②《列宁选集》第 1 卷，人民出版社 1995 年版，第 19 页。

维护社会秩序、经济秩序,保障社会主义建设事业的顺利进行;刑法分则条文通过对侵犯某种社会关系的具体犯罪行为处以刑罚而对该社会关系加以保护。由此不难看出,只有刑法保护的社会关系,才可能成为犯罪客体,未由刑法保护的社会关系是不能成为犯罪客体的,亦即侵犯未由刑法保护的社会关系的行为,不可能构成犯罪。

3. 犯罪客体是犯罪行为侵犯的社会关系。刑法所保护的各种社会关系,都是客观存在的,它们未被犯罪行为侵犯时,还不能说是犯罪客体,而只是可能的犯罪客体;只有它们受到犯罪行为侵犯时,才是犯罪客体。行为如果没有侵犯刑法保护的社会关系,就不存在犯罪客体,从而也就不构成犯罪。

这里所谓侵犯,包含侵害和威胁两种意思。如将他人杀死,剥夺了他人的生命权,固然是侵犯;威胁某种社会关系,如购买炸药,准备爆炸住有仇人的居民楼,对公共安全构成威胁,也是侵犯。据此,犯罪预备、犯罪未遂、犯罪中止等行为同样存在犯罪客体。

我国刑法分则对犯罪客体的规定,采取了多种多样的方式:

第一,条文明确揭示犯罪客体。例如,《刑法》第 105 条规定的颠覆国家政权罪,条文提示其犯罪客体为"国家政权"(即人民民主专政政权)和"社会主义制度"。

第二,条文规定犯罪客体的物质表现,通过该物质表现显示犯罪客体。例如《刑法》第 214 条规定的销售假冒注册商标的商品罪,条文规定犯罪客体的物质表现——假冒注册商标的商品,该商品显示本罪的客体是他人的注册商标专用权和国家的商标管理制度。

第三,条文规定违反某项法规为构成要件,通过该项法规表明犯罪客体。例如,《刑法》第 342 条规定的非法占用农用地罪,条文规定本罪以"违反土地管理法规"为要件,通过该法规,表明本罪的客体是国家对土地的管理制度。

第四,条文揭示犯罪行为的特征,通过该行为特征表明犯罪客体。例如,《刑法》第 238 条规定的非法拘禁罪,条文提示犯罪行为的特征是"非法拘禁他人或者以其他方法非法剥夺他人人身自由",这就表明本罪的客体是公民的人身自由权利。

此外,刑事立法还有用其他方法表明犯罪客体的,限于篇幅,不再论述。由此可见,许多条文虽然没有明示什么是犯罪客体,但通过各种方式表明了犯罪客体。对此,我们应有明确的认识。

(二) 研究犯罪客体的意义

研究犯罪客体除能够揭示犯罪的本质外,还具有如下意义:

1. 有助于建立刑法分则的科学体系。作为犯罪客体的社会关系是有不同层次的,一种社会关系之下,还可以分出若干层次的社会关系,或者再分出若干具体的社会关系。我国刑法分则以某一类犯罪共同侵犯的社会关系为标准,按照十种不同的社会关系,划分为十章,大体上根据社会关系的重要性并考虑犯罪主体的特性依次排列,将危害国家安全罪列于各章之首,将军人违反职责罪置于各章之后,从而形成类罪清晰、排列有序的刑法分则体系。

2. 有助于分清此罪与彼罪的界限。刑法上规定的各种犯罪,可以从不同方面加以区别,首先可以从犯罪客体上加以区分。例如,《刑法》第 111 条规定的为境外窃取、刺探、收买、非法提供国家秘密、情报罪与第 219 条规定的侵犯商业秘密罪,二者首要的区别就是:前者的犯罪客体是国家的安全和利益,后者的犯罪客体是国家对商业秘密的管理秩序和商业秘密权利人的合法权益。由此可见,犯罪客体在一定条件下对区分此罪与彼罪具有极为重要的意义。

3. 有助于正确裁量刑罚。我国刑法明文规定了罪责刑相适应原则,据此,刑罚的轻重首先应与犯罪行为的社会危害程度相适应,犯罪客体则是影响行为的社会危害程度的首要因素。犯罪客体的重要性、同种客体受侵害的程度都会影响行为的社会危害程度。例如,生命权不同于健康权,健康权遭受严重侵害不同于遭受一般侵害,它们对行为的社会危害程度有很大影响,因而刑法对这些行为规定了不同的法定刑。所以根据犯罪客体正确评价犯罪行为的社会危害程度,有助于在审判实践中正确裁量刑罚。

二、犯罪客体的分类

犯罪客体可以从不同的角度,依据不同的标准作不同的分类。通过分类可以准确认定犯罪的性质、区分此罪与彼罪和正确裁量刑罚。

(一) 犯罪客体的一般分类

按照犯罪行为所侵犯的社会关系的不同层次,通常可将犯罪客体分为犯罪的一般客体、犯罪的同类客体和犯罪的直接客体。三者是整体与部分、一般与特殊的关系。

1. 犯罪的一般客体,指一切犯罪行为所共同侵犯的客体,也就是我国刑法所保护的社会关系的整体。犯罪的一般客体揭示了一切犯罪的共性,即任何犯罪都侵犯犯罪的一般客体,否则,就不会构成犯罪。同时,犯罪的一般客体还揭示了我国犯罪的本质。在我国,犯罪的一般客体是我国社会主义社会的社会关系整体,它是任何一个具体犯罪所侵犯的具体的社会关系的高度概括,所以一切犯罪无不侵犯我国社会主义社会的社会关系,这就揭示了我国的犯罪不同于其他西方国家犯罪的本质。

有的学者认为,犯罪的一般客体与我们所讲的犯罪客体基本一致,没有必要专门提出这一类别。本书认为这种意见欠妥。因为犯罪客体与犯罪的一般客体是两个不同的概念,前者是属概念,后者是种概念。犯罪客体通常分为三个层次,犯罪的一般客体是最高层次,它与同类客体、直接客体相对而言。没有这一层次,就不可能揭示所有犯罪共同侵犯的客体;而如果以犯罪客体取代犯罪的一般客体,就将属概念与种概念混为一谈。

2. 犯罪的同类客体,指某一类犯罪所共同侵犯的客体,也就是刑法所保护的社会关系的某一部分,该部分之内的具体社会关系的性质相同或相近。例如抢劫罪、盗窃罪、抢夺罪、诈骗罪、聚众哄抢罪、侵占罪、职务侵占罪、敲诈勒索罪都共同侵犯公私财产所有权,这些犯罪侵犯的社会关系是相同的;挪用资金罪侵犯公私财产使用权,挪用特定款物罪侵犯公共财产使用权,这两种犯罪与上述一些犯罪侵犯的社会关系是相近的,因此刑法将这些犯罪规定在侵犯财产罪一章。公私财产权利就是这些犯罪的同类客体。

我国刑法分则体系就是依据犯罪的同类客体建立的,它将犯罪分为十章,各章罪名和犯罪的同类客体依次排列为:危害国家安全罪,同类客体是国家安全;危害公共安全罪,同类客体是公共安全;破坏社会主义市场经济秩序罪,同类客体是社会主义市场经济秩序;侵犯公民人身权利、民主权利罪,同类客体是公民的人身权利、民主权利;侵犯财产罪,同类客体是公私财产权利;妨害社会管理秩序罪,同类客体是社会管理秩序;危害国防利益罪,同类客体是国防利益;贪污贿赂罪,同类客体是职务行为的廉洁性;渎职罪,同类客体是国家机关的正常活动;军人违反职责罪,同类客体是国家的军事利益。

需要指出:(1)同类客体的内容不是一成不变的,随着形势的发展和刑法的修订,立法者可能将某一同类客体的内容加以调整——或扩大或缩小,或分立或合并。1997年《刑法》与1979年《刑法》相比,可以明显地看出同类客体的内容调整的情况。(2)《刑法》第三章分为八节,第六章分为九节,每节犯罪都有它们共同侵犯的客体,即该节犯罪共同侵犯的社会关系,也可以说是节的同类客体。它比章的同类客体的范围要小,并为章的同类客体所包容,属于下一层次的同类客体。学界对此还缺乏研究,这里提出来,意在引起关注。

3. 犯罪的直接客体,指某一具体犯罪行为所直接侵犯的客体,也就是某一具体犯罪行为所直接侵犯的某种具体的社会关系。例如,《刑法》第245条规定的非法侵入住宅罪,其直接侵犯的是他人的住宅不受侵犯的权利;第309条规定的扰乱法庭秩序罪,其直接侵犯的是人民法院庭审活动的正常秩序。这里的"他人的住宅不受侵犯的权利""人民法院庭审活动的正常秩序"就是犯罪的直接客体。犯罪的直接客体是构成每一具体犯罪不可缺少的条件。

如前所述,犯罪的一般客体提示了一切犯罪的共性,犯罪的直接客体则提示了各种犯罪的个性。因为各种犯罪无不侵犯具体的社会关系,而具体的社会关系是极为复杂的,犯罪更是千差万别、多种多样的。犯罪的多样性首先反映在侵犯的具体的社会关系的多样性上。正是基于此,在区分此罪与彼罪的界限和确定犯罪的社会危害程度上,犯罪的直接客体的性质及其受侵害的程度成为首要根据。如果说研究犯罪的一般客体是刑法总论的任务,那么研究各种犯罪的直接客体则是刑法各论的任务。

最后应当说明,上述犯罪客体的三分法只是相对的,不是绝对的。前面已经谈到,在刑法分则第三章和第六章,章下都分有节,各节都有自己的同类客体,在这里犯罪客体实际具有四个层次,这是对犯罪客体三分法的挑战。但就刑法分则绝大多数章而言,犯罪客体三分法仍然适用。因而就总体来说,我们还不能抛弃犯罪客体三分法,只是不要把它绝对化。

(二)犯罪直接客体的种类

1. 简单客体与复杂客体。这是根据犯罪行为直接侵犯的具体社会关系的简单或复杂程度所作的区分。简单客体,指犯罪行为仅仅侵犯某一具体的社会关系,即只有一个直接客体。例如,故意杀人罪的直接客体是他人的生命权利,侵占罪的直接客体是公私财产所有权等。这些犯罪的直接客体只有一个,就是简单客体。刑法中许多犯罪都属于这种情况。复杂客体,指该种犯罪行为同时侵犯两种或两种以上的具体的社会关系,即有两个或两个以上的直接客体。例如,诬告陷害罪的直接客体是他人的人身权利和司法机关的正常活动,挪用特定款物罪的直接客体是国家规定的关于特定款物专用的财经管理制度和公共财产的使用权。这些犯罪的直接客体都有两个,就是复杂客体。我国刑法中包含复杂客体的犯罪为数不少。查明某种犯罪的客体是简单客体还是复杂客体及客体内容的性质,有助于正确定罪与量刑。

2. 主要客体与次要客体。这是根据复杂客体中的直接客体在犯罪客体中的重要性程度所作的区分。主要客体,指某种犯罪行为同时侵犯的两种或两种以上的社会关系中,刑法着重予以保护的社会关系。刑法予以着重保护的原因在于,这种社会关系在立法者看来更具有重要性。例如刑讯逼供罪,其直接客体是两个,即公民的人身权利和司法机关的正常活动，立法者认为公民的人身权利涉及人权问题，至关重要，应当着重加以保护，因而将本罪放在侵犯公民人身权利、民主权利罪一章加以规定，公民的人身权利就是本罪主要客体。次要客体，指某种犯罪行为同时侵犯的两种或两种以上的社会关系中，刑法未予着重保护的社会关系。刑法之所以未予着重保护，原因在于立法者认为这种社会关系不如另一种社会关系重要。例如上述刑讯逼供罪，其两个直接客体中，立法者认为司法机关的正常活动虽然也重要，但公民的人身权利更重要，因而刑法在着重保护公民的人身权利的同时，也保护司法机关的正常活动。司法机关的正常活动就是本罪的次要客体。

了解某种犯罪的复杂客体中何者是主要客体，何者是次要客体，对正确认定犯罪性质和裁量刑罚都有重要意义。在定罪量刑中，主要客体固然应当给予足够的重视，次要客体的作用也绝对不能忽视。

三、犯罪对象

（一）犯罪对象的概念

犯罪对象，指刑法分则条文规定的犯罪行为直接作用的具体的人或物。[①] 其主要特征如下：

1. 犯罪对象是具体的人或物。我国学者关于犯罪对象的范围，意见颇不一致。通说认为犯罪对象指具体的人或物；有的学者认为指人、物和信息，或认为指人、事、物，或认为指人、物、行为；还有学者认为犯罪对象指法益的主体和客体物，包括国家、社会、社会组织、自然人和物等。本书认为，认定犯罪对象应以刑法条文的规定为依据，以利于司法实践判定犯罪为宗旨。据此来看，通说的观点较为妥当。例如，《刑法》第 121 条规定的劫持航空器罪，其对象是“正在使用中的航空器”；第 234 条规定的故意伤害罪，其对象是人。这样认定比较简单，易于掌握。

2. 犯罪对象是犯罪行为直接作用的人或物。作为犯罪对象的人或物，都是客观存在的，当没有受到犯罪行为的直接作用时，其还不能说是犯罪对象，而只是可能的犯罪对象；只有当犯罪行为直接作用于某人或某物时，其才是犯罪对象。所谓直接作用，是指向某事物并使之或可能使之发生影响的活动。它可能使事物发生质变，如将活人杀死；或使事物遭受损害，如将耕畜致残；或使事物变更位置，如将人民币从他人口袋里转移到自己口袋里，如此等等。犯罪对象只能是犯罪行为直接作用的人或物，否则就不是犯罪对象。据此可以将犯罪对象与犯罪所用之物（如犯罪工具等）区别开来。犯罪所用之物，指行为人进行犯罪活动所使用的物件，如杀人用的刀枪、毒药，购买走私货物用的款项等。犯罪所用之物不是犯罪行为直接作用的人或物，而是用来作用于人或物的物件。对于犯罪所用之物，有些在法律中明文加以规定，如《刑法》第 263 条第 7 项规定的“持枪抢劫”中的“枪”、第 287 条规定的“利用计算机实施金融诈骗……”中的“计算机”等；但大多数条文对犯罪所用之物并未规定，如杀人用的刀枪、盗窃用的万能钥匙等。总之，不能将犯罪所用之物与犯罪对象混为一谈。

---

① 我国刑法理论中的犯罪对象相当于日本刑法理论中的行为客体。日本学者西原春夫教授认为，所谓行为客体，是指刑法各条所规定的行为的对象物，即人或物。参见［日］西原春夫：《刑法总论》（修订版）（上），成文堂 1995 年版，第 100 页。

3. 犯罪对象是刑法规定的人或物。如前所述,刑法条文可通过规定犯罪客体的物质表现表明犯罪客体的存在。这里所说的犯罪客体的物质表现往往就是犯罪对象。所谓物质表现,固然指客观的物件,也包括具体的人。例如,《刑法》第 263 条至第 268 条规定的抢劫、盗窃、诈骗、抢夺、聚众哄抢公私财物中的"财物",第 232 条至第 235 条规定的故意杀人、过失致人死亡、故意伤害他人、过失致人重伤中的"人",都是犯罪对象。刑法正是通过规定作为犯罪对象的物或人表明犯罪行为侵犯的客体的。因此,犯罪对象通常在刑法中明文规定。

犯罪对象可以分为普通犯罪对象与特定犯罪对象。前者泛指人或物而未加以特别限制,如盗窃罪、抢夺罪,其犯罪对象是公私财物,至于财物具体指什么则没有限制,行为人盗窃、抢夺人民币、手机、手表或金银财宝,均可构成盗窃罪、抢夺罪。后者特指某种人或物,如《刑法》第 329 条第 1 款规定的抢夺、窃取国有档案罪,其犯罪对象只能是国有档案,否则,就不可能构成本罪。一种犯罪的犯罪对象是普通犯罪对象还是特定犯罪对象,只有依照刑法分则条文的规定才能确定。

（二）犯罪对象与犯罪客体

犯罪对象与犯罪客体具有密切的联系,通说认为,犯罪客体是一定的社会关系,作为犯罪对象的人,是社会关系的承担者;作为犯罪对象的物,则是社会关系的表现形式。例如,故意伤害罪的客体是他人的身体健康权,通过犯罪对象"他人"表现它的存在;盗窃、抢夺枪支、弹药、爆炸物罪的客体是社会公共安全,通过犯罪对象"枪支、弹药、爆炸物"表现它的存在。概言之,犯罪客体通常是通过一定的犯罪对象表现它的存在的。但二者存在明显的区别。马克思在《关于林木盗窃法的辩论》一文中指出,"犯罪行为的实质并不在于侵害了作为某种物质的林木,而在于侵害了林木的国家神经——所有权本身"①。在这里,马克思将犯罪对象——林木,与犯罪客体——所有权,明确加以区分。具体来说,二者的区别如下:

1. 犯罪对象是凭借人的感觉器官可以感知其存在的事物,如人、财物、枪支弹药、交通工具、交通设施等都是如此,日本学者称之为感觉的对象。犯罪客体是凭借人的思维才能认识的观念上的东西,如生命权、财产所有权、公共安全等都是如此,日本学者称之为观念的对象。二者的这种差别可以概括为具体与抽象的差别,或者说是现象与本质的差别。

2. 犯罪对象虽然也是犯罪构成的要件,但不是所有犯罪构成的要件,亦即有少数犯罪没有犯罪对象,脱逃罪、偷越国(边)境罪等就是如此;而犯罪客体则是一切犯罪构成的共同要件。不过,日本学者也认为并不是所有的犯罪都存在行为的客体,如川端博教授写道:"行为的客体并不共同存在于所有的犯罪,也有不存在行为客体的犯罪。例如刑法第 130 条后段的不退出罪中的'不退出'行为(不作为),就不存在行为的客体,伪证罪(第 169 条)的'虚伪的陈述'、虚伪告诉等罪(第 172 条)的'虚伪的告诉、告发、其他申告'、名誉毁损罪的'毁损'行为,虽有行为的对方,但不存在行为的客体。此外,没有行为客体的犯罪,还有单纯脱逃罪(第 97 条)、多众不解散罪(第 107 条)、重婚罪(第 184 条)等。"② 这一见解值得参考。国内有人不赞成上述观点,认为所有犯罪都存在犯罪对象。这种意见应当重视,有待进一步研究。

---

①《马克思恩格斯全集》第 1 卷,人民出版社 1956 年版,第 168 页。

②［日］川端博:《刑法总论讲义》,成文堂 1997 年版,第 115~116 页。

3. 在犯罪行为直接作用于犯罪对象时,有的犯罪对象会受到损害,如破坏交通设施罪中的交通设施;有的犯罪对象只是位置发生变化,其本身并未受到损害,如盗窃罪、抢夺罪、诈骗罪中的财物。与此不同,犯罪客体在犯罪对象并未受到损害的犯罪中也会受到侵害,如前述盗窃罪、抢夺罪、诈骗罪中,被盗窃、抢夺、诈骗去的财物虽然完整无损,但被害人的财产所有权都受到了侵害。

4. 犯罪对象不能反映犯罪的性质,犯罪客体才反映犯罪的性质。因为犯罪性质首先是由犯罪客体决定的。同一犯罪对象,由于具体条件的不同,可能表现为不同的社会关系。例如广播电视设施、公用电信设施,在仓库中存放尚未投入使用时,表现为公私财产所有权,是盗窃罪的客体;投入使用且正在使用时,表现为公共通信、传播的公共安全,是破坏广播电视设施、公用电信设施罪的客体。同时,不同的犯罪对象可以表现相同的社会关系,如火车、汽车、电车、船只、航空器、轨道、桥梁、隧道、枪支、弹药、爆炸物等,都可能表现为共同的犯罪客体——公共安全。由此可见,犯罪对象并不决定犯罪的性质。所以犯罪对象不是犯罪分类的基础,犯罪客体才是犯罪分类的基础,从而刑法分则体系不是以犯罪对象为根据建立的,而是以犯罪客体(犯罪的同类客体)为根据建立的。

综上所述,我们既要看到犯罪对象与犯罪客体的联系,又要将二者清楚地区别开来。

第三节 犯罪客观方面

一、犯罪客观方面概述

(一) 犯罪客观方面的概念

犯罪客观方面,有的论著称为"犯罪客观要件""犯罪构成的客观方面"。本书认为,称为"犯罪客观要件",容易与前述"犯罪构成要件"中所说的包含犯罪客体与犯罪客观方面的客观要件相混淆;称为"犯罪构成的客观方面"与"犯罪的客观方面"并无实质差别,因而仍然采用通说,称为"犯罪客观方面"。犯罪客观方面与犯罪主体、犯罪主观方面、犯罪客体具有密切联系,它是犯罪主体实施的侵犯犯罪客体的犯罪活动的客观外在表现,是犯罪主观方面的外化,是犯罪主体与犯罪客体联系的中介,是犯罪构成诸要件中的一个重要方面。简言之,所谓犯罪客观方面,是指刑法规定的构成犯罪在客观上需要具备的诸种要件的总称。它具有以下特征:

1. 犯罪客观方面是构成犯罪在客观上需要具备的条件,有的著作称之为客观性。如前所述,犯罪构成是主客观要件的统一,犯罪客观方面就属于这里所说的客观要件,它与犯罪的主观方面相对应。主观指人的思想意识,客观指人的意识以外的存在,是人们认识的对象。犯罪客观方面,指犯罪主体的犯罪意思表现于外部的为人的感官所感知的存在,是犯罪主体的故意或过失认识或应当认识的对象。犯罪行为是主客观的统一,反对"主观归罪"是当代刑法也是我国刑法的要求,所以行为人仅有犯罪意思,而没有表现于外部,就不可能构成犯罪,只有犯罪意思在外部表现出来并可以感知其存在时,才可能构成犯罪。

2. 犯罪客观方面是构成犯罪在客观上需要具备的诸种要件的总称，有的著作称之为多样性。对于犯罪客观方面是一个要件还是包含多种要件，理论上是有争论的。有的认为是一个要件；有的认为是多种要件；还有的认为它既是一个要件，又是数个要件：从犯罪构成最高层次的结构来看，它是犯罪构成的四大要件之一，因此是一个要件；从犯罪构成第二个层次的结构来看，它是由行为、行为方式等组成的子系统，因此又是数个要件。通说认为，它包含多数要件或者说数个要件。众所周知，犯罪客观方面不仅包含行为，还包含行为的结果，行为的时间、地点和方法，以及其他客观要件，因此它不是一个要件，而是诸种要件的总称。认为从犯罪构成四大要件来看它是一个要件的说法也不妥当。前面曾经谈到，所谓“四大要件”的说法不科学，因为它们不是四个要件，而是四个方面的要件，这就意味着每一方面的要件均包含着若干要件，所以不宜将它说成是一个要件。因而本书认为，上述诸说仍以通说为可取。

3. 犯罪客观方面是刑法规定的构成犯罪在客观上需要具备的要件，有的著作称之为法定性。犯罪客观方面的各种要件都是刑法分则条文明文规定的，如行为，刑法分则条文对每一犯罪无不对之作了规定，如故意杀人罪规定了“杀”，拐卖妇女、儿童罪规定了“拐卖”，盗窃罪规定了“盗窃”，诈骗罪规定了“诈骗”等。至于其他要件，虽然不是每一分则条文都对之加以规定，但仍然有条文对之作了规定，如结果，分则不少条文对之加以规定，像过失致人死亡罪规定了“致人死亡”，破坏计算机信息系统罪规定了“造成计算机信息系统不能正常运行”，等等。这是因为刑法分则条文要规定罪状，而犯罪客观方面正是罪状主要内容的表现，因而可以说刑法分则条文主要是对犯罪客观方面的规定；换言之，法定性是犯罪客观方面的重要特征。

（二）犯罪客观方面的分类

犯罪客观方面的要件不是单一的，以是否每一犯罪构成都必须具备为标准，可以分为如下两类：

1. 必备要件，或称必要要件，指任何犯罪构成在客观上都必须具备的要件。危害行为就是这种要件，对此，学者们的认识是一致的。正如前面所说，刑法分则条文对每一犯罪都规定了作为其构成要件的行为，因为没有行为就没有犯罪。但对危害结果是否必备要件则存在着争论：持肯定说者主张，危害结果同危害行为一样也是必备要件，认为没有危害结果，就像没有客体和其他要件的犯罪一样，是不可思议的；持否定说者主张，危害结果不是犯罪构成的必备要件，它不像责任能力、故意或过失那样缺少其中任何一个就不可能构成犯罪，缺少危害结果在很多情况下仍可构成犯罪。本书认为否定说的观点是正确的，因为我国刑法规定了一些不以危害结果为犯罪构成要件的犯罪，在这些犯罪中危害结果就不是该种犯罪构成的要件。这种观点现在已经成为通说。

2. 选择要件，指只是某些犯罪构成在客观上必须具备的要件。行为的时间、地点和方法就是这种要件。例如，《刑法》第 433 条规定“战时造谣惑众，动摇军心的……”，据此，战时对本罪来说是必备要件，但对其他许多犯罪来说，就不是犯罪构成的要件，故“战时”就是选择要件。至于危害结果，虽有争论，但现在一般认为，危害结果是绝大多数犯罪构成所必备的要件，行为的时间、地点和方法仅仅是某些犯罪构成所必备的要件。这种观点也已成为通说。

（三）研究犯罪客观方面的意义

如前所述，犯罪构成是主客观要件的有机统一体，各个要件之所以能成为一个整体，主要原因在于犯罪客观方面的联结。行为人（犯罪主体）的犯罪意思（犯罪主观方面）通过行为（犯罪客观方面）侵犯一定的社会关系（犯罪客体），才构成犯罪。由此可见，犯罪客观方面是联结犯罪构成诸方面要件的纽带，所以研究犯罪客观方面具有极为重要的意义。具体言之，其意义如下：

1. 有助于区分罪与非罪、此罪与彼罪。如前所述，犯罪客观方面的要件首先是行为，根据我国刑法规定，犯罪是行为，仅有犯罪意思而没有表现为行为，不可能构成犯罪，因而行为是构成犯罪的关键。其次，犯罪客观方面的要件还包含结果，许多犯罪常常根据结果确定能否构成犯罪。例如抢夺罪、诈骗罪、聚众哄抢罪等都是以“数额较大”为犯罪构成的要件，即抢夺、诈骗、聚众哄抢的财物数额不是较大，就不构成该种犯罪；只有达到数额较大，该种犯罪才可能成立。此外，行为的时间、地点和方法也是某些犯罪客观方面的要件，如非法捕捞水产品罪、非法狩猎罪，特定的时间、地点和方法都是犯罪构成的要件，不是在特定的时间、地点或者不使用禁用工具、方法捕捞水产品或狩猎，都不构成犯罪。由此可见，犯罪客观方面对区分罪与非罪具有重要作用。

前面谈到，犯罪客体对区分此罪与彼罪具有重要意义，而在犯罪客体相同时，区分此罪与彼罪，往往要借助于犯罪客观方面。例如在侵犯财产罪中，盗窃、抢夺、诈骗等犯罪，主要是根据犯罪客观方面的不同而互相区别的。实际上，刑法分则中对罪状的规定，主要是对犯罪客观方面的描述。所以，研究犯罪客观方面有助于将此罪与彼罪区别开来。

2. 可借以认定犯罪的主观方面。犯罪主观方面是行为人的内心态度，具有隐蔽性；犯罪客观方面是行为人犯罪意思的外在表现，具有可感知性。行为人犯罪的主观方面虽然由于行为人的掩饰，通常不易发现，但借助其表现于外的犯罪客观方面，完全能够认定。马克思曾经指出：“对象不同，作用于这些对象的行为也就不同，因而意图也就一定有所不同，试问除了行为的内容和形式而外，还有什么客观标准能衡量意图呢？”① 事实正是如此，行为人是故意实施犯罪或者是过失实施犯罪，是故意实施此罪或者是故意实施彼罪，通过他所实施的行为、行为所造成的结果、实施行为的时间和地点以及所采用的方法，就可以清楚地揭示出来。

3. 对正确量刑有重要作用。基于犯罪行为不同的社会危害程度，刑法往往规定不同的法定刑。在犯罪客体和罪过形式（故意、过失）基本相同的情况下，影响其社会危害程度的，主要是犯罪客观方面。换言之，在上述情况下，基于不同的犯罪客观方面，刑法规定了不同的法定刑。盗窃罪与侵占罪，聚众扰乱公共秩序、交通秩序罪与聚众斗殴罪等都是如此。对于同一犯罪行为来说，犯罪客观方面不同导致社会危害程度不同，刑法会规定不同的法定刑。例如，《刑法》第 234 条规定的伤害罪，就分为三个法定刑档次，即第一档次为故意伤害他人身体的，处 3 年以下有期徒刑、拘役或者管制；第二档次为致人重伤的，处 3 年以上 10 年以下有期徒刑；第三档次为致人死亡或者以特别残忍手段致人重伤造成严重残疾的，处 10 年以上有期徒刑、无期徒刑或者死刑。这三个法定刑档次就是根据不同的犯罪客观方

①《马克思恩格斯全集》第 1 卷，人民出版社 1995 年版，第 244 页。

面所作的规定。即使在同一犯罪的同一法定刑内,犯罪客观方面对量刑也会产生重要影响。例如,《刑法》第232条规定的故意杀人罪,就其基本犯罪构成的法定刑来说,激愤状态下杀一人未死与经预谋用残忍方法杀死他人一家三口,量刑就会大不相同。由此可见,必须对犯罪客观方面对量刑的作用给予应有的重视。

二、危害行为

(一) 危害行为概述

1. 关于行为的学说

行为是犯罪构成的必备要件,在犯罪构成中具有特别重要的意义。但什么是行为,在刑法理论上存在各种学说,概括起来,主要有以下几种:

因果的行为论(自然主义的行为论、有意的行为论),是在19世纪兴起的自然科学思想影响下形成的,第二次世界大战前成为德国通说。根据此说,行为是基于意思在外界引起的因果的物理的过程。换言之,行为是以某种意思为原因而惹起外部的动作,复以此外部的动作为原因而惹起结果的因果系列的必然过程。在这里,意思的内容即故意或过失从行为概念中被排除,而成为责任论的问题。这种见解的特征有二:一是"有意性",即行为必须基于现实的意思,所以反射运动、睡眠中身体的活动、无意识的动作、基于绝对强制的动作等均不是行为。二是"知觉可能性",即行为是完全能够被感官感知的存在,是物理意义的运动和静止及由此引起的外界的变动。这种理论将意思、身体的运动、结果三者合为一体,称之为行为。此说被认为存在如下缺点:(1)只注重意思的因果性,而忽略形成此因果过程的目的性,其所阐述的行为,不过是盲目的因果过程,并不能真正了解行为的实质。(2)对不作为不能作出合理的解释。因为不作为没有任何招致外界发生变动的自然举动,贯彻这种行为理论,将不能把"不作为"包含于行为之中,而此说仍将其包括于行为范畴,且理由何在并未给予圆满说明。基于上述缺点,赞同此说的人很少。

目的的行为论,是20世纪30年代由德国刑法学者韦尔策尔(Welzel)首先提出的。这种理论把人的行为的本质作为目的的追求活动来把握,从而在行为中不可避免地包含意思内容,目的性则是行为的核心。所谓目的性,就是趋向特定目的的意思。所谓行为,就是行为人基于掌握的知识,能够预见自己行为的结果,并以此预见的结果为目标,选择为了达到此目标所必要的手段。目的的行为论也受到一些批评。因为目的的行为概念,对于故意犯虽然能够提供恰当的说明,但用来说明过失犯的行为就有困难。众所周知,过失行为并无刑法上的违法目的,由其引起的危害结果,根本不存在于行为人的目的范围之内,所以想在过失行为中求得违法目的,无异于缘木求鱼,实无可能。韦尔策尔为了自圆其说,仍然主张过失行为也是刑法上的目的行为,不过他说,这种目的性是"潜在的"或"可能的"目的性。但所谓目的性,必然是为了达到预期的目标而努力,显然是积极的概念,把它说成是"潜在的",岂不是同"目的性"概念本身相矛盾?

社会的行为论也出现于20世纪30年代,由德国学者E.修密特(E.Schmidt)提出,现在在成为德国最有力的行为论。由于因果的行为论对不作为不能作出科学的说明,目的的行为论难以解释过失犯行为的性质,因而其提出社会的行为论以弥补它们的不足。这种理论认为,不能只从自然的物理的方面来理解行为,而必须从社会意义上来把握,以行为对于社会的价值作为立论的依据。该理论主张人在社会环境中有各种举动,有偏重于追求目的的,有偏重于引起结果的,也有偏重于不实施特定的积极举动的,这三种形态的举动,欲在其本体结构上求得共同的概念,确有困难,但在价值判断上都有类似之处,即都是具有社会意义的人的举动。因为它对社会有意义,才为法律所关心,进而视之为行为。总之,从社会的行为论的观点看来,行为是法律上的观念,而不是自然科学上的观念,一方面承认它是"因果的实现",另一方面须了解它与社会价值的关系,无论是故意行为还是过失行为,无论是作为还是不作为,只要是人的有意识的社会举动,都可能是刑法上的行为。社会的行为论放弃了因果的行为论中的"有意性",认为具有"由意思支配的可能性"与"对社会结果预见可能性"就够了。社会的行为论从社会立论,有助于揭露行为的本质,且能克服自然主义行为论与目的行为论的不足,因而目前这种学说为很多西方学者所赞同,但它也受到一些刑法学家的批评。批评者指出:(1)人的态度的社会意义是多层次的、变动的,作为违法、有责的评价对象,太不确定。(2)"具有社会意义"具体是指怎样的情况并不明确,这就使行为概念暧昧不明。

人格的行为论为日本著名刑法学者团藤重光所提倡,主张刑法上的行为是行为者人格主体现实化的身体动静。他认为,刑法中所认为的行为,必须被看做行为者人格主体的现实化。仅仅反射运动或基于绝对强制的动作,作为刑法上的行为是成问题的。然而主体的态度,不一定表现为作为的形式,也可能表现为不作为的形式。再者,它不一定出于故意,出于过失的,也是行为。总之,人的身体动静与其背后的人格态度相结合,被认为人格主体的现实化场合——只有在这样的场合,才可被认为是行为。行为是人格主体的现实化,具有生物学的基础和社会的基础。① 人格的行为论受到较多学者的批评,他们指出:(1)此说提出"人格"这一难以捉摸的观念,使对行为"实质"的具体把握变得困难。(2)什么是人格态度的"主体的"现实化并不明确,给行为概念下定义,自然也不明确。此说由于存在许多问题,表示赞成的学者不多。

上述诸说虽然都有学者提出批评意见,但它们也都有各自的优点,对我们理解刑法上的行为,仍有参考价值。

2. 我国刑法中的危害行为。危害行为首先是行为,要弄清危害行为的概念,首先必须弄清什么是行为。我国刑法中的"行为"一词有多种含义:有的仅指身体的动静,有的指基于意思的身体动静;有的包含结果,有的不包含结果;有的指无害行为或权利行为,有的则指危害行为。其中,危害行为在刑法中居于特别重要的地位。那么,什么是刑法中的危害行为呢?

刑法中的危害行为,指由行为人的心理态度支配的危害社会的身体动静。其特征如下:

首先,危害行为是行为人的身体动静。这是危害行为的外部(客观)特征,通常称之为有体性(身体性)。刑法上的危害行为之所以被限定为人的外部态度,是因为刑法规范是调整人的外部行动的规范,而不关注人的内心态度。所谓身体动静,指人的四肢动作、头部表示、眼色示意等。动指身体的举动,静指身体的静止。如果行为人没有表现于外部的身体的举动或静止,就没有刑法上的行为。据此,人的单纯的思想、想法,由于没有表现于外部,只是人的内部态度,而不是行为,自然不属于刑法处罚的对象。因为人的单纯的思想,不会对

① [日]团藤重光:《刑法纲要总论》(修订版),创文社 1979 年版,第 91~92 页。

刑法所保护的社会关系造成危害,即使“犯罪思想”,也不能作为犯罪加以处罚。马克思指出,“对于法律来说,除了我的行为以外,我是根本不存在的,我根本不是法律的对象。我的行为就是法律在处置我时所应依据的唯一的东西”。[①] 这告诉我们:法律的适用只能针对人的行为,而不针对人的思想。我国古代有所谓“腹诽罪”,那是封建统治者实行高压统治的手段,为我国社会主义刑法所坚决反对。至于语言,由于它是人的思想的外在表现,可能对刑法所保护的社会关系造成威胁或危害,因而可能成为刑法上的危害行为。例如刑法总则规定的教唆犯以及刑法分则规定的煽动分裂国家罪、侮辱罪、诽谤罪、传授犯罪方法罪等,都可能用语言构成,因而不能笼统地说言论不能治罪。言论如果无害于社会,当然不发生治罪的问题。

其次,危害行为是由行为人的心理态度支配的身体动静。这是危害行为的内在(主观)特征,通常称之为有意性。支配身体动静的人的心理态度,指人的意思。人表现于外的身体动静,必须在其意思决定和支配下作出,才可能成为危害行为,否则,是不可能成为危害行为的。据此,如下几种情况,都不是危害行为:(1) 单纯的反射运动,指人受到外界刺激时作出的身体本能反应。例如乘客甲受到正在行驶的汽车突然紧急刹车的冲击,致站立不稳,将他人踩伤,不构成刑法上的危害行为。(2) 睡梦中的动作。梦游者梦游时实施的动作,如伤人、毁损器物,由于是无意识的动作,因而不是刑法上的危害行为。(3) 精神病人在精神病发作时的动作。《刑法》第 18 条第 1 款规定:“精神病人在不能辨认或者不能控制自己行为的时候造成危害结果,经法定程序鉴定确认的,不负刑事责任, ……”由于精神病人没有意识和意志能力,所以其动作不是刑法上的危害行为。(4) 不可抗力下的举止,指人在遭受不可抗拒的力量下的身体动静。由于这时人的身体动静不是基于行为人的意思,所以不构成刑法上的危害行为。《刑法》第 16 条规定:“行为在客观上虽然造成了损害结果,但是不是出于故意或者过失,而是由于不能抗拒……的原因所引起的,不是犯罪。”例如医生出诊时,因途中山洪暴发,行车受阻,延误救治导致病人死亡,就是不可抗力下的举止。(5) 身体受暴力强制下的动静,指身体处于他人暴力绝对强制下所表现的动静。由于这是违背当事人意志的身体动静,所以不认为是刑法上的危害行为。例如银行出纳员被突然侵入的抢劫犯捆绑,眼看银行几万元人民币被抢,既无法反抗,又不能报警,以致造成银行的财产损失,就是身体受暴力强制下的动静,不是刑法上的危害行为。但是,如果不是身体受到暴力强制,而是精神上受到强制,如受到威胁、恐吓,而实施或不实施某种行为,是否属于危害行为,则应当根据具体情况而定:如果符合紧急避险的条件,应依紧急避险处理,否则,当属危害行为。

最后,危害行为是对社会有危害性的身体动静。这是危害行为的价值评价特征。某一行为在什么情况下被认为是刑法上的危害行为,是统治阶级根据自己的价值标准对人的行为进行评价的结果。人的行为是形形色色、千差万别的,但从统治阶级价值评价的角度考察,可以分为对社会有害和无害两大类。无害于社会的行为,如正当防卫行为、紧急避险行为以及其他正当行为,都是有益于社会的,也是统治阶级极力要保护的,自然不会将之评价为危害行为。只有对社会有害的行为,统治阶级才会对之作出否定评价,才属于刑法中的危害行为。在我国,只有对我国社会主义社会的社会关系具有危害性的行为,立法机关才会在刑法中作为危害行为加以规定。所以,行为对我国社会主义社会的社会关系具有危害性,是

① 《马克思恩格斯全集》第 1 卷,人民出版社 1995 年版,第 121 页。

危害行为的根本特征。不具备这一特征,就不是刑法上的危害行为。

需要说明,这里使用“危害行为”一词,而没有使用“犯罪行为”一词,因为这里只是就“犯罪客观方面”的要件而言的,尚未涉及“犯罪主观方面”;而“犯罪行为”具有客观要件与主观要件的统一性,所以在论述“犯罪客观方面”的要件时,不宜使用“犯罪行为”一词。

(二) 危害行为的基本形式

刑法中危害行为的表现形式是多种多样的,根据不同的标准,可以作不同的分类:(1) 以行为违反何种刑法规范为标准,可以分为作为与不作为;(2) 以实施行为时的罪过形式为标准,可以分为故意行为和过失行为;(3) 以是否实施具体犯罪构成要件的行为为标准,可以分为实行行为与非实行行为。行为的第二种形式,将在本章第五节“犯罪主观方面”中论述;行为的第三种形式,将在第五章“故意犯罪过程中的犯罪形态”中论述;这里主要论述行为的第一种形式——作为和不作为。

1. 作为与不作为的区分标准。作为与不作为是行为的基本形式,已为多数学者所认同;但对于如何区分作为与不作为,还存在分歧。有些学者认为,区分作为与不作为的标准是人的身体的动静。如有的学者认为:“行为,从其身体的动静,得分为作为与不作为。行为,系本其意思决定而为身体的动静。称身体之运动,为作为,称身体之静止,为不作为。前者,亦称积极行为,即运动;后者,亦称消极行为,即静态。”[①] 另有不少学者不赞成上述观点,认为区分作为与不作为的标准,应当是一定的法律义务。如有的学者认为:“区分作为与不作为……只能以一定的法律义务为标准,按照行为人对此法律义务所持的态度——积极还是消极来确定。作为违反的义务是指要求人们不为一定的行为,在客观上的表现为一种积极的身体举动,不该为而为;不作为违反的义务是指要求行为人为一定的积极行为,即去做某一件事,在客观上表现为一种消极的态度,该为而不为。”[②] 本书认为后一观点是可取的。“要求人们不为一定的行为”在刑法规范上是禁止规范;“要求行为人为一定的积极行为”在刑法规范上是命令规范。所以也可以说,作为与不作为在违反什么刑法规范上表现出各自的特点。

2. 作为,指行为人以积极的身体动作,实施刑法规范所禁止的行为。在刑法中大多数犯罪是以作为的形式构成的,如劫持航空器罪、伪造货币罪、强奸罪、绑架罪、抢劫罪、盗窃罪以及武装叛乱、暴乱罪等都是如此。作为是危害行为的基本形式之一,具备前述危害行为的一切基本特征,其本身也具有如下特点:(1) 作为表现为积极的身体动作。凡是只能以作为形式构成的犯罪,都只能以积极的身体动作构成,如抢劫只能以暴力、胁迫或其他方法劫取他人财物,而不能以消极的身体静止构成。但这并不意味着积极行为与作为画等号,事实上某些不作为犯罪,如逃税罪,也可能存在某种积极动作,如做假账。因此,不能将身体的动静作为区分作为与不作为的标准。(2) 作为通常由人的一系列积极举动组成,而不是仅指个别动作或活动环节。如杀人的作为,往往由若干动作组成:抽出并举起手枪、瞄准目标、扳动扳机射击等。因此,必须将一个犯意支配的有机联系的若干动作作为一个整体考察,而不能将之分解为多个作为。(3) 作为是实施刑法规范所禁止的行为。这是作为的根本特点。例如

---

① 陈朴生:《刑法专题研究》,三民书局 1988 年版,第 90 页。

② 熊选国:《刑法中行为论》,人民法院出版社 1992 年版,第 120 页。

对于抢夺罪,《刑法》第 267 条第 1 款规定:"抢夺公私财物,数额较大的, ……处……"从刑法规范理解,就是不得抢夺亦即禁止抢夺;违者,即实施上述抢夺行为,就是犯罪的作为。作为的实施方式,主要有如下两类:一是利用行为人自身条件的作为,如用手将人扼死、用语言传授犯罪方法等。二是利用行为人自身以外力量的作为,如利用工具(例如使用刀枪、毒药杀人)、利用动物(例如唆使恶狗咬伤人)、利用他人(例如利用无责任能力人盗窃)等。

3. 不作为,指行为人负有实施某种行为的特定义务,能够履行而不履行的行为。在刑法中,部分犯罪是以不作为形式构成的,如逃税罪、遗弃罪、拒绝提供间谍犯罪证据罪等。不作为也是危害行为的一种基本形式,同样具备前述危害行为的一切基本特征,其本身具有如下特点:

第一,行为人负有实施某种行为的特定义务。这是不作为成立的前提条件。需要强调指出:行为人实施某种行为的特定义务,必须是法律义务,而不是一般道德义务;否则,就不发生不作为问题。例如某甲看到一位素不相识的妇女从桥上跳到河中自杀,他会游泳,能够救助但没有救助,以致该妇女被淹死。由于某甲并不负有实施救助行为的特定义务,并不成立刑法上的不作为。关于特定义务的根据或者来源,学者间的意见不尽一致,通常认为有以下几种:(1) 法律明文规定的义务。例如公民或企业有依法纳税的义务,夫妻有互相扶养的义务,父母对子女有抚养教育的义务,子女对父母有赡养扶助的义务,当这些义务成为刑法规范要求履行的义务时,它们就是不作为的法律义务的根据。(2) 行为人职务上或业务上要求履行的义务。例如铁路扳道工负有扳道岔的义务,幼儿园保育员有照顾好入托幼儿的义务,如此等等。这类义务以行为人担任某种职务或从事某种业务,并正在执行为条件,否则就不发生履行该项义务的问题。(3) 行为人先行行为产生的义务。行为人对于自己的行为引起的刑法上的危险状态,负有采取措施避免危害结果发生的义务。例如乱丢烟头引起火灾时,行为人有积极灭火的义务;成年人带邻居小孩去游泳,应当保护小孩的安全,如果小孩游泳时出现危险情况,该成年人有积极救助的义务。不采取积极措施,发生严重后果的,应负不作为犯罪的刑事责任。(4) 行为人实施的法律行为(合同行为、自愿承担行为)引起的义务。其中,合同行为引起的义务,如受雇当保姆期间负有照顾好他人婴儿或小孩的义务;自愿承担行为引起的义务,如自愿抱养他人的弃婴,负有抚养该婴儿的义务。上述行为人如果没有认真履行义务,发生严重后果的,也可能构成不作为的犯罪。

第二,行为人有履行特定义务的可能性。行为人虽有实施某种行为的特定义务,如果他缺乏实施某种行为的能力或者客观上不能履行特定义务,如某甲由于失业又患重病,丧失经济能力和劳动能力,没有赡养年迈的父母;出诊医生由于乘坐的汽车出现机械故障,延误救治,以致病人未能抢救过来,都不构成刑法上的不作为。

第三,行为人不履行特定义务。这是不作为的根本特点,也是与作为相区别的重要标志。行为人只有在负有特定义务,能够履行而不履行时,才可能构成刑法上的不作为。在不履行特定义务时,也可能有某些积极动作,如逃税罪中毁灭单据,但其根本点毕竟在于不履行特定义务,因而那些积极动作并不影响不作为的成立。

关于不作为犯(即不作为构成的犯罪)的分类,刑法理论上存在不同意见。德国、日本刑法学者通常将不作为犯分为真正不作为犯(或纯正不作为犯)与不真正不作为犯(或不纯正不作为犯)两类。我国学者对此也曾见解不一,但近些年来有些学者对德国、日本通说的分类持赞同态度。本书同意这种观点,论述如下:(1) 真正不作为犯或纯正不作为犯,指刑法规范规定不作为为犯罪构成要件的犯罪，行为人以不作为的形式实施这种犯罪的情况。例如刑法规定的逃税罪、遗弃罪等。(2) 不真正不作为犯或不纯正不作为犯，指刑法规范规定的通常由作为实施的犯罪，行为人以不作为的形式实施的情况。例如母亲出于杀意不给婴儿喂奶，致婴儿饿死，构成不作为的杀人罪；铁路扳道工基于破坏的故意，在火车来时不扳道岔，致火车倾覆，造成数节车厢毁损，构成不作为的破坏交通工具罪等。

此外，我国刑法中还存在作为与不作为结合在一起的犯罪行为。如根据《刑法》第 202 条规定，抗税罪是以暴力、威胁方法拒不缴纳税款的行为。据此，实施暴力、威胁是作为，拒不缴纳税款是不作为，作为与不作为结合在一起形成抗税行为。这是抗税罪的特点。由于这是作为与不作为的混合类型，不能说是作为犯，因而不能认为这种形式是不作为犯的独立种类。[①] 放在这里论述，不过是基于连类而及之意。

三、危害结果

（一）危害结果的特征

在我国学者看来，危害结果有广义、狭义之分。广义的危害结果，是指危害行为侵犯刑法一般客体所引起的损害，它存在于一切犯罪之中。狭义的危害结果，指危害行为侵害作为犯罪构成的直接客体所造成的或可能造成的损害，它只存在于部分犯罪之中。狭义的危害结果为我国多数学者所采取，本书所说的危害结果也是从狭义上理解的危害结果。

所谓危害结果，指危害行为对具体犯罪的犯罪对象、犯罪直接客体造成的法定的实际损害或现实危险。它具有如下特征：

1. 客观性，即危害结果是一种客观存在的事实。它一经发生就不以人的意志为转移而存在着，并往往成为侦破案件的起点或证明犯罪事实发生的证据。它是犯罪构成客观方面的要件之一，对危害结果的判断，只能根据客观上发生的事实来认定。

2. 对直接客体的损害性或危险性，即危害结果是对犯罪对象、犯罪直接客体造成的实际损害或现实危险。危害结果与犯罪对象、犯罪直接客体具有密不可分的关系。对犯罪对象、犯罪直接客体造成的侵害或威胁的客观表现形式就是危害结果，表现为两种情况：一是对犯罪对象、犯罪直接客体造成实际损害，如杀人罪之将他人杀死，即对他人生命权的剥夺；二是对犯罪对象、犯罪直接客体造成现实危险，如破坏交通设施罪之造成“足以使火车、汽车、电车、船只、航空器发生倾覆、毁坏危险”，即造成公共安全处于现实危险状态。

3. 法定性，即危害结果是刑法规定的犯罪客观方面的要件。对于这种犯罪来说，只有发生了法定的危害结果，犯罪才完成。刑法对危害结果的规定是多种多样的：有的规定实害结果，有的规定危险结果；有的规定普通结果，有的规定加重结果；有的明文规定某种结果，如《刑法》第 233 条规定“过失致人死亡的”，明文指出“致人死亡”是本罪的法定结果；有的默示规定某种结果，即刑法虽未明示某种结果，但根据条文规定可以认定某种结果，如《刑法》第 263 条规定“……抢劫公私财物的”，虽未明示结果是什么，但从条文规定可以认定本罪的结果是“劫取了公私财物”。了解刑法对危害结果规定的多样性，有助于对危害结果的

---

① 参见赵秉志主编：《刑法争议问题研究》（上卷·刑法总论），河南人民出版社 1996 年版，第 390 页。

正确认定。

4. 原因的特定性，即产生危害结果的原因只能是危害行为。这是由犯罪的客观情况决定的。行为人实施危害行为总是追求一定的结果，并且往往造成一定的结果，所以刑法将危害行为与危害结果在犯罪行为的表述中一起加以规定。如果危害结果，不是由危害行为引起的，而是由自然力(风、雷、雨、雪等)、动物(狼、狮、虎、豹等)或者正当行为引起的，都不属于刑法上的危害结果。

上述特征都是成立刑法上危害结果的必要条件，必须同时具备，缺一不可。

(二) 危害结果的种类

危害结果，根据不同的标准，可以分为不同的种类：

1. 实害结果与危险结果。这是以危害行为是否对犯罪对象、犯罪直接客体造成现实的损害为标准所作的区分，它们是危害结果的形态。

实害结果，是指危害行为对犯罪对象、犯罪直接客体所造成的现实的损害。例如故意杀人罪中他人被杀死，故意伤害中造成他人伤害、重伤或死亡，盗窃罪、抢夺罪、诈骗罪中数额较大的公私财物被窃取、被夺取、被骗取等都是实害结果。实害结果容易认定，不再多述。

危险结果，是指危害行为使犯罪对象、犯罪直接客体处于足以发生实害结果的危险状态。危险结果的特征是：(1) 实害结果没有发生，如果实害结果已经发生，就不存在危险结果问题。(2) 存在着实害结果发生的现实可能性，如果根本没有实害结果发生的现实可能性，也就不存在危险，自然也就没有所谓危险结果。(3) 通过危害行为所造成的某种事实表现出它的存在。它不像实害结果那样由其自身表现其存在，但它并不是人们的主观臆测，而仍然是现实的存在。例如，《刑法》第 116 条规定的破坏交通工具罪，其危险结果是足以使特定交通工具发生倾覆、毁坏危险。这一危险结果就是通过对交通工具的破坏(如使刹车装置失灵)显示出来的。如果只是损坏汽车窗子上的玻璃，就不存在使汽车倾覆、毁坏的危险，也就不存在危险结果。

对于危险结果应否分为抽象危险结果与具体危险结果，学者之间意见不一。对此，将在后面谈到抽象危险犯与具体危险犯时稍加论述。

2. 物质性结果与非物质性结果。这是以危害结果的存在形态为标准所作的区分。对于能否这样区分，具体来说是否承认非物质性结果，学者间曾有不同意见。

物质性结果，是指以物质性变化为存在形态的危害结果，如前述故意杀人罪中他人被杀死，伤害罪中造成他人伤害、重伤或致人死亡等。其特征是：(1) 具有直观性，人凭自己的感觉器官可以直接感知其存在。(2) 具有可测量性，通过数学、医学等方法可以量定它的大小或程度。例如骗取的公私财物，可以通过计算量定是数额较大、数额巨大还是数额特别巨大；致人伤害，可以通过法医鉴定确定伤害程度。刑法中的危害结果绝大多数是物质性结果。

非物质性结果，指以非物质形态表现出来的危害结果，如他人的名誉、人格受到损害，他人的商业信誉、商品声誉受到损害等。其特征是不具有直观性和可精确计量性，但它不是不可知的，通过考察被害人和周围的人的表现或市场状况，可以适当确定非物质性结果的损害程度。非物质性结果在刑法规定中甚为少见。

3. 普通结果与加重结果。这是以根据危害结果危害程度的轻重相应地规定法定刑的轻重为标准所作的区分。应否作如此区分,意见并不一致。本书赞同这一分类,因为它有助于理解刑法分则规定的犯罪。

普通结果,是指刑法分则规定的普通的犯罪构成中的危害结果。它是相对于派生的犯罪构成中的加重结果而言的,与加重结果相比,其危害程度较轻。我国刑法分则往往将犯罪行为分为两个或三个档次。其中第一档次规定普通的犯罪构成,其危害结果就是普通结果。例如,《刑法》第 214 条第一档次规定"销售明知是假冒注册商标的商品,违法所得数额较大或者有其他严重情节的,处三年以下有期徒刑,并处或者单处罚金",这里关于犯罪行为的规定就是普通的犯罪构成,规定的"销售金额数额较大"就是普通结果。

加重结果,是指刑法分则规定的派生的犯罪构成中严重犯罪构成中的危害结果,它是相对于普通结果而言的,与普通结果相比,其危害程度较重。如前所述,派生的犯罪构成分为严重的犯罪构成与减轻的犯罪构成。后者为数很少,且多针对情节较轻或其他参加者加以规定;前者为数很多,且根据结果情况规定的数量不少。加重结果有两种情况:(1) 与普通结果性质相同但危害程度严重的加重结果,它规定于严重的犯罪构成之中。例如,《刑法》第 214 条第二档次规定,"违法所得数额巨大或者有其他特别严重情节的,处三年以上十年以下有期徒刑",这里的"违法所得数额巨大"就是这种加重结果。它与前述普通结果"违法所得数额较大"相比,性质相同,但数额有所增大。(2) 与普通结果性质有异且危害程度严重的加重结果,它规定于通常称为结果加重犯的结构之中。例如,《刑法》第 234 条规定:"故意伤害他人身体的,处三年以下有期徒刑……犯前款罪……致人死亡……的,处十年以上有期徒刑……"后段所规定的"致人死亡"就是这种加重结果。它与前段所规定的普通结果"伤害他人身体"性质不同且危害更为严重。这种犯罪称为结果加重犯,后面将加以论述。

(三) 危害结果的意义

1. 危害结果是区分某些犯罪形态的依据。根据结果在犯罪中的情况,犯罪可以表现为以下形态:

第一,行为犯、结果犯、结果加重犯。行为犯,是指以一定的行为而非结果的发生为犯罪构成要件的犯罪。例如,窝藏、包庇罪,根据《刑法》第 310 条的规定,犯罪客观方面只要行为人实施了窝藏或者包庇犯罪人其中一种行为即构成本罪,是否发生一定的危害结果对本罪的成立没有影响。结果犯,指以发生一定的危害结果为犯罪构成要件的犯罪。例如,故意伤害罪,根据《刑法》第 234 条的规定,犯罪客观方面表现为行为人实施了非法损害他人健康的行为,并造成被害人轻伤或重伤的结果,才能成立本罪。对于这种犯罪来说,仅仅实施了法定的行为,而没有发生法定的结果,有的根本不构成犯罪,如过失致人重伤罪;有的虽然可以构成犯罪,但只能属于犯罪未完成形态,如故意杀人罪。作为结果犯的一种,还有结果加重犯。结果加重犯,指实施基本犯罪构成要件的行为,发生基本犯罪构成要件以外的重结果,对该重结果规定更重刑罚的犯罪。例如,《刑法》第 257 条第 2 款规定"犯前款罪,致使被害人死亡的",即实施暴力干涉他人婚姻自由的行为,发生了暴力干涉婚姻自由以外的重结果——致使被害人死亡,对此刑法规定了更重的刑罚(基本罪规定 2 年以下有期徒刑或拘役,对重结果规定 2 年以上 7 年以下有期徒刑)。

第二,实害犯、危险犯。实害犯,又称侵害犯,是指以实施的行为对刑法所保护的客体造成实际的损害为犯罪构成要件的犯罪。例如,故意杀人罪,必须造成被害人死亡,犯罪才完成。如果被害人未死亡,只能构成故意杀人罪的未完成形态。此外,故意伤害罪、盗窃罪、抢夺罪等都是实害罪。危险犯,指以实施的行为足以造成某种危害结果发生的危险状态为犯罪构成要件的犯罪。对这种犯罪来说,实害结果尚未发生,不影响犯罪的完成。危险犯,根据作为犯罪构成要件的行为所造成的危险程度的不同,理论上又分为具体危险犯与抽象危险犯。具体危险犯,指以实施的行为对刑法所保护的客体造成具体危险状态为犯罪构成要件的犯罪。对于此处的具体危险状态,刑法条文中有具体规定。例如,《刑法》第 117 条规定,破坏交通设施,"足以使火车、汽车、电车、船只、航空器发生倾覆、毁坏危险,尚未造成严重后果的……",本罪以足以造成交通工具发生倾覆、毁坏危险为犯罪构成要件,而不要求实害结果发生。抽象危险犯,指以实施的行为对刑法所保护的客体造成抽象危险状态为犯罪构成要件的犯罪。对于此处的抽象危险状态,有些刑法条文中明文作了规定,如《刑法》第 118 条规定,"破坏电力、燃气或者其他易燃易爆设备,危害公共安全,尚未造成严重后果的……",本罪抽象地规定了"危害公共安全"为犯罪构成要件,而未对危险状态作出具体规定;有些未明文作出规定,只要实施符合犯罪构成要件的行为,抽象危险状态也就随之出现。如《刑法》第 369 条规定"破坏武器装备、军事设施、军事通信的……",本罪未对抽象危险状态明文作出规定,只要实施破坏武器装备等行为,危害国防安全的危险也就随之出现。对于是否应当成立抽象危险犯,我国学者还有不同意见。究竟如何处理,本书认为值得深入研究。

2. 危害结果是区分过失犯罪罪与非罪的客观标准。《刑法》第 15 条第 2 款明文规定:"过失犯罪,法律有规定的才负刑事责任。"表明刑法对过失犯罪,采取特别慎重的态度。根据刑法规定,过失行为只有发生比较严重的危害结果,才构成犯罪,所以,法定的危害结果成为区分过失犯罪罪与非罪的客观标准。例如《刑法》第 235 条规定的过失致人重伤罪,只有"过失伤害他人致人重伤",才构成本罪;否则,如果只是致人轻伤,就不构成本罪。此外,《刑法》第 133 条规定的交通肇事罪、第 139 条规定的消防责任事故罪等,都只有发生法定的危害结果,才能构成犯罪。由此可见,危害结果在过失犯罪中具有特别重要的意义。

3. 危害结果是某些犯罪区分此罪与彼罪的标准。在某些犯罪中,由于发生基本犯罪构成以外的危害结果,刑法规定依照故意造成该危害结果的行为定罪,而不得作为该基本犯罪的结果加重犯论处。这时危害结果的发生,就成为区分此罪与彼罪的标准。例如《刑法》第 247 条规定:"司法工作人员对犯罪嫌疑人、被告人实行刑讯逼供或者使用暴力逼取证人证言的,处三年以下有期徒刑或者拘役。致人伤残、死亡的,依照本法第二百三十四条、第二百三十二条的规定定罪从重处罚。"据此规定,司法工作人员实行刑讯逼供或者使用暴力取证,没有致人伤残、死亡的,以刑讯逼供罪或者暴力取证罪论处;致人伤残的,以《刑法》第 234 条规定的故意伤害罪论处:致人死亡的,以第 232 条规定的故意杀人罪论处。与此类似的规定还有《刑法》第 248 条、第 333 条。

4. 危害结果是影响刑罚轻重的重要因素。在所有犯罪中,危害结果对刑罚的轻重都具有重要的影响,因为有无危害结果以及危害结果大小直接反映着行为的社会危害程度。危害结果对刑罚轻重的影响,首先反映在法定刑的设置上,即刑法分则条文往往根据有无危害结果和危害结果的严重程度,将犯罪构成加以划分,相应地设置轻重不同的法定刑。例如,《刑法》第 238 条规定,非法拘禁罪的基本法定刑是"处三年以下有期徒刑、拘役、管制或者剥夺政治权利",随后规定"犯前款罪,致人重伤的,处三年以上十年以下有期徒刑;致人死亡的，处十年以上有期徒刑”。这里根据危害结果的有无及其严重程度，设置了三个不同档次的法定刑。《刑法》第 383 条规定的贪污罪，根据贪污数额的大小（即危害结果的大小）及犯罪情节的严重程度设置了四个不同档次的法定刑，显示出危害结果对刑罚轻重的巨大影响。其次反映在量刑的情节上。1986 年越南《刑法》第 38 条、第 39 条分别将“犯罪未造成危害或危害不大”“犯罪后果严重”规定为减轻处罚情节、加重处罚情节。1935 年我国民国时期《刑法》第 57 条将“犯人所生之危险或损害”规定为科刑轻重的标准之一。我国现行《刑法》第 61 条规定，量刑时“应当根据犯罪的事实、犯罪的性质、情节和对于社会的危害程度”判处刑罚。这里虽然不像越南和我国民国时期刑法那样明文列出危害结果，但所谓“情节”，就包含危害结果的情况在内。例如，《刑法》第 235 条第 1 款规定：“过失伤害他人致人重伤的，处三年以下有期徒刑或者拘役。”这里致人重伤的程度、遭受重伤的人数就成为在法定刑（3 年以下有期徒刑或者拘役）内量刑时应当考虑的因素。

四、刑法上的因果关系

（一）刑法上的因果关系概述

因果关系不是刑法学独有的概念，它在其他学科也同样存在，更为哲学所特别加以研究。在哲学上，原因与结果作为一对范畴存在。“原因是引起某种现象产生的现象，结果是被某种现象所引起的现象。”[①] 客观现象之间这种引起与被引起的关系，就是因果关系。哲学上因果关系理论对刑法上的因果关系理论起着指导作用，但刑法上的因果关系还有其本身的特殊性。对于什么是刑法上的因果关系，我国学者的意见不一。有的认为是人的行为与危害结果之间的关系，有的认为是人的违法行为与危害结果之间的关系，通说认为刑法上的因果关系是人的危害行为与危害结果之间的引起与被引起的关系。

对于如何解决刑法上的因果关系，从 19 世纪后半期以来，刑法学者提出了各种各样的学说，可谓众说纷纭，莫衷一是。在近代因果关系理论中最先提出的学说是条件说。该说主张一切行为在理论上可以成为结果发生的条件的，都是结果发生的原因。此说被批评无限制地扩大了刑法上因果关系的范围，于是产生了限制条件的原因说。它主张在先行的事实中，应当区别原因与条件，只有原因才与后行事实有因果关系；条件与后行事实则没有因果关系。至于如何区别原因与条件，又有最有力条件说、优势条件说、最终条件说、离规条件说、必要条件说等学说，分别提出了各自区别原因与条件的标准。但因为这些学说都不能确切地区分原因与条件，遂又有相当因果关系说出现。该说以条件关系的存在为前提，核心主张是，如果特定行为引发相应结果具有经验上的相当性，就可以认为存在刑法上的因果关系。根据以什么范围的情况为经验判断的基础，相当因果关系说又可以分为主观的相当因果关系说、客观的相当因果关系说和折中的相当因果关系说。主观的相当因果关系说完全以行为当时行为人认识的情况为经验判断的基础，客观的相当因果关系说以行为当时所有的客观情况和行为后一般人能够认识的情况为经验判断的基础，折中的相当因果关系说以行为时一般人能够认识的情况和行为人特别认识的情况为经验判断的基础。后者是为弥补

---

① 冯契主编：《哲学大辞典》，上海辞书出版社 1992 年版，第 1333 页。

前两种学说的缺陷出现的，在德国、日本等国为多数学者赞同，但也受到批评。实际上三种相当因果关系说都以经验或者以行为人或一般人是否认识来确定因果关系的有无，从而都否定了因果关系的客观性，难以认为妥当。

在苏联刑法理论中，必然的因果关系说曾为一部分刑法学者所主张。该说认为，因果关系是指在一定条件下，一个现象合乎规律地、必然地要产生和引起另外一个现象。所以只有行为人的行为与其产生的必然结果之间才存在因果关系。但这种观点受到一些学者的尖锐批评，指出必然因果关系说是同唯物辩证法关于可能性与现实性、偶然性与必然性等学说相抵触的。必然因果关系说在我国有着广泛的影响，但也不断受到批评或修正。如提出偶然因果关系说作为必然因果关系说的补充，或提出条件说，企图避开必然与偶然因果关系说的争论，寻找解决刑法上因果关系的新途径。但现在这些观点都还没有取得通说的地位。总之，刑法上的因果关系仍然是一个需要深入研究的课题。

（二）刑法上因果关系的特点

我国刑法理论是以辩证唯物主义为指导解决刑法上的因果关系的。辩证唯物主义哲学上的因果关系与刑法上的因果关系是一般与个别、普遍与特殊的关系。刑法上的因果关系与辩证唯物主义哲学上的因果关系相比，有共同性，也有特殊性。下面结合辩证唯物主义的因果关系理论，说明刑法上的因果关系的特点。

1. 因果关系的客观性。辩证唯物主义认为，因果关系是客观的。列宁指出："我们通常所理解的因果性，只是世界性联系的一个极小部分，然而（唯物主义补充说）这不是主观联系的一小部分，而是客观实在联系的一小部分。"[①] 所谓因果关系的客观性，是指原因与结果的引起与被引起的关系是客观存在的，不以人们主观上是否认识为标准来确定。以辩证唯物主义为指导的我国刑法上的因果关系论，坚持刑法上因果关系的客观性。基于此，本书认为西方学者极力主张的相当因果关系说是不可取的。在我们看来，查明刑事案件中行为与结果有无因果关系，必须从案件事实出发，客观地加以认定，而不管行为人或一般人对事实情况是否认识。例如李某在走路时不小心撞了迎面而来的王某，王某很生气，挥拳向李某胸部打了一拳，李某立时倒在地上，被送到医院后死亡。王某的拳击本不会致人死亡，但因李某患有心脏病，经受不了拳击导致死亡，王某的拳击行为与李某的死亡之间就有因果关系，不能因为王某不知道或一般人不知道李某患有心脏病而否定王某的行为与李某的死亡结果之间存在因果关系。

2. 原因与结果的相对性与绝对性。辩证唯物主义认为，原因与结果是相对的，又是绝对的。恩格斯说："原因和结果这两个概念，只有应用于个别场合时才适用；可是，只要我们把这种个别的场合放到它同宇宙的总联系中来考察，这两个概念就联结起来，消失在关于普遍相互作用的观念中，而在这种相互作用中，原因和结果经常交换位置；在此时或此地是结果，在彼时或彼地就成了原因，反之亦然。"[②] 恩格斯所说的就是原因与结果的相对性。这就是说，在客观世界中，各种现象存在着普遍联系，形成无穷无尽的因果链条，某现象被一种现象所引起，同时它又引起另一现象。该种现象对于被其引起的现象而言是原因，对于引起它

① 《列宁全集》第55卷，人民出版社1990年版，第135页。
② 《马克思恩格斯选集》第3卷，人民出版社1995年版，第361页。

的另一现象而言则是结果，所以原因与结果是相对的，可变的。但是如果从客观现象因果链条中抽出一对现象孤立地来考察，原因只能是原因，结果只能是结果，这时原因与结果就是绝对的、不变的。这一原理同样适用于刑法上的因果关系。在刑法上，原因与结果同样既是相对的，也是绝对的，只是刑法上的原因与结果有其特殊性或者说有其特定性，即在刑法上作为原因的只是引起危害结果的危害行为，作为结果的只是由危害行为引起的危害结果。所以，引起危害结果的自然现象如风雨雷电以及动物的侵袭等，虽然从哲学上看都是引起结果的原因，但都不是刑法上的原因。由行为引起的非危害结果，虽然从哲学上看是原因引起的结果，但不是刑法上的结果。

3. 因果关系的时间顺序性。即原因和结果的出现在时间上有一定的先后顺序。辩证唯物主义认为，因果关系的特点之一是原因在前，结果在后。但前后相继的现象不一定都是因果关系。例如白天和黑夜是先后相继的现象，白天就不是黑夜的原因，黑夜也不是白天的结果。不过就原因与结果的顺序而言，原因总是先于结果存在，结果只能在原因之后产生。原因与结果的先后顺序性，对刑法上的因果关系的认定也具有指导意义。如果行为人的行为在危害结果发生之后实施，那就不可能认定行为人的行为是危害结果发生的原因。但在危害结果发生之前实施的危害行为，不一定就是危害结果发生的原因，必须查明危害行为对危害结果的发生所起的作用。

4. 因果关系的特定性。因果关系是指一种现象引起另一种现象的关系。如上所述，原因总是先于结果之存在，但在结果之前存在的不一定是原因，前一现象对后一现象的发生不是起着引起的作用。白天不是黑夜的原因，因为黑夜不是由白天所引起，白天和黑夜都是由于地球自转的原因所形成。原因引起结果发生，这是因果联系的特有的性质。能否确定引起与被引起的关系，是解决有无因果关系的关键。这一原理对刑法上的因果关系至关重要。确定某一危害行为是某一危害结果发生的原因，必须先确定该危害行为引起了危害结果的发生；否则，就不存在因果关系。例如，甲意图杀丙，让丙喝了有毒的饮料，在毒药尚未发作时，乙用枪射击丙的头部，致丙死亡。这里乙的行为与丙的死亡之间存在因果关系，甲的行为不是丙的死亡结果产生的原因。因为丙的死亡是由乙的行为所引起，而不是由甲的行为所引起。

5. 因果关系的复杂性。辩证唯物主义认为，“客观事物的因果关系是复杂的、多样的，由于客观过程的相互作用是纵横交错的，因此，既有一因多果、同因异果，也有一果多因、异因同果，更有多因多果”①。因果关系的这种复杂情况，在刑法因果关系中同样存在、刑法上因果关系的复杂情况，归纳起来有以下几种：(1) 一因一果，即一个危害行为引起一个危害结果，如一枪打死一人。(2) 一因多果，即一个危害行为造成两个或两个以上危害结果。危害行为可能造成性质相同的多个危害结果，如一枪打死两人；也可能造成性质不同的多个危害结果，如一枪打死一人、打伤一人。(3) 多因一果，即两个或两个以上危害行为造成一个危害结果。危害结果可能由性质相同的多个危害行为引起，如甲、乙分别将足以致死的毒药投入丙的饮料中，丙因喝了饮料而死亡；也可能由性质不同的多个危害行为引起，如医生张某出于杀人的目的，利用护士陈某的过失，使陈某将毒药误认为良药交给病人赵某，赵某服药后死亡。在多个原因引起危害结果的情况下，应当注意区分主要原因与次要原因，以便恰当确

① 冯契主编：《哲学大辞典》，上海辞书出版社 1992 年版，第 1333~1334 页。

定各个行为人的刑事责任。(4) 多因多果,即两个或两个以上危害行为引起两个或两个以上危害结果。例如,张某纠合秦某某、全某某、李某某等人组成犯罪集团,先后在渝湘鄂实施抢劫、故意杀人案件 10 起,致 28 人死亡、5 人重伤、11 人轻伤,抢劫现金人民币 18 万余元,黄金、铂金 4 万余克,冲锋枪 2 支,出租车 5 辆。对这类案件,要恰当确定行为人的刑事责任,必须认真区分行为人的具体危害行为和所引起的危害结果以及行为在引起危害结果过程中所起作用的大小。

(三) 刑法上因果关系的认定

对于如何认定刑法上的因果关系,外国刑法理论存在各种学说,我国刑法理论界也有不同意见,对此前面已有概述,这里不再评说。现根据辩证唯物主义,结合刑法理论,提出本书的看法:

1. 要确定危害行为具有危害结果发生的现实可能性。黑格尔(Hegel)在考察可能性和现实性两个范畴时认为,可能性是内在的、潜在的现实,可以分为抽象的可能性与现实的可能性两种情形。抽象的可能性在现实中缺乏充分根据和必要条件,它实质上也是不可能的东西。现实的可能性是有内容的东西,它自身包含着成为现实的各种根据和条件。[①] 辩证唯物主义也认为:"可能性有现实的可能性和抽象的可能性两类。"[②] 由此可见,只有确定危害行为包含着危害结果发生的现实可能性而不是抽象可能性,危害结果才可能转化为现实,危害行为与危害结果才有因果关系。否则,如果确定某种危害行为不包含危害结果发生的现实可能性,而由另外的行为引起危害结果的发生,那么某种危害行为与危害结果之间就不存在因果关系。例如,装上子弹用枪杀人,包含着死亡结果发生的现实可能性,由此引起死亡结果,开枪行为与死亡结果之间即有因果关系。否则,如甲乙两人打架,甲将乙打成轻伤,乙在医院治疗时,医生丙医疗失误,致乙感染毒菌而死。甲的行为虽然也是乙死亡结果发生的条件,但它不包含乙死亡结果发生的现实可能性,所以甲的行为与乙的死亡结果之间不存在因果关系,这里丙的行为才是乙死亡结果的原因,因为在该行为中包含着乙死亡结果发生的现实可能性。

2. 要查明危害行为实施的具体条件(时间、地点、对象特性等)。辩证唯物主义认为,某一可能性的真正实现取决于它的具体条件的总和。[③] 这就是说,就刑事案件而言,包含着危害结果发生的现实可能性的危害行为,只有与具体条件相结合,可能性才会变成现实,危害结果才会发生。所以,认定刑法上的因果关系决不能凭借抽象的因果关系的一般公式来解决,而必须将危害行为与其实施的具体条件(时间、地点、对象特性等)结合起来进行具体分析。例如前述王某拳击李某胸部的案例,王某的拳击对普通人本不会致死,但因李某患有心脏病,经受不住拳击而死亡。由于王某的拳击行为是在行为对象李某患有心脏病的具体条件下导致李某死亡结果发生的,也可以说王某的拳击行为包含着致使患有心脏病的李某死亡的现实可能性,二者结合起来导致李某的死亡结果,所以王某的拳击行为与李某的死亡结果之间有因果关系。不能因为王某的拳击行为不会导致普通人死亡,而否定王某的拳击行为与李某的死亡结果之间存在因果关系。

3. 要确定危害行为合规律地产生出来危害结果。认定刑法上的因果关系,仅仅确定危

① 参见冯契主编:《哲学大辞典》,上海辞书出版社 1992 年版,第 346 页。
② 辞海编辑委员会编纂:《辞海》(1999 年版缩印本),上海辞书出版社 2000 年版,第 922 页。
③ 冯契主编:《哲学大辞典》,上海辞书出版社 1992 年版,第 346 页。

害行为在具体条件下包含着危害结果发生的现实可能性是不够的,还必须确定危害行为合规律地产生了危害结果;否则,危害行为与危害结果之间就不存在因果关系。例如,任某与汪某有仇,暗中将毒药投入汪某的食物中,汪某吃过食物后,毒性发作而死。很明显,任某的投毒行为与汪某的死亡结果之间有因果关系。如果汪某吃过食物后发现中毒,及时求医抢救成功,未产生出危害结果,那就不存在因果关系问题。

值得研究的是,危害行为与危害结果之间有其他事项介入时,如何认定刑法上的因果关系?对此,可以分为如下两种情况:(1)介入事实与危害行为竞合产生危害结果。例如,甲以致死量一半的毒药投入丙的食物中,接着乙也以致死量一半的毒药投入丙的食物中,丙吃过食物后毒性发作而死。这里甲、乙两人的投毒行为互相竞合,导致了丙的死亡。甲的投毒行为和乙的投毒行为都与丙的死亡结果之间存在因果关系。(2)介入事实使因果发展过程中断。例如,曾某因交通肇事将何某撞成重伤倒地后扬长而去,随后刘某看到倒地的何某是自己的仇人,便用刀将何某杀死。何某的重伤可能因得不到救助而死亡,但因刘某将何某杀死,切断了何某由重伤向死亡的发展,所以不能认定曾某交通肇事致何某重伤的行为与何某的死亡结果之间有因果关系。

(四)不作为犯罪的因果关系

关于不作为犯罪的因果关系,刑法理论上有各种学说:

1. 不作为的因果关系否定说。此说认为,不作为是自然的、物理的“无”,“无不能生有”,所以,不作为与结果之间没有因果关系。批评者认为,此说将不作为与“无”混为一谈,实属有误。现在此说在德、日学者中已无人采用,但我国还有学者支持。

2. 准因果关系说。此说认为不作为与结果之间本无因果关系,但在有防止结果发生义务时,违反义务而不采取防范措施以致发生了结果,在法律上视为不作为与结果之间有因果关系或准因果关系。批评者认为此说不从不作为本身出发探求原因力,而求之于法律的拟制,亦属不妥。现在赞同此说者极为罕见。

3. 不作为的因果关系肯定说。此说认为不作为与结果之间存在因果关系。但对于如何论证不作为的因果关系,则众说纷纭,莫衷一是。本书赞成肯定说,因为不作为不等于“无”,而是不实施一定的行为。有义务阻止且能够阻止危害结果的发生而不实施一定的行为予以阻止,因而引起危害结果发生,不作为本身与危害结果之间事实上便存在因果关系,不是法律拟制的因果关系。不作为的因果关系当然有其特殊性,即它以行为人负有实施一定行为的义务为前提。这种义务主要是基于人类社会的分工产生的,正是靠着这种分工,人类社会才得以正常运行。例如,母亲不给新生婴儿喂奶,以致婴儿饿死,一般人都会认识到母亲的不作为是婴儿饿死的原因。因为抚育婴儿是母亲的义务,同时这一义务也得到法律的确认。先行行为引起的义务与此稍有不同。先行行为造成了一定的危害结果或危险,行为人有义务阻止危害结果或危险的进一步发展却未加阻止,引起后来的危害结果。未加阻止的不作为与后来结果的发生,显然也存在因果关系。除此之外,其余方面与前述刑法上的因果关系理论完全相同,不再赘述。

(五)刑法上的因果关系与刑事责任

在前面论述犯罪构成要件时,本书没有将因果关系列为犯罪构成的要件。因为在本书看来，因果关系总是与结果联系在一起的，讲到结果，总是讲由行为引起结果，不存在独立于行为和结果之外的因果关系。因果关系虽不是犯罪构成的要件，但在认定结果犯时却必须认真加以研究，因为只有确定危害结果是由行为人的危害行为引起的，该结果犯才能成立。至于行为犯，由于它不以危害结果为要件，也就不会发生因果关系问题。

对结果犯来说，查明行为人的危害行为与危害结果之间存在因果关系，可以说为追究行为人的刑事责任提供了客观基础；至于能否追究行为人的刑事责任，还需要根据行为人是否具备犯罪主体要件和犯罪主观方面要件予以确定。即使行为人的危害行为与危害结果之间存在因果关系，如果缺少犯罪主体要件或者犯罪主观方面要件，仍然不能追究其刑事责任。所以，认为有因果关系就负刑事责任的观点是错误的。

五、行为的时间、地点与方法

如前所述，行为的时间、地点与方法，是犯罪构成的选择要件，不是每一犯罪都必须具备的共同要件，它们只对某些犯罪具有意义。

（一）行为的时间

行为的时间，指刑法规定的构成某些犯罪必须具备的行为实施的特定时间。行为人的行为在什么时间实施，通常对认定犯罪没有影响，但是对于将行为的时间规定为犯罪构成要件的犯罪来说，行为的时间就具有区分罪与非罪的意义。例如，《刑法》第 340 条规定在“禁渔期”捕捞水产品是非法捕捞水产品罪的构成要件之一；第 341 条第 2 款规定在“禁猎期”狩猎是非法狩猎罪的构成要件之一；《刑法》分则第七章危害国防利益罪中的第 376 条至第 381 条规定的战时拒绝、逃避征召、军事训练罪，战时拒绝军事征用罪等，都以“战时”为犯罪构成的要件。对这些犯罪来说，若行为不在法定时间实施，就不构成该种犯罪。

（二）行为的地点

行为的地点，指刑法规定的构成犯罪必须具备的行为实施的特定地点。行为人的行为在什么地点实施，通常对认定犯罪也没有影响，但是对于将行为的地点规定为犯罪构成要件的犯罪来说，行为的地点对认定犯罪就有决定性的意义。例如，《刑法》第 340 条规定在“禁渔区”捕捞水产品是非法捕捞水产品罪的构成要件之一；第 341 条第 2 款规定在“禁猎区”狩猎是非法狩猎罪的构成要件之一；第 343 条第 1 款规定擅自进入“国家规划矿区”是非法采矿罪的构成要件之一；第 444 条规定“在战场上”遗弃伤病军人是遗弃伤病军人罪的构成要件之一，等等。对于这些犯罪来说，行为是否在法定地点实施，对能否认定构成该种犯罪，是必不可少的条件。

（三）行为的方法

行为的方法，指刑法规定的构成某些犯罪必须具备的行为实施的特定方法。行为人用什么方法实施犯罪，通常对认定犯罪没有影响，但是对于将行为的方法规定为犯罪构成要件的犯罪来说，行为的方法就成为认定是否构成犯罪或者区分此罪与彼罪不可忽视的因素。例如，《刑法》第 340 条规定“使用禁用的工具、方法捕捞水产品”是非法捕捞水产品罪的构成要件之一；第 341 条第 2 款规定“使用禁用的工具、方法进行狩猎”是非法狩猎罪的构成要件之一；第 343 条第 2 款规定“采取破坏性的开采方法开采矿产资源”是破坏性采矿罪的构成要件之一。对于这些犯罪来说，行为如果不是采取法定的方法实施，该种犯罪就不会成立。又如《刑法》第五章侵犯财产罪中规定的抢劫罪、盗窃罪、诈骗罪、抢夺罪等，主要依据行为方法的不同而互相区别。

除上述情况外，行为的时间、地点、方法有时还是刑法规定的从重处罚的条件。例如，《刑法》第 432 条第 2 款规定的“战时犯前款罪”（指故意或过失泄露军事秘密）就提高了法定刑；第 263 条规定在“公共交通工具上抢劫的”为加重法定刑的情形；第 157 条规定“武装掩护走私的”，依照《刑法》第 151 条第 1 款的规定从重处罚。即使刑法没有规定，根据具体情况，行为的时间、地点、方法也可能作为从轻或从重处罚的酌定情节，在量刑时加以考虑。

第四节　犯罪主体

一、犯罪主体概述

犯罪主体是犯罪构成不可缺少的重要因素。判断一个犯罪是否成立，必须认定主体要件。研究犯罪主体，对于犯罪构成理论及定罪实践都有重要而直接的意义。

（一）犯罪主体的概念

现代各国刑法都规定了犯罪主体的实际内容，但都没有为犯罪主体下定义。我国刑法亦不例外。犯罪主体的概念不过是各国刑法学界所揭示的与本国刑法规定相适应的犯罪主体理论学说。我国刑法学界一般认为，我国的犯罪主体是指实施危害行为，依法应当负刑事责任的自然人和单位。[①] 据此，对于我国犯罪主体的概念，可从以下三个方面理解：

1. 犯罪主体是自然人和单位。自然人是指有生命存在的人类个体，其法律上的人格始于出生，止于死亡。中外古代历史上，曾有过把有生命的非人类生物、无生命的尸体或非生命的自然现象作为处罚对象的刑事司法实践，以及认为这些现象也是犯罪的观念，这已为现代刑法所摒弃。无论在现代还是古代的刑法中，自然人都是最基本的犯罪主体，也是最普遍的主体。

单位是我国刑法规定的与自然人相对的另一类犯罪主体。在现代社会的市场经济条件下，与自然人一样，各种社会组织在民事和经济等活动中也是独立的主体，这些主体实施的行为严重危害社会时，理应与自然人一样承担刑事责任，从而成为犯罪主体。当然，由于单位主体具有与自然人主体不同的特点，刑法对其规定的承担刑事责任的方式也不完全相同。单位作为犯罪主体并承担刑事责任，不可避免地要在一定程度上波及该单位的每一个成员，但这与作为专制社会特定概念的株连有本质区别。株连是基于亲缘、邻里、职务等关系，要求某个或某些并没有从事犯罪活动的自然人为他人的犯罪承担连带的刑事责任，并对其施

---

① 参见高铭暄、马克昌主编：《刑法学》（上编），中国法制出版社 1999 年版，第 162 页；苏惠渔主编：《刑法学》，中国政法大学出版社 1999 年版，第 136 页；赵秉志主编：《刑法新教程》，中国人民大学出版社 2001 年版，第 89 页，等等。

以具有人身性质的严酷刑罚,包括生命刑和身体刑。追究单位犯罪针对的是其整体组织而不是其中具体的自然人,而且只适用财产刑。尽管刑罚的后果会影响到单位成员的利益,但这和同样会给单位成员造成不利影响的民事赔偿和违约金或行政罚款一样,并非株连。作为社会组织,单位总是由一定的人员组成的,单位的任何行为都是通过其一定成员的具体行为实施的,归根结底,实施危害行为的是自然人。

2. 犯罪主体是实施了危害行为的自然人或单位。任何犯罪都由一定的行为构成,任何行为都有实施者,犯罪主体就是危害行为的实施者。没有犯罪主体,就没有犯罪。具体的犯罪总是与特定的犯罪主体相联系。未实施危害行为者,就不是犯罪主体;未实施某种具体犯罪的危害行为者,就不可能是该种犯罪的主体。犯罪主体实施的危害行为,既可以是某个犯罪的实行行为,也可以是该犯罪的组织行为、教唆行为或帮助行为。实施了某个犯罪的组织行为、教唆行为或帮助行为的犯罪主体,与实施该罪的实行行为的犯罪主体构成该罪的共同犯罪主体。

3. 犯罪主体是应当负刑事责任的自然人或单位。刑事责任作为犯罪的法律后果,只能由危害行为的实施者来承担,实施犯罪行为的犯罪主体就是刑事责任的当然承担者。现代刑法实行罪责自负原则,坚决反对和禁止株连无辜。未实施任何犯罪的危害行为者,不负任何刑事责任;未实施某种具体犯罪的危害行为者,不能承担此种犯罪的任何形式的刑事责任。

(二)研究犯罪主体的意义

在犯罪构成中研究犯罪主体,对于在立法上如何确立犯罪主体要件和司法上如何认定犯罪主体要件有着重要的实践意义。从各国刑事立法来看,对于犯罪主体的规定既有相对一致的地方,如精神病人不负刑事责任;也呈现出一些差异,如刑事责任年龄标准不尽相同。那么,立法者确定犯罪主体标准的根据是什么呢?这就不能不研究犯罪主体。如何认定案件事实中的行为人是否具备主体资格,或怎样判断犯罪主体的标准与实际情况的符合性?例如,户籍上的年龄登记与实际年龄不符,该依据哪一个确定刑事责任年龄?单位犯罪主体究竟包括哪些单位?诸如此类的问题也要求必须研究犯罪主体。

1. 研究犯罪主体是区分罪与非罪的需要。任何犯罪都有主体,而要成为犯罪主体,必须符合刑法规定的资格条件。因此,是否符合犯罪主体的法定要件,就成为区分罪与非罪的重要标准。根据刑法规定的犯罪主体标准,行为时未达到刑事责任年龄或不具有刑事责任能力的人,不构成犯罪;行为时不具有某种特定身份的人,不构成以此种身份为主体要件的犯罪;单位不能构成刑法中仅以自然人为主体要件的犯罪,等等。

2. 研究犯罪主体也是区分此罪与彼罪的需要。在刑法规定的各种犯罪中,有些犯罪在犯罪构成上的区别主要或突出地体现为犯罪主体的不同,如贪污罪与职务侵占罪、挪用公款罪与挪用资金罪、受贿罪与非国家工作人员受贿罪、行贿罪与对非国家工作人员行贿罪、受贿罪与单位受贿罪等,在这些情况下,犯罪主体便成为区分此罪与彼罪的关键。

3. 犯罪主体的某种情况在一些罪名中也会影响到刑事责任的大小及刑罚的轻重。例如,刑法总则规定的未成年人犯罪的处罚原则、聋哑人或盲人犯罪的处罚原则,刑法分则关于国家机关工作人员犯诬告陷害罪的处罚规定以及司法工作人员滥用职权犯非法搜查罪或非法侵入住宅罪的处罚规定,等等。从目前刑法学体系的通行安排和本书体例出发,这些处罚原则或规定也在这里一并论及。

二、自然人犯罪主体

自然人犯罪主体,就是具备刑事责任能力且实施了危害行为的自然人。

自然人犯罪主体与自然人的概念既有联系也有区别。自然人犯罪主体必须由自然人构成,但并非任何自然人都是自然人犯罪主体,自然人犯罪主体是实施了危害行为并且在实施行为时具备刑事责任能力的自然人。由此,实施行为时是否具备刑事责任能力,是判断自然人是否符合自然人犯罪主体资格的基本条件。这个条件是由刑法总则有关条文明文规定的。

在刑法分则规定的罪名中,凡是以上述基本条件作为符合自然人犯罪主体资格的必要和充足条件的,为一般主体的犯罪;凡是在上述条件的基础上进一步要求自然人必须具备某种特定身份条件才符合自然人犯罪主体资格的,为特殊主体的犯罪。刑法理论上,可以把这两种犯罪中的主体相应地称为一般的自然人主体和特殊的自然人主体,简称为一般主体和特殊主体;可以把上述两个基本条件称为自然人犯罪主体的一般条件和自然人犯罪主体的特殊条件。自然人犯罪主体的一般条件是任何犯罪的自然人主体都必须具有的,而自然人犯罪主体的特殊条件是某些犯罪的自然人主体必须具有的。由于刑法总则规定了自然人犯罪的一般主体,故刑法分则不再重复规定,只是对自然人犯罪的特殊主体加以规定。

(一) 自然人犯罪主体的一般条件

自然人犯罪主体的一般条件是指自然人的刑事责任能力。刑事责任能力是指实施危害行为的自然人在实施行为时对其行为的辨认能力和控制能力。所谓辨认能力,是指行为人在实施危害行为时具备的对其行为的社会意义的分辨和认识能力。行为人只有具备了这种能力,才能明辨是非,区分合法与非法,判断罪与非罪。所谓控制能力,是指行为人实施危害行为时具备的对是否实施该行为的决定和推动能力。行为人只有具备了这种能力,才能自主地支配自己的行为,选择是否实施或坚持刑法所禁止的危害行为。

刑事责任能力所要求的是人的社会属性,而人的社会属性集中体现为人所特有的主观意识能力。人之所以不同于其他动物,就在于人能够认识并改造客观外界。刑法上的犯罪作为人类社会的一种非法活动,同样是基于对客观外界的认识而实施的影响客观外界的行为,它必然要以自然人的主观意识能力为前提。刑事责任能力中的辨认能力和控制能力,体现的正是刑法对自然人犯罪主体主观意识能力的要求。一个人只有在实施危害行为时具备辨认能力和控制能力,才具有在法律上受到责备和非难的根据。一个具备辨认能力和控制能力的人不一定犯罪,但一个不具备辨认能力和控制能力的人根本不可能犯罪。

需要注意的是,主观意识能力是主观意识的基础而不是主观意识本身。犯罪的成立也需要确认行为人存在过错的主观意识状态,但这是犯罪构成主观方面的要件所要解决的问题。犯罪主体主要解决行为人是否存在刑法要求的主观意识能力。犯罪主观方面要以犯罪主体存在主观意识能力为前提,而不存在犯罪主观方面,并不能说明犯罪主体的主观意识能力不存在。例如,铁路扳道员因身体受到外力强制而无法履行义务导致危害结果发生,显然不存在主观罪过,却不能说其没有刑事责任能力。

自然人的刑事责任能力主要受两个基本因素的制约:是否达到一定年龄和精神状况是否健全。前者是自然人主体的刑事责任年龄问题,后者是自然人主体是否有精神病问题。由于刑法中讨论的精神病以自然人已经达到刑事责任年龄为前提,故我国刑法学界一般都把精神病问题称为"刑事责任能力"而与"刑事责任年龄"相对应。本书采取的是广义的"刑事责任能力"概念,既包括刑事责任年龄问题,也包括精神病问题。不同的是,刑事责任年龄是刑事责任能力的必备因素,而精神病是刑事责任能力必须加以排除的因素。

除了是否达到刑事责任年龄和是否患有精神病两个基本因素之外,自然人的某些感官疾病(如聋哑人和盲人)导致其对外界的认识受到局限,也会在一定程度上影响刑事责任的大小,但这种因素仅对量刑起作用,不具有犯罪构成的意义。犯罪主体作为犯罪构成的重要方面,其基本的因素是刑事责任年龄和精神病问题。

1. 刑事责任年龄。自然人不是生来就有辨认和控制能力,而是随其生理和心理的成熟逐渐具备的,一定的年龄就是自然人生理发育和心理发展的基本标志。现代各国刑法都对自然人犯罪主体规定了负刑事责任的年龄下限,这种年龄标准被刑法理论称为刑事责任年龄。刑事责任年龄,通常就是指刑法规定的自然人对自己实施的危害行为承担刑事责任必须达到的年龄。值得注意的是,年龄相同的不同自然人实际具有的辨认和控制能力存在差异,刑法规定的刑事责任年龄同任何法律标准一样,只针对一般人而不针对个别人。只要自然人达到刑事责任年龄,就一律视为具备了刑事责任能力;没有达到刑事责任年龄的自然人即便实际具备了辨认和控制能力,也不将其视为具备刑事责任能力人。各国在规定刑事责任年龄时,都以本国一般人的普遍情况为基准,但是,各国刑法规定的刑事责任年龄不尽相同,甚至差异较大,并不仅仅是因为各国自然人的生理发育和心理发展存在时间差异,还和各国对辨认能力和控制能力之含义的认识和法律传统有关。

各国通常都把刑事责任年龄分成几个阶段,但分法不尽相同,有二分法、三分法和四分法等。二分法将刑事责任年龄分为相对无刑事责任年龄(或绝对无刑事责任年龄)和完全刑事责任年龄。三分法将刑事责任年龄分为绝对无刑事责任年龄、相对无刑事责任年龄(或减轻刑事责任年龄)和完全刑事责任年龄。四分法将刑事责任年龄分为绝对无刑事责任年龄、相对无刑事责任年龄、减轻刑事责任年龄和完全刑事责任年龄。采取相同分法的不同国家所取的具体年龄标准又不完全一样。我国刑法总结了新中国成立以来同犯罪作斗争的经验,并吸收了我国历史上和外国刑事立法中的有益做法,对刑事责任年龄作了具有我国特色的四分法规定。《刑法修正案(八)》《刑法修正案(十一)》又对刑法总则的有关条文进行了修改完善。①

第一,完全刑事责任年龄阶段。根据我国《刑法》第 17 条第 1 款的规定,已满 16 周岁的人,应对任何犯罪负刑事责任,即 16 周岁以上的人处于完全刑事责任年龄阶段。已满 16 周岁的人在生理和心理上都已完全成熟,基本的社会认知和是非观念都已具备,对自己行为的性质和后果可以有清晰的认识,也能够根据社会规范来约束自己,因而已经具备了辨认和控制自己行为的能力,可以成为对其危害行为负刑事责任的主体。

根据《刑法》第 18 条第 2 款的规定,已达到完全刑事责任年龄的间歇性精神病人在精

① 《中华人民共和国刑法修正案(八)》由第十一届全国人民代表大会常务委员会第十九次会议于 2011 年 2 月 25 日通过,并于 2011 年 5 月 1 日起施行。《中华人民共和国刑法修正案(十一)》由第十三届全国人民代表大会常务委员会第二十四次会议于 2020 年 12 月 26 日通过,并于 2021 年 3 月 1 日起施行。

神正常的时候犯罪,应当负刑事责任。

根据《刑法》第 18 条第 4 款的规定,已达到完全刑事责任年龄而醉酒的人犯罪,应当负刑事责任。这里的醉酒,是普通醉酒或生理性醉酒,通常指大量饮酒后因急性酒精中毒而致精神过度兴奋甚至神志不清的情况。现代医学和司法精神病学认为,生理醉酒不是精神病,有别于属于精神病的病理性醉酒。醉酒的人应对自己的危害行为负刑事责任的根据主要是:生理醉酒只是使人的辨认和控制能力减弱而不是丧失;生理醉酒的人在醉酒前能够非常清醒地认识到醉酒后可能发生的行为和后果;醉酒人在醉酒之前完全可以控制自己的行为,纵饮醉酒是其个人主观选择的结果。《刑法修正案(八)》增设第 133 条之一,将醉酒驾车行为规定为犯罪,表明法律不仅不能原谅"醉酒",而且还把它作为从严惩处的情节。

第二,相对负刑事责任年龄阶段。根据《刑法》第 17 条第 2 款的规定,已满 14 周岁不满 16 周岁的人,犯故意杀人、故意伤害致人重伤或者死亡[①]、强奸、抢劫、贩卖毒品、放火、爆炸、投放危险物质罪的[②],应当负刑事责任。根据《刑法》第 17 条第 3 款的规定,已满 12 周岁不满 14 周岁的人,犯故意杀人、故意伤害罪,致人死亡或者以特别残忍手段致人重伤造成严重残疾,情节恶劣,经最高人民检察院核准追诉的,应当负刑事责任。[③] 可见,相对负刑事责任年龄包括两个具有递进衔接关系的年龄档。我国《刑法》之所以规定这两个年龄档的人要对特定犯罪负刑事责任,是因为这个年龄档的人已经具备了社会常识和大的是非观念,对社会上常见的严重犯罪能够有所认识,并有了基本的自我约束能力,即在一定范围已经具备了刑事责任能力所要求的辨认和控制能力。不同的是,与已满 14 周岁不满 16 周岁的人相比,已满 12 周岁不满 14 周岁的人的辨认和指控能力显然更弱,因此,其要负刑事责任的罪行范围受到了更严格的限制。具体而言,《刑法》对已满 12 周岁不满 14 周岁的人设定的刑事处罚条件是:(1) 需要处罚的罪行只能是故意杀人、故意伤害;[④] (2) 需要处罚的罪行必须导致了他人死亡的结果,或者以特别残忍的手段导致了他人重伤并造成严重残疾;[⑤] (3) 需要处罚的罪行必须情节恶劣;[⑥] (4) 需要处罚的罪行必须经最高人民检察院核准追诉。处于相对负刑事责任年龄阶段的人只对《刑法》第 17 条第 2 款或第 3 款明确规定的特定犯罪承担

---

① 全国人大常委会法制工作委员会颁布的《关于已满十四周岁不满十六周岁的人承担刑事责任范围问题的答复意见》(法工委复字[2002]12 号)规定,《刑法》第 17 条第 2 款规定的 8 种犯罪,是指具体犯罪行为而不是具体罪名。《刑法》第 17 条规定的"犯故意杀人、故意伤害致人重伤或者死亡",是指只要故意实施了杀人、伤害行为并且造成了致人重伤、死亡后果的,都应负刑事责任,而不是指只有犯故意杀人罪、故意伤害罪的,才负刑事责任,绑架撕票的,不负刑事责任。对司法实践中出现的已满 14 周岁不满 16 周岁的人绑架人质后杀害被绑架人,拐卖妇女、儿童而故意造成被拐卖妇女、儿童重伤或死亡的行为,要依据刑法追究其刑事责任。

② 1997 年《刑法》出台时,其第 17 条第 2 款列举的犯罪包括"投毒",与此相对应的规定是《刑法》第 114 条和第 115 条。2001 年《刑法修正案(三)》第 1 条和第 2 条将《刑法》第 114 条和第 115 条中的"投毒"修改为"投放毒害性、放射性、传染病原体等物质"。之后,虽然《刑法》第 17 条第 2 款的表述未发生变化,但由于该款与《刑法》第 114 条和第 115 条之间的对应关系,"投毒"的内涵实际已经变成"投放毒害性、放射性、传染病原体等物质"。为了明确《刑法》第 17 条第 2 款的含义,《刑法修正案(十一)》将"投毒"修改为"投放危险物质"。

③《刑法》第 17 条第 3 款由《刑法修正案(十一)》增设。

④ 对于《刑法》第 17 条第 3 款规定的已满 12 周岁不满 14 周岁的人"犯故意杀人、故意伤害罪"的理解,应与全国人大常委会法制工作委员会颁布的《关于已满十四周岁不满十六周岁的人承担刑事责任范围问题的答复意见》保持一致。

⑤ 已满 12 周岁不满 16 周岁的人犯故意杀人、故意伤害罪,如果没有致人死亡,则对结果有三个要求:(1) 必须造成了重伤结果;(2) 重伤结果必须是由特别残忍手段导致的;(3) 重伤结果必须造成了被害人身体的严重残疾。

⑥ 一般说来,故意杀人或故意伤害的行为手段特别残忍的,应当属于情节恶劣。但是,《刑法》第 17 条第 3 款将"情节恶劣"与"特别残忍的手段"并列规定,表明"情节恶劣"是指"特别残忍手段"之外的恶劣情节。

刑事责任,超出这个范围,行为人不负刑事责任。例如,《刑法》第 17 条第 2 款没有规定已满 14 周岁不满 16 周岁的人要对盗窃罪、致人轻伤的故意伤害罪、走私毒品罪、运输毒品罪或制造毒品罪负刑事责任。又如,《刑法》第 17 条第 3 款没有规定已满 12 周岁不满 14 周岁的人要对强奸、抢劫、贩卖毒品等犯罪负刑事责任。

《刑法》第 17 条第 5 款规定:“因不满十六周岁不予刑事处罚的,责令其父母或者其他监护人加以管教;在必要的时候,依法进行专门矫治教育。”[①]

第三,完全不负刑事责任年龄阶段。根据《刑法》第 17 条的规定,不满 12 周岁的人,不对任何犯罪负刑事责任。刑法理论将这一年龄阶段称为完全不负刑事责任年龄阶段。从我国当前情况出发,不满 12 周岁的人尚处于幼年时期,生理和心理发育都不成熟,因而,不具备刑事责任能力所要求的辨认和控制能力,刑法不将其实施的危害行为作为犯罪处罚。

第四,限制刑事责任年龄阶段。《刑法》第 17 条第 4 款规定:“对依照前三款规定追究刑事责任的不满十八周岁的人,应当从轻或者减轻处罚。”这是因为,处于这一年龄阶段的人,虽然可以成为犯罪主体,但毕竟是未成年人,其主观意识尚未定型,可塑性较大,故对其重在教育,适当惩罚。《刑法》第 49 条也体现了这一精神,规定犯罪的时候不满 18 周岁的人,不适用死刑。《刑法修正案(八)》还将上述精神进一步延伸到刑事责任的实际承担和法律后果方面:修改后的《刑法》第 72 条增加了对符合缓刑条件的不满 18 周岁的犯罪分子应当宣告缓刑的规定;新增的《刑法》第 100 条第 2 款免除了犯罪的时候不满 18 周岁被判处 5 年有期徒刑以下刑罚的人“如实向有关单位报告自己曾受过刑事处罚”的义务。

《刑法修正案(八)》对犯罪主体所作的一项重大修改,是增加对已满 75 周岁的人犯罪予以轻处的规定。根据新增的《刑法》第 17 条之一的规定,已满 75 周岁的人故意犯罪的,可以从轻或者减轻处罚;过失犯罪的,应当从轻或者减轻处罚。根据新增的《刑法》第 49 条第 2 款的规定,审判的时候已满 75 周岁的人,不适用死刑,但以特别残忍手段致人死亡的除外。根据修改过的《刑法》第 72 条的规定,对符合缓刑条件的已满 75 周岁的犯罪分子应当宣告缓刑。这些规定彰显了社会文明与人道主义精神。

根据我国《刑法》第 19 条的规定,又聋又哑的人或者盲人犯罪,可以从轻、减轻或者免除处罚。又聋又哑的人是指聋哑兼备者,仅具其一不属于限制刑事责任能力人。聋哑是指完全丧失了听力和语能。盲人是指双目均已丧失视力者。听觉、语能、视力这些重要生理功能的丧失,会影响自然人对外界的认识和与外界的交往,影响其接受教育和智力开发,虽然其未丧失辨认和控制自己行为的能力,但毕竟与生理功能正常的人有所不同,故在实际负担的刑事责任上可以体现一些区别。应当注意的是,“可以”不等于必须,对那些刑事责任能力在事实上完全不受聋哑盲影响的人,不应予以从轻、减轻处罚或者免除处罚。

根据有关司法解释,刑事责任年龄是指实足年龄即周岁。周岁一律按照公历的年、月、日计算,并且以周岁生日的次日开始起算。例如,行为人于 1990 年 12 月 1 日出生,至 2004 年 12 月 2 日为已满 14 周岁,至 2006 年 12 月 2 日为已满 16 周岁。对于刑事责任年龄,应当按照罪刑法定原则严格认定,哪怕只相差或超过一天,也要根据有效的户籍记载和刑法规定的刑事责任年龄阶段对号处理。

---

① 《刑法修正案(十一)》出台之前《刑法》第 17 条第 4 款的规定是:“因不满十六周岁不予刑事处罚的,责令他的家长或者监护人加以管教,在必要的时候,也可以由政府收容教养。”

由于《刑法》第 17 条规定了不同的刑事责任年龄阶段及年龄档，故在实践中，有时会出现跨越不同年龄段或年龄档实施危害行为的情形。对此，应分段或分档进行处理：(1) 已满 16 周岁之后实施了某种犯罪，并在已满 14 周岁不满 16 周岁期间也实施过相同的行为，如果这种行为属于《刑法》第 17 条第 2 款规定的 8 种特定犯罪之一，应一并追究刑事责任。(2) 行为人在已满 12 周岁不满 14 周岁期间和已满 14 周岁不满 16 周岁期间均实施过《刑法》第 17 条第 3 款规定的故意杀人或故意伤害行为，应按两个年龄档的不同追诉要求分别认定，一并追究。(3) 行为人在已满 12 周岁不满 14 周岁期间、已满 14 周岁不满 16 周岁期间、已满 16 周岁之后，均实施过《刑法》第 17 条规定的故意杀人或故意伤害行为，只要未超过追诉时效，应根据不同年龄档的追诉要求分别认定，一并追究。

当然，年龄并不是刑事责任受到限制的唯一因素。虽然处于完全刑事责任年龄阶段，但是具有法定特殊情况的主体，也可以是限制刑事责任能力人。例如，根据我国《刑法》第 19 条的规定，又聋又哑的人或者盲人犯罪可以从轻、减轻或者免除处罚。根据《刑法》第 72 条的规定，在符合缓刑条件的犯罪分子中，对怀孕的妇女，应当宣告缓刑。

2. 精神病问题。一般说来，达到刑事责任年龄的人就具有刑事责任能力而可以成为犯罪主体，但有时达到刑事责任年龄的自然人会因精神病症而不具备辨认和控制自己行为的能力，从而不具备犯罪主体的资格。

精神病是由人体内外部原因引起的严重精神障碍性疾病。精神病概念在医学和司法精神病学上有着特定的含义和范围，有广义和狭义之分。广义的精神病种类繁多，根据病因及临床表现，可大致分为四类：(1) 重性精神病；(2) 神经官能症；(3) 精神发育不全；(4) 变态人格。狭义的精神病指重性精神病，也是严格意义上的精神病。在刑法上，通常只有狭义的精神病才能成为不负刑事责任的根据，其他情况不能成为不负刑事责任的根据，至多成为减轻刑事责任的根据。我国《刑法》第 18 条的规定也是把精神病人作为不负刑事责任的根据的。与此相适应，本书所称精神病为狭义的精神病，其他情况则属于非精神病性的精神障碍。

精神病与非精神病性的精神障碍有本质区别。非精神病性精神障碍属于心理或意识不完善的情况，而非精神不健全。非精神病性精神障碍主要有：各种神经官能症（包括癔症、神经衰弱、焦虑症、疑病症、神经症性抑郁等）；各种人格障碍式变态人格（包括器质性障碍人格）；性变态（包括同性恋、露阴癖、恋物癖、恋童癖、性虐待癖等）；未达到精神病程度的反应性精神障碍；未达到精神病程度的成瘾药物中毒与戒断反应；轻躁狂与轻性抑郁症；生理性醉酒与单纯慢性酒精中毒；脑震荡后遗症、癫痫性心境恶劣，其他未达到精神病程度的精神疾病；轻微精神发育不全或愚鲁，等等。

精神病既有持续性的，也有间歇性的；既可能导致自然人完全丧失辨认和控制能力，也可能仅导致自然人在一定程度上丧失辨认和控制能力。间歇性精神病，是指具有间歇性发作特点的精神病，包括精神分裂症、狂躁症、抑郁症、癫痫性精神病、周期精神病、分裂情感性精神病、癔症性精神病等。间歇性精神病人在非发病期属于具有辨认和控制自己行为能力的人。根据《刑法》第 18 条第 2 款的规定，间歇性的精神病人在精神正常的时候犯罪，应当负刑事责任。对于间歇性精神病人在精神正常的时候犯罪，应当视行为人在实施行为时的具体年龄，认定其属于哪一个刑事责任年龄阶段，以要求其承担相应的刑事责任。

《刑法》第 18 条第 3 款还规定,尚未完全丧失辨认或者控制自己行为能力的精神病人犯罪的,应当负刑事责任,但是可以从轻或者减轻处罚。这类精神病人一般包括处于早期或部分缓解期的精神病患者和某些非精神病性精神障碍人(包括轻至中度的精神发育迟滞者、脑部器质性病变或精神病后遗症所引起的人格变态者以及神经官能症中少数严重的强迫症和癔症患者等)。

无论何种情况,精神病要成为自然人不负刑事责任或者减轻刑事责任的理由,必须经过严格法定程序的专门鉴定,并且通过司法程序证明自然人在实施行为时因精神病而完全或部分丧失辨认和控制能力。《刑法》第 18 条第 1 款规定,精神病人在不能辨认或者不能控制自己行为的时候造成危害结果,经法定程序鉴定确认的,不负刑事责任,但是应当责令他的家属或者监护人严加看管和医疗;在必要的时候,由政府强制医疗。根据有关司法解释,犯罪的时候精神正常,犯罪后患精神病的人,应当负刑事责任。

(二) 自然人犯罪主体的特殊条件

自然人犯罪主体的特殊条件是指人的某种特殊身份。从人的特殊身份形成的原因看,特殊身份可分为自然身份和法定身份。自然身份是指人基于自然因素而形成的身份,如基于性别形成的身份、基于血缘关系形成的亲属身份等。法定身份是指人基于法律关系而形成的身份,如国家工作人员、军职人员、司法工作人员、公司企业工作人员等。凡以特殊身份为要件的主体,称为特殊主体;不以特殊身份为要件的主体,称为一般主体。外国刑法理论把刑法规定的以某种特殊身份作为主体要件或者刑罚加减根据的犯罪称为身份犯。其中,以特殊身份作为构成要件的犯罪,为真正的身份犯;以特殊身份作为量刑因素的犯罪,为不真正的身份犯。

特殊身份必须是在行为人开始实施危害行为时就已经具有的,而不是在实施危害活动中形成的某种特殊地位(如首要分子),也不是在行为开始前具有而在行为开始时已丧失的身份(如被撤职),更不是在行为结束后才获得的某种身份(如一个盗窃犯后来当上了其盗窃的某个仓库的保管员)。

作为犯罪主体要件的特殊身份,仅仅是针对犯罪的实行犯而言的,至于教唆犯与帮助犯,并不受特殊身份的限制。例如,强奸罪的主体必须具有男性的特定身份,但这仅限于实行犯,不具有男性身份的妇女教唆或帮助男性实施强奸妇女行为的,可以成立强奸罪的共犯。同样,非国家工作人员不能成为国家工作人员犯罪的实行犯,却可能成为其共犯;非军人不能成为军人违反职责罪的实行犯,却可能构成这类犯罪的共犯,等等。

我国刑法从若干角度规定了各种特殊主体:(1) 特定公职人员,包括国家工作人员(如《刑法》第 382 条贪污罪)、国家机关工作人员(如《刑法》第 397 条滥用职权罪)、司法工作人员(如《刑法》第 399 条徇私枉法罪)、邮政工作人员(如《刑法》第 253 条私自开拆、隐匿、毁弃邮件、电报罪)、军人(如《刑法》第 421 条战时违抗命令罪)以及国有公司、企业负责人(如《刑法》第 166 条为亲友非法牟利罪)等。(2) 从事特定职业人员,包括枪支合法制造企业、销售企业的直接责任人员(如《刑法》第 126 条违规制造、销售枪支罪),金融工作人员(如《刑法》第 171 条第 2 款金融工作人员购买假币、以假币换取货币罪)以及承担资产评估、验资、会计、审计、法律服务等职责的中介组织的人员(如《刑法》第 229 条出具证明文件重大失实罪)等。(3) 具有其他特定身份的人员,包括男人(如《刑法》第 236 条强奸罪)、与被害人在一个家庭内共同生活负有扶养或赡养义务的人(如《刑法》第260条虐待罪)以及证人、鉴定人、记录人、翻译人(如《刑法》第305条伪证罪)等。

犯罪主体的特殊身份,对于认定犯罪具有重要的意义,具体包括三个方面:(1)自然人是否具有某种特殊身份,是区分罪与非罪的重要标准。例如,非军职人员在战时自伤身体的行为,就不可能构成任何犯罪。(2)自然人是否具有某种特殊身份,是区分此罪与彼罪的重要标准。例如,行为人是国家工作人员还是非国有公司企业人员,关系到贪污罪与职务侵占罪的界限。(3)自然人是否具有某种特殊身份,是区分罪行轻重的重要标准。例如,国家机关工作人员犯诬告陷害罪的,从重处罚。

三、单位犯罪主体

单位犯罪是自然人犯罪的对称。我国1979年《刑法》没有规定单位犯罪,这与当时立法的社会背景有关。在计划经济体制之下,单位,尤其是企业、事业单位,还没有完全独立的法律地位,即不能独立享有民事权利和承担民事义务。因此,一些学者虽然提出过单位犯罪问题并引发一定讨论,但大都持否定态度。随着经济体制改革,简政放权,各种企事业单位日益拥有更大的自主权,逐渐成为自负盈亏的经济实体,事业单位甚至国家机关以及其他社会团体也开始财政包干。在这种情况下,单位有了独立的利益,单位与单位人员在利益上有了更加紧密的联系,使得一些单位为了自身的利益而进行违法犯罪活动。进入20世纪80年代,在改革开放的背景下,单位走私现象大量发生且愈演愈烈,全国海关查获的走私案件,单位实施的已经超过了自然人实施的数量并高居不下,对我国社会主义经济产生了极大的危害。为了适应形势的发展,1987年颁布的《中华人民共和国海关法》首次将单位规定为犯罪主体,实现了我国刑事立法上的一项历史性突破。1988年全国人大常委会《关于惩治贪污罪贿赂罪的补充规定》和《关于惩治走私罪的补充规定》,分别规定企业、事业单位、机关、团体可以成为受贿罪、行贿罪、走私罪、逃汇套汇罪等罪的主体,第一次以单行刑法的形式确认了单位犯罪。此后,随着单位犯罪的蔓延,我国刑事立法不断出台的补充规定中,单位犯罪罪名也急剧增加。据统计,1997年修订《刑法》之前,单行刑法规定的单位犯罪罪名几乎占到全部罪名1/5。因此,把单位犯罪纳入新修订的《刑法》中,已是水到渠成,势在必行。与此同时,刑法学界对单位犯罪的讨论越来越深入,肯定说逐渐成为主流,至现行刑法在总则和分则中全面确立单位犯罪,单位可以成为犯罪主体的观点已成共识。

比较各国刑事立法,我国刑法规定的单位犯罪概念显得独特,但从单位犯罪的内容看,外国刑法及刑法理论早已有之,这就是法人犯罪。据考证,在刑法上,与个人责任相对立的团体责任的历史,可以追溯到公元5世纪的早期日耳曼法。而现代意义的法人犯罪,最早出现在17世纪的英国。法人犯罪的主体是法人,而法人不过是商品经济条件下有独立经济利益和法律地位的单位主体——一种在市场中和法律上有着类似于自然人的独立“人格”的社会组织。法人的独立利益驱使着它实施唯利是图的犯罪,而法人的独立地位则使它能够成为承担刑事责任的主体。继英国之后,美国、加拿大、澳大利亚、印度等国的刑法都规定了法人犯罪。大陆法系国家曾坚持“法人或社团不能犯罪”的原则,拒绝在刑法典中规定法人犯罪,但不少国家在单行刑法或附属刑法中规定了法人犯罪,如日本、德国、法国、韩国、荷兰、瑞士、泰国、土耳其、古巴等国。[①] 我国学者最初讨论也是法人犯罪问题。之所以后来的刑事立法确认的是单位犯罪，是因为"单位犯罪"的概念比"法人犯罪"的概念更适应我国当前及未来相当一段时间内的实际情况。法人是一个民法上的概念，有着严格的成立条件，但在我国，许多实施危害行为的组织并不具有法人资格，有的则是向着法人过渡但又不是法人的带有模糊性的社会组织，如果使用法人犯罪概念，无疑会将此类犯罪排除于刑事责任之外。因此，使用单位犯罪的概念既可以包括法人犯罪，也可以把法人犯罪包括不了的大量非法人组织的犯罪包括在内。这不仅有利于追究犯罪，也有利于法人制度的建立。

（一）单位犯罪的概念

《刑法》第 30 条规定："公司、企业、事业单位、机关、团体实施的危害社会的行为，法律规定为单位犯罪的，应当负刑事责任。"据此，所谓单位犯罪，是指公司、企业、事业单位、机关、团体实施的依法应当承担刑事责任的危害社会的行为。单位犯罪具有以下特征：

1. 单位犯罪的主体包括公司、企业、事业单位、机关、团体。根据《刑法》第 30 条的规定，单位犯罪这一概念中的单位，是指公司、企业、事业单位、机关、团体。在这些单位之外的组织，不能成为单位犯罪的主体。

公司是指依法定程序设立，以营利为目的的法人组织，它包括有限责任公司和股份有限公司。有限责任公司，是指全体股东以其出资额为限对公司承担责任，公司以其全部资产对债务承担责任的公司。股份有限公司，是指由一定人数的股东发起设立的，将全部资本划为等额股份，股东以所购得股份为限对公司承担责任，公司以其全部资产对公司债务承担财产责任的公司。

企业是指依法成立并具备一定的组织形式，以营利为目的的独立从事商品生产经营活动和商业服务的经济组织。从广义来讲，公司是一种重要而且主要的企业形式，但这里的企业是狭义的概念，是指公司以外的以从事生产、流通等活动为内容，以获取收益和增加积累、创造社会财富为目的的营利性社会经济组织。

事业单位是指依照法律或行政命令成立的从事各种社会公益活动的组织，包括国家事业单位与集体事业单位。国家事业单位又称国家事业法人，是依靠国家预算拨款从事活动，领导人有权处理经费，能够直接参加与自己业务和权益有关的民事活动，并享有民事权利和承担经济责任的事业单位。集体事业单位又分两种：一种是集体事业法人，是由集体企业预算出资，能够独立处理经费，不实行自负盈亏的事业单位；另一种是劳动群众集体筹资，独立经营自负盈亏的事业单位。

作为单位犯罪主体的机关，是指执行党和国家的领导和治理职能的机构，包括国家权力机关、行政机关、审判机关、检察机关、军事机关。在我国，由于实行中国共产党领导下的多党合作制度，故无论作为执政党的中国共产党还是处于合作地位的民主党派，其各级机关也属于单位犯罪主体中的机关。在刑法修订时，关于国家机关能否成为单位犯罪主体的问题，引起了较大的争论。目前，这种争论仍然存在。

团体是由特定行业、阶层依法自愿组成的群众性自治组织，分为人民团体和社会团体。

---

① 参见何秉松主编：《法人犯罪与刑事责任》，中国法制出版社 2000 年版，第 36~48 页；王作富主编：《刑法》，中国人民大学出版社 1999 年版，第 80 页。

人民团体，是指共青团组织、妇女联合会、工会、学生联合会等。社会团体，是指依法设立的各种协会、学会、研究会、基金会和宗教团体等。社会团体依法成立，有自己独立的财产和法人地位，可以成为单位犯罪的主体。

2. 单位犯罪必须是在单位主体的意志支配下实施的。单位主体的意志表现在，单位犯罪必须经过单位集体研究决定或由其负责人员决定实施。所谓单位集体研究决定，是指依照法律和章程设立的有权代表单位的机构即单位决策机构研究决定。所谓负责人员决定，是指依照法律和章程规定的有权代表单位的个人决定。

应当指出，单位主体的意志绝不等于单位领导人、负责人或决策机构中的人员的个人意志。单位决策机构或单位负责人作出的决定，可能征求单位全体人员的意见，也可能不征求全体人员的意见；在客观上，其作出的决定既可能反映单位全体（或多数）人员的要求，也可能不反映全体（或多数）人员的要求。但无论如何，单位决策机构人员集体或单位负责人个人作出决定时，其主观上是从该单位的利益出发或要为该单位争得利益，如果仅仅为个人或小集团的利益，就不是单位犯罪。

3. 单位犯罪必须由刑法分则或分则性条文明确规定。根据《刑法》第 30 条，追究单位的刑事责任，必须是“法律规定为单位犯罪的”情况。这里的法律，是指刑法分则或分则性条文。从我国刑法分则条文来看，其规定的单位犯罪主要存在于危害公共安全罪，破坏社会主义市场经济秩序罪，侵犯公民人身权利、民主权利罪，妨害社会管理秩序罪，危害国防利益罪和贪污贿赂罪等章中。这些罪名多数是故意犯罪，也有少数是过失犯罪。所谓刑法分则性条文，是指刑法颁布后国家立法机关根据实际需要补充制定的单行刑法的条文、附属刑法规范条文以及刑法修正案条文，这些条文与刑法分则条文共同体现刑法总则的一般规定。例如，1997 年《刑法》通过后出台的《关于惩治骗购外汇、逃汇和非法买卖外汇犯罪的决定》就是一部单行刑法，在其条文中增设了骗购外汇罪，同时规定该罪可由单位主体构成。

（二）单位犯罪主体的认定

由于我国刑法首次规定单位主体的犯罪，而且规定得比较概括，故在理论和实践上都存在一些疑问，直接影响到单位犯罪主体的认定。对此，我国先后出台了一系列司法解释，如最高人民法院于 1999 年 6 月 18 日通过的《关于审理单位犯罪案件具体应用法律有关问题的解释》、于 2000 年 9 月 28 日通过的《关于审理单位犯罪案件对其直接负责的主管人员和其他直接责任人员是否区分主犯、从犯问题的批复》、于 2001 年 1 月 21 日发布的《全国法院审理金融犯罪案件工作座谈会纪要》，以及最高人民检察院于 2002 年 7 月 9 日发布的《关于涉嫌犯罪单位被撤销、注销、吊销营业执照或者宣告破产的应如何进行追诉问题的批复》、于 2002 年 8 月 9 日发布的《关于单位有关人员组织实施盗窃行为如何适用法律问题的批复》等。以下择要述之：

1. 关于私营企业能否成为单位犯罪的主体。从所有制形式看，我国的企业包括国有企业、集体企业、合资企业、合作经营企业和私营企业等。学界对于国有企业和集体企业作为单位犯罪的主体没有异议，但是，对于私营企业能否成为单位犯罪的主体，却存在争议。否定说认为，在我国，个体企业、外商独资企业等各种形式的私营企业都是代表个人利益而不是“单位”利益，一切活动都是个人行为而不是通过民主程序的企业行为，故私营企业犯罪时,其主体是自然人而非单位。从我国刑法的规定看,单位犯罪情况下对自然人的处罚要比对自然人犯罪的处罚为轻,如果将私营企业犯罪认定为单位犯罪,就会轻纵犯罪人。肯定说认为,所有制形式不应成为判断是否构成单位犯罪主体的标准。不同所有制形式的企业具有平等主体的资格,不应存在任何特权和歧视的做法,而随着私营企业的发展,其组织形式和规模与其他所有制形式的企业没有区别,其犯罪已大大超出自然人色彩,如硬要区别会给司法实践带来不必要的麻烦,同时也缺乏法律依据。这一争论还在继续。

应当看到,私营企业在我国有一个发展过程,对其要历史地分析。我国刑事立法最初规定单位犯罪时,私营企业及其犯罪现象都比较少,故相关法律将犯罪的单位限定为全民所有制企业和集体所有制企业,不包括私营企业。但在私营企业正在发展壮大并作为我国社会主义市场经济平等主体的条件下,在公司合资或合作等复杂所有制形式的企业不断增多的情况下,再以所有制形式界定单位犯罪主体,将会给理论与实践带来诸多难以解决的问题。因此,最高人民法院明确作出司法解释:《刑法》第 30 条规定的“公司、企业、事业单位”既包括国有、集体所有的公司、企业、事业单位,也包括依法设立的合资经营、合作经营和具有法人资格的独资、私营等公司、企业、事业单位。

2. 关于合法组织实施的犯罪是否都是单位犯罪。单位犯罪的主体必须是根据法定的条件和程序设立的社会组织。非法建立的组织实施的犯罪,不构成单位犯罪,即非法组织不能成为单位犯罪的主体。然而,这并不意味着合法组织实施的犯罪都是单位犯罪。最高人民法院的司法解释指出:个人为进行违法犯罪活动而设立的公司、企业、事业单位实施犯罪的,或者公司、企业、事业单位设立后,以实施犯罪为主要活动的,不以单位犯罪论处。这就要求,认定公司、企业、事业单位实施的犯罪是否单位犯罪,不能仅仅以合法设立为根据,还要看其实质性的活动内容。以实施违法犯罪活动为目的而合法地设立公司、企业、事业单位,实际上是利用这些单位设立的法定条件和程序,以合法的形式达到行非法勾当之实,其专事违法犯罪的目的性,已经否定了它表面的合法性。同样,合法地设立公司、企业、事业单位之后,不务正业,以实施犯罪为主要活动的,显然背离了设立这些单位的宗旨,使这些单位名不副实,从实质上丧失了合法组织的属性。

3. 关于盗用单位名义实施的犯罪是否单位犯罪。最高人民法院解释:盗用单位名义实施犯罪,违法所得由实施犯罪的个人私分的,依照刑法有关自然人犯罪的规定定罪处罚。仅从“盗用单位名义实施犯罪”来看,可有三种情况:(1) 单位之外的人员盗用单位名义实施犯罪;(2) 单位内不属于单位决策机构成员或单位负责人的一般职工盗用单位名义实施犯罪;(3) 单位决策机构成员或单位负责人盗用单位名义实施犯罪。但是,结合“违法所得由实施犯罪的个人私分”来看,主要是指第三种情况。在第三种情况下,由于作出决定的是单位决策机构的成员或单位负责人,便很难分清其决定是个人行为还是单位行为,区分的关键是要看具体行为人是否从单位的利益出发。那么,当违法所得由实施犯罪的个人私分时,就明显地暴露了行为人是从自身利益而非单位利益出发,个人犯罪行为理所当然地要以自然人犯罪定罪处罚。上述第一种情况的行为人与单位并无瓜葛,盗用单位名义构成诈骗、招摇撞骗之类的犯罪,应按自然人犯罪处理。上述第二种情况要具体分析,单位一般职工盗用单位名义实施犯罪,但事后得到单位认可的,应属于单位犯罪,否则,只能是自然人犯罪。

4. 以单位的分支机构或者内设机构、部门的名义实施犯罪,违法所得亦归分支机构或者内设机构、部门所有的，应认定为单位犯罪。不能因为单位的分支机构或者内设机构、部门没有可供执行罚金的财产，就不将其认定为单位犯罪，而按照个人犯罪处理。

5. 直接负责的主管人员，是在单位实施的犯罪中起决定、批准、授意、纵容、指挥等作用的人员，一般是单位的主管负责人，包括法定代表人。其他直接责任人员，是在单位犯罪中具体实施犯罪并起较大作用的人员，既可以是单位的经营管理人员，也可以是单位的职工，包括聘任、雇用的人员。应当注意的是，在单位犯罪中，对于受单位领导指派或奉命参与实施了一定犯罪行为的人员，一般不宜作为直接责任人员追究刑事责任。

6. 涉嫌犯罪的单位被撤销、注销、吊销营业执照或者宣告破产的，应当根据刑法关于单位犯罪的相关规定，对实施犯罪行为的该单位直接负责的主管人员和其他直接责任人员追究刑事责任，对该单位不再追诉。

7. 单位有关人员为谋取单位利益组织实施盗窃行为，情节严重的，应当依法以盗窃罪追究直接责任人员的刑事责任。

（三）单位犯罪的处罚原则

从各国刑事立法和刑法理论来看，对单位犯罪的处罚有双罚制与单罚制两种模式。双罚制，即对单位和单位直接责任人员均处以刑罚；单罚制，即只处罚单位或直接责任人员。我国刑法对单位犯罪的处罚，以双罚制为主，以单罚制为辅。

《刑法》第 31 条规定："单位犯罪的，对单位判处罚金，并对其直接负责的主管人员和其他直接责任人员判处刑罚。本法分则和其他法律另有规定的，依照规定。"据此，对单位犯罪，一般采取双罚制原则，即单位犯罪的，对单位判处罚金，同时对单位直接负责的主管人员和其他直接责任人员判处刑罚。但是，当刑法分则和其他法律规定不采取双罚制而采取单罚制的，则属于例外。

我国刑法对单位犯罪主要实行双罚制，其根据在于，单位是一个具有整体性和组织性的主体，应当对其意志支配下的犯罪活动承担刑事责任，而不能将这个责任完全归于某个自然人。我国刑法对单位犯罪辅以单罚制，则是因为单位毕竟是自然人的组合体，单位的行为总是由一定的自然人具体决定实施的，这些自然人对单位的行为负有不可推卸的责任。兼顾二者时，就形成了双罚制；而需要侧重考虑其中一个方面时，就形成了单罚制。在我国《刑法》分则中，只有少数几种单位犯罪采取单罚制，如第 244 条规定的强迫职工劳动罪第 161 条规定的违规披露、不披露重要信息罪和第 162 条规定的妨害清算罪，都只处罚直接责任人员。

必须指出，在实行双罚制时，处罚的对象是两个，既处罚单位，又处罚责任人，但是，犯罪和刑事责任的主体仍然只有一个，就是单位。单位中的责任人受到的处罚不过是对单位刑事责任的分担罢了，分担刑事责任的依据是其行为在单位犯罪中所起到的实际作用。

根据有关司法解释，对单位犯罪中直接负责的主管人员和其他直接责任人员，应根据其在单位犯罪中的地位、作用和犯罪情节，分别处以相应的刑罚，主管人员与直接责任人员，在个案中，不是当然的主、从犯关系。案件中主管人员与直接责任人员实施犯罪行为的主从关系不明显的，可不分主、从犯。在审理单位故意犯罪案件时，对其直接负责的主管人员和其他直接责任人员，可不区分主犯、从犯，按照其在单位犯罪中所起的作用判处刑罚。可以分清主、从犯的案件，如果不分清主、从犯，在同一法定刑档次、幅度内量刑无法做到罪刑相适应的，应当分清主、从犯。两个以上单位以共同故意实施的犯罪，应根据各单位在共同犯罪中的地位、作用大小，确定犯罪单位。

第五节　犯罪主观方面

一、犯罪主观方面概述

（一）犯罪主观方面的概念

犯罪主观方面，是指刑法规定的成立犯罪必须具备的由犯罪主体对自己实施的危害行为及其危害结果所持的心理态度。据此，犯罪主观方面有四个特点。

1. 犯罪主观方面是犯罪主体实施危害行为时对其行为及其结果的心理状态。犯罪主观方面是与犯罪客观方面相对的概念，是犯罪主体支配其客观行为的心理内容，由认识因素与意志因素构成。从一般心理学意义上看，认识因素是指人对客观外界和自身的认知或了解；意志因素则指人对客观外界和自身的态度或倾向。从刑法学犯罪主观方面的意义上看，认识因素具体是指行为人对自己的危害行为及其危害结果的认知状态及程度；意志因素则指行为人对自己的危害行为及其危害结果的态度或意向。

任何犯罪主观方面都是认识因素和意志因素的结合。各国根据不同的认识因素和意志因素的不同结合，将犯罪主观方面分为不同的类型，主要是故意或过失。关于划分故意或过失的标准，刑法理论上曾有认识说与希望说之争。认识说的观点是，只要认识到构成要件事实或者预见到结果的发生，就是故意。希望说的观点是，只有认识到构成要件事实及结果并希望其实现时，才成立故意。显然，认识说无视意志因素在故意中的应有地位，夸大了认识因素的意义，将有认识的过失也归入故意之中，失之过宽；希望说虽然注意到认识因素与意志因素之间的内在联系，但将故意的意志因素仅限于希望而把放任的形态排除在外，又失之过窄。因此，刑法学者们又分别在认识说与希望说的基础上修正而成盖然性说与容认说。盖然性说主张行为人认识到结果发生的盖然性时是故意，只认识到结果发生的可能性时是过失。盖然性是指较大的可能性。无疑，对结果发生的认识程度是判断故意的重要标准，但是，盖然性与可能性的界限缺乏精确的量度，是非常模糊的。容认说认为仅仅认识构成要件事实还不足以成立故意，但故意也并不局限于希望结果发生的情况，认识到并容认结果的发生，也是故意。所谓容认，“并非积极地希望事实的实现，而是对实现不介意的态度”①，相当于放任。该说虽然也存在难以判断容认和放任的问题，但相对说来比较妥当。

2. 犯罪主观方面从犯罪主体实施危害行为时所具有的主观恶性体现犯罪的社会危害性。犯罪构成是犯罪的社会危害性的综合体现，任何一个方面的犯罪构成要件都是犯罪的社会危害性的具体表现。因此，犯罪主观方面绝不仅仅是单纯的心理概念，而必须是反映社会危害性的法律概念。犯罪主观方面表现的是行为人的主观恶性，即表明行为人对国家所保护的社会关系或法益所持的背反态度。具体说来，犯罪的故意表明行为人对国家保护的

① ［日］植松正：《再订刑法概念Ⅰ总论》，劲草书房1974年版，第248页。

社会关系或法益持有的敌视或蔑视的态度,而犯罪的过失表明行为人对国家保护的社会关系或法益持有的忽视或漠视的态度。正是这些犯罪主观方面表现出来的不同形式的主观恶性,才使得行为人具有了可谴责性或可非难性,才使得其行为要受到国家法律的贬抑性评价。由于犯罪主观方面所反映的主观恶性表现了行为人实施危害行为时的过错,故一般将犯罪主观方面称为罪过,故意与过失是不同的罪过形式。

3. 犯罪主观方面是任何犯罪成立所不可缺少的条件。我国刑法和刑法理论坚持主客观相统一的犯罪构成原则,要求犯罪的成立必须有故意或过失的犯罪主观方面,不是在故意或过失的罪过形式支配下实施的行为,即使造成了损害结果,也不构成犯罪。这是因为,不是在罪过心理支配下实施的行为所造成的客观损害,和自然灾害、自然事故所造成的损害一样,不具有刑法意义上的社会危害性,不具有如前所述的可谴责性或可非难性,当然不构成犯罪。中外刑法历史上曾有过的只讲客观损害不讲主观过错的“客观归罪”的做法,已经为现代刑法所废弃。目前,英美国家刑法中存在的“严格责任”犯罪也并非完全不讲犯罪的主观方面,只是对一些主观罪过较难证明的犯罪采取无须证明其主观方面的做法。实际上,由于这些犯罪的主观方面与客观行为联系紧密,尽管无须证明主观罪过,它往往也含于事实之中。[①] 而且,还有一些学者认为,“严格责任”并非没有主观罪过,而是它的主观罪过提前了。[②] 例如,一名癫痫病患者驾车时因发病致汽车失控而造成损害结果,可能承担刑法上的严格责任,即便行为人当时确实因发病不存在任何主观过错,但开车上路之时他完全知道自己的病症和可能存在的危险,在此种主观状态的支配下开车遇险,就是一种过错。总之,犯罪的成立必须具备犯罪的主观方面要件。在我国刑法中,有的犯罪必须具备故意,有的犯罪必须具备过失,既没有故意也没有过失是不构成任何犯罪的。

4. 犯罪主观方面是由刑法明文规定的。根据罪刑法定原则,作为认定犯罪的标准,各种罪名及其犯罪构成都要由刑法明文规定。我国《刑法》第 14 条、第 15 条、第 16 条对于故意和过失两种罪过形式的概念和内容以及不属于故意和过失的无罪过事件作了明文规定,这些规定是认定一切犯罪主观方面的基本标准。在刑法分则中,有的条文明确规定了由故意或过失构成;有的条文则以“意图”“明知”“以……为目的”等表述表明故意,或以“严重不负责任……致使国家利益遭受重大损失的”“违反……规定,发生……事故”等表述表明过失;还有的条文则通过对客观行为规定或描述表明故意或过失,因为这些行为仅与某种罪过形式相联系,如抢劫、盗窃、诈骗等行为只能是在故意心理的支配下实施的,主观罪过不可能是过失。但无论哪一种情况,都必须注意主客观两方面的具体结合,即在每一个罪名中,刑法总则规定的故意与过失的罪过形式必须与该罪的具体内容结合起来,从而形成该罪成立所要求的特定的罪过。例如,故意杀人罪中的故意内容是明知自己的行为会导致他人死亡结果的发生而希望或放任其发生;如果其故意的内容是明知自己的行为会导致他人的身体伤害而希望或放任其发生,那么,即便在客观上由于其伤害行为导致了被害人的死亡,也不能认定为故意杀人罪,而应认定为故意伤害罪;同样,也不能把故意杀人罪(未遂)认定为故意伤害罪。又如,根据《刑法》第 236 条第 2 款的规定,奸淫不满 14 周岁的幼女的,构成强奸罪。这里的“奸淫”主要是指在幼女同意下与其发生性关系的行为,虽不是以暴力、胁

① 参见储槐植:《美国刑法》,北京大学出版社 1996 年版,第 86~87 页。

② 参见[英]J.C. 史密斯、B. 霍根:《英国刑法》,马清升等译,法律出版社 2000 年版,第 134~135 页。

迫或者其他手段实施的强奸行为，但从保护未成年少女的身心健康出发，也"以强奸论，从重处罚"。认定该种情况下的强奸罪，就要求证明行为人必须在主观上明知被害人是不满14周岁的幼女。当然，这里的明知可以有程度上的不同，有的是确知，即对被害人的年龄非常清楚或有完全的把握，也有的是推断或猜想，意识到被害人有可能是幼女。如果行为人根本不知且不可能知悉被害人为幼女，则不能认定其构成犯罪。

（二）犯罪主观方面的意义

犯罪主观方面对于刑事立法与刑事司法都有着重要的意义。

从刑事立法来看，犯罪主观方面所体现的行为人的恶性因罪过形式的不同而有所区别，在客观损害相同的情况下，故意的恶性比过失重，这种区别直接影响立法者对刑法分则具体罪名中的犯罪构成要件和法定刑的设计，即：主观恶性相对较轻，对客观危害的要求就相对较重，故过失犯罪的成立总是要求客观上必须发生某种具体的危害结果；而主观恶性相对较大，对客观危害的要求就相对较低，即使客观结果未发生甚至行为未完成也可以成立故意犯罪；不仅具体的过失犯罪的法定刑总是轻于相应的具体故意犯罪，而且过失犯罪的法定刑在总体上也轻于故意犯罪的法定刑。可见，立法者正是按照主客观要件所体现的社会危害性的量的消长来综合确定应受刑罚惩罚之犯罪的社会危害性的程度，从而设定刑法中的各种犯罪及其法定刑。

从刑事司法来看，犯罪主观方面是区分罪与非罪和此罪与彼罪的重要标准。如前所述，客观上实施了危害行为，主观上同时具备犯罪主观方面时，才可能构成犯罪；如果行为在客观上造成了损害结果，但行为人主观上并不具备故意或过失，则不可能构成犯罪；如果行为在客观上造成了危害结果，但行为人在主观上的罪过形式或者罪过内容不同，则会构成不同的犯罪。因此，在认定犯罪时，必须查明行为人在实施危害行为时或相对于其行为造成的危害结果，是否存在罪过，其罪过形式是故意还是过失，故意或过失的具体内容是什么。

一般说来，一个犯罪的主观罪过形式或者是故意或者是过失，不可能二者兼有。根据最高人民法院和最高人民检察院关于罪名确定问题的司法解释，即便同一个条文为客观特征类似的犯罪规定了故意和过失的不同罪过形式，它们也分别属于两个罪名。

（三）犯罪主观方面的认定

与犯罪客观方面相比较，犯罪主观方面有着自身的特点。犯罪客观方面是外在的、可见的，而犯罪主观方面是内在的、不可见的。因此，对犯罪客观方面的把握是直接的，而对犯罪主观方面的把握是间接的。具体地说，只有通过一定的媒介才能把握行为人的主观心理状态，这个媒介只能是客观外在的某种事实。人的活动及其性质由其主观的思想和心理支配，是人的主观思想和心理的客观外在表现，判断一个人的主观思想和心理，只能以其实施的客观外在活动为基础。但是，不能认为判断犯罪主观方面的客观因素就是犯罪客观方面。诚然，犯罪客观方面是在犯罪主观方面的支配下完成的，犯罪客观方面是犯罪主观方面的外在体现，但问题是，怎样才知道一定的客观方面的要件表现了某种主观方面的要件呢？例如，行为人手里的枪射出的子弹击中并杀死了被害人，这完全符合故意杀人罪的客观行为要件，但还不能说主观状态就一定是故意，因为这里存在多种可能性，既可能是故意，也可能是过失，还可能是既无故意也无过失，在故意的情况下既可能是杀人的故意，也可能是伤害的故意,等等。显然,仅仅依据客观方面的事实还不足以判断行为人的主观方面。判断行为人主观方面的客观事实因素往往并不是客观方面事实本身,而是与客观方面相联系的其他客观案件事实。例如,行为人举枪向被害人瞄准,行为人多次扣动扳机,行为人与被害人有仇并在射死被害人后说“我终于报仇了”等言语,行为人将枪指向被害人的致命部位,行为人装入有毒的子弹,等等,这些事实虽然不是故意杀人罪的构成要件,但它们对认定故意杀人罪的主观方面的要件却是有用的。这类事实并没有非常确定的范围,包括一切能够证明犯罪主观方面的事实,既有犯罪事实,也有犯罪前与犯罪后的相关事实。这些事实与犯罪主观方面之间联系的规律性,主要是由刑事侦查学来揭示的,在适用刑法认定犯罪时,必须根据刑事侦查的结论,着重就罪过形式及内容作出符合逻辑的判断。

二、犯罪故意

(一) 故意的概念

《刑法》第 14 条第 1 款规定:“明知自己的行为会发生危害社会的结果,并且希望或者放任这种结果发生,因而构成犯罪的,是故意犯罪。”据此,我国刑法上的犯罪故意,是指行为人在实施犯罪时明知自己的行为会发生危害社会的结果,并且希望或者放任这种结果发生的心理状态。可见,故意犯罪是在故意心理支配下实施的犯罪,故意犯罪中的故意心理称为犯罪故意。犯罪故意与故意犯罪是两个既有联系又有区别的概念。犯罪故意是实施犯罪时的主观心理状态,是支配犯罪的一种罪过形式;故意犯罪则指在故意的心理状态下实施的犯罪事实本身,也是依据罪过形式对犯罪所作的一种分类。

犯罪故意的认识因素是行为人明知自己的行为会发生危害社会的结果。这显然是行为人对危害行为与危害结果之间的因果规律的认识。“会发生”包括可能发生与必然发生,可能又包括较大的可能与较小的可能,还可细分出极大的可能与微小的可能,这些区别反映出行为人所认识到的因果规律在程度上的不同。这里有两点需要注意:⑴ 因果规律不等于因果事实。刑法上的因果事实是指已经发生的危害行为及其引起的危害结果,而因果规律反映的是危害行为可能或必然引起危害结果。因果事实体现因果规律,但因果规律不一定成为因果事实。例如,行为人纵火烧林,根据因果规律,其点燃林木的行为很有可能造成大片林木被焚毁,但突如其来的一场大雨将火浇灭,结果发生的可能性没有能够变成现实。对于犯罪故意的认识因素,我们研究的是因果规律而不是因果事实,不能因为因果事实的不存在而否定因果规律的存在。⑵ 行为人认识中的因果规律不等于实际的因果关系。在因果事实发生的情况下,它总是体现一定的因果规律,但这不一定是行为人所认识的因果规律。这又有两种情况:一种情况是,行为人对因果规律有错误的认识,他所认为的因果规律本来是不存在的,如认为念某种咒语可以使他人死亡。另一种情况是,行为人对因果规律的认识没错,但由于客观情况的复杂性,行为人所认识到的因果规律没有成为因果事实,此时,不能以其他因果事实去推断行为人的认识因素,如行为人在明知自己的行为会导致他人死亡结果的心理支配下实施了致死他人的行为,不能因为他人并没有死亡而只是受伤,就以伤害结果与行为之间的因果事实推断行为人的认识内容。

一般认为,犯罪故意中明知的内容包括对刑法规定的危害社会行为的内容及其性质的认识,对行为产生或将要产生的危害社会结果的内容与性质的认识,对与危害行为和危害结果相联系的其他犯罪构成要件事实的认识,包括犯罪对象、手段、时间和地点等。其实,犯罪故意中明知的内容是围绕行为展开的,其他内容都是附属于行为的。对危害结果的认识实际上是对行为危害性质的认识,即行为人知道自己的行为会发生具有危害性的结果,并且知道自己的行为会发生什么样的危害结果。例如,行为人用刀非法刺向他人身体要害部位,他知道其行为会发生致他人死亡的危害结果,因此,他就不仅知道自己行为的危害性质,而且知道自己行为是剥夺他人生命的行为。在故意犯罪中,对象是危害行为作用的目标;手段本身就是危害行为的一部分;时间和地点是危害行为的时间和地点,而不是危害结果发生的时间和地点。在各种犯罪中,犯罪的客观事实及其类别是多样的,犯罪构成主观方面的要件并非要求行为人的认识中全部包含这些内容。作为犯罪构成主观方面要件的故意,其认识因素中只限于构成特定犯罪必不可少的那些内容。即便行为人在主观上认识到多样客观事实及有关特性,只有那些能够决定罪与非罪界限和此罪与彼罪界限的内容才有必要认定。

行为人在明知自己的行为会发生危害社会结果的情况下实施故意犯罪的,实际上已经认识到了自己行为的社会危害性。行为人对自己行为危害性的认识,是犯罪故意认识因素不可缺少的内容。判断行为人是否认识到自己行为的社会危害性,只能根据一般人的情况为标准。任何人在公共场所引爆炸药、把刀子插入他人心脏、贩卖毒品、伪造货币等,都不可能没有认识到其行为的社会危害性。有些犯罪中,个别行为人也可能确实没有认识到其行为的社会危害性,如暴力干涉婚姻自由罪、重婚罪、侵犯通信自由罪等,但因为一般人都能认识到这种行为是对社会有危害的,故行为人也被视为明知自己行为的社会危害性。

是否要求行为人明知自己行为的刑事违法性?关于这个问题,国外刑法理论一直存在争议,我国刑法理论一般取否定说,即在通常情况下,行为人认识到犯罪事实及其危害性时,就具备了故意的认识因素,不能借口不知法律而排除犯罪的故意。只有在特殊情况下,行为人由于不知法而不能认识其行为的危害性时,才不成立故意。①

犯罪故意的意志因素是行为人希望或者放任危害结果的发生。无论希望还是放任,犯罪故意的意志因素都是在其认识因素的基础上形成的,不能脱离认识因素,更不能替代认识因素,而应与认识因素保持一致。例如,我国刑法分则中的危害公共安全罪属于违章造成严重后果的一类犯罪,无论从立法的针对性还是从立法设置的刑罚后果来看,都是过失犯罪,如重大飞行事故罪、铁路运营安全罪、交通肇事罪、重大责任事故罪、重大劳动安全事故罪、危险物品肇事罪、工程重大安全事故罪等,但由于这类犯罪均有"违反规章制度"或者"违反……法规"等规定,一些人便认为这些罪也可以由故意构成,其理由主要是违反规章制度是"明知故犯"②。的确,这些犯罪的主体都是专门从业人员,了解行业规章,他们的违规行为无疑是明知故犯,但是,仅仅依此来概括这些犯罪的主观方面是不全面的,因为这种概括只注意了行为人对其违规行为的认识因素,却忽视了对危害结果的意志因素。实际上,行为人对违规行为明知故犯并不等于对危害结果也是明知故犯。对于这些犯罪中的危害结果,行为人可能明知,也可能没有预见,即便明知,行为人在这些犯罪中的意志因素也不是"故犯",即希望或放任。将这些犯罪看做故意的观点只看到行为人对违规行为的明知和故犯,

① 参见马克昌主编:《犯罪通论》,武汉大学出版社1999年版,第332~337页。

② 参见宣炳昭主编:《刑法各罪的法理与实用》,中国政法大学出版社2002年版,第43~49页。

也注意到了行为人对其违规行为造成的危害结果可能存在的明知情况,却忽略了行为人对危害结果是否存在“故犯”的意志因素。在刑法上,犯罪构成要件中故意的内容是明知自己的行为会发生危害社会的结果且希望或者放任这种结果发生,而不是仅仅明知自己的行为违规或者违法。

在理解刑法上的故意时,还必须将其与一般生活中的故意或具有其他法律意义的故意区别开来。一个人在“禁止烟火”的地方抽烟是故意的,但对失火的后果则是过失的,在此,故意是一般生活概念或一般违法范畴,过失则是刑法中犯罪主观方面的要件。同样,一个人驾驶车辆时违章是故意的,但对导致的事故则是过失的;前述各种违章造成严重后果的犯罪中,行为人对违章作业的行为是故意的,但对导致的事故则是过失的,等等。因此,不能以一般生活意义上的或其他法律意义上的故意作为刑法上的故意。

（二）故意的种类

对于犯罪故意,可以从不同的方面分类,主要有立法上的分类和理论上的分类。犯罪故意在立法上的分类,是刑法为认定故意犯罪提供的罪过标准,各国刑法规定的故意有一致之处,也有一些差异。我国刑法规定的犯罪故意的类别是直接故意与间接故意。犯罪故意的理论分类,是在立法分类的基础上,从其他角度对犯罪故意各种特征所作的进一步描述。无论何种分类,对于认定犯罪的实践都有重要意义。

1. 直接故意与间接故意。根据我国《刑法》第 14 条的规定,直接故意是指行为人在行为时明知自己的行为会发生危害社会的结果且希望这种结果发生的心理状态;间接故意是指行为人在行为时明知自己的行为会发生危害社会的结果且放任这种结果发生的心理状态。可见,两种故意的明显区别是意志因素:一个是希望,另一个是放任。希望,是指行为人在明知其行为会发生危害社会的结果的情况下,追求其认识到的危害结果,决意实施行为的意志状态。在此,行为人积极追求危害结果发生,危害结果的发生正是行为人实施危害行为所要实现的目的。放任,是指行为人在明知其行为会发生危害社会的结果的情况下,为了达到某种其他的目的,听任危害结果发生的意志状态。在此,行为人既不希望危害结果发生(即不企图以自己的行为引起危害结果),也不采取措施防止危害结果发生(即不放弃实施行为和避免危害结果的发生),而是对可能发生的危害结果漠然置之,采取一种满不在乎的无所谓态度,无论危害结果是否发生都不违背行为人的意志。就相同的危害结果而言,以“希望”为意志因素的直接故意的主观恶性显然大于以“放任”为意志因素的间接故意的主观恶性。

在直接故意犯罪中,行为人实施行为的目的就是使其希望发生的危害结果发生。危害结果可能现实地发生,也可能不实际发生,但只要实际发生了危害结果,该危害结果一定是行为人所希望发生的。在间接故意的犯罪中,总是现实地发生了危害结果,因为间接故意的心理状态就是相对于现实发生的特定危害结果而言的,但这个结果绝不是行为人所追求的或者希望发生的,行为人实施行为所追求的目的有着该结果之外的其他内容,换言之,行为人是在追求其他目的的情况下放任发生了该危害结果。根据其他目的的不同,间接故意中的放任有两种情况:(1) 行为人在追求一个具有合法性的目的时放任了危害结果的发生。(2) 行为人在追求一个具有非法性的目的时放任了危害结果的发生。后者中的非法既可指犯罪也可指一般违法。

间接故意还有一种类型,即行为人突然起意,其追求的具体结果不甚明确,且不计后果的情况。最典型的例子就是实践中所谓“捅刀子”案件,即行为人一时冲动捅人一刀扬长而去并致人死亡。[①] 即用刀子扎人必然致人伤害是行为人明知的和追求的,属于直接故意,而对于其行为致人死亡的结果而言,行为人虽然预见到可能性,但不是希望而是放任其发生。我国学者大多认为这种情况属于间接故意。

从《刑法》第 14 条的表述看,直接故意与间接故意的认识因素似乎没有什么区别,其实不然。两种故意的意志因素的不同特点,已经决定了直接故意的认识因素包括明知危害结果发生的必然性和明知危害结果发生的可能性,而间接故意的认识因素只能是明知危害结果发生的可能性。因为,在行为人认识到自己的行为必然会发生危害结果的情况下,仍然实施这种行为就是对危害结果的追求。

直接故意与间接故意是故意的两种存在形式,其区分的意义在于适应现实中故意的多样性,为故意的司法认定提供不同的具体标准。只要符合两种故意标准中的任何一种,都构成刑法规定的故意。但是,在司法文书中不宜使用直接故意与间接故意的概念,因为这两个概念是刑法理论根据刑法规定对故意所作的概括,而应使用《刑法》第 14 条的明文表述。

2. 犯罪故意的其他分类。包括:(1) 预谋故意与突发故意。根据从故意形成的时间到实施行为的时间之间隔的长短,可将故意分为预谋故意与突发故意。预谋故意,是指行为人在实施犯罪行为之前的一段时间就已经形成犯罪故意心理的情况。突发故意,是指行为人产生犯罪故意后立即实施犯罪行为的情况。无论预谋故意还是突发故意,故意都产生在行为实施之前,从这个意义上讲都是“预先”的。只不过,预谋故意之“预先”的时间比突发故意要长。那么,究竟要多长的时间才能构成预谋呢? 其实,这里重要的不是时间本身,而是预谋的内容,这就是行为人主观上预定犯某罪的故意以及为犯此罪的谋划。当然,应当通过行为人的客观外在表现来把握这种预谋,而行为人的客观外在表现就是犯罪意图的流露和为实施犯罪所做的准备活动。正是由于预谋故意形成时间早,持续时间长,反映了行为人的主观准备,故其主观恶性要比突发故意更重。(2) 确定故意与不确定故意。根据故意的认识内容的确定程度,可以把故意分为确定故意与不确定故意。确定故意,是指行为人对自己行为会发生某种具体危害结果具有明确的认识,并希望或者放任这种结果发生的心理态度;不确定故意,是指行为人虽然明知自己的行为会发生危害结果,但不明确会发生何种具体结果,并希望或者放任危害结果发生的心理态度。应当注意,确定故意与不确定故意的分类不等同于直接故意与间接故意的分类,即确定故意不一定是直接故意,而不确定故意也不一定是间接故意。不确定故意又可分为未必故意、概括故意与择一故意。未必故意相当于间接故意,是指行为人认识到结果可能会发生,但并不希望结果发生的心理态度。概括故意,是指行为人认识到结果发生是确定的,但行为对象的数量以及结果发生于哪个对象是不确定的心理态度。择一故意,是指行为人认识到两个或数个结果不会同时发生,而只能发生其中一个结果的心理态度。

(三) 故意的认定

对于具体的故意犯罪而言,在掌握了上述犯罪故意心理内容及类型的基础上,刑事司法

① 参见张明楷:《刑法学》,法律出版社 2003 年版,第 223 页。

就是要使刑法设定的犯罪故意与案件事实“对号入座”。故意的认定,就是确定行为人的主观是否具备了犯罪故意,具备了什么样的犯罪故意,符不符合犯罪故意在具体内容上的特定要求。认定犯罪故意涉及以下几个问题。

1. 具体故意犯罪中的具体犯罪故意。每一种具体的故意犯罪都有特定的故意内容,把握每一种具体故意犯罪的具体故意内容,就成为认定案件事实是否存在故意的前提。也就是说,只有先准确掌握犯罪故意的具体标准,才能进一步衡量案件事实。因为行为人是在其主观故意的支配下实施故意犯罪的,所以,行为人的主观总是包含着客观要件的内容。这种主客观的统一告诉我们,认定故意必须看行为人的认识因素和意志因素是否与具体犯罪客观方面的要件相联系。具体犯罪的犯罪构成要求行为人针对特定的行为和结果,一些具体犯罪的犯罪构成还要求行为人必须针对特定的对象、特定的方法、特定的时间、特定的地点。在认定具体犯罪时,必须确认行为人主观上具备了这些内容。如果把握不好具体犯罪中的故意内容,则会在认定中发生错误或者浪费司法资源。

2. 主观故意的客观表现因素。犯罪故意是存于行为人内心的主观状态,其本身是看不见摸不着的,只能通过其客观表现予以认定。但应当注意,表现行为人主观故意的客观事实并不局限于客观方面的要件事实,而包括一切能够说明是否存在故意和存在何种故意的案件事实。例如,在认定故意杀人罪时,行为人所使用的手段和工具、打击的部位和强度、行为的场所和环境、行为人实施行为时或实施行为之前或之后的言论、行为人与被害人的关系、行为之前的准备活动、行为之后的掩盖活动等客观事实均对其故意有说明作用,但这些因素不是犯罪客观方面的要件。因此,虽然主观故意支配客观行为,但不能用客观方面的要件替代对主观故意的认定,体现主观故意的客观因素要宽泛得多。

3. 故意的认定与故意的推定。根据客观事实综合判定故意是对故意的认定而不是推定,但对故意的认定并不排斥对故意的推定。这里的推定是指客观事实能够证明故意的存在,却不能确定故意的形式时,可以认定故意。例如上述“捅刀子”案件,究竟是直接故意还是间接故意,往往并不清楚,但可以肯定的是,不是直接故意就是间接故意,不可能是过失,也不可能是无罪过事件,即可认定故意。也就是说,对故意的认定,既可以从正面通过认定直接故意或间接故意来进行,也可以从反面通过排除过失和无罪过事件来进行。

三、犯罪过失

(一) 犯罪过失的概念

《刑法》第 15 条规定:“应当预见自己的行为可能发生危害社会的结果,因为疏忽大意而没有预见,或者已经预见而轻信能够避免,以致发生这种结果的,是过失犯罪。”据此,我国刑法上的犯罪过失,是指行为人在实施过失犯罪时所具有的应当预见自己的行为可能发生危害社会的结果,因为疏忽大意而没有预见,或者已经预见而轻信能够避免的心理状态。可见,过失犯罪是在过失心理支配下实施的犯罪,过失犯罪中的过失心理称为犯罪过失。同犯罪故意与故意犯罪之间的关系一样,犯罪过失与过失犯罪也是两个既有联系又有区别的概念。犯罪过失是实施犯罪时的主观心理状态,是支配犯罪的一种罪过形式;过失犯罪则指在过失的心理状态下实施的犯罪事实本身,也是依据罪过形式对犯罪所做的一种分类。

犯罪过失与犯罪故意之间既有相同之处也有不同之处。从相同之处来看，二者是并列的罪过形式，都是认识因素与意志因素的统一，都反映行为人的主观恶性。从不同之处来看，各自的认识因素与意志因素的内容不同，所反映的主观恶性程度也不同。就认识因素而言，犯罪故意的行为人明知自己的行为会发生危害社会的结果，包括必然会发生和可能会发生；犯罪过失的行为人则是应当预见自己的行为可能发生危害社会的结果，因为疏忽大意而没有预见，或者已经预见自己的行为可能发生危害社会的结果而轻信能够避免。显然，犯罪过失不存在认识到危害结果发生的必然性的情况，却存在没有认识到危害结果会发生的情况，犯罪过失对危害结果发生的认识程度要低于犯罪故意。就意志因素而言，犯罪故意是在对危害结果的发生有认识的基础上希望或者放任危害结果的发生，希望是指追求危害结果，放任是指既不希望也不采取措施防止危害结果的发生，犯罪过失则倾向于避免危害结果，在对危害结果有认识的情况下轻信能够避免其发生，表明行为人不希望危害结果发生；在对危害结果无认识的情况下，行为人也不希望危害结果发生，如果他认识到危害结果可能发生，便会采取措施加以避免，只是他对应当认识的危害结果无认识，以致无法避免危害结果。显然，犯罪过失的过错所在是认识因素而非意志因素，不像犯罪故意的意志因素那样可以直接发动或导致行为的实施和结果的产生。可见，无论认识因素还是意志因素，犯罪过失的主观恶性都要轻于犯罪故意。正因为如此，刑法总是要求过失犯罪的客观方面必须具备结果要件，而且明文规定“过失犯罪，法律有规定的才负刑事责任”。另外，过失犯罪的法定刑总是明显低于其他方面相同或相似的故意犯罪。

（二）犯罪过失的种类

根据《刑法》第 15 条，犯罪过失分为疏忽大意的过失与过于自信的过失两种具体罪过形式。

1. 疏忽大意的过失。疏忽大意的过失是指行为人应当预见自己的行为可能发生危害社会的结果，因为疏忽大意而没有预见，以致发生这种结果的心理状态。

一般认为，疏忽大意的过失是一种无认识的过失，即行为人没有预见到自己的行为可能发生危害社会的结果。应当指出，切忌将这里的“无认识”理解为“无认识因素”，否则，由于意志因素是以认识因素为基础的，势必得出疏忽大意的过失既无认识因素也无意志因素的结论。其实，认识因素与意志因素是任何罪过形式必须具备的两个条件，只是满足这两个条件的内容各有不同罢了。有认识和无认识都属于认识因素的不同表现状态。当然，刑法要求处于无认识主观状态的人对一定的危害结果负刑事责任，仅仅限于无认识的主观状态还是不够的，也是不合理的，因为无认识本身并不具有可责性，还必须要求无认识的事实构成无认识者的主观过错。在疏忽大意的过失中，行为人的过错并不在于对危害结果没有预见即无认识，而在于没有预见的原因是疏忽大意。从《刑法》第 15 条的表述看，应当预见自己的行为可能发生危害社会的结果是没有预见的前提，而疏忽大意与应当预见似乎是并列的关系，其实，应当预见而没有预见是因疏忽大意而没有预见的实际内容。所谓“应当预见”，包括两层含义：一是预见义务，二是预见可能。预见义务是一种注意义务或认识义务，即行为人有义务注意到或认识到自己的行为会发生危害社会的结果。预见义务来自法律的规定、职务或业务的要求或公共生活准则的要求。预见义务具有规范性、有限性和合理性。规范性是指预见义务是针对不特定多数人（任何人或一类人）设定的，而不是对特定的某一个人或某些人的要求;有限性是指预见义务是有特定范围的,不是无限的或绝对的;合理性是指预见义务既要有利于防止危害社会的结果发生,也不能阻碍社会的发展与进步。预见义务与预见可能紧密相连,法律不能要求公民做他实际上无法做到的事情。对于判断能否预见的标准,刑法理论上主要有三种主张:一是主张以社会上一般人的水平为标准,即客观标准说;二是主张在当时的条件下以行为人本身的能力和水平为标准,即主观标准说;三是主张以主观标准为主、以客观标准为辅,即折中说,这是我国刑法理论的通说。据此,正常人能够预见到的危害结果,行为人在正常条件下也应当能够预见到。但是,不同的行为人在年龄状况、智力发育、文化知识水平、业务技术水平以及工作、生活经验等方面的不同,决定了实际认识能力的差异,同时,行为时所处的客观环境和行为条件,也会对行为人的实际认识状况产生影响,就使得一般人在正常情况下能够预见的危害结果,行为人却不能预见,或者一般人在正常情况下不能预见的危害结果,行为人却能够预见。正是因为行为人在负有对危害结果的预见义务和具有预见能力的情况下没有预见到自己的行为可能产生危害结果,才使得行为人的认识因素有了过错,成为其承担刑事责任的主观依据。在刑事司法实践中,认定行为人的疏忽大意心理,首先,要确认行为人对已经发生的危害结果无认识,即在行为时没有预见到自己的行为会发生危害社会的结果;其次,要根据行为人对危害结果的预见可能性确认行为人对危害结果有预见义务。不符合其中任何一项,都不构成疏忽大意的过失。

从疏忽大意过失的意志因素来看,行为人明确地不希望危害结果的发生,只是因为行为人根本没有预见到自己的行为会发生危害结果,才未能避免危害结果的发生,如果行为人对危害结果有所认识,就会主动采取措施避免危害结果的发生。因此,疏忽大意过失行为人的可责性在于认识因素而非意志因素。这就不像故意过错那样,体现在认识因素与意志因素的结合上,落脚于意志因素。由此也表明过失的主观恶性要低于故意。

2. 过于自信的过失。过于自信的过失,是指行为人预见到自己的行为可能发生危害社会的结果,但轻信能够避免,以致发生这种结果的心理状态。

相对于疏忽大意过失的无认识,过于自信的过失是有认识的过失,其认识因素首先是行为人已经预见自己的行为可能发生危害社会的结果。在此,对“可能发生”的理解同于间接故意。其次,过于自信的过失的认识因素还包括轻信能够避免危害结果的发生。所谓轻信,是指行为人过高地估计了可以避免危害结果发生的主观有利因素和客观有利因素,即轻率地认为当时的主客观条件可以避免危害结果的发生。这显然是行为人的主观认识发生了错误,属于认识因素而不是意志因素。行为人主观认识上的这种错误,正是其行为具有可责性的根据,从而成为过于自信过失的关键心理因素。应当注意的是,过于自信的过失之轻信是建立在行为人对能够避免危害结果发生的主客观条件的认识和把握上的,尽管其认识并不正确或并不全面,但是,其认识到的条件的确存在避免危害结果发生的较大可能性。否则,即便行为人表现出某种“轻信”的心理,但由于其“轻信”的内容不存在防止结果发生的较大现实可能性,也就不属于过于自信过失所要求的轻信。例如,一名经验丰富的驾驶员发现自己驾驶的车辆的刹车有些毛病,凭其经验认为自己足以在这种情况下防止危害结果的发生而不及时进行修理,如果因此发生危害结果,就属于过于自信过失;相反,一名刚刚学习驾驶几天的新手面对同样情况也认为自己足以避免危害结果的发生而不及时修理,如果因此发生危害结果,就不属于过于自信过失,而是间接故意。因此,“轻信”是否有根据,成为区分过于自信过失与间接故意的重要界限。

与疏忽大意的过失一样，过于自信过失的意志因素也是不希望危害结果发生。行为人轻信能够避免危害结果发生的心理虽然不属于意志因素，但它反映了意志因素的内容，即想要避免危害结果的发生，只是因认识上的错误而导致未能避免。过于自信过失的意志因素显然也构成了与故意罪过形式的区别，尤其是与间接故意的区别。间接故意在认识因素上与过于自信过失类似，都是认识到危害结果发生的可能性，但是，间接故意的意志因素既不是希望也不是不希望危害结果发生，这与过于自信过失的不希望危害结果发生显然不同。

（三）犯罪过失的认定

在以上内容中已经涉及两种过失的认定问题，这里概括两点：

1. 区别过失与故意。如上所述，过失与故意在认识因素和意志因素上都存在区别，这些区别反映了行为人主观恶性程度的高低，基于这些区别，刑法为过失犯罪与故意犯罪设置了轻重不同的刑罚后果。因此，在认定过失时，必须注意不能把过失与故意相混淆。

过于自信的过失与间接故意有着相似性，即二者都认识到自己的行为可能发生危害社会的结果，都显现出某种“轻信”，但是，二者在认识因素和意志因素方面都有不同。就认识因素而言，过于自信的过失总是表现为轻信，而且轻信的内容是有根据的，即有避免危害结果发生的较大的现实可能性；间接故意只是在某些情况下表现为“轻信”，而且这种“轻信”的内容是缺乏根据的，即避免危害结果发生的现实可能性很小。就意志因素而言，过于自信的过失不希望危害结果的发生，结果的发生是违背行为人的意志的；间接故意则既不是希望也不是不希望，而是放任危害结果的发生，结果的发生不违背行为人的意志。就行为及行为人的可责性而言，过于自信过失的过错在于认识因素中的轻信，而间接故意的过错在于认识因素和意志因素的结合，落脚于意志因素。

疏忽大意的过失与间接故意有明显不同。疏忽大意的过失的认识因素是没有预见到危害结果的发生，而间接故意的认识因素是行为人明知自己的行为可能会发生危害社会的结果。疏忽大意的过失与间接故意在意志因素上的区别以及可责性之所在，类似于过于自信的过失与间接故意的区别。

一般说来，两种过失（尤其是疏忽大意的过失）与直接故意也有明显不同。疏忽大意的过失的认识因素是没有预见到危害结果发生，直接故意则是行为人明知自己的行为会发生危害结果；过于自信的过失的认识因素只能是预见到自己行为导致危害结果的可能性，而在直接故意中，行为人既可以明知自己行为导致危害结果的可能性，也可以明知自己行为导致危害结果的必然性。两种过失的意志因素都是不希望危害结果的发生，其可责性体现于认识因素，而直接故意的意志因素是希望危害结果发生，其可责性体现于认识因素与意志因素的结合，落脚于意志因素。因此，过失与直接故意的界限比较清楚。但是，在一些具体情况下，过失与直接故意的界限并不那么清楚。例如，刑法规定的妨害传染病防治罪，行为人违反传染病防治法规是直接故意的，但对行为引起的甲类传染病的传播或者有严重危险的结果则是基于过失的心理状态。为了解决此类问题，刑法理论界提出了“复合罪过”的说法，这个问题还有待探讨。

此外，不能仅依据结果判断过失与直接故意。一般说来，过失犯罪都是结果犯，直接故意犯罪大多是行为犯，但不能由此反推发生了危害结果的情况只能是过失犯罪，没有发生危害结果的情况只能是直接故意犯罪。其实，直接故意犯罪中也有一部分是结果犯，而根据刑法学界过失危险犯的理论,某些过失犯罪也可以不发生结果。

2. 区别过失与无罪过。这里的无罪过,是指表面上与过失犯罪类似,实际上既无过失也无故意的情况。需要注意以下几点:(1) 不能将合理信赖认定为过失。信赖原则认为,在合理信赖被害人或第三者将采取适当行为时,如果由于被害人或第三者采取不适当的行为而造成了损害结果,行为人对此不承担刑事责任。例如,汽车司机在封闭的高速公路上驾驶汽车时,因合理信赖他人不会横穿公路而正常行驶,如果他人违法横穿公路被汽车撞死,该汽车司机就不负刑事责任。在此,合理信赖不能被认为是过于自信过失中的轻信能够避免,不得认定为过失犯罪。在适用信赖原则的情况下,行为人的行为不属于违法行为。(2) 不能将被允许的危险认定为过失。被允许的危险理论认为,随着社会生活的日益复杂化,危险行为明显增多,许多危险行为不仅不可避免,而且有利于社会的发展。例如,科学实验往往就带有危险性,从事科学实验的人员也总是预见到了危害后果可能发生,但不能因此而禁止这种行为,只要行为人遵循了必要的规则,按照规则的要求谨慎从事,就不存在过失,就不对其行为可能带来的危害后果负刑事责任。(3) 不能将不能预见或无法避免的无罪过事件认定为过失。这个问题将在后文专门讨论。

四、无罪过事件

《刑法》第 16 条规定:"行为在客观上虽然造成了损害结果,但是不是出于故意或者过失,而是由于不能抗拒或者不能预见的原因所引起的,不是犯罪。"该条规定的情况即属刑法理论上的无罪过事件。刑法规定无罪过事件,从反面强调了主观罪过对于认定犯罪的重要性,体现了主客观相统一的犯罪构成基本原则,并从主观罪过的角度,为区分罪与非罪提供了具体的界限。

我国刑法中的无罪过事件包括意外事件与不可抗力。许多刑法学者也在广义上使用"意外事件"的概念,广义上的意外事件把不可抗力包括在内。本书使用的意外事件概念是狭义的,它与不可抗力相并列,构成无罪过事件的两种不同情况。

(一) 意外事件

意外事件是指行为虽然在客观上造成了损害结果,但是主观上不是出于故意或者过失,而是由于不能预见的原因引起的,不是犯罪的情况。

意外事件有三个特征:(1) 行为在客观上造成了损害结果,行为人的行为与损害结果之间具有因果关系。如果损害结果不是由行为人的行为造成的,则谈不上意外事件。(2) 行为人在主观上既没有故意也没有过失。(3) 引起损害结果的主要是不能预见的原因。也就是说,行为人的行为并不是引起损害结果的唯一原因,行为人不能预见的行为之外原因对于损害结果的发生起到了关键作用,从而成为引起结果的主要原因。此处的不能预见是指不应当预见,与能够预见相对而言,其标准是一致的。

由于意外事件是行为人对其行为与危害结果无认识,故与疏忽大意的过失的认识因素十分相似,而且二者都在客观方面发生了危害结果。但是,疏忽大意的过失中的没有预见是在行为人能够预见或应当预见的情况下发生的,而意外事件中的没有预见是行为人在不能够预见或不应当预见的情况下发生的。司法实践中,必须抓住这个界限,准确区分不属于犯罪的意外事件与疏忽大意的过失犯罪。

(二) 不可抗力

不可抗力是指行为虽然在客观上造成了损害结果,但不是出于故意或者过失,而是由于不能抗拒的原因,不是犯罪的情况。按照有意行为论,人在不可抗力下的举止,不能认为是行为,这在本章第三节曾经论及;鉴于我国刑法将之与意外事件一起加以规定,故在这里做进一步论述。

如同意外事件,不可抗力也有三个特征:(1) 行为在客观上造成了损害结果。(2) 行为人在主观上没有故意或者过失。(3) 引起损害结果的主要是不能抗拒的原因。所谓不能抗拒,是指行为人虽然认识到自己的行为会发生损害结果,但由于行为时的主客观条件的限制,行为人不可能避免危害结果的发生。法律不能要求一个人避免他无法避免的危害结果,不可抗力导致的危害结果不具有可责性。一般说来,不可抗力可以通过常识来认定。例如,汽车司机开车时遇到地震而控制不住方向盘导致翻车,致使所运货物损毁,造成严重损失,就属于不可抗力导致的危害结果。

(三) 严格责任问题

近些年来,我国刑法理论界对严格责任问题进行了探讨。原来在英美法系国家的刑法中,有关于严格责任的规定,即认定某些具有所谓"公害"特征的犯罪(如交通肇事、环境污染等)时不要求其具备主观犯意,仅有客观行为与结果即可。中外均有刑法学者认为这是古代实行的结果责任的残余。所谓结果责任,是指只要在客观上造成损害结果,不管行为人主观上是否存在故意或过失,均可以追究其刑事责任。其实,严格责任作为一种在英美法系国家实行的现代刑事责任制度,与古代的结果责任是不同的。

第一,严格责任适应了现代公共生活的需要,着眼于犯罪预防,而不是从古代基于实害的报应出发的。

第二,严格责任并非一概否认犯意,只是对某些证明较为困难的犯意不要求证明。事实上,许多被追究严格责任的情况是存在犯意的。

第三,严格责任的罪名是有限的,大多数犯罪要求证明犯意。

第四,严格责任在某种意义上对行为人的主观注意义务做了提前要求,而不是完全没有要求。例如,一个患有癫痫病的人在开车之前就应当考虑到自己的这种疾患有可能在驾驶时发生危险;一个企业在排污之前就应当考虑到可能会造成污染。因此,即便行为人在行为时的确没有预见到并且无法预见到危险发生,也可由于违反了预见义务而被追究刑事责任。

我国能否实行严格责任,有肯定说与否定说之争。本书认为,这是一个值得研究的问题。

五、犯罪的目的与犯罪动机

一般而言,目的与动机都是心理学上的概念。目的是指行为人以某种手段或通过某种途径希望达到的某种主观目标;动机是指行为人追求某种目的的内心起因或内在动力。就正常人的大多数行为来看,总是在一定的目的和动机的支配下实施的,但这不等于说,任何犯罪都是有目的和动机的。因为刑法学研究的犯罪的目的和动机是相对于特定内容(即特定的危害行为和危害结果)而言的。司机开车是有目的和动机的行为,但相对于其肇事的结果,却不存在目的和动机。一般说来,只有直接故意才有犯罪目的,而直接故意与间接故意的犯罪可以存在犯罪动机,过失犯罪既无犯罪目的也无犯罪动机。因此,犯罪目的与犯罪动机是故意犯罪中的心理现象。

(一) 犯罪目的与犯罪动机的概念

犯罪目的,是指犯罪人实施犯罪行为时希望发生的危害社会的结果。故意杀人罪的目的是希望发生他人死亡的结果,盗窃罪的目的是希望发生他人财产被自己控制的结果,等等。在直接故意犯罪中,行为人主观上总是抱有一定的犯罪目的,并通过自己实施的犯罪行为使犯罪目的变成客观发生的危害结果。因此,犯罪目的是直接故意犯罪罪过内容的重要方面,它反映了犯罪人追求的目标。把握犯罪目的,不仅有助于认识直接故意的具体内容,而且有助于把握犯罪目的的实现与否,从而区分直接故意犯罪的不同发展形态。

间接故意犯罪的行为人可以在实施合法的行为过程中放任危害结果的发生,也可以在实施非法的行为过程中放任危害结果的发生,行为人实施这些行为都是有目的的。但是,就合法行为和不构成犯罪的非法行为而言,行为人的目的当然不是犯罪目的,即便是犯罪行为,行为人的确有犯罪目的,也是不同于间接故意犯罪的另一个直接故意犯罪的目的。也就是说,在行为人实施一个直接故意犯罪的过程中放任了另一个危害结果,从而构成间接故意犯罪的场合,不能把直接故意犯罪中的目的作为间接故意犯罪的目的。如果行为人在实施一个非犯罪行为的过程中放任了一个危害结果的发生而构成间接故意犯罪,更不能把非犯罪行为的目的当作间接故意犯罪的目的。

过失犯罪的行为人倾向于避免危害结果的发生,即主观上不希望、不追求危害结果,因而就不可能存在犯罪目的。

犯罪动机,是指犯罪人实施犯罪行为的内心起因。在大多数情况下,行为人追求一定的犯罪目的,都有其深层的原因,而不同的行为人实施同样的罪行,其背后的原因也不一定相同。例如,同样是杀人,有可能是为了报复,也有可能是为了谋财,还可能是为了灭口,再可能是为了除恶,等等。这些隐藏于犯罪目的背后的深层的原因,就是犯罪动机。犯罪动机通常不是犯罪构成要件,但它能反映行为人主观恶性的程度,是量刑的重要指标。

(二) 犯罪目的与犯罪动机的关系

从广义上讲,犯罪动机也是一种目的,因为它也是行为人实施犯罪行为所追求的一种目标,只是这种目标要通过达到犯罪目的来实现。例如,实施杀人行为是为了剥夺他人生命,剥夺他人生命又是为了图财。在这个意义上,犯罪动机可以说是犯罪目的的目的。因此,犯罪目的与犯罪动机的区分具有相对性。一般说来,犯罪目的是行为人追求的最近的目标,而犯罪动机是行为人追求犯罪目的最远的原因。在这最近的目标与最远的原因之间,还可以有中间性的目的,刑法分则中的一些条文明文规定的“以……为目的”,就属于此类中间性的目的。例如,《刑法》第 152 条走私淫秽物品罪,法律明文规定“以牟利或者传播为目的”,这里的“牟利”显然不是行为人追求的最近目标——将淫秽物品偷运进(出)海关,故不是犯罪目的,也不是行为人实施行为的最远原因——牟利是为了挥霍享乐,或是为了筹集犯罪经费,或是为解医疗费用的燃眉之急,等等。“牟利”既不是刑法理论上讲的一般的犯罪目的,也不是犯罪动机。而上述条文中的“传播”有所不同,“传播”与“牟利”相并列的规定表明“传播”的背后不可能是“牟利”,“传播”已经是行为人实施走私淫秽物品犯罪行为的最终的目的,实际上就是该犯罪的动机。显然,在刑法分则明文规定的犯罪目的与刑法理论分析的一般犯罪目的之间,存在着微妙的差异。但是,既然刑法分则的某些条文明文要求某些犯罪目的,在认定犯罪时就必须按照刑法的规定专门认定这些犯罪目的,这些犯罪目的就成为独立于故意内容的主观要件。

犯罪分子总是根据自己的犯罪动机来选择犯罪目的,再根据犯罪目的选择实施犯罪行为的时间、地点、手段和方法等。手段和方法是为犯罪目的服务的,而犯罪目的又是为实现犯罪动机服务的。但是,同一个犯罪动机可以通过选择不同的犯罪目的来实现,如泄愤报复的动机,可以通过剥夺他人生命、伤害他人身体、毁坏他人财物等目的来实现;同一个犯罪目的也可以用于实现不同的犯罪动机,如剥夺他人生命,可以为了图财害命、杀人灭口、泄愤报复、大义灭亲等。

一般说来,犯罪目的作为犯罪人实施犯罪行为的直接目标,通常比较外向和具体,而犯罪动机作为犯罪人实施犯罪行为的深层原因,相对比较内隐和抽象。实践中,可以根据犯罪目的与犯罪动机的特点和二者之间的联系以及二者的客观表现,正确认定犯罪目的与犯罪动机。

六、刑法上的认识错误

(一) 认识错误的概念

认识错误,是指行为人在主观上对自己行为的法律性质或有关事实情况发生错误的理解。刑法上的认识错误属于犯罪构成主观方面要件问题,是指在行为人有认识的情况下,其认识内容与法律或事实不相符合的情况。行为人在认识内容上发生错误,也会直接影响其意志的取向。例如,行为人误将自己的犯罪行为认为是合法行为,导致其放心大胆地去实施这种行为;行为人误认为自己已将他人杀死,便没有继续实施加害行为,等等。在这些情况下,如何确定行为人刑事责任的有无和大小,就是值得研究的问题。研究这些问题,关系到行为人所实施的行为是否构成犯罪,其犯罪行为是既遂还是未遂,某种共同犯罪是否成立,等等。因此,研究刑法上的认识错误,对于定罪量刑具有重要意义。

由于刑法上的认识错误以行为人的主观认识因素处于有认识状态为前提,故认识因素为无认识的疏忽大意的过失不存在认识错误问题。过于自信的过失是刑法规定的一种认识错误,是对避免危害结果发生的主客观条件的不正确认识,这种认识错误已经成为一种独立的罪过形式,不属于这里所述的刑法上的认识错误。因此,刑法上的认识错误只存在于故意的罪过形式之中。

刑法上的认识错误分为法律认识错误和事实认识错误。

(二) 法律认识错误

法律认识错误,是指行为人对自己行为的法律性质有错误的认识,包括行为人对自己的行为在法律上是否构成犯罪、构成何种犯罪或者应当受到什么样的刑事处罚的不正确理解。主要表现为以下几种情况：

1. 行为人将自己的非犯罪行为误认为是犯罪。这种情况包括：行为人将自己的一般违法行为误认为是犯罪，如小偷小摸；将自己的不道德行为误认为是犯罪，如与他人通奸；将合法行为误认为是犯罪，如正当防卫或紧急避险；将无罪过事件误认为是犯罪，如受到外界突然惊吓而失手将重物砸在他人脚上致其受伤，等等。在这些情况下，只能根据刑法的规定判断行为的性质，而不应根据行为人的错误认识来判断，不能因为行为人自己误认为其行为构成犯罪，就将其作为犯罪处理。

2. 行为人将自己的犯罪行为误认为不是犯罪。这种情况包括行为人将犯罪行为误认为是一般违法行为、不道德行为、合法行为、无罪过事件等。例如，行为人误认为与 13 周岁的幼女发生性关系仅属于不道德行为，只要不实施暴力、胁迫等强制性手段就不构成强奸罪，却不知道刑法规定凡与未满 14 周岁的幼女发生性关系的，不论手段如何均构成强奸罪。在上述情况下，原则上不因为行为人对法律的不知而不追究其刑事责任，以防止犯罪分子以不知法为借口逃避罪责。一般来说，刑法一经公布进入实施，所有公民都被视为知法，尤其是刑法从公布到执行，立法机关专门预留了一段缓冲期，供人们学习和了解。个别人的不知法不能成为逃避刑事制裁的理由。但是，在某些极为特殊的情况下，行为人由于客观环境的限制，确实不知道也不可能知道法律规定的变化，也难以从常理判断其行为的社会危害性的，就不宜使其为此种行为承担刑事责任。

3. 行为人将其实施的此犯罪误认为是彼犯罪。有时，行为人知道自己的行为是犯罪，但对其犯了何种罪却不能准确地认识，往往将其犯的此罪当作彼罪。例如，行为人偷割正在使用中的电话线，应依法构成破坏公用电信设施罪，但行为人误认为构成盗窃罪。行为人对法律的这种认识错误，不影响对其实际触犯罪名的认定。

4. 行为人将其实施的重罪误认为是轻罪或将其实施的轻罪误认为是重罪。在这些情况下，行为人对法律的认识错误不影响其犯罪实际的轻重，应依法而不是按照行为人的认识作出处理。

总之，上述行为人对自己行为的法律性质认识的错误，通常并不妨碍依法认定其行为性质。

（三）事实认识错误

事实认识错误，是指行为人对自己行为的有关事实情况有错误的认识。事实认识错误常常决定行为人是否犯罪、犯了何罪以及刑事责任的大小。事实认识错误，主要有以下几种情况：

1. 客体错误。这是指行为人对其行为所侵害的社会关系的认识与客观实际不相符合。特征有二：(1) 行为人有侵犯刑法所保护的社会关系的认识和意图；(2) 客观上其行为侵害了他未认识到的另一种社会关系。例如，某甲为报私仇，打伤了某乙，但不知乙正在执行公务，以致妨害了乙执行公务。由于甲只有伤害乙的健康权利的认识和意图，可以认定有伤害的故意，构成伤害罪。但对于妨害乙执行公务，则没有认识，因而就不存在妨害公务的故意，也就不构成妨害公务罪，因为妨害公务罪以故意为构成要件。

2. 对象错误。这是指行为人的行为所指向的具体对象实际上并不存在，行为人误认为存在而对其实施侵害行为的情况。这包括以下几种具体情况:(1) 行为所指向的具体对象实际上并不存在,而且也不存在任何同类或异类对象。例如,甲认为其准备暗杀的对象在一间房子里而向房内放毒气,其实该房子空无一人,也无任何其他东西。对此,可根据情况认定故意杀人罪(未遂)。(2) 行为指向的具体对象实际上并不存在,行为人把同类的其他对象当成了其预定的对象。例如,甲认为床上躺着的是其准备杀害的乙,遂向其开枪,但实际上是丙。在这种情况下,由于甲针对预定目标的行为已经构成故意杀人罪,而杀乙和杀丙都没有超出杀人的性质,故对象的错误不影响对甲构成故意杀人罪的认定。(3) 行为所指向的具体对象实际上并不存在,行为人把异类的其他对象当成了其预定的对象。这又有两种情况:一是行为人针对预定对象的行为本身就已经构成犯罪。例如,甲认为远处晃动的影子是其准备杀害的乙,遂向其开枪,但实际上是一条狗。在这种情况下,可定故意杀人罪(未遂),但在处罚时,可根据情况从轻或免除处罚。二是行为人针对预定对象的行为本身并不构成犯罪。例如,甲认为远处晃动的影子是其合法狩猎的目标,遂向其开枪,但实际上是一个人,即把人当作兽击中。在此,因行为人根本没有预见到行为可能发生危害社会的结果,可以排除故意犯罪和过于自信的过失犯罪,但究竟是意外事件还是疏忽大意的过失犯罪,则要根据情况加以判断。

3. 手段错误。这是指行为人误以为自己选用的工具或方法可以产生其行为的预期效果,但实际上不可能实现的情况。手段错误实际上是行为错误,可以分为以下几种具体情况:(1) 行为人误认为自己选用的工具或方法可以使其合法行为产生合法的预期效果。例如,医生甲误认为其注射的药水适合于乙的病症,但实际上会加重乙的病症。在这种情况下,可以排除故意犯罪,但究竟是意外事件还是过失犯罪,还须根据具体情况予以判断。(2) 行为人误认为自己选用的工具或方法可以使其一般违法行为产生非犯罪的一般违法效果。例如,认为出售劣质食品不会吃死人,但实际上却发生了食用者中毒死亡事件。在此,可以排除故意犯罪,但通常存在过失犯罪的较大可能。(3) 行为人误认为自己选用的工具或方法可以使其犯罪行为产生预定的犯罪结果。这又有两种情况:一是行为人了解其工具或方法与结果之间的因果关系,只是因为介入因素、自己粗心或缺乏鉴别能力等而错误地把本来不是其选择的工具或方法当成了其选择的工具或方法。例如,行为人知道砒霜能够致死人命,但因其将白糖当成了砒霜,或他人将砒霜偷偷地换成了白糖,导致了行为人误认,在此,可以构成故意杀人罪(未遂)。二是行为人根本不了解其工具或方法与结果之间的因果关系,把不可能造成预定结果的工具或方法当成了可以造成预定结果的工具或方法。例如,意图以念咒语的方法杀人并实施此种方法的行为,即所谓迷信犯。对此,由于其工具或方法在任何情况下都不能造成其预定的危害结果,故不应对行为人追究刑事责任。

4. 因果关系错误。这是指行为人对自己所实施的行为是否造成某种已经发生的危害结果的认识发生了错误。这种事实认识错误实际上是结果错误,具体包括以下几种情况:(1) 行为人误认为自己的行为已经引起了预定的危害结果,但实际上并没有发生这种结果。例如,甲为了杀乙用手掐乙的脖子,致乙昏迷,甲认为乙死亡便扬长而去,乙随后获救。对此,可认定故意杀人罪(未遂)。(2) 行为人误认为自己的行为没有引起预定的危害结果,但实际上已经发生了这种结果。例如,甲只想把乙打昏,认为已经将乙打昏便离去,但实际上乙已经被甲打死。这里,可根据情况认定故意伤害罪(致死)、过失致人死亡罪乃至故意杀人罪。(3) 行为人误认为自己的行为已经引起了预定的危害结果,而实际上并没有发生这种结果,但基于这种误解的后续行为却导致了预定的结果发生。例如,甲意图扼杀乙,将乙扼昏后,误认为乙死亡,为逃避罪责,遂将乙抛“尸”河中,结果导致乙被溺毙。这里,可以分析出前后两个犯罪:一个是故意杀人罪(未遂),另一个是过失致人死亡罪,但由于这两个罪之间的有机联系,刑法学界往往将其合并为故意杀人罪(既遂)。在这里,主客观相统一呈现出特殊的形式,即第一个行为的杀人故意与第二个行为的危害结果相统一。(4)行为人的行为引起的危害结果并不是行为人预先追求的,而且行为人并不知道自己的行为实际上已经引起了这种结果,基于这种误解和某种动机,行为人实施后续行为追求实际上已经发生的结果。例如,甲只想将乙打昏却实际将乙打死,但甲却认为乙处于昏迷状态,后突起杀机,将乙抛入河中,致乙溺毙。在此,也可分析出两个犯罪:一个是伤害致死,另一个是故意杀人(未遂),但由于这两个罪之间的有机联系,刑法学界往往将其合并为故意杀人罪(既遂)。在这里,主客观相统一也呈现出特殊的形式,即后一个行为的故意与前一个行为的危害结果相统一。

拓展阅读

案例分析

争议问题

复习思考题

1. 什么是犯罪构成？犯罪构成有哪些种类？

2. 犯罪客体与犯罪对象有什么联系和区别？

3. 怎样认识和解决刑法上的因果关系问题？

4. 什么是单位犯罪？如何认定单位犯罪主体？

5. 刑法中的认识错误包括哪几种情况？这些情况对认定刑事责任有什么影响？

6.《刑法修正案(八)》和《刑法修正案(十一)》对我国《刑法》中的犯罪主体相关规定作了哪些修改？

自测习题及参考答案

第四章　排除犯罪的事由

重点提示：

排除犯罪事由的概念，正当防卫的条件，紧急避险的条件。

第一节　排除犯罪事由概述

一、排除犯罪事由的概念

排除犯罪事由，是指行为人的行为虽然在客观上造成了一定的损害结果，似乎符合某些犯罪的客观构成要件，但实际上没有犯罪的社会危害性，并不符合犯罪构成，依法不成立犯罪的客观情况。

排除犯罪事由之所以看起来符合某些犯罪的客观构成要件，是因为它的行为与结果带有某种暴力性、破坏性、损害性特征，与同样带有这些特征的某些犯罪相似。例如，正当防卫是排除犯罪事由，它通过对不法侵害者进行暴力反击制止不法侵害，保护合法权益，常常会给不法侵害者造成伤害或致其死亡，仅从客观方面看，很像故意伤害、故意杀人等犯罪，但实际上正当防卫并不是犯罪，而是刑法允许或认可的。因此，每当实践中发生这些情况，总是要问：究竟是排除犯罪事由，还是犯罪？由于这种相似性涉及罪与非罪的界限，在刑法中加以规定并在刑法理论上加以探讨就十分必要。

在人类社会发展的较早时期，社会允许个人实施带有暴力性、破坏性、损害性特征的行为并造成相应结果的空间很大，个人复仇和家族惩治是常见的，欧洲国家曾经颇为流行的决斗，也是个人使用暴力造成损害结果的典型情况。随着社会的发展进步，个人实施暴力性、破坏性、损害性行为并造成相应结果的空间越来越小。在现代国家，即便为维护合法权益，个人也不能为所欲为，通常必须通过国家和社会设定的正常程序，向国家和社会专门设立的部门或机关报告，以请求保护。但是，在一些紧急情况下，个人往往来不及按既定程序请求保护某种合法权益，要使合法权益得到及时有效的保护，国家和社会就有必要通过法律赋予个人在紧急情况下动用暴力和武力的权利。刑法中的排除犯罪事由，正是这样的紧急性权利。因此，刑法规定排除犯罪事由又具有支持和鼓励个人在紧急情况下大胆果断地采取紧急措施，及时有效地维护正在受到严重侵害或遭到重大危险的合法权益的意义。当然，个人行使紧急性权利，必须符合法定的条件，既要维护合法权益，又要尽量减少损害。

各国刑法普遍规定了排除犯罪事由，但由于各国的犯罪成立理论体系有所不同，使得各国的排除犯罪事由与犯罪成立条件的关系也不尽相同。在欧洲大陆法系国家，刑法理论通说认为，犯罪的成立条件包括构成要件符合性、违法性和有责性三个呈递进阶梯关系的要素。首先是认定行为与构成要件的符合性。这种符合性主要是指客观要件的符合，如果不满足这种符合性，即可以排除犯罪，如果满足这种符合性，则要进一步判断行为是否有违法性。而违法性是根据是否存在违法阻却事由判断的，违法阻却事由是对违法性的否定，也是对犯罪的否定。[①] 这里的违法阻却事由就是排除犯罪的事由。在英美法系国家，犯罪成立理论呈双层结构，第一层是要满足犯罪要件，相当于大陆法系国家刑法理论中的构成要件符合性；第二层则是抗辩事由，相当于大陆法系国家刑法理论中的违法性与有责性的结合，其中包括了正当防卫、紧急避险等排除犯罪事由。不满足第一层次的要求当然不成立犯罪，但仅满足第一层次的要求也不一定成立犯罪，如果存在包括正当防卫、紧急避险等抗辩事由，也不能成立犯罪。[②] 显然，西方国家刑法理论中的犯罪构成要件在定罪过程中只具有形式意义，阻却事由或抗辩事由是在过程要件之外可以从实质上否定犯罪的因素。

我国犯罪构成理论坚持构成要件上的形式与实质统一说，即只要某种行为符合或具备了犯罪构成的全部要件，就构成犯罪，不存在行为符合或具备犯罪构成的全部要件但不成立犯罪的情况。因此，我国刑法中的排除犯罪事由并不符合或具备犯罪构成的全部要件，只是在客观方面与某些犯罪相类似。据此，依据我国刑法认定犯罪，就不是像西方国家那样采取层层递进、正面认定构成要件加上反面排除阻却事由的办法，而可以通过两种途径把握罪与非罪的界限：一是可以从正面认定行为是否符合犯罪构成要件；二是可以从正面认定排除犯罪事由是否存在。这是同一个问题的两个方面，殊途同归，二者的关系是：如果通过前一种途径得出结论，无论该结论是肯定的还是否定的，都实际上已经得出了后一种途径的肯定或否定的结论，二者在这里是完全统一的。也就是说，只要通过前一种途径得出结论，就无须再使用后一种途径；如果通过后一种途径得出肯定性结论，即排除犯罪事由成立，则实际上得出了前一种途径的否定性结论，即不符合犯罪构成的全部要件；但是，如果通过后一种途径得出否定性结论，即不成立排除犯罪事由，还不能得出前种途径的肯定性结论，即符合犯罪构成的全部要件，也就是说，排除犯罪事由不存在，并不等于犯罪就一定存在，还可能是意外事件或不可抗力等。在排除犯罪事由具体化的情况下，如果某种具体的排除犯罪事由不存在，还可能存在其他具体的排除犯罪事由。因此，在我国，犯罪构成及其要件是认定罪与非罪基本标准，而排除犯罪事由则是认定罪与非罪的辅助性标准。近些年，我国刑法学界有学者提出借鉴西方国家递进式的犯罪成立理论，以改造我国平面式的犯罪构成，增强定罪实践的可操作性，从而引起了对排除犯罪事由地位的反思，这个问题涉及刑法犯罪论的宏观整体，还值得进一步研究。

二、排除犯罪事由的种类

关于排除犯罪事由，我国刑法明文规定的只有正当防卫与紧急避险两种。但在刑法理

---

① 参见张明楷：《外国刑法纲要》，清华大学出版社 1999 年版，第 73、82、132、148~188、189 页。

② 参见储槐植：《美国刑法》，北京大学出版社 1996 年版，第 50~52 页。

论上和外国的刑法中,除了正当防卫和紧急避险之外,排除犯罪的事由还有一些其他的情况,主要有六种类型。

（一）依照法律的行为

依照法律的行为,是指具有明文法律依据的行为。直接依照法律作出的行为不为犯罪,如监护未成年人的行为、扭送现行犯的行为、法官在刑事审判中判处被告人刑罚的行为等。依照法律实施的行为有时会不利于或损害某些人,但这种行为具有明确的法律依据,属于正当行为,不可能构成犯罪。必须注意,任何由法律直接授权的行为,法律都明文规定了实施这些行为的条件和要求,超出这些条件和要求的行为就不具备正当性。因此,依照法律实施行为时必须正确理解和忠实于法律规定。

（二）执行命令的行为

执行命令的行为,是指基于上级的命令实施的行为,如根据命令上战场杀敌、根据命令逮捕人犯、根据命令执行死刑等。命令是上级对下级的指示和安排,是管理和指挥的必要手段,具有支配性和强制性,对于按照合法程序下达的命令不能不执行。执行命令的必要性和对执行命令的严格要求,使得执行命令的行为成为排除犯罪的事由,通常不能将执行命令的行为作为犯罪,即便执行错误的命令。但值得一提的是,第二次世界大战后,在对德国法西斯战犯审判的实践中,《欧洲国际军事法庭宪章》规定并由联合国大会确认了"纽伦堡原则"。该原则明确了侵略罪和战争罪等战争犯罪的个人责任,其中一项是:具体实施战争犯罪行为的人不能因"遵令行事"而免除其个人的刑事责任,即实际实施战争犯罪的人,即使遵照其所属政府或某一上级或长官的命令而行动,也不能因为其行为是执行命令的行为而免除其个人犯罪的刑事责任。[①] 纳粹军队犯下的侵略罪行和战争罪行,有赖于其军人执行违反国际法的命令,但根据纳粹德国及其军队的法律,执行这种命令却是合法的,不执行命令才是非法的。在这种情况下,执行命令似乎两难:要么因执行国内法而违反国际法,受到国际军事法庭的审判;要么因符合国际法而违反国内法,受到本国军事法庭的审判。这的确是一个特例,是法西斯德国奉行反人类的国家政策造成的。当纳粹德国明显违背人类道义和亵渎基本良知的野蛮侵略行为和残酷战争行为通过其法律和命令实施时,实际上就已经强行将其军人陷入两难境地。但在一般情况下,执行命令的行为应当是排除犯罪的一个事由。

（三）正当业务的行为

正当业务的行为,是指为从事合法的行业、职业、职务等活动实施的行为。监狱管理人员看押罪犯、医疗部门组织生产用于治病的少量毒品物质、医生给异性患者检查病症等,都是正当业务行为,不能将其视为剥夺人身自由、制造毒品、猥亵等方面的犯罪。必须注意,正当业务行为的范围是有严格限制的,不能超出业务范围。

（四）经权利人承诺的行为

经权利人承诺的行为,是指行为人根据权利人的请求、许可、默认实施的损害权利人合

---

① 参见张智辉:《国际刑法通论》(增补本),中国政法大学出版社1999年版,第152、153页。

法权益的行为。行为人损害的合法权益通常应是财产性权益而非人身性权益。例如,行为人可根据权利人的承诺将其珍贵物品砸毁,这属于排除犯罪事由,但是,不能根据权利人的承诺伤害或杀死权利人或权利人监护的人。当权利人的合法权益与其他主体的合法权益联系或结合在一起时,或当行为人损害权利人合法权益必然累及其他合法权益时,即便权利人承诺,也不能将其作为排除犯罪事由。

(五)自救行为

自救行为,是指合法权益受到侵害的人,依靠自己力量实施的及时恢复权益,以防止其权益今后难以恢复的行为。例如,盗窃犯从动物园盗窃了珍稀动物,饲养员及时以武力夺回,以免盗窃分子因缺乏喂养经验造成珍稀动物的伤亡,导致难以挽回的损失。通常,自救行为须符合以下条件:(1)合法权益已经受到侵害,侵害结束至行为的间隔一般不长。(2)通过正常程序很难恢复受到侵害的合法权益。(3)行为人的目的是恢复合法权益。(4)行为人既可以用强制性的夺回方式实施行为,也可以用不让侵害者知悉的秘密取回方式实施行为。(5)自救的行为与结果不能超出恢复合法权益的需要。

(六)自损行为

自损行为,是指自己损害自己合法权益的行为,如自己损毁自己所有的财物、自己伤害自己的身体、自己结束自己的生命等。在古代社会,自杀行为曾经被一些国家作为犯罪,但现代社会中的自损行为一般为排除犯罪事由,但在特定环境、特定条件下由特定主体实施的自损行为也会构成犯罪。例如,放火烧毁自己的房屋,但该房屋与他人房屋或公共设施相连;军人在战时自伤以逃避军事义务,等等。在这些情况下,自损行为不仅损害了自己的利益,也损害或威胁了他人合法权益或公共利益。

第二节 正当防卫

一、正当防卫的概念

根据《刑法》第20条的规定,正当防卫是指为了使国家利益、公共利益以及本人或者他人的人身、财产和其他权利免受正在进行的不法侵害,对不法侵害人实施的制止其不法侵害且没有明显超过必要限度的损害行为。

正当防卫是针对不法侵害实施的一种合法正当行为,它虽然可能给不法侵害人造成损害,却不存在社会危害性,反而对社会有益,故受到法律的认可、保护、提倡和鼓励,各国刑法都将正当防卫列在排除犯罪事由的首位。不法侵害常常表现为犯罪,使得正当防卫成为公民同犯罪作斗争的重要法律武器,正当防卫对于震慑和制止犯罪,减少犯罪造成的损失,弘扬社会正气,倡导良好社会风尚,安定社会秩序和民众心理,都有着重要意义。

一般说来,正当防卫是法律赋予公民个人的一项在紧急情况下保护合法权益的紧急性权利。这项权利不属于任何组织或领导,而由公民个人根据法律规定的条件和当时当地的情况决定是否行使。公民在符合实施正当防卫条件时,无论实施还是不实施,都是行使权利的表现,都不应当受到责难。

对于某些公务人员来讲,在某些情况下,正当防卫也可能是一种法律上的义务。负有正当防卫义务的人员负有在不法侵害发生时奋力保护合法权益的职责。例如,最高人民法院、最高人民检察院、公安部、国家安全部、司法部于 1983 年 9 月 14 日发布的《关于人民警察执行职务中实行正当防卫的具体规定》中,“人民警察必须采取正当防卫,使正在进行不法侵害行为的人丧失侵害能力或者中止侵害行为”的情形共有 7 项,并规定“人民警察在必须实行正当防卫行为的时候,放弃职守,致使公共财产、国家和人民利益遭受严重损失的,依法追究刑事责任;后果轻微的,由主管部门酌情给予行政处分”。该规定也适用于国家审判机关、检察机关、公安机关、国家安全机关和司法行政机关其他依法执行职务的人员。在这个规定中,正当防卫显然是特定人员的义务。当然,这个规定所涉及的有关问题还值得进一步研究。无论如何,特定人员至少在上述场合之外,应作为普通公民对待,享有正当防卫权利,不承担正当防卫义务。普通公民正当防卫所涉及的问题,一律以刑法的规定为准。

将 1979 年颁布的《刑法》与现行《刑法》做一对比可以发现,现行刑法规定的正当防卫在防卫限度的界定上更有利于防卫人,这是与我国社会的实际状况相适应的,有利于公民同犯罪作斗争,有利于保护国家利益、公共利益以及公民的人身权利、财产权利和其他权利。但不能忘记,正当防卫毕竟是有条件有限度的,公民必须严格按照刑法规定的条件和限度实施正当防卫行为,在有防卫权的情况下不能滥用防卫权,在无防卫权的情况下不能实施所谓的防卫。

二、正当防卫的条件

根据《刑法》第 20 条的规定,正当防卫必须具备五个条件。

(一) 防卫起因

正当防卫实质上是公民通过实施制止不法侵害的行为实现对合法权益的保护,没有不法侵害,就谈不上正当防卫,也无须正当防卫。因此,正当防卫的起因或前提就是一定的不法侵害。对于不法侵害,可做如下理解:

1. 不法侵害是对合法利益的侵袭和损害。所谓不法侵害,是人所实施的对国家利益、公共利益和公民个人合法权益的侵袭和损害行为。

首先,不法侵害是一种侵袭或损害行为。在多数情况下,不法侵害是以作为方式实施的,带有暴力性、挑衅性、进攻性、破坏性,如害命、伤人或毁坏财物行为,对这些不法侵害可以进行正当防卫。但是,也有一些不法侵害以不作为方式实施。例如,锅炉工故意不给锅炉加水,锅炉缺水已经到了即将爆炸的程度;扳道工故意不扳道岔,驶来的火车面临着出轨的危险;医生故意不抢救病人,病人生命危在旦夕,等等,这些情况是否属于正当防卫的前提?公民能否对这些不作为的行为人实施强制行为以迫使其履行义务,防止即将发生的危险?对此,刑法理论界还存在争议,值得进一步研究。

其次,不法侵害针对的是国家利益、公共利益和公民合法权益,正当防卫体现的是对合法利益的保护。因保护非法利益而实施的行为不具有正当性,不能是正当防卫。有时,行为人对合法利益与非法利益的保护相互交织在一起,可根据行为人对合法利益的保护认定正当防卫。例如,在以暴力手段抢劫赌资时,也威胁到被抢劫人的人身安全,在此情况下,被抢劫人以暴力反击,是可以成立正当防卫的。显然,这样的认定绝不是以保护非法利益为根据的。

最后,不法侵害是严重危及人身安全、重大人身利益和财产利益的行为。一般说来,不法侵害主要是指对人身的暴力侵害和对重大财产的侵害行为,是严重的物质性侵害。对于非暴力的不法侵害、精神性的侵害、轻微的物质性侵害都不能进行正当防卫,如诽谤行为、粗暴的拉扯行为等。

2. 不法侵害是无合法根据的侵袭和损害。如何理解不法侵害中的"不法"?不法侵害仅指犯罪侵害,还是既包括犯罪侵害也包括一般违法侵害?刑法理论界还存在争议。[①]但无论是犯罪侵害说,还是犯罪侵害与一般违法侵害兼有说,都没有解决这样一个实际问题:当侵害既不是犯罪也不构成违法时,被侵害人能否进行正当防卫?具体地说,未成年人与精神病人等法律上无责任能力的人既不能成为犯罪的主体也不能成为违法的主体,其实施的侵害不能成立犯罪或违法。如果把无责任能力人实施的侵害排除于不法侵害之外,不承认这种侵害可以成为正当防卫的前提,就会使合法权益在这类侵害面前无可奈何。对此,有一种观点认为,虽然不能对无责任能力人实施正当防卫,却可以采取紧急避险。这在理论上可以成立,但不具有可操作性。因为这种方案的前提是被侵害人能够区分其面临的侵害是犯罪或违法的侵害还是无责任能力人实施的不具有犯罪或违法性质的侵害,而这种区分对于被侵害人来说是不现实的。区分犯罪、一般违法与不具有犯罪或违法性质的侵害,并不是一件容易的事情,有时司法人员在事后都难以正确划分,要求公民在情急之下先做这种区分再选择采取正当防卫或紧急避险,实际上难以做到,势必使公民不能果断地实施这些行为,会给合法权益的紧急保护留下盲区。因此,要求被侵害人先做某种区分再酌情行使一定的紧急权利的做法,是脱离实际的,是不利于被侵害人及合法利益的保护的。据此,不法侵害中的"不法"不应被理解为主客观相统一的犯罪或违法概念,而应当被理解为在客观上对合法利益具有损害性的情况,其标准应当是侵害人无合法根据地实施侵害行为。

3. 不法侵害是已现实发生的侵袭和损害。不法侵害已经现实发生,指不法侵害是一种客观存在的事实,而不是纯粹的主观想象或臆测。实践中,有人在不法侵害并不存在的情况下,基于主观认识上的错误而误认为发生了不法侵害,因而对其误认的"不法侵害人"实行"防卫",此时不能成立正当防卫,刑法理论一般称这种情况为"假想防卫"。对假想防卫造成的损害,按照处理事实认识错误的原则处理:行为人应当预见但没有预见他人的行为不是不法侵害的,应对其造成的损害承担过失犯罪的责任;行为人不可能预见不是不法侵害的,则属于意外事件,不承担任何刑事责任。

(二)防卫时机

防卫时机是正当防卫实施的时间条件,该条件要求正当防卫只能在不法侵害正在进行时实行。不法侵害正在进行,是指不法侵害已经开始,尚未结束。把握正当防卫的时机,就

① 参见高铭暄、马克昌主编:《刑法学》(上编),中国法制出版社1999年版,第234页。

是要把握正当防卫在何时开始,何时结束。

一般说来,不法侵害开始于不法侵害着手实行之时。这里的着手,是指侵害人已经实施直接对合法利益造成破坏的行为,仅仅为实施这种行为做准备,不是不法侵害的开始,此时可以报告有关部门和采取必要防范措施,但不能对其进行正当防卫。值得研究的是,对于某些危险的犯罪,虽然犯罪行为还没有着手实行,但已经对合法利益造成了紧迫的威胁,一旦实施便很难避免合法利益的损失,能否对其实行正当防卫?例如,一人身上挂满炸药,正要赶往闹市,声言要找正在某大楼中办事的某企业经理"算账",显然,待其"拉火"开始爆炸行为时就来不及正当防卫了,那么,能否提前正当防卫呢?提前采取的强制行为能不能叫作正当防卫呢?刑法学界对此一般持肯定的态度。

不法侵害可以基于不同的原因而告结束:一是不法侵害因外界力量的制止而结束;二是不法侵害因不法侵害人自身丧失继续侵害的能力而结束;三是不法侵害因不法侵害人自动中止而结束;四是不法侵害因其已经导致预定结果而结束。无论哪一种情况,只要不法侵害确已结束,就不能再对侵害人进行正当防卫,此时,已经受到侵害的人应当理智地对待侵害人,不应对其报复侵害,而应留待有关部门通过法定程序处理。当然,不排除被侵害人此时可以根据《刑事诉讼法》第 84 条的规定对侵害人采取强制性的"扭送"措施。

超出正当防卫法定时机的所谓防卫行为,在刑法理论上称为防卫不适时。防卫不适时有两种情况:事先防卫与事后防卫。事先防卫,是指不法侵害尚未开始时进行的所谓防卫行为,往往发生在他人表示要进行不法侵害或准备实行不法侵害但还没有实施不法侵害之时。事后防卫,是指在不法侵害已经结束后进行的所谓防卫行为,实际上是一种报复侵害。事先防卫与事后防卫都不是正当防卫。如果事先防卫或事后防卫行为造成损害,符合具体犯罪构成的,要依法追究刑事责任。

(三) 防卫动机

防卫动机是正当防卫的主观条件或意图条件,即实施正当防卫是为了使国家利益、公共利益以及本人或者他人的人身、财产和其他权利免受正在进行的不法侵害。防卫动机一般又被称为防卫目的,但考虑到与正当防卫相类似的某些故意犯罪的目的和动机相对应,使用动机概念更为贴切。例如,故意伤害罪的目的是要造成对方的身体伤害结果,动机可能是泄愤报复,而正当防卫的行为人使用暴力反击时也希望造成对方的身体伤害结果,只是这种希望的内心起因是制止不法侵害和保护合法权益。也就是说,正当防卫与有关犯罪之间在目的上是一样的,不同的是动机。正当防卫要求动机的正当性。根据正当防卫动机的正当性条件,以下几种情况形似正当防卫而实则是犯罪行为:

1. 防卫挑拨。防卫挑拨是指为了侵害对方,故意挑动引起对方对自己的侵害,尔后借口正当防卫加害于对方的行为。在此,行为人主观上存在侵害他人的故意和目的,不具备防卫动机的正当性,不属于正当防卫,而是故意的违法犯罪行为。

2. 相互斗殴。相互斗殴是指双方在侵害对方身体的意图的支配下相互打斗的行为。在此,斗殴双方都不存在正当防卫的正当性动机,不成立正当防卫。行为人在侵害意图的支配下打斗且情节严重甚至造成严重后果的,可能构成犯罪。不过,当斗殴的一方已经停止斗殴而另一方继续施以严重身体侵害行为的,或一方在暴力和伤害程度较低的斗殴中突然使用明显升级的暴力手段对另一方的身体健康构成严重威胁甚至危及生命的,应允许对此实施正当防卫。

3. 偶然防卫。偶然防卫是指行为人故意对他人实施犯罪行为时，巧遇对方正在进行可以成为正当防卫起因的不法侵害，其行为客观上制止了他人的不法侵害的情况。例如，甲男正在强奸乙女，丙以为二人通奸，出于伤害甲的意图而乘机将甲打成重伤。在此，丙的行为在多方面符合正当防卫的要求，却唯独不符合正当防卫动机的正当性要求，因而不是正当防卫。当然，这取决于对行为人实施行为时的主观心理的认定。

（四）防卫对象

防卫对象是指防卫行为所针对的具体人员。正当防卫只能针对不法侵害人本人实行，而不能针对不法侵害人以外的任何人，包括不能针对不法侵害人的家属。刑法规定正当防卫是为了制止不法侵害，从而保护合法利益。一般说来，不法侵害来自不法侵害人，只有针对不法侵害人进行防卫，才能制止不法侵害，保护合法利益。但有时，可能出现甲强制乙侵害丙，或甲命令乙侵害丙，或甲唆使未成年的乙侵害丙，而乙的行为受到甲的高度控制，甲决定着乙的行为是否停止，丙防不住乙却有对付甲的能力的情况，那么，丙能否对没有直接实施侵害行为的甲进行正当防卫呢？回答应当是肯定的。因为甲实际上与乙构成共同实施不法侵害的关系。控制和利用动物对人进行侵害，对控制和利用动物的人也可以进行正当防卫。

（五）防卫限度

防卫限度是指实施正当防卫所采取的暴力反击行为及其所造成的损害结果所受的限制。具备了防卫起因、防卫时机、防卫动机和防卫对象诸条件，就获得了正当防卫的权利或根据，就可以实施正当防卫，但是，任何法律上的权利都是有限制的，防卫限度就是刑法对正当防卫权利的限制。据此，不具有防卫起因、防卫时机、防卫动机和防卫对象中的任何一个条件，都不是正当防卫，也无权实施正当防卫，而具有了上述全部条件的行为还不一定是正当防卫，具有了正当防卫的权利而在行使权利时超过防卫限度，会由正当防卫转化为非正当防卫。这正是唯物辩证法所揭示的量变达到一定的度可以导致质变。

刑法明文要求正当防卫不能“明显超过必要限度造成重大损害”。关于“必要限度”，刑法理论界有不同见解。“基本相适应说”认为，必要限度就是指防卫行为与不法侵害行为在性质、手段、强度等方面大体相适应。“必需说”认为，必要限度是指防卫人制止不法侵害所必需的限度。“折中说”认为，对防卫行为的必要限度，应从两个方面考察，既要看防卫行为是否为制止不法侵害所必需，也要看防卫行为与不法侵害行为是否基本相适应。1979年《刑法》采取了“基本相适应说”，但适用中暴露出过分限制防卫人却有利于侵害人的缺陷，不能适应我国的实际情况。故在现行刑法中，作出了对防卫人更为有利的修改，把正当防卫不得“超过必要限度造成不应有的危害”的规定改成了不得“明显超过必要限度造成重大损害”。据此，只要出于制止不法侵害以保护合法利益的需要，实施正当防卫行为超出必要限度但不明显，或是否超出必要限度比较模糊，或明显超过必要限度而没有造成“重大”损害，都是允许的。但是，现行刑法规定实际上并没有改变“必要限度”本身，而是在必要限度之外放宽了对防卫人的要求，即仅仅超过必要限度并不会像过去那样一定会构成防卫过当。

根据过去的刑法规定，“超过必要限度”造成的危害就是“不应有的危害”；根据现在的刑法规定，超过必要限度并不等于防卫过当。

正当防卫是否超过必要限度，必须依据行为实施时的具体情况综合判断，如果确实超过了必要限度，即构成刑法上的防卫过当。防卫过当不是正当防卫，而是对正当防卫的否定，构成犯罪的，应当负刑事责任。因此，公民在具有正当防卫根据或权利时，应正确行使这一权利，切忌防卫过当。

三、防卫过当及其刑事责任

根据《刑法》第 20 条第 2 款的规定，防卫过当是正当防卫明显超过必要限度造成重大损害的行为。

防卫过当必须具有正当防卫的根据。这与根本不具有或者不完全具有正当防卫根据的非正当防卫行为有所不同。也正是由于防卫过当具有正当防卫的根据，使其具有一定的可原谅性，或减少了它的可责性，才使得防卫过当构成犯罪时，其刑事责任可以得到减免。

防卫过当必须明显超过必要限度并造成重大损害。这里，在必要限度的基础上还包含三个要素：超过，明显，重大损害。三者的关系直接决定着对防卫过当的把握。具体而言：(1) 没有超过必要限度不可能是防卫过当，超过必要限度还不一定是防卫过当，防卫过当必须是明显超过必要限度；(2) 明显超过必要限度往往也造成了重大损害，但有时也未必造成重大损害；(3) 明显超过必要限度会造成重大损害，不明显地超过必要限度也可能造成重大损害。基于这种关系，防卫过当必须同时具备两方面的要求：一方面，正当防卫必须明显超过必要限度；另一方面，超过必要限度的行为造成了重大损害。也就是说，要从行为特征与结果程度两个方面综合判断，二者必须同时具备，缺一不可。

因防卫过当而犯罪时，行为人的主观方面既可以是故意也可以是过失。行为人在具有正当防卫根据时实施防卫行为，明知自己的行为会发生危害社会的结果，并且希望或者放任这种结果发生，因而构成犯罪的，是故意犯罪；应当预见自己的行为可能发生危害社会的结果，因为疏忽大意而没有预见，或者已经预见但轻信能够避免，以致发生这种结果的，是过失犯罪。可见，刑法规定的故意与过失的罪过形式，都能适用于防卫过当。

防卫过当属于犯罪，但不是一个独立的罪名。根据正当防卫的条件判断一个行为属于防卫过当的，还应当根据有关的具体犯罪构成判断其构成何种具体的罪名。由于防卫过当的主客观特点，它通常涉及的罪名主要有故意杀人罪、过失致人死亡罪、故意伤害罪、过失致人重伤罪、故意毁坏财物罪等。从刑事责任来讲，通过防卫过当本身无法确定具体罪名，但防卫过当既可以表明行为的有罪性质，又是附着于具体罪名的一个情节，根据《刑法》第 20 条第 2 款的规定，防卫过当时，应当减轻或免除处罚。

四、特殊防卫

《刑法》第 20 条第 3 款规定：“对正在进行行凶、杀人、抢劫、强奸、绑架以及其他严重危及人身安全的暴力犯罪，采取防卫行为，造成不法侵害人伤亡的，不属于防卫过当，不负刑事责任。”这就是所谓特殊防卫，又称无限制防卫、无限度防卫、无过当防卫等。这些称谓都可以接受，因为对于上述规定中的暴力犯罪进行防卫所造成的伤亡，并没有任何限定，或者说，在这种情况下造成的任何伤亡，都不属于防卫过当。但是，将上述规定称为“无限防卫权”的说法不够准确，任何法定权利都是有限制的，不存在防卫限度，不等于正当防卫权利没有限制。《刑法》第 20 条第 3 款不过是对前两款的补充，它必须服从正当防卫的基本条件，这就是防卫起因、防卫时机、防卫动机、防卫对象，缺少的只是防卫限度，故只能说它是无限度条件，而不是整个正当防卫权利的无限制。

特殊防卫的无限度，也是在有限的范围之内的，具体来说，只有针对行凶、杀人、抢劫、强奸、绑架以及其他严重危及人身安全的暴力犯罪，才能适用无限度的特殊防卫。其中，杀人、抢劫、强奸和绑架都是刑法分则中的具体罪名，但必须是暴力或以暴力相威胁而严重危及人身安全的行为。以麻醉实施的抢劫、以揭发隐私相威胁的强奸等非暴力性的犯罪，不属于上述规定罪名之列。行凶，则是指严重的伤害行为，即可能造成重伤或死亡结果的暴力侵害行为。行凶不是一个罪名，它既可以是独立的故意伤害罪，也有可能是在其他犯罪过程中的伤害行为。其他严重危及人身安全的暴力犯罪，是指在行凶、杀人、抢劫、强奸、绑架之外的严重危及人身安全的暴力犯罪，既包括独立的暴力犯罪罪名，如武装叛乱、暴乱罪，暴力危及飞行安全罪，暴力取证罪，暴动越狱罪，等等；也包括在某些犯罪中使用暴力的情况，如劫持航空器罪，劫持船只、汽车罪，抢劫枪支、弹药、爆炸物罪，强制猥亵、侮辱妇女罪，阻碍军人执行职务罪，阻碍执行军事职务罪，等等。这里的暴力犯罪，都必须严重危及人身安全。不危及人身安全，仅危及财产安全，或者危及人身安全但不严重或较为轻微的，都不能实施特殊防卫。不能实施特殊防卫，不等于不能实施正当防卫，但实施正当防卫必须符合防卫限度的要求。

五、关于正当防卫的司法解释

1997 年《刑法》施行后，各级人民法院、人民检察院和公安机关依照该法第 20 条的规定处理正当防卫案件，取得了较好法律效果和社会效果，但也存在把握过严和处理失当的情形。为依法准确适用正当防卫制度，维护公民的正当防卫权利，鼓励见义勇为，弘扬社会正气，把社会主义核心价值观融入刑事司法工作，最高人民法院、最高人民检察院、公安部于 2020 年 8 月 28 日发布《关于依法适用正当防卫制度的指导意见》（以下简称《指导意见》）。

《指导意见》提出的总体要求包括：(1) 把握立法精神，严格公正办案。正当防卫是法律赋予公民的权利。要准确理解和把握正当防卫的法律规定和立法精神，对于符合正当防卫成立条件的，坚决依法认定。要切实防止“谁能闹谁有理”“谁死伤谁有理”的错误做法，坚决捍卫“法不能向不法让步”的法治精神。(2) 立足具体案情，依法准确认定。要立足防卫人防卫时的具体情境，综合考虑案件发生的整体经过，结合一般人在类似情境下的可能反应，依法准确把握防卫的时间、限度等条件。要充分考虑防卫人面临不法侵害时的紧迫状态和紧张心理，防止在事后以正常情况下冷静理性、客观精确的标准去评判防卫人。(3) 坚持法理情统一，维护公平正义。认定是否构成正当防卫、是否防卫过当以及对防卫过当裁量刑罚时，要注重查明前因后果，分清是非曲直，确保案件处理于法有据、于理应当、于情相容，符合人民群众的公平正义观念，实现法律效果与社会效果的有机统一。(4) 准确把握界限，防止不当认定。对于以防卫为名行不法侵害之实的违法犯罪行为，要坚决避免认定为正当防卫或者防卫过当。对于虽具有防卫性质，但防卫行为明显超过必要限度造成重大损害的，应当依法认定为防卫过当。

《指导意见》对正当防卫制度的具体适用作了详细说明，要求准确把握正当防卫的成立条件。

1. 关于正当防卫的起因条件，《指导意见》指出，不法侵害既包括侵犯生命、健康权利的行为，也包括侵犯人身自由、公私财产等权利的行为；既包括犯罪行为，也包括违法行为。不应将不法侵害不当限缩为暴力侵害或者犯罪行为。对于非法限制他人人身自由、非法侵入他人住宅等不法侵害，可以实行防卫。不法侵害既包括针对本人的不法侵害，也包括危害国家、公共利益或者针对他人的不法侵害。对于正在进行的拉拽方向盘、殴打司机等妨害安全驾驶、危害公共安全的违法犯罪行为[①]，可以实行防卫。成年人对于未成年人正在实施的针对其他未成年人的不法侵害，应当劝阻、制止；劝阻、制止无效的，可以实行防卫。

2. 关于正当防卫的时间条件，《指导意见》指出，对于不法侵害已经形成现实、紧迫危险的，应当认定为不法侵害已经开始；对于不法侵害虽然暂时中断或者被暂时制止，但不法侵害人仍有继续实施侵害的现实可能性的，应当认定为不法侵害仍在进行；在财产犯罪中，不法侵害人虽已取得财物，但通过追赶、阻击等措施能够追回财物的，可以视为不法侵害仍在进行；对于不法侵害人确已失去侵害能力或者确已放弃侵害的，应当认定为不法侵害已经结束。对于不法侵害是否已经开始或者结束，应当立足防卫人在防卫时所处情境，按照社会公众的一般认知，依法作出合乎情理的判断，不能苛求防卫人。对于防卫人因为恐慌、紧张等心理，对不法侵害是否已经开始或者结束产生错误认识的，应当根据主客观相统一原则，依法作出妥当处理。

3. 关于正当防卫的对象条件，《指导意见》指出，对于多人共同实施不法侵害的，既可以针对直接实施不法侵害的人进行防卫，也可以针对在现场共同实施不法侵害的人进行防卫。明知侵害人是无刑事责任能力人或者限制刑事责任能力人的，应当尽量使用其他方式避免或者制止侵害；没有其他方式可以避免、制止不法侵害，或者不法侵害严重危及人身安全的，可以进行反击。

4. 关于正当防卫的意图条件，《指导意见》指出，正当防卫必须是为了使国家利益、公共利益以及本人或者他人的人身、财产和其他权利免受不法侵害。对于故意以语言、行为等挑动对方侵害自己再予以反击的防卫挑拨，不应认定为防卫行为。在相互斗殴或者因琐事发生争执而引起打斗的情况下，要通过综合考量相关情节准确判断行为人的主观意图和行为性质。对于显著轻微的不法侵害，行为人在可以辨识的情况下，直接使用足以致人重伤或者死亡的方式进行制止的，或者不法侵害系行为人的重大过错引发，行为人在可以使用其他手段避免侵害的情况下，仍故意使用足以致人重伤或者死亡的方式还击的，均不具有正当防卫的意图条件。

5. 关于正当防卫的限度条件，《指导意见》指出，认定防卫过当应当同时具备“明显超过必要限度”和“造成重大损害”两个条件，缺一不可。防卫是否“明显超过必要限度”，应当综合不法侵害的性质、手段、强度、危害程度和防卫的时机、手段、强度、损害后果等情节，考

① 《刑法修正案（十一）》在《刑法》分则危害公共安全罪章中增加第 133 条之二，将“对行驶中的公共交通工具的驾驶人员使用暴力或者抢控驾驶操纵装置，干扰公共交通工具正常行驶，危及公共安全的”行为和“驾驶人员在行驶的公共交通工具上擅离职守，与他人互殴或者殴打他人，危及公共安全的”行为规定为妨害安全驾驶罪。

虑双方力量对比，立足防卫人防卫时所处情境，结合社会公众的一般认知作出判断。在判断不法侵害的危害程度时，不仅要考虑已经造成的损害，还要考虑造成进一步损害的紧迫危险性和现实可能性，不应当苛求防卫人必须采取与不法侵害基本相当的反击方式和强度。通过综合考量，对于防卫行为与不法侵害相差较大、明显过激的，应当认定防卫明显超过必要限度。“造成重大损害”是指造成不法侵害人重伤、死亡。造成轻伤及以下损害的，不属于重大损害。防卫行为虽然明显超过必要限度但没有造成重大损害的，不应认定为防卫过当。防卫过当应当负刑事责任，但是应当减轻或者免除处罚。要综合考虑案件情况，特别是不法侵害人的过错程度、不法侵害的严重程度以及防卫人面对不法侵害的恐慌、紧张等心理，确保刑罚裁量适当、公正。对于侵害人实施严重贬损他人人格尊严、严重违反伦理道德的不法侵害或者多次、长期实施不法侵害所引发的防卫过当行为，在量刑时应当充分考虑，以确保案件处理既经得起法律检验，又符合社会公平正义观念。

6. 关于特殊防卫的适用条件，《指导意见》指出：(1) 可以认定为“行凶”的情形是：使用致命性凶器，严重危及他人人身安全的；未使用凶器或者未使用致命性凶器，但是根据不法侵害的人数、打击部位和力度等情况，确已严重危及他人人身安全的；虽然尚未造成实际损害，但已对人身安全造成严重、紧迫的危险的。(2)“杀人、抢劫、强奸、绑架”是指具体犯罪行为而不是具体罪名。在实施不法侵害过程中存在杀人、抢劫、强奸、绑架等严重危及人身安全的暴力犯罪行为的，如以暴力手段抢劫枪支、弹药、爆炸物或者以绑架手段拐卖妇女、儿童的，可以实行特殊防卫。有关行为没有严重危及人身安全的，应当适用一般防卫的法律规定。(3)“其他严重危及人身安全的暴力犯罪”应当是与杀人、抢劫、强奸、绑架行为相当，并具有致人重伤或者死亡的紧迫危险和现实可能的暴力犯罪。(4) 对于不符合特殊防卫起因条件的防卫行为，致不法侵害人伤亡的，如果没有明显超过必要限度，也应当认定为正当防卫，不负刑事责任。

第三节　紧急避险

一、紧急避险的概念

根据《刑法》第 21 条的规定，紧急避险是指为了使国家利益、公共利益、本人或者他人的人身和其他权利免受正在发生的危险，不得已实施的损害另一个较小合法利益的行为。

现实生活中，不仅存在合法利益与非法利益的冲突、非法利益与非法利益的冲突，也存在合法利益与合法利益的冲突。货轮在海上航行，遇到风暴，如果不抛下一些货物，随时有倾覆的危险；房屋失火，正在蔓延，如果不拆毁一间尚未着火的住宅，可能导致一片厂房被焚毁；猛兽追赶，生命危险，如果不赶紧破他人之门而擅自闯入，将无路可逃，等等，都是合法利益冲突的情况，而且这种冲突具有紧急性，要求立即作出选择，紧急避险正是刑法规定的适应这种情况的一项紧急性权利。规定这项权利的主旨是，在合法利益发生紧急性冲突而又难以两全的情况下，为保护较大合法利益不得已牺牲较小合法利益。紧急避险虽然在客观上造成了一定合法利益的损害，但使更多的合法利益得以保全，从总的后果看，对社会是有益的。从主观上看，行为人造成合法利益的损害是为了保护更大的合法利益，是不得已的选择,没有违法犯罪的故意,而有着良好的动机。紧急避险在主客观方面都值得肯定,故为我国刑法所认可和鼓励。在公共利益、本人和他人的人身权利和其他权利面临紧急危险时,公民依法积极实施紧急避险,有利于使合法利益的损失减少到最低限度,也有助于培养公民的大局观念和互助精神。公民在实施紧急避险时,必须严格遵守法定条件。

二、紧急避险的条件

根据《刑法》第 21 条的规定,紧急避险必须具备六个条件。

(一) 避险起因

避险起因是紧急避险的前提或根据,即发生了现实危险并对国家利益、公共利益、本人或者他人的人身和其他权利形成了严重的威胁。紧急避险中对合法利益形成威胁的危险,是指足以给合法利益造成损害的某种事实状态。

1. 危险的来源。危险的来源主要有:(1) 自然力形成的危险,主要包括各种自然灾害,如地震、风暴、水灾、火灾、火山爆发、雪崩、泥石流等。(2) 动物袭击造成的危险,包括各种野生和喂养的动物对人进行的攻击。(3) 人体病症导致的危险,主要是指生命危险和其他严重影响健康的危险。(4) 人的侵害行为导致的危险,这里的侵害行为主要包括犯罪行为、一般违法行为和由无责任能力人实施的侵害行为。一般说来,合法行为不能成为紧急避险的危险来源。

2. 危险的性质。必须区分日常生活中的危险概念与紧急避险中的危险概念。后者是法律概念,专门针对合法利益而言。非法利益遭到危险的,无权实施紧急避险,因为这种危险不是作为紧急避险前提的危险。而且,合法利益遭到的危险也不都是紧急避险的根据。《刑法》第 21 条第 3 款规定:“第一款中关于避免本人危险的规定,不适用于职务上、业务上负有特定责任的人。”也就是说,在职务上或业务上负有特定责任的人,即便其合法利益遭到危险,也不能实施紧急避险,如消防队员救火时面临的烧伤危险、军人奉命作战时面临的生命危险等。当一种职务上的或业务上的特定职责要求处于这种职务或业务岗位的人员面对危险、克服危险、消除危险时,有关人员就不能逃避这种危险。当然,有关人员也不是在任何时候都不能逃避这种危险。如果有关人员在其职务或业务岗位之外遇到这种危险,这种危险应当成为紧急避险的根据,应当允许这些人员实施紧急避险。在认定的时候,区分这些负有某种职务上或业务上应对危险特定职责的人员是否在危险发生时处于履行职责的岗位,就成为判断是否具备紧急避险前提的关键。由此可见,紧急避险中保护的利益,不仅具有合法性,还具有相对性。

3. 危险的客观性。作为紧急避险前提条件的危险必须是客观上已经发生的危险,而不是杜撰和臆测的危险。故意编造危险,借口损害合法利益的行为,根本不是紧急避险。如果事实上不存在危险,只是行为人误认为发生了危险,进而实施所谓的紧急避险,属于刑法上的假想避险,不具有紧急避险的性质,可按照假想防卫的原则处理。

值得指出的还有,危险是一种足以造成合法利益损失的现实威胁,但还不是已经发生的损害,或者,即便发生了一定程度的损害,也还存在进一步损害的危险。如果特定的合法利益已经无可避免地损失殆尽,紧急避险也就失去了意义。

（二）避险时机

避险时机要求危险正在发生。所谓危险正在发生，是指危险已经出现但尚未结束的状态。危险已经出现，是指危险已经对特定的合法利益形成了紧迫的威胁，如果不加以排除，合法利益势必损失。歹徒追杀、恶狗咬人、车船行将倾覆等，都是合法利益受到了紧迫的威胁。危险尚未结束，是指危险继续威胁着一定的合法利益或者可能给合法利益造成更大损害的状态。如果合法利益不再受到现实威胁或者不再受到进一步损害，就说明危险已经结束。由于危险来源不同，结束的情况也有不同，但不外乎内外两种原因导致危险结束。自然灾害终止、动物停止侵袭、病症自然缓解、自动中止侵害都是内部原因导致危险结束的情况；他人引开侵袭的动物、不法侵害人在追跑过程中自己跌伤无法继续侵害都是外部原因导致危险结束的情况。凡是在危险尚未出现或已经结束之后实行所谓避险的，在刑法理论上都称为“避险不适时”、避险不适时不符合紧急避险的时机条件，不成立紧急避险，造成合法利益损害的，应根据具体情况和有关法律规定，要求行为人承担刑事责任、民事责任或其他法律责任。

（三）避险动机

避险动机是紧急避险的主观条件，要求避险人实施行为必须是为了使国家利益、公共利益、本人或者他人的人身权利和其他权利免受正在发生的危险。这又被称为避险意思。避险意思包括两个方面：一是行为人认识到了合法利益面临正在发生的危险；二是行为人实施行为在主观上是为了保护合法利益免受危险。避险意思是体现紧急避险正当性的重要因素，不具备避险意思的行为不是紧急避险。行为人意图损害无辜者合法利益，故意制造某种危险，假装避险的，不能成立紧急避险。行为人在没有认识到危险的情况下故意损害无辜者的合法利益，恰巧客观上起到了保护较大合法利益的作用的，也不能成立紧急避险。对这些情况，应根据有关法律认定处理。

（四）避险对象

根据危险来源的不同，避险对象也有所不同。对于人的侵害行为导致的危险，避险对象只能是无辜的第三者。如果采取直接抗制侵害人的办法排除侵害，就不是紧急避险，而是正当防卫了。对于自然灾害造成的危险，避险对象显然也只能是无辜的第三者。但是，对于其他原因导致的危险，避险对象则不一定是无辜的第三者。例如，将乱咬人的恶狗打死，避险对象就不是无辜的第三者，恶狗本身是危险的来源，而狗的所有者或管理者与这种危险来源有利害关系。又如，为了将突发疾病的某人急送医院，未经该病人同意而砸破其私人轿车的窗户，以便驾驶，该行为应当成立紧急避险，但无辜的第三者不是避险对象，而是受益人。

（五）避险必要

根据刑法，即使面对紧急的危险，也只能在“不得已”的情况下才能实施紧急避险。所谓“不得已”，就是除了以牺牲一种合法利益为代价来保护另一种合法利益的办法之外，别无他法。如果还有其他办法保护一种合法利益，就不能采取牺牲另一种合法利益的办法。

例如,货轮航行在大海中遇到强力台风,不抛下一些货物就可能倾覆,如果此时没有别的办法保证船的安全,就可以抛下一些货物;如果此时在近处有一避风港,该船完全有能力驶入,就不能采取抛下一些货物的办法。但必须指出,在以人的侵害为危险来源的情况下,行为人既符合紧急避险的条件,也符合正当防卫的条件,就不能因行为人还有正当防卫的办法而不允许行为人实施紧急避险。就是说,别无他法中的"他法"不包括正当防卫。正当防卫与紧急避险都是公民在紧急情况下保护合法利益的紧急权利,在两种权利的根据都存在时,公民可以根据自己的情况进行选择,实施其中任何一种权利或者不实施任何一种权利,都是合法的。至于一些人在国家利益、公共利益或他人的合法利益受到侵害或遭到危险时,有能力救助而不挺身而出见义勇为的行为,可以受到道德舆论的谴责,造成严重后果的,还可根据党纪政纪予以处理,但其在法律上并无责任。

(六) 避险限度

一般说来,紧急避险是以牺牲一种合法利益来保全另一种合法利益,这就要求行为人必须权衡两种合法利益的大小,以较小的利益代价换取较大利益的保全,如果相反,就失去了紧急避险的意义。紧急避险的必要限度,就是指避险行为造成的损害必须小于所避免的损害。如果避险行为造成的损害大于或等于(如果能由此精确比较的话)所避免的损害,则属于超过了必要限度。通常,两种财产利益的大小,可以通过其经济价值来衡量,但有时也要考虑其他因素;人身权利高于财产权利;生命权利高于其他任何权利,任何人不得以牺牲他人生命的代价来保护其他利益;生命权利之间是等价的,不能以牺牲他人生命为代价来保全自己的生命。但是,这些关系并不完全是绝对的,还必须根据当时当地的实际情况来判断。2001 年在美国发生的震惊世界的"9·11"事件中,恐怖分子劫持民航飞机撞向世贸大厦等建筑,使几千人的生命和价值极高的财产在顷刻间灰飞烟灭,造成了空前的灾难。事后,美国提出,今后发现航空器(包括民航客机)未经允许飞向大楼,必要时可用导弹将其击落,这个尚有争议的问题至少表明了人们对价值比较和取舍原则的重新思考。对此,还需要认真研究。

三、避险过当及其刑事责任

《刑法》第 21 条第 2 款规定:"紧急避险超过必要限度造成不应有的损害的,应当负刑事责任,但是应当减轻或者免除处罚。"据此,避险过当必须具备以下条件:(1) 必须具备紧急避险的起因、时机、动机、对象和必要性条件,唯独不具备其限度条件。(2) 必须是超过了必要限度造成不应有的损害,即造成的损害大于或等于所避免的损害。要指出的是,避险过当并不仅仅是超过必要限度的部分的过当,而是由于超过必要限度导致整个行为过当。(3) 必须在主观上有罪过。即明知损害的合法利益大于保全的合法利益,仍然实施损害行为,或应当知道但由于疏忽大意而不知道损害的合法利益大于保全的合法利益。不知也不应当知道其损害的合法利益大于保全的合法利益的,就是意外事件。

避险过当同防卫过当一样,也不是一个独立罪名,而是一个影响量刑的犯罪情节。在避险过当情况下,应按刑法有关规定和原理认定恰当的罪名,并在此基础上减轻或者免除处罚。

拓展阅读

案例分析

争议问题

复习思考题

1. 什么是排除犯罪事由？为什么要在刑法中规定排除犯罪事由？排除犯罪事由有哪些种类？

2. 什么是正当防卫？正当防卫的成立必须具备哪些条件？

3. 什么是特殊防卫？

4. 什么是紧急避险？紧急避险的成立必须具备哪些条件？

自测习题及参考答案

第五章　故意犯罪过程中的犯罪形态

重点提示：

故意犯罪过程中的犯罪形态的概念及其与犯罪故意阶段的关系，犯罪预备的概念与特征，犯罪未遂的概念与特征，犯罪中止的概念与特征。

第一节　故意犯罪过程中的犯罪形态概述

一、故意犯罪过程中的犯罪形态的概念和特征

故意犯罪过程中的犯罪形态，有的教材称为“故意犯罪形态”，有的称为“犯罪停止形态”，本书认为，这些提法没有反映本章所要论述的犯罪形态的特点。德国著名刑法学家李斯特在其《德国刑法教科书》中提出犯罪形态包括三类，即犯罪的既遂与未遂、正犯与共犯、犯罪的单数与复数。可见上述提法外延很广，冠于本章，不太适宜。本书认为，1989年出版的高等学校文科教材《中国刑法学》中的提法即“故意犯罪过程中的犯罪形态”，反映了本章犯罪形态的特点，提法确切，故仍加以采用。

所谓故意犯罪过程中的犯罪形态，是指故意犯罪在其发展过程中的不同阶段，由于主客观原因所发生的各种犯罪停止形态。它具有如下特征：

（一）在故意犯罪过程中发生的犯罪形态

犯罪形态，指各种犯罪行为的状态。依不同的标准，犯罪可以表现为各种不同形态。例如，从犯罪人数考察，犯罪表现为共同犯罪形态（主犯、从犯、胁从犯、教唆犯等）；从犯罪行为符合犯罪构成的单复考察，犯罪表现为罪数形态（一罪、数罪、想象竞合犯、牵连犯、吸收犯等）。故意犯罪过程中的犯罪形态，则是在故意犯罪发展过程中发生的犯罪形态。从犯罪过程来考察，显示了它与共同犯罪形态、罪数形态不同的特点。

任何事物都有一个发展过程，故意犯罪也不例外，《刑法》第24条采用了“犯罪过程”一词。所谓故意犯罪过程，是指故意犯罪从犯罪的预备经犯罪的实行到犯罪完成的整个历程。犯罪过程是从犯意形成开始，还是从犯意表示开始，或者是从犯罪预备开始的，学者们意见不一。本书认为，犯意形成、犯意表示都还未表现为犯罪行为，不宜认为是犯罪过程的开始。与此不同，犯罪预备已属于犯罪行为，因而本书以其为故意犯罪过程的起点。

这里所说的是故意犯罪过程中的犯罪形态，在过失犯罪中都不存在。因为过失犯罪主观上对行为的危害结果没有预见或轻信可以避免，客观上只有法定的危害结果发生才能构成犯罪，因而不存在从犯罪预备开始的犯罪过程，也就无所谓过失犯罪过程中的犯罪形态。

（二）在故意犯罪过程中的不同阶段发生的犯罪形态

故意犯罪过程是从犯罪预备到犯罪完成的整个历程，正像事物发展有其阶段性一样，故意犯罪过程也有不同的阶段，这就是通常说的故意犯罪阶段。二者的区别和关系是：犯罪过程是就犯罪整个历程而言的，犯罪阶段是犯罪过程中的某些段落；犯罪过程包括犯罪阶段，各个犯罪阶段共同组成犯罪过程。

故意犯罪有哪些阶段，通说认为只有犯罪预备和犯罪实行两个阶段。犯罪的完成是犯罪过程的终点，不是犯罪的阶段。但对上述两阶段说，学者还有不同意见。由于某些犯罪在犯罪实行终了之后到结果发生之前，还有一段时间的间隔，这时还可能发生未完成形态问题，将它列入实行阶段，而实际上实行已经终了，这在逻辑上值得商榷。所以有学者将其称为“行为后阶段”或“实行后阶段”，也有的将其称为“效果阶段”，与犯罪预备、实行阶段并列成为三个阶段。这些见解都未形成通说，本书认为这一问题确实值得研究。

故意犯罪过程中的犯罪形态都是在上述阶段发生的，具体言之，它可能在实行终了之后发生，这通常是犯罪的完成形态；也可能在预备阶段或者实行尚未终了时发生，称为犯罪的未完成形态。在犯罪的完成形态，行为人实施的行为已完全具备某种犯罪构成的全部要件，在刑法上通常称之为犯罪既遂。在犯罪的未完成形态，行为人实施的行为并未具备某种犯罪构成客观方面的全部要件，根据情况，可能构成犯罪预备或犯罪未遂，也可能构成犯罪中止。

（三）由于主客观原因在不同阶段停止的犯罪形态

故意犯罪过程中的犯罪形态，是由于主客观原因在不同阶段停止的犯罪形态。这就是说，这种犯罪形态既可以由于停止的犯罪阶段的不同而不同，也可以基于主观原因停止或客观原因停止而不同。前者，在犯罪预备阶段停止下来的，是犯罪预备形态；在犯罪实行阶段停止下来的，是犯罪未遂形态。后者，由于客观原因在犯罪预备阶段或犯罪实行阶段停止的，分别是犯罪预备形态或犯罪未遂形态；由于主观原因在犯罪预备阶段或犯罪实行阶段停止的，都是犯罪中止形态。

犯罪阶段与故意犯罪过程中的犯罪形态既有明显的区别，又有密切的联系。二者的区别在于：犯罪阶段是故意犯罪过程中的不同阶段，具有前后的连续性，即犯罪预备阶段可以转入后一阶段，如犯罪实行阶段。故意犯罪过程中的犯罪形态，则是在故意犯罪过程中的犯罪停止形态，不具有前后的连续性，即不能由前一犯罪形态转为后一犯罪形态，如已构成犯罪预备形态的，不能转为犯罪未遂形态；已构成犯罪未遂形态的，不能转为犯罪既遂形态。二者的联系在于：犯罪阶段是故意犯罪过程中的犯罪形态存在的基础，故意犯罪过程中的犯罪形态总是停止于某个犯罪阶段。可以说，离开犯罪阶段，就不发生故意犯罪过程中的犯罪形态问题。

需要指出：故意犯罪过程中的几个阶段，并不是在任何一个故意犯罪中都完全存在的，如突发性故意犯罪就不存在犯罪预备阶段。

二、认定故意犯罪过程中的犯罪形态存在争议的犯罪

（一）间接故意犯罪

间接故意犯罪是否存在犯罪的未完成形态？对此，学者一致认为，在间接故意犯罪情况下，行为人对危害结果的发生抱着放任的心理态度，不会为发生这种结果进行准备活动，因而不可能存在犯罪预备形态；但对间接故意犯罪有无犯罪未遂，则存在争论。具体言之，有三种不同观点：一是肯定说，主张间接故意犯罪存在犯罪未遂，认为当行为人实施某种违法犯罪行为而放任另一危害结果发生时，实施危害行为所放任的结果，就是间接故意的犯罪目的；如果该犯罪目的没有实现，就是间接故意犯罪的未遂。二是否定说，主张间接故意犯罪不存在犯罪未遂，认为在间接故意犯罪中，行为人对危害结果的发生抱着放任的心理态度，危害结果发生与否都包含在行为人的放任心理之内，谈不上是否得逞，即使危害结果没有发生，也并不违背行为人的意志，因而也就不发生犯罪未遂问题。三是原则否定说，主张在一般情况下，间接故意犯罪不存在未遂，但不排除某些犯罪可能存在间接故意未遂的情况，如突发性故意犯罪，行为人对是死是伤后果不确定，在未发生死伤结果时，如不以未遂论处，就失去了处罚行为人的根据，所以应以犯罪未遂处理。本书同意否定说，理由是：在间接故意犯罪的场合，行为人所追求的不是该种危害结果的发生，当实施某种行为而没有发生所放任的危害结果时，并没有违背他本来的意志，就不能说是基于意志以外的原因而未得逞的犯罪未遂，也不能说是自动中止犯罪的犯罪中止。至于原则否定说，也值得探讨。该说认为突发性故意犯罪，行为人对是死是伤的结果不确定，没有发生死伤结果，可以认定间接故意犯罪未遂，但这并不能说明问题。因为这里并没有指明该犯罪未遂是杀人未遂还是伤害未遂。实际上正如有的教材所指出的，这时行为人对伤害是明知的和追求的，是直接故意，只是对死亡结果是放任的，是间接故意。所以按故意杀人罪未遂论处，才是间接故意犯罪未遂，然而这样处理，就与上述间接故意犯罪没有未遂的理论不相符合。

（二）举动犯

所谓举动犯，是指仅着手实行一定的行为，即完全具备犯罪构成要件的犯罪。非法拘禁罪、传授犯罪方法罪等属之。对于这类犯罪来说，由于只要实施一定的犯罪行为，犯罪即告完成，因而没有犯罪未遂存在的余地。所以通说认为，这类犯罪只可能存在犯罪预备形态和犯罪预备阶段的犯罪中止，但不存在犯罪未遂和实行阶段的犯罪中止。不过，日本学者对此却存在争论。山中敬一教授认为在举动犯的情况下，可能存在犯罪未遂。但是，大谷实教授则指责这种观点的错误，通说亦持否定的意见。本书认为通说的观点是正确的。

三、研究故意犯罪过程中的犯罪形态的意义

故意犯罪过程中的犯罪形态，基于停止的犯罪阶段和主客观原因不同，形成各种不同的形态——犯罪既遂、犯罪预备、犯罪未遂和犯罪中止，它们的社会危害性程度是大不相同的。根据罪责刑相适应的基本原则，刑法对上述不同的犯罪形态，规定了不同的刑事责任。犯罪

既遂是犯罪的完成形态,刑法分则对各种犯罪是以犯罪既遂为标准加以规定的,所以犯罪既遂的刑事责任,都由刑法分则(包括单行刑法、附属刑法中的分则性条款)的有关条文加以规定。犯罪预备、犯罪未遂、犯罪中止都是犯罪的未完成形态,它们不完全具备刑法分则所规定的某一犯罪构成的客观方面的要件,因而由刑法总则对这些犯罪形态本身的要件作出专门规定,并根据其各自的社会危害性程度规定了相应的刑事责任。在确定这些犯罪形态的构成要件和刑事责任时,应当把《刑法》总则第 22 条、第 23 条、第 24 条的规定,与刑法分则对某一具体犯罪的规定结合起来加以认定。研究这些犯罪形态,有利于准确区分此一犯罪形态与彼一犯罪形态和掌握刑法对其规定的处罚原则,以便在审判有关这些犯罪形态的案件时,做到划清界限,区别对待,正确地定罪和量刑,使之承担相应的刑事责任。

第二节 犯罪预备

一、犯罪预备的概念与特征

《刑法》第 22 条第 1 款对犯罪预备形态作了明文规定:“为了犯罪,准备工具、制造条件的,是犯罪预备。”据此,犯罪预备是指直接故意犯罪的行为人为了实施某种能够引起预定危害结果的犯罪实行行为,在准备犯罪工具、制造犯罪条件的活动中,由于意志以外的原因,而未能进入实行阶段的状态。犯罪预备有以下特征:

(一) 主观上为了实行犯罪

犯罪预备阶段是直接故意犯罪整个过程的有机组成部分,行为人在实施犯罪预备行为时,其主观上具有相应的罪过形式及内容。具体地说,实施犯罪预备行为的行为人明知自己的行为是对犯罪实行行为的准备,而犯罪实行行为又会发生危害社会的结果,并希望这种结果发生。就相同的罪名而言,犯罪预备行为的行为人的罪过内容比相应的犯罪实行行为的行为人的罪过内容要多,即除了对该罪实行行为及危害结果的认识和态度之外,还包括对预备行为及其与实行行为和后果之关系的认识和态度。就后者而言,是指行为人明知自己的行为有利于着手实行或有利于完成某种会发生危害结果的行为,并且希望实行这种行为和发生危害结果。

从刑法的规定和司法实践来看,有的犯罪可以经过预备,有的也可以不经过预备而直接进入实行行为,如故意杀人既可以事先磨刀准备凶器,也可以临时起意拳击致死;有的犯罪则必须经过预备,否则无法实行,如生产伪劣商品罪必须事先准备好生产机器和生产原料,走私罪必须事先准备好走私货物和走私工具,非法出售发票罪必须事先准备好发票,等等。无论哪一种犯罪,行为人经过预先的准备之后,都更有利于实行行为的完成,如为谋杀他人事先弄清被害人的活动规律、精心制作杀人凶器、视察现场等,显然有利于犯罪的实行。有利于犯罪实行行为的进行,正是行为人实施犯罪预备的主观目的。

(二) 客观上实施了犯罪预备行为

我国刑法规定的犯罪预备在客观上表现为准备犯罪工具和制造犯罪条件的行为。

1. 准备犯罪工具。所谓犯罪工具,是指可供犯罪使用的各种物品。犯罪工具的范围非常广泛,种类繁多,既可能是一般物品,也可能是特定物品,还可能是违禁物品。有些犯罪工具是专为犯罪制造的物品,而更多的犯罪工具只是用于犯罪的一般物品。从犯罪工具的用途看,可包括用以致害或制服他人的器械物品,如枪弹、刀棒、毒药、麻醉剂、绳索等;用以破坏、分离、排除犯罪的对象物或障碍物的器械物品,如钳剪、刀斧、锯锉、爆炸物等;用以到达或逃离犯罪现场或进行犯罪活动的交通工具,如汽车、摩托车、自行车等;用以观察或接近犯罪对象的物品,如望远镜、梯子等;用以掩护犯罪实施的物品,如面罩、化妆品等。犯罪工具的不同种类往往能够反映出犯罪强度上的差别,如以枪支实施的犯罪强度通常大于以刀具实施的强度,机关枪的强度要大于手枪,等等。

准备犯罪工具的犯罪活动主要包括制造、变造或加工犯罪工具,购买犯罪工具,借用犯罪工具,以及通过盗窃、抢劫、抢夺等犯罪行为获取犯罪工具。在通过犯罪获取犯罪工具的情况下,准备犯罪工具的活动本身构成了独立的罪名,此时,这些罪名与行为人预定的实行行为的罪名形成牵连关系,应按照后面论及的牵连犯原则处理。

2. 制造犯罪条件。所谓制造犯罪条件,是指准备犯罪工具以外的有利于犯罪实行行为的各种其他的准备活动。这类活动主要包括商议或者拟订实施犯罪和犯罪后逃避侦查和追究的计划,勾引、联络集结共同犯罪人,事先调查犯罪的场所和犯罪人的行踪,为实行犯罪进行技术训练,前往犯罪场所守候被害人,跟踪或诱骗被害人至犯罪现场,等等。

有的犯罪预备行为仅仅表现为准备犯罪工具,有的犯罪预备行为仅仅表现为制造犯罪条件,还有的犯罪预备行为既包括准备犯罪工具也包括制造犯罪条件。实践中,只要认定准备犯罪工具和制造犯罪条件中的一项,就可以认定行为人在客观上实施了犯罪预备行为。

(三) 事实上未能着手实行犯罪

犯罪预备形态只能发生于犯罪的预备阶段。行为人虽然实施了犯罪预备行为,但随之顺利进入犯罪实行阶段的,无论后来该实行行为发展得如何,也不能构成犯罪预备形态。此时,后来的犯罪实行行为已经把先前的犯罪预备行为吸收了,犯罪预备行为没有在犯罪预备阶段停留下来,也就没有形成犯罪预备的结局状态,而只能是犯罪实行阶段或者其后的某种其他状态。因此,认定犯罪预备形态,不仅需要行为人实施了犯罪预备行为,而且需要行为人的预备行为在预备阶段停滞不前,即事实上未能着手犯罪的实行行为。

实施犯罪预备行为的行为人事实上未能着手犯罪的实行行为,既可以发生在实施犯罪预备行为的过程中即犯罪预备行为尚未完成之时,也可以发生在犯罪预备行为过程已经结束即犯罪预备行为完成之后。

(四) 未能着手实行犯罪是基于犯罪人意志以外的原因

犯罪预备行为在犯罪预备阶段停滞,未能着手犯罪实行行为必须是基于犯罪人意志以外的原因。即行为人实施犯罪预备行为过程中或者犯罪预备行为完成之后,主观上希望将其行为继续推进到实行阶段,只是由于行为人意志以外的原因,使其未能着手犯罪实行行为。所谓意志以外的原因,是指违背了行为人着手实行行为之意图的原因,主要包括行为被发现和制止或行为人被控制的情况,这些情况的出现阻碍了行为人着手犯罪实行行为,不符合行为人的意愿。如果行为人在实施犯罪预备行为过程中或完成犯罪预备行为后,自动地不再继续着手犯罪实行行为,则不构成犯罪预备,通常可不作为犯罪,如果情节特别严重,可认定为犯罪中止。

二、犯罪预备行为与犯意表示的区别

犯意表示是指行为人将其直接故意犯罪的意图明确表露于外部的活动。首先,犯意表示是犯罪意图的表露。这里的犯罪意图,是指明知某种行为会发生危害社会的结果,并且希望发生这种结果,愿意实施这种行为。某人通过一定方式表露出这种主观意愿,就是犯意表示。其次,犯意表示是表露犯罪意图的外部活动。这里的外部活动包括语言和动作。语言又包括口头语言和书面语言。以口头语言表露犯罪意图包括以言辞表达和以某种发声来表达,而以书面语言表露犯罪意图包括以文字表达和以某种符号表达。动作则是指语言之外的身体外部动作,包括任何可以用来表达犯罪意图的手势、表情和姿态。最后,犯意表示以身体外部活动明确表露出来。所谓明确,就是某人的身体外部活动与其犯罪意图之间有着明显的联系,可以为一般人所感知或把握。尤其当身体外部动作是某种非词语性的音节、符号以及举止时,不能轻易地认为某人有犯意表示。尽管犯意表示绝不构成犯罪,但是对于某些严重的犯意表示也不能掉以轻心,必要时还要采取某种防范措施。

犯意表示与犯罪预备的相似之处是二者都存在犯罪意图,在客观上也都有一定的表现。但是二者之间有着本质的不同:犯意表示仅仅是一种犯罪意思的流露,还没有付诸刑法规定的行为,具体地说,既没有实施犯罪的实行行为,也没有实施犯罪的预备行为,对社会没有危害,故无论如何,犯意表示不是任何意义上的犯罪;而犯罪预备则是刑法规定的为犯罪实行行为准备工具、制造条件的行为,已经对社会构成了现实的威胁,具有了达到犯罪程度的社会危害性,属于犯罪行为。二者的区分是罪与非罪的界限,在实践中划清这个界限十分重要。

值得注意的是,犯意表示并不是在任何情况下都与犯罪预备相分离而保持一种非此即彼的状态。事实上,二者兼有的情形随处可见,即在犯意表示的同时也开始实施准备犯罪工具、制造犯罪条件的预备行为。那么,无论行为人在实施某个犯罪的预备行为时所伴随的犯意表示是该预备行为的犯意内容还是另一个犯罪的犯意内容,都不能把犯意表示作为犯罪事实来认定,认定犯罪的客观根据只能是其中的犯罪预备行为。同样,在犯意表示与某种犯罪实行行为相伴随时,也只能以实行行为作为认定犯罪的根据。

三、预备犯的刑事责任

犯罪预备的行为人构成预备犯。预备犯在客观上实施了为犯罪实行行为准备工具、制造条件的行为,在主观上具有犯罪的故意,符合刑法规定的犯罪构成,应当负刑事责任。但是,犯罪预备行为与犯罪实行行为相比,毕竟在社会危害程度上有明显差异:犯罪预备行为并不像犯罪实行行为那样可以直接引起行为人所追求的危害结果,故其社会危害性程度相对较轻。刑法规定预备犯的用意正是基于社会危害性的这种差异而在处置上轻重有别。因此,《刑法》第 22 条第 2 款规定:“对于预备犯,可以比照既遂犯从轻、减轻处罚或者免除处罚。”根据该规定,对预备犯的处罚应当注意:(1) 可以从轻、减轻或者免除处罚。“可以”同时意味着“可以不”,具有可选择性。也就是说,对于预备犯,并非一律从轻、减轻或者免除处罚，而应视具体情况而定。预备行为性质严重，情节特别恶劣，主观恶性大的，也可以不予从轻、减轻处罚，更不能免除处罚。(2) 可以从轻，也可以减轻，还可以免除。这是“可以”包含的另一个意义上的可选择性。这就要求对预备行为在危害程度上进行更为细致的划分。因此，研究和确定这种划分的标准，保持适用标准的统一性，是正确处罚预备犯的必要前提。这还有待于在实践的基础上进一步探讨。(3) 比照既遂犯从轻、减轻或者免除处罚。由于犯罪预备的社会危害性远比犯罪既遂为轻，所以刑法规定对预备犯比照既遂犯从轻、减轻处罚或者免除处罚。

此外，当刑法分则条文直接将某种犯罪的预备行为规定为独立罪名时，也会同时规定专门的法定刑，例如，《刑法修正案（九）》增设的第 120 条之二规定：“有下列情形之一的，处五年以下有期徒刑、拘役、管制或者剥夺政治权利，并处罚金；情节严重的，处五年以上有期徒刑，并处罚金或者没收财产：(一) 为实施恐怖活动准备凶器、危险物品或者其他工具的；(二) 组织恐怖活动培训或者积极参加恐怖活动培训的；(三) 为实施恐怖活动与境外恐怖活动组织或者人员联络的；(四) 为实施恐怖活动进行策划或者其他准备的。有前款行为，同时构成其他犯罪的，依照处罚较重的规定定罪处罚。”此时，对分则条文规定的独立“预备犯”，要按照分则该条文定罪处罚，不适用总则第 22 条。立法机关之所以会在刑法分则中把某些犯罪预备行为直接规定为独立的犯罪，将预备行为“实行化”，即让“预备犯”具有“实行犯”的地位，是因为该种预备行为所对应的犯罪实行行为具有突出的危险性，有必要将预防这种行为的关口提前。

还需要指出的是，适格主体在犯罪意图的支配下实施的预备行为不一定都构成犯罪预备。根据《刑法》第 13 条，行为虽有一定的社会危害性，但是情节显著轻微危害不大的，不认为是犯罪。这一规定适用于实行行为，自然也适用于通常轻于实行行为的预备行为。当然，社会危害性是否达到了犯罪的程度，要通过各种具体情节综合判断，通常可以看预备行为的性质、通过预备行为进而要实施的实行行为的性质、预备行为的进展情况、未能着手实行行为的原因、行为人的人身危险程度等。

第三节　犯罪未遂

一、犯罪未遂的概念与特征

《刑法》第 23 条第 1 款规定：“已经着手实行犯罪，由于犯罪分子意志以外的原因而未得逞的，是犯罪未遂。”据此，我国刑法中的犯罪未遂有三个特征：

(一) 已经着手实行犯罪

所谓着手实行犯罪，是指直接故意犯罪的行为人开始实施其意图实现的刑法分则规定的具体犯罪构成客观方面的行为。“着手”是犯罪进入实行阶段的标志，是犯罪实行行为的起点，其本身已经是犯罪实行行为。在不经过犯罪预备阶段直接进入犯罪实行行为的情况下，“着手”也同时是犯罪行为的起点；在经过犯罪预备阶段之后进入犯罪实行行为的情况下，“着手”则不是整个犯罪行为的起点，而仅仅是犯罪实行行为的起点。在后一种情况下，

"着手"是犯罪的实行阶段与预备阶段相区别的标志。由于犯罪的预备形态只能发生在犯罪的预备阶段,而犯罪的未遂形态发生在犯罪的实行阶段或实行阶段之后,"着手"便成为预备犯与未遂犯相区别的标志。

一般而言,可以从主客观两个方面认定行为人是否着手:

从客观方面看,既然行为人着手实施的是犯罪的实行行为,那么其本身已经具有犯罪实行行为的特征,即开始实施刑法分则规定的具体犯罪构成客观方面的行为。具体地说,行为人着手实施的具体犯罪构成客观方面的行为能够对犯罪的对象或目标发生直接的影响或作用,使其发生某种变化,从而产生危害结果,危害一定的社会关系。比较起来,犯罪预备行为还不能对犯罪的对象或目标发生直接的影响或作用,不可能使其发生现实的变化,只是有助于实行行为的实施,潜在地有利于促使危害结果的发生,其社会危害性表现在对一定的社会关系构成现实的威胁而不是实际的侵害。在实践中,具体判断行为人是否着手,要以犯罪预备阶段与犯罪实行阶段不同的行为特征为标准。犯罪预备是准备犯罪工具、制造犯罪条件的行为。如果行为人既不准备犯罪工具也不制造犯罪条件,而使用已有的或已经准备好的工具,利用已有的或已经创造好的条件,那么,这种行为就是犯罪的实行行为。据此,不仅可以判定比较明显的实行行为,如行为人举枪瞄准他人欲将其杀害,行为人擦火柴点火以焚烧他人房屋,行为人将一包毒药往他人茶杯里倒,等等;也可以判定比较模糊的实行行为,如行为人将枪、火柴或毒药掏出但还没有扣动扳机、擦燃或投放等行为也是实行行为。因为这些行为已经不是为犯罪准备工具、制造条件,而是使用犯罪工具、利用犯罪条件的行为。同样,对于司法实践和刑法理论中常有争议的途中行为(行为人正处于前往犯罪地点的途中)、尾随行为(行为人尾随被害人伺机侵害)、守候行为(行为人埋伏或等候在预定地点准备加害被害人)和寻找行为(行为人公然或秘密地寻找预定的犯罪对象欲予加害),不能一概认为是实行行为或者一概认为是预备行为,而应当予以具体分析。如果行为人的这些行为完全属于犯罪手段或方法上的准备活动,应认定为预备行为;如果行为人的这些行为完全属于操作犯罪手段或方法的活动,则应认定为实行行为;如果行为人的这些行为既有准备犯罪手段或方法的活动,也有操作犯罪手段或者方法的活动,也应认定为实行行为。此时,实行行为吸收了预备行为。在认定犯罪的实行行为时,行为人、被害人与犯罪现场之间的时空关系固然重要,也不能机械地依这种关系认定是否已经着手实行行为。行为人、被害人到达犯罪现场之前的行为不一定都是预备行为,相反,行为人、被害人到达犯罪现场之后的行为也不一定都是实行行为。

从主观方面看,着手实行的行为能够比较明显而直接地反映出行为人的犯罪意图。任何犯罪阶段的行为,都是行为人主观犯罪意图和客观犯罪行为的统一,无论犯罪的预备行为,还是犯罪的实行行为,都是主观犯罪意图的客观外在表现。但是,犯罪的预备行为与犯罪的实行行为对于主观犯罪意图的表现各有特点。比较起来,犯罪的实行行为明显而直接地表现行为人的犯罪意图。例如,对着他人开枪,举刀刺向他人,将手偷偷伸向他人口袋,等等,就能直接而明显地反映出行为人故意杀人、故意伤害或盗窃的主观犯罪意图。犯罪的预备行为虽然也可以反映行为人的主观犯罪意图,却不那么直接和明显,甚至很难从中看出犯罪意图。例如,磨刀可能是为了杀人,也可能是为了杀猪;买安眠药可能是为了投毒,也可能是为了自己服用;打探银行的保安情况,可能是为了盗窃,也可能是出于好奇心,等等。犯罪预备行为对犯罪意图的反映,仅仅通过其自身往往难以做到,必须通过预备行为与其他相关情节综合把握。例如,磨刀行为要反映杀人意图,还必须把磨刀与下列可能的相关情节联系起来考虑和判断:行为人的犯意表示内容,行为人与仇人之间发生了激烈冲突或不可调和的利益矛盾,行为人有书面的或向他人表述了杀死他人的行动计划,行为人绘制了他人行动规律和路线示意图,行为人准备了掩盖罪行的手段,行为人没有其他正常合理的磨刀用途,等等。主观犯罪意图在预备行为和实行行为中的不同表现方式,也给判别行为人是否着手提供了途径。同时也告诉我们,由于犯罪预备行为距离危害结果比犯罪实行行为更远,故认定其主观意图时,可能需要关注更多的情况及证据。

当犯罪实行行为是以不作为形式实施时,也可以形成犯罪未遂。例如,消防队员在值班时见火不救,却由于突来的大雨,或者经他人奋力扑救,或者行为人在他人逼迫下勉强救火,其行为没有导致危害结果的发生。

(二) 犯罪未得逞

所谓犯罪未得逞,是指行为人着手实行行为后犯罪行为没有齐备其意图实现的具体犯罪构成的全部要件。例如,窃得公私财物意味着盗窃犯罪行为人所意图实现的盗窃罪的构成要件全部齐备,就属于得逞;如果盗窃犯没有窃得公私财物,就属于未得逞。未得逞是一种客观事实,体现直接故意犯罪的未完成形态,而得逞体现的则是完成形态。行为人着手实行行为后是否得逞,是犯罪未遂与犯罪既遂相区别的主要标志。

犯罪未得逞并不意味着没有发生任何危害结果,只是没有发生直接故意犯罪行为人所意图实现的结果。例如,行为人在实施故意杀人时未能将预定的被害人打死,却将其打伤,这里的伤害就是一种危害结果,但该结果的发生并不是既遂的标志,因为该结果不是行为人所追求的,行为人所追求的是他人死亡的结果,只有该结果发生时才是其意图实现的犯罪既遂,没有发生时只能属于未得逞的情况。

任何犯罪实行行为的过程以及这种行为引起结果的过程都是一个时间段,这个时间段基于不同的情况有长有短,有的时间段较长,足以介入某种因素而使行为的发展停顿下来;有的时间段则较短,没有给介入因素留下空间。从实行行为本身的过程来看,如盗窃的实行行为至少有接触财物、掌握财物和移走财物等,这些环节都为某种因素的介入提供了空间,从而使盗窃行为停止下来。但是,非法持有、私藏枪支、弹药,非法携带枪支、弹药、管制刀具、危险物品危及公共安全等犯罪就不一样了,这些犯罪的实行行为时间段非常之短,以至于其开始后在瞬时即告结束,其间根本来不及介入某种阻断因素。就非法携带枪支进入公共场所或公共交通工具的行为而言,公共场所或公共交通工具的内与外只有一线之隔,决定了"进入"就是一个刑法上的瞬时行为,或进入或没有进入,即便"踏线"也有归属,或算进,或算没进。就非法持有枪支的行为来看,似乎可以持续很长的时间,但这种持续已是在行为"终了"之后由行为导致的危害公共安全的状态的持续,而不是行为本身的持续。所谓"持有",实际上是"取得"行为和"保持"状态的结合,"保持"是可以在时间上无限延伸的状态,"取得"却是一种瞬时行为——或得到,或没得到。没有"取得"就无所谓"保持",就根本不构成犯罪,不构成犯罪的情况不能叫作犯罪未遂;而一旦"取得"就已经"持有",就足以构成犯罪,"持有"之后再中断"持有"不能叫作未遂,否则该种犯罪将不存在既遂,而只有未遂没有既遂就失去了区分犯罪形态的意义。可见,行为具有瞬时开始和完结特征的该类犯罪是不存在未遂的。就实行行为引起结果的过程来看,也有上述类似情况的不同,如投毒行为结束后,行为引起结果的过程中通常是可能介入阻断因素的;但是,诽谤的结果就紧随行为,诽谤行为一旦实施,结果立即产生,不可能存在诽谤行为已经出现却未发生犯罪结果的未遂形态。总之,在直接故意犯罪中,某些情况下实行行为本身的过程以及实行行为引起危害结果的过程存在瞬时性,使得着手之后不可能存在未得逞的结局,在这些情况下也就不可能存在未遂。

(三) 犯罪未得逞是由于行为人意志以外的原因

行为人着手实行犯罪并且犯罪未得逞,是犯罪未遂的客观特征。犯罪未遂作为一个主客观因素相结合的犯罪形态和刑法概念,还必须符合其主观特征,即犯罪未得逞是由于行为人意志以外的原因。所谓行为人意志以外的原因,是指违背行为人实施直接故意犯罪的犯罪目的或犯罪意图的原因。意志以外,即不符合或违背其意志,不受其意志控制或支配,出乎行为人意料或事与愿违。犯罪未遂的原因是多种多样的,归纳起来有两个大的方面:

1. 行为人自身的原因。这方面的原因包括行为人自身存在的对实行犯罪和完成犯罪有阻碍作用的不利因素,以及行为人主观上对犯罪事实发生某种错误认识而不利于犯罪的实行和完成的因素。例如,盗窃分子因不会开密码锁而打不开保险柜,因身体虚弱而在金库里昏倒,事先不知其打开的金库已经被废弃不用因而里面什么也没有,等等。

2. 非行为人的原因。这方面的原因是指行为人之外对实行犯罪和完成犯罪有阻碍作用的各种不利因素,包括被害人的发现、逃避和反抗,被害人已经死亡,其他人的无意干扰和有意阻止,对象物位移、损毁和其他变化,犯罪工具的性能和质量不足,自然环境和条件发生某种变化,对象物或防护设施的坚固、灵敏,其他偶然发生的事件和巧合造成的妨碍,等等。例如,行为人暴力强奸妇女,却被身怀武功的妇女擒拿;行为人对准睡在被子里的被害人连刺数十刀,但被害人在遇刺之前就已经病逝或被其他人杀害;行为人正在盗窃时听见脚步声,在人来之前逃走;行为人使用电钻开保险柜,但根本钻不动导致无法打开;行为人在森林里偷猎时,掉进了他人设置的捕猎陷阱,等等。

犯罪未遂与犯罪预备两种犯罪停止形态都是由行为人意志以外的原因引起的,但二者所处的犯罪阶段不同,行为人意志以外的具体原因也不同。一般说来,导致犯罪预备的原因在种类和范围上要少于或小于犯罪未遂的原因。例如,被害人对犯罪行为的发现既可以成为犯罪未遂形态的原因,也可以成为犯罪预备形态的原因,但是,被害人的逃避、反抗只能是犯罪未遂形态的原因,不可能是犯罪预备形态的原因。

二、犯罪未遂的类型

从不同角度可以对犯罪未遂进行不同的分类。刑法理论界论及较多的有两种分类:实行终了的未遂与未实行终了的未遂,能犯未遂与不能犯未遂。前者是从犯罪实行行为在事实上完成与否的角度所作的分类,而后者则是从犯罪实行行为能否导致危害结果的角度所作的分类,这两种分类都有助于进一步把握犯罪未遂的特征、社会危害性及刑事责任。

(一) 实行终了的未遂与未实行终了的未遂

实行终了的未遂,是指行为人已将完成犯罪所必需的实行行为的全部过程实施完毕,由于行为人意志以外的原因,犯罪未得逞的情况;未实行终了的未遂,是指行为人未将完成犯罪所必需的实行行为的全部过程实施完毕,由于行为人意志以外的原因,犯罪未得逞的情况。两个概念及解释都只有一字之差,但二者至少体现了这样一些差别:(1)未实行终了的未遂形态发生在实行行为阶段或正在实行行为的过程之中,如匕首刺人时被害人将刀夺下;而实行终了的未遂发生在实行行为已经结束之后,如投毒之后被害人发觉没有将其饮下。(2)实行终了的未遂中,行为人在事实上已经完成了实行行为;而未实行终了的未遂中,行为人在事实上没有完成实行行为。(3)实行终了的未遂在社会危害程度上要比未实行终了的未遂更重,故行为人应当承担相对较重的刑事责任。

犯罪实行行为的终了,也因其从开始到终了的时间特点而有所不同:在从开始到终了之时间段较长而足以介入中断因素的情况下,犯罪实行行为既可能实行终了,也可能未实行终了,即可以存在两种未遂形态;在从开始到终了之时间段较短而不足以介入中断因素的情况下,犯罪实行行为只能有实行终了一种情况,不可能未实行终了,即只存在一种未遂形态。

在判断犯罪实行行为是否终了时,需要注意的是不要把实行行为结束后的复原行为当作其实行行为的继续。例如,以非法占有之目的打开保险柜并取出钞票后,见有人过来又将其放回锁好,不能因为后面的放回行为而否定实行行为已经终了。

(二)能犯未遂与不能犯未遂

能犯未遂,是指行为人的行为具有达到其犯罪目的的可能性,但由于行为人意志以外的原因,而使犯罪未得逞的情况。例如,行为人行凶杀人时刀被夺下,如果无人夺刀则被害人就会受害,能犯未遂属于一种犯罪未遂形态。

不能犯未遂,是指行为人的行为不具有达到其犯罪目的的可能性,行为人的犯罪意图不可能实现。例如,行为人采用念咒语的行为方式杀人,在任何情况下都是不可能杀死他人的。对于在任何情况下都不能引起行为人追求的危害结果的行为状态,可称为绝对不能犯未遂。对绝对不能犯未遂,不应将其认定为犯罪,故从严格的意义上讲,称此情况为未遂是不妥当的,因为未遂是一种犯罪的形态,还是称不能犯合适一些。或者,行为人实施行为之量不足以引起其追求的结果发生,但行为人实施的行为性质却包含着引起其追求结果的可能性。例如,投毒者在他人杯中投入不足以致人死亡剂量的毒药,但从这种毒药的性质来看,它是能够致死人命的。在这些相对不能犯的情况下,应结合行为人的主观状况,酌情认定是否构成犯罪未遂。

刑法理论上,不能犯未遂又分为工具不能犯未遂和对象不能犯未遂。工具不能犯未遂,是指行为人实施犯罪所使用的工具、手段不可能使犯罪达到既遂的情况。例如,使用枪支射杀有效射程之外的人,就不可能达到既遂。对象不能犯,是指行为人实施犯罪所指向的对象不可能使犯罪达到既遂的情况。例如,盗窃实际上没有装过任何东西的保险柜,误把被子里裹的枕头当作被害人开枪射击等,都不可能达到既遂。

追究不能犯未遂刑事责任的根据在于,行为人主观上具有实行犯罪的故意,客观上实施了犯罪的实行行为,只是由于行为人对犯罪对象和犯罪工具产生了某种错误的认识,才使其行为没有引起其追求的危害结果,这完全符合犯罪未遂的构成特征。当然,不能犯未遂毕竟不同于能犯未遂,二者相比,能犯未遂具有引起危害结果的现实可能性,而不能犯未遂只有引起危害结果的抽象可能性,即后一种可能性的程度要低,其产生的危险更具有潜在性,相应而言,社会危害性也较轻,故在处罚时也应为轻。这正是在理论上区分能犯未遂与不能犯未遂的实际意义。

三、未遂犯的刑事责任

犯罪未遂的行为人是未遂犯。我国《刑法》第23条第2款规定:“对于未遂犯,可以比照既遂犯从轻或者减轻处罚。”对此,可从以下方面来理解:

1. 我国刑法中的未遂犯不是独立的罪名,而是附着于直接故意犯罪具体罪名的犯罪形态,它区别于既遂形态,其社会危害性比既遂形态要轻,故刑法规定对于未遂犯的处罚要在既遂犯的基础上从轻或者减轻。为了体现这种区别,实践中认定犯罪未遂时往往在相关罪名的后面加上一个括弧,注明未遂形态。例如,故意杀人罪(未遂)、故意伤害罪(未遂)、强奸罪(未遂),等等。

2. 可以从轻、减轻处罚,是指在司法实践中,根据犯罪未遂的具体情节,决定是否从轻、减轻处罚,既可以从轻处罚,也可以减轻处罚,还可以既不从轻也不减轻处罚。一般说来,由于未遂犯的行为还没有导致其追求的危害结果的发生,其社会危害性小于相应的既遂,故可以比照既遂犯从轻或者减轻处罚;但是,有的犯罪虽然是未遂,却存在严重的情节,如犯罪性质严重,行为特别恶劣,造成行为人目的之外的其他严重后果,累犯,等等,也可以比照既遂犯既不从轻,也不减轻处罚。

3. 对未遂犯的处罚不包括免除处罚,这不同于对预备犯的处罚,其原因是未遂犯是在行为人着手实行犯罪之后在犯罪实行阶段发生的犯罪形态,其社会危害性通常大于为犯罪实行行为做准备而没有实际进入犯罪实行阶段的犯罪预备形态。

4. 对未遂的从轻或者减轻处罚比照既遂犯进行,必须首先在理论上弄清和在实践中确定相应既遂犯的处罚基准。例如,《刑法》第234条第1款规定:“故意伤害他人身体的,处三年以下有期徒刑、拘役或者管制。”那么,当实际发生了故意伤害的未遂时,对其处罚是比照3年有期徒刑,还是拘役或者管制进行从轻或者减轻?显然,这首先取决于对相应既遂的处罚基准。然而,现实发生的并不是既遂而是未遂,就必须问:与实际发生的未遂相对应的既遂情况及处罚该怎样确定?这是值得进一步探讨的。

5. 未遂犯与预备犯都要比照既遂犯从轻或者减轻处罚,那么,在同样的既遂犯处罚基准之下,怎样体现未遂犯与预备犯社会危害性的不同及对其处罚的区别呢?这也需要进一步研究。至少可以说,在对直接故意犯罪量刑时,无论是既遂,还是未遂,或是预备,都必须考虑三者之间的刑罚比照关系,通过对实践经验的不断总结,使这种关系相对定型。

第四节　犯罪中止

一、犯罪中止的概念

《刑法》第24条第1款规定:“在犯罪过程中,自动放弃犯罪或者自动有效地防止犯罪结果发生的,是犯罪中止。”据此,犯罪中止形态的发生有两种情况:(1)在犯罪过程中,行为人自动放弃犯罪,因而没有发生犯罪结果;(2) 在犯罪过程中,行为人已经将犯罪行为实施完毕,但犯罪结果尚待发生时,行为人自动有效地防止了犯罪结果的发生。前一种情况既可以发生在犯罪的实行阶段,也可以发生在犯罪的预备阶段;后一种情况发生在犯罪实行终了之后,因此,直接故意犯罪全过程中的任何阶段,只要在既遂之前,就可能发生犯罪中止,这表现出立法对于故意实施犯罪的行为人自动放弃犯罪的鼓励和宽容的态度。刑法中规定犯罪中止,是在社会中的犯罪还不能完全消灭的情况下,着眼于直接故意犯罪人主观因素可能出现的转化,尽可能地减少犯罪的损失的法律举措。它不仅有助于充分保护社会的各种合法利益,也充分地给予已经实施犯罪的行为人出路。

二、犯罪中止的特征

犯罪中止的特征,在刑法理论上是对犯罪中止概念具体属性的揭示,是犯罪中止形态内在规定性的表现,是司法实践中成立犯罪中止的基本标准。根据我国刑法的规定,犯罪中止有以下几个特征。

(一) 犯罪中止的时间性

犯罪中止的时间性,是指犯罪中止只能发生在犯罪过程中,是犯罪中止形态的成立在时机上的条件。一般而言,直接故意犯罪的全过程应当从准备实行犯罪到完成犯罪。这是一个主客观因素相结合并完全统一的完整过程。犯罪中止是相对于犯罪既遂这一犯罪完全形态的一种犯罪不完全形态,是没有完成行为人意图实施的犯罪的情况,因此,犯罪中止只能发生在犯罪终点之前的犯罪过程中。根据这样的标准,犯罪中止可以发生在犯罪预备阶段、犯罪实行阶段和犯罪实行终了之后,还可以发生在犯罪预备行为实施完毕之后与犯罪实行行为着手之前。但不能发生在犯罪预备行为(或在无预备行为情况下的犯罪实行行为)开始实施(或着手)之前与犯罪结果出现之后以及犯罪结果出现之时。如前所述,两种不同的犯罪中止情况发生的时机是有区别的:自动放弃犯罪的犯罪中止发生在犯罪的实行阶段或者犯罪的预备阶段,而自动有效地防止犯罪结果发生的犯罪中止只能发生在犯罪的实行终了之后。

(二) 犯罪中止的客观性

犯罪中止的客观性,是指行为人在客观上具有中止犯罪的行为,具体地说,就是刑法规定的两种行为:放弃犯罪和有效地防止犯罪结果发生。作为犯罪中止成立的客观条件,这两种行为之间是选择关系,即只要有其中任何一种行为,就符合犯罪中止的客观性要求。

1. 放弃犯罪。所谓放弃犯罪,是指在着手犯罪的实行行为或者开始实施犯罪的预备行为之后,在这些犯罪行为结束之前,行为人停止并且不再实施犯罪。

(1) 行为人必须停止已经在进行的犯罪,即犯罪行为不继续进行。其停止的犯罪既可以是犯罪的实行行为,也可以是犯罪的预备行为。如果正在进行的犯罪是以不作为形式实施的,行为人要停止犯罪,必须表现出某种积极的作为。例如,铁路扳道工应当根据其职责在列车到达前 10 分钟时扳道,但作为扳道工的行为人为了破坏铁路运输,在规定时间不予扳道,但在离列车经过道岔还有 1 分钟时,行为人经过思想斗争又将道岔扳了过去。如果正在进行的犯罪是以作为形式实施的,停止犯罪的行为则是不作为。例如,举枪不扣扳机,擦燃火柴不点火,等等。

(2) 行为人停止犯罪后不能又恢复进行,如行为人举枪向他人瞄准,未扣扳机又放下枪,可视为停止,但过了一会儿行为人又举枪瞄准,这一举动便使前面的停止不可能成为中止。

(3) 如果犯罪的实行行为已经实施终了,就不可能出现放弃犯罪的中止行为。在此,如何认识实行行为的"终了"十分关键。实践中,存在一种"自动放弃重复侵害行为"的情况,如行为人向他人开枪没打着,而在当时有条件继续开枪的情况下放弃了开枪,这到底是犯罪未遂还是犯罪中止? 这取决于对实行行为是否终了的认识。认为已经开枪的事实是实行行为终了者,其结论是犯罪未遂,而认为已经开枪的事实并不意味着实行行为终了者,则其结论自然是犯罪中止。还应当指出的是,在犯罪实行行为是瞬间行为时,不存在放弃犯罪而成立犯罪中止的余地。

(4) 如果犯罪的预备行为已经实施完毕,也不可能在犯罪预备阶段出现放弃犯罪的中止行为,但仍有可能在犯罪的实行阶段出现放弃犯罪的中止行为,还有可能在犯罪的预备行为结束之后而在犯罪实行行为着手之前出现放弃犯罪的中止行为。

(5) 放弃犯罪而没有发生犯罪结果。由于犯罪结果是由实行行为引起的,实行行为没有实行完毕,自然也就不能引起犯罪结果,因此,只要认定放弃犯罪,通常也就意味着没有发生犯罪结果。

2. 有效地防止犯罪结果的发生。所谓有效地防止犯罪结果的发生,是指行为人在实行行为实施终了后、追求的犯罪结果发生之前,行为人采取了防止犯罪结果发生的措施,并且有效地防止了犯罪结果的发生。首先,这种犯罪中止发生在实行行为终了后,危害结果发生前。危害结果发生后行为人所做的复原或补偿不能抵消危害结果发生的事实。其次,行为人采取了防止犯罪结果发生的措施,如行为人投毒以后,被害人还没有饮用,行为人将毒液倒掉;或者被害人已经饮用,还没有发作或正在发作,死亡之前,行为人送被害人去医院抢救。虽然行为人采取了一定措施,但该措施不具有防止危害结果发生的可能性,就不能认为行为人采取了防止措施,如行为人为了杀人实施投毒,被害人饮用后已经中毒,行为人进行自虐赎罪和烧香为被害人祈祷的活动,不具有防止危害结果发生的可能性,即便被害人后来没有死亡,也不能将此种行为视为犯罪中止。最后,行为人采取的措施有效地防止了危害结果的发生。这包括两个方面:一方面,行为人必须采取了防止危害结果发生的一定措施;另一方面,行为人采取的措施必须实际防止了危害结果的发生。虽然行为人采取了防止危害结果发生的措施,但最终危害结果还是发生了,也不能成立犯罪中止。例如,行为人投毒使他人中毒后积极抢救被害人,但被害人经抢救无效死亡,就不成立犯罪中止。当然,行为人的积极抢救行为应当在量刑时加以考虑,但不能将其认定为犯罪中止。防止结果发生的有效性,是这类犯罪中止的必要条件。

(三) 犯罪中止的自动性

犯罪中止的自动性,是指无论放弃犯罪还是有效地防止犯罪结果发生,都是在行为人主观意志支配下进行的。这是犯罪中止成立的主观条件。

本来,实施直接故意犯罪的行为人主观上对自己行为会造成的危害结果抱着希望的态度,但在犯罪过程中,行为人的主观态度发生了变化,由希望发生危害结果变成了不希望发生危害结果。正是由于主观态度发生了这种根本性的变化，由主观态度支配之下实施的客观行为也发生了变化，即放弃正在实施的犯罪或者在行为实施完毕后有效地防止危害结果的发生。因此，犯罪中止形态完全是行为人按照自己的意愿自主抉择的结果，而不是任何外部力量阻碍干扰的结果。

正在实施直接故意犯罪的行为人在主观上发生变化并自动放弃犯罪或者有效地防止犯罪结果发生的原因是多种多样的，有的是出于真诚的悔悟，有的是基于对被害人的怜悯，有的是利益使然，有的是害怕受到惩罚，等等，无论何种原因，只要行为人在能够将犯罪进行下去的情况下自动放弃或在要发生危害结果的情况下有效地防止危害结果的发生，就具有犯罪中止的自动性。所谓能够将犯罪进行下去，一般是指行为人实施犯罪时并未受到任何外力的阻碍。

犯罪中止的自动性反映了犯罪中止主观恶性明显小于犯罪未遂的事实，是犯罪中止与犯罪未遂相区别的最根本的标志，也使二者之间存在不可兼容的排斥性。犯罪行为的停止和犯罪结果的未发生，究竟是基于行为人的本意还是其意志以外的原因？这需要在司法实践中准确地辨清。以下几种情况值得注意：(1) 有些行为表面上看似乎是行为人自动中止，但其实是行为人出于外力制约不得已而为之，如行为人盗窃时听见脚步声而停止其盗窃行为。这种情况是犯罪未遂而不是犯罪中止。(2) 有些危害结果没有发生，是行为人采取的措施与其他因素共同导致的，此时要看哪一种因素在先。例如，行为人投毒，在被害人中毒后将其送医院抢救，如果没有医院抢救，被害人不会得救；但如果行为人不将被害人送往医院，医院就不能及时抢救。行为人的措施在先，应认定犯罪中止。否则，是犯罪未遂，如行为人投毒后离开，被害人在中毒后自己挣扎着去了医院寻求抢救，行为人离开后良心发现，赶回去欲送被害人去医院，但被害人已经先走，行为人赶到医院时，医院已经在对被害人进行抢救，行为人遂尽其所能对被害人百般照顾。行为人的表现可在量刑时考虑，但不能构成犯罪中止，只能构成犯罪未遂。(3) 如果行为人采取措施与其他因素同时发生，只要行为人采取的措施具有防止结果发生的可能性，一般可以认定犯罪中止。例如，行为人投毒后，见被害人中毒的样子十分可怜，遂产生同情之心，由于在偏僻之地，既无电话又无汽车，行为人只好用其自行车送被害人上医院，恰在同时，一名旅游者用望远镜观察到被害人倒地痛苦的样子，遂用手机拨通了急救中心电话，后行为人在途中遇到了赶来的救护车，便转由救护车将被害人送往医院，及时的救治使被害人转危为安。这里，主观意愿与意志以外的因素同时存在，可以认定行为人犯罪中止。

三、中止犯的刑事责任

犯罪中止的行为人是中止犯。作为一个主客观因素相结合的犯罪形态概念，无论从主观因素来看，还是从客观因素来讲，犯罪中止都反映出在同样条件下比犯罪未遂和犯罪预备更轻的社会危害性，刑法也因此为中止犯规定了更轻的处罚原则。《刑法》第 24 条第 2 款规定："对于中止犯，没有造成损害的，应当免除处罚；造成损害的，应当减轻处罚。"对此规定，可做以下理解：

1. 对中止犯的处罚，依据"没有造成损害的"和"造成损害的"两种情况采取不同的处理原则，即没有造成损害的应当免除处罚，造成损害的应当减轻处罚。

2. 作为中止犯处罚条件的“损害”,并不是指行为人实施直接故意犯罪所追求的危害结果,而是这种危害结果之外的其他危害结果。如果发生了行为人追求的危害结果,就构成了犯罪既遂,而不可能是犯罪中止了。例如,行为人投毒杀人,被害人中毒后,行为人积极救助,使被害人免于死亡,这是犯罪中止,但中毒使被害人的身体健康受到了实质性的伤害,则是行为人犯罪目的之外的其他危害结果,属于这里的“损害”。

3. 中止犯的处罚条件和处罚原则之间的关系具有绝对的对应性,表现在两个方面:(1) 没有造成损害的,只能免除处罚;造成损害的,只能减轻处罚,没有选择的余地。(2) 无论免除处罚还是减轻处罚,都是“应当”,即必须,没有选择余地,而不像预备犯和未遂犯的处罚要求是“可以”。

4. 中止犯的处罚原则与处罚要求显示出比预备犯和未遂犯处罚更轻的取向。表现在:(1) 中止犯没有“从轻”,只有减轻和免除;(2) 中止犯的处罚必须减轻或免除;(3) 有关中止犯的处罚规定把最轻的处理放在前面,而不像预备犯和未遂犯那样把最重的处理放在前面。

5. 实行行为未实施终了和实行行为实施终了两种情况下的犯罪中止,只是在构成特征上有所不同,并不因此而有处罚上的区别。

拓展阅读

案例分析

争议问题

复习思考题

1. 刑法中研究故意犯罪过程中的犯罪形态有何意义?
2. 犯罪形态与犯罪阶段的区别何在? 怎样理解二者的关系?
3. 怎样认定行为人是否“着手”?
4. 犯罪未遂与犯罪中止有什么区别?

自测习题及参考答案

第六章　共同犯罪

重点提示：

共同犯罪的概念，共同犯罪的成立条件，共同犯罪的形式，主犯及其刑事责任，从犯及其刑事责任，胁从犯及其刑事责任，教唆犯及其刑事责任。

第一节　共同犯罪概述

一、共同犯罪的概念

在社会现实中，多数犯罪是单个人独自实施的。但是，两个或者两个以上的人基于共同故意而实施犯罪的现象也并不罕见，这种情况在刑法上被称为共同犯罪。

相对于单个人犯罪而言，共同犯罪是一类需要特别重视的复杂的犯罪现象。这不仅是因为数人在犯罪活动方面的协作使得共同犯罪比单个人犯罪具有更大的社会危害性，而且由于共同犯罪的结构即共同犯罪人的结合方式多种多样，不同结构的共同犯罪之间在社会危害性程度上也有着相当大的差异，需要予以揭示。另外，在共同犯罪内部，各共同犯罪人所处的地位和起的作用也不完全相同，因而应当予以区别对待。但是，刑法分则中各条款所规定的犯罪构成大多是以单个人独自犯罪为标准的，二人以上共同犯罪的，除极少数情况外，均不宜在分则条文中加以规定，以免过于烦琐。因此，各国刑法大多在刑法总则中规定共同犯罪，用以解决共同犯罪人的刑事责任问题，刑法理论上也一般都在刑法总论中专门研究共同犯罪问题。

尽管许多国家的刑法在总则中规定了共同犯罪，但由于语焉不详[①]等，学术界与司法实务对什么是共同犯罪的认识并不是完全一致的。就外国刑法理论而言，有两种观点值得特别注意：以牧野英一为代表的一些日本学者认为，数人共同实施犯罪的，即为共同犯罪；而苏联的一些学者则认为，共同犯罪是指几个人根据协议参加实施一个或几个犯罪的行为。[②]在本书看来，这两种见解都不可取，因为按照第一种主张，二人以上共同实施过失犯罪的，也属于共同犯罪；而依据第二种见解，则势必将没有事先协议的共同犯罪排除在共同犯罪的范围

① 如《日本刑法典》第60条仅规定了“二人以上共同实行犯罪的，都是正犯”，而没有明确指出什么是共同犯罪。参见《日本刑法典》，张明楷译，法律出版社1998年版，第11章。

② 参见李光灿、马克昌、罗平：《论共同犯罪》，中国政法大学出版社1987年版，第29~30页。

之外。可见,以上两种观点要么不适当地扩大了共同犯罪的范围,要么不恰当地缩小了共同犯罪的范围,因而都是不科学的。

我国《刑法》第 25 条第 1 款规定:“共同犯罪是指二人以上共同故意犯罪。”这一定义科学地概括了共同犯罪的内在属性和构造形态,正确界定了共同犯罪的存在范围,为有效惩治共同犯罪提供了确切的法律根据。

二、共同犯罪与犯罪构成的关系

共同犯罪与单个人犯罪一样,必须符合犯罪构成才能成立,即共同犯罪的行为人必须符合犯罪主体的要件,共同犯罪的故意必须符合犯罪主观方面故意的要求,共同犯罪的行为必须符合犯罪客观方面行为的要求,等等。如果其中任何一点不符合犯罪构成,就不能成立犯罪,自然也就谈不上共同犯罪的问题了。因此,绝大多数情况下,共同犯罪与单个人犯罪的区别不在于犯罪构成的要件,而在于符合犯罪构成要件的具体事实方面。换言之,共同犯罪并没有区别于单个人故意犯罪的独立的犯罪构成。例如,无论是适用于单个人故意杀人的事实还是适用于数人共同故意杀人的事实,作为法律规定的故意杀人罪的构成总是确定不变的,所不同的只是:单个人犯罪时以一人独自的故意与行为符合故意杀人罪的犯罪构成,而在共同犯罪时,则以二人以上的共同故意与共同行为符合故意杀人罪的犯罪构成。

需要讨论的是,共同犯罪是否应以符合同一犯罪的犯罪构成为前提?对此,国外刑法理论界也存在不同的见解。犯罪共同说与行为共同说是其中两种有代表性的观点。犯罪共同说认为,共同犯罪的实质在于数人共同实施刑法规定的特定的一种犯罪,因此,二人以上共同实施的行为符合同一特定犯罪的构成要件,即在罪名上完全相同时,才成立共同犯罪。行为共同说则认为,共同犯罪的共同性,并非仅仅限于同一特定犯罪,二人以上通过共同的行为来实现各自不同的意图,也可以成立共同犯罪。例如,在甲、乙二人分别以伤害的故意和杀人的故意共同加害于丙的场合,从犯罪共同说的观点出发就不能视为共同犯罪,只能分别以单个人犯罪定罪处理;而从行为共同说的立场上讲则完全可以成立共同犯罪,但定罪时仍然分别认定为故意伤害罪与故意杀人罪。

在本书看来,上述两种学说都有失偏颇。首先,根据我国的刑法理论,任何犯罪都必须是符合犯罪构成的行为,共同犯罪也是二人以上基于共同故意实施的符合犯罪构成的行为。换言之,共同犯罪必须以各共同犯罪人基于共同故意实施同一特定的犯罪为必要条件,实施不同犯罪的行为人之间,原则上不可能形成共同犯罪的关系。而所谓“同一特定的犯罪”,无非是指罪名相同,基本构成要件相同。从这一点出发,行为共同说是不符合我国犯罪构成理论的。其次,也不能否认,在二人以上基于各自不同的犯罪意图共同实施行为的场合,由于不同的犯罪意图之间内容上有可能重合,故于一定范围内仍然可以形成共同犯罪。所以,完全的犯罪共同说也未免过于绝对,而且在实践中采用这种学说很可能造成违背逻辑法则的重罪轻判结果。例如,甲教唆乙伤害丙,乙接受教唆后,在对丙实施加害过程中因遭遇丙的反抗而产生杀人的故意,结果将丙杀死。在这一场合,由于乙的行为符合故意杀人罪的构成而甲的行为只能成立故意伤害罪,按犯罪共同说不存在共同犯罪的关系,于是只能分别对甲、乙二人以单个人犯罪论处。然而,如果将甲、乙的行为完全割裂开来,作为纯粹的单个人犯罪看待,甲就成了被教唆人没有犯被教唆罪的教唆犯,而按《刑法》第 29 条第 2 款的规定，如果被教唆人没有犯被教唆罪的，对于教唆犯，可以从轻或者减轻处罚。很显然，在这种场合对甲适用上述从轻、减轻处罚的规定是非常不妥的，因为实际上甲的教唆行为不仅使被教唆人乙实施了被教唆的犯罪，而且其教唆行为导致了超出甲所期待的、更为严重的结果发生。故为了解决这一问题，必须承认甲、乙之间在一定范围内成立共同犯罪，从而避免不恰当地对甲适用《刑法》第 29 条第 2 款的规定。因此，本书认为，日本刑法理论上流行的“部分犯罪共同说”的见解值得借鉴。该说认为，二人以上虽然共同实施了不同的犯罪，但当这些不同的犯罪之间具有重合的部分时，则在重合的限度内成立共同犯罪。例如，在前述甲以伤害的故意而乙以杀人的故意共同加害于丙的场合，二者的行为虽成立不同的犯罪，但故意杀人罪与故意伤害罪的构成要件有重合的部分，即杀人的故意包含着伤害的意思，杀人行为也包括了伤害的行为，于是甲、乙二人在伤害的范围内有着共同的故意和共同的行为，所以在故意伤害罪这一罪名上成立共同犯罪。至于乙具有的超出伤害限度的杀人意图与行为，符合故意杀人罪的构成，则由其单独承担这一罪责。可见，“部分犯罪共同说”避免了完全的犯罪共同说与行为共同说的缺陷，颇为可取。实际上，我国在审理这类案件的司法实务中，一般也是对超出共同犯罪故意范围的过限行为（上述案例中乙的杀人行为），认定为由实行过限行为者独自承担责任，而对非过限部分的行为（上述案例中的故意伤害限度内的行为）按共同犯罪来处理。

第二节　共同犯罪的成立条件

共同犯罪的成立条件，即成立共同犯罪这一特殊的犯罪形态所必须具备的条件。根据我国刑法的规定，成立共同犯罪的必备条件有三个：主体必须是二人以上，客观上必须有共同犯罪行为，主观上必须有共同犯罪故意。这三个条件密切联系，缺一不可。

一、共同犯罪的主体条件——二人以上

根据《刑法》第 25 条第 1 款的规定，共同犯罪的主体必须是“二人以上”①。即成立共同犯罪，其主体至少应为两人，单个人犯罪无论如何不可能成立共同犯罪。至于“以上”到多少人，则并无限制。需要说明的是，这里的二人以上不是泛指一切人，而是指符合犯罪主体要件的人，即就自然人而言，必须是两个以上达到刑事责任年龄、具有刑事责任能力的人。此外，由于刑法规定单位可为某些犯罪的主体，因而在法律规定的范围内，两个以上的单位以及一个符合犯罪主体条件的自然人与另一个单位基于共同故意所实施的犯罪，也成立共同犯罪。

关于共同犯罪的主体，以下几点需要特别注意：(1) 两个已满 14 周岁不满 16 周岁的人或者一个已满 16 周岁的人与一个已满 14 周岁不满 16 周岁的人，共同故意实施《刑法》第 17 条第 2 款规定的犯罪的，或者两个已满 12 周岁不满 14 周岁的人或者一个已满 14 周岁的人与一个已满 12 周岁不满 14 周岁的人，共同实施《刑法》第 17 条第 3 款规定的应当追究刑事责任的行为的，才成立共同犯罪，实施其他行为的，不发生共同犯罪的问题。这是因

① 实际上，这只是就一般的共同犯罪而言的。根据《刑法》第 26 条的规定，成立有组织的共同犯罪即犯罪集团的人数最低不少于 3 人。

为已满 14 周岁不满 16 周岁的人同已满 12 周岁不满 14 周岁的人只能成为《刑法》第 17 条第 2、3 款规定的犯罪的主体，而相对于刑法规定的其他犯罪而言，他们仍属于未达到刑事责任年龄的人。(2) 一个已达到刑事责任年龄、具备刑事责任能力的人，利用没有达到刑事责任年龄或者没有刑事责任能力的人实施犯罪行为的，不成立共同犯罪，应对利用者按自己实施犯罪行为的情形来处理，而被利用者则不构成犯罪。此种情况在外国刑法理论中称为间接正犯或间接实行犯。我国刑法理论尚未普遍接受这一概念，但在我国社会现实中同样存在着这样的犯罪现象。例如，成年人指使未满 14 周岁的儿童盗窃，或者唆使因患有严重精神病而丧失刑事责任能力的人强奸女性，等等。在这种场合，利用者实际上是将儿童或者精神病患者当成自己实施犯罪的工具，故审判实践中对利用者以实行犯罪行为的人(实行犯)来定罪判刑，而没有作为共同犯罪来处理。(3) 不具有特定身份的人与具有特定身份的人共同故意实施以主体的特定身份为构成要件的犯罪时，成立共同犯罪。刑法中有些犯罪的主体为特殊主体，即要求行为人必须具有特定的身份才能构成本罪，如受贿罪的犯罪构成要求主体必须是国家工作人员，非国家工作人员不能构成受贿罪。但这只是针对单个人犯罪而言的。就共同犯罪而言，不具有特定身份的人完全可以成为以特定身份为犯罪主体要件之犯罪的共同犯罪人。例如，非国家工作人员李某与国家工作人员成某某相互勾结，共同受贿，最后审判机关认定李某与成某某构成受贿罪的共同犯罪。(4) 单位犯罪时，直接负责的主管人员及其他直接责任人员与该单位本身不成立共同犯罪，只能对犯罪的单位与其主管人员及其他直接责任人员从整体上认定为一个犯罪主体，而不能将单位犯罪与共同犯罪混为一谈。

二、共同犯罪的主观条件——共同犯罪故意

依据《刑法》第 25 条第 1 款的规定，成立共同犯罪，必须在主观上符合二人以上具有共同犯罪故意这一条件。共同犯罪故意包含两方面含义：一是各共同犯罪人均有相同的犯罪故意；二是共同犯罪人之间具有意思联络。

首先，共同犯罪故意是建立在单个人犯罪故意基础之上的罪过，即成立共同犯罪故意要求各共同犯罪人都明知自己所实施的共同犯罪行为的性质及其行为将会导致的危害社会的结果，并且希望或者放任这种危害结果的发生。由于共同犯罪的实质是二人以上共同实施同一特定犯罪，因此各共同犯罪人必须具有相同的犯罪故意。相同的犯罪故意是指各共同犯罪人均对同一犯罪或同几种犯罪(在共同犯数罪的场合)持有故意，不过这种相同仅指罪名意义上的相同，不要求各自故意的形式与具体内容完全一致。就故意的形式而言，各共同犯罪人均为直接故意、均为间接故意或者部分人为直接故意而另外的人为间接故意时，只要故意指向的罪名相同，皆可成立共同犯罪。从故意的具体内容讲，相同的犯罪故意只要求各共同犯罪人在故意的法定认识因素与意志因素上相同，而不要求具体内容上完全一致，即使各行为人故意的具体内容不完全相同，也不影响共同犯罪故意的存在。例如，教唆他人实施犯罪的人与接受教唆实行犯罪的人的故意在具体内容上就不完全相同，但这种差异不影响成立共同犯罪。

其次，共同犯罪故意是“知己知彼”的故意，即成立共同犯罪故意要求共同犯罪人于主观上相互沟通，彼此联络，具有互相配合的意思。当然，由于共同犯罪的复杂性，这种共同犯

罪人之间的意思联络在不同的共同犯罪中表现不同。一般而言，在规模较小的二人以上共同实行犯罪的场合，共同犯罪人之间的这种意思联络是明显的、直接的，各共同犯罪人都能“知己知彼”；而在共同犯罪规模较大特别是共同犯罪人之间存在分工的情况下，这种意思联络主要是指其他共同犯罪人与组织、领导、指挥共同犯罪的人或实行犯之间“知己知彼”，而不是指所有参加共同犯罪的人都必须毫无例外地相互直接沟通才能成立共同犯罪故意，在实际社会生活中，一些有组织共同犯罪的成员只是与组织、领导、指挥者或者实行犯单线联系，而相互之间互不相识，不相往来，甚至从没有见过面，似乎谈不上什么意思联络，但这并不影响他们相互之间成立共同犯罪，因为在这种场合他们实际上是以组织、领导、指挥者或者实行犯为纽带或中介进行意思联络的，只不过是联络的形式不同而已。

根据上述关于共同犯罪故意的要求，下列情况不属于共同犯罪：

1. 共同过失犯罪不成立共同犯罪。共同犯罪之所以比单个人犯罪具有更大的社会危害性，是因为它是基于共同故意结合成的犯罪活动的有机整体，而过失犯罪的特点决定了共同过失犯罪不可能具有共同犯罪所要求的整体性。因此，《刑法》第 25 条第 2 款明确规定：“二人以上共同过失犯罪，不以共同犯罪论处；应当负刑事责任的，按照他们所犯的罪分别处罚。”

2. 故意犯罪行为与过失犯罪行为之间不成立共同犯罪。如司法工作人员由于严重不负责任，致使在押的犯罪嫌疑人、被告人或者罪犯脱逃，造成严重后果的，司法工作人员的过失行为与脱逃者的故意行为在客观上虽有一定联系，但不是在共同故意支配下结合成的有机整体，因此不成立共同犯罪。这时应对失职的司法工作人员和脱逃的犯罪嫌疑人、被告人或罪犯分别定罪判刑。

3. 二人以上同时或先后故意实施性质相同的某种犯罪，且各自行为侵犯同一对象，但彼此间没有意思联络的，不成立共同犯罪。如甲、乙二人趁商店发生火灾之机，不约而同地到失火地点窃取财物。在这种情况下，由于行为人之间主观上不存在相互联络，因而不成立共同犯罪，各自只对自己的犯罪行为负刑事责任。

4. 二人以上共同实施没有重合内容的不同犯罪的，不成立共同犯罪。例如，甲、乙二人共雇一条船走私，甲走私毒品，乙走私淫秽物品。由于二人的故意内容及行为性质不符合同一犯罪的构成，分别成立走私毒品罪与走私淫秽物品罪，故不能成立共同犯罪。但是，如果甲、乙二人分别为对方的走私行为实施了帮助行为或者为共雇一条船走私而进行了共谋，则均可成为对方犯罪的共同犯罪人。

5. 超出共同故意之外的犯罪，不是共同犯罪。例如，甲教唆乙窃取丙女的财物，而乙除了实施盗窃行为外，还强奸了丙，但甲对乙的强奸行为毫不知情。在这种情况下，甲、乙二人只成立盗窃罪的共同犯罪，就强奸罪而言，只能由乙单独承担刑事责任。

6. 事前无通谋的窝藏、包庇行为及窝赃、销赃行为，不属于共同犯罪，应单独予以定罪处罚。但是，如果事前有通谋的，则应成立共同犯罪。所以，《刑法》第 310 条第 2 款就窝藏、包庇罪明确规定：“犯前款罪，事前通谋的，以共同犯罪论处。”

在共同犯罪故意方面，需要进一步加以研究的是，一方以与他人共同实施犯罪的意思参与犯罪而他人并不知情的，应如何处理？例如，甲明知乙正在追杀丙，但由于自己也与丙结怨很深，于是暗中设置障碍将丙绊倒，从而使乙顺利地杀死丙。对此能否适用共同犯罪的原理处理，中外刑法理论上都存在争议。有的认为应承认这种情况属于“片面共同犯罪”（简称片面共犯），即主张对“知己知彼”的一方按共同犯罪来处理，而对不知情的他方以单个人犯罪论处;有的则否认"片面共犯"的概念,主张对"知己知彼"的一方以间接实行犯论处。赞同"片面共犯"概念的见解中,在其成立的范围问题上也存在分歧,有的认为既存在片面的帮助犯也存在片面的教唆犯和片面的实行犯,有的认为不存在片面的实行犯而仅有片面的帮助犯与片面的教唆犯,也有人认为只有片面的帮助犯而不存在其他的片面共犯。[①] 本书认为,虽然片面实行犯和片面教唆犯的情况令人难以理解,但现实生活中的确存在片面帮助犯的情况。据此,本书比较倾向于赞成片面共同犯罪的提法,因为对暗中帮助他人犯罪的人依据共同犯罪的原理以从犯论处,比将其认定为间接实行犯要更合情理。这个问题还需要进一步的研究。

三、共同犯罪的客观条件——共同犯罪行为

根据《刑法》第 25 条第 1 款的规定,成立共同犯罪,客观上要求二人以上具有共同的犯罪行为。共同犯罪行为要求各共同犯罪人实施同一特定犯罪的行为,即无论各自具体行为的形式和行为人之间的分工如何不同,都指向同一罪名,都是符合同一犯罪构成的行为,在此基础上,各行为人的行为互相联系,彼此配合,形成一个统一的犯罪活动整体。具体而言,准确理解共同犯罪行为的含义,应从以下几个方面来把握:

1. 各行为人所实施的行为,必须都是犯罪行为,否则不符合共同犯罪的客观条件。这就要求每个行为人的行为必须具有社会危害性且其危害性达到了相当严重的程度。如果两个人的行为均非犯罪行为或者其中一人的行为不具有犯罪性,就谈不上共同犯罪行为。

2. 共同犯罪行为的形式可能是各式各样的,但只要指向同一罪名,就不失为共同犯罪行为。就行为形式而言,如前所述,危害行为的基本形式是作为与不作为两种。据此,共同犯罪行为可以表现为三种形式:(1) 共同的作为,如甲、乙二人共同抢劫丙的财物。(2) 共同的不作为,如负有赡养老人义务的甲、乙夫妻二人共同遗弃年老多病没有独立生活能力的父亲丙,致丙走投无路而自杀身亡。(3) 作为与不作为的结合,如某仓库保安人员甲与社会无业人员乙按事先约定,在甲值夜班时乙前去盗窃而甲佯装睡觉不予制止,然后两人瓜分乙盗窃的大量财物。

3. 就共同犯罪的分工而言,各共同犯罪人的具体行为可以表现为四种方式:(1) 实行行为,即实施符合犯罪构成客观要件的行为;(2) 组织行为,即组织、领导、策划、指挥共同犯罪的行为;(3) 教唆行为,即劝说、收买、威胁或者采用其他手段唆使他人故意实施犯罪的行为;(4) 帮助行为,即提供信息、犯罪工具及其他有利于完成犯罪的支持或者排除犯罪的障碍从而协助他人实施犯罪的行为。因此,作为整体的共同犯罪行为,既可以表现为行为人共同实施实行行为,也可以表现为有的实施实行行为而有的实施组织行为、教唆行为或帮助行为。这里需要讨论的问题是,仅参与共谋而未参与犯罪实行行为的,是否也成立共同犯罪?例如甲、乙二人共谋杀丙,相约次日晚到丙家一起动手,但届时乙未到场,结果甲一人下手将丙杀死。在这种情况下,甲、乙二人是否成立共同犯罪?对此我国刑法学界存在肯定说与否定说两种不同意见。[②] 本书赞同肯定说,因为如前所述,共同实行行为只是共同犯罪行为的一种

---

① 参见张明楷:《刑法学》,法律出版社 2003 年版,第 325~326 页。

② 参见张明楷:《刑法学》,法律出版社 2003 年版,第 329 页。

表现,共同犯罪行为还可以有其他表现。而共谋是指二人以上为了实施犯罪进行谋议,其内容可以是策划实施何种犯罪,也可以是商讨如何实施犯罪,还可以二者兼而有之。可见,共谋本身就属于共同犯罪行为,参与共谋至少是协助他人实施犯罪的帮助行为,故对虽未参与犯罪的实行但参与共谋的,也应当以共同犯罪论处。

4. 当共同犯罪是结果犯并发生危害结果时,共同犯罪行为作为一个整体而成为危害结果发生的原因,即属于共同犯罪行为这一整体的组成部分的每一个共同犯罪人的行为与危害结果之间都具有因果关系。详言之,共同犯罪中的因果关系,是两个以上的共同犯罪人的行为与危害结果之间的因果关系,与单个人犯罪中的因果关系相比有其特殊性。这种特殊性表现为:共同犯罪行为是围绕同一犯罪实施的相互配合、互为条件的犯罪活动整体,而正是这一行为整体导致了危害结果的发生,换言之,共同犯罪行为这一整体是危害结果发生的统一的原因,而每个共同犯罪人的行为都是危害结果发生原因的一部分。因此,对每一共同犯罪人的行为不应孤立地看待,而应当从共同犯罪行为整体上来考察,即不能仅就某一共同犯罪人的行为是否现实地引起危害结果的发生来确定其行为是否与危害结果之间存在因果关系。这是共同犯罪中因果关系特点的共性所在。不过,由于共同犯罪行为的表现方式不同,各种具体共同犯罪行为与危害结果之间的因果关系还具有各自的特性。

⑴ 在共同实行犯罪的情况下,由于各共同犯罪人共同实施相同的行为,共同指向同一犯罪目标,共同引起同一危害结果,因而应将他们的实行行为作为统一的整体来看待,以确定其对危害结果的发生是否具有原因力。一般而言,当共同犯罪人的实行行为共同导致危害结果发生时,每个人的实行行为与危害结果之间的因果关系是显而易见的。但是,即便共同犯罪人中只有一个人的实行行为引起危害结果的发生,其他人的实行行为对危害结果的发生没有起到实际的作用,也应当从整体上考虑认定他们的行为与危害结果之间存在因果关系。例如,甲、乙二人按照事先的谋划共同开枪杀丙,甲未射中丙而乙击中丙的头部致丙死亡。这时仍应认定甲、乙的行为与丙的死亡之间具有因果关系,二人均应对丙的死亡结果负故意杀人罪的刑事责任。

⑵ 在共同犯罪人之间存在分工的场合,即共同犯罪人中有的实施组织行为,有的实施教唆行为,有的实施实行行为,有的实施帮助行为的情况下,共同犯罪行为与危害结果之间的因果关系表现为:组织行为、教唆行为引起实行犯的犯罪决意及其实行行为,帮助行为加强实行犯的犯罪决意及有助于实行犯完成实行行为,而实行行为直接导致危害结果的发生,作为共同犯罪行为有机整体的组成部分的组织行为、教唆行为和帮助行为本身虽未直接引起危害结果的发生,但其通过实行行为与危害结果之间建立起因果关系。

第三节 共同犯罪的形式

一、共同犯罪形式的概念及研究意义

共同犯罪形式,是指二人以上共同犯罪的存在方式、结构框架或者共同犯罪人之间的结合形态。

不同的共同犯罪形式具有不同的特点和不同的社会危害程度，所以，刑法理论上一般采取依照一定的标准进行类型划分的方法来研究共同犯罪形式。对共同犯罪形式进行分类研究有助于从各种角度把握不同形式共同犯罪之间的区别；有助于认识各种形式的共同犯罪的性质及危害程度；有助于在定罪量刑时正确适用刑法，区别对待不同形式的共同犯罪以及不同的共同犯罪人。

二、共同犯罪形式的划分

我国刑法理论对共同犯罪形式一般有四种划分方法。

（一）任意的共同犯罪和必要的共同犯罪

这是根据共同犯罪能否任意形成而作的划分。

任意的共同犯罪，是指刑法分则规定单个人能够独自实施的犯罪由二人以上共同故意实施而形成的共同犯罪。例如故意杀人罪、抢劫罪、盗窃罪等，既可以由一人单独实施，也可以由二人以上共同实施，而当二人以上共同故意实施这些犯罪时，就是任意的共同犯罪。一般而言，刑法总则规定的共同犯罪及刑法总论部分研究的共同犯罪主要是任意的共同犯罪。对任意的共同犯罪，应当依照刑法分则的有关条文以及刑法总则关于共同犯罪的规定定罪量刑。

必要的共同犯罪，是指刑法分则明文规定必须由二人以上共同故意实施的犯罪。对这类共同犯罪通常直接根据刑法分则的规定定罪处刑。刑法理论上一般将必要的共同犯罪分为对向犯与平行犯两类。对向犯是指以存在二人以上相互对向性的行为为构成要件的犯罪，如重婚罪。应注意的是，上述场合，只有双方存在共同故意时，才成立必要共同犯罪，否则，只能追究其中一方的刑事责任。平行犯是指以多人实施指向同一目标的行为为构成要件的犯罪，在我国刑法中包括聚众性共同犯罪与集团性共同犯罪两种情况，前者如《刑法》第 317 条第 2 款规定的聚众持械劫狱罪，后者如《刑法》第 294 条第 1 款规定的组织、领导、参加黑社会性质组织罪。对必要的共同犯罪，应直接依照刑法分则的规定定罪处刑。

（二）事前通谋的共同犯罪与无事前通谋的共同犯罪

这是以共同犯罪故意形成的时间为标准划分的。

事前通谋的共同犯罪，是指各个共同犯罪人在着手实行犯罪之前已经形成共同犯罪故意，即已经就实行犯罪进行了策划和商议的共同犯罪。“通谋”一般是指二人以上为了实行特定的犯罪，以将各自的意思付诸实施为内容而进行商议。事前通谋的共同犯罪是一种比较常见的共同犯罪形式。

无事前通谋的共同犯罪，是指各共同犯罪人在着手实施犯罪时或者实施犯罪的过程中形成共同犯罪故意的共同犯罪。即在着手实施犯罪之前，各共同犯罪人并没有进行商议，其共同犯罪的故意是在开始实施犯罪之际或者在开始实施后才形成的。例如，甲拦路抢劫，被害人乙对甲实行正当防卫，在二人扭打时甲的熟人丙路过此地，甲呼喊丙帮助，于是甲、丙二人协力打伤了乙并抢走其财物。此案就属于无事前通谋的共同犯罪，甲、丙二人仍构成抢劫罪的共同犯罪。

一般而言,共同犯罪人在着手实行犯罪前进行通谋,更易于完成犯罪和逃避法律的制裁,因此,在其他方面没有差异的情况下,事前通谋的共同犯罪较无事前通谋的共同犯罪具有更大的社会危害性,裁量刑罚时应予以区别。

(三) 简单共同犯罪与复杂共同犯罪

这是以共同犯罪人之间有无分工为根据而作的划分。

简单共同犯罪,是指二人以上共同故意实行犯罪的共同犯罪。在这种情况下,各共同犯罪人都是实行犯(日本刑法中一般称正犯),故简单共同犯罪在理论上又称共同实行犯(共同正犯)。成立简单共同犯罪必须具备两个基本条件:(1) 二人以上有共同实行的意思,即各共同犯罪人不仅都具有实施犯罪实行行为的意思,还均具有相互利用、补充他方行为的意思。(2) 二人以上有共同实行犯罪的事实,即各共同犯罪人共同实施了符合某一具体犯罪的构成要件的行为。需要指出的是,不管作为整体来看还是分别而言,共同实行行为都具有实现犯罪的现实危险性。如果两个共同犯罪人中有一人实施的是对犯罪的实现没有现实危险性的其他行为(教唆行为或帮助行为),则不能成立简单共同犯罪。另外,还应当明确,共同实行并不意味共同实行犯的行为必须完全相同,即使各共同犯罪人的具体行为方式不完全一样,也可以成立简单共同犯罪。例如,甲、乙二人共同抢劫,甲持刀威胁被害人而乙动手夺取财物,或者二人相约杀害丙一家,甲用刀砍死丙,而乙用绳索勒死丙妻女,这些都不影响甲、乙二人成立简单共同犯罪。

在对简单共同犯罪追究刑事责任时应遵循以下几个原则:(1) 部分实行负全部结果责任原则。即各共同犯罪人应对共同实行的犯罪行为整体负责,而不是只对自己实行的犯罪行为负责。由于共同实行犯的各行为人实施的是相互利用、彼此补充他方的行为,各自的行为组合形成统一整体,因而即便某一行为人仅分担部分实行行为,也要对共同实行行为造成的全部结果承担责任。例如,甲、乙二人基于杀人的共同故意一起朝丙开枪射击,即使只是甲的一发子弹实际导致了丙的死亡,乙也应负故意杀人既遂的责任。(2) 区别对待原则。即在坚持部分实行负全部结果责任的前提下,对各共同实行犯应当按照其社会危害性的差异区别处理。首先,应根据各共同犯罪人在共同犯罪中所起的作用大小,分清主犯、从犯与胁从犯,依据刑法规定的处罚原则分别处置,下一节中将对此详细论述。其次,在共同犯罪人同为主犯时,各自行为的社会危害性程度仍可能不完全相同,对此也应给予充分考虑,从而区别不同情况,分别处以适当的刑罚。如前述甲、乙二人共同故意开枪杀丙而只有甲射出的子弹击中并致丙死亡的情况,假使二人在其他方面情节完全相同,对乙就可以比对甲的惩罚轻一些。(3) 罪责自负原则。即各共同犯罪人只能对基于共同故意实施的犯罪行为负责,对他人超出共同故意实施的其他犯罪行为则不应承担责任。

复杂的共同犯罪,是指各共同犯罪人之间存在不同分工的共同犯罪。其具体表现为:有的教唆他人产生犯罪故意并使该他人着手实行犯罪,有的帮助他人实行犯罪,有的直接实行犯罪,等等。由于这类共同犯罪中包含有实行犯、教唆犯与帮助犯等不同分工,各自的行为以及故意的具体内容均有差异,所以理论上称其为复杂的共同犯罪。根据我国刑法的规定,对复杂的共同犯罪,各共同犯罪人应按其在共同犯罪中所起作用的大小及其社会危害性程度,解决刑事责任问题。

（四）一般的共同犯罪与特殊的共同犯罪

这是根据共同犯罪有无组织形式进行的划分。

一般的共同犯罪，是指共同犯罪人之间不存在组织形式的共同犯罪。其特点是：⑴二人即可构成，不要求三人以上；⑵共同犯罪人之间的勾结是暂时的，往往是为了实施一个或数个犯罪而临时结伙，完成犯罪后即自动解散；⑶共同犯罪人之间没有组织性，没有明显的领导与被领导的关系。一般的共同犯罪，可以是事前通谋的共同犯罪，也可以是无事前通谋的共同犯罪；可以是简单的共同犯罪，也可以是复杂的共同犯罪。属于什么形式的共同犯罪，就按什么形式的共同犯罪处理。

特殊的共同犯罪，又称有组织的共同犯罪，是指各共同犯罪人之间建立起具有组织形式的共同犯罪。实施这类共同犯罪的组织，法律上称犯罪集团。《刑法》第26条第2款规定："三人以上为共同实施犯罪而组成的较为固定的犯罪组织，是犯罪集团。"据此，成立犯罪集团必须符合以下要求：⑴共同犯罪人在3人以上，即必须由3名以上达到刑事责任年龄、具备刑事责任能力的人构成犯罪集团。这里的3人以上包括3人在内。可见，犯罪集团的人数最少为3人，3人共同犯罪的，只能成立一般的共同犯罪。实际上。犯罪集团的人数少则四五人，多的达到十几人、几十人，只有3人是极个别的情况。⑵为共同实施犯罪而成立。犯罪集团总是以实施某一种或者某几种犯罪为目的而形成的，否则便不能成为犯罪集团。例如，对现实中几个人为了追求不健康的生活方式而结帮抱团，或者基于落后思想或因共同对某一事项不满而纠合在一起，但并非以实施犯罪为目的的，就不能认定为犯罪集团。如果其中有个别人背着其他同伴进行了犯罪活动，也只能对他们按照本人所实施的犯罪予以处理，而不能将这样的纠合认定为犯罪集团。⑶成立了较为固定的犯罪组织。犯罪组织即以犯罪为目标而形成的组织，而组织总是意味着其内部成员相互之间存在领导与被领导的关系。一般说来，犯罪组织中有起组织、策划、指挥作用的首要分子，也有普通成员，前者领导、指挥后者进行犯罪活动，后者服从前者的领导和指挥。当然，犯罪集团的性质不同，其组织的严密程度也不完全一样。按照其严密程度强弱来划分及排列，犯罪集团可分为黑社会组织、黑社会性质的组织与普通犯罪集团三种类型。根据我国刑法的规定，目前我国内地社会中只有普通犯罪集团与黑社会性质的组织两类，而不存在黑社会组织。至于要求必须是较为固定的组织，是指犯罪集团应当是以多次实施犯罪为目的而成立起来的，其组织体准备长期存在，并非以一次具体犯罪为目的而暂时纠合在一起，该具体犯罪实施完毕后即行散伙。应当强调的是，这里的较为固定，是就共同犯罪人特别是犯罪集团的组织者的主观意愿而言的，并不以该组织体事实上长期存在为必要。因此，只要查明共同犯罪人是以实施多次或不定次数的犯罪为目的而建立组织，即使只实施了一次特定的犯罪甚至还没有来得及实施特定犯罪活动，也成立犯罪集团。但是，如果共同实施多次或不定次数犯罪的目的并非事前通谋所确定，而是在共同实施犯罪过程中实际形成的，则必须存在至少两次以上的特定犯罪事实，才能将其认定为犯罪集团。从上述可见，由于犯罪集团的成员较多，且形成一个以首要分子为核心的、具有统一的意志和行动的整体力量，因而犯罪集团能够实施单个人或一般共同犯罪形式难以实施的重大犯罪，且犯罪集团的活动计划周密，易于得逞，犯罪之后也便于转移赃物、消灭罪迹，从而逃避侦查与打击，所以，犯罪集团是最严重的共同犯罪形式，历来是我国刑法惩办的重点。

在处理犯罪集团时，对刑法分则明确规定为必要共同犯罪的集团性共同犯罪，应当直接依照分则的有关规定处理；对分则中没有明文规定而任意形成的集团性共同犯罪，则应当依照刑法总则关于共同犯罪的规定，区别首要分子、首要分子以外的主犯、从犯和胁从犯，分别予以相应的处罚。

20 世纪 80 年代以来，“犯罪团伙”成为我国司法实践中频繁使用的一个概念，但对什么是犯罪团伙，认识上并不一致。有的认为犯罪团伙就是犯罪集团，有的认为犯罪团伙是介于一般共同犯罪与犯罪集团之间的共同犯罪形式，有的认为犯罪团伙是包括犯罪集团和一般共同犯罪的一个概念。本书赞同最后一种观点。由于我国刑法中只规定了犯罪集团与一般共同犯罪，并没有使用犯罪团伙的概念，而审判实践中对多人结伙犯罪的情况，或者认定为犯罪集团，或者按一般共同犯罪处理，因此一些学者提出“犯罪团伙”的概念不科学，应予以彻底摒弃。本书认为，在办理这类案件初期，由于侦查机关一时还无法确定共同犯罪的形式究竟是犯罪集团还是一般共同犯罪，使用犯罪团伙的概念也未尝不可。但因为这种犯罪团伙既可能属于犯罪集团，也可能最后被认定为一般共同犯罪形式，因此，在人民检察院的起诉书及人民法院的判决、裁定等法律文书中应避免使用“犯罪团伙”的表述。

第四节　共同犯罪人的分类及其刑事责任

一、共同犯罪人的分类概述

共同犯罪人的分类，是指按照一定的标准将共同犯罪人区分为各种不同的类型。世界各国对共同犯罪人的分类可以说是五花八门，但从分类的标准上看，各国的做法主要有两种：一种是以共同犯罪人在共同犯罪中的分工为标准，对其进行分类。在采用这种标准分类的国家中，有的实行二分法，如将共同犯罪人分为正犯与从犯两类；有的实行三分法，如将共同犯罪人分为正犯、教唆犯与从犯，或者将其分为实行犯、教唆犯与帮助犯；有的则实行四分法，如将共同犯罪人分为实行犯、组织犯、教唆犯与帮助犯。另一种做法是以共同犯罪人在共同犯罪中所起的作用为标准对其进行分类，如将共同犯罪人分为主犯和从犯两类，等等。

上述两种做法各有利弊。第一种分类法较为清楚地反映了各共同犯罪人在共同犯罪中的实际分工和彼此间联系的方式，便于清晰地把握共同犯罪的性质，但据此无法揭示各共同犯罪人在共同犯罪中所起的作用，从而不利于准确确定各自的刑事责任。第二种分类法较为明确地反映了各共同犯罪人在共同犯罪中所起的作用，便于对共同犯罪人准确裁量刑罚，恰当解决其刑事责任问题，但其不能全面反映各共同犯罪人在共同犯罪中的分工和相互间的联系方式，不利于对此罪与彼罪的区分。

由于作用分类法符合对共同犯罪人进行分类的根本意图，也契合我国的历史传统和司法实践经验，故我国刑法在共同犯罪人的分类上，主要是采用作用分类法。详言之，刑法总则在“共同犯罪”一节以各自所起的作用为标准将共同犯罪人分为主犯、从犯和胁从犯，同时考虑到以分工为标准形成的教唆犯的复杂性，也将其作为特殊的一类共同犯罪人而规定在胁从犯之后。如前所述，教唆犯与前三类共同犯罪人不属于并列关系，所以，我国刑法上的共同犯罪人虽有四种，实际上为两类：一类为主犯、从犯、胁从犯；另一类为教唆犯。[①] 换言之，我国刑法在共同犯罪人的分类上采取的是以作用分类法为主、以分工分类法为辅的混合标准。

二、主犯、从犯、胁从犯的特征及其刑事责任

（一）主犯的特征及其刑事责任

1. 主犯的特征及认定。《刑法》第 26 条第 1 款规定："组织、领导犯罪集团进行犯罪活动的或者在共同犯罪中起主要作用的，是主犯。"据此，主犯包括两种情况：一是组织、领导犯罪集团进行犯罪活动的犯罪分子；二是在共同犯罪中起主要作用的犯罪分子。

组织、领导犯罪集团进行犯罪活动的犯罪分子，即犯罪集团的首要分子。这种主犯具有以下两个特征：(1) 以犯罪集团的存在为前提条件。因为这种主犯只有在犯罪集团这一特殊的共同犯罪中才存在，故没有犯罪集团，也就没有这种主犯存在的空间。(2) 组织、领导犯罪集团进行犯罪活动。这通常表现为：负责组建犯罪集团，网罗犯罪集团成员，制定犯罪活动计划，布置犯罪任务，指挥犯罪集团的成员进行具体的犯罪活动，等等。由于这种主犯起着组建、领导犯罪集团及指挥犯罪集团成员进行犯罪活动的作用，因而是犯罪集团的核心，具有特别严重的社会危害性，是我国刑法重点打击的对象。需要说明的是，一个犯罪集团的首要分子，可能是一人，也可能不止一人，在司法实践中，应以事实为根据，依照刑法的规定具体确定。

至于在共同犯罪中起主要作用的犯罪分子，则是指犯罪集团首要分子以外的在共同犯罪中起主要作用的犯罪分子。具体包括：(1) 犯罪集团的骨干分子。这一部分犯罪人虽然在犯罪集团中不起组织、指挥作用，但是积极参与犯罪集团的活动，是犯罪集团的得力成员，因而也属于主犯。(2) 聚众共同犯罪中的首要分子以及其他在聚众性共同犯罪中起主要作用的犯罪分子。我国刑法中规定的聚众犯罪有三种：第一种是参与者均构成犯罪的情况，如《刑法》第 317 条第 2 款规定的聚众持械劫狱罪；第二种是聚众者和积极参加者构成犯罪，其他一般参加者不成立犯罪的情况，如《刑法》第 290 条规定的聚众扰乱社会秩序罪和聚众冲击国家机关罪、第 292 条第 1 款规定的聚众斗殴罪；第三种是只有聚众者即首要分子才能构成犯罪，其他参与者不成立犯罪的情况，如《刑法》第 291 条规定的聚众扰乱公共场所秩序、交通秩序罪。上述第一种聚众犯罪的首要分子以及积极参加者无疑都在这种共同犯罪中起主要作用，因而都属于主犯。第二种聚众犯罪中的聚众者即首要分子也属于主犯。第三种聚众犯罪中的聚众者或首要分子是否主犯，则应视案件情况而定。如果案件中的首要分子只有一人，则因为只有一个人的行为构成犯罪而不成立共同犯罪，也不发生认定主犯的问题；如果案件的首要分子为二人以上，则构成共同犯罪。这时应在首要分子之间对各自所起的作用进行比较，若数个首要分子均起主要作用，则皆为主犯，如果有的首要分子起主要作用，有的仅起次要作用，则只能将起主要作用的首要分子认定为主犯。(3) 在聚众犯罪以外的一般共同犯罪中起主要作用的犯罪分子，如一般共同犯罪中起主要作用的实行犯等。

认定主犯，除了应把握上述特征外，还应注意综合考虑以下几个方面的情况：(1) 实行共

① 参见高铭暄、马克昌主编：《刑法学》，北京大学出版社、高等教育出版社 2007 年版，第 188 页。

同犯罪前犯罪人的表现，如是否主动邀约他人犯罪，是否出谋划策等。(2) 实行共同犯罪过程中犯罪人的表现，如是积极主动地实施犯罪活动还是消极被动地参与实行犯罪；其行为是危害结果发生的主要原因还是次要原因等。(3) 共同犯罪完成后犯罪人的表现，如是否控制和支配赃款、赃物；是否组织、指挥逃跑或布置反侦查活动等。需要指出的是，共同犯罪的主犯可能是一人，也可能有数人，对此也要根据案件的具体情况依照刑法的规定加以确定。

2. 主犯的刑事责任。由于主犯分为两种不同的情况，因此，我国刑法对主犯的刑事责任也是按照其具体情况分别加以规定的。(1) 犯罪集团首要分子的刑事责任。《刑法》第26 条第 3 款规定："对组织、领导犯罪集团的首要分子，按照集团所犯的全部罪行处罚。" 据此，犯罪集团的首要分子不仅应对自己实施的犯罪负刑事责任，而且要对犯罪集团其他成员按照集团的预谋实施的犯罪承担刑事责任。当然，对犯罪集团其他成员实施的超出集团的预谋的其他犯罪，不能要求首要分子负刑事责任，而应由实施该犯罪的集团成员自己承担责任。(2) 犯罪集团首要分子之外的主犯的刑事责任。《刑法》第 26 条第 4 款规定："对于第三款规定以外的主犯，应当按照其所参与的或者组织、指挥的全部犯罪处罚。" 据此，对犯罪集团的骨干分子以及在聚众犯罪和一般共同犯罪中起主要作用的主犯，应分为两种情况来追究刑事责任：一是组织、指挥共同犯罪的，如聚众犯罪的首要分子，应按照其组织、指挥的全部犯罪追究其责任；二是没有进行组织、指挥活动但参与实行犯罪的，则应按照其所参与的犯罪追究其刑事责任。

需要指出的是，对必要共同犯罪中犯罪集团的首要分子和其他主犯，刑法分则均规定了相应的具体法定刑。例如，《刑法》第 294 条第 1 款规定，对组织、领导黑社会性质组织的首要分子处 7 年以上有期徒刑，并处没收财产；积极参加的，处 3 年以上 7 年以下有期徒刑，可以并处罚金或者没收财产。《刑法》第 317 条第 2 款规定，对聚众持械劫狱罪的首要分子和积极参加的人员，处 10 年以上有期徒刑或者无期徒刑，等等。对于这样的主犯，应直接按刑法分则的有关规定追究其刑事责任。

（二）从犯的特征及其刑事责任

1. 从犯的特征及认定。《刑法》第 27 条第 1 款规定："在共同犯罪中起次要或者辅助作用的，是从犯。" 据此，从犯由两类人构成：一类是在共同犯罪中起次要作用的犯罪分子，即对共同犯罪的形成与共同犯罪行为的实施、完成起次于主犯作用的犯罪分子，具体包括两种情况：一种是起次要作用的实行犯，如聚众持械劫狱罪首要分子和积极参加者之外的一般参加者；另一种是次要的教唆犯，如在共同教唆他人犯罪的行为中起次要作用的教唆者。另一类是共同犯罪中起辅助作用的犯罪分子，即为共同犯罪的实行提供方便、帮助创造条件的帮助犯，其行为一般表现为为实行犯提供犯罪工具，指示犯罪地点和犯罪对象，打探和传递有利于犯罪实施和完成的信息，或事前通谋事后窝藏实行犯或为其销赃、窝赃等。

从犯是相对于主犯而言的。主犯是共同犯罪中的核心人物，没有主犯就不可能成立共同犯罪。从犯通常只能依附于主犯而存在，故必须准确把握从犯的范围。认定从犯时，要根据行为人在共同犯罪中所处的地位、对共同故意形成所起的作用、实际参与的程度、具体行为的样式以及对危害结果的发生所起的作用等具体分析判断，看其是否在共同犯罪中起次要或辅助作用。

2. 从犯的刑事责任。《刑法》第 27 条第 2 款规定："对于从犯，应当从轻、减轻处罚或者免除处罚。”这是因为从犯在共同犯罪中所起的作用较主犯小，其人身危害性和行为的社会危害性没有主犯严重，对其理应宽大处理。至于对具体案件中的从犯是从轻处罚，还是减轻处罚，抑或是免除处罚，应根据共同犯罪的性质、情节以及从犯本人所起作用的程度予以确定。除《刑法》第 27 条第 2 款规定的处罚从犯的一般原则外，刑法分则的一些条文还明确规定了某些共同犯罪中从犯的法定刑。例如，《刑法》第 120 条规定，组织、领导恐怖活动组织的，处 10 年以上有期徒刑或者无期徒刑，并处没收财产；积极参加的，处 3 年以上 10 年以下有期徒刑，并处罚金；其他参加的，处 3 年以下有期徒刑、拘役、管制或者剥夺政治权利，可以并处罚金。再如，《刑法》第 294 条第 1 款规定，对组织、领导黑社会性质组织的，处 7 年以上有期徒刑，并处没收财产；对积极参加的，处 3 年以上 7 年以下有期徒刑，可以并处罚金或没收财产；其他参加的，处 3 年以下有期徒刑、拘役、管制或者剥夺政治权利，可以并处罚金。上述条文里的其他参加者，显然指的是共同犯罪中的从犯。对于这些从犯，就应直接按分则条文规定的法定刑处罚。

（三）胁从犯的特征及其刑事责任

1. 胁从犯的特征及认定。根据《刑法》第 28 条的规定，胁从犯是被胁迫参加犯罪的人，即在他人的威胁下并非完全自愿地参加共同犯罪，且在共同犯罪中起较小的作用（次于从犯作用）的共同犯罪人。将起较小的作用作为胁从犯的一个特征，虽非刑法的明文规定，却是对刑法条文进行解释所得出的合理结论。因此，行为人虽然起初被胁迫参加共同犯罪，但后来发生变化，积极主动实施犯罪行为，在共同犯罪中起主要作用或者次要但重于胁从犯作用的，则应分别按主犯或从犯论处。

在认定胁从犯时，应注意将其与下列两种人区别开：(1) 身体完全受到强制，彻底丧失了意志自由时实施某种行为的行为人。由于在这种情况下行为人主观上没有罪过，故不成立胁从犯。例如，铁路工作人员因被歹徒捆绑而不能修复遭歹徒破坏的铁轨，以致火车在运行时倾覆、毁坏的，不成立破坏交通设施罪的胁从犯。(2) 行为符合紧急避险条件的行为人。例如，民航飞机在飞行中突遭歹徒劫持，机长为保护机上乘客与飞机的安全，不得已将飞机开到歹徒指定地点降落，其行为就属于紧急避险，不成立劫持航空器罪的胁从犯。

2. 胁从犯的刑事责任。《刑法》第 28 条规定：“对于被胁迫参加犯罪的，应当按照他的犯罪情节减轻处罚或者免除处罚。”刑法之所以规定对胁从犯应当减轻或者免除处罚，是因为这类共同犯罪人在心理上不是完全自愿参加犯罪，主观恶性不仅小于主犯，而且小于从犯，客观上他们在共同犯罪中也只起到轻于主犯乃至轻于从犯的作用，因此其刑事责任在共同犯罪中也是最小的。至于在具体追究刑事责任时对胁从犯是减轻处罚还是免除处罚，要根据其犯罪情节来决定。这里的犯罪情节主要包括两个方面：一是行为人被胁迫的程度；二是行为人在共同犯罪中所起的作用。

三、教唆犯的特征及其刑事责任

（一）教唆犯的特征

根据《刑法》第 29 条的规定，教唆犯是故意唆使他人实施犯罪的人。教唆犯的主要特征如下：

1. 从主观方面看，行为人具有教唆他人犯罪的故意。即教唆犯在主观上必须是明知自己的教唆行为会使他人产生犯罪意图而实施犯罪，并且希望或者放任这种结果发生。可见，教唆的故意既可以是直接故意也可以是间接故意。不过需要说明的是，虽然从故意形式上讲，教唆犯的主观方面也可以是间接故意，但根据犯罪故意的理论，间接故意的教唆犯只是在被教唆人犯了被教唆的罪的场合即教唆人与被教唆人成立共同犯罪的情况下才能成立，因为间接故意意味着教唆行为人对被教唆的人实施被教唆的罪采取放任态度，故如果实际上没有发生这样的结果，就不能说行为人有教唆他人实施犯罪的间接故意。因此，在被教唆人没有犯教唆的罪的情况下，只有直接故意的教唆才具备教唆犯的主观特征。

2. 就客观方面讲，行为人实施了教唆他人犯罪的行为即教唆行为。在教唆行为实际上引起了被教唆人的犯罪故意，被教唆人进而实施被教唆的犯罪行为（包括犯罪预备行为）的情况下，实施了教唆行为的人与被教唆人成立共同犯罪，该教唆犯便属于共同犯罪中的教唆犯，简称共犯教唆犯。如果行为人虽然实施了教唆行为，但被教唆人没有犯被教唆的罪，则不发生共同犯罪问题，该教唆犯就属于非共同犯罪的教唆犯，简称独立教唆犯。另外，教唆行为必须是唆使他人实施具体犯罪的行为。唆使他人实施一般违法行为或者仅仅属于违反道德的行为的，不成立教唆犯；不以实施具体的犯罪为内容，而只是泛泛地劝他人去触犯刑法或实施刑法禁止的行为，也难以成立教唆犯。需要指出的是，这里的唆使他人实施具体的犯罪，是就犯罪性质而言的，不要求行为人就具体的犯罪时间、地点、方法、手段等作出指示。至于教唆行为的方式，则没有限制，既可以是口头教唆，也可以是书面教唆，还可以是以示意性动作如使眼色、打手势等进行教唆。教唆行为的具体方法也可以是多种多样的，如劝告、嘱咐、哀求、指示、引诱、怂恿、命令、威胁、强制等。但是这里的强制必须是有限度的，即没有使被教唆者失去选择的自由。如果强制达到一定的程度，使被教唆人完全失去意志自由，则不成立教唆犯，而属于实行犯。

3. 就教唆对象而言，行为人教唆的须是特定的达到刑事责任年龄、具有刑事责任能力且没有犯罪意图的人。首先，被教唆的人必须是符合犯罪主体条件的人，否则教唆者不成立教唆犯而属于间接实行犯。其次，被教唆人必须是没有犯罪意图的人，如果某人为已有犯罪意图的人出谋划策、打气壮胆，从而坚定其犯罪意图，使其实施犯罪的，属于帮助性质，也不成立教唆犯。最后，所教唆的对象必须是特定的少数人。如果所教唆的对象为不特定的人或者多数人，则为煽动行为，不成立教唆。需要说明的是，上述教唆对象方面的特点，是就教唆人的主观犯意而言的，即教唆犯必须意图以上述特定对象为教唆目标，故行为人将不具备犯罪主体条件的人误认为符合犯罪主体条件，或将已有犯罪意图的人误认为没有犯罪意图，而故意实施教唆行为的，仍然成立教唆犯。

（二）教唆犯的认定

根据我国刑法规定和司法实践经验，认定教唆犯时应注意以下问题：

1. 对教唆犯，一般应当依照他教唆的罪定罪，而不能笼统地定教唆罪。如教唆他人强奸的，定强奸罪；教唆他人抢劫的，定抢劫罪。如果被教唆人错误地理解了内容，实施了其他犯罪，或者在犯罪时超出了被教唆之罪的范围，教唆犯只对自己所教唆的犯罪承担刑事责任。被教唆的人没有犯被教唆的罪的，对教唆犯仍以其所教唆的罪定罪。

2. 当刑法分则条文将教唆他人实施特定犯罪的行为规定为独立犯罪时，对教唆人应依照分则条文规定的罪名定罪，不适用刑法总则关于教唆犯的规定。例如，为谋取不正当利益向国家工作人员行贿，而极力怂恿国家工作人员收受贿赂的，虽然按照总则规定，可以成为受贿行为的教唆犯，但由于《刑法》第 389 条将这种行为规定为独立的行贿罪，并为其配置了专门的刑罚，因此，对该行为只能按照《刑法》第 389 条的规定定罪判刑，而不能引用《刑法》第 29 条的规定将其认定为受贿罪的教唆犯。

3. 当教唆犯提示几种具体犯罪让被教唆人选择实施其中一种时，对其一般应按被教唆人所实施的犯罪定罪。例如，甲教唆乙对丙实施财产犯罪，言明使用盗窃、抢夺、诈骗方法均可，这时如果乙实施了盗窃罪，则对甲也定盗窃罪；如果乙实施了抢夺罪，则对甲亦定抢夺罪；倘若乙实施了诈骗罪，则对甲也应以诈骗罪论处。

（三）对教唆犯的处罚原则

《刑法》第 29 条对教唆犯规定了以下三个处罚原则：

1. 教唆他人犯罪的，应当按照他在共同犯罪中所起的作用处罚。这是就共犯教唆犯而言的。即如果教唆犯在共同犯罪中起主要作用，就以主犯论处；如果教唆犯在共同犯罪中起次要作用，则以从犯论处。需要指出的是，教唆犯在个别情况下，也可能是胁从犯，如因被胁迫而协助教唆他人犯罪的，应对教唆犯以胁从犯论处。

2. 教唆不满 18 周岁的人犯罪的，应当从重处罚。这是因为，选择不满 18 周岁的人作为教唆对象，本身就既说明行为人的主观恶性严重，又表明教唆行为的腐蚀性大，社会危害性严重，故理应从重处罚。此外，保护未成年人的健康成长，也是规定这一原则的重要理由之一。应当注意的是，对“教唆不满 18 周岁的人犯罪”这一规定，应结合上述教唆犯的对象特征及《刑法》第 17 条的规定进行理解。

3. 如果被教唆的人没有犯被教唆的罪，对于教唆犯，可以从轻或者减轻处罚。这种情况在刑法理论上称为教唆未遂。这里的“被教唆的人没有犯被教唆的罪”包括：被教唆的人拒绝教唆犯的教唆的；被教唆的人虽然接受教唆，但并没有实施犯罪行为的；被教唆人虽然接受教唆，但所犯之罪并非被教唆之罪，且二者间不存在部分重合关系的；被教唆的人实施犯罪并非教唆者的教唆行为所引起的，等等。在上述情况下，教唆犯之教唆行为的社会危害性比被教唆人已犯被教唆之罪的危害性要小一些，因此刑法规定对教唆犯可以从轻或者减轻处罚。

拓展阅读

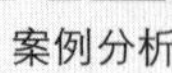
案例分析

争议问题

复习思考题

1. 什么是共同犯罪？共同犯罪的成立条件是什么？共同犯罪有哪些形式？

2. 什么是犯罪集团？它有哪些特征？

3. 什么是主犯？对主犯应如何追究刑事责任？

4. 什么是从犯？对从犯应如何追究刑事责任？什么是胁从犯？对胁从犯应如何追究刑事责任？

5. 什么是教唆犯？追究教唆犯的刑事责任应遵守哪些原则？

自测习题及参考答案

第七章　罪数

重点提示：

区分罪数的标准，继续犯，想象竞合犯，结果加重犯，连续犯，牵连犯，吸收犯。

第一节　罪数概述

一、区分罪数的意义

罪数即犯罪的个数，在刑法理论上指一罪与数罪的区别。行为人的行为构成一罪还是成立数罪，一般情况下不难区分。但是，由于犯罪现象千姿百态，法律规定错综复杂，导致有些犯罪形似数罪而实质上为一罪，或法律规定为一罪，或在审判实务中被作为一罪来处理。因此，罪数问题或者说一罪还是数罪的问题，并不是一个简单的问题，而是司法实践中常常会遇到的一个难题，也是刑法理论需要深入研究的一个基本问题。具体从刑事司法的角度上讲，研究罪数即解决一罪与数罪的区分问题，具有以下重要意义。

首先，有助于准确定罪。定罪准确是刑事审判活动最基本的要求之一。要做到准确定罪，先要查明行为人的行为是否构成犯罪、构成何种犯罪，还要确定成立一罪还是构成数罪。本来是一罪而认定为数罪，或者本来为数罪而认定为一罪，都可能导致定罪上的不准确。

其次，有助于恰当量刑。对犯罪裁量决定刑罚，必须考虑多方面的因素，罪数问题是影响刑罚裁量的重要因素，在量刑时不能不对其加以考量。一般而言，对一罪只能一罚，对数罪则应当并罚。如果错误地将一罪认定为数罪或者将数罪当成了一罪，就会导致不合理地加重或减轻行为人刑事责任的情况，造成量刑畸重畸轻的后果。此外，不同的一罪类型，基于构成特征上的原因，其量刑的原则也往往互不相同。如有的是从重处罚，有的是从一重处断，有的只作为一罪来处刑，有的则本为从一重处断而法律却作了另外的规定，等等。可见，如果不能正确区分一罪（包括属于何种类型的一罪）与数罪，就不能做到量刑适当。

再次，有助于正确适用刑法上的一些重要制度。在我国刑法中，有些一罪与数罪意义上的犯罪类型，如连续犯、继续犯、牵连犯等，与刑法的空间效力、时间效力、追诉时效等制度有着密切的关系，于是，只有准确区分一罪与数罪并准确认定各种罪数意义上的犯罪类型，才能正确运用上述制度。例如，根据《刑法》第89条规定，追诉时效的期限从犯罪之日起计算，犯罪行为有连续或者继续状态的，从犯罪行为终了之日起计算。因此，如果不能准确把握连续犯、继续犯等一罪类型，就会影响到追诉时效制度的正确适用。

最后，有利于刑事诉讼程序依法进行。在刑事诉讼中，犯罪发生地与案件的严重程度是决定诉讼管辖（地域管辖与级别管辖）的根据，确认某一案件为自诉案件还是公诉案件，则直接影响到应采取何种刑事审判程序，而确定犯罪发生地、案件的严重程度以及案件本身属于自诉案件还是公诉案件，往往要以对行为人的行为究竟是一罪还是数罪为前提。故如果不能准确地区分一罪与数罪，就很难正确执行法律所规定的刑事诉讼程序。

二、区分罪数的标准

罪数区分标准，指判断犯罪事实构成一罪还是成立数罪的根据。区分罪数应以什么为标准，各国刑法理论中存在不同的学说，认真分析这些学说的内容，对于我们正确掌握区分罪数的标准有着重要的意义。

（一）外国刑法理论中罪数区分标准的学说评析

1. 行为标准说。该说认为，犯罪的本质是行为，无行为则无犯罪，所以区分一罪与数罪自然应以行为的个数为标准。行为人实施了一个行为的，为一罪；实施了数个行为的，为数罪。基于对行为所持的观念的不同，该说又有自然行为说与法律行为说之分。前者主张，对这里的行为应从自然意义上来理解，据此，人的一个动作或举动就是一个行为。后者认为，犯罪行为是法律规定的，不同于自然意义上的行为，故应当依照法律上的观念来认定行为。从法律上讲，数个举动可能只是一个法律意义上的行为，如将枪支装上子弹、举枪瞄准、开枪射击而致被害人死亡，这一系列的动作或举动，只是一个杀人行为。由于犯罪行为只能根据法律评价来认定，所以自然行为说显然不妥。但即便从法律行为说的角度讲，这种完全以行为为标准的立场也并不可取。因为犯罪的成立必须符合刑法规定的一切主客观犯罪构成要件，而该说只片面地强调行为，对结果却不予考虑，犯罪主观方面的因素更不在其视野之内。因此，依行为标准说不可能准确地区分一罪与数罪。

2. 法益（结果）标准说。该说主张以行为侵犯法益（法律保护的利益）或者造成危害结果的数量为区分罪数的标准。持此说者认为，犯罪的本质是对法益的侵害或者威胁，而刑法之所以将某种行为规定为犯罪，就是为了保护法益免遭侵害，所以区分一罪与数罪应以侵害、威胁法益或者危害结果的个数为根据。侵害、威胁一个法益或发生一个结果的，是一罪；侵犯数个法益或者发生数个危害结果的，是数罪。至于法益个数的计算，则依其类型的不同而不同：国家法益与社会法益属公法益，系概括的法益，为单数；个人法益属私法益，分为人身专属法益与非专属法益两类，前者指生命、健康、人格等与人身不可分离的法益，其个数以法益持有人为标准计算；后者指动产、不动产等财产法益，其个数以财产监督者的个数为标准计算。由于法益（结果）标准说片面强调受侵犯法益或者造成危害结果的个数在区分罪数问题上的重要性，而忽略了其他构成要件对区分一罪与数罪的意义，因而为多数学者所不取。

3. 犯意标准说。此说认为犯罪是行为人主观上犯罪意思的外部表现，而行为只是行为人犯罪意思或主观恶性的表征，所以区分罪数应以犯罪意思为标准。行为人基于一个犯罪意思实施犯罪的,是一罪;基于数个犯罪意思实施犯罪的,为数罪。例如,行为人以一次杀两人的意思同时杀害两人的,成立一罪,但如果是杀害了一人以后又产生了犯意而杀害第二人的,则成立数罪。应当看到,犯意标准说注意到犯罪主观方面在罪数区分问题上的意义,有利于克服行为标准说与法益(结果)标准说的缺陷,但遗憾的是,该说又走向完全忽视犯罪的客观方面的另一极端。如前所述,犯罪是符合刑法规定的犯罪构成的行为,而犯罪构成是犯罪主观方面和客观方面要件的统一体,因此,仅仅以犯意作为判断罪数的标准,是不能正确地区分一罪与数罪的。

4. 构成要件标准说。该说认为,犯罪首先是符合构成要件的行为,如果不具备构成要件符合性就谈不上成立犯罪,所以区分罪数只能以构成要件为标准。在构成要件的评价中,若行为一次符合构成要件的,是一罪,若数次符合构成要件的,为数罪。此说在日本刑法理论界为通说。由于在大陆法系刑法理论中,构成要件包含着行为、结果或法益以及故意或过失等要素,因此以构成要件作为区分罪数的标准可以避免上述行为标准说、法益(结果)标准说和犯意标准说的片面性。但此说仍然存在着缺陷,因为在他们的犯罪论体系中,构成要件符合性只是犯罪成立的条件之一,行为成立犯罪,除了要具备构成要件符合性外,还必须具备违法性和责任,否则也不成其为犯罪。行为符合构成要件的次数并不等于犯罪的个数,故以构成要件为标准也同样不能准确地将一罪与数罪加以区分。不过,在如何解决判断罪数的问题上,该说还是为我国学者提供了重要的启示。

(二) 我国刑法学界在罪数区分标准上的主流观点

在全面评析了外国刑法理论中关于罪数判断标准的基础上,我国刑法理论界一般认为,行为所符合或具备的犯罪构成个数,是区分一罪与数罪的原则标准。换言之,行为人的行为符合一个犯罪构成的,是一罪;行为具备数个犯罪构成的,为数罪。我国刑法学界的通说主张以犯罪构成作为区分一罪与数罪的标准,主要有以下几点理由:

1. 这一标准在罪数区分问题上贯彻了罪刑法定原则。如前所述,罪刑法定原则的首要要求是犯罪与刑罚必须由刑法明文规定,而为了体现罪刑法定原则,我国刑法总则和分则全面地规定了构成犯罪的要件即每一种犯罪的犯罪构成。因此,体现罪刑法定原则的犯罪构成既是认定单个犯罪的准绳,也是解决罪数问题即区分一罪与数罪的标准;而且,坚持以犯罪构成作为判断一罪与数罪的标准,有利于罪数认定问题上的统一性和公正性,从而避免随意性和擅断性,是在罪数判定问题上严格司法的表现和处理公平的保障。总之,在一罪与数罪的区分方面坚持以犯罪构成为标准,是罪刑法定原则在罪数领域的具体体现。

2. 这一标准在罪数区分问题上贯彻了主客观相统一的原则。我国刑法理论认为,由于犯罪行为是行为人在危害社会的罪过(故意或过失)心理支配下实施的危害社会的行为,故在认定犯罪和追究刑事责任时都必须坚持主客观相统一的原则。而主张以犯罪构成作为区分一罪与数罪的标准,正是认定罪数时坚持主客观相统一原则的具体体现。这是因为,我国刑法中的犯罪构成坚持主客观相统一,即任何一种犯罪的构成都是由一定的客观要件和主观要件有机结合而成的。因此,运用犯罪构成来区分一罪与数罪,既为解决罪数问题提供了符合犯罪自身规律的可靠的标准,也使主客观相统一原则在罪数领域得到了具体贯彻落实。

3. 这一标准在罪数区分问题上贯彻了犯罪构成理论。犯罪构成理论是我国刑法学的核心理论，它贯穿刑法学关于犯罪问题的各个领域，如在故意犯罪形态、共同犯罪以及刑法分则理论各章，无不以犯罪构成理论为基石，罪数领域当然也不能例外。以犯罪构成作为判断罪数的标准，不仅是犯罪构成理论作为刑法学核心理论的要求，也是发展、完善罪数理论的需要。因为任何一种罪数类型，无论是一罪的类型还是数罪的类型，都具有其客观要件和主观要件，都是主客观要件的统一。所以，只有以主客观相统一的犯罪构成为标准，才能正确区分各种一罪与数罪，才能使犯罪构成理论在罪数领域得到充分的贯彻。

需要指出的是，在坚持以犯罪构成作为区分一罪与数罪标准的同时，我们也必须意识到，在有些复杂的情况下仅仅依靠犯罪构成仍然无法确切区分一罪和数罪，牵连犯就属于这种情况，故我国刑法依据罪责刑相适应的原则对有的牵连犯规定数罪并罚，而对其他一些牵连犯则按一罪处理。因此，在区分一罪与数罪时，原则上应以犯罪构成为标准，但同时应考虑刑法有无特别规定，刑法中有特别规定的，必须依照刑法的规定来处理。

三、罪数的类型

综观世界各国的刑事立法和刑法理论，罪数不外乎一罪与数罪两种类型。但实际情况并非如此简单。究竟何为一罪、何为数罪，不仅不同国家的刑法规定不同，学术上见解不一，即便在同一国家的立法中和理论上也不是完全一致的。以我国为例，如前所述，刑法对牵连犯在有些情况下规定为数罪，在其他情况下则未作这样的规定而要求或者默许审判机关对其按一罪处理，刑法理论上对一罪与数罪各自的范围和种类也多有不同意见。[①] 一般而言，我国刑法学界的通说是将一罪分为三类：(1) 实质的一罪，即一行为被刑法规定为一罪或者作为一罪处理的情况，具体包括继续犯、想象竞合犯与结果加重犯三种；(2) 法定的一罪，即数行为被刑法规定为一罪的情况，具体包括结合犯与惯犯两种；(3) 处断的一罪，即数行为在处理时作为一罪的情况，具体包括连续犯、牵连犯和吸收犯三种。而在数罪类型的问题上，晚近出版的一些教科书各有各的说法，目前还很难断言哪一种见解取得了通说的地位。

本书认为，实际上一罪从大的方面应该被分为单纯的一罪与复杂的一罪两类。单纯的一罪，是指以一个犯意支配实施的一个行为所构成的犯罪。上述实质的一罪、法定的一罪及处断的一罪不过是对复杂的一罪的再分类。当然，无论从实质上讲还是就形式上看，单纯的一罪都不会与数罪相混淆，且其内容在前面各章节中已经被讨论，在罪数的类型中完全可以不再涉及。因此，从解决实际问题的角度讲，我国刑法学界关于一罪类型的通说基本上是可取的。本书下面拟按这一分类具体论述各种一罪的形态，但在法定一罪中将根据现行刑法的规定以集合犯的概念取代惯犯的概念。至于数罪的类型划分问题，本书认为应主要从合并处罚的意义上来考虑，故本章中不再具体讨论这一问题。

---

① 参见吴振兴：《罪数形态论》，中国检察出版社 1996 年版，第 35 页以下；赵秉志主编：《新刑法教程》，中国人民大学出版社 1997 年版，第 226~246 页；张明楷：《刑法学》，法律出版社 2003 年版，第 364 页。

第二节　实质的一罪

一、继续犯

（一）继续犯的概念与特征

继续犯,也称持续犯,是指作用于同一对象的一个犯罪行为从着手实行到实行终了,犯罪行为与不法状态在一定时间内同时处于继续状态的犯罪。非法拘禁罪是典型的继续犯。继续犯具有以下特征:

1. 只有一个犯罪行为。继续犯之所以为一个犯罪行为,是因为在主观上,继续犯支配行为的犯意只有一个,并且这种犯意贯穿实行行为始终;在客观上,继续犯自始至终只有一个实行行为,并不因实行行为持续时间的长短而改变,而且即使行为地发生变化,仍然是一个实行行为。例如行为人第一天将被害人拘禁于甲地,第二天转移拘禁于乙地,第三天再转移拘禁于丙地。尽管此案中拘禁地一再转移,但非法拘禁行为并未间断,仍然是一个非法拘禁行为,而不是数个非法拘禁行为。如果不是只有一个行为,就不是继续犯。例如某人在 10 天之内连续在夜间盗窃 8 户人家的大量财物,是连续数行为,应构成连续犯,而不是继续犯。继续犯可以由作为构成,如非法拘禁罪中的非法拘禁,就是以作为的形式实施的;也可以由不作为构成,如遗弃罪的遗弃,即负有扶养义务而拒绝扶养,就表现为不作为的形式。

2. 持续地作用于同一对象。继续犯持续作用的只能是同一对象。例如行为人非法拘禁某甲 1 月有余,在持续非法拘禁行为一个多月的时间里,非法拘禁的对象始终只是某甲。但如果第一天非法拘禁某甲,第二天非法拘禁某乙,第三天又非法拘禁某丙,则因三天中非法拘禁的对象不同而构成数个非法拘禁罪,不能认定为一个继续犯。

3. 犯罪行为与不法状态同时继续。这是构成继续犯的重要条件,也是继续犯与其他有关情况相区别的显著特征。这一特征包括如下含义:首先,犯罪行为必须具有继续性,即犯罪行为从着手实行到行为终了在时间上有一个过程。在这个过程中实行行为一直处于不间断进行的状态。其次,犯罪行为所引起的不法状态必须具有继续性。所谓不法状态,是指犯罪实行行为使客体遭受侵害的状态。这种不法状态不是很快即告消失,而是在时间上处于继续存在的状态。最后,犯罪行为与不法状态同时处于持续的过程中,而不只是犯罪行为的继续或者不法状态的继续。如果只是犯罪行为所造成的不法状态处于持续之中,而犯罪行为一经实行即告完成,并不处于继续状态,就不是继续犯。例如,行为人实施盗窃后占有赃物,是不法状态的继续,但盗窃罪并不是继续犯。因为作为盗窃罪构成要件的盗窃行为已经结束。而非法拘禁罪在行为人将被害人非法拘禁期间,既是非法拘禁行为的继续,同时也是非法拘禁不法状态的继续,所以是继续犯。

4. 从着手实行时起到实行终了时止持续了一定时间。具有时间上的持续性,是继续犯的又一特征,没有一定的时间过程,就谈不上是犯罪行为和不法状态的继续,从而也就不构成继续犯。例如,行为人将被害人非法拘禁一瞬间,就不构成非法拘禁罪。至于构成继续犯的时间持续应以多长时间为准,法律并没有明确规定,应当根据犯罪的性质和情节具体分析和认定。

以上四个特征只有同时具备,才能构成继续犯。

(二) 继续犯与类似情况的区别

1. 继续犯与状态犯的区别。状态犯,指犯罪既遂后,其实行行为所造成的不法状态处于持续之中的犯罪形态。就不法状态处于持续之中来看,状态犯与继续犯颇为相似。二者的主要区别是:(1) 继续犯的不法状态从犯罪实行那一刻即告发生,并一直存在于犯罪行为终止以前的整个犯罪过程中;状态犯的不法状态则发生于犯罪行为终止之后,即此时犯罪过程已经结束。(2) 继续犯是犯罪行为与不法状态同时继续;状态犯则只是不法状态的继续,而不存在犯罪行为的继续。例如前述的盗窃罪,盗窃犯占有赃物,只是不法状态的继续,而盗窃行为已经结束,因而盗窃罪属于状态犯,而不是继续犯。

2. 继续犯与即成犯的区别。即成犯,指犯罪行为实行终了,犯罪即告完成的犯罪形态,如强奸罪。即成犯与继续犯的主要区别在于:继续犯以犯罪行为和不法状态在一定时间内继续为要件,而即成犯在犯罪构成要件上没有时间的要求。例如故意伤害罪,可能一刀致人重伤,也可能将被害人持续殴打了两个小时造成重伤。后一种情况下行为人实行犯罪行为时间较为长一些,但这里的时长不是故意伤害罪的构成要件。

3. 继续犯与接续犯的区别。接续犯,指行为人在同一时机以性质相同的数个举动接连不断地完成一个犯罪行为的形态。其主要特征有两点:(1) 在同一时机实施,即在相接近的时间或场所内侵害同一犯罪的直接客体;(2) 接连不断地实施性质相同的数个举动。这要求必须有数个举动,且数个举动必须性质相同并接连不断地发生。例如,行为人意图杀死被害人,每次下少量毒药,经多次下毒后致被害人死亡。这种情形的杀人,就是接续犯。接续犯与继续犯的区别主要在于:接续犯是数个相同的举动组成一个犯罪行为,但没有犯罪行为和不法状态的同时继续;而继续犯则是犯罪行为和不法状态同时处于继续状态。

(三) 继续犯的处罚原则

由于刑法分则对属于继续犯的犯罪设立专条加以规定,并配置有相应的法定刑,所以对继续犯应依据刑法规定以一罪论处,不实行数罪并罚。但继续犯持续时间的长短在裁量刑罚时应作为量刑情节加以考虑。例如,一般而言,对非法拘禁他人达数月之久的继续犯在量刑时应重于非法拘禁他人一两个星期的继续犯。

二、想象竞合犯

(一) 想象竞合犯的概念与特征

想象竞合犯,也称想象的数罪、观念的竞合,是指一个行为触犯数个罪名的犯罪形态。例如开一枪,打死了甲,又打伤了乙,这就是想象竞合犯。我国刑法没有明文规定想象竞合

犯,但这一概念在刑法理论上一直是被承认的,并为司法实践所普遍接受。想象竞合犯具有如下特征:

1. 行为人只实施了一个行为。这是构成想象竞合犯的前提条件,如果实施了数个行为,则不可能构成想象竞合犯。所谓一个行为,是指在社会生活的意义上被评价为一个行为。这里所说的行为不单单是狭义的行为,也指包括结果在内的广义的行为。如上例所说的开一枪打死一人并打伤另一人的情形,即一个发生了一死一伤两个结果的行为。想象竞合犯的一行为通常是作为,但也可以是不作为。从实际情况看,想象竞争合犯可能是一个故意行为,如在国家保护的名胜古迹游览地区开枪射击,打死一人,并且损毁了名胜古迹且情节严重;也可能是一个过失行为,如某甲擦枪,不慎走火,打死一人,重伤另一人;还可能是实施一个行为但主观上出于故意的同时存在过失,如行为人意图杀害某甲,担心伤害了站在某甲旁边的某乙,遂转移位置,选择不易伤害到某乙的角度向某甲射击,结果由于枪法不准,还是将某乙打成重伤,而某甲则幸免于难,这里行为人的行为对某甲而言是出于故意,对某乙则是基于过失。

2. 一个行为触犯了数个罪名。想象的竞合犯只能是一个行为触犯数个罪名,触犯一个罪名的,不属于想象的竞合,但如果数个行为触犯数个罪名,也非想象竞合犯。所谓一个行为触犯数个罪名,是指一个行为在形式上或外观上同时符合刑法规定的数个犯罪构成,如上述故意在名胜古迹游览地区开枪射击而打死一人并损毁名胜古迹情节严重的例子,就是一个行为同时符合故意杀人罪与故意损毁名胜古迹罪两个犯罪构成因而触犯这两个罪名的情况。至于数个罪名是否必须不同,刑法理论上还有争议。本书认为,想象竞合犯只能是一个行为触犯不同的数个罪名,触犯数个相同罪名的,不成立想象竞合犯。因为只有数个不同的罪名,才是数个罪名;数个相同的罪名,例如数个故意杀人罪,罪名仍然只是一个,也就谈不上是想象的竞合犯。并且承认想象的竞合犯,目的在于解决当行为触犯数个罪名时应按哪一个罪名定罪量刑的问题。一行为触犯数个相同罪名时,在确定行为的罪名上不会发生疑问,因而将它作为想象竞合犯,对审判工作没有实际意义。事实上,在我国的审判实践中,对于一个行为触犯数个相同罪名的情形,例如行为人杀死被害人一家三人,只是以故意杀人罪从重处罚,并未按照想象竞合犯来处理。

(二) 想象竞合犯的处罚原则

对想象竞合犯,我国刑法理论界主张按“从一重处断”原则处理,即依照行为触犯的数个罪名中法定刑较重的犯罪定罪处刑,而不实行数罪并罚。《刑法》第 133 条之一肯定了这一原则,该条第 1 款和第 2 款规定了危险驾驶罪,第 3 款规定:“有前两款行为,同时构成其他犯罪的,依照处罚较重的规定定罪处罚。”如果在道路上驾驶机动车追逐竞驶,情节恶劣的,或者在道路上醉酒驾驶机动车,严重超载或严重超速,或者违反规定运输危险化学品,未造成人员伤亡严重后果的,应该按照《刑法》第 133 条之一第 1 款的规定,以危险驾驶罪定罪处罚;但如果其危险驾驶行为造成了危害公共安全的严重后果的,应该按照《刑法》第 115 条定罪处罚。本书认为,这一处罚原则不仅适用于本条款规定的犯罪,对其他想象竞合犯同样适用。但是,如果刑法另有规定的,则应当依照规定处理。

(三) 想象竞合犯与法规竞合的区别

想象竞合犯与法规竞合有相同之处,容易混淆,必须加以区别。法规竞合,或称法条竞合,指行为人实施一个犯罪行为同时触犯数个在犯罪构成上具有包容(完全的或部分的)关系的刑法规范,但只适用其中一个刑法规范的情况。这里的实施一个犯罪行为,指基于一个罪过实施一个危害社会的行为。数个刑法规范表现为不同法律中规定的数个刑法规范或者同一法律中不同条款规定的不同罪刑规范。不同刑法规范规定了不同的犯罪构成,同时触犯数个刑法规范,亦即行为在形式上同时符合数个犯罪构成,因而触犯数个罪名。但是这里的数个犯罪构成之间在法律上具有包容关系,即一个犯罪构成在法律上为另一个犯罪构成所包括,所以实质上行为只符合一个犯罪构成,因而只适用其中一个刑法规范论处。例如,某甲出于抢劫枪支、弹药的故意,实行了抢劫枪支、弹药的行为,在触犯了《刑法》第 127 条第 2 款规定的抢劫枪支、弹药罪的同时也符合《刑法》第 263 条规定的在内容上能包容抢劫枪支、弹药罪的抢劫罪,但对某甲实际上只应依《刑法》第 127 条第 2 款的规定以抢劫枪支、弹药罪论处。法规竞合时适用法律的原则是:(1) 特别法优于普通法。(2) 重法优于轻法。如前述关于抢劫枪支、弹药罪和抢劫罪的两条规定,后者是普通法,相对于后者而言,前者是特别法。因此,依照特别法优于普通法的原则,对抢劫枪支、弹药的行为,应适用《刑法》第 127 条第 2 款的规定,按抢劫枪支、弹药罪论处。再如,根据《刑法》第 149 条第 2 款的规定,生产销售第 141 条至第 148 条所列的特殊伪劣产品,构成各该条所规定的犯罪,同时又构成第 140 条规定的生产、销售伪劣产品罪的,依照处罚较重的规定定罪处罚,这便是法规竞合情况下重法优于轻法的立法例。

想象竞合犯与法规竞合都实施了一个行为,都触犯了数个罪名。二者的区别在于:(1) 法规竞合时的一个行为,只是出于一个罪过,并且只产生一个结果;想象竞合犯中的一个行为,往往出于数个罪过产生数个结果,如开一枪打死一人,并严重损毁了国家保护的名胜古迹,只能是想象竞合犯,而不可能是法规竞合。(2) 法规竞合,是由于法规的错综复杂规定即法律条文在内容上存在的包容或部分包容关系,以致一个犯罪行为触犯数个刑法规范;想象竞合犯则是由犯罪的事实特征所导致,即出于数个罪过或产生数个结果,以致一行为触犯数罪名。(3) 法规竞合时,一行为触犯的数个刑法规范之间存在此一规范规定的犯罪构成包容另一规范规定的犯罪构成的关系;想象竞合犯中,一行为触犯的规定数个罪名的法条不存在犯罪构成之间的包容关系。(4) 法规竞合的情况下,在竞合的数法规中,仅仅一法规可以适用于该行为,其法律适用问题,依照特别法优于普通法或重法优于轻法的原则来解决;想象竞合犯的场合,竞合的数法规均可以适用于该行为,其法律适用问题,依照“从一重处断”的原则解决。

三、结果加重犯

(一) 结果加重犯的概念与特征

结果加重犯,也称加重结果犯,是指实施基本犯罪行为,但由于发生了基本犯罪构成以外的重结果,因而刑法规定加重刑罚的犯罪形态。例如,《刑法》第 260 条第 1 款和第 2 款规定:犯虐待罪,处 2 年以下有期徒刑、拘役或者管制;致被害人重伤、死亡的,处 2 年以上 7 年以下有期徒刑。这里的虐待致人重伤或死亡的情形,就是结果加重犯。结果加重犯的特征如下:

1. 实施了基本犯罪行为。基本犯罪行为是结果加重犯存在的前提,没有基本犯罪行为就不会有结果加重犯。需要研究的是,这里的基本犯罪是否仅限于结果犯(即以危害结果为犯罪构成要件的犯罪)?是否必须是故意犯罪?对这两个问题,刑法理论上均有不同见解。关于第一个问题,本书认为,这里的基本犯罪不以结果犯为限,即便所实施的不是以危害结果为犯罪构成要件的犯罪行为,也可以成立结果加重犯。例如,《刑法》第 238 条第 1 款规定的非法拘禁罪的基本犯罪不是结果犯,但非法拘禁致人重伤、死亡的,同样成立本罪的结果加重犯。至于第二个问题,本书认为,对结果加重犯的基本犯罪没有理由限定为故意犯罪,从我国刑法规定来看,也存在对基本犯罪持过失罪过的结果加重犯。例如,《刑法》第 136 条规定的危险物品肇事罪以及第 137 条规定的工程重大安全事故罪等,都是过失犯罪,实施这些基本犯罪为过失犯罪的行为造成特别严重后果的,也成立结果加重犯。

2. 产生了基本犯罪构成以外的重结果。构成结果加重犯,发生重结果为其不可缺少的条件,并且重结果必须由基本犯罪的犯罪行为所引起,即重结果与基本犯罪行为之间必须具有因果关系,否则,不构成结果加重犯。例如,甲殴打乙致伤,乙住院治疗时,因病房失火被烧死,这种场合,甲只构成故意伤害罪,而不成立故意伤害致人死亡这一结果加重犯。对此,刑法理论上意见一致。但是,在行为人对这种重结果的罪过形式仅限于过失还是既可以出于过失又可以出于故意的问题上,则有不同看法。本书认为,根据我国刑法的规定,在某些结果加重犯中,行为人对重结果的发生只能出于过失,如故意伤害致人死亡这种结果加重犯,行为人对他人死亡的结果就只能出于过失,否则应成立故意杀人罪,而不是故意伤害罪的结果加重犯;而在其他一些结果加重犯中,行为人对重结果的发生则既可以出于过失,也可以出于故意,如抢劫致人重伤、死亡这种结果加重犯。

3. 刑法就严重结果规定加重法定刑。这里的加重法定刑,是相对于基本犯罪的法定刑而言的,即结果加重犯的法定刑高于基本犯罪的法定刑。虽然行为人实施了基本犯罪行为并由此产生了超出成立基本犯罪要求的严重结果,但刑法并没有对其单独规定较重法定刑的,就不是结果加重犯。例如,《刑法》第 247 条规定,刑讯逼供致人伤残、死亡的,依照刑法关于故意伤害罪、故意杀人罪的规定定罪从重处罚。这种情况就不属于刑讯逼供罪的结果加重犯。

(二) 结果加重犯的罪名确定与处罚原则

由于结果加重犯仅有一个犯罪行为,因而从犯罪构成角度分析,结果加重犯依然属于一罪。在有些国家,结果加重犯一般成立不同于基本犯罪罪名的独立罪名,如抢劫致人死亡的,认定为抢劫致死罪;强奸致人死亡的,则认定为强奸致死罪。但根据我国的刑事立法与司法实践,结果加重犯的罪名与基本犯罪的罪名并无区别。例如,在上述两种情况下,我国仍分别确定为抢劫罪与强奸罪。

在刑罚方面,由于刑法对结果加重犯规定了比基本犯罪要重的法定刑,所以对结果加重犯应当依照刑法的规定,在较重的法定刑幅度内量刑。

第三节　法定的一罪

一、结合犯

（一）结合犯的概念与特征

结合犯，是指数个各自独立的犯罪行为，根据刑法的明文规定，结合成为另一个独立的新罪的犯罪类型。例如，《日本刑法典》第 241 条规定的强盗强奸罪就是典型的结合犯。结合犯具有如下特征：

1. 结合犯所结合的数罪，原为刑法规定的数个独立犯罪。这里所说的独立犯罪，指不依附其他犯罪而符合独立的犯罪构成的行为。并且数个独立的犯罪，是数个罪名不同的犯罪。如上例所举的强盗强奸罪是由强盗罪和强奸罪相结合而成，强盗罪和强奸罪就是刑法规定的各自独立的罪名不同的犯罪。

2. 结合犯是将数个独立的犯罪，结合成另一个独立的新罪。刑法之所以通过结合犯的形式将数个犯罪结合在一起，往往是由于数个犯罪行为之间具有一定的牵连关系，或者是因为两种犯罪往往同时发生。结合数罪成为一个新罪有两种方式。如果用公式表述，一为甲罪 + 乙罪 = 甲乙罪，如前面所例举的强盗罪 + 强奸罪 = 强盗强奸罪。这种方式在结合犯中比较常见。二为甲罪 + 乙罪 = 丙罪，这种方式在结合犯中比较少见。

3. 数个独立的犯罪结合成一个独立的新罪，是基于刑法的明文规定。虽有数罪的结合，如果刑法没有明文规定结合为新罪，而是作为基本犯罪的加重情节或加重结果，那就不是结合犯，而是情节加重犯或结果加重犯。例如，我国《刑法》第 263 条规定的犯抢劫罪而致人重伤、死亡的情况就不是结合犯，而是抢劫罪的结果加重犯。

（二）结合犯的处罚原则

一般认为，我国刑法中没有结合犯的规定。因此，这里只就其他国家对结合犯的处罚原则略作介绍。在日本，由于结合犯是刑法将原来的数罪结合成一个新罪，并规定相应的法定刑，故对其应当依照刑法规定的新罪一罪论处，而不按原来的数罪规定实行数罪并罚。

二、集合犯

（一）集合犯的概念与特征

集合犯，是指行为人以犯不定次数的同种犯罪为目的，实施了数个性质相同的犯罪行为，刑法规定作为一罪论处的犯罪形态。对集合犯，日本刑法理论进行了深入的研究。日本学者前田雅英指出："集合犯是构成要件本身预想有数个同种类的行为。例如常习犯的场合，常习赌博者即使实施数次赌博行为，也只能构成常习赌博一罪。又如营业犯的场合，即使反复实施未经准许的医业行为,仍不过成立未经准许医业罪一罪。”[①] 我国刑法理论以往对集合犯缺乏研究,而将有关问题纳入惯犯概念中讨论。考虑到 1997 年《刑法》取消了惯犯的概念且新增加了一些营业犯的规定,因此这里借鉴国外刑法理论,对集合犯的问题加以论述。一般而言,集合犯具有如下特征:

1. 行为人以实施不定次数的同种犯罪行为为目的。这是集合犯主观方面的特征。之所以将集合犯的主观目的归纳为实施不定次数的同种犯罪行为,是因为实际中的集合犯均不是意图实施一次犯罪即行结束,而是预期实施不定次数的同种犯罪行为。例如,《刑法》第 336 条第 1 款规定的非法行医罪,行为人就是意图实施不定次数的非法行医行为。据此,主观上明确以实施一次行为为目的的,不能认定为集合犯。

2. 通常实施了数个性质相同的犯罪行为。集合犯不仅在主观上具有实施不定次数的同种犯罪行为的意图,而且在客观上通常也实施了数个性质相同的犯罪行为,如多次实施非法行医行为,以赌博为业,等等。这里之所以使用“通常”这一修饰词,是因为虽然在大多数情况下集合犯都实施了多个性质相同的犯罪行为,但也有例外,如非法行医的行为人即便只是一次非法行医,只要有造成就诊人身体健康遭受严重损害等严重情节,也成立非法行医罪。

3. 必须由刑法明文规定。集合犯是法定的一罪,只有在刑法将可能被反复实施的数个性质相同的犯罪行为规定为一罪的场合,才会有集合犯存在。而正因为刑法将可能被反复实施的数个性质相同的犯罪行为规定为一罪,才导致行为人虽然实施了数个同种犯罪行为但在法律上仍然受一罪评价。例如前述非法行医罪,由于《刑法》第 336 条第 1 款规定的构成要件包括了可能被反复实施的数个非法行医行为,所以无论行为人实施了多少次非法行医行为,都只成立一罪。需要说明的是,集合犯与前面提到的继续犯以及后面将要论述的连续犯有相似之处。从犯罪行为于时间上可能具有一定的过程性来看,集合犯与继续犯较为近似,区别在于:集合犯在多数情况下是由数个性质相同的犯罪行为组成,且行为之间存在时间上的间隔,所以通常而言系数行为因法律的规定而成立一罪;继续犯则是单一行为处于不间断的持续之中,故因其属一行为而成立实质的一罪。就数个性质相同的行为成立一罪来讲,集合犯又与连续犯颇为近似,但集合犯是数个性质相同的行为因刑法的规定而构成一罪,即法定的一罪;连续犯则表现为连续实施的数个性质相同的行为均独立构成犯罪,即实质为数罪而只是作为一罪来处理,所以属于处断上的一罪。

(二) 集合犯的种类

根据我国刑法的规定并参考日本刑法理论的研究,本书认为,现行刑法中的集合犯可分为两种情况:一种是常业犯,另一种是营业犯。

1. 常业犯。即以一定的行为为常业的犯罪。详言之,常业犯是指行为人意图实施多次性质相同的犯罪行为,而法律也规定了以反复实施同种犯罪行为为构成要件的犯罪。就这种集合犯而言,实施一次行为的,还不能成立犯罪,只有反复实施性质相同的行为,才能构成

---

① [日]前田雅英:《刑法总论讲义》,东京大学出版社 1996 年版,第 537 页。

该罪。例如，我国《刑法》第 303 条第 1 款规定的因“以赌博为业”而构成的赌博罪，如果行为人只是偶尔参与赌博，而不以赌博为业，则不成立赌博罪。

2. 营业犯。这是指意图以反复实施一定的行为为业的犯罪。它与常业犯的区别在于：就常业犯而言，仅仅实施了一次不能成立犯罪，必须反复实施性质相同的行为才构成犯罪；而对于营业犯来说，只要意图以反复实施某种犯罪行为为业，即便实际上只实施了一次犯罪行为，同样可以构成犯罪。例如，根据《刑法》第 363 条第 1 款对制作、复制、出版、贩卖、传播淫秽物品牟利罪的规定，只要行为人在牟利目的的驱使下意图反复实施制作、复制、出版、贩卖或者传播淫秽物品行为的，即使实际上仅实施了一次这种行为，也可能构成该种犯罪。

（三）集合犯的处罚原则

由于集合犯属于法定的一罪，刑法分则中明文规定对其以一罪论处。因而对构成集合犯的，无论行为人实施了多少次性质相同的犯罪行为，均应认定为一罪并在法律明文规定的相应量刑幅度内予以处罚，不能数罪并罚。

第四节　处断的一罪

一、连续犯

（一）连续犯的概念与特征

连续犯，是指基于同一或者概括的犯罪故意，连续实施性质相同的独立成立犯罪的数个行为，触犯同一罪名的情况。连续犯具有如下特征：

1. 必须实施性质相同的独立成罪的数个行为。这是连续犯成立的前提条件，只实施一个行为的，不可能成立连续犯。例如，行为人以数个举动完成犯罪，而数个举动仅构成一个行为，就不是连续犯，而是前面所提到的接续犯。同时，数个行为必须独立成罪，即各个行为都独立具备犯罪构成要件，连续犯才可能成立。如果数个行为由刑法规定作为一罪论处的，也不是连续犯。并且数个行为还必须是性质相同的，如实施数个行为，都是杀人行为，构成杀人罪的连续犯。如果实施的数个行为性质不同，例如一次实施盗窃行为，另一次实施强奸行为，自不发生连续犯问题。

2. 数个行为必须基于同一的或概括的犯罪故意。同一的犯罪故意，指行为人预计实施数次同种犯罪的故意，每次实施的具体犯罪都明确地包含在行为人的故意内容之中。概括的犯罪故意，指尽管每次实施的具体犯罪并非都明确地包含在行为人的故意内容之中，但行为人概括地具有实施数次同一犯罪的故意。例如，某甲与某乙有仇，蓄意报复某乙，准备对某乙及其家人造成伤害，除了明确伤害某乙之外，对其家属中其他人进行伤害只有概括的故意而并无明确的目标。随后，某甲伤害了某乙的儿子，后来又伤害了某乙，不久又伤害了某乙的母亲，这就是基于概括的故意构成的故意伤害罪的连续犯。

3. 性质相同、独立成罪的数个行为必须具有连续性。这是成立连续犯的重要条件。独立成罪的数个行为之间,如果不具有连续性,则只能成立各自独立的数罪,而不构成连续犯。数个犯罪行为具有连续性,表现为数个行为的性质相同、手段类似和在时间上具有连贯性。例如,前后两次都实施抢劫行为,但一次以暴力相威胁,另一次实施暴力,这就是数个行为的性质相同、手段类似;如果一次实施盗窃,另一次实施抢劫,行为性质不同,就谈不上数个行为的连续性。在时间上具有连贯性,是指数个犯罪行为在时间上没有发生前后被隔断的情况。例如,某甲在国道上抢劫旅客,一月内接连作案四次,最后一次被抓获。这里数次抢劫行为就具有时间上的连贯性。如果前罪已被判决,服刑期间脱逃后再犯性质相同之罪,这时数个犯罪行为之间,在时间上就由于被刑事判决所隔断而不具有连贯性,因而不能按连续犯处理。

4. 数个行为必须触犯同一罪名。需要指出的是,这里的同一罪名是指具体罪名,即刑法分则所规定的具体犯罪的罪名而非类罪名。此外,只要能为同一具体罪名所涵盖,即便数行为各自呈现为不同的形态或具有不同的犯罪情节,甚至属于由其他罪转化为本罪的,都应被视为触犯同一罪名。例如,数个抢劫行为中,第一次为既遂,第二次为未遂,第三次为教唆抢劫,第四次为实行抢劫并致人重伤、死亡,第五次为《刑法》第 269 条规定的按抢劫罪定罪处刑的转化情形,这五次行为虽然相互间存在诸多差别,但都符合抢劫罪这一罪名,所以就触犯同一罪名这一意义上讲,可以成为连续犯。

(二) 连续犯的处罚原则

一般而言,对连续犯应按照一罪处断,不实行数罪并罚。具体讲,对连续犯的处理,应当按照不同情况,在认定为一罪的基础上,依据刑法的有关规定分别从重处罚或者按加重犯的量刑档次处罚:

1. 刑法规定只有一个量刑档次,或者虽有两个量刑档次但无加重犯的量刑档次的,应按照一个罪名从重处罚。例如,《刑法》第 262 条规定的拐骗儿童罪就只有一个量刑档次,对拐骗儿童罪的连续犯,只能在这个量刑档次内从重处罚。又如,《刑法》第 232 条规定的故意杀人罪,虽有两个量刑档次,但无加重犯的量刑档次,对故意杀人罪的连续犯,只能在该罪的基本犯的量刑档次内从重处罚。

2. 刑法对多次实施某种犯罪明文规定了重于基本犯的量刑档次的,应对符合这种情况的连续犯,依照该加重犯的量刑档次处罚。例如,《刑法》第 293 条第 1 款对一般寻衅滋事犯罪行为规定的法定刑为 5 年以下有期徒刑、拘役或者管制;第 2 款对"纠集他人多次实施前款行为,严重破坏社会秩序的"寻衅滋事行为明文规定了重于第 1 款所规定之一般的寻衅滋事犯罪行为的量刑档次。因此,对于纠集他人连续三次以上寻衅滋事,严重破坏社会秩序的,应该依照《刑法》第 293 条第 2 款的规定量刑处罚。

3. 刑法对多次实施某种犯罪虽然没有明文规定相应量刑档次,但对其中"情节严重"或"情节特别严重"的情形分别规定了不同的量刑档次。在这种情况下,对连续犯应依照相对应的量刑档次处罚。例如,《刑法》第 267 条第 1 款对抢夺罪按基本犯、情节严重和情节特别严重分为三个量刑档次加以规定,因而对抢夺罪的连续犯,应根据连续实施抢夺犯罪次数的多少,依据刑法的规定,按相应的量刑档次裁量决定刑罚。

需要指出的是,以上关于连续犯的处罚原则是就审判结束之前所认定的事实而言的,如果行为人连续犯罪的事实中,有一次或者数次犯罪行为在其服刑期间才被发现,则应作为漏罪单独定罪量刑，然后按照刑法关于数罪并罚的规定合并执行刑罚。

二、牵连犯

（一）牵连犯的概念与特征

牵连犯，是指基于一定目的实施某种犯罪，其方法行为或结果行为又触犯其他罪名的犯罪类型。这一类型包括两种情况：一种如以伪造国家机关公文的方法（方法行为）骗取公私财物（目的行为），分别触犯了伪造国家机关公文罪和诈骗罪。另一种如为防身而秘密窃取枪支、弹药（原因行为），得逞后又伪造持枪证（结果行为）的，分别触犯了盗窃枪支、弹药罪以及伪造国家机关证件罪。牵连犯具有以下特征：

1. 以实施一个犯罪为目的。目的行为是牵连犯的本罪，为了实施本罪，其方法行为或结果行为又构成了另一独立的犯罪，即他罪。他罪是为了本罪目的的实现而实施的。如果行为人不是以实施一个犯罪为目的，而是出于实施数个犯罪的目的，并在这样目的支配下实施了数个犯罪，则不成立牵连犯。

2. 具有数个（两个以上的）行为。这是牵连犯与只有一个行为的想象竞合犯的重要区别。如前面举例所示，牵连犯的数个行为之间的关系表现为两种方式：一是目的行为与方法行为（或称手段行为）的关系；二是原因行为与结果行为的关系。这里的目的行为与原因行为都是指本罪，只不过是在与方法行为相对应时，称目的行为；在与结果行为相对应时，则称原因行为。需要指出的是，这里的方法行为或结果行为都是指目的行为或者原因行为之外的行为（如前面例子中的伪造公文行为与伪造国家机关证件行为就分别是诈骗行为和盗窃枪支、弹药行为之外的行为），而不是目的行为或原因行为本身的方法或者结果，否则就不是数个行为，而仅仅是一个行为了。如果只有一个行为，那是无论如何也不可能成立牵连犯的。

3. 数个行为之间具有牵连关系。我国刑法理论上一般认为，判断行为人实施的数行为之间是否存在着牵连关系，应当从主客观两方面考察。即行为人在主观上具有牵连的意思，数行为间在客观上又具有通常的目的与方法或原因与结果关系的，才能认为是有牵连关系。行为人主观上不具有牵连的意思，或者数行为间在一般人看来不具有目的与方法或原因与结果关系的，则不能认为是牵连犯。

4. 数个行为分别触犯了不同的罪名。如果数行为触犯的是同一罪名，则不成立牵连犯。例如，甲、乙两人为盗窃某仓库财物，先盗窃他人一辆客货两用车，然后再用该车将所盗窃仓库的财物运走。这两个行为就因同属于盗窃性质即触犯了相同罪名而不成立牵连犯。

（二）牵连犯的处罚原则

对牵连犯如何处理，我国刑法总则没有规定。刑法理论上一般主张，对牵连犯的处理不实行数罪并罚，而应“从一重处断”，即按照数罪中最重的一个罪所规定的刑罚处理，在该最重的罪所规定的法定刑范围内酌情确定执行的刑罚。本书认为，这应当成为对牵连犯处罚的一般原则。

但需要指出的是，我国刑法分则对某些具体犯罪的牵连犯的处理作了特别规定，而且其规定的情况不一:有的规定从一重处断,有的规定从一重后再从重处罚;有的对牵连犯规定了独立的法定刑,还有的对牵连犯规定实行数罪并罚。对这些就如何处理牵连犯的问题,刑法分则条款作了特别规定的,只能按照刑法分则有关条款的规定处理。例如,《刑法》第198条第2款规定,投保人、被保险人故意造成财产损失的保险事故,骗取保险金,或投保人、受益人故意造成被保险人死亡、伤残或者疾病,骗取保险金,同时构成其他犯罪的,依照数罪并罚的规定处罚。对这样的牵连犯就应根据刑法规定,依照保险诈骗罪和行为人所实施的方法行为构成的犯罪分别定罪,然后实行数罪并罚。

三、吸收犯

(一) 吸收犯的概念与特征

吸收犯,是指数个犯罪行为,其中一个犯罪行为吸收其他的犯罪行为,仅成立吸收的犯罪行为一个罪名的犯罪形态。例如,非法制造枪支、弹药,事后藏于家中。前一行为构成非法制造枪支、弹药罪,后一行为构成私藏枪支、弹药罪。由于前一犯罪行为吸收了后一犯罪行为,故仅仅成立非法制造枪支、弹药罪,私藏枪支、弹药罪因被吸收而不再独立被认定为犯罪。吸收犯的特征如下:

1. 必须具有数个犯罪行为。这是吸收犯成立的前提。因为吸收犯的特点是一个行为吸收其他行为,如果没有数个行为,就谈不上吸收与被吸收的问题,从而也就无所谓吸收犯了。同时,吸收犯的数个行为还必须都是犯罪行为,即每个行为都符合刑法规定的犯罪构成,如果数个行为中只有一个是犯罪行为,其余的是违法行为,也不可能构成吸收犯。综上,吸收犯是数个犯罪行为,这是吸收犯与想象竞合犯的主要区别之所在。如前所述,想象竞合犯是一行为触犯数罪名,而吸收犯则是数行为触犯数罪名。

2. 数个行为之间必须具有吸收关系。这是吸收犯成立的关键。如果数个犯罪行为之间不存在一个犯罪行为吸收其他犯罪行为的关系,也就不可能成立吸收犯。所谓吸收,即一个行为包容其他行为,只成立一个行为构成的犯罪,其他行为构成的犯罪失去存在的意义,不再予以定罪。一个犯罪行为之所以能够吸收其他犯罪行为,是因为这些犯罪行为通常属于实施某种犯罪的同一过程,彼此之间存在着密切的联系。例如,前一犯罪行为可能是后一犯罪行为发展的所经阶段,或后一犯罪行为可能是前一犯罪行为发展的自然结果,或者在实施犯罪过程中数个行为之间具有其他密切关系。一般认为,吸收关系有如下三种:(1) 重行为吸收轻行为。这里所说的行为的轻重,主要是根据行为的性质判断的:重行为在行为的性质上较轻行为严重,前后的行为有轻重之别时,轻行为应为重行为所吸收。例如前述的非法制造枪支、弹药,事后藏于家中的情况,这里的私藏是非法制造的自然结果,非法制造行为在性质上重于私藏行为,所以非法制造枪支、弹药行为吸收私藏枪支、弹药行为,行为人只成立非法制造枪支、弹药罪。(2) 实行行为吸收预备行为。预备行为是实行行为的先行阶段,尽管并非每种具体犯罪都有预备行为,但是许多犯罪往往是经过预备然后转入实行行为的。在这种情况下,预备行为为实行行为所吸收,仅依实行行为所构成的犯罪定罪。例如,为了使用伪造的金融票证诈骗财物,自己先伪造汇票,之后使用伪造的汇票诈骗大量财物。这里的伪造汇票是票据诈骗罪的预备行为,本身又触犯了伪造金融票证罪,其后的使用伪造的汇票诈骗财物的行为是实行行为，触犯了票据诈骗罪，根据实行行为吸收预备行为的原理，对这种情况仅依票据诈骗罪定罪处刑，而不再追究行为人伪造金融票证罪的刑事责任。(3) 主行为吸收从行为。主行为和从行为，是根据共同犯罪人在共同犯罪中的分工或作用来区分的。在我国对共同犯罪人分类规定的情况下，主犯或教唆犯的行为属主行为，从犯的行为是从行为。据此，先教唆他人犯罪，后又帮助他人犯罪的，帮助行为为教唆行为所吸收，应以教唆犯罪论处。

（二）吸收犯的处罚原则

我国刑法理论界一致认为，对吸收犯，应依照吸收行为所构成的犯罪处罚，不实行数罪并罚。我国司法实践中在追究吸收犯的刑事责任时也是按照这一原则来操作的。

拓展阅读

案例分析

复习思考题

1. 区分罪数的标准是什么？
2. 什么是继续犯？继续犯与状态犯、即成犯、接续犯有什么不同？
3. 什么是想象竞合犯？想象竞合犯与法规竞合有什么区别？
4. 结果加重犯有哪些特征？
5. 什么是集合犯？集合犯有哪些类型？
6. 处断的一罪有哪几种类型？各具有哪些特征？

自测习题及参考答案

第八章　刑事责任

重点提示：

刑事责任的概念与特征，刑事责任的哲学根据与法学根据，刑事责任的解决方式。

第一节　刑事责任概述

一、刑事责任的概念与特征

（一）刑事责任的概念

刑事责任是我国刑法中广泛使用的一个概念。仅在《刑法》中就有 17 个条文 26 处提到了"刑事责任"。在附属刑法条款中刑事责任这一术语则更为常见。之所以会如此，是因为刑法中有关犯罪和刑罚的规定，都是围绕"是否追究刑事责任"以及"如何追究刑事责任"展开的。因此，刑事责任应当被视为刑法中的一个基本范畴。

在中外刑法理论中，对刑事责任主要是从两种意义上来理解的：一是从责任主义的角度，将其视为犯罪成立的条件；二是将刑事责任理解为犯罪的法律后果。前者是德国、日本等大陆法系国家刑法学界的理解，如前所述，在德国、日本等大陆法系国家的犯罪论体系中，责任或有责性是犯罪成立的基本条件之一。这种见解对我国刑法理论体系的构建并非没有影响，我国大多数刑法教科书都将作为犯罪主体要件要素的行为人辨认、控制自己行为的能力称为刑事责任能力就是一个明显的例证。不过，由于我国刑法理论所构建的犯罪构成体系与大陆法系的犯罪构成体系差别甚大，故学术上对如何定义刑事责任虽然还存在着较大的争论，但我国刑事立法与刑法理论主要还是在上述第二种意义上来使用刑事责任这一概念的。①

不过，正如前面所指出的，我国刑法理论界在如何具体定义刑事责任这一问题上还是意见不一。其中有代表性的观点主要有以下五种：

1. 法律责任说。该说认为，刑事责任是国家司法机关依照法律规定，根据犯罪行为以

① 参见 1997 年修订的《刑法》总则中有关刑事责任的规定；《中国大百科全书·法学》，中国大百科全书出版社 1984 年版，第 668 页；《法学词典》（增订版），上海辞书出版社 1985 年版，第 289 页；高铭暄、马克昌主编：《刑法学》（上编），中国法制出版社 1999 年版，第 379~382 页；张明楷：《刑法学》，法律出版社 2003 年版，第 379 页。

及其他能说明犯罪的社会危害性的事实，强制犯罪人负担的法律责任。

2. 法律后果说。该说认为，刑事责任是依照刑事法律规定，行为人实施刑事法律禁止的行为所必须承担的法律后果。

3. 否定评价说（责难说、谴责说）。该说认为，刑事责任是指犯罪人因实施刑法禁止的行为而应承担的、代表国家的司法机关依照刑事法律对其犯罪行为及其本人的否定性评价和谴责。

4. 刑事义务说。该说认为，刑事责任是犯罪人因其犯罪行为根据刑法规定向国家承担的、体现着国家最强烈的否定评价的惩罚义务。

5. 刑事负担说。该说认为，刑事责任是国家为维持自身的生存条件，在清算触犯刑律的行为时，运用国家暴力，强迫行为人承受的刑事上的负担。①

本书认为，上述各种观点从不同的方面和角度揭示了刑事责任的特征和主要内容，因而都不乏值得肯定之处，但从表述的科学性来看也都有不同程度的缺陷。法律责任说正确地揭示了刑事责任对犯罪行为的依赖性及其强制性，但对法律责任或者责任本身没有作出解释。法律后果说正确地揭示了刑事责任与犯罪行为及与刑事法律之间的联系等特征，不足之处在于没有将刑事责任与同样属于犯罪行为之法律后果的刑罚区别开。否定评价说全面地从犯罪人和国家两个方面来界定刑事责任的概念，正确地将犯罪行为与犯罪人联系在一起来揭示刑事责任的内容，其不足之处在于忽略了刑事责任本身与其内容的区别，且“否定评价”的表述过于笼统，没有与承受刑罚惩罚或者其他相应处理联系起来。刑事义务说正确阐明了犯罪人有承担国家确定的刑罚的义务，从而揭示了刑事责任所反映的犯罪人与国家之间的特殊关系，但我国刑法并非将刑罚惩罚规定为刑事责任的唯一实现方式，因此将刑事责任归结为惩罚义务与我国刑法的规定不相符合，而且这种表述也不够确切。刑事负担说正确阐明了刑事责任产生的根据，揭示了刑事责任的强制性特点，确切地表明了刑事责任的性质，不足之处是对刑事责任的内涵阐述得还不够充分。由此可见，深入研究刑事责任问题并科学地界定刑事责任这一概念，仍然是刑法理论的一项重要课题。

在仔细分析我国刑法中含有刑事责任术语的条款表述并参考上述关于刑事责任定义的各种见解的基础上，本书认为刑事责任应被定义为犯罪人基于刑事法律的规定而应当为自己实施的犯罪行为所承受的，代表国家的司法机关以刑事处罚、非刑罚方法的处理或者单纯宣告有罪的方式对其行为进行否定评价的负担。

（二）刑事责任的特征

1. 刑事责任是刑事法律规定的一种应当承受的负担。“责任”一词有两种含义，积极意义上的责任是指分内应做的事；消极意义上的责任则是指由于没有做好分内的事而应当负担的过失。② 刑事责任属于消极意义上的一种责任，本身具有某种负担之意。刑法条文在使用“刑事责任”一词时，也主要是同“负”“不负”连用的，如《刑法》第 17 条第 1 款规定“已满十六周岁的人犯罪，应当负刑事责任”;《刑法》第 18 条第 1 款规定：“精神病人在不能辨认或者不能控制自己行为的时候造成危害结果，经法定程序鉴定确认的，不负刑事责任……”

① 上引各种观点，参见赵秉志主编:《刑法争议问题研究》（上卷·刑法总论），河南人民出版社 1996 年版，第 539~542 页。

② 参见中国社会科学院语言研究所词典编辑室编:《现代汉语词典》，商务印书馆 2012 年版，第 1627 页。

这里的“负”即承担、承受的意思,作为承受、承担的宾语(客体)的刑事责任,自然就具有负担的含义。在刑事司法实践中,刑事责任最终也总是表现为犯罪人承受对自己不利的某种负担,如一定时期内人身自由的限制或剥夺、一定数量财产的处罚或者一定政治权利的褫夺,等等。此外,刑事责任是刑法规定的一种负担。刑法既规定了犯罪,也规定了构成犯罪应当承担的刑事责任,如《刑法》第 14 条第 2 款规定:“故意犯罪,应当负刑事责任。”故对犯罪行为,必须依照刑法的规定追究相应的刑事责任,并且必须依据刑事诉讼法规定的程序来追究。最后,刑事责任还是一种应当承受的负担,即这种责任产生于实际承担之前,换言之,事实上是否追究了犯罪人的刑事责任并不影响其存在。

2. 刑事责任因犯罪行为而产生。即是说,犯罪人实施的犯罪行为是刑事责任产生的原因,没有犯罪行为,就不存在刑事责任问题。需要指出的是,这里所说的犯罪行为,不只是犯罪客观方面要素的行为,而是从整个犯罪构成意义上讲主客观要件相统一的行为。具体而言,犯罪行为是指具有刑事责任能力的人或单位,出于故意或过失的心理态度实施的侵犯刑法所保护的社会关系并为刑法规定为犯罪的行为。因此,对不符合犯罪构成的行为,不能以任何理由要求行为人承担刑事责任。

3. 刑事责任以刑事处罚、非刑罚方法的处理或单纯宣告有罪为内容。与其他法律责任不同,刑事责任是由刑事处罚、非刑罚方法的处理或者单纯宣告有罪构成的一种负担。换言之,承担刑事处罚、受非刑罚方法处理与被单纯宣告有罪是负刑事责任的三种表现形式。从我国刑法规定来看,刑事处罚包括自由刑(管制、拘役、有期徒刑和无期徒刑)、财产刑(罚金与没收财产)、资格刑(剥夺政治权利和驱逐出境等)以及生命刑(死刑);非刑罚方法的处理包括训诫、责令具结悔过、责令赔礼道歉等。至于单纯宣告有罪,则是指司法实践中人民法院在依法宣告被告人的行为构成犯罪后裁量对其免予刑事处罚同时又没有对其适用非刑罚处理方法的情况。由于人民法院的有罪宣告本身就具有从法律上作出否定评价与谴责的作用,所以犯罪人在这种场合尽管既没有受到刑事处罚,也没有受到非刑罚方法的处理,但仍被视为承担了刑事责任。总之,刑事处罚、非刑罚方法的处理与单纯宣告有罪的判决都意味着对犯罪行为的否定评价和对犯罪人的谴责,三者在性质上没有区别,只是程度不同而已。

4. 刑事责任只能由犯罪者本人承担。罪责自负、反对株连是现代刑法所确立的追究刑事责任的一项重要原则,因此,刑事责任只能由犯罪者即实施犯罪行为者承担,没有参与犯罪的人,即便与犯罪者有这样那样的关系,也不发生负刑事责任的问题。根据我国刑法的规定,犯罪者包括实施犯罪行为的自然人和单位,故刑事责任只能由犯罪的自然人和单位承担,绝不允许株连其他无辜的自然人或单位,也不能让犯罪者以外的自然人或单位代为承担。

5. 刑事责任由代表国家的司法机关强制犯罪者承担。刑事责任是犯罪者向国家承担的责任,所反映的不完全是犯罪人与被害人之间的关系,而主要是犯罪者与国家之间的关系,因此这种责任具有强制性。强制性表现在,一方面,刑事责任是直接借助于国家强制力(人民法院、人民检察院、公安机关、监狱等)来迫使犯罪人承担的责任;另一方面,刑事责任的承担一般也不以被害人的意志为转移,即除为数不多的几种亲告罪外,被害人是否要求犯罪人承担刑事责任不是追究刑事责任的必要条件。

以上是刑事责任的主要特征。把握住这些特征,有助于进一步理解刑事责任的概念,从而将刑事责任同其他法律责任区别开。

二、刑事责任的地位和功能

(一) 刑事责任的地位

1. 刑事责任在刑法中的地位。从我国刑法的规定来看,刑事责任占有重要地位。刑法总则第二章将犯罪和刑事责任作为其第一节的标题;在《刑法》第5条,刑事责任被提到与罪行(犯罪行为)和刑罚并列的地位。这一切都表明刑事责任在我国刑法中具有基本范畴的意义和不可替代的地位。

但是应当承认,刑事责任的重要地位在我国刑法中还没有得到充分的反映,或者说刑事责任目前在刑法中的实际地位与其重要意义还不相称。表现在:(1) 刑法对刑事责任还没有像对犯罪和刑罚那样予以专门的规定;(2) 从刑法总则各章的标题及其排列来分析,还是给人以宏观上按照刑法—犯罪(及刑事责任)—刑罚这样一个框架加以规定的印象,实际上在刑法中,刑事责任受重视的程度也远不如刑罚;(3) 从对刑法分则条文用语的微观分析中,也可以发现有些地方使用追究刑事责任或者负刑事责任的表述更恰当,却用了别的不甚准确的表述,如根据《刑法》第347条第1款"走私、贩卖、运输、制造毒品,无论数量多少,都应当追究刑事责任,予以刑事处罚"的规定,该条第7款规定的"对多次走私、贩卖、运输、制造毒品,未经处理的,毒品数量累计计算"中的"未经处理"本应用"未被追究刑事责任"或者"未负刑事责任"的表述,却使用了目前这一既与本条第1款不协调同时容易导致这样或那样误解的表述。由上述可见,如何全面贯彻落实刑事责任在刑法中的应有地位仍然是需要引起立法机关重视的一个重要问题。

2. 刑事责任在刑法理论中的地位。在20世纪80年代我国编写的刑法教材中,刑事责任问题还很少提及。20世纪80年代中期,有些学者开始对刑事责任进行探讨并发表研究成果。进入90年代后,刑事责任问题逐渐引起我国刑法理论界的重视,越来越多的研究者将刑事责任作为自己的研究课题。随着研究的深入,多种研究刑事责任的著作相继出版,一些教科书也开始在其内容中设置专门论述刑事责任的章节。至此,刑事责任问题在我国刑法学科中的重要性得以确认。但是,从已经出版的有关著作来看,我国学者之间对刑事责任在刑法理论体系中的具体地位,认识还不一致。概括而言,主要有三种不同观点:(1) 基础理论说。该说认为刑事责任在价值功能上具有基础理论的意义,犯罪论、刑罚论和罪刑各论不过是刑事责任理论的具体化。因此在体系上应赋予刑事责任作为刑法学基本原理的地位并将其置于犯罪论之前。例如,有学者在其论述刑事责任的专著中明确指出:"刑事责任理论所揭示的是刑法的基本原理,它的具体内容应当由犯罪论、刑罚论和罪刑各论来丰富。因此在体系上不能把刑事责任论作为犯罪之后果和刑罚之先导而插入犯罪论与刑罚论之间的部分,而应当作为刑法学的基础理论置于犯罪论之前,并作为刑法的基本原理来把握。"[①] 此外,也有个别教材将刑事责任的基本内容作为一节置于刑法学绪论部分"刑法的性质和任务"一章,先于犯罪论部分的各章节来讨论。[②] (2) 罪、责平行说。此说认为刑事责任是与犯罪

---

① 张智辉:《刑事责任通论》,警官教育出版社1995年版,第15页。

② 参见胡新主编:《新编刑法学》(总论),中国政法大学出版社1990年版,第27页以下。

相对应并具有直接联系的概念。犯罪是刑事责任的前提,刑事责任是犯罪的法律后果,刑罚虽然是实现刑事责任的基本方式,但不是唯一方式,非刑罚处理方法以及单纯宣告有罪的方法也是实现刑事责任的具体方式,即刑罚、非刑罚处理方法与单纯宣告有罪,同是刑事责任的下位概念。因此,不能将刑罚与犯罪和刑事责任这两个基本范畴相提并论,而应按照犯罪论—刑事责任论的思路建立刑法学体系,这样才能理顺犯罪、刑事责任与刑罚的关系,才能准确反映刑事责任在刑法理论中的应有地位。[①] 实际上,持这种见解的学者不仅在其专门论述刑事责任的著作中阐述了这一主张,还在其所著的教科书早期版本中具体贯穿了这一思想。[②](3) 罪、责、刑平行说。这一学说认为犯罪、刑事责任和刑罚是各自独立而又互相联系的三个范畴,其中的刑事责任是介于犯罪与刑罚之间的纽带。刑事责任以犯罪为其前提,属于犯罪的法律后果,而其本身又是刑罚的前提,刑罚系实现刑事责任的基本方式。因此,应当按照犯罪论—刑事责任论—刑罚论的框架来构建刑法学的体系。这一观点是我国刑法理论界的通说,目前国内多数刑法教材都是按照这一学说来安排相关章节,即将刑事责任作为一章置于犯罪论内容之后,刑罚论内容之前。

本书认为,前述基础理论说从如何正确制定刑事立法的层面即刑事责任的观念层面讲有一定的道理,但从解释刑法的角度即刑事责任的现实层面看则存在问题。因为这种见解将刑事责任看做高于犯罪和刑罚的范畴,实际上是把刑事责任等同于刑法,而这既不符合我国刑法关于刑事责任的规定,在逻辑上也具有将刑法的概念偷换成刑事责任法的概念之嫌,显然不妥。罪、责平行说认为刑罚与非刑罚的处理方法等是刑事责任的下位概念,主张以刑事责任论取代刑罚论,这从逻辑上讲不存在问题,但与对刑罚比对刑事责任更重视的我国现行《刑法》总则体系距离过大;而且在刑法学中,刑罚理论的内容丰富,占有很大篇幅,非刑罚处理方法的内容单薄,所占篇幅甚小,为了使二者处于同等地位而以刑事责任论取代刑罚论,理由也未必充分。罪、责、刑平行说认为刑事责任是连接犯罪与刑罚的纽带,三者各自独立又互相联系,因而主张建立犯罪论—刑事责任论—刑罚论的体系,基本上符合现行刑法的规定。如前所述,《刑法》总则第二章第一节的标题是“犯罪和刑事责任”,即将犯罪与刑事责任并列,而其第三章标题为“刑罚”,第四章标题为“刑罚的具体运用”,按照犯罪论—刑事责任论—刑罚论的框架建构刑法学总论的体系,正是这些规定的反映。所以从现行《刑法》的结构体例看,罪、责、刑平行说要比前两种观点更可取一些。

另外,从理论上讲,刑事责任与犯罪和刑罚分别有着直接而密切的关系,是连接犯罪与刑罚的重要纽带。这一点也应当成为确立刑事责任在刑法理论中的地位时必须考虑的因素。从刑事责任与犯罪的关系看,二者是紧密联系的因果环节。犯罪是刑事责任产生的直接原因,没有犯罪就不可能有刑事责任,刑事责任是犯罪的必然法律后果,只要存在着犯罪,就不能不产生刑事责任。这体现了犯罪与刑事责任之间质的关系。同时各种犯罪的社会危害程度不同,犯罪人承担的刑事责任程度也就不同。一般而言,罪重刑事责任就重,罪轻刑事责任则轻。这从量上反映了犯罪与刑事责任之间的密切关系。而从刑事责任与刑罚的关系看,二者既有明显区别,同时又具有密切的关系。区别主要表现在:(1) 刑事责任是一种法律责任,刑罚则是一种强制方法;(2) 刑事责任以犯罪人应当承受刑事处罚、非刑罚方法的

---

① 参见张明楷:《刑事责任论》,中国政法大学出版社 1992 年版,第 149 页以下。

② 例如,张明楷教授在其所著的由法律出版社 1997 年出版的《刑法学》总论部分,采用的就是“刑法论—犯罪论—刑事责任论”的体系。

处理和单纯宣告有罪为内容，刑罚则以实际剥夺犯罪人一定的权益（权利和利益）为内容；(3) 刑事责任因实施犯罪而产生，刑罚则随法院的定罪判刑决定宣告生效而出现。二者之间的密切关系表现在：(1) 刑事责任的存在是适用刑罚的直接前提，无刑事责任则不能适用刑罚；(2) 刑事责任的大小直接决定刑罚的重轻，刑事责任大的，刑罚必然重，刑事责任小的，刑罚必然轻；(3) 刑事责任主要通过刑罚来实现，非刑罚处理方法等虽然也是刑事责任的实现方式，但由于在司法实践中适用很少而只能被视为次要的实现方式，刑罚与刑事责任的联系则是普遍的。基于上述理由，本书按照罪、责、刑平行说，将刑事责任设为一章而置于犯罪论内容之后刑罚论内容之前，即采用犯罪论—刑事责任论—刑罚论的体系。

（二）刑事责任的功能

刑事责任的功能，是指刑事责任在制定刑法和惩治犯罪中所起的积极作用。对刑事责任的功能，可以从刑事立法和刑事司法两个方面来加以考察。

1. 就刑事立法方面看，刑事责任是衡量对行为是否规定为犯罪和如何配置刑罚的依据。换言之，立法者是依据自己的刑事责任观念来制定刑法、确定犯罪的范围和刑罚的配置的。犯罪是危害社会的行为，但不是任何危害社会的行为都被规定为犯罪，而只有那些严重危害社会、立法者认为需要追究刑事责任的行为，才会在刑法上被规定为犯罪，如果立法者认为某种行为对社会的危害并不严重，不需要追究刑事责任，也就不会将其规定在刑法之中。同时，对犯罪行为配置什么样的刑罚，也是由立法者的刑事责任观决定的，认为刑事责任重的，就配置重的刑罚；认为刑事责任轻的，则规定轻的刑罚。另外，立法者认为属于影响刑事责任的事项的，也会在法律上将其规定为从轻、减轻处罚或免除处罚的情节或者从重处罚的情节。由上述可见，刑事责任在刑法制定时具有重要的指导作用。

2. 从司法方面讲，刑事责任是审判机关决定是否适用刑罚和如何适用刑罚的标准。这可以从两方面加以说明：(1) 刑事责任是决定适用刑罚的必要前提。某人有刑事责任，才可能对其适用刑罚，没有刑事责任存在，就不能适用刑罚。(2) 刑事责任的大小是判处刑罚的标准。对此，《刑法》第 5 条作了明确的规定。按照这一规定，刑事责任小的，刑罚就轻；刑事责任大的，刑罚就重。据此，在对犯罪人判处刑罚时，不仅应考虑犯罪行为的严重程度，还必须考虑影响刑事责任大小的情节。犯罪人具有可以或者应当从轻、减轻追究刑事责任或者免予追究刑事责任情节的，审判部门要对其依法从轻、减轻处罚或者免除处罚；犯罪人具有从重追究刑事责任情节的，则应对其从重处罚。总之，对犯罪人是否判处刑罚以及判处什么刑罚，一般说来都取决于行为人的刑事责任。

第二节 刑事责任的根据

刑事责任的根据，指国家基于何种前提、基础或决定因素追究犯罪人的刑事责任，或者犯罪人基于何种前提、基础或决定因素而承担刑事责任。国家（以司法机关为其代表）是刑事责任的追究者，犯罪人是刑事责任的承担者，二者是追究刑事责任的主体和追究对象之间的关系，而就刑事责任的根据而言，从追究者的角度或者从被追究者的角度看是完全一致的。

一、刑事责任根据学说评述

关于刑事责任的根据问题,刑法理论上存在各种不同的学说。[①]认真研究其中的一些见解,对于正确把握刑事责任的根据具有重要的意义。

(一) 犯罪构成唯一根据说

此说为苏联的一些刑法学家所倡导。苏联学者 A.H. 特拉伊宁认为,人的行为中具有犯罪构成是适用刑罚的根据,如果行为中缺少犯罪构成则应免除刑事责任。另一苏联学者皮昂特考夫斯基进一步指出,犯罪构成是刑事责任的唯一根据,这是苏维埃法院和检察机关工作中社会主义法制的基础。这一观点在 20 世纪 80 年代期间曾得到我国一部分学者的赞同,后来逐渐被抛弃。在本书看来,此说具有重视犯罪构成的合理因素,但将犯罪构成视为刑事责任的唯一根据,既不能说明刑事责任与犯罪之间功能上的区别,也不能全面揭示刑事责任的具体程度,因而是不科学的。

(二) 罪过说

该说中又有广义说和狭义说两种观点。广义罪过说是由苏联学者 E. C. 乌捷夫斯基倡导的一种学说。他主张罪过概念可以有狭义和广义之分,狭义的罪过即犯罪的主观方面,广义的罪过还包括犯罪构成中的情节与刑罚裁量的情节,认为广义的罪过是刑事责任的根据。苏联刑法学界对广义罪过说的批评是:将罪过分成广义罪过与狭义罪过两种,就其实质而言,是与确切犯罪构成的原则及社会主义法制的稳定性相抵触的。在我国也有学者主张将狭义的罪过确定为刑事责任的根据。他们认为,罪过是行为人在实施危害行为过程中存在的一种心理态度,如果把刑法上具有违法性的危害行为视为刑事责任的基础,将刑事责任的根据说成是罪过,就有充分的理由。对上述两种罪过说,本书均不能表示赞同。因为苏联学者提出的广义说既难以说明刑事责任的根据,也造成了罪过概念的混乱;而我国学者所主张的狭义说仅从主观方面探讨刑事责任的根据,这种将主观与客观割裂开来的主张也不可能对刑事责任的根据作出科学的解释。

(三) 犯罪(行为)说

此说主张应将犯罪行为即犯罪本身视为刑事责任的根据。例如,苏联学者 H. I. 杜尔曼诺夫认为刑事责任的根据是犯罪行为本身;H.A. 别利亚耶夫主编的刑法教材在引用《刑事立法纲要》第 3 条的规定之后指出:"正是犯罪人所实施的犯罪建立了他自己的刑事责任的根据。"我国也有学者持这种见解,认为刑事责任的根据是犯罪行为而不是犯罪构成或案件事实总和。在本书看来,说刑事责任的根据是犯罪或者犯罪行为在逻辑上是完全可以成立的,但问题是这种观点失之于泛泛而谈,不利于实际应用,而且分析也不够深入、全面。

---

① 这些学说的主要内容请参见高铭暄、马克昌主编:《刑法学》,北京大学出版社、高等教育出版社 2007 年版,第 225~227 页。

（四）社会危害性说

这是由我国一些学者所倡导的学说。主张该说的学者有的认为犯罪的社会危害性是刑事责任的事实根据。其主要理由是:犯罪的社会危害性是犯罪的本质属性,因而也是决定刑事责任产生的根据。有的指出,犯罪的本质属性是社会危害性,因此,从社会危害性中寻找刑事责任的内在根据,是解决刑事责任根据的正确途径,从而得出社会危害性是刑事责任的唯一根据的结论。本书认为,从犯罪的本质属性中寻找刑事责任的根据,有其合理性,但此说也存在一些缺陷:(1) 准确地讲,犯罪的本质属性是严重的或者说达到一定程度的社会危害性,如果行为只有轻微的危害,不可能被规定为犯罪。因此说社会危害性是刑事责任的根据,显得不够确切。(2) 行为具有严重社会危害性但没有被法律规定为犯罪的,依据罪刑法定原则是不应当承担刑事责任的,但按照此说也存在刑事责任的根据,这显然不符合罪刑法定原则,与社会主义法制的要求也是背道而驰的。因此,社会危害性说也是难以令人接受的。

（五）哲学和法学根据说

这是近年来我国出版的一些刑法学教材所提倡的学说。此说认为,刑事责任的根据是多层次的,对其可以分别从哲学和法学层面来探讨。追究犯罪人的刑事责任的哲学根据在于犯罪人基于自己的主观能动性实施了犯罪行为。刑事责任的法学根据包括实质根据、法律根据和事实根据:其实质根据是犯罪的社会危害性,法律根据是刑法规定的犯罪构成,事实根据是符合犯罪构成的行为。概括而言,可以说行为符合犯罪构成是应当追究行为人刑事责任的根据。本书认为,尽管在某些具体方面还值得推敲,但该说从整体上讲是应予充分肯定的。

由上述可见,在关于刑事责任根据的诸说中,哲学和法学根据说是最为可取的。而且这也是我国多数学者所赞同的一种学说。因此,本书下面拟采用此说,具体论述刑事责任的根据。

二、刑事责任的哲学根据与法学根据

（一）刑事责任的哲学根据

恩格斯曾指出:“如果不谈所谓自由意志、人的责任能力、必然和自由的关系等问题,就不能很好地议论道德和法的问题。”① 因此,研究为什么要求人对自己的危害行为承担刑事责任,不能不涉及哲学上的意志自由问题。但是,能否将意志自由视为刑事责任的哲学根据呢? 对此,刑事古典学派的道义责任论与刑事实证学派的社会责任论展开过长期的争论。古典学派的康德(Kant)、黑格尔(Hegel)都主张绝对的意志自由,并将其视为刑事责任的根据。康德认为,人是有理性的,其意志是自由的,即具有根据自己的理性决定选择行为的意志自由。人既然有选择行为的意志自由,若避善从恶而实施犯罪,从道义的立场上,就不能

①《马克思恩格斯选集》第3卷,人民出版社1995年版,第454页。

不要求行为人负刑事责任。黑格尔也认为，人是有意志自由的，自由是意志的根本规定，正如重量是物体的根本规定一样，故没有自由的意志只是一句空话。在他看来，犯罪是理性人的自由意志的产物，所以人要对自己实施的犯罪行为负责。与康德和黑格尔相反，实证学派的学者完全否认人的自由意志，认为对刑事责任的根据不应当从所谓的自由意志中去寻找。如龙勃罗梭（Lombroso）主张，犯罪是天生的，行为人先天的生理构造异于正常人，决定了他必然要犯罪。所以，对犯罪人负刑事责任的根据，只能用社会防卫即保卫社会利益的观点来说明。菲利（Ferri）则更进一步对意志自由论提出批评，指出所谓人们可以对行为作出自由选择的看法纯属幻想。按菲利的见解，犯罪有着与犯罪人的意志自由毫无关系的自然原因，既然犯罪不是人的自由意志的产物，那么对刑事责任的根据，就不能从道义上来寻找，而只能从作为社会成员的个人应对其社会危害行为承担责任即社会责任的角度来探讨。由此可见，道义责任论与社会责任论的争论在哲学层面上可以被归结为意志自由论与意志决定论的争论。①

对于这一争论，马克思主义刑法学的见解是，绝对的不受制约的自由意志是不存在的，但完全否认人在一定范围内具有选择自由的机械的决定论也是不可取的，人所具有的相对意志自由是其承担刑事责任的哲学根据。首先应当强调，存在决定意识和意识反映存在是辩证唯物主义的一般原理。详言之，人们生存的社会物质生活条件（包括社会条件和自然条件）决定了人们的意识，人们的意识总是一定的社会物质生活条件的反映。不承认这一点，就不是唯物主义。因此，在意识与存在的关系上，马克思主义的基本立场是决定论而不是绝对的自由意志论。但是，马克思主义并不完全否认意志自由，而是在充分考虑到意识的主观能动性的基础上承认人具有相对的意志自由。恩格斯指出："自由不在于幻想中摆脱自然规律而独立，而在于认识这些规律，从而能够有计划地使自然规律为一定的目的服务……因此，意志自由只是借助于对事物的认识来作出决定的能力。"② 人们的社会实践也表明，意识的主观能动作用使人具有通过借助对事物的认识而在行动上作出选择的自由，即相对的意志自由。人由于具有这种相对的意志自由，因而对自己选择实施的行为应当承担责任。具体而言，国家立法机关为了维护正常的社会秩序，保护国家和人民利益，通过刑法将严重危害社会主义社会关系的行为规定为犯罪，从而要求社会成员选择不实施这样的行为，这时如果行为人在能够作出选择的情况下实施了这样的行为，以致对国家和人民利益造成了危害，国家就要求其承担刑事责任；反之，如果行为人在无法选择的情况下损害了国家和人民利益，则不能追究其刑事责任。可见，行为人在实施犯罪时所具有的相对的意志自由是刑事责任的哲学根据。

（二）刑事责任的法学根据

刑事责任的法学根据，是指从法律制度上分析行为人承担刑事责任或者国家追究其刑事责任的决定因素。由于法律制度包括法律制定（立法）与法律适用（司法）两个步骤，而法

① 关于道义责任论与社会责任论的观点，参见陈子平：《刑法总论》（2008 年增修版），中国人民大学出版社 2009 年版，第 215 页及以下。道义责任论和社会责任论，在责任的基础问题上有行为责任论、性格责任论和人格责任论的争议；在对责任内容性质的把握方法上，可以区分为心理的责任论和规范的责任论。关于行为责任论、性格责任论、人格责任论、心理的责任论和规范的责任论的内容，参见［日］大塚仁：《刑法概说（总论）》，冯军译，中国人民大学出版社 2003 年版，第 431~439 页。

②《马克思恩格斯选集》第 3 卷，人民出版社 1995 年版，第 455 页。

律适用涉及事实与法律两个方面,另外刑事责任本身是质与量的统一,即行为人应负的总是一定程度的刑事责任,故研究刑事责任的法学根据不仅要探讨行为人应不应当负刑事责任的根据问题,还要考虑行为人应负刑事责任大小的根据问题,因此,对刑事责任的法学根据需要从多方面、多层次上来探讨。详言之,在决定应否负刑事责任问题上,可以从立法上刑事责任的设定根据、司法上确定刑事责任的法律根据和确定刑事责任的事实根据三方面来讨论刑事责任的法学根据;而在决定刑事责任大小的问题上,还必须另外研究其他影响刑事责任程度的有关因素。

1. 刑事责任的设定根据是犯罪的严重社会危害性。依据前述刑法所规定的犯罪概念,立法机关将某种行为规定为犯罪,原因在于该行为危害到国家与人民的重要利益,即具有严重的社会危害性,如果某一行为根本不具有社会危害性或者其危害性达不到应当追究刑事责任的严重程度,就不会被立法者规定为犯罪从而要求行为人负担刑事责任。换言之,严重的社会危害性既是犯罪的本质特征,也是立法者设定(要求追究)刑事责任的根本原因和唯一根据。

2. 确定刑事责任的法律根据(就应不应当负刑事责任而言)是刑法规定的犯罪构成。如前所述,刑事责任是犯罪的法律后果,它以行为人的行为成立犯罪为必要前提,而犯罪构成是刑法规定的成立犯罪的必要条件和认定犯罪的具体标准。因此,只能对行为符合犯罪构成的行为人才能追究刑事责任。据此,犯罪构成是确定行为人应负刑事责任的法律根据,或者说是决定刑事责任有无的法律标准。

3. 确定刑事责任的事实根据是行为人实施了符合犯罪构成的实际行为。仅有法律规定的犯罪构成并不会当然地产生实际的犯罪和刑事责任,成立犯罪还必须有现实的行为。近代刑法的基本原则是法律只规范人们的行为而不过问人们的思想,故没有实施刑法所禁止的行为就谈不上犯罪,从而也就不存在刑事责任。因此,刑事责任只能以实际存在的、符合刑法规定的犯罪构成的具体行为为其事实根据。

以上分别从三个方面论述了刑事责任的法学根据。其实,上述三种根据是统一的,区别仅仅在于角度不同而已。实际上,凡存在符合犯罪构成的实际危害行为,即具备应负刑事责任的事实根据,自然也就具备了刑事责任的设定根据及确定刑事责任的法律根据。因此,可以将上述三点论述用一句话来概括,即实际的危害行为符合刑法所规定的犯罪构成是应当追究刑事责任的法学根据。追究刑事责任,除上述根据外再没有其他根据或条件,故可以认为实际危害行为与刑法规定的犯罪构成相符合是应当追究行为人刑事责任的唯一根据。

就确定刑事责任程度的根据而言,实际危害行为符合刑法所规定的犯罪构成只能是主要的决定因素而不能被视为唯一的根据。这里包含着两层意思:一方面,刑事责任的程度主要是由符合犯罪构成的危害行为决定的,即解决刑事责任大小问题仍然离不开法律所确定的具体犯罪构成。不同的犯罪构成表明社会危害程度不同,进而决定了应负担的刑事责任不同。如故意杀人罪的犯罪构成与过失致人死亡罪的犯罪构成不同,因此两种犯罪的行为人的刑事责任大小就有明显区别。据此可以认为,行为符合犯罪构成仍然是决定刑事责任大小的主要根据。另一方面,犯罪构成并非决定刑事责任的唯一根据,因为影响刑事责任大小的因素,除了犯罪构成以外还有其他因素,如刑法规定的自首、累犯等情节。可见,犯罪构成之外的因素也在一定范围内决定刑事责任的大小。犯罪构成之外的因素之所以能起到影响刑事责任大小的作用,是因为这些因素也具有表明行为的社会危害性与行为人的人身危险性的作用。需要指出的是,这些犯罪构成以外的因素既可以是法律明确规定的因素(如前述自首、累犯等法定情节),也可以是法律未作规定而由司法人员在不违背刑法基本原则的条件下根据案件具体情况予以自由裁量的因素(如被害人的过错等);既可以是犯罪案件中的因素(如犯罪动机等),也可以是与案件有联系的案件外的因素(如犯罪人犯罪后的态度等)。综上,行为符合某一具体的犯罪构成和那些虽非犯罪构成因素但与案件有联系、能说明行为的社会危害性及行为人人身危险性的因素,共同构成了确定刑事责任的根据。

第三节　刑事责任的发展阶段与解决方式

一、刑事责任的发展阶段

我国刑法学界一般认为,刑事责任从产生到最终实现,需要经历一个过程。但对这一过程究竟包括几个阶段以及如何确定每一阶段的起始时间,刑法理论上意见不一。本书主张,这一过程可以分为三个阶段。

(一) 刑事责任的产生阶段

这一阶段始于犯罪行为实施之时,终于公安、司法机关立案之日。如前所述,实际中的危害行为与刑法规定的犯罪构成相符合是应当追究行为人刑事责任的唯一根据,因此,行为人实施的行为符合犯罪构成或者说成立犯罪之时,就是行为人的刑事责任产生之日。应当注意的是,由于不同犯罪的结构与形态不同,具体刑事责任的产生时间也互不相同。就故意犯罪来讲,一般而言,行为人开始实施犯罪预备行为时刑事责任即告产生;但如果某一犯罪的预备行为本身尚不足以成立犯罪,则刑事责任产生于行为人着手实行犯罪之时。对于过失犯罪来说,成立犯罪所要求的结果发生时,刑事责任才能产生。在这一阶段,行为人的刑事责任已经客观存在,只是由于某些原因,司法机关还没有进行追究其刑事责任的活动。其中的原因可能是犯罪尚没有被发现,或者属于告诉才处理的犯罪而被害人没有告诉等。如果司法机关在长时间内没有开始追究刑事责任的活动,行为人的刑事责任就可能消灭(参见《刑法》第 87 条),也就不存在刑事责任的后面阶段。在刑事责任的产生阶段,可能出现行为人自首或者立功等情况,这些会影响其刑事责任的大小。

需要指出的是,我国刑法理论上有一种见解,认为行为人的刑事责任始于人民法院对其作出有罪判决之时,理由是刑事责任系犯罪的法律后果,故只能由犯罪人承担,而在人民法院作出有罪判决之前,很难说行为人就是犯罪人,因而也就不能要求其承担刑事责任。该见解提出,刑事责任的起始必须同时具备两个条件:一是被告人被查获且证据确凿,其犯罪事实昭然若揭;二是人民法院依法作出有罪判决,行为人的犯罪事实最终被证实。本书认为,这种观点值得商榷。首先,刑事责任作为犯罪的法律后果,只能随着犯罪的成立而产生,所以行为人实施犯罪行为的同时,客观上就自然产生了刑事责任,人民法院的有罪判决,只是对这种业已客观存在的刑事责任进行追究,而不是刑事责任产生的条件;否则,只能得出被人民法院追究的犯罪人有刑事责任而没有被追究的犯罪人不存在刑事责任的荒谬结论。其次,行为人犯罪后,司法机关对其追究刑事责任本身就表明刑事责任客观上已经存在,如果行为人根本没有刑事责任，司法机关对其进行追究岂不是无中生有？再次，从我国刑法的规定来看，刑事责任的开始也总是同犯罪的实施联系在一起的。例如，《刑法》第 17 条第 1 款规定“已满 16 周岁的人犯罪，应当负刑事责任”，而应当负刑事责任是以实际存在刑事责任为前提的，所以这一规定表明只要实施了犯罪，客观上即产生刑事责任；《刑法》第 17 条第 2 款、第 3 款以及第 18 条第 2 款以下的规定，也都表达了这一刑事责任始于犯罪的实施的思想。最后，从我国刑法关于追诉时效的规定来分析，也应当认为刑事责任始于实施犯罪之时。追诉时效，是指对犯罪人追究刑事责任的有限期间。根据刑法的规定，犯罪经过一定的期间不再追诉，即不再追究刑事责任，这也说明行为人实施犯罪时即产生了刑事责任，否则，就不可能发生经过一定时间不再追诉的问题。

综上所述，本书认为主张刑事责任始于人民法院作出有罪判决之时的见解是不恰当的。而之所以会出现这样的认识，是因为没有将应然层面的刑事责任与实然（现实）层面的刑事责任区别开来。实际上，刑事责任产生阶段讨论的是应当负刑事责任的问题，是从应然层面来论证刑事责任的客观属性的。至于实然层面的刑事责任即刑事责任的现实化，则是刑事责任实现过程中后面的阶段需要解决的问题。

（二）刑事责任的确认阶段

刑事责任的确认阶段（即刑事诉讼阶段）自公安、司法机关等立案侦查（对部分由公职人员实施的职务犯罪案件，按照《监察法》规定由监察机关调查）时起，到人民法院作出的有罪判决生效时止。这一阶段的任务是：确认行为人是否实施了犯罪行为，应否承担刑事责任以及（在得出肯定结论的情况下）确定行为人应负何种程度的刑事责任和以什么方式实现其刑事责任。因此，这是刑事责任实现过程中非常重要的一个阶段。为了保证这一阶段的工作能够恰当并有效地开展，国家立法机关通过刑事诉讼法规定了必要的程序，公安、司法机关必须严格依照这些程序来操作，才能正确完成追究刑事责任的任务。如前所述，这一阶段始于立案，立案是指相关机关对于报案、控告、举报、自首等方面的材料，依照管辖范围进行审查，以判明是否确有犯罪事实存在和应否追究刑事责任，并依法决定是否作为刑事案件进行侦查、调查或审判的一种诉讼活动。自公安、司法机关等立案侦查时起，指的是属公安机关管辖范围的案件，从公安机关立案侦查时起；由人民检察院管辖范围的案件，从检察机关立案侦查时起；由监察机关调查的案件，从监察机关调查时起；由人民法院依法直接受理的案件，从人民法院受理时起。公安、检察等机关在立案以后进行侦查（调查）时，必须客观、公正，实事求是，严禁刑讯逼供和以其他非法方法收集证据。收集证据必须全面，犯罪嫌疑人有罪或者无罪、罪重或者罪轻的证据材料都应收集、调取。在侦查（调查）过程中，讯问犯罪嫌疑人、询问证人或者勘验、检查、搜查等活动，都必须符合法律的规定，以保证侦查（调查）工作的正当性。

对侦查（调查）终结的案件，需要提起公诉的，一律由人民检察院审查决定。人民检察院必须根据《刑事诉讼法》第 171 条的规定查明：(1) 犯罪事实、情节是否清楚，证据是否确实、充分，犯罪性质和罪名的认定是否正确。(2) 有无遗漏罪行和其他应当追究刑事责任的人。(3) 是否属于不应追究刑事责任的。(4) 有无附带民事诉讼。(5) 侦查活动是否合法。经过审查，如果认为犯罪事实已经查清，证据确实、充分，需要追究刑事责任的，检察机关应当作出提起公诉的决定；如果认为不构成犯罪或者有其他法定不起诉情形的，人民检察院应当或者可以作出不起诉的决定。

审判机关对起诉到人民法院的案件进行审查后,认为符合开庭审判条件的,应当决定开庭审判。在审判中需要解决的问题是:(1)行为人的行为是否构成犯罪?应否负刑事责任?(2)对构成犯罪需要追究刑事责任的,行为人应负何种程度的刑事责任?(3)如何实现刑事责任,即应判处刑罚还是适用非刑罚处理方法或者是仅仅宣告行为人的行为是犯罪而对其免予刑罚处罚?对需要判处刑罚的,则应确定判处何种刑罚及判处多重的刑罚。这些事项的确定,都必须以事实为根据,以刑法的规定为准绳。

就大多数犯罪而言,上述立案侦查、起诉、审判三个方面的刑事诉讼活动是刑事责任确认阶段不可缺少的内容。只有经过这些诉讼活动,刑事责任才能得到确认和实现。

(三) 刑事责任的实现阶段

一般而言,刑事责任的实现阶段自人民法院的有罪判决生效时起,到判决所确定的刑罚和非刑罚的刑事制裁措施等执行完毕时止。由于刑事责任的实现是整个刑事责任问题的结局和归宿,没有刑事责任的实现阶段,刑法规定刑事责任及司法机关代表国家依法追究刑事责任的活动都将失去意义。所以,刑事责任的产生与刑事责任的确认,都不过是为了使刑事责任得以实现。刑事责任的实现具体包括以下几种情况:(1)判处刑罚(含仅判处主刑、仅判处附加刑或同时判处主刑及附加刑)的,刑罚被执行完毕。(2)宣告缓刑或者决定予以假释的,犯罪人在缓刑或假释考验期内没有再犯新罪,没有发现漏罪,没有违反监督管理规定。(3)仅给予非刑罚的刑事制裁措施的,该制裁措施执行完毕。(4)仅以作出有罪宣告的方式追究刑事责任的,该有罪宣告的判决发生法律效力。

在刑事责任的实现阶段,可能出现刑事责任变更的情况,主要包括以下几种:(1)死刑缓期执行二年期满后减为无期徒刑或者有期徒刑。(2)管制、拘役、有期徒刑和无期徒刑的减刑。(3)由于特赦而免除部分或者全部刑罚的执行。(4)由于遭遇不能抗拒的灾祸以致缴纳罚金确有困难时罚金刑的减免。需要指出的是,这里的刑事责任变更不是改变原来确定的刑事责任的性质,而是根据行为人的人身危险性的变化等情况,对其刑事责任的程度予以变更,从而使罪责刑相适应原则在刑事责任实现阶段得以更好地体现。

与刑事责任的实现密切相关的一个概念是刑事责任的终结。对刑事责任的终结,理论上存在两种不同的理解。第一种观点认为,刑事责任的终结包括两种情况:一是因刑事责任的实现而终结,终结时间由于刑事责任实现的方式不同而不同。以刑罚为实现方式的,终结时间为刑罚执行完毕或赦免之时;以非刑罚处理方法为实现方式的,终结时间为非刑罚处理方法执行完毕之时;以单纯宣告有罪而免予刑罚处罚为实现方式的,终结时间为人民法院作出的有罪判决发生法律效力之时。二是因刑事责任的消灭而终结。刑事责任的消灭是指行为人的行为原本构成犯罪,但在实现刑事责任之前,基于某种法定的原因,司法机关不能再追究刑事责任。从实际情况看,引起刑事责任消灭的事由主要是:(1)犯罪人在被追究刑事责任前死亡的;(2)犯罪已过追诉时效期限的;(3)告诉才处理的犯罪,没有告诉或者撤回告诉的。在上述场合,刑事责任的终结时间就是上述情况出现之时。第二种观点认为,刑事责任的终结仅指刑事责任的实现,而刑事责任的消灭是没有追究行为人的刑事责任,二者的性质与效果完全不同,因此不能将刑事责任的消灭视为刑事责任终结的表现,否则就是将两种不同性质、不同效果的情况混为一谈。本书认为,两种观点的分歧实际上在于对刑事责任终结的含义理解不同,前者所称的刑事责任终结,既包括实然层面的刑事责任的终结,也包括应然层面的刑事责任的终结,而后者所说的仅指实然层面的刑事责任的终结。如前所述,对刑事责任既可以从实然层面理解,也可以从应然层面来把握,因此刑事责任可以因其实现而终结,也可以因其消灭而终结。例如,犯罪在未过追诉时效时,犯罪人的刑事责任时刻都处于可以追究之中,但如果已过追诉时效,则对行为人不能再予以追究,这一事实本身也就表明了行为人的刑事责任已经终结。不过,上述第二种观点对于我们把握刑事责任终结的各种原因之间的不同点,还是具有启发意义的。

二、刑事责任的解决方式

刑事责任的解决,指对业已产生的刑事责任予以处理,使刑事责任得以终结。对于刑事责任的解决方式,我国刑法学界一般概括为定罪判刑、定罪免刑、消灭处理和转移处理四种。[①] 在肯定这种归纳的合理性的同时,本书认为,实际上在这四种刑事责任的解决方式中,前两种属于刑事责任的实现方式,后两种属于刑事责任的其他解决方式,而刑事责任的实现方式与刑事责任的其他解决方式在性质上是不同的:前者依法已经追究了行为人的刑事责任,完全实现了刑事责任的内容;后者不允许或者不能追究行为人的刑事责任,因而实际上没有追究刑事责任。所以,对两种类型的刑事责任解决方式分开论述显得更恰当一些。下面,拟按这样的思路分别对刑事责任的实现方式和刑事责任的其他解决方式进行具体的论述。

(一) 刑事责任的实现方式

刑事责任的实现方式,又称刑事责任的实现方法、刑事责任的承担方式,指的是刑事责任可以通过哪些方法来实际承担。在前面刑事责任的发展阶段的论述中实际上已经涉及这一问题,但由于刑事责任的实现是整个刑事责任问题的核心,因此这里对刑事责任的具体实现方式作进一步的论述。对于刑事责任究竟有哪些具体实现方式(方法),理论上存在不同看法。[②] 主要有以下四种观点:(1) 有学者认为,实现刑事责任是指为使犯罪行为人承担刑事责任而采取的具体行动,因此刑事责任的实现方式包括刑事强制措施、刑事诉讼强制措施和其他强制措施三类。刑事强制措施主要指刑罚,此外还有免予刑事处罚以及予以训诫、责令具结悔过、赔礼道歉、赔偿损失等强制措施。刑事诉讼强制措施,指拘传、取保候审、监视居住、逮捕和拘留;不过,只有在行为人的行为经法院作出有罪判决并发生法律效力时,此前所采取的刑事诉讼强制措施才能成为实现刑事责任的方法。其他强制措施,指被剥夺政治权利的人不得被选举或任命担任某些职务以及通过外交途径解决享有外交特权和豁免权的外国人的刑事责任问题。(2) 有学者主张,刑事责任的实现方法,是国家强制犯罪人实际承担的法律处分措施,包括刑罚和非刑罚处理方法两大类。刑罚即刑法规定的主刑与附加刑。非刑罚处罚方法指司法机关对犯罪分子直接适用的或者由主管部门适用的刑罚以外的各种法

① 参见高铭暄、马克昌主编:《刑法学》(上编),中国法制出版社 1999 年版,第 394~395 页;高铭暄、马克昌主编:《刑法学》,北京大学出版社、高等教育出版社 2007 年版,第 234~235 页;赵秉志主编:《刑法新教程》,中国人民大学出版社 2001 年版,第 303~304 页。

② 参见赵秉志主编:《刑法争议问题研究》(上卷·刑法总论),河南人民出版社 1996 年版,第 589~593 页。

律措施,主要包括《刑法》第36、37条规定的训诫、具结悔过等,第17条规定的专门矫治教育(参见《预防未成年人犯罪法》第43—49条的规定)[①],第64条规定的责令退赔、追缴违法所得、没收违禁品和犯罪工具。(3)有学者认为,刑事责任的实现方式指国家强制犯罪人实际承担的刑事制裁措施,有基本方式、辅助方式与特殊方式三类。基本方式即给予刑罚处罚的方式,辅助方式即采用非刑罚方法处理的方式,特殊方式即仅仅宣告行为是犯罪而既不给予刑罚处罚也不使用非刑罚处理方法的方式。(4)有学者提出,刑事责任的实现方法只有刑罚一种,除此之外,不存在或者说法律并未规定其他实现刑事责任的方法。

在本书看来,正确把握刑事责任的具体实现方式(方法),首先须对刑事责任的实现方式(方法)加以界定。实际上,刑事责任的实现方式(方法)是指国家制裁犯罪人的或者说犯罪人承担制裁的方式(方法),即刑法规定并以犯罪为前提并由犯罪人具体承担的法律后果。据此,本书认为,上述第一种观点将刑事责任的实现方式(方法)理解为包括刑事诉讼强制措施和其他强制措施,失之过宽。刑事诉讼强制措施是在刑事责任确认阶段,为了保证刑事诉讼程序正常进行而采取的强制性措施,不是在判决有罪确定行为人应负刑事责任时对其的制裁。将刑事诉讼强制措施视为刑事责任的实现方式(方法),混淆了刑事诉讼法上的强制措施与刑法上的刑事制裁措施的界限,而这两类措施在目的和性质上是截然不同的。此外,这种见解提到的其他强制措施中,被剥夺政治权利的人不得被选举或任命担任某些职务的措施本身属于刑事制裁措施的内容;通过外交途径解决享有外交特权和豁免权的外国人的刑事责任问题也不属于刑事责任的实现方式,因为这种场合连对刑事责任的确认都未完成。上述第二种观点将收容教养(现已修改为专门矫治教育)、责令退赔、追缴违法所得、没收违禁品和犯罪工具视为刑事责任的实现方式(方法),同样有理解过宽的缺陷。原来规定的收容教养是对因不满16周岁而不成立犯罪的未成年人采取的一种保护措施,责令退赔和追缴违法所得是使受损失的财产恢复原状的措施,没收违禁品和犯罪工具分别属于行政强制措施与刑事诉讼强制措施。总之,这些措施都不是针对犯罪的刑事责任的实现方式(方法)。上述第四种观点认为只有刑罚才是刑事责任的实现方式(方法)则失之过窄。因为根据我国刑法的规定,除刑罚外,非刑罚处理方法和免予刑罚处罚的有罪判决也是对犯罪的否定和对犯罪人的谴责,亦即以犯罪为前提的法律后果。所以,比较起来,对刑事责任具体实现方式(方法)的认识,当以上述第三种见解为妥。依据这种观点同时参考前述一些具有代表性的教材的概括,本书将刑事责任的实现方式确定为以下两种:

1. 定罪判刑方式。定罪判刑即人民法院在判决中对犯罪人作出有罪宣告的同时确定对其适用相应的刑罚。定罪,从广义上讲,指人民法院根据案件事实和依照刑法的规定,认定被告人的行为是否构成犯罪以及构成什么性质的犯罪的活动;就狭义而言,仅指认定被告人的行为构成什么性质犯罪的活动。这里所指的是狭义上的定罪。认定行为人的行为构成什么性质的犯罪,必须以犯罪事实为根据,以刑法规定的犯罪构成为准绳。适用刑罚必须贯彻罪责刑相适应原则。在决定刑罚时,应当根据犯罪的事实、犯罪的性质、情节和对社会的危害程度,依照刑法的规定判处,做到宽严无误、不枉不纵,使犯罪人承担应负的刑事责任。这种方式是实现刑事责任最基本、最常见的一种方式。

---

①《刑法修正案(十一)》第1条将原《刑法》第17条第4款中的"在必要的时候,也可以由政府收容教养"改为现行《刑法》第17条第5款中的"在必要的时候,依法进行专门矫治教育"。

2. 定罪免刑方式。定罪免刑即人民法院在判决中对犯罪人作出有罪宣告，但同时决定免除刑罚处罚。这种方式包括两种情况：一是根据《刑法》第 37 条的规定作出宣告有罪但决定免除刑罚处罚而给予训诫或责令具结悔过、赔礼道歉等非刑罚方法之处理的判决；二是根据《刑法》第 10 条、第 19 条至第 22 条、第 24 条、第 27 条、第 28 条、第 68 条、第 383 条第 3 款、第 390 条第 2 款、第 392 条第 2 款的规定作出宣告有罪但决定免除刑罚处罚的判决。这两种情况都以有罪宣告为前提，而宣告有罪，自然意味着存在刑事责任，宣告有罪的判决本身就属于对犯罪行为的否定和对犯罪人的谴责，相应地，定罪免刑也就属于实现刑事责任的一种方式。当然，这种方式是刑事责任实现的次要、辅助的方式。

（二）刑事责任的其他解决方式

刑事责任的其他解决方式是指刑事责任实现方式之外的其他使刑事责任得以终结的方式。在我国，刑事责任的其他解决方式有两种：一种是消灭处理方式，另一种是转移处理方式。

1. 消灭处理方式。刑事责任的消灭处理，是指行为人的行为本已成立犯罪而应负刑事责任，但由于存在法律规定的阻却追究其刑事责任的事实，如犯罪已过追诉时效期限、犯罪嫌疑人死亡或者被赦免等，以致使行为人的刑事责任归于消灭，这时国家便不再追究行为人的刑事责任。这是解决刑事责任的一种补充方式。

2. 转移处理方式。转移处理是指对享有外交特权和豁免权的外国人的刑事责任不由我国司法机关处理，而是根据《刑法》第 11 条的规定通过外交途径解决。刑事责任的这种解决方式，是按照国际惯例和国家之间相互对等的原则确定的，是一种解决特定行为人刑事责任的特殊方式。

复习思考题

1. 什么是刑事责任？刑事责任有哪些特征？
2. 如何理解刑事责任的地位与功能？
3. 刑事责任的根据是什么？
4. 刑事责任的发展阶段有哪些？
5. 刑事责任有哪些解决方式？

自测习题及参考答案

第九章　刑罚概说

重点提示：

刑罚的概念与特点，刑罚目的的内容。

第一节　刑罚的概念

一、刑罚的定义及其特点

刑罚是指刑法规定的由国家审判机关依法对犯罪人适用的以限制或剥夺其一定权益为内容的强制性制裁方法。据此，对刑罚的特点应主要从四个方面来把握。

（一）刑罚的属性

刑罚的属性是指刑罚所具有的性质、基本特征，或者说一定的制裁方法被称为刑罚的根本理由。从这一意义上讲，刑罚的属性是通过对犯罪人一定权益的限制或剥夺而造成的痛苦。换言之，使犯罪人承受一定的被限制、被剥夺的痛苦，是刑罚的惩罚性质所在，是刑罚的本质属性。失去了这一属性的强制制裁方法，就不成为刑罚。应当承认，我国一贯遵循惩罚与教育相结合的方针，反对采用残酷、野蛮的刑罚方法来摧残、折磨犯罪人的做法，但是我国的刑罚作为国家对犯罪行为的否定评价与对犯罪人的谴责的一种最严厉的形式，当然会对犯罪人施加身体上、精神上、财产上的权益限制或剥夺性痛苦，而且就整体而言是最强烈的痛苦。这正是刑罚有别于其他强制制裁措施的根本之点。

这里要指出的是，认为刑罚是强制犯罪人承受的一种痛苦，与当前提倡并受到广泛响应的维护包括犯罪人在内的所有人的基本人权的人权保障意识是不矛盾的。人权保障意识要求将犯罪人当做人来对待，不能使其接受非人道的待遇，而主张刑罚的本质是痛苦并不违背人权保障观念。尽管不同国家由于国情不同，社会的价值观念不同，因而对人道主义具体标准的理解有差别，但是在刑罚本质上是痛苦这一点上是一致的。需要特别强调的是，将刑罚当做摧残、折磨人的报复手段，固然是不能容忍的，但如果超越我国社会主义初级阶段的国情、社会的价值观念以及人道主义观念所能允许的限度，甚至把服刑人的待遇提高到超过劳动群众的一般生活水平而令人羡慕的地步，也是严重背离刑罚的本质属性的。

(二) 刑罚的社会政治内容

刑罚的社会政治内容即刑罚的阶级性问题。什么样的国家为了什么样的利益对什么人适用刑罚,是刑罚社会政治内容的核心。可见,刑罚的社会政治内容主要取决于掌握刑罚的国家的性质,有什么样性质的国家,就有什么样社会政治内容的刑罚。我国是代表全国各族人民根本利益的社会主义国家,刑罚是国家用以维护社会主义国家利益、社会利益与公民个人合法权益的工具,是惩罚侵犯我国国家利益、社会利益和公民合法权益的犯罪行为的锐利武器。这是我国社会主义刑罚区别于剥削阶级国家刑罚的根本所在。

(三) 刑罚的法律特征

刑罚的法律特征也是刑罚区别于其他强制性制裁方法的重要方面。其具体表现为:刑罚是由刑法明文规定的,刑罚的适用和执行必须严格地遵循法律的规定。

首先,作为刑事责任的主要实现方式的刑罚是由刑法明文规定的。由于在我国只有国家立法机关即全国人民代表大会及其常务委员会有权制定或者补充、修改刑法,因此也只有它们才能规定什么是刑罚。至于这里所说的明文规定,是指刑罚只能是在刑法中被明确赋予刑罚名称,即在《刑法》第 33 条至第 35 条中明确规定为主刑或附加刑的制裁方法,因此,对于那些虽然被作为强制方法规定在刑法中但并未被明确称为刑罚的,如予以训诫、责令具结悔过、赔礼道歉、赔偿损失、禁止从事相关职业等,不能认为是刑罚。

其次,刑罚必须严格地按照法律的规定来适用和执行。根据法律的规定,在我国只有国家审判机关即人民法院才能适用刑罚,审判机关适用刑罚必须以刑法的规定为准绳,必须严格遵守刑事诉讼法规定的管辖权限及诉讼程序;各种刑罚在执行时也必须严格按刑法和刑事诉讼法的规定由不同的刑罚执行机关执行。

(四) 刑罚的目的性

刑罚的目的指制定、适用刑罚的终极目标。如前所述,限制与剥夺犯罪人享有的某些权益从而使其感受到强烈的痛苦,是刑罚的本质属性,但并不是刑罚的终极目标,而是实现这一目标所必需的手段。我国刑罚的目的在于预防犯罪,这是刑罚正当性的根据所在。为了达到这一目的,刑罚必须既具有惩罚的一面,也具有教育改造的一面,即将惩罚与教育改造并重。否则,如果只讲惩罚而不讲教育改造,或者仅仅讲教育改造而不讲惩罚,都不利于刑罚目的的实现,从而也就不是我国所需要的刑罚。因此,以预防犯罪为着眼点,将给予犯罪人一定的痛苦同教育改造犯罪人协调起来,即坚持惩罚与教育改造相结合的方针,乃我国刑罚科学性的具体体现。

二、刑罚与犯罪的关系

刑罚与犯罪以刑事责任为中介,犯罪产生刑事责任,刑罚是实现刑事责任的主要方式,由此表明,犯罪是刑罚的必要前提,刑罚是犯罪通常意义上的法律后果。因此,可以用哲学的观点将刑罚与犯罪的关系视为一种对立统一关系。

（一）刑罚与犯罪的对立

刑罚与犯罪的对立表现在两个方面：一是从国家方面看，犯罪是侵犯合法权益的行为，是对现行统治关系、统治秩序的反抗和破坏；而刑罚是保护合法权益的武器，是对付违反现行统治关系行为的一种自卫手段。这种破坏与反破坏、反抗与遏制的关系，使刑罚与犯罪处于一种对立的地位。二是从犯罪人方面来看，犯罪是其为了满足自己物质上、精神上的需要而使他人遭受痛苦；刑罚则在使犯罪人因受到处罚而遭受痛苦的同时使他人感到欣慰。因此，刑罚与犯罪永远是一对不可调和的矛盾。

（二）刑罚与犯罪的统一

刑罚与犯罪的统一表现在三个方面：首先，二者起源相同。犯罪与刑罚产生于相同的条件，即都是人类社会发展到一定阶段的产物。其次，二者相互依存。刑罚随犯罪的产生而产生，应受到刑罚惩罚又使得犯罪成为具有特殊意义的社会现象。最后，二者命运相同。刑罚不仅伴随着犯罪的产生而产生，也将伴随着犯罪的消灭而消灭。二者共生共灭是不以人的意志为转移的历史规律。

三、刑罚与其他法律制裁方法的区别

一个人的行为违反法律，必然要受到国家法律的制裁。在现代国家，对违法行为的制裁已经形成一个包括刑罚、民事处罚、行政处罚等的法律制裁体系。我国也不例外。由于同属法律制裁，刑罚与民事处罚、行政处罚具有相似之处，如都必须依法适用、都具有强制性等。但是，刑罚与其他法律制裁措施之间又有显著的不同，主要表现为如下几点：

（一）适用根据不同

适用刑罚的法律根据是刑事法律（包括刑法和刑事诉讼法），事实根据主要是符合刑法规定的犯罪构成的行为即犯罪行为；适用民事处罚的法律根据是民事法律，事实根据是违反民事法律规定的行为；适用行政处罚的法律根据则是行政法律法规，事实根据是被处罚者实施的行政违法行为。

（二）适用机关不同

刑罚只能由各级人民法院的刑事审判部门适用，民事处罚只能由人民法院的民事审判组织适用，行政处罚则由各级行政机关适用。如罚金与罚款都表现为要求受制裁者向国家缴纳一定数额的金钱，但因为前者系刑罚方法，故只能由刑事审判部门以人民法院的名义判决；而后者作为一种行政处罚，则由行政机关裁决。

（三）适用对象不同

刑罚只能适用于犯罪人，而且这里的犯罪人必须是已被依法确定为有罪的人，对未经法律程序被认定为有罪的行为人，则不能适用刑罚；而其他法律制裁方法则分别适用于根据一定程序认定的民事、行政违法者。

(四) 严厉程度不同

刑罚处罚涉及受刑人的自由、财产和资格乃至生命等重大权益，从整体而言是最严厉的强制方法；而其他法律制裁则排除对生命的剥夺，一般也不涉及剥夺自由的问题(即使涉及人身自由的处罚，时间上也很短)。例如，民事处罚仅限于停止侵害、排除妨碍、消除危险、返还财产、恢复原状、赔偿损失、恢复名誉、赔礼道歉等，行政处罚一般仅限于警告、记过、降级、撤职、留用察看、罚款、没收、行政拘留等，可见其严厉程度都轻于刑罚。

(五) 法律效果不同

受过刑罚处罚的人，在法律上和事实上会被视为有前科的人，将在一定期限内甚至终身被禁止从事某种职业或者担任某些职务；当其重新犯罪时，可能要受到比对初犯者要严厉的处罚。而受过民事、行政处罚的人，在法律评价和法律后果上，不会产生上述不利的影响。

第二节 刑罚的目的

一、刑罚目的的概念

刑罚目的，是指国家制定、适用、执行刑罚的目的，即国家的刑事立法采用刑罚作为对付犯罪现象的强制措施及其具体适用和执行预期实现的效果。换言之，刑罚目的不是刑事立法、刑罚裁量和刑罚执行三个环节中之一个或两个环节就能实现的，只有三者协同一致，才能达到预期的效果。因此，刑罚的目的问题具有十分重要的意义，古今中外的刑罚制度与刑法理论上的区别，从某种角度上讲都是因为对刑罚目的的认识即刑罚目的观的不同。

(一) 刑罚目的与刑罚的事实根据

刑罚目的与刑罚的事实根据密切联系。目的不同，刑罚的事实根据也就不同。近现代国家认为刑罚的目的是预防犯罪，包括消除犯罪人的人身危险性而使其改恶从善，因此作为刑罚事实根据的犯罪只能是主客观相统一的，即只有当实施危害行为的人主观上有罪过时，才认为有科处刑罚的必要；而古代社会认为刑罚的目的是神意报应，因而所实施的必然是客观责任主义，即不管行为人主观上有无罪过，只要其行为造成了客观损害，便科处刑罚予以报复。

(二) 刑罚目的与刑罚承担者的范围

刑罚目的决定着刑罚承担者的范围。在奴隶制、封建制社会，统治阶级不仅对人科处刑罚，而且将动物、无生命的物体也列为科刑的对象。单就对人科处刑罚而言，其范围也极为广泛，如不问行为人是否具有辨认与控制能力，将儿童、精神病人也视为刑罚科处的对象。之所以如此，是因为当时的统治者所采取的是威吓主义、神意报应主义的刑罚目的观。近现代国家主张道义报应主义、法律报应主义或者预防主义的刑罚目的观，于是承受刑罚者就只能被限定为人而不能是动物或物体，因为对动物或物体科处刑罚不可能实现道义与法律报应，也不可能产生预防犯罪的效果。

（三）刑罚目的与刑罚的体系与种类

刑罚的体系与种类是为刑罚目的服务的，因而不能不受到刑罚目的的制约。具体而言，刑种的选择、排列以及各刑种在刑罚体系中的地位与所占的比重，都取决于刑罚目的。历史上一些严酷的刑种往往为威吓主义、神意报应主义所赞同，因为刑罚越严酷，越能体现报应，实现威吓；而预防主义目的观的主张者则通常赞成刑罚种类的人道化、合理化和多元化，因为在他们看来，严酷的刑罚从实质上讲并不利于预防犯罪，相反，根据犯罪与犯罪人的具体不同情况给予适当的多样化的处理，方能收预防犯罪之效。

（四）刑罚目的与刑罚适用原则

刑罚适用原则所要解决的是对犯罪人科处刑罚时应当以什么为尺度或者基准。刑法理论上对此问题的争议，也主要是基于不同的刑罚目的观。持一般预防主义观点的人特别注重刑罚的威慑与心理强制效应，因而主张裁量刑罚应当以形之于外的犯罪罪质及其实害大小为标准；而持特殊预防主义观点的人则特别强调刑罚对犯罪者本人矫正改善的意义，因而主张以犯罪人的人身危险性程度作为量刑轻重的标准。

（五）刑罚目的与刑罚执行

作为国家刑事法律活动最终环节的刑罚的执行，也是受刑罚目的指导的。具体表现为：首先，刑罚目的决定刑罚执行制度的取舍，如持特殊预防主义观点的人，势必赞成适用减刑、假释等刑罚执行制度；而持一般预防主义主张的人，则往往从报应的立场出发坚决反对适用这样的刑罚变更制度。其次，刑罚目的还制约着刑罚执行的方式。基于威吓的目的，必然强调刑罚执行方式的恐吓效果，因而要求行刑方式尽可能严酷以便能使人产生深刻的印象；而基于特殊预防的目的，则无疑会要求采取文明、人道的刑罚执行方式，以便能收到感化、改造犯罪人，使之复归社会的效果。

综上，刑罚目的决定和制约着刑罚的其他全部问题，是整个刑罚论的核心。因此，刑罚目的历来属于刑法学研究的一个重点。长期以来中外学者对什么是刑罚的目的进行了深入的探讨，并形成了形形色色的主张。如前所述，在西方国家刑法理论中，曾出现过威吓主义、神意报应主义、道义报应主义或法律报应主义、一般预防主义与特殊预防主义等主张。我国刑法学界对这个问题也是众说纷纭：惩罚说认为，刑罚的目的在于限制和剥夺犯罪人的自由和权利，使其感到压力与痛苦，以制止犯罪。改造说认为，刑罚通过惩罚手段，达到改造罪犯，使其重新做人的目的。预防说认为，刑罚的目的是预防犯罪，包括特殊预防和一般预防两个方面。双重目的说认为，刑罚既有惩罚犯罪分子的目的又有改造他们的目的。多目的说认为，刑罚的目的在于：一是惩罚和改造犯罪分子，预防他们重新犯罪；二是教育和警诫社会上的不稳定分子，使其不致走上犯罪道路；三是教育广大群众增强法治观念，从而积极同犯罪作斗争。预防和消灭犯罪说认为，刑罚的目的是要把受惩罚的犯罪分子中的绝大多数教育改造成新人，从而达到预防犯罪并最终消灭犯罪，以保护国家和人民利益的目的。根本目的与直接目的说认为，刑罚目的有根本目的和直接目的之分。其根本目的是预防犯罪，保卫社会。其直接目的为惩罚犯罪，伸张正义；威慑犯罪者和社会上的不稳定分子，抑制其犯罪意念;改造罪犯,使其成为遵纪守法的公民。此外,还有广义目的说和狭义目的说等见解。[①]

本书认为,上述惩罚说、改造说、双重目的说及多目的说中提到的惩罚、教育、改造、威慑等都是实现刑罚目的的手段,本身不能成为刑罚目的的内容;而预防和消灭犯罪说将消灭犯罪说成刑罚的目的,容易造成通过刑罚来消灭犯罪的不切实际的幻想;至于前述根本目的与直接目的说的观点,除了同样具有将惩罚、威慑、改造等实现刑罚目的的手段混同于刑罚目的的不足外,还可能导致混淆刑罚的目的与刑法的任务,因为保卫社会是刑法的任务,而刑罚目的只是实现刑法任务的一项具体内容,所以将保卫社会定位为刑罚的根本目的会不利于把握刑罚目的与刑法任务之间的区别。因此,在上述各说中,以预防说来解释我国刑罚的目的最为可取。实际上,我国也正是以预防犯罪作为国家制定刑事法律特别是设计刑罚体系和种类,决定刑罚的适用原则和规制刑罚执行的出发点,以及运用刑罚同犯罪作斗争的最终归宿的。

二、刑罚目的的内容

如前所述,本书将刑罚的目的理解为预防犯罪,其内容包括特殊预防和一般预防两个方面。

(一) 特殊预防

1. 特殊预防的概念。特殊预防,是指通过适用刑罚对犯罪的人进行惩罚改造,预防他们重新犯罪。可见,特殊预防的对象是受刑人即已经实施了犯罪正在被追究刑事责任的人,包括故意犯罪人和过失犯罪人,而尚未实际实施犯罪的人以及虽曾经犯过罪但其刑事责任已经终结的人,不是特殊预防的对象。受刑人已经对社会构成现实危害,同时也很有可能再次侵害社会,因此,如果不防止其再次犯罪,就不能完成刑法保卫社会的任务,这就是刑罚特殊预防存在的理由。刑罚的特殊预防作用表现在下列三个方面:(1) 使受刑人因与社会隔离或者被剥夺其再犯条件而不能再犯罪。刑罚以限制与剥夺犯罪人一定的权益为其严厉性的标志,但这种严厉性并不只是为了惩罚犯罪人,而主要是基于限制与剥夺犯罪人再犯能力的考虑。一般而言,被剥夺自由的犯罪人,在服刑期间不可能再具有自由时那种犯罪能力;被判处财产刑(罚金或者没收财产)或剥夺政治权利刑的犯罪人,也就难以运用被剥夺的财产与权利来实施犯罪行为。可见,适用刑罚本身就具有一定的特殊预防作用。(2) 使受刑人因感受到刑罚惩罚的痛苦而不敢再犯罪。犯罪人实施犯罪通常是为了获得某种物质上、精神上的利益和满足,而被判处刑罚则意味着犯罪人实际上为其犯罪行为付出了一定的代价,使其本来享有的权益受到一定的限制与剥夺。因此,对犯罪人判处和执行刑罚,会对其在生理上和精神上造成强烈的痛苦体验和畏惧感,使他们充分体会到犯罪的法律后果,从而在服刑期间和刑满之后害怕重蹈覆辙而抑制或者消除再次犯罪的意念。(3) 使受刑人因受到教育改造而不愿再犯罪。如前所述,坚持惩罚与教育改造相结合是实现我国刑罚科学性的一项

① 参见高铭暄主编:《新中国刑法学研究综述(一九四九——一九八五)》,河南人民出版社 1986 年版,第 408~410 页;赵秉志主编:《刑法新教程》,中国人民大学出版社 2001 年版,第 318~319 页。

根本保证。因此,在我国对犯罪人判处和执行刑罚的全过程中,始终以教育改造受刑人为必不可少的内容,而这种教育改造本身具有预防受刑人重新犯罪的最积极的、带有根本性意义的作用。这已经不仅仅是理论上的假定,而是经过实践检验的经验总结。现实中,刑罚执行部门在具体执行工作时通过对受刑人进行耐心细致的思想教育和必要的劳动改造,并针对其心理状况、人格特征和犯罪的具体原因,采取个别化的矫正措施,使他们从被迫接受改造转向自觉进行改造,从思想根源上消除犯罪意识,进而树立起新的世界观和人生观,真正地做到改恶从善,走向新生。

2. 特殊预防的方式。对不同的犯罪人适用不同的刑罚,是特殊预防方式的基本要求。具体而言:(1) 对极少数罪行极其严重的犯罪人通过依法适用死刑立即执行的方式,彻底剥夺其重新犯罪的能力。这是一种最为简单也最为有效的特殊预防的方式,但因其存在相当大的局限性而不应被作为特殊预防的主要方式。(2) 对于被判处管制、单处剥夺政治权利、缓刑或被裁定假释等非监禁性刑罚的,通过对受刑人进行社区矫正等措施,改正其犯罪心理和行为恶习,使其顺利回归社会;对于其中符合一定条件的受刑人,人民法院可以根据其犯罪原因、犯罪性质、犯罪手段、犯罪后的悔罪表现、个人一贯表现等情况,充分考虑与犯罪分子所犯罪行的关联程度,有针对性地决定禁止其在一定时间内从事特定活动、进入特定区域、场所和接触特定的人,减少其再犯的机会。(3) 通过对绝大多数犯罪人适用不同期限的自由刑(含拘役、有期徒刑)将受刑人完全与社会隔离,从而基本保证在刑罚执行期间防止其再次危害社会。同时,在刑罚执行期间,一方面使受刑人感受到服刑的痛苦,另一方面对其进行教育改造,使其于刑满释放后不愿意再犯罪或者不敢再犯罪。需要指出的是,由于刑罚执行期间的长短大体上是与犯罪人的人身危险性相适应的,所以多数人在服刑期满后,其原有的反社会个性品格经过教育改造得到矫正,其人身危险性消失,从而不会再危害社会。即使是那些服刑后仍未完全被教育改造好的人,往往也会因畏惧受刑的痛苦而抑制自己再次犯罪的念头。(4) 适用无期徒刑将受刑人终生与社会隔离,从而防止其再次犯罪。尽管无期徒刑的受刑人也可以被减刑和假释,但那是以其经过接受教育改造,过去形成的犯罪思想全部或者部分消失为前提的,所以曾经被适用无期徒刑的人回归社会,正说明特殊预防的意图已经基本上或完全得到实现。(5) 通过适用财产刑剥夺受刑人财产的一部分或全部,使其丧失再次犯罪的资本,同时财产的被剥夺也会使其因受到一定的教育或者感受到痛苦而抑制受刑人再次犯罪的欲念。(6) 适用剥夺政治权利刑使其在不享有特定的权利期间不能再次实施特定的犯罪,同时教育和警诫受刑人不愿或者不敢产生新的犯罪念头。(7) 通过适用驱逐出境的刑罚剥夺受刑人在我国的居留权使其不能再次在我国犯罪。

3. 特殊预防的实现。犯罪不是与生俱来的,而是一种由后天产生的多种原因聚合引起的复杂社会现象,即犯罪的滋生、蔓延和发展,是历史与现实、个人与社会、主观与客观、内部与外部各种因素相互影响作用的结果。因此,不存在天生的犯罪人,也不存在根本不能改造的犯罪人,只要方法得当,犯罪这种病态的社会现象是可以治疗的。换言之,在理论上任何一个犯罪人都是可以改造的。也正是从这个意义上讲,特殊预防的目的是完全可以实现的。

然而,在现实中,并非每一个受到刑罚处罚的人都得到了改造,从而在回归社会后都不会再次犯罪,事实上重新犯罪率有时还比较高。那么,应当如何看待这种重新犯罪现象呢?能否因此而否定刑罚的特殊预防效果呢?必须指出的是,凡是犯罪人,都是可以改造的,但对犯罪人的改造,又是一项复杂的社会工程,而就某个具体犯罪人而言,能否将其改造成为没有再次犯罪危险性的人,取决于多方面的因素。犯罪原因的复杂性决定了对重新犯罪的预防必须依靠全社会的通力合作,必须采取多方面的预防措施,而不能将刑罚作为实现预防重新犯罪的唯一手段,更不能把预防重新犯罪的责任完全推给刑事审判与刑罚执行机关。

当然,也不可否认,刑罚在预防重新犯罪的各种手段中起到了不可替代的作用,因此需要特别予以重视。从刑罚的角度讲,要实现对重新犯罪的预防,必须在整个刑事法律活动中贯彻特殊预防的思想。首先,在刑罚的创制方面,应充分体现罪责刑相适应的原则,使罪刑关系建立在公正性和科学性的基础之上;其次,在刑罚裁量方面,应坚持按照刑罚个别化的原则,在充分考虑犯罪人的人身危险性程度的情况下进行裁断,使量刑具有针对性和适当性;再次,在刑罚执行方面,应全面贯彻惩罚与教育相结合、劳动与改造相结合的方针,将提高改造质量、防止重新犯罪作为整个刑罚执行工作的中心;最后,应切实避免重惩罚、轻教育,重劳动、轻改造的意识和做法,更好地落实特殊预防的要求。

(二)一般预防

1. 一般预防的概念。一般预防,是指通过制定和对犯罪人适用刑罚,威慑、警诫其他人,预防他们走上犯罪道路。一般预防的对象不是受刑人本人,而是他们之外的社会成员。详言之,一般预防的对象为以下四类人员:(1) 危险分子,即具有犯罪危险的人,如多次实施违法行为的人员,虽处服刑期满但并未彻底改恶从善的人员等。这些人的主观恶性较深,人身危险性大,无疑属于一般预防的重点。(2) 不稳定分子,即有犯罪倾向的人。这主要是指法治观念淡薄,自制能力不强,没有固定职业,容易受犯罪诱惑或容易被犯罪人拉拢教唆的人。不稳定分子主要存在于不良社会群体人员中,也属于一般预防的重点对象。(3) 犯罪被害人及其家属,即直接或间接受到犯罪行为侵害的人。这些人是犯罪的受害者,往往具有复仇的念头,也容易采取犯罪手段来达到报复的目的,故也属于一般预防的对象。(4) 其他社会成员,即上述三类人以外的一般公民。在我国,广大公民一般都能遵纪守法,因而是同犯罪作斗争、维护社会治安的主力军。但是,普通公民也有落后与先进之分,有自觉守法者与不知法的法盲之别;况且,由于社会生活的复杂性,以往守法的公民并不意味着今后必然永远都是守法者,故在他们中间,也不是没有实施犯罪的可能。正因为如此,所有公民都有一个接受法治教育的问题。因此,一般公民也可以成为刑罚一般预防的对象,否则,一般预防就不具有完整的意义。

2. 一般预防的方式。预防对象的不同,决定了实现特殊预防和一般预防的方式上的差异。因为刑罚是直接施加于犯罪人的,所以特殊预防的方式侧重于刑罚的物理性强制和由此而产生的精神强制。而一般预防的对象不是犯罪分子,因此,其方式只能是通过对犯罪人适用刑罚这一客观事实,对其他社会成员产生心理影响。具体而言,一般预防的方式主要是通过刑罚的威慑、安抚、教育和鼓励作用来表现的:(1) 通过制定、适用和执行刑罚,威慑社会上的危险分子和不稳定分子,抑制他们的犯罪念头,使他们不敢以身试法。(2) 通过制定、适用和执行刑罚,表明国家对犯罪的不容忍,安抚犯罪被害人及其家属,以防止报复性犯罪活动的发生。(3) 通过制定、适用和执行刑罚,对广大公民进行法治教育,使他们自觉地防微杜渐,鼓励他们积极地同犯罪作斗争。

3. 一般预防的实现。理论和实证研究的结果表明,刑罚的一般预防意图是可以实现的。然而,实现一般预防的过程,比实现特殊预防的过程要复杂得多。从刑罚的角度讲,要达到一般预防的效果,应当特别注意刑罚的适当性、刑罚的公开性和刑罚的及时性。

刑罚的适当性,是指刑罚的轻重应当与犯罪的轻重相适应,其内容包括两个方面:一是刑事立法上的罪责刑相适应;二是刑事审判中的罪责刑相适应。需要说明的是,对于刑罚轻重与一般预防的关系,在理论和实践上存在两种片面的倾向:一种是把重刑化作为实现一般预防的手段,认为刑法愈重,其威慑效果愈强,愈有助于达到一般预防的目的,于是主张在刑法上设定过重的法定刑并大量增设死刑条款;在刑事审判中应当一律从严乃至极力扩大死刑的适用。另一种是将轻刑化作为实现一般预防的手段,认为重刑只会造成相反的效果,而只有轻刑才能达到一般预防的功效,所以主张在刑法上大大降低犯罪的法定刑并废除死刑,在刑事审判中少用自由刑而多用财产刑和资格刑。本书认为,以上两种倾向都是错误的,都不利于达到一般预防的目的。因为如果刑罚过重,会使公民产生刑罚严酷不人道的印象,使人们转而同情犯罪人或者降低守法的自觉性;而刑罚过轻,则很难产生应有的威慑和教育作用。所以,只有做到刑罚适当,使重罪者受重判,轻罪者受轻罚,才能收到一般预防的效果。

刑罚的公开性,是指国家应将刑罚公布于众,使全体社会成员均能知晓。刑罚的公开性也是由刑事立法上的刑罚公开和刑事审判上的刑罚公开组成的。对于刑罚公开与一般预防的关系,历史上曾有过不同的主张:一种主张认为刑罚愈秘而不宣,愈有利于一般预防,即所谓"刑不可知则威不可测";另一种主张则认为只有刑罚公开方能使人们感受到刑法的威力,也才能使人们不敢轻易触犯刑律。应当承认,在现代社会,刑罚的公开对实现一般预防具有重要意义。首先,在刑法上明文规定各种犯罪的具体法律后果,可以促使人们约束自己的行为,不致走上犯罪道路。其次,在刑事审判中公开判决结果,可以使人们受到生动形象的法治教育,而这种教育作用正是一般预防所需要的。

刑罚的及时性,是指犯罪案件发生后,司法机关应当在尽可能短的时间内,将犯罪人缉拿归案,交付审判,执行刑罚。刑罚及时性包括及时判决和及时执行刑罚,显然这两个及时又要以及时侦查、起诉为前提。需要指出的是,刑罚的及时与否,所产生的效果大不相同。如果犯罪发生后,司法机关能及时破案,及时起诉,及时审判,就会使被害人及其家属的心理及时得到抚慰,使广大公民的义愤及时得以平息,同时,还可以使人们在对罪案记忆犹新,受到教育。相反,若案件久拖不决,或者使犯罪人长期逍遥法外,则会使人们失去对司法机关乃至法律的信任。即使犯罪人最终受到刑罚处罚,但因为不及时,其威慑和教育作用将大大降低。在某些场合,不及时的刑罚甚至会毫无效果。因此,为了更好地实现一般预防,对犯罪必须依法及时侦查、起诉、判决和执行刑罚。

(三)特殊预防与一般预防的关系

如前所述,特殊预防和一般预防是刑罚目的的基本内容,或者说是预防犯罪的两种方式。由于特殊预防和一般预防只是基于对象的不同而作的区分,二者的目的完全一致;同时,二者所借助的手段或者途径也是基本相同的,即都有赖于刑罚的制定、裁量和执行。可见,我国刑罚的特殊预防和一般预防是紧密结合、相辅相成的,如果没有特殊预防的方式,一般预防也无法实现;而如果不考虑一般预防,特殊预防的目的也很难达到。因此,在使用刑罚方法预防犯罪的整个过程中,都体现了特殊预防和一般预防相结合的思想。具体而言:立法机关在规定刑罚时,通过确定恰当的刑罚种类和对每一种犯罪配置相应的刑罚来兼顾这两个预防;刑事审判和执行机关则通过刑罚的现实裁量和执行昭示包含特殊预防与一般预防两个方面内容的信息,即对犯罪人而言是惩罚和教育改造的信息,而对其他人来讲则是威慑、安抚和教育的信息。

当然,以上关于刑罚特殊预防与一般预防之间的关系,是从应然角度或者理想层面来论述的。实际上,如何处理好刑罚特殊预防与一般预防的关系,对刑事立法以及司法实践工作来讲,都还是一个需要进一步研究的问题。仅就刑罚裁量工作的一般原则而言,刑事审判机关应当牢牢把握刑罚的预防犯罪目的,在对犯罪人适用刑罚时,既要考虑特殊预防的需要,使判处的刑罚符合惩罚与教育改造罪犯的要求,又要考虑一般预防的需要,使裁量的刑罚满足威慑、安抚和教育其他社会成员的要求,绝不能片面地强调某一方面而忽视了另一方面。否则,就会影响刑罚预防犯罪目的的实现。当然,这并不意味着对刑罚的特殊预防与一般预防要不分主次、等量齐观,实际上完全可以且应该根据不同的情况而有所侧重。一般来讲,人民法院对犯罪人适用刑罚时,应当按照罪责刑相适应的原则,主要考虑特殊预防的需要,然后再适当考虑一般预防的要求,绝不能过分强调一般预防的需要,为了一时的威慑效果而任意判处重刑,甚至背离罪责刑相适应原则而实行严刑峻罚。

复习思考题

1. 什么是刑罚?刑罚有哪些特点?
2. 刑罚与其他法律制裁方法有哪些区别?
3. 什么是刑罚的目的?研究刑罚目的有什么意义?
4. 什么是特殊预防?什么是一般预防?如何处理好二者之间的关系?

自测习题及参考答案

第十章　刑罚的体系和种类

重点提示：

刑罚体系的特点，主刑，附加刑。

第一节　刑罚的体系概述

一、刑罚体系的概念

刑罚的体系，是指国家从有利于实现刑罚的目的出发，依照一定的标准对刑法所确定的刑罚方法进行分类和排列而形成的刑罚序列。准确理解刑罚体系的概念，需要把握以下几个方面：

（一）刑罚体系的构成要素是具体的刑罚方法即刑种

体系是指“若干有关事物或某些意识互相联系而构成的一个整体”①，即由若干个要素构成的有机体，刑罚体系也不例外。构成刑罚体系的要素是各种具体的刑罚方法或称刑种。没有刑种就不可能形成刑罚体系。

（二）构成刑罚体系的刑种是由国家选择确定的

刑罚体系由哪些刑种构成是由国家通过其职能机关选择的。我国的刑罚体系中的刑种是国家最高立法机关在总结长期以来我国各种刑事立法规定的刑罚方法及其运用效果的基础上选择确定的。这种选择确定的过程是一个刑罚方法由少到多，由不统一、不完备到统一完备，由对主刑、附加刑不作区分到区分主刑与附加刑，由分散规定在各个单行刑法内到集中统一规定在刑法典中的发展过程。②

（三）作为构成刑罚体系要素的各刑种是依据一定的标准排列的

刑罚体系不是各种刑罚方法的简单拼凑，而是立法机关严格按照一定的标准来进行排列的。我国刑法将构成刑罚体系的刑种分成两类（主刑和附加刑），然后主要按每一类刑罚

① 中国社会科学院语言研究所词典编辑室编：《现代汉语词典》，商务印书馆 2012 年版，第 1281 页。

② 参见高铭暄主编：《中国刑法学》，中国人民大学出版社 1989 年版，第 236~237 页。

方法之间的严厉程度由轻到重依次排列。

(四) 刑罚体系是由刑法加以规定的

各国的刑罚体系都是由刑法规定的,只是不同国家对其规定的方式不同。我国是成文法国家,罪刑法定原则是我国刑法的一项基本原则,它决定了我国刑罚体系只能由刑法明文加以规定。这种明文规定体现在:首先,作为构成刑罚体系要素的刑种是刑法明文规定的,刑法没有明文规定的惩罚方法不能视为刑种;其次,主刑与附加刑的分类是由刑法明文规定的;最后,刑罚种类的先后排列顺序是由刑法明文规定的。

(五) 刑罚体系确立的根据是有利于刑罚目的的实现

在我国的刑罚体系中,无论是刑罚方法的选择,还是刑种的分类抑或排列,都是立法机关从有利于刑罚目的的实现出发确定的。可见,立法机关确立刑罚体系也不是随心而欲的。因此,对刑罚体系的认识不能只看其表面,应当注意其表象后面隐藏的立法者确立刑罚体系的意图。应当承认,我国现行的刑罚体系是目前历史条件下最有利于实现刑罚目的的。

二、我国刑罚体系的特点

(一) 要素齐备,结构合理

我国刑罚体系是一个由分别被确定为主刑和附加刑的若干刑罚方法构成的完整体系。这一体系的构成要素中既有开放性的仅仅限制而不剥夺犯罪人人身自由的刑种即管制,也有短期剥夺其人身自由的刑种即拘役;既有剥夺犯罪人一定期限的人身自由的有期徒刑和剥夺其终身自由的无期徒刑,也有剥夺罪行极其严重的犯罪人生命的死刑;既有强制犯罪人向国家缴纳一定数额金钱的罚金刑,也有剥夺其一定权利与资格的剥夺政治权利刑;既有没收财产刑,也有专门适用于犯罪的外国人的驱逐出境刑。上述不同的刑种可以适用于不同的犯罪和不同的犯罪人,显得十分全面完备。

我国刑罚体系不仅构成要素齐备,而且结构合理。这首先表现在主刑与附加刑结构合理。即主刑在前,附加刑在后,体现了主刑是对犯罪人主要适用的刑罚方法,附加刑是对主刑补充适用的刑罚方法的特点,主次关系分明。其次,各个刑种的结构合理。主刑中的各种刑罚方法根据各自的严厉程度由轻到重依次排列,各种附加刑的排列也基本上同样如此。

(二) 宽严相济,衔接紧凑

从刑法的规定看,构成我国刑罚体系的刑种,无论是主刑还是附加刑,都是有轻有重,如主刑中既有轻刑管制和拘役,也有较重的有期徒刑,亦有更重的无期徒刑,此外还有最重的死刑。附加刑的各个刑种同样也是轻重有别。这表明了我国刑罚体系具有宽严相济的特点。

我国刑罚体系的构成要素不仅有轻有重、宽严相济,而且轻重紧密衔接,如拘役与有期徒刑是相邻的两个刑种，其中拘役的期限为1个月以上6个月以下，有期徒刑的期限为6个月以上15年以下。可见，不同的刑种之间特别是剥夺自由的刑种之间的衔接是非常紧凑、没有太大缝隙的。

（三）内容合理，方法人道

我国刑罚体系的合理性之一表现为在内容上立足于我国国情，反映了我国长期以来同犯罪作斗争的成功经验，如各种刑罚方法既有惩罚的一面，也有教育改造的一面，有的刑种还体现了在惩治犯罪的工作中专门机关同人民群众相结合的思想等。这些都符合我国的国情。其合理性之二表现在我国刑罚体系以自由刑为中心，同时包括我国所独有的管制这一开放性刑罚方法和各国越来越广泛适用的罚金刑，符合世界各国刑罚发展的历史趋势。

这里的方法人道，是指我国刑罚体系中的各种刑罚方法虽具有造成犯罪人一定痛苦的属性，但并不残虐。从一般观念讲，所有的刑种都不会造成犯罪人肉体上的摧残、人格上的侮辱和精神上的虐待。除死刑立即执行外，其他的刑罚方法都在一定程度上强调对犯罪人的教育与改造。因此，应当承认我国的刑罚方法是具有人道性的。

三、刑罚的种类

虽然当今世界大多数国家都就刑罚体系中的刑罚方法作了分类，但不同国家在刑罚体系的种类划分上并不完全相同。概括地讲，主要存在着二分法与三分法的区别。前者将刑罚体系中确认的刑罚方法分为主刑与附加刑两类；后者则将其或者分为重刑、轻刑与附加刑，或者分为主刑、附加刑与从刑。①

如前所述，我国将刑罚体系中的刑罚方法分为主刑与附加刑两类。主刑，是对犯罪人适用的主要刑罚方法。其特点是：只能独立适用而不能附加适用，即对一种犯罪只能适用一种主刑而不能适用两种以上的主刑。我国刑法规定的主刑，由轻到重依次为管制、拘役、有期徒刑、无期徒刑和死刑。附加刑，是补充主刑适用的刑罚方法。附加刑的特点是既可以附加主刑适用，一般也可以独立适用（但根据我国刑法的规定，没收财产这一附加刑不能单独适用）；而且在许多情况下对一罪可以同时适用两个以上的附加刑。附加刑具体包括罚金、剥夺政治权利、没收财产和驱逐出境。

第二节　主刑

一、管制

（一）管制的概念

管制，是指限制犯罪人的一定自由但不予关押而将其交由司法行政机关实行社区矫正

① 参见邱兴隆、许章润：《刑罚学》，群众出版社1988年版，第156页。

的一种刑罚方法。管制是我国独创的一种刑罚方法。这一刑种产生于我国民主革命时期,新中国成立后继续采用,最初仅适用于犯反革命罪(1997 年修订的《刑法》取消了这一罪名)和贪污罪的犯罪人,后来逐渐扩大到其他犯罪分子。我国 1979 年《刑法》正式将管制纳入刑罚体系的主刑之中,1997 年《刑法》继续将其规定为最轻的一种主刑。

将管制规定为主刑,对完善我国刑罚体系具有十分重要的意义,因为它作为一种限制自由的刑罚方法,起到了填补剥夺自由与其他不剥夺自由的刑罚方法之间空隙的作用,使各种刑罚之间的衔接更加紧密。而且,由于管制对受刑人仅仅是限制而不剥夺自由,因此可以避免剥夺自由刑所固有的使受刑人之间交叉感染这一副作用。此外,管制可以调动社会力量直接参与对犯罪人的改造,同时,根据《刑法》第 39 条第 2 款的规定,对于被判处管制的犯罪分子,在劳动中应当同工同酬,可见这种刑罚也不会给受刑人的劳动、工作和家庭生活带来严重的影响,从而有利于对犯罪人的改造和社会秩序的稳定。因此,管制这种开放性的刑罚方法既切合我国关于司法工作应走群众路线的一贯主张,又符合刑罚改革的国际化趋势。

(二) 管制的特点

1. 对受刑人不予关押。即不是将受刑人羁押在特定的场所或者设施内剥夺其人身自由。这是管制刑开放性的标志,是管制与拘役、有期徒刑等剥夺自由刑的重要区别之处。

2. 限制受刑人一定的人身自由。管制虽然不剥夺犯罪人的人身自由,但作为一种刑罚方法,它当然也具有惩罚性。管制的惩罚性表现在对受刑人人身自由的限制上。《刑法》第 38 条第 2 款规定:“判处管制,可以根据犯罪情况,同时禁止犯罪分子在执行期间从事特定活动,进入特定区域、场所,接触特定的人。”人民法院可以根据管制犯的犯罪原因、犯罪性质、犯罪手段、犯罪后的悔罪表现、个人一贯表现等情况,充分考虑与犯罪分子所犯罪行的关联程度,有针对性地决定禁止其在管制执行期间从事特定活动、进入特定区域、场所和接触特定的人。根据该条第 4 款的规定,犯罪人违反该禁止令的,由公安机关依照《治安管理处罚法》的规定处罚。此外,根据《刑法》第 39 条第 1 款的规定,被判处管制的犯罪分子,在执行期间应当遵守下列规定:(1) 遵守法律、行政法规,服从监督;(2) 未经执行机关批准,不得行使言论、出版、集会、结社、游行、示威自由的权利;(3) 按照执行机关规定报告自己的活动情况;(4) 遵守执行机关关于会客的规定;(5) 离开所居住的市、县或者迁居,应当报经执行机关批准。

3. 对受刑人的限制有一定的期限。管制是有期限的刑罚方法,对犯罪人不能无限期地实行管制。根据《刑法》第 38 条第 1 款的规定,管制的期限为 3 个月以上 2 年以下。另据《刑法》第 69 条的规定,数罪并罚时,管制的期限最高不得超过 3 年。依照《刑法》第 40 条的规定,管制期满,执行机关应向被判处管制的犯罪人本人和其所在单位或者居住地的群众宣布解除管制。

关于管制刑期的计算,《刑法》第 41 条规定:“管制的刑期,从判决执行之日起计算;判决执行以前先行羁押的,羁押一日折抵刑期二日。”这里的判决执行之日,应当是指判决的生效之日,因为根据《刑事诉讼法》第 259 条的规定,判决在发生法律效力后执行。发生法律效力的判决包括已过法定期限没有上诉、抗诉的判决以及终审的判决。这里的羁押,是在判决以前的刑事诉讼过程中对犯罪人暂时关押的强制措施,一般指刑事拘留和逮捕。

4. 对受刑人进行社区矫正。社区矫正,是指将符合法定条件的罪犯置于社区内,由专门的矫正机关在判决、裁定或决定确定的期限内,矫正其犯罪心理和行为恶习,促进其顺利回归社会的非监禁刑罚执行活动。

根据《刑法》第 38 条第 3 款,对被判处管制的犯罪分子,依法实行社区矫正。我国从 2003 年起开始在部分地区实行社区矫正试点工作。在积累了一定的经验后,2009 年 9 月 2 日最高人民法院、最高人民检察院、公安部、司法部联合下发《关于在全国试行社区矫正工作的意见》,在全国范围内开展社区矫正工作。2019 年 12 月 28 日,十三届全国人大常委会第十五次会议表决通过了《中华人民共和国社区矫正法》,并于 2020 年 7 月 1 日起正式实施。

可见,社区矫正是一种新型的刑罚执行方式。不同于其他自由刑的执行,社区矫正不需要将受刑人关押在一定场所,而是通过受刑人所在的社区对受刑人进行监督、教育和再社会化的一种执行方式。社区矫正具有以下特点:(1) 根据《社区矫正法》第 2 条的规定,我国社区矫正的对象包括被判处管制、宣告缓刑、假释和被暂予监外执行的罪犯。(2) 社区矫正不将受刑人关押,而是将其置于所在社区内,由专门的社区矫正机构在居民委员会、村民委员会和企业事业单位、社会组织、志愿者等社会力量的协助下,在判决、宣告、裁定或决定确定的期限内,对罪犯进行监督、教育,促进其顺利回归社会。通过监督管理、教育帮扶等社区矫正的基础性工作,促使受刑人早日顺利回归和融入社会,防止其重新违法犯罪,并切实解决社区服刑人员基本生活保障等方面的困难和问题。(3) 社区矫正的主管机关为司法行政机关。根据《社区矫正法》第 8 条第 1 款的规定,国务院司法行政部门主管全国的社区矫正工作。县级以上地方人民政府司法行政部门主管本行政区域内的社区矫正工作。(4) 社区矫正的实施机构。根据《社区矫正法》第 9 条第 1 款的规定,县级以上地方人民政府根据需要设置社区矫正机构,负责社区矫正工作的具体实施。司法所根据社区矫正机构的委托,承担社区矫正相关工作。

二、拘役

(一) 拘役的概念

拘役,是指短期剥夺犯罪人的人身自由,由公安机关就近执行并对受刑人进行劳动改造的刑罚方法。由于拘役剥夺受刑人的人身自由,因而比管制要严厉;但是拘役又是短期自由刑,比有期徒刑要轻。所以,作为填补限制自由的管制刑和在较长时间内完全剥夺自由的有期徒刑之间空隙的拘役,在我国刑罚体系中同样占有重要地位。

拘役与刑事拘留、民事拘留、行政拘留都是短期剥夺自由的法律措施,但它们是完全不同的强制方法。区别在于:(1) 性质不同。拘役属于刑罚方法,而刑事拘留是刑事诉讼中的一种强制措施,民事拘留属于司法行政性质的处罚,行政拘留则属于治安行政处罚。(2) 适用的对象不同。拘役适用于罪行较轻的犯罪人;刑事拘留适用于具有《刑事诉讼法》第 82 条规定的 7 种情形之一的现行犯或者重大嫌疑分子;民事拘留适用于《中华人民共和国民事诉讼法》(以下简称《民事诉讼法》)第 114 条规定的 6 种行为之一但又不构成犯罪的民事诉讼参与人或其他人;行政拘留适用于违反治安管理法规但尚未达到犯罪程度的行为人。(3) 适用机关不同。拘役和民事拘留均由人民法院适用,但拘役由人民法院的刑事审判部门适用,民事拘留由人民法院的民事审判部门适用;刑事拘留由公安机关或人民检察院适用;行政拘留则只能由公安机关适用。(4)适用的法律依据不同。拘役依照刑法的规定适用,刑事拘留依照刑事诉讼法的规定适用,民事拘留依照民事诉讼法的规定适用,行政拘留则依照治安管理处罚法的规定适用。

(二)拘役的特点

1. 剥夺受刑人的自由。即将被判处拘役的犯罪人关押于特定的场所,使其丧失人身自由,并对其进行劳动改造。由此可见,拘役适用于那些虽然罪行较轻但仍然需要关押的犯罪分子。

2. 剥夺自由的期限较短。如前所述,拘役是主刑中介于管制与有期徒刑之间的一种轻刑。根据《刑法》第 42 条的规定,拘役的期限为 1 个月以上 6 个月以下。另据《刑法》第 69 条的规定,数罪并罚时,拘役期限最长不得超过 1 年。此外,根据《刑法》第 44 条的规定,拘役的刑期从判决执行之日起计算,判决执行以前先行羁押的,羁押 1 日折抵刑期 1 日。

3. 由公安机关就近执行。《刑法》第 43 条第 1 款规定:"被判处拘役的犯罪分子,由公安机关就近执行。"这一规定包括两方面内容:一是拘役的执行机关只能是公安机关,其他机关无权执行这种刑罚。二是就近执行。就近执行,是指将受刑人安置在所在地的县、市或市辖区的公安机关设置的拘役所执行;没有建立拘役所的,安排在离犯罪人所在地较近的监狱执行;犯罪人所在地附近没有监狱的,可将其安排在看守所执行。对置于监狱或看守所执行拘役的受刑人,要实行分管分押,以防止交叉感染。对在监狱执行拘役的犯罪人,要组织其进行劳动。对在看守所执行的拘役犯,也应积极创造条件,使其能够在所内参加一些手工业、副业等生产劳动;也可以与看守所驻地附近的生产劳动单位联系,安排拘役犯参加一些生产劳动。

4. 受刑人享受一定的待遇。因为被判处拘役的是一些罪行比较轻微的犯罪人,所以按照《刑法》第 43 条第 2 款的规定,在执行期间,受刑人每月可以回家 1 至 2 天;参加劳动的,可以酌量发给报酬。

三、有期徒刑

(一)有期徒刑的概念

有期徒刑,是指剥夺犯罪分子一定期限的人身自由,并强迫其劳动、接受教育和改造的一种刑罚方法。在我国刑罚体系中,有期徒刑居于十分重要的地位。有期徒刑的刑期幅度大,适用面宽,为人民法院根据具体案情依据罪责刑相适应原则对犯罪人区别对待提供了较广阔的空间,因此,我国刑法将有期徒刑作为多数犯罪可供选择的刑种之一。在司法实践中,有期徒刑也是适用率最高的一种刑罚方法。

(二)有期徒刑的特点

1. 剥夺犯罪分子的人身自由,即将受刑人关押于一定的场所服刑,使其丧失人身自由。

2. 对犯罪人自由的剥夺具有一定的期限。根据《刑法》第 45 条的规定,有期徒刑的刑期一般为 6 个月以上 15 年以下。另据《刑法》第 50 条的规定，被判处死刑缓期执行的犯罪分子，如果没有故意犯罪，2 年期满后，减为无期徒刑，如果确有重大立功表现，2 年期满后，减为 25 年有期徒刑。此外，根据《刑法》第 69 条的规定，数罪并罚时，有期徒刑的总和刑期不满 35 年的，最高不能超过 20 年，总和刑期在 35 年以上的，最高不能超过 25 年。关于有期徒刑刑期的计算，《刑法》第 47 条规定："有期徒刑的刑期，从判决执行之日起计算；判决执行以前先行羁押的，羁押一日折抵刑期一日。"

3. 在监狱或者其他执行场所执行刑罚。有期徒刑是一种较重的刑罚方法，因此对被判处有期徒刑的犯罪人不能像被判拘役那样安排在拘役所、看守所执行，而应在监狱或者其他专门执行场所执行。有期徒刑的执行场所有以下几种：(1) 监狱。根据《监狱法》第 2 条的规定，监狱是执行死刑缓期 2 年执行、无期徒刑和有期徒刑的场所。所以，监狱是执行有期徒刑的一种场所，并且是主要场所。(2) 其他执行场所，即监狱之外的专门用来执行有期徒刑或者无期徒刑的机关。这主要是指未成年犯管教所。根据《监狱法》第 74 条的规定，对未成年犯应当在未成年犯管教所执行刑罚。未成年犯管教所是为防止交叉感染而以未成年犯为对象的刑罚执行机关，所管押的均为 14 周岁以上不满 18 周岁的未成年犯罪人。另外，根据《刑事诉讼法》第 264 条第 2 款和《监狱法》第 15 条第 2 款的规定，对于被判处有期徒刑的罪犯，在被交付执行刑罚前，剩余刑期在 3 个月以下的，由看守所代为执行。

4. 强迫受刑人参加劳动和接受教育和改造。根据《刑法》第 46 条的规定，被判处有期徒刑的犯罪分子，凡有劳动能力的，都应当参加劳动，接受教育和改造。这表明，我国对于被判处有期徒刑的犯罪人，不是消极地仅仅实行关押和监禁，也不是将刑罚执行机关当做单纯从事生产的企业，而是通过劳动的方式，使犯罪人接受教育和改造，以达到预防其重新犯罪的目的。需要说明的是，犯罪分子参加劳动是一种强制性规定。这意味着：(1) 凡有劳动能力的犯罪人，都必须参加劳动，不以本人的主观意愿为转移。(2) 除法律另有规定的特殊情况之外，受刑人在劳动的场所、种类、形式和时间方面，必须无条件服从执行机关的安排，没有自由选择的余地。(3) 罪犯的劳动，是在严格监督下进行的。即一方面是在严格的武装警戒下进行的；另一方面，劳动表现作为罪犯认罪悔罪与否的具体指标，是法定的奖惩考核的内容。执行机关在强制受刑人参加劳动的同时，也要对其进行充分的法治、道德、文化与技术等方面的教育，通过劳动改造和教育感化，使犯罪分子转变为守法的新人。

（三）有期徒刑与拘役的区别

有期徒刑与拘役虽然同属于有期限的剥夺自由的刑罚方法，但二者之间也具有很多不同点，具体如下：

1. 执行的场所不同。拘役在犯罪人所在地就近执行，一般在拘役所、看守所执行；而有期徒刑主要在监狱执行。

2. 执行机关不同。拘役的执行机关是公安机关；而有期徒刑的执行机关主要是监狱。

3. 期限不同。有期徒刑的期限长、起点高、幅度大；而拘役的期限短、起点低、幅度小。

4. 执行期间的待遇不同。在执行拘役期间，受刑人每月可以回家 1~2 天，参加劳动的，可以酌量给予报酬；而在执行有期徒刑期间，凡有劳动能力的受刑人应一律无偿地实行强制劳动,被判刑人也不享受每月可以回家 1 至 2 天的待遇。

5. 法律后果不同。被判处有期徒刑的犯罪人,在刑罚执行完毕或者赦免以后 5 年之内再犯应当被判处有期徒刑之罪的,可以构成属于应当从重处罚情节的累犯;而被判处拘役的犯罪人,在刑罚执行完毕或者赦免以后再犯罪的,一般不构成累犯。

四、无期徒刑

(一) 无期徒刑的概念

无期徒刑,是指剥夺犯罪分子终身自由,强制其参加劳动并接受教育和改造的一种刑罚方法。无期徒刑是剥夺自由刑中最严厉的一种刑罚。在所有的刑罚方法中,它的严厉程度仅次于死刑。无期徒刑的严厉性决定了其所适用的对象只能是罪行非常严重,虽不必判处死刑但需要与社会永久隔离的犯罪分子。可见,无期徒刑在我国刑罚体系中同样承担着重要的角色。

(二) 无期徒刑的特点

1. 剥夺犯罪分子的自由,即将犯罪分子关押于特定的场所,使其丧失人身自由。

2. 对犯罪分子自由的剥夺没有期限,即剥夺受刑人的终身自由。需要说明的是,无期徒刑尽管就其字面含义讲,是终身剥夺自由,实行无限期的关押,但实际上也并不都是一定要把所有被判处无期徒刑的犯罪分子都关押到死为止,除极个别的情形[①]外,只要犯罪分子有悔过自新的表现,就可能被允许回归到社会上。根据刑法的规定,适用无期徒刑的犯罪分子,在服刑期间的表现符合法定的条件的,可以将刑罚减为有期徒刑或者对其适用假释。此外,在国家发布特赦令的情况下,符合特赦条件的受刑人,也可以被特赦释放。从我国执行无期徒刑的实际情况来看,大量的被判处无期徒刑的犯罪人最终回到了社会上。由此可见,判处无期徒刑并不意味着断绝犯罪人的再生之路。当然,那些不愿意悔改的犯罪分子就只能在监狱度过其余生了。

3. 强迫受刑人参加劳动与接受教育和改造。根据《刑法》第 46 条的规定,被判处无期徒刑的犯罪分子,除无劳动能力的外,都应当参加劳动,接受教育和改造。

4. 判决执行前羁押的期限不能折抵刑期。由于无期徒刑本无期限可言,因而受刑人在判决执行前被先行羁押的时间不存在折抵刑期的问题。

5. 必须附加剥夺政治权利终身。因为无期徒刑的适用对象是罪行严重的犯罪分子,所以按照《刑法》第 57 条第 1 款的规定,对被判处无期徒刑的犯罪分子,应当附加剥夺政治权利终身。

(三) 无期徒刑与有期徒刑的区别

无期徒刑与有期徒刑都是剥夺自由的刑罚方法,但二者之间也有着明显的不同,具体如下:

---

① 这里的例外情形是指《刑法修正案(九)》规定的对贪污、受贿罪行极其严重的,判处死刑缓期二年执行,以及期满减为无期徒刑后,终身监禁,不得减刑、假释的情况。

1. 无期徒刑是剥夺犯罪分子的终身自由,而有期徒刑则是剥夺犯罪分子一定期限的人身自由。

2. 由于无期徒刑具有不可划分的性质,因此只能适用于犯有严重罪行的犯罪分子;而有期徒刑因为具有可分性,所以既可以适用于犯有较严重罪行的犯罪分子,也可以适用于犯有较轻罪行的犯罪分子。

3. 对被判处无期徒刑的犯罪分子,必须附加适用剥夺政治权利终身;而对被判处有期徒刑的犯罪分子则不一定都要剥夺政治权利,并且对需要剥夺政治权利的,也只能依照刑法的有关规定剥夺一定期限的政治权利。

五、死刑

(一) 死刑的概念

死刑,是指剥夺犯罪分子生命的刑罚方法,包括死刑立即执行和死刑缓期执行两种情况。因为死刑以剥夺犯罪分子的生命为内容,所以又称为生命刑。同时由于剥夺生命不同于剥夺自由,人身自由被剥夺后尚可恢复,而生命对于人只有一次,一旦被剥夺则不可恢复,因此死刑(主要是就死刑立即执行而言)是所有刑罚方法中最为严厉的,故又被称为极刑。

死刑是一种最古老的刑罚方法,可以说自从有了犯罪,就有了死刑。在奴隶社会和封建社会,死刑一直受到了历代统治者的青睐,其存在的必要性也从未受到过质疑。但自从 18 世纪意大利刑法学家贝卡里亚首次对死刑的合理性提出质疑后,死刑是否应当被继续保留不断被人争论。两百多年来,人们围绕人的生命价值、死刑是否具有威慑力、是否残忍和不人道以及司法部门错判死刑的后果等问题进行了长期的讨论,最终一部分人形成应当彻底废除死刑的观点,而另外一部分人得出应当有条件地保留死刑的结论。[①] 从目前世界各国的刑事立法来看,一些国家已经完全地或者开始分步骤地废除死刑,而其他一些国家仍然保留了死刑。

近些年来,死刑存废也成为我国刑法理论上的热点问题,但多数学者的意见还是在目前情况下应有限制地保留死刑而不应废除死刑。国家的态度也是如此,因而我国刑法仍将死刑规定为主刑之一。我国现阶段之所以保留死刑,是因为:(1) 目前现实生活中还存在着极其严重的危害国家安全、危害公共安全、破坏社会主义市场经济秩序、侵犯公民人身权利以及其他方面的犯罪,保留死刑有利于有效地惩治这些犯罪,从而切实地维护国家和人民的重大利益。(2) 保留死刑有助于实现我国刑罚的目的。一些罪行极其严重的犯罪分子主观恶性和人身危险性极大,只有对其适用死刑,才能使他们不再犯罪,从而实现刑罚特殊预防的意图。同时,对极其严重的犯罪规定和适用死刑,也使那些具有实施极其严重犯罪之犯意的人因有所惧怕而不敢以身试法,从而达到一般预防的效果。(3) 保留死刑符合我国现阶段的社会价值观念,具有满足社会大众安全心理需要的功能,为广大人民群众所支持;而废除死刑则超越了我国现阶段的价值观念,容易导致社会大众在安全方面的心理恐惧,因而很难为

---

① 参见胡云腾:《死刑通论》,中国政法大学出版社 1995 年版,第 143~169 页。

广大人民群众所赞同。总之,我国在现阶段保留死刑的决定是建立在充分考虑我国社会主义初级阶段的基本国情和实际需要的基础之上的。

需要指出的是,保留死刑只是我国目前在死刑问题上的基本态度的内容之一,而不是其全部,我国目前对死刑的基本态度的完整内容是在保留死刑的基础上坚持严格控制死刑、慎重适用死刑,即通常所说的少杀慎杀。之所以要坚持少杀慎杀,是因为:(1)大量适用死刑不符合我国社会主义的社会性质,社会主义社会是没有阶级剥削和阶级压迫的社会,是以建设高度的物质文明和精神文明、实现人的全面解放为主要任务的社会,因而大量适用死刑是与社会主义社会的发展要求背道而驰的。(2)死刑的威慑力来源于死刑适用的必要性和慎重性,只有在必要的场合谨慎地适用死刑,才能保持死刑的威慑力度,滥用死刑必将使其丧失威慑力及预防犯罪的作用。(3)生命的丧失具有不可恢复性,其错误适用将会导致不可挽回的损失,大量地适用死刑难免造成错杀,而坚持少杀慎杀必然有助于防止错杀。(4)限制死刑的适用是当今世界上的发展趋势,坚持少杀慎杀为顺应这一趋势所必需。因此,坚持严格控制死刑、慎重适用死刑是我国对死刑的一贯政策。这一政策通过我国刑法对死刑适用的具体规定得到了充分的体现。

从立法沿革上看,自 1997 年以来,我国规定死刑的罪名数量呈逐步减少的趋势,死刑改革在不断取得进步。1997 年《刑法》修订后,我国刑法规范中设定死刑的罪名共 68 个,此后经历了七次《刑法修正案》的修正,但数量上一直维持不变。至 2011 年出台《刑法修正案(八)》,正式开启了我国刑法的死刑废除之路,表现为:在《刑法》总则中,增设了第 49 条第 2 款,规定“审判的时候已满七十五周岁的人,不适用死刑,但以特别残忍手段致人死亡的除外”,确立了对 75 周岁以上老年人一般不适用死刑的限制性原则。而在分则中,取消了 13 个罪名中适用死刑的规定,具体包括:《刑法》第 151 条第 2 款的走私文物罪,走私贵重金属罪,走私珍贵动物、珍贵动物制品罪;第 153 条的走私普通货物、物品罪;第 194 条第 1 款的票据诈骗罪;第 194 条第 2 款的金融凭证诈骗罪;第 195 条的信用证诈骗罪;第 205 条的虚开增值税专用发票、用于骗取出口退税、抵扣税款发票罪;第 206 条的伪造、出售伪造的增值税专用发票罪;第 264 条的盗窃罪;第 295 条的传授犯罪方法罪;第 328 条第 1 款的盗掘古文化遗址、古墓葬罪;第 328 条第 2 款的盗掘古人类化石、古脊椎动物化石罪。此后,我国刑法中还保留着 55 个适用死刑的罪名。2015 年《刑法修正案(九)》又进一步废除了 9 个罪名的死刑规定,分别是:《刑法》第 151 条第 1 款的走私武器、弹药罪,走私核材料罪,走私假币罪;第 170 条的伪造货币罪;第 192 条的集资诈骗罪;第 358 条第 1 款的组织卖淫罪,强迫卖淫罪;第 426 条的阻碍执行军事职务罪;第 433 条的战时造谣惑众罪。至此,我国刑法中适用死刑的罪名减少至 46 个。

从我国刑法废除死刑规定的整体情况来看,其特点主要体现在以下三个方面:一是从废除死刑规定的罪名数量来看,是成批量的,即都具有一定的规模。《刑法修正案(八)》一次性废除了 13 个罪名的死刑规定,占修正前死刑罪名总数的 19.1%;《刑法修正案(九)》一次性废除了 9 个罪名的死刑规定,占修正前死刑罪名总数的 16.3%。[①] 二是从司法实践中的使用频率看,废除的大多是备而不用、备而少用的死刑规定。如走私文物罪、走私贵重金属罪、走私核材料罪、传授犯罪方法罪等罪名的死刑规定基本上备而不用,而走私武器、弹药罪,走私

① 参见赵秉志主编:《〈中华人民共和国刑法修正案(九)〉理解与适用》,中国法制出版社 2016 年版,第 66 页。

假币罪，票据诈骗罪，金融凭证诈骗罪等罪名的死刑规定则属于备而少用的情形。三是从犯罪客体来看，废除的主要是破坏社会主义市场经济秩序类犯罪和妨害社会管理秩序类犯罪的死刑规定，都属于法定犯的范畴。目前废除死刑规定的22个罪名中，破坏社会主义市场经济秩序类犯罪的数量达14个，而妨害社会管理秩序类犯罪的数量为5个，分别约占废除死刑规定罪名数量的63.6%和22.7%。

（二）死刑的适用

基于坚持严格控制、慎重适用的死刑政策，我国刑法对死刑的适用条件、适用对象、适用程序和执行制度作了尽可能详细而明确的规定，其基本精神是限制死刑的适用。

1. 死刑的适用条件。为限制死刑的适用，我国刑法对死刑的适用条件分别在总则和分则中进行了规定。就总则而言，《刑法》第48条第1款规定："死刑只适用于罪行极其严重的犯罪分子。……"这表明，适用死刑的条件是犯罪分子所犯的罪行极其严重。罪行极其严重包括犯罪的性质极其严重、犯罪的情节极其严重以及犯罪分子的人身危险性极其严重，即三个方面都必须极其严重才能适用死刑。实践中符合上述三位一体条件的情况极少，可见，在刑法总则中设定严格的死刑适用条件是我国限制死刑适用的第一道关口。再就分则来看，我国刑法首先对可以判处死刑的犯罪及适用情节方面的要求均作了明确的规定，从而使前述《刑法》第48条第1款规定的原则规定得到具体的落实，例如，《刑法》第239条第2款规定，犯绑架罪"杀害被绑架人的，或者故意伤害被绑架人，致人重伤、死亡的，处无期徒刑或者死刑，并处没收财产"。除此之外，无论情节多么严重，都不能对犯绑架罪的罪犯适用死刑。其次，除个别情况外，我国刑法分则规定对犯罪适用死刑的条文都是将其与无期徒刑等刑罚方法共同组成一个刑罚裁量幅度，即死刑并非唯一可供适用的刑种，而是作为选项之一由审判机关来掌握。这就意味着即使对罪行极其严重的犯罪分子，从一定意义上讲也不是非判处死刑不可，而是可以适用死刑也可以适用无期徒刑等刑罚方法。

2. 死刑的适用对象。除了上述死刑适用条件的限制外，我国刑法还以排除的方式对死刑的适用对象的范围作了限制。《刑法》第49条第1款规定："犯罪的时候不满十八周岁的人和审判的时候怀孕的妇女，不适用死刑。"这里所说的"不适用死刑"，是指不能判处死刑，包括不能判处死刑缓期二年执行。这一规定充分体现了我国刑法对未成年的犯罪人重在教育改造的政策和社会主义人道主义精神，同时也与世界大多数国家刑事立法的通行做法相一致。需要指出的是，对这里所提到的"审判的时候怀孕"，不能仅仅理解为在人民法院审理案件的时候被告人怀孕情况，也包括在这以前怀孕的情况。根据《最高人民法院关于对怀孕妇女在羁押期间自然流产审判时是否可以适用死刑问题的批复》，怀孕妇女因涉嫌犯罪在羁押期间自然流产后，又因同一事实被起诉、交付审判的，应当视为"审判的时候怀孕的妇女"，依法不适用死刑。由此可见，"审判的时候怀孕"既包括人民法院审理时被告人正在怀孕的情况，也包括案件被起诉到人民法院之前被告人怀孕但自然流产或者被做了人工流产的情况。《刑法》第49条第2款同时规定，审判的时候已满75周岁的人，不适用死刑，但以特别残忍的手段致人死亡的除外。此处的"审判的时候"，包括人民法院对案件进行审查后决定开庭审理到判决生效前的期间。即使犯罪时未满75周岁，但是判决生效前满了75周岁的，也不能适用死刑。使用"特别残忍的手段致人死亡"，指犯罪人使用致被害人遭受长时间或者高强度痛苦的方法、手段或者工具导致被害人死亡或者杀害被害人的情形。[①] 上述规定体现了我国《刑法》矜老恤幼的人文关怀。

3. 死刑的适用程序。为了限制死刑的适用,我国刑法与刑事诉讼法对死刑的适用程序也作了明确的规定。这些规定首先表现在从死刑案件的管辖上进行限制。根据《刑事诉讼法》第 21 条的规定,死刑案件只能由中级以上人民法院进行第一审,基层人民法院无权审理死刑案件,当然也就无权适用死刑。其次表现为死刑核准程序上的限制。根据《刑法》第 48 条第 2 款的规定,死刑(指死刑立即执行的情况)除依法由最高人民法院判决的以外,都应当报请最高人民法院核准。死刑缓期执行的,可以由高级人民法院核准。另据《刑事诉讼法》第 247 条的规定,中级人民法院判处死刑的第一审案件,被告人不上诉的,应当由高级人民法院复核后,报请最高人民法院核准;高级人民法院判处死刑的第一审案件被告人不上诉的以及判处死刑的第二审案件,也都应当报最高人民法院核准。上述关于死刑适用程序的法律规定,是使死刑得到最大限度正确适用的重要保证。

应当指出的是,为了适应同严重犯罪作斗争的需要,全国人民代表大会常务委员会曾经将部分死刑核准权下放到高级人民法院,即在《关于死刑案件核准问题的决定》中规定,因杀人、抢劫、强奸、爆炸、放火等罪行被判处死刑的案件,可由省、自治区、直辖市高级人民法院核准,不必报请最高人民法院核准。1983 年修订的《中华人民共和国人民法院组织法》(以下简称《人民法院组织法》)也规定:“杀人、强奸、抢劫、爆炸以及其他严重危害公共安全和社会治安判处死刑的案件的核准权,最高人民法院在必要的时候,得授权省、自治区、直辖市的高级人民法院行使。”最高人民法院根据上述规定,于 1983 年 9 月 7 日发出《关于授权高级人民法院核准部分死刑案件的通知》,将杀人、强奸、抢劫、爆炸以及其他严重危害公共安全和社会治安判处死刑的案件的核准权,依法授予各省、自治区、直辖市高级人民法院和解放军军事法院行使。1993 年 8 月 18 日、1996 年 3 月 19 日和 1997 年 6 月 23 日,最高人民法院又分别发出通知,决定除由最高人民法院判决的和涉外及涉港、澳、台的毒品犯罪的死刑案件外,依法授权云南省、广东省、广西壮族自治区、四川省、甘肃省、贵州省的高级人民法院行使毒品案件的死刑核准权。可见,尽管 1997 年《刑法》第 48 条第 2 款重申了“死刑除依法由最高人民法院判决的以外,都应当报请最高人民法院核准”,但为了及时严惩严重刑事犯罪,这种对严重刑事案件的死刑核准权的变通在修订的《刑法》颁布施行后仍然被延续。应当看到,这种将部分刑事案件的死刑核准权交由高级人民法院行使的做法,不仅使得死刑的二审程序与核准程序合二为一,从而使严格的死刑审判在程序上被大打折扣,也不利于贯彻国家严格控制、慎重适用的死刑政策。因此,2006 年 10 月 31 日,全国人民代表大会常务委员会第 24 次会议通过了《关于修改〈中华人民共和国人民法院组织法〉的决定》,明确规定自 2007 年 1 月 1 日起,将死刑案件的核准权重新统一收归最高人民法院行使。根据这一决定,最高人民法院于 2006 年 12 月 28 日发布《关于统一行使死刑案件核准权有关问题的决定》,规定自 2007 年 1 月 1 日起,死刑除依法由最高人民法院判决的以外,各高级人民法院和解放军军事法院依法判决和裁定的,应当报请最高人民法院核准;2006 年 12 月 31 日以前,各高级人民法院和解放军军事法院已经核准的死刑立即执行的判决、裁定,依法仍由各高级人民法院、解放军军事法院院长签发执行死刑的命令。最高人民法院的决定同时

① Schönke, Schröder: Strafgesetzbuch Kommentar, 26 Auflage, C.H.Beck, § 211, Rn. 27.

还明确,自2007年1月1日起,最高人民法院以往发布的关于授权高级人民法院和解放军军事法院核准部分死刑案件的通知,一律予以废止。至此,我国刑法中的死刑适用在程序上重新迈入正常的轨道。

4. 死刑的执行制度。我国刑法在死刑执行制度方面对死刑适用的限制体现在:将死刑立即执行和死刑缓期执行确定为执行死刑的两种制度,从而在实际上减少死刑的执行。由于死刑缓期执行的制度具有特殊性,且涉及一些复杂的问题,下面将专门予以阐述。

(三)死刑缓期执行

1. 死刑缓期执行的概念。我国《刑法》第48条第1款规定:"……对于应当判处死刑的犯罪分子,如果不是必须立即执行的,可以判处死刑同时宣告缓期二年执行。"由此可见,死刑缓期执行指对犯罪分子判处死刑同时宣告缓期2年执行,强迫劳动,以观后效的情形。死刑缓期执行是死刑中的一种过渡性处理方法,属于死刑的一种执行制度,简称死缓制度,它与死刑立即执行共同构成死刑这一刑罚方法,而不是轻于死刑的一个独立刑种。死缓制度是我国刑事立法的一个独创。这一制度的确立,对于贯彻严格控制、慎重适用死刑政策,缩小死刑的实际适用范围,促使犯罪分子悔罪自新具有十分重要的意义。

2. 死刑缓期执行的适用条件。根据《刑法》第48条第1款的规定,适用死缓制度必须具备两个条件:(1)适用的对象只能是应当被判处死刑的犯罪分子。这是适用死缓制度的前提。应当被判处死刑,是指根据犯罪分子所犯罪行的严重程度和刑法的规定,对其应该判处死刑。换言之,就是犯罪分子所犯罪行极其严重。对于不是应当判处死刑的犯罪分子,不存在适用死缓的问题。(2)对犯罪分子不是必须立即执行死刑。这里的不是必须立即执行,是指根据犯罪分子所犯罪行,虽然对其应当适用死刑但并不是非立即执行不可。至于哪些属于不是必须立即执行死刑的情形,刑法没有明确规定。依据刑事审判工作的经验,应当被判处死刑的犯罪分子具有以下情形之一的,可以视为不是必须立即执行死刑的情况:犯罪分子犯罪后自首、立功或者有其他法定从轻情节的;在共同犯罪中罪行不是最严重的或者与其他同样或同类案件相比较罪行不是最严重的;被害人的过错导致犯罪人犯罪的;犯罪人有令人怜悯的情形的;有其他应当留有余地的情况的,等等。

3. 死刑缓期执行的最终结果。由于死缓不是独立的刑种,而是暂缓执行死刑的一种制度,故宣告死刑缓期执行还只是一项过渡性的裁判。根据《刑法》第50条第1款的规定,被判处死刑缓期执行的犯罪分子,可能出现四种情况:(1)犯罪人在死刑缓期执行期间没有故意犯罪的,2年期满以后,将死刑减为无期徒刑。(2)受刑人在死刑缓期执行期间确有重大立功表现的,2年期满以后,将死刑减为25年有期徒刑。对这里的重大立功表现,应当根据《刑法》第78条的规定予以确定。(3)犯罪分子在死刑缓期执行期间故意犯罪(其范围及属于何种故意犯罪停止形态均不受限制),情节恶劣的,由最高人民法院核准后,对其立即执行死刑。(4)对死缓期间故意犯罪未执行死刑的,死刑缓期执行的期间重新计算,并报最高人民法院备案。

应当指出的是,《刑法》第50条的规定虽然用语明确,内容具体,但现实情况的复杂性,导致在具体适用上述规定时,仍然存在需要研究的问题。首先,在上述第三种场合,是否应等到2年期满以后再执行死刑?对此本书认为,尽管法定的死缓考察期限为2年,但由于《刑法》第50条对上述前两种情况都明确规定在"2年期满以后"才作出决定,而对此种场合并没有规定期限,所以从文理解释的角度讲,在死缓期间故意犯罪经查证属实的,不必等到 2 年期满就可以执行死刑。况且,假如等到 2 年期满以后再执行死刑,可能会导致故意犯罪与执行死刑的时间间隔过长而使得死刑的执行不合情理。故本书主张对在死缓期间故意犯罪情节恶劣的犯罪分子,经最高人民法院核准后,立即执行死刑。其次,如果犯罪人在死缓期间先有重大立功表现,后来又故意犯罪(不含应当判处死刑之罪,否则应径直适用死刑)的,应如何处理? 这恐怕是一个需要通过正式的法律解释来解决的一个问题。本书认为,在这种情况下,一般应根据罪刑法定原则的精神,作出有利于保障犯罪人权益的选择,即不得执行死刑。当然,犯罪人虽有重大立功表现,但是又故意犯罪,因而在 2 年期满以后,不应对其减为有期徒刑,而应减为无期徒刑。

根据《刑法》第 50 条第 2 款的规定,对被判处死刑缓期执行的累犯以及因故意杀人、强奸、抢劫、绑架、放火、爆炸、投放危险物质或者有组织的暴力性犯罪被判处死刑缓期执行的犯罪人,人民法院根据犯罪情节(人身危险性)等情况可以在作出裁判的同时决定对其限制减刑。而根据《最高人民法院关于办理减刑、假释案件具体应用法律的规定》第 13 条的规定,被限制减刑的死刑缓期执行罪犯,缓期执行期满后依法被减为无期徒刑后,符合减刑条件的,执行 5 年以上方可减刑。减刑间隔时间和减刑幅度,比照未被限制减刑的死缓执行罪犯,在间隔时间和减刑幅度上从严掌握。

前面提到,根据《刑法修正案(九)》的规定,犯贪污罪、受贿罪的犯罪人,具有"数额特别巨大,并使国家和人民利益遭受特别重大损失"的情形,在其被判处死刑缓期执行的前提下,人民法院可以根据犯罪情节等情况同时决定,在其死刑缓期执行期满依法减为无期徒刑后,予以终身监禁,不得减刑、假释。值得注意的是,从立法上看,"终身监禁"是仅针对"数额特别巨大,并使国家和人民利益遭受特别重大损失"的贪污罪、受贿罪犯罪人的特定刑罚执行方式,而非独立的刑种。"终身监禁"制度的适用必须依附于犯罪人被判处死刑缓期执行的宣告刑,且是在这一宣告刑依法减为无期徒刑后适用的,其本身是无期徒刑执行的实际情形之一。因为,就我国刑法规定的刑罚执行制度而言,无期徒刑的具体执行情形,除了终身监禁之外,还应该有犯罪人得以减刑、假释,或者减刑但不得假释的情形。故《刑法修正案(九)》规定的"终身监禁"制度,从法律上限定了贪污罪、受贿罪的犯罪人被减为无期徒刑之后的执行措施,即将不允许其减刑、假释予以法定化,可以理解为对无期徒刑减刑、假释的消极条件的规定,但并不是创立新的刑罚种类。制定这一刑罚执行措施的立法初衷,可能是为了适应国家反腐败形势,打击贪污罪、受贿罪的现实需要,同时考量在未废除以上两种犯罪死刑的情况下,能够寻求一种可行的替代手段,以减少死刑的实际适用,从而贯彻我国当前"宽严相济"的刑事政策。

4. 死刑缓期执行期间的计算。我国《刑法》第 51 条规定:"死刑缓期执行的期间,从判决确定之日起计算。死刑缓期执行减为有期徒刑的刑期,从死刑缓期执行期满之日起计算。"所谓判决确定之日,根据《最高人民法院关于适用〈中华人民共和国刑事诉讼法〉的解释》第 498 条规定,即判决或裁定核准死刑缓期执行的法律文书宣告或送达之日。死缓判决确定以前先行羁押的时间,不能计算在死缓的考验期限之内。这是因为规定死缓的考验期是为了观察犯罪人在这一期间内有无悔改表现,故如果将先行羁押的期间计算在内,就会使考察难以充分进行,缓期 2 年的规定也就因此而失去意义。至于死缓减为有期徒刑的,则无论何时作出裁定(当然这种裁定应及时作出),有期徒刑的刑期均应从死缓期满之日起计算。

第三节 附加刑

一、罚金

(一) 罚金的概念

罚金,是人民法院判处犯罪分子向国家缴纳一定数量金钱的刑罚方法。罚金不同于罚款,二者的区别在于:(1) 性质不同。罚金是刑罚方法,而罚款属于行政处罚。(2) 适用的对象不同。罚金只能适用于犯罪分子,而罚款则主要适用于一般违法人员。(3) 适用的机关不同。适用罚金的机关只能是人民法院,而适用罚款的机关则为公安、海关、税务及工商等行政部门。(4) 适用的法律根据不同。适用罚金的法律根据是刑法,而适用罚款的法律根据是治安管理处罚法、海关法等行政法律法规。

罚金主要适用于贪利性犯罪以及与财产有关的犯罪。此外,也适用于一些妨害社会管理秩序的犯罪。对于追求不法利益的犯罪人判处罚金,剥夺他们一定数额的金钱,既可以从经济上限制犯罪分子继续犯罪的能力,也能对犯罪人起到惩罚与教育改造的作用,符合预防他们再次犯罪的要求。因此,我国刑法分则规定的罚金适用范围是相当广泛的。

(二) 罚金的适用方式

根据刑法分则的规定,罚金刑的适用方式有如下四种:

1. 单处罚金,即规定对犯罪人只能判处罚金,而不能适用其他刑罚方法。单处罚金仅适用于犯罪的单位。我国《刑法》第 31 条规定:“单位犯罪的,对单位判处罚金……”;此外,分则中所有规定单位犯罪的条文都将罚金作为对犯罪的单位适用的唯一刑罚方法。

2. 选处罚金,即规定将罚金作为一种与有关主刑并列的刑罚方法,由人民法院根据犯罪的具体情况选择适用,如《刑法》第 309 条规定,聚众哄闹、冲击法庭;或者殴打司法工作人员或诉讼参与人;或者侮辱、诽谤,威胁司法工作人员或诉讼参与人,不听法庭制止,严重扰乱法庭秩序;或者有毁坏法庭设施,抢夺、损毁诉讼文书、证据等扰乱法庭秩序行为,情节严重的,处 3 年以下有期徒刑、拘役、管制或者罚金。根据最高人民法院发布的《关于适用财产刑若干问题的规定》(以下简称《适用财产刑的规定》),在上述场合,人民法院对犯罪情节较轻,适用单处罚金不致再危害社会并具有下列情形之一的,可以依法单处罚金:(1) 偶犯或者初犯的;(2) 自首或者有立功表现的;(3) 犯罪时不满 18 周岁的;(4) 犯罪预备、中止或者未遂的;(5) 被胁迫参加犯罪的;(6) 全部退赃并有悔改表现的;(7) 其他可以依法单处罚金的情形。

3. 并处罚金,即规定在对犯罪人判处主刑的同时附加适用罚金,包括必须附加适用和可以附加适用两种情形。需要指出的是,我国刑法在规定对某种犯罪判处主刑同时附加适用罚金的条文中一般都用“并处”的表述,如《刑法》第 229 条第 1 款规定,承担资产评估、验资、验证、会计、审计、法律服务、保荐、安全评价、环境影响评价、环境监测等职责的中介组织的人员故意提供虚假证明文件,情节严重的,处 5 年以下有期徒刑或者拘役,并处罚金。但是在刑法分则中也有个别条文的表述是“可以并处罚金”,如《刑法》第 325 条对非法向外国人出售、赠送珍贵文物罪规定的就是可以并处罚金。根据《适用财产刑的规定》,刑法规定“并处”罚金的犯罪,人民法院在对犯罪分子判处主刑的同时,必须依法判处罚金刑;刑法规定“可以并处”罚金的犯罪,人民法院应当根据案件具体情况及犯罪分子的财产状况,决定是否适用罚金。

4. 并处或单处罚金,即规定罚金既可以附加主刑适用,也可以作为与一定主刑并列的刑罚方法供司法人员单独选用。如《刑法》第216条规定:“假冒他人专利,情节严重的,处三年以下有期徒刑或者拘役,并处或者单处罚金。”这里的罚金既可以与有期徒刑或者拘役并处,也可以作为对假冒专利罪的刑罚单独适用。

(三) 罚金数额的立法规定

我国刑法关于罚金数额的规定,可以划分为以下几种类型:

1. 无限额罚金,即刑法对某一犯罪只是规定处以罚金,而没有规定罚金的具体数额幅度。例如,我国刑法条文中对无论犯有何种罪行的单位均只规定判处罚金,而未对罚金的数额作任何程度的限定。再如,《刑法》第324条第2款规定,对故意损毁国家保护的名胜古迹,情节严重的,处5年以下有期徒刑或者拘役,并处或者单处罚金。这里同样没有限定罚金的数额。

2. 限额罚金,即刑法对其数额的上、下限予以具体确定的罚金。如《刑法》第208条第1款规定:“非法购买增值税专用发票或者购买伪造的增值税专用发票的,处五年以下有期徒刑或者拘役,并处或者单处二万元以上二十万元以下罚金。”

3. 倍数罚金,即刑法不具体规定罚金的数额幅度,而只是规定应按照犯罪数额的倍数来确定其上、下限额的罚金。如《刑法》第202条规定:“以暴力、威胁方法拒不缴纳税款的,处三年以下有期徒刑或者拘役,并处拒缴税款一倍以上五倍以下罚金;情节严重的,处三年以上七年以下有期徒刑,并处拒缴税款一倍以上五倍以下罚金。”

4. 比例罚金。这种类型也是刑法不具体规定罚金的数额幅度,而是规定按照犯罪数额的比例来确定其上、下限的罚金。如《刑法》第158条第1款规定,对犯虚报注册资本罪的行为人,处3年以下有期徒刑或者拘役,并处或者单处虚报注册资本金额1%以上5%以下罚金。

5. 倍比罚金。这是倍数罚金与比例罚金的结合体,即刑法规定按照犯罪数额的倍数和比例数来确定其上、下限额的罚金。如《刑法》第148条规定:“生产不符合卫生标准的化妆品,或者销售明知是不符合卫生标准的化妆品,造成严重后果的,处三年以下有期徒刑或者拘役,并处或者单处销售金额百分之五十以上二倍以下罚金。”

(四) 罚金数额的司法确定

上述立法规定表明,我国刑法对罚金的具体数额或者不作规定,或者规定的幅度较大,这就要求刑事审判部门认真掌握刑法所规定的罚金刑适用根据,恰当地决定具体案件的罚金数额。

《刑法》第52条规定:“判处罚金,应当根据犯罪情节决定罚金数额。”这表明,决定罚金的具体数额必须以犯罪情节为根据。犯罪情节是表明犯罪行为社会危害性和犯罪人人身危险性的各种事实。根据犯罪情节来决定罚金的数额是罪责刑相适应原则的必然要求。犯罪情节包括犯罪手段、犯罪对象、犯罪后果特别是违法所得的数额及造成损失的大小等方面的情况。此外,在决定罚金的数额时还应酌情考虑犯罪人的经济状况。因为罚金是判处犯罪人向国家缴纳一定数额的金钱，故在决定罚金数额时必须考虑到所判处的罚金能否执行的问题，而被判处的罚金能否执行，则取决于受刑人的经济状况；而且要使罚金的判处起到惩罚与教育改造犯罪人的作用，也必须使罚金的具体数额与犯罪人的经济状况相适应，否则就将或者因罚金数额太少而起不到对犯罪人的惩罚效果，或者因罚金的数额太大而不利于对犯罪人的教育改造。因此，《适用财产刑的规定》要求根据犯罪情节，如违法所得数额、造成损失的大小，并综合考虑犯罪分子缴纳罚金的能力，依法判处罚金。另外，根据《适用财产刑的规定》，刑法没有明确规定罚金数额标准的，罚金的最低数额不能少于 1 000 元。对未成年人犯罪应当从轻或者减轻判处罚金，但罚金的最低数额不能少于 500 元。罚金刑的数额应当以人民币为计算单位。

（五）罚金的执行和缴纳

罚金由第一审人民法院执行。犯罪分子的财产在异地的，第一审人民法院可以委托财产所在地人民法院代为执行。

根据《刑法》第 53 条的规定和《适用财产刑的规定》，罚金的缴纳包括四种情况：

1. 一次或分期缴纳，即要求受刑人在判决指定的期限内一次缴纳或者分几次缴纳罚金。一般而言，罚金数额不多或者虽然较多但受刑人缴纳罚金无困难的，应要求其在判决指定的期限内一次缴纳；罚金数额较多，受刑人一次缴纳有困难的，应规定其在判决指定的期限分期缴纳。这里的“判决指定的期限”应当在判决书中予以确定，为从判决发生法律效力第 2 日起最长不超过 3 个月。

2. 强制缴纳。自判决指定的期限届满第 2 日起，人民法院对于被执行人没有法定减免事由不缴纳罚金的，应当通过采取查封、拍卖财产、冻结存款、扣留收入等措施，强制其缴纳。

3. 随时缴纳。由于犯罪人隐匿、转移财产而使罚金不能全部缴纳的，人民法院发现被执行人有可以执行的财产的，应当随时追缴。其中对于隐藏、转移、变卖、损毁已被扣押、冻结财产情节严重的，应当依照《刑法》第 314 条的规定追究非法处置查封、扣押、冻结的财产罪的刑事责任。

4. 延期、减少或者免除缴纳，即在罚金缴纳期间，犯罪人由于遭遇无法抗拒的灾祸等，缴纳确实有困难的，经人民法院裁定，对原判决确定的罚金可以延期缴纳、酌情减少或者免除。这里的“由于遭遇不能抗拒的灾祸等，缴纳确实有困难”，主要是指：因遭受火灾、水灾、地震等灾祸而丧失财产；罪犯因重病、伤残等而丧失劳动能力，或者需要罪犯扶养的近亲属患有重病，需支付巨额医药费等，确实没有财产可供执行。这里的“可以延期缴纳、酌情减少或者免除”的事由，由罪犯本人、亲属或者犯罪单位向负责执行的人民法院提出书面申请，并提供相应的证明材料。人民法院审查以后，根据实际情况，裁定延期缴纳、减少或者免除应当缴纳的罚金数额。

二、剥夺政治权利

（一）剥夺政治权利的概念

剥夺政治权利，是指剥夺犯罪人参加国家管理和政治活动权利的刑罚方法。剥夺政治权利是一种资格刑，它所剥夺的是犯罪人参加国家管理和政治活动的资格。

根据《刑法》第 54 条的规定，剥夺政治权利是指剥夺犯罪分子的下列权利：(1) 选举权和被选举权；(2) 言论、出版、集会、结社、游行、示威自由的权利；(3) 担任国家机关职务的权利；(4) 担任国有公司、企业、事业单位和人民团体领导职务的权利。

一般而言，剥夺政治权利是一种适用范围比较广泛的刑罚方法。从我国刑法的规定看，剥夺政治权利既可以附加于主刑而适用于严重的犯罪，也可以独立地适用于较轻的犯罪；既可以适用于危害国家安全的犯罪，也可以适用于普通的刑事犯罪。

（二）剥夺政治权利的适用方式

从我国刑法总则与分则的规定来看，剥夺政治权利的适用方式有以下三种：

1. 应当附加于主刑而适用。即刑法规定在适用主刑的同时必须附加适用剥夺政治权利，根本不存在人民法院选择并处剥夺政治权利还是不适用这种附加刑的空间。根据《刑法》第 56 条第 1 款、第 57 条的规定，应当附加剥夺政治权利的情况有如下两种：(1) 对危害国家安全的犯罪分子在判处主刑的同时应当附加剥夺政治权利。该种情况下，应当附加适用剥夺政治权利的根据是犯罪分子的犯罪性质，即只要实施了危害国家安全的犯罪，除依据刑法分则的规定独立地适用剥夺政治权利的以外，不管对犯罪人适用的是何种主刑，都应当附加剥夺其政治权利。之所以如此，是因为犯罪分子实施危害国家的犯罪往往利用了其享有的政治权利。因此，附加剥夺他们的政治权利既是对其滥用政治权利的惩罚，也是为了防止他们再次利用政治权利实施犯罪行为。(2) 对被判处死刑、无期徒刑的犯罪分子应当附加剥夺政治权利终身。此种场合，应当附加剥夺政治权利的根据是对犯罪人适用的主刑刑种，至于犯罪分子实施何种性质的犯罪则在所不问。刑法规定对被判处死刑或者无期徒刑的犯罪分子应当附加剥夺政治权利终身，一是为了对其予以政治上的彻底否定，对其剥夺政治权利终身就是这种否定评价的体现。二是为了防止犯罪分子被赦免或者被假释后利用这种权利再次实施犯罪。三是这样有利于处理与受刑人有关的某些民事法律关系。例如，在政治权利中包括出版权，而有的被判处死刑或者无期徒刑的犯罪分子可能以前出版过著作，故如果不附加剥夺其政治权利终身，那么就意味着他们仍然还享有出版权，即使他们的生命或终身自由被剥夺，但其亲属还有可能代其行使出版权。因此，对这些罪犯的政治权利予以终身剥夺，可以避免他们的亲属代行这种权利的情况发生。

2. 可以附加于主刑而适用。即刑法授权人民法院根据案件的具体情况决定是否适用附加剥夺政治权利。根据《刑法》第 56 条第 1 款后半段的规定，对于故意杀人、强奸、放火、爆炸、投毒、抢劫等严重破坏社会秩序的犯罪分子，可以附加剥夺政治权利。此外，根据最高人民法院发布的《关于对于故意伤害、盗窃等严重破坏社会秩序的犯罪分子能否附加剥夺政治权利问题的批复》，对故意伤害、盗窃等其他严重破坏社会秩序的犯罪，犯罪分子主观恶性较深、犯罪情节恶劣、罪行严重的，也可以附加剥夺政治权利。根据《最高人民法院、最高人民检察院关于办理组织、利用邪教组织破坏法律实施等刑事案件适用法律若干问题的解释》第 14 条的规定，对于犯组织、利用邪教组织破坏法律实施罪、组织、利用邪教组织致人重伤、死亡罪，严重破坏社会秩序的犯罪分子，根据《刑法》第 56 的规定，可以附加剥夺政治权利。

3. 独立适用。即刑法规定将剥夺政治权利作为一种与有关主刑并列的刑罚方法，由人民法院根据犯罪的具体情况选择其中的一种予以适用。这种情况下,人民法院选择适用剥夺政治权利,就不再适用主刑。例如,《刑法》第 256 条规定:“在选举各级人民代表大会代表和国家机关领导人员时,以暴力、威胁、欺骗、贿赂、伪造选举文件、虚报选举票数等手段破坏选举或者妨害选民和代表自由行使选举权和被选举权,情节严重的,处三年以下有期徒刑、拘役或者剥夺政治权利。”在这一场合,剥夺政治权利就是与 3 年以下有期徒刑、拘役两种主刑相并列的供选择的刑罚方法,人民法院根据该条款的规定判处犯罪人这种刑罚,就只能独立适用剥夺政治权利。

(三) 剥夺政治权利的期限

根据我国刑法的规定,剥夺政治权利的期限分为以下四种情况:

1. 对被判处死刑、无期徒刑的犯罪分子,附加剥夺政治权利终身。

2. 对原判死刑缓期执行减为有期徒刑或者原判无期徒刑减为有期徒刑的案件,应当将附加剥夺受刑人政治权利的期限改为 3 年以上 10 年以下。

3. 对独立适用剥夺政治权利或者判处犯罪人有期徒刑、拘役并附加剥夺其政治权利的案件,剥夺政治权利的期限为 1 年以上 5 年以下。

4. 对判处犯罪人管制并附加剥夺其政治权利的,剥夺政治权利的期限与管制的期限相同,即通常为 3 个月以上 2 年以下,数罪并罚时不能超过 3 年。

(四) 剥夺政治权利期限的起算与执行

根据《刑法》第 55、58 条的规定和执行刑罚的一般原则,剥夺政治权利期限的起算及执行也有以下四种情形:(1) 判处管制附加剥夺政治权利的,剥夺政治权利的期限与管制的期限同时计算,同时执行。(2) 判处犯罪人有期徒刑、拘役并附加剥夺政治权利的,剥夺政治权利的期限,从主刑执行完毕之日或者假释之日起计算。当然,剥夺政治权利的效力也及于主刑执行期间。(3) 死刑缓期执行被减为有期徒刑或者无期徒刑被减为有期徒刑的,原判的附加剥夺政治权利终身也被改为有期限的附加剥夺政治权利,此时其期限应当从减刑后的有期徒刑执行完毕之日或者假释之日起计算。犯罪分子在被执行有期徒刑期间,当然也不享有政治权利。(4) 独立适用剥夺政治权利的期限,应当自判决执行之日起计算。

剥夺政治权利由公安机关执行。根据《刑法》第 58 条第 2 款的规定,被剥夺政治权利的犯罪分子,在执行期间,应当遵守法律、行政法规和国务院公安部门有关监督管理的规定,服从监督;不得行使《刑法》第 54 条规定的各项权利。剥夺政治权利执行期满,执行机关应当通知本人,并在有关群众中公开宣布恢复其政治权利。这时,该人就成为享有法律赋予的政治权利的人。

三、没收财产

(一) 没收财产的概念

没收财产,是指将犯罪分子所有财产的一部或者全部强制无偿地收归国有的刑罚方法。它是我国附加刑中唯一不能单独适用的刑种,因而属于只能适用于较严重犯罪的附加刑。

没收财产与罚金刑同属于财产刑，但二者也有很多不同。具体而言，区别体现在以下几个方面：(1) 适用对象不同。没收财产是一种较严厉的财产刑，主要适用于危害国家安全罪、破坏社会主义市场经济秩序罪、侵犯财产罪、妨害社会管理秩序罪和贪污贿赂罪中情节较重的罪行；而罚金刑是一种较轻的财产刑，可以附加适用于情节较重的犯罪，也可以单独适用于情节较轻的犯罪。(2) 适用方式不同。根据我国刑法的规定，没收财产只能附加于主刑适用，不能单独适用；而罚金刑既可以附加于主刑适用，也可以单独适用。(3) 剥夺内容不同。没收财产是剥夺犯罪分子个人现实所有财产的一部或者全部，既可以没收金钱，也可以没收其他财物；而罚金刑则只能剥夺犯罪人一定数额的金钱，包括受刑人现实所具有的金钱和未来所获取的金钱。(4) 执行方式不同。没收财产只能一次性没收，不存在分期、延期执行或减免的问题；而罚金可以一次缴纳，也可以分期缴纳，如果受刑人缴纳确有困难的，人民法院也可以予以减免。

没收财产与《刑法》第 64 条规定的追缴犯罪所得的财物、没收违禁品和供犯罪使用的物品之间也存在着性质上的区别。犯罪人犯罪所得的财物，本来属于国家或者他人所有，理应予以追缴或者责令犯罪人退赔，以使受损失的公私财物恢复原状。犯罪所涉及的违禁品，是国家禁止个人非法占有的物品，当然应予没收，这属于行政性强制措施。供犯罪使用的物品，具有诉讼证据的作用，没收这些物品是刑事诉讼的需要。因此，不能将这些措施与没收财产相提并论，在审判实践中也不得以追缴犯罪所得、没收违禁品和供犯罪所用的物品来代替或者折抵没收财产。

（二）没收财产的适用方式

根据刑法分则的规定，没收财产的适用方式有以下几种：

1. 并处没收财产，即刑法规定没收财产必须附加于主刑适用。例如，根据《刑法》第 239 条第 2 款的规定，以勒索财物为目的绑架他人或者绑架他人作为人质，杀害被绑架人或者故意伤害被绑架人，致人重伤、死亡的，处无期徒刑或死刑，并处没收财产。在这里，没收财产就必须附加于主刑适用。

2. 与罚金刑并列为并处的选项，即刑法规定将没收财产与罚金作为在适用主刑时可选择的两种附加刑之一，审判人员可以决定是将没收财产附加于主刑适用，还是选择将罚金附加于主刑适用，二者必选其一。例如，根据《刑法》第 264 条的规定，盗窃公私财物，数额特别巨大或者有其他特别严重情节的，处 10 年以上有期徒刑或者无期徒刑，并处罚金或者没收财产。在这种场合，审判人员在对数额特别巨大或者有其他特别严重情节的盗窃罪判处主刑的同时，就既可以决定附加适用罚金刑，也可以选择附加没收财产。

3. 可以并处没收财产，即刑法规定，是否将没收财产附加于主刑适用，由审判人员根据案件情况斟酌决定。例如，根据《刑法》第 113 条第 2 款的规定，犯分则第一章之罪的，可以并处没收财产。按照这一规定，审判人员对刑法分则第一章规定的危害国家安全罪的犯罪人就既可以在判处其主刑的同时附加适用没收财产，也可以仅仅判处其主刑而不附加这种刑罚。

（三）没收财产的范围及受刑人债务的偿还

我国《刑法》第 59 条规定：“没收财产是没收犯罪分子个人所有财产的一部或者全部。

没收全部财产的,应当对犯罪分子个人及其扶养的家属保留必需的生活费用。在判处没收财产的时候,不得没收属于犯罪分子家属所有或者应有的财产。”上述规定表明:(1) 没收财产的范围仅限于犯罪分子个人所有的财产,其家属所有或者应有的财产不在没收之列。犯罪分子个人所有的财产,是指其本人实际所有的一切财产以及在家庭共有财产中应得到的份额。犯罪分子家属所有的财产,是指其家属实际所有的财产。犯罪分子家属应有的财产是指在家庭共有财产中犯罪分子家属应当分得的财产。刑法规定没收财产不得没收犯罪分子家属所有或者应有的财产,这是我国刑法罪责自负原则的具体体现。(2) 没收财产可以没收犯罪分子个人所有财产的一部,也可以没收其个人所有财产的全部。究竟没收犯罪分子个人所有财产的一部还是全部,由审判人员根据犯罪分子犯罪的性质、情节等具体情况予以确定。当决定没收犯罪分子个人所有的全部财产时,应当为犯罪分子个人及其抚养的家属保留维持基本生活所必需的费用。这既是人道主义的要求,也是维护社会稳定的需要。

根据《刑法》第 60 条的规定,没收财产以前犯罪分子所负的正当债务,需要以没收的财产偿还的,经债权人请求,应当偿还。以没收财产偿还犯罪分子所负债务的,必须具备以下条件:(1) 根据《适用财产刑的规定》的解释,这里的债务必须是犯罪分子在判决生效前所负他人的合法债务。其中包含两层含义:首先,必须是犯罪人在判决生效前所负的债务,对判决生效以后所负的债务不能以没收的财产来偿还。其次,必须是正当债务,如合法的买卖、借贷、租赁、雇佣等民事法律关系中所产生的债务,对赌债、非法活动所欠的债务等不正当债务不能以没收的财产偿还。(2) 犯罪分子所负的债务需要以没收的财产来偿还。犯罪分子仅被没收了部分财产,还有能力偿还所负的债务的,不能以没收的财产偿还。(3) 必须经债权人提出请求。

(四) 没收财产的执行

根据《刑事诉讼法》第 272 条的规定,没收财产的判决,无论附加适用还是独立适用,都由人民法院执行;在必要的时候,可以会同公安机关执行。

根据《适用财产刑的规定》,没收财产由第一审人民法院执行。犯罪分子的财产在异地的,第一审人民法院可以委托财产所在地的人民法院代为执行。如果人民法院认为依法应当判处被告人没收财产刑的,可以在案件审理过程中,决定扣押或者冻结被告人的财产。另外,没收财产刑的执行中如果遇到一人犯数罪依法同时并处罚金和没收财产的,应当合并执行;但如果其中有并处没收全部财产的,则只执行没收财产刑。

四、驱逐出境

(一) 驱逐出境的概念

驱逐出境,是指强制犯罪的外国人离开中国境内的刑罚方法。《刑法》第 35 条规定:“对于犯罪的外国人,可以独立适用或者附加适用驱逐出境。”驱逐出境既可以独立适用,也可以附加适用,因此属于附加刑的一种。但因为这种刑罚方法仅适用于犯罪的外国人(包括具有某一外国国籍的人和无国籍的人),不具有普遍适用的性质,故我国刑法没有将其列入一般附加刑的种类之中,而是以专条予以规定,所以,驱逐出境属于一种特殊的附加刑。

刑法规定驱逐出境这种刑罚方法，是为了预防犯罪的外国人再次在我国犯罪。我国是一个独立的主权国家，在我国境内的一切外国人都必须遵守我国的法律、法规。外国人在我国境内犯罪，除对享有外交特权和豁免权的通过外交途径解决的以外，一律应适用我国刑法。犯罪的外国人继续居留我国境内有再次危害我国国家和人民利益的危险性的，人民法院就可以对其单独判处驱逐出境或者附加适用驱逐出境，以消除其在我国境内再次犯罪的可能性。

需要指出的是，刑法中规定的驱逐出境与《中华人民共和国出境入境管理法》（以下简称《外国人入境出境管理法》）第 81 条规定的驱逐出境是完全不同的两个概念。二者的区别在于：⑴ 性质不同。前者是刑罚方法；后者系行政处罚方法。⑵ 适用对象不同。前者适用于在我国境内犯罪的外国人；后者的适用对象为违反《外国人入境出境管理法》的规定且情节严重的我国境内的外国人。⑶ 适用的机关和法律根据不同。前者由人民法院依照《刑法》和《刑事诉讼法》的规定判处；后者由地方公安机关依照《外国人入境出境管理法》和其他相关规定报公安部决定。⑷ 执行的时间不同。前者在独立适用时，从判决发生法律效力之日起执行，附加适用时，从主刑执行完毕之日起执行；而后者则在公安部作出决定后执行。

（二）驱逐出境的执行

根据公安部《公安机关办理刑事案件程序规定》第 371 条的规定，对判处独立适用驱逐出境刑罚的外国人，省级公安机关在收到人民法院的刑事判决书、执行通知书的副本后，应当指定该外国人所在地设区的市一级公安机关执行。对被判处主刑并附加适用驱逐出境的外国人，在其主刑执行期满后，应当通知该外国人所在地的设区的市一级公安机关或者指定有关公安机关执行。

第四节　非刑罚处理方法

一、非刑罚处理方法的概念

非刑罚处理方法，是指人民法院对犯罪分子适用的刑罚以外的处理方法。非刑罚处理方法的特点是，以犯罪的人为适用对象，但本身又不具有刑罚性质。换言之，非刑罚处理方法适用的前提是行为人的行为构成犯罪。如果其行为不成立犯罪，则不能适用非刑罚处理方法。

根据我国《刑法》第 36 条、第 37 条、第 37 条之一的规定，非刑罚处理方法包括两种类型：一类是与刑事处罚同时适用；另一类为独立适用，即在对犯罪人免予刑事处罚的情况下适用的非刑罚处理方法。属于前者的非刑罚处理方法有两种，即判处赔偿经济损失和禁止从事相关职业；后一类型包括训诫、责令具结悔过、责令赔礼道歉、责令赔偿损失和由主管部门予以行政处罚或者行政处分。非刑罚处理方法存在的价值，主要体现在后一类型上。

应当指出的是，非刑罚处理方法虽不具有刑罚的意义，但属于刑罚的重要替代措施。因此，立法机关将其规定在《刑法》总则第三章第一节中，即在规定了主刑与附加刑的种类以后紧接着规定了各种非刑罚处理方法。在刑法中规定非刑罚处理方法，表明我国对犯罪的处理不是单纯地依赖刑罚，而是兼采多种方法来实现预防犯罪的目的。特别是对于那些罪行轻微而不需要判处刑罚的犯罪分子给予适当的非刑罚的处理，一方面体现了我国刑法惩办与宽大相结合的刑事政策理念，另一方面也对犯罪分子进行了一定的否定评价，使其受到教育和警诫，从而预防其再次实施犯罪。

二、非刑罚处理方法的种类

我国刑法理论一般将非刑罚处理方法概括为四种类型。

（一）判处赔偿经济损失与责令赔偿损失

根据《刑法》第36条的规定，判处赔偿损失，是指人民法院除对犯罪分子依法给予刑事处罚外，根据其犯罪行为给被害人造成的经济损失情况，判处犯罪分子给予被害人一定的经济赔偿的处理方法。

根据《刑法》第37条的规定，责令赔偿损失是指人民法院对罪行轻微不需要判处刑罚的犯罪分子，在免予刑事处罚的同时，依据其犯罪行为对被害人造成的损失情况，责令其向被害人支付一定数额的金钱，以赔偿被害人的经济损失的处理方法。

可见，判处赔偿经济损失与责令赔偿经济损失，都是以赔偿被害人经济损失为内容的非刑罚处理方法，二者的区别仅仅在于，判处赔偿经济损失方法与刑罚一并适用；而责令赔偿损失适用于被依法免予刑事处罚的犯罪分子，独立适用。

（二）职业禁止

根据《刑法》第37条之一第1款的规定，职业禁止，是指人民法院对于利用职业便利实施犯罪或者实施违背职业要求的特定义务的犯罪分子，在其被判处刑罚的前提下，根据犯罪情况和预防再犯罪的需要，决定禁止其在刑罚执行完毕或假释之后的一定期限内从事相关职业的处理方法。职业禁止的期限为三年至五年。这一制度的设立，对于惩罚和预防职业类犯罪具有积极意义。

根据第37条之一第2款的规定，被禁止从事相关职业的人违反人民法院决定的，由公安机关依法给予处罚；如果情节严重，依照《刑法》第313条之规定（拒不执行判决、裁定罪）定罪处罚。

需要注意的是职业禁止制度与第38条第2款和第72条第2款规定的禁止令制度之间的逻辑关系。在本书看来，二者在禁止的具体内容上可能存在一定的重合。根据最高人民法院、最高人民检察院、公安部、司法部发布的《关于对判处管制、宣告缓刑的犯罪分子适用禁止令有关问题的规定（试行）》（以下简称《适用禁止令有关问题的规定》）第3条的规定，禁止令的内容包括“实施证券犯罪……等金融犯罪的，禁止从事证券交易……等金融活动”以及“利用从事特定生产经营活动实施犯罪的，禁止从事相关生产经营活动”。从文义上看，“证券交易”“特定生产经营活动”与“职业”有着难以割裂的联系。但职业禁止制度与禁止令制度之间的区别也是明显的：(1)从适用的对象看，禁止令的适用仅限于被判处管制或被宣告缓刑的犯罪分子；而职业禁止适用的对象则无明文限制，只需犯罪分子被判处刑罚即可（但实际情况不完全如此，详见后文“三、非刑罚处理方法的适用条件”）。(2)从司法程序上看,禁止令应该与管制、缓刑同时宣告;但刑法对职业禁止何时宣告并未进行限定,也就是说,职业禁止不限于与刑罚同时宣告,也可能在刑罚执行中宣告。如对被判处死刑缓期执行或无期徒刑的犯罪分子,只有在行刑过程中裁定其减为有期徒刑时,才能决定对其是否适用职业禁止。(3) 从实质条件上看,禁止令考虑的是“犯罪的情况”,“没有再犯罪的危险”则是宣告缓刑本身需要具备的条件;而职业禁止除了考虑“犯罪情况”之外,还应考虑“预防再犯罪的需要”,且后者应该是职业禁止制度设立的主要出发点。(4) 从执行期间看,禁止令的期间与犯罪分子被执行管制和接受缓刑考验的期间一致,从管制、缓刑执行之日起计算;而职业禁止的期间则在犯罪人刑罚执行完毕或假释之后开始计算,可见,禁止令执行期间计算的起点应该早于职业禁止。但是,就最低期限要求而言,根据《适用禁止令有关问题的规定》第 6 条的规定,管制下禁止令的执行期间一般最短为 3 个月(除因羁押而折抵外),缓刑下禁止令的执行期间最短为 2 个月;而就职业禁止来说,除其他法律、行政法规另有规定外,其执行期间最短为 3 年。易言之,一般情况下,职业禁止的执行期间较禁止令的执行期间要长。

(三) 训诫、责令具结悔过、责令赔礼道歉

训诫,是指人民法院对因犯罪情节轻微而不需要判处刑罚的犯罪分子在刑事开庭时当庭予以谴责并责令其改正的一种处理方法。

责令具结悔过是人民法院责令因犯罪情节轻微而不需要判处刑罚的犯罪分子以书面形式表示悔改并保证以后不再重新犯罪的一种处理方法。

责令赔礼道歉是人民法院责令因犯罪情节轻微而不需要判处刑罚的犯罪分子向被害人当面承认错误并表示歉意的一种处理方法。

上述三种非刑罚处理方法都是由人民法院适用的,都以犯罪情节轻微而不需要判处刑罚的犯罪分子为适用对象,也都是在对犯罪分子免予刑事处罚的情况下适用的,区别仅仅在于处理的具体方式不同。人民法院用这样一些方法处理因犯罪情节轻微而受到免予刑事处罚的犯罪分子,有利于教育他们悔过自新,不再重新犯罪;同时,这样有助于争取被害人对犯罪分子的宽恕,使犯罪分子与被害人之间的矛盾得到缓和,维护社会的稳定。

(四) 由主管部门予以行政处罚或者行政处分

由主管部门予以行政处罚或者行政处分,是指人民法院对犯罪情节轻微不需要判处刑罚的犯罪分子,在决定免予刑事处罚的情况下向其主管部门提出对其予以行政处罚或者行政处分的司法建议,然后由主管部门对犯罪分子予以行政处罚或者行政处分的非刑罚处理方法。这类非刑罚处理方法的特点是人民法院并不直接作出对犯罪分子予以行政处罚或者行政处分的决定,而向犯罪分子的主管部门提出对其予以这样处理的建议,最后由有关主管部门正式作出对其予以行政处罚或者行政处分的决定。

根据《治安管理处罚法》和《中华人民共和国行政处罚法》(以下简称《行政处罚法》)等法律、法规的规定,行政处罚是指由行政执法机关依法对实施违法行为的人予以经济制裁或者短期剥夺人身自由的处罚,如罚款、行政拘留等。行政处分则是指由实施违法行为的人所在的单位或基层组织,依照行政规章、纪律、章程等,对其予以行政纪律处分,如开除、记过、警告等。至于对被人民法院免予刑事处罚的犯罪人予以何种具体的行政处罚或行政处分,决定权在有关主管部门,但主管部门应当将处理结果通知人民法院备案。可见,作为非刑罚

处理方法的由主管部门予以行政处罚或者行政处分，同样可以起到警诫犯罪人从而预防其再次犯罪的作用。

三、非刑罚处理方法的适用条件

判处赔偿经济损失的适用，应当具备两个条件：(1) 被害人的经济损失是由犯罪人的犯罪行为造成的，即犯罪人的犯罪行为与被害人的经济损失之间存在着因果关系。(2) 适用的对象是依法被判处刑罚的犯罪人。

职业禁止的适用条件有积极与消极之分。其中，积极条件包括：(1) 行为人的行为构成犯罪，被判处一定的刑罚。《刑法》第 37 条之一第 1 款并未规定犯罪人被判处刑罚的种类，但从实际情况来看，犯罪人被判处的刑罚应该不包括死刑立即执行、拘役缓刑和有期徒刑缓刑以及驱逐出境。因为死刑立即执行剥夺了犯罪人的生命，刑罚执行完毕后不存在适用职业禁止的空间；拘役和有期徒刑的缓刑在执行完毕后，原判刑罚不再执行，也不存在适用职业禁止的空间；而对于被判处驱逐出境的外国人，既然强制其离开我国境内，就没有适用职业禁止的必要。此外，对被判处死刑缓期执行、无期徒刑的犯罪人而言，只有在其被减为有期徒刑之后，才有刑罚执行完毕或假释的可能，从而才适用职业禁止。(2) 犯罪人利用职业便利实施犯罪或者实施违背职业要求的特定义务的犯罪，即犯罪人实施犯罪活动必须与其从事的特定职业直接相关。至于何为“利用职业便利”和“违背职业要求的特定义务”，则需要结合具体的案件情况予以确定。(3) 对犯罪人适用职业禁止是根据“犯罪情况”和“预防再犯罪的需要”决定的。参照《适用禁止令有关问题的规定》第 2 条的规定，“犯罪情况”包括犯罪原因、犯罪性质、犯罪手段、犯罪后的悔罪态度、个人一贯表现等。而“预防再犯罪的需要”，则是从犯罪人的人身危险性出发，考量其再次实施与特定职业直接相关的犯罪的可能性。参照《最高人民法院关于办理减刑、假释案件具体应用法律的规定》第 22 条的规定，办理假释案件，认定“没有再犯罪的危险”，除符合《刑法》第 81 条的规定情形外，还应当根据犯罪的具体情节、原判刑罚情况，在刑罚执行中的一贯表现，罪犯的年龄、身体状况、性格特征，假释后生活来源以及监管条件等因素综合考虑。消极条件则主要是指《刑法》第 37 条之一第 3 款规定的情形，即其他法律、行政法规对犯罪人从事的相关职业另有禁止或者限制性规定的，从其规定。也就是说，刑法中职业禁止的适用，将禁止从事特定职业的具体内容、方式、期限之适用的优先地位让渡给了其他法律、行政法规，如根据《公司法》第 146 条第 1 款规定，因贪污、贿赂、侵占财产、挪用财产或者破坏社会主义市场经济秩序，被判处刑罚，执行期满未逾 5 年，或者因犯罪被剥夺政治权利，执行期满未逾 5 年，不得担任公司的董事、监事、高级管理人员；再如《公务员法》第 26 条规定，因犯罪受过刑事处罚的，不得录用为公务员；等等。

适用训诫、责令具结悔过、赔礼道歉、赔偿损失以及由主管部门予以行政处罚或者行政处分的条件是：(1) 适用的对象只能是因犯罪情节轻微不需要判处刑罚而被免予刑事处罚的犯罪人。(2) 根据案件的具体情况需要对犯罪人予以适当的处理。否则，就不必适用这样的非刑罚处理方法。因此在实际审判工作中，人民法院也并非对每一个被免予刑事处罚的犯罪人都适用上述非刑罚处理方法，对其中一些犯罪人仅作单纯的有罪宣告，即仅决定免予刑罚处罚。

由上述可见，在适用非刑罚处理方法的问题上应注意避免两种片面性：一是认为这种处理是没有实际意义的形式主义，因此在应当适用非刑罚处理方法的场合不予适用，以致丧失对犯罪人进行严肃教育的有利时机。二是认为非刑罚处理方法是预防犯罪人再次犯罪的灵丹妙药，因此对本该判处刑罚的也不判处，而适用非刑罚处理方法，从而放纵了犯罪分子。这两种认识和做法都是错误的，都不利于对犯罪的预防。

复习思考题

1. 什么是刑罚体系？我国刑罚体系有哪些特点？
2. 管制、拘役、有期徒刑、无期徒刑各有哪些特点？
3. 死刑的适用应注意哪些问题？
4. 罚金刑有哪些适用方式？没收财产与罚金有什么区别？剥夺政治权利的内容是什么？
5. 什么是非刑罚处理方法？非刑罚处理方法有什么意义？

自测习题及参考答案

第十一章　刑罚的裁量

重点提示：

量刑的概念和原则，量刑情节的概念及其分类，累犯的概念、分类和成立条件，自首的概念、种类、成立条件和法律后果，立功的概念、种类和刑事责任，各类量刑情节的含义及适用，数罪并罚的概念、原则和适用数罪并罚的不同情况，缓刑制度的概念、适用条件、考验期限与考察以及缓刑的撤销。

第一节　量刑概述

一、量刑的概念

量刑，也称刑罚的裁量，指人民法院在查明犯罪事实、认定犯罪性质的基础上，根据行为人所犯罪行及刑事责任的轻重，依法对犯罪人裁量刑罚的审判活动。根据以上定义，量刑具有以下特征：

1. 量刑的主体是人民法院。刑罚裁量权是国家刑罚权的重要组成部分，从属于刑事审判权。根据我国宪法及有关法律规定，刑事审判权统一由人民法院行使，其他任何机关、团体或个人都不能行使刑罚裁量权。

2. 量刑的对象是实施了犯罪行为的人。量刑就是对实施了犯罪行为的人具体落实刑事责任。犯罪人应当承担何种程度的刑事责任，只有通过刑罚裁量活动才能确定。因此，未经刑事审判确认有罪的行为人，不能成为量刑的对象。

3. 量刑的基础是查明犯罪事实、认定犯罪性质。定罪是量刑的前提和保障，人民法院只有在正确定罪后，才能决定对犯罪人适用何种刑罚或刑度。所以，要准确量刑，不但要确定行为人构成何种犯罪，有时还要进一步确定行为人构成该种犯罪的基本罪、重罪还是轻罪。

4. 量刑的内容是裁量刑罚。所谓裁量刑罚，是“确定对犯罪人是否判处刑罚、判处何种刑罚以及判处多重的刑罚并决定所判刑罚是否立即执行的刑事司法活动”[①]。因此，量刑不限于实际判处刑罚，还包括决定不判处刑罚。

---

① 赵秉志、吴振兴主编：《刑法学通论》，高等教育出版社 1993 年版，第 375 页。

5. 量刑的性质是一种刑事审判活动。由前述特征所决定,量刑是人民法院依法对犯罪人裁量刑罚的一种刑事审判活动。

二、量刑的原则

量刑的原则,指人民法院在查明案件事实的基础上,依法决定被告人是否适用刑罚或者如何适用刑罚具有指导意义的准则。如何量刑,反映着刑法理论的根据。

就国外刑法理论来看,量刑原则一般有以下几种:(1) 与责任相适应的量定,即量刑首先要考虑的是行为人责任的大小,而责任的大小由违法性的大小和有责性的大小决定。(2) 根据刑事政策观点的量定。如《日本刑法改正草案》第 48 条规定了刑罚量定的"一般标准",即刑罚应当根据犯罪人的责任量定。适用刑罚时,应当考虑犯罪人的年龄、性格、经历与环境,犯罪的动机、方法、结果和影响,犯罪人在犯罪后的态度以及其他情节,并以有利于抑制犯罪和促进犯罪人的改善更生为目的。死刑的适用应当慎重。换言之,责任有幅度,在该幅度范围内能够使刑事政策的考虑起作用。[①]

我国《刑法》第 5 条规定:"刑罚的轻重,应当与犯罪分子所犯罪行和承担的刑事责任相适应。"《刑法》第 61 条规定:"对于犯罪分子决定刑罚的时候,应当根据犯罪的事实、犯罪的性质、情节和对于社会的危害程度,依照本法的有关规定判处。"《最高人民法院、最高人民检察院关于常见犯罪的量刑指导意见(试行)》第一部分"量刑的指导原则"中也规定:"量刑应当以事实为根据,以法律为准绳,根据犯罪的事实、性质、情节和对于社会的危害程度,决定判处的刑罚。"根据上述规定,我国刑法中的量刑原则可概括为:以犯罪事实为根据,以刑法规定为准绳。

(一) 量刑必须以犯罪事实为根据

所谓犯罪事实,有狭义和广义之分。狭义的犯罪事实,仅指犯罪构成的基本事实,即在犯罪实施过程中所发生的表明犯罪人罪行轻重和刑事责任大小的各种情况,如犯罪人的罪过、犯罪的行为以及手段、犯罪主体的个人情况以及犯罪的性质等情况。广义的犯罪事实,不仅包括犯罪实施过程中所发生的能够表明行为人罪行轻重和刑事责任大小的各种主客观事实情况,而且包括犯罪构成事实以外的表明行为社会危害性程度和行为人主观恶性程度的其他事实。换言之,广义的犯罪事实,不仅包括罪中事实,还包括罪前事实和罪后事实,亦即《刑法》第 61 条所规定的"犯罪的事实、犯罪的性质、情节和对于社会的危害程度"都包括在内。由此可见,以犯罪事实为根据,就是指以犯罪的事实、犯罪的性质、情节和对于社会的危害程度为根据。要全面贯彻该原则,刑罚裁量必须做到以下几点:

1. 认真查清犯罪事实。所谓犯罪事实,即犯罪的基本事实,是指符合刑法规定的犯罪构成要件的主客观事实,包括犯罪的主体、犯罪的主观方面、犯罪的客观方面以及犯罪行为侵犯的客体。犯罪的基本事实是定罪量刑的客观依据,因此,要切实贯彻该原则,就必须首先查清犯罪的基本事实,如实施行为的主体的情况如何,行为时的心理状态怎样,实施了什么样的行为,该行为造成了怎样的危害结果,行为侵犯了什么样的合法权益等。

---

① 参见马克昌:《比较刑法原理——外国刑法学总论》,武汉大学出版社 2002 年版,第 830 页。

2. 正确认定犯罪性质。所谓犯罪性质，是指具体犯罪的罪质，亦即构成犯罪的一切主客观事实统一表现出的犯罪性质。不同的具体犯罪体现不同的社会危害性质，而具体的犯罪性质则是由整个犯罪构成决定的。因为只要“证明某人行为中具有法律所规定的犯罪构成的一切因素，也就证明了这些行为具有社会危害性”，“只有全部因素的总和才能决定每个具体犯罪的实质”[①]。正是由于不同性质的犯罪具有不同的社会危害性质和不同的社会危害程度，所以立法者才在各种具体犯罪中配置了轻重不等的法定刑。因此，在查清犯罪事实的基础上，正确认定犯罪性质，即正确认定某一行为构成了哪一具体罪，就可以正确区分此罪与彼罪，从而确定应当适用的法条，选定与该犯罪性质相对应的法定刑，实现量刑的合法性和公正性；如果犯罪性质认定不当，就势必出现量刑不当。

3. 全面掌握犯罪情节。所谓犯罪情节，是指不具有犯罪构成事实的意义，却与犯罪构成事实的主客观方面具有密切联系，反映主客观方面的情状或深度，从而影响犯罪的社会危害性程度与行为人的人身危险性程度的各种事实情况。换言之，这里的犯罪情节并不影响犯罪性质，但与决定犯罪性质的主客观事实情况具有密切联系，又能说明犯罪行为的社会危害性程度。[②] 可见，犯罪性质不同，行为的社会危害性程度不同；犯罪的情节不同，行为的社会危害性程度不同，行为人的人身危险性程度也不同。要使刑罚与行为的社会危害性以及行为人的人身危险性相适应，就必须全面掌握犯罪情节，从而做到正确量刑。

在我国刑法典中，不少条文规定了影响定罪或者量刑的情节。其中，影响定罪的情节叫“定罪情节”，影响量刑的情节叫“量刑情节”。前者如《刑法》第 246 条规定：“以暴力或者其他方法公然侮辱他人或者捏造事实诽谤他人，情节严重的……”后者如《刑法》第 240 条规定，拐卖妇女、儿童的，处 5 年以上 10 年以下有期徒刑，并处罚金；有下列情形之一的，处 10 年以上有期徒刑或者无期徒刑，并处罚金或者没收财产；情节特别严重的，处死刑，并处没收财产：(1) 拐卖妇女、儿童集团的首要分子；(2) 拐卖妇女、儿童 3 人以上的；(3) 奸淫被拐卖的妇女的；(4) 诱骗、强迫被拐卖的妇女卖淫或者将被拐卖的妇女卖给他人迫使其卖淫的；(5) 以出卖为目的，使用暴力、胁迫或者麻醉方法绑架妇女、儿童的；(6) 以出卖为目的，偷盗婴幼儿的；(7) 造成被拐卖的妇女、儿童或者其亲属重伤、死亡或者其他严重后果的；(8) 将妇女、儿童卖往境外的。就《刑法》第 240 条的规定来看，这些高低不同的量刑层次，都是依犯罪情节的不同而区分的，可见，犯罪情节是处罚轻重的重要根据。

4. 综合评价犯罪对于社会的危害程度。犯罪对于社会的危害程度，就是指犯罪行为对社会造成的危害的大小。不言而喻，犯罪的社会危害程度越大，所应判处的刑罚也越重，即刑罚应与犯罪的社会危害程度成正比。犯罪的社会危害程度，是由犯罪的事实、性质、情节等多种因素决定的。因此，评价某一犯罪的社会危害性时，必须全面综合考察上述因素。此外，犯罪人的人身危险性也是应当考虑的一个重要因素。从预防犯罪人重新犯罪的刑罚目的以及我国刑法所规定的累犯、自首、立功等制度的精神出发，量刑时也应考虑犯罪人的人身危险性（再犯可能性）大小，如犯罪人的某些个人情况、犯罪前的表现与犯罪后的态度、犯罪的目的和动机等。

上述“犯罪事实”必须以查证属实的证据来证实。

---

① [苏]A.H. 特拉伊宁：《犯罪构成的一般学说》，薛秉忠等译，中国人民大学出版社 1958 年版，第 65~67 页。

② 张明楷：《刑法学》，法律出版社 2011 年版，第 493 页。

（二）量刑必须以刑法规定为准绳

《刑法》第 61 条规定，对犯罪分子决定刑罚时，应当“依照本法的有关规定”判处，这就要求量刑必须以刑法规定为准绳。如何理解刑罚裁量必须“以刑法规定为准绳”？具体而言，应体现在以下几方面：

1. 依照刑法的规定，确定对犯罪人应适用的刑种和刑度。首先，要按照刑法对各种具体犯罪所规定的犯罪构成正确定罪，按照该种犯罪的法定刑，并根据案件存在的各种量刑情节，选择适当的刑种。其次，要根据刑法规定的各种刑罚的具体内容和适用条件，权衡犯罪人刑事责任的轻重，判处适当的刑度，特别是对那些可以单处附加刑的犯罪，凡是能独立适用附加刑的，不一定都要判处主刑。最后，由于不同法条规定了不同附加刑适用条件及允许处罚的程度，所以要注意在适用主刑的同时适用各种附加刑。现行刑法大大扩大了罚金和没收财产两种附加刑的适用范围，它们在什么情况下适用，是“应当”适用还是“可以”适用，在量刑时都应认真分析，严格依法裁量。

2. 依照刑法关于量刑情节的适用原则裁量刑罚。我国刑法规定了各种量刑情节。在量刑时，首先应明确，哪些是适用于一切犯罪的情节，哪些是只能适用于特定犯罪的量刑情节，各种量刑情节成立的条件是什么，防止量刑时发生遗漏和适用不当。其次，要明确各种情节的特定含义：从重、从轻、减轻与免除处罚的特定含义是什么；哪些是从轻处罚情节，哪些是从重处罚情节；哪些是“应当”情节，哪些是“可以”情节。最后，要明确各种量刑情节的功能，即哪些是单功能情节，哪些是多功能情节等。只有全面深入地掌握对我国刑法规定的量刑情节体系，才能做到依法量刑。

3. 严格遵照刑法关于刑罚裁量制度的规定裁量刑罚。量刑制度是刑罚制度的重要组成部分，我国刑法规定了自首制度、立功制度、累犯制度、数罪并罚制度、缓刑制度、死缓制度等，在裁量刑罚时，必须遵循这些制度。

第二节 量刑的情节

一、量刑情节的概念

量刑情节，又称刑罚裁量情节，是指在某种行为已经构成犯罪的前提下，人民法院在对犯罪分子量刑时应当考虑的，据以确定处罚轻重或者是否免除处罚的各种主客观事实情况。它具有以下几个基本特征：

1. 量刑情节是表明行为的社会危害性以及行为人人身危险性，从而影响刑罚轻重的各种主客观事实。无论是法定情节还是酌定情节，都从不同侧面反映了行为人的人身危险性和犯罪的社会危害性。例如，《刑法》第 68 条关于立功制度的规定，就是一种法定情节，表明犯罪人具有较小的人身危险性，所以对其“可以从轻或者减轻处罚”。

2. 量刑情节是在某种行为已构成犯罪的情形下，于量刑时应考虑的各种事实。因此，量刑情节不能说明犯罪的基本性质，而只能是与犯罪构成主客观要件相联系的、据以确定处罚轻重或者是否免除处罚的各种事实情况。据此，量刑情节不仅包括罪中的一些事实，还包括罪前和罪后发生的一些事实。

3. 量刑情节是选择法定刑与决定宣告刑的依据。在某一犯罪规定有多个幅度的法定刑时，人民法院应当根据刑法规定的量刑情节选择具体的法定刑。在法定刑已确定的情况下，人民法院应根据基本犯罪构成事实在相应的法定刑幅度内确定量刑起点，根据影响犯罪构成的犯罪数额、犯罪次数、犯罪后果等犯罪事实，在量刑起点的基础上确定基准刑，然后以刑法规定的量刑情节为依据调整基准刑，选择具体的刑种与刑度或者免除刑罚处罚。此处涉及基准刑的调节以及宣告刑的确定。根据《最高人民法院、最高人民检察院关于常见犯罪的量刑指导意见（试行）》，在调节基准刑时，需要注意：(1) 具有单个量刑情节的，根据量刑情节的调节比例直接调节基准刑。(2) 具有多个量刑情节的，一般根据各个量刑情节的调节比例，采用同向相加、逆向相减的方法调节基准刑；具有未成年人犯罪、老年人犯罪、限制行为能力的精神病人犯罪、又聋又哑的人或者盲人犯罪，防卫过当、避险过当、犯罪预备、犯罪未遂、犯罪中止，从犯、胁从犯和教唆犯等量刑情节的，先适用该量刑情节对基准刑进行调节，在此基础上，再适用其他量刑情节进行调节。(3) 被告人犯数罪，同时具有适用于个罪的立功、累犯等量刑情节的，先适用该量刑情节调节个罪的基准刑，确定个罪所应判处的刑罚，再依法实行数罪并罚，决定执行的刑罚。在确定宣告刑时，需要区分不同情形：(1) 量刑情节对基准刑的调节结果在法定刑幅度内，且罪责刑相适应的，可以直接确定为宣告刑；具有应当减轻处罚情节的，应当依法在法定最低刑以下确定宣告刑。(2) 量刑情节对基准刑的调节结果在法定最低刑以下，具有法定减轻处罚情节，且罪责刑相适应的，可以直接确定为宣告刑；只有从轻处罚情节的，可以依法确定法定最低刑为宣告刑；但是根据案件的特殊情况，经最高人民法院核准，也可以在法定刑以下判处刑罚。(3) 量刑情节对基准刑的调节结果在法定最高刑以上的，可以依法确定法定最高刑为宣告刑。由于法定刑有一定的幅度，量刑情节在某些情况下也可能成为突破法定刑的依据，此时，量刑情节实际上成为审判人员行使自由裁量权的事实根据。

4. 量刑情节是对犯罪人落实刑事责任和实现刑罚个别化的根据。罪责刑相适应原则是我国刑法明文规定的刑法基本原则，《最高人民法院、最高人民检察院关于常见犯罪的量刑指导意见（试行）》就明确将是否符合该原则作为了判断宣告刑是否合理的重要标准。要真正做到罪责刑相适应，就必须使犯罪人应承担的刑罚和其应负的刑事责任相适应，实现刑罚个别化。如前所述，量刑情节表明了行为的社会危害性以及行为人的人身危险性，因此，要对犯罪人落实刑事责任和实现刑罚个别化，就必须综合考虑刑法所规定的各种量刑情节，从而确定对犯罪人处罚的轻重或者是否免除处罚。

由于定罪是量刑的前提和基础，所以，划清量刑情节与定罪情节的界限，对于量刑的实际操作具有极其重要的意义。量刑情节与定罪情节在刑事审判中具有不同的功能和作用，二者的区别主要体现在以下几点：(1) 定罪情节是犯罪构成要件所涵盖的内容和行为成立某种犯罪的事实根据，它表明并揭示该种犯罪的共性；而量刑情节则表明个案之间的特点和差异，揭示同种犯罪中不同案犯的个性。(2) 定罪情节不仅决定具体犯罪的性质，而且决定对该种犯罪追究刑事责任的统一标准和范围，同法定刑有着必然的联系；而量刑情节则以某种法定刑为适用的前提和基础，是刑罚个别化的唯一根据，同宣告刑有着必然的联系。(3) 定罪情节只限于罪中情节，外延比较狭窄；而量刑情节则包括罪中情节、罪前情节和罪后情节，外延比较宽广。因此，在量刑时应当坚持同一事实情况禁止重复评价的刑法原理，防止将已经用于定罪的犯罪构成事实再作为量刑情节使用。

二、量刑情节的分类

（一）量刑情节的分类概述

由于量刑情节复杂繁多，依据不同标准，可将其分为不同的类型。

1. 法定情节与酌定情节。以量刑情节是否由刑法明文加以规定为标准，可将其分为法定量刑情节和酌定量刑情节，简称法定情节和酌定情节。所谓法定情节，是指刑法明文规定在量刑时必须予以考虑的各种犯罪事实情况。以法定情节是由刑法总、分则规定为标准，可将其分为总则性情节和分则性情节。前者指对各种犯罪共同适用的情节，后者指刑法分则条文明文规定的对特定犯罪单独适用的情节以及某些单行刑法中规定的适用于特定犯罪的情节。所谓酌定情节，是指刑法未作明文规定，人民法院根据刑事立法精神和有关刑事政策，结合司法审判实践经验，在量刑时灵活掌握和酌情适用的情节。该类情节只能是在法定刑幅度内从轻或从重处罚，禁止用于加重和减轻处罚。

2. 从宽情节与从严情节。以情节对量刑产生的轻重或处罚宽严的性质为标准，可将量刑情节分为从宽情节与从严情节。所谓从宽情节，是指对犯罪人的量刑结果产生有利影响的情节，包括从轻处罚情节、减轻处罚情节和免除处罚情节。其中，从轻处罚是指在法定刑范围内选择较轻的刑种或较短的刑期，但不能低于法定刑的下限；减轻处罚是指低于法定最低刑判处适当的刑罚；免除处罚是指对犯罪人作有罪判决，但免除其刑罚处罚。所谓从严情节，是指对犯罪人的量刑结果产生不利影响的情节，通常情况下是指从重处罚的情节。在刑法中，从严情节有多种规定。如，《刑法》第 236 条第 2 款规定，奸淫不满十四周岁的幼女的，以强奸论，从重处罚；《刑法》第 29 条第 1 款规定，教唆不满 18 周岁的人犯罪的，应当从重处罚；等等。

3. 应当型情节与可以型情节。以刑法是否就法定情节的功能作出绝对性规定为标准，可将量刑情节分为应当型情节和可以型情节。前者是指刑法明文规定的，对量刑结果应当产生从宽或从严影响的情节，如防卫过当与避险过当、中止犯与累犯等。后者是指刑法规定的，对量刑结果可能产生从宽影响的情节，如预备犯与未遂犯。应当型情节的特点在于刑法就其功能作了硬性规定，审判人员必须将其适用于具有该类情节的犯罪人，而不能任意选择；可以型情节的特点在于，如无特殊情况，审判人员应当适用该情节，如有充足理由，审判人员也可以不予考虑此种情节。

4. 单功能情节与多功能情节。以同一量刑情节对量刑功能的多少为标准，可以将法定情节分为单功能情节和多功能情节。前者是对量刑只具有单一功能的量刑情节，如《刑法》第 65 条规定的累犯应当从重处罚的情节，系单功能情节；后者是对量刑具有两种以上功能的量刑情节，如《刑法》第 22 条第 2 款规定："对于预备犯，可以比照既遂犯从轻、减轻处罚或者免除处罚。"可见，该种情节可能对量刑产生多种影响。

此外，量刑情节还可分为罪前情节、罪中情节与罪后情节，适应量刑目的性的情节与适应量刑公正性的情节，反映社会危害性的情节与反映人身危险性的情节等。鉴于量刑情节分类标准的多样化，限于篇幅，此处就不再一一罗列。

（二）法定量刑情节

如前所述，法定量刑情节可以分为总则性情节与分则性情节，应当型情节与可以型情节等。在此仅从“应当型”与“可以型”的角度对刑法所规定的量刑情节进行排列。

应当型情节包括以下内容：

1. 应当免除处罚的情节：中止犯没有造成损害的，应当免除处罚（第 24 条第 2 款）。

2. 应当减轻或者免除处罚的情节：(1) 防卫过当的，应当减轻或者免除处罚（第 20 条第 2 款）；(2) 紧急避险过当的，应当减轻或者免除处罚（第 21 条第 2 款）；(3) 对于胁从犯，应当按照他的犯罪情节减轻处罚或者免除处罚（第 28 条）。

3. 应当从轻、减轻处罚或者免除处罚的情节：对于从犯，应当从轻、减轻处罚或者免除处罚（第 27 条第 2 款）。

4. 应当减轻处罚的情节：中止犯造成损害的，应当减轻处罚（第 24 条第 2 款）。

5. 应当从轻或者减轻处罚的情节：(1) 已满 12 周岁不满 18 周岁的人犯罪，应当从轻或者减轻处罚（第 17 条第 4 款）；(2) 已满 75 周岁的人过失犯罪的，应当从轻或者减轻处罚（第 17 条之一）。

6. 不适用死刑的情节：(1) 犯罪的时候不满 18 周岁的人和审判的时候怀孕的妇女，不适用死刑（第 49 条第 1 款）；(2) 审判的时候已满 75 周岁的人不适用死刑，但以特别残忍的手段致人死亡的除外（第 49 条第 2 款）。

7. 应当从重处罚的情节：(1) 教唆不满 18 周岁的人犯罪的，应当从重处罚（第 29 条第 1 款）；(2) 累犯，应当从重处罚（第 65 条第 1 款）；(3) 策动、胁迫、勾引、收买国家机关工作人员、武装部队人员、人民警察、民兵进行武装叛乱或者武装暴乱的，依照前款的规定从重处罚（第 104 条第 2 款）；(4) 与境外机构、组织、个人相勾结，实施《刑法》第 103、104、105 条规定之罪的，从重处罚（第 106 条）；(5) 掌握国家秘密的国家工作人员叛逃境外或者在境外叛逃的，从重处罚（第 109 条第 2 款）；(6) 武装掩护走私的，依照走私武器、弹药、核材料或假币罪的规定从重处罚（第 157 条第 1 款）；(7) 国有公司、企业、事业单位的工作人员，徇私舞弊犯《刑法》第 168 条第 1 款与第 2 款之罪的（第 168 条第 3 款）；(8) 伪造货币并出售或者运输伪造的货币的，按伪造货币罪从重处罚（第 171 条第 3 款）；(9) 银行或者其他金融机构的工作人员利用职务上的便利，窃取、收买或者非法提供他人信用卡信息资料的，从重处罚（第 177 条之一第 3 款）；(10) 银行或者其他金融机构的工作人员违反国家规定，向关系人发放贷款的，依照前款规定从重处罚（第 186 条第 2 款）；(11) 奸淫不满 14 周岁的幼女的，以强奸论，从重处罚（第 236 条第 2 款）；(12) 非法剥夺他人人身自由具有殴打、侮辱情节的，从重处罚（第 238 条第 1 款）；(13) 国家机关工作人员利用职权犯《刑法》第 238 条前 3 款规定之罪的，从重处罚（第 238 条第 4 款）；(14) 国家机关工作人员犯诬告陷害罪的，从重处罚（第 243 条第 2 款）；(15) 司法工作人员滥用职权，犯非法搜查罪的，从重处罚（第 245 条第 2 款）；(16) 司法工作人员滥用职权，犯非法侵入住宅罪的，从重处罚（第 245 条第 2 款）；(17) 犯刑讯逼供或暴力取证罪，致人伤残、死亡的，分别按故意伤害罪、故意杀人罪从重处罚（第 247 条）；(18) 犯虐待被监管人罪，致人伤残、死亡的，分别按故意伤害罪、故意杀人罪从重处罚（第 248 条第 1 款）；(19) 犯私自开拆、隐匿、毁弃邮件、电报罪而窃取财物的，按盗窃罪从重处罚（第 253 条第 2 款）；(20) 违反国家有关规定，将履行职责或者提供服务过程中获得的公民个人信息，出售或者提供给他人的，依照前款的规定从重处罚（第253条之一第2款）；（21）冒充人民警察招摇撞骗的，从重处罚（第279条第2款）；（22）组织、指使他人实施盗用、冒用他人身份，顶替他人取得的高等学历教育入学资格、公务员录用资格、就业安置待遇的行为的，依照前款的规定从重处罚（第280条之二第2款）；（23）引诱未成年人参加聚众淫乱活动的，从重处罚（第301条第2款）；（24）司法工作人员犯妨害作证罪和帮助毁灭、伪造证据罪的，从重处罚（第307条第3款）；（25）盗伐、滥伐国家级自然保护区内的森林或者其他林木的，从重处罚（第345条第4款）；（26）利用、教唆未成年人走私、贩卖、运输、制造毒品，或者向未成年人出售毒品的，从重处罚（第347条第6款）；（27）缉毒人员或者其他国家机关工作人员掩护、包庇走私、贩卖、运输、制造毒品的犯罪分子的，从重处罚（第349条第2款）；（28）引诱、教唆、欺骗或者强迫未成年人吸食、注射毒品的，从重处罚（第353条第3款）；（29）组织、强迫运动员使用兴奋剂参加国内、国际重大体育竞赛的，依照前款的规定从重处罚（第355条之一第2款）；（30）因走私、贩卖、运输、制造、非法持有毒品罪被判过刑，又犯刑法分则第六章第七节规定之罪的，从重处罚（第356条）；（31）旅馆业、饮食服务业、文化娱乐业、出租汽车业等单位的主要负责人，利用本单位的条件，组织、强迫、引诱、容留、介绍他人卖淫的，从重处罚（第361条第2款）；（32）制作、复制淫秽的电影、录像等音像制品组织播放的，从重处罚（第364条第3款）；（33）向不满18周岁的未成年人传播淫秽物品的，从重处罚（第364条第4款）；（34）战时犯破坏武器装备、军事设施、军事通信罪的，从重处罚（第369条第3款）；（35）战时犯过失损坏武器装备、军事设施、军事通信罪的，从重处罚（第369条第3款）；（36）挪用用于救灾、抢险、防汛、优抚、扶贫、移民、救济款物归个人使用的，从重处罚（第384条第2款）；（37）索贿的，从重处罚（第386条）；（38）徇私舞弊犯食品、药品监管渎职罪的，从重处罚（第408条之一第2款）；（39）战时犯阻碍执行军事职务罪的，从重处罚（第426条）；（40）伪造、变造海关签发的报关单、进口证明、外汇管理部门核准件等凭证和单据，并用于骗购外汇的，依照前款规定从重处罚（《关于惩治骗购外汇、逃汇和非法买卖外汇犯罪的决定》第1条第2款）；（41）海关、外汇管理部门以及金融机构、从事对外贸易经营活动的公司、企业或者其他单位的工作人员与骗购外汇或者逃汇的行为人通谋，为其提供购买外汇的有关凭证或者其他便利条件的，或者明知是伪造、变造的凭证和单据而售汇、付汇的，从重处罚（《关于惩治骗购外汇、逃汇和非法买卖外汇犯罪的决定》第5条）。

可以型情节包括以下内容：

1. 可以免除处罚的情节：（1）犯罪较轻的自首犯，可以免除处罚（第67条第1款）；（2）非法种植毒品原植物，在收获前自动铲除的，可以免除处罚（第351条第3款）。

2. 可以免除或者减轻处罚的情节：（1）凡在中华人民共和国领域外犯罪，依照本法应当负刑事责任的，虽然经过外国审判，仍然可以依照本法追究，但是在外国已经受过刑罚处罚的，可以免除或者减轻处罚（第10条）。（2）有重大立功表现的，可以减轻或者免除处罚（第68条）。（3）行贿人对非国家工作人员行贿，在被追诉前主动交代行贿行为的，可以减轻处罚或者免除处罚（第164条第4款）。（4）行贿人对外国公职人员、国际公共组织官员行贿，在被追诉前主动交待行贿行为的，可以减轻或者免除处罚（第164条第4款）；（5）犯挪用资金罪，在提起公诉前将挪用的资金退还，犯罪较轻的，可以减轻或者免除处罚（第272条第3款）；（6）拒不支付劳动报酬，尚未造成严重后果，在提起公诉前支付劳动者的劳动报酬，并依法承担相应赔偿责任的，可以减轻或者免除处罚（第276条之一第3款）。（7）犯行贿罪，在被追诉前主动交代行贿行为，犯罪较轻的，对侦破重大案件起关键作用的，或者有重大立功表现的，可以减轻或者免除处罚（第 390 条第 2 款）。（8）介绍贿赂人在被追诉前主动交代介绍贿赂行为的，可以减轻处罚或者免除处罚（第 392 条第 2 款）。

3. 可以从轻、减轻处罚或者免除处罚的情节：（1）又聋又哑的人或者盲人犯罪的，可以从轻、减轻或者免除处罚（第 19 条）。（2）对于预备犯，可以比照既遂犯从轻、减轻处罚或者免除处罚（第 22 条第 2 款）。

4. 可以从轻或者减轻处罚的情节：（1）已满 75 周岁的人故意犯罪的（第 17 条之一）；（2）尚未完全丧失辨认或者控制自己行为能力的精神病人犯罪的，可以从轻或者减轻处罚（第 18 条第 3 款）；（3）对于未遂犯，可以比照既遂犯从轻或者减轻处罚（第 23 条第 2 款）；（4）如果被教唆的人没有犯被教唆的罪，对于教唆犯，可以从轻或者减轻处罚（第 29 条第 2 款）；（5）对于自首的犯罪分子，可以从轻或者减轻处罚（第 67 条第 1 款）；（6）犯罪分子有立功表现的，可以从轻或者减轻处罚（第 68 条）；（7）犯非法吸收公众存款罪，在提起公诉前积极退赔退赃，减少损害结果发生的，可以从轻或者减轻处罚（第 176 条第 3 款）；（8）犯挪用资金罪，在提起公诉前将挪用的资金退还的，可以从轻或者减轻处罚（第 272 条第 3 款）；（9）犯行贿罪，在被追诉前主动交待行贿行为的，可以从轻或者减轻处罚（第 390 条第 2 款）。

5. 可以从轻处罚的情节：犯罪后如实供述自己罪行的（第 67 条第 3 款）。

6. 可以减轻处罚的情节：犯罪后如实供述自己的罪行，避免特别严重后果发生的（第 67 条第 3 款）。

（三）酌定量刑情节

酌定量刑情节虽不是必然影响刑罚的轻重适用，但对量刑仍然起着重要作用。依据刑事审判实践，常见的酌定量刑情节主要有以下几种：

1. 犯罪的手段。犯罪手段虽不一定是犯罪构成要件的内容，但犯罪手段不同，行为的社会危害性以及行为人的人身危险性也不同。因此，在刑法未将犯罪手段作为构成要件予以规定的情况下，犯罪手段常常成为刑罚裁量的重要酌定情节。例如，刑法对故意杀人罪的杀人方法并没有限制，以通常所见的方式杀人和以极端残忍的方式杀人的结果虽然相同，但前者的社会危害性以及行为人的人身危险性明显轻于后者。

2. 犯罪的对象。在法律未将某一特定对象规定为犯罪构成要件的情况下，犯罪对象的情况如何，也往往反映出行为的社会危害性以及犯罪人的人身危险性大小，从而会影响到量刑的轻重。例如，侵犯未成年人、残疾人、老年人、怀孕妇女权益的犯罪，就比侵犯其他对象的相同犯罪具有更大的社会危害性；盗窃一般财物和盗窃救灾、抢险物资相比，后者的危害性就明显大于前者，量刑时就应区别对待。

3. 犯罪造成的实际危害结果。危害结果是犯罪构成的要件时，危害结果可以反映行为的社会危害性，从而对量刑产生较大的影响；在危害结果不是犯罪构成的要件时，危害结果同样可以反映行为的社会危害性，因而成为量刑时应酌定考虑的重要情节。例如，同是故意伤害罪，伤害的结果不同，在量刑时，应受的刑罚就有区别。

4. 犯罪的时空环境。犯罪是在一定的时空条件下发生的，即使刑法未将特定的时空条件规定为犯罪构成的要件，犯罪的时空对量刑也具有一定的作用。该种情况下，不同的时空环境，不但能表明行为的社会危害性，而且能反映行为人的主观恶性，从而对量刑产生影响。

例如，在发生洪水、地震等自然灾害时犯罪，或者在公共场所犯强奸罪，就比在其他时间、地点所发生的相同犯罪具有更大的社会危害性。

5. 犯罪的动机。犯罪动机直接表明犯罪人的主观恶性，因而是量刑时必须考虑的重要因素。例如，同是盗窃罪，有的是因为家中父母病重无钱救治，有的是为了吃喝玩乐，其所反映的罪过程度就有差别，后者的主观恶性要大于前者，在量刑时应当有所差别。

6. 犯罪后的态度。行为人犯罪后的态度如何，是反映行为人人身危险性以及改造难易程度的一个重要因素，因而对量刑具有重要的参考价值。例如，负隅顽抗、隐匿赃物、拒不认罪、毁灭罪证、意图逃避罪责等表现，较之真诚悔过、坦白交代、积极退赃、主动赔偿损失、积极采取措施消除或减轻危害结果等表现，应当受到相对较重的处罚。

7. 犯罪人的一贯表现。一个人的品行体现在其平时的言行中。犯罪人的平时表现，虽不影响定罪，但由于它能够反映行为人的人身危险性，因而对于刑罚裁量的结果具有不可忽视的影响。例如，平时一贯遵纪守法者犯罪，与平时一贯违反法律甚至多次受过行政处罚者犯罪相比，后者应当受到相对较重的处罚。

8. 特殊情况，即《刑法》第 63 条第 2 款规定，犯罪分子虽然不具有刑法规定的减轻处罚情节，但是根据案件的特殊情况，经最高人民法院核准，也可以在法定刑以下判处刑罚。此处的“特殊情况”，应是一种不确定的情况，如可能影响我国政治、外交、民族、宗教以及其他具有特殊意义的案件情况。遇到该类特殊情况时，人民法院可据此酌情裁量刑罚。

三、累犯

（一）累犯的概念

累犯，是指因犯罪而受过一定刑罚处罚的犯罪人，刑罚执行完毕或者赦免以后，在法定期限内又犯一定之罪的情形。所以，累犯基本上有两种含义：一是作为量刑情节，累犯是一种特定的再次犯罪的事实；二是作为量刑时评价的对象，累犯是指因犯罪受过一定刑罚处罚，刑罚执行完毕或者赦免以后，在法定期限内又犯一定之罪的特定犯罪人。

累犯与再犯不同。所谓再犯，是指再次（两次或两次以上）实施犯罪，但后犯之罪在实施时间上并无限制的情形。可见，累犯与再犯有一定的共性，即都是多次实施犯罪行为，但二者也存在着明显差别，主要表现在：(1) 累犯之前罪与后罪必须都是故意犯罪；而再犯之前后罪则没有此种限制。(2) 累犯一般必须以前后两罪被判处或应判处一定的刑罚处罚为成立条件；而再犯并不要求前后两罪必须被判处一定刑罚。(3) 累犯所犯后罪，必须是在前罪刑罚执行完毕或赦免以后的法定期限内实施；而再犯的前后两罪之间并无时间方面的限制。

根据《刑法》第 65 条和第 66 条的规定，累犯可分为一般累犯和特殊累犯两类。

（二）一般累犯

《刑法》第 65 条第 1 款规定：“被判处有期徒刑以上刑罚的犯罪分子，刑罚执行完毕或者赦免以后，在五年以内再犯应当判处有期徒刑以上刑罚之罪的，是累犯，应当从重处罚，但是过失犯罪和不满十八周岁的人犯罪的除外。”据此，一般累犯，是指因故意犯罪被判处有期徒刑以上刑罚，在刑罚执行完毕或者赦免以后 5 年内，再犯应当判处有期徒刑以上刑罚之故意犯罪的年满18周岁以上的犯罪分子。其成立条件为：

1. 前罪与后罪都必须是故意犯罪。如果前后两罪或者其中一罪是过失犯罪，就不能构成累犯。之所以排除过失犯罪，是因为，过失犯罪较之故意犯罪所反映的社会危害性以及行为人的主观恶性要轻得多，过失犯罪的再犯可能性也较小；而刑法规定累犯制度的目的，则是遏制犯罪人再次犯罪，因此，应当将累犯限定为故意犯罪。

2. 行为主体实施前罪与后罪时，都必须年满18周岁。犯罪时不满18周岁的，不得认定为累犯；同样，犯前罪时不满18周岁但犯后罪时已满18周岁的，也不构成累犯。这是因为：一方面，未成年人容易接受教育改造，不以累犯从重处罚，也足以预防其再次犯罪；另一方面，对未成年人犯罪不以累犯论处，符合我国注重对未成年犯罪人进行保护性教育的刑事政策。

3. 前罪被判处有期徒刑以上刑罚，后罪应当被判处有期徒刑以上刑罚。也就是说，构成累犯的前罪被判处的刑罚和后罪应当判处的刑罚均低于有期徒刑，或者其中之一低于有期徒刑的，均不构成累犯。详言之，如果前罪被判处的是拘役、管制或者单处附加刑，无论后罪多么严重，也不成立累犯；反之，虽然前罪被判处有期徒刑以上刑罚，但后罪应当判处拘役、管制或单处附加刑的，也不成立累犯。其中，所谓被判处有期徒刑以上刑罚，是指人民法院最后确定的宣告刑是有期徒刑以上刑罚，包括被判处有期徒刑、无期徒刑和死刑缓期执行。后罪应当判处有期徒刑以上刑罚，是指所犯的后罪根据其犯罪事实和刑事法律，应当被判处有期徒刑以上刑罚，包括有期徒刑、无期徒刑和死刑，而不是该罪的法定刑为有期徒刑以上刑罚。

4. 后罪发生的时间，必须在前罪的刑罚执行完毕或者赦免以后5年以内。根据《最高人民检察院关于认定累犯如何确定刑罚执行完毕以后“五年以内”起始日期的批复》，所谓“刑罚执行完毕”，是指刑罚执行到期应予释放之日。据此，犯罪人在刑罚执行完毕或者赦免5年以后再次犯罪的，不构成累犯；犯罪人在前罪刑罚执行期间再次犯罪的，也不构成累犯，而应适用数罪并罚。所谓刑罚执行完毕，是指主刑执行完毕，不包括附加刑在内。主刑执行完毕5年内又犯罪，即使附加刑未执行完毕，仍构成累犯。所谓赦免，在我国目前仅指特赦减免。

被假释的犯罪分子，如果在假释考验期限内又犯新罪，不构成累犯，而应撤销假释，适用数罪并罚。被假释的犯罪分子，如果在假释考验期满5年以内又犯新罪，则构成累犯，因为根据刑法规定，假释考验期满就认为原判刑罚已经执行完毕。被假释的犯罪分子，如果在假释考验期满5年以后犯罪，同样不构成累犯。

被判处有期徒刑宣告缓刑的犯罪分子，如果在缓刑考验期内又犯新罪的，不构成累犯，应当撤销缓刑，适用数罪并罚。被判处有期徒刑宣告缓刑的犯罪分子，如果在缓刑考验期满后又犯新罪，同样不构成累犯，因为缓刑是附条件的不执行所宣告的刑罚，考验期满，原判的刑罚就不再执行了，而不是刑罚已经执行完毕。因此，不符合累犯的构成条件。但是，根据《最高人民法院、最高人民检察院关于缓刑犯在考验期满后五年内再犯应当判处有期徒刑以上刑罚之罪应否认定为累犯问题的批复》，可以将被判处有期徒刑宣告缓刑的犯罪分子，在缓刑考验期满后5年内再犯应当判处有期徒刑以上刑罚之罪的，作为对新罪确定刑罚的酌定从重情节予以考虑。

需要研究的问题是，行为人被国外法院判处并执行有期徒刑以上刑罚后再犯罪的，能否认定为累犯？对此，我国刑法未作规定。如果对国外的刑事判决采取积极承认的做法，则无疑应宣告为累犯。由于我国采取的是消极承认，刑法理论对此就存在着不同认识。第一种观点认为，由于我国刑法原则上不承认外国法院的判决，因此，行为人在外国受过有期徒刑以上刑罚，以后又在我国犯罪的，不能认为符合一般累犯的构成条件。第二种观点认为，尽管我国采取的是消极承认的做法，仍然应认定为累犯。因为消极承认的前提是考虑行为人在国外受到刑罚处罚的事实而免除或者减轻处罚；同样，在行为人于我国犯新罪时，也应该考虑行为人在外国受到刑罚处罚的事实，如果符合我国刑法规定的累犯条件，就应以累犯论处。① 第三种观点认为，对此问题，应具体情况具体分析：如果行为人在国外实施的行为，并未触犯我国刑法，虽然经过外国审判并执行刑罚，也不能作为构成累犯的条件；若所犯之罪依照我国刑法规定也应当负刑事责任，可以承认其已经受过刑罚执行，如果被判处并执行的刑罚是有期徒刑以上的刑罚，即可作为构成累犯的条件，可依照我国刑法规定再行处理。② 上述三种观点中，第二种和第三种观点其实并无本质区别，因为行为人被国外法院判处并执行的有期徒刑以上刑罚之罪也必须是我国刑法明文加以规定的，才谈得上承认该国外判决，否则，根本不发生承认的问题，当然就更谈不上构成累犯了。

（三）特殊累犯

《刑法》第 66 条规定："危害国家安全犯罪、恐怖活动犯罪、黑社会性质的组织犯罪的犯罪分子，在刑罚执行完毕或者赦免以后，在任何时候再犯上述任一类罪的，都以累犯论处。"据此，特殊累犯是指，实施危害国家安全犯罪、恐怖活动犯罪、黑社会性质的组织犯罪，受过刑罚处罚，刑罚执行完毕或者赦免后，在任何时候再犯这三类罪的犯罪分子。其条件为：

1. 前罪和后罪都必须是危害国家安全犯罪、恐怖活动犯罪或黑社会性质的组织犯罪。只要前罪与后罪是这三类罪之一，如前罪是危害国家安全犯罪，后罪是恐怖活动犯罪，或者前罪是恐怖活动犯罪，后罪是黑社会性质的组织犯罪，均成立特殊累犯。如若前后两罪或者其中一罪不是这三类犯罪，则不成立特殊累犯，符合条件的成立一般累犯。

2. 前罪被判处的刑罚和后罪应判处的刑罚的种类及其轻重不受限制。即使前后两罪或者其中一罪被判处或者应判处管制、拘役或者单处某种附加刑，也不影响其成立。

3. 必须在前罪刑罚执行完毕或者赦免以后再犯罪。因此，如果前罪免予刑罚处罚且未被赦免的，就不成立特殊累犯。至于前罪与后罪的相隔时间，不影响特殊累犯的成立。换言之，前罪的刑罚执行完毕或者赦免以后，任何时候再犯危害国家安全罪、恐怖活动罪、黑社会性质的组织罪的，即构成特别累犯，不受前后两罪相距时间长短的限制。

（四）对累犯的处罚

与初次犯罪相比，累犯不仅具有更深的主观恶性和更大的人身危险性，其所实施的犯罪行为也具有更为严重的社会危害性。因此，各国刑法无一例外规定对累犯从严惩处，但所采用的具体处罚原则不尽相同。其中，有的国家刑法采特别处罚主义，即对累犯处以特别严厉的刑罚；有的国家刑法采加重处罚主义，即高于法定刑判处刑罚，包括确定（刑罚）加重和不

① 参见张明楷：《刑法学》，法律出版社 2003 年版，第 451 页。

② 参见赵秉志主编：《新刑法教程》，中国人民大学出版社 1997 年版，第 345~346 页。

确定(刑罚)加重;有的国家刑法采刑罚与保安处分并科主义,即对于累犯不仅处以刑罚,而且科以保安处分;有的国家刑法采代替主义,即对累犯科以保安处分,以代替自由刑的适用;有的国家采不定期刑主义,即对累犯宣告不定期刑,待其得到改善后才释放;有的国家刑法采从重或加重处罚与附加刑并科主义,即对累犯不仅从重或加重处以主刑,同时还科以某种特定的附加刑;有的国家刑法采从重处罚主义。

根据我国《刑法》第 65 条第 1 款的规定,对累犯应当从重处罚,即采取必须从重处罚的原则。在确定累犯的刑事责任时,应注意把握以下几点:

1. 对累犯必须从重处罚。不管其是一般累犯还是特殊累犯,都必须在法定刑的限度以内,对其判处相对较重的刑罚,即适用较重的刑种或较长的刑期。

2. 从重处罚,是相对于不构成累犯时应承担的刑事责任而言的。即对于累犯从重处罚,其参照标准应是在其不构成累犯时应承担的刑事责任。

3. 在决定从重的幅度时,除根据其所实施的犯罪行为的性质、情节、社会危害程度确定其刑罚外,还应考虑后罪与刑罚执行完毕或赦免时间的间隔以及后罪与前罪的关系,但“从重处罚”不是一律判处法定最高刑。《最高人民法院、最高人民检察院关于常见犯罪的量刑指导意见(试行)》就规定,对于累犯,综合考虑前后罪的性质、刑罚执行完毕或赦免以后至再犯罪时间的长短以及前后罪罪行轻重等情况,应当增加基准刑的 10%~40%,一般不少于 3 个月。

四、自首

(一) 自首的概念

根据《刑法》第 67 条的规定,自首是指犯罪以后自动投案,如实供述自己罪行的行为。被采取强制措施的犯罪嫌疑人、被告人和正在服刑的罪犯,如实供述司法机关还未掌握的本人其他罪行的,以自首论。我国刑法规定的自首制度,是以惩办与宽大相结合的刑事政策为根据的,目的在于鼓励犯罪人悔过自新,自动投案,同时便于迅速侦破案件和及时惩治犯罪,减少国家的司法成本的投入。

从自首的本质来看,自首是犯罪人基于自己的意志将自己交付国家审判,因此,相较犯罪人的被动归案,自首犯的人身危险性较小。实践证明,对于犯罪以后自首的罪犯予以从宽处理,有利于分化瓦解犯罪势力,激励和促使犯罪人悔过自新;有利于及时侦破与审判,减少国家的司法成本的投入;有利于兼顾惩罚犯罪和教育改造罪犯的刑罚目的的实现。正是基于此,日本、韩国、泰国、越南等国家的刑法典都规定有自首从宽的制度。

根据《刑法》第 67 条的规定,自首分为一般自首和特别自首两种。

(二) 一般自首

根据《刑法》第 67 条第 1 款的规定,一般自首,是指犯罪分子犯罪以后自动投案,如实供述自己罪行的行为。成立一般自首必须具备以下条件:

1. 犯罪以后自动投案。自动投案是成立自首的前提。所谓自动投案,一般是指犯罪分子在犯罪以后、归案之前,基于本人的意志向有关机关或有关个人承认自己实施了犯罪,并主动将自己置于有关机关的控制之下，等待进一步交代犯罪事实，接受司法机关的审查与裁判的行为。对此，可从以下几个方面加以把握：

(1) 投案时间。自动投案应在犯罪人归案之前投案。根据《最高人民法院关于处理自首和立功具体应用法律若干问题的解释》(以下简称《自首和立功解释》)，自动投案包括：在犯罪事实未被发觉时投案；在犯罪事实虽被发觉，但没有查清犯罪人的时候投案；犯罪事实和犯罪嫌疑人都被发觉，但犯罪人未受到讯问、未被采取强制措施时投案；犯罪后逃跑，在通缉、追捕的过程中投案；经查实确已准备去投案，或者正在投案途中，被公安机关捕获的，应当视为自动投案。此外，根据《自首和立功解释》，犯罪嫌疑人向其所在单位、城乡基层组织或者其他有关负责人员投案的；犯罪嫌疑人因病、伤或者为了减轻犯罪后果，委托他人先代为投案，或者先以信电投案的；罪行尚未被司法机关发觉，仅因形迹可疑，被有关组织或者司法机关盘问、教育后，主动交代自己的罪行的，也视为自动投案。上述规定，有利于犯罪人弃暗投明，作出积极的选择。另外，最高人民法院、最高人民检察院发布的《关于办理职务犯罪案件认定自首、立功等量刑情节若干问题的意见》(以下简称《自首、立功意见》)明确指出，在职务犯罪案件中，犯罪事实或者犯罪分子未被办案机关掌握，或者虽被掌握，但犯罪分子尚未受到调查谈话、讯问，或者未被宣布采取调查措施或者强制措施时，向办案机关投案的，是自动投案。这里的“办案机关”既包括司法机关，也包含纪检监察部门。

(2) 投案对象。投案对象是指自动投案的机关。根据《自首和立功解释》，它既可以是负有侦查、起诉、审判职能的公安机关、人民检察院和人民法院及其派出单位，如街道派出所、人民法庭等，也可以是犯罪嫌疑人所在单位、城乡基层组织和其他有关负责人。投案对象的宽泛性为犯罪人自首的实现提供了便利条件。

(3) 投案方式。自动投案一般应是基于犯罪人本人的意志，由本人直接向公安机关、检察机关、人民法院投案，对于向其所在单位、城乡基层组织或者其有关的负责人投案的，也应视为自动投案，但是，明知有关人员不会向司法机关报告的除外。犯罪嫌疑人因某些客观原因如生病、受伤等不能亲自投案，或者为了减轻犯罪后果，委托他人先代为投案的；或者犯罪嫌疑人犯罪后由于惧怕心理，而先以电信投案或者请求他人陪同投案的；或者并非出于犯罪嫌疑人主动，而是经亲友规劝、陪同投案的；或者公安机关通知犯罪嫌疑人的亲友或亲友主动报案后，将犯罪嫌疑人送去投案的，也应视为自动投案。但是，犯罪后当场被群众扭送归案的，或被公安机关逮捕归案的，或在追捕过程中走投无路当场被抓捕的，或经司法机关传讯、采用强制措施后归案的，不能认为是自动投案。

(4) 投案动机。自动投案作为犯罪嫌疑人犯罪后实施的具有“自动性”的行为，是其自由意志选择的结果，所以其动机是多种多样的，如有的出于真诚悔罪，有的慑于法律的威严，有的为了争取宽大处理，有的因潜逃在外生活所迫，有的经亲友规劝而醒悟等。无论出于何种动机，均不影响自动投案的成立。

(5) 投案效果。即犯罪嫌疑人必须自愿置于司法机关控制之下，等待进一步交代犯罪事实。可以说投案是如实供述自己罪行并成立自首的前提。《自首和立功解释》规定的“犯罪嫌疑人自动投案后又逃跑的，不能认定为自首”为自首成立的排除性条件。

在把握“自动投案”的上述要件时，必须注意：犯罪人自动投案并供述自己罪行后又隐匿、脱逃的，或者委托他人代为自首而本人拒不到案的，不能成立自首。此外，司法实践中，有的犯罪人匿名将犯罪所得送到司法机关，甚至新闻单位，如报社、杂志社或归还原处，或者用电话、书信等方式匿名向司法机关报案或指出赃物所在，此类行为并没有自首的诚意，不能成立自首。但这种主动交出非法所得的行为，表明其有一定悔罪的态度，量刑时可以考虑适当从宽。

此外，根据《最高人民法院关于处理自首和立功若干具体问题的意见》规定，犯罪嫌疑人犯罪以后，罪行未被有关部门、司法机关发觉，仅因形迹可疑被盘问、教育后，主动交代了犯罪事实的，应当视为自动投案，但有关部门、司法机关在其身上、随身携带的物品、驾乘的交通工具等处发现与犯罪有关的物品的，不能认定为自动投案。

2. 如实供述自己的罪行。即犯罪人自动投案后，如实交代自己所犯的全部罪行。只有如此，才能表明其自首诚意，也才能使司法机关追诉其刑事责任的诉讼活动顺利进行和依法从宽处理有事实依据。把握该要件时，应注意如下几点：

(1) 投案人所供述的必须是犯罪事实，原则上还必须是全部犯罪事实。但在司法实践中，考虑到犯罪人由于作案时间、地点、环境的特殊或者基于生理、心理上的原因，往往难以当即作出全面供述或准确供述时，能供述主要犯罪事实即可。[①] 即足以使侦查人员凭此查明该犯罪的真相即可。但如果隐瞒主要犯罪事实，或者避重就轻，就不属于如实供述自己罪行。

(2) 投案人所供述的必须是自己的犯罪事实。即投案人所供述的罪行必须是自己实施并应由本人承担刑事责任的罪行。若供述自己所知的他人罪行，则应为检举，符合立功条件的，按立功处理，不属于自首。但是，共同犯罪人在供述自己的犯罪事实时，由共同犯罪的性质所决定，还必须供述自己所了解的、与自己的罪行密切相关的其他共犯人的罪行。对此，《自首和立功解释》作出了规定，即“共同犯罪案件中的犯罪嫌疑人，除如实供述自己的罪行，还应当供述所知的同案犯，主犯则应当供述所知其他同案的共同犯罪事实”。据此，主犯必须供述自己所组织、策划、指挥作用所及或支配下的全部罪行以及在首要分子的组织、策划、指挥作用的支配下单独实施或与其他共犯人共同实施的共同犯罪行为；从犯不仅应供述自己单独实施的犯罪，还要供述与自己共同实施犯罪的主犯和胁从犯的犯罪行为；胁从犯不仅应供述自己在被胁迫情况下实施的犯罪，还要供述自己所知道的胁迫自己犯罪的人所实施的犯罪行为；教唆犯不仅应供述自己的教唆行为，还要供述所了解的被教唆人产生犯罪意图之后实施的犯罪行为。否则，就不是“如实”供述“自己的罪行”。对于一人犯数罪的自首，犯罪人如实供述自己所犯全部数罪的，应认定为全案均成立自首；犯罪嫌疑人只供述了一罪的，则只视此一罪具有自首情节；犯罪人仅供述数罪中的一部分而未供述其余的，则不管该行为所犯数罪为异种数罪还是同种数罪，仅供述的犯罪成立自首，而不能及于其全部犯罪。过失犯罪的行为人能否自首？答案是肯定的。《刑法》第67条并未对自首犯的罪过形态作任何限制，所以，行为人如实供述自己的过失犯罪行为，只要符合自首成立的条件，当然也可以成立自首。对于单位犯罪的自首，在单位犯罪以后，只要经单位集体或决策机构研究决定投案，或者由负责人员决定投案，即可以认定为单位自首。

(3) 投案人必须如实供述所犯罪行。“如实”供述的原则上应为全部罪行，但如前述所述，由于受主客观因素的影响，犯罪人只能如实地供述自己的主要或基本的犯罪事实的，也

---

① 马克昌主编：《中国刑事政策学》，武汉大学出版社1992年版，第502页。

应视为如实供述。《自首和立功解释》亦认为,所谓“如实供述自己的罪行”,是指犯罪嫌疑人自动投案后,如实交代自己的主要犯罪事实,既不缩小也不扩大。《最高人民法院关于被告人对行为性质的辩解是否影响自首成立的问题的批复》规定,“犯罪以后自动投案,如实供述自己的罪行的,是自首。被告人对行为性质的辩解不影响自首的成立”。据此,犯罪人自动投案如实供述自己的罪行后,为自己进行辩护,提出上诉,或者更正、补充某些事实的,不能认为没有如实供述自己的罪行。

(三) 特别自首

《刑法》第 67 条第 2 款规定:“被采取强制措施的犯罪嫌疑人、被告人和正在服刑的罪犯,如实供述司法机关还未掌握的本人其他罪行的,以自首论。”成立特别自首,必须具备两个条件:

1. 主体必须是被采取强制措施的犯罪嫌疑人、被告人和正在服刑的罪犯。所谓强制措施,是指我国刑事诉讼法规定的拘传、拘留、取保候审、监视居住和逮捕。所谓正在服刑的罪犯,是指已经人民法院判决、正在被执行所判刑罚的罪犯。上述三种人,虽丧失人身自由,但仍具意志自由,可以独立选择是否如实供述司法机关还未掌握的本人其他罪行。刑法给这些人自首机会,体现了法律的宽容和公正。此外,根据《自首、立功意见》的规定,没有自动投案的职务犯罪的犯罪分子,在办案机关调查谈话、讯问、采取调查措施或者强制措施期间,符合一定条件的也可以自首论。

2. 必须如实供述司法机关还未掌握的本人其他罪行。这是成立特别自首的实质性条件,对此应注意把握以下几点:

(1) 所供述的必须是本人实施的其他罪行。所谓其他罪行,是指犯罪人被采取强制措施或者服刑所依据的犯罪行为以外的罪行,即被遗漏的余罪和隐瞒之罪。此外,这里所谓的“其他罪行”是指其他同种罪行,还是其他异种罪行,抑或兼指?学界对此有分歧。有学者主张应包括同种罪行,否则就有可能缩小自首的适用范围及功能,不利于鼓励在押犯彻底交代余罪。但《自首和立功解释》第 2 条规定,被采取强制措施的犯罪嫌疑人、被告人和已宣判的罪犯,如实供述司法机关尚未掌握的罪行,与司法机关已掌握的或者判决确定的罪行属不同种罪行的,以自首论;第 4 条规定,被采取强制措施的犯罪嫌疑人、被告人和已宣判的罪犯,如实供述司法机关尚未掌握的罪行,与司法机关已掌握的或者判决确定的罪行属同种罪行的,可以酌情从轻处罚;如实供述的同种罪行较重的,一般应当从轻处罚。显然,《自首和立功解释》倾向于“其他异种罪行”。但从刑法的解释论上而言,前述观点应是比较恰当的。因为,既然法律并没有将“其他罪行”限定为不同种的罪行,理应包括同种罪行在内,否则不利于鼓励犯罪人交代余罪,而最终是对国家不利的;同时,对于连续犯同种数罪的,只要犯罪嫌疑人如实供述了大部分犯罪,或者其中的严重犯罪,就应视为如实供述了自己的主要罪行,而不必要求如实供述全部犯罪。

(2) 必须是司法机关还没有掌握的罪行。司法机关不了解、未掌握的罪行,包括两种情况:一是犯罪事实未被掌握;二是犯罪事实虽已被掌握,但犯罪嫌疑人未被发觉。没有自动投案的职务犯罪人,具有以下情形之一的,以自首论:一是犯罪分子如实交代办案机关未掌握的罪行,与办案机关已掌握的罪行属不同种罪行的;二是办案机关所掌握线索针对的犯罪事实不成立,在此范围外犯罪分子交代同种罪行的。

(四) 自首与坦白的区别

坦白,一般是指犯罪人被动归案后,如实交代自己被指控的犯罪事实的行为。其本质在于:它是犯罪分子被动归案后如实交代罪行的行为。坦白有三个特征:(1) 犯罪人被动归案。实践中的被动归案大体上有三种类型:一是被司法机关采取强制措施而归案;二是被司法机关传唤到案;三是被群众扭送归案。(2) 犯罪人如实交代的是被指控的罪行,包括司法机关已经掌握的罪行和司法机关虽未掌握,但与被指控的罪行之性质相同的其他罪行。(3) 犯罪人如实交代自己的罪行。可见,坦白既有被迫交代自己罪行的一面,又有真诚悔罪的一面,所以,我国的刑事政策一贯坚持“坦白从宽”,而《刑法修正案(八)》则增设了第 67 条第 3 款,使坦白成为法定量刑情节。坦白和自首既有联系又有区别。从坦白的含义来说,坦白有广义和狭义两种解释。广义的坦白包括自首,即自首是坦白的内容之一;狭义的坦白不包括自首,二者各有自己质的规定性。此处所言之自首与坦白的关系即指自首与狭义的坦白的关系。

自首与坦白存在相同之处:(1) 二者均以自己实施了犯罪行为为前提;(2) 都能在归案后如实交代自己的犯罪事实;(3) 犯罪人都可以得到适当从宽处罚的法律后果。但二者也具有明显的区别:(1) 归案方式上,自首是犯罪人自动投案;坦白则是犯罪人被动归案。(2) 交代的罪行上,自首所供述的既可以是已被发觉的罪行,也可以尚未被发觉的罪行,如果是犯罪嫌疑人、被告人和正在服刑的罪犯的自首,则交代的必须是司法机关尚未掌握的其他罪行;而坦白所交代的是司法机关已掌握的或者司法机关虽未掌握但与被指控罪行同一性质的罪行。(3) 交代态度上,自首基本上是主动供述自己的罪行;而坦白则多是被动供述自己的罪行。(4) 人身危险程度上,自首的人身危险性相对较轻;坦白的人身危险性相对较重。(5) 情节类型上,虽然自首与坦白都是法定的从宽处罚情节,但在一般情况下,自首比坦白的从宽处罚幅度要大。

(五) 自首的法律后果

《刑法》第 67 条第 1 款规定:“……对于自首的犯罪分子,可以从轻或者减轻处罚。其中,犯罪较轻的,可以免除处罚。”据此,对于自首的犯罪人应区别不同情况分别处罚:

1. 犯罪以后自首的,无论罪行轻重,都可以从轻或者减轻处罚。这是我国刑法对犯罪以后自首可以从宽处罚所作的原则性规定,表明我国刑法对于自首采取的是相对从宽处罚原则。由于自首反映了犯罪人人身危险性的减轻,同时也使得司法机关能够尽快审查和裁判,所以,对自首犯原则上都可以从轻或者减轻处罚。《最高人民法院、最高人民检察院关于常见犯罪的量刑指导意见(试行)》就规定了,对于自首情节,综合考虑自首的动机、时间、方式、罪行轻重、如实供述罪行的程度以及悔罪表现等情况,可以减少基准刑的 40% 以下;犯罪较轻的,可以减少基准刑的 40% 以上或者依法免除处罚。但是,法律规定仅仅是“可以”从轻或者减轻处罚,而不是对每一自首的犯罪人都“应当”从轻或减轻处罚,因此,应当根据案件的事实、情节等决定是否从宽处罚。对那些犯罪情节特别恶劣、罪行特别严重的犯罪人,也可以不从宽处罚,否则,就不符合罪责刑相适应原则。总之,对于具有自首情节的犯罪人,应当根据犯罪的事实、性质、情节和对社会的危害程度,结合自动投案的动机、阶段、客观环境,交代犯罪事实的完整性、稳定性以及悔罪表现等具体情节,依法决定是否从轻、减轻或者免除处罚以及从轻、减轻处罚的幅度。

2. 犯罪较轻而自首的,可以免除处罚。可见,犯罪较轻是免除处罚的前提。那么何谓

"犯罪较轻"? 较轻之罪是相对于较重之罪而言的,但对于较轻之罪和较重之罪的划分标准,目前理论界尚无定论。有人主张以法定刑或犯罪性质作为划分较轻与较重之罪的标准,也有人主张以犯罪所应判处的刑罚作为划分较轻与较重之罪的标准。从我国刑法有关条款的规定以及刑法解释论出发,"处 3 年以下有期徒刑的视为较轻之罪,反之属于较重之罪"的观点还是较为妥当的。

据此,犯罪人犯有较轻之罪而自首的,不仅可以从轻或者减轻处罚,而且可以免除处罚。一般说,对于人身危险性较小,有真诚悔罪表现的,可以免除处罚;对于不具有上述表现的,可以减轻处罚。

3. 犯罪嫌疑人虽不具有上述规定的自首情节,但是如实供述自己罪行的,可以从轻处罚;因其如实供述自己罪行,避免特别严重后果发生的,可以减轻处罚。

4. 对于犯有数罪,投案后犯罪人仅对其中部分犯罪自首的,自首的法律效果仅及于其中自首之罪,即只对该部分自首之罪从轻或者减轻处罚,对于没有自首的犯罪,不得以自首从宽处罚。

5. 在共同犯罪案件中,自首的法律效果仅及于自首的共犯人,而不能适用于未自首的其他共同犯罪人。

6. 单位犯罪案件中,单位集体决定或者单位负责人决定自动投案,如实交代单位犯罪事实的,或者单位直接负责的主管人员自动投案,如实交代单位犯罪事实的,应当认定为单位自首。单位自首的,直接负责的主管人员和直接责任人员未自动投案,但如实交代自己知道的犯罪事实的,可以视为自首;拒不交代自己知道的犯罪事实或者逃避法律追究的,不应当认定为自首。单位没有自首,直接责任人员自动投案并如实交代自己知道的犯罪事实的,对该直接责任人员应当认定为自首。

五、立功

(一) 立功的概念

所谓立功,是指犯罪分子揭发他人犯罪行为,查证属实,或者提供重要线索,从而得以侦破其他案件等情况的行为。根据刑事立法和司法实践经验,成立立功必须具备以下条件:

1. 立功的主体必须是犯罪人,即实施了犯罪行为并依法应承担刑事责任的人。至于犯罪人实施何种犯罪行为,判处何种刑罚,则不受任何限制。为使犯罪分子得到从轻处理,犯罪分子的亲友直接向有关机关揭发他人犯罪行为,提供侦破其他案件的重要线索,或者协助司法机关抓捕其他犯罪嫌疑人的,不应当认定为犯罪分子的立功表现。

2. 立功的时间始于犯罪预备终于刑罚执行完毕,但作为刑罚裁量情节的立功,一般发生在判决或裁定之前。犯罪预备之前至多产生犯罪意图,谈不上犯罪问题;既然连犯罪都谈不上,当然更谈不上量刑,也就更无所谓作为量刑情节之一的立功了。刑罚执行完毕以后,就无从对犯罪人之犯罪行为再次进行量刑,否则属于对同一行为进行两次评价或者两次处罚,违反一事不再审原则,所以,也谈不上立功。

3. 立功的内容应当真实有效。所谓真实,是指犯罪人揭发、检举本人罪行以外的其他犯罪人的犯罪行为,为司法机关提供的案件线索,或者其他立功行为的内容是客观存在的。

所谓有效，是指犯罪人的立功行为有利于司法机关及时准确地侦破案件，排除了社会治安的严重隐患，为国家节省了司法资源，有效地保护了国家利益。根据《刑法》第 68 条第 1 款的规定，属于立功的情形有如下两种：

(1) 揭发、检举他人犯罪行为且查证属实。首先，犯罪人揭发、检举的是他人的犯罪行为，而不是自己的犯罪行为，否则，即使司法机关尚未掌握，也只能属于自首，而不是立功；其次，揭发、检举的内容必须得到证实，如果揭发、检举的内容经过调查属于不实之词，则同样不成立立功。在共同犯罪中，只有揭发、检举同案犯共同犯罪以外的并经查证属实的犯罪，才属于立功。揭发同案犯共同犯罪事实的，不属于立功，可以酌情予以从轻处罚；如与自己的犯罪行为有关联，符合自首条件者，可成立自首。

(2) 提供重要线索并经查证属实，使司法机关得以侦破其他案件的。提供重要犯罪线索，有助于司法机关及早发现重大案件，并采取防范措施，揭露、严惩犯罪分子。但是，如果司法机关并没有据此侦破案件，即使犯罪人提供了重要线索，也不能认定为立功。

除上述两种情形外，《自首和立功解释》还规定了其他的立功情形，主要有：阻止他人犯罪活动；协助司法机关抓捕其他犯罪嫌疑人（包括同案犯）；具有其他有利于国家和社会的突出表现。司法机关为缉捕在逃的犯罪分子，往往花费大量的人力和物力，如果已经归案的犯罪人协助司法机关缉捕到某些在逃的罪犯，则可以节省一定的司法资源，因此，应当鼓励这种行为。协助司法机关缉捕的犯罪人，既可以是与其犯罪无关之人，也可以是与其实施同一犯罪行为的共同犯罪人。无论哪种情形，只要确实协助司法机关缉捕到了其他犯罪人，就应视为立功表现。

具备上述几个特征，一般应认定为立功。需要注意的是，据以立功的他人罪行材料应当指明具体犯罪事实；据以立功的线索或者协助行为对于侦破案件或者抓捕犯罪嫌疑人要有实际作用。犯罪分子揭发他人犯罪行为时没有指明具体犯罪事实的，揭发的犯罪事实与查实的犯罪事实不具有关联性的，提供的线索或者协助行为对于其他案件的侦破或者其他犯罪嫌疑人的抓捕不具有实际作用的，均不能认定为立功表现。据用于立功的线索、材料来源有下列情形之一的，不能认定为立功：(1) 本人通过非法手段或者非法途径获取的；(2) 本人因原担任的查禁犯罪等职务获取的；(3) 他人违反监管规定向犯罪分子提供的；(4) 负有查禁犯罪活动职责的国家机关工作人员或者其他国家工作人员利用职务便利提供的。与自首一样，立功也反映了行为人对自己罪行的忏悔，因此，二者都属于从宽处罚情节。但二者也有区别，主要表现在：立功所揭发、检举的均为他人之犯罪行为，而自首所交代的是自己的犯罪行为。

刑法规定的立功制度及其从宽处罚原则，具有非常重要的意义。首先，它可以节省司法资源，提高司法机关的破案速度；其次，可以促使其他犯罪人主动归案，瓦解犯罪势力，减少社会的犯罪隐患；最后，有助于激励犯罪人悔过自新，并最终较好地协调和发挥刑罚的惩罚和教育功能。

（二）立功的种类及其表现形式

广义上，刑法上的立功可分为两种：附属于减刑制度的立功和附属于量刑制度的立功。这里所说的立功仅指后者，属于与自首制度、累犯制度并列的一种重要的刑罚裁量制度，仅适用于刑事诉讼中的被告人，是法定从宽处罚的情节。依据《刑法》第 68 条的规定，作为量刑制度的立功分为一般立功和重大立功两种。

一般立功的表现形式主要有以下几种：揭发他人犯罪行为，包括共同犯罪案件中的犯罪分子揭发同案犯所参与的共同犯罪以外的其他犯罪行为，查证属实的；提供重要线索，从而得以侦破其他案件的；协助司法机关抓捕其他罪犯（包括同案犯）的；在押期间制止他人犯罪活动的，等等。

重大立功与检举、揭发他人的罪行、提供的线索以及协助侦破的案件等是否重大、重要有直接的关系。依据《自首和立功解释》的有关规定，犯罪分子有检举、揭发他人重大犯罪行为，经查证属实；提供侦破其他重大案件的重要线索，经查证属实；阻止他人重大犯罪活动；协助司法机关抓捕其他重大犯罪嫌疑人（包括同案犯）；对国家和社会有其他重大贡献等表现的，应当认定为有重大立功表现。而所谓的"重大犯罪""重大案件""重大犯罪嫌疑人"，一般是指犯罪嫌疑人、被告人可能被判处无期徒刑以上刑罚或者案件在本省、自治区、直辖市或者全国范围内有较大影响等情况。根据《自首、立功意见》的规定，犯罪分子检举、揭发的他人犯罪，提供侦破其他案件的重要线索，阻止他人的犯罪活动，或者协助司法机关抓捕的其他犯罪嫌疑人，犯罪嫌疑人、被告人依法可能被判处无期徒刑以上刑罚的，应当认定为有重大立功表现。其中，可能被判处无期徒刑以上刑罚，是指根据犯罪行为的事实、情节可能判处无期徒刑以上刑罚，案件已经判决的，以实际判处的刑罚为准。但是，根据犯罪行为的事实、情节应当判处无期徒刑以上刑罚，因被判刑人有法定情节经依法从轻、减轻处罚后判处有期徒刑的，应当认定为重大立功。

（三）立功的法律后果

作为法定的从宽处罚情节，《刑法》第 68 条对立功犯依不同情形规定了两种法律后果：

1. 犯罪分子有一般立功表现的，可以从轻或者减轻处罚。根据《最高人民法院、最高人民检察院关于常见犯罪的量刑指导意见（试行）》，对于具有一般立功情节的，在量刑时可以减少基准刑的 20% 以下。

2. 犯罪分子有重大立功表现的，可以减轻或者免除处罚。根据《最高人民法院、最高人民检察院关于常见犯罪的量刑指导意见（试行）》，对于具有重大立功情节的，在量刑时可以减少基准刑的 20%~50%；犯罪较轻的，减少基准刑的 50% 以上或者依法免除处罚。

此外，《自首和立功解释》第 6 条规定："共同犯罪案件的犯罪分子到案后，揭发同案犯共同犯罪事实的，可以酌情予以从轻处罚。"

第三节 量刑制度

一、从重、从轻、减轻及免除处罚制度

（一）从重与从轻处罚

《刑法》第 62 条规定："犯罪分子具有本法规定的从重处罚、从轻处罚情节的，应当在法定刑的限度以内判处刑罚。"据此，从重与从轻处罚都应当在法定刑的限度以内判处刑罚，即从重处罚，是指在法定刑的限度以内判处较重的刑罚；从轻处罚，是指在法定刑的限度以内

判处较轻的刑罚。它包括以下几层含义：

1. 从重处罚与从轻处罚，都必须是在法定刑的限度内判处刑罚，而不能高于或者低于法定刑判处刑罚。

2. 从重处罚与从轻处罚并不意味着在法定刑的“中间线”以上或以下判处刑罚。因为刑法并未明文规定以法定刑的“中间线”作为区分从重处罚与从轻处罚的标准；而且，对大多数犯罪的法定刑来说，也不可能划出一道“中间线”来。因此，如果以“中间线”为标准，就有可能出现重罪轻判或轻罪重判的结果，从而导致罪刑的不均衡。

3. 从重处罚与从轻处罚，均是相对于既没有从重处罚情节又没有从轻处罚情节的一般情况下所应判处的刑罚而言的，即比没有上述情节时的刑罚要相对重一些或相对轻一些。所以，从重处罚并不是一律判处法定最高刑，从轻处罚也不是一律判处法定最低刑。妥当的做法是，首先暂时排除犯罪人所具有的从重、从轻处罚情节，综合考虑行为人所实施的犯罪事实、性质、情节以及对社会的危害程度，然后根据刑法衡量对犯罪人应判处何种刑罚，最后再考虑犯罪人之从重或从轻处罚情节，从而确定对犯罪人应当宣告的刑罚。例如，某罪的法定刑为 3 年以上 10 年以下有期徒刑，暂时排除犯罪人所具有的从重或从轻处罚情节进行考察判断，认定应当对犯罪人判处 8 年有期徒刑，但因其具有从轻处罚情节，决定宣告刑为 6 年有期徒刑；根据同样的方法，认定犯罪人应当判处 4 年有期徒刑，但因其具有从重处罚情节，决定宣告刑为 5 年有期徒刑。可见，从重或从轻处罚就是，当一个法条对一个罪名规定了几个轻重不等的主刑刑种或长短不等的量刑幅度时，如果犯罪人具有法定从重或从轻处罚的情节，则应对其选择适用较重或较轻的主刑或者较长或较短的刑期。

（二）减轻处罚

《刑法》第 63 条第 1 款规定：“犯罪分子具有本法规定的减轻处罚情节的，应当在法定刑以下判处刑罚；本法规定有数个量刑幅度的，应当在法定量刑幅度的下一个量刑幅度内判处刑罚。”第 2 款规定：“犯罪分子虽然不具有本法规定的减轻处罚情节，但是根据案件的特殊情况，经最高人民法院核准，也可以在法定刑以下判处刑罚。”据此，减轻处罚的，“应当在法定刑以下判处刑罚”。但从解释和《刑法》第 99 条的规定来看，对此处之“以下”应进行限制解释，即不包括本数在内，否则会使减轻处罚与从轻处罚产生交叉。因此，减轻处罚实际上是低于法定最低刑判处刑罚。

如何低于法定最低刑判处刑罚？一般应理解为两种情形：一是在法定最低刑以下选择适用相应的刑种，即一个法条对某一犯罪规定有轻重不同的几个刑种时，在其中最轻的刑种之下予以判处。如《刑法》第 129 条规定，依法配备公务用枪的人员，丢失枪支不及时报告，造成严重后果的，处 3 年以下有期徒刑或者拘役。在该条文中，“拘役”是此罪的法定最低刑，如果犯罪人具有减轻处罚情节，就只能选择管制。但是，如果一个法条对某一犯罪规定的法定最低刑为管制，那么能否由主刑减为附加刑呢？学者对此看法不一。本书认为，既然决定对犯罪人减轻处罚，就只能低于法定最低刑判处刑罚，所以在最低刑为管制的情形下，只能选择附加刑。但是，由于《刑法》第 56 条规定“独立适用剥夺政治权利的，依照本法分则的规定”，故仅应选择罚金与没收财产。二是在法定最低刑以下的量刑幅度内确定相应的刑期，即如果一个条文中对某一犯罪只规定了从低到高的有期徒刑的量刑幅度，那么就要在最低的量刑幅度下予以判处。如《刑法》第 240 条规定：“拐卖妇女儿童的，处五年以上十年以下有期徒刑,并处罚金。"此处的5年有期徒刑即为法定最低刑,如果犯罪人具有减轻处罚情节,就应低于5年有期徒刑予以判处。但是,减轻处罚仍应判处一定的刑罚,而不是不判处刑罚,否则,就和免除处罚没有区别了。

从《刑法》第63条规定的情况看,减轻处罚有两种情况:一是该条第1款规定的法定减轻处罚,即犯罪人具有刑法规定的法定减轻处罚情节时予以减轻;二是该条第2款规定的酌定减轻处罚,即犯罪人虽然不具有刑法规定的减轻处罚情节,但根据案件的特殊情况,经最高人民法院核准,也可以在法定最低刑以下判处。刑法对后一种减轻处罚的规定,一方面考虑到了犯罪的复杂性,允许酌定减轻处罚;另一方面又维护刑法的严肃性,对其适用从程序上规定了严格的限制。

(三) 免除处罚

免除处罚,是指对行为作有罪宣告,但对行为人免除刑罚处罚,即不判处任何刑罚。但是,根据具体情况,可对行为人给予非刑罚处理方法的处罚,如予以训诫或者责令具结悔过、赔礼道歉、赔偿损失等。

值得探讨的问题是,《刑法》第37条所规定的"对于犯罪情节轻微不需要判处刑罚的,可以免予刑事处罚"是否独立的免除刑罚的事由?对此,理论界存在分歧。有的学者认为犯罪情节轻微的,可以免除处罚,是一般免刑情节;具有具体的如犯罪中止、犯罪预备等情节,是特殊的免刑情节。[①] 这种理解值得探讨。首先,《刑法》第37条并没有规定具体的免除刑罚处罚的情节,将其作为独立的免除刑罚处罚的根据,操作起来似不合适。其次,从刑法解释论的角度看,该条的目的在于概括规定具有免除处罚情节因而免除刑罚处罚时,可以适用非刑罚方法,而不在于规定具体的免除处罚的情节。最后,《刑法》第63条规定,对不具有刑法规定的减轻处罚情节而又需要减轻处罚的,只有经过最高人民法院核准,才可以减轻处罚;如果将第37条的规定视为独立的免刑情节而直接予以免除处罚,就很难和《刑法》第63条的规定相协调,并有可能导致诸多消极性后果,如导致法官的自由裁量权过大,发生违背罪刑法定原则的情况;导致对任何犯罪不问罪质轻重,都可以免除刑事处罚;导致刑法分则法定刑的威慑作用减弱,从而违背刑罚的目的。

综上所述,《刑法》第37条所规定的不是独立的免除刑罚处罚的事由,只是其他具体免刑情节的概括性规定,即该条与其他的具体免刑情节是一种一般原则和具体内容的关系。因此,在适用免除处罚情节时,应当以《刑法》第37条规定的原则为指导,以刑法规定的免刑情节为依据,只有当行为人具有《刑法》所规定的具体免刑情节时,才能决定免除处罚,而不能直接根据《刑法》第37条的规定免除处罚。

二、数罪并罚制度

(一) 数罪并罚的概念

数罪并罚,是指人民法院对一人所犯数罪分别定罪量刑,并根据法律规定的原则和方

---

① 参见赵秉志主编:《刑法新探索》,群众出版社1993年版,第379页。

法，决定应当执行的刑罚。据此，数罪并罚制度具有以下特点：

1. 一人犯有数罪。一人犯两个或两个以上的罪是适用数罪并罚的前提。所谓数罪，是指数个独立的罪（亦称实质上的数罪）或者数个非实质数罪，或者独立的罪与非实质数罪。所谓独立的罪，是指不依附于其他犯罪而存在的罪；所谓非实质数罪，指数行为在刑法上规定为一罪或处理时作为一罪的情形，数行为在刑法上规定为一罪的情形，以及数行为在处理时作为一罪的情形，而且数罪必须是一人所为。至于数罪的罪过形式和故意犯罪的形态则不受限制，既可以是故意犯罪，也可以是过失犯罪；既可以是单独犯罪，也可以是共同犯罪；既可表现为犯罪的既遂，也可表现为犯罪的预备、未遂和中止。一人犯有一罪或者数人共同犯一罪的，不存在数罪并罚问题。所以，数罪并罚既适用于数个独立、单纯的一罪，也适用于数个非实质数罪，以及二者兼有的情况。

2. 所犯数罪发生在法定的时间界限内。此为适用数罪并罚的时间条件。即只有当刑罚执行完毕以前发现犯罪人犯有数罪的，才适用数罪并罚。具体而言，有以下几种情形：判决宣告以前一人犯有数罪；判决宣告以后，刑罚执行完毕以前，发现被判刑的犯罪分子还有其他罪没有判决的；判决宣告以后，刑罚执行完毕以前，被判刑的犯罪分子又犯新的罪行；被宣告缓刑或假释的犯罪分子在缓刑或假释考验期内又犯有新罪或发现漏罪。可见，数罪并罚之数罪，既不包括已经超过追诉时效的犯罪，也不包括在刑罚执行完毕以后又犯的新罪或者又发现的漏罪。

所以，数罪并罚以刑罚执行完毕以前作为法定期间。如果在刑罚执行完毕以后又犯罪，符合累犯条件的，应当作为累犯从重处罚，但是不涉及数罪并罚的问题。刑罚执行完毕以后，又发现判决宣告之前还有其他罪没有判决而应当追诉的，则应依法另行定罪量刑，也不产生累犯问题。

3. 在对数罪分别定罪量刑后，依照法定的并罚原则和方法，决定应当执行的刑罚。此为使用数罪并罚的程序规则和实际操作准则，即先对犯罪人所犯数罪分别定罪量刑，然后决定合并执行的刑罚。要注意的是，对数罪进行合并处罚时，要根据适用于不同刑罚种类的法定并罚原则（即吸收原则、限制加重原则和并科原则）以及在不同时间阶段和法律条件下合并处罚的方式（刑期计算方法），将各罪被判处的刑罚合并，确定应当执行的刑罚。因此，数罪并罚是对数罪产生一个判决结果，而不是产生各自独立的数个判决结果。

（二）数罪并罚的原则

数罪并罚的原则，是指对一人所犯数罪合并处罚所依据的原则。数罪并罚的原则是数罪并罚制度的核心，它不仅体现着一国刑法所奉行的刑事政策的性质和特征，还从根本上制约着该国数罪并罚制度的具体内容及其适用效果。

1. 外国刑法中的数罪并罚原则。从国外刑事立法规定来看，国外刑事立法所采用的数罪并罚原则并不完全相同，归纳起来大体有以下几种：

（1）并科原则，亦称合并原则或相加原则，是指对一人所犯数罪分别宣告刑罚，然后数刑绝对相加，各罪刑罚相加的总和即为应执行的刑罚。该原则来源于“一罪一罚”“数罪数罚”和“每罪必罚”的思想，强调刑罚的威慑功能，在某种意义上可以说是报应刑主义刑罚思想的产物。并科原则对某些刑种，如主刑与附加刑以及不同种类附加刑之间的并罚是适用的，但也存在某些实质性的弊端。如对有期自由刑而言，如采用该原则，则决定执行的刑罚期限往往远远超过犯罪人的生命极限而变得没有实际意义；而且，若采取绝对相加原则，数罪中若有被判处死刑或无期徒刑者，则受刑种性质的限制，将变得无法适用。所以，目前单纯采用并科原则的国家较少。

(2) 吸收原则，即对一人所犯数罪分别定罪量刑，然后选择最重的一种刑罚作为应执行的刑罚，其余较轻的刑罚都被最重的刑罚所吸收，不予执行。换言之，吸收原则是指，由最重的宣告刑吸收其他较轻的宣告刑，仅以已宣告的最重刑罚作为执行刑罚，其余较轻的刑罚因被吸收而不再执行的合并处罚原则。吸收原则对于某些刑种，如死刑、无期徒刑等的并罚是适宜的，但若普遍采用，则弊端明显：首先，犯数罪与犯一罪，处罚的结果可能是相同的，很有可能违背罪刑相适应原则，有重罪轻罚之嫌。其次，由于犯罪人所犯数罪与所犯一罪之处罚结果相同，就有可能轻纵甚至鼓励犯罪人在实施一重罪之后，去实施更多同等或较轻的罪，从而导致刑罚的威慑功能丧失，不利于特殊预防和一般预防之刑罚目的的实现。所以，目前对数罪实行并罚单纯采用吸收原则的国家较少。

(3) 限制加重原则，亦称限制并科原则，是指对一人所犯数罪分别定罪量刑，然后以数罪中的最高刑为基础，再加重一定的刑罚作为执行的刑罚，或者在数刑的最高刑期以上，数刑的合并刑期以下，依法酌情决定执行的刑罚。该原则一方面坚持了“有罪必罚”和“一罪一罚”的思想，同时又具有一定的灵活性，使审判人员可以根据案件具体情况恰当裁量应执行的刑罚。从该原则的限制加重方法来看，主要有两种类型：首先，以数罪中的最高刑为基础，再加重一定的刑罚，并以加重后的刑罚作为执行的刑罚。其次，在对数罪分别定罪量刑的基础上，在数刑中最高刑期以上、数刑相加的总和刑期以下的幅度内加重处罚，同时规定应执行的刑罚不能超过的最高限度。限制加重原则既克服了并科原则失之于过严不便具体适用的弊端，又克服了吸收原则失之于宽纵而不足以惩罚犯罪的弊端，从而使得数罪并罚制度既贯彻了有罪必罚和罪刑相适应的原则，又采取了较为灵活、合乎情理的合并处罚方式。所以，该原则相对来说是一种灵活和较为合理的合并处罚方式。但该原则也存在一定的缺陷，因为它同样不能普遍适用于各种刑种，如对于死刑、无期徒刑，限制加重原则就无法适用。因此，该原则虽然较之其他原则相对合理，但单纯采用该原则仍然有一定的局限性。

(4) 折中原则，亦称综合原则或混合原则，指对数罪的并罚不是单纯地采取吸收原则、并科原则或限制加重原则，而是根据不同情况，以某一原则为主，兼采其他原则。

由于单纯采用并科原则、吸收原则或限制加重原则各有利弊，因此，绝大多数国家根据刑种分别采取不同原则的混合原则，以避免单纯采用某一原则而产生的缺陷，使各原则能相互补充，适用于不同的情形，从而使数罪并罚制度更具科学性与合理性。

2. 我国刑法中的数罪并罚原则。我国《刑法》第 69 条规定：“判决宣告以前一人犯数罪的，除判处死刑和无期徒刑的以外，应当在总和刑期以下、数刑中最高刑期以上，酌情决定执行的刑期，但是管制最高不能超过三年，拘役最高不能超过一年，有期徒刑总和刑期不满三十五年的，最高不能超过二十年，总和刑期在三十五年以上的，最高不能超过二十五年。……数罪中有判处附加刑的，附加刑仍须执行，其中附加刑种类相同的，合并执行，种类不同的，分别执行。”据此，我国刑法采取的是混合原则，即以限制加重原则为主，兼采吸收原则和并科原则。详言之，我国刑法中数罪并罚原则的适用主要体现在三个方面：

(1) 数刑中有判处死刑和无期徒刑的，采用吸收原则。即数罪中有判处几个死刑或者最高刑为死刑时，仅执行一个死刑，不执行其他主刑；数罪中有数个无期徒刑或者最高刑为无期徒刑时，仅执行一个无期徒刑，不执行其他主刑。此种情形下，由于无期徒刑与死刑是两个性质截然不同的刑种，因此不能将两个以上的无期徒刑决定合并执行死刑，否则就扩大了死刑的适用范围，背离了刑法限制死刑的精神，也违背了刑罚适用的目的。

(2) 数刑中有判处有期徒刑、拘役和管制刑的，采取限制加重原则。有期徒刑、拘役和管制，本身都可以合并，但如采取并科原则，就失之过严而无实际意义；如采取吸收原则，则失之过宽，不利于预防犯罪。因此，我国刑法采取了限制加重原则。根据《刑法》第 69 条的规定，所谓“限制”，主要表现在两个方面：首先，只能在数罪的总和刑期以下，数刑中的最高刑期以上，酌情决定执行的刑期。其次，酌情决定执行的刑期受数罪并罚法定最高刑的限制，即管制最高不能超过 3 年；拘役最高不能超过 1 年；有期徒刑总和刑期不满 35 年的，最高不能超过 20 年，总和刑期在 35 年以上的，最高不能超过 25 年。所谓“加重”，主要表现在：决定执行的刑期不能低于数刑中的最高刑，而只能在数刑中最高刑期的基础上加重处罚；数罪并罚决定执行的刑罚，其最高限度可以超过某种刑罚正常的法定最高限度，即有期徒刑在数罪并罚时可以超过 15 年达到 20 年或者 25 年，拘役可以超过 6 个月达到 1 年，管制可以超过 2 年达到 3 年。

对于数罪中被判处非同种自由刑的并罚问题，《刑法修正案（九）》予以了明确：“数罪中有判处有期徒刑和拘役的，执行有期徒刑。数罪中有判处有期徒刑和管制，或者拘役和管制的，有期徒刑、拘役执行完毕后，管制仍须执行。”即根据非同种自由刑的刑种，相应采取了吸收或并科原则。

此外，适用限制加重原则时，要注意不得将不同种自由刑合并升格为另一种或更重的有期自由刑、无期徒刑或者死刑，即不得将数个管制刑合并升格为拘役刑或有期徒刑，不得将数个拘役刑合并升格为有期徒刑，不得将数个有期徒刑合并升格为无期徒刑，数个无期徒刑不能合并升格为死刑。

(3) 数罪中有判处附加刑的，附加刑仍须执行。由于附加刑与主刑的性质不同，而不同种刑罚之间又不具可比性，即附加刑不能被主刑所吸收，不同种附加刑之间通常也不能相互吸收（但吸收原则对相同的附加刑可以适用），加之无法确定加重标准，因此，附加刑与主刑之间、不同种附加刑之间不能采用吸收原则或限制加重原则合并处罚，而只能采取主刑与附加刑并科的原则。

数罪中判处数个附加刑，附加刑种类相同的，合并执行；种类不同的，分别执行。例如，一个罪判处罚金 5 万元，另一个罪判处罚金 10 万元的，要合并执行 15 万元。又如，一个罪判处罚金，另一个罪判处剥夺政治权利的，要分别执行。

（三）适用数罪并罚的不同情况

根据《刑法》第 69~71 条的规定，适用数罪并罚有三种情况：

1. 判决宣告以前一人犯数罪的并罚。判决宣告以前一人犯数罪，并均已被发现，是适用数罪并罚的基本形式。该种并罚的基本特征是：(1) 一人犯有数罪；(2) 所犯数罪在判决宣告以前实施且均已被发现；(3) 在对各罪分别定罪量刑的基础上，依照《刑法》第 69 条的规定，决定犯罪人应执行的刑罚。所谓“判决宣告以前”，是指判决已经宣告发生法律效力之前。第 69 条的规定表明，判决宣告以前一人犯数罪的合并处罚规则，与前述我国刑法中数罪并罚原则的基本适用方法完全一致。

对于判决宣告以前一人犯不同种数罪的应实行并罚，理论上无任何疑义。但一人犯同种数罪的应否实行数罪并罚，则存在分歧。大体有三种不同观点：(1) 一罚说。主张对同种数罪无须并罚，只需将同种数罪作为一罪的从重情节或者法定刑升格的情节处罚即可。此为我国刑法理论的传统主张，也是刑事审判实践的一贯做法。(2) 并罚说。主张对同种数罪应当毫无例外地实行并罚。因为我国刑法关于数罪并罚的规定并未限定只适用于异种数罪，既然同种数罪也是数罪的表现形式，当然不能将其排除在并罚之外。(3) 折中说。主张对于同种数罪是否应当实行并罚不能一概而论，而应当以能否达到罪刑相适应为标准，决定对具体的同种数罪是否实行并罚，即当能够达到罪刑相适应时，对于同种数罪无须并罚，反之，则应实行并罚。其中，该说又分为两种具体主张：一是主张依刑法的规定决定是否进行并罚；二是主张依适用刑罚的效果决定是否进行并罚。[①]

本书认为，对于判决宣告以前实施同一性质的犯罪，原则上无须并罚，只需在该种犯罪的法定刑幅度内作为一罪从重处罚。但是，由被告人在判决宣告以前实施同一性质犯罪的频繁程度以及犯罪行为所反映的社会危害程度和人身危险程度的不同所决定，当该种犯罪的法定刑过轻，以一罪论处不符合罪刑相适应原则，或者前后犯罪间隔时间长，不宜作为一罪的从重情节或法定刑升格的情节处理时，则在不违反刑法规定之前提下，应当对同种数罪进行并罚。

2. 判决宣告以后刑罚执行完毕以前发现漏罪的并罚。《刑法》第 70 条规定："判决宣告以后，刑罚执行完毕以前，发现被判刑的犯罪分子在判决宣告以前还有其他罪没有判决的，应当对新发现的罪作出判决，把前后两个判决所判处的刑罚，依照本法第六十九条的规定，决定执行的刑罚。已经执行的刑期，应当计算在新判决决定的刑期以内。"所谓"新发现的罪"，是指判决宣告之前一人犯有数罪，在对其他罪作出判决时未被发现，应当依法追诉并与原判决之罪进行数罪并罚的罪，理论上一般称为"漏罪"。根据《刑法》第 70 条的规定，该种并罚的特点是：(1) 一人所犯数罪均发生在原判决宣告以前。(2) 宣告判决时只发现了数罪中的部分犯罪，对另一部分犯罪没有判决。(3) 在判决宣告以后刑罚执行完毕以前发现漏罪。所谓"判决宣告以后"，是指判决已宣告并发生法律效力之后。"刑罚执行完毕以前"具体包括三种情形，即刑罚实际执行期间、缓刑考验期间、假释考验期间。若发现漏罪的时间不是在判决宣告以后刑罚执行完毕以前的期限内，而是在刑罚执行完毕之后，或者是在刑罚执行期间实施了新罪，则均不得适用该条的规定合并处罚。(4) 对发现的漏罪，不管其罪数如何，也不管其是否与原判之罪性质相同，都应当单独定罪量刑。(5) 把前后两个判决所判处的刑罚，即前罪所判处的刑罚与漏罪所判处的刑罚，按照《刑法》第 69 条规定的原则进行并罚，决定执行的刑罚。(6) 已经执行的刑期，应当计算在新判决决定的刑期以内，即在计算刑期时（除决定执行的是死刑、无期徒刑者外），应把前罪所判处的刑罚与新发现的罪所判处的刑罚进行并罚，然后再减去前罪已执行的刑期，以剩余的刑期作为继续执行的刑期。该种方法一般概括为"先并后减"。

适用《刑法》第 70 条规定时，还应注意以下几个问题：(1) 判决宣告以后刑罚执行过程中发现漏罪的并罚方法。"漏罪"在数量上有两种情况：一是发现一个漏罪，二是发现数个漏罪。发现一个漏罪时，是将漏判之罪的刑罚与原判数罪的刑罚并罚，还是与原判决定执行

---

① 参见高铭暄、马克昌主编：《刑法学》，北京大学出版社、高等教育出版社 2007 年版，第 321 页。

的刑罚并罚？本书认为，应当与原判决定执行的刑罚并罚，而不能与原判决中各罪的数个宣告刑进行并罚，否则，就否定了已发生的法律效力的前一判决，影响刑事判决的严肃性。在发现数个漏罪时，是将新发现的数个漏罪分别定罪量刑合并处罚后，再把对前罪所判处的刑罚与对新发现的数个漏罪并罚后的刑罚，依照《刑法》第69条的规定决定执行的刑罚，还是应当对新发现的数个漏罪分别定罪量刑，然后将各自判处的刑罚与前罪所判处的刑罚，依照《刑法》第69条的规定决定执行的刑罚？本书认为，比较起来，后一种做法更为妥当。因为《刑法》第69条规定，应当在总和刑期以下、数刑中最高刑期以上，酌情决定执行的刑期；但按照第一种做法，就不是在数刑中的最高刑期以上，而是在数个漏罪并罚后决定执行的刑期或原判刑期以上、总和刑期以下，酌情决定执行的刑期，这与第69条的规定是不符的。(2)刑满释放后再犯罪并发现漏罪的合并处罚。根据有关司法解释，在处理被告人刑满释放后又犯罪的案件时，发现他在前罪判决宣告以前，或者在前罪判处的刑罚执行期间，还犯有其他罪行，未经处理，并且没有超过追诉时效的，如果漏罪与新罪不属于同种数罪，就应对漏罪与刑满后又犯的新罪分别定罪量刑，并依照《刑法》第69条的规定实行数罪并罚。如果漏罪与新罪系同种数罪，可判处一罪从重处罚，不必实行数罪并罚。(3)在缓刑考验期限内发现漏罪的并罚。根据《刑法》第77条的规定，被宣告缓刑的犯罪分子，在缓刑考验期限内发现判决宣告以前还有其他罪没有判决的，应当撤销缓刑，对新发现的罪作出判决，把前罪和后罪所判处的刑罚，依照《刑法》第69条的规定，决定执行的刑罚。(4)在假释考验期限内发现漏罪的并罚。根据《刑法》第86条的规定，在假释考验期限内，发现被假释的犯罪分子在判决宣告前还有其他罪没有判决的，应当撤销假释，依照《刑法》第70条的规定实行数罪并罚。(5)判决宣告以后，尚未交付执行时，发现犯罪人还有其他罪没有处理的，应当依照《刑法》第70条的规定实行并罚。但是，在判决宣告后还没有发生法律效力时，被告人提出上诉或者人民检察院提出抗诉，第二审人民法院在审理期间，发现原审被告人在第一审判决宣告以前还有漏罪没有判决的，应当裁定撤销原判，发回原审人民法院重审。

3. 判决宣告以后刑罚执行完毕以前又犯新罪的并罚。《刑法》第71条规定："判决宣告以后，刑罚执行完毕以前，被判刑的犯罪分子又犯罪的，应当对新犯的罪作出判决，把前罪没有执行的刑罚和后罪所判处的刑罚，依照本法第六十九条的规定，决定执行的刑罚。"根据该条规定，该种数罪并罚的特点是：(1)在判决宣告以后，刑罚执行完毕以前，被判刑的犯罪分子又犯新罪。即在刑罚执行期间犯罪分子又实施了新的犯罪。所谓"判决宣告以后"，是指判决已经宣告并发生法律效力之后，不包括判决虽已宣告但尚未发生法律效力的情形。(2)对于犯罪分子所实施的新罪，不管其罪数如何，也不管是否与原判之罪性质相同，都应当单独定罪量刑。(3)把前罪没有执行的刑罚和新罪所判处的刑罚，依照《刑法》第69条的规定进行并罚，决定执行的刑罚。所谓"把前罪没有执行的刑罚和后罪所判处的刑罚，依照本法第69条的规定，决定执行的刑罚"，是指应从前罪已经生效判决执行的刑罚中，减去已经执行的刑期，然后将前罪未执行的刑罚与后罪所判处的刑罚按照第69条的规定予以合并后，再决定应执行的刑罚。(4)已经执行的刑期不得计算在新判决所决定的刑期以内。该种方法一般概括为"先减后并"。例如，被告人因犯抢劫罪被判处有期徒刑14年，执行10年后又犯盗窃罪，对盗窃罪判处有期徒刑8年。依照先减后并的方法，应当将没有执行的4年与新罪的8年实行并罚，即在8年以上12年以下决定执行的刑期，如果决定执行11年，则被告人还须服刑11年。加上已执行的刑期，被告人实际执行的刑期为21年。

由上可见,用“先减后并”方法比用“先并后减”方法在一定条件下使犯罪人实际承担的惩罚要重。之所以如此,是因为:

首先,决定执行的刑罚的最低限度可能提高,导致犯罪人实际执行的刑期也相应提高。与依“先并后减”的方法决定执行刑罚的最低期限相比,在新罪所判处的刑期比前罪尚未执行的刑期长的条件下,依“先减后并”的方法决定执行刑罚的最低期限提高。如上例,若采取先并后减的方法,实际执行的起点刑为 14 年,最高不得超过 20 年;但若采取先减后并的方法,实际执行的起点刑为 18 年,最高刑期可以是 22 年。但是,在新罪所判处的刑期比前罪尚未执行的刑期短或者相等的条件下,依“先减后并”方法决定执行的刑期,则不存在执行刑罚的最低期限提高的问题。

其次,实际执行的刑罚可能超过数罪并罚法定最高刑的限制。在前罪与新罪都被判处较长刑期的情况下(即前罪与新罪所被判处的有期自由刑的总和刑期超过数罪并罚法定最高刑期的限制时),采用“先减后并”的方法并罚,犯罪人实际执行的刑期就可能超过数罪并罚法定最高刑期的限制。

最后,犯罪人在刑罚执行期间所犯新罪的时间距离前罪所判刑罚执行完毕的期限越近,数罪并罚时决定执行刑罚的最低期限以及实际执行刑期的最低限度就越高。即犯罪人在刑罚执行期间又犯新罪的时间早晚,与数罪并罚时决定执行刑罚的最低期限以及实际执行的刑期的最低限度成反比。

《刑法》第 71 条之所以如此规定,是因为犯罪人在刑罚执行期间又犯新罪,说明其主观恶性深、人身危险性大,只有给予更严厉的处罚,才能更有力地改造和教育犯罪人,有利于巩固改造成果,提高刑罚执行效益。

此外,适用《刑法》第 71 条的规定,还应注意以下问题:(1) 判决宣告以后刑罚执行完毕以前,被判刑的犯罪分子又犯数个新罪的并罚。因刑法规定不明确,刑法界对此存在分歧,主要有两种观点:一是一次并罚说。主张应当首先对数个新罪分别定罪量刑,而后将判决所宣告的数个刑罚,即数个宣告刑与前罪未执行的刑罚并罚。二是两次并罚说。主张应当首先对数个新罪分别定罪量刑并实行并罚,然后将决定执行的刑罚与前罪未执行的刑罚再进行并罚。从《刑法》第 71 条所体现的从严惩处的立法精神看,一次并罚说也许更为妥当,因为它不仅可以使总和刑期居于相对较高的水平,而且一般也不会使数刑中最高刑期因此而降至低于残余刑期的程度,能更好地体现“先减后并”的精神。(2) 判决宣告以后刑罚执行完毕以前,被判刑的犯罪分子既犯新罪又有漏罪的并罚。由于此种情况同时涉及“先并后减”和“先减后并”,而刑法又未明确规定,故理论上存在分歧。一般认为,如果犯罪人在刑罚执行期间又犯新罪,并且发现其在原判决宣告以前的漏罪,则应先将漏罪与原判决的罪,根据《刑法》第 70 条规定的先并后减的方法进行并罚;再将新罪的刑罚与前一并罚后的刑罚还没有执行的刑期,根据《刑法》第 71 条规定的先减后并的方法进行并罚,所得结果即为整个数罪并罚的结果。(3) 在缓刑考验期限内又犯新罪的并罚。根据《刑法》第 77 条的规定,被宣告缓刑的犯罪分子,在缓刑考验期限内又犯新罪的,应当撤销缓刑,对新犯的罪作出判决,把前罪和后罪所判处的刑罚,依照《刑法》第 69 条的规定,决定执行的刑罚。(4) 在假释考验期限内再犯新罪的并罚。根据《刑法》第 86 条的规定,被假释的犯罪分子,在假释考验期限内又犯新罪的,应当撤销假释,依照《刑法》第 71 条的规定实行数罪并罚。

三、缓刑制度

(一) 缓刑的概念

缓刑制度源于19世纪后半期美国的“暂缓宣判”,1870年首先为美国波士顿所采用,后移植到欧洲大陆,并演变为“缓执行判决”。为了弥补短期监禁刑的缺陷,自20世纪后半叶以来,人们进行了大量的研究来寻找有效的替代措施,缓刑就是其中最成功的代表。

从各国刑法所规定的缓刑制度来看,缓刑主要有三种:刑罚暂缓宣告、刑罚暂缓执行和缓予起诉。其中,刑罚暂缓宣告,也称“宣告犹豫”,是一种广义上的缓刑,指对被告人所犯之罪确认后,在一定期限内不予宣告,在考验期限内,如果没有发生应当撤销缓刑的法定事由,即不再宣告对其所科处的刑罚的制度。刑罚暂缓执行,也称“执行犹豫”,是一种狭义上的缓刑,是在对被告人宣告判处刑罚的同时宣告缓刑。如果在缓刑考验期限内发生了应当撤销缓刑的法定事由,即撤销缓刑,执行原判刑罚;反之,期限届满后则不再执行所宣告的刑罚。缓予起诉,也称“起诉犹豫”,是对犯有轻微罪行的人,在一定期限内附条件暂缓起诉的制度。

我国刑法所规定的缓刑,属于刑罚暂缓执行,即对原判刑罚附条件不执行的一种刑罚制度。具体来说,是指对于被判处拘役、3年以下有期徒刑的犯罪分子,由于其犯罪情节较轻,有悔罪表现,没有再犯罪的危险,暂不执行刑罚对所居住社区没有重大不良影响的,可以规定一定的考验期,暂缓刑罚的执行;如果犯罪分子在考验期内遵守一定条件,原判刑罚就不再执行的制度。其特点是:既判处一定刑罚,又暂不执行,但在一定期间内保留执行的可能性。因此,缓刑不是一种独立的刑种,而是一种刑罚执行制度。

缓刑与免予刑事处罚不同。免予刑事处罚,是人民法院对已经构成犯罪的被告人作出有罪判决,但根据案件的具体情况,认为不需要判处刑罚,因而宣告免予刑事处罚,即只定罪而不判刑。所以,被宣告免予刑事处罚的犯罪分子不存在曾经被判过刑罚和仍有执行刑罚的可能性的问题。而缓刑则是在对犯罪分子作出有罪判决并判处刑罚的基础上,宣告暂缓执行所宣告的刑罚,但同时保有执行刑罚的可能性。如果在缓刑考验期内违反有关规定,就要撤销缓刑,执行原判刑罚;犯罪分子即使在缓刑考验期内未发生应撤销缓刑的法定事由,也是被判处过刑罚者。

缓刑与监外执行不同。根据《刑事诉讼法》第265条的规定,监外执行是根据被关押者的某些具体情况,而采取的一种临时性的刑罚执行方法。二者之间的区别主要表现在:(1)性质不同。缓刑是附条件暂缓执行原判刑罚;而监外执行是刑罚执行过程中的具体执行场所的临时性变化,并非不执行原判刑罚。(2)适用对象不同。缓刑只适用于被判处拘役或者3年以下有期徒刑的犯罪分子;监外执行的被关押者可以是被判处有期徒刑或拘役的犯罪分子。(3)适用的条件不同。缓刑的适用,以犯罪分子的犯罪情节、悔罪表现和不致再危害社会为基本条件;监外执行的适用,以被关押者有严重疾病需要保外就医以及怀孕或者正在哺乳自己的婴儿等不宜收监执行的特殊情形为条件。(4)适用的方法不同。缓刑应在判处刑罚的同时予以宣告,并应依法确定缓刑的考验期;而监外执行是在判决确定以后适用的一种变通执行刑罚的方法,在宣告判决时和刑罚执行过程中均可适用,且不需要确定考验期。此外,适用监外执行的过程中,一旦影响在监内执行的具体情况消失,即便罪犯在监外未违反任何规定,只要刑期未满,仍应收监执行。(5) 适用的法律依据不同。适用缓刑的依据是刑法中的有关规定;适用监外执行的依据是我国刑事诉讼法的有关规定。

缓刑与死刑缓期执行不同。二者虽然都是有条件地不执行原判刑罚,都不是独立的刑种,但在适用对象、执行方法、考验期限和法律后果等方面存在根本区别:(1) 适用对象不同。缓刑适用于被判处拘役或者 3 年以下有期徒刑的犯罪分子;死刑缓期执行适用于应当判处死刑但不是必须立即执行的犯罪分子。(2) 执行方法不同。对于被宣告缓刑的犯罪分子不予关押;而对被宣告死刑缓期执行的犯罪分子,则必须予以监禁,并实行劳动改造。(3) 考验期限不同。缓刑的考验期,可因所判刑种和刑期的不同而不同;死刑缓期执行的法定考验期限为 2 年。(4) 法律后果不同。缓刑的法律后果,就其在考验期内是否发生法定情形而有区别,或者是原判刑罚不再执行,或者是撤销缓刑,把前罪与后罪所判处的刑罚按照数罪并罚的原则予以处罚;死刑缓期执行的法律后果根据缓期 2 年执行期间犯罪人的表现,或者予以减刑或者执行死刑。

我国刑法除规定了一般缓刑制度外,还规定了特殊缓刑制度,即战时缓刑。所谓战时缓刑,亦称“特别缓刑”,是指在战时,对被判处 3 年以下有期徒刑没有现实危险的犯罪军人,暂缓其刑罚执行,允许其戴罪立功,确有立功表现时,可以撤销原判刑罚,不以犯罪论处的制度。一般缓刑与战时缓刑在适用条件、适用方法和法律后果等方面均有所不同。

(二) 缓刑的适用条件

1. 一般缓刑的适用条件。根据我国《刑法》第 72、74 条的规定,适用一般缓刑必须具备下列条件:

(1) 缓刑只适用于被判处拘役或者 3 年以下有期徒刑的犯罪分子。首先,所谓“被判处拘役或者 3 年以下有期徒刑”,不是指法定刑,而仅指宣告刑(包括宣告为 3 年有期徒刑)。即使犯罪分子所犯之罪的法定刑为 3 年以上有期徒刑,只要具有减轻处罚情节而被判处 3 年以下有期徒刑的,也可以适用缓刑。所以,如果所判处的刑罚高于 3 年有期徒刑,就不能适用缓刑。缓刑是对犯罪人不予关押而附条件不执行原判刑罚的制度,这就决定了其适用对象只能是罪行较轻、社会危害性及人身危险性较小的犯罪分子;而罪行的轻重,或者说社会危害性以及人身危险性的大小,是与犯罪人被判处的刑罚轻重相适应的,所以刑法将缓刑的适用对象限定为被判处拘役或者 3 年以下有期徒刑的犯罪分子,而排除了罪行较重或者社会危害性较大的被判处 3 年以上有期徒刑的犯罪分子。其次,被判处管制或者单处附加刑的,由于管制限制一定的人身自由,而单处附加刑不涉及剥夺或者限制人身自由,故不适用缓刑。根据审判实践经验,缓刑多适用于过失犯罪,如交通肇事、责任事故犯罪以及比较轻微的故意犯罪,如重婚、虐待、轻伤害、妨害公务、一般盗窃等;而对于强奸、抢劫等严重刑事犯罪,一般不宜适用缓刑。最后,对于一人犯数罪的,实行数罪并罚后,如果决定执行的刑罚为 3 年以下有期徒刑或者拘役,仍可以宣告缓刑。

(2) 适用缓刑确实不致再危害社会。具体而言,只有同时具备以下四个条件,才能适用缓刑:① 犯罪情节较轻;② 有悔罪表现;③ 没有再犯罪的危险;④ 宣告缓刑对所居住社区没有重大不良影响。前三个条件的设定是基于法律理由,其中,③是实质条件,①与②是判断没有再犯罪危险的资料。所谓犯罪情节,包括与犯罪事实有关的各种情况,如精神状态、辨认和控制自己行为的能力、特定的身份、犯罪前的一贯表现、实施犯罪行为的时间、地点、犯罪对象、作案手段、当时的环境和条件以及行为造成的危害结果等。所谓悔罪表现，是指被告人对其所犯罪行悔悟的具体表现，如犯罪后积极退赃，真诚向被害人道歉，在羁押期间遵守监管法规等。据此，犯罪情节较轻，但没有悔罪表现的，法院不得认为其没有再犯罪的危险。条件④的设定是基于政策理由，只要适合在所居住的社区实行社区矫正，就应认为符合条件④。

(3) 犯罪分子不是累犯和犯罪集团的首要分子。累犯是在执行一定刑罚之后法定期限内再次犯罪的犯罪分子。由于累犯屡教不改，人身危险性较大，有再犯之虞，适用缓刑难以防止其再犯新罪。所以，即使累犯被判处拘役或 3 年以下有期徒刑，也不能适用缓刑。犯罪集团的首要分子，因为其罪行严重，适用缓刑依然可能组织、领导犯罪集团的犯罪活动，故不得适用缓刑。

适用一般缓刑必须同时具备上述三个条件，缺一不可。司法实践中适用缓刑时，应严格遵守法律明确规定的适用条件，防止应当适用缓刑但对缓刑条件掌握过严而不适用，以及不应当适用缓刑但对缓刑条件掌握过宽而适用的错误倾向。如此，才能充分发挥缓刑制度的积极作用。对其中不满 18 周岁的人、怀孕的妇女和已满 75 周岁的人，应当宣告缓刑。

2. 战时缓刑的适用条件。《刑法》第 449 条规定："在战时，对被判处三年以下有期徒刑没有现实危险宣告缓刑的犯罪军人，允许其戴罪立功，确有立功表现时，可以撤销原判刑罚，不以犯罪论处。"据此，适用战时缓刑应具备以下条件：

(1) 适用的时间必须是在战时。在和平时期或非战时条件下，不能适用此种缓刑。所谓战时，根据《刑法》第 451 条的规定，是指国家宣布进入战争状态、部队受领作战任务或者遭敌突然袭击时。部队执行戒严任务或者处置突发性暴力事件时，以战时论。

(2) 适用的对象只能是被判处 3 年以下有期徒刑的犯罪军人。不是犯罪的军人，或者虽是犯罪的军人但被判处的刑罚为 3 年以上有期徒刑的，不能适用此种缓刑。同时，根据《刑法》第 74 条"对于累犯……不适用缓刑"的规定，构成累犯的犯罪军人同样不适用战时缓刑。

(3) 适用的基本依据只能是在战时条件下宣告缓刑没有现实危险。即使是被判处 3 年以下有期徒刑的犯罪军人，若适用缓刑具有现实危险，也不能宣告缓刑。因为，战时缓刑的适用，是将犯罪军人继续留在部队，并在战时状态下执行军事任务，若宣告缓刑具有现实的危险，则会在战时状态下危害国家的军事利益。至于宣告缓刑是否有现实危险，应根据犯罪军人所犯罪行的性质、情节、危害程度以及犯罪军人的悔罪表现和一贯表现作出综合评判。

3. 一般缓刑与战时缓刑的区别。战时缓刑制度是我国刑法中缓刑制度的重要补充，它与一般缓刑制度共同构成了我国刑法中缓刑制度的整体。但二者也有区别，主要表现在以下几个方面：

(1) 适用对象不同。一般缓刑可以适用于除累犯和犯罪集团的首要分子以外的被判处拘役、3 年以下有期徒刑的犯罪分子；战时缓刑则适用于除累犯以外的被判处 3 年以下有期徒刑没有现实危险的犯罪军人。

(2) 适用时间不同。一般缓刑的适用无时间方面的限制；战时缓刑则只能在战时适用。

(3) 适用根据不同。一般缓刑的适用根据是“适用缓刑确实不致再危害社会”;战时缓刑的适用根据则是在战时状态下适用缓刑“没有现实危险”。

(4) 适用方法和考察内容不同。一般缓刑必须是在宣告缓刑的同时依法确定缓刑考验期,考验期内的考察内容为犯罪分子是否具有《刑法》第 77 条规定的情形;战时缓刑没有缓刑考验期,缓刑的考验内容为犯罪军人是否具有立功表现。

(5) 法律后果不同。一般缓刑的法律后果为,无论缓刑是否被撤销,所宣告的罪刑仍然成立;而战时缓刑在犯罪军人确有立功表现的条件下,原判刑罚可予撤销,不以犯罪论处,即罪与刑同时消灭。

(三) 缓刑的考验期限与考察

1. 缓刑的考验期限。缓刑考验期限,是指对被宣告缓刑的犯罪分子进行考察的一定期间。缓刑是对所判处的刑罚有条件的不执行,为了考察被缓刑人是否接受改造,在宣告缓刑的同时,确定一个对犯罪人适当的考验期限,能使缓刑制度发挥积极的效用。

根据《刑法》第 73 条的规定,拘役的缓刑考验期限为原判刑期以上 1 年以下,但是不能少于 2 个月;有期徒刑的缓刑考验期限为原判刑期以上 5 年以下,但是不能少于 1 年。据此,缓刑考验期必须长短适中,应以原判刑罚的长短为前提,可以等于或适当长于原判刑期,但不能短于原判刑期,一般以不超过原判刑期 1 倍为宜。此外,在确定具体的缓刑考验期限时,应根据犯罪情节和犯罪分子个人的具体情况,灵活适用。

根据《刑法》第 73 条第 3 款的规定,缓刑的考验期限,从判决确定之日起计算。所谓“判决确定之日”,即判决发生法律效力之日。一审判决后,被告人未上诉,检察机关也未提出抗诉的,从判决之日起经过 10 日生效,即为判决确定之日。对于上诉或者抗诉的案件,二审判决宣告之日即为判决确定之日。判决以前先行羁押的时间,不能折抵缓刑考验期限。一审判决缓刑的案件,人民法院应当对被适用缓刑而正被羁押的被告人变更强制措施,或者取保候审,或者监视居住,等待上诉、抗诉期限届满或者二审判决生效后,再交付执行。

需要注意的是,有关司法解释中曾规定,被宣告缓刑的人,在缓刑考验期限内,确有突出悔改表现或者立功表现的,可以对原判刑罚予以减刑,同时相应缩短其缓刑考验期限。对该规定,也应当具体情况具体分析。在缓刑考验期限本身不太长时,减刑时缩短其缓刑考验期限,并无实际意义;如果缓刑考验期限较长,则应适当考虑缩短其缓刑考验期限。

2. 缓刑考验期限内的考察。关于缓刑考验期限内的考察内容,主要包括以下几个方面:(1) 缓刑的监督执行机构。我国《刑法》第 76 条规定:“对宣告缓刑的犯罪分子,在缓刑考验期限内,依法实行社区矫正……”据此,缓刑的执行监督机构是被宣告缓刑者所居住生活社区的矫正机构和组织。(2) 被宣告缓刑者应当遵守的规定。《刑法》第 75 条规定:“被宣告缓刑的犯罪分子,应当遵守下列规定:(一) 遵守法律、行政法规,服从监督;(二) 按照考察机关的规定报告自己的活动情况;(三) 遵守考察机关关于会客的规定;(四) 离开所居住的市、县或者迁居,应当报经考察机关批准。” (3) 缓刑考察的内容。根据《刑法》第 72 条第 2 款、第 75 条的规定,缓刑考察的内容,就是考察被宣告缓刑的犯罪分子,在缓刑考验期限内,是否具有《刑法》第 77 条规定的情形,即再犯新罪或者发现漏罪,或者违反法律、行政法规或者国务院有关部门关于缓刑的监督管理规定,或者违反人民法院判决中的禁止令,并且情节严重。如果不具有第 77 条规定的情形,缓刑考验期满,原判的刑罚就不再执行,并公开予以宣告。

（四）缓刑考验期满与缓刑的撤销

缓刑考验期满,是指犯罪人在缓刑考验期限内,没有再犯新罪,没有发现判决宣告以前还有其他罪没有判决,没有严重违反有关缓刑的监督管理规定,没有严重违反禁止令。根据《刑法》第 76 条的规定,被宣告缓刑的犯罪分子,在缓刑考验期限内,如果不具有上述四种情形,缓刑考验期满,原判的刑罚就不再执行,并公开予以宣告。

缓刑的撤销,是指由于犯罪分子在缓刑考验期内,没有遵守法律规定的缓刑条件,或者发现了漏罪,而将原判决宣告的缓刑予以撤销,对犯罪分子执行原判刑罚。根据《刑法》第 77 条的规定,缓刑的撤销包括三种情况:

1. 被宣告缓刑的犯罪分子,在缓刑考验期限内犯新罪,或者发现判决宣告以前还有其他罪没有判决的,应当撤销缓刑,对新犯的罪或者新发现的漏罪作出判决,把前罪和后罪所判处的刑罚,依照《刑法》第 69 条的规定决定最终执行的刑罚。

2. 被宣告缓刑的犯罪分子,在缓刑考验期限内,违反法律、行政法规或者国务院有关部门关于缓刑的监督管理规定,情节严重的,应当撤销缓刑,执行原判刑罚。

3. 被宣告缓刑的犯罪分子,在缓刑考验期限内,违反人民法院判决中的禁止令,情节严重的,应当撤销缓刑,执行原判刑罚。原作出缓刑裁判的人民法院应当自收到当地社区矫正机构提出的撤销缓刑建议书之日起一个月内依法作出裁定。人民法院撤销缓刑的裁定一经作出,立即生效。原判决宣告以前先行羁押的,应当折抵刑期。根据最高人民法院、最高人民检察院、公安部、司法部发布的《关于对判处管制、宣告缓刑的犯罪分子适用禁止令有关问题的规定(试行)》第 12 条第 2 款的规定,违反禁止令,具有下列情形之一的,应当认定为"情节严重":(1) 3 次以上违反禁止令的;(2) 因违反禁止令被治安管理处罚后,再次违反禁止令的;(3) 违反禁止令,发生较为严重危害后果的;(4) 其他情节严重的情形。

根据《刑法》第 72 条第 3 款的规定,缓刑的效力不及于附加刑。即被宣告缓刑的犯罪分子,如果被判处附加刑的,附加刑仍须执行,即无论缓刑是否被撤销,所判处的附加刑都必须执行。

根据《最高人民法院关于撤销缓刑时罪犯在宣告缓刑前羁押的时间能否折抵刑期问题的批复》,对被宣告缓刑的犯罪分子撤销缓刑执行原判刑罚的,对其在宣告缓刑前羁押的时间应当折抵刑期。

拓展阅读

案例分析

复习思考题

1．量刑的概念和原则是什么？什么是量刑情节？它有哪些分类？

2．什么是累犯？其成立条件是什么？

3．什么是自首？自首的种类、成立条件和法律后果是什么？

4．简述立功的概念、种类和刑事责任。

5．简述数罪并罚的概念、原则和适用数罪并罚的三种不同情况。

6．缓刑的概念和适用条件是什么？缓刑的法律后果是什么？

自测习题及参考答案

第十二章　刑罚执行制度

重点提示：

刑罚执行的概念和原则，减刑的概念和条件，假释的概念和适用条件。

第一节　刑罚执行概述

一、刑罚执行的概念

刑罚执行，简称行刑，是指法律规定的刑罚执行机关，依法将发生法律效力的刑事裁判所确定的刑罚付诸实施的刑事司法活动。根据该定义，刑罚执行具有以下特征：

第一，刑罚执行的主体是法律规定的刑罚执行机关。法律规定的刑罚执行机关，是指依法被授权执行刑罚的国家司法机关。在我国，人民法院、公安机关、监狱都是特定的刑罚执行机关。例如，根据《刑事诉讼法》第 272 条及有关文件，没收财产和死刑立即执行由人民法院执行；根据《刑法》第 43 条的规定，被判处拘役的犯罪分子，由公安机关就近执行；根据《监狱法》第 2 条的规定，死刑缓期执行、无期徒刑和有期徒刑由监狱执行。可见，我国有权执行刑罚的机关是公安机关、人民法院和监狱。检察机关是刑罚执行的监督机关，本身不是刑罚执行机关。

第二，刑罚执行的依据是人民法院生效的刑事裁判。生效的刑事裁判是人民法院已经发生法律效力的判决和裁定。根据《刑事诉讼法》第 259 条的规定，判决和裁定发生法律效力后执行。生效的刑事裁判包括：已过法定期限没有上诉、抗诉的判决和裁定；终审的判决和裁定，包括中级以上人民法院第二审案件、最高人民法院第一审案件的判决和裁定；最高人民法院核准的死刑判决和由高级人民法院核准的死刑缓期 2 年执行的判决。对于未发生法律效力的判决和裁定，一律不得交付执行。刑罚的执行不包括对无罪判决、免除刑罚处罚和非刑罚处理方法的执行，因为这些虽是人民法院作出的刑事判决，但不涉及刑罚内容，故不属于刑罚的执行。

第三，刑罚执行的基本内容是将发生法律效力的刑事裁判所确定的刑罚付诸实施。即将刑事判决与裁定所确定的刑罚种类及其期限、数量具体付诸实施。例如，对于有期徒刑的判决，刑罚执行意味着剥夺犯罪人的人身自由；对于死刑立即执行的判决，刑罚执行意味着剥夺犯罪人的生命等。可见，刑罚执行保证了人民法院刑事判决与裁定的准确实施，是惩罚和教育改造犯罪人的具体实践过程。

第四,刑罚执行的对象是因实施犯罪行为而受刑罚处罚的人。对没有犯罪的人或者宣告免于刑罚处罚的人不可能执行刑罚。

刑罚中的执行不同于刑事诉讼法中的执行。首先,刑事诉讼法中的执行外延广于刑罚执行,它不仅包括刑罚的执行,还包括无罪判决和免除刑罚处罚判决的执行。其次,刑事诉讼法中的执行主要是对执行机关和执行程序等的规定,属于程序问题;刑法中的执行主要是对刑罚执行方法的规定,属于实体问题。

总之,刑罚执行是定罪与量刑活动的自然延伸,对于实现刑法目的具有非常重要的意义。具体而言,有以下几方面:

第一,刑罚执行是实现刑罚特殊预防目的的重要途径。通过对被判处死刑的犯罪人执行死刑,就永远剥夺了其重新犯罪的能力;通过对被判处有期徒刑的犯罪人剥夺或限制人身自由,使其终身或在一定期间内与社会隔离,而不可能再实施犯罪行为;通过剥夺犯罪人的财产,使其丧失再犯的物质条件等。可见,只有对犯罪人执行刑罚,才可能使他们真正感受到受刑之痛苦和刑罚之严厉,并使刑罚发挥对犯罪人的教育和改造作用。在刑罚执行过程中,行刑机关在坚持惩罚与教育相结合、劳动与改造相结合的前提下,可以根据罪犯本人的具体情况采取不同的教育改造方法,如组织罪犯从事生产劳动,对罪犯进行思想、文化和技术教育等,消除犯罪人的人身危险性,把罪犯改造成为新人。

第二,刑罚执行是实现刑罚一般预防目的重要途径。通过对犯罪人及时执行刑罚,可以使其他公民认识到,任何人犯罪都将受到刑罚处罚,都将受到权利被剥夺的痛苦,从而对社会成员起到警诫和抑制作用,使有犯罪意图的其他社会成员不敢实施犯罪。同时,通过对犯罪人及时执行刑罚,还可以号召和鼓励社会成员防止和制止犯罪行为的发生,以预防有犯罪意图的人实施犯罪行为。

第三,刑罚执行有利于实现刑罚的安抚、补偿功能。安抚,是指慰藉被害人及其亲属因犯罪侵害而受到的精神创伤和引起的愤恨情绪,使受到犯罪破坏的社会心态恢复平衡;补偿,则是指依法补偿被害人所受的物质损失。通过对犯罪人执行刑罚,就可以防止被害人及其亲属对犯罪人进行私人报复,从而减少新的犯罪行为的产生。

二、刑罚执行的原则

刑罚执行的原则,是指刑罚执行机关在刑罚执行过程中必须遵循或依据的准则。由于不同国家和不同历史时期的行刑背景和行刑目的不同,行刑原则的具体内容和要求也不尽相同。根据我国刑法规定的刑种内容,以及监狱法规定的刑罚执行原则,刑罚执行必须遵循以下原则:

第一,教育性原则。所谓教育性原则,是指执行刑罚应从实现特殊预防及一般预防的目的出发,对犯罪人及社会公众进行积极的教育。其具体要求是:(1) 准确执行刑罚。刑罚是国家对犯罪行为的一种否定评价,只有准确无误地执行刑罚,才能对国民产生教育作用,使其知法、懂法、守法,才能使受刑人认罪服法,接受改造。(2) 坚持惩罚与改造相结合、教育和劳动相结合的原则。教育与劳动是改造罪犯的两个基本手段,刑罚执行既不能只讲惩罚与劳动,也不能只讲改造与教育,应当互相补充、互相配合。为此,必须在生产劳动的基础上重视教育，包括思想、文化和技术等各个方面，将罪犯改造成新人。(3) 对受刑人的改造，要以教育疏导为主，以强制性的执行措施为辅。强制性执行措施只能暂时使受刑人屈服，但不能从思想上消除其犯罪根源，而且易于激起抵触情绪，不利于实现预防犯罪的目的，因此只有在必要时才能采用。(4) 坚持区别对待的方针，根据每个犯罪人、犯罪种类、个人情况（性格、性别、年龄、文化水平）、人身危险性等，采取不同的教育方法。

第二，人道主义原则。《公民权利及政治权利国际公约》第 7 条规定，任何人均不得加以酷刑或者施以残忍的、不人道的或者侮辱性的待遇和刑罚。特别是任何人未经其同意不受医学的或科学的试验；第 10 条规定，所有被剥夺自由的人应给予人道及尊重其固有的人格尊严的待遇。[①] 因此，在刑罚执行过程中，监狱和司法当局必须尊重犯罪人的人格，禁止使用残虐的、不人道的刑罚执行手段，把犯罪人当做人对待，关心其实际困难，注重犯人的政治、思想、道德、文化和技能教育，促使其成为自食其力的新人。我国《刑法》将体罚、虐待被监管人的行为规定为独立的犯罪；《监狱法》明文规定，犯罪人的人格不受侮辱，其人身安全、合法财产和其他未被依法剥夺或者限制的权利不受任何人的侵犯。

第三，个别化原则。为了改造犯罪人并使其复归社会，在刑罚执行过程中，应根据犯罪人的具体情况，给予不同的处遇，采取不同的教育改造方法。如根据犯罪人的年龄、性别、性格特点、文化程度、生理状况、犯罪性质及情节、罪行严重程度及人身危险性大小、受刑种类与刑期等，给予不同的处遇，选择实施适于改造该人、使其复归社会的执行方法。我国近年来逐渐重视刑罚执行的个别化，在罪犯改造上实行区别对待的政策。如根据犯罪人所犯罪行的性质分别关押；根据犯罪人的具体情况在劳动、教育、奖惩等各个方面采取不同的方式对待。

第四，社会化原则。即在刑罚执行过程中依靠社会力量对受刑人进行帮教，使之易于重返社会。犯罪的产生有多种多样的原因，因此，对犯罪的防止也不应仅仅依靠刑罚执行机关，而应调动社会的积极因素影响犯罪人，让社会参与对犯罪人的改造，培养受刑人的再社会化能力，使之适应正常的社会生活。这就要求在对罪犯进行改造时，要在改造的时间上以服刑期间为中心向前延伸，在改造的空间上以执行场所为中心向外延伸，在刑罚执行完毕后以此为中心向后延伸，从而使罪犯的刑罚执行扩展至整个社会，使罪犯与社会融为一体，减少其再社会化的障碍。

第二节　减刑制度

一、减刑的概念

减刑，是指被判处管制、拘役、有期徒刑、无期徒刑的犯罪分子，因其在刑罚执行期间认真遵守监规，接受教育改造，确有悔改表现或者立功表现，而对其适当减轻原判刑罚的制度。如被判处无期徒刑的犯罪人，在刑罚执行期间具有立功表现，将无期徒刑减为 15 年有期徒刑；被判处 10 年有期徒刑的犯罪人，在刑罚执行期间具有悔改表现，将 10 年有期徒刑减为

① 马克昌：《比较刑法原理——外国刑法学总论》，武汉大学出版社 2002 年版，第 836 页。

9 年有期徒刑。

减刑制度是我国刑法特有的一项刑罚执行制度,充分体现了我国惩办与宽大相结合、惩罚与教育相结合的刑事政策,有利于刑罚特殊预防目的的实现。作为一项刑罚执行制度,减刑制度来源于对犯罪人区别对待的刑事政策和刑罚经济性原则。犯罪人实施了危害国家和人民利益的犯罪行为,应当受到刑罚的制裁,接受劳动改造。但因犯罪人犯罪行为的性质、情节、社会危害性和主观恶性各不相同,在刑罚执行期间的改造情况也存在较大差异。如果犯罪人在刑罚执行过程中积极悔改,或者有立功表现,则说明其人身危险性减弱,那么,在不损害国家法律的严肃性和人民法院判决之权威性的前提下,就应当对原判的刑罚进行调整,适当减轻犯罪人之原判刑罚,从而巩固改造成果,促进犯罪分子悔过自新,早日成为新人,并且推动其他犯罪人的改造。这突出体现了刑罚与犯罪人的人身危险性相适应。同时,犯罪人只有认真遵守监规、接受教育改造,确有悔改或者有立功表现,才可能被减刑,否则,就必须执行原判刑罚,而不能得到宽大处理。所以,减刑制度也是惩办与宽大相结合政策在刑罚执行中的具体运用。总之,长期以来的实践证明,减刑制度对于实现刑罚的特殊预防目的具有积极的作用。

根据《刑法》第 78 条的规定,减刑分为两种情况:一是应当减刑,即在犯罪人有重大立功表现时,人民法院应当对其减刑。二是可以减刑,即在犯罪人具备一定的条件时,人民法院可以裁定对其减刑。从减刑的方法与效果来看,减刑包含有两方面的含义:一是将较重的刑种减为较轻的刑种,如将原判无期徒刑减为有期徒刑;二是将较长的刑期减为较短的刑期,但不变更刑种,如将原判有期徒刑 10 年减为有期徒刑 7 年。

由以上可知,减刑与改判不同。改判是审判活动中的一个环节,指原判决在认定事实或者适用法律上确有错误时,依照第二审程序或者审判监督程序,撤销原判决,重新判决。它属于刑事诉讼程序问题,是对原判决错误的纠正。改判的结果也多种多样。减刑则是刑罚执行活动中的一个环节,并不改变原判决,而是在肯定原判决的前提下,根据犯罪分子在刑罚执行期间的悔改或者立功表现,按照减刑条件和程序,依法将原判刑罚予以适当减轻。

减刑也不同于减轻处罚。首先,减轻处罚是人民法院根据犯罪人所具有的法定减轻处罚情节,依法对其判处低于法定最低刑的刑罚,属于量刑情节;而减刑则是在判决确定以后刑罚执行期间,对正在服刑的犯罪人,根据其犯罪情节和悔改表现,依法减轻其原判刑罚,属于刑罚执行制度。其次,减轻处罚的适用对象为判决确定前的未决犯;而减刑的适用对象则属于判决确定后的已决犯。

二、减刑的条件

根据《刑法》第 78 条的规定,对犯罪人减刑,必须具备下列条件:

(一) 前提条件

减刑只能适用于被判处管制、拘役、有期徒刑、无期徒刑的犯罪分子。它表明减刑的适用,只有刑罚种类的限制,而没有犯罪性质、罪行轻重或者刑期长短等方面的限制。只要犯罪人被判处的刑罚是上述四种刑罚之一,则不论其犯的是危害国家安全罪还是其他刑事罪,是故意犯罪还是过失犯罪，是重罪还是轻罪，凡具备了法定减刑的实质要件，都可以减刑。但是，理解该条件时，有以下问题需要注意：

1. 死刑缓期执行期间的减刑。根据《刑法》第 50 条的规定，判处死刑缓期执行的犯罪人，在死刑缓期执行期间，如果没有故意犯罪，2 年期满以后，减为无期徒刑；如果确有重大立功表现，2 年期满以后可减为 25 年有期徒刑。那么，该条规定是否属于《刑法》第 78 条规定的减刑？对此，有两种观点：一种观点认为，死缓的减刑也属于我国减刑制度的一部分，如果把死缓的减刑排除在我国的减刑制度之外，实际上是把比较完整的减刑制度不当地割裂开来。[①] 另一种观点则认为，死缓减刑不属于减刑的适用范围，不能把死缓减刑同减刑制度混为一谈。[②] 通说认为死缓依法减为无期徒刑或有期徒刑，实质上是减轻了刑罚的，因此，不承认死缓减刑是一种特殊减刑似有不妥；但是，死缓的减刑毕竟与《刑法》第 78 条规定的减刑有很大不同，二者在适用对象、适用条件以及适用期限上差别极大，因此，将死缓的减刑与第 78 条规定的减刑相提并论也是不合适的。因此，就其实质而言，死缓的减刑应属于一种特殊减刑，但不是《刑法》第 78 条规定的减刑。最高人民法院《〈关于办理减刑、假释案件具体应用法律若干问题的规定〉的通知》也指出，死刑缓期执行罪犯的减刑是一种法定的特殊性质的减刑，与《刑法》第 78 条规定的减刑不同，必须依照《刑法》及本规定有关条款的规定办理。

2. 附加刑的减刑。《刑法》第 78 条规定只能对被判处管制、拘役、有期徒刑和无期徒刑的犯罪人减刑，而对附加刑能否减刑则未予规定。那么附加刑能否减刑？

首先，关于剥夺政治权利能否减刑的问题。根据《刑法》第 57 条第 2 款的规定，死刑缓期执行减为有期徒刑或者无期徒刑减为有期徒刑时，应当把附加剥夺政治权利的期限改为 3 年以上 10 年以下。《最高人民法院关于办理减刑、假释案件具体应用法律的规定》第 17 条第 1 款规定："被判处有期徒刑罪犯减刑时，对附加剥夺政治权利的期限可以酌减。酌减后剥夺政治权利的期限，不得少于一年。"第 17 条第 2 款细化了《刑法》第 57 条第 2 款的适用规则，规定："被判处死刑缓期执行、无期徒刑的罪犯减为有期徒刑时，应当将附加剥夺政治权利的期限减为七年以上十年以下，经过一次或者几次减刑后，最终剥夺政治权利的期限不得少于三年。"可见，虽然《刑法》第 78 条并未规定剥夺政治权利的减刑，但无论是我国刑事立法还是司法实践，都肯定了剥夺政治权利的刑期可以减少。因此，剥夺政治权利的减轻也属于一种特殊的减刑。

其次，关于罚金和没收财产能否减刑的问题。由于这两种刑罚的执行本身不存在一个持续、接连不断的行刑过程，很难满足适用减刑的条件。因此，罚金刑和没收财产刑一般不存在减刑问题。

3. 缓刑犯的减刑。对于被判处拘役或 3 年以下有期徒刑同时宣告缓刑的犯罪人，在缓刑考验期间能否适用减刑？刑法对此未作规定。根据《最高人民法院关于办理减刑、假释案件具体应用法律的规定》第 18 条规定，"被判处拘役或者三年以下有期徒刑，并宣告缓刑的罪犯，一般不适用减刑……在缓刑考验期内有重大立功表现的，可以参照刑法第七十八条的规定予以减刑，同时应当依法缩减其缓刑考验期……"可见，对缓刑考验期限的缩短，虽然不是《刑法》第 78 条规定的减刑，但犯罪人在考验期间有重大立功表现时，也可以参照《刑法》

---

① 参见张汉良：《略论减刑制度及减刑与假释的并用》，载《西北政法学院学报》1986 年第 4 期。

② 参见周振想：《刑罚适用论》，法律出版社 1990 年版，第 368 页。

第 78 条的规定予以减刑，并相应缩减缓刑考验期限。

（二）实质条件

根据《刑法》第 78 条的规定，被判处管制、拘役、有期徒刑、无期徒刑的犯罪分子，在刑罚执行期间，如果认真遵守监规，接受教育改造，确有悔改表现，或者有立功表现的，可以减刑；有重大立功表现的，应当减刑。可见，减刑的实质条件因减刑的种类不同而有所不同。

可以减刑的实质条件是，犯罪人在刑罚执行期间，认真遵守监规，接受教育改造，确有悔改表现，或者有立功表现。根据《最高人民法院关于办理减刑、假释案件具体应用法律的规定》，所谓“确有悔改表现”，是指同时具备以下四个方面情形：认罪悔罪；遵守法律法规及监规，接受教育改造；积极参加思想、文化、职业技术教育；积极参加劳动，努力完成劳动任务。所谓“立功表现”是指具有下列情形之一：(1) 阻止他人实施犯罪活动的；(2) 检举、揭发监狱内外犯罪活动，或者提供重要的破案线索，经查证属实的；(3) 协助司法机关抓捕其他犯罪嫌疑人的；(4) 在生产、科研中进行技术革新，成绩突出的；(5) 在抗御自然灾害或者排除重大事故中，表现积极的；(6) 对国家和社会有其他较大贡献的。只有当被判处管制、拘役、有期徒刑、无期徒刑的犯罪分子，确有悔改或者立功表现时，才能说明其人身危险性已经减弱，对他的教育改造收到了预期的效果，也才符合减刑制度的宗旨和目的。通常情形下，被判处管制、拘役、有期徒刑、无期徒刑的犯罪人，其悔改表现和立功表现一般是统一的，但不能因此而坚持二者互为条件，即使犯罪人只有悔改表现而无立功表现，或者只有立功表现而无明显悔改表现，也可以减刑；如果罪犯既有悔改表现又有立功表现，则可以在法定范围内给予较大幅度的减刑。

应当减刑的实质条件是，犯罪人在刑罚执行期间有重大立功表现。“重大立功表现”是指根据《刑法》第 78 条的规定，犯罪人具有下列情形之一：(1) 阻止他人实施重大犯罪活动的；(2) 检举监狱内外重大犯罪活动，经查证属实的；(3) 协助司法机关抓捕其他重大犯罪嫌疑人的；(4) 有发明创造或者重大技术革新的；(5) 在日常生产、生活中舍己救人的；(6) 在抗御自然灾害或者排除重大事故中，有突出表现的；(7) 对国家和社会有其他重大贡献的。具有这种重大立功表现，当然说明其有比较突出的悔改表现。

另外，把握减刑的实质条件，还应注意以下问题：处理好犯罪人的申诉和“认罪服法”的关系，保护罪犯的申诉权；贯彻对未成年犯教育、感化和挽救的方针，对未成年犯的减刑标准适当放宽；除有特殊情形，假释罪犯一般不得减刑，假释考验期限也不得缩短。

三、减刑的限度与幅度

（一）减刑的限度

减刑的限度，是犯罪人经过减刑以后，应当实际执行的最低刑期。之所以对减刑加以适当的限制，是因为减得过多，有损国家法律的严肃性和法院判决的权威性，使犯罪分子得不到必要的惩罚和改造；减得过少，又起不到鼓励犯罪分子积极改恶从善的作用，失去减刑制度的意义。根据《刑法》第 78 条第 2 款的规定，减刑以后实际执行的刑期不能少于下列期限：(1) 判处管制、拘役、有期徒刑的，不能少于原判刑期的 1/2；(2) 判处无期徒刑的，不能少于 13 年;(3) 人民法院依照《刑法》第 50 条第 2 款规定限制减刑的死刑缓期执行的犯罪分子,缓期执行期满后依法减为无期徒刑的,不能少于 25 年,缓期执行期满后依法减为 25 年有期徒刑的,不能少于 20 年。显然,如果管制、拘役、有期徒刑减刑后的刑期只有原判刑期的 1/2,无期徒刑减刑后只有 13 年有期徒刑,死缓被限制减刑后分别只有 25 年与 20 年有期徒刑,就不得再减刑。所谓实际执行的刑期,是指判决执行后犯罪人实际服刑的时间。判决前先行羁押的,羁押期应当计入实际执行的刑期内;被判处无期徒刑的犯罪分子经过减刑后,实际关押改造的时间,自判决确定之日起不能少于 13 年,判决确定之前先行羁押的时间,不能计算在 13 年刑期之内。

(二) 减刑的幅度

刑法虽然对犯罪分子减刑后实际执行的刑期、所减刑种以及减刑的适用条件作了相应的限制,但对不同犯罪分子在服刑期间的减刑幅度、减刑间隔和减刑的起始时间,则未作明确规定。根据前述司法解释,无期徒刑犯和有期徒刑犯的减刑幅度、间隔和起始时间如下:

1. 判处无期徒刑的犯罪分子,确有悔改表现或者有立功表现的,服刑 2 年以后,可以减刑。其中,确有悔改表现或者立功表现的,一般可以减为 18 年以上 20 年以下有期徒刑;有重大立功表现的,可以减为 13 年以上 18 年以下有期徒刑。无期徒刑罪犯在刑罚执行期间又犯新罪,被判处有期徒刑以下刑罚的,自新罪判决确定之日起一般在 2 年之内不予减刑;对新罪判处无期徒刑的,减刑的起始时间要适当延长。

2. 有期徒刑罪犯在刑罚执行期间,可以减刑。其减刑幅度为:确有悔改表现或者有立功表现的,一般一次可减 1 年以下有期徒刑;确有悔改表现并有立功表现,或者有重大立功表现的,一般一次可减 2 年以下有期徒刑。被判处 10 年以上有期徒刑的罪犯,如果悔改表现突出或者有立功表现的,一次最长可减 2 年有期徒刑;如果悔改表现突出并有立功表现,或者有重大立功表现的,一次最长可减 3 年有期徒刑。其减刑的起始时间和间隔时间为:被判处 5 年以上有期徒刑的罪犯,一般在执行 1 年半以上方可减刑;两次减刑之间一般应当间隔 1 年以上。被判处 10 年以上有期徒刑的罪犯,一次减 2 年至 3 年有期徒刑之后,再减刑时,其间隔时间一般不得少于 2 年。被判处不满 5 年有期徒刑的罪犯,可以比照上述规定,适当缩短起始和间隔时间。确有重大立功表现的,可以不受上述减刑起始和间隔时间的限制。

3. 对有期徒刑罪犯减刑时,对其附加剥夺政治权利的刑期可以酌减。酌减后剥夺政治权利的期限,最短不得少于 1 年。

4. 如前所述,对判处拘役或者 3 年以下有期徒刑、宣告缓刑的犯罪分子,一般不适用减刑。但在缓刑考验期间有重大立功表现的,可以参照《刑法》第 78 条的规定,予以减刑,同时相应缩减其缓刑考验期限,但其实际执行的刑期,判处拘役的缓刑考验期限不能少于 2 个月,判处有期徒刑的缓刑考验期限不能少于 1 年。

四、减刑的程序与减刑后的刑期计算

(一) 减刑的程序

根据《刑法》第 79 条的规定,对于犯罪分子的减刑,由执行机关向中级以上人民法院提

出减刑建议书。人民法院应当组成合议庭进行审理,对确有悔改或者立功事实的,裁定予以减刑。非经法定程序不得减刑。另外,根据《监狱法》第 30 条的规定,人民法院在收到监狱提出的减刑建议书后,应当自收到之日起 1 个月内予以审核裁定;案情复杂或者情况特殊的,可以延长 1 个月。同时,《刑事诉讼法》第 274 条规定,人民检察院认为人民法院的减刑裁定不当的,应当在收到裁定书副本后 20 日内,向人民法院提出书面纠正意见。人民法院应当在收到纠正意见后 1 个月内重新组成合议庭进行审理,并作出最终裁定。

(二) 减刑后的刑期计算

减刑后刑期的计算办法因犯罪人原判刑罚种类的不同而有所区别。根据《刑法》第 80 条的规定和有关立法精神,减刑后刑期的计算办法如下:原判刑罚为管制、拘役和有期徒刑的,减刑后的刑期应从原判决执行之日起计算;原判刑期已经执行的部分,应当计算在减刑后的刑期之内。无期徒刑减为有期徒刑的,有期徒刑的刑期应从裁定减刑之日起计算;已经执行的刑期及判决宣告以前先行羁押的日期,不得计入减刑后的刑期之内。无期徒刑减为有期徒刑以后再次减刑的,再次减刑的刑期,应从有期徒刑执行之日即无期徒刑裁定减为有期徒刑之日起计算;已执行的有期徒刑的刑期,应当计算在再次减刑后的刑期之内。犯罪分子在刑罚执行期间,因确有悔改或者立功表现,曾经减刑,后经复查,发现原判决量刑过重,按照审判监督程序再审后改判为较轻的刑罚的,原来的减刑仍然有效,应当从改判后的刑期中减去原减的刑期。

第三节　假释制度

一、假释的概念

假释,是指被判处有期徒刑、无期徒刑的犯罪分子,在执行一定刑期以后,认真遵守监规,接受教育改造,确有悔改表现,没有再犯罪的危险,因而附条件地将其提前释放的一种刑罚制度。所谓附条件,是指被假释的犯罪分子,如果遵守一定的条件,就认为原判刑罚已经执行完毕;如果没有遵守一定的条件,就收监执行原判刑罚或者予以数罪并罚。

假释制度集中体现了我国惩办与宽大相结合、惩罚与教育相结合的刑事政策,对于鼓励和推动犯罪分子改过自新,弥补长期自由刑的缺陷,促使受刑人早日回归社会,从而实现我国刑法预防犯罪的目的,具有十分重要的意义。

假释与刑满释放不同。刑满释放,是指被判处拘役或有期徒刑的罪犯,在刑罚执行期满后,依法恢复其人身自由的一项制度。而假释,虽然形式上也是对罪犯解除监禁使之回归社会,但附有一定的条件。具体而言,二者有如下区别:(1) 前者是刑期未届满的释放,仅享有附条件的自由,即犯罪分子在假释考验期限内不犯新罪;而后者刑罚已经执行完毕,自释放之日起,享有完全的人身自由。(2) 前者必须经由法官裁定;而后者由劳动改造机关发放释放证明即可释放。

假释与减刑不同。虽然二者都属于刑罚执行制度,但区别还是明显的:(1) 假释只能适用于被判处有期徒刑、无期徒刑的犯罪人,但累犯以及因故意杀人、强奸、抢劫、绑架、放火、爆炸、投放危险物质或者有组织的暴力性犯罪被判处10年以上有期徒刑、无期徒刑的犯罪分子不适用假释；而减刑则适用于任何被判处有期徒刑、无期徒刑、管制、拘役的犯罪人。(2) 适用的实质条件不同。适用假释的实质条件是犯罪分子认真遵守监规，接受教育改造，确有悔改表现、没有再犯罪的危险；而适用减刑的实质条件是犯罪分子认真遵守监规，接受教育改造，确有悔改表现，或者有立功表现。(3) 适用时间不同。刑法规定假释只能在有期徒刑执行原判刑期1/2以上、无期徒刑实际执行13年以上才能适用；而刑法对减刑适用的时间则没有明确的限定。(4) 假释只能适用一次；而减刑则可以适用数次。(5) 假释附有考验期限，如果犯罪分子在考验期限内再犯新罪，就应依法撤销假释，将其前罪没有执行完的刑罚和后罪所判处的刑罚，依照数罪并罚的原则合并处理；减刑没有考验期限，减刑后不存在撤销的问题。(6) 假释的直接结果是解除监禁，提前释放犯罪人；而减刑的直接结果是减轻原判刑罚，如犯罪人减刑后仍有未执行完的余刑，仍需继续执行。

假释与监外执行不同。二者都是有条件地不在监内执行原判刑罚，但二者也存在以下主要区别：(1) 假释只适用于无期徒刑和有期徒刑；监外执行则适用于被判处有期徒刑和拘役的犯罪分子。(2) 假释适用于已执行一定刑期，并认真遵守监规，接受教育改造，确有悔改表现，没有再犯罪危险的犯罪分子；后者则适用于有特殊情况不宜在监内执行的犯罪分子，如有严重疾病需保外就医的，怀孕或者正在哺乳自己婴儿的妇女的，等等。(3) 假释犯只有在假释考验期限内出现法定情形才撤销假释；而监外执行则在监外执行的法定条件消失且刑期未满的条件下才收监执行。(4) 假释的犯罪分子若被撤销假释，其假释的期间不能计入原判执行的刑期以内；监外执行的期间，无论是否收监执行，均计入原判执行的刑期以内。

假释与缓刑不同。二者都是有条件地不执行原判刑罚，都有一定的考验期，都以发生法定情形为撤销条件，但二者仍有很多区别：(1) 前者适用于被判处无期徒刑和有期徒刑的犯罪分子；而后者只适用于被判处拘役和3年以下有期徒刑的犯罪分子。(2) 前者是在刑罚执行过程中，根据犯罪分子的表现裁定作出的；而后者则是在判决的同时宣告的。(3) 适用的实质条件不同。假释的实质是犯罪分子认真遵守监规，接受教育改造，确有悔改表现，没有再犯罪的危险，并应考虑假释后对其所居住社区的影响。缓刑的实质条件是犯罪分子的犯罪情节较轻、有悔罪表现，没有再犯罪的危险和宣告缓刑对所居住社区没有重大不良影响。(4) 前者是有条件地不执行剩余刑期，即必须先执行原判刑期的一部分，而对尚未执行完毕的刑期，附条件不执行；而后者则是对原判决的全部刑期有条件地不执行。(5) 前者既经释放，不发生减刑；后者既可减轻原判刑罚，还可相应缩短考验期。

二、假释的适用条件

根据我国《刑法》第81条的规定，适用假释必须具备下列条件：

（一）前提条件

假释只适用于被判处有期徒刑、无期徒刑的犯罪人。因此，对被判处其他刑种的犯罪人，不得适用假释。之所以如此，是由假释的性质和其他种类刑罚的特点所决定的。如前所述，假释是根据犯罪人服刑期间的悔改表现而附条件地提前释放，国家保留对其继续执行未执行刑罚的可能性。但是，犯罪人有无悔改表现或是否对不遵守假释条件的犯罪人重新收监执行，都需要较长刑期做保证。该特点决定了它只能适用于被判处较长期限有期徒刑和无期徒刑的犯罪人。被判处管制的，由于并没有剥夺犯罪人的人身自由，因而没必要适用假释；判处拘役的，由于刑期太短，适用假释就没有什么实际意义；判处死刑立即执行的，其性质决定了不可能适用假释；判处死刑缓期执行的，执行方式决定了不能直接适用假释，只有将死刑缓期执行减为无期徒刑或者有期徒刑，符合假释条件后，才可以假释。

（二）执行刑期条件

假释只适用于已经执行一部分刑罚的犯罪分子。只有在犯罪分子已经执行一定刑期的情况下，才能根据犯罪分子在服刑期间各方面的表现，准确分析和判断其是否具有悔改表现；同时，只有经过一定的刑期，才可以防止假释的滥用，维护刑罚执行的良好秩序，从而维持刑罚和人民法院判决的严肃性和稳定性。根据《刑法》第 81 条的规定，被判处有期徒刑的犯罪人，执行原判刑期 1/2 以上，被判处无期徒刑的犯罪人，实际执行 13 年以上，才能适用假释。对被判处有期徒刑、无期徒刑的犯罪人，其无期徒刑减为有期徒刑或者有期徒刑减为较短刑期的，适用假释时，实际执行刑期的确定应以原判刑罚为标准，而不能以减刑后的刑期为标准。对判处有期徒刑的罪犯适用假释时，执行原判刑期 1/2 以上的起始时间，应当从判决执行之日起计算，判决执行以前先行羁押的，羁押一日折抵刑期一日。罪犯减刑后又假释的间隔时间，一般为 1 年；对一次减 2 年或者 3 年有期徒刑后，又适用假释的，其间隔时间不得少于 2 年。

此外，根据《刑法》第 81 条的规定，如果有特殊情况，经最高人民法院核准，可以不受上述刑期的限制。换言之，犯罪人在刑罚执行期间，如果有特殊情况，被判处有期徒刑的，即使尚未执行原判刑期 1/2 以上；被判处无期徒刑的，即使尚未执行 13 年以上，也可以适用假释。至于何谓“特殊情况”，法律未作明文规定。根据有关司法解释，是指“有国家政治、国防、外交等方面特殊需要的情况”。

（三）实质条件

假释只适用于在刑罚执行期间，认真遵守监规，接受教育改造，确有悔改表现，没有再犯罪的危险的犯罪人。这是适用假释的实质条件，也是最重要的一个条件。认真遵守监规，是指一贯遵守罪犯改造的行为规范，遵守监狱管理规定。接受教育改造，指积极参加政治文化、技术学习，积极参加劳动，爱护公物，完成劳动任务。确有悔改表现，是指同时具备以下四个方面情形：认罪服法；认真遵守监规，接受教育改造；积极参加政治、文化、技术学习；积极参加劳动，完成生产任务。没有再犯罪的危险，是指犯罪人在刑罚执行期间一贯表现良好，确已具备上述确有悔改表现所列情形，提前释放后不致再重新犯罪，或者年老、身体有残疾，丧失作案能力的。虽然假释不以立功为条件，但是根据《监狱法》的规定，犯罪分子有重大立功表现的，应当假释。

此外，在把握假释的实质条件时，还须注意以下几点：(1) 对犯罪时未成年罪犯的假释，在标准上可以比照成年罪犯依法适度放宽。对于未成年罪犯，只要其认罪服法，遵守监规，积极参加学习和劳动，即可视为确有悔改表现，从而予以减刑，并且减刑幅度可适当放宽，间隔时间也可以相应缩短。符合《刑法》第 81 条第 1 款规定的，可以假释。(2) 对年老和身体有残疾（不含自伤致残）罪犯的假释，应注重悔罪的实际表现。在司法实践中，对于被判处有期徒刑执行原判刑期 1/2 以上，或者被判处无期徒刑实际执行 13 年以上，或者丧失作案能力或者生活不能自理且假释后生活确有着落的年老、残疾犯罪人，可以依法予以假释。(3) 对死刑缓期执行减为无期徒刑或者有期徒刑的犯罪人，经过一次或几次减刑后，其实际执行的刑期不少于 15 年（不含死刑缓期执行的 2 年），只要符合《刑法》第 81 条第 1 款的规定，也可以假释。

（四）消极条件

对累犯以及因故意杀人、爆炸、抢劫、强奸、绑架、放火、投放危险物质或者有组织的暴力性犯罪被判处 10 年以上有期徒刑、无期徒刑的犯罪分子，不得假释。该条件包括三个方面的内容：(1) 对累犯不得适用假释。累犯是已经执行过一定刑罚又在法定期限内再次犯罪的犯罪人，由于其主观恶性比较深，从人身危险性和社会危害性看，不能保证其适用假释后不再次犯罪。(2) 对实施了故意杀人、爆炸、抢劫、强奸、绑架、放火、投放危险物质或者有组织的暴力性犯罪，并且被判处 10 年以上有期徒刑、无期徒刑的犯罪分子，也不得适用假释。所谓“暴力性犯罪”，是指与所列举的前述五种犯罪相类似的、其他对人或者对物行使有形物理力的犯罪，如性质严重的故意伤害、武装暴乱、武装叛乱、劫持航空器等犯罪。如果犯罪人所实施的不是暴力性犯罪，或者虽然是暴力性犯罪但所判刑罚低于 10 年有期徒刑的，仍可以适用假释。严重暴力性犯罪的社会危害性和行为人的人身危险性同样很严重，适用假释也难以防止其再次犯罪。(3) 这里“被判处 10 年以上有期徒刑、无期徒刑”是指原判的刑罚，因此，对于原判 10 年以上有期徒刑、无期徒刑的暴力性犯罪人，即使减刑后其刑期低于 10 年有期徒刑，依据现行法律的规定，也不得假释。但对此条件，理论上还有不同的看法。

此外，根据《刑法》第 82 条的规定，对于犯罪分子的假释，由执行机关向中级以上人民法院提出假释建议书，人民法院应当组成合议庭进行审理，对符合假释条件的，裁定予以假释。非经法定程序不得假释。

三、假释的考验期限与假释的撤销

（一）假释的考验期限

假释是将犯罪人附条件地提前释放，放到社会上进行改造，同时保留对其继续执行未执行刑罚的可能性。因此，需要对假释的罪犯规定一定的考验期限，以便对其进行监督改造。《刑法》第 83 条规定：“有期徒刑的假释考验期限，为没有执行完毕的刑期；无期徒刑的假释考验期限为 10 年。假释考验期限，从假释之日起计算。”

根据《刑法》第 84 条的规定，被宣告假释的犯罪分子，应当遵守下列规定：(1) 遵守法律、行政法规，服从监督；(2) 按照监督机关的规定报告自己的活动情况；(3) 遵守监督机关关于会客的规定；(4) 离开所居住的市、县或者迁居，应当报经监督机关批准。

根据《刑法》第 85 条的规定，被假释的犯罪分子，在假释考验期限内，依法实行社区矫正。在假释考验期限内，犯罪分子如果认真遵守上述规定，没有再犯新罪或者发现漏罪，假释考验期满，就认为原判刑罚已经执行完毕，并公开宣告剩余刑罚不再执行。

（二）假释的撤销

根据《刑法》第 86 条的规定，假释的撤销包括以下三种情况：

1. 被假释的犯罪分子在假释考验期内又犯新罪的，应撤销假释，将前罪没有执行的刑罚和后罪所判处的刑罚，依照《刑法》第 71 条关于数罪并罚原则的规定，决定执行的刑罚，已经执行的刑期，不得计算在新判决确定的刑期以内。假释后所经过的考验期，也不得计算在新判决确定的刑期之内。但是，如果原判刑罚为无期徒刑的，则应按照吸收原则，将后罪所判处的刑罚吸收，仍决定执行原判的无期徒刑；但如果后罪所判的是死刑（包括死缓），则不论原判刑罚是有期徒刑还是无期徒刑，均应执行死刑（包括死缓）。如果被假释的犯罪人在假释考验期限内又犯新罪，考验期满后才被发现，只要新罪没有超过追诉时效期限，仍应依照《刑法》第 86 条的规定，撤销假释，把前罪没有执行的刑罚和后罪所判处的刑罚，依照《刑法》第 71 条的规定，决定执行的刑罚。

2. 在假释考验期限内，发现被假释的犯罪人在假释前还有其他罪没有判决且尚未超过追诉时效期限的，应当撤销假释，根据《刑法》第 70 条规定的并罚原则进行数罪并罚。即将漏罪所判处的刑罚和前罪所判处的刑罚实行并罚，已经执行的刑期，计算在新判决决定的刑期以内，但假释后经过的考验期，不得计算在新判决决定的刑期以内。

3. 被假释的犯罪人，在假释考验期限内，违反法律、行政法规或者国务院有关部门有关假释的监督管理规定，尚未构成新的犯罪的，应当依照法定程序撤销假释，收监执行未执行完毕的刑期。

复习思考题

1. 如何理解刑罚执行的概念和原则？

2. 减刑的概念和条件是什么？如何把握减刑的限度与幅度？减刑的程序与减刑后的刑期计算是怎样的？

3. 简述假释的概念和适用条件。

4. 如何理解假释的考验期限与假释的撤销？

自测习题及参考答案

第十三章　刑罚的消灭

重点提示：

刑罚消灭事由的种类，时效的概念和分类，追诉时效的延长和中断，我国的特赦及其特点。

第一节　刑罚消灭概述

一、刑罚消灭的概念

刑罚消灭，是指由于法定的或事实的原因，致使代表国家的司法机关不能对犯罪人行使具体的刑罚权。刑罚消灭具有以下特征：

首先，刑罚消灭以行为人的行为构成犯罪应当适用刑罚或者正在执行刑罚为前提。即刑罚消灭存在于：行为人的行为已构成犯罪，司法机关对犯罪人应当适用刑罚；或者已经对犯罪人判处刑罚而尚未执行但依法应当执行；或者犯罪人正在被执行刑罚之中。如果行为人的行为不构成犯罪，则不存在刑罚消灭的问题。

其次，刑罚消灭意味着代表国家的司法机关丧失对犯罪人行使具体的刑罚权的权力。换言之，刑罚消灭即一定刑罚权的消灭。刑罚权是国家对犯罪人适用刑罚，借以惩罚犯罪人的权力，它包括制刑权、求刑权、量刑权和行刑权。制刑权是国家创制刑罚的权力，由立法机关行使；求刑权也称起诉权，是请求对犯罪人予以刑罚惩罚的权力，主要表现为公诉和自诉两种形式；量刑权是国家审判机关裁量并决定刑罚的权力；行刑权是国家对犯罪人执行刑罚的权力。刑罚消灭不可能导致制刑权的消灭，而只能导致求刑权、量刑权和行刑权的消灭。详言之，在对犯罪人应当适用刑罚但已过追诉时效等情况下，刑罚消灭意味着求刑权的消灭；在司法机关已经行使了求刑权而被告人死亡等情况下，刑罚消灭意味着量刑权的消灭；在已经适用刑罚但国家宣告特赦等情况下，刑罚消灭意味着行刑权的消灭。

最后，刑罚消灭必须基于一定的原因。引起刑罚消灭的原因可分为两类：一类是法定原因，即法律所规定的能够引起刑罚消灭的原因，如超过追诉时效。在此情况下，虽然司法机关事实上能够行使刑罚权，但法律规定不得行使刑罚权。另一类是事实上的原因，即某种特定事实的出现自然地导致刑罚的消灭，如正在执行刑罚的犯罪人死亡，使刑罚执行的对象不存在，自然导致刑罚执行权的消灭。

二、刑罚消灭事由的种类

关于刑罚消灭事由的种类,理论上观点不一。第一种观点认为,刑罚消灭的事由仅指刑罚执行权的消灭事由。第二种观点认为,刑罚消灭事由分为两类:刑罚请求权消灭的事由和刑罚执行权消灭的事由。第三种观点认为,刑罚消灭事由分为两类:求刑权(即刑罚请求权)与量刑权(即刑罚裁量权)消灭的事由,行刑权消灭的事由(刑罚执行权消灭的事由)。

上述三种观点中,第一、二种观点关于刑罚消灭事由种类的主张本书认为不妥。如前所述,刑罚消灭,虽不能导致制刑权的消灭,却能够导致求刑权、量刑权和行刑权的消灭。既然如此,每类权力的丧失也必基于一定的事由,因此,忽略量刑权的消灭事由是不妥的。第三种观点虽然包含了量刑权,却将求刑权和量刑权消灭的事由合而为一,与行刑权并列,从而导致逻辑上的不平衡。

此外,理论上在"刑罚权的消灭"之后,还专门探讨"刑罚后遗效果的消灭"①。即刑罚权消灭以后,行为人以前受过一定刑罚处罚的事实仍然存在(刑罚的后遗效果),从而在该人以某一资格为必要的场合(如公职选举或从事律师、医生等一定职业),该处罚事实(资格欠缺)影响行为人权利行使的情形。不可否认,刑罚的后遗效果虽然可对受刑人起一种警示和惩罚作用,但是,如果任何时候都认定该处罚事实,就不利于促进受刑人尽快回归社会。这其实正是刑罚"双刃剑"性质的明显反映。因此,某种情况下,为促使犯罪人早日复归社会,消灭刑罚的后遗效果是必要的。

据此,刑罚消灭的事由可分为求刑权消灭的事由、量刑权消灭的事由、行刑权消灭的事由和刑罚后遗效果消灭的事由四类。

(一) 求刑权消灭的事由

1. 超过追诉时效。犯罪发生后,司法机关超过法律规定的追诉时效而未追诉,从而使求刑权因追诉期满而归于消灭。

2. 犯罪人死亡。如果犯罪人在起诉前死亡,则起诉对象已不存在,求刑权也自然归于消灭。

3. 告诉才处理的犯罪,有权告诉的人不予告诉。依照刑法规定属于"告诉乃论"之罪的,如果有权告诉的人没有告诉,即使追诉期限未满,求刑权亦随之消灭。

4. 行为已构成犯罪,但在起诉前法律已废止其为犯罪。若某种行为依照行为时法已构成犯罪,但在起诉前依照新法则不构成犯罪,则对该行为的求刑权自行消灭。

5. 大赦。在犯罪人所犯之罪未被追诉时即被大赦的,司法机关不再对其进行追诉,求刑权归于消灭。

(二) 量刑权消灭的事由

1. 犯罪人死亡。犯罪人在被起诉后、判决确定前死亡的,由于刑罚裁量之对象消失,再对其进行量刑已无任何意义,量刑权归于消灭。

---

① 参见马克昌主编:《刑罚通论》,武汉大学出版社 1999 年版,第 660 页。

2. 告诉才处理的犯罪,告诉人撤回告诉的。对于“告诉乃论”的犯罪,如自诉人基于某种原因又撤回其告诉的,审判机关不得再行审理该案,量刑权随之消灭。

3. 因犯罪已被起诉,但判决确定前法律已废止其为犯罪。某种行为依行为时法已构成犯罪,且正在审判过程中,但在判决确定前,新法规定该种行为不构成犯罪,那么,司法机关就不得对行为人予以量刑,刑罚裁量权即告消灭。

4. 因犯罪情节轻微而不起诉。在行为人因犯罪情节轻微而不被起诉的情况下,被告人虽被确认有罪,但并不交付审判,量刑权亦随之归于消灭。

5. 大赦。犯罪人已被起诉,但在判决确定前被大赦的,审判机关不得再对犯罪人裁量刑罚,量刑权归于消灭。

(三) 行刑权消灭事由

1. 赦免,包括大赦和特赦。犯罪人被宣布大赦时,其罪与刑均归于消灭;被宣布特赦时,其刑归于消灭。因此,无论是大赦还是特赦,其原判刑罚或残余刑期均不再执行,行刑权亦归于消灭。

2. 判决已经确定,但刑罚尚未执行或未执行完毕,法律已废止其刑罚的。某种刑罚在法律上一经废止,无论受刑人被执行与否,该刑罚权亦自行消灭,不得再被执行。

3. 刑罚免除。犯罪人已判决确定有罪但免除刑罚处罚的,因无刑罚可执行,行刑权归于消灭。

4. 刑罚执行完毕。刑罚执行完毕后,行刑权自然归于消灭。

5. 缓刑考验期满。被宣告缓刑的犯罪人,在缓刑考验期限内没有法定撤销缓刑的情形,缓刑考验期满后,原判刑罚不再执行,行刑权便归于消灭。

6. 假释考验期满。被假释的犯罪人,在假释考验期限内没有法定撤销假释的情形,假释考验期满,即视为刑罚已经执行完毕,行刑权归于消灭。

7. 行刑时效届满。刑罚宣告以后,司法机关超过法定执行时效而未执行的,行刑权归于消灭。

8. 减刑。被宣告减刑的犯罪人,减去的那部分刑罚便不再执行,则该部分的刑罚权归于消灭。

9. 复权。被剥夺权利或资格的犯罪人,在刑罚尚未执行完毕时即恢复其权利或资格,则权利刑或资格刑的执行权归于无效。

10. 减免刑罚执行。我国《刑法》第 53 条规定,犯罪人如果由于遭遇不能抗拒的灾祸缴纳罚金确实有困难的,可以酌情减少或者免除。当罚金被依法减少或免除时,部分或者全部的罚金刑的执行权即行消灭。

(四) 刑罚后遗效果的消灭事由

1. 大赦。当行为人的犯罪和刑罚均被大赦时,罪刑宣告便成为无效,刑罚的后遗效果不再发生。

2. 复权。复权使刑罚执行终了或免除的人,根据法律规定丧失或停止的某种资格得以回复,刑罚的后遗效果消灭。

3. 战时军人宣告缓刑后确有立功表现。《刑法》第 449 条规定:“在战时,对被判处三年以下有期徒刑没有现实危险宣告缓刑的犯罪军人，允许其戴罪立功，确有立功表现时，可以撤销原判刑罚，不以犯罪论处。”即罪刑宣告丧失效力，不再认为是犯罪。

上述刑罚消灭的事由中，有些事由在我国刑法中没有明确规定。根据我国刑法的规定，刑罚消灭的事由主要有：(1)超过追诉时效的；(2)经特赦免除刑罚的。

第二节　时效

一、时效概述

时效，是指经过一定期限，对犯罪不得追诉或者对所判刑罚不得执行的一种制度，分为追诉时效和行刑时效。

所谓追诉时效，是指刑法规定的，对犯罪人追究刑事责任的有效期限。在追诉时效内，司法机关有权追究犯罪人的刑事责任；超过追诉时效，司法机关就不能再追究其刑事责任。因此，追诉时效对刑罚权中的求刑权、量刑权具有重要意义：在追诉时效内，司法机关具有求刑权、量刑权；超过追诉时效，司法机关的求刑权、量刑权即告消灭，刑罚亦随之消灭。

所谓行刑时效，是指刑法规定的，对被判处刑罚的人执行刑罚的有效期限。在行刑时效内，刑罚执行机关有权执行刑罚；超过行刑时效，刑罚执行机关就不能再执行刑罚。因此，超过行刑时效，即使已作出罪刑宣告，司法机关也不能行使行刑权，刑罚随之消灭。

各国刑法一般既规定追诉时效，也规定行刑时效。但我国刑法只规定了追诉时效，而没有规定行刑时效。这是因为司法实践中，审判机关已判处刑罚而未予执行的情况从未曾发生过；但从完备刑罚执行制度的角度来讲，规定行刑时效，还是必要的。

我国刑法关于追诉时效的规定，具有以下意义：

首先，有利于实现刑罚目的。我国刑罚的目的是预防犯罪，如果犯罪人实施犯罪后，在一定期限内没有受到追诉并没有再犯新罪，说明其人身危险性已经消除。若这时再对其进行追诉，从特殊预防的角度来看，已无必要；从一般预防的角度而言，在犯罪行为对社会的危害性已经消失的情况下，也很难收到适用刑罚的效果。因此，对犯罪分子不再追诉完全符合我国刑罚目的的要求。

其次，有利于司法机关集中精力办理现行刑事案件。现行犯罪对社会具有极大的危害性，因此，打击现行犯罪是司法机关的第一要务。而一些旧案，随着时间推移和环境变迁，各种证据可能散失，和案件有关的材料也不易搜集，这就会给侦查、起诉和审判带来一定的困难。刑法规定追诉时效，就可以使司法机关摆脱陈年旧案，集中精力办理现行的刑事案件，以更好地保护国家和人民的利益。

再次，可以节省司法资源。惩治犯罪是一项庞大而艰巨的工作，需要大量的人力、物力和财力。对那些经过一定期限不再犯罪的犯罪人不予追诉，可以使司法机关节省大量的人力、物力和财力，从而把我们国家有限的司法资源用在最需要的地方。

最后，有利于社会的安定和团结。犯罪行为经过一定时期后，因犯罪行为而遭受破坏的社会秩序以及由犯罪引起的人们心理的失衡状态已经得到恢复，在此情形下，如果重新追诉旧案，必将使各种矛盾死灰复燃，破坏已经恢复的社会宁静，从而引起社会的不稳定。

二、追诉时效的期限

根据《刑法》第 87 条的规定,犯罪经过下列期限不再追诉:(1) 法定最高刑为不满 5 年有期徒刑的,经过 5 年;(2) 法定最高刑为 5 年以上不满 10 年有期徒刑的,经过 10 年;(3) 法定最高刑为 10 年以上有期徒刑的,经过 15 年;(4) 法定最高刑为无期徒刑、死刑的,经过 20 年。如果 20 年以后认为必须追诉的,须报请最高人民检察院核准。

上述根据犯罪的法定最高刑确定的追诉时效期限有两个方面的根据:(1) 这是罪刑相适应原则在追诉时效期限上的具体体现。犯罪行为的社会危害性越重,犯罪人所应承担的刑罚也就越重,犯罪的法定最高刑也就越高,追诉时效期限也就越长;反之,犯罪行为的社会危害性越轻,犯罪人所应承担的刑罚也就越轻,犯罪的法定最高刑也就越低,其追诉时效期限也就越短。(2) 体现了犯罪人人身危险性的大小对追诉期限的作用。犯罪人所犯罪行的轻重在很大程度上反映了其人身危险性的大小,犯罪行为越重,其人身危险性就越大,追诉期限就越长;犯罪行为越轻,其人身危险性就越小,追诉期限相应较短。

此外,理解《刑法》第 87 条还要注意以下几个问题:

1. "法定最高刑" 的含义。对此,理论上有两种观点:一种观点认为,《刑法》第 87 条所规定的"法定最高刑",是指刑法分则相应条文的最高刑,而不是同条中某款某项的最高刑。[①] 另一种观点认为,《刑法》第 87 条中的"法定最高刑",是指刑法分则相应条款规定的最高刑。[②] 有关司法解释也肯定了第二种观点。[③] 从坚持罪刑相适应原则出发,第二种观点更为可取,即法定最高刑应指刑法相应条款规定的最高刑。这样理解,不仅符合我国刑法关于追诉时效期限的立法精神,而且能使我国的追诉时效制度收到积极的效果。据此,追诉时效期限的确定有以下几项内容:

一是行为人所犯之罪的刑罚,分别由几条或几款规定时,按照罪行应当适用的条或款所规定的法定最高刑确定追诉时效期限。例如,根据《刑法》第 114 条的规定,犯放火罪,尚未造成严重后果的,处 3 年以上 10 年以下有期徒刑;根据《刑法》第 115 条的规定,犯放火罪,致人重伤、死亡或者使公私财产遭受重大损失的,处 10 年以上有期徒刑、无期徒刑或者死刑。当犯罪人所犯放火罪符合《刑法》第 114 条的规定时,其犯罪的法定最高刑为 10 年有期徒刑,应按此条来确定对其追诉时效期限;如果犯罪人所犯放火罪符合《刑法》第 115 条的情况时,其犯罪的法定最高刑则是死刑,则应按《刑法》第 115 条确定对其追诉时效期限。

二是行为人所犯之罪由同一条文规定了几个量刑幅度时,按照罪刑应当适用的量刑幅度的最高刑确定追诉时效期限。如《刑法》第 121 条对劫持航空器罪规定了两个量刑幅度,即一般情况下处 10 年以上有期徒刑或者无期徒刑;致人重伤、死亡或者使航空器遭受严重破坏的,处死刑。当犯罪人的犯罪情况应当适用第一个量刑幅度时,应按法定最高刑 10 年有期徒刑确定对其追诉时效期限;如果犯罪人的犯罪行为应适用上述第二个量刑幅度,那

---

① 参见梁世伟编著:《刑法学教程》,南京大学出版社 1987 年版,第 372 页。

② 参见马克昌主编:《刑罚通论》,武汉大学出版社 1999 年版,第 673 页。

③《最高人民法院关于适用刑法第十二条几个问题的解释》第 2 条规定:"如果刑法规定的某一犯罪只有一个法定刑幅度,法定最高刑或者最低刑是指该法定刑幅度的最高刑或者最低刑;如果刑法规定的某一犯罪有两个以上的法定刑幅度,法定最高刑或者最低刑是指具体犯罪行为应当适用的法定刑幅度的最高刑或者最低刑。"

么,就应按死刑这一法定最高刑来确定对其追诉时效期限。

三是行为人所犯之罪的刑罚只有一个量刑幅度的,则只能按该量刑幅度的最高刑确定追诉时效期限。例如,根据《刑法》第 302 条的规定,盗窃、侮辱尸体的,处 3 年以下有期徒刑、拘役或者管制。这里的 3 年有期徒刑是盗窃、侮辱尸体罪的法定最高刑,那么,对犯该罪者,则一律按这一刑期确定追诉时效期限。

2. 法定最高刑为无期徒刑或者死刑的犯罪,什么情形才属于“经过 20 年以后必须追诉的”?如果 20 年以后还必须追诉,则表明此类案件系社会危害性极其严重,犯罪人的人身危险性特别大,所造成的社会影响极恶劣,经过 20 年以后仍然未被社会遗忘的重大犯罪案件。从司法实践来看,像所犯罪行特别严重的,潜伏于社会伺机再犯罪的,20 年以后又犯罪的等,都应属于经过 20 年以后必须追诉的范围。但是,如果 20 年以后认为必须追诉的,须报请最高人民检察院核准,不能将适用这种追诉时效期限的犯罪的范围随意扩大化。

为了促进祖国和平统一大业,最高人民法院与最高人民检察院先后于 1988 年 3 月 14 日和 1988 年 9 月 7 日就去台人员(包括犯罪后去台或者其他地区和国家的人员)去台前的犯罪追诉问题发布了两个公告,这两个公告现在仍然有效:(1) 去台人员在中华人民共和国成立前在大陆犯有罪行的,根据刑法关于追诉时效规定的精神,对其当时所犯罪行不再追诉。(2) 对去台人员在中华人民共和国成立后、犯罪地地方人民政权建立前所犯罪行,不再追诉。(3) 去台人员在中华人民共和国成立后、犯罪地地方人民政权建立前犯有罪行,并连续或继续到当地人民政权建立后的,追诉期限从犯罪行为终了之日起计算。凡超过刑法规定的追诉时效期限的,不再追诉。

三、追诉期限的计算

根据《刑法》第 88、89 条的规定,追诉期限的计算有以下四种情况:

(一) 一般犯罪追诉期限的计算

所谓一般犯罪,此处是指没有连续与继续犯罪状态的犯罪。这类犯罪的追诉期限从犯罪之日起计算。关于“犯罪之日”的含义,理论上有不同的观点:有的认为是犯罪成立之日,有的认为是犯罪行为实施之日,有的认为是犯罪行为发生之日,有的认为是犯罪行为完成之日,有的认为是犯罪行为停止之日。[①] 本书认为,犯罪之日应是犯罪成立之日,即行为符合犯罪构成之日。由于《刑法》对各种犯罪规定的构成要件不同,因而认定犯罪成立的标准也就不同。对不以危害结果为要件的犯罪来讲,实施行为之日就是犯罪成立之日;对以危害结果为要件的犯罪而言,危害结果发生之日才是犯罪成立之日。

上述讨论的只是追诉期限的起点时间,那么,从犯罪成立之日起计算到何时为止?例如,某犯罪分子的犯罪期限如从犯罪成立之日计算到开始侦查之日,就没有超过追诉期限;如从犯罪成立之日计算到起诉之日,那就过了追诉期限,到审判之日就更不用说了。所以,计算追诉期限的终点时间非常重要。个别学者认为,“追诉”不只是起诉的意义,更重要的是具有追究刑事责任的意义,而追究刑事责任表现为给予刑罚处罚、给予非刑罚处罚或单纯

---

① 参见马克昌主编:《刑罚通论》,武汉大学出版社 1999 年版,第 676 页。

宣告有罪,而这都是经过审判才能确定的,所以,追诉期限应计算到审判之日为止。[①] 本书认为,“追诉”应是指追查、提起诉讼,只要行为人所犯之罪经过的时间到案件开始进入刑事诉讼程序时尚未过追诉期限,对其就可以追诉;将计算追诉期限的终点时间确定在审判之日,有放纵犯罪之嫌。

(二)连续或继续犯罪追诉期限的计算

《刑法》第 89 条第 1 款规定:“……犯罪行为有连续或者继续状态的,从犯罪行为终了之日起计算。”犯罪行为有连续状态的,属于连续犯;犯罪行为有继续状态的,属于继续犯。“犯罪行为终了之日”,就连续犯而言,是指最后一个独立的犯罪行为完成之日;就继续犯而言,是指处于持续状态的一个犯罪行为的结束之日。

(三)追诉时效的延长

追诉时效的延长,是指在追诉时效进行期间,因为发生法律规定的事由,而使追诉时效暂时停止执行。我国刑法规定了两种追诉时效延长的情况。

1.《刑法》第 88 条第 1 款规定:“在人民检察院、公安机关、国家安全机关立案侦查或者人民法院受理案件以后,逃避侦查或者审判的,不受追诉期限的限制。”据此,这种情况的追诉时效的延长必须具备以下条件:一是被人民检察院、公安机关、国家安全机关已经立案侦查或者人民法院已经受理案件。所谓“立案侦查”,理论上有两种不同的解释:有人认为是指立案并侦查,如果只是立案但还没有开始侦查,就不存在着追诉时效延长的问题;[②] 也有人认为是指立案。[③] 本书认为,后一种观点是正确的。“立案侦查”,虽然从字面上理解是指立案和侦查二者兼备,但由于立案后行为人也可能实施逃避侦查的行为,因此,从有利于追诉犯罪的角度来讲,将立案侦查解释为立案较为恰当。所谓“人民法院已经受理案件”,是指人民法院已经接受自诉人的自诉案件或人民检察院提起的公诉案件。二是行为人实施了逃避侦查或者审判的行为。所谓“逃避侦查或审判的行为”,是指逃跑或者藏匿,使侦查或者审判无法进行的行为。对于行为人在立案侦查或者案件受理后,仅仅实施了串供、毁灭犯罪证据等行为,但没有逃跑或者藏匿的,不能适用追诉时效的延长。虽然这些行为也具有妨碍侦查或者审判的性质,但并未使侦查或者审判无法进行,因此,该类行为不属于《刑法》第 88 条第 1 款规定的“逃避侦查或者审判的”行为。

2.《刑法》第 88 条第 2 款规定:“被害人在追诉期限内提出控告,人民法院、人民检察院、公安机关应当立案而不予立案的,不受追诉期限的限制。”据此规定,适用这种情况的追诉时效的延长应该具备以下条件:一是被害人在追诉期限内向人民法院、人民检察院、公安机关提出了控告,即只要被害人在追诉期限内向上述任何机关提出了控告,而不管该机关是否具有管辖权,都可以引起诉讼时效的延长。因为,一方面,被害人不是法律专家,不知道何种案件由何种机关管辖,要求被害人准确地向有管辖权的机关提出控告,是不符合情理的。另一方面,法律并没有要求被害人必须向对案件有管辖权的机关提出控告,而只是笼统地规定要向人民法院、人民检察院、公安机关提出控告,从法律的字面意义上理解,被害人在追诉

① 参见张明楷:《刑法学》,法律出版社 2003 年版,第 496 页。

② 参见陈兴良:《刑法疏议》,中国人民公安大学出版社 1997 年版,第 194 页。

③ 参见张明楷:《刑法学》,法律出版社 2003 年版,第 497 页。

期限内向上述三机关中任何一个机关提出控告都可以引起追诉时效的延长。二是人民法院、人民检察院、公安机关应当立案而不予立案。所谓“应当立案”，是指根据刑法规定，被控告人的行为已构成犯罪，应当对其进行立案侦查或者受理案件。对此应客观判断，而不能由收到被告人控告的机关予以确定。至于不予立案的原因，可能多种多样，有的是有关人员的业务水平不够，导致错误判断；有的是明知应当受理，但为了徇私或者徇情而故意不予受理等。不予立案的具体原因如何，不影响此种追诉时效延长的适用。

需要注意的是，被人民法院、人民检察院、公安机关立案侦查或者受理的案件以及被害人提出的控告有关机关应当立案而不予立案的案件，虽然不受追诉期限的限制，但行为人以后又犯新罪仍然受追诉时效的限制。例如，被非法拘禁的被害人向有关机关提出了控告，有关机关应当立案而没有立案，侵害人以后又犯了故意伤害罪。此种情形下，虽非法拘禁罪不受追诉时效的限制，但其后所犯的故意伤害罪仍然受追诉时效的限制。

（四）追诉时效的中断

追诉时效的中断，也称追诉时效的更新，是指在追诉时效进行期间，因发生法律规定的事由，而使以前所经过的时效期间归于无效，法律规定的事由终了之时，时效重新开始计算。

《刑法》第 89 条第 2 款规定：“在追诉期限以内又犯罪的，前罪追诉的期限从犯后罪之日起计算。”这表明，在追诉期限内又犯罪的，前罪的追诉期限便中断，前罪的追诉期限从后罪成立之日起重新开始计算。例如，行为人于 1985 年 3 月 3 日犯故意杀人罪，其情节较轻，根据《刑法》第 232 条的规定，其法定最高刑是 10 年有期徒刑，追诉时效期限为 15 年，如果不犯后罪，其追诉期限至 2000 年 3 月 4 日就结束。但行为人于 2000 年 2 月 5 日又犯故意伤害罪（轻伤），其法定最高刑为 3 年有期徒刑。在这种情况下，行为人所犯故意杀人罪的追诉期限因实施故意伤害罪而中断，其追诉期限从 2000 年 2 月 5 日起重新计算，也就是说，行为人所犯故意杀人罪的追诉期限从故意伤害罪成立之日重新计算至 2015 年 2 月 6 日才能结束。

刑法之所以规定追诉时效的中断，是因为行为人在前罪的追诉期间又犯新罪，表明其并无悔改之意，前罪所体现出的人身危险性并没有消除，从刑罚特殊预防的目的出发，需要对前罪的追诉期限从犯后罪之日起计算。

需要注意的是，在对前罪的追诉期限从犯后罪之日起计算的情况下，不能忽略后罪的追诉期限。一方面，在前罪的追诉期限未满而后罪的追诉期限届满时，只能追诉前罪而不能追诉后罪；另一方面，在前后罪的追诉期限都没有届满时，不能只注意追诉前罪而忽略了对后罪的追诉。

第三节 赦免

一、赦免的概念和种类

赦免，是指国家宣告对犯罪人免除其罪、免除其刑的一种法律制度。赦免包括大赦和特赦两种。

大赦，是国家对某一时期内犯有一定罪行的不特定犯罪人免予追诉和免除刑罚执行的制度。大赦的对象既可能是国家某一时期的各种犯罪人、国家某一时期犯有特定罪行的犯罪人,也可能是某一地区的全体犯罪人,还可能是参与某一重大事件的所有犯罪人。大赦的特点是既赦其罪,亦赦其刑。也就是被赦免的犯罪人既不受刑事追究和处罚,也不存在犯罪的记录。

特赦,是指国家对特定的犯罪人免除执行全部或者部分刑罚的制度。特赦的对象是特定的犯罪人,特赦的效果是只免除刑罚的执行而不消灭犯罪记录。

大赦和特赦都属于赦免的范畴,二者的区别在于:(1) 赦免对象的范围不同。在大赦的情况下,涉及的犯罪人的人数一般要比特赦所涉及的犯罪人的人数多。(2) 效果不同。大赦既赦犯罪人之罪,也赦犯罪人之刑;而特赦则只赦犯罪人之刑,而不赦犯罪人之罪。

我国 1954 年宪法对大赦和特赦均作了规定,并将大赦的决定权赋予全国人民代表大会,将特赦决定权赋予全国人民代表大会常务委员会,大赦令和特赦令均由国家主席发布。但以后的宪法包括现行的宪法都只规定了特赦,而没有规定大赦。由于宪法没有规定大赦,相应地,我国《刑法》第 65 条、第 66 条中所说的“赦免”仅指特赦。我国现行宪法规定的特赦,由全国人民代表大会常务委员会决定,特赦令由国家主席发布。

二、我国的特赦及其特点

自 1959 年以来,我国先后实行了 9 次特赦:第一次是 1959 年 9 月 17 日,在新中国成立 10 周年大庆前夕,对确实改恶从善的蒋介石集团和伪满洲国的战争罪犯、反革命罪犯和普通刑事罪犯实行特赦。这是特赦面最广的一次。第二次、第三次特赦分别于 1960 年 1 月 19 日和 1961 年 12 月 16 日两次对确实改恶从善的蒋介石集团和伪满洲国战争罪犯实行特赦。第四次、第五次、第六次特赦分别于 1963 年 3 月 30 日、1964 年 12 月 13 日、1966 年 3 月 29 日进行,其特赦对象是确实改恶从善的蒋介石集团、伪满洲国和伪蒙疆自治政府的战争罪犯。第七次是 1975 年 3 月 17 日对经过较长期间关押和改造的全部战争罪犯实行特赦。第八次是 2015 年 8 月 29 日,国家主席习近平签署主席特赦令,对释放后不具有现实社会危险性的四类罪犯实行特赦。第九次是 2019 年 6 月 29 日,国家主席习近平签署发布特赦令,根据十三届全国人大常委会第十一次会议通过的《关于在中华人民共和国成立七十周年之际对部分服刑罪犯予以特赦的决定》,对 9 类服刑罪犯实行特赦。从我国实行的 9 次特赦来看,我国的特赦具有以下特点:

1. 特赦以一类或几类犯罪分子为对象,而不适用于个别的犯罪分子。从 9 次特赦的情况看,特赦都是针对成批的罪犯进行的。例如,第一次特赦的罪犯包括:(1) 关押已满 10 年,确有改恶从善表现的蒋介石集团和伪满洲国的战争罪犯;(2) 判处 5 年以下有期徒刑(包括 5 年)、服刑时间已经过 1/2 以上,确有改恶从善表现,或者判处 5 年以上有期徒刑,服刑时间超过 2/3 以上,确有改恶从善表现的反革命罪犯;(3) 判处 5 年以下有期徒刑(包括 5 年)、服刑时间经过 1/3 以上,确有改恶从善表现,或者判处 5 年以上有期徒刑、服刑时间经过 1/2 以上,确有改恶从善表现的普通刑事罪犯;(4) 判处死刑缓期二年执行的罪犯,缓刑时间已满 1 年,确有改恶从善表现的,可以减为无期徒刑或者 15 年以上有期徒刑;(5) 判处无期徒刑的罪犯,服刑时间已经 7 年、确有改恶从善表现的,可以减为 10 年以上有期徒刑。其他几次特赦也是针对成批的罪犯进行的。9 次特赦中除第一次、第八次、第九次以外,其余各次均是战争罪犯。可见,我国特赦的对象不仅是成批的罪犯,而且主要是战争罪犯。

2. 特赦的前提是,罪犯需要经过一定时间的关押和改造,并在服刑过程中确有改恶从善的表现。这表明,虽被宣告判处刑罚但尚没有执行的罪犯不在特赦之列;同时,虽然执行了一定的刑期但没有改恶从善表现的,也不在特赦之列。

3. 对符合特赦条件的罪犯,根据其罪行的轻重和悔改表现予以区别对待,罪行较轻因而所判刑罚轻的,予以释放;罪行重因而所判刑罚重的,只予减轻刑罚。

4. 特赦具有严格的程序。每次特赦都是由全国人大常委会根据中共中央或者国务院的建议作出决定,再由最高人民法院和高级人民法院负责执行,在设有国家主席期间,均由国家主席颁布特赦令。

5. 特赦的效力只及于刑而不及于罪。特赦的效力只是免除执行剩余的刑罚或者减轻原判刑罚,而不是宣布其罪归于消灭。

我国的特赦,是惩办与宽大相结合、惩罚与教育改造相结合政策的一种具体表现,符合刑罚目的。实践证明,实行特赦,有助于鼓励犯罪人积极改造,从而实现刑罚预防犯罪的目的。

复习思考题

1. 如何理解刑罚消灭的概念?

2. 刑罚消灭的事由有哪几种? 如何理解刑罚权的消灭?

3. 简述时效的概念和分类。刑法对追诉时效的期限是如何规定的? 如何计算追诉时效期限?

4. 什么是追诉时效的延长和中断?

5. 如何理解赦免的概念和种类? 试述我国的特赦制度及其特点。

自测习题及参考答案

第十四章　罪刑各论概述

重点提示：

罪状的概念及其分类，罪名的概念及其分类，法定刑的概念及种类，法条竞合的概念和适用原则。

第一节　刑法分则的体系

一、刑法分则体系的概念

刑法分则体系，是指刑法分则对各类犯罪以及各类犯罪所包含的具体犯罪，按照一定标准和次序，加以排列而形成的有机整体。把握刑法分则的体系，是研究各类犯罪和各种具体犯罪的基础。

分则是规定具体犯罪及其刑事责任的，但由于具体犯罪种类繁多，所以，按照一定规则或标准，对具体犯罪进行分类，并对类罪和类罪中的具体犯罪进行排列就很有必要。由此而进行的犯罪分类，便形成了刑法分则的体系。刑法分则体系如何，表明了刑法的价值取向，对于罪刑法定原则的贯彻，司法机关如何定罪量刑等，都具有相当重要的意义。

首先，犯罪分类及其排列次序，体现了刑法在不同时期不同的价值取向。在西方，虽然各国犯罪分类标准、繁简与多少有所不同，但一般以犯罪侵犯的法益为标准采取二分法或三分法。前者将犯罪分为侵犯公法益的犯罪与侵犯私法益的犯罪，后者则将犯罪分为侵犯国家法益的犯罪、侵犯社会法益的犯罪与侵犯个人法益的犯罪。第二次世界大战前，西方国家的刑法及刑法理论一般将侵犯国家法益的犯罪放在首位，将侵犯个人法益的犯罪放在最后。但第二次世界大战后，则将侵犯个人法益的犯罪放在首位，将侵犯国家法益的犯罪放在最后。这反映了刑法由注重国家本位转向注重个人本位，由侧重社会保护转向侧重对人权的保障。

其次，犯罪分类是严格贯彻罪刑法定主义的必然结果。罪刑法定主义的派生原则之一系明确性原则，它要求以成文刑法明确规定犯罪的构成要件和刑事责任。只有对社会生活中发生的各种犯罪进行合理分类，进而规定各具体犯罪的构成要件，才能实现罪刑法定主义的要求。如果不对犯罪进行分类，不规定各具体犯罪的刑事责任和构成要件，就意味着刑法规定模糊混乱，法官可恣意裁量，这便违反了罪刑法定主义的要求。

最后，犯罪分类有利于司法机关正确定罪量刑。司法机关可据此认定现实犯罪属于哪一类犯罪，然后再进一步认定是该类犯罪中的哪一个具体犯罪，并据此量刑。

二、我国刑法分则体系的特点

我国刑法分则对犯罪采用的是简明的分类方法，将具体犯罪分为10类，每一章规定一类犯罪，排列顺序依次是：危害国家安全罪，危害公共安全罪，破坏社会主义市场经济秩序罪，侵犯公民人身权利、民主权利罪，侵犯财产罪，妨害社会管理秩序罪，危害国防利益罪，贪污贿赂罪，渎职罪，军人违反职责罪。刑法分则体系就是根据上述分类建立起来的，其特点表现在以下几个方面：

（一）原则上依据犯罪的同类客体对犯罪进行分类

犯罪的同类客体，是指某一类犯罪所共同侵犯的我国社会主义社会关系的某一方面。不同种类的犯罪客体不同，其社会危害性也不同。根据犯罪的同类客体对犯罪进行分类，有利于把握各类犯罪的本质、特征与社会危害性，从而正确贯彻区别对待的原则，并有利于司法机关定罪量刑。我国刑法分则所规定的10类犯罪，正是根据同类客体划分的结果。例如，背叛国家罪、分裂国家罪、煽动分裂国家罪等具体犯罪，共同侵犯的是国家安全，因而将它们归为危害国家安全罪；而放火罪、决水罪、爆炸罪、投放危险物质罪等具体犯罪，共同侵犯的是社会的公共安全，因而将它们归为危害公共安全罪；生产、销售伪劣产品罪，生产、销售、提供假药罪，生产、销售、提供劣药罪等具体犯罪，共同侵犯的是我国社会主义市场经济秩序，因而将它们归为破坏社会主义市场经济秩序罪；故意杀人罪、过失致人死亡罪、故意伤害罪、过失致人重伤罪、强奸罪等具体犯罪，共同侵犯的是公民人身权利、民主权利，因而将它们归为侵犯公民人身权利、民主权利罪；抢劫罪、盗窃罪、诈骗罪、抢夺罪等具体犯罪，共同侵犯的是公私财产所有权，因而将它们归为侵犯财产罪，如此等等。其他各类犯罪分类的根据，也基于同样的道理。

（二）依据各类犯罪的社会危害性对类罪进行排列

在对犯罪进行科学分类的基础上，恰当合理地依次排列各类犯罪以及各种犯罪，也是建立科学刑法分则体系的另一个重要方面。我国刑法分则对各类犯罪及各具体犯罪，主要根据犯罪的社会危害性，采取由重到轻的顺序排列，并使之与犯罪分类法相结合，建构分则体系。

类罪主要是依社会危害性的大小进行排列的。刑法分则共包括10类犯罪，这10类犯罪就是根据各类犯罪的社会危害性的大小，由重到轻依次排列的。危害国家安全罪侵犯的是国家安全，而国家安全是我国的根本利益，是最重要的社会关系，因此，这类犯罪的社会危害性最为严重，所以，将其排在各章之首；危害公共安全罪侵犯的是社会的公共安全，其社会危害程度仅次于危害国家安全罪，因此，这类犯罪紧随危害国家安全罪之后。刑法分则第三章至第十章的排列，基本上与上述原理相同。当然，类罪的先后排列顺序所表明的社会危害性的大小，是从总体上而言的，并不意味着排在前面的类罪中的每一种具体犯罪的社会危害性都重于排在后面的类罪中的所有具体罪的社会危害性。如危害公共安全罪中的过失犯罪,就显然轻于侵犯人身权利、民主权利罪中的故意杀人、强奸等犯罪。

(三) 综合考虑犯罪的社会危害性以及犯罪之间的内在联系对个罪进行安排

如前所述,各类罪中的具体犯罪也是大体上根据社会危害性的大小,并适当考虑犯罪与犯罪之间的内在联系,由重到轻依次进行排列的。例如,在危害公共安全犯罪中,放火、决水、爆炸、投放危险物质等罪,属于危害性最为严重的、故意以危险方法危害公共安全的犯罪,因此,将它们排在该类犯罪的前面;而工程重大安全事故罪、教育设施重大安全事故罪、消防责任事故罪等罪,则属于社会危害性相对较小的过失危害公共安全的犯罪,因此,将它们排在该类犯罪的后面。当然,各类犯罪中每一种具体犯罪,并非绝对按照社会危害性的大小排列,有些犯罪的排列,则考虑到犯罪性质和相互间的逻辑联系。例如,故意杀人罪排在侵犯公民人身权利、民主权利罪之首,紧接其后的是过失致人死亡罪,而社会危害性显然大于过失致人死亡罪的绑架罪却排在其后。这种排列是因为故意杀人罪和过失致人死亡罪都是侵犯公民生命权利的犯罪,因此将它们排在一起,这样既兼顾到犯罪的性质,也考虑了两罪间的内在逻辑关系。

(四) 依据犯罪的主要客体对复杂客体的犯罪予以分类

所谓复杂客体的犯罪,是指侵犯了两种以上合法权益的犯罪。对于侵犯两种以上合法权益的犯罪,刑法分则根据该罪的主要客体将其归入不同的种类。如将贷款诈骗罪归入破坏社会主义市场经济秩序罪,而将抢劫罪划到侵犯财产罪中等。

第二节 刑法分则的条文结构

刑法分则条文的基本表现形式是规定具体的犯罪和刑罚,因而,具体条文一般由罪状(假定条件)和法定刑(法律后果)两部分组成。例如,《刑法》第 398 条第 1 款规定:“国家机关工作人员违反保守国家秘密法的规定,故意或者过失泄露国家秘密,情节严重的,处三年以下有期徒刑或者拘役;……”前半段是罪状,后半段是法定刑。

一、罪状

罪状,是指刑法分则条文对具体犯罪基本构成特征的描述。行为只有符合某罪刑规范所述的罪状,才能适用该规范。依据不同的标准,可以将罪状分为几类。

(一) 根据条文对基本罪状描述方式的划分

1. 简单罪状,指条文仅简单地写出犯罪名称,而没有具体描述犯罪的基本构成特征。如《刑法》第 232 条规定:“故意杀人的,处死刑、无期徒刑或者十年以上有期徒刑……”这里只描述了故意杀人罪的主观和客观特征,因而该罪状是简单罪状。还有的只是简单地描述具体犯罪的客观特征,如《刑法》第 295 条规定:“传授犯罪方法的,处五年以下有期徒刑、拘役或者管制……”这里就只简单地描述了传授犯罪方法罪的客观特征,也是简单罪状。使用简单罪状,一般是因为立法者认为这些犯罪的特征易于为人们所理解和把握,无须在法律上作具体的描述。简单罪状在刑法分则条文中不多。

2. 叙明罪状，又称说明罪状，即分则条文对具体犯罪的基本构成特征作了详细的描述。例如，《刑法》第 191 条第 1 款规定："为掩饰、隐瞒毒品犯罪、黑社会性质的组织犯罪、恐怖活动犯罪、走私犯罪、贪污贿赂犯罪、破坏金融管理秩序犯罪、金融诈骗犯罪的所得及其产生的收益的来源和性质，有下列行为之一的，没收实施以上犯罪的所得及其产生的收益，处五年以下有期徒刑或者拘役，并处或者单处罚金；情节严重的，处五年以上十年以下有期徒刑，并处罚金：(一) 提供资金帐户的；(二) 将财产转换为现金、金融票据、有价证券的；(三) 通过转帐或者其他支付结算方式转移资金的；(四) 跨境转移资产的；(五) 以其他方法掩饰、隐瞒犯罪所得及其收益的来源和性质的。"该款对洗钱罪的主观方面和客观方面作了详细的描述，为叙明罪状。这种罪状由于对犯罪的特征有详细描述，易被人们理解和掌握，便于实践中正确定罪，因此多数刑法条文均采用叙明罪状。

3. 引证罪状，指引用同一法律中的其他条款来说明和确定某一犯罪的构成特征。例如，《刑法》第 119 条第 1 款规定了破坏交通工具罪的罪状和法定刑，其第 2 款又规定，"过失犯前款罪的，处三年以上七年以下有期徒刑；……"第 2 款的罪状便是引用第 1 款的罪状，来说明和确定过失破坏交通工具罪的罪状。采用引证罪状，是为了避免条款间文字上的重复。

4. 空白罪状，又称参见罪状，指刑法条文不直接具体地说明某一犯罪构成的特征，但指明了必须参照的其他法律、法规。例如，《刑法》第 131 条规定："航空人员违反规章制度，致使发生重大飞行事故，造成严重后果的，处三年以下有期徒刑或者拘役……"本罪的行为必须参照航空人员应当遵守的规章制度才能确定，这种罪状便属于空白罪状。采用空白罪状，是因为违反的有关法律、法规的规定往往内容较多，而刑法条文上又难以对违法特征作出具体表述。因此，应用空白罪状，能够简化条文，避免烦琐表述。不过，我国刑法中的空白罪状，往往对结果或情节作出规定，因而可以说，我国刑法中没有纯粹的空白罪状。

(二) 根据罪状是对犯罪基本构成特征的描述还是对加重、减轻法定刑适用条件的描述的划分

基本罪状，指条文对具体犯罪构成特征的描述；加重、减轻罪状，是指对加重或减轻法定刑的适用条件的描述。如《刑法》第 238 条关于非法拘禁罪的规定，第 1 款规定的罪状就是基本罪状，它是对非法拘禁罪的构成特征的描述，不符合这种基本罪状的，就不可能构成非法拘禁罪；该条第 2 款规定致人重伤或致人死亡的两种情形，则属于加重罪状。《刑法》第 232 条关于故意杀人罪的规定，前半段规定的是基本罪状，后半段规定的"情节较轻"就属于减轻罪状。从刑法分则的规定来看，加重罪状的规定有三种方式：一是设专条规定加重罪状与法定刑，如《刑法》第 119 条；二是在同一条中设专款规定加重罪状与法定刑，如《刑法》第 257 条第 2 款；三是在基本罪状与法定刑之后，紧接着在同款内规定加重罪状与法定刑，如《刑法》第 254 条。加重罪状的内容(也有称为加重法定刑升格的条件)主要有特殊主体、特殊对象、造成严重后果、致人重伤死亡、情节严重、情节特别严重、情节恶劣、情节特别恶劣、犯罪数额巨大、犯罪数额特别巨大等。至于减轻罪状，分则一般将其设在规定基本罪状与法定刑的同一条款内，没有设专条或专款规定减轻罪状。减轻罪状的内容都是"情节较轻"。

二、罪名

罪名有广义和狭义之分。广义的罪名包括类罪名,狭义的罪名仅指具体罪名。这里讲的是狭义的罪名。

(一) 罪名的概念

罪名,就是犯罪的名称,是对具体犯罪的本质特征或者主要特征的高度概括。罪名虽是具体犯罪的称谓,但正确规定和使用罪名,对于准确定罪和量刑,都具有非常重要的意义,因此罪名的功能也是多方面的。

1. 概括功能。所谓概括功能,是指对社会上纷繁复杂、千姿百态、形形色色的犯罪现象进行概括的作用。概括有两种含义:一是将犯罪学上的各种具体犯罪类型概括为刑法上的一个罪名。例如,刀杀、枪杀、毒杀、棍棒杀等杀人行为,在犯罪学上是不同的犯罪类型,但刑法上使用“故意杀人罪”这个罪名来概括,使这些行为在刑法上成为一种具体犯罪。二是在罪状的基础上概括成一个罪名。例如《刑法》第 116 条规定:“破坏火车、汽车、电车、船只、航空器,足以使火车、汽车、电车、船只、航空器发生倾覆、毁坏危险,尚未造成严重后果的,处三年以上十年以下有期徒刑。”该罪状中所描述的都是对交通工具进行破坏的行为,故将其概括为破坏交通工具罪。罪名的概括功能,使人们能够了解刑法上规定了哪些犯罪并便于记忆。

2. 区分功能。所谓区分功能,又称个别化功能,是指区分罪与非罪、此罪与彼罪界限的作用。罪名主要是在罪状的基础上概括出来的,是对具体犯罪本质的高度概括,所以不同的罪名所反映的犯罪行为的性质和特征不同,这就使得罪名具有了区分功能。通过罪名所传递的信息,人们可以大致地区分罪与非罪、此罪与彼罪的界限。

3. 评价功能。所谓评价功能,是指国家对危害社会的行为所给予的政治上的和法律上的否定评价以及对行为人进行的非难和谴责的作用。

4. 威慑功能。由于罪名体现了国家对犯罪的否定评价和对行为人的谴责,为避免这种否定评价,人们只有规范自己的行为不触犯罪名,所以罪名具有威慑和预防犯罪的作用。

(二) 罪名的分类

根据不同的标准,可以将罪名划分为以下种类:

1. 类罪名、分类罪名与具体罪名。这是以犯罪所侵犯的客体为标准所作的划分。类罪名是某一类犯罪的总的名称。在我国刑法中,类罪名一般是以犯罪的同类客体为标准进行概括的,共有 10 个类罪名,如危害国家安全罪、危害公共安全罪、破坏社会主义市场经济秩序罪等。类罪名一般为章的标题,没有具体的罪状与法定刑,刑法对其构成要件也没有明确规定,因此,不能根据类罪名进行定罪。分类罪名,是指在类罪名内,根据犯罪某一方面的特征,对于类罪再一次进行的分类的罪名。如《刑法》分则第三章“破坏社会主义市场经济秩序罪”中,根据这一章具体犯罪的特点,又分为“生产、销售伪劣商品罪”“走私罪”“妨害对公司、企业的管理秩序罪”“破坏金融管理秩序罪”“金融诈骗罪”“危害税收征管罪”“侵犯知识产权罪”“扰乱市场秩序罪”共八节分类罪名。分类罪名如同类罪名,没有具体的罪状与法定刑,刑法对构成要件也没有明确规定,因此,也不能根据分类罪名进行定罪。我国刑法中,在类罪名中又采取分类罪名的,只有刑法分则第三章和第六章。具体罪名是各种具体犯罪的名称。每个具体罪名都有其定义、构成要件与法定刑,因此,定罪只能根据分则条文中的具体罪名。《刑法》第 239 条规定的绑架罪、第 243 条规定的诬告陷害罪等,都是具体罪名。

2. 立法罪名、司法罪名、学理罪名。这是以罪名的法律效力为标准所作的划分。立法罪名,是指立法机关在刑法分则条文中明确规定的罪名。如贪污罪、受贿罪、挪用公款罪、行贿罪等都是由刑法分则条文明确规定的罪名。立法罪名具有普遍的法律效力,司法实践不能对有关犯罪使用与立法罪名不同的罪名。我国刑法中立法罪名比较少。司法罪名,是指最高司法机关通过司法解释所确定的罪名。如最高人民法院于 1997 年 12 月 11 日发布的《关于执行〈中华人民共和国刑法〉确定罪名的规定》、2002 年 3 月 15 日发布的《关于执行〈中华人民共和国刑法〉确定罪名的补充规定》中所规定的罪名,即为司法罪名。司法罪名对司法机关办理刑事案件具有法律约束力。学理罪名,是指理论上根据刑法分则条文规定的内容,对犯罪概括出的罪名。学理罪名没有法律效力,但对司法实践确定罪名具有指导和参考作用。

3. 单一罪名、选择罪名、概括罪名。这是以罪名所包含的犯罪构成的内容的单复为标准所作的划分。单一罪名,是指罪状包含的犯罪构成的具体内容单一,只能反映一个犯罪行为,不能分解拆开使用的罪名。如故意杀人罪、故意伤害罪等。选择罪名,是指因罪状所包含的犯罪构成的具体内容比较复杂,反映出多种犯罪行为方式、对象等情况的罪名。该种罪名既可概括使用,也可以分解使用。如《刑法》第 171 条规定的出售、购买、运输假币罪,第 294 条规定的组织、领导、参加黑社会性质组织罪等。选择罪名大致分为以下五种情形:一是对象选择,即罪名中包括了多个对象,因而形成选择罪名,如拐卖妇女、儿童罪。二是行为选择,即罪名中包括了多种行为,因而形成选择罪名,如出售、购买、运输假币罪,伪造、变造金融票证罪等。三是主体选择,即罪名中包括了多种主体,因而形成选择性罪名,如国有公司、企业、事业单位人员失职罪。四是对象与行为同时选择,即罪名中包括了多种行为与多种对象,因而形成选择罪名。如非法制造、买卖、运输、邮寄、储存枪支、弹药、爆炸物罪包括五种行为和三种对象。五是主体与行为同时选择,即罪名中包括了多个主体与多种行为,因而形成选择性罪名。如辩护人、诉讼代理人毁灭、伪造证据、妨害作证罪,包括两种主体和三种行为。选择罪名可概括多种具体犯罪,同时避免具体罪名的繁杂。概括罪名,是指其包含的犯罪构成的具体内容复杂,行为方式多样,但只能概括使用而不得分开使用的罪名。如《刑法》第 194 条规定的票据诈骗罪,包括了五种具体的行为方式,不管行为人实施其中一种还是多种行为,都定票据诈骗罪,而不实行数罪并罚。

4. 确定罪名与不确定罪名。这是以罪名在刑法中是否确定不变为标准所作的划分。确定罪名,是指在任何情况下都不能改变的罪名。如刑法规定的故意杀人罪、故意伤害罪、过失致人死亡罪、贪污罪、受贿罪等,无论案件的具体情况如何,都必须使用该罪名。不确定罪名,是指法律没有特定表述,定罪时可以根据行为的具体情况使用不同名称的罪名。如 1997 年《刑法》规定的以危险方法危害公共安全罪,其性质与构成要件是明确的,但在适用时,司法机关一般根据案件的具体状况来确定其罪名。当然,现在根据《关于执行〈中华人民共和国刑法〉确定罪名的规定》,“以危险方法危害公共安全罪”的罪名是确定的,而不是不确定的,因此,可以说我国刑法中目前不存在不确定罪名。

（三）罪名的确定

除立法罪名外,罪名的确定体现在两个方面:一是司法机关对某种犯罪适用何种罪名;二是如何概括分则中各种具体犯罪的罪名。前者主要是定罪问题,后者则需要遵循一定的原则。

1. 合法性原则。所谓合法性原则,是指确定罪名时必须严格以刑法分则具体条文为依据,符合立法精神。当刑法条文规定的是简单罪状时,由于它并未超出罪名的范围,故应将该罪状作为罪名使用,如《刑法》第 232 条规定的故意杀人罪;当刑法条文规定的是叙明罪状、引证罪状、空白罪状时,若该罪状中提示了罪名,则使用所提示的罪名,如《刑法》第 191 条规定的洗钱罪。不得将类罪名作为具体罪名使用,也不能将刑法总则中规定的某些情况当做罪名使用。

2. 概括性原则。所谓概括性,是指罪名必须是对具体犯罪罪状的高度概括,罪名的表述应力求精练简明,不能冗长烦琐。如《刑法》第 145 条规定:“生产不符合保障人体健康的国家标准、行业标准的医疗器械、医用卫生材料,或者销售明知是不符合保障人体健康的国家标准、行业标准的医疗器械、医用卫生材料……对人体健康造成严重危害的,处……”有人将这一犯罪概括为生产、销售不符合保障人体健康的国家标准、行业标准的医疗器械、医用卫生材料罪,这就冗长烦琐,缺乏概括性;而将其概括为生产、销售不符合标准的医用器材罪,则准确地反映了行为的性质。

3. 科学性原则。所谓科学性,是指罪名必须鲜明地反映具体犯罪的性质和基本特征,反映出此罪与彼罪的区别。例如,《刑法》第 194 条至第 196 条分别规定了利用金融票据、金融凭证、信用证和信用卡进行诈骗活动的行为,并将其概括为票据诈骗罪、金融凭证诈骗罪、信用证诈骗罪和信用卡诈骗罪,就反映了该几种犯罪的本质特征,有利于其与《刑法》第 266 条所规定的诈骗罪相区别,符合科学性原则。

三、法定刑

（一）法定刑的概念

法定刑,是指刑法分则条文对各种具体犯罪确定的刑罚种类和刑罚幅度。其中,刑罚种类通称为刑种,刑罚幅度通称为刑度。刑法总则规定了刑罚的种类,即管制、拘役、有期徒刑、无期徒刑、死刑五种主刑以及罚金、剥夺政治权利、没收财产、驱逐出境四种附加刑。作为刑法分则条文重要组成部分的法定刑,就是依照刑法总则的规定,根据具体犯罪的社会危害性确定的刑种与刑度。因此,法定刑不仅反映出国家对犯罪行为的否定评价和对犯罪人的谴责态度,还反映了国家对犯罪社会危害性的评价,在一定程度上表明了罪与罚的质的因果性联系和量的相适应关系,是审判机关对犯罪人适用刑罚的依据。对犯罪人判处刑罚时,除其具备法定的减轻情节外,必须在法定刑的范围内进行。因此,研究法定刑问题,对正确量刑具有重要的意义。

（二）法定刑的种类

根据立法实践与刑法理论，通常根据法定刑的刑种、刑度是否确定以及确定的程度为标准，可以将法定刑分为绝对确定的法定刑、绝对不确定的法定刑、相对确定的法定刑与浮动法定刑。

1. 绝对确定的法定刑。所谓绝对确定的法定刑，是指在条文中对某种犯罪或某种犯罪的某种情形只规定单一刑种与固定刑度。如《刑法》第121条劫持航空器罪后半段规定："致人重伤、死亡或者使航空器遭受严重破坏的，处死刑。"可见，绝对确定的法定刑，虽单一而便于操作，却使法官不能根据具体情况对犯罪人判处轻重适当的刑罚，不利于收到良好的刑罚效果。

2. 绝对不确定的法定刑。所谓绝对不确定的法定刑，是指条文中对某种犯罪不规定具体的刑种与刑度，只笼统规定对某种犯罪应予惩罚。如1979年《刑法》第138条的诬告陷害罪就没有规定具体的刑种与刑度，而是规定"参照所诬陷的罪行的性质、情节、后果和量刑标准给予刑事处分"，应属于绝对不确定的法定刑。但也有学者认为这应属于援引法定刑。[①] 绝对不确定的法定刑，由于没有统一的量刑标准，容易导致法官裁量刑罚的不平衡，难以使罪责刑相适应原则得到贯彻。

3. 相对确定的法定刑。所谓相对确定的法定刑，是指条文对某种犯罪规定具体的刑种与刑度，并明确规定最高刑与最低刑。其特点是立法上有确定的刑种与刑度，司法上有具体裁量的余地。这种法定刑，能够克服前两种形式法定刑的弊端，便于法官在保证司法统一的基础上，根据具体案情和犯罪人的具体情况，在法定刑的范围内选择适当的刑种和刑期，有利于贯彻区别对待的原则，有利于刑罚目的的实现和刑法的相对稳定。

我国现行刑法分则中没有绝对不确定的法定刑，但存在着少量绝对确定的法定刑，如前所述。但是，刑法中规定的绝对确定的法定刑均是针对特定犯罪的具体情形而言的，而不是对某种犯罪的所有情况都适用。因此，也可以认为它并不是完全意义上的绝对确定的法定刑。在我国刑法分则条文中，通常规定的是相对确定的法定刑，具体而言，有如下几种方式：(1)规定最高限度的法定刑，即刑法分则仅规定刑罚的最高限度，刑罚的最低限度取决于刑法总则对该刑种的下限规定。例如，《刑法》第315条规定的破坏监管秩序罪的法定刑是3年以下有期徒刑。结合《刑法》总则第45条关于有期徒刑的最低期限为6个月的规定，该罪的法定刑应为6个月以上3年以下有期徒刑。(2)规定最低限度的法定刑，即刑法分则条文只规定了刑罚的最低限度，其最高限度则取决于刑法总则的规定。例如，《刑法》第404条规定的徇私舞弊不征、少征税款罪，对造成重大损失的，处5年以下有期徒刑或者拘役；造成特别重大损失的，处5年以上有期徒刑。后半段法定刑没有规定最高限度，但结合总则第45条关于有期徒刑的最高期限为15年的规定，该法定刑就是5年以上15年以下有期徒刑。(3)同时规定最高限度与最低限度的法定刑，即分则规范同时规定了刑罚的最高刑期与最低刑期，不需要再根据刑法总则的规定确定最高与最低刑期。例如，《刑法》第236条第1款对强奸罪规定的法定刑是3年以上10年以下有期徒刑，即为相对确定的法定刑。(4)规定两种以上主刑或者规定两种以上主刑并规定附加刑的法定刑。由于规定了两种以

① 参见张明楷：《刑法学》，法律出版社2003年版，第516页。

上的主刑,人民法院既有权选择刑种,也有权选择刑期。例如,《刑法》第 234 条第 1 款规定:"故意伤害他人身体的,处三年以下有期徒刑、拘役或者管制。"这里规定了三种主刑,对其中的有期徒刑又规定了上限。法院可以根据案件的具体情况,在三种主刑中选择一种,然后再按照有关规定确定具体刑期。又如,《刑法》第 275 条规定:"故意毁坏公私财物,数额较大或者有其他严重情节的,处三年以下有期徒刑、拘役或者罚金;……"该条规定了两种主刑和一种附加刑,法院在量刑时,可以根据案件情节在这三种刑罚中选择其一。(5) 规定援引其他条文的法定刑,即分则条文虽没有明确规定刑种与刑度,但同时规定援引其他条文所规定的法定刑。例如,《刑法》第 386 条规定:"对犯受贿罪的,根据受贿所得数额及情节,依照本法第三百八十三条的规定处罚。索贿的从重处罚。"

4. 浮动法定刑。所谓浮动法定刑,又称浮动刑或机动刑,是指法定刑的具体期限或具体数量并不确定,而是根据一定标准升降,处于一种不确定的游移状态。如《刑法》第 148 条规定,对犯生产、销售不符合卫生标准的化妆品罪的,"处三年以下有期徒刑或者拘役,并处或者单处销售金额百分之五十以上二倍以下罚金"。浮动法定刑一般适用于经济犯罪和财产犯罪,并且只见于关于罚金刑的规定,其具体幅度一般要根据案件事实具体确定。将罚金刑规定为浮动法定刑,就可以使法条能够适应社会形势的变化,有利于刑法的稳定性;可以根据犯罪情节或犯罪数额确定罚金数额,从而体现罪责刑相适应原则;可以使人民法院综合考虑犯罪人的经济状况,从而有利于实现刑罚的实质公平。

(三) 法定刑与宣告刑的区别

宣告刑是人民法院根据刑法分则的规定对某种具体犯罪判决宣告的应当执行的刑罚。法定刑不同于宣告刑。首先,法定刑是立法机关在制定刑法时,针对具体犯罪的性质和危害程度所确定的量刑标准;宣告刑是司法机关在处理具体案件时确定犯罪人应当实际执行的刑罚。其次,法定刑有可供选择的刑种与刑度,宣告刑只能是特定的刑种与刑度。最后,法定刑是立法上的规定,宣告刑是执法中的适用。宣告刑必须以法定刑为依据,即使从轻、从重、减轻处罚,也要以法定刑为依据。

第三节 刑法分则的法条竞合

一、法条竞合的概念、特征和表现形态

(一) 概念与特征

法条竞合,也称法规竞合,是指因刑法对法条之错综复杂的规定,而出现一个犯罪行为同时符合数个法条规定的犯罪构成,但从数个法条的逻辑关系来看,只能适用其中一个法条,当然排除适用其他法条的情形。

在现实社会中,犯罪现象多种多样,千变万化,有的犯罪行为被完全包含在另一犯罪行为中,有的犯罪行为的一部分是另一犯罪行为的一部分。错综复杂的犯罪现象,反映在刑事立法上便是错综复杂的规定,从而导致一个行为可能同时符合数个法条规定的犯罪构成的

情形。例如，行为人以非法占有为目的，使用诈骗方法非法集资，数额较大的，既符合《刑法》第192条规定的集资诈骗罪的构成要件，又符合《刑法》第266条规定的诈骗罪的构成要件。在此情形下，由于行为人主观上只有一个罪过，客观上只有一个行为，行为符合数个法条规定的犯罪构成是由刑法错综复杂的规定所致，所以不可能同时适用数个法条，只能适用其中一个法条。法条竞合具有以下几个特征：

1. 行为人实施了一个犯罪行为。所谓一个犯罪行为，是指基于一个罪过而实施的单数犯罪行为。至于该犯罪行为的罪过形式则在所不限，既可以是故意犯罪行为，也可以是过失犯罪行为。如果行为人所实施的行为不是一个犯罪行为，而是数个犯罪行为，则不存在法条竞合的问题。

2. 一行为同时符合数个法条规定的犯罪构成。所谓数个法条，包括三种不同情形：一是相异法律之间的普通刑法与特别刑法。“相异法律”指从形式上而言不是一个法律文件，但实质上都是刑法。如1997年《刑法》颁布之前的《惩治军人违反职责罪暂行条例》与1979年《刑法》。二是同一法律中的普通条款与特别条款，如行为人以非法占有为目的，实施保险诈骗行为，数额较大的，就不仅符合《刑法》第198条保险诈骗罪的构成要件，而且符合《刑法》第266条诈骗罪的构成要件。三是同一法律中同一法条中的普通款项与特别款项，如《刑法》第114条规定的以危险方法危害公共安全罪与放火罪即存在法条竞合关系[①]。如果一行为只触犯一个罪刑规范，则不产生法条竞合的问题。值得注意的是，法条竞合情况下，由于行为人基于一个罪过，实施了一个行为，从“禁止双重评价”的原则出发，此处的“同时符合”并不是指实质上同时符合，而仅是形式上符合数个不同的犯罪构成。正如德国著名刑法学者耶塞克(Jescheck)所言，法条竞合“不是两个真正的竞合(观念的竞合与实在的竞合)，只是数个刑罚法规外观上的竞合，实际上是某一法律排除其他法律(不真正的竞合)的另外的事例”[②]。这种现象虽然最终只适用一个刑法条文，但开始还是表现为数个刑法条文都可能适用，所以叫做“法条竞合”[③]。

3. 数个法条之间具有一定的逻辑关系。法条之间具有何种逻辑关系，在刑法理论上存在争论。大陆法系的刑法理论一般将其分为四类：(1)特别关系，即特别法(条)与普通法(条)的关系，指一行为既符合普通法(条)规定的构成要件，又符合特别法(条)规定的构成要件。其适用原则是“特别法(条)优于普通法(条)”。(2)补充关系，即基本法与补充法的关系。当某一构成要件具有补充另一构成要件的缺漏的功能时，如一行为同时符合这两个构成要件，即为补充关系。其适用原则是“基本法优于补充法”[④]。(3)吸收关系，即全部法与一部法的关系，指一个行为所符合的数个构成要件之间，其中一个构成要件包含了其他构成要件的内容，其他构成要件被该要件吸收的情形。其适用原则是“吸收法排除被吸收法”，或“完全法否决不完全法”。(4)择一关系，指一个行为能够同时适用的数个构成要件之间，立于互不两立的关系时，只适用其中之一而排除余者适用的情形。上述四种关系中，择一关系正被越来越多的日本学者否定，而在德国，“择一关系作为法条单一的下位的一类，根据逻

---

① 参见陈兴良主编：《刑法总论精释》(下)，人民法院出版社2016年版，第615页。

② [德]耶塞克等：《德国刑法总论》，[日]西原春夫监译，成文堂1999年版，第575页。

③ 参见马克昌：《比较刑法原理——外国刑法学总论》，武汉大学出版社2002年版，第698页。

④ 参见马克昌：《比较刑法原理——外国刑法学总论》，武汉大学出版社2002年版，第700页。

辑的理由,已被除外”[①]。

在我国,有些学者将法条竞合概括为四类:(1) 独立竞合,指一个罪名概念的外延为另一罪名概念的外延的一部分,而犯罪行为恰恰适合于该部分的情形。其适用原则是特别法优于普通法。(2) 包容竞合,指一个罪名概念的外延是另一罪名概念的外延的一部分,但犯罪构成的内容已超出外延窄的罪名概念的情形。其适用原则是全部法优于部分法。(3) 交叉竞合,指两个罪名概念之间各有一部分外延相互重合。其适用原则是重法优于轻法。(4) 偏一竞合,指两个法条交叉重合,但犯罪行为已经超出重合范围的情形。其适用原则是基本法优于补充法。[②]

上述法条之间的逻辑关系事实上是确实存在的,但作如此复杂的划分,则未必符合立法与司法实践,择一关系被越来越多的学者否定即一个例证;而且,上述依某些关系所确立的适用原则,也未必完全妥当,我国现行刑法中的一些规定可以说已经摒弃了某些原则。因此,就实际情况而言,目前我国刑法中的法条竞合只表现为“特别法与普通法”以及“重法与轻法”的关系。

(二) 法条竞合的表现形态

从法条关系来看,法条竞合的表现形态有两种:(1) 因特别关系而形成的法条竞合,即一个行为同时符合相异法律之间的普通刑法与特别刑法,或一个行为同时触犯同一法律的普通条款与特别条款。(2) 因吸收关系而形成的法条竞合,即两个以上刑法规范间具有全部法和部分法的关系时形成的法条竞合。部分法被全部法所包含,在特别关系中也存在;这里所说的,指不属于特别关系的情况。例如,《刑法》第 240 条的拐卖妇女、儿童罪,其第 2 款规定的情形之一是“强迫被拐卖的妇女卖淫”,该行为即构成“强迫卖淫罪”;但它被规定为拐卖妇女、儿童罪的严重情形之一,所以拐卖妇女、儿童罪是全部法,强迫卖淫罪是部分法,因而被吸收。

从实际情况来看,法条竞合表现为以下几种情形:(1) 因犯罪主体不同而形成的法条竞合关系。如军人故意泄露国家秘密的,既符合《刑法》第 398 条的故意泄露国家秘密罪的构成要件,又符合《刑法》第 432 条的泄露军事机密罪的构成要件。(2) 因犯罪目的不同而形成的法条竞合。如以牟利为目的传播淫秽物品的行为,既符合《刑法》第 363 条第 1 款规定的传播淫秽物品牟利罪的构成要件,又符合《刑法》第 364 条规定的传播淫秽物品罪的构成要件。(3) 因犯罪对象不同而形成的法条竞合。如生产、销售假药的行为,既符合《刑法》第 140 条规定的生产、销售伪劣产品罪的构成要件,又符合《刑法》第 141 条规定的生产、销售、提供假药罪的构成要件。(4) 因犯罪手段不同而形成的法条竞合。如使用作废的信用证进行诈骗活动的,既符合《刑法》第 266 条规定的诈骗罪的构成要件,又符合《刑法》第 195 条规定的信用证诈骗罪的构成要件。(5) 因危害结果而形成的法条竞合。如刑讯逼供致人伤残的,既符合《刑法》第 234 条故意伤害罪的构成要件,又符合《刑法》第 247 条刑讯逼供罪的构成要件。

---

① 参见马克昌:《比较刑法原理——外国刑法学总论》,武汉大学出版社 2002 年版,第 706 页。

② 参见陈兴良主编:《刑法各论的一般理论》,内蒙古大学出版社 1992 年版,第 403~430 页。

二、法条竞合的适用原则

如前所述,法条竞合时只能适用一个法条而排除其他法条的适用。但究竟适用哪一个法条,就必须依据一定的原则。按照通常的见解,法条竞合主要有两项适用原则。

(一) 特别法优于普通法的原则

当一个行为同时符合相异法律之间的普通刑法与特别刑法规定的犯罪构成时,应严格依照特别法优于普通法的原则处理。因为普通刑法是在一般范围内普遍适用的刑法,而特别刑法则是在特定范围内适用的刑法,其刑法效力往往仅及于特定的人,或者仅及于特定地域,或者仅及于特定的犯罪,或者仅在特定时间内适用。国家在普通刑法之外又制定特别刑法,目的在于依特别刑法惩治特定种类犯罪,保护某种特定法益。因此,当行为既符合特别刑法规定又符合普通刑法规定时,应适用特别刑法,排除普通刑法的适用。

当一个行为同时触犯同一法律的普通条款与特别条款时,在通常情况下,也应依照特别法优于普通法的原则论处。因为,立法者在普通条款之外又设特别条款,目的也是对特定犯罪给予特别处罚,或因某一犯罪特别突出,需要对此特别规定予以惩处。因此,行为符合特别条款时,应按特别条款的规定论处。此处之"同一法律",既可以是同一特别刑法,也可以是同一普通刑法。所谓普通条款,是指在一般场合普遍适用的刑法条款;所谓特别条款,是指在普通条款基础上附加特定条件或在特定场合适用的刑法条款。如《刑法》第 266 条规定的诈骗罪是普通条款;《刑法》第 192~198 条规定的 8 种金融诈骗罪则是特别条款。当行为既符合特别条款又符合普通条款时,定罪量刑应适用特别条款,排除普通条款的适用。

(二) 重法优于轻法的原则

当一个行为同时符合同一法律的普通条款与特别条款规定的犯罪构成时,在特殊情况下,应适用重法优于轻法的原则,即按照行为所触犯的法条中法定刑最重的法条定罪量刑。所谓"特殊情况",是指以下两种情形:

1. 法律明文规定按重罪定罪量刑的。如《刑法》第 149 条第 2 款规定:"生产、销售本节第一百四十一条至第一百四十八条所列产品,构成各该条规定的犯罪,同时又构成本节第一百四十条规定之罪的,依照处罚较重的规定定罪处罚。" 该节第 140 条规定的是生产、销售一般伪劣产品的行为,第 141 条至第 148 条规定的是生产、销售特定伪劣产品的行为。所以,第 140 条是普通条款,而第 141 条至第 148 条是特别条款。行为既符合特别条款又符合普通条款时,原则上应按照特别条款的规定论处;但普通条款处刑较重的,则依普通条款定罪量刑。

2. 法律虽未明确规定按普通条款的规定定罪量刑,但对此亦未作禁止性规定,且依特别条款定罪难以做到罪刑相适应的,也应按照重法优于轻法的原则论处。从刑法分则的规定来看,特别条款规定之罪的法定刑轻于普通条款规定之罪的法定刑的情形,还是存在的,如绝对按照特别法优于普通法的原则定罪量刑,就可能造成罪刑的不均衡。在此情形下,如刑法未明确禁止适用重法,则按照重法优于轻法的原则来处理才比较妥当。

可见,适用重法优于轻法的原则必须具备以下条件:(1) 同一法律中,特别条款规定的法定刑明显低于普通条款规定的法定刑，如适用特别条款，则明显导致罪刑的不均衡。(2) 刑法未明确规定禁止适用普通条款。如刑法条文明确规定“本法另有规定的，依照规定”时，就必须适用特别条款，而不得适用普通条款；或者，刑法虽然没有这样的规定，但探究刑法的立法精神，很明显只能适用特别条款时，也不得适用普通条款。

复习思考题

1. 如何理解刑法分则体系？我国刑法分则体系有何特点？
2. 什么是罪状？罪状有哪些分类？
3. 什么是罪名？罪名可分几类？
4. 如何理解法定刑的概念？法定刑有哪些种类？法定刑与宣告刑有何区别？
5. 如何理解法条竞合的概念？法条竞合的适用原则是什么？

自测习题及参考答案

第十五章　危害国家安全罪

重点提示：

叛逃罪的概念和构成要件，间谍罪的概念和构成要件，为境外窃取、刺探、收买、非法提供国家秘密、情报罪的概念和构成要件。

第一节　危害国家、颠覆国家政权的犯罪

一、背叛国家罪

背叛国家罪，是指勾结外国或者与境外机构、组织、个人相勾结，危害国家主权、领土完整和安全的行为。本罪的客体是国家的主权、领土完整和安全。本罪的客观方面表现为与外国或者境外机构、组织、个人相勾结，危害国家的主权、领土完整和安全的行为。这种行为包括两方面内容：一是勾结外国或者境外机构、组织、个人；二是危害国家的主权、领土完整和安全。两者密切相连。所谓勾结，是指行为人与外国政府、政党、政治集团或者境外机构、组织、个人进行联络、谋划、串通、结合。勾结的具体方式可以多种多样，但其必须表现为行为。只有勾结的意图而未付诸行动的，不能认为是勾结。危害国家主权、领土完整和安全，是指出卖国家主权、签订卖国条约，策划对我国发动侵略战争，制造国际争端向我国提出领土要求，干涉我国内政、组织傀儡政权等。本罪的主体只能是中国公民，而且一般是窃据党、政、军较高职位，握有实权的人，或者在社会上有一定政治影响力的人。本罪的主观方面是故意，并且具有危害国家主权、领土完整和安全的目的。

根据《刑法》第 102 条、第 113 条第 1 款的规定，犯本罪的，处无期徒刑或者 10 年以上有期徒刑；对国家和人民危害特别严重、情节特别恶劣的，可以判处死刑。根据《刑法》第 56 条、第 113 条第 2 款的规定，犯本罪的，应当附加剥夺政治权利，可以并处没收财产。

二、分裂国家罪

分裂国家罪，是指组织、策划、实施分裂国家、破坏国家统一的行为。本罪的客体是国家的统一。本罪的客观方面表现为组织、策划、实施分裂国家、破坏国家统一的行为。所谓组织，是指募集成员、组建分裂国家组织的行为。所谓策划，是指商讨、制订分裂国家计

划的行为。所谓实施，是指将分裂国家的计划付诸实行的行为。所谓分裂国家、破坏国家统一，是指割据一方，另立政府，对抗中央人民政府的领导，或者制造民族分裂，妄图脱离多民族统一的国家。行为人只要实施上述三种行为之一，即可构成本罪，客观上是否发生了国家分裂的危害结果，不影响本罪的成立。本罪的主体是一般主体，一般来讲，多是在某个地区具有一定影响的地方分裂主义分子和民族分裂主义分子。本罪的主观方面是故意，且只能是直接故意，即明知自己的行为会发生分裂国家、破坏国家统一的结果，并且希望这种结果发生。

根据《刑法》第 103 条第 1 款、第 106 条、第 113 条第 1 款的规定，犯本罪的，对首要分子或者罪行重大者，处无期徒刑或者 10 年以上有期徒刑；对国家和人民危害特别严重、情节特别恶劣的，可以判处死刑。对积极参加的，处 3 年以上 10 年以下有期徒刑；对其他参加的，处 3 年以下有期徒刑、拘役、管制或者剥夺政治权利。与境外机构、组织、个人相勾结实施本罪的，从重处罚。根据《刑法》第 56 条、第 113 条第 2 款的规定，犯本罪的，除单处剥夺政治权利的外，应当附加剥夺政治权利，可以并处没收财产。

三、煽动分裂国家罪

煽动分裂国家罪，是指煽动分裂国家、破坏国家统一的行为。本罪的客体是国家的统一。本罪的客观方面表现为煽动他人进行分裂国家、破坏国家统一的行为。所谓煽动，是指以各种方式对他人进行鼓动、利诱、怂恿、激励，意图使其接受或相信相关内容，实施分裂国家、破坏国家统一的行为。这实际上是分裂国家罪的教唆行为，但由于《刑法》已将这种行为规定为独立的犯罪，因而不再以分裂国家罪的教唆犯论处。煽动的方式可以是书面的，也可以是口头的；可以是公然进行的，也可以是暗中进行的。煽动的对象可以是不特定的人或者多数人，也可以是特定的个别人。将煽动的对象限制在不特定的人或者多数人的范围内，没有法律上的根据，也不利于司法实践对本罪的认定。本罪的主体是一般主体，凡已满 16 周岁具有刑事责任能力的人均能成为本罪的主体。本罪的主观方面是故意，可以是直接故意，也可以是间接故意，即行为人明知自己的行为会使他人实施分裂国家、破坏国家统一的行为，并且希望或者放任分裂国家、破坏国家统一的结果发生。

根据《刑法》第 103 条第 2 款、第 106 条的规定，犯本罪的，处 5 年以下有期徒刑、拘役、管制或者剥夺政治权利；首要分子或者罪行重大的，处 5 年以上有期徒刑；与境外机构、组织、个人相勾结犯本罪的，从重处罚。根据《刑法》第 56 条、第 113 条第 2 款的规定，犯本罪的，除单处剥夺政治权利的外，应当附加剥夺政治权利，可以并处没收财产。

四、武装叛乱、暴乱罪

武装叛乱、暴乱罪，是指组织、策划、实施武装叛乱或者武装暴乱的行为。本罪的客体是我国人民民主专政的政权和社会主义制度。本罪的客观方面表现为组织、策划、实施武装叛乱或者武装暴乱的行为。武装叛乱，是指使用武器装备进行反叛国家和政府的活动；武装暴乱，是指使用武器装备制造暴力事件从而引起动乱的活动。两者的区别在于：武装叛乱以投靠境外组织或者境外敌对势力为目的，而武装暴乱则不具有该种目的。组织，是指召集、网罗、拉拢人员以进行武装叛乱或者武装暴乱的行为；策划，是指制订武装叛乱或者武装暴乱的计划、方案的行为；实施，是指实行武装叛乱、暴乱的行为。本罪为选择性罪名，只要具备组织、策划、实施武装叛乱或武装暴乱之任何一种行为，即符合本罪客观方面的要件。此外，《刑法》第 104 条第 2 款规定，策动、胁迫、勾引、收买国家机关工作人员、武装部队人员、人民警察、民兵进行武装叛乱或者武装暴乱的，也构成本罪。这就是说，本罪除了一般情况下表现为组织、策划、实施三种行为方式外，在针对特定对象时还可以是使用策动、胁迫、勾引、收买等方式。策动，是指策使、鼓动他人进行武装叛乱或者武装暴乱。胁迫，是指以暴力或者其他内容相威胁，逼迫他人进行武装叛乱或者武装暴乱。勾引，是指用名誉、地位、美色等引诱他人进行武装叛乱或者武装暴乱。收买，是指用金钱、物资等物质利益作为代价换取他人进行武装叛乱或者武装暴乱。本罪的主体是一般主体，无论是中国人还是外国人、无国籍人，均能实施本罪。本罪的主观方面是故意，如果行为人不知自己参加的是武装叛乱、武装暴乱，则不能构成本罪，构成其他犯罪的，按其他犯罪处理。

根据《刑法》第 104 条、第 106 条、第 113 条第 1 款的规定，犯本罪的，对首要分子或者罪行重大的，处无期徒刑或者 10 年以上有期徒刑；对国家和人民危害特别严重、情节特别恶劣的，可以判处死刑。对积极参加的，处 3 年以上 10 年以下有期徒刑；对其他参加的，处 3 年以下有期徒刑、拘役、管制或者剥夺政治权利。与境外机构、组织、个人相勾结实施本罪的，从重处罚。根据《刑法》第 56 条、第 113 条第 2 款的规定，犯本罪的，除单处剥夺政治权利的外，应当附加剥夺政治权利，可以并处没收财产。

五、颠覆国家政权罪

颠覆国家政权罪，是指组织、策划、实施颠覆国家政权、推翻社会主义制度的行为。本罪的客体是我国人民民主专政的政权和社会主义制度。本罪的客观方面表现为组织、策划、实施颠覆国家政权、推翻社会主义制度的行为。组织，是指网罗成员、纠集他人颠覆国家政权、推翻社会主义制度。策划，是指策谋、计划如何颠覆国家政权、推翻社会主义制度。实施，是指实行颠覆国家政权、推翻社会主义制度的行为。国家政权，既可以是包括我国各级权力机关、行政机关、司法机关、军事机关等在内的整个政权，也可以是中央人民政府或地方人民政府。颠覆国家政权，既可以颠覆我国人民民主专政政权的整体，也可以颠覆中央或者地方的某一个政权机关。社会主义制度，包括政治、经济、军事、文化、教育等各方面的制度；推翻社会主义制度，既可以推翻我国社会主义制度的整体，也可以推翻我国社会主义制度的某一方面。颠覆、推翻的手段，既可以是暴力手段，也可以是非暴力手段。只要行为人实施了组织、策划、实施颠覆国家政权、推翻社会主义制度的行为，就可构成本罪的既遂。本罪的主体是一般主体。本罪的主观方面是故意，且只能是直接故意，犯罪目的是颠覆国家政权或推翻社会主义制度。

根据《刑法》第 105 条第 1 款、第 106 条的规定，犯本罪的，对首要分子或者罪行重大的，处无期徒刑或者 10 年以上有期徒刑；对积极参加的，处 3 年以上 10 年以下有期徒刑；对其他参加的，处 3 年以下有期徒刑、拘役、管制或者剥夺政治权利。与境外机构、组织、个人相勾结，实施本罪的，从重处罚。根据《刑法》第 56 条、第 113 条第 2 款的规定，犯本罪的，除单处剥夺政治权利的外，应当附加剥夺政治权利，可以并处没收财产。

六、煽动颠覆国家政权罪

煽动颠覆国家政权罪，是指以造谣、诽谤或者其他方式煽动颠覆国家政权、推翻社会主义制度的行为。本罪的客体是我国国家政权和社会主义制度。本罪的客观方面表现为以造谣、诽谤或者其他方式煽动颠覆国家政权、推翻社会主义制度的行为。所谓煽动，是指以造谣、诽谤或者其他方式对他人进行鼓动、利诱、怂恿、激励，意图使其接受或相信相关内容，实施颠覆国家政权、推翻社会主义制度的行为。所谓造谣，是指无中生有，制造、散布敌视我国国家政权和社会主义制度的言论，从而混淆公众视听的行为。所谓诽谤，是指捏造并散布虚假事实，诋毁国家政权和社会主义制度的行为。其他方式，是指造谣、诽谤以外的能够引起人们实施颠覆国家政权、推翻社会主义制度的行为的方式。这实际上是颠覆国家政权罪的教唆行为，但由于《刑法》已将这种行为规定为独立的犯罪，因而不再以颠覆国家政权罪的教唆犯论处。煽动的方式可以是书面的，也可以是口头的；可以是公然进行的，也可以是暗中进行的。煽动的对象可以是不特定的人或者多数人，也可以是特定的个别人。本罪的主体是一般主体，凡已满 16 周岁具有刑事责任能力的人，均能成为本罪的主体。本罪的主观方面是故意，既可以是直接故意，也可以是间接故意。即行为人明知自己的行为会使他人产生颠覆国家政权、推翻社会主义制度的犯罪意图，并且希望或者放任这种结果的发生。

根据《刑法》第 105 条第 2 款、第 106 条的规定，犯本罪的，处 5 年以下有期徒刑、拘役、管制或者剥夺政治权利；首要分子或者罪行重大的，处 5 年以上有期徒刑。与境外机构、组织、个人相勾结，实施本罪的，从重处罚。根据《刑法》第 56 条、第 113 条第 2 款的规定，犯本罪的，除单处剥夺政治权利的外，应当附加剥夺政治权利，可以并处没收财产。

七、资助危害国家安全犯罪活动罪

资助危害国家安全犯罪活动罪，是指境内外机构、组织或者个人资助实施背叛国家罪，分裂国家罪，煽动分裂国家罪，武装叛乱、暴乱罪，颠覆国家政权罪，煽动颠覆国家政权罪的行为。本罪的客体是中华人民共和国的国家安全。本罪的客观方面表现为资助实施背叛国家罪，分裂国家罪，煽动分裂国家罪，武装叛乱、暴乱罪，颠覆国家政权罪，煽动颠覆国家政权罪的行为。如果资助的不是上述特定犯罪，则不构成本罪，视情况应以相应的共同犯罪论处。所谓资助，是指提供经费、物质或者提供场所以及其他物质便利的行为。资助，可以是事先提供的，也可以是事后提供的。本罪的客观方面仅限于资助，如果行为人超出资助的范围，直接参与组织、策划、实施分裂国家，煽动分裂国家，武装叛乱、暴乱，颠覆国家政权，煽动颠覆国家政权行为的，应按上述有关犯罪定罪处罚，而不能按本罪处理。本罪的主体是境内外机构、组织或者个人，如果是机构或组织实施上述行为，只对机构或组织的直接责任人员追究刑事责任，而机构、组织本身并不受刑罚处罚。本罪的主观方面是故意，即明知他人实施的是上述犯罪而故意予以资助。

根据《刑法》第 107 条的规定，犯本罪的，对直接责任人员，处 5 年以下有期徒刑、拘役、管制或者剥夺政治权利；情节严重的，处 5 年以上有期徒刑。根据《刑法》第 56 条、第 113 条第 2 款的规定，犯本罪的，除单处剥夺政治权利的外，应当附加剥夺政治权利，可以并处没收财产。

第二节　叛变、叛逃的犯罪

一、投敌叛变罪

投敌叛变罪，是指中国公民投奔敌人营垒，或者在被敌人捕俘后投降敌人，实施危害国家安全活动的行为。本罪的客体是人民民主专政的政权和社会主义制度。本罪的客观方面表现为投敌叛变的行为，其具体表现形式主要有两种：一是投奔敌人营垒，即主动投靠与我国处于敌对关系的势力，为敌人效劳，进行危害国家安全的活动；二是在被敌人抓捕、俘虏后投降变节，进行危害国家安全的活动。对投敌叛变后，参加了间谍组织，又被派遣回我国境内进行危害国家安全活动的，应以投敌叛变罪和其他罪实行数罪并罚。本罪的主体只能是中国公民，外国人和无国籍人可以成为本罪的共犯。本罪的主观方面是故意，且具有危害国家安全的目的。如果行为人虽然实际上投奔了敌占区，但并没有危害国家安全的故意，也没有危害国家安全的行为，就不能构成本罪。

根据《刑法》第 108 条、第 113 条第 1 款的规定，犯本罪的，处 3 年以上 10 年以下有期徒刑；情节严重或者带领武装部队人员、人民警察、民兵投敌叛变的，处 10 年以上有期徒刑或者无期徒刑；对国家和人民危害特别严重、情节特别恶劣的，可以判处死刑。根据《刑法》第 56 条、第 113 条第 2 款的规定，犯本罪的，应当附加剥夺政治权利，可以并处没收财产。

二、叛逃罪

（一）叛逃罪的概念和构成

叛逃罪，是指国家机关工作人员在履行公务期间，擅离岗位，叛逃境外或者在境外叛逃的行为，以及掌握国家秘密的国家工作人员，叛逃境外或者在境外叛逃的行为。

1. 本罪的客体是中华人民共和国国家安全。

2. 本罪的客观方面表现为行为人在履行公务期间，擅离岗位，叛逃境外或者在境外叛逃的行为。具体包括两个方面的内容：(1) 行为发生在履行公务期间。所谓履行公务期间，是指在职国家机关工作人员执行职务或者执行某项工作任务期间。(2) 行为人的具体表现形式有两种：一是擅离岗位，叛逃境外。即行为人在境内履行公务期间，擅自离开工作岗位，叛变逃往境外。二是擅离岗位，在境外叛逃。即行为人在境外履行公职或者执行某项具体任务时，擅自离开工作岗位叛变逃走。上述两方面的内容只有同时具备，才能构成本罪。应当注意的是，对于掌握国家秘密的国家工作人员叛逃境外或者在境外叛逃的，不需要受“在履行公务期间擅离岗位”的限制，即掌握国家秘密的国家工作人员无论何时、在何种情况下叛逃都构成本罪。

本罪是行为犯,叛逃行为一旦实施,无论是否对国家安全造成实际危害,或者形成危害国家安全的危险,均构成叛逃罪。行为人在叛逃之后实施其他危害国家安全的犯罪活动的,应当数罪并罚。

3. 本罪的主体是特殊主体,只能是国家机关工作人员和掌握国家秘密的国家工作人员。国家机关工作人员,是指国家各级权力机关、各级行政机关、各级审判机关、各级检察机关、各级军事机关中从事公务的人员;中国共产党和中国人民政治协商会议的各级机关中从事公务的人员,也属于国家机关工作人员的范围。掌握国家秘密的国家工作人员,是指掌握国家秘密的国家机关工作人员,国有公司、企业、事业单位、人民团体中从事公务的人员,国家机关、国有公司、企业、事业单位委派到非国有公司、企业、事业单位、社会团体中从事公务的人员,以及其他依法从事公务的人员。

4. 本罪的主观方面是故意,且只能是直接故意。叛逃的动机可能多种多样,有的是贪图国外的物质享受,有的是出于对祖国的仇视,等等。犯罪动机如何,不影响本罪的构成。

(二) 叛逃罪的认定

1. 本罪与背叛国家罪的界限。本罪与背叛国家罪都具有出卖、叛离国家的性质,二者的主体都只能是中华人民共和国公民,因此,二者有相同之处。二者的不同在于:

(1) 主体的范围不同。虽然二者的主体都只能是中国公民,但本罪的主体仅限于中国国家机关工作人员和掌握国家秘密的国家工作人员;而背叛国家罪的主体可以是任何中国公民。

(2) 客观方面的行为表现不同。本罪的客观方面表现为叛逃境外或者在境外叛逃的行为;而背叛国家罪的客观方面表现为勾结外国或者境外机构、组织、个人,危害国家主权、领土完整和安全的行为。

2. 本罪与投敌叛变罪的界限。本罪与投敌叛变罪都具有反叛祖国的性质,二者的主体都只能是中国公民。二者的不同表现在:

(1) 主体的具体范围不同。本罪的主体是特定的中国公民,即只能是中国国家机关工作人员和掌握国家秘密的国家工作人员;而投敌叛变罪的主体则可以是任何已满 16 周岁具有刑事责任能力的中国公民。

(2) 客观方面不同。本罪的客观方面表现为履行公务期间,叛逃境外或者在境外叛逃两种形式;投敌叛变罪的客观方面表现为投奔敌人营垒或者在被敌人抓捕、俘虏后投降变节两种形式。如果国家机关工作人员不是在履行公务期间叛逃境外,危害国家安全的,应按投敌叛变罪定罪处罚,而不能按本罪处理。

(三) 叛逃罪的处罚

根据《刑法》第 109 条的规定,犯本罪的,处 5 年以下有期徒刑、拘役、管制或者剥夺政治权利;情节严重的,处 5 年以上 10 年以下有期徒刑。掌握国家秘密的国家工作人员犯本罪的,从重处罚。根据《刑法》第 56 条、第 113 条第 2 款的规定,犯本罪的,除单处剥夺政治权利的外,应当附加剥夺政治权利,可以并处没收财产。

第三节　间谍、资敌的犯罪

一、间谍罪

间谍罪，是指参加间谍组织，接受间谍组织及其代理人的任务，或者为敌人指示轰击目标，危害国家安全的行为。本罪的客体是中华人民共和国国家安全。本罪的客观方面表现为参加间谍组织、接受间谍组织及其代理人的任务，或者为敌人指示轰击目标的行为。具体包括三种行为方式：(1) 参加间谍组织。这是指行为人主动要求加入间谍组织并为间谍组织所接纳，或者间谍组织主动邀请行为人加入其组织，行为人同意加入的行为。(2) 接受间谍组织及其代理人的任务。这是指行为人虽然没有加入间谍组织，但是接受了间谍组织或者其代理人任务的行为。这里所说的任务，是指刺探、收集我国秘密、情报，破坏我国设施，煽动我国公民抗拒国家法律的实施，离间我国公民与政府的关系等危害我国国家安全的活动。(3) 为敌人指示轰击目标。这是指为敌人指明或者标示轰炸打击对象的行为。其方式可以是发射信号，也可以是设置标志物。本罪是行为犯，行为人只要实施了上述法定的三种行为之一，就构成本罪的既遂；至于行为人参加间谍组织后是否接受任务，实施进一步的间谍活动，或者接受间谍组织或者其代理人的任务是否完成，或者为敌人指示的目标是否被炸毁，都不影响犯罪既遂的成立；行为人参加间谍组织后又实施刺探、窃取、收买、非法提供国家秘密、情报，或者进行其他破坏活动的，或者接受间谍组织任务并实施完成任务的行为又触犯其他罪名的，或者为敌人指示轰击目标造成重大人身伤亡或财产损失的，都只按一罪处理，而不实行数罪并罚。行为人实施的间谍活动造成严重危害结果的可作为从重处罚的情节。本罪的主体是一般主体，凡已满 16 周岁具有刑事责任能力的人都能成为本罪的主体。本罪的主观方面是故意，故意的具体内容因行为的具体表现形式不同而不同：参加间谍组织的，必须明知是间谍组织而参加；接受间谍组织或其代理人任务的，必须明知是间谍组织或者间谍组织的代理人派遣的任务而接受；指示轰击目标的，必须明知对方是敌人而向其指示轰击对象。但无论行为人实施何种具体行为，其犯罪的故意都表现为明知自己的行为会发生危害国家安全的结果，并且希望这种结果发生。

根据《刑法》第 110 条、第 113 条第 1 款的规定，犯本罪的，处 10 年以上有期徒刑或者无期徒刑；情节较轻的，处 3 年以上 10 年以下有期徒刑；对国家和人民危害特别严重、情节特别恶劣的，可以判处死刑。根据《刑法》第 56 条、第 113 条第 2 款的规定，犯本罪的，应当附加剥夺政治权利，可以并处没收财产。

二、为境外窃取、刺探、收买、非法提供国家秘密、情报罪

为境外窃取、刺探、收买、非法提供国家秘密、情报罪，是指为境外的机构、组织、人员窃取、刺探、收买、非法提供国家秘密、情报的行为。本罪的客体是中华人民共和国国家安全。本罪的对象是国家秘密或者情报。根据最高人民法院公布的《关于审理为境外窃取、刺探、收买、非法提供国家秘密、情报案件具体应用法律若干问题的解释》的规定，并结合该解释生

效后法律法规的修改情况，国家秘密，是指《保守国家秘密法》第 2 条、第 9 条确定的事项。具体而言，国家秘密是关系国家的安全和利益，依照法定程序确定，在一定时间内只限一定范围的人员知悉的事项。包括：(1) 国家事务重大决策中的秘密事项以及对外承担保密义务的秘密事项。(2) 国防建设和武装力量活动的秘密事项。(3) 外交和外事活动中的秘密事项。(4) 国民经济和社会发展中的秘密事项。(5) 科学技术中的秘密事项。(6) 维护国家安全活动和追查刑事犯罪中的秘密事项。(7) 经国家保密行政管理部门确定的其他秘密事项，以及政党秘密事项中符合上述规定的事项。国家秘密分为绝密、机密与秘密三个等级。三个密级的国家秘密均能成为本罪的对象。情报，是指关系国家安全和利益、尚未公开或者依照有关规定不应公开的事项。本罪的客观方面表现为为境外的机构、组织、人员窃取、刺探、收买、非法提供国家秘密或者情报的行为。法律没有对境外的机构、组织、人员的性质进行限制，因此，只要是为境外的机构、组织、人员窃取、刺探、收买、非法提供秘密或者情报，不管该机构、组织、人员是否与我国为敌，都不影响犯罪成立。境外的机构、组织、人员，既包括设置在境外的机构、组织和居住在境外的人员，也包括境外机构、组织设置在境内的分支机构和居住在境内的人员。行为的方式有窃取、刺探、收买、非法提供四种。所谓窃取，是指通过盗窃的手段来获取国家秘密或者情报的行为。所谓刺探，是指探听国家秘密或者情报的行为。所谓收买，是指利用金钱、物质或者其他利益换取国家秘密或者情报的行为。所谓非法提供，是指违反国家法律规定，将国家秘密直接或者间接提供给境外机构、组织、人员的行为。本罪的主体是一般主体，凡已满 16 周岁具有刑事责任能力的人均能构成本罪。本罪的主观方面是故意，即明知是国家秘密或者情报，而故意为境外的机构、组织、人员窃取、刺探、收买或者非法提供。

根据《刑法》第 111 条、第 113 条第 1 款的规定，犯本罪的，处 5 年以上 10 年以下有期徒刑；情节特别严重的，处 10 年以上有期徒刑或者无期徒刑；情节较轻的，处 5 年以下有期徒刑、拘役、管制或者剥夺政治权利；对国家和人民危害特别严重、情节特别恶劣的，可以判处死刑。根据《刑法》第 56 条、第 113 条第 2 款的规定，犯本罪的，除单处剥夺政治权利的外，应当附加剥夺政治权利，可以并处没收财产。

三、资敌罪

资敌罪，是指战时供给敌人武器装备、军用物资的行为。本罪的客体是中华人民共和国国家安全。本罪的客观方面表现为在战时供给敌人武器装备、军用物资的行为。根据《刑法》第 451 条的规定，所谓战时，是指国家宣布进入战争状态，部队受领作战任务或者遭敌突然袭击时。所谓敌人，是指敌对的营垒或者敌对的武装力量。资助的方式仅限于供给敌人武器装备、军用物资。武器装备，是指用于实施和保障战斗行动的武器、武器系统和军事技术器材，例如枪支、弹药、飞机、坦克、大炮等。军用物资，是指武器装备以外的供部队使用的物品，如军服、军被、军用帐篷、军用药品等。非战时的资敌行为不能构成本罪，构成其他罪的，按其他罪处理。本罪的主体是一般主体，凡是年满 16 周岁具有刑事责任能力的人均能成为本罪的主体。本罪的主观方面是故意，即明知处于战时和明知对方是敌人而故意资助对方武器装备、军用物资。

根据《刑法》第 112 条、第 113 条第 1 款的规定，犯本罪的，处 10 年以上有期徒刑或者无期徒刑;情节较轻的,处 3 年以上 10 年以下有期徒刑;对国家和人民危害特别严重、情节特别恶劣的,可以判处死刑。根据《刑法》第 56 条、第 113 条第 2 款的规定,犯本罪的,应当附加剥夺政治权利,可以并处没收财产。

复习思考题

1. 背叛国家罪的概念和构成要件是什么?
2. 叛逃罪的概念和构成要件是什么?
3. 间谍罪的概念和构成要件是什么?

自测习题及参考答案

第十六章　危害公共安全罪

重点提示：

危害公共安全罪的本质特征，放火罪、爆炸罪、投放危险物质罪等用危险方法危害公共安全犯罪的概念和特征及与相近犯罪的区别，破坏公用工具、设施等特定对象危害公共安全犯罪的概念和特征及与相近犯罪的区别，枪支、弹药、爆炸物犯罪的概念和特征、种类及与相近犯罪的区别，交通肇事罪、重大责任事故罪等业务过失犯罪的概念和特征。

第一节　以危险方法危害公共安全的犯罪

一、放火罪

（一）放火罪的概念和构成

放火罪，是指故意放火焚烧公私财物，危害公共安全的行为。本罪具有如下构成要件：

1. 本罪的客体是公共安全。所谓公共安全，是指不特定或多数人的生命、健康或者重大公私财产的安全。所谓不特定，是相对于其他犯罪危害对象的“特定”而言的。所谓多数，是相对于其他犯罪只能危害到个别少数对象而言的。实际侵害的对象往往具有不特定性，或者虽然意图侵害的对象特定，但是实际侵害对象为多数人或重大公私财产。即犯罪行为一经实施，不论行为人主观上是否愿意，都能够在一定条件下造成众多人员的伤亡或公私财产的广泛损失，或者形成对公众生命财产安全的严重威胁。

危害公共安全是危害公共安全罪这一类犯罪的本质特征。在侵害不特定对象或者多数对象的情况下，并不是说危害公共安全犯罪的行为人没有特定侵犯对象或目标。实施危害公共安全行为的犯罪人，有的主观上也有要侵犯的特定对象，同时会对损害的可能范围有估计和认识，客观上有指向的目标，只不过其行为所造成或可能造成的实际后果是犯罪分子难以控制的。因此，不能将不特定理解为没有特定侵犯对象或目标。当然，有的行为人的放火行为本身指向的就是体现公共安全的对象。

通常情况下，放火既危及不特定或多数人的生命、健康安全，又危及重大公私财产的安全。放火的对象，通说是指公私财物。《刑法修正案（三）》删除了关于具体对象的规定。

对于放火烧毁自己或家庭所有的房屋或其他财物，是否构成犯罪，学界有不同认识，通说认为如引起的火灾危及公共安全，应以本罪论处。

2. 本罪的客观方面表现为放火焚烧公私财物，危及公共安全的行为。放火，是指使用各种引火材料点燃目的物或者利用既存的火种（引起火灾的危险因素）引起公私财物的燃烧，制造火灾的行为。放火既可以作为的方式实行，也可以不作为的方式实行。因放火行为的社会危害性很大，所以只要实施了放火行为，存在造成人身、财产重大损失的危险，即使尚未发生实际的危害结果，也构成本罪。致人重伤、死亡或者使公私财产遭受重大损失的，通说认为属于本罪的结果加重犯。虽然放火行为不具有上述危险不构成本罪，但也可能构成其他犯罪。

3. 本罪的主体为已满 14 周岁具有刑事责任能力的自然人。

4. 本罪的主观方面是故意，既可是直接故意，也可是间接故意。只要明知自己的行为会引起公私财物的燃烧，造成火灾，危及公共安全，并且希望或者放任这种结果发生，即放火的故意。至于动机如何不影响犯罪的成立。

（二）放火罪的认定

1. 本罪既遂与未遂形态。本罪是危险犯，理论上关于本罪的既遂、未遂有各种学说，我国多采纳“独立燃烧说”，即只要将目的物点燃后，达到目的物脱离引燃媒介能够独立燃烧的程度，即使没有造成实际的危害结果，也应视为本罪既遂。反之，为未遂。例如，在放火行为尚未实行完毕，或者虽然当时已经点燃，但着手后因为客观原因熄灭，没有发生危险状态的，应视为本罪未遂。但是，在当前建筑物等广泛采用耐火材料的情况下，阻燃性使“独立燃烧说”受到质疑。

2. 本罪与用放火方法实施其他犯罪的界限。在司法实践中，常常发生用放火方法达到其他犯罪目的的情况，如为杀人而对他人住宅放火，为破坏生产经营而放火等。对此，通说以放火行为是否具有危害公共安全的性质确定犯罪的性质。如基于其他目的实施的放火行为危及公共安全，行为人对此也明知，应认定为本罪；反之，如果放火行为不可能危及公共安全，则应按相应的犯罪处理。至于是否具有危害公共安全的性质，则应综合考察对象的性质、特点以及作案的时间、地点等具体情况。

（三）放火罪的处罚

根据《刑法》第 114 条、第 115 条的规定，犯本罪，尚未造成严重后果的，处 3 年以上 10 年以下有期徒刑。致人重伤、死亡或者使公私财产遭受重大损失的，处 10 年以上有期徒刑、无期徒刑或者死刑。

二、失火罪

（一）失火罪的概念和构成

失火罪，是指基于过失引起火灾，造成严重后果，危害公共安全的行为。本罪具有如下构成要件：

1. 本罪的客体是公共安全，即不特定或多数人的生命、健康或者重大公私财产的安全。

2. 本罪的客观方面表现为行为引起火灾发生，并且已致人重伤、死亡或者使公私财产遭受重大损失，危害公共安全。具体包括以下几个方面：(1) 必须具有引起火灾发生的行为。引起火灾发生，必须是行为人在日常生活中，或者在特定的领域内违反与从事的特定领域的职务、业务活动应当遵守的特定注意义务无关的注意义务，因而引起火灾发生。(2) 必须造成严重后果，危害公共安全。所谓造成严重后果，是指行为引发的火灾造成人员伤亡或者重大财产损失。只引起火灾发生，没有造成人员伤亡或者重大财产损失的，不构成本罪。(3) 引起火灾发生的行为与造成严重后果之间必须具有刑法意义上的因果关系。失火罪的失火行为，可以是作为，也可以是不作为。

3. 本罪的主体是一般主体，即已满 16 周岁具有刑事责任能力的自然人。

4. 本罪主观方面是过失，可以是疏忽大意的过失或者过于自信的过失。这里的过失是针对造成致人重伤、死亡或者公私财产遭受重大损失的严重后果而言的，并非指行为是有意还是无意。在司法实践中，也存在对行为本身违反注意义务而明知故犯的情形。

（二）失火罪的认定

1. 罪与非罪的界限。关于本罪罪与非罪的界限，应考察以下情况：(1) 行为人违反注意义务的行为与火灾的发生是否具有刑法意义上的因果关系。(2) 造成的损失是否达到致人重伤、死亡或者使公私财产遭受重大损失的程度。(3) 行为人主观上有无犯罪的过失。

根据最高人民检察院、公安部印发的《关于公安机关管辖的刑事案件立案追诉标准的规定(一)》第 1 条的规定，涉嫌下列情形之一的，应予立案追诉：(1) 造成死亡 1 人以上，或者重伤 3 人以上的；(2) 造成公共财产或者他人财产直接经济损失 50 万元以上的；(3) 造成 10 户以上家庭的房屋以及其他基本生活资料烧毁的；(4) 造成森林火灾，过火有林地面积 2 公顷以上，或者过火疏林地、灌木林地、未成林地、苗圃地面积 4 公顷以上的；(5) 其他造成严重后果的情形。

若火灾完全是由自然因素如地震、雷电等引发的，则不存在处罚相关人员的问题。如果属于非人为因素引发的火灾，但与行为人不履行或者不正确履行注意义务的行为具有直接的因果关系，不应当再视为纯粹自然因素引起的火灾，应当以本罪论处。

2. 本罪与放火罪的界限。表现为过于自信过失的失火罪与间接故意的放火罪容易发生混淆。二者的区别主要是主观上对可能发生火灾后果的心理态度。如果行为人明知自己的行为会引起火灾而放任其发生，就应定放火罪。反之，已经预见到可能发生而轻信能够避免以致引起火灾的，就应当定本罪。如由于过失行为引起火灾的危险，有条件、有能力及时扑灭，但故意不扑灭而任其燃烧，造成火灾的，失火行为转化为放火行为，应当以放火罪论处。

（三）失火罪的处罚

根据《刑法》第 115 条第 2 款的规定，犯本罪的，处 3 年以上 7 年以下有期徒刑；情节较轻的，处 3 年以下有期徒刑或者拘役。

三、决水罪

决水罪，是指故意破坏水利设施，危害公共安全的行为。本罪的对象为正在使用中的水利设施。所谓水利设施，包括直接涉及人民群众生活以及生产活动的水利设施及直接关系到人民群众生命、财产安全的水利设施。所谓决水，是指以各种方式、方法，破坏水利设施的基本功能,危害公共安全。所谓水利设施的基本功能,是指水利设施供给和预防水灾的功能。决水行为只有危害公共安全才能构成本罪。本罪的主体是已满 16 周岁具有刑事责任能力的自然人。

根据《刑法》第 114 条、第 115 条的规定,犯本罪,尚未造成严重后果的,处 3 年以上 10 年以下有期徒刑。致人重伤、死亡或者使公私财产遭受重大损失的,处 10 年以上有期徒刑、无期徒刑或者死刑。

四、过失决水罪

过失决水罪,是指过失损坏水利设施,致人重伤、死亡或者使公私财产遭受重大损失,危害公共安全的行为。构成本罪,必须已经发生致人重伤、死亡或者使公私财产遭受重大损失的危害公共安全的后果。本罪的主体是已满 16 周岁具有刑事责任能力的自然人。本罪的主观方面是过失。过失是针对造成致人重伤、死亡或者公私财产遭受重大损失的严重后果而言的,并非指行为是有意还是无意。在实践中,也存在对实施的行为违反注意义务而"明知故犯"的情形。

根据《刑法》第 115 条第 2 款的规定,犯本罪的,处 3 年以上 7 年以下有期徒刑;情节较轻的,处 3 年以下有期徒刑或者拘役。

五、爆炸罪

爆炸罪,是指故意引起爆炸物品爆炸,危害公共安全的行为。所谓引起爆炸物品爆炸,是指用各种物理方法使爆炸物品爆炸,危害公共安全的行为。所谓爆炸物品,是指能通过化学反应引起爆炸现象的物品,如炸药、炸弹等。本罪的主体是已满 14 周岁具有刑事责任能力的自然人。

根据《刑法》第 114 条、第 115 条的规定,犯本罪,尚未造成严重后果的,处 3 年以上 10 年以下有期徒刑。致人重伤、死亡或者使公私财产遭受重大损失的,处 10 年以上有期徒刑、无期徒刑或者死刑。

六、过失爆炸罪

过失爆炸罪,是指过失引爆爆炸物品,致人重伤、死亡或者使公私财产遭受重大损失,危害公共安全的行为。本罪的主体是已满 16 周岁具有刑事责任能力的自然人。

根据《刑法》第 115 条第 2 款的规定,犯本罪的,处 3 年以上 7 年以下有期徒刑;情节较轻的,处 3 年以下有期徒刑或者拘役。

七、投放危险物质罪

(一) 投放危险物质罪的概念和构成

投放危险物质罪,是指故意投放毒害性、放射性、传染病病原体等物质,危害公共安全的行为。本罪具有如下构成要件：

1. 本罪的客体是公共安全。本罪的对象主要是不特定或者多数人的人身以及危险物质能够对其产生毒害作用、数量比较大的牲畜、家禽、人工养殖的水产。此外，还应当包括河流、水源、农场、谷场、牧场等。

2. 本罪的客观方面表现为投放毒害性、放射性、传染病病原体等物质，危害公共安全的行为。其中的要点在于：(1) 必须有投放危险物质的行为。所谓投放危险物质，是指投放能够致人死亡、严重危害人体健康，或者对重大公私财产造成重大损失的毒害性、放射性、传染病病原体等物质危害公共安全的行为。其中，毒害性物质是指基于化学作用，能够致有机体死亡或者受到伤害的有机物或无机物的总称，如砒霜、氰化钾、剧毒农药等有毒物质；放射性物质，是指能发出射线的物质，使有机体受大剂量照射后受到损伤甚至死亡的物质；传染病病原体，亦称病原物、病原生物，是能够引起疾病的微生物和寄生虫的统称。由于能够引起疾病的微生物和寄生虫的范围非常广泛，因此，本罪的传染病病原体，本书认为应当以《中华人民共和国传染病防治法》(以下简称《传染病防治法》) 规定的甲、乙、丙类传染病病原体为限。[①] 例如，投放蠕虫(如蛔虫)、螨类(如疥螨)寄生虫的，因这些寄生虫不在《传染病防治法》预防的范围内，不能以犯罪论处。本罪的具体行为可以是作为，也可以是不作为。关于实施投放的地点，法律虽然没有限制，但是从构成本罪而言，应当是能够危害公共安全的场所。(2) 投放危险物质的行为必须危害公共安全。本罪亦属于危险犯，行为对公共安全的危害包括两个方面：一是行为已经对不特定或者多数人的生命、健康或公私财产造成了重大损失。所谓重大损失，是指法律规定的致人重伤、死亡或者使公私财产遭受重大损失的危害后果。二是尚未造成严重损害但具有造成不特定或者多数人的生命、健康或公私财产损害后果的危险状态。对于尚未发生严重后果的，行为是否具有危害公共安全性质的认定，必须结合实施行为的地点、时间等环境条件以及所投放的危险物质的性质、破坏能力等综合予以考察，不能将只要有投放危险物质行为，不论场合、地点等，都作为本罪认定。

3. 本罪的主体是已满 14 周岁具有刑事责任能力的自然人。

4. 本罪的主观方面是故意，可以是直接故意，也可以是间接故意。只要明知自己的行为会危害不特定的或者多数人的生命、健康，或使公私财产遭受重大损害，并且希望或放任这种结果发生，即可成立本罪的故意，至于动机如何，不影响本罪的成立。

(二) 投放危险物质罪的认定

1. 罪与非罪的界限。

(1) 考察物质是否属于毒害性、放射性、传染病病原体等物质。

(2) 考察行为是否具有危害公共安全的性质。如果投放的不属于毒害性、放射性、传染病病原体等危险物质，或者行为不具有危害公共安全性质，则不能以犯罪论处；造成或者可能造成不特定或多数人的伤亡或者重大财产损失，危害公共安全的，则构成本罪。

---

① 《传染病防治法》规定，甲类传染病是指鼠疫、霍乱。乙类传染病是指传染性非典型肺炎、艾滋病、病毒性肝炎、脊髓灰质炎、人感染高致病性禽流感、麻疹、流行性出血热、狂犬病、流行性乙型脑炎、登革热、炭疽、细菌性和阿米巴性痢疾、肺结核、伤寒和副伤寒、流行性脑脊髓膜炎、百日咳、白喉、新生儿破伤风、猩红热、布鲁氏菌病、淋病、梅毒、钩端螺旋体病、血吸虫病、疟疾。丙类传染病是指流行性感冒、流行性腮腺炎、风疹、急性出血性结膜炎、麻风病、流行性和地方性斑疹伤寒、黑热病、包虫病、丝虫病，除霍乱、细菌性和阿米巴性痢疾、伤寒和副伤寒以外的感染性腹泻病。

2. 本罪与其他犯罪的界限。

⑴ 本罪与以投放危险物质方法实施的故意杀人罪、故意伤害罪的界限。法律对故意杀人、故意伤害罪的行为手段并没有任何限制，当行为人以投放危险物质的方法实施故意杀人、故意伤害行为时，如果行为不具有危害公共安全的性质，则应按故意杀人罪或者故意伤害罪处理。否则，属于想象竞合犯，应从一重罪处罚。

⑵ 本罪与故意毁坏财物罪、破坏生产经营罪的界限。由于法律对故意毁坏财物罪、破坏生产经营罪的行为手段并没有任何限制，当行为人以投放危险物质的方法实施故意毁坏财物、破坏生产经营的行为时，定罪的关键是看行为是否危害公共安全：行为不危害公共安全的，属于故意毁坏财物罪或者破坏生产经营罪；同时造成人员、财产损失危及公共安全的，应以本罪论处。

3. 本罪的完成与未完成形态。本罪属于危险犯，因此，只要行为人着手实施了投放危险物质的行为，危害公共安全，即使尚未造成实际的人员伤亡和财产损失，也成立本罪既遂。那么，标准如何理解？本罪与爆炸罪的不同在于：爆炸行为一旦实施完毕，通常情况下可以说公共安全的危险状态已经发生，意味着爆炸物品在极短时间内，或者只需所需的外力即可发生爆炸，不存在一个明显的时间过程，而且爆炸的危害后果是瞬间发生的。而本罪的行为即使实施完毕，甚至发生一定的后果，也存在挽救的可能性。因此，对于本罪，宜以投放行为使危险物质“混入或者独立发生作用”为既遂的标准。“混入或者独立发生作用”，是指危险物质混入对象物已经达到使之不易分离的状态或者已经能够独立对对象发生侵害作用。

（三）投放危险物质罪的处罚

根据《刑法》第 114 条、第 115 条的规定，犯本罪，尚未造成严重后果的，处 3 年以上 10 年以下有期徒刑；致人重伤、死亡或者使公私财产遭受重大损失的，处 10 年以上有期徒刑、无期徒刑或者死刑。

八、过失投放危险物质罪

过失投放危险物质罪，是指基于过失投放危险物质，致人重伤、死亡或者使公私财产遭受重大损失的行为。本罪的主体是已满 16 周岁具有刑事责任能力的自然人。

根据《刑法》第 115 条第 2 款的规定，犯本罪的，处 3 年以上 7 年以下有期徒刑；情节较轻的，处 3 年以下有期徒刑或者拘役。

九、以危险方法危害公共安全罪

以危险方法危害公共安全罪，是指使用与放火、决水、爆炸、投放危险物质等危险性相当的其他危险方法，危害公共安全的行为。所谓其他危险方法，是指与放火、决水、爆炸、投放危险物质的危险性相当的危险方法。即一经实施，就可能造成不特定或者多数人的伤亡，或者致使公私财产遭受重大损失。对于其他危险方法，应从以下几个方面理解和认定：⑴ 必须是除放火、决水、爆炸、投放危险物质行为以外的危险方法；⑵ 必须具有与放火、决水、爆炸、投放危险物质相同或者相当的危险性；⑶ 必须危害公共安全。以其他危险方法危害公共安全的行为,可以是作为,也可以是不作为。本罪的主体是已满16周岁具有刑事责任能力的自然人。本罪的主观方面为故意,可以是直接故意,也可以是间接故意。动机如何不影响本罪成立。

根据《刑法》第114条、第115条的规定,犯本罪,尚未造成严重后果的,处3年以上10年以下有期徒刑;致人重伤、死亡或者使公私财产遭受重大损失的,处10年以上有期徒刑、无期徒刑或者死刑。

十、过失以危险方法危害公共安全罪

过失以危险方法危害公共安全罪,是指行为人过失地以与放火、决水、爆炸、投放危险物质等危害性相当的其他危险方法,致人重伤、死亡或使公私财产遭受重大损失,危害公共安全的行为。本罪的主体是已满16周岁具有刑事责任能力的自然人。

根据《刑法》第115条第2款的规定,犯本罪的,处3年以上7年以下有期徒刑;情节较轻的,处3年以下有期徒刑或者拘役。

第二节　破坏公用工具、设施危害公共安全的犯罪

一、破坏交通工具罪

(一) 破坏交通工具罪的概念和构成

破坏交通工具罪,是指破坏火车、汽车、电车、船只、航空器,足以使火车、汽车、电车、船只、航空器发生倾覆、毁坏,尚未造成严重后果或者已经造成严重后果的行为。本罪具有如下构成要件:

1. 本罪的客体是交通运输安全。作为对象的交通工具依法应当是:(1)限于法定的交通工具,即火车、汽车、电车、船只、航空器。(2)正在使用中的交通工具。所谓正在使用中,是指已经交付,投入交通运输期间的,包括运行中的或虽然停靠在车库、码头、机场,但准备随时执行运输任务的交通工具。破坏正在制造中的,或虽已制造完毕但尚未检验出厂,或未交付使用,或正在工厂修理的交通工具,可以相应的犯罪论处。

2. 本罪的客观方面表现为实施破坏交通工具,已经或者足以使交通工具发生倾覆或毁坏危险的行为。所谓破坏,是指对于交通工具整体或者部件的物理性损坏。所谓倾覆,是指车辆倾倒、颠覆,船只翻沉,航空器坠毁等。所谓毁坏,是指采取烧毁、炸毁、坠毁等手段使交通工具完全报废或受到严重破坏,致使其不能行驶或者不能安全行驶。所谓足以使交通工具发生倾覆或毁坏危险,是指虽然没有造成交通工具的倾覆、毁坏,但是,具备使之倾覆、毁坏的现实可能性和危险性。即并不要求交通工具实际上已经发生倾覆、毁坏的结果,只要使交通工具处于倾覆、毁坏的危险状态,即使尚未造成严重的后果,也构成本罪的既遂。至于破坏行为,可以是作为,也可以是不作为。对于破坏行为及方式,法律并没有特别的限制。

在尚未造成严重后果时，如何判断破坏行为是否具有使交通工具发生倾覆、毁坏的危险性？一是看交通工具是否正在使用期间。只有破坏正在使用中的交通工具，才可能危害到公共安全。二是看破坏的方法和部位。破坏交通工具的方法多种多样，但如果以放火、爆炸的危险方法实施，则为想象竞合犯，以放火罪、爆炸罪论处并无不妥，但因关系到公共安全的特定对象，以本罪论处，可以比较充分地体现刑法对这些对象的特别保护。如果以拆卸、打砸的破坏方法实施，则应看破坏的部位，破坏部位的不同，造成的后果可能不同，只有对交通工具的重要装置或部件进行破坏时，才构成本罪。如果破坏的只是一般性辅助设施，不影响行驶安全的，则不构成本罪。对于破坏的结果，涉及专业技术知识时，认定上应当借助有关专家的鉴定意见。

3. 本罪的主体是已满 16 周岁具有刑事责任能力的自然人。

4. 本罪的主观方面是故意。可以是直接故意，也可以是间接故意。故意是指明知破坏行为足以使交通工具发生倾覆、毁坏的危险，并且希望或放任上述结果发生，或者发生倾覆、毁坏的实际结果，动机如何不影响本罪的成立。

（二）破坏交通工具罪的认定

1. 罪与非罪的界限。本罪的罪与非罪的界限主要涉及两点：一是破坏行为在客观上是否具有危害公共安全的性质。行为只要足以使交通工具发生倾覆、毁坏危险，即使尚未造成严重后果，也构成本罪既遂。二是主观上必须具有破坏交通工具的故意，而并非对破坏行为的故意。破坏行为出于故意的，一定意义上可以说对于交通工具的倾覆或毁坏后果也是明知的，但并不意味着都对交通工具发生倾覆或毁坏后果均持希望或者放任态度。因此，必须确认主观上具有破坏交通工具的故意内容。以上两点同时具备，才构成本罪；反之，如果破坏交通工具上的附属设施，如座椅等，不会使交通工具发生倾覆或毁坏的危险，或者主观上出于过失，则不构成本罪。

2. 本罪与放火罪、爆炸罪的界限。从法律规定而言，本罪的对象是法律特别规定的关系公共安全的交通工具，而放火罪、爆炸罪的对象，既然法律没有特别规定，"公私财物"当然可以包括交通工具，但由于刑法对本罪的对象进行了明确规定，可以说已经将交通工具这种特殊的"公私财产"从一般意义上的"公私财产"中分离出来，加以特别的保护。因此，作为放火罪、爆炸罪对象的"其他公私财产"，不应当包括"正在使用中的交通工具"。由于法律对于本罪的破坏手段没有限制性规定，对于使用放火、爆炸危险方法破坏正在使用中的交通工具的，为想象竞合犯，应当按照本罪论处还是以放火罪、爆炸罪论处，理论上还有不同认识。如果交通工具不在使用中，以放火、爆炸方式破坏的，应当以放火罪、爆炸罪论处。

3. 本罪与盗窃罪的界限。由于法律对破坏手段没有限制性规定，交通工具也属于广义上的公私财产，其重要部件可以成为盗窃罪的对象。在窃取交通工具的重要部件，足以使其发生倾覆、毁坏危险时，其行为既符合盗窃罪的构成要件，也符合本罪的构成要件，亦属于想象竞合犯，应以一重罪从重处罚。如对象不属于正在使用中的交通工具，即使窃取了交通工具重要部件，或者虽属正在使用中的交通工具，但是破坏的不是影响交通工具安全运行的部件的，只构成盗窃罪，不构成本罪。

4. 本罪的完成与未完成形态。对于本罪而言，根据《刑法》第 116 条的规定，破坏交通工具的行为，足以使火车、汽车、电车、船只、航空器发生倾覆、毁坏危险，尚未造成严重后果的,即构成犯罪。这就意味着破坏行为即使尚未造成严重后果的,也已经齐备本罪的全部构成要件,构成犯罪既遂,已经实施足以使交通工具发生倾覆或毁坏危险的破坏行为,因为意志以外的原因而被迫停止的,则为未遂。

（三）破坏交通工具罪的处罚

根据《刑法》第 116 条、第 119 条的规定,犯本罪,尚未造成严重后果的,处 3 年以上 10 年以下有期徒刑;造成严重后果的,处 10 年以上有期徒刑、无期徒刑或者死刑。

二、过失损坏交通工具罪

过失损坏交通工具罪,是指过失损坏火车、汽车、电车、船只、航空器,造成上述交通工具倾覆、毁坏严重后果,危害公共安全的行为。

根据《刑法》第 119 条第 2 款的规定,犯本罪的,处 3 年以上 7 年以下有期徒刑;情节较轻的,处 3 年以下有期徒刑或者拘役。

三、破坏交通设施罪

破坏交通设施罪,是指故意破坏轨道、桥梁、隧道、公路、机场、航道、灯塔、标志或者进行其他破坏活动,足以使火车、汽车、电车、船只、航空器发生倾覆、毁坏危险,尚未造成严重后果或已经造成严重后果的行为。本罪的对象是正在使用中的轨道、桥梁、隧道、公路、机场、航道、灯塔、标志以及与保障交通运输安全有关、正在使用中的交通设施。无论采用何种方法破坏,只要足以使交通工具发生倾覆、毁坏危险,就构成本罪既遂。本罪的主体是已满 16 周岁具有刑事责任能力的自然人。

根据《刑法》第 117 条、第 119 条的规定,犯本罪,尚未造成严重后果的,处 3 年以上 10 年以下有期徒刑;造成严重后果的,处 10 年以上有期徒刑、无期徒刑或者死刑。

四、过失损坏交通设施罪

过失损坏交通设施罪,是指过失损坏轨道、桥梁、隧道、公路、机场、航道、灯塔、标志等交通设施,已经造成火车、汽车、电车、船只、航空器倾覆、毁坏的严重后果,危害公共安全的行为。

根据《刑法》第 119 条第 2 款的规定,犯本罪的,处 3 年以上 7 年以下有期徒刑;情节较轻的,处 3 年以下有期徒刑或者拘役。

五、破坏电力设备罪

破坏电力设备罪,是指故意破坏使用中的电力设备,危害公共安全的行为。本罪的对象为正在使用中的电力设备。有些设备,换一个角度看,也同时属于危害公共安全犯罪中其他犯罪的对象,如作为水力发电必需设施的水库、大坝、堤坝,作为火力发电必需设施的油库,作为运输发电必需物资的专用铁路、道路、桥梁、码头等,可以分别是决水罪、破坏交通设施罪、破坏易燃易爆设备罪等的对象。针对直接用于生产和输送电力设备的破坏行为，即使该设备同时也为其他危害公共安全犯罪的对象，根据立法对于特别对象予以保护的精神看，宜以本罪论处，这属于想象竞合犯。对于不属于直接生产和输送电力的辅助设施，破坏并不直接构成对于公共电力安全的危害或威胁的，以相应的其他犯罪论处。本罪的主体是已满16周岁具有刑事责任能力的自然人。

根据《刑法》第118条、第119条的规定，犯本罪，尚未造成严重后果的，处3年以上10年以下有期徒刑；造成严重后果的，处10年以上有期徒刑、无期徒刑或者死刑。

六、过失损坏电力设备罪

过失损坏电力设备罪，是指过失损坏电力设备，造成严重后果，危害公共安全的行为。

根据《刑法》第119条第2款的规定，犯本罪的，处3年以上7年以下有期徒刑；情节较轻的，处3年以下有期徒刑或者拘役。

七、破坏易燃易爆设备罪

破坏易燃易爆设备罪，是指故意破坏燃气设备或者其他易燃易爆设备，危害公共安全的行为。本罪的对象为正在使用中的燃气设备或者其他易燃易爆设备，但不包括易燃易爆物品本身。本罪的主体是已满16周岁具有刑事责任能力的自然人。

根据《刑法》第118条、第119条的规定，犯本罪，尚未造成严重后果的，处3年以上10年以下有期徒刑；造成严重后果的，处10年以上有期徒刑、无期徒刑或者死刑。

八、过失损坏易燃易爆设备罪

过失损坏易燃易爆设备罪，是指过失损坏燃气或者其他易燃易爆设备，造成严重后果，危害公共安全的行为。

根据《刑法》第119条第2款的规定，犯本罪的，处3年以上7年以下有期徒刑；情节较轻的，处3年以下有期徒刑或者拘役。

九、破坏广播电视设施、公用电信设施罪

破坏广播电视设施、公用电信设施罪，是指故意破坏正在使用中的广播电视设施、公用电信设施，危害公共安全的行为。

根据《刑法》第124条第1款的规定，犯本罪的，处3年以上7年以下有期徒刑；造成严重后果的，处7年以上有期徒刑。

十、过失损坏广播电视设施、公用电信设施罪

过失损坏广播电视设施、公用电信设施罪，是指过失毁坏广播电视设施、公用电信设施，

造成严重后果,危害公共安全的行为。

根据《刑法》第 124 条第 2 款的规定,犯本罪的,处 3 年以上 7 年以下有期徒刑;情节较轻的,处 3 年以下有期徒刑或者拘役。

第三节　实施恐怖、危险活动危害公共安全的犯罪

一、组织、领导、参加恐怖活动组织罪

(一) 组织、领导、参加恐怖活动组织罪的概念和构成

组织、领导、参加恐怖活动组织罪,是指组织、领导、参加恐怖活动组织的行为。本罪具有如下构成要件:

1. 本罪的客体为社会的公共安全。由于组织、领导和参加恐怖活动组织以实施恐怖犯罪活动为目的,因此直接威胁到不特定或多数人的生命、健康及财产安全,即社会的公共安全。

2. 本罪的客观方面表现为组织、领导、参加恐怖活动组织的行为。首先,组织、领导、参加的必须是恐怖组织。恐怖组织,是指 3 人以上,以实施恐怖活动为目的,为长期有计划地进行恐怖活动而建立的,严重危害社会安全的犯罪组织。其性质属于我国刑法上规定的犯罪集团。恐怖组织,虽有国际性和国内性的区别,但构成本罪不以国内恐怖组织为限。如果组织、领导、参加的是恐怖组织以外的其他犯罪组织,则不构成本罪,除刑法另有规定的以外,应以组织、领导、参加的该种犯罪的预备论处。其次,必须实施组织、领导、参加的行为。所谓组织,是指召集多人为首发起,或者实施招募、雇用、拉拢、鼓动多人成立恐怖组织的行为。所谓领导,是指对恐怖组织成立后的恐怖活动,实施策划、指挥、布置和协调等行为。领导行为既可以由单个人独立完成,也可由多个人共同实施。参加有积极参加和其他参加之分。所谓积极参加,是指明知恐怖组织的性质,仍积极加入的行为。所谓其他参加,是指明知恐怖组织的性质,仍然加入的行为。两种"参加"的区别在于参加的态度不同。"参加"的成立不以履行一定的手续、仪式为必要条件。只要行为人实施上述行为之一,即可构成本罪。先后或者同时实施两种或两种以上行为的,仍只构成一罪。但是,行为人组织、领导和积极参加恐怖活动组织的同时又实施了杀人、爆炸、绑架等恐怖活动犯罪的,依照数罪并罚的原则处罚。

3. 本罪的主体为已满 16 周岁具有刑事责任能力的自然人。

4. 本罪的主观方面是故意,即故意组织、领导恐怖活动组织,或者明知是恐怖活动组织而参加,其目的是实施恐怖活动,至于动机如何不影响本罪的成立。

(二) 组织、领导、参加恐怖活动组织罪的认定

1. 本罪与组织、领导、参加一般犯罪组织(集团)的界限。二者在客观上都可以表现为组织、领导和参加的行为,主观的罪过形式都是故意。区别主要表现在:

(1) 故意内容不同,即有无实施恐怖活动的目的。

(2) 客观上构成犯罪的条件不同。前者只要实施组织、领导、参加恐怖活动组织的行为，就构成本罪，并以既遂论处；而后者，仅仅实施组织、领导、参加一般犯罪组织（集团）的行为，并没有实施某种具体犯罪的，应当按照某种具体犯罪的预备论处。

2. 一罪与数罪的界限。根据《刑法》第 120 条第 2 款的规定，在组织、领导、参加恐怖活动组织后，又具体实施杀人、爆炸、绑架等犯罪的，构成数罪，应当实行数罪并罚。

（三）组织、领导、参加恐怖活动组织罪的处罚

根据《刑法》第 120 条的规定，犯本罪，组织、领导恐怖活动组织的，处 10 年以上有期徒刑或者无期徒刑，并处没收财产；积极参加的，处 3 年以上 10 年以下有期徒刑，并处罚金；其他参加的，处 3 年以下有期徒刑、拘役、管制或者剥夺政治权利，可以并处罚金。犯本罪并实施杀人、爆炸、绑架等犯罪的，依照数罪并罚的规定处罚。

二、帮助恐怖活动罪

帮助恐怖活动罪，是指以金钱或物资资助恐怖活动组织或者实施恐怖活动的个人，或者资助恐怖活动培训的行为。本罪的客体是社会的公共安全。本罪的对象为恐怖活动组织、实施恐怖活动的个人。资助，是指以金钱或物资帮助恐怖活动组织或者实施恐怖活动的个人，或者资助恐怖活动培训的行为。“资助”就是给予财物帮助[①]，在法律属性上就是帮助行为，因此，资助也应只限于物质资助，包括筹集活动资金，提供活动经费、物资或者活动场所等其他物质便利。无偿资助自不待言，有偿提供的帮助也不影响本罪的认定。资助是否以主动实施为必要？积极地无偿提供资助，说明其主观上对恐怖活动的支持、赞同，应该构成本罪；如果为非主动、非积极的资助，就不排除被胁迫而提供资助，如此，不做任何区别地一概视为犯罪，并非妥当。不得将本罪主体作为恐怖活动犯罪的共犯认定，而应将其视为独立的正犯予以处罚，即“帮助行为正犯化”。虽未直接以金钱、物资资助，但为恐怖活动组织、实施恐怖活动或者恐怖活动培训招募、运送人员的，也构成本罪。该行为在法律属性上是恐怖活动犯罪的预备行为，法律同样因其具有严重的危害性而使之正犯化，不再以恐怖活动犯罪的预备犯认定。只要实施上述行为即构成既遂，至于资助行为发生在恐怖活动犯罪之前还是之后，被资助的组织或个人是否使用其资助的金钱或物资实施恐怖活动，是否成功为恐怖活动培训招募、运送人员，均不影响本罪的认定。本罪的主体为一般主体，单位可为本罪主体。构成本罪，主观上只能出于直接故意。为恐怖活动组织、实施恐怖活动或者恐怖活动培训招募、运送人员的，须以“明知”为条件。

根据《刑法》第 120 条之一的规定，犯本罪的，处 5 年以下有期徒刑、拘役、管制或者剥夺政治权利，并处罚金；情节严重的，处 5 年以上有期徒刑，并处罚金或者没收财产。单位犯本罪的，对单位判处罚金，并对其直接负责的主管人员和其他直接责任人员，依照上述规定处罚。

① 参见中国社会科学院语言研究所词典编辑室编：《现代汉语词典》，商务印书馆 2012 年版，第 1721 页。

三、准备实施恐怖活动罪

准备实施恐怖活动罪，是指为实施恐怖活动犯罪进行犯罪预备的行为。该罪是将犯罪预备行为实行行为化。此处的预备，可以为自己实施恐怖活动预备，也可以为其他人，包括恐怖犯罪组织实施恐怖活动预备，至于为自己还是为他人预备，不影响本罪的认定。本罪只能由直接故意构成。因恐怖犯罪活动具有较大的社会危害性，因此，立法将实施恐怖活动犯罪的下列预备行为规定为实行行为，实施者均为正犯：(1) 为实施恐怖活动准备凶器、危险物品或者其他工具的；(2) 组织恐怖活动培训或者积极参加恐怖活动培训的；(3) 为实施恐怖活动与境外恐怖活动组织或者人员联络的；(4) 为实施恐怖活动进行策划或者其他准备的。只要实施上述行为之一，无论是否促成恐怖活动犯罪的实际实施，均构成犯罪既遂。

根据《刑法》第 120 条之二的规定，犯本罪的，处 5 年以下有期徒刑、拘役、管制或者剥夺政治权利，并处罚金；情节严重的，处 5 年以上有期徒刑，并处罚金或者没收财产。如果犯本罪的同时构成其他犯罪的，依照处罚较重的规定定罪处罚。

四、宣扬恐怖主义、极端主义、煽动实施恐怖活动罪

宣扬恐怖主义、极端主义、煽动实施恐怖活动罪，是指以制作、散发宣扬恐怖主义、极端主义的图书、音频视频资料或者其他物品，或者通过讲授、发布信息等方式宣扬恐怖主义、极端主义或者煽动实施恐怖活动的行为。本罪主体为一般主体，主观罪过只能为直接故意，以宣扬恐怖主义、极端主义或从事恐怖活动为目的。恐怖主义，是指以宣扬进行恐怖活动，破坏社会稳定为宗旨的“理论、学说”；极端主义，是指以视其他宗教为“异教”予以绝对排斥，宣扬进行所谓保卫宗教正统战争的宗教极端思想的“理论、学说”。恐怖主义与极端主义是宣扬进行恐怖活动的“孪子”，二者具有密切联系，但并非承继关系。制作宣扬恐怖主义、极端主义的图书、音频视频资料或者其他物品，散发宣扬恐怖主义、极端主义的图书、音频视频资料或者其他物品的行为，或通过讲授、发布信息等方式宣扬恐怖主义、极端主义或者煽动实施恐怖活动的行为，在本质上都是为实施恐怖活动犯罪进行思想准备，在法律属性上是教唆行为。但实施上述行为，法律不再视为恐怖活动犯罪的教唆行为，而是教唆性质的正犯行为。只要实施上述行为，即认定为既遂。

根据《刑法》第 120 条之三的规定，犯本罪，处 5 年以下有期徒刑、拘役、管制或者剥夺政治权利，并处罚金；情节严重的，处 5 年以上有期徒刑，并处罚金或者没收财产。

五、利用极端主义破坏法律实施罪

利用极端主义破坏法律实施罪，是指利用极端主义煽动、胁迫群众破坏国家法律确立的婚姻、司法、教育、社会管理等制度实施的行为。本罪的主观罪过只能是直接故意，以煽动、胁迫群众破坏国家法律实施、社会管理为目的。本罪的对象为不特定多数人，即“群众”。利用极端主义实施煽动、胁迫，在法律属性上仍然是教唆行为，但实施上述行为，法律不再视

为恐怖活动犯罪的教唆犯，而是教唆性质的正犯行为，只要实施即为既遂。煽动，是指以宣传、鼓动、奖励等方法，挑起听众参与的思想情绪；胁迫，则是对不愿、不想参与者实施精神强制，迫使其参与其中。煽动、胁迫群众参与的具体内容，是破坏国家法律确立的婚姻、司法、教育、社会管理等制度的实施。“法律确定的制度”只是概括规定，应从广义上理解，不限于所列举的国家法律确立的“婚姻、司法、教育、社会管理”制度，而包括国家法律确定的所有对国体、政体、社会、经济、国民等进行管理的制度。至于是否实际造成煽动的结果，胁迫是否达到预期的效果，以及是否在某一区域内导致法律确定的管理活动不能实现，则在所不问。

根据《刑法》第 120 条之四的规定，犯本罪，处 3 年以下有期徒刑、拘役或者管制，并处罚金；情节严重的，处 3 年以上 7 年以下有期徒刑，并处罚金；情节特别严重的，处 7 年以上有期徒刑，并处罚金或者没收财产。

六、强制穿戴宣扬恐怖主义、极端主义服饰、标志罪

强制穿戴宣扬恐怖主义、极端主义服饰、标志罪，是指以暴力、胁迫等方式强制他人在公共场所穿着、佩戴宣扬恐怖主义、极端主义服饰、标志的行为。本罪主观罪过为直接故意。其中，他人是指己身之外的任何自然人，无种族、性别、国籍、宗教信仰等方面的要求。暴力，是指以实施杀害、伤害、殴打等手段，强制他人服从；胁迫，是指以要实施杀害、伤害、殴打的暴力为内容，造成他人精神恐惧，强制他人服从。强制的内容，是迫使他人在公共场所穿着、佩戴宣扬恐怖主义、极端主义服饰、标志。“公共场所”是指“车站、码头、机场、医院、商场、公园、影剧院、展览会、运动场或者其他公共场所。”[①]“宣扬恐怖主义、极端主义服饰、标志”，应根据行为人所宣扬的具体恐怖主义、极端主义确定。

根据《刑法》第 120 条之五的规定，犯本罪，处 3 年以下有期徒刑、拘役或者管制，并处罚金。

七、非法持有宣扬恐怖主义、极端主义物品罪

非法持有宣扬恐怖主义、极端主义物品罪，是指明知是宣扬恐怖主义、极端主义的图书、音频视频资料或者其他物品而非法持有，情节严重的行为。本罪的主观罪过为直接故意，必须明知是宣扬恐怖主义、极端主义的图书、音频视频资料或者其他物品。客观方面表现为非法持有上述物品、资料。至于非法持有的物品、资料的来源，是随身携带物品、资料还是将其藏匿在他处，在所不问。本罪以非法持有“情节严重”为入罪条件，主要是指非法持有数量多、品种多，持有时间长，以及造成恐怖主义、极端主义思想传播等。

根据《刑法》第 120 条之六的规定，犯本罪，处 3 年以下有期徒刑、拘役或者管制，并处或者单处罚金。

---

① 《最高人民法院、最高人民检察院关于办理寻衅滋事刑事案件适用法律若干问题的解释》第 5 条。

八、劫持航空器罪

(一) 劫持航空器罪的概念和构成

劫持航空器罪,是指以暴力、胁迫或者其他方法劫持航空器,危害航空运输安全的行为。劫持航空器罪是一种具有严重社会危害性的国际性犯罪。我国已加入《东京公约》《海牙公约》《蒙特利尔公约》。为协调国内法与公约的关系,履行我国在国际公约中承诺的义务,刑法规定了劫持航空器罪。本罪具有如下构成要件:

1. 本罪的客体为航空运输的公共安全,即不特定或多数乘客的生命、财产及航空器的安全,也就是国际或国内民用航空运输的公共安全。本罪的对象为正在使用中的航空器。如果劫持非使用中的航空器,因不可能危及航空运输安全,不能构成本罪。所谓"使用中"的航空器,根据《蒙特利尔公约》第 2 条第 2 款的规定,是指航空器从地面人员或机组人员为某一次飞行而进行航空器飞行前准备时起,到任何降落后 24 小时止,使用期在任何情况下都应延长到本条第 1 款所定义的航空器在飞行中的整个期间。本条第 1 款规定,航空器从装载完毕,机舱外部各门均已关闭时起,到打开任何一扇机舱门以卸载时止,均应被认为在飞行中。航空器被迫降落时,在主管当局接管该航空器及机上人员与财产责任以前,均应被视为仍在飞行中。航空器,主要是指飞机,与航空器所属公司的国籍无关。同时,本罪的航空器是专指民用航空器。凡用于军事、海关或警察部门的航空器,根据相关国际公约,属于"国家航空器"。我国参加的相关国际公约,均有不适用于国家航空器的规定。劫持国家航空器,同样具有严重的危害性,但不能构成本罪。目前,我国只有《刑法》第 430 条第 2 款有军人驾驶航空器叛逃的规定,而非军人劫持国家航空器应如何定罪,尚无明文规定,有待立法予以完善。劫持航空器作为恐怖袭击的犯罪工具的,对航空器不应作限制,应包括国家航空器在内,此时构成恐怖活动犯罪,不再视为本罪。

2. 本罪的客观方面表现为以暴力、胁迫或者其他方法劫持航空器,危害航空运输安全的行为。所谓劫持,是指以暴力、胁迫或者其他方法,强迫航空器驾驶人员、操作人员服从自己的意志,并控制航空器的行为。劫持航空器的行为方法为暴力、胁迫或者其他方法。所谓暴力,是指非法对人身或者物体行使有形的物理力,既包括对驾驶人员、操作人员或机上其他人员实施袭击或其他身体强制,如杀害、杀伤、殴打、捆绑、禁闭等使其不能反抗,被迫服从其指挥,也包括行为人亲自驾驶、控制航空器的行为。所谓胁迫,是指对被害人实施的精神强制,即以毁坏飞机、杀害人质等暴力相威胁,使驾驶人员、操作人员或机上其他人员不敢反抗,控制航空器的行为。所谓其他方法,是指使用暴力、威胁方法以外的手段使驾驶人员、操作人员不能反抗、不知反抗,控制航空器的行为,如使用麻醉药物麻醉、致昏的方法使机组人员不能抗拒或不知抗拒,从而控制航空器。至于上述手段是否达到实际效果,则在所不问。使用教唆、引诱的方法使驾驶人员、地面上其他操纵人员,或者地面上其他人员与其共同劫持航空器等,同样构成本罪。

3. 本罪的主体为已满 16 周岁具有刑事责任能力的自然人。

4. 本罪的主观方面必须是直接故意,主观上具有强行控制航空器的目的,间接故意不可能构成本罪。至于动机如何不影响本罪的成立。

（二）劫持航空器罪的认定

1. 本罪的完成与未完成形态。实践中，行为人企图劫持航空器而在着手时即被制服的案例是客观存在的，如果作为犯罪既遂认定，不恰当。因此，还应以行为人实施的劫持行为达到实际控制航空器的目的为本罪既遂的标准。行为人在着手实施劫持行为后，由于意志以外的原因未能达到实际控制状态的，为犯罪未遂。如果着手劫持行为后已经在一段时间内控制了航空器，但由于意志以外的原因最终又被反控制而未能得逞的，也应当以犯罪既遂论处。

2. 本罪与破坏交通工具罪的界限。交通工具包括航空器，当行为对象均为航空器，并使航空器遭到破坏时，容易发生混淆。区别主要体现在两个方面：一是犯罪目的。前者的犯罪目的是按照自己的意志，强行控制航空器；后者的犯罪目的是将航空器本身加以毁坏。而且，本罪在主观上只能出于犯罪的直接故意；而后者在主观上可以表现为直接故意，也可以是间接故意，所以，即使都为直接故意，主观上犯罪故意的内容也不一致。二是行为的表现。本罪是使用暴力、胁迫或其他方法劫持航空器；而后者则是用一定的方法将航空器毁坏。因此，在劫持航空器过程中使航空器遭到破坏，即使导致航空器具有倾覆、毁坏危险的，也只能以本罪论处，不能实行数罪并罚。

（三）劫持航空器罪的处罚

根据《刑法》第 121 条的规定，犯本罪的，处 10 年以上有期徒刑或者无期徒刑；致人重伤、死亡或者使航空器遭受严重破坏的，处死刑。

九、劫持船只、汽车罪

劫持船只、汽车罪，是指以暴力、胁迫或者其他方法劫持船只、汽车，危害公共安全的行为。本罪的对象只限于正在使用中的船只和汽车，劫持其他交通工具，不能构成本罪。只要实施了劫持船只、汽车的行为，就构成犯罪既遂，不要求造成严重后果。所谓劫持，是指以暴力、胁迫或者其他方法，强迫船只、汽车的驾驶人员、操作人员服从自己的意志，并控制船只、汽车的行为。行为既可以表现为“夺取”上述交通工具，也可以表现为迫使船只、汽车的驾驶人员服从行为人的意志运行等。劫持的方法，主要是暴力、胁迫或者其他方法。本罪的主体为已满 16 周岁具有刑事责任能力的自然人。

根据《刑法》第 122 条的规定，犯本罪的，处 5 年以上 10 年以下有期徒刑；造成严重后果的，处 10 年以上有期徒刑或者无期徒刑。

十、暴力危及飞行安全罪

暴力危及飞行安全罪，是指对飞行中的航空器上的人员使用暴力，危及飞行安全，尚未造成严重后果或已经造成严重后果的行为。本罪的对象是飞行中的航空器上的人员，并不是指航空器本身。其中，“人员”包括航空器上的机组人员及其他人员。本罪的客观行为手段只限于使用“暴力”，单纯的威胁行为不能构成本罪。至于行为是否对飞行安全构成威胁，应当根据是否严重影响航空器驾驶人员对航空器飞行的控制，即根据航空器驾驶人员自身的驾驶经验来判断，而不应当以航空器上的其他人员的感觉作为依据。

根据《刑法》第 123 条的规定，犯本罪的，尚未造成严重后果的，处 5 年以下有期徒刑或者拘役；造成严重后果的，处 5 年以上有期徒刑。

第四节 违反枪支、弹药、爆炸物管理规定危害公共安全的犯罪

一、非法制造、买卖、运输、邮寄、储存枪支、弹药、爆炸物罪

（一）非法制造、买卖、运输、邮寄、储存枪支、弹药、爆炸物罪的概念和构成

非法制造、买卖、运输、邮寄、储存枪支、弹药、爆炸物罪，是指违反法律规定，制造、买卖、运输、邮寄、储存枪支、弹药、爆炸物的行为。本罪具有如下构成要件：

1. 本罪的客体是社会的公共安全。对象必须是枪支、弹药、爆炸物。枪支，通常是指《中华人民共和国枪支管理法》（简称《枪支管理法》）规定的以火药或者压缩气体等为动力，利用管状器具发射金属弹丸或者其他物质，足以致人伤亡或者丧失知觉的各种枪支。弹药，是指上述枪支所用的弹药。爆炸物，是指《民用爆炸物品安全管理条例》规定的各类炸药、雷管、导火索、导爆索、非电导爆系统、起爆药、爆破剂等，当然也包括各种军用爆炸物品。目前关于本罪对象的具体范围是否包括气枪，爆炸物是否包括烟花爆竹，还有不同的认识。

2. 本罪的客观方面表现为非法制造、买卖、运输、邮寄、储存枪支、弹药、爆炸物的行为。所谓非法制造，是指违反国家规定，制造枪支、弹药、爆炸物的行为。既包括用机器成批生产，也包括用手工制作。制造包括制作、组装、修理、改装和拼装上述物品，不论是否制造成功，也不论为了自用还是非法出售，均可构成本罪。所谓非法买卖，是指违反国家规定，未经国家有关部门批准，以金钱或实物作价，私自购买或者销售枪支、弹药、爆炸物的行为。买卖包括购买和销售两种具体行为，但只要实施其中一种行为，即可构成犯罪；实施两种行为的，在法律上只认定为一个非法买卖行为。所谓非法运输，是指违反国家规定，未经国家有关部门批准，转送枪支、弹药、爆炸物的行为。其形式可以是陆运、水运、空运，也可随身携带，但空间范围只应限于国内。如运输地域涉及进出国（边）境，则应当构成走私枪支、弹药罪而非本罪。所谓非法邮寄，是指违反国家法律规定，以包裹邮件货物形式邮运枪支、弹药、爆炸物的行为。邮寄的空间范围只应限于国内，如果对枪支、弹药、爆炸物的非法邮寄涉及进出国（边）境，则应当构成走私枪支、弹药罪而非本罪。所谓非法储存，是指明知是他人非法制造、买卖、运输、邮寄的枪支、弹药而为其存放的行为，或者非法存放爆炸物的行为。至于枪支、弹药、爆炸物是否为行为人非法所有，非法储存的场所如何，不影响本罪成立。行为人只要实施了上述行为之一，即可构成本罪；如果行为人同时实施了其中两种以上的行为，也只构成一罪，不实行数罪并罚。

3. 本罪的主体为已满 16 周岁具有刑事责任能力的自然人和单位。

4. 本罪的主观方面是故意，即明知是枪支、弹药、爆炸物而非法制造、买卖、运输、邮寄

或储存。如果被蒙骗、利用，不知是枪支、弹药、爆炸物而实施了上述行为，不能构成本罪。

（二）非法制造、买卖、运输、邮寄、储存枪支、弹药、爆炸物罪的认定

1. 本罪的完成与未完成形态。对于本罪的犯罪形态，理论上还有不同的认识，通说认为属于行为犯，以行为实行达到一定的程度，作为犯罪既遂的标准。即行为人只要着手实施非法制造、买卖、运输、邮寄、储存枪支、弹药、爆炸物的行为，无论制造是否完成、买卖是否成交、运输是否到达目的地、邮寄是否送达目的地，就构成犯罪既遂。应根据具体行为实行达到的程度及行为的构成特征，认定犯罪完成与未完成形态。

2. 本罪与非法持有、私藏枪支、弹药罪的界限。当行为对象均为枪支、弹药时，两罪易混淆。应有证据表明不是因非法制造、买卖、运输枪支、弹药等犯罪活动（包括盗窃、抢夺、抢劫枪支、弹药的犯罪活动）而持有、私藏的枪支、弹药，否则，应当构成本罪，而不构成非法持有、私藏枪支、弹药罪。

（三）非法制造、买卖、运输、邮寄、储存枪支、弹药、爆炸物罪的处罚

根据《刑法》第 125 条的规定，犯本罪的，处 3 年以上 10 年以下有期徒刑；情节严重的，处 10 年以上有期徒刑、无期徒刑或者死刑。单位犯本罪的，对单位判处罚金，并对其直接负责的主管人员和其他直接责任人员，依照上述规定处罚。

二、非法制造、买卖、运输、储存危险物质罪

非法制造、买卖、运输、储存危险物质罪，是指非法制造、买卖、运输、储存毒害性、放射性、传染病病原体等物质，危害公共安全的行为。本罪为选择性罪名。本罪的对象是毒害性、放射性、传染病病原体等危险物质。本罪的主体可以是自然人，也可以是单位。

根据《刑法》第 125 条的规定，犯本罪的，处 3 年以上 10 年以下有期徒刑；情节严重的，处 10 年以上有期徒刑、无期徒刑或者死刑。单位犯本罪的，对单位判处罚金，并对其直接负责的主管人员和其他直接责任人员，依照上述规定处罚。

三、违规制造、销售枪支罪

违规制造、销售枪支罪，是指依法被指定、确定的枪支制造企业、销售企业，违反枪支管理规定，以非法销售为目的，超过限额或者不按照规定的品种制造、配售枪支，或者制造无号、重号、假号的枪支，或者非法销售枪支，或者在境内销售为出口制造的枪支的行为。本罪的对象为枪支。本罪的客观方面表现为：⑴ 以非法销售为目的，超过限额或者不按照规定的品种制造、配售枪支。⑵ 以非法销售为目的，制造无号、重号、假号的枪支。⑶ 非法销售枪支或者在境内销售为出口制造的枪支。所谓境内，是指我国政府能够行使关境管辖权的地区，不包括国境以内尚不能行使关境管辖权的地区。如果将为出口制造的枪支销售到尚不能行使关境管辖权的地区（如我国台湾地区），虽然仍然是在国内销售，但不构成本罪，应当构成走私武器、弹药罪。具有上述行为之一，即构成本罪。实施上述三种行为的，也只构成一罪，不实行数罪并罚。本罪的主体只能是单位，即依法被指定、确定的枪支制造、销售企

业。个人或者非被指定的企业制造、销售枪支的,构成非法制造、买卖、储存枪支、弹药罪,不构成本罪。

根据《刑法》第 126 条的规定,犯本罪的,对单位判处罚金,并对其直接负责的主管人员和其他直接责任人员,处 5 年以下有期徒刑;情节严重的,处 5 年以上 10 年以下有期徒刑;情节特别严重的,处 10 年以上有期徒刑或者无期徒刑。

四、盗窃、抢夺枪支、弹药、爆炸物、危险物质罪

盗窃、抢夺枪支、弹药、爆炸物、危险物质罪,是指以非法占有为目的,秘密窃取或者公然夺取枪支、弹药、爆炸物、危险物质,危害公共安全的行为。本罪虽然是选择性罪名,但对于分别实施盗窃、抢夺枪支、弹药、爆炸物、危险物质行为的,应当实行数罪并罚。但也有学者认为应以本罪处罚,不实行数罪并罚。本罪的主体是已满 16 周岁具有刑事责任能力的自然人。

根据《刑法》第 127 条的规定,犯本罪的,处 3 年以上 10 年以下有期徒刑;情节严重的,处 10 年以上有期徒刑、无期徒刑或者死刑。盗窃、抢夺国家机关、军警人员、民兵的枪支、弹药、爆炸物的,处 10 年以上有期徒刑、无期徒刑或者死刑。

五、抢劫枪支、弹药、爆炸物、危险物质罪

抢劫枪支、弹药、爆炸物、危险物质罪,是指以非法占有为目的,当场使用暴力、胁迫或者其他方法,强行劫夺枪支、弹药、爆炸物、危险物质,危害公共安全的行为。本罪的客体是社会的公共安全和枪支、弹药、爆炸物、危险物质所有者、持有者、保管者的人身权利,属于复杂客体。与复杂客体相对应,本罪的对象:一是枪支、弹药、爆炸物、危险物质。二是枪支、弹药、爆炸物、危险物质所有者、持有者、保管者。本罪的主体为已满 16 周岁具有刑事责任能力的自然人。

根据《刑法》第 127 条第 2 款的规定,犯本罪的,处 10 年以上有期徒刑、无期徒刑或者死刑。

六、非法持有、私藏枪支、弹药罪

非法持有、私藏枪支、弹药罪,是指根据证据尚不能认定构成其他涉及枪支、弹药犯罪或者窝藏、转移、收购、销售赃物罪而非法持有、私藏枪支、弹药的行为。本罪对象是枪支、弹药,包括各种公务用枪、民用枪支及其弹药(包含军用爆炸物)。非法持有,是指根据国家关于枪支管理方面的规定,不具备配枪资格而持有枪支、弹药。私藏,是指不具备配枪、用枪资格,应当上交而私自藏匿枪支、弹药的行为。非法持有、私藏枪支、弹药的行为,应当是在根据证据尚不能认定为其他涉及枪支、弹药犯罪的情况下,或者查明上游行为不是犯罪的非法持有、私藏。如证据已证实是通过上列犯罪活动而持有、私藏,自应以相应犯罪论处,不构成本罪,也不实行数罪并罚。

根据《刑法》第 128 条第 1 款的规定,犯本罪的,处 3 年以下有期徒刑、拘役或者管制;

情节严重的,处3年以上7年以下有期徒刑。

七、非法出租、出借枪支罪

非法出租、出借枪支罪,是指依法配备公务用枪的人员或者其单位,违反枪支管理规定,非法出租、出借枪支;依法配置枪支的人员或者其单位,违反枪支管理规定,非法出租、出借枪支,造成严重后果的行为。本罪为选择性罪名。本罪的对象为公务用枪。所谓非法出租,是指违反枪支管理规定,将自己或者单位配备的公务用枪、自己或者单位配置的民用枪支有偿租给个人或者单位使用的行为。所谓非法出借,是指违反枪支管理规定,将自己或者单位配备的公务用枪、自己或者单位配置的民用枪支无偿借给个人或者单位使用的行为。包括将公务用枪用作借债质押物,使枪支处于非依法持枪人的控制、使用之下的情形。[①] 由于合法持有枪支的类型、用途有一定的区别以及主体不同,本罪有不同的构成犯罪要件。具体说,依法配备公务用枪的人员或者其单位,只要具有违反枪支管理规定,非法出租、出借枪支的行为即构成犯罪。而依法配置枪支的人员或者其单位,违反枪支管理规定,非法出租、出借配置枪支的,以造成严重后果为犯罪成立的条件。所谓严重后果,从立法看,主要是指:造成出租、出借的枪支丢失;租赁枪支的人或借得枪支的人利用该枪支实施违法犯罪活动;租赁枪支的个人或单位、借得枪支的个人或单位因为过失而造成重大人员伤亡事故。本罪的主体是特殊主体,为依法配备公务用枪的人员或者单位和依法配置民用枪支的人员或者单位。

根据《刑法》第128条的规定,犯本罪的,处3年以下有期徒刑、拘役或者管制;情节严重的,处3年以上7年以下有期徒刑。单位犯本罪的,对单位判处罚金,并对其直接负责的主管人员和其他直接责任人员,依照上述规定处罚。

八、丢失枪支不报罪

丢失枪支不报罪,是指依法配备公务用枪的人员,违反枪支管理规定,丢失枪支不及时报告,造成严重后果的行为。本罪的对象是依法配备的公务用枪,不包括其他枪支。本罪的主体是特殊主体,即依法配备公务用枪的人员。关于本罪的主观方面,理论上认识不一致。主要有过失说、间接故意说和复杂罪过说三种观点。本书认为,丢失枪支不报罪首先要求行为人主观上有故意(或过失)的心理,这是第一个层次。第二个层次要求行为人对造成的严重后果,即危害结果主观上必须具有罪过。对严重后果而言,其罪过形式应当属于过失。

根据《刑法》等129条的规定,犯本罪,造成严重后果的,处3年以下有期徒刑或者拘役。

九、非法携带枪支、弹药、管制刀具、危险物品危及公共安全罪

非法携带枪支、弹药、管制刀具、危险物品危及公共安全罪,是指违反有关规定,非法携带枪支、弹药、管制刀具或者爆炸性、易燃性、放射性、毒害性、腐蚀性物品,进入公共场

① 参见《最高人民检察院关于将公务用枪用作借债质押的行为如何适用法律问题的批复》。

所或者公共交通工具,危及公共安全,情节严重的行为。本罪的对象是枪支、弹药、管制刀具或者法律规定的危险物品。本罪的客观方面包括以下内容:(1) 具有非法携带行为。所谓携带,是指随身带有。至于是公开携带还是在其他物品中夹带,不影响认定。(2) 必须进入法律规定的特定场合,即携带进入公共场所或者公共交通工具。(3) 必须危及公共安全,并且情节严重。所谓危及公共安全,是指行为具有严重危及不特定或多数人的生命、健康安全以及重大公私财产的安全的现实危险性。所谓情节严重,主要是指:经常携带屡教不改的;携带危险物品数量大的;携带的危险物品危险性高的;在公众活动高峰期携带的等。

根据《刑法》第 130 条的规定,犯本罪,情节严重的,处 3 年以下有期徒刑、拘役或者管制。

第五节　过失造成重大事故危害公共安全的犯罪

一、重大飞行事故罪

重大飞行事故罪,是指航空人员违反规章制度,致使发生重大飞行事故,造成严重后果的行为。本罪的客观方面包括:(1) 行为人必须实施了违反规章制度的行为。所谓违反规章制度,是指违反保障航空器飞行安全管理的各种规章制度规定的注意义务,包括航空主管部门制定的保障飞行安全的各种规范性文件规定的保障航空器飞行安全应当履行的注意义务。但应根据不同的航空人员,确定具体违反的是何种具体的规章制度。至于违章行为是作为还是不作为,不影响认定。(2) 必须因此发生重大飞行事故,造成严重后果。所谓重大飞行事故,是指航空器在飞行中基于人为原因发生的事故。所谓严重后果,是指使航空器或航空设施受到严重损坏,航空器上有较多的人员受重伤、公私财产遭受重大损失等。(3) 重大飞行事故,必须是由行为人违反保障飞行安全规章制度的行为引起的,即要求违章行为与发生的严重后果之间具有刑法上的因果关系。本罪的主体为特殊主体,即航空人员。航空人员,是指《中华人民共和国民用航空法》(简称《民用航空法》)第 39 条规定的航空人员,包括空勤人员和地面人员。非航空人员违反有关保障航空器飞行安全的规定,造成重大损失的,不构成本罪,但可构成其他犯罪。

根据《刑法》第 131 条的规定,犯本罪,造成严重后果的,处 3 年以下有期徒刑或者拘役;造成飞机坠毁或者人员死亡的,处 3 年以上 7 年以下有期徒刑。

二、铁路运营安全事故罪

铁路运营安全事故罪,是指铁路职工违反规章制度,致使发生铁路运营安全事故,造成严重后果的行为。本罪的客观方面包括:(1) 必须实施了违反规章制度的行为。违反规章制度,是指违反作为保障铁路运营安全管理的各种规章制度规定的注意义务。违规的行为可以是作为,也可以是不作为。(2) 必须因违规而发生重大运营安全事故,造成严重后果。本罪的主体是特殊主体,只限于铁路职工。铁路职工即具体从事铁路运营业务、与保障列车运营安全有直接关系的人员。

根据《刑法》第 132 条的规定,犯本罪的,处 3 年以下有期徒刑或者拘役;造成特别严重后果的,处 3 年以上 7 年以下有期徒刑。

三、交通肇事罪

(一) 交通肇事罪的概念和构成

交通肇事罪,是指违反交通运输管理法规,发生重大事故,致人重伤、死亡或者使公私财产遭受重大损失的行为。本罪具有如下构成要件:

1. 本罪的客体是交通运输安全。"交通运输"从一般意义上说,包括铁路、公路、水上、航空、管道(石油、天然气)运输。由于刑法对在铁路、航空运输中因特殊主体违规而发生的重大责任事故,单独规定了犯罪,因此,本罪中的重大事故,主要指发生在航空、铁路运输以外的陆路交通运输和水路交通运输中的重大交通事故,对特定主体在航空运输和铁路运营中发生的重大交通责任事故,应按刑法有关的条款定罪。但是,非特定主体在铁路运输、航空运输中违反保障铁路运营安全、飞行安全的规章制度导致严重后果的,可以构成交通肇事罪。交通运输安全,是指交通运输工具、交通设施的安全以及不特定或多数人的生命、健康和重大公私财产的安全。

驾驶机动性的大中型交通运输工具肇事构成犯罪是没有疑问的。然而,对使用非机动性的交通运输工具从事交通运输活动是否可以构成本罪,理论和实践中都存在不同的认识。第一种持肯定说。第二种持否定说。第三种持折中说,认为应根据场合具体分析,即如果驾驶非机动性交通运输工具的行为具有危害公共安全的性质,就可以构成本罪;反之,不具有危害公共安全性质的,则只能按照其他犯罪论处。① 本书认为折中说是合理的。

2. 本罪的客观方面表现为违反交通运输管理法规,发生重大事故,致人重伤、死亡或者使公私财产遭受重大损失的行为。具体包括以下内容:(1) 在交通运输过程中,必须有违反交通运输管理法规的行为,这是交通肇事的原因,也是构成本罪的前提条件。违反规章制度,是指违反作为保障交通运输安全管理的各种规章制度规定的注意义务。所谓交通运输管理法规,是指国家交通运输主管部门为了保障交通运输的安全而作出的各种行政法规、规定,包括交通运输主管部门制定的保障交通运输安全运营的各种规范性文件。违规的行为可以表现为作为,也可表现为不作为。(2) 违反交通运输管理法规的行为必须造成重大事故,导致重伤、死亡或者公私财产重大损失的严重后果,即违章行为必须与严重后果之间具有刑法上的因果关系。虽有违章行为,但未造成上述严重后果的,或虽发生了严重后果,但不是由违章行为引起的,均不构成本罪。

目前,我国刑法理论对水上交通肇事犯罪的研究较为薄弱,对交通肇事罪的研究多集中在道路交通肇事,但水上交通肇事同样不应该忽视。水上交通肇事的管辖、因果关系、责任认定,均与道路交通肇事的认定有诸多不同,研究方法和研究视角上也有所区别。所以,对水上交通肇事应该给予足够的重视。

3. 本罪的主体为已满 16 周岁具有刑事责任能力的自然人,系一般主体。实践中主要是从事交通运输的人员。此外,《最高人民法院关于审理交通肇事刑事案件具体应用法律

① 参见张明楷:《刑法学》,法律出版社 2003 年版,第 566 页;赵秉志主编:《刑法争议问题研究》(下卷·刑法各论),河南人民出版社 1996 年版,第 112~114 页。

若干问题的解释》(简称《交通肇事案件解释》)第 7 条规定:“单位主管人员、机动车辆所有人或者机动车辆承包人指使、强令他人违章驾驶造成重大交通事故,具有本解释第二条(关于构成交通肇事罪的规定——引者注)规定情形之一的,以交通肇事罪定罪处罚。”所以,上述人员即使行为人肇事时不在现场,也可能构成本罪。

4. 本罪的主观方面是过失,可以是疏忽大意的过失,也可以是过于自信的过失。这里的过失是就行为人对所造成的严重后果的心理态度而言的,至于对违反交通运输管理法规本身,则可能是明知故犯。如果行为人主观上对于造成严重后果是出于犯罪故意的心理态度,则应当以故意杀人罪、故意伤害罪、破坏交通工具罪、破坏交通设施罪或者其他相应犯罪论处,不构成本罪。

(二) 交通肇事罪的认定

1. 罪与非罪的界限。

第一,本罪与一般交通事故的界限。二者区别在于发生的事故是否重大,本罪以发生重大事故为构成要件,有违章行为但未造成重大事故的,不以本罪论处。根据《交通肇事案件解释》第 2 条的规定,“重大事故”的基本标准是:(1) 死亡 1 人或者重伤 3 人以上,负事故全部或者主要责任的;(2) 死亡 3 人以上,负事故同等责任的;(3) 造成公共财产或者他人财产直接损失,负事故全部或者主要责任,无能力赔偿数额在 30 万元以上的。交通肇事致 1 人以上重伤,负事故全部或者主要责任,并具有下列情形之一的,以交通肇事罪定罪处罚:(1) 酒后、吸食毒品后驾驶机动车辆的;(2) 无驾驶资格驾驶机动车辆的;(3) 明知是安全装置不全或者安全机件失灵的机动车辆而驾驶的;(4) 明知是无牌证或者已报废的机动车辆而驾驶的;(5) 严重超载驾驶的;(6) 为逃避法律追究逃离事故现场的。

第二,本罪同交通事故中意外事件的界限。区别二者的关键在于查明行为人对所造成的重大事故在主观上是否有过失,本罪在主观方面表现为过失,如果不是由于行为人的过失,而是由于不能预见的原因造成重大事故的,不构成本罪。

2. 本罪与重大飞行事故罪、铁路运营安全事故罪的界限。本罪与重大飞行事故罪、铁路运营安全事故罪同属重大交通肇事的犯罪,客体均为交通运输安全,主观上也都出于过失,客观上也都以违反保障交通运输安全管理的规章制度并造成严重后果为要件。其区别主要是:

(1) 主体不同。本罪主体为一般主体;后两罪主体为特殊主体,分别为航空人员与铁路职工,其他自然人不能构成这两种犯罪。

(2) 发生的场合不同。本罪主要发生在公路、水路交通运输过程中(一般主体在公路、水路以外的交通运输领域可以构成交通肇事罪);后两罪分别发生在航空运输与铁路运输领域。

(3) 违反的具体注意义务不同。本罪行为人违反的注意义务根据运输领域的不同(公路、水上)而不同,可以是特定的注意义务,也可以是一般的注意义务;后两罪违反的只限于航空运输、铁路运输领域内特定的注意义务。

(三) 交通肇事罪的处罚

根据《刑法》第 133 条的规定,犯本罪的,处 3 年以下有期徒刑或者拘役;交通运输肇事后逃逸或者有其他特别恶劣情节的,处 3 年以上 7 年以下有期徒刑;因逃逸致人死亡的,处 7 年以上有期徒刑。

《交通肇事案件解释》第 5 条第 1 款规定："'因逃逸致人死亡'，是指行为人在交通肇事后为逃避法律追究而逃跑，致使被害人因得不到救助而死亡的情形。"目前，理论上对"交通肇事后逃逸"和"因逃逸致人死亡"的规定，还存在不同认识。

四、危险驾驶罪

(一) 危险驾驶罪的概念和构成

危险驾驶罪，是指在不能保障交通运输活动安全情况下，在道路上驾驶机动车，危及公共安全的行为。本罪只限于在公路交通领域内构成的犯罪。

1. 本罪的客体，是公路交通运输安全、参与交通活动的人身及其他公共设施的安全。

2. 本罪客观方面，表现为在不能保障交通安全条件下在道路上驾驶机动车，危及公共安全的行为。

(1) 道路，是指《道路交通安全法》所规定的区域，即公路、城市道路和虽在单位管辖范围内但允许社会机动车通行的地方，包括广场、公共停车场等用于公众通行的场所。在非公共道路的旷野、沙漠、戈壁等地方，即便有危险驾驶行为，也不能以本罪论处。

(2) 本罪客观上实施了以下行为：

第一，"追逐竞驶"，即俗语中的"飙车"行为，亦作"飚车"。现代社会中，除车辆的竞技比赛之外，"飙车"是指以行驶速度标志"胆识"和技术的另类体现的自我冒险行为，是自我价值的变相体现，虽然以自我冒险为内容，但同时可能以牺牲他人生命、健康为代价。追逐竞驶是否以两车以上竞相追逐为条件？对此有不同理解。本罪中，严重超过规定时速行驶也是危险驾驶行为，因此，如只是一车，可能符合严重超过规定时速行驶的情况，应该视为与追逐竞驶有竞合之处。因此，以道路上其他行驶中的机动车为"想象"的对手，表现"车技"的"竞驶"也应该以追逐竞驶论。即便单方追逐竞驶发生事故但未造成死亡，同样应承担刑事责任。所以，从追逐竞驶入罪的意义上看，追逐竞驶是指在道路上，以同向而行或与己有关的其他车辆为竞争目标，追逐行驶，可以包括在道路上进行汽车驾驶"计时赛"，或者若干车辆在同时行进中互相追赶，进行竞技或者竞驶，或者单纯为表现自己车技竞驶的行为。追逐竞驶，既包括超过限定时速的追逐竞驶，也包括未超过限定时速的追逐竞驶。追逐竞驶以"情节恶劣"为入罪条件。情节恶劣，主要是指长时间追逐竞驶、长时间超速行驶，经交管机构纠正违法行为但屡教不改，熟视无睹，辱骂、袭击执勤人员（与妨害公务罪有竞合关系，可以以妨害公务罪论处），造成他人发生交通事故，等等。

第二，"醉酒驾驶机动车"，俗称"醉驾"行为。何为"醉驾"？各国标准不尽一致。我国根据国家质量监督检验检疫总局 2004 年 5 月 31 日发布的《车辆驾驶人员血液、呼气酒精含量阈值与检验》（GB 19522—2010）的规定，驾车者血液中酒精含量的浓度在每 100 毫升 20 毫克至 80 毫克属酒后驾驶行为，每 100 毫升酒精含量的浓度大于或者等于 80 毫克为醉酒驾驶行为。醉酒的标准为客观标准，不允许因人而异，而以实际上是否丧失驾驶能力为标准。醉酒驾驶机动车入罪，与酒后驾驶机动车肇事入罪不同，在认定中应该区别两者。

第三，"从事校车业务或者旅客运输，严重超过额定乘员载客，或者严重超过规定时速行驶"，是指从事特定运输业务，不遵守安全运输规定，在危及乘客安全的情况下，驾驶机动车的行为,具体包括严重超过额定乘员载客,或者严重超过规定时速行驶。对于何谓“严重超过额定乘员载客”[①],公安部发布的《严重超员、严重超速危险驾驶刑事案件立案标准(试行)》第2条规定,在道路上驾驶机动车从事校车业务或者公路客运、旅游客运、包车客运,有下列严重超过规定时速行驶情形之一的,可以立案侦查:(1)在高速公路、城市快速路上行驶,超过规定时速50%以上且行驶时速达到90公里以上;(2)在高速公路、城市快速路以外的道路上行驶,超过规定时速100%以上,且行驶时速达到60公里以上的;(3)通过铁路道口、急弯路、窄路、窄桥或者在冰雪、泥泞的道路上行驶,或者掉头、转弯、下陡坡,以及遇雾、雨、雪、沙尘、冰雹等低能见度气象条件时,超过规定时速50%以上,且行驶时速达到30公里以上的;(4)通过傍山险路、连续下坡、连续急弯等事故易发路段,超过规定时速50%以上,且行驶时速达到30公里以上的。对于“严重超过规定时速行驶”,该《标准(试行)》第1条规定,在道路上驾驶机动车从事校车业务或者公路客运、旅游客运、包车客运,有下列严重超过额定乘员载客情形之一的,可以立案侦查:(1)驾驶大型载客汽车,载客超过额定乘员50%以上或者超过额定乘员15人以上的;(2)驾驶中型载客汽车,载客超过额定乘员80%以上或者超过额定乘员10人以上的;(3)驾驶小型、微型载客汽车,载客超过额定乘员100%以上或者超过额定乘员7人以上的。上述标准虽是立案标准且还在试行过程中,但在实务中仍然可以作为重点参考的依据。应当指出的是,上述标准针对人员的交通运输活动,不包括针对货物的交通运输活动以及客货混运情况,[②] 而且,“严重超过额定乘员载客”“严重超过规定时速行驶”具备其一即可,无须同时具备。

第四,“违反危险化学品安全管理规定运输危险化学品,危及公共安全”,是指违反保障运输化学品安全管理规定,通过道路承运危险化学品,危及公共安全的行为。危险化学品的运输,均存在一定的危险性,故此,对运输危险化学品,国家规定了保障运输安全的相关规章制度,包括承运方资质的条件,承运方运输车辆的安全设施、设备,等等。违反管理规定,既包括不具有运输资质而承运危险化学品,也包括虽然有运输资质,但不遵守运输中保障运输安全的规定,运输危险化学品。“危及公共安全”是指违反运输安全管理规定,不具备运输安全保障条件,对公共安全构成威胁。当然,即便没有违反危险化学品安全管理规定,也不能保证不发生事故,不会对公共安全产生威胁,但是,是否违反规定,则是认定是否构成犯罪的必需条件。

本罪属于(抽象)危险犯,即只要实施上述行为之一,无论是否发生严重后果均构成犯罪。

3. 本罪主体为一般主体。

4. 本罪主观方面,多数说认为是故意,动机包括:争强好胜,追求刺激、快乐、兴奋的感觉,表现英雄气概;借此交友获得认同;发泄怒气或挫折感;表达自己的叛逆及不屈于公权力;借此谋求异性青睐;进行赌博活动;为经济利益;等等。一般而言,其动机不具有“犯罪性”,如果具有犯罪性动机,如报复社会等,则不构成本罪,应构成以危险方法危害公共安全罪。这里值得研究的是,多数学者认为本罪主观方面是间接故意,不能是直接故意或过失,但认定间接故意要求“放任结果的发生”,而本罪只要求具有造成危害公共安全的危险性,并非物质性实害结果,因此,从本罪的规定而言,是否应将实害结果发生的现实可能性

---

① 应排除城市市内按照固定线路运营的公共汽车、有轨电车、无轨电车载客的有关员额限制。

② 实践中,货车超载超速现象的发生率和危害性并不比客车小,此处没有规定,具有一定的不合理性。

视为放任发生的结果,以及是否需要对间接故意“放任结果的发生”重新认识,值得进一步研究。

（二）危险驾驶罪的认定

1. 罪与非罪的界限。追逐竞驶可以是一种超速驾驶行为,而“严重超过规定时速行驶”都是相对于最高限速而言的,即应该有一定的限度。《道路交通安全法》规定,普通公路的最高限速是每小时 30~70 千米,高速公路的最高限速是每小时 120 千米。同时《道路交通安全法》以是否超过规定时速的 50% 为标准,分别规定了不同的行政处罚措施。《道路交通安全法实施条例》规定了根据天气、路况的限速规定,因此,超过最高限速的多少比例为入罪的标准,还值得立法机关或者最高司法机关明确。“醉驾”则应严格按照国家颁布的标准认定,不及标准的,不构成犯罪,作行政违法行为处理。对从事校车业务或者旅客运输业务的,本书认为,超过额定乘员 50%的,应该入罪,严重妨碍安全驾驶操作的,可以适当降低超过额定乘员的百分比率。对运输危险化学品的,无论是实质上不具有运输资质而违反规定,还是形式上没有遵守保障运输安全的规定,均应以犯罪论处。

2. 危险驾驶罪与交通肇事罪的界限。交通肇事罪发生的领域广于危险驾驶罪发生的领域,前者可以发生在所有交通运输领域,而后者只限于在道路交通领域内;前者是过失犯罪,而后者是故意犯罪;前者以发生严重后果为入罪的必要条件,后者为(抽象)危险犯。实施《刑法》规定的各项危险驾驶行为,在发生严重事故的情况下,可以构成交通肇事罪,也不排除构成以危险方法危害公共安全罪。

（三）危险驾驶罪的刑事责任

根据《刑法》第 133 条之一的规定,犯本罪的,处拘役,并处罚金(依据这一规定,我国法定刑的幅度已为十格)。机动车所有人、管理人对前款第 3 项、第 4 项行为负有直接责任的,依照前款的规定处罚。有前两款行为,同时构成其他犯罪的,依照处罚较重的规定定罪处罚。这主要是指,具有本罪行为,同时发生重大交通事故,致人伤亡或者重大财产损失的,可能构成交通肇事罪或者危险方法危害公共安全罪时,应按照相应犯罪论处,不再以本罪论处。

五、妨害安全驾驶罪

妨害安全驾驶罪,是指对行驶中的公共交通工具的驾驶人员,使用暴力或者抢控驾驶操纵装置,干扰公共交通工具正常行驶,危及公共安全的行为。本罪的对象为公共交通工具的驾驶人员,不包括乘客以及公共交通工具的管理人员。根据《最高人民法院、最高人民检察院、公安部关于依法惩治妨害公共交通工具安全驾驶违法犯罪行为的指导意见》的规定,这里的“公共交通工具”,是指公共汽车、公路客运车以及大、中型出租车等车辆。本罪主体为具备刑事责任能力的一般主体。本罪的时空要件,要求犯罪行为发生在行驶中的公共交通工具中,如果在公共交通工具到站处于停驶状态时实施妨碍行驶行为的,不构成本罪,可能构成故意伤害罪、寻衅滋事罪等罪。本罪的客观方面,系实施妨碍公共交通工具安全行驶的行为,即实施暴力或者抢控驾驶操纵装置,使公共交通工具不能安全正常行驶,危及驾驶人员、乘客人身安全以及道路上其他交通工具的行驶安全。本罪中的暴力,不要求达到造成人身伤亡后果的程度，如果暴力造成驾驶人员伤亡的，应按照相应的犯罪论处。抢控驾驶操控装置，是指实施了严重干扰驾驶人员对交通工具操控装置行使控制权的行为。公共交通工具驾驶人员在驾驶中擅离职守（多数情况下使公共交通工具处于停驶状态），与他人互殴或者殴打他人，危及公共安全的，亦构成本罪。

本罪为抽象危险犯，不要求妨害安全驾驶行为造成实害结果。

根据《刑法》第 133 条之二的规定，犯本罪的，处 1 年以下有期徒刑、拘役或者管制，并处或者单处罚金。实施本罪行为，同时构成其他犯罪的，依照处罚较重的规定定罪处罚。

六、重大责任事故罪

（一）重大责任事故罪的概念和构成

重大责任事故罪，是指在生产、作业中违反有关安全管理的规定，发生重大伤亡事故或者造成其他严重后果的行为。本罪具有如下构成要件：

1. 本罪的客体是生产、作业的安全。这里所谓的“生产、作业的安全”，同样包含着从事生产、作业的不特定或多数人的生命、健康的安全和重大公私财产的安全。

2. 本罪的客观方面表现为在生产、作业中违反有关安全管理的规定，发生重大伤亡事故或者造成其他严重后果。

所谓违反有关安全管理的规定，可以表现为不服从生产、作业管理人员的管理，或者不服从对安全生产、作业所作的要求和安排，违反作为保障生产、作业安全管理的各种规章制度规定的注意义务。所谓有关安全管理的规定，是指国家颁布的各种与安全生产、作业有关的法律、法规和企业、事业单位及其上级管理机关制定的反映安全生产规律，保障生产、作业安全管理有关的规章制度。该种行为可以是作为，也可以是不作为。

行为必须导致重大伤亡事故或者造成其他严重后果的发生。所谓重大伤亡事故，是指致人重伤或死亡。根据《最高人民法院、最高人民检察院关于办理危害生产安全刑事案件适用法律若干问题的解释》（简称《生产安全案件解释》）第 6 条规定，发生生产安全事故，具有下列情形之一的，应当认定为《刑法》第 134 条规定的“重大伤亡事故或者其他严重后果”：(1) 造成死亡 1 人以上，或者重伤 3 人以上的；(2) 造成直接经济损失 100 万元以上的；(3) 其他造成严重后果或者重大安全事故的情形。所谓其他严重后果，是指造成直接经济损失数额巨大或者使生产、作业受到重大损失等。直接经济损失是指与行为有直接因果关系导致的财产的毁损而减少的实际价值，如因事故而造成的建筑、设备、产品等的毁坏、损失。客观行为与发生的重大伤亡事故或者造成其他严重后果之间必须具有刑法意义上的因果关系，即不服管理、违反规章制度必须是导致重大人身伤亡或者造成其他严重后果发生的原因。发生的重大伤亡事故或其他严重后果不是违章行为造成的，或者虽违章并造成一定的后果，但损失尚未达到重大伤亡事故或其他严重后果的程度的，则不能以犯罪论处。

3. 本罪的主体是从事生产、作业的人。详言之，指工矿、企业或者事业单位从事生产、作业的职工。工矿、企业或者事业单位与所有制性质无关。所谓职工，既包括直接从事生产、作业的人员，也包括生产、作业的指挥人员和生产、作业的技术人员。

4. 本罪的主观方面是过失，可以是疏忽大意的过失，也可以是过于自信的过失，即应当预见因自己的违章行为导致重大人身伤亡事故或者造成其他严重后果发生的可能性，因疏忽大意而没有预见，或者已经预见但过于自信没有防止其发生的心理态度。所以，过失是就行为人对所造成的严重后果的心理态度而言的。对注意义务的违反也可能存在“明知故犯”心态的情形，但不能因此而认为是故意犯罪。

（二）重大责任事故罪的认定

1. 罪与非罪的界限。本罪与非罪的界限具体是指本罪与自然事故、技术事故及技术革新和科学试验失败及一般责任事故的界限。所谓自然事故，是指不能预见和不能抗拒的自然条件引起的事故。所谓技术事故，是指由于技术条件或设备条件的限制而发生的无法避免的事故。而技术革新和科学试验本身就包含着失败的可能。区分本罪与这三种情况的关键是看行为人主观上是否存在过失以及是否有违反规章制度规定的行为。如果事故的发生是由违章引起的，行为人主观上具有过失，则可成立本罪，否则为自然事故、技术事故或革新、科研工作的失败，不构成犯罪。如违章行为造成了一定的损害后果，但不属于重大伤亡事故或者其他严重后果的，为一般责任事故，不构成本罪。

2. 本罪与失火罪、过失爆炸罪、过失投放危险物质罪的界限。本罪的重大损失的后果也可以表现为火灾、爆炸、中毒事故，而且与后三种犯罪的共同点是主观方面均有过失。区别是主体与行为发生的场合不同。本罪为特殊主体，在生产、作业活动中违反规章制度引发重大伤亡事故或其他严重后果；后者是在日常生活中违反通常意义上的注意义务，忽视他人生命、健康、财产安全，缺乏必要的慎重，引发火灾、爆炸、中毒事故。

（三）重大责任事故罪的处罚

根据《刑法》第 134 条第 1 款的规定，犯本罪的，处 3 年以下有期徒刑或者拘役；情节特别恶劣的，处 3 年以上 7 年以下有期徒刑。根据前述《生产安全案件解释》的规定，所谓“情节特别恶劣”是指：(1) 造成死亡 3 人以上，或者重伤 10 人以上，负事故主要责任的；(2) 造成直接经济损失 500 万元以上，负事故主要责任的；(3) 其他特别恶劣的情节。本书认为，其他特别恶劣情节，如违章行为特别恶劣，经常违反规章制度、屡教不改，造成重大损失的（如已发现事故苗头，仍然一意孤行，拒不采纳工人和技术人员的意见，强行施工生产、作业）；事故发生后，不积极采取抢救措施，使危害后果蔓延、扩大的；在事故发生后逃避罪责，陷害他人，或者对检举人进行打击报复的，等等。

七、强令、组织他人违章冒险作业罪

本罪是并列式罪名，可分别或统一适用，是指强令他人违章冒险作业，或者明知存在重大事故隐患而不排除，仍冒险组织作业，发生重大伤亡事故或者造成其他严重后果的行为。根据《安全生产案件解释》第 6 条第 2 款的规定，实施上述行为，发生安全事故，具有下列情形之一的，应当认定为“发生重大伤亡事故或者造成其他严重后果”：(1) 造成死亡 1 人以上，或者重伤 3 人以上的；(2) 造成直接经济损失 100 万元以上的；(3) 其他造成严重后果或者重大安全事故的情形。强令、组织他人违章冒险作业的行为，二者可能同时具有。强令他人违章冒险作业，是指生产、作业指挥、管理人员，知道所作决定违反安全管理规定，仍强行命令生产、作业人员违反安全管理规定冒险作业；组织他人违章冒险作业，是指生产、作业指挥、管理人员，明知开展的生产、作业存在重大事故隐患而不排除，仍组织冒险作业。这里的组织，是指生产、作业具有一定规模，有组织性，而并非要求组织3人以上生产、作业。本罪中的强令他人违章冒险作业的行为应当是作为而不能是不作为；组织他人违章冒险作业，处罚的是组织他人冒险作业的行为，而非是不排除重大事故隐患，因此，仍然是作为行为。如果生产、作业本身具有一定的危险性（如采矿），但决定生产、作业完全符合安全生产、作业管理规定的（如有安全预案），即便存在强迫或组织行为，也不应当认定为强令、组织他人违章冒险作业的行为。只有在不能保障生产、作业安全以及相关人员人身安全，仍然下达生产、作业命令的情况下，才属于"强令、组织他人违章冒险作业"，发生重大伤亡或者造成其他严重后果的，构成本罪。本罪的主体一般是现场一线生产、作业的指挥、管理人员，根据《安全生产案件解释》第2条的规定，也包括对生产、作业负有组织、指挥或者管理职责的负责人、管理人员、实际控制人、投资人等。本罪主观要件为过失和间接故意。

根据《刑法》第134条第2款规定，犯本罪，处5年以下有期徒刑或者拘役；情节特别恶劣的，除5年以上有期徒刑。情节特别恶劣，根据《安全生产案件解释》第7条第1款，是指：(1)造成死亡3人以上或者重伤10人以上，负事故主要责任的；(2)造成直接经济损失500万元以上，负事故主要责任的；(3)其他造成特别严重后果、情节特别恶劣或者后果特别严重的情形。

八、危险作业罪

危险作业罪，是指在生产、作业中违反有关安全管理的规定，实施具有发生重大伤亡事故或者其他严重后果的现实危险的行为。本罪为具体危险犯，但不要求发生危害结果。本罪的危险作业行为，是指：(1)关闭、破坏直接关系生产安全的监控、报警、防护、救生设备、设施，或者篡改、隐瞒、销毁其相关数据、信息的行为；(2)因存在重大事故隐患被依法责令停产停业，停止施工，停止使用有关设备、设施、场所，或者立即采取排除危险的整改措施，而拒不执行的行为；(3)涉及安全生产的事项未经依法批准或者许可，擅自从事矿山开采、金属冶炼、建筑施工，以及危险物品生产、经营、储存等高度危险的生产作业活动的行为。本罪的主体，根据《安全生产案件解释》第1条规定的精神，应包括对生产、作业负有组织、指挥或者管理职责的负责人、管理人员、实际控制人、投资人等，以及直接从事生产、作业的人员。对于本罪的主观方面，学者之间存在较大争议。本书认为，该罪也可以视为从重大责任事故罪和强令、组织他人违章冒险作业罪中分离出来的前置罪名。但如此认识，有以下问题值得注意：前两个犯罪要求发生严重后果才能入罪，但该罪只要求具有危害生产、作业安全的客观的现实危险。此处的客观的现实危险，虽然也是客观评价的结果（具体危险犯），但毕竟没有发生实际的危害结果，如果认为该罪主观方面是过失，明显与《刑法》第15条过失犯罪以发生实际危害结果为前提的规定相悖。从这一角度看，可以认为该罪的主观方面是明知行为具有巨大的危险性，但对重大后果的发生具有侥幸心理，属间接故意。如此认识，才能与《刑法》第15条不发生严重的冲突。所以，认为该罪的主观方面为（间接）故意较为合理。实施该罪要求的危害行为且发生重大责任、安全事故的，应根据事故的性质和后果，以重大责任事故罪，强令、组织他人违章冒险作业罪，或重大劳动安全事故罪等相关犯罪论处。[①]

在发生重大伤亡事故的情况下，应以强令、组织他人违章冒险作业罪或重大劳动安全事故罪等相关犯罪论处。

根据《刑法》第 134 条之一的规定，犯本罪的，处 1 年以下有期徒刑、拘役或者管制。

九、重大劳动安全事故罪

重大劳动安全事故罪，是指单位的安全生产设施或者安全生产条件不符合国家规定，发生重大伤亡事故或者造成其他严重后果的行为。本罪的主体为直接负责的主管人员和其他直接责任人员。此处的“其他直接责任人员”，既包括主管生产、作业安全的领导人员，也包括在生产、作业中负责安全生产、作业的技术人员，如安全员、安全监察员等。对于《刑法》规定的“直接负责的主管人员和其他直接责任人员”，《生产安全案件解释》认为“是指对安全生产设施或者安全生产条件不符合国家规定负有直接责任的生产经营单位负责人、管理人员、实际控制人、投资人，以及其他对安全生产设施或者安全生产条件负有管理、维护职责的人员”。所谓安全生产设施，是指保障劳动者人身安全的各种设备。所谓安全生产条件，是指保障劳动者生产、作业的人身安全生产设施以外的其他条件。所谓不符合国家规定，是指劳动安全设施不符合国家制定的保障劳动者人身安全的法律、法规所规定的标准。《生产安全案件解释》第 6 条规定，发生生产安全事故，具有下列情形之一的，应当认定为《刑法》第 135 条规定的“重大伤亡事故或者其他严重后果”：(1) 造成死亡 1 人以上，或者重伤 3 人以上的；(2) 造成直接经济损失 100 万元以上的；(3) 其他造成严重后果或者重大安全事故的情形。

根据《刑法》第 135 条的规定，犯本罪的，对直接负责的主管人员和其他直接责任人员处 3 年以下有期徒刑或者拘役；情节特别恶劣的，处 3 年以上 7 年以下有期徒刑。

十、大型群众性活动重大安全事故罪

大型群众性活动重大安全事故罪，是指举办大型群众性活动违反安全管理规定，发生重大伤亡事故或者造成其他严重后果的行为。本罪的主体是特殊主体，为直接负责的主管人员和其他直接责任人员。其他直接责任人员，既包括主管举办大型群众性活动的组织、领导人员，也包括在举办大型群众性活动中负责群众安全的技术人员，如安全疏导员、安全监察员等。此处的“举办”，既可以是有偿举办也可以是无偿举办，既可以是民间举办也可以是官方举办。所谓大型群众性活动，是指在特定人的组织下，不特定人为某种特定事项聚集在一起的活动。所谓违反安全管理规定，是指组织者违反保障群众安全管理的有关规定举办活动。所谓重大伤亡事故，一般是指造成 3 人以上重伤或 1 人以上死亡的事故。其他严重后果，主要是指造成重大经济损失以及产生恶劣的社会影响。

---

① 《刑法》第 134 条之一规定的法定刑较低，是 1 年以下有期徒刑、拘役或者管制。显然，发生责任、劳动安全事故，造成严重后果的，不能再以该罪论处。

根据《刑法》第 135 条之一的规定，犯本罪的，对直接负责的主管人员和其他直接责任人员，处 3 年以下有期徒刑或者拘役；情节特别恶劣的，处 3 年以上 7 年以下有期徒刑。

十一、危险物品肇事罪

危险物品肇事罪，是指违反爆炸性、易燃性、放射性、毒害性、腐蚀性物品的管理规定，在生产、储存、运输、使用中发生重大事故，造成严重后果的行为。本罪的主体，实践中主要是从事生产、储存、运输和使用危险物品的职工，一般主体也可以构成本罪。

根据《刑法》第 136 条的规定，犯本罪的，处 3 年以下有期徒刑或者拘役；后果特别严重的，处 3 年以上 7 年以下有期徒刑。

十二、工程重大安全事故罪

工程重大安全事故罪，是指建设单位、设计单位、施工单位、工程监理单位违反国家规定，降低工程质量标准，造成重大安全事故的行为。这里的“工程”应当包括法律有特别规定的工程项目（如教育设施）之外的所有工程。本罪的主体是特殊主体，为建设单位、设计单位、施工单位以及工程监理单位中对建筑工程质量安全负有直接责任的人员。

根据《刑法》第 137 条的规定，犯本罪的，对直接责任人员，处 5 年以下有期徒刑或者拘役，并处罚金；后果特别严重的，处 5 年以上 10 年以下有期徒刑，并处罚金。

十三、教育设施重大安全事故罪

教育设施重大安全事故罪，是指有关直接责任人员明知校舍或者教育教学设施有危险，仍不采取措施或不及时报告，致使发生重大伤亡事故的行为。本罪的客体是教学活动的安全。本罪的客观方面表现为对校舍或教育教学设施存在的危险不采取措施或者不及时报告，致使发生重大伤亡事故的行为。所谓不采取措施，是指行为人有条件和有能力而没有采取一定的措施防止事故的发生，既包括根本没有采取任何措施，也包括虽然采取了一定的措施，但措施不足以防止事故的发生。不采取措施的不作为行为发生在事故发生之前还是事故发生时（例如及时组织撤离师生员工）不影响本罪的认定。所谓不及时报告，是指行为人在没有能力（包括个人能力和学校本身能力）的情况下，不及时向有关的主管部门报告校舍或教育教学设施有危险，以致延误了有关部门采取措施防止事故发生的时机，造成重大事故。这里所谓有关部门，既包括本教育机构的上级主管部门，也包括其他相关机构，如公安消防部门等。不采取措施和不及时报告是构成本罪客观行为的两种表现，二者具备其中之一，即符合本罪要求。本罪的主体为特殊主体，即对校舍、教育教学设施的安全负有直接责任的人员，既包括该教育机构中对校舍、教育教学设施的安全负有直接责任的人员，也包括该教育机构的上级主管部门中对校舍、教育教学设施的安全负有直接责任的人员。

根据《刑法》第 138 条的规定，犯本罪的，对直接责任人员，处 3 年以下有期徒刑或者拘役；后果特别严重的，处 3 年以上 7 年以下有期徒刑。

十四、消防责任事故罪

消防责任事故罪，是指违反消防管理法规，经消防监督机构通知采取改正措施而拒绝执行，造成严重后果的行为。本罪的主体为特殊主体，是负有防火安全职责的直接责任人员。最高人民检察院、公安部印发的《关于公安机关管辖的刑事案件立案追诉标准的规定(一)》第15条规定，涉嫌下列情形之一的，应予立案追诉：(1)造成死亡一人以上，或者重伤三人以上的；(2)造成直接经济损失50万元以上的；(3)造成森林火灾；(4)其他造成严重后果的情形。

根据《刑法》第139条的规定，犯本罪的，对直接责任人员，处3年以下有期徒刑或者拘役；后果特别严重的，处3年以上7年以下有期徒刑。

十五、不报、谎报安全事故罪

不报、谎报安全事故罪，是指在安全事故发生后，负有报告职责的人员不报或者谎报事故情况，贻误事故抢救，情节严重的行为。所谓“情节严重”，依据《生产安全案件解释》第8条的规定，是指：(1)导致事故后果扩大，增加死亡1人以上，或者增加重伤3人以上，或者增加直接经济损失100万元以上的；(2)实施下列行为之一，致使不能及时有效开展事故抢救的：①决定不报、迟报、谎报事故情况或者指使、串通有关人员不报、迟报、谎报事故情况的；②在事故抢救期间擅离职守或者逃匿的；③伪造、破坏事故现场，或者转移、藏匿、毁灭遇难人员尸体，或者转移、藏匿受伤人员的；④毁灭、伪造、隐匿与事故有关的图纸、记录、计算机数据等资料以及其他证据的；(3)其他情节严重的情形。本罪的主体为特殊主体，即在事故发生后负有报告职责的人员。所谓负有报告职责的人员，一般是安全事故发生单位或者组织的主要负责人员，但是，安全事故发生并不限于某特定领域的，“负有报告职责的人员”可以包括虽然不是安全事故发生单位或者组织，但收到事故报告后上一级的单位或者组织“负有报告职责的人员”。在企业中，所谓“负有报告职责的人员”，根据前述《生产安全案件解释》第4条规定，是指负有组织、指挥或者管理职责的负责人、管理人员、实际控制人、投资人，以及其他负有报告职责的人员。所谓安全事故，是指社会生产、生活领域内所发生的所有涉及安全的事故，与事故发生是否违反有关安全规章无关。所谓不报或者谎报事故情况，是指不将安全事故报告给有关机关、机构或者虽然报告但隐瞒事故的性质、程度，如将特大、重大事故谎报为一般事故等。所谓贻误事故抢救，是指由于其不报或者谎报事故情况，造成丧失抢救事故的最好时机。贻误事故抢救应当是本罪的结果。所谓情节严重，是指不报或者谎报事故情况的行为情节严重。不报或者谎报事故情况与贻误事故抢救之间必须具有刑法上的因果关系。

根据《刑法》第139条之一的规定，犯本罪的，处3年以下有期徒刑或者拘役；情节特别严重的，处3年以上7年以下有期徒刑。所谓“情节特别严重”，是指：(1)导致事故后果扩大，增加死亡3人以上，或者增加重伤10人以上，或者增加直接经济损失500万元以上的；(2)采用暴力、胁迫、命令等方式阻止他人报告事故情况，导致事故后果扩大的；(3)其他情节特别严重的情形。《生产安全案件解释》第9条规定，在安全事故发生后，与负有报告职责的人员串通，不报或者谎报事故情况，贻误事故抢救，情节严重的，依照《刑法》第139条之一的规定，以共犯论处。

拓展阅读

案例分析

争议问题

复习思考题

1. 如何正确认识危害公共安全犯罪的本质特征?

2. 如何把握以危险方法危害公共安全犯罪与其他犯罪的区别?

3. 什么是侵害特定对象危害公共安全的犯罪？如何认识其危害公共安全的性质?

4. 重大责任事故罪的概念和构成要件是什么？它与其他责任事故的犯罪应当如何区别?

5. 交通肇事罪的概念和构成要件是什么？如何理解“交通肇事后逃逸”和“因逃逸致人死亡”？

自测习题及参考答案

第十七章　破坏社会主义市场经济秩序罪

重点提示：
　　生产、销售伪劣产品罪的概念、构成和认定；生产、销售有毒、有害食品罪的概念和构成及其与生产、销售不符合安全标准的食品罪的界限；走私普通货物、物品罪，非国家工作人员受贿罪，伪造货币罪，洗钱罪，集资诈骗罪，信用卡诈骗罪，保险诈骗罪，假冒注册商标罪，侵犯商业秘密罪，合同诈骗罪，以及非法经营罪的概念、构成和认定。

第一节　概述

一、破坏社会主义市场经济秩序罪的概念和构成

破坏社会主义市场经济秩序罪，是指违反国家经济管理法律法规，进行非法经济活动，严重扰乱社会主义市场经济秩序的行为。本类罪具有以下构成要件：

（一）犯罪的客体

本类罪的客体是社会主义市场经济秩序。社会主义市场经济秩序是国家通过法律对市场经济运行过程进行调节和管理所形成的正常、和谐、有序的状态。它由商品的生产、销售秩序，进出口管理秩序，对公司、企业的管理秩序，金融管理秩序，税收管理秩序，以及市场自由竞争秩序等构成。本类罪中的各种具体犯罪都是通过侵犯这些具体的经济秩序对社会主义市场经济秩序整体造成破坏的。

（二）犯罪的客观方面

本类罪的客观方面表现为违反国家经济管理法律法规，进行非法经济活动，严重扰乱社会主义市场经济秩序的行为。首先，行为违反了国家经济管理法律法规，这是构成本类罪的前提。多年来，全国人大及其常委会、国务院制定了一系列的经济法律法规，形成了有中国特色的社会主义经济法律体系，经济活动的方方面面都已经有法可依。本类犯罪首先违反的就是这些经济管理法律法规，因此具有鲜明的法定犯的性质。其次，行为体现为非法经济活动。破坏社会主义经济秩序罪都是在市场经济运行或管理过程中发生的，所以这类犯罪行为首先表现为一种经济活动。由于这些经济活动都违反了国家经济管理法律法规，因而属于非法的经

济活动。最后,行为严重扰乱了社会主义市场经济秩序。违反国家经济管理法律法规的非法经济活动未必都构成犯罪。只有那些严重扰乱社会主义市场经济秩序的非法经济活动才成立犯罪。至于严重性,刑法往往通过"数额较大""造成严重后果""情节严重"等方式加以规定。

(三) 犯罪的主体

本类罪的主体,有的既可以是自然人也可以是单位,有的只能是自然人。就自然人犯罪主体而言,大多是一般主体,也有少数是特殊主体。例如,逃税罪的主体只能是纳税人或扣缴义务人。

(四) 犯罪的主观方面

本类罪的主观方面,绝大多数是故意,而且对于有的犯罪,刑法明文规定只有具有特定目的才能构成。例如,走私淫秽物品罪,必须以牟利或者传播为目的。也有少数罪名的主观方面是过失,如签订、履行合同失职被骗罪和国有公司、企业、事业单位人员失职罪等。

二、破坏社会主义经济秩序罪的种类

《刑法》分则第三章将破坏社会主义经济秩序罪分为以下八类:

(一) 生产、销售伪劣商品罪

具体包括:生产、销售伪劣产品罪;生产、销售、提供假药罪;生产、销售、提供劣药罪;妨害药品管理罪;生产、销售不符合安全标准的食品罪;生产、销售有毒、有害食品罪;生产、销售不符合标准的医用器材罪;生产、销售不符合安全标准的产品罪;生产、销售伪劣农药、兽药、化肥、种子罪;生产、销售不符合卫生标准的化妆品罪。

(二) 走私罪

具体包括:走私武器、弹药罪;走私核材料罪;走私假币罪;走私文物罪;走私贵重金属罪;走私珍贵动物、珍贵动物制品罪;走私国家禁止进出口的货物、物品罪;走私淫秽物品罪;走私废物罪;走私普通货物、物品罪。

(三) 妨害对公司、企业管理秩序罪

具体包括:虚报注册资本罪;虚假出资、抽逃出资罪;欺诈发行证券罪;违规披露、不披露重要信息罪;妨害清算罪;隐匿、故意销毁会计凭证、会计账簿、财务会计报告罪;虚假破产罪;非国家工作人员受贿罪;对非国家工作人员行贿罪;对外国公职人员、国际公共组织官员行贿罪;非法经营同类营业罪;为亲人非法牟利罪;签订、履行合同失职被骗罪;国有公司、企业、事业单位人员失职罪;国有公司、企业、事业单位人员滥用职权罪;徇私舞弊低价折股、出售国有资产罪;背信损害上市公司利益罪。

(四) 破坏金融管理秩序罪

具体包括:伪造货币罪;出售、购买、运输假币罪;金融工作人员购买假币、以假币换取货币罪;持有、使用假币罪;变造货币罪;擅自设立金融机构罪;伪造、变造、转让金融机构经营许可证、批准文件罪;高利转贷罪;骗取贷款、票据承兑、金融凭证罪;非法吸收公众存款罪;伪造、变造金融票证罪;妨害信用卡管理罪;窃取、收买、非法提供信用卡信息罪;伪造、变造国家有价证券罪;伪造、变造股票、公司、企业债券罪;擅自发行股票、公司、企业债券罪;内幕交易、泄露内幕信息罪;利用未公开信息交易罪;编造并传播证券、期货交易虚假信息罪;诱骗投资者买卖证券、期货合约罪;操纵证券、期货市场罪;背信运用受托财产罪;违法运用资金罪;违法发放贷款罪;吸收客户资金不入账罪;违规出具金融票证罪;对违法票据承兑、付款、保证罪;逃汇罪;骗购外汇罪;洗钱罪。

(五) 金融诈骗罪

具体包括:集资诈骗罪;贷款诈骗罪;票据诈骗罪;金融凭证诈骗罪;信用证诈骗罪;信用卡诈骗罪;有价证券诈骗罪;保险诈骗罪。

(六) 危害税收征管罪

具体包括:逃税罪;抗税罪;逃避追缴欠税罪;骗取出口退税罪;虚开增值税专用发票、用于骗取出口退税、抵扣税款发票罪;虚开发票罪;伪造、出售伪造的增值税专用发票罪;非法出售增值税专用发票罪;非法购买增值税专用发票、购买伪造的增值税专用发票罪;非法制造、出售非法制造的用于骗取出口退税、抵扣税款发票罪;非法制造、出售非法制造的发票罪;非法出售用于骗取出口退税、抵扣税款发票罪;非法出售发票罪;持有伪造的发票罪。

(七) 侵犯知识产权罪

具体包括:假冒注册商标罪;销售假冒注册商标的商品罪;非法制造、销售非法制造的注册商标标识罪;假冒专利罪;侵犯著作权罪;销售侵权复制品罪;侵犯商业秘密罪;为境外窃取、刺探、收买、非法提供商业秘密罪。

(八) 扰乱市场秩序罪

具体包括:损害商业信誉、商品声誉罪;虚假广告罪;串通投标罪;合同诈骗罪;组织、领导传销活动罪;非法经营罪;强迫交易罪;伪造、倒卖伪造的有价票证罪;倒卖车票、船票罪;非法转让、倒卖土地使用权罪;提供虚假证明文件罪;出具证明文件重大失实罪;逃避商检罪。

第二节　生产、销售伪劣商品罪

一、生产、销售伪劣产品罪

(一) 生产、销售伪劣产品罪的概念和构成

生产、销售伪劣产品罪,是指生产者、销售者在产品中掺杂、掺假,以假充真,以次充好,

以不合格产品冒充合格产品,销售金额在 5 万元以上的行为。本罪具有如下构成要件:

1. 本罪的客体是复杂客体,即国家对产品质量的管理秩序和消费者的合法权益。本罪中生产、销售的对象是伪劣产品。根据我国《产品质量法》的规定,产品是指经过加工、制作,用于销售的产品(不包括建设工程)。而伪劣产品则是指掺杂、掺假,以假充真,以次充好,或者以不合格产品冒充合格产品的产品。由于刑法对某些特定种类的伪劣产品单列了罪名,所以这里所说的伪劣产品,通常是指除食品、药品等特定种类伪劣产品之外的普通伪劣产品。但生产、销售特定种类伪劣产品在一定的条件下,也可构成本罪。

2. 本罪的客观方面表现为生产者、销售者在产品中掺杂、掺假,以假充真,以次充好,以不合格产品冒充合格产品,销售金额在 5 万元以上的行为。具体包括以下两个方面的内容:

首先,有掺杂、掺假,以假充真,以次充好,以不合格产品冒充合格产品的行为。这种行为具体表现为以下四种形式:一是掺杂、掺假。根据最高人民法院、最高人民检察院发布的《关于办理生产、销售伪劣商品刑事案件具体应用法律若干问题的解释》(简称《解释》)的规定,掺杂、掺假,是指在产品中掺入杂质或者异物,致使产品质量不符合国家法律、法规或者产品明示质量标准规定的质量要求,降低、失去应有使用性能的行为。例如,在大米中掺入沙子、在酒中掺水等。二是以假充真,即以不具有某种使用性能的产品冒充具有该种使用性能的产品的行为。例如,利用消费者对有机食品的青睐,以使用过化学农药的普通蔬菜冒充有机蔬菜。三是以次充好,即以低等级、低档次产品冒充高等级、高档次产品,或者以残次、废旧零配件组合、拼装后冒充正品或者新产品的行为。例如,将返厂维修的旧手机翻新后冒充新手机出售等。四是以不合格产品冒充合格产品,即以不符合《产品质量法》第 26 条第 2 款规定的质量要求的产品冒充符合上述规定的质量要求的产品。根据《产品质量法》第 26 条第 2 款的规定,下列产品属于不合格产品:(1) 存在危及人身、财产安全的不合理危险的产品;(2) 有保障人体健康和人身、财产安全的国家标准、行业标准,而不符合国家标准、行业标准的产品;(3) 不具备产品的使用性能又不对产品所存在的使用性能的瑕疵作出说明的产品;(4) 不符合在产品或者包装上注明采用的产品标准的产品;(5) 不符合以产品说明、实物样品等方式表明的质量状况的产品。

其次,销售金额达到 5 万元以上。根据《解释》第 2 条第 1 款,所谓销售金额,是指生产者、销售者出售伪劣产品后所得和应得全部违法收入。只要销售金额达到 5 万元以上的,就构成本罪的既遂。根据《解释》第 2 条第 2 款、第 3 款的规定,伪劣产品尚未销售,货值金额达到 5 万元 3 倍以上的,以本罪(未遂)定罪处罚;货值金额以违法生产、销售的伪劣产品的标价计算;没有标价的,按照同类合格产品的市场中间价格计算,货值难以确定的,按照国家计划委员会、最高人民法院、最高人民检察院、公安部 1994 年 4 月 22 日联合发布的《扣押、追缴、没收物品估价管理办法》的规定,应委托指定的估价机构确定。此外,《解释》第 2 条第 4 款指出,多次实施生产、销售伪劣产品行为,未经处理的,伪劣产品的销售金额或者货值金额累计计算。

3. 本罪的主体是一般主体。凡是达到法定年龄、具有责任能力的自然人,都可以成为本罪的主体。单位也可以成为本罪的主体。

4. 本罪的主观方面是故意,即明知自己生产、销售伪劣产品的行为会发生危害国家产品质量管理秩序和消费者的正当权益的结果,仍希望或者放任这种结果的发生。本罪不是目的犯,以牟取非法利益为目的不是本罪主观方面的必备要件。

（二）生产、销售伪劣产品罪的认定

1. 罪与非罪的界限。区分本罪与非罪的界限,应从以下几个方面考察:一看行为人主观上是否有生产、销售伪劣产品的故意。客观上生产、销售的是伪劣产品,但行为人主观上并不知情的,不能构成犯罪。二看销售的金额是否达到了刑法以及司法解释所规定的标准。达到法定标准的,构成犯罪;没有达到法定标准的,则不能构成犯罪。

2. 本罪与销售假冒注册商标的商品罪的界限。本罪与销售假冒注册商标的商品罪存在交叉的情况:行为人为了顺利销售伪劣产品,往往假冒名牌产品的注册商标。而销售假冒注册商标的商品,也往往是将自己生产的质量差的产品冒充他人质量好的产品。二者的区别主要在于:(1)犯罪客体不同。本罪的客体是国家对产品质量的管理秩序和消费者的合法权益;而销售假冒注册商标的商品罪的客体是他人的注册商标专用权和国家的商标管理秩序。(2)犯罪对象的性质不同。本罪的犯罪对象是伪劣产品,即以假充真、质量低劣的不合格产品;销售假冒注册商标的商品罪的犯罪对象是假冒他人已注册商标的商品。从该商品的性质看,假冒注册商标的商品的质量可能是合格的甚至有可能优于对应商品,行为人只是利用该商标所代表的信誉。如果行为人生产、销售伪劣产品并假冒他人注册商标,属于想象竞合犯,依照处罚较重的规定定罪处罚。

3. 本罪与生产、销售其他伪劣产品的犯罪的界限。《刑法》分则第三章第一节除了在第 140 条规定生产、销售伪劣产品罪之外,还在第 141 条至第 148 条规定了以特定的伪劣产品为对象的其他犯罪。生产、销售《刑法》第 141 条至第 148 条所列的特定伪劣产品的案件分三种情况:一是生产、销售特定伪劣产品,具备了该种犯罪的特征,但销售金额未达到 5 万元以上的。例如,生产、销售劣药,对人体健康造成严重危害,但销售金额未达到 5 万元。此时,由于只符合生产、销售特定伪劣产品犯罪的构成,只能按生产、销售特定伪劣产品的犯罪定罪处罚。二是生产、销售特定伪劣产品,既具备了该种犯罪的特征,销售金额也达到了 5 万元以上,如生产、销售劣药,既对人体健康造成严重危害,销售金额也达到了 5 万元以上。这种情况既符合生产、销售特定伪劣产品犯罪的构成,也符合生产、销售伪劣产品罪的构成,属于法条竞合。根据《刑法》第 149 条第 2 款的规定,对此应依照处罚较重的规定定罪处罚,即按照重法优于轻法的原则处理。三是生产、销售特定伪劣产品,不具备该种犯罪的特征,但销售金额达到了 5 万元以上。对此,只能按本罪定罪处罚。

4. 本罪与诈骗罪的界限。本罪与诈骗罪的主观罪过都是故意,客观行为都具有欺诈的性质,因而在有些情况下容易混淆。二者的区别表现在:(1)本罪的客体为复杂客体,即国家对产品质量的管理秩序和消费者的合法权益;诈骗罪侵犯的是公私财产的所有权。(2)客观方面表现不同。本罪在客观方面表现为行为人在生产、销售产品的过程中,实施了掺杂、掺假,以假充真,以次充好,以不合格的产品冒充合格的产品,销售金额在 5 万元以上的行为,虽然具有欺骗的因素,但毕竟存在真实的经营活动、经济行为;而诈骗罪的客观方面表现为行为人采用虚构事实或隐瞒真相的方法,使公私财物的所有权人、管理人陷于错误而自愿交出财物的行为,其本身不是经济行为。(3)主体不完全相同。本罪的主体既可以是自然人,也可以是单位;而诈骗罪的主体只能是自然人。(4)主观目的不同。本罪不以非法占有为目的;而诈骗罪则以非法占有为目的。

(三)生产、销售伪劣产品罪的处罚

根据《刑法》第140条、第150条的规定,犯本罪的,销售金额5万元以上不满20万元的,处2年以下有期徒刑或者拘役,并处或者单处销售金额50%以上2倍以下罚金;销售金额20万元以上不满50万元的,处2年以上7年以下有期徒刑,并处销售金额50%以上2倍以下罚金;销售金额50万元以上不满200万元的,处7年以上有期徒刑,并处销售金额50%以上2倍以下罚金;销售金额200万元以上的,处15年有期徒刑或者无期徒刑,并处销售金额50%以上2倍以下罚金或者没收财产。单位犯本罪的,对单位判处罚金,并对其直接负责的主管人员和其他直接责任人员依照上述规定处罚。

二、生产、销售、提供假药罪

生产、销售、提供假药罪,是指违反国家药品管理法规,生产、销售、提供假药的行为。本罪的客体是复杂客体,既侵犯了国家药品质量管理秩序,也侵犯了不特定多数人的生命、健康安全。本罪的对象是假药。2019年修订的《药品管理法》对假药作了重新界定。该法第98条规定,"有下列情形之一的,为假药:(一)药品所含成份与国家药品标准规定的成份不符;(二)以非药品冒充药品或者以他种药品冒充此种药品;(三)变质的药品;(四)药品所标明的适应症或者功能主治超出规定范围"。本罪的客观方面表现为生产、销售、提供假药的行为。《刑法修正案(八)》删除了"足以严重危害人体健康的"这一要件,降低了本罪的入罪门槛,使本罪从具体的危险犯转变成抽象的危险犯。《刑法修正案(十一)》则增加了药品使用单位的人员将假药提供给他人使用的这种行为方式。所谓生产,是指制造、加工、采集、收集假药的行为。根据2014年11月3日《最高人民法院、最高人民检察院关于办理危害药品安全刑事案件适用法律若干问题的解释》(简称《药品案件解释》)第6条的规定,以生产、销售假药、劣药为目的,实施下列行为之一的,应当认定为本罪的"生产":(1)合成、精制、提取、储存、加工炮制药品原料的行为;(2)将药品原料、辅料、包装材料制成成品过程中,进行配料、混合、制剂、储存、包装的行为;(3)印制包装材料、标签、说明书的行为。所谓销售,是指将假药卖给他人的行为,假药的来源如何不影响本罪的构成。根据《药品案件解释》,医疗机构、医疗机构工作人员明知是假药而有偿提供给他人使用,或者为出售而购买、储存的行为,应当认定为本罪的"销售"。但鉴于《刑法修正案(十一)》已经增设了"提供"这一行为方式,所以,医疗机构、医疗机构工作人员明知是假药而有偿提供给他人使用的行为,应当认定为"提供"而非"销售"。所谓提供,是指药品使用单位的人员明知是假药而提供给他人使用的行为,既可以是有偿的,也可以是无偿的。本罪的主体既可以是自然人,也可以是单位。本罪的主观方面是故意,即行为人明知自己生产、销售、提供的是假药仍然生产、销售、提供。生产、销售、提供假药的行为人通常具有非法营利的目的,但该目的不是本罪主观方面的必备要件。

根据《刑法》第141条和第150条的规定,犯本罪的,处3年以下有期徒刑或者拘役,并处罚金;对人体健康造成严重危害或者有其他严重情节的,处 3 年以上 10 年以下有期徒刑,并处罚金;致人死亡或者有其他特别严重情节的,处 10 年以上有期徒刑、无期徒刑或者死刑,并处罚金或者没收财产。单位犯本罪的,对单位判处罚金,并对其直接负责的主管人员和其他直接责任人员,依照上述规定处罚。

三、生产、销售、提供劣药罪

生产、销售、提供劣药罪,是指违反国家药品管理法规,生产、销售、提供劣药,对人体健康造成严重危害的行为。本罪的客体是国家药品质量管理秩序和不特定多数人的生命、健康安全。根据《药品管理法》的规定,有下列情形之一的,为劣药:(1) 药品成份的含量不符合国家药品标准;(2) 被污染的药品;(3) 未标明或者更改有效期的药品;(4) 未注明或者更改产品批号的药品;(5) 超过有效期的药品;(6) 擅自添加防腐剂、辅料的药品;(7) 其他不符合药品标准的药品。本罪的客观方面表现为违反国家药品管理法规,生产、销售、提供劣药,对人体健康造成严重危害的行为。所谓对人体健康造成严重危害,是指:(1) 造成轻伤或者重伤的;(2) 造成轻度残疾或者中度残疾的;(3) 造成器官组织损伤导致一般功能障碍或者严重功能障碍的;(4) 其他对人体健康造成严重危害的情形。行为人实施生产、销售或者提供劣药行为之一,造成上述后果的,即可构成本罪。本罪的主体既可以是自然人,也可以是单位。本罪的主观方面是故意,即明知生产、销售、提供劣药的行为会造成人体健康的严重危害,并且希望或者放任这种后果的发生。

根据《刑法》第 142 条和第 150 条的规定,犯本罪的,处 3 年以上 10 年以下有期徒刑,并处罚金;后果特别严重的,处 10 年以上有期徒刑或者无期徒刑,并处罚金或者没收财产。单位犯本罪的,对单位判处罚金,并对其直接负责的主管人员和其他责任人员,依照上述规定处罚。根据《药品案件解释》,所谓后果特别严重,是指:致人死亡,或者致人重度残疾的;造成 3 人以上重伤、中度残疾或者器官组织损伤导致严重功能障碍的;造成 5 人以上轻度残疾或者器官组织损伤导致一般功能障碍的;造成 10 人以上轻伤的;造成重大、特别重大突发公共卫生事件的。

四、妨害药品管理罪

妨害药品管理罪,是指违反药品管理法规,实施足以严重危害人体健康的妨害药品管理的行为。本罪的客体是国家药品质量管理秩序。本罪的客观方面表现为违反药品管理法规,实施足以严重危害人体健康的妨害药品管理的行为。所谓违反药品管理法规,是指违反国家有关药品监督管理方面的法律、法规,如《药品管理法》《中医药法》等。本罪的具体行为方式包括以下四种:(1) 生产、销售国务院药品监督管理部门禁止使用的药品。这里"禁止使用的药品",主要指疗效不确切、不良反应大或者基于其他原因危害人体健康的药品。(2) 未取得药品相关批准证明文件生产、进口药品或者明知是上述药品而销售。(3) 药品申请注册中提供虚假的证明、数据、资料、样品或者采取其他欺骗手段。(4) 编造生产、检验记录。本罪的成立要求行为必须达到"足以严重危害人体健康"的程度。本罪的主体既可以是自然人,也可以是单位。本罪的主观方面是故意。

根据《刑法》第 142 条之一和第 150 条的规定，犯本罪的，处 3 年以下有期徒刑或者拘役，并处或者单处罚金；对人体健康造成严重危害或者有其他严重情节的，处 3 年以上 7 年以下有期徒刑，并处罚金。单位犯本罪的，对单位判处罚金，并对其直接负责的主管人员和其他责任人员，依照上述规定处罚。犯本罪，同时又构成生产、销售、提供假药罪或者生产、销售、提供劣药罪或者其他犯罪的，依照处罚较重的规定定罪处罚。

五、生产、销售不符合安全标准的食品罪

生产、销售不符合安全标准的食品罪，是指违反国家食品安全管理法规，生产、销售不符合食品安全标准的食品，足以造成严重食物中毒事故或者其他严重食源性疾病的行为。本罪的客体是复杂客体，既侵犯了国家对食品安全的监督管理秩序，也侵犯了不特定多数人的生命健康权利。本罪的客观方面表现为生产、销售不符合食品安全标准的食品，足以造成严重食物中毒事故或者其他严重食源性疾病的行为。根据 2013 年 5 月 2 日最高人民法院、最高人民检察院《关于办理危害食品安全刑事案件适用法律若干问题的解释》（简称《食品案件解释》）第 8 条的规定，在食品加工、销售、运输、贮存等过程中，违反食品安全标准，超限量或者超范围滥用食品添加剂，足以造成严重食物中毒事故或者其他严重食源性疾病的；在食用农产品种植、养殖、销售、运输、贮存等过程中，违反食品安全标准，超限量或者超范围滥用添加剂、农药、兽药等，足以造成严重食物中毒事故或者其他严重食源性疾病的，都应以本罪定罪处罚。所谓足以造成严重食物中毒事故或者其他严重食源性疾病，根据《食品案件解释》第 1 条的规定，是指具有下列情形之一：(1) 含有严重超出标准限量的致病性微生物、农药残留、兽药残留、重金属、污染物质以及其他危害人体健康的物质的；(2) 属于病死、死因不明或者检验检疫不合格的畜、禽、兽、水产动物及其肉类、肉类制品的；(3) 属于国家基于防控疾病等特殊需要明令禁止生产、销售的；(4) 婴幼儿食品中生长发育所需营养成分严重不符合食品安全标准的；(5) 其他足以造成严重食物中毒事故或者严重食源性疾病的情形。本罪的主体是一般主体，既可以是自然人，也可以是单位。本罪的主观方面为故意，即明知生产、销售不符合安全标准的食品足以造成严重食物中毒或者其他严重食源性疾病，并且希望或者放任这种结果的发生。

根据《刑法》第 143 条和第 150 条的规定，犯本罪的，处 3 年以下有期徒刑或者拘役，并处罚金；对人体健康造成严重危害或者有其他严重情节的，处 3 年以上 7 年以下有期徒刑，并处罚金；后果特别严重的，处 7 年以上有期徒刑或者无期徒刑，并处罚金或者没收财产。单位犯本罪的，对单位判处罚金，并对其直接负责的主管人员和其他责任人员，依照上述规定处罚。

六、生产、销售有毒、有害食品罪

（一）生产、销售有毒、有害食品罪的概念和构成

生产、销售有毒、有害食品罪，是指违反国家食品安全管理法规，在生产、销售的食品中掺入有毒、有害的非食品原料，或者销售明知掺有有毒、有害的非食品原料的食品的行为。

本罪具有如下构成要件：

1. 本罪的客体是国家对食品安全的监督管理秩序和不特定多数人的生命健康权利。

2. 本罪的客观方面表现为在生产、销售的食品中掺入有毒、有害的非食品原料，或者销售掺入有毒、有害的非食品原料的食品的行为。具体包括三种情形：一是在生产的食品中掺入有毒、有害的非食品原料；二是在销售的食品中掺入有毒、有害的非食品原料；三是销售掺入有毒、有害的非食品原料的食品。所谓食品，是指各种供人食用或者饮用的成品和原料以及按照传统既是食品又是中药材的物品，但是不包括以治疗为目的的物品。根据《食品案件解释》第20条的规定，下列物质应当认定为"有毒、有害的非食品原料"：(1) 法律、法规禁止在食品生产经营活动中添加、使用的物质；(2) 国务院有关部门公布的《食品中可能违法添加的非食用物质名单》《保健食品中可能非法添加的物质名单》上的物质；(3) 国务院有关部门公告禁止使用的农药、兽药以及其他有毒、有害物质；(4) 其他危害人体健康的物质。上述三种行为，只要行为人实施其中的一种就可构成犯罪。本罪是行为犯，只要实施了上述行为就可构成犯罪，行为是否足以严重危害人体健康或者造成中毒事故等严重后果，不影响本罪的成立。

3. 本罪的主体是一般主体，既可以是自然人，也可以是单位。

4. 本罪的主观方面是故意。实施本罪的行为人一般具有谋取非法利润的目的，但谋取非法利润的目的不是本罪构成的必备要件。

（二）生产、销售有毒、有害食品罪的认定

1. 罪与非罪的界限。区分本罪与非罪的界限关键在于行为人主观上有无生产、销售有毒、有害食品的犯罪故意。如果行为人不知自己在食品中掺入的是有毒、有害的非食品原料，或者不知自己销售的食品是掺有有毒、有害的非食品原料的食品，就因缺乏主观上的故意而不构成犯罪。

2. 本罪与生产、销售不符合安全标准的食品罪的界限。本罪与生产、销售不符合安全标准的食品罪的共同点在于：二者客体都是国家对食品安全的监督管理秩序和不特定多数人的生命健康权利；主体都是一般主体，既可以是自然人，也可以是单位；主观罪过形式都是故意；行为都发生在生产、销售食品的过程中。二者的区别表现在：(1) 二者的对象不同。本罪的对象是掺有有毒、有害的非食品原料的食品；而生产、销售不符合安全标准的食品罪的对象则是上述有毒、有害食品以外的不符合食品安全标准的食品。(2) 客观方面构成犯罪的标准不同。本罪是行为犯，只要实施了法定行为即可构成犯罪；生产、销售不符合安全标准的食品罪则是危险犯，即行为只有足以造成严重食物中毒事故或者其他严重食源性疾病才可构成犯罪。

3. 本罪与投放危险物质罪的界限。本罪与投毒型的投放危险物质罪在主客观方面都有相似之处，二者的区别在于：(1) 客体不完全相同。本罪的客体是复杂客体，包括国家对食品安全的监督管理秩序和不特定多数人的生命健康权利；投放危险物质罪的客体则是简单客体，只侵犯不特定或多数人的生命健康权利。(2) 行为发生的领域不同。本罪的行为发生在生产、销售食品的过程中；投放危险物质罪的行为则发生在日常生活中，通常表现为在食堂等公共场所或者饮用水源等处投放。(3) 主体有所不同。本罪的主体既可以是自然人，也可以是单位；投放危险物质罪的主体只能是自然人。

（三）生产、销售有毒、有害食品罪的处罚

根据《刑法》第 144 条和第 150 条的规定，犯本罪的，处 5 年以下有期徒刑，并处罚金；对人体健康造成严重危害或者有其他严重情节的，处 5 年以上 10 年以下有期徒刑，并处罚金；致人死亡或者有其他特别严重情节的，处 10 年以上有期徒刑、无期徒刑或者死刑，并处罚金或者没收财产。单位犯本罪的，对单位判处罚金，并对直接负责的主管人员和其他直接责任人员，依照上述规定处罚。根据《食品案件解释》的规定，“对人体健康造成严重危害”是指：(1) 造成轻伤以上伤害的；(2) 造成轻度残疾或者中度残疾的；(3) 造成器官组织损伤导致一般功能障碍或者严重功能障碍的；(4) 造成 10 人以上严重食物中毒或者其他严重食源性疾病的；(5) 其他对人体健康造成严重危害的情形。“其他严重情节”是指：(1) 生产、销售金额 20 万元以上不满 50 万元的；(2) 生产、销售金额 10 万元以上不满 20 万元，有毒、有害食品的数量较大或者生产、销售持续时间较长的；(3) 生产、销售金额 10 万元以上不满 20 万元，属于婴幼儿食品的；(4) 生产、销售金额 10 万元以上不满 20 万元，一年内曾因危害食品安全违法犯罪活动受过行政处罚或者刑事处罚的；(5) 有毒、有害的非食品原料毒害性强或者含量高的；(6) 其他情节严重的情形。“致人死亡或者有其他特别严重情节”是指：(1) 生产、销售金额 50 万元以上；(2) 致人死亡或者重度残疾的；(3) 造成 3 人以上重伤、中度残疾或者器官组织损伤导致严重功能障碍的；(4) 造成 10 人以上轻伤、5 人以上轻度残疾或者器官组织损伤导致一般功能障碍的；(5) 造成 30 人以上严重食物中毒或者其他严重食源性疾病的；(6) 其他特别严重的后果。

七、生产、销售不符合标准的医用器材罪

生产、销售不符合标准的医用器材罪，是指违反国家产品质量管理法规，生产不符合保障人体健康的国家标准、行业标准的医疗器械、医用卫生材料，或者销售明知是不符合保障人体健康的国家标准、行业标准的医疗器械、医用卫生材料，足以严重危害人体健康的行为。医疗器械指诊断、治疗、预防疾病，调节人体生理机能所用的器具设备。医用卫生材料指用于诊断、治疗、预防疾病，调节人体生理机能所用的辅助材料。国家标准指国务院标准化行政主管部门制定的，在全国范围内实施的统一技术要求。行业标准指对于没有国家标准的医用器材，由国务院卫生行政主管部门制定的，在全国医疗卫生行业范围内实施的统一技术要求。没有国家标准、行业标准的医疗器械，注册产品标准可视为保障人体健康的行业标准。本罪是危险犯，生产、销售不符合标准的医用器械，足以严重危害人体健康，即可构成本罪。本罪的主体为一般主体，既可以是自然人，也可以是单位。本罪的主观方面为故意。

根据《刑法》第 145 条和第 150 条的规定，犯本罪的，处 3 年以下有期徒刑或者拘役，并处销售金额 50% 以上 2 倍以下罚金；对人体健康造成严重危害的，处 3 年以上 10 年以下有期徒刑，并处销售金额 50% 以上 2 倍以下罚金；后果特别严重的，处 10 年以上有期徒刑或者无期徒刑，并处销售金额 50% 以上 2 倍以下罚金或者没收财产。单位犯本罪的，对单位判处罚金，并对其直接负责的主管人员和其他直接责任人员，依照上述规定处罚。

八、生产、销售不符合安全标准的产品罪

生产、销售不符合安全标准的产品罪，是指生产不符合保障人身、财产安全的国家标准、行业标准的电器、压力容器、易燃易爆产品或者其他不符合保障人身、财产安全的国家标准、行业标准的产品，或者销售明知是以上不符合保障人身、财产安全的国家标准、行业标准的产品，造成严重后果的行为。所谓“造成严重后果”，是指:(1)造成人员重伤或者死亡的;(2)造成直接经济损失 10 万元以上的;(3)其他造成严重后果的情形。

根据《刑法》第 146 条和第 150 条的规定，犯本罪的，处 5 年以下有期徒刑，并处销售金额 50%以上 2 倍以下罚金;后果特别严重的，处 5 年以上有期徒刑，并处销售金额 50%以上 2 倍以下罚金。单位犯本罪的，对单位判处罚金，并对其直接负责的主管人员和其他直接责任人员，依照上述规定处罚。

九、生产、销售伪劣农药、兽药、化肥、种子罪

生产、销售伪劣农药、兽药、化肥、种子罪，是指生产假农药、假兽药、假化肥，销售明知是假的或者失去使用效能的农药、兽药、化肥、种子，或者生产者、销售者以不合格的农药、兽药、化肥、种子冒充合格的农药、兽药、化肥、种子，使生产遭受较大损失的行为。所谓假农药、假兽药、假化肥、假种子，是指所含成分不符合国家有关部门规定的标准或用非农药、非兽药、非化肥、非种子冒充真农药、真兽药、真化肥、真种子。劣质农药、兽药、化肥、种子，是指失效的(如过期、受潮、变质而丧失使用效能的)农药、兽药、化肥、种子和不合格的(如产品中一项标准或多项标准达不到规定，从而影响效能的)农药、兽药、化肥、种子。生产、销售伪劣农药、兽药、化肥、种子，使生产遭受较大损失的，才能成立本罪。使生产遭受较大损失，是指生产遭受的损失在 2 万元以上。

根据《刑法》第 147 条和第 150 条的规定，犯本罪的，处 3 年以下有期徒刑或者拘役，并处或者单处销售金额 50%以上 2 倍以下罚金;使生产遭受重大损失的，处 3 年以上 7 年以下有期徒刑，并处销售金额 50%以上 2 倍以下罚金;使生产遭受特别重大损失的，处 7 年以上有期徒刑或者无期徒刑，并处销售金额 50%以上 2 倍以下罚金或者没收财产。单位犯本罪的，对单位判处罚金，并对其直接负责的主管人员和其他直接责任人员，依照上述规定处罚。

十、生产、销售不符合卫生标准的化妆品罪

生产、销售不符合卫生标准的化妆品罪，是指违反国家产品质量管理法规，生产不符合卫生标准的化妆品，或者销售明知是不符合卫生标准的化妆品，造成严重后果的行为。所谓造成严重后果，一般是指:造成他人容貌毁损或者皮肤严重损伤的;造成他人器官组织损伤导致严重功能障碍的;致使他人精神失常或者自杀、自残造成重伤、死亡的;以及其他造成严重后果的情形。

根据《刑法》第 148 条和第 150 条的规定，犯本罪的，处 3 年以下有期徒刑或者拘役，并

处或者单处销售金额50%以上2倍以下罚金。单位犯本罪的，对单位判处罚金，并对其直接负责的主管人员和其他直接责任人，依照上述规定处罚。

第三节　走私罪

一、走私武器、弹药罪

走私武器、弹药罪，是指违反海关法律法规，逃避海关监管，运输、携带、邮寄武器、弹药进出国（边）境的行为。本罪的客体是国家禁止武器、弹药进出口的对外贸易管理制度。本罪的对象是武器、弹药。武器、弹药的种类，参照《中华人民共和国进口税则》及《中华人民共和国禁止进出境物品表》的有关规定确定。本罪的客观方面表现为行为人违反海关法律法规的规定，逃避海关监管，走私武器、弹药的行为。违反海关法律法规，逃避海关监管，是本罪成立的前提。违反海关法律法规，是指违反《中华人民共和国海关法》及其他关于海关监管的法律法规。逃避海关监管，是指采取藏匿、伪装、假报等手段，逃避海关监管、查验的行为。行为的方式有运输、携带、邮寄三种。运输，是指使用交通运输工具将武器、弹药运出或者运进国（边）境。携带，是指随身携带武器、弹药进出国（边）境。邮寄，是指通过邮递途径将武器、弹药寄往境外或者寄入境内。除上述以外，根据《刑法》第155条的规定，直接向走私人非法收购国家禁止进口的武器、弹药的，在内海、领海、界河、界湖运输、收购、贩卖国家禁止进出口的武器、弹药的，按走私武器、弹药罪论处。根据《刑法》第156条的规定，与走私武器、弹药的罪犯通谋，为其提供贷款、资金、账号、发票、证明，或者为其提供运输、保管、邮寄或者其他方便的，以本罪的共犯论处。本罪的主体为一般主体，个人和单位均能成为本罪的主体。本罪的主观方面为故意，即明知是国家禁止进出口的武器、弹药，仍然将其进出境。

根据《刑法》第151条第1、4款和第157条的规定，犯本罪的，处7年以上有期徒刑，并处罚金或者没收财产；情节特别严重的，处无期徒刑，并处没收财产；情节较轻的，处3年以上7年以下有期徒刑，并处罚金。单位犯本罪的，对单位判处罚金，并对其直接负责的主管人员和其他直接责任人员，依照上述规定处罚。武装掩护走私武器、弹药的，从重处罚。以暴力、威胁方法抗拒缉查走私武器、弹药的，以本罪与妨害公务罪实行数罪并罚。

二、走私核材料罪

走私核材料罪，是指违反海关法律法规，逃避海关监管，运输、携带、邮寄核材料进出国（边）境的行为。本罪的客体是国家关于核材料进出口的对外贸易管理制度。“核材料”是核燃料、核燃料产物、核聚变材料之统称。本罪的客观方面表现为行为人违反海关法律法规，逃避海关监管，走私核材料的行为。走私行为的具体方式以及按走私核材料罪论处的几种表现与走私武器、弹药罪相同。本罪的主体为一般主体，个人和单位均能成为本罪的主体。本罪的主观方面表现为故意，即明知是核材料而走私。与走私核材料的罪犯通谋，为其提供贷款、资金、账号、发票、证明，或者为其提供运输、保管或者其他方便的，以走私核材料的共犯论处。

根据《刑法》第 151 条第 1、4 款和第 157 条的规定，犯本罪的，处 7 年以上有期徒刑，并处罚金或者没收财产；情节特别严重的，处无期徒刑，并处没收财产；情节较轻的，处 3 年以上 7 年以下有期徒刑，并处罚金。单位犯本罪的，对单位判处罚金，并对其直接负责的主管人员和其他直接责任人员，依照上述规定处罚。武装掩护走私核材料的，从重处罚。以暴力、威胁方法抗拒缉查走私核材料的，以本罪与妨害公务罪实行数罪并罚。

三、走私假币罪

走私假币罪，是指违反海关法律法规，逃避海关监管，运输、携带、邮寄伪造的货币进出国（边）境的行为。本罪的客体是国家禁止伪造的货币进出口的管理制度。“货币”包括正在流通的人民币和境外货币。伪造的货币，是指仿照真货币的图案、形状、色彩等特征制造的假币。本罪的客观方面表现为行为人违反海关法律法规，逃避海关监管，运输、携带、邮寄伪造的货币进出国（边）境的行为。其行为的具体方式以及按走私假币罪论处的几种行为表现与走私武器、弹药罪相同。本罪的主体为一般主体，个人和单位均能成为本罪的主体。本罪的主观方面为故意，即明知是伪造的货币而走私。与走私假币的罪犯通谋，为其提供贷款、资金、账号、发票、证明，或者为其提供运输、保管、邮寄或者其他方便的，以走私假币罪的共犯论处。

根据《刑法》第 151 条第 1、4 款和第 157 条的规定，犯本罪的，处 7 年以上有期徒刑，并处罚金或者没收财产；情节特别严重的，处无期徒刑，并处没收财产；情节较轻的，处 3 年以上 7 年以下有期徒刑，并处罚金。单位犯本罪的，对单位判处罚金，并对其直接负责的主管人员和其他直接责任人员，依照上述规定处罚。武装掩护走私假币的，从重处罚。以暴力、威胁方法抗拒缉查走私假币的，以本罪与妨害公务罪实行数罪并罚。

四、走私文物罪

走私文物罪，是指违反海关法律法规，逃避海关监管，运输、携带、邮寄国家禁止出口的文物出境的行为。本罪的客体是国家关于禁止文物出口的对外贸易管理制度。对象是国家禁止出口的文物。根据《文物保护法》的规定，国家禁止出口的文物，是指具有重要历史、艺术、科学价值且未经国务院批准不得运往国外展览的文物。本罪的客观方面表现为行为人违反海关法律法规，逃避海关监管，走私国家禁止出口的文物的行为。本罪的行为方式只限于出口，不包括进口。此外，在内海、领海、界河、界湖运输、收购、贩卖国家禁止出口的文物的，按走私文物罪论处。本罪的主体为一般主体，个人和单位均能成为本罪的主体。本罪的主观方面为故意，即明知是国家禁止出口的文物仍予以出口。与走私文物的罪犯通谋，为其提供贷款、资金、账号、发票、证明，或者为其提供运输、保管、邮寄或者其他方便的，以本罪的共犯论处。

根据《刑法》第 151 条第 2、4 款和第 157 条的规定，犯本罪的，处 5 年以上 10 年以下有期徒刑，并处罚金；情节特别严重的，处 10 年以上有期徒刑或者无期徒刑，并处没收财产；情节较轻的，处 5 年以下有期徒刑，并处罚金。单位犯本罪的，对单位判处罚金，并对其直接负责的主管人员和其他直接责任人员，依照上述规定处罚。武装掩护走私文物的，依照《刑法》第 151 条第

1款的规定从重处罚。以暴力、威胁方法抗拒缉查走私文物的，以本罪与妨害公务罪实行数罪并罚。

五、走私贵重金属罪

走私贵重金属罪，是指违反海关法律法规，逃避海关监管，运输、携带、邮寄国家禁止出口的黄金、白银和其他贵重金属出境的行为。本罪的客体是国家关于禁止贵重金属出口的对外贸易管理制度。本罪的客观方面表现为行为人违反海关法律法规，逃避海关监管，运输、携带、邮寄国家禁止出口的黄金、白银和其他贵重金属出国（边）境的行为。"其他贵重金属"指与金银同等重要的铱、锇、钌、铑、铂等国家禁止出口的贵重金属。在内海、领海、界河、界湖运输、收购、贩卖国家禁止出口的贵重金属的，以本罪论处。本罪的主体为一般主体，个人和单位均能成为本罪的主体。本罪的主观方面是故意，即明知是贵重金属仍予以出口。与走私贵重金属的罪犯通谋，为其提供贷款、资金、账号、发票、证明，或者为其提供运输、保管、邮寄或者其他方便的，以本罪的共犯论处。

根据《刑法》第151条第2、4款和第157条的规定，犯本罪的，处5年以上10年以下有期徒刑，并处罚金；情节特别严重的，处10年以上有期徒刑或者无期徒刑，并处没收财产；情节较轻的，处5年以下有期徒刑，并处罚金。单位犯本罪的，对单位判处罚金，并对其直接负责的主管人员和其他直接责任人员，依照上述规定处罚。武装掩护走私贵重金属的，依照《刑法》第151条第1款的规定从重处罚。以暴力、威胁方法抗拒缉查走私贵重金属的，以本罪与妨害公务罪实行数罪并罚。

六、走私珍贵动物、珍贵动物制品罪

走私珍贵动物、珍贵动物制品罪，是指违反海关法律法规，逃避海关监管，运输、携带、邮寄国家禁止进出口的珍贵动物、珍贵动物制品进出国（边）境的行为。本罪的客体是国家禁止珍贵动物、珍贵动物制品进出口的对外贸易管理制度。本罪的客观方面表现为行为人违反海关法律法规，逃避海关监管，运输、携带、邮寄珍贵动物、珍贵动物制品进出口的行为。根据最高人民法院、最高人民检察院发布的《关于办理走私刑事案件适用法律若干问题的解释》（简称《走私案件解释》）第10条第1款的规定，珍贵动物包括列入《国家重点保护野生动物名录》中的国家一、二级保护野生动物，《濒危野生动植物种国际贸易公约》附录Ⅰ、附录Ⅱ中的野生动物，以及驯养繁殖的上述动物。珍贵动物制品指上述珍贵动物的皮、毛、骨骼等制成品。直接向走私人非法收购国家禁止进口的珍贵动物、珍贵动物制品的；在内海、领海、界河、界湖运输、收购、贩卖国家禁止进出口的珍贵动物、珍贵动物制品的，以本罪论处。本罪的主体为一般主体，个人和单位均能成为本罪的主体。本罪的主观方面是故意，即明知是珍贵动物及其制品仍走私进出口。与走私珍贵动物、珍贵动物制品的罪犯通谋，为其提供贷款、资金、账号、发票、证明，或者为其提供运输、保管、邮寄或者其他方便的，以本罪的共犯论处。

根据《刑法》第151条第2、4款和第157条的规定，犯本罪的，处5年以上10年以下有期徒刑，并处罚金；情节特别严重的，处10年以上有期徒刑或者无期徒刑，并处没收财产；情节较轻的,处5年以下有期徒刑,并处罚金。单位犯本罪的,对单位判处罚金,并对其直接负责的主管人员和其他直接责任人员,依照上述规定处罚。武装掩护走私珍贵动物、珍贵动物制品的,依照《刑法》第151条第1款的规定从重处罚。以暴力、威胁方法抗拒缉查走私珍贵动物、珍贵动物制品的,以本罪与妨害公务罪实行数罪并罚。

七、走私国家禁止进出口的货物、物品罪

走私国家禁止进出口的货物、物品罪,是指违反海关法律法规,逃避海关监管,非法运输、携带、邮寄国家禁止进出口的珍稀植物及其制品等国家禁止进出口的其他货物、物品进出境的行为。本罪的客体是国家禁止珍稀植物及其制品等货物、物品进出口的对外贸易管理制度。本罪的客观方面为行为人违反海关法律法规,逃避海关监管,非法运输、携带、邮寄珍稀植物及其制品等国家禁止进出口的其他货物、物品进出境的行为。根据《走私案件解释》第12条第1款的规定,珍稀植物包括列入《国家重点保护野生植物名录》《国家重点保护野生药材物种名录》《国家珍贵树种名录》中的国家一、二级保护野生植物,国家重点保护的野生药材、珍贵树木,《濒危野生动植物种国际贸易公约》附录Ⅰ、附录Ⅱ中的野生植物,以及人工培育的上述植物。珍稀植物制品是指利用珍稀植物制作的标本、观赏用品、实用品等物品。其他禁止进出口的货物、物品是指除《刑法》第151条第1款和第2款、第152条、第347条、第350条所规定的货物、物品以及珍稀植物及其制品以外的国家禁止进出口的货物、物品。[①] 走私行为的具体方式以及以走私罪论处的几种行为表现与走私武器、弹药罪的相同。本罪的主体为一般主体,个人和单位均能成为本罪的主体。本罪的主观方面为故意,即明知是国家禁止进出口的珍稀植物及其制品等货物、物品仍走私进出境。与走私国家禁止进出口的货物、物品的罪犯通谋,为其提供贷款、资金、账号、发票、证明,或者为其提供运输、保管、邮寄或者其他方便的,以本罪的共犯论处。

根据《刑法》第151条第3、4款和第157条的规定,犯本罪的,处5年以下有期徒刑或者拘役,并处或者单处罚金;情节特别严重的,处5年以上有期徒刑,并处罚金。单位犯本罪的,对单位判处罚金,并对其直接负责的主管人员和其他直接责任人员,依照上述规定处罚。武装掩护走私国家禁止进出口的货物、物品的,依照《刑法》第151条第1款的规定从重处罚。以暴力、威胁方法抗拒缉查走私国家禁止进出口的货物、物品的,以本罪与妨害公务罪实行数罪并罚。

八、走私淫秽物品罪

走私淫秽物品罪,是指违反海关法律法规,逃避海关监管,以牟利或者传播为目的,非法运输、携带、邮寄淫秽的影片、录像带、录音带、图片、书刊或者其他淫秽物品进出国(边)境的行为。本罪的客体是国家关于禁止淫秽物品进出口的对外贸易管理制度。本罪的对象是淫秽物品。所谓淫秽物品,是指具体描绘性行为或者露骨宣扬色情的物品,包括淫秽的影片、

---

① 根据《最高人民法院关于审理走私、非法经营、非法使用兴奋剂刑事案件适用法律若干问题的解释》第1条第1款的规定,走私兴奋剂目录所列物质,涉案物质属于国家禁止进出口的货物、物品,符合规定条件的,以走私国家禁止进出口的货物、物品罪定罪处罚。

录像带、录音带、图片、书刊或者其他淫秽物品。本罪的客观方面表现为行为人违反海关法律法规的规定，逃避海关监管，走私淫秽物品进出国（边）境的行为。根据《刑法》第155条的规定，直接向走私分子非法收购国家禁止进口的淫秽物品的，在内海、领海、界河、界湖运输、收购、贩卖国家禁止进出口的淫秽物品的，以本罪论处。本罪的主体为一般主体，个人和单位均能成为本罪的主体。本罪的主观方面为直接故意，并且以牟利或者传播为目的。以牟利为目的，是指行为人走私淫秽物品是为了出卖、出租或者通过其他方式利用淫秽物品牟取非法利润。以传播为目的，是指行为人走私淫秽物品是为了在社会上进行扩散。不具备牟利目的或传播目的，携带、运输、邮寄淫秽物品进（出）境供个人使用的，不构成本罪。与走私淫秽物品的罪犯通谋，为其提供贷款、资金、账号、发票、证明，或者为其提供运输、保管、邮寄或者其他方便的，以本罪的共犯论处。

根据《刑法》第152条第1、3款和第157条的规定，犯本罪的，处3年以上10年以下有期徒刑，并处罚金；情节严重的，处10年以上有期徒刑或者无期徒刑，并处罚金或者没收财产；情节较轻的，处3年以下有期徒刑、拘役或者管制，并处罚金。单位犯本罪的，对单位判处罚金，并对其直接负责的主管人员和其他直接责任人员，依照上述规定处罚。武装掩护走私淫秽物品的，按照《刑法》第151条第1款的规定从重处罚。以暴力、威胁方法抗拒缉查走私淫秽物品的，以本罪和妨害公务罪实行数罪并罚。

九、走私废物罪

走私废物罪，是指违反海关法律法规，逃避海关监管，将境外的固体废物、液态废物、气态废物运输进境，情节严重的行为。本罪的客体是国家禁止废物进境的对外贸易管理制度。本罪的客观方面表现为违反海关法律法规，逃避海关监管，将境外的固体废物、液态废物、气态废物运输进境，情节严重的行为。本罪的主体为一般主体，个人和单位均能成为本罪的主体。本罪的主观方面是故意，即明知是固体废物、液态废物、气态废物仍运输进境。

根据《刑法》第152条第2、3款和第157条的规定，犯本罪的，处5年以下有期徒刑，并处或者单处罚金；情节特别严重的，处5年以上有期徒刑，并处罚金。单位犯本罪的，对单位判处罚金，并对其直接负责的主管人员和其他直接责任人员，依照上述规定处罚。武装掩护走私废物的，按照《刑法》第151条第1款的规定从重处罚。以暴力、威胁方法抗拒缉查走私废物的，以本罪和妨害公务罪实行数罪并罚。

十、走私普通货物、物品罪

（一）走私普通货物、物品罪的概念和构成

走私普通货物、物品罪，是指违反海关法律法规，逃避海关监管，运输、携带、邮寄除武器、弹药、核材料、假币、文物、贵重金属、珍贵动物及其制品、珍稀植物及其制品、淫秽物品、废物以及国家禁止进出口的其他货物、物品以外的货物、物品进出境，偷逃应缴税额或者数额较大或者一年内曾因走私被给予两次行政处罚后又走私的行为。本罪具有如下构成要件：

1. 本罪的客体是国家对外贸易管制中的进出口监管制度和海关税收征管制度。

2. 本罪的客观方面表现为违反海关法律法规,逃避海关监管,运输、携带、邮寄除武器、弹药、核材料、假币、文物、贵重金属、珍贵动物及其制品、珍稀植物及其制品、淫秽物品、废物以及国家禁止进出口的其他货物、物品以外的货物、物品进出国(边)境,数额较大或者偷逃应缴税额较大或者一年内曾因走私被给予两次行政处罚后又走私的行为。

首先,行为人必须违反了海关法律法规。即行为人的行为违反了我国《海关法》《进出口关税条例》及其他有关的法律法规。

其次,行为人实施了逃避海关监管,运输、携带、邮寄普通货物、物品进出国(边)境的行为。运输是指行为人利用航空器、船舶、车辆等交通工具将货物、物品载运进出国(边)境;携带是指行为人将上述货物、物品随身带在人的身体上、身体内或者夹带在行李中进出国(边)境;邮寄是指行为人通过邮局将上述货物、物品运送进出国(边)境。逃避海关监管是指行为人采取不正当的方式逃避海关的监督、管理和检查,这是认定本罪的一个重要特征,不具备该特征便不能成立本罪。根据行为人逃避海关监管的具体方式,结合《刑法》以及相关司法解释的规定,本罪的客观方面可归纳为以下几种:(1)绕关走私,即未经国务院或者国务院授权机关批准,从未设立海关的地点运输、携带货物、物品进出国(边)境的行为。(2)通关走私,即经过设立海关的地点,采取藏匿、伪装、瞒报、伪报、使用伪造的进出口许可证或原产地证明等欺骗手段向海关办理通关手续,将货物、物品运输、携带、邮寄进出国(边)境的行为。(3)后续走私,即未经海关许可并且未补缴应缴税额,擅自将批准进口的来料加工、来件装配、补偿贸易的原材料、零件、制成品、设备等保税货物或者特定减税、免税进口的货物、物品在境内销售牟利的行为。(4)间接走私,即直接向走私人非法收购走私进口的国家禁止进口物品以外的其他货物、物品的行为,以及在内海、领海、界河、界湖运输、收购、贩卖国家限制进出口货物、物品,没有合法证明的行为。

最后,行为人逃避海关监管,非法运输、携带、邮寄依法应当缴纳税款的货物、物品进出境,必须达到一定的数量标准。即《刑法》第153条的"偷逃应缴税额较大"和第155条的"数额较大"或者一年内曾因走私被给予两次行政处罚后又走私的。应缴税额包括进出口货物、物品应当缴纳的进出口关税和进口环节海关代征税的税额。应缴税额以走私行为实施时的税则、税率、汇率和完税价格计算;多次走私的,以每次走私行为实施时的税则、税率、汇率和完税价格逐票计算;走私行为实施时间不能确定的,以案发时的税则、税率、汇率和完税价格计算。关于一般走私"偷逃应缴税额较大"以及间接走私"数额较大"的认定,根据《走私案件解释》的具体规定,按照不同的犯罪主体采取不同的数额标准,即自然人犯罪10万元、单位犯罪20万元。[①] "一年内曾因走私被给予二次行政处罚后又走私"中的"一年内",以因走私第一次受到行政处罚的生效之日与"又走私"行为实施之日的时间间隔计算确定;"被给予二次行政处罚"的走私行为,包括走私普通货物、物品以及其他货物、物品;"又走私"行为仅指走私普通货物、物品。

3. 本罪的主体为一般主体,个人和单位均能成为本罪的主体。

4. 本罪的主观方面是故意,即明知自己的行为会发生违反海关法律法规、偷逃应缴税

① 根据《最高人民法院关于审理走私、非法经营、非法使用兴奋剂刑事案件适用法律若干问题的解释》第1条第2款的规定,走私兴奋剂所涉物质不属于国家禁止进出口的货物、物品,但偷逃应缴税额1万元以上或者1年内曾因走私被给予两次以上行政处罚后又走私的,应当以走私普通货物、物品罪定罪处罚。

额的结果仍希望或放任这种结果的发生。这里的“明知”是指行为人知道或者应当知道所从事的行为是走私行为。具有下列情形之一的，可以认定为“明知”，但有证据证明确属被蒙骗的除外：⑴ 逃避海关监管，运输、携带、邮寄国家禁止进出境的货物、物品的；⑵ 用特制的设备或者运输工具走私货物、物品的；⑶ 未经海关同意，在非设关的码头、海（河）岸、陆路边境等地点，运输（驳载）、收购或者贩卖非法进出境货物、物品的；⑷ 提供虚假的合同、发票、证明等商业单证委托他人办理通关手续的；⑸ 以明显低于货物正常进（出）口的应缴税额委托他人代理进（出）口业务的；⑹ 曾因同一种走私行为受过刑事处罚或者行政处罚的；⑺ 其他有证据证明的情形。与走私普通货物、物品的罪犯通谋，为其提供贷款、资金、账号、发票、证明，或者为其提供运输、保管、邮寄或者其他方便的，以本罪的共犯论处。所谓“通谋”，是指犯罪行为人之间事先或者事中形成的共同的走私故意。

（二）走私普通货物、物品罪的认定

1. 走私国家限制进出口的货物、物品的认定。

⑴ 未经许可进出口国家限制进出口的货物、物品，构成犯罪的，应当依照《刑法》第 151 条、第 152 条的规定，以走私国家禁止进出口的货物、物品罪等罪名定罪处罚；偷逃应缴税额，同时又构成走私普通货物、物品罪的，依照处罚较重的规定定罪处罚。

⑵ 取得许可，但超过许可数量进出口国家限制进出口的货物、物品，构成犯罪的，以走私普通货物、物品罪定罪处罚。

⑶ 租用、借用或者使用购买的他人许可证，进出口国家限制进出口的货物、物品的，应当以走私国家禁止进出口的货物、物品罪等罪名定罪处罚。偷逃应缴税额，同时又构成走私普通货物、物品罪的，依照处罚较重的规定定罪处罚。

2. 在走私的货物、物品中藏匿特定物品的处理。在走私的货物、物品中藏匿《刑法》第 151 条、第 152 条、第 347 条、第 350 条规定的货物、物品，构成犯罪的，以实际走私的货物、物品定罪处罚；构成数罪的，实行数罪并罚。

3. 本罪既遂的认定。走私普通货物、物品罪在实践中可能表现为绕关走私、通关走私、后续走私、间接走私等多种方式，其既遂、未遂的标准也应当根据不同的行为表现方式加以综合认定。总体而言，实施走私犯罪，具有下列情形之一的，应当认定为犯罪既遂：⑴ 在海关监管现场被查获的；⑵ 以虚假申报方式走私，申报行为实施完毕的；⑶ 以保税货物或者特定减税、免税进口的货物、物品为对象走私，在境内销售的，或者申请核销行为实施完毕的。

（三）走私普通货物、物品罪的处罚

根据《刑法》第 153 条和 157 条的规定，走私货物、物品偷逃应缴税额较大或者一年内曾因走私被给予两次行政处罚后又走私的，处 3 年以下有期徒刑或者拘役，并处偷逃应缴税额 1 倍以上 5 倍以下罚金。走私货物、物品偷逃应缴税额巨大或者有其他严重情节的，处 3 年以上 10 年以下有期徒刑，并处偷逃应缴税额 1 倍以上 5 倍以下罚金。走私货物、物品偷逃应缴税额特别巨大或者有其他严重情节的，处 10 年以上有期徒刑或者无期徒刑，并处偷逃应缴税额 1 倍以上 5 倍以下罚金或者没收财产。单位犯前款罪的，对单位判处罚金，并对其直接负责的主管人员和其他直接责任人员，处 3 年以下有期徒刑或者拘役；情节严重的，

处3年以上10年以下有期徒刑；情节特别严重的，处10年以上有期徒刑。对多次走私未经处理的，按照累计走私货物、物品的偷逃应缴税额处罚。所谓“多次走私未经处理”，包括未经行政处理和刑事处理。武装掩护走私普通货物、物品的，按照《刑法》第151条第1款的规定从重处罚。以暴力、威胁方法抗拒缉查走私普通货物、物品的，以本罪和妨害公务罪实行数罪并罚。

第四节　妨害对公司、企业的管理秩序罪

一、虚报注册资本罪

虚报注册资本罪，是指使用虚假证明文件或者采取其他欺诈手段虚报注册资本，欺骗公司登记主管部门，取得公司登记，虚报注册资本数额巨大、后果严重或者有其他严重情节的行为。本罪的客体是国家的公司登记管理秩序。本罪的客观方面具体包括以下几个方面：(1)行为人虚报了注册资本。注册资本，是指有限责任公司和股份有限公司的股东在公司登记机关登记的股东实际缴纳的出资总额或实收股本总额。虚报注册资本，是指行为人在不具有法定注册资本最低限额的情况下作出具有法定注册资本最低限额的申报，或者虽达到法定注册资本最低限额，但作出高于实缴资本的申报。(2)行为人必须实施了使用虚假证明文件或者其他欺诈手段的行为。使用虚假证明文件，是指使用不真实的验资、验证、评估报告书等证明文件。其他欺诈手段，是指使用虚假证明文件以外的欺诈手段，如隐瞒事实真相使用无权支配的他人所有的资金或者产权证明进行申报。(3)行为人欺骗的对象是公司登记主管部门，并取得了公司登记。取得公司登记，是指经市场监管部门核准并发给企业法人营业执照。(4)行为人虚报注册资本的行为必须具备数额巨大、后果严重或者具有其他严重情节三种情形之一。本罪的主体为一般主体，自然人和单位均能成为本罪的主体。本罪的主观方面是故意。

根据《刑法》第158条的规定，犯本罪的，处3年以下有期徒刑或者拘役，并处或者单处虚报注册资本金额1%以上5%以下罚金。单位犯本罪的，对单位判处罚金，并对其直接负责的主管人员和其他直接责任人员，处3年以下有期徒刑或者拘役。

按照《最高人民检察院、公安部关于严格依法办理虚报注册资本和虚假出资抽逃出资刑事案件的通知》，根据《公司法》和全国人大常委会立法解释，自2014年3月1日起，除依法实行注册资本实缴登记制的公司（参见《国务院关于印发注册资本登记制度改革方案的通知》）以外，对申请公司登记的单位和个人不得以虚报注册资本罪追究刑事责任。依法实行注册资本实缴登记制的公司涉嫌虚报注册资本犯罪的，各级公安机关、检察机关依照刑法和相关规定追究刑事责任时，应当认真研究行为性质和危害后果，确保执法办案的法律效果和社会效果。

二、虚假出资、抽逃出资罪

虚假出资、抽逃出资罪，是指公司发起人、股东违反公司法的规定未交付货币、实物或

者未转移财产权，虚假出资，或者在公司成立后又抽逃其出资，数额巨大、后果严重或者有其他严重情节的行为。本罪的客体是国家有关设立公司的出资管理秩序。本罪的客观方面具体包含两种行为：(1) 虚假出资行为，即公司发起人、股东违反公司法的规定，未交付认缴的出资额（含货币、实物）或者未办理出资额中的财产权转移手续（财产权转移指以实物、工业产权、非专利技术、土地使用权作价出资的权利转移）的行为；(2) 抽逃出资行为，即公司发起人、股东在公司成立时缴纳了所认缴的出资，但公司成立后又撤出其出资，使公司成立时的原有注册资本减少的行为。具备上述两种行为之一就可以构成本罪。此外，本罪的构成还必须具备数额巨大、后果严重、其他严重情节三者之一。本罪的主体为特殊主体，即公司发起人、股东，含个人和单位。公司发起人是指依法创立公司的个人或者单位。股东是指公司的出资人（含个人和单位）。本罪的主观方面是故意。

根据《刑法》第 159 条的规定，犯本罪的，处 5 年以下有期徒刑或者拘役，并处或者单处虚假出资金额或者抽逃出资金额 2%以上 10%以下罚金。单位犯本罪的，对单位判处罚金，并对其直接负责的主管人员和其他直接责任人员，处 5 年以下有期徒刑或者拘役。

按照前述《最高人民检察院、公安部关于严格依法办理虚报注册资本和虚假出资抽逃出资刑事案件的通知》，自 2014 年 3 月 1 日起，除依法实行注册资本实缴登记制的公司以外，对公司股东、发起人不得以虚假出资、抽逃出资罪追究刑事责任。对依法实行注册资本实缴登记制的公司涉嫌虚假出资、抽逃出资犯罪的，各级公安机关、检察机关依照刑法和相关规定追究刑事责任时，应当认真研究行为性质和危害后果，确保执法办案的法律效果和社会效果。

三、欺诈发行证券罪

欺诈发行证券罪，是指违反公司法、企业法（如《个人独资企业法》《合伙企业法》等）、证券法的规定，在招股说明书、认股书以及公司、企业债券募集办法等发行文件中隐瞒重要事实或者编造重大虚假内容，发行股票或者公司、企业债券、存托凭证或者国务院依法认定的其他证券，数额巨大、后果严重或者有其他严重情节的行为。本罪的客体是国家有关公司、企业发行证券的管理秩序。本罪的客观方面表现为在招股说明书、认股书以及公司、企业债券募集办法等发行文件中隐瞒重要事实或者编造重大虚假内容，发行股票或者公司、企业债券、存托凭证或者国务院依法认定的其他证券，数额巨大、后果严重或者有其他严重情节的行为。控股股东、实际控制人组织、指使实施上述欺诈发行行为的，也构成本罪。本罪的主体为一般主体，自然人和单位均能成为本罪的主体。本罪的主观方面是故意。因过失造成招股说明书、认股书或公司、企业债券募集办法中有疏漏的，不构成本罪。

根据《刑法》第 160 条的规定，犯本罪的，处 5 年以下有期徒刑或者拘役，并处或者单处罚金；数额特别巨大、后果特别严重或者有其他特别严重情节的，处 5 年以上有期徒刑，并处罚金。控股股东、实际控制人组织、指使实施本罪行为的，处 5 年以下有期徒刑或者拘役，并处或者单处非法募集资金金额 20% 以上 1 倍以下罚金；数额特别巨大、后果特别严重或者有其他特别严重情节的，处 5 年以上有期徒刑，并处非法募集资金金额 20% 以上 1 倍以下罚金。单位犯本罪的，对单位判处非法募集资金金额 20% 以上 1 倍以下罚金，并对其直接负责的主管人员和其他直接责任人员，处 5 年以下有期徒刑或者拘役，并处或者单处罚金；数额特别巨大、后果特别严重或者有其他特别严重情节的，处 5 年以上有期徒刑，并处罚金。

四、违规披露、不披露重要信息罪

违规披露、不披露重要信息罪，是指依法负有信息披露义务的公司、企业向股东和社会公众提供虚假的或者隐瞒重要事实的财务会计报告，或者对依法应当披露的其他重要信息不按照规定披露，严重损害股东或者其他人利益，或者有其他严重情节的行为。本罪的客体是国家有关公司、企业的财会报告及其他重要信息的管理秩序。本罪的客观方面表现为两种具体情形：一是向股东和社会公众提供虚假的或隐瞒重要事实的财务会计报告。根据我国有关法律的规定，公司、企业有责任在每一个会计年度终了时向股东和社会公众提供财务会计报告。财务会计报告是由资产负债表、损益表、财务状况变动表、财务情况说明书、利润分配表等组成的书面报告文件。虚假的财务会计报告，是指虚假记载公司资产总额、资产投入，夸大盈利等的财务会计报告；隐瞒重要事实的财务会计报告，是指隐瞒公司负债或经营亏损等情况的财务会计报告。二是对依法应当披露的其他重要信息不按照规定披露。这是指对依照有关法律的规定应当披露的除财务会计报告以外的与公司、企业生产、经营有着重要关系的信息，不依照规定予以披露的行为。此外，构成本罪，还必须严重损害股东或者其他人利益，或者有其他严重情节。公司、企业的控股股东、实际控制人实施或者组织、指使实施违规披露、不披露重要信息行为，或者隐瞒相关事项导致上述情形发生的，也构成本罪。本罪的主体是依法负有信息披露义务的公司、企业及该公司、企业的控股股东、实际控制人。本罪的主观方面表现为故意。

根据《刑法》第 161 条的规定，犯本罪的，对公司、企业直接负责的主管人员和其他直接责任人员，处 5 年以下有期徒刑或者拘役，并处或者单处罚金；情节特别严重的，处 5 年以上 10 年以下有期徒刑，并处罚金。公司、企业的控股股东、实际控制人犯本罪的，处 5 年以下有期徒刑或者拘役，并处或者单处罚金；情节特别严重的，处 5 年以上 10 年以下有期徒刑，并处罚金。如果犯本罪的控股股东、实际控制人是单位的，对单位判处罚金，并对其直接负责的主管人员和其他直接责任人员，处 5 年以下有期徒刑或者拘役，并处或者单处罚金；情节特别严重的，处 5 年以上 10 年以下有期徒刑，并处罚金。

五、妨害清算罪

妨害清算罪，是指违反关于公司、企业法律的规定，公司、企业进行清算时，隐匿财产，对资产负债表或者财产清单作虚伪记载或者在清偿债务前分配公司、企业的财产，严重损害债权人或者其他人利益的行为。本罪的客体是国家对公司破产清算的管理秩序。本罪的客观方面为违反公司、企业法律中关于清算的规定，在清算时隐匿财产，对资产负债表或财产清单作虚伪记载或者在清偿债务前分配财产，严重损害债权人或者其他人利益的行为。按公司法的规定，公司因不能清偿到期债务，被依法宣告破产的，由人民法院依照法律的有关规定组成清算组，对公司进行清算。清理公司财产、编制资产负债表、编制财产清单、制定清算方案等是清算组的重要职权。而妨害清算的行为具体包含两种：(1) 向清算组提交虚假的资产负债表或财产清单，以此隐匿财产，逃避清算，使债务的偿还成为不可能；(2) 进入清算程序前，先行非法分配公司的财产，使清算不真实，债务不能偿还。本罪是结果犯，即妨害清算的行为导致债权人或者其他人利益严重受损。本罪的主体是公司、企业。本罪的主观方面为故意。

根据《刑法》第 162 条的规定，犯本罪的，对公司、企业的直接负责的主管人员和其他直接责任人员，处 5 年以下有期徒刑或者拘役，并处或者单处 2 万元以上 20 万元以下罚金。

六、隐匿、故意销毁会计凭证、会计账簿、财务会计报告罪

隐匿、故意销毁会计凭证、会计账簿、财务会计报告罪，是指隐匿或者故意销毁依法应当保存的会计凭证、会计账簿、财务会计报告，情节严重的行为。本罪的客体是国家的会计管理秩序。本罪的客观方面表现为隐匿或者销毁依法应当保存的会计凭证、会计账簿、财务会计报告，情节严重的行为。所谓隐匿，是指将会计凭证、会计账簿、财务会计报告予以隐瞒、藏匿的行为。销毁，是指将会计凭证、会计账簿、财务会计报告予以损坏、毁灭的行为。会计凭证，是指证明经济业务发生和完成情况，明确经济责任，作为记账依据的书面证明。会计账簿，是指由一定的格式、相互联系的账页组成，以会计凭证为依据，用以序时地、分类地、系统地记录、反映和监督一个单位经济活动情况的会计账册。财务会计报告，是指根据会计账簿记录和有关会计核算资料编制的反映单位财务状况和经营成果的报告文书。隐匿、销毁行为只要实施其中一种，就可构成犯罪。此外，本罪的成立还要求情节严重。本罪的主体是一般主体，自然人和单位均能成为本罪的主体。本罪的主观方面是故意，即明知是应当保存的会计凭证、会计账簿、财务会计报告仍予以隐匿、销毁。

根据《刑法》第 162 条之一的规定，犯本罪的，处 5 年以下有期徒刑或者拘役，并处或者单处 2 万元以上 20 万元以下罚金；单位犯本罪的，对单位判处罚金，并对其直接负责的主管人员和其他直接责任人员，依照上述规定处罚。

七、虚假破产罪

虚假破产罪，是指公司、企业通过隐匿财产、承担虚构的债务或者以其他方法转移、处分财产，实施虚假破产，严重损害债权人或者其他人利益的行为。本罪的客体是国家对公司、企业的正常管理秩序。本罪的客观方面表现为通过隐匿财产、承担虚构的债务或者以其他方法转移、处分财产，实施虚假破产，严重损害债权人或者其他人利益的行为。具体包括以下两个方面的内容：(1) 公司、企业实施了虚假破产的行为。所谓虚假破产，是指本不具备破产的条件而提出破产申请，进行破产清算。至于其行为的具体手段，则不做限制。(2) 严重损害债权人或者其他人的利益。本罪的主体是公司、企业。本罪的主观方面是故意。

根据《刑法》第 162 条之二的规定，犯本罪的，对其直接负责的主管人员和其他直接责任人员，处 5 年以下有期徒刑或者拘役，并处或者单处 2 万元以上 20 万元以下罚金。

八、非国家工作人员受贿罪

非国家工作人员受贿罪，是指公司、企业或者其他单位的工作人员利用职务上的便利，索取他人财物或者非法收受他人财物，为他人谋取利益，数额较大的行为。本罪的客体是公司、企业或其他单位的正常管理秩序和公司、企业或其他单位工作人员职务行为的廉洁性。本罪的客观方面表现为公司、企业或者其他单位的工作人员利用职务上的便利，索取他人财物或者非法收受他人财物，为他人谋取利益，数额较大的行为。具体包括以下几个方面的内容：(1) 利用职务上的便利，即公司、企业或者其他单位的工作人员利用自己在本单位主管、管理或参与某项工作的职权范围内的条件。(2) 索取或者收受他人财物。索取他人财物，既包括强索硬取，也包括明示或暗示的索要。非法收受他人财物，是指对他人主动送给的财物按规定不该收受的却予以收受。应该注意的是，不管索取还是收受，其对象都是财物。财物，包括货币、物品和财产性利益。财产性利益包括可以折算为货币的物质利益如房屋装修、债务免除等，以及需要支付货币的其他利益如会员服务、旅游等。后者的犯罪数额，以实际支付或者应当支付的数额计算。(3) 为他人谋取利益。这是本罪客观方面一个普遍的必备要件，即不管是公司、企业或者其他单位工作人员的索要型受贿，还是收受型受贿，都要求行为人为他人谋取利益。如果行为人并未为他人谋取利益，则不能构成本罪。所谓为他人谋取利益，包括承诺、实施和实现三个阶段的行为。只要具有其中一个阶段的行为，就满足为他人谋取利益这一要件。(4) 数额较大。根据《最高人民法院、最高人民检察院关于办理贪污贿赂刑事案件适用法律若干问题的解释》，非国家工作人员受贿罪中的"数额较大"的数额起点，按照该解释关于受贿罪相对应的数额标准规定的 2 倍执行。由于受贿数额在 3 万元以上不满 20 万元的，应当认定为"数额较大"，因而非国家工作人员受贿罪数额较大的标准应为 6 万元以上不满 40 万元。此外，《刑法》第 163 条第 2 款还规定：公司、企业或者其他单位的工作人员在经济往来中，利用职务上的便利，违反国家规定，收受各种名义的回扣、手续费，归个人所有的，也构成本罪。本罪的主体为特殊主体，即公司、企业或者其他单位的工作人员。所谓"其他单位"，既包括事业单位、社会团体、村民委员会、居民委员会、村民小组等常设性组织，也包括为组织体育赛事、文艺演出或者其他正当活动而成立的组委会、筹委会、工程承包队等非常设性组织。"公司、企业或者其他单位的工作人员"既包括非国有公司、企业或在其他非国有单位中的非国家工作人员，也包括国有公司、企业或者其他国有单位中的非国家工作人员。国有公司、企业中从事公务的人员以及国有公司、企业委派到非国有公司、企业从事公务的人员实施受贿犯罪行为的，依照《刑法》第 385 条、第 386 条规定的受贿罪处罚。本罪的主观方面是故意。

根据《刑法》第 163 条的规定，犯本罪的，处 3 年以下有期徒刑或者拘役，并处罚金；数额巨大或者有其他严重情节的，处 3 年以上 10 年以下有期徒刑，并处罚金；数额特别巨大或者有其他特别严重情节的，处 10 年以上有期徒刑或者无期徒刑，并处罚金。

九、对非国家工作人员行贿罪

对非国家工作人员行贿罪，是指为谋取不正当利益，给予公司、企业或者其他单位的工作人员财物,数额较大的行为。本罪的客体是公司、企业或其他单位的正常管理秩序和公司、企业或其他单位工作人员职务行为的廉洁性。本罪的客观方面表现为为谋取不正当利益,给予公司、企业或者其他单位的工作人员财物,数额较大的行为。具体包括以下两个方面的内容:(1)给予公司、企业或者其他单位工作人员财物。给予通常是主动给予,但也包括受到公司、企业或者其他单位工作人员的明示或暗示后给予财物的行为。(2)给予财物的数额较大。根据《最高人民法院、最高人民检察院关于办理贪污贿赂刑事案件适用法律若干问题的解释》,对非国家工作人员行贿罪中的“数额较大”的数额起点,按照该解释关于行贿罪的数额标准规定的2倍执行。本罪的主体为一般主体,自然人和单位均能成为本罪的主体。本罪的主观方面是故意,并且有谋取不正当利益之目的。“谋取不正当利益”,是指行贿人谋取违反法律、法规、规章或者政策规定的利益,或者要求对方违反法律、法规、规章、政策、行业规范的规定提供帮助或者方便。在招标投标、政府采购等商业活动中,违背公平原则,给予相关人员财物以谋取竞争优势的,属于“谋取不正当利益”。

根据《刑法》第164条的规定,犯本罪的,处3年以下有期徒刑或者拘役,并处罚金;数额巨大的,处3年以上10年以下有期徒刑,并处罚金。单位犯本罪的,对单位判处罚金,并对其直接负责的主管人员和其他直接责任人员,依照上述规定处罚。行贿人在被追诉前主动交代行贿行为的,可以减轻或者免除处罚。

十、对外国公职人员、国际公共组织官员行贿罪

对外国公职人员、国际公共组织官员行贿罪,是指为谋取不正当商业利益,给予外国公职人员或者国际公共组织官员财物,数额较大的行为。本罪的客体是公平竞争的交易秩序和外国公职人员或者国际公共组织官员的廉洁性。本罪的客观方面表现为给予外国公职人员或者国际公共组织官员数额较大的财物的行为。根据《最高人民检察院、公安部关于公安机关管辖的刑事案件立案追诉标准的规定(二)的补充规定》第1条的规定,数额较大以个人行贿数额1万元,单位行贿数额20万元为起点。本罪的主体为一般主体,自然人和单位均能成为本罪的主体。本罪的主观方面是故意,并且有谋取不正当商业利益之目的。谋取不正当商业利益,是指谋取违法的或其他经正当途径不能获得的商业利益。只要行为人有谋取不正当商业利益之目的即符合本罪主观要件,至于实际上是否谋取到了不正当商业利益,不影响本罪的成立。

根据《刑法》第164条第2款、第3款、第4款的规定,犯本罪的,处3年以下有期徒刑或者拘役,并处罚金;数额巨大的,处3年以上10年以下有期徒刑,并处罚金。单位犯本罪的,对单位判处罚金,并对其直接负责的主管人员和其他直接责任人员,依照上述规定处罚。行贿人在被追诉前主动交代行贿行为的,可以减轻或者免除处罚。

十一、非法经营同类营业罪

非法经营同类营业罪,是指国有公司、企业的董事、经理利用职务便利,自己经营或者为他人经营与其任职公司、企业同类的营业,获取非法利益,数额巨大的行为。本罪的客体是国家对国有公司、企业的管理秩序。本罪的客观方面表现为行为人利用职务便利,自

己经营或者为他人经营与其所任职公司、企业同类的营业，获取非法利润，数额巨大的行为。利用职务便利，是指利用行为人主管、经管、经营的权力或由此产生的方便条件。自己经营，是指自己独资经营公司、企业。为他人经营，是指在他人出资经营的公司、企业中任职从而获取经营报酬。同类的营业，是指生产、销售同一商品或者进行其他性质相同的营业。获取非法利益，是指因同类竞业损害国有公司、企业的利益而自己获得利益。获取非法利益数额巨大是本罪客观要件的重要组成部分，没有达到数额巨大的不构成犯罪。本罪的主体是特殊主体，只能是国有公司、企业的董事、经理。本罪的主观方面是故意，并具有获取非法利益的目的。

根据《刑法》第 165 条的规定，犯本罪的，处 3 年以下有期徒刑或者拘役，并处或者单处罚金；数额特别巨大的，处 3 年以上 7 年以下有期徒刑，并处罚金。

十二、为亲友非法牟利罪

为亲友非法牟利罪，是指国有公司、企业、事业单位的工作人员，利用职务便利，将本单位的盈利业务交由自己的亲友进行经营，或者与亲友经营管理的单位发生明显有利于对方的购销活动，使国家利益遭受重大损失的行为。本罪的客体是国有公司、企业、事业单位的正常管理活动、合法利益以及国有公司、企业、事业单位工作人员职务的廉洁性。本罪的客观方面表现为行为人利用职务便利，为亲友牟利，使国家利益遭受重大损失的行为。利用职务便利，是指行为人利用其主管、管理、经营、经手公司、企业、事业单位业务的权力或由此形成的便利条件。为亲友牟利包括以下几种情形：(1) 将本单位的盈利业务交由自己的亲友经营。所谓盈利业务，是指正常情况下能够获得利润的业务。所谓交由自己的亲友经营，是指将本属于本单位经营的业务通过委托、承包或者其他形式交给自己的亲友经营。(2) 以明显高于市场的价格向自己的亲友经营管理的单位采购商品或者以明显低于市场的价格向自己亲友经营管理的单位销售商品。市场价格，是指由商品的价值以及市场供求状况决定的商品价格。《刑法》第 166 条使用的是“明显高于”和“明显低于”，这意味着不是略高一点或者略低一点，而是高出或者低于较多。(3) 向自己的亲友经营管理的单位采购不合格的商品。构成本罪，还应使国家利益遭受重大损失。本罪的主体是特殊主体，即只能是国有公司、企业、事业单位的工作人员。本罪的主观方面是故意。行为人的目的是为亲友牟取非法利益。

根据《刑法》第 166 条的规定，犯本罪的，处 3 年以下有期徒刑或者拘役，并处或者单处罚金；致使国家利益遭受特别重大损失的，处 3 年以上 7 年以下有期徒刑，并处罚金。

十三、签订、履行合同失职被骗罪

签订、履行合同失职被骗罪，是指国有公司、企业、事业单位直接负责的主管人员，在签订、履行合同过程中，因严重不负责任被诈骗，致使国家利益遭受重大损失的行为。本罪的客体是国家对国有公司、企业、事业单位的经济贸易活动的管理秩序。本罪的客观方面具体包括以下三个方面的内容：(1) 行为发生在签订、履行合同的过程中。(2) 行为人因严重不负责任而被诈骗。严重不负责任，是指对对方的身份、履行合同的诚意、履行合同的能力等情况不做任何考察或者不认真考察，就与对方签订、履行合同。诈骗，是指对方当事人的行为已经涉嫌诈骗犯罪，不以对方当事人已经被人民法院判决构成诈骗犯罪作为立案追诉的前提。(3) 行为人的行为致使国家利益遭受重大损失。本罪的主体是特殊主体，即只能是国有公司、企业、事业单位的直接负责的主管人员。本罪的主观方面是过失，疏忽大意的过失或过于自信的过失均可。

根据《刑法》第 167 条的规定，犯本罪的，处 3 年以下有期徒刑或者拘役；致使国家利益遭受特别重大损失的，处 3 年以上 7 年以下有期徒刑。

十四、国有公司、企业、事业单位人员失职罪

国有公司、企业、事业单位人员失职罪，是指国有公司、企业、事业单位的工作人员，由于严重不负责任，造成国有公司、企业破产或者遭受严重损失，或者国有事业单位遭受严重损失，致使国家利益遭受重大损失的行为。本罪的客体是国家对国有公司、企业、事业单位的管理秩序。本罪的客观方面表现为行为人严重不负责任，造成国有公司、企业破产或者遭受严重损失，或者国有事业单位遭受严重损失，致使国家利益遭受重大损失的行为。严重不负责任，是指行为人不履行或者不正确履行自己的职务。行为人严重不负责任的行为只有造成了本单位的破产或者严重损失，并使国家利益遭受了重大损失，才能构成犯罪。本罪的主体是特殊主体，即国有公司、企业、事业单位的工作人员。本罪的主观方面是过失。

根据《刑法》第 168 条的规定，犯本罪的，处 3 年以下有期徒刑或者拘役；致使国家利益遭受特别重大损失的，处 3 年以上 7 年以下有期徒刑。国有公司、企业、事业单位的工作人员，徇私舞弊，犯本罪的，从重处罚。

十五、国有公司、企业、事业单位人员滥用职权罪

国有公司、企业、事业单位人员滥用职权罪，是指国有公司、企业、事业单位的工作人员滥用职权，造成国有公司、企业破产或者遭受严重损失，或者国有事业单位遭受严重损失，致使国家利益遭受重大损失的行为。本罪的客体是国家对国有公司、企业、事业单位的管理秩序。本罪的客观方面表现为行为人滥用职权，造成国有公司、企业破产或者遭受严重损失，或者国有事业单位遭受严重损失，致使国家利益遭受重大损失的行为。所谓滥用职权，是指行为人超越自己的职权或者不正确行使自己的职权。行为人滥用职权的行为只有造成本单位破产或者遭受严重损失，并使国家利益遭受了重大损失，才能构成犯罪。本罪的主体是特殊主体，即国有公司、企业、事业单位的工作人员。本罪的主观方面是故意。

根据《刑法》第 168 条的规定，犯本罪的，处 3 年以下有期徒刑或者拘役；致使国家利益遭受特别重大损失的，处 3 年以上 7 年以下有期徒刑。国有公司、企业、事业单位工作人员，徇私舞弊，犯本罪的，从重处罚。

十六、徇私舞弊低价折股、出售国有资产罪

徇私舞弊低价折股、出售国有资产罪，是指国有公司、企业或者其上级主管部门直接负

责的主管人员徇私舞弊,将国有资产低价折股或者低价出售,致使国家利益遭受重大损失的行为。本罪的客体是国家对国有公司、企业管理秩序和国家对国有资产的所有权。本罪的对象是国有资产,即国家以各种形式对公司、企业的投资和投资收益所形成的财产以及依法认定的公司、企业的国有财产或其他国有财产。本罪的客观方面表现为行为人徇私舞弊,将国有资产低价折股或者低价出售,致使国家利益遭受重大损失的行为。徇私舞弊,指为私利、私情,违反国家公司法、国家资产保护法的规定,在折股国有资产或出售国有资产时弄虚作假。低价折股,指在推行股份制中,将国有公司、企业的实物、工业产权、非专利技术、土地使用权压价折合为出资股份。低价出售,指以低于国有资产的实际价值将其出卖。本罪为结果犯,只有将国有资产低价折股或低价出售使国家利益遭受重大损失的,才构成犯罪。本罪的主体是特殊主体,即国有公司、企业直接负责的主管人员或者其上级主管部门直接负责的主管人员。本罪的主观方面为故意。

根据《刑法》第 169 条的规定,犯本罪的,处 3 年以下有期徒刑或者拘役;致使国家利益遭受特别重大损失的,处 3 年以上 7 年以下有期徒刑。

十七、背信损害上市公司利益罪

背信损害上市公司利益罪,是指上市公司的董事、监事、高级管理人员违背对公司的忠实义务,利用职务便利,操纵上市公司从事一定的行为,致使上市公司遭受重大损失的行为。本罪的客体是上市公司的管理秩序和经济利益。本罪的客观方面表现为行为人违背对公司的忠实义务,利用职务便利,操纵上市公司从事一定的行为,致使上市公司遭受重大损失的行为。具体包括以下内容:(1) 行为人违背了对公司的忠实义务。根据《公司法》第 147 条的规定,上市公司的董事、监事、高级管理人员对公司负有忠实义务和勤勉义务。这意味着具有上述身份的公司人员必须心系公司,兢兢业业地为公司的利益工作。违背对公司的忠实义务,就意味着对公司利益的出卖。(2) 利用职务便利,操纵公司从事一定的活动。具体表现为:一是无偿向其他单位或者个人提供资金、商品、服务或者其他资产;二是以明显不公平的条件,提供或者接受资金、商品、服务或者其他资产;三是向明显不具有清偿能力的单位或者个人提供资金、商品、服务或者其他资产;四是为明显不具有清偿能力的单位或者个人提供担保,或者无正当理由为其他单位或者个人提供担保;五是无正当理由放弃债权、承担债务;六是采用其他方式损害上市公司利益。行为人实施上述行为之一,即可构成本罪;同时实施几种或者全部行为的,也只构成一罪,不实行数罪并罚。(3) 致使公司利益遭受重大损失。本罪的主体是特殊主体,只能由公司的董事、监事、高级管理人员构成。上市公司的控股股东或者实际控制人,指使上市公司董事、监事、高级管理人员实施上述损害公司行为的,亦构成本罪,与被指使的上市公司董事、监事、高级管理人员构成共同犯罪。上市公司的控股股东或者实际控制人是单位的,也可成为本罪的主体。本罪的主观方面表现为故意。

根据《刑法》第 169 条之一的规定,犯本罪的,处 3 年以下有期徒刑或者拘役,并处或者单处罚金;致使上市公司利益遭受特别重大损失的,处 3 年以上 7 年以下有期徒刑,并处罚金。单位犯本罪的,对单位判处罚金,并对其直接负责的主管人员和其他直接责任人员,依照上述规定处罚。

第五节　破坏金融管理秩序罪

一、伪造货币罪

（一）伪造货币罪的概念和构成

伪造货币罪，是指违反货币管理法律法规，仿照真货币的外部形状特征，制造假货币，并意图使之进入流通的行为。本罪具有如下构成要件：

1. 本罪的客体是国家的货币管理制度。犯罪的对象是货币，包括正在流通的以下货币：(1) 人民币（含普通纪念币、贵金属纪念币）、港元、澳门元、新台币；(2) 其他国家及地区的法定货币。其他国家及地区的法定货币，既可以是在我国境内可以流通或兑换的货币，也可以是在我国境内不可流通或兑换的货币。

2. 本罪的客观方面表现为伪造货币的行为。所谓伪造货币，是指仿照真货币的图案、形状、色彩等非法制造假币、冒充真币的行为。行为人所伪造的货币必须是正在流通的货币。根据最高人民法院公布的《关于审理伪造货币等案件具体应用法律若干问题的解释（二）》第 5 条的规定，以使用为目的，伪造停止流通的货币，或者使用伪造的停止流通的货币的，依照《刑法》第 266 条的规定，以诈骗罪定罪处罚。一般说来，伪造的货币应当在外观或形式上能够达到与真货币基本相同的程度，足以以假乱真，使普通人误认为是真货币。如果行为人根本没有仿照真货币制作假货币的行为，而是采用其他方法，如从画册上剪下货币的图案，然后冒充真货币骗取他人钱财，则不能构成本罪。骗取他人财物数额较大的，按诈骗罪处理。

3. 本罪的主体是一般主体，凡已满 16 周岁具有刑事责任能力的人，均能成为本罪的主体。

4. 本罪的主观方面是故意，并且具有使伪造的货币进入流通的意图。一般来讲，伪造货币的目的是牟取非法利益，但行为人主观上是否出于非法牟利的目的，并不影响本罪的构成。

（二）伪造货币罪的认定

1. 罪与非罪的界限。伪造货币罪是一种严重破坏金融管理秩序的犯罪，因此，伪造货币的，只要实施了伪造行为，不论是否完成全部印制工序，即构成伪造货币罪；对于尚未制造出成品，无法计算伪造、销售假币面额的，或者制造、销售用于伪造货币的版样的，不认定犯罪数额，依据犯罪情节决定刑罚。当然，如果属于情节显著轻微危害不大的情况，不能认定为本罪。根据最高人民检察院、公安部公布的《关于公安机关管辖的刑事案件立案追诉标准的规定（二）》（简称《立案追诉标准（二）》）第 19 条的规定，伪造货币，涉嫌下列情形之一的，应予立案追诉：(1) 伪造货币，总面额在 2 000 元以上或者币量在 200 张（枚）以上的；(2) 制造货币版样或者为他人伪造货币提供版样的；(3) 其他伪造货币应予追究刑事责任的情形。

2. 本罪既遂与未遂的界限。区分本罪既遂与未遂的标准，是行为人是否伪造出了足以乱真的假货币。行为人已经伪造出了足以乱真的假货币的，构成犯罪既遂；如果行为人已经着手实行伪造货币的行为，但由于其意志以外的原因，未能伪造出货币或者伪造出的假币不足以乱真的,就属于犯罪未遂。

3. 本罪与变造货币罪的界限。二者的区别表现在:本罪是用原材料制作假币,没有真实货币作基础;而变造货币罪则是在真实货币的基础上对之采用剪贴、挖补、揭层、涂改、移位、重印等方法加工处理,改变真币形态、价值的行为。同时采用伪造和变造手段,制造真伪拼凑货币的行为,以伪造货币罪定罪处罚。

4. 一罪与数罪的界限。在司法实践中,一人同时实施伪造货币以及出售、运输、持有、使用伪造的货币等数种犯罪行为的情况常有发生,对这种情况应按一罪处理还是按数罪实行并罚,就要看行为人出售、运输、持有、使用伪造的货币是否其本人伪造的。如果行为人出售、运输、持有、使用的假币是其本人伪造的,则按伪造货币罪一罪定罪处罚;如果行为人既伪造了货币,又持有、使用、运输、出售、购买了其他人伪造的货币,则应按伪造货币罪和有关犯罪实行数罪并罚。

5. 共同犯罪与非共同犯罪的界限。在司法实践中,贩卖伪造货币的犯罪分子可能直接从伪造货币的犯罪人手中购买假币,在此情况下,就存在伪造货币共同犯罪与非共同犯罪的界限问题。如果购买者与伪造者事先有通谋,就应该按伪造货币罪的共同犯罪处理;如果双方事先没有通谋,则应分别定罪处罚,即对伪造者按伪造货币罪定罪处罚,对购买者按购买假币罪定罪处罚。

(三) 伪造货币罪的处罚

根据《刑法》第 170 条的规定,犯本罪的,处 3 年以上 10 年以下有期徒刑,并处罚金;有下列情形之一的,处 10 年以上有期徒刑或者无期徒刑,并处罚金或者没收财产:(1) 伪造货币集团的首要分子。(2) 伪造货币数额特别巨大的。(3) 有其他特别严重情节的。所谓伪造货币集团的首要分子,是指组织、领导伪造货币集团的犯罪分子。所谓伪造货币数额特别巨大,根据最高人民法院公布的《关于审理伪造货币等案件具体应用法律若干问题的解释》,是指伪造货币的总面额在 3 万元以上。其他特别严重情节,主要指货币进入流通领域,造成重大损害的。此外,根据《刑法》第 171 条第 3 款的规定,伪造货币并出售或者运输伪造的货币的,以伪造货币罪从重处罚。

二、出售、购买、运输假币罪

出售、购买、运输假币罪,是指出售、购买伪造的货币或者明知是伪造的货币而运输,数额较大的行为。本罪的客体是国家的货币管理秩序。本罪的客观方面具体包括以下两个方面:(1) 行为人实施了出售、购买、运输伪造的货币的行为。“出售”,是指有偿转让、有偿交付伪造的货币,一般是以低于伪造的货币的票面额来出售的。“购买”,是指有偿取得伪造的货币,即收购他人持有的假货币。“运输”,是指将一定数量的假币从甲地运往乙地,但以不超过国(边)境线为限,跨境运输的,属于走私假币行为,不以本罪论处。(2) 出售、购买、运输伪造货币的数额较大。根据《立案追诉标准(二)》第 20 条的规定,数额较大的标准是假币的总面额在 4 000 元以上或者币量在 400 张(枚)以上。本罪属于选择性罪名,对同一宗假币实施了出售、购买或运输行为的,应根据行为人所实施的数个行为,按刑法对相关罪名规定的排列顺序并列确定罪名,数额不累计计算,不实行数罪并罚;对不同宗假币实施出售、购买或运输行为的，并列确定罪名，数额按全部假币面额累计计算，不实行数罪并罚。本罪的主体是一般主体，凡已满16周岁具有刑事责任能力的人，均能成为本罪的主体。本罪的主观方面是故意，即明知是伪造的货币仍出售、购买或者运输。

根据《刑法》第171条第1款的规定，犯本罪的，处3年以下有期徒刑或者拘役，并处2万元以上20万元以下罚金；数额巨大的，处3年以上10年以下有期徒刑，并处5万元以上50万元以下罚金；数额特别巨大的，处10年以上有期徒刑或者无期徒刑，并处5万元以上50万元以下罚金或者没收财产。

三、金融工作人员购买假币、以假币换取货币罪

金融工作人员购买假币、以假币换取货币罪，是指银行或者其他金融机构的工作人员购买伪造的货币或者利用职务上的便利，以伪造的货币换取货币的行为。本罪的客体是国家的货币管理秩序。本罪的客观方面具体表现为两种：(1) 购买伪造的货币，即有偿取得伪造的货币。(2) 利用职务上的便利以假币换取货币。上述两种行为，行为人只需具备其中之一便可成立本罪。本罪的主体是特殊主体，即银行或者其他金融机构的工作人员。其他金融机构，是指经中国人民银行批准成立，在境内注册的中资信托投资公司、融资租赁公司、财务公司、证券公司、保险公司和其他金融公司。本罪的主观方面为故意。

根据《刑法》第171条第2款的规定，犯本罪的，处3年以上10年以下有期徒刑，并处2万元以上20万元以下罚金；数额巨大或者有其他严重情节的，处10年以上有期徒刑或者无期徒刑，并处2万元以上20万元以下罚金或者没收财产；情节较轻的，处3年以下有期徒刑或者拘役，并处或者单处1万元以上10万元以下罚金。

四、持有、使用假币罪

持有、使用假币罪，是指明知是伪造的货币而持有、使用，数额较大的行为。本罪的客体是国家的货币管理秩序。本罪在客观方面表现为持有、使用数额较大的假币的行为。持有，是指非法拥有，亦即实际占有假币的状态。使用，是指以假币充当真币在经济交易中使用。只有持有、使用假币数额较大时才以本罪论处，即持有、使用假币的总面额在4 000元以上或者币量在400张(枚)以上的。行为人购买假币后使用，构成犯罪的，以购买假币罪定罪，从重处罚；行为人出售、运输假币构成犯罪，同时使用假币的，实行数罪并罚。本罪的主体为一般主体，凡已满16周岁具有刑事责任能力的人都能成为本罪的主体。本罪的主观方面是故意。

根据《刑法》第172条的规定，犯本罪的，处3年以下有期徒刑或者拘役，并处或者单处1万元以上10万元以下罚金；数额巨大的，处3年以上10年以下有期徒刑，并处2万元以上20万元以下罚金；数额特别巨大的，处10年以上有期徒刑，并处5万元以上50万元以下罚金或者没收财产。

五、变造货币罪

变造货币罪，是指对真货币采用剪贴、挖补、揭层、涂改、移位、重印等方法加工处理，改

变真币形态、价值，数额较大的行为。本罪的客体是国家的货币管理秩序。本罪的客观方面表现为行为人变造货币，数额较大的行为。变造，是指对真货币采用剪贴、挖补、揭层、涂改、移位、重印等方法加工处理，改变真币形态、价值的行为。数额较大，是指变造货币总面额在 2 000 元以上或币量在 200 张(枚)以上的。本罪的主体是一般主体，凡已满 16 周岁具有刑事责任能力的人均能成为本罪的主体。本罪的主观方面是故意，并具有使变造的货币进入流通领域的目的。

根据《刑法》第 173 条的规定，犯本罪的，处 3 年以下有期徒刑或者拘役，并处或者单处 1 万元以上 10 万元以下罚金；数额巨大的，处 3 年以上 10 年以下有期徒刑，并处 2 万元以上 20 万元以下罚金。

六、擅自设立金融机构罪

擅自设立金融机构罪，是指未经国家有关主管部门批准，设立商业银行、证券交易所、期货交易所、证券公司、期货经纪公司、保险公司或者其他金融机构的行为。本罪的客体是国家关于金融机构设立的管理秩序。本罪的客观方面表现为未经国家有关主管部门批准，擅自设立金融机构的行为。未经批准，既包括未按法定条件、法定程序提出申请，也包括虽提出申请但未获批准或未取得经营金融业务许可证。金融机构，既包括商业银行、证券交易所、期货交易所、证券公司、期货经纪公司、保险公司或者其他金融机构，也包括为设立这些金融机构而成立的筹备组织。本罪的主体是一般主体，自然人和单位均可成为本罪的主体。本罪的主观方面是故意。

根据《刑法》第 174 条第 1 款、第 3 款的规定，犯本罪的，处 3 年以下有期徒刑或者拘役，并处或者单处 2 万元以上 20 万元以下罚金；情节严重的，处 3 年以上 10 年以下有期徒刑，并处 5 万元以上 50 万元以下罚金。单位犯本罪的，对单位判处罚金，并对其直接负责的主管人员和其他直接责任人员，依照上述规定处罚。

七、伪造、变造、转让金融机构经营许可证、批准文件罪

伪造、变造、转让金融机构经营许可证、批准文件罪，是指违反国家金融管理法律法规，伪造、变造、转让商业银行、证券交易所、期货交易所、证券公司、期货经纪公司、保险公司或者其他金融机构经营许可证或者批准文件的行为。本罪的客体是国家对金融机构经营许可证、批准文件的管理秩序。本罪的客观方面表现为伪造、变造、转让商业银行、证券交易所、期货交易所、证券公司、期货经纪公司、保险公司或者其他金融机构经营许可证或者批准文件的行为。伪造，是指制造假的金融机构经营许可证或者批准文件。变造，是指对真实的金融机构经营许可证或者批准文件进行加工改造，如变更许可证有效期限、更改经营范围等。转让，是指将金融机构经营许可证或者批准文件有偿或者无偿地让与他人。本罪的主体是一般主体，自然人和单位均可成为本罪的主体。本罪的主观方面为故意。

根据《刑法》第 174 条第 2 款、第 3 款的规定，犯本罪的，处 3 年以下有期徒刑或者拘役，并处或者单处 2 万元以上 20 万元以下罚金；情节严重的，处 3 年以上 10 年以下有期徒刑，并处 5 万元以上 50 万元以下罚金。单位犯本罪的，对单位判处罚金，并对其直接负责的

主管人员和其他直接责任人员,依照上述规定处罚。

八、高利转贷罪

高利转贷罪,是指以转贷牟利为目的,套取金融机构信贷资金高利转贷他人,违法所得数额较大的行为。本罪的客体是国家的信贷资金管理秩序。本罪的客观方面表现为套取金融机构信贷资金高利转贷他人,违法所得数额较大的行为。具体包括两个方面的内容:一是行为人实施了套取金融机构信贷资金高利转贷他人的行为。这里的金融机构,包括银行和其他金融机构,金融机构的所有制不限。所谓信贷资金,是指银行用于发放贷款的资金。所谓高利转贷他人,是指从金融机构套取信贷资金后,再以更高的利率借贷给其他个人或者单位。二是行为人违法所得数额较大。违法所得,是指扣除金融机构贷款本息之外的所得。数额较大,根据《立案追诉标准(二)》第 26 条的规定,是指具有下列情形之一:(1) 高利转贷,违法所得数额在 10 万元以上的。(2) 虽未达到上述数额标准,但 2 年内因高利转贷受过行政处罚两次以上,又高利转贷的。本罪的主体是一般主体,自然人和单位均可成为本罪的主体。本罪的主观方面是故意,并具有转贷牟利的目的。

根据《刑法》第 175 条的规定,犯本罪的,处 3 年以下有期徒刑或者拘役,并处违法所得 1 倍以上 5 倍以下罚金;数额巨大的,处 3 年以上 7 年以下有期徒刑,并处违法所得 1 倍以上 5 倍以下罚金。单位犯本罪的,对单位判处罚金,并对其直接负责的主管人员和其他直接责任人员,处 3 年以下有期徒刑或者拘役。

九、骗取贷款、票据承兑、金融票证罪

骗取贷款、票据承兑、金融票证罪,是指以欺骗手段取得银行或者其他金融机构贷款、票据承兑、信用证、保函等,给银行或者其他金融机构造成重大损失的行为。本罪的客体是国家对贷款、票据承兑、金融票证的管理秩序。本罪在客观方面表现为行为人以欺骗手段取得银行或者其他金融机构贷款、票据承兑、信用证、保函等,给银行或者其他金融机构造成重大损失的行为。具体包括以下两个方面的内容:一是以欺骗手段取得银行或者其他金融机构贷款、票据、信用证、保函等;二是给银行或者其他金融机构造成重大损失。本罪的主体是一般主体,自然人和单位均能成为本罪的主体。本罪的主观方面是故意。

根据《刑法》第 175 条之一的规定,犯本罪的,处 3 年以下有期徒刑或者拘役,并处或者单处罚金;给银行或者其他金融机构造成特别重大损失或者有其他特别严重情节的,处 3 年以上 7 年以下有期徒刑,并处罚金。单位犯本罪的,对单位判处罚金,并对其直接负责的主管人员和其他直接责任人员,依照上述规定处罚。

十、非法吸收公众存款罪

非法吸收公众存款罪,是指非法吸收公众存款或者变相吸收公众存款,扰乱金融秩序的行为。本罪的客体是国家的金融管理秩序。本罪的客观方面表现为非法吸收或者变相吸收公众存款的行为。根据《最高人民法院关于审理非法集资刑事案件具体应用法律若干问题

的解释》第 1 条的规定，违反国家金融管理法律规定，向社会公众（包括单位和个人）吸收资金的行为，同时具备下列四个条件的，除刑法另有规定的以外，应当认定为“非法吸收公众存款或者变相吸收公众存款”：(1) 未经有关部门依法批准或者借用合法经营的形式吸收资金；(2) 通过媒体、推介会、传单、手机短信等途径向社会公开宣传；(3) 承诺在一定期限内以货币、实物、股权等方式还本付息或者给付回报；(4) 向社会公众即社会不特定对象吸收资金。未向社会公开宣传，在亲友或者单位内部针对特定对象吸收资金的，不属于非法吸收或者变相吸收公众存款。根据最高人民法院、最高人民检察院、公安部公布的《关于办理非法集资刑事案件适用法律若干问题的意见》，下列情形不属于“针对特定对象吸收资金”的行为，应当认定为向社会公众吸收资金：(1) 在向亲友或者单位内部人员吸收资金的过程中，明知亲友或者单位内部人员向不特定对象吸收资金而予以放任的；(2) 以吸收资金为目的，将社会人员吸收为单位内部人员，并向其吸收资金的。本罪的主体是一般主体，自然人和单位均可成为本罪的主体。本罪的主观方面是故意。

根据《刑法》第 176 条的规定，犯本罪的，处 3 年以下有期徒刑或者拘役，并处或者单处罚金；数额巨大或者有其他严重情节的，处 3 年以上 10 年以下有期徒刑，并处罚金；数额特别巨大或者有其他特别严重情节的，处 10 年以上有期徒刑，并处罚金。单位犯本罪的，对单位判处罚金，并对其直接负责的主管人员和其他直接责任人员，依照上述规定处罚。犯本罪的，在提起公诉前积极退赃退赔，减少损害结果发生的，可以从轻或者减轻处罚。

十一、伪造、变造金融票证罪

伪造、变造金融票证罪，是指采用各种方法制造假金融票证，或者篡改、变动真实金融票证的行为。本罪的客体是国家的金融票证管理秩序。本罪的客观方面有以下几种表现形式：(1) 伪造、变造汇票、本票、支票。所谓汇票，是指出票人签发的，委托付款人在见票时或者在指定日期无条件地支付确定的金额给收款人或者持票人的票据。所谓本票，是指出票人签发的，承诺自己在见票时无条件地支付确定的金额给收款人或者持票人的票据。所谓支票，是指由出票人签发的，委托办理支票存款业务的银行或者其他金融机构在见票时无条件支付确定的金额给收款人或者持票人的票据。(2) 伪造、变造委托收款凭证、汇款凭证、银行存单以及其他银行结算凭证。所谓委托收款凭证，是指收款人在委托银行向付款人收取款项时所填写的凭证。委托收款是异地结算的一种方式，由收款单位提供收款依据，委托银行向异地付款单位收取款项。所谓汇款凭证，是指汇款人委托银行将款项汇到外地收款人时所填写的凭证。所谓银行存单，是指储户向银行交存款项，办理开户，银行签发的载有户名、账号、存款金额、存期、存入期、到期日、利率等内容的单据。所谓其他银行结算凭证，是指上述委托收款凭证、汇款凭证、银行存单以外的用于银行结算的凭证。(3) 伪造、变造信用证或者附随的单据、文件。所谓信用证，是指开证银行根据开证申请人的请求，开给受益人（通常为出口商）的一种在其具备了约定的条件后，即可得到开证银行或者支付银行支付的约定金额的保证付款的凭证。所谓信用证附随的单据、文件，是指使用信用证时必须附随信用证的单据、文件，如提货单、装船单、商业发票等。无论是伪造、变造信用证还是伪造、变造信用证附随单据，都可构成犯罪。(4) 伪造信用卡。所谓信用卡，是指银行发给用户（包括单位和个人）用于购买商品、取得服务或者提取现金的信用凭证。伪造信用卡，是指未经国家主管部门批准的单位或个人制造信用卡的行为,包括复制他人信用卡,将他人信用卡信息资料写入磁条介质、芯片或者以其他方法伪造信用卡 1 张以上,或者伪造空白信用卡 10 张以上的行为[①]。行为人只要实施上述行为之一,即可构成本罪。本罪的主体是一般主体,自然人和单位均可成为本罪的主体。本罪的主观方面是故意。

根据《刑法》第 177 条的规定,犯本罪的,处 5 年以下有期徒刑或者拘役,并处或者单处 2 万元以上 20 万元以下罚金;情节严重的,处 5 年以上 10 年以下有期徒刑,并处 5 万元以上 50 万元以下罚金;情节特别严重的,处 10 年以上有期徒刑或者无期徒刑,并处 5 万元以上 50 万元以下罚金或者没收财产。根据 2018 年修正的《最高人民法院、最高人民检察院关于办理妨害信用卡管理刑事案件具体应用法律若干问题的解释》(简称《信用卡案件解释》的规定,伪造信用卡"情节严重"是指具有下列情形之一:(1) 伪造信用卡五张以上不满 25 张的;(2) 伪造的信用卡内存款余额、透支额度单独或者合计数额在 20 万元以上不满 100 万元的;(3) 伪造空白信用卡 50 张以上不满 250 张的;(4) 其他情节严重的情形。伪造信用卡"情节特别严重",是指具有下列情形之一:(1) 伪造信用卡 25 张以上的;(2) 伪造的信用卡内存款余额、透支额度单独或者合计数额在 100 万元以上的;(3) 伪造空白信用卡 250 张以上的;(4) 其他情节特别严重的情形。单位犯本罪的,对单位判处罚金,并对其直接负责的主管人员和其他直接责任人员,依照上述规定处罚。

十二、妨害信用卡管理罪

妨害信用卡管理罪,是指明知是伪造的信用卡或伪造的空白信用卡而持有、运输,或者非法持有他人信用卡,或者骗领信用卡,或者出售、购买、为他人提供伪造的或者骗领的信用卡的行为。本罪的客体是国家对信用卡的管理秩序。本罪的客观方面有以下几种表现形式:(1) 持有、运输伪造的信用卡或数量较大的伪造的空白信用卡。"数量较大",指的是数量累计在 10 张以上不满 100 张。(2) 非法持有数量较大的他人的信用卡。"数量较大",指的是数量累计在 5 张以上不满 50 张。(3) 使用虚假的身份证明骗领信用卡。违背他人意愿,使用其居民身份证、军官证、士兵证、港澳居民往来内地通行证、台湾居民往来大陆通行证、护照等身份证明申领信用卡的,或者使用伪造、变造的身份证明申领信用卡的,应当认定为使用虚假的身份证明骗领信用卡。(4) 出售、购买、为他人提供伪造的信用卡或者以虚假身份证明骗领信用卡。上述四种行为只要具备其中之一,即可构成本罪。本罪的主体是一般主体,凡已满 16 周岁具有刑事责任能力的人,均能成为本罪的主体。本罪的主观方面是故意。

根据《刑法》第 177 条之一第 1 款的规定,犯本罪的,处 3 年以下有期徒刑或者拘役,并处或者单处 1 万元以上 10 万元以下罚金;数量巨大或者有其他严重情节的,处 3 年以上 10 年以下有期徒刑,并处 2 万元以上 20 万元以下罚金。根据《信用卡案件解释》的规定,这里的"数量巨大",是指具有下列情形之一:(1) 明知是伪造的信用卡而持有、运输 10 张以上的;(2) 明知是伪造的空白信用卡而持有、运输 100 张以上的;(3) 非法持有他人信用卡 50 张以上

① 参见《最高人民法院、最高人民检察院关于办理妨害信用卡管理刑事案件具体应用法律若干问题的解释》第 1 条第 1、2 款的规定。

的；(4)使用虚假的身份证明骗领信用卡10张以上的；(5)出售、购买、为他人提供伪造的信用卡或者以虚假的身份证明骗领的信用卡10张以上的。

十三、窃取、收买、非法提供信用卡信息罪

窃取、收买、非法提供信用卡信息罪，是指窃取、收买或者非法提供他人信用卡信息资料的行为。本罪的客体是国家对信用卡信息资料的管理秩序。本罪的客观方面表现为窃取、收买或者非法提供他人信用卡信息资料的行为。窃取，是指以秘密的方法获取他人的信用卡信息资料。收买，是指以金钱或者其他利益换取他人的信用卡信息资料。非法提供，是指未经信用卡合法持有人本人允许而将其信用卡信息提供给第三者。根据《信用卡案件解释》，对于上述行为，涉及信用卡1张以上不满5张的，即构成犯罪；涉及信用卡5张以上的，则可以认定为数量巨大。本罪的主体是一般主体。本罪的主观方面是故意。

根据《刑法》第177条之一第2、3款的规定，犯本罪的，处3年以下有期徒刑或者拘役，并处或者单处1万元以上10万元以下罚金；数量巨大或者有其他严重情节的，处3年以上10年以下有期徒刑，并处2万元以上20万元以下罚金。银行或者其他金融机构的工作人员利用职务上的便利犯本罪的，从重处罚。

十四、伪造、变造国家有价证券罪

伪造、变造国家有价证券罪，是指以流通或者使用为目的，伪造、变造国库券或者国家发行的其他有价证券，数额较大的行为。本罪的客体是国家的有价证券管理秩序。本罪的客观方面表现为伪造、变造国库券或者国家发行的其他有价证券，数额较大的行为。所谓伪造，是指行为人仿照真实的国库券或者国家发行的其他有价证券的形式、图案、颜色、格式、面额，通过印刷、复印、绘制等方法制作假国家有价证券的行为。所谓变造，是指行为人在真实的国库券或者国家发行的其他有价证券的基础上，通过剪接、挖补、覆盖、涂改等方法，对有价证券的面额、发行期限等内容加以改变的行为。所谓国家发行的其他有价证券，是指国家发行的除国库券以外的财产权利凭证，如财政债券、国家建设债券、保值公债、国家重点建设债券等。构成本罪要求伪造、变造的国家有价证券达到数额较大的标准。根据《立案追诉标准(二)》第32条的规定，数额较大的起点是总面额2 000元。本罪的主体是一般主体，自然人和单位均能构成本罪。本罪的主观方面是故意。

根据《刑法》第178条第1款、第3款的规定，犯本罪的，处3年以下有期徒刑或者拘役，并处或者单处2万元以上20万元以下罚金；数额巨大的，处3年以上10年以下有期徒刑，并处5万元以上50万元以下罚金；数额特别巨大的，处10年以上有期徒刑或者无期徒刑，并处5万元以上50万元以下罚金或者没收财产。单位犯本罪的，对单位判处罚金，并对其直接负责的主管人员和其他直接责任人员，依照上述规定处罚。

十五、伪造、变造股票、公司、企业债券罪

伪造、变造股票、公司、企业债券罪，是指以使用为目的，伪造、变造股票或者公司、企

业债券,数额较大的行为。本罪的客体是国家对股票或者公司、企业债券的管理制度。本罪的客观方面表现为伪造、变造股票或者公司、企业债券,数额较大的行为。股票,是指股份公司为募集资金公开发行的证明股东入股数额的有价证券。公司、企业债券,是指公司、企业为募集资金发行的,保证按规定时间向债券持有人偿还本金和支付利息的凭证。本罪以数额较大为必备要件。根据《立案追诉标准(二)》第 33 条的规定,数额较大的起点是总面额 5 000 元。本罪的主体是一般主体,自然人和单位均能构成本罪。本罪的主观方面是故意,即明知自己的行为是伪造、变造股票或者公司、企业债券的行为而予以伪造、变造。行为人的目的是使用伪造、变造的股票或者公司、企业债券,包括本人使用或者供他人使用。

根据《刑法》第 178 条第 2 款、第 3 款的规定,犯本罪的,处 3 年以下有期徒刑或者拘役,并处或者单处 1 万元以上 10 万元以下罚金;数额巨大的,处 3 年以上 10 年以下有期徒刑,并处 2 万元以上 20 万元以下罚金。单位犯本罪的,对单位判处罚金,并对其直接负责的主管人员和其他直接责任人员,依照上述规定处罚。

十六、擅自发行股票、公司、企业债券罪

擅自发行股票、公司、企业债券罪,是指未经国家有关部门批准,擅自发行股票或者公司、企业债券,数额巨大、后果严重或者具有其他严重情节的行为。本罪的客体是国家对发行股票或者公司、企业债券的管理秩序。本罪的客观方面具体包括以下两个方面的内容:(1) 未经国家有关部门批准,擅自发行股票或者公司、企业债券。包括不具有发行资格而擅自发行股票或公司、企业债券,以及具有合法发行资格但违反《证券法》等法律法规的规定发行股票或公司、企业债券。(2) 数额巨大、后果严重或者有其他严重情节。对于其具体标准,《立案追诉标准(二)》第 34 条有明确规定。本罪的主体是一般主体,既可以是自然人,也可以是单位。本罪的主观方面是故意。

根据《刑法》第 179 条的规定,犯本罪的,处 5 年以下有期徒刑或者拘役,并处或者单处非法募集资金金额 1% 以上 5% 以下罚金。单位犯本罪的,对单位判处罚金,并对其直接负责的主管人员和其他直接责任人员,处 5 年以下有期徒刑或者拘役。

十七、内幕交易、泄露内幕信息罪

内幕交易、泄露内幕信息罪,是指证券、期货交易内幕信息的知情人员或者非法获取证券、期货交易内幕信息的人员,在涉及证券的发行,证券、期货交易,或者其他对证券、期货交易价格有重大影响的信息公开前,买入或者卖出该证券,或者从事与该内幕信息有关的期货交易,或者泄露该信息,或者明示、暗示他人从事上述交易活动,情节严重的行为。本罪的客体是证券、期货交易管理秩序。本罪的客观方面表现为行为人在涉及证券的发行,证券、期货交易或者其他对证券、期货交易价格有重大影响的信息尚未公开前,买入或者卖出该证券,或者从事与该内幕信息有关的期货交易,或者泄露该信息,或者明示、暗示他人从事上述交易活动,情节严重的行为。具体包括以下三种行为方式:一是内幕交易;二是泄露内幕信息;三是明示、暗示他人从事内幕交易。内幕交易,是指内幕信息的知情人员或非

法获取证券、期货内幕信息的人员,在涉及证券发行,证券、期货交易,或者其他对证券、期货交易价格有重大影响的信息公开前,买入或者卖出该证券,或者从事与该内幕信息有关的期货交易的行为。根据《最高人民法院、最高人民检察院关于办理内幕交易、泄露内幕信息刑事案件具体应用法律若干问题的解释》第 4 条的规定,下列行为不属于"内幕交易":(1) 持有或者通过协议、其他安排与他人共同持有上市公司 5% 以上股份的自然人、法人或者其他组织收购该上市公司股份的;(2) 按照事先订立的书面合同、指令、计划从事相关证券、期货交易的;(3) 依据已被他人披露的信息而交易的;(4) 交易具有其他正当理由或者正当信息来源的。泄露内幕信息,是指泄露尚未公开的对证券、期货市场价格有重大影响的信息的行为。所谓内幕信息,是指内幕人员知悉的、尚未公开的且对证券、期货交易价格有重大影响的信息。内幕信息的范围,根据《证券法》第 52 条和《期货交易管理条例》第 81 条第 11 项的规定予以确定。上述三种行为,只要具备其中之一,且情节严重的,就可构成本罪。

本罪的主体是一般主体,既可以是自然人,也可以是单位,包括证券、期货交易内幕信息的知情人员,以及非法获取证券、期货交易内幕信息的人员。证券交易内幕信息的知情人员包括:(1) 发行人的董事、监事、高级管理人员;(2) 持有公司 5% 以上股份的股东及其董事、监事、高级管理人员,公司的实际控制人及其董事、监事、高级管理人员;(3) 发行人控股的公司及其董事、监事、高级管理人员;(4) 由于所任公司职务或者因与公司业务往来可以获取公司有关内幕信息的人员;(5) 上市公司收购人或者重大资产交易方及其控股股东、实际控制人、董事、监事和高级管理人员;(6) 因职务、工作可以获取内幕信息的证券交易所、证券登记结算机构、证券服务机构、证券公司的有关人员;(7) 因职责、工作可以获取内幕信息的证券监督管理机构工作人员;(8) 因法定职责对证券的发行、交易或者对上市公司、重大资产交易进行管理可以获取内幕信息的有关主管部门、监管机构的工作人员;(9) 国务院证券监督管理机构规定的可以获取内幕信息的其他人。期货交易内幕信息的知情人员,是指基于其管理地位、监督地位或者职业地位,或者作为雇员、专业顾问履行职务,能够接触或者获得内幕信息的人员,包括期货交易所的管理人员,其他由于任职可获取内幕信息的从业人员,国务院期货监督管理机构和其他有关部门的工作人员,以及国务院期货监督管理机构规定的其他人员。非法获取证券、期货交易内幕信息的人员包括:(1) 利用窃取、骗取、套取、窃听、利诱、刺探或者私下交易等手段获取内幕信息的人员;(2) 内幕信息知情人员的近亲属或者其他与内幕信息知情人员关系密切的,在内幕信息敏感期内,从事或者明示、暗示他人从事,或者泄露内幕信息导致他人从事与该内幕信息有关的证券、期货交易,相关交易行为明显异常,且无正当理由或者正当信息来源的人员;(3) 在内幕信息敏感期内,与内幕信息知情人员联络、接触,从事或者明示、暗示他人从事,或者泄露内幕信息导致他人从事与该内幕信息有关的证券、期货交易,相关交易行为明显异常,且无正当理由或者正当信息来源的其他人员。本罪的主观方面是故意,即故意进行内幕交易或者故意泄露内幕信息。

根据《刑法》第 180 条第 1 款、第 2 款的规定,犯本罪的,处 5 年以下有期徒刑或者拘役,并处或者单处违法所得 1 倍以上 5 倍以下罚金;情节特别严重的,处 5 年以上 10 年以下有期徒刑,并处违法所得 1 倍以上 5 倍以下罚金。单位犯本罪的,对单位判处罚金,并对其直接负责的主管人员和其他直接责任人员,处 5 年以下有期徒刑或者拘役。

十八、利用未公开信息交易罪

利用未公开信息交易罪，是指证券交易所、期货交易所、证券公司、期货经纪公司、基金管理公司、商业银行、保险公司等金融机构的从业人员以及有关监管部门或者行业协会的工作人员，利用因职务便利获取的内幕信息以外的其他未公开的信息，违反规定，从事与该信息相关的证券、期货交易活动，或者明示、暗示他人从事相关交易活动，情节严重的行为。本罪的客体是证券、期货交易管理秩序。本罪的对象是内幕信息以外的其他未公开的信息，即可能对证券、期货交易价格有重要影响的、未公开的内幕信息以外的信息，包括：(1) 证券、期货的投资决策、交易执行信息；(2) 证券持仓数量及变化、资金数量及变化、交易动向信息；(3) 其他可能影响证券、期货交易活动的信息。这里的“情节严重”，是指具有下列情形之一：(1) 违法所得数额在 100 万元以上的；(2) 两年内 3 次以上利用未公开信息交易的；(3) 明示、暗示 3 人以上从事相关交易活动的。此外，利用未公开信息交易，违法所得数额在 50 万元以上，或者证券交易成交额在 500 万元以上，或者期货交易占用保证金数额在 100 万元以上，具有下列情形之一的，也属于上述“情节严重”：(1) 以出售或者变相出售未公开信息等方式，明示、暗示他人从事相关交易活动的；(2) 因证券、期货犯罪行为受过刑事追究的；(3) 两年内因证券、期货违法行为受过行政处罚的；(4) 造成恶劣社会影响或者其他严重后果的。“情节特别严重”，则是指利用未公开信息交易，违法所得数额在 1000 万元以上；或者违法所得数额在 500 万元以上，或者证券交易成交额在 5000 万元以上，或者期货交易占用保证金数额在 1000 万元以上，具有下列情形之一：(1) 以出售或者变相出售未公开信息等方式，明示、暗示他人从事相关交易活动的；(2) 因证券、期货犯罪行为受过刑事追究的；(3) 两年内因证券、期货违法行为受过行政处罚的；(4) 造成恶劣社会影响或者其他严重后果的。① 本罪的主体是特殊主体，包括证券交易所、期货交易所、证券公司、期货经纪公司、基金管理公司、商业银行、保险公司等金融机构的从业人员以及有关监管部门或者行业协会的工作人员。本罪的主观方面是故意。

根据《刑法》第 180 条第 1 款、第 4 款的规定，犯本罪的，处 5 年以下有期徒刑或者拘役，并处或者单处违法所得 1 倍以上 5 倍以下罚金；情节特别严重的，处 5 年以上 10 年以下有期徒刑，并处违法所得 1 倍以上 5 倍以下罚金。

十九、编造并传播证券、期货交易虚假信息罪

编造并传播证券、期货交易虚假信息罪，是指编造并传播影响证券、期货交易的虚假信息，扰乱证券、期货交易市场，造成严重后果的行为。本罪的客体是证券、期货市场的正常交易秩序和投资者的合法利益。本罪的客观方面表现为编造并传播影响证券、期货交易的虚假信息，扰乱市场交易秩序，造成严重后果的行为。影响证券、期货交易的虚假信息，是指影响证券、期货市场价格的各种不真实的信息。编造并传播，是指虚构信息以后予以散布的行

① 参见《最高人民法院、最高人民检察院关于办理利用未公开信息交易刑事案件适用法律若干问题的解释》第 1、5、6、7 条的规定。

为。只编造不传播或者只传播不编造的，均不能构成本罪。上述行为只有造成严重后果的，才能构成犯罪。本罪的主体是一般主体，既可以是自然人，也可以是单位。本罪的主观方面是故意，即行为人故意编造并传播虚假的证券、期货交易信息。

根据《刑法》第 181 条第 1 款、第 3 款的规定，犯本罪的，处 5 年以下有期徒刑或者拘役，并处或者单处 1 万元以上 10 万元以下罚金。单位犯本罪的，对单位判处罚金，并对其直接负责的主管人员和其他直接责任人员，处 5 年以下有期徒刑或者拘役。

二十、诱骗投资者买卖证券、期货合约罪

诱骗投资者买卖证券、期货合约罪，是指证券交易所、证券公司、期货交易所和期货经纪公司等证券、期货业的从业人员，证券业协会、期货业协会或者证券、期货监督管理部门的工作人员，故意提供虚假信息，或者伪造、变造、销毁交易记录，诱骗投资者买卖证券或者期货合约，造成严重后果的行为。本罪的客体是国家对证券、期货市场的正常管理秩序和投资者的合法利益。本罪的客观方面表现为提供虚假信息，或者伪造、变造、销毁交易记录，诱骗投资者买卖证券或者期货合约，造成严重后果的行为。本罪的主体是特殊主体，只能是证券交易所、证券公司、期货交易所和期货经纪公司等证券、期货业的从业人员，证券、期货监督管理部门的工作人员和证券业协会、期货业协会的工作人员。本罪的主观方面是故意。

根据《刑法》第 181 条第 2 款、第 3 款的规定，犯本罪的，处 5 年以下有期徒刑或者拘役，并处或者单处 1 万元以上 10 万元以下罚金；情节特别恶劣的，处 5 年以上 10 年以下有期徒刑，并处 2 万元以上 20 万元以下罚金。单位犯本罪的，对单位判处罚金，并对其直接负责的主管人员和其他直接责任人员，处 5 年以下有期徒刑或者拘役。

二十一、操纵证券、期货市场罪

操纵证券、期货市场罪，是指操纵证券、期货市场，影响证券、期货交易价格或者证券、期货交易量，情节严重的行为。本罪的客体是国家对证券、期货市场的管理秩序和投资者的合法利益。本罪的客观方面表现为操纵证券、期货市场，情节严重的行为。具体有以下七种行为方式：(1) 单独或者合谋，集中资金优势、持股或者持仓优势或者利用信息优势联合或者连续买卖的；(2) 与他人串通，以事先约定的时间、价格和方式相互进行证券、期货交易的；(3) 在自己实际控制的账户之间进行证券交易，或者以自己为交易对象，自买自卖期货合约的；(4) 不以成交为目的，频繁或者大量申报买入、卖出证券、期货合约并撤销申报的；(5) 利用虚假或者不确定的重大信息，诱导投资者进行证券、期货交易的；(6) 对证券、证券发行人、期货交易标的公开作出评价、预测或者投资建议，同时进行反向证券交易或者相关期货交易的；(7) 以其他方法操纵证券、期货市场的。上述七种行为，只要具备其中之一，且情节严重的，就可构成本罪。本罪的主体是一般主体，既可以是自然人，也可以是单位。本罪的主观方面是故意。

根据《刑法》第 182 条的规定，犯本罪的，处 5 年以下有期徒刑或者拘役，并处或者单处罚金。情节特别严重的，处 5 年以上 10 年以下有期徒刑，并处罚金。单位犯本罪的，对单位判处罚金，并对其直接负责的主管人员和其他直接责任人员，依照上述规定处罚。

二十二、背信运用受托财产罪

背信运用受托财产罪,是指商业银行、证券交易所、期货交易所、证券公司、期货经纪公司、保险公司或者其他金融机构,违背受托义务,擅自运用客户资金或者其他委托、信托的财产,情节严重的行为。本罪的客体是国家对客户资金及其他信托资产的管理秩序以及投资者的合法利益。本罪的客观方面表现为金融机构违背受托义务,擅自运用客户资金或者其他委托、信托的财产,情节严重的行为。本罪的主体是特殊主体,只能是商业银行、证券交易所、期货交易所、证券公司、期货经纪公司、保险公司或者其他金融机构。本罪的主观方面是故意。

根据《刑法》第 185 条之一第 1 款的规定,犯本罪的,对单位判处罚金,并对其直接负责的主管人员和其他直接责任人员,处 3 年以下有期徒刑或者拘役,并处 3 万元以上 30 万元以下罚金;情节特别严重的,处 3 年以上 10 年以下有期徒刑,并处 5 万元以上 50 万元以下罚金。

二十三、违法运用资金罪

违法运用资金罪,是指社会保障基金管理机构、住房公积金管理机构等公众资金管理机构,以及保险公司、保险资产管理公司、证券投资基金管理公司,违反国家规定运用资金的行为。本罪的客体是国家对公众资金的管理秩序和社会公众合法的财产利益。本罪的客观方面表现为社会保障基金管理机构、住房公积金管理机构等公众资金管理机构,以及保险公司、保险资产管理公司、证券投资基金管理公司,违反国家规定运用资金的行为。本罪的主体是特殊主体,只能是社会保障基金管理机构、住房公积金管理机构等公众资金管理机构,以及保险公司、保险资产管理公司、证券投资基金管理公司。本罪的主观方面是故意。

根据《刑法》第 185 条之一第 2 款的规定,犯本罪的,对其直接负责的主管人员和其他直接责任人员处 3 年以下有期徒刑或者拘役,并处 3 万元以上 30 万元以下罚金;情节特别严重的,处 3 年以上 10 年以下有期徒刑,并处 5 万元以上 50 万元以下罚金。

二十四、违法发放贷款罪

违法发放贷款罪,是指银行或者其他金融机构的工作人员违反国家规定发放贷款,数额巨大或者造成重大损失的行为。本罪的客体是国家对金融机构贷款的管理秩序。本罪的客观方面表现为违反法律、行政法规规定发放贷款,数额巨大或者造成重大损失的行为。本罪的主体是特殊主体,即金融机构的工作人员与单位。本罪的主观方面是故意。

根据《刑法》第 186 条的规定,犯本罪的,处 5 年以下有期徒刑或者拘役,并处 1 万元以上 10 万元以下罚金;数额特别巨大或者造成特别重大损失的,处 5 年以上有期徒刑,并处 2 万元以上 20 万元以下罚金。银行或者其他金融机构工作人员违反国家规定,向关系人发放贷款的,依照上述规定从重处罚。单位犯本罪的,对单位判处罚金,并对其直接负责的主管人员和其他直接责任人员，依照上述规定处罚。

二十五、吸收客户资金不入账罪

吸收客户资金不入账罪，是指银行或者其他金融机构的工作人员吸收客户资金不入账，数额巨大或者造成重大损失的行为。本罪的客体是国家对信贷资金的管理秩序和客户资金的安全。本罪的客观方面表现为银行或者其他金融机构的工作人员吸收客户资金不入账，数额巨大或者造成重大损失的行为。本罪的主体是特殊主体，即银行或其他金融机构及其工作人员。本罪的主观方面是故意。

根据《刑法》第 187 条的规定，犯本罪的，处 5 年以下有期徒刑或者拘役，并处 2 万元以上 20 万元以下罚金；数额特别巨大或者造成特别重大损失的，处 5 年以上有期徒刑，并处 5 万元以上 50 万元以下罚金。单位犯本罪的，对单位判处罚金，并对其直接负责的主管人员和其他直接责任人员，依照上述规定处罚。

二十六、违规出具金融票证罪

违规出具金融票证罪，是指银行或者其他金融机构的工作人员违反规定，为他人出具信用证或者其他保函、票据、存单、资信证明，情节严重的行为。本罪的客体是国家对金融票证的管理秩序和金融机构的信誉及资金安全。本罪的客观方面表现为银行或者其他金融机构的工作人员违反规定，为他人出具信用证或者其他保函、票据、存单、资信证明，情节严重的行为。本罪的主体为特殊主体，即银行或者其他金融机构及其工作人员。本罪的主观方面为故意。

根据《刑法》第 188 条的规定，犯本罪的，处 5 年以下有期徒刑或者拘役；情节特别严重的，处 5 年以上有期徒刑。单位犯本罪的，对单位判处罚金，并对其直接负责的主管人员和其他直接责任人员，依照上述规定处罚。

二十七、对违法票据承兑、付款、保证罪

对违法票据承兑、付款、保证罪，是指银行或者其他金融机构的工作人员在票据活动中，对违反票据法规定的票据予以承兑、付款或者保证，造成重大损失的行为。本罪的客体是国家对票据承兑、付款或者保证的管理秩序和金融机构的信誉及资金安全。本罪的客观方面表现为银行或者其他金融机构的工作人员在票据活动中，对违反票据法规定的票据予以承兑、付款或者保证，造成重大损失的行为。违反票据法规定的票据，是指记载事项不符合票据法规定的票据或者伪造、变造的票据。承兑，是指汇票付款人承诺在汇票到期日支付汇票金额的行为。付款，是指根据票据的指示，由票据债务人向票据债权人支付票据所载金额的行为。保证，是指对已存在于票据上的债务进行担保的行为。上述三种行为，只要行为人实施其中一种，就可构成本罪。本罪是结果犯，要求行为人的行为造成重大损失。本罪的主体是特殊主体，即银行或者其他金融机构及其工作人员。本罪的主观方面是故意，即明知是违反票据法规定的票据而予以承兑、付款、保证。

根据《刑法》第 189 条的规定，犯本罪的，处 5 年以下有期徒刑或者拘役；造成特别重大损失的，处 5 年以上有期徒刑。单位犯本罪的，对单位判处罚金，并对其直接负责的主管人员和其他直接责任人员，依照上述规定处罚。

二十八、逃汇罪

逃汇罪，是指公司、企业或者其他单位，违反国家规定，擅自将外汇存放境外或者将境内的外汇非法转移到境外，数额较大的行为。本罪的客体是国家的外汇管理秩序。本罪的客观方面表现为违反国家规定，擅自将外汇存放在境外，或者将境内的外汇非法转移到境外，数额较大的行为。“擅自将外汇存放在境外”，是指将应当调回国内的经常项目外汇收入擅自存放在境外。“将境内的外汇非法转移到境外”，是指未经外汇管理机关批准，将外汇存款凭证、外币有价证券携带、邮寄出境的行为。实施上述行为之一，数额较大的，即可构成本罪。本罪的主体是特殊主体，只能是公司、企业和其他单位，其他单位是指机关、团体、事业单位等。本罪的主观方面是故意。

根据《刑法》第 190 条的规定，犯本罪的，对单位判处逃汇数额 5%以上 30%以下罚金，并对其直接负责的主管人员和其他直接责任人员处 5 年以下有期徒刑或者拘役；数额巨大或者有其他严重情节的，对单位判处逃汇数额 5%以上 30%以下罚金，并对其直接负责的主管人员和其他直接责任人员处 5 年以上有期徒刑。

二十九、骗购外汇罪

骗购外汇罪，是指采用欺骗的方法，购买外汇，数额较大的行为。本罪的客体是国家外汇管理秩序。本罪的客观方面表现为采用欺骗的方法，购买外汇，数额较大的行为。具体有以下三种行为方式：(1) 以使用伪造、变造的海关签发的报关单、进口证明、外汇管理部门核准文件和单据的欺骗方法，骗购外汇。(2) 重复使用海关签发的报关单、进口证明、外汇管理核准文件等凭证和单据骗购外汇。(3) 以其他欺骗方法骗购外汇。例如，与海关人员串通以虚假合同领取海关签发的报关单、进口证明、外汇管理部门核准文件等凭证和单据骗取外汇。本罪的客观方面还要求骗取的外汇数额较大。本罪的主体是一般主体，自然人和单位均可成为本罪的主体。本罪的主观方面是故意。

根据《全国人民代表大会常务委员会关于惩治骗购外汇、逃汇和非法买卖外汇犯罪的决定》的规定，犯本罪的，处 5 年以下有期徒刑或者拘役，并处骗购外汇数额 5%以上 30%以下罚金；数额巨大或者有其他严重情节的，处 5 年以上 10 年以下有期徒刑，并处骗购外汇数额 5%以上 30%以下罚金；数额特别巨大或者有其他特别严重情节的，处 10 年以上有期徒刑或者无期徒刑，并处骗购外汇数额 5%以上 30%以下罚金或者没收财产。单位犯本罪的，依照上述规定对单位判处罚金，并对其直接负责的主管人员和其他直接责任人员，处 5 年以下有期徒刑或者拘役；数额巨大或者有其他严重情节的，处 5 年以上 10 年以下有期徒刑；数额特别巨大或者有其他特别严重情节的，处 10 年以上有期徒刑或者无期徒刑。伪造、变造海关签发的报关单、进口证明、外汇管理部门核准等凭证和单据，并用于骗购外汇的，依照上述规定从重处罚。

三十、洗钱罪

（一）洗钱罪的概念和构成

洗钱罪，是指实施掩饰、隐瞒毒品犯罪、黑社会性质的组织犯罪、恐怖活动犯罪、走私犯罪、贪污贿赂犯罪、破坏金融管理秩序犯罪、金融诈骗犯罪的所得及其产生的收益的来源和性质的行为。本罪具有如下构成要件：

1. 本罪的客体是复杂客体，即国家正常的金融秩序和司法机关的正常活动。

2. 本罪的客观方面表现为行为人对毒品犯罪、黑社会性质的组织犯罪、恐怖活动犯罪、走私犯罪、贪污贿赂犯罪、破坏金融管理秩序犯罪、金融诈骗犯罪的违法所得及其产生的收益，以各种方法掩饰、隐瞒其来源和性质的行为。具体表现为以下五种方式：(1) 提供资金账户。即为犯罪行为人提供金融机构账户等，包括提供各种真名账户、匿名账户、假名账户等，为其转移犯罪所得及其收益提供方便。既可以将自己在金融机构开设的账户提供给有关的犯罪分子，也可以为有关犯罪分子开立新的账户，如金融机构为有关犯罪分子开设账户。(2) 将财产转换为现金、金融票据、有价证券。即犯罪行为人本人或者协助他人将犯罪所得及其收益的财产通过交易等方式转换为现金或者汇票、本票、支票等金融票据或者股票、债券等有价证券，以掩饰、隐瞒犯罪所得财产的真实来源。(3) 通过转账或者其他支付结算方式转移资金。即通过转账、票据承兑、贴现等资金支付结算业务将通过特定犯罪所获得的资金转移到其他账户，使犯罪所得混入合法财产之中。(4) 跨境转移资产。即以各种方式将犯罪所得的资产转移到境外的国家或地区，兑换成外币、动产或者不动产等，或者将犯罪所得的资产从境外转移到境内，兑换成人民币、动产或者不动产等。(5) 以其他方法掩饰、隐瞒犯罪所得及其收益的来源和性质。这是一个兜底性规定，包括采取将犯罪所得投资于各种行业进行合法经营，将非法获得的收入注入合法收入中，或者用犯罪所得购买不动产等各种手段，掩饰、隐瞒犯罪所得及其收益的来源和性质的行为。根据《最高人民法院关于审理洗钱等刑事案件具体应用法律若干问题的解释》的规定，具有下列情形之一的，可以认定为“以其他方法掩饰、隐瞒犯罪所得及收益的来源和性质”：① 通过典当、租赁、买卖、投资等方式，协助转移、转换犯罪所得及其收益的；② 通过与商场、饭店、娱乐场所等现金密集型场所的经营收入相混合的方式，协助转移、转换犯罪所得及其收益的；③ 通过虚构交易、虚设债权债务、虚假担保、虚报收入等方式，协助将犯罪所得及其收益转换为“合法”财物的；④ 通过买卖彩票、奖券等方式，协助转换犯罪所得及其收益的；⑤ 通过赌博方式，协助将犯罪所得及其收益转换为赌博收益的；⑥ 协助将犯罪所得及其收益携带、运输或者邮寄出入境的；⑦ 通过前述规定以外的方式协助转移、转换犯罪所得及其收益的。洗钱罪应当以上游犯罪事实成立为认定前提。上游犯罪尚未依法裁判，但查证属实的；或者上游犯罪事实已被确认，但基于行为人死亡等原因依法不予追究刑事责任的；或者上游犯罪事实已被确认，但依法以其他罪名定罪处罚的，都不影响洗钱罪的认定。

3. 本罪的主体是一般主体，自然人和单位均可以成为本罪的主体。根据《刑法修正案(十一)》的规定，上游犯罪行为人本人也可以构成本罪。

4. 本罪的主观方面是故意。刑法原本规定成立本罪，行为人主观上必须“明知是……

的违法所得及其产生的收益”，但《刑法修正案（十一）》删除了上述“明知”的规定，而修改为“为掩饰、隐瞒……犯罪的所得及其产生的收益的来源和性质”。这一修改的主要理由：一是证明行为人对某一具体上游犯罪明知，在实践中有难度；二是掩饰、隐瞒行为本身就带有故意实施相关行为的意思，与明知要件存在一定程度的重复。[①] 从法条表述看，《刑法修正案（十一）》似乎降低了对本罪主观方面的要求，只是要求行为人实施洗钱行为主观上是为了掩饰、隐瞒上游犯罪的所得及其产生的收益的来源和性质。但是，洗钱罪是一种故意犯罪，根据故意犯罪的基本原理，行为人必须明知自己的行为可能造成危害社会的结果，因此行为人仍然应当“明知”是毒品犯罪等特定七种犯罪的所得及其产生的收益。所以，《刑法修正案（十一）》的修改仅是文字技术层面的改动，不宜认为是对主观方面要求的降低。行为人的主观方面，可以结合被告人的认知能力，接触他人犯罪所得及其收益的情况，犯罪所得及其收益的种类、数额，犯罪所得及其收益的转换、转移方式，以及被告人的供述等主观、客观因素进行认定。具有下列情形之一的，可以认定被告人明知系犯罪所得及其收益，但有证据证明确实不知道的除外：(1) 知道他人从事犯罪活动，协助转换或者转移财物的；(2) 没有正当理由，通过非法途径协助转换或者转移财物的；(3) 没有正当理由，以明显低于市场的价格收购财物的；(4) 没有正当理由，协助转换或者转移财物，收取明显高于市场的“手续费”的；(5) 没有正当理由，协助他人将巨额现金散存于多个银行账户或者在不同银行账户之间频繁划转的；(6) 协助近亲属或者其他关系密切的人转换或者转移与其职业或者财产状况明显不符的财物的；(7) 其他可以认定行为人明知的情形。行为人将《刑法》第 191 条洗钱罪规定的某一上游犯罪的犯罪所得及其收益误认为《刑法》第 191 条规定的上游犯罪范围内的其他犯罪所得及其收益的，不影响对本罪“明知”的认定。

（二）洗钱罪的认定

1. 罪与非罪的界限。区分本罪与非罪的界限，主要考察以下几个方面：(1) 行为人主观上是否具有故意。如果过失或无意地实施了洗钱行为，不构成犯罪。(2) 洗钱行为的数额与情节。如果行为人洗钱数额小，情节显著轻微，危害不大的，不以犯罪论处。

2. 本罪与掩饰、隐瞒犯罪所得及其收益罪的界限。两者在外观上有许多相似之处，但也有明显的区别：(1) 犯罪客体不尽相同。本罪侵犯的是国家的金融管理秩序和司法机关的正常活动；而后者侵犯的只是司法机关的正常活动。(2) 犯罪对象不同。本罪的对象只能是毒品犯罪、黑社会性质的组织犯罪、恐怖活动犯罪、走私犯罪、贪污贿赂犯罪、破坏金融管理秩序犯罪、金融诈骗犯罪的所得及其产生的收益；而后者的对象则泛指通过实施犯罪所获得的一切赃物及其收益。(3) 犯罪主体不尽相同。本罪的主体可以是个人也可以是单位；而后者的主体只能是自然人。(4) 主观方面不尽相同。本罪在主观上要求具有掩饰、隐瞒特定上游犯罪的所得及其产生的收益的来源和性质的目的；而后者只要求明知是犯罪所得及其收益。

（三）洗钱罪的处罚

根据《刑法》第 191 条的规定，犯本罪的，除没收上述犯罪的违法所得及其产生的收益

---

① 参见徐永安主编：《中华人民共和国刑法修正案（十一）解读》，中国法制出版社 2021 年版，第 136~137 页。

外,处 5 年以下有期徒刑或者拘役,并处或者单处罚金;情节严重的,处 5 年以上 10 年以下有期徒刑,并处罚金。单位犯本罪的,对单位判处罚金,并对其直接负责的主管人员和其他直接责任人员,处 5 年以下有期徒刑或者拘役,并处或者单处罚金;情节严重的,处 5 年以上 10 年以下有期徒刑,并处罚金。

第六节　金融诈骗罪

一、集资诈骗罪

(一) 集资诈骗罪的概念和构成

集资诈骗罪,是指以非法占有为目的,使用诈骗方法非法集资,数额较大的行为。本罪具有如下构成要件:

1. 本罪的客体是国家的集资管理秩序和公私财产所有权。

2. 本罪的客观方面表现为使用诈骗方法非法集资,数额较大的行为。所谓诈骗方法,是指行为人采取虚构集资用途,以虚假的证明文件和高回报为诱饵,骗取集资款的手段。所谓非法集资,是指未经有权机构批准,向社会公众募集资金的行为。数额较大是指,个人进行集资诈骗数额在 10 万元以上的,单位进行集资诈骗数额在 50 万元以上的。集资诈骗的数额以行为人实际骗取的数额计算,案发前已归还的数额应予扣除。行为人为实施集资诈骗活动而支付的广告费、中介费、手续费、回扣,或者用于行贿、赠与等费用,不予扣除。行为人为实施集资诈骗活动而支付的利息,除本金未归还可以折抵本金以外,应当计入诈骗数额。

3. 本罪的主体是一般主体,自然人和单位均可以成为本罪的主体。

4. 本罪的主观方面是故意,并且以非法占有为目的。根据最高人民法院 2011 年 1 月 4 日施行的《关于审理非法集资刑事案件具体应用法律若干问题的解释》的规定,使用诈骗方法非法集资,具有下列情形之一的,可以认定为“以非法占有为目的”:(1) 集资后不用于生产经营活动或者用于生产经营活动与筹集资金规模明显不成比例,致使集资款不能返还的;(2) 肆意挥霍集资款,致使集资款不能返还的;(3) 携带集资款逃匿的;(4) 将集资款用于违法犯罪活动的;(5) 抽逃、转移资金,隐匿财产,逃避返还资金的;(6) 隐匿、销毁账目,或者搞假破产、假倒闭,逃避返还资金的;(7) 拒不交代资金去向,逃避返还资金的;(8) 其他可以认定非法占有目的的情形。集资诈骗罪中的非法占有目的,应当区分情形进行具体认定。行为人部分非法集资行为具有非法占有目的的,对该部分非法集资行为所涉集资款以集资诈骗罪定罪处罚;非法集资共同犯罪中部分行为人具有非法占有目的,其他行为人没有非法占有集资款的共同故意和行为的,对具有非法占有目的的行为人以集资诈骗罪定罪处罚。

(二) 集资诈骗罪的认定

1. 罪与非罪的界限。区别本罪与非罪的界限应把握以下两点:一是行为人主观上是否具有非法占有的目的。以非法占有为目的非法集资的,可构成本罪,反之,不能构成本罪。如有的公司、企业为了发展生产或者在资金周转不过来的情况下违反国家规定进行了集资,但并不想占有集资款，而是按约给予了回报，并准备在一定的期限后归还集资款，对于这种情况就不能以本罪论处。二是数额是否较大。数额较大者，构成本罪；否则，不构成犯罪。

2. 本罪与擅自发行股票或者公司、企业债券罪的界限。本罪与擅自发行股票或者公司、企业债券罪在主客观方面都有相似之处：主观方面都是故意，主体都包括自然人和单位，客观方面都有非法集资的性质。二者的区别主要在于主观目的不同。本罪以非法占有为目的，而擅自发行股票或者公司、企业债券罪则不具有非法占有的目的。

3. 本罪与非法吸收公众存款罪的界限。本罪与非法吸收公众存款罪都是故意犯罪，都具有非法集资的性质，主体都包括自然人和单位。二者的区别关键在于：本罪主观上以非法占有为目的；而后者则不具有非法占有的目的。此外，二者的客体不完全相同。本罪除了侵犯国家的集资管理制度外，还侵犯他人财产所有权；而后者则不存在侵犯他人财产所有权的问题。

（三）集资诈骗罪的处罚

根据《刑法》第192条的规定，犯本罪的，处3年以上7年以下有期徒刑，并处罚金；数额巨大或者有其他严重情节的，处7年以上有期徒刑或者无期徒刑，并处罚金或者没收财产。单位犯本罪的，对单位判处罚金，并对其直接负责的主管人员和其他直接责任人员，依照上述规定处罚。个人进行集资诈骗，数额在10万元以上的，应当认定为“数额较大”；数额在30万元以上的，应当认定为“数额巨大”；数额在100万元以上的，应当认定为“数额特别巨大”。单位进行集资诈骗，数额在50万元以上的，应当认定为“数额较大”；数额在150万元以上的，应当认定为“数额巨大”；数额在500万元以上的，应当认定为“数额特别巨大”。集资诈骗的数额以行为人实际骗取的数额计算，案发前已归还的数额应予扣除。行为人为实施集资诈骗活动而支付的广告费、中介费、手续费、回扣，或者用于行贿、赠与等费用，不予扣除。行为人为实施集资诈骗活动而支付的利息，除本金未归还可予折抵本金以外，应当计入诈骗数额。

二、贷款诈骗罪

贷款诈骗罪，是指以非法占有为目的，用虚构事实和隐瞒事实真相的方法，骗取银行或其他金融机构的贷款，数额较大的行为。本罪的客体是国家关于金融机构的贷款管理秩序和金融机构对所贷资金的所有权。本罪的客观方面表现为用虚构事实和隐瞒事实真相的方法骗取银行或者其他金融机构的贷款，数额较大的行为。具体表现为以下五种行为方式：（1）编造引进资金、项目等虚假理由骗取银行或者其他金融机构的贷款。编造引进资金，通常是指虚构引进外资，即虚构引进其他国家或者我国香港特别行政区、澳门特别行政区、台湾地区的资金的事实。编造项目，是指虚构能够产生良好效益的各类项目的事实，可以虚构国内项目，也可以虚构境外在境内拟开发的项目。（2）使用虚假的经济合同骗取贷款。虚假的经济合同，既可以是全部虚假的经济合同，也可以是部分虚假的经济合同。全部虚假的经济合同，即合同所涉及的内容是根本不存在的。部分虚假的经济合同，是指行为人篡改合同的标的额所形成的合同，如行为人与他人所签订的购销合同的标的额只有30万元，而行为人将其改为300万元。（3）使用虚假的证明文件骗取贷款。即使用伪造或者无效的存款证明、公司或者金融机构的担保函、划款证明等向银行或者其他金融机构申请贷款时所需的证明文件骗取贷款。(4) 使用虚假的产权证明作担保或者超出抵押物价值重复担保骗取贷款。所谓产权证明,是指能够证明行为人对房屋、土地等不动产或者汽车、货币、可即时兑付的票据等动产享有所有权或使用权的书面文件,如房产证、土地使用权证、存单等。(5) 以其他方法诈骗贷款。所谓其他方法,是指上述四种方法以外的方法。例如,伪造单位公章、印鉴骗取贷款,伪造领导批示骗取贷款,伪造国家机关公文骗取贷款,等等。实施上述行为之一或者同时实施几种或全部行为的,即具备了本罪客观方面的基本条件,但并不意味着已构成犯罪。构成贷款诈骗罪还要求骗取的贷款数额较大。根据《立案追诉标准(二)》第 50 条的规定,贷款诈骗数额在 2 万元以上的,应予立案追诉。本罪的主体只能是自然人,凡已满 16 周岁具有刑事责任能力的人均能成为本罪的主体。2001 年 1 月 21 日《全国法院审理金融犯罪案件工作座谈会纪要》(简称《纪要》)曾指出,单位不构成贷款诈骗罪。对于单位实施的贷款诈骗行为,不能以贷款诈骗罪定罪处罚,也不能以贷款诈骗罪追究直接负责的主管人员和其他直接责任人员的刑事责任。但是,在司法实践中,对于单位十分明显地以非法占有为目的,利用签订、履行借款合同诈骗银行或其他金融机构贷款,符合《刑法》第 224 条规定的合同诈骗罪构成要件的,应当以合同诈骗罪定罪处罚。不过,《全国人民代表大会常务委员会关于〈中华人民共和国刑法〉第三十条的解释》指出:“公司、企业、事业单位、机关、团体等单位实施刑法规定的危害社会的行为,刑法分则和其他法律未规定追究单位的刑事责任的,对组织、策划、实施该危害社会行为的人依法追究刑事责任。”这一立法解释意味着当单位实施贷款诈骗行为时,虽然单位本身不能构成贷款诈骗罪,但可以以贷款诈骗罪追究直接负责的主管人员和其他直接责任人员的刑事责任,从而否定了最高人民法院前述《纪要》的看法。当然,如果单位的行为同时符合合同诈骗罪的构成要件,也成立合同诈骗罪。本罪的主观方面是故意,并具有非法占有贷款的目的。

根据《刑法》第 193 条的规定,犯本罪的,处 5 年以下有期徒刑或者拘役,并处 2 万元以上 20 万元以下罚金;数额巨大或者有其他严重情节的,处 5 年以上 10 年以下有期徒刑,并处 5 万元以上 50 万元以下罚金;数额特别巨大或者有其他特别严重情节的,处 10 年以上有期徒刑或者无期徒刑,并处 5 万元以上 50 万元以下罚金或者没收财产。

三、票据诈骗罪

票据诈骗罪,是指以非法占有为目的,利用金融票据进行诈骗活动,数额较大的行为。本罪的客体是国家正常的金融票据管理秩序和公私财产的所有权。本罪的客观方面表现为利用金融票据进行诈骗活动,数额较大的行为。具体表现为以下五种行为方式:(1) 使用伪造、变造的票据(包括汇票、本票、支票,后同)骗取他人财物。伪造票据,包括伪造票据本身和伪造票据签名。前者是指仿照真票据的式样制造假票据;后者是指伪造出票人的签名、伪造他人印章或盗用他人印章而为出票行为或伪造他人名义签名背书、签名承兑等。(2) 使用作废的票据骗取他人财物。作废的票据,是指根据法律和有关规定不能使用的票据,既包括票据法所规定的过期票据,也包括无效的以及被依法宣布作废的票据。(3) 冒用他人的票据骗取他人财物。即假冒票据的合法所有人或持有人的名义使用票据。(4) 签发空头支票或者与其预留印鉴不符的支票,骗取他人财物。(5) 出票人签发无资金保证的汇票、本票或者在出票时作虚假记载，骗取他人财物。本罪的构成还必须具备骗取他人财物数额较大这一特征。根据《立案追诉标准(二)》第51条的规定，数额较大，是指个人进行金融票据诈骗，数额在1万元以上；单位进行金融票据诈骗，数额在10万元以上。本罪的主体为一般主体，自然人和单位均可成为本罪的主体。本罪的主观方面为故意，并具有非法占有他人财物的目的。

根据《刑法》第194条第1款、第200条的规定，犯本罪的，处5年以下有期徒刑或者拘役，并处2万元以上20万元以下罚金；数额巨大或者有其他严重情节的，处5年以上10年以下有期徒刑，并处5万元以上50万元以下罚金；数额特别巨大或者有其他特别严重情节的，处10年以上有期徒刑或者无期徒刑，并处5万元以上50万元以下罚金或者没收财产。单位犯本罪的，对单位判处罚金，并对其直接负责的主管人员和其他直接责任人员，处5年以下有期徒刑或者拘役，可以并处罚金；数额巨大或者有其他严重情节的，处5年以上10年以下有期徒刑，并处罚金；数额特别巨大或者有其他特别严重情节的，处10年以上有期徒刑或者无期徒刑，并处罚金。

四、金融凭证诈骗罪

金融凭证诈骗罪，是指以非法占有为目的，使用伪造、变造的委托收款凭证、汇款凭证、银行存单等银行结算凭证，骗取数额较大的公私财物的行为。本罪的客体是国家正常的金融凭证管理秩序和公私财产的所有权。本罪的客观方面表现为使用伪造、变造的委托收款凭证、汇款凭证、银行存单等银行结算凭证，骗取数额较大的公私财物的行为。根据《立案追诉标准(二)》第52条的规定，数额较大，是指个人进行金融凭证诈骗，数额在1万元以上的；单位进行金融凭证诈骗，数额在10万元以上的。本罪的主体是一般主体，自然人和单位均能成为本罪的主体。本罪的主观方面是故意，并具有非法占有公私财物的目的。

根据《刑法》第194条第2款、第200条的规定，犯本罪的，处5年以下有期徒刑或者拘役，并处2万元以上20万元以下罚金；数额巨大或者有其他严重情节的，处5年以上10年以下有期徒刑，并处5万元以上50万元以下罚金；数额特别巨大或者有其他特别严重情节的，处10年以上有期徒刑或者无期徒刑，并处5万元以上50万元以下罚金或者没收财产。单位犯本罪的，对单位判处罚金，并对其直接负责的主管人员和其他直接责任人员，处5年以下有期徒刑或者拘役，可以并处罚金；数额巨大或者有其他严重情节的，处5年以上10年以下有期徒刑，并处罚金；数额特别巨大或者有其他特别严重情节的，处10年以上有期徒刑或者无期徒刑，并处罚金。

五、信用证诈骗罪

信用证诈骗罪，是指以非法占有为目的，利用信用证进行诈骗活动的行为。本罪的客体是国家正常的信用证管理秩序和公私财产的所有权。本罪的客观方面表现为利用信用证进行诈骗活动的行为。具体表现为以下四种行为方式：(1) 使用伪造、变造的信用证或者附随的单据、文件。所谓信用证，是指开证银行或支付银行支付约定金额的保证付款的凭证。信用证方式是国际贸易往来中常见的一种结算方式。所谓附随的单据、文件，是指使用信用证时必须附随的运输单据、商业发票、合同、提单、保险单等单据、文件。(2) 使用作废的信用证,如使用过期、失效的信用证等。(3) 骗取信用证。即以虚构事实或者隐瞒事实真相的方法,骗取开证银行开出信用证。(4) 以其他方法进行信用证诈骗活动。如与开证银行、受益人合谋,在支付银行款项后宣布开证行破产,使支付行受到财物损失;用软条款设置信用证陷阱,即在开立信用证时故意附加设置一些隐瞒性条款,使开证行单方取得主动权,以便能够单方随时解除信用证,从而骗取他人财物;等等。本罪的主体是一般主体,自然人和单位均可成为本罪的主体。本罪的主观方面是故意,并且以非法占有为目的。

根据《刑法》第 195 条、第 200 条的规定,犯本罪的,处 5 年以下有期徒刑或者拘役,并处 2 万元以上 20 万元以下罚金;数额巨大或者有其他严重情节的,处 5 年以上 10 年以下有期徒刑,并处 5 万元以上 50 万元以下罚金;数额特别巨大的或者有其他特别严重情节的,处 10 年以上有期徒刑或者无期徒刑,并处 5 万元以上 50 万元以下罚金或者没收财产。单位犯本罪的,对单位判处罚金,并对其直接负责的主管人员和其他直接责任人员,处 5 年以下有期徒刑或者拘役,可以并处罚金;数额巨大或者有其他严重情节的,处 5 年以上 10 年以下有期徒刑,并处罚金;数额特别巨大或者有其他特别严重情节的,处 10 年以上有期徒刑或者无期徒刑,并处罚金。

六、信用卡诈骗罪

(一) 信用卡诈骗罪的概念和构成

信用卡诈骗罪,是指以非法占有为目的,利用信用卡进行诈骗活动,骗取他人财物,数额较大的行为。本罪具有如下构成要件:

1. 本罪的客体是信用卡管理秩序和公私财产所有权。本罪的对象是信用卡,即由商业银行或者其他金融机构发行的具有消费支付、信用贷款、转账结算、存取现金等全部或者部分功能的电子支付卡。

2. 本罪的客观方面表现为利用信用卡进行诈骗活动,骗取他人财物,数额较大的行为。具体表现为以下四种行为方式:(1) 使用伪造的信用卡,或者使用以虚假的身份证明骗领的信用卡,骗取他人财物。伪造的信用卡,是指仿照真实有效的信用卡,使用各种方法制作的假信用卡。具体包括两种情形:一是依照信用卡的质地、模式、版块、图样及磁条密码非法制作的信用卡;二是在真实信用卡的基础上进行仿造而制作的信用卡,也就是在合法制造而未经银行或信用卡机构发行给用户正式使用的空白卡的基础上进行加工,加打用户的账号、姓名,在磁条上输入一定的密码信息,使其貌似已经发行给用户的信用卡。使用伪造的信用卡骗取财物,是指使用伪造的信用卡在特约商户购物或者接受有偿服务,或者使用伪造的信用卡在银行或者自动柜员机上支取现金。(2) 使用作废的信用卡,骗取他人财物。使用作废的信用卡,是指使用因法定原因失去效用的信用卡。根据规定,作废的信用卡主要有三种:一是信用卡超过有效使用期限而自动失效。一般信用卡都规定了有效使用期限,超过期限的信用卡为无效信用卡。二是信用卡持卡人在信用卡有效期间内停止使用,将信用卡退回发卡机构并办理退卡手续,此时该信用卡有效期虽未过,但已办理退卡手续,因而属作废的信用卡。三是因挂失而使信用卡失效。发卡机构都规定了信用卡挂失制度,以防止信用卡被盗或者丢失后给持卡人造成经济损失。信用卡一经挂失即失去效用。使用上述任何一种失效的信用卡骗取他人财物的,均可构成信用卡诈骗罪。使用作废的信用卡的主体,通常是持卡人本人,非持卡人明知他人的信用卡是作废的信用卡而仍以他人的名义使用的,也属于使用作废的信用卡的行为。(3) 冒用他人的信用卡,骗取公私财物。冒用他人的信用卡,是指非持卡人以持卡人的名义使用信用卡骗取财物或者接受服务。冒用他人的信用卡包括以下情形:一是拾得他人信用卡并使用的;二是骗取他人信用卡并使用的;三是窃取、收买、骗取或者以其他非法方式获取他人信用卡信息资料,并通过互联网、通信终端等使用的;四是其他冒用他人信用卡的情形。冒用他人的信用卡,通常是指冒用他人有效的信用卡。2008 年 4 月 18 日最高人民检察院《关于拾得他人信用卡并在自动柜员机(ATM)上使用的行为如何定性问题的批复》指出,拾得他人信用卡并在自动柜员机(ATM)上使用的行为,属于《刑法》第 196 条的"冒用他人信用卡"的情形。(4) 恶意透支,骗取他人财物。根据《刑法》第 196 条第 2 款的规定,恶意透支,是指持卡人以非法占有为目的,超过规定限额或者规定期限透支,并且经发卡银行催收后仍不归还的行为。《最高人民法院、最高人民检察院关于办理妨害信用卡管理刑事案件具体应用法律若干问题的解释》(简称《信用卡案件解释》)进一步明确,持卡人以非法占有为目的,超过规定限额或者规定期限透支,经发卡银行两次有效催收后超过 3 个月仍不归还的,属于恶意透支。恶意透支的认定以行为人具有非法占有的目的为必要。对于是否以非法占有为目的,应当综合持卡人信用记录、还款能力和意愿、申领和透支信用卡的状况、透支资金的用途、透支后的表现、未按规定还款的原因等情节作出判断。不得单纯依据持卡人未按规定还款的事实认定持卡人具有非法占有的目的。具有以下情形之一的,应当认定以非法占有为目的,但有证据证明持卡人确实不具有非法占有目的的除外:明知没有还款能力而大量透支,无法归还的;使用虚假资信证明申领信用卡后透支,无法归还的;透支后通过逃匿、改变联系方式等手段,逃避银行催收的;抽逃、转移资金,隐匿财产,逃避还款的;使用透支的资金进行犯罪活动的;其他非法占有资金,拒不归还的情形。所谓有效催收,是指催收时符合下列条件:在透支超过规定限额或者规定期限后进行;催收应当采用能够确认持卡人收悉的方式,但持卡人故意逃避催收的除外;两次催收至少间隔 30 日;符合催收的有关规定或者约定。对于是否属于有效催收,应当根据发卡银行提供的电话录音、信息送达记录、信函送达回执、电子邮件送达记录、持卡人或者其家属签字以及其他催收原始证据材料作出判断。发卡银行提供的相关证据材料,应当有银行工作人员签名和银行公章。

3. 本罪的主体是一般主体,凡已满 16 周岁具有刑事责任能力的自然人均能成为本罪的主体。

4. 本罪的主观方面是故意,且具有非法占有他人财物的目的。

(二) 信用卡诈骗罪的认定

1. 罪与非罪的界限。区分本罪与非罪的界限,主要考察两个方面:一是诈骗的数额。进行信用卡诈骗,数额较大的构成犯罪;数额没有达到较大标准的,则属于一般诈骗违法行为。二是行为人的主观目的。本罪的成立必须具有非法占有的目的。有的行为本身就说明行为人主观上具有这种目的,如故意使用伪造的信用卡、作废的信用卡进行消费等。因此,行为人只要实施了这些行为,且数额较大,即构成犯罪。有些行为本身不能说明行为人主观上必然具有非法占有的目的，如从合法持卡人那里借得信用卡予以使用，虽然外观上也属于冒用他人信用卡的行为，但行为人未必具有非法占有的目的。有的是借用以后及时归还了所用款额，但也有的借用以后逃之夭夭。前者不具有非法占有目的，不能构成本罪；后者具有非法占有目的，则可构成本罪。

2. 一罪与数罪的界限。先伪造信用卡而后又使用伪造的信用卡诈骗财物的，既构成伪造金融票证罪，也构成本罪，但因两个行为之间存在手段与目的的牵连关系，因此，应按从一重罪处罚的原则以信用卡诈骗罪定罪并从重处罚。

3. "盗窃并使用信用卡"的定性。《刑法》第 196 条第 3 款规定："盗窃信用卡并使用的，依照本法第二百六十四条的规定定罪处罚。"根据这一规定，盗窃并使用信用卡的，按盗窃罪定罪处罚。这里的"信用卡"，是指真实有效，能正常使用的信用卡。"使用"，是指按照信用卡本身所具有的电子支付卡的功能来加以利用。如果不是利用其电子支付卡的功能，而是用盗窃所得的信用卡作为资信证明从而骗取他人的信任从事经济活动，不能构成盗窃罪，构成诈骗罪的，按诈骗罪定罪处罚。

（三）信用卡诈骗罪的处罚

根据《刑法》第 196 条的规定，犯本罪的，处 5 年以下有期徒刑或者拘役，并处 2 万元以上 20 万元以下罚金；数额巨大或者有其他严重情节的，处 5 年以上 10 年以下有期徒刑，并处 5 万元以上 50 万元以下罚金；数额特别巨大或者有其他特别严重情节的，处 10 年以上有期徒刑或者无期徒刑，并处 5 万元以上 50 万元以下罚金或者没收财产。根据《信用卡案件解释》，使用伪造的信用卡、以虚假的身份证明骗领的信用卡、作废的信用卡或者冒用他人信用卡，进行信用卡诈骗活动，数额在 5 000 元以上不满 5 万元的，属于"数额较大"；数额在 5 万元以上不满 50 万元的，属于"数额巨大"；数额在 50 万元以上的，属于"数额特别巨大"。恶意透支，数额在 5 万元以上不满 50 万元的，属于"数额较大"；数额在 50 万元以上不满 500 万元的，属于"数额巨大"；数额在 500 万元以上的，属于"数额特别巨大"。恶意透支的数额，是指公安机关刑事立案时尚未归还的实际透支的本金数额，不包括利息、复利、滞纳金、手续费等发卡银行收取的费用。归还或者支付的数额，应当认定为归还实际透支的本金。恶意透支数额较大，在提起公诉前全部归还或者具有其他情节轻微情形的，可以不起诉；在一审判决前全部归还或者具有其他情节轻微情形的，可以免予刑事处罚。但是，曾因信用卡诈骗受过两次以上处罚的除外。发卡银行违规以信用卡透支形式变相发放贷款，持卡人未按规定归还的，不适用"恶意透支"的规定。构成其他犯罪的，以其他犯罪论处。

七、有价证券诈骗罪

有价证券诈骗罪，是指以非法占有为目的，使用伪造、变造的国库券或者国家发行的其他有价证券进行诈骗活动，数额较大的行为。本罪的客体是国家正常的有价证券管理秩序和公私财产的所有权。本罪的客观方面表现为使用伪造、变造的国库券或者国家发行的其他有价证券进行诈骗活动，数额较大的行为。本罪的主体是一般主体，凡已满 16 周岁具有刑事责任能力的自然人均能成为本罪的主体。本罪的主观方面是故意，且具有非法占有他人财物的目的。

根据《刑法》第 197 条的规定,犯本罪的,处 5 年以下有期徒刑或者拘役,并处 2 万元以上 20 万元以下罚金;数额巨大或者有其他严重情节的,处 5 年以上 10 年以下有期徒刑,并处 5 万元以上 50 万元以下罚金;数额特别巨大或者有其他特别严重情节的,处 10 年以上有期徒刑或者无期徒刑,并处 5 万元以上 50 万元以下罚金或者没收财产。

八、保险诈骗罪

(一) 保险诈骗罪的概念和构成

保险诈骗罪,是指投保人、被保险人或者受益人虚构事实或者隐瞒真相,骗取保险金,数额较大的行为。本罪具有如下构成要件:

1. 本罪的客体是复杂客体,即国家的保险管理秩序和保险人的财产所有权。

2. 本罪的客观方面表现为虚构事实或者隐瞒真相,骗取数额较大的保险金的行为。具体表现为以下五种行为方式:(1) 投保人故意虚构保险标的,骗取保险金。所谓保险标的,是指作为保险对象的物质财富及其有关利益、人的生命或者身体。虚构保险标的,是指为骗取保险金,虚构一个根本不存在的保险对象,或将价值较小的保险标的虚构为价值较大的保险标的,或将不符合保险合同要求的标的虚构为符合保险合同要求的标的,与保险人订立保险合同。(2) 投保人、被保险人或者受益人对发生的保险事故编造虚假的原因或者夸大损失的程度,骗取保险金。所谓对发生的保险事故编造虚假的原因,是指本来发生保险事故的原因不是保险公司应当赔偿的原因,而行为人却编造出保险公司应当赔偿的原因,以骗取保险金。所谓夸大损失的程度,是指行为人故意将投保标的的损失夸大,从而取得更多保险金。(3) 投保人、被保险人或者受益人编造未曾发生的保险事故,骗取保险金。即行为人在未发生保险事故的情况下,虚构事实,谎称发生保险事故。例如,汽车投保后,本没有被盗,但投保人谎称汽车被盗,要求保险公司赔偿。(4) 投保人、被保险人故意造成财产损失的保险事故,骗取保险金。即行为人在投保财产险以后,故意以一定的方法造成财产损失,如行为人将自己的房屋投保后故意烧毁,从而要求保险公司赔偿。(5) 投保人、受益人故意造成被保险人死亡、伤残或者疾病,骗取保险金。这种行为发生于人身保险中,是指投保人、受益人采取杀害、伤害、虐待、遗弃、传播传染病以及其他方法故意造成被保险人死亡、伤残或者生病,以取得保险金。例如,丈夫为妻子投保了人身险后,将妻子杀死,以获取保险金。实施上述行为之一,骗取数额较大保险金的,可构成本罪。根据《立案追诉标准(二)》第 56 条的规定,个人进行保险诈骗的,数额较大的起点是 1 万元;单位进行保险诈骗的,数额较大的起点为 5 万元。

3. 本罪的主体是特殊主体,只能由投保人、被保险人和受益人三种人构成。投保人,是指与保险公司订立保险合同,并根据保险合同负支付保险费义务的人。被保险人,是指在保险事故发生或者约定的保险期间届满时,依据保险合同有权向保险人请求补偿损失或者领取保险金的人。受益人,是指由保险合同明确指定的或者依照法律规定有权取得保险金的人。需要注意的是,实施本罪的行为方式不同,所要求的犯罪主体也不相同:就第(1)种行为而言,只有投保人可以成为犯罪主体;第(2)(3)种行为的犯罪主体可以是投保人、被保险人或受益人;第(4)种行为仅限于财产保险,因财产保险中被保险人就是受益人,所以这类行为的主体不再有受益人;第(5)种行为发生于人身保险之中,其犯罪主体仅限于投保人、受益人。保险事故的鉴定人、证明人、财产评估人故意提供虚假的证明文件,为他人诈骗提供条件的,以保险诈骗罪的共犯论处。此外,单位也可以成为本罪的主体。

4. 本罪的主观方面是故意,并且以非法占有为目的。

(二) 保险诈骗罪的认定

1. 罪与非罪的界限。区分本罪与非罪的界限,关键看行为人骗取财物的数额是否达到了较大的标准。数额较大的,构成本罪;数额尚未达到较大标准的,则属于保险诈骗的一般违法行为。

2. 一罪与数罪的界限。在司法实践中,投保人、被保险人故意造成财产损失的保险事故,骗取保险金,以及投保人、受益人故意造成被保险人死亡、伤残或者疾病,骗取保险金的情况较为常见。此时,行为人的行为往往触犯放火、爆炸、投放危险物质、故意杀人、故意伤害、虐待等罪名,属于典型的牵连犯。不过根据《刑法》第 198 条第 2 款的规定,对这种情形不采取从一重罪处断的原则,而应当依照数罪并罚的规定处罚。

3. 保险公司工作人员进行保险诈骗行为的定性。

(1) 保险公司工作人员利用职务上的便利,故意编造未曾发生的保险事故进行虚假理赔,骗取保险金归自己所有的,应区分其是否属于国家工作人员而定贪污罪或者职务侵占罪。

(2) 保险公司工作人员利用职务上的便利,与投保人、被保险人或受益人共同实施保险诈骗行为的,构成保险诈骗罪与贪污罪或职务侵占罪的想象竞合犯,从一重罪处罚。

(三) 保险诈骗罪的处罚

根据《刑法》第 198 条的规定,犯本罪的,处 5 年以下有期徒刑或者拘役,并处 1 万元以上 10 万元以下罚金;数额巨大或者有其他严重情节的,处 5 年以上 10 年以下有期徒刑,并处 2 万元以上 20 万元以下罚金;数额特别巨大或者有其他特别严重情节的,处 10 年以上有期徒刑,并处 2 万元以上 20 万元以下罚金或者没收财产。单位犯本罪的,对单位判处罚金,并对其直接负责的主管人员和其他直接责任人员,处 5 年以下有期徒刑或者拘役;数额巨大或者有其他严重情节的,处 5 年以上 10 年以下有期徒刑;数额特别巨大或者有其他特别严重情节的,处 10 年以上有期徒刑。

第七节 危害税收征管罪

一、逃税罪

(一) 逃税罪的概念和构成

逃税罪,是指纳税人采取欺骗、隐瞒手段进行虚假纳税申报或者不申报,逃避缴纳税款数额较大并且占应纳税额10%以上，或者扣缴义务人采取欺骗、隐瞒手段，不缴或者少缴已扣、已收税款，数额较大的行为。本罪具有如下构成要件：

1. 本罪的客体是国家的税收征管秩序。

2. 本罪的客观方面表现为采取欺骗、隐瞒手段进行虚假纳税申报或者不申报，逃避缴纳税款数额较大并且占应纳税额10%以上，或者扣缴义务人采取欺骗、隐瞒手段，不缴或者少缴已扣、已收税款，数额较大的行为。首先，行为人采取了欺骗、隐瞒的手段来逃避缴纳税款。欺骗、隐瞒的手段多种多样，如伪造、变造、隐匿、擅自销毁账簿、记账凭证，在账簿上多列支出或者不列、少列收入，等等。所谓进行虚假纳税申报，是指纳税人或者扣缴义务人向税务机关报送虚假的纳税申报表、财务报表、代扣代缴和代收代缴税款报告表或者其他纳税申报资料，如提供虚假申请，编造减税、免税、抵税、先征收后退还税款等虚假资料等。所谓不申报，是指行为人不按照规定向税务机关申报生产经营情况和计税金额、财务会计报表的行为。其次，行为人逃避缴纳税款数额达到法定标准。对于纳税人来说，构成逃税罪的标准是逃避缴纳税款数额较大并且占应纳税额10%以上；对于扣缴义务人而言，构成逃税罪的标准是不缴或者少缴已扣、已收税款，数额较大的行为。所谓逃避缴纳税款数额，是指在确定的纳税期间，不缴或者少缴各税种税款的总额。逃税数额占应纳税额的百分比，是指一个纳税年度中的各税种逃税总额与该纳税年度应纳税总额的比例。不按纳税年度确定纳税期的其他纳税人，逃税数额占应纳税额的百分比，按照行为人最后一次逃税行为发生之日前一年各税种逃税总额与该年纳税总额的比例确定。纳税义务存续期间不足一个纳税年度的，逃税数额占应纳税额的百分比，按照各税种逃税总额与实际发生纳税义务期间应当缴纳税款总额的比例确定。多次实施逃避缴纳税款行为，未经处理的，按照累计数额计算。为了更好地贯彻宽严相济的刑事政策，《刑法》第201条第4款规定，行为人虽然达到上述法定标准，但在经税务机关依法下达追缴通知后，补缴应纳税款，缴纳滞纳金，已受行政处罚的，不予追究刑事责任；但是，5年内因逃避缴纳税款受过刑事处罚或者被税务机关给予两次以上行政处罚的除外。

3. 本罪的主体是特殊主体，只能由纳税人、扣缴义务人构成。

4. 本罪的主观方面是故意，即明知应缴税款而故意逃避纳税。

（二）逃税罪的认定

1. 罪与非罪的界限。本罪与非罪区分的关键在于以下两点：

（1）行为人逃税的数额和有关情节。在逃税数额上，根据刑法的有关规定，纳税人逃避缴纳税款数额较大并且占应纳税额10%以上，扣缴义务人不缴或者少缴已扣、已收税款数额较大的，构成逃税罪。如果纳税人逃避应缴纳税款数额或扣缴义务人不缴或者少缴已扣、已收税款数额达不到上述标准的，属于一般逃税违法行为，不构成犯罪。在逃税情节上，只要不属于在5年内因逃避缴纳税款受过刑事处罚或者被税务机关给予两次以上行政处罚的情况，纳税人和扣缴义务人逃避缴纳的税款数额虽然达到法定的标准，但在税务机关依法下达追缴通知后，补缴应纳税款，缴纳滞纳金，已受行政处罚的，不予追究刑事责任。

（2）是否具有逃避缴纳应纳税款的故意。成立本罪主观上必须具有逃避缴纳应纳税款的故意。如果没有逃税的故意，而只是漏税（过失漏缴或者少缴应缴税款）或欠税（在法定的纳税期限内,纳税人因无力缴纳税款而拖欠税款),则不构成犯罪。

2. 一罪与数罪的界限。行为人伪造、盗窃、买卖、非法使用武装部队车辆号码等专用标志,并逃避缴纳车辆配置税、车辆使用税等税款的,应依照处罚较重的罪定罪处罚。

(三) 逃税罪的处罚

根据《刑法》第 201 条、第 211 条、第 212 条的规定,纳税人犯本罪,逃避缴纳税款数额较大并且占应纳税额 10%以上的,处 3 年以下有期徒刑或者拘役,并处罚金;数额巨大并且占应纳税额 30%以上的,处 3 年以上 7 年以下有期徒刑,并处罚金。扣缴义务人犯本罪,不缴或者少缴已扣、已收税款,数额较大的,处 3 年以下有期徒刑或者拘役,并处罚金;数额巨大并且占应纳税额 30% 以上的,处 3 年以上 7 年以下有期徒刑,并处罚金。单位犯本罪的,对单位判处罚金,并对其直接负责的主管人员和其他直接责任人员,依照上述规定处罚。判处罚金的,在执行前,应当先由税务机关追缴税款。

二、抗税罪

抗税罪,是指纳税人、扣缴义务人以暴力、威胁方法拒不缴纳应缴税款的行为。本罪的客体是国家的税收管理秩序。本罪的客观方面表现为行为人以暴力、威胁方法拒不缴纳应缴税款的行为。暴力,既包括对税收人员的人身进行打击、伤害等,也包括损毁征税工作人员所使用的交通工具,还包括聚众打砸税务机关。实施抗税行为致人重伤、死亡,构成故意伤害罪、故意杀人罪的,应以故意伤害罪、故意杀人罪论处。所谓威胁,是指以杀害、伤害其本人或者亲属、毁坏财产、损害名誉等威胁征税工作人员等,对征税工作人员进行精神上的强制。使用暴力、威胁方法等抗税行为必须在税收工作人员征税期间实施。本罪的主体是特殊主体,只能由纳税人、扣缴义务人构成,其他人可以成为本罪的共犯;单位不能成为本罪的主体,对于基于单位意志而实施的抗税行为,构成犯罪的,应追究其直接负责的主管人员和其他直接人员的刑事责任。本罪的主观方面是故意。

根据《刑法》第 202 条、第 212 条的规定,犯本罪的,处 3 年以下有期徒刑或者拘役,并处拒缴税款 1 倍以上 5 倍以下罚金;情节严重的,处 3 年以上 7 年以下有期徒刑,并处拒缴税款 1 倍以上 5 倍以下罚金。判处罚金的,在执行前,应当先由税务机关追缴税款。

三、逃避追缴欠税罪

逃避追缴欠税罪,是指纳税人欠缴应缴税款,采取转移或者隐匿资产的手段,致使税务机关无法追缴欠缴的税款,数额较大的行为。本罪的客体是国家正常的税收管理秩序。本罪的主体是欠税人,既可以是自然人,也可以是单位。本罪的主观方面是故意。

根据《刑法》第 203 条、第 211 条、第 212 条的规定,犯本罪的,数额在 1 万元以上不满 10 万元的,处 3 年以下有期徒刑或者拘役,并处或者单处欠缴税款 1 倍以上 5 倍以下罚金;数额在 10 万元以上的,处 3 年以上 7 年以下有期徒刑,并处欠缴税款 1 倍以上 5 倍以下罚金。单位犯本罪的,对单位判处罚金,并对其直接负责的主管人员和其他直接责任人员,依照上述规定处罚。判处罚金的,在执行前,应当先由税务机关追缴税款。

四、骗取出口退税罪

骗取出口退税罪,是指以假报出口或者其他欺骗手段,骗取国家出口退税款,数额较大的行为。本罪的客体是国家出口退税的管理秩序和国家的财产所有权。本罪的客观方面表现是以假报出口或者其他欺骗手段,骗取国家出口退税款,数额较大的行为。根据最高人民法院发布的《关于审理骗取出口退税刑事案件具体应用法律若干问题的解释》的规定,“假报出口”,是指以虚构已税货物出口事实为目的,具有下列情形之一的行为:(1) 伪造或者签订虚假的买卖合同;(2) 以伪造、变造或者其他非法手段取得出口货物报关单、出口收汇核销单、出口货物专用缴款书等有关出口退税单据、凭证;(3) 虚开、伪造、非法购买增值税专用发票或者其他可以用于出口退税的发票;(4) 其他虚构已税货物出口事实的行为。“其他欺骗手段”,是指具有下列情形之一的行为:(1) 骗取出口货物退税资格的;(2) 将未纳税或者免税货物作为已税货物出口的;(3) 虽有货物出口,但虚构该出口货物的品名、数量、单价等要素,骗取未实际纳税部分出口退税款的;(4) 以其他手段骗取出口退税款的。实施上述行为之一,并且骗取出口退税数额较大的,即可构成本罪。但需要注意的是,根据《刑法》第 204 条第 2 款的规定,纳税人缴纳税款后,以上述方法骗取所缴纳的税款的,以逃税罪论处。因为在此种情况下,可理解为行为人骗回的是本人所缴纳的税款,相当于应当纳税而没有纳税,属逃税性质。但对于骗取税款超过所缴纳的税款部分,则成立骗取出口退税罪。此时纳税人同时构成逃税罪和骗取出口退税罪,实行数罪并罚。本罪的主体是一般主体,自然人和单位均可成为本罪的主体。本罪的主观方面是故意,且具有非法占有国家出口退税款的目的。

根据《刑法》第 204 条第 1 款、第 211 条、第 212 条的规定,犯本罪的,处 5 年以下有期徒刑或者拘役,并处骗取税款 1 倍以上 5 倍以下罚金;数额巨大或者有其他严重情节的,处 5 年以上 10 年以下有期徒刑,并处骗取税款 1 倍以上 5 倍以下罚金;数额特别巨大或者有其他特别严重情节的,处 10 年以上有期徒刑或者无期徒刑,并处骗取税款 1 倍以上 5 倍以下罚金或者没收财产。单位犯本罪的,对单位判处罚金,并对其直接负责的主管人员和其他直接责任人员,依照上述规定处罚。判处罚金、没收财产的,在执行前,应当先由税务机关追缴所骗取的出口退税款。

五、虚开增值税专用发票、用于骗取出口退税、抵扣税款发票罪

虚开增值税专用发票、用于骗取出口退税、抵扣税款发票罪,是指虚开增值税专用发票或者虚开用于骗取出口退税、抵扣税款的其他发票的行为。本罪的客体是国家的税收管理制度。本罪的客观方面表现为虚开增值税专用发票或者虚开用于骗取出口退税、抵扣税款的其他发票的行为。虚开发票,是指开具与经营活动不符的发票,具体包括以下几种行为方式:(1) 没有货物购销或者没有提供或接受应税劳务而为他人、为自己、让他人为自己、介绍他人开具增值税专用发票的。(2) 有货物购销或者提供或接受了应税劳务但为他人、为自己、让他人为自己、介绍他人开具数量或者金额不实的增值税专用发票的。(3) 进行了实际经营活动,但让他人为自己代开增值税专用发票的。(4) 为他人、为自己、让他人为自己、介绍他人虚开用于骗取出口退税、抵扣税款的运输发票、废旧收购发票、农业产品发票等非增

值税专用发票的。本罪的主体是一般主体,自然人和单位均可成为本罪的主体。本罪的主观方面是故意。

根据《刑法》第 205 条、第 212 条的规定,犯本罪的,处 3 年以下有期徒刑或者拘役,并处 2 万元以上 20 万元以下罚金;虚开的税款数额较大或者有其他严重情节的,处 3 年以上 10 年以下有期徒刑,并处 5 万元以上 50 万元以下罚金;虚开的税款数额特别巨大或者有其他特别严重情节的,处 10 年以上有期徒刑或者无期徒刑,并处 5 万元以上 50 万元以下罚金或者没收财产。单位犯本罪的,对单位判处罚金,并对其直接负责的主管人员和其他直接责任人员,处 3 年以下有期徒刑或者拘役;虚开的税款数额较大或者有其他严重情节的,处 3 年以上 10 年以下有期徒刑;虚开的税款数额巨大或者有其他特别严重情节的,处 10 年以上有期徒刑或者无期徒刑。判处罚金、没收财产的,在执行前,应当先由税务机关追缴所骗取的出口退税款。

六、虚开发票罪

虚开发票罪,是指虚开增值税专用发票和用于骗取出口退税、抵扣税款的发票之外的其他发票,情节严重的行为。本罪的客体是国家的税收征管秩序。犯罪对象为增值税专用发票和用于骗取出口退税、抵扣税款的发票之外的其他发票。本罪的客观方面表现为行为人实行了虚开增值税专用发票和用于骗取出口退税、抵扣税款的发票之外的其他发票的行为,且情节严重。本罪的主体是一般主体,自然人和单位都可构成。本罪的主观方面表现为故意。

根据《刑法》第 205 条之一、第 212 条的规定,犯本罪的,处 2 年以下有期徒刑、拘役或者管制,并处罚金;情节特别严重的,处 2 年以上 7 年以下有期徒刑,并处罚金。单位犯本罪的,对单位判处罚金,并对其直接负责的主管人员和其他直接责任人员,依照前款的规定处罚。判处罚金的,在执行前,应当由税务机关追缴所骗取的出口退税款。

七、伪造、出售伪造的增值税专用发票罪

伪造、出售伪造的增值税专用发票罪,是指伪造或者出售伪造的增值税专用发票的行为。本罪的客体是国家正常的税收征管秩序和国家的发票管理秩序。本罪的客观方面表现为伪造或者出售伪造的增值税专用发票的行为。行为人只要实施伪造或出售行为之一,即可构成本罪。本罪的主体是一般主体,自然人和单位均可成为本罪的主体。本罪的主观方面是故意。

根据《刑法》第 206 条的规定,犯本罪的,处 3 年以下有期徒刑、拘役或者管制,并处 2 万元以上 20 万元以下罚金;数量较大的或者有其他严重情节的,处 3 年以上 10 年以下有期徒刑,并处 5 万元以上 50 万元以下罚金;数量巨大或者有其他特别严重情节的,处 10 年以上有期徒刑或者无期徒刑,并处 5 万元以上 50 万元以下罚金或者没收财产。单位犯本罪的,对单位判处罚金,并对其直接负责的主管人员和其他直接责任人员,处 3 年以下有期徒刑、拘役或者管制;数量较大或者有其他严重情节的,处 3 年以上 10 年以下有期徒刑;数量巨大或者有其他特别严重情节的,处 10 年以上有期徒刑或者无期徒刑。

八、非法出售增值税专用发票罪

非法出售增值税专用发票罪，是指违反国家发票管理法规，非法出售增值税专用发票的行为。

根据《刑法》第 207 条、第 211 条的规定，犯本罪的，处 3 年以下有期徒刑、拘役或者管制，并处 2 万元以上 20 万元以下罚金；数量较大的，处 3 年以上 10 年以下有期徒刑，并处 5 万元以上 50 万元以下罚金；数量巨大的，处 10 年以上有期徒刑或者无期徒刑，并处 5 万元以上 50 万元以下罚金或者没收财产。单位犯本罪的，对单位判处罚金，并对其直接负责的主管人员和其他直接责任人员，依照上述规定处罚。

九、非法购买增值税专用发票、购买伪造的增值税专用发票罪

非法购买增值税专用发票、购买伪造的增值税专用发票罪，是指违反国家发票管理法规，非法购买增值税专用发票或者购买伪造的增值税专用发票的行为。

根据《刑法》第 208 条第 1 款、第 211 条的规定，犯本罪的，处 5 年以下有期徒刑或者拘役，并处或者单处 2 万元以上 20 万元以下罚金。单位犯本罪的，对单位判处罚金，并对其直接负责的主管人员和其他直接责任人员，依照上述规定处罚。

十、非法制造、出售非法制造的用于骗取出口退税、抵扣税款发票罪

非法制造、出售非法制造的用于骗取出口退税、抵扣税款发票罪，是指违反国家发票管理法规，伪造、擅自制造或者出售伪造、擅自制造的用于骗取出口退税、抵扣税款的除增值税专用发票以外的其他发票的行为。

根据《刑法》第 209 条第 1 款、第 211 条的规定，犯本罪的，处 3 年以下有期徒刑、拘役或者管制，并处 2 万元以上 20 万元以下罚金；数量巨大的，处 3 年以上 7 年以下有期徒刑，并处 5 万元以上 50 万元以下罚金；数量特别巨大的，处 7 年以上有期徒刑，并处 5 万元以上 50 万元以下罚金或者没收财产。单位犯本罪的，对单位判处罚金，并对其直接负责的主管人员和其他直接责任人员，依照上述规定处罚。

十一、非法制造、出售非法制造的发票罪

非法制造、出售非法制造的发票罪，是指违反国家发票管理法规，伪造、擅自制造或者出售伪造、擅自制造的增值税专用发票和可以用于骗取出口退税、抵扣税款的其他发票以外的其他发票的行为。

根据《刑法》第 209 条第 2 款、第 211 条的规定，犯本罪的，处 2 年以下有期徒刑、拘役或者管制，并处或者单处 1 万元以上 5 万元以下罚金；情节严重的，处 2 年以上 7 年以下有期徒刑，并处 5 万元以上 50 万元以下罚金。单位犯本罪的，对单位判处罚金，并对其直接负责的主管人员和其他直接责任人员，依照上述规定处罚。

十二、非法出售用于骗取出口退税、抵扣税款发票罪

非法出售用于骗取出口退税、抵扣税款发票罪，是指违反国家发票管理法规，非法出售可以用于骗取出口退税、抵扣税款的除增值税专用发票以外的其他发票的行为。

根据《刑法》第 209 条第 3 款、第 211 条的规定，犯本罪的，处 3 年以下有期徒刑、拘役或者管制，并处 2 万元以上 20 万元以下罚金；数量巨大的，处 3 年以上 7 年以下有期徒刑，并处 5 万元以上 50 万元以下罚金；数量特别巨大的，处 7 年以上有期徒刑，并处 5 万元以上 50 万元以下罚金或者没收财产。单位犯本罪的，对单位判处罚金，并对其直接负责的主管人员和其他直接责任人员，依照上述规定处罚。

十三、非法出售发票罪

非法出售发票罪，是指违反国家发票管理法规，非法出售除增值税专用发票和可以用于骗取出口退税、抵扣税款的其他发票以外的其他发票的行为。

根据《刑法》第 209 条第 4 款和第 211 条的规定，犯本罪的，处 2 年以下有期徒刑、拘役或者管制，并处或者单处 1 万元以上 5 万元以下罚金；情节严重的，处 2 年以上 7 年以下有期徒刑，并处 5 万元以上 50 万元以下罚金。单位犯本罪的，对单位判处罚金，并对其直接负责的主管人员和其他直接责任人员，依照上述规定处罚。

十四、持有伪造的发票罪

持有伪造的发票罪，是指明知是伪造的发票而持有，数量较大的行为。本罪侵犯的客体是国家发票的管理秩序。本罪的客观方面表现为持有数量较大的伪造的发票的行为。本罪的主体是一般主体，既可以是自然人，也可以是单位。本罪的主观方面是故意。

根据《刑法》第 210 条之一的规定，犯本罪的，处 2 年以下有期徒刑、拘役或者管制，并处罚金；数量巨大的，处 2 年以上 7 年以下有期徒刑，并处罚金。单位犯本罪的，对单位判处罚金，并对其直接负责的主管人员和其他直接责任人员，依照上述规定处罚。

第八节　侵犯知识产权罪

一、假冒注册商标罪

（一）假冒注册商标罪的概念和构成

假冒注册商标罪，是指未经注册商标所有人许可，在同一种商品、服务上使用与其注册商标相同的商标，情节严重的行为。本罪具有如下构成要件：

1. 本罪的客体是国家对商标的管理秩序和他人注册商标的专用权。

2. 本罪的客观方面表现为未经注册商标所有人许可，在同一种商品、服务上使用与其注册商标相同的商标，情节严重的行为。“同一种商品、服务”是指与注册商标核定使用的商品、服务相同的商品、服务。根据最高人民法院、最高人民检察院发布的《关于办理侵犯知识产权刑事案件具体应用法律若干问题的解释》和最高人民法院、最高人民检察院、公安部发布的《关于办理侵犯知识产权刑事案件适用法律若干问题的意见》的规定，“同一种商品”是指名称相同的商品以及名称不同但指向同一事物的商品。“名称”，是指市场监管总局商标局在商标注册工作中对商品使用的名称，通常指《商标注册用商品和服务国际分类》中规定的商品名称。“名称不同但指向同一事物的商品”，是指在功能、用途、主要原料、消费对象、销售渠道等方面相同或者基本相同，相关公众一般认为是同一种事物的商品；认定“同一种商品”，应当在权利人注册商标核定使用的商品和行为人实际生产销售的商品之间进行比较。“相同的商标”，是指与被假冒的注册商标完全相同，或者与被假冒的商标在视觉上基本无差别、足以对公众产生误导的商标。具有下列情形之一，可以认定为“与其注册商标相同的商标”：(1) 改变注册商标的字体、字母大小写或者文字横竖排列，与注册商标之间仅有细微差别的；(2) 改变注册商标的文字、字母、数字等之间的间距，不影响体现注册商标显著特征的；(3) 改变注册商标颜色的；(4) 其他与注册商标在视觉上基本无差别、足以对公众产生误导的商标。“使用”，是指将注册商标或者假冒的注册商标用于商品、商品包装或者容器以及产品说明书、商品交易文书，或者将注册商标或者假冒的注册商标用于广告宣传、展览以及其他商业活动等行为。“情节严重”，是指具有如下三种情形之一：(1) 非法经营数额在 5 万元以上或者违法所得数额在 3 万元以上的；(2) 假冒两种以上注册商标，非法经营数额在 3 万元以上或者违法所得数额在 2 万元以上的；(3) 其他情节严重的情形。

3. 本罪的主体是一般主体，既可以是自然人，也可以是单位。

4. 本罪的主观方面是故意，即行为人明知是他人已经注册的商标而故意在同一种商品、服务上使用。

（二）假冒注册商标罪的认定

1. 罪与非罪的界限。区分本罪与非罪的界限应从两个方面着手：一是看行为人是否有假冒他人注册商标的故意。对于不知道是他人已经注册的商标而在同一种商品、服务上使用的行为，由于其不具备本罪的故意，因而不能按犯罪处理。二是看情节是否严重。假冒商标，情节严重的，构成犯罪；情节不严重的，则属于一般违法行为。

2. 一罪与数罪的界限。生产、销售伪劣商品的行为人，往往在自己生产、销售的伪劣商品上使用他人已经注册的商标，以次充好、以劣充优，此种情况属于牵连犯，应从一重罪处罚。

（三）假冒注册商标罪的处罚

根据《刑法》第 213 条、第 220 条的规定，犯本罪的，处 3 年以下有期徒刑，并处或者单处罚金；情节特别严重的，处 3 年以上 10 年以下有期徒刑，并处罚金。单位犯本罪的，对单位判处罚金，并对其直接负责的主管人员和其他直接责任人员，依照上述规定处罚。情节特别严重指有下列情形之一：(1) 非法经营数额在 25 万元以上或者违法所得数额在 15 万元以上的；(2) 假冒两种以上注册商标，非法经营数额在 15 万元以上或者违法所得数额在 10 万元以上的;(3)其他情节特别严重的情形。

二、销售假冒注册商标的商品罪

销售假冒注册商标的商品罪,是指违反国家商标管理法规,销售明知是假冒注册商标的商品,违法所得数额较大或者有其他严重情节的行为。“违法所得”,是指销售假冒注册商标的商品后所得和应得的全部违法收入。“其他严重情节”主要指销售假冒注册商标的商品持续时间长、数量大,给权利人造成较大损失,给消费者造成人身、财产等方面较大损失等。本罪的主观方面是故意,即明知是假冒注册商标的商品而予以销售。具有下列情形之一的,应当认定为“明知”:(1)知道自己销售的商品上的注册商标被涂改、调换或者覆盖的;(2)因销售假冒注册商标的商品受到过行政处罚或者承担过民事责任,又销售同一种假冒注册商标的商品的;(3)伪造、涂改商标注册人授权文件或者知道该文件被伪造、涂改的;(4)其他知道或者应当知道是假冒注册商标的商品的情形。

根据《刑法》第214条、第220条的规定,犯本罪的,处3年以下有期徒刑,并处或者单处罚金;违法所得数额巨大或者有其他特别严重情节的,处3年以上10年以下有期徒刑,并处罚金。单位犯本罪的,对单位判处罚金,并对其直接负责的主管人员和其他直接责任人员,依照上述规定处罚。

三、非法制造、销售非法制造的注册商标标识罪

非法制造、销售非法制造的注册商标标识罪,是指违反国家商标管理法规,伪造、擅自制造他人注册商标标识或者销售伪造、擅自制造的注册商标标识,情节严重的行为。本罪的客体是他人对注册商标的专用权。本罪的客观方面表现为违反国家商标管理法规,伪造、擅自制造他人注册商标标识或者销售伪造、擅自制造的注册商标标识,情节严重的行为。伪造,是指仿照注册商标标识,制造假商标标识;擅自制造,是指虽经商标标识权利人授权制作商标标识,但未经权利人同意超量制作的情况;销售,既包括伪造、擅自制造注册商标标识后予以销售,也包括销售他人伪造、擅自制造的商标标识。行为人只要实施上述行为之一,情节严重的,即可构成本罪。本罪的主体是一般主体,既可以是自然人,也可以是单位。

根据《刑法》第215条、第220条的规定,犯本罪的,处3年以下有期徒刑,并处或者单处罚金;情节特别严重的,处3年以上10年以下有期徒刑,并处罚金。单位犯本罪的,对单位判处罚金,并对其直接负责的主管人员和其他直接责任人员,依照上述规定处罚。

四、假冒专利罪

假冒专利罪,是指违反国家专利管理法规,假冒他人专利,情节严重的行为。本罪的客体是国家的专利管理秩序和他人的专利专用权。本罪的客观方面表现为违反国家专利管理法规,假冒他人专利,情节严重的行为。具体包括以下几种行为方式:(1)未经许可,在其制造或者销售的产品、产品的包装上标注他人专利号的;(2)未经许可,在广告或者其他宣传材料中使用他人的专利号,使人将所涉及的技术误认为是他人专利技术的;(3)未经许可,在合

同中使用他人的专利号,使人将合同涉及的技术误认为是他人专利技术的;(4) 伪造或者变造他人的专利证书、专利文件或者专利申请文件的。构成本罪,还需要具备情节严重的要素。本罪的主体是一般主体,既可以是自然人,也可以是单位。本罪的主观方面是故意。

根据《刑法》第 216 条、第 220 条的规定,犯本罪的,处 3 年以下有期徒刑或者拘役,并处或者单处罚金。单位犯本罪的,对单位判处罚金,并对其直接负责的主管人员和其他直接责任人员,依照上述规定处罚。

五、侵犯著作权罪

侵犯著作权罪,是指以营利为目的,违反著作权管理法规,未经著作权人或与著作权有关的权益人许可,以复制、发行、出版、制作、出售等方式侵犯其著作权或邻接权,违法所得数额较大或者有其他严重情节的行为。本罪的客体是国家的著作权管理秩序和他人的著作权或邻接权。本罪的客观方面表现为违反著作权管理法规,未经著作权人或与著作权有关的权益人许可,以复制、发行、出版、制作、出售等方式侵犯其著作权或邻接权,违法所得数额较大或者有其他严重情节的行为。具体包括以下四种行为方式:(1) 未经著作权人许可,复制发行、通过信息网络向公众传播其文字作品,音乐、美术、视听作品,计算机软件,以及法律、行政法规规定的其他作品的。未经著作权人许可,是指没有得到著作权人授权或者伪造、涂改著作权人授权许可文件或者超出授权许可范围的情形。复制发行,包括复制、发行以及既复制又发行。复制,是指以印刷、复印、临摹、拓片、录音、录像、翻录、翻拍等方式将作品制作成一份或多份的行为。发行,是指为满足公众的合理要求,通过出售、出租等方式向公众提供一定数量的作品复制件。(2) 出版他人享有专有出版权的图书的。出版,是指将作品编辑加工后,经过复制向公众发行。专有出版权,是指出版社、杂志社等具有的传播著作权人作品的专有权利。(3) 未经录音录像制作者许可,复制发行、通过信息网络向公众传播其制作的录音录像的。(4) 未经表演者许可,复制发行录有其表演的录音录像制品,或者通过信息网络向公众传播其表演的。(5) 制作、出售假冒他人署名的美术作品的。美术作品,既包括绘画、书法,也包括雕塑、建筑等由线条、色彩或者其他因素构成的具有审美意义的平面或立体的造型艺术作品。(6) 未经著作权人或者与著作权有关的权利人许可,故意避开或者破坏权利人为其作品、录音录像制品等采取的保护著作权或者与著作权有关的权利的技术措施的。具备上述行为之一,其违法所得数额较大或者有其他严重情节的,可构成本罪。本罪的主体是一般主体,既可以是自然人,也可以是单位。本罪的主观方面是故意,并具有营利的目的。根据《最高人民法院、最高人民检察院、公安部关于办理侵犯知识产权刑事案件适用法律若干问题的意见》的规定,除销售外,具有下列情形之一的,可以认定为"以营利为目的":(1) 以在他人作品中刊登收费广告、捆绑第三方作品等方式直接或者间接收取费用的;(2) 通过信息网络传播他人作品,或者利用他人上传的侵权作品,在网站或者网页上提供刊登收费广告服务,直接或者间接收取费用的;(3) 以会员制方式通过信息网络传播他人作品,收取会员注册费或者其他费用的;(4) 其他利用他人作品牟利的情形。

根据《刑法》第 217 条、第 220 条的规定,犯本罪的,处 3 年以下有期徒刑,并处或者单处罚金;违法所得数额巨大或者有其他特别严重情节的,处 3 年以上 10 年以下有期徒刑,并处罚金。单位犯本罪的,对单位判处罚金,并对其直接负责的主管人员和其他直接责任人员，依照上述规定处罚。

六、销售侵权复制品罪

销售侵权复制品罪，是指以营利为目的，销售明知是侵犯他人著作权的复制品，违法所得数额巨大或者有其他严重情节的行为。本罪的客体是他人的著作权和与著作权相关的权益。本罪的客观方面表现为销售侵犯他人著作权的复制品，违法所得数额巨大或者有其他严重情节的行为。本罪的主体是一般主体，既可以是自然人，也可以是单位。本罪的主观方面是故意，且具有营利的目的。

根据《刑法》第 218 条、第 220 条的规定，犯本罪的，处 5 年以下有期徒刑，并处或者单处罚金。单位犯本罪的，对单位判处罚金，并对其直接负责的主管人员和其他直接责任人员，依照上述规定处罚。

七、侵犯商业秘密罪

（一）侵犯商业秘密罪的概念和构成

侵犯商业秘密罪，是指侵犯商业秘密权利人的商业秘密，情节严重的行为。

1. 本罪的客体是商业秘密所有权人的秘密权。商业秘密，是指不为公众所知悉、具有商业价值并经权利人采取相应保密措施的技术信息、经营信息等商业信息。商业秘密权利人，是指商业秘密的所有人和经商业秘密所有人许可的商业秘密使用人。

2. 本罪的客观方面表现为侵犯商业秘密权利人的商业秘密，情节严重的行为。具体包括以下四种行为方式：(1) 以盗窃、贿赂、欺诈、胁迫、电子侵入或者其他不正当手段获取权利人的商业秘密的；(2) 披露、使用或者允许他人使用以前项手段获取的权利人的商业秘密的；(3) 违反保密义务或者违反权利人有关保守商业秘密的要求，披露、使用或者允许他人使用其所掌握的商业秘密的；(4) 明知他人实施了上述三种侵犯商业秘密行为的第三人，获取、披露、使用或者允许他人使用该商业秘密的。具备上述行为之一，情节严重的，可构成本罪。《刑法修正案（十一）》将本罪的定罪标准从“给商业秘密的权利人造成重大损失”改为“情节严重”。这主要考虑到，本罪是妨害市场经济秩序的犯罪，而不是侵犯财产犯罪，其社会危害性不能仅仅依被害人的财产受损程度予以评价。同时，将商业秘密权利人的损失作为定罪标准，将导致入罪门槛过高，实践中会出现取证难、定罪难的状况，违背了刑法保护商业秘密的初衷。所谓“情节严重”，可以综合给商业秘密权利人造成的损失、行为人实施上述侵犯商业秘密行为的次数、行为人侵权所得数额等因素，加以判断。

3. 本罪的主体是一般主体，既可以是自然人，也可以是单位。

4. 本罪的主观方面是故意，即明知自己的行为是侵犯他人商业秘密的行为仍有意实施。过失致使商业秘密泄露的，不构成本罪。

（二）侵犯商业秘密罪的认定

构成本罪，首先侵犯的必须是商业秘密。如果所涉及的对象不属于商业秘密的范畴，如已经公开的商业信息等，不构成犯罪；如果侵犯的是国家秘密，原则上应按照有关侵犯国家秘密的犯罪，如非法获取国家秘密罪、故意泄露国家秘密罪等论处。如果公司、企业的某种商业秘密事关国家的安全和经济利益，被列为国家秘密，对其予以侵犯同时构成侵犯国家秘密犯罪的，应从一重罪处断。其次，必须是情节严重的行为。如果侵犯商业秘密的行为情节并不严重，则不构成犯罪，应根据《反不正当竞争法》的相关规定由监督检查部门给予行政处罚。

（三）侵犯商业秘密罪的处罚

根据《刑法》第 219 条、第 220 条的规定，犯本罪的，处 3 年以下有期徒刑，并处或者单处罚金；情节特别严重的，处 3 年以上 10 年以下有期徒刑，并处罚金。单位犯本罪的，对单位判处罚金，并对其直接负责的主管人员和其他直接责任人员，依照上述规定处罚。

八、为境外窃取、刺探、收买、非法提供商业秘密罪

为境外窃取、刺探、收买、非法提供商业秘密罪，是指为境外的机构、组织、人员窃取、刺探、收买、非法提供商业秘密的行为。本罪的客体是商业秘密所有权人的秘密权和我国的国际商业竞争力。本罪的客观方面表现为为境外的机构、组织、人员窃取、刺探、收买、非法提供商业秘密的行为。所谓“窃取”，是指行为人采用盗窃、偷拍、偷录等方式取得商业秘密的行为；“刺探”，是指行为人通过各种途径和手段非法探知商业秘密的行为；“收买”是指行为人通过给予财物或者其他财产性利益、提供工作机会等手段非法得到商业秘密的行为；“非法提供”是指知悉、保管、持有商业秘密的人，将自己知悉、保管、持有的商业秘密非法出售、交付、披露给其他不应知悉该秘密的境外机构、组织、人员的行为。这里的“境外机构、组织”包括境外机构、组织及其在我境内设立的分支（代表）机构和分支组织，“境外人员”既包括该身处境外的个人，也包括虽然身处境内但属于外国人或者其他境外个人的人。本罪的主体是一般主体，包括自然人和单位。本罪的主观方面是故意。

根据《刑法》第 219 条之一、第 220 条的规定，犯本罪的，处 5 年以下有期徒刑，并处或者单处罚金；情节严重的，处 5 年以上有期徒刑，并处罚金。单位犯本罪的，对单位判处罚金，并对其直接负责的主管人员和其他直接责任人员，依照上述规定处罚。

第九节　扰乱市场秩序罪

一、损害商业信誉、商品声誉罪

损害商业信誉、商品声誉罪，是指捏造并散布虚伪事实，损害他人的商业信誉、商品声誉，给他人造成重大损失或者有其他严重情节的行为。本罪的客体是国家对市场的管理秩序、商业信誉权和商品声誉权。商业信誉，是指经营者因生产、经营及效益在社会上获取的好评。商品声誉，是指商品因其质优价廉在消费者中和社会上获取的声誉。本罪的客观方面表现为捏造并散布虚伪事实，损害他人的商业信誉、商品声誉，给他人造成重大损失或者

有其他严重情节的行为。具体包括两个方面的内容:一是行为人必须有捏造并散布虚伪事实的行为。捏造,是指虚构;散布,是指向他人宣扬;虚伪事实,是指贬低、毁坏他人商业信誉、商品声誉的虚假情况。捏造并散布虚伪事实,是指虚构并且宣扬有贬低他人商业信誉、商品声誉的虚假情况。虚构事实可以是全部虚构,也可以是部分虚构。二是给他人造成了重大损失或者有其他严重情节。其具体标准参见《立案追诉标准(二)》第 74 条的规定。本罪的主体是一般主体,自然人和单位均可成为本罪的主体。本罪的主观方面是故意,即行为人明知捏造事实并散布虚伪事实会损害他人的商业信誉、商品声誉,并且希望或者放任这种结果的发生。

根据《刑法》第 221 条、第 231 条的规定,犯本罪的,处 2 年以下有期徒刑或者拘役,并处或者单处罚金。单位犯本罪的,对单位判处罚金,并对其直接负责的主管人员和其他直接责任人员,依照上述规定处罚。

二、虚假广告罪

虚假广告罪,是指广告主、广告经营者、广告发布者违反国家规定,利用广告对商品或者服务作虚假宣传,情节严重的行为。本罪的客体是国家对广告的管理秩序、市场竞争秩序以及消费者的合法权益。本罪的客观方面表现为违反国家广告管理法规,利用广告对商品或服务作虚假宣传,情节严重的行为。本罪的主体是特殊主体,仅限于广告主、广告经营者和广告发布者;既可以是自然人,也可以是单位。本罪的主观方面是故意,但不同主体的故意形式不完全相同。广告主作为本罪的主体时,其犯罪故意只能是直接故意,其目的一般是牟取非法利益;广告经营者、广告发布者为本罪的主体时,其犯罪故意既可以是直接故意,也可以是间接故意。

根据《刑法》第 222 条、第 231 条的规定,犯本罪的,处 2 年以下有期徒刑或者拘役,并处或者单处罚金。单位犯本罪的,对单位判处罚金,并对其直接负责的主管人员和其他直接责任人员,依照上述规定处罚。

三、串通投标罪

串通投标罪,是指投标人相互串通投标报价,损害招标人或者其他投标人的利益,情节严重的行为,或者投标人与招标人串通投标,损害国家、集体、公民合法利益的行为。本罪的客体是公平竞争的市场交易秩序。本罪的客观方面包括两种情形:一是投标人相互串通投标报价,损害招标人或者其他投标人的利益,情节严重的行为;二是投标人与招标人串通投标,损害国家、集体、公民合法利益的行为。本罪的主体是特殊主体,只能是招标人和投标人;既可以是自然人,也可以是单位。所谓招标人,是指提出项目、进行招标的法人或其他组织;投标人,是指响应招标、参加投标竞争的法人或组织,科研项目的投标人可以是个人。

根据《刑法》第 223 条、第 231 条的规定,犯本罪的,处 3 年以下有期徒刑或者拘役,并处或者单处罚金。单位犯本罪的,对单位判处罚金,并对其直接负责的主管人员和其他直接责任人员,依照上述规定处罚。

四、合同诈骗罪

(一) 合同诈骗罪的概念和构成

合同诈骗罪,是指以非法占有为目的,在签订、履行合同过程中,以虚构事实或隐瞒事实真相的方法,骗取对方当事人的财物,数额较大的行为。本罪有如下构成要件:

1. 本罪的客体是复杂客体,即国家对经济合同的管理秩序和公私财物所有权。

2. 本罪的客观方面表现为在签订、履行合同中,骗取对方当事人财物,数额较大的行为。具体包括以下几种行为方式:(1) 以虚构的单位或者冒用他人名义签订合同,骗取对方的财物。以虚构的单位签订合同,是指行为人杜撰客观上根本不存在的单位,然后以该单位的名义与他人签订合同。冒用他人名义签订合同,是指打着客观存在的其他单位或者个人的旗号,与对方签订合同。(2) 以伪造、变造、作废的票据或者其他虚假的产权证明作担保,与对方签订合同,骗取对方财物。担保,是指用以督促债务人履行债务,保障债权实现的各种方法的总称。票据,是指票据法所规定的汇票、本票和支票。所谓其他虚假的产权证明,是指票据法所规定的汇票、本票和支票之外的不真实地证明行为人对某项动产或不动产具有所有权的证明文件。(3) 没有实际履行能力,以先履行小额合同或者部分合同的方法,诱骗对方当事人继续签订合同和履行合同,骗取对方财物。这里所说的没有实际履行能力,是指没有履行大额合同或者全部合同的能力。在没有履行大额合同或者全部合同能力的情况下,先跟对方签订一个小额合同,并且予以履行,或者先履行某一合同的部分义务,以此骗取对方的信任,使得对方与其签订大额合同,或者继续履行全部合同,当对方与行为人签订、履行了大额合同,或者履行了全部合同后,行为人将对方财物非法占有。(4) 收受对方当事人给付的货物、货款、预付款或者担保财产后逃匿的。这里所说的逃匿,是逃跑和藏匿。收受当事人给付的货物、货款、预付款或者担保财产后,无论逃往他处还是原地藏匿,都可构成本罪。(5) 以其他方法骗取对方当事人财物的。其他方法,是指上述四种方法以外的利用合同诈骗他人财物的行为。实施上述行为之一,骗取他人数额较大财物的,构成本罪。根据《立案追诉标准(二)》第 77 条的规定,数额在 2 万元以上的为“数额较大”。

3. 本罪的主体是一般主体。自然人和单位均可成为本罪的主体。

4. 本罪的主观方面是故意,且具有非法占有他人财物的目的。

(二) 合同诈骗罪的认定

在司法实践中,合同诈骗罪与经济合同纠纷的界限有时容易混淆。总体而言,二者之间的根本区别在于行为人是否具有非法占有的目的。具有非法占有目的的,构成本罪;否则,属于经济合同纠纷。判断行为人是否具有非法占有的目的,要在综合考察以下客观情况的基础上加以确定:(1) 审查行为人的身份是否真实。虚构身份或者冒充他人身份与对方当事人签订合同的,一般可认定具有非法占有的目的。(2) 考察行为人在签订合同时的履行能力。行为人在签订合同时的履行能力可以分为完全履行能力、部分履行能力和无履行能力三种情况。一般而言,行为人履行合同的能力越强,越容易否定其非法占有的目的。当然,对此不能绝对化,还需要结合其履约行为等加以确定。(3) 考察行为人有无履行合同的积极行为。一般来讲,行为人在签订合同后,如果有履行合同的诚意,就会有履行合同的积极行为,履行合同的积极行为通常表明行为人不具有非法占有的目的。反之,如果行为人主观上具有非法占有的目的,通常就不会有履行合同的行为,或者虽然履行了小部分合同,但长时间不履行大部分合同。(4) 考察未履行合同的原因。如果行为人没有履行或者没有完全履行合同,是不可抗力等客观原因引起的,而非行为人主观上不愿履行,说明行为人主观上不具有非法占有对方财物的目的,应以经济合同纠纷处理。如果合同没有履行是行为人主观上不愿意履行所致,而不是客观原因所致,就可以认定行为人具有非法占有对方财物的目的,应以本罪论处。(5) 考察行为人在对方当事人履行或者部分履行合同后的表现。如果行为人在对方当事人履行部分或者全部合同后,并不积极地准备履行合同所确定的己方义务,而是挥霍所收到的钱款或者携款、变卖货物后逃跑,那就说明行为人具有非法占有的目的;反之,在对方履行部分合同或者全部合同后,行为人并未携款或者变卖货物后逃跑,而是积极筹措资金或者组织货物,那就说明行为人不具有非法占有的目的。

(三) 合同诈骗罪的处罚

根据《刑法》第 224 条、第 231 条的规定,犯本罪的,处 3 年以下有期徒刑或者拘役,并处或者单处罚金;数额巨大或者有其他严重情节的,处 3 年以上 10 年以下有期徒刑,并处罚金;数额特别巨大或者有其他特别严重情节的,处 10 年以上有期徒刑或者无期徒刑,并处罚金或者没收财产。单位犯本罪的,对单位判处罚金,并对其直接负责的主管人员和其他直接责任人员,依照上述规定处罚。

五、组织、领导传销活动罪

组织、领导传销活动罪,是指组织、领导以推销商品、提供服务等经营活动为名,要求参加者以交纳费用或者购买商品、服务等方式获得加入资格,并按照一定顺序组成层级,直接或者间接以发展人员的数量作为计酬或者返利依据,引诱、胁迫参加者继续发展他人参加,骗取财物,扰乱经济社会秩序的传销活动的行为。

根据《刑法》第 224 条之一、第 231 条的规定,犯本罪的,处 5 年以下有期徒刑或者拘役,并处罚金;情节严重的,处 5 年以上有期徒刑,并处罚金。单位犯本罪的,对单位判处罚金,并对其直接负责的主管人员和其他直接责任人员,依照上述规定处罚。

六、非法经营罪

(一) 非法经营罪的概念和构成

非法经营罪,是指违反国家规定,从事非法经营,扰乱市场秩序,情节严重的行为。本罪有如下构成要件:

1. 本罪的客体是国家的市场交易管理秩序。

2. 本罪的客观方面表现为违反国家规定,从事非法经营,扰乱市场秩序,情节严重的行为。具体包括以下几个方面的内容:(1) 违反国家规定。是指违反全国人民代表大会及其常委会制定的法律和决定，国务院制定的行政法规、规定的行政措施、发布的决定和命令。其中，“国务院规定的行政措施”应当由国务院决定，通常以行政法规或者国务院制发文件的形式加以规定。以国务院办公厅名义制发的文件，符合以下条件的，亦应视为刑法中的“国家规定”：① 有明确的法律依据或者同相关行政法规不相抵触；② 经国务院常务会议讨论通过或者经国务院批准；③ 在国务院公报上公开发布。(2) 行为的具体表现形式包括：一是未经许可经营法律、行政法规规定的专营、专卖物品或者其他限制买卖的物品。二是买卖进出口许可证、进出口原产地证明以及其他法律、行政法规规定的经营许可证或者批准文件。三是未经国家有关主管部门批准，非法经营证券、期货、保险业务，或者非法从事资金支付结算业务。四是其他严重扰乱市场秩序的非法经营行为。根据有关司法解释，其他非法经营行为具体包括：在国家规定的交易场所以外非法买卖外汇，出版、印刷、复制、发行非法出版物，擅自经营国际电信业务或涉港、澳、台电信业务，从事非法传销或者变相传销活动(构成组织、领导传销活动罪的除外)，非法经营彩票，使用销售点终端机具(POS 机)等方法以虚构交易、虚开价格、现金退货等方式向信用卡持卡人直接支付现金，等等。(3) 情节严重。

3. 本罪的主体是一般主体，既可以是自然人，也可以是单位。

4. 本罪的主观方面是故意。

(二) 非法经营罪的认定

实践中主要是划清本罪与非罪的界限。应重点考察以下两点：一是行为是否属于《刑法》第 225 条第 4 项规定的“其他严重扰乱市场秩序的非法经营行为”。对此应作严格解释，不能随意扩张，要力戒本罪变成不合理的“口袋罪”。各级人民法院审理非法经营犯罪案件，对被告人的行为是否属于《刑法》第 225 条第 4 项规定的行为，如果有关司法解释未作明确规定的，应当作为法律适用问题，逐级向最高人民法院请示。二是情节是否严重。只有达到情节严重程度的非法经营行为，才能认定为本罪。如果偶尔进行非法经营，经营额不大，违法所得较少，情节显著轻微，危害不大的，只是一般的行政违法行为，可以给予一定的行政处罚，不能认定为犯罪。

(三) 非法经营罪的处罚

根据《刑法》第 225 条、第 231 条的规定，犯本罪的，处 5 年以下有期徒刑或者拘役，并处或者单处违法所得 1 倍以上 5 倍以下罚金；情节特别严重的，处 5 年以上有期徒刑，并处违法所得 1 倍以上 5 倍以下罚金或者没收财产。单位犯本罪的，对单位判处罚金，并对其直接负责的主管人员和其他直接责任人员，依照上述规定处罚。

七、强迫交易罪

强迫交易罪，是指以暴力、威胁手段强迫他人交易，或者强迫他人参与或者退出投标、拍卖、特定的经营活动，情节严重的行为。本罪的客体是自愿、平等、公正的市场交易秩序。本罪的客观方面表现为以暴力、威胁手段，实施下列行为之一，情节严重的：(1) 强买强卖商品的；(2) 强迫他人提供或者接受服务的；(3) 强迫他人参与或者退出投标、拍卖的；(4) 强迫他人转让或者收购公司、企业的股份、债券或者其他资产的;(5)强迫他人参与或者退出特定的经营活动的。本罪的主体是一般主体,既可以是自然人,也可以是单位。本罪的主观方面是故意。

根据《刑法》第 226 条、第 231 条的规定,犯本罪的,处 3 年以下有期徒刑或者拘役,并处或者单处罚金;情节特别严重的,处 3 年以上 7 年以下有期徒刑,并处罚金。单位犯本罪的,对单位判处罚金,并对其直接负责的主管人员和其他直接责任人员,依照上述规定处罚。

八、伪造、倒卖伪造的有价票证罪

伪造、倒卖伪造的有价票证罪,是指伪造或者倒卖伪造的车票、船票、邮票或者其他有价票证,数额较大的行为。本罪的对象包括车票、船票、邮票或其他有价票证,该等票证不限于纸质票证,也包括 IC 电话卡等电子票证。

根据《刑法》第 227 条第 1 款、第 231 条的规定,犯本罪的,处 2 年以下有期徒刑、拘役或者管制,并处或者单处票证价额 1 倍以上 5 倍以下罚金;数额巨大的,处 2 年以上 7 年以下有期徒刑,并处票证价额 1 倍以上 5 倍以下罚金。单位犯本罪的,对单位判处罚金,并对其直接负责的主管人员和其他直接责任人员,依照上述规定处罚。

九、倒卖车票、船票罪

倒卖车票、船票罪,是指倒卖车票、船票,情节严重的行为。

根据《刑法》第 227 条第 2 款、第 231 条的规定,犯本罪的,处 3 年以下有期徒刑、拘役或者管制,并处或者单处票证价额 1 倍以上 5 倍以下罚金。单位犯本罪的,对单位判处罚金,并对其直接负责的主管人员和其他直接责任人员,依照上述规定处罚。

十、非法转让、倒卖土地使用权罪

非法转让、倒卖土地使用权罪,是指以牟利为目的,违反土地管理法规,非法转让、倒卖土地使用权,情节严重的行为。

根据《刑法》第 228 条、第 231 条的规定,犯本罪的,处 3 年以下有期徒刑或者拘役,并处或者单处非法转让、倒卖土地使用权价额 5% 以上 20% 以下罚金;情节特别严重的,处 3 年以上 7 年以下有期徒刑,并处非法转让、倒卖土地使用权价额 5% 以上 20% 以下罚金。单位犯本罪的,对单位判处罚金,并对其直接负责的主管人员和其他直接责任人员,依照上述规定处罚。

十一、提供虚假证明文件罪

提供虚假证明文件罪,是指承担资产评估、验资、验证、会计、审计、法律服务、保荐、安全评价、环境影响评价、环境监测等职责的中介组织的人员故意提供虚假证明文件,情节严重的行为。

根据《刑法》第229条第1款、第2款和第231条的规定，犯本罪的，处5年以下有期徒刑或者拘役，并处罚金；有下列情形之一的，处5年以上10年以下有期徒刑，并处罚金：(1)提供与证券发行相关的虚假的资产评估、会计、审计、法律服务、保荐等证明文件，情节特别严重的；(2)提供与重大资产交易相关的虚假的资产评估、会计、审计等证明文件，情节特别严重的；(3)在涉及公共安全的重大工程、项目中提供虚假的安全评价、环境影响评价等证明文件，致使公共财产、国家利益和人民利益遭受特别重大损失的。上述人员同时索取他人财物或者非法收受他人财物构成犯罪的，依照处罚较重的规定定罪处罚。

十二、出具证明文件重大失实罪

出具证明文件重大失实罪，是指承担资产评估、验资、验证、会计、审计、法律服务、保荐、安全评价、环境影响评价、环境监测等职责的中介组织的人员，严重不负责任，出具的证明文件有重大失实，造成严重后果的行为。

根据《刑法》第229条第3款、第231条的规定，犯本罪的，处3年以下有期徒刑或者拘役，并处或者单处罚金。单位犯本罪的，对单位判处罚金，并对其直接负责的主管人员和其他直接责任人员，依照上述规定处罚。

十三、逃避商检罪

逃避商检罪，是指违反进出口商品检验法的规定，逃避商品检验，将必须经商检机构检验的进口商品未报经检验而擅自销售、使用，或者将必须经商检机构检验的出口商品未报经检验合格而擅自出口，情节严重的行为。

根据《刑法》第230条、第231条的规定，犯本罪的，处3年以下有期徒刑或者拘役，并处或者单处罚金。单位犯本罪的，对单位判处罚金，并对其直接负责的主管人员和其他直接责任人员，依照上述规定处罚。

拓展阅读

案例分析

争议问题

复习思考题

1. 生产、销售伪劣产品罪的概念和构成要件是什么？

2. 生产、销售有毒、有害食品罪的概念和构成要件是什么？它与生产、销售不符合安全标准的食品罪的区别是什么？

3. 走私普通货物、物品罪的概念和构成要件是什么？

4. 伪造货币罪的概念和构成要件是什么?
5. 集资诈骗罪的概念和构成要件是什么? 认定该罪时应注意哪些问题?
6. 信用卡诈骗罪的概念和构成要件是什么? 认定该罪时应注意哪些问题?
7. 保险诈骗罪的概念和构成要件是什么? 认定该罪时应注意哪些问题?
8. 侵犯商业秘密罪的概念和构成要件是什么? 认定该罪时应注意哪些问题?
9. 非法经营罪的概念与构成要件是什么? 认定该罪时应注意哪些问题?
10. 合同诈骗罪的概念和构成要件是什么? 认定该罪时应注意哪些问题?

自测习题及参考答案

第十八章　侵犯公民人身权利、民主权利罪

重点提示：

故意杀人罪的构成特征，认定时需要注意的问题；故意伤害罪的构成特征，认定时需要注意的问题；强奸罪的概念和特征，认定时需要注意的问题；绑架罪的概念和特征，与非法拘禁罪的区别；拐卖妇女、儿童罪的概念和特征，认定时需要注意的问题；侮辱罪、诽谤罪的概念和特征及二者的区别；报复陷害罪的概念和特征；重婚罪的概念和特征。

第一节　侵犯生命、健康的犯罪

一、故意杀人罪

（一）故意杀人罪的概念和构成

故意杀人罪，是指故意非法剥夺他人生命的行为。自己剥夺自己生命的自杀行为，非特定情况，在我国不视为犯罪。本罪具有如下构成要件：

1. 本罪的客体是他人的生命权利。人的生命始于出生，终于死亡。因此，本罪的对象只能是有生命的自然人。人的生命起始于何时，刑法理论上认识不一，主要有“阵痛说”“一部露出说”“全部露出说”“断带说”“发声说”“独立呼吸说”等。我国通说采取“独立呼吸说”，即认为胎儿脱离母体后开始独立呼吸为人的生命起始。生命的终结，传统观点以心脏停止跳动和停止呼吸为标志。但近年来随着医学科学的发展，提出了“脑死亡”概念，认为生命的终结应以脑死亡为准，只有包括大脑、小脑和脑干在内的脑的全部功能不可逆地完全消失，才是死亡的标志，即使心脏仍在跳动，也认为已经死亡。我国实践中仍以心脏停止跳动和停止呼吸为生命终结的标志。在我国，任何人的生命权利都受到刑法保护，不因对象的条件不同而有区别。因母体中的胎儿与人死亡后的尸体都没有生命权的存在，侵犯它们不能构成本罪，但根据情况可能构成其他犯罪。

2. 本罪的客观方面表现为非法剥夺他人生命的行为。首先，这种剥夺他人生命的行为必须是非法的。如果剥夺他人生命的行为是合法的，如执行人民法院判处死刑的命令而将他人杀死，则不构成犯罪。其次，要有剥夺他人生命的行为。行为方式既可以表现为作为，如枪击、刀砍、斧劈、拳打脚踢，也可以表现为不作为，如有救助义务的人见死不救，致人死

亡。实践中常见的是前者,后者并不常见。关于剥夺他人生命的手段,法律没有明确规定,但如果行为人采用放火、爆炸、决水、投放危险物质等危险方法杀人而同时危害公共安全的,应以相应的危害公共安全犯罪论处。最后,在死亡结果发生的情况下,杀害行为与死亡结果之间必须有因果关系,否则不成立本罪的既遂。

3. 本罪的主体为已满 14 周岁具有刑事责任能力的自然人。

4. 本罪的主观方面要求行为人具有非法剥夺他人生命的故意,包括直接故意和间接故意。在间接故意情况下,须有放任的死亡结果发生。故意杀人的动机是多种多样的,但动机如何不影响本罪的成立。

（二）故意杀人罪的认定

1. 自杀。自然人个人的自杀是自己剥夺自己的生命。非特定情况下的自杀行为,即便未死亡,在我国一般也不是犯罪。但是,并非个人自杀未遂一概与犯罪无关,例如,以放火、爆炸等危险方法自杀,同时危害到公共安全的,即便未遂,也应以相应犯罪处罚。实践中自杀的情况颇为复杂,特别是他人行为引起自杀的,往往涉及是否构成故意杀人罪或其他犯罪的问题。根据《最高人民法院、最高人民检察院关于办理组织、利用邪教组织破坏法律实施等刑事案件适用法律若干问题的解释》(简称《组织、利用邪教组织破坏法律实施解释》)第 11 条规定,组织、利用邪教组织,制造、散布迷信邪说,组织、策划、煽动、胁迫、教唆、帮助其成员或者他人实施自杀、自伤的,依照刑法第 232 条、第 234 条的规定,以故意杀人罪或者故意伤害罪定罪处罚。第 12 条规定,邪教组织人员以自焚、自爆或者其他危险方法危害公共安全的,依照刑法第 114 条、第 115 条的规定,以放火罪、爆炸罪、以危险方法危害公共安全罪等定罪处罚。邪教组织成员相约共同自杀,自杀未遂的,仍然构成犯罪。

2. 致人自杀行为。实践中致人自杀需要认真分析,分别处理:

(1) 行为人实施的是合法正当行为或者轻微的违法行为,比如履行职责批评或处分他人,即使处分过重,态度生硬、粗暴,引起他人自杀的,此种自杀行为往往是自杀者的心胸狭隘所致,故不应追究其刑事责任。

(2) 行为人实施的强奸、暴力干涉他人婚姻自由、侮辱、诽谤等犯罪行为引起他人自杀。这种情况下,行为人主观上并没有杀人的故意,应以相应的犯罪论处,不能构成本罪,根据具体情况,既可将引起他人自杀作为强奸、暴力干涉婚姻自由等罪的一个从重处罚情节,也可作为定罪与否的情节,如侮辱、诽谤他人引起自杀的,引起自杀就成为判定情节严重与否的一个重要因素。

(3) 行为人具有致他人死亡的故意,并凭借权势或以暴力、胁迫、诱骗等手段促使他人自杀。由于行为人主观上具有杀人故意,客观上又实施了与死亡有因果关系的行为,实质上是一种借刀杀人的行为,应以本罪论处。

3. 帮助自杀行为。由于非特定情况下的自杀行为在我国是非罪行为[①],所以,帮助者非共同犯罪中的从犯。帮助自杀,在实践中主要有两种情况:一是他人已有自杀意图,但勇气不足,行为人对其在精神上加以鼓励,使其坚定自杀的意图;二是他人已有自杀意图,但基于某种原因(如瘫痪)不能自己实施,行为人给予物质上的帮助,使他人得以实现自杀。在前一

① 帮助自杀,符合《组织、利用邪教组织破坏法律实施解释》第 11 条规定的,应以故意杀人罪的实行犯论处。

种情况下,行为人对自杀死亡结果的原因力较小,危害也不大,可以不追究其故意杀人的刑事责任。在后一种情况下,行为人应请求在物质上为自杀者提供了帮助,如将毒药递给自杀者,对于自杀者的死亡结果具有较大的原因力,原则上应构成本罪。但由于自杀由自杀者本人的意思决定,因此,可对帮助者从轻或减轻处罚。但需要注意的是,应要求实行帮助,并直接动手将自杀者杀死的,应当认定为本罪,只是在处罚时可以考虑从轻。

4. 教唆自杀行为。教唆自杀,是指行为人使没有自杀意图的人产生自杀决意,实施自杀行为。教唆自杀的行为人,在多数情况下都是为了帮助自杀者摆脱某种痛苦而实施教唆行为。虽然教唆者实施教唆自杀行为后,自杀者虽然具有选择是否自杀的自由,但教唆行为与他人自杀之间仍然具有因果关系,仍属于故意杀人行为。但其社会危害性较小,应按情节较轻的故意杀人从轻、减轻或者免除处罚。对于教唆无责任能力人自杀的,由于被教唆者缺乏辨认和控制能力,对教唆者应以故意杀人罪的间接实行犯对待,依法追究其故意杀人罪的刑事责任。

5. 相约自杀行为。以婚恋原因者居多。在相约自杀中存在以下几种具体情况:

(1) 双方相约共同自杀,一方未对他方实施教唆、帮助或诱使自杀行为。在这种情况下,虽然相约的行为对各方的自杀起到精神支持作用,但由于双方在客观上都没有教唆、帮助或诱使行为,因此,自杀而没有死亡的一方不应对他方的死亡负故意杀人的刑事责任。

(2) 双方相约共同自杀,一方应要求先杀死对方,然后自己自杀未遂或放弃自杀念头的。这种情况本质上是一种受托杀人的行为,即行为人主观上明知实施杀人行为,客观上杀人行为与死亡结果之间有因果关系,故应按故意杀人罪论处,但考虑到未死一方也是共同自杀者,在量刑时可从轻考虑。

(3) 双方相约共同自杀,一方为自杀者提供物质条件,自杀者利用此条件自杀身死,而提供条件者自杀未遂的。该种行为从性质上讲是一种帮助自杀,因此,可比照帮助自杀的原则处理。

(4) 一方诱骗对方相约共同自杀,而行为人根本没有自杀的意图,在被诱骗者自杀死亡的情况下,对行为人应以本罪定性。但这种情况与诱使他人相约共同自杀而自己自杀未遂的情形有所区别,对后者在处罚上应从轻。

6. 受嘱托杀人行为及“安乐死”问题。受嘱托杀人,也称为“得承诺杀人”,是指受已有自杀意图者的嘱托而直接将他人杀死的行为。从广义上来讲,这也是一种帮助自杀行为,但与帮助自杀的不同之处在于,行为人直接实施了杀人行为,而不是对嘱托者本人的自杀行为给予帮助。这种受嘱托杀人行为构成故意杀人罪。不过,由于是应自杀者所求才实施的行为,在处罚时可考虑从轻。“安乐死”在本质上也是一种受嘱托杀人的行为,一般是指应身患绝症,精神、肉体极度痛苦的病人的请求,实施促使其提前、迅速无痛苦死亡的行为。世界上已有个别国家承认“安乐死”合法化,我国也有学者认为应以专门立法允许通过实行“安乐死”减轻病人的痛苦,使“安乐死”合法化,但应规定严格的条件,具体可归纳为以下几点:

(1) 病人必须身患绝症,临近死亡,即疾病导致死亡已经不可避免。所谓绝症,是指经现代医疗诊断证明,是当前医疗手段尚无法治愈的疾病。

(2) 病人须处于无法忍受的精神、肉体极度痛苦之中。

(3) 必须有病患者本人的真诚嘱托和承诺,其他人都不能代替患者提出“安乐死”的请求。但为了切实保障病患者的自主权,可以用遗嘱的方式记载病人的要求,并指定一个或多个代理人为其临终问题作决定。

(4) 须由医生按照法定程序,以解除病人的痛苦为目的,采用伦理上被认为适当的方法进行。当然，我国能否实行“安乐死”有待进一步讨论和研究。在目前立法尚未承认“安乐死”的情况下，对实践中“安乐死”的案件，仍应按照故意杀人罪定性，但可根据具体情况免除或者减轻处罚。

7. 间接杀人行为。间接杀人是指教唆未达到法定刑事责任年龄或不具有刑事责任能力的精神病人实施杀害他人的行为。该种情形下，未达到法定刑事责任年龄或不具有刑事责任能力的精神病人，事实上是教唆者的杀人“工具”，教唆者在理论上称为“间接正犯”，应视为由他本人实行故意杀人行为，构成本罪。

（三）故意杀人罪的处罚

根据《刑法》第 232 条的规定，犯本罪的，处死刑[①]、无期徒刑或者 10 年以上有期徒刑；情节较轻的，处 3 年以上 10 年以下有期徒刑。所谓情节较轻，一般是指实践中义愤杀人、防卫过当杀人、因受被害人长期迫害而杀人、帮助自杀、受嘱托杀人等情况。

二、过失致人死亡罪

过失致人死亡罪，是指因过失致使他人死亡的行为。过失致人死亡主要是指在日常生活中，对他人的生命安全缺乏应有的关注，违反注意义务，导致他人死亡。根据法律规定，构成本罪必须发生死亡结果，且过失行为与死亡结果之间具有因果关系，至于被害人或他人有无过错，不影响本罪的成立。本罪的主体是已满 16 周岁具有刑事责任能力的自然人。

根据《刑法》第 233 条的规定，犯本罪的，处 3 年以上 7 年以下有期徒刑；情节较轻的，处 3 年以下有期徒刑。本法另有规定的，依照规定。所谓本法另有规定，是指对其他因过失致人死亡的情况，则径行按照各条的规定定罪处刑，不再以本罪论处。

三、故意伤害罪

（一）故意伤害罪的概念和构成

故意伤害罪，是指故意非法损害他人身体健康的行为。本罪具有如下构成要件：

1. 本罪的客体是他人的身体健康权。身体健康权，主要是指己身之外的自然人对于保持其肢体、器官、组织的完整性和正常机能的权利。故意伤害罪的本质特征就在于损害他人肢体、器官、组织的完整性和正常机能。虽以他人身体为侵害对象，但未损害他人肢体、器官、组织的完整和正常机能，如实施一般殴打行为造成他人肉体疼痛的，则不应以本罪论处。如符合其他犯罪的要件，应构成相应的罪。犯罪对象必须是他人。行为人对自己身体健康造成损害的，不构成本罪，但是，军人在作战时自伤身体以逃避履行军事义务的，依法可构成

---

①《全国法院维护农村稳定刑事审判工作座谈会纪要》指出，要准确把握故意杀人犯罪适用死刑的标准。对故意杀人犯罪是否判处死刑，不仅要看是否造成了被害人死亡结果，还要综合考虑案件的全部情况。对于因婚姻家庭、邻里纠纷等民间矛盾激化引发的故意杀人犯罪，适用死刑一定要十分慎重，应当与发生在社会上的严重危害社会治安的其他故意杀人犯罪案件有所区别。对于被害人一方有明显过错或对矛盾激化负有直接责任，或者被告人有法定从轻处罚情节的，一般不应判处死刑立即执行。

战时自伤罪。

2. 本罪的客观方面表现为非法损害他人身体健康的行为。具体内容如下:(1) 损害他人身体健康的行为必须是非法的,因合法实施的行为而损害他人身体健康的,不构成犯罪,如实施正当防卫行为致不法侵害者受伤。(2) 必须具有损害他人身体健康的行为,即具有破坏他人人体的肢体、组织的完整或者损坏人体组织、肢体、器官的正常机能的伤害行为。实践中伤害他人身体健康的行为,以作为的方式及暴力方法最为常见,但对故意伤害罪法律并未以作为以及暴力为限。另外,需要注意的是,刑法规定以暴力为构成要件的犯罪有多种,如强奸罪、抗税罪、抢劫罪、暴力取证罪等。而且有些犯罪通常以暴力为手段,如绑架罪、非法拘禁罪等。由于暴力一般表现为伤害行为,又主要针对他人身体而实施,因此,可对被害人身体健康造成一定程度的损害,在法律没有明文规定的情况下,即使在实施该类犯罪时损害了他人的身体健康,也不能以故意伤害罪论处。不过,在法律另有规定的情况下,则应当以本罪论处。例如,《刑法》第 238 条非法拘禁罪规定,使用暴力致人伤残、死亡的,依照本法第 234 条、第 232 条的规定定罪处罚。

本罪的损害结果包括轻伤害、重伤害和伤害致死三种情况。明确三者的界限,对于正确量刑具有重要意义。由于伤害致死在排除其他因素的介入导致后,只要发生死亡结果即可认定,因此,有必要明确的是人体重伤害与轻伤害的标准。根据《刑法》第 95 条的规定,有下列情形之一的,均属于重伤害:(1) 使人肢体残废或者毁人容貌的。(2) 使人丧失听觉、视觉或其他器官机能的。(3) 其他对于人身健康有重大伤害的。据此,尚未达到上述损伤程度的为非重伤害。至于人体伤害范围及伤害程度的认定时间,应参照最高人民法院、最高人民检察院、公安部、国家安全部、司法部发布的《人体损伤程度鉴定标准》的规定,即确定伤害程度及确定的时间一般应以伤害当时的情况结合审判时的治疗和恢复情况综合认定。坚持以致伤因素对人体直接造成的原发性损伤及由损伤引起的并发症或者后遗症为依据,全面分析,综合鉴定。若伤害当时伤情并不十分严重,而经治疗,最终呈现重伤的,应以重伤论处;相反,伤害当时伤情比较严重,而后又基本恢复正常或者只造成轻伤害的,不能以重伤论处。在确定为伤害并依此确定刑事责任时,应排除诊治过程中他人不当行为的介入,即要查明伤害行为与伤害结果之间具有因果关系。如在诊治过程中他人不当行为的介入使伤情最终转变为重伤害的,也不能以重伤害的结果追究刑事责任。

3. 本罪的主体,故意伤害致人重伤或死亡的,主体可以为已满 14 周岁具有刑事责任能力的自然人。致人轻伤的,主体是已满 16 周岁具有刑事责任能力的自然人。

4. 本罪的主观方面是非法伤害他人身体健康的故意。对造成的伤害结果而言,本罪的主观方面包括直接故意和间接故意,但在故意伤害致死的情况下,对伤害结果出于故意,但对死亡结果的发生则只能是出于过失的心理态度,即属于复杂罪过的情况。需注意的是,在间接故意伤害的情况下,只能放任对他人身体健康损害结果的发生,而不能放任死亡结果发生,否则,应构成故意杀人罪。伤害的动机是多种多样的,但动机如何不影响本罪的成立。

(二) 故意伤害罪的认定

1. 本罪与殴打行为的界限。故意伤害罪的伤害,是指损害他人肢体、器官、组织完整和正常机能的行为;殴打,是指造成人体暂时性的疼痛,但不损害人体健康的行为。殴打也能够造成一定程度的人体损害,如脸肿、鼻腔出血、皮下出血等,但这里造成的损害,由于并不破坏他人的肢体、器官、组织的完整性和正常机能，所以，并不是伤害罪意义上的对人体健康的损害，不能构成故意伤害罪。当然，不排除殴打可以是其他犯罪的方法行为。但采取殴打方式造成身体健康损害结果时，特别是在发生死亡结果的情况下，应认真分析，是采用殴打方式行伤害之实，还是因过失造成重伤或致人死亡，或者对结果的发生主观上无罪过。不能因殴打是有意实施的，就认为只能构成故意伤害罪。

2. 本罪致人死亡与过失致人死亡的界限。二者相同之处在于客观上都造成了他人死亡的结果，主观上都没有剥夺他人生命的故意。两罪的区别主要是：故意伤害致人死亡的，行为人主观上具有伤害的故意，但对死亡的结果是过失，属于上述所说的复杂罪过；过失致人死亡的行为人主观上只对死亡结果有过失，主观上并无伤害的故意。因此，区分二者的关键在于主观上有无伤害的故意。

3. 本罪与故意杀人罪（未遂）的界限。二罪相同之处在于客观上都造成伤害的结果，而区别的关键在于行为人的故意内容不同。故意伤害的故意内容是非法损害他人身体健康，并无剥夺他人生命的故意；故意杀人未遂的故意内容是非法剥夺他人的生命，虽然客观上呈现的是损害他人健康的结果，但这是由于行为人意志以外的原因，而未造成死亡的结果。所以，二者区别的关键在于主观上有无非法剥夺他人生命的故意内容。

4. 本罪致人死亡时与故意杀人（既遂）的界限。二罪相同之处在于主观上都是出于故意，在客观上都发生了死亡的结果。区分的关键在于故意的内容不同。故意伤害致死的，只具有非法损害他人身体健康的故意，而对死亡结果的发生主观上出于过失；故意杀人在主观上具有非法剥夺他人生命的故意内容。

（三）故意伤害罪的处罚

根据《刑法》第 234 条的规定，犯本罪的，处 3 年以下有期徒刑、拘役或管制；致人重伤的，处 3 年以上 10 年以下有期徒刑；致人死亡或者以特别残忍手段致人重伤造成严重残疾的，处 10 年以上有期徒刑、无期徒刑或者死刑。本法另有规定的，依照规定。这是指，对其他故意伤害他人身体健康的情况，刑法分则作了专门的规定，有独立的罪名与法定刑，如果法律没有规定依照伤害罪定罪处罚，必须按照各条的规定定罪处刑，不再以本罪论处。

四、组织出卖人体器官罪

人体器官移植，是当代医学发展所开辟和创造的一项全新医疗技术，是摘取人体器官捐献人具有特定功能的心脏、肺脏、肝脏、肾脏或者胰腺等器官的全部或者部分，将其植入接受人身体以代替其病损器官的医疗过程。[①]

组织出卖人体器官罪，是指违反国家有关规定，组织他人出卖人体器官的行为。本罪的客体，是他人的身体健康权、生命权以及国家对人体（活体）器官捐献管理秩序和人体器官移植规范的正常秩序。本罪的对象，一般为年满 18 周岁，具有完全民事行为能力，自愿出卖（捐献）自己人体器官的人，但对象中也包括不满 18 周岁的人，被强迫、被欺骗的人，以及未经其本人生前同意或者去世后未经家属同意被摘取器官的已故者。本罪客观方面表现为，

---

① 根据《人体器官移植条例》第 2 条的规定，从事人体细胞和角膜、骨髓等人体组织移植，不适用本条例。

违反国家有关《人体器官移植条例》的规定,组织他人出卖人体器官的行为,既包括对有意愿出卖自己人体器官的人的组织,也包括对自愿捐献者的组织。"组织"行为,是指对自愿出卖自己人体器官人所实施的指挥、策划、控制的行为。[①] 至于行为人以何种方式组织,不影响认定。例如,对贫困者进行劝说,或者以给器官捐献者支付高额报酬为诱饵等。该情况下的被组织的"供体"(包括出卖器官的人),必须出于自愿,知道自己捐献(出卖)了器官,能够认识到被摘取器官对自己身体造成何种影响。以强制性手段控制、迫使他人"捐献",或者以欺骗手段摘取,以及以各种方式、方法实际摘取不满 18 周岁活体的人体器官的,或者违背本人生前意愿摘取已故者人体器官,或者本人生前未表示同意,违反国家规定,违背其近亲属意愿摘取已故者人体器官的,均应依照《刑法》第 234 条之一第 2 款规定的故意伤害罪或故意杀人罪,或者第 3 款规定的侮辱尸体罪定罪处罚。所谓"出卖",是指将人体器官作价卖出。参与组织出卖人体器官各环节活动的,亦为本罪行为,至于是否由其本人摘取的人体器官、人体器官的来源、是否有先行买入的行为等,法律并无限制。本罪的主体为一般主体,年满 16 周岁具有刑事责任能力的自然人均可构成本罪。本罪主观方面是直接故意,以出卖人体器官为内容。动机不影响认定。

根据《刑法》第 234 条之一的规定,犯本罪的,处 5 年以下有期徒刑,并处罚金;情节严重的,处 5 年以上有期徒刑,并处罚金或者没收财产。所谓"情节严重",是指具有下列情形之一:(1) 多次组织他人出卖人体器官或者获利数额较大的;(2) 出卖不满 18 周岁未成年人人体器官的;(3) 造成死亡或者造成多人身体健康严重损害的;等等。

五、过失致人重伤罪

过失致人重伤罪,是指过失致他人重伤的行为。本罪客观方面必须具备两个条件:(1) 必须造成他人重伤的结果,如果仅造成轻伤害,不构成本罪。(2) 过失行为与重伤结果之间必须具有刑法上的因果关系。本罪的主体为已满 16 周岁具有刑事责任能力的自然人。

根据《刑法》第 235 条的规定,犯本罪的,处 3 年以下有期徒刑或拘役。本法另有规定的,依照规定,即对于过失致人重伤的行为,在刑法分则中另有规定的,应按相应的罪处理,而不再适用本条定罪处罚。

第二节 侵犯妇女、儿童身心健康的犯罪

一、强奸罪

(一) 强奸罪的概念和构成

强奸罪,是指以暴力、胁迫或者其他手段,违背妇女意志,强行与妇女发生性行为,或者故意与不满 14 周岁的幼女发生性关系的行为。本罪的构成要件是:

---

① 广义上的"组织"不应排除对非法开展器官移植医护人员的组织,以及对国家批准开展器官移植医疗机构中的医护人员的组织。

1. 本罪的客体是女性的性自由权利和幼女的身心健康权利。本罪的对象是妇女和幼女。妇女是指年满 14 周岁的女性,包括未成年妇女和成年妇女。根据我国刑法的规定,奸淫不满 14 周岁的幼女的,以强奸论,因此,强奸罪的对象也包括不满 14 周岁的幼女。所谓女性的性自由权利,是指妇女根据自己的意愿发生或不发生性行为的权利。所谓幼女的身心健康权利,是指幼女的身体和精神正常发育和健康成长的权利。首先,发生性行为的权利是对具有责任能力、精神健全的妇女而言的,如果是不满 14 周岁的幼女或者精神病患者,则不问其是否有同意实施性行为的意思表示,均以违反其意志论;其次,女性的性自由权利和幼女的身心健康权利,是只有妇女和幼女在生命存续时才享有的权利。因此,强奸罪的对象,无论是妇女还是幼女,都是指有生命的人。对实践中奸淫妇女、幼女尸体的行为,因犯罪客体、犯罪对象不存在,不能构成强奸罪,可构成《刑法》第 302 条规定的侮辱尸体罪。如果在妇女、幼女生前已着手实施强奸的暴力手段而致妇女、幼女死亡,后又奸淫妇女、幼女尸体的,仍构成强奸罪。

2. 本罪的客观方面表现为以暴力、胁迫或其他手段,违背妇女意志,强行与之发生性行为,或者与不满 14 周岁的幼女发生性关系的行为。在强行与妇女发生性行为时,违背妇女意志,是构成本罪的本质特征。所谓违背妇女意志,是指违背了妇女不愿与行为人发生性行为的真实意思。既然性行为是在违背妇女意志的情况下实施的,行为人必然要使用一定的手段抑制妇女拒绝与行为人发生性行为的意志,因此,行为人是否使用法律规定的手段,是判断性行为是否违背妇女意志的主要标准。刑法规定的手段有暴力、胁迫和其他手段。在犯罪对象为不满 14 周岁的幼女时,出于对幼女的特别保护,法律对手段并无特别限制,即行为人无论采用何种手段,只要与幼女发生了性关系,无论幼女同意与否,均符合本罪客观方面的要件。实践中,奸淫幼女的手段既有暴力、胁迫,也有欺骗、引诱等。

暴力,是指以殴打、伤害、捆绑、按倒、强拉硬拽等,对其人身实行强制,意图使被害人不敢、不能反抗,至于现实是否达到该种效果则在所不问。胁迫,是指以杀害、伤害、职权、地位、揭发隐私等相威胁、恫吓,对被害人进行精神强制,意图使其不敢反抗,至于现实是否达到该种效果则在所不问。其他手段,是指暴力、胁迫手段以外的使被害人不知反抗或不能反抗的其他手段,如用药麻醉、用酒灌醉。认定强奸罪不能以被害妇女有无反抗以及其性观念是否符合社会道德观念为标准。

在被害人为妇女的情况下,违背妇女意志和采取暴力、胁迫等手段是强奸罪本质特征的两个不可分割的组成部分。违背妇女意志是强奸罪的实质,手段行为对被害妇女人身、精神的强制性是其实质的外部表现,认定强奸罪必须将二者有机地结合起来。

被害人为幼女时,行为人同样可以实施暴力、胁迫或者其他手段,强行与幼女发生性关系;欺骗、引诱则是一种非强制性控制人身的手段,前者通过编造谎言、后者通过给予某些好处对幼女进行控制,进而与幼女发生性关系。对故意与幼女发生性关系而言,使用何种手段,并不影响犯罪的成立。

3. 本罪的主体是已满 14 周岁具有刑事责任能力的男性。通说认为女性不能单独构成本罪,但可以成为本罪的教唆犯和帮助犯。

4. 本罪的主观方面是直接故意,并且具有违背女性意志,与之发生性关系的故意内容。奸淫幼女构成强奸罪,是否要求明知是幼女?对此问题我国司法实践中和理论上一直存在争议。《最高人民法院、最高人民检察院、公安部、司法部关于依法惩治性侵害未成年人犯罪的意见》第19条规定:“知道或者应当知道对方是不满十四周岁的幼女,而实施奸淫等性侵害行为的,应当认定行为人‘明知’对方是幼女。对于不满十二周岁的被害人实施奸淫等性侵害行为的,应当认定行为人‘明知’对方是幼女。对于已满12周岁不满14周岁的被害人,从其身体发育状况、言谈举止、衣着特征、生活作息规律等观察可能是幼女,而实施奸淫等性侵害行为的,应当认定行为人‘明知’对方是幼女。”根据上述规定,奸淫幼女构成强奸罪要求行为人必须明知奸淫的是幼女,这一司法解释可以说对这一问题已经有了一定的结论。当然,这里的“明知”,只要行为人认识到可能是幼女,就符合本罪对认识因素的要求,并不要求必须确知。

(二)强奸罪的认定

1. 本罪与通奸的界限。通奸,是指有配偶的男女之间以及有配偶的男女一方与他人之间,基于情感、生理需要自愿发生的婚外性行为。通奸虽然可妨害一方或者双方的婚姻家庭关系,但因为通奸并不违背妇女的意志,也不使用暴力等手段,不构成本罪。对有的妇女与人通奸后,因某种变故,如为了保全家庭关系,维护名声,或者由于利益要求未得到满足而对男方提出控告,把通奸说成强奸的,在查清通奸事实的情况下,不能定强奸罪。如果男女双方先是通奸,后女方不愿继续通奸,男方仍纠缠强行实施性行为的,以强奸罪论处。第一次性行为违背女性意志,但女方并未告发并继续多次自愿与该男子发生性行为的,一般不宜再定强奸罪。这是因为,妇女曾经有过的和奸行为表明其受伤害不大,从保护该女性和稳定社会出发,没有必要再追究行为人强奸罪的刑事责任。但是,如果后来多次发生的性行为是妇女受到行为人的威胁、恫吓所致,则应以强奸罪论处。男方霸占女方,迫使其忍辱从奸的,也应以强奸罪论处。

2.《最高人民法院关于审理未成年人刑事案件具体应用法律若干问题的解释》第6条规定:“已满十四周岁不满十六周岁的人偶尔与幼女发生性行为,情节轻微、未造成严重后果的,不认为是犯罪。”[①] 已满14周岁不满16周岁的男性与幼女发生性行为,多属于在“恋爱”中因冲动而致,偶尔发生性行为,不以犯罪论处也符合刑法谦抑性。对该年龄阶段人与幼女发生性行为的认定,理论上有较成熟的观点。[②]

3. 使用胁迫手段的强奸与双方基于互相利用的目的发生性行为的界限。实践中对于利用教养关系(特别是在被害人为幼女的情况下)、从属关系以及职权、封建迷信、治病等迫使被害人就范从而实施奸淫行为的,应认定为违背其意志,应构成强奸罪。行为人利用职权上的优越条件,以某种精神或物质利益引诱女方,女方为谋取某种利益,或者接受引诱,与之

---

① 这里的“不认为是犯罪”应指“不认为是强奸罪”,因为这是符合《刑法》第13条“但书”规定的,但并不排除可能构成其他犯罪。

②《最高人民法院关于废止1997年至2011年12月31日期间发布的部分司法解释和法律解释性文件(第十批)的决定》中,以“与刑法的规定相冲突”“依据已被修改,不再适用”为由废止了相关司法解释中的以下规定:《最高人民法院关于审理强奸案件有关问题的解释》规定:“对于已满14周岁不满16周岁的人,与幼女发生性关系构成犯罪的,依照刑法第17条、第236条第2款的规定,以强奸罪定罪处罚;对于与幼女发生性关系,情节轻微、尚未造成严重后果的,不认为是犯罪。对于行为人既实施了强奸妇女行为又实施了奸淫幼女行为的,依照刑法第236条的规定,以强奸罪从重处罚。”《关于行为人不明知是不满十四周岁的幼女双方自愿发生性关系是否构成强奸罪问题的批复》规定:“行为人明知是不满14周岁的幼女而与其发生性关系,不论幼女是否自愿,均应依照刑法第236条第2款的规定,以强奸罪定罪处罚;行为人确实不知对方是不满14周岁的幼女,双方自愿发生性关系,未造成严重后果,情节显著轻微的,不认为是犯罪。”但有学者质疑废止的理由,认为必会造成实务上再起波澜,并认为被废止解释有充分的法理依据,虽废止但基本精神仍然可以适用。参见李立众编:《刑法一本通》,法律出版社2013年版,第283页。

发生性行为的,即使男方在此后欺骗了女方,也不能定强奸罪。

4. 与精神病人或痴呆患者发生性行为的认定。首先,必须查清以下基本事实:(1) 精神病人或痴呆(精神发育不全)患者病情的轻重以及意识能力和控制能力的程度。(2) 行为人是否明知女性不能辨认和控制自己的行为。其次,在查清上述基本事实的基础上基于以下情况分别处理:(1) 间歇性精神病人正处在精神正常期,或者精神发育不全的轻度患者并未完全丧失辨认和控制自己行为的能力的,只要性行为未违背其意志,就不能定为强奸罪。(2) 无论患者病情以及意识能力和控制能力强弱程度如何,只要采用暴力、胁迫等手段,就应认定为强奸罪。(3) 虽然确实得到患者同意而与之发生性关系,但明知其是丧失辨认和控制自己行为能力的痴呆、精神病患者,并乘此时机奸淫的,构成强奸罪。(4) 确实不知对方是痴呆或精神病患者,在得其同意甚至受到对方的性挑逗的情况下,与之发生了性行为的,因行为人主观上缺乏违背女性意志强行与其发生性行为的目的,不能认定为强奸罪。

5. 本罪既遂与未遂。关于强奸罪的完成标准,理论上针对被害人是妇女的情况,主要有射精说、插入说、接触说几种观点。我国通说认为,强奸既遂与否应以插入说,即两性性器官的结合为标准。但由于强奸行为针对的不同侵害对象的心理、生理条件不同,所以,一般认为,强奸已满 14 周岁妇女的,既遂与否以插入说为宜;对不满 14 周岁的幼女,则以接触说为宜,即只要两性性器官发生接触即为既遂。

(三) 强奸罪的处罚

根据《刑法》第 236 条的规定,犯本罪的,处 3 年以上 10 年以下有期徒刑。奸淫不满 14 周岁的幼女的,以强奸论,从重处罚。

强奸妇女,有下列情形之一的,处 10 年以上有期徒刑、无期徒刑或者死刑:(1) 强奸妇女、奸淫幼女情节恶劣的。情节恶劣,应指强奸的手段残酷,在社会上造成很坏影响等。(2) 强奸妇女、奸淫幼女多人的。多人,一般理解为 3 人以上。(3) 在公共场所当众强奸妇女、奸淫幼女的。(4) 二人以上轮奸的。轮奸,是指两人以上在一较短时间内同一场所先后轮流强奸同一妇女或者幼女。这是具有特殊性的共同犯罪行为。只有二个以上参与者均实际实施奸淫行为,才能视为“轮奸”。即“轮奸”是事实,而非构成要件。(5) 奸淫不满 14 周岁的幼女或者造成幼女伤害的;(6) 致使被害人重伤、死亡或者造成其他严重后果的。致使被害人重伤、死亡,是指强奸导致被害人性器官受到严重损伤,或者受害人遭受其他严重伤害,甚至被害人当场死亡或者经治疗无效死亡。该种情况下不影响本罪的认定。但对出于报复、灭口等动机,在实施强奸的过程中杀死或者伤害被害人的,应定故意杀人罪或者故意伤害罪,与强奸罪实行数罪并罚。造成其他严重后果,是指强奸行为引起被害人自杀、精神失常以及其他严重后果。

二、负有照护职责人员性侵罪

(一) 负有照护职责人员性侵罪的概念和构成

负有照护职责人员性侵罪,是指对已满 14 周岁不满 16 周岁的未成年女性负有监护、收养、看护、教育、医疗等特殊职责的人员,与该未成年女性发生性关系的行为。本罪的构成要件:

1. 本罪的客体,是已满 14 周岁不满 16 周岁未成年女性的身心健康。刑法规定与不满 14 周岁的幼女发生性关系的,无论行为人采取何种手段,以及与幼女是否负有监护、收养、看护、教育、医疗等特殊职责,只要与幼女发生性关系,一律构成强奸罪,从重处罚。以往在女性年满 14 周岁后,在女性知情同意的情况下发生性关系的行为,不能以强奸罪论处,这从一定意义上说,女性的性同意权,始于年满 14 周岁后。规定本罪前,对女性(包括男性)在已满 14 周岁至成年之前性权利的法律保护,除强奸罪,强制猥亵、侮辱妇女罪,猥亵儿童罪,组织卖淫罪,强迫卖淫罪,引诱、容留、介绍卖淫罪,引诱幼女卖淫罪之外,尚不能直接通过法律手段,特别是通过刑法对已满 14 周岁女性自愿行使性权利实行强制性、干涉性保护,只能是通过法律授予其父母或监护人“亲权”“监护权”予以干涉性保护[①]。虽然年满 14 周岁以后具备法律认可的性权利,在其成年之前,法律授权其父母或监护人通过行使亲权、监护权干涉其性权利的行使[②],主要原因在于该年龄阶段未成年人的心智发育尚不成熟,虽具备法律认可的性意识,但对性的认知仍然处于朦胧期,并不健全,不具备真正理解性的能力。过早的性体验对其身心健康可能产生不利后果。负有监护、收养、看护、教育、医疗等特殊职责的行为人,利用这种特殊的身份、地位,与已满 14 周岁不满 16 周岁的女性发生性关系[③],正是利用了她们尚不健全的性意识,因此,本罪保护的法益,是该年龄阶段女性的身心健康权。

2. 本罪客观方面表现为对已满 14 周岁不满 16 周岁的未成年女性负有监护、收养、看护、教育、医疗等特殊职责的人员,与该未成年女性发生性关系的行为。刑法条款只是对负有特殊职责的人员及其特殊职责范围作了列举式规定。根据《最高人民法院、最高人民检察院、公安部、司法部关于依法惩治性侵害未成年人犯罪的意见》的规定,特殊职责的人员及其特殊职责,还应包括训练、救助等人员及其所负的特殊职责。具体的特殊职责,可以依据特定环境、特定关系、特定地位、特定情形等具体把握,不应只限于条款列举的特殊职责范围。

利用特定环境,是指负有特殊职责的人员,利用被害未成年女性处于无法得到他人(包括相关机构)有效救助或者帮助的孤立状态实施性侵。至于被害未成年女性处于孤立状态,是基于自身原因还是行为人有意为之,在所不问。例如,被害未成年女性身处训练场所、治

---

①《未成年人保护法》第 16 条规定:“未成年人的父母或者其他监护人应当履行下列监护职责:(一)为未成年人提供生活、健康、安全等方面的保障;(二)关注未成年人的生理、心理状况和情感需求;(三)教育和引导未成年人遵纪守法、勤俭节约,养成良好的思想品德和行为习惯;(四)对未成年人进行安全教育,提高未成年人的自我保护意识和能力;(五)尊重未成年人受教育的权利,保障适龄未成年人依法接受并完成义务教育;(六)保障未成年人休息、娱乐和体育锻炼的时间,引导未成年人进行有益身心健康的活动;(七)妥善管理和保护未成年人的财产;(八)依法代理未成年人实施民事法律行为;(九)预防和制止未成年人的不良行为和违法犯罪行为,并进行合理管教;(十)其他应当履行的监护职责。”

② 即便法律授权其父母、监护人通过行使亲权、监护权实施干涉性保护,也不能采取逾越法律底线的干涉方式,否则,同样可能构成犯罪。

③《最高人民法院、最高人民检察院、公安部、司法部关于依法惩治性侵害未成年人犯罪的意见》第 21 条第 2 款规定,对已满 14 周岁的未成年女性负有特殊职责的人员,利用其优势地位或者被害人孤立无援的境地,迫使未成年被害人就范,而与其发生性关系的,以强奸罪定罪处罚。第 25 条规定,针对未成年人实施强奸、猥亵犯罪的,应当从重处罚,具有下列情形之一的,更要依法从严惩处:(1)对未成年人负有特殊职责的人员、与未成年人有共同家庭生活关系的人员、国家工作人员或者冒充国家工作人员,实施强奸、猥亵犯罪的;(2)进入未成年人住所、学生集体宿舍实施强奸、猥亵犯罪的;(3)采取暴力、胁迫、麻醉等强制手段实施奸淫幼女、猥亵儿童犯罪的;(4)对不满 12 周岁的儿童、农村留守儿童、严重残疾或者精神智力发育迟滞的未成年人,实施强奸、猥亵犯罪的;(5)猥亵多名未成年人,或者多次实施强奸、猥亵犯罪的;(6)造成未成年被害人轻伤、怀孕、感染性病等后果的;(7)有强奸、猥亵犯罪前科劣迹的。适用本罪名时,应正确确定案件的性质,并非只能适用“负有照护职责人员性侵罪”,也可以强奸罪或其他性侵害罪名论处。

疗室、理疗室、更衣室内。利用特定关系，是指负有特殊职责的人员，利用与被害未成年女性之间的具有一定稳定性的关系，或者在特定状况下所形成的关系实施性侵。例如，利用血缘关系、师生关系、医患关系、师徒关系等实施性侵。利用特定地位，是指负有特殊职责的人员，利用所处的明显优势地位对未成年女性实施性侵，即行为人属于管理者与施令者，而被害未成年女性属于被管理者或服从者。例如，学校的管理者与被管理的学生。利用特定情形，是指负有特殊职责的人员，利用特定情况下负有的（临时）看护、保护的职责实施性侵。例如，受他人委托或经同意自愿承担临时看护、保护职责，对寄养、受伤、迷路或因其他意外需要救助的被害未成年女性实施性侵。

上述特定环境、特定关系、特定地位、特定情形基于特殊的职责形成，而并非基于特定环境、特定关系、特定地位、特定情形产生特殊职责，因此，应重点考察行为人是否负有特殊职责。当然，行为人负有的特殊职责，在具体案件中并非都是单独的，可能存在着重叠、交叉或并行现象，在具体案件中应当综合考察，但无论属于哪种情形都不影响认定。此外，因该年龄阶段未成年女性处于特定环境、特定关系、特定地位、特定情形下，行为人可能对被害女性灌输过大量不健康性观念等，因此，不排除该年龄阶段未成年女性对行为人性要求的同意系基于其真实的意思表示。但即便如此，也不影响对行为人行为性质的认定。

3. 本罪主体为特殊主体，为负有监护、收养、看护、教育、医疗等特殊职责的成年男性。女性实施性侵行为的，可构成猥亵儿童罪，亦可成为男性实施性侵者的共犯。

4. 本罪主观上为直接故意，并具有与未成年女性发生性关系的目的，动机不影响认定。因已满 14 周岁不满 16 周岁的未成年女性处于特定环境、特定关系、特定地位、特定情形下，行为人可能对其灌输过大量不健康性观念等，因此，不排除已满 14 周岁不满 16 周岁的未成年女性与行为人发生性关系出于其真实的意思表示，但即便如此，也不影响对其行为性质的认定。不过，根据《刑法》第 236 条之一第 2 款“有前款行为，同时又构成本法第二百三十六条规定之罪的，依照处罚较重的犯罪定罪处罚”的规定，则不排除行为人构成强奸罪，因此，对于已满 14 周岁不满 16 周岁未成年女性的“同意”是否出于真实意思，必须结合案件具体情况进行认定。违背其意愿的，应根据具体情况认定行为性质。

（二）本罪的认定

1. 本罪与强奸罪的界限。强奸罪是在女性不愿意与行为人发生性关系时，行为人采取暴力、胁迫或其他手段，强行与其发生性关系，或与不满 14 周岁幼女发生性交的行为，行为主要表现为强制性（与幼女发生性关系，不要求在表象上具有强制性）。而本罪是利用监护、收养、看护、教育、医疗等特殊职责形成的特定环境、特定关系、特定地位、特定情形，与已满 14 周岁不满 16 周岁的未成年女性发生性关系，一般不采取强制手段。但行为人实施本罪行为时，在已满 14 周岁不满 16 周岁的未成年女性拒绝的情况下，采取强制手段的，根据具体情节，也可能按照强奸罪论处。行为人（多次）实施过本罪行为后，再次实施本罪行为时遭到拒绝而采取强制手段的，应当数罪并罚。

2. 本罪的既遂与未遂，与普通强奸罪采同样标准，即以插入说为宜。

（三）负有照护职责人员性侵罪的处罚

根据《刑法》第 236 条之一规定，犯本罪的，处 3 年以下有期徒刑；情节恶劣的，处 3 年以上 10 年以下有期徒刑。所谓“情节恶劣”，包括对多人、多次以及在较长时间内对被害人实施性侵，或造成被害人严重精神创伤，有自杀、自残倾向或发生了此类严重后果等。有上述行为，同时又构成《刑法》第 236 条规定之罪的，依照处罚较重的规定定罪处罚。

三、强制猥亵、侮辱罪

（一）强制猥亵、侮辱罪的概念和构成

强制猥亵、侮辱罪，是指以暴力、胁迫或者其他方法强制猥亵他人或者侮辱妇女的行为。本罪构成要件如下：

1. 本罪的客体，是他人（不限于妇女）性羞耻心理的保有权以及性的人格、名誉权利。猥亵的对象为他人，是指已满 14 周岁的男性与女性；侮辱的对象为妇女，即已满 14 周岁的女性。猥亵不满 14 周岁的儿童的，构成《刑法》第 237 条第 3 款规定的猥亵儿童罪。

《刑法修正案（九）》实施前，猥亵（妇女）、侮辱妇女，是指实施除性行为之外，能够满足性欲和性刺激，侵害妇女性羞耻心理，损害其性的人格、名誉的行为。猥亵，原本在解释上，是指以刺激或满足性欲为目的，采取性行为以外的淫秽、下流的言语或具体行为对特定人性心理的侵犯。《刑法修正案（九）》实施后，猥亵对象由“妇女”变为“他人”[①]，因包括男性，再以非性器交合目的来界定“猥亵”则会有疑问。在强奸罪对象仍为女性的前提下，女性诱使男童发生性行为，因不能归属于强奸，而猥亵儿童罪所保护的法益是儿童的身心健康，所以界定为“猥亵”似理所当然。但女性强制与已满 14 周岁的男性发生性行为，没有能以强奸罪入罪的法律依据。《刑法修正案（九）》实施后，妇女强制与已满 14 周岁的男性发生性行为，属于性医学、生殖学以及法医学上两性性器交合的性交，视为“猥亵”，则男性猥亵女性（妇女）与女性猥亵男性在“猥亵”的内涵上不同，行为实质和外延也不相同，有肢解概念之嫌。这种矛盾的缘由，与强奸罪选择性地只保护女性，以及对“性行为”的界定有关。强制猥亵，如果不考虑性别问题，将女性强制与男性发生性行为包括在“强制性行为”概念中，又将导致当前“强奸”概念的混乱。所以，在强奸仍然为男性强制女性为“两性性器交合”的前提下[②]，因行为方与被害方的性别不同，“猥亵”的内涵和外延应有所区别，可能只能成为无奈的选择。“强制猥亵他人”在实务中以女性对象为常态，女性猥亵女性、女性猥亵男性则少见，后者主要是女性强制男性（或女性）玩弄其性器，强制男性与之进行口交、肛交，以及强制与男性发生性行为等。

本罪的侮辱，主要表现为使用具有性攻击效果的淫秽、下流的语言、肢体性羞辱的行为，损害特定女性性羞耻心理，贬损其性的人格、名誉的行为。如胁迫女性在场，当众描述其在床上如“荡妇、淫妇”的表现，强制女性观看他人的性行为，强制妻子观看自己与其他女性的性行为，或强迫女性观看自己的性器等。

猥亵他人（如果是女性）当然具有性侮辱的性质，因此，对于猥亵（他人）与侮辱（妇女）

① 此处的“他人”并没有排除男女儿童，只是基于我国立法规定有“猥亵儿童罪”，故“他人”的概念不包括未满 14 周岁的男女儿童。

② 即在现行立法下，将男性强制女性、男性强制男性、女性强制女性的口交、肛交等性活动，因其不属于性医学、生殖学以及法医学上性行为的定义，排除在强奸罪的“性器交合”的范围之外，但仍然属于“猥亵”的范畴。

应作为两种不同行为理解，还是作为一种行为理解，有不同认识。[①] 本书认为，现行立法明确将猥亵对象和侮辱对象分别作出规定，故在对象为"妇女"时猥亵的，当然可以涵盖性侮辱的本质，可以视为一个行为；当猥亵对象为男性时，则没有特别评价侮辱性质的需要。

2. 本罪客观方面，是以暴力、胁迫或其他手段，猥亵他人或侮辱妇女的行为。"暴力"是实施殴打、伤害等危及其人身安全和人身自由，使之不能、不敢甚至不及反抗（利用被害人没有提防、疏忽）的行为。趁女性不备突然拽倒，或采取使女性不敢反抗的暴力将其按倒，而摸其下身的，虽然暴力程度上有区别，但不影响二者都因采用暴力方法而构成犯罪。"胁迫"是指进行威胁、恐吓等精神上的强制，以杀害、揭发隐私、毁坏名誉、加害亲属等相威胁，利用职权、从属关系、教养关系和孤立无援的境地，实施精神强制手段，使之不敢反抗的行为。胁迫的强制程度，只要合乎情理使被害人因畏惧、恐惧而屈从即可，是否已使被害人不敢反抗，不影响犯罪的成立。"其他方法"是除暴力、胁迫以外的使之不知抗拒、无法抗拒的方法，如利用患病、熟睡或者假借看病、醉酒、麻醉后进行猥亵等。因使用强制手段实施猥亵、侮辱，因此，猥亵、侮辱均以违背他人意志为前提。

评价某种行为是否猥亵、侮辱，不能以社会通行的性道德观念为标准。性道德观念会随着社会变化而变化，且具有浓重的个人情感色彩。如婚前同居曾被视为伤风败俗，如今没有人会从道德上予以谴责。强制猥亵、侮辱应以法律为评价标准，即行为违背被害人意志，侵害他人性羞耻心理的保持，损害其性的人格、名誉。如果行为对象不反对这种性活动，即便性活动有悖通常的性道德观念，或以一般人不可理解的方式、方法进行，也不能评价为猥亵、侮辱。而违背被害人的意志，必然会采取一定的手段对被害人的人身实施强制，所以，与强奸罪相同的是，是否构成猥亵、侮辱，仍然以行为是否违背被害人意志为标准，强制手段只是违背其意志的表现，但通常情况下，不"以暴力、胁迫或者其他方法强制"进行的，也就不能认为构成猥亵、侮辱。

3. 本罪主体为年满 16 周岁有刑事责任能力的一般主体，不限于男性，女性亦可构成本罪。

4. 本罪主观方面为直接故意，具有追求刺激、满足性欲的内心倾向。主体为男性的，对女性的猥亵、侮辱，寻求刺激、取乐，通过非性行为满足性欲，是与通过性行为满足性欲的强奸罪的主要区别。

（二）强制猥亵、侮辱罪的认定

1. 罪与非罪的界限。立法并没有以"情节严重""情节恶劣"为入罪的条件，但从实务角度看，对"情节"并非严重、恶劣的猥亵、侮辱行为，应该考虑按照《治安管理处罚法》的规定予以处罚。情节严重、恶劣的，主要依据手段、动机，实施违法行为的次数，是否结伙，是否持械，是否造成一定的人身伤害、恶劣社会影响等因素综合判断。

2. 侮辱罪与《刑法》第 246 条侮辱罪的区别。二者均为关于"侮辱罪"的规定，构成要件上均具有针对特定对象和强制实施侮辱要素，也都可能公然实施。区别在于：前者的侮辱，侵害特定人的性羞耻心理的保有以及性的人格、名誉，具有可评价为"性活动"的行为；后者的侮辱，单纯针对被害人的人格、名誉（主要是社会评价），不具有可评价为"性活动"的

① 参见张明楷：《刑法学》，法律出版社 2011 年版，第 785 页；黎宏：《刑法学》，法律出版社 2012 年版，第 657 页；曲新久：《刑法学》，中国政法大学出版社 2009 年版，第 395~396 页。

行为。实务中，当对象为女性时，有时难以区别。强制猥亵妇女，理所当然具有侮辱其人格、名誉的属性，而且，对女性的侮辱，即便无具体内容抽象地对特定女性的辱骂，也多多少少会涉及“性品行”问题。此时，若与女性并无身体接触，只通过攻击性语言羞辱女性，又包含性的内容的，要分清是构成哪种侮辱罪，有时可能是无法做到的，关键在于查清行为人的意图。

3. 本罪与强奸罪的区别。二罪都具有使用强制性手段的要素，都具有满足性刺激、性欲的要求。由于猥亵具有一定的相对性，实施奸淫行为前也会有猥亵行为，此时猥亵属于强奸的附随行为，不具有独立评价的意义，在实际上没有发生性行为的情况下，区分强奸（未遂、中止）与强制猥亵有一定的难度。多数说认为要根据具体案情查清行为人主观上是否具有发生性行为的目的、是否意图实施奸淫行为进行判断。

（三）强制猥亵、侮辱罪的处罚

根据《刑法》第 237 条第 1、2 款的规定，犯本罪的，处 5 年以下有期徒刑或者拘役。聚众或者在公共场所当众犯前款罪的，或者有其他恶劣情节的，处 5 年以上有期徒刑。

四、猥亵儿童罪

猥亵儿童罪，是指猥亵不满 14 周岁儿童的行为。本罪对象必须是不满 14 周岁的儿童。本罪主体为已满 16 周岁有刑事责任能力的自然人，不限于男性。猥亵儿童，是法定从重处罚情节。猥亵儿童，与奸淫幼女相同，不以特定的手段为构成的条件，使用欺骗、引诱方法居多，但并非不能实施暴力、胁迫手段。猥亵多表现为与儿童接吻、抚摸、吸吮其性敏感区如乳房、外阴，诱使儿童“爱抚”、观看自己的性器，实施肛交、指奸等。男性对幼女的猥亵，不包括两性性器实质性接触，但女性使用强制或引诱、欺骗方法与男童发生性行为的，属于猥亵儿童。认定猥亵儿童，应严格把握未成年人构成犯罪的界限，同时应注意监护权人对儿童猥亵的认定。

根据《刑法》第 237 条第 3 款的规定，犯本罪的，处 5 年以下有期徒刑；有下列情形之一的，处 5 年以上有期徒刑：(1) 猥亵儿童多人或者多次的；(2) 聚众猥亵儿童的，或者在公共场所当众猥亵儿童，情节恶劣的；(3) 造成儿童伤害或者其他严重后果的；(4) 猥亵手段恶劣或者有其他恶劣情节的。

第三节　侵犯人身自由的犯罪

一、非法拘禁罪

（一）非法拘禁罪的概念和构成

非法拘禁罪，是指非法拘禁他人或者以其他方法非法剥夺他人人身自由的行为。本罪具有如下构成要件：

1. 本罪的客体是他人的人身自由权利,即他人根据自己的意愿自由支配自己身体活动的权利。人身自由权利是法律赋予公民参与社会活动,行使权利的基本保证。本罪的对象是所有依法享有人身自由权利的他人。不论是成年人还是未成年人,不论是健康人还是患病之人,也不论其民族和国籍,只要未被依法剥夺人身自由,对其实施非法剥夺人身自由的行为均可构成本罪。

2. 本罪的客观方面表现为以非法拘禁或者其他方法非法剥夺他人人身自由的行为。所谓拘禁,是指以强制方法使他人在一定时间内失去行动的自由。非法拘禁具有非法性和强制性。首先,非法性主要表现为:一是无权拘禁他人的一般公民随意拘禁他人,使其失去人身自由(如绑架他人为人质讨债等);二是有权拘禁的司法工作人员滥用职权,不遵守法律规定,或者违反法定程序和条件,非法剥夺他人人身自由,或者使他人无法恢复人身自由(如不释放已认定无罪的人、刑满应释放的人)。其次,所谓强制性,是指违背他人意志,强行使他人处于管束之中。主要表现为使用足以剥夺他人人身自由的强制性手段,如实施关押、禁闭等。其他强制方法,是指使用拘禁以外的强制方法剥夺他人人身自由,如实施捆绑、绑架等手段属之。但无论使用何种方法都不影响本罪的成立。

非法拘禁罪属于继续犯,拘禁的不法行为和他人失去自由的状态在一定时间内处于持续的不间断状态。拘禁时间的长短对犯罪的成立没有影响,是量刑的情节。

3. 本罪的主体为已满 16 周岁具有刑事责任能力的自然人。

4. 本罪的主观方面是故意,并且具有非法剥夺他人人身自由的目的,犯罪的动机可以是多种,如索债、挟嫌报复、耍特权、逞威风等,动机如何不影响本罪的成立。

(二) 非法拘禁罪的认定

1. 罪与非罪的界限。本罪属继续犯,只要行为人以剥夺他人人身自由为目的,非法拘禁他人,不论时间长短,都构成本罪既遂。时间的长短可作为一个量刑情节加以考虑,但如果非法拘禁时间过于短暂,情节显著轻微,没有造成多大危害的,不应以犯罪论处。根据《最高人民检察院关于渎职侵权犯罪案件立案标准的规定》(简称《立案标准的规定》),国家机关工作人员利用职权非法拘禁,涉嫌下列情形之一的,应予以立案:(1) 非法剥夺他人人身自由 24 小时以上的;(2) 非法剥夺他人人身自由,并使用械具或者捆绑等恶劣手段,或者实施殴打、侮辱、虐待行为的;(3) 非法拘禁,造成被拘禁人轻伤、重伤、死亡的;(4) 非法拘禁,情节严重,导致被拘禁人自杀、自残造成重伤、死亡或者精神失常的;(5) 非法拘禁 3 人次以上的;(6) 司法工作人员对明知是没有违法犯罪事实的人而非法拘禁的;(7) 其他非法拘禁应予追究刑事责任的情形。

2. 本罪的罪数

在司法实践中,非法剥夺他人人身自由的行为往往同其他犯罪发生联系,应分清罪数。如果非法拘禁行为与其他犯罪存在牵连关系,除刑法有明文规定外,一般应从一重罪处断,不实行并罚,如在强迫职工劳动中实施非法拘禁行为;在拐卖妇女、儿童过程中,实施非法拘禁行为的,应根据牵连犯的原则,以拐卖妇女、儿童罪从重处罚。收买妇女、儿童后,为防止被收买的妇女、儿童逃走,而将其拘禁的,二者之间虽然存在牵连关系,但根据《刑法》第 241 条第 4 款的规定,应实行数罪并罚。国家工作人员利用职权进行报复陷害,非法拘禁他人的,属于想象竞合犯,应从一重罪处罚。

（三）非法拘禁罪的处罚

根据《刑法》第238条的规定，犯本罪的，处3年以下有期徒刑、拘役、管制或者剥夺政治权利；具有殴打、侮辱情节的，从重处罚；致人重伤的，处3年以上10年以下有期徒刑；致人死亡的，处10年以上有期徒刑；使用暴力致人伤残、死亡的，依照《刑法》第234条规定的故意伤害罪、第232条规定的故意杀人罪的规定定罪处罚。所谓致人重伤、致人死亡的，是指在非法剥夺他人人身自由的过程中因过失造成被害人重伤、死亡或者引起自杀致重伤、死亡的结果。所谓使用暴力致人伤残、死亡的，是指行为人犯本罪过程中故意导致被害人伤残、死亡的结果发生，对此，根据《刑法》的规定，应以故意伤害罪、故意杀人罪论处。

此外，根据本条第3款、第4款的规定，为索取债务非法扣押、拘禁他人的，依照本罪论处。[①] 国家机关工作人员利用职权犯本罪的，从重处罚。

二、绑架罪

（一）绑架罪的概念和构成

绑架罪，是指以勒索财物为目的绑架他人，或者绑架他人作为人质的行为。本罪具有如下构成要件：

1. 本罪的客体是复杂客体，包括他人的人身自由权利、健康权利、生命权利及公私财产所有权利。但应当区分情况具体分析：以勒索财物为目的绑架他人的行为，由于使用暴力、胁迫等强制手段将他人掳为人质，又向人质的关系人勒索财物，所以既侵犯他人的人身自由权利、健康权利、生命权利，也侵犯公私财产所有权利；而绑架他人作为人质的，虽然也使用强制手段将他人掳为人质，但并非以勒索财物为目的绑架他人，所以只侵犯到他人的人身自由、健康、生命权利。立法将本罪规定在侵犯人身权利的犯罪中，说明人身权利是本罪的主要客体。

2. 本罪的客观方面，虽然立法对本罪的手段没有规定，但是，从绑架的含义来说，应指使用暴力、胁迫或者其他手段劫持他人的行为。

绑架，亦称劫持，是指违背被害人或其法定监护人的意志，使用强制性手段将被害人置于行为人控制之下，并剥夺或者限制其人身自由的行为。一般来说，在绑架勒索财物的情况下，会将被害人掳离其原处所，置于行为人控制之下。

强制性手段，是指违背被害人或其法定监护人的意志的暴力、胁迫或其他手段。暴力，是指对被绑架人实施殴打、伤害、捆绑等，使被害人不能、不敢反抗的人身强制行为。胁迫，是指对被绑架人以将要施以杀害、伤害进行威胁、恫吓，使其不敢反抗的精神强制行为。其他方法，是指除暴力、胁迫外，使被绑架人不知反抗或不能反抗的人身强制行为，如诱骗、用药物麻醉、用酒灌醉等方法。上述手段是否达到该效果在所不问。以勒索财物为目的偷盗婴幼儿的，亦构成本罪。根据《刑法》的规定，绑架的具体行为可以有两种情况：一是以勒索财物为目的绑架他人为人质；二是出于非法勒索财物目的绑架他人为人质（不包括为索取债

---

①《最高人民法院关于对为索取法律不予保护的债务非法拘禁他人行为如何定罪问题的解释》规定："行为人为索取高利贷、赌债等法律不予保护的债务，非法扣押、拘禁他人的，依照刑法第二百三十八条的规定定罪处罚。"

务绑架他人为人质的情况)。无论属于哪一种情况,均构成本罪。

实践中,在实施绑架人质的行为之后,行为人通常以一定的方式将人质被绑架的事实通知被绑架人的亲属或者其他利害关系人,或者有关的机关、政府部门,并以继续扣押人质或加以杀、伤相要挟,勒令在一定时间内交付一定数额的金钱或财物,或者满足其某种要求,以换取人质。但根据《刑法》的规定,行为人是否实施该种行为,并不影响本罪的成立,只是量刑的情节。此外,本罪在实施过程中对人质的非法拘禁,是绑架的当然结果,不另行定罪实行并罚。根据《最高人民法院关于对在绑架过程中以暴力、胁迫等手段当场劫取被害人财物的行为如何适用法律问题的答复》,行为人在绑架过程中,又以暴力、胁迫等手段当场劫取被害人财物,构成犯罪的,从一重罪处罚。

3. 本罪的主体是已满 16 周岁具有刑事责任能力的自然人。

4. 本罪的主观方面是直接故意。根据《刑法》的规定,本罪的故意目的有二:一是勒索财物;二是获取其他利益,可以是政治利益,也可以是其他利益,但不影响本罪的成立。动机不影响本罪的认定。

(二) 绑架罪的认定

1. 本罪与非法拘禁罪的界限。在实施绑架行为过程中,对他人人身自由的非法剥夺是绑架的当然结果,而非法拘禁也可以以绑架的手段实施,二者容易混淆。主要区别在于:

(1) 主观方面,本罪以勒索财物或者获取其他利益为目的;后者以非法剥夺人身自由为目的。

(2) 客观方面,本罪一般既有绑架的行为,又有勒索财物或者要求其他利益的行为,剥夺人身自由是绑架的当然结果;而后者一般只具有非法剥夺人身自由的行为,除了索取债务外,多为泄愤、报复,无勒索财物或要求其他利益的行为。

2. 本罪既遂与未遂的界限。关于本罪的既遂与未遂区分标准,理论上有不同主张。有的认为,本罪虽然由两个行为构成,但是否既遂应以人质是否丧失行动自由为标准。至于是否开始索取财物或其他非法利益,不影响本罪的既遂。有的观点则认为,不能将绑架与勒索相分离,绑架人质是手段,勒索财物或取得其他利益才是目的,不能将其与勒索财物等行为割裂开来,所以,应以是否实际勒索到财物或其他非法利益为既遂标准。

我国理论多数认为,犯罪既遂以行为符合刑法规定的具体犯罪构成要件为标准。《刑法》第 239 条并未规定本罪必须在客观上具备勒索财物或强取其他利益的行为。如“以勒索财物为目的”的规定,表明的是实施绑架行为的主观要件,如果将此只解释为必须是实行行为,就具有客观要件的意义,未实施则不能说完全符合犯罪构成。如第一种观点认为既是双重实行行为,又认为只实施前行为而未实施后行为时就可以成立既遂,不符合刑法理论关于犯罪既遂的要求。本书认为,本罪客观方面的行为是单一行为而不是双重行为。基于上述认识,本罪的既遂与未遂应以行为人是否将人质置于自己实际支配之下为标准:已经实际控制人质的是既遂;虽实施强制人身行为,但未构成对人质的实际控制的,是未遂。

(三) 绑架罪的处罚

根据《刑法》第 239 条的规定,犯本罪的,处 10 年以上有期徒刑或者无期徒刑,并处罚金或者没收财产;情节较轻的,处 5 年以上 10 年以下有期徒刑,并处罚金。犯前款罪,杀害被绑架人的，或者故意伤害被绑架人，致人重伤、死亡的，处无期徒刑或者死刑，并处没收财产。以勒索财物为目的偷盗婴幼儿的，依照上述规定处罚。杀害被绑架人主要是指在要求未得到满足或得到满足后杀死人质，即通常所说的“撕票”。但是，对于故意杀人后隐瞒被害人死亡事实而要挟人质的利害关系人或有关单位的行为，应如何适用法律，理论上还有不同认识。

三、拐卖妇女[①]、儿童罪

（一）拐卖妇女、儿童罪的概念和构成

拐卖妇女、儿童罪，是指以出卖为目的，拐骗、绑架、收买、贩卖、接送、中转妇女、儿童的行为。本罪具有如下构成要件：

1. 本罪的客体是人身自由以及不受买卖的权利，即便妇女同意被卖，也不影响本罪的认定。本罪在多数情况下可能同时侵害被害人的人身自由权利及家庭关系，但这是本罪行为附随侵害的社会关系，而人身不受买卖的权利是必然侵犯的社会关系，属于本罪的客体，本罪的对象是妇女和儿童。妇女是指已满 14 周岁的未成年妇女和成年妇女；儿童是指不满 14 周岁的男女儿童。

2. 本罪的客观方面表现为实施拐骗、绑架、收买、贩卖、接送、中转妇女、儿童的行为。所谓拐骗，是指采用欺骗、利诱等非强制性手段，将妇女、儿童置于自己控制之下的行为。所谓绑架，是指采用暴力、胁迫、麻醉或其他强制性手段劫持妇女、儿童的行为。所谓收买，是指（以出卖为目的）用货币等从他人处买下妇女、儿童的行为。[②] 所谓贩卖，是指将妇女、儿童作价卖给第三者换取钱财的行为。所谓接送、中转，是指在拐卖妇女、儿童过程中，分工实施藏匿、移送、接转被拐卖的妇女、儿童的行为。凡实施上述行为之一的，即符合本罪客观方面的要件。至于拐卖行为是否违背被害人意志，不影响本罪的成立。即使实践中妇女、儿童自愿被卖也不能免除拐卖者的刑事责任，但在量刑时可考虑从轻。

3. 本罪的主体是已满 16 周岁具有刑事责任能力的自然人。

4. 本罪的主观方面是直接故意，且具有出卖的犯罪目的。

（二）拐卖妇女、儿童罪的认定

1. 本罪与绑架罪的界限。二者在客观上有相同之处，如绑架罪可以绑架妇女、儿童或偷盗婴幼儿；绑架罪中也可以有为获取财物而实施的勒索行为。拐卖妇女、儿童罪也可以绑架为手段。二者的区别主要表现在：

（1）犯罪客体不完全相同。本罪属于单一客体；而绑架罪既存在复杂客体的情况，也存在单一客体的情况。

（2）犯罪对象不同。本罪的对象仅限于妇女和儿童；而绑架罪的对象可以是任何人。

（3）获取的利益及方式不同。本罪通过出卖妇女、儿童获取钱财；而绑架罪通过要挟人

---

① 根据《最高人民法院关于审理拐卖妇女案件适用法律有关问题的解释》，“妇女”既包括具有中国国籍的妇女，也包括具有外国国籍和无国籍的妇女。

② 强调“以出卖为目的”，是为了与“不以出卖为目的”的收买被拐卖的妇女、儿童罪中的“收买”行为相区别。

质的亲属或利害关系人或有关机关获取钱财或其他利益。

(4) 主观目的不同。本罪以出卖为目的;而绑架罪是以勒索财物或获取其他利益的目的。

2. “亲卖亲”案件的处理。出卖亲生子女的案件,在我国目前实践中仍占一定的比例。虽然出卖亲生子女的案件与社会上拐卖妇女、儿童的案件有所不同,但是,依照我国法律的规定应当作为犯罪认定。《最高人民法院、最高人民检察院、公安部、民政部、司法部、全国妇联关于打击拐卖妇女儿童犯罪有关问题的通知》中指出:出卖亲生子女的,由公安机关依法没收非法所得,并处以罚款;以营利为目的,出卖不满 14 周岁子女,情节恶劣的,借收养名义拐卖儿童的,以及出卖捡拾的儿童的,均应以拐卖儿童罪追究刑事责任。出卖 14 周岁以上女性亲属或者其他不满 14 周岁亲属的,以拐卖妇女、儿童罪追究刑事责任。

3. 本罪与拐骗儿童罪的界限。两罪侵犯的都是人身权利,都可以儿童为对象,也都能采用欺骗手段。区别主要在于主观要件不同:本罪以出卖为目的;而拐骗儿童罪不以出卖为目的,一般是为了供自己或他人收养、奴役。

4. 本罪的罪数界限。本罪行为人在拐卖妇女、儿童的过程中实施了其他犯罪的,应根据《刑法》有关规定区别情况分别处理:(1) 在拐卖过程中因殴打、捆绑等行为过失致伤害、死亡结果发生的,应以本罪论处。(2) 因被害人反抗等而故意将被害人杀死或伤害被害人的,应以故意杀人罪或故意伤害罪与本罪实行数罪并罚。(3) 奸淫(包括强奸)被拐卖的妇女或诱骗、强迫其卖淫的,应以本罪论处。

(三) 拐卖妇女、儿童罪的处罚

根据《刑法》第 240 条的规定,犯本罪的,处 5 年以上 10 年以下有期徒刑,并处罚金;有下列情形之一的,处 10 年以上有期徒刑或者无期徒刑,并处罚金或者没收财产;情节特别严重的,处死刑,并处没收财产:(1) 拐卖妇女、儿童集团的首要分子;(2) 拐卖妇女、儿童 3 人以上的;(3) 奸淫被拐卖的妇女的;(4) 诱骗、强迫被拐卖的妇女卖淫或者将被拐卖的妇女卖给他人迫使其卖淫的;(5) 以出卖为目的,使用暴力、胁迫或者麻醉方法绑架妇女、儿童的;(6) 以出卖为目的,偷盗婴幼儿的;(7) 造成被拐卖的妇女、儿童或者其亲属重伤、死亡或者其他严重后果的;(8) 将妇女、儿童卖往境外的。

四、收买被拐卖的妇女、儿童罪

收买被拐卖的妇女、儿童罪,是指不以出卖为目的,收买被拐卖的妇女、儿童的行为。本罪的对象是被拐卖的妇女、儿童。本罪是结果犯,只有买到被拐卖的妇女、儿童才构成本罪,并为既遂。

根据《刑法》第 241 条的规定,犯本罪的,处 3 年以下有期徒刑、拘役或者管制。收买被拐卖的妇女,强行与其发生性关系的,或者非法剥夺、限制被拐卖妇女、儿童的人身自由,或者有伤害、侮辱等犯罪行为的,应以本罪和相应的有关犯罪实行数罪并罚。收买被拐卖的妇女、儿童后又出卖的,依照《刑法》第 240 条的规定以拐卖妇女、儿童罪论处。收买被拐卖的妇女、儿童,按照被买妇女的意愿,不阻碍其返回原居住地的,可以从轻或者减轻处罚。对被买儿童没有虐待行为,不阻碍对其进行解救的,可以从轻处罚。

五、聚众阻碍解救被收买的妇女、儿童罪

聚众阻碍解救被收买的妇女、儿童罪，是指纠集众人，阻碍国家机关工作人员解救被收买的妇女、儿童的行为。本罪的对象必须是正在执行解救被收买的妇女、儿童任务的国家机关工作人员。本罪的主体为已满16周岁具有刑事责任能力的自然人。根据刑法规定，只有首要分子才能构成本罪。这里所谓的首要分子，是指聚众阻碍国家机关工作人员解救被收买的妇女、儿童的策划者、指挥者、组织者。

根据《刑法》第242条第1款的规定，以暴力、威胁方法阻碍国家机关工作人员解救被收买的妇女、儿童的，依照《刑法》第277条妨害公务罪定罪处罚；犯本罪的，依照第242条第2款的规定，对其首要分子，处5年以下有期徒刑或者拘役；其他参与者使用暴力、威胁方法的，依照《刑法》第277条规定的妨害公务罪论处。

六、诬告陷害罪

（一）诬告陷害罪的概念和构成

诬告陷害罪，是指捏造犯罪事实诬陷他人，意图使他人受刑事追究，情节严重的行为。本罪有如下构成要件：

1. 本罪的客体为他人的人身权利和司法机关的正常活动。本罪对象可以是任何人。

2. 本罪的客观方面表现为捏造犯罪事实，进行告发，情节严重的行为。捏造犯罪事实和进行告发，是诬告陷害客观行为不可缺少的组成部分，应满足以下条件：(1) 必须捏造了他人犯罪的事实。所谓捏造，是指无中生有，虚构某种事实。如果告发的是真实的事实，即使在情节上有所夸大，亦属检举失实，不能构成本罪。(2) 捏造的必须是犯罪事实，如果捏造他人生活隐私等事实，情节严重的，可构成诽谤罪。(3) 必须有告发的行为。所谓告发，是指向有关机关进行检举、揭发。告发既可向司法机关告发，也可向被诬告者所在单位及其他有义务向司法机关转送告发内容的机关、机构告发。告发的方式不影响本罪的成立。(4) 必须有特定的诬告对象。所谓特定的诬告对象，并不要求必须明确指出被诬告者的姓名，只要从诬告的内容中能推断出是谁，即应当认为诬告的是特定对象。本罪是行为犯，只要行为人实施了捏造犯罪事实，进行告发的行为，就构成本罪的既遂。至于被害人是否被错误地追究刑事责任，应作为量刑的情节考虑。(5) 只有情节严重的，才能构成本罪。

3. 本罪的主体是已满16周岁具有刑事责任能力的自然人。

4. 本罪的主观方面是直接故意，并具有使他人受到刑事追究的目的。不是有意诬陷，而是错告或者检举失实的，不构成本罪。动机通常有栽赃、泄愤、嫁祸于人等，动机如何不影响本罪的成立。

（二）诬告陷害罪的认定

1. 罪与非罪的界限。

(1) 本罪与错告、检举失实的界限。《刑法》第243条第3款规定，不是有意诬陷，而是

错告,或者检举失实的,不构成本罪。二者的区别在于,后者主观上不具有陷害他人的目的,客观上不具有捏造犯罪事实的行为

(2) 本罪与一般诬告陷害行为的界限。二者的界限主要是情节是否严重。诬告陷害他人,情节严重的,构成本罪;情节不严重的,不构成犯罪,属于一般诬告陷害行为。对一般诬告陷害行为,应给予必要的批评教育或行政处分。所谓情节严重,一般是指:使他人的名誉遭受到严重损害;被害人因诬告而被错误地追究刑事责任,使司法机关的名誉受到严重的损害;诬告行为严重干扰了司法机关的正常活动;诬告手段恶劣;诬告的动机卑鄙;等等。

2. 本罪与诽谤罪的界限。二者的相同之处在于实施的都是捏造事实的行为。其区别在于:

(1) 犯罪的直接客体不同。前者是他人的人身权利和司法机关的正常活动;后者是他人的人格和名誉权。

(2) 捏造的内容和行为的方式不同。前者表现为捏造犯罪事实并向有关机关告发;后者表现为捏造并散布足以损害他人人格和名誉的虚假事实。

(3) 犯罪目的不同。前者是为了使他人受刑事处分;后者则是为了损害他人的人格和名誉。

(三) 诬告陷害罪的处罚

根据《刑法》第 243 条的规定,犯本罪的,处 3 年以下有期徒刑、拘役或者管制;造成严重后果的,处 3 年以上 10 年以下有期徒刑。国家机关工作人员犯本罪的,从重处罚。

七、强迫劳动罪

依据《刑法》第 244 条的规定,强迫劳动罪是指以暴力、威胁或者限制人身自由的方法强迫他人劳动的行为。本罪的客体是劳动者的休息权、健康权和人身自由权利。本罪客观方面表现为,以暴力、威胁或者限制人身自由的方法强迫他人劳动的行为。“暴力”是指直接对被害人实施殴打、伤害等危及其人身安全的行为,使其不能反抗、逃跑。“威胁”是指对被害人施以恫吓,进行精神强制,使其不敢反抗、逃跑。“限制人身自由的方法”是指以限制离厂(场)、不让回家,甚至雇用打手看管等方法非法限制被害人的人身自由,强迫其参加劳动。上述手段是否达到其效果,在所不问。对人身自由的剥夺是本罪的当然结果,不另行以非法拘禁罪论处。根据本条第 2 款的规定,明知他人实施前款行为,为其招募、运送人员或者有其他协助强迫他人劳动行为的,亦构成本罪。本款是帮助行为正犯化的规定。“招募”是指通过所谓合法或非法途径,面向特定或者不特定的群体募集人员的行为。如以合法就业岗位、优厚待遇等手段诱骗被害人。“运送”是指用各种交通工具运输人员。“其他协助强迫他人劳动行为”是指除招募、运送人员外,为强迫劳动的人转移、窝藏或接收人员等行为。本罪的主体,一般为自然人,单位亦可构成本罪。本罪主观方面表现为直接故意。根据最高人民检察院、公安部印发的《关于公安机关管辖的刑事案件立案追诉标准的规定(一)》第 31 条的规定,涉嫌下列情形之一的,应予立案追诉:(1) 强迫他人劳动,造成人员伤亡或者患职业病的;(2) 采取殴打、胁迫、扣发工资、扣留身份证件等手段限制人身自由,强迫他人劳动的;(3) 强迫

妇女从事井下劳动、国家规定的第四级体力劳动强度的劳动或者其他禁忌从事的劳动,或者强迫处于经期、孕期和哺乳期妇女从事国家规定的第三级体力劳动强度以上的劳动或者其他禁忌从事的劳动的;(4)强迫已满16周岁未满18周岁的未成年人从事国家规定的第四级体力劳动强度的劳动,或者从事高空、井下劳动,或者在爆炸性、易燃性、放射性、毒害性等危险环境下从事劳动的;(5)其他情节严重的情形。

根据《刑法》第244条的规定,犯本罪的,处3年以下有期徒刑或者拘役,并处罚金;情节严重的,处3年以上10年以下有期徒刑,并处罚金。单位犯本罪的,对单位判处罚金,并对其直接负责的主管人员和其他直接责任人员,依照上述规定处罚。所谓"情节严重",主要是指强迫多人劳动,长时间强迫他人劳动,以非人道手段对待被强迫劳动者,以及强迫劳动造成劳动者人身伤害严重后果等。本书认为,在强迫劳动的过程中使用暴力,致使被害人伤残、死亡的,应当以本罪与故意伤害或故意杀人罪数罪并罚。

八、雇用童工从事危重劳动罪

雇用童工从事危重劳动罪,根据《刑法》第244条之一的规定,是指违反劳动管理法规,雇用未满16周岁的未成年人从事超强度体力劳动,或者从事高空、井下作业,或者在爆炸性、易燃性、放射性、毒害性等危险环境下从事劳动,情节严重的行为。本罪的客体是未成年人的身体和身心健康权利。本罪的客观方面,表现为违反劳动管理法规,雇用未满16周岁的未成年人从事超强度体力劳动,或者从事高空、井下作业,或者在危险环境下从事劳动,情节严重的行为。本罪的主体为一般主体,法律规定为"直接责任人员",但从构成犯罪的意义上说,应当是工矿企业中的直接责任人员。本罪主观方面只能出于故意,即明知所雇用的是不满16周岁的人。所谓"情节严重",主要是指雇用多名未成年人劳动,强迫未成年人长时间劳动,以暴力、虐待等非人道手段强迫未成年人劳动,造成未成年人伤亡或者对其身体健康造成严重危害的等。《关于公安机关管辖的刑事案件立案追诉标准的规定(一)》第32条规定,涉嫌下列情形之一的,应予立案追诉:(1)造成未满16周岁的未成年人伤亡或者对其身体健康造成严重危害的;(2)雇用未满16周岁的未成年人3人以上的;(3)以强迫、欺骗等手段雇用未满16周岁的未成年人从事危重劳动的;(4)其他情节严重的情形。

根据《刑法》第244条之一的规定,对构成本罪的直接责任人员,处3年以下有期徒刑或者拘役,并处罚金;情节特别严重的,处3年以上7年以下有期徒刑,并处罚金。有前述的行为,造成事故,又构成其他犯罪的,依照数罪并罚的规定处罚。所谓"情节特别严重",主要是指对未成年人实行强迫劳动,雇用手段特别恶劣,造成多人伤亡或者对未成年人身体健康造成特别严重的危害的等。所谓"造成事故",是指在雇用未满16周岁的未成年人从事的生产、作业领域内发生重大责任事故。对雇用者应以相关责任事故犯罪与本罪实行并罚。本书认为,在雇用童工从事危重劳动中使用暴力,致使被害人伤残、死亡的,应当以本罪与故意伤害或者故意杀人罪数罪并罚。

九、非法搜查罪

非法搜查罪,是指非法对他人的身体或住宅进行搜查的行为。本罪的对象是他人的人身和住宅。所谓人身,包括其身体和着装。所谓住宅,通常是指自然人以久住或者暂时的意思居住的处所,在法理解释上,供人居住和生活的场所都应视为住宅。

根据《刑法》第 245 条的规定,犯本罪的,处 3 年以下有期徒刑或者拘役。司法工作人员滥用职权,犯本罪的,从重处罚。根据前述《立案标准的规定》,国家机关工作人员利用职权非法搜查,涉嫌下列情形之一的,应予以立案:(1) 非法搜查他人身体、住宅,并实施殴打、侮辱等行为的;(2) 非法搜查,情节严重,导致被搜查人或者其近亲属自杀、自残造成重伤、死亡,或者精神失常的;(3) 非法搜查,造成财物严重损坏的;(4) 非法搜查 3 人(户)次以上的;(5) 司法工作人员对明知是与涉嫌犯罪无关的人身、住宅非法搜查的;(6) 其他非法搜查应予追究刑事责任的情形。

十、非法侵入住宅罪

非法侵入住宅罪,是指未经允许非法进入他人住宅或经要求退出无故拒不退出的行为。本罪的对象是他人的住宅。所谓住宅,通常是指自然人以久住或者暂时的意思居住的处所,在法理解释上,供人居住和生活的场所都应视为住宅。通常认为,其范围为:有院墙的以院墙为界,没有院墙的公寓楼群应以居室为界。司法实践中,非法侵入他人住宅的往往是其他犯罪的手段行为,如闯入他人住宅进行盗窃、抢劫、行凶等犯罪活动。这种情况属于牵连犯,应从一重罪处罚。

根据《刑法》第 245 条的规定,犯本罪的,处 3 年以下有期徒刑或者拘役。司法工作人员滥用职权,犯本罪的,从重处罚。

十一、刑讯逼供罪

(一) 刑讯逼供罪的概念和构成

刑讯逼供罪,是指司法工作人员对犯罪嫌疑人、被告人适用肉刑或者变相肉刑,逼取口供的行为。本罪具有如下构成要件:

1. 本罪的客体是复杂客体,既包括公民的人身权利,也包括司法机关的正常活动。犯罪对象为犯罪嫌疑人和被告人。至于他们是否有罪,不影响本罪的成立。

2. 本罪的客观方面表现为适用肉刑或变相肉刑逼取犯罪嫌疑人或被告人口供的行为。所谓肉刑,是指直接施加于犯罪嫌疑人或被告人人身,可使其身体健康遭到损害或肉体、精神遭受痛苦的摧残手段,如捆绑、吊打以及使用戒具、刑具等。所谓变相肉刑,是指上述肉刑以外的其他使犯罪嫌疑人或被告人在肉体上遭受折磨、精神上遭受痛苦的各种手段和方法,如长时间冻饿、站立、罚跪、晒烤、使用强烈灯光照射不准睡眠、轮番不间断审讯等。

3. 本罪的主体为司法工作人员,即具有侦查、检察、审判、监管职责的工作人员。

4. 本罪的主观方面是直接故意,且出于逼取口供的目的。如果出于其他目的,如泄愤报复等,对被告人或犯罪嫌疑人施以肉刑或变相肉刑,构成犯罪的,以相应的罪论处,不构成本罪。

（二）刑讯逼供罪的认定

1. 罪与非罪的界限。对实际工作中由于业务素质低，政策观念不强，办案中采用一些轻微逼供的手段，情节显著轻微，危害不大的，可不以犯罪论处。此外，仅仅采取诱供、指名问供方法而没有刑讯逼供的，也不能构成本罪。根据前述《立案标准的规定》，涉嫌下列情形之一的，应予立案：(1) 以殴打、捆绑、违法使用械具等恶劣手段逼取口供的；(2) 以较长时间冻、饿、晒、烤等手段逼取口供，严重损害犯罪嫌疑人、被告人身体健康的；(3) 刑讯逼供造成犯罪嫌疑人、被告人轻伤、重伤、死亡的；(4) 刑讯逼供，情节严重，导致犯罪嫌疑人、被告人自杀、自残造成重伤、死亡，或者精神失常的；(5) 刑讯逼供，造成错案的；(6) 刑讯逼供 3 人次以上的；(7) 纵容、授意、指使、强迫他人刑讯逼供，具有上述情形之一的；(8) 其他刑讯逼供应予追究刑事责任的情形。

2. 本罪与非法拘禁罪的界限。两罪同属于侵犯人身权利的犯罪，都可以使用暴力等非法手段，主观上都是故意。区别主要是：(1) 侵犯的客体不尽一致。本罪属于复杂客体，既侵犯人身权利，也侵犯司法机关的正常活动。非法拘禁罪是单一客体，只侵犯他人的人身自由。(2) 客观方面的条件不同。本罪借司法机关及其司法人员职责、权力而实施；非法拘禁罪对此没有特别的要求。此外，本罪必须适用肉刑或变相肉刑；对于非法拘禁罪而言，是否使用暴力等不影响犯罪成立。(3) 主体不同。本罪的主体是特殊主体，必须是具有侦查、检察、审判、监管职责的司法工作人员；非法拘禁罪的主体是一般主体。(4) 主观目的不同。本罪的目的在于逼取口供；而非法拘禁罪的目的在于剥夺他人的人身自由。

3. 本罪与暴力取证罪的界限。二罪的客体相同，主体都是司法工作人员，在客观方面都可实施暴力行为。区别主要是：(1) 对象不同。本罪的对象是犯罪嫌疑人或被告人；暴力取证罪的对象为证人。(2) 主观目的不同。本罪的主观目的是逼取口供；暴力取证罪的主观目的是逼取证人证言。(3) 行为方式不完全相同。本罪既可采取暴力方式，也可采取非暴力方式；暴力取证罪只能采取暴力方式。(4) 行为的场合条件不同。本罪只能发生在刑事诉讼中；暴力取证罪既可发生在刑事诉讼中，也可发生在民事、行政诉讼中。

（三）刑讯逼供罪的处罚

根据《刑法》第 247 条的规定，犯本罪的，处 3 年以下有期徒刑或者拘役；致人伤残、死亡的，依照《刑法》第 234 条规定的故意伤害罪、第 232 条规定的故意杀人罪定罪，从重处罚。致人伤残、死亡，是指司法工作人员在刑讯逼供过程中，故意适用肉刑、变相肉刑或者使用其他暴力手段致使犯罪嫌疑人、被告人受到伤害或者死亡。这里不包括致人自杀的情况，对于致人自杀的，可作为本罪的一个酌定情节在量刑时加以考虑。

十二、暴力取证罪

暴力取证罪，是指司法工作人员使用暴力逼取证人证言的行为。本罪对象是证人。这里的证人，是指在刑事诉讼中，有义务向司法机关作证，或者被要求提供所知案件情况的人。但不知案件情况的人，被暴力逼迫作证的，也可成为本罪的对象。本罪的主体为特殊主体，即司法工作人员。

根据《刑法》第247条的规定，犯本罪的，处3年以下有期徒刑或者拘役；致人伤残、死亡的，依照《刑法》第234条规定的故意伤害罪、第232条规定的故意杀人罪定罪，从重处罚。根据前述《立案标准的规定》，涉嫌下列情形之一的，应予立案：(1)以殴打、捆绑、违法使用械具等恶劣手段逼取证人证言的；(2)暴力取证造成证人轻伤、重伤、死亡的；(3)暴力取证，情节严重，导致证人自杀、自残造成重伤、死亡，或者精神失常的；(4)暴力取证，造成错案的；(5)暴力取证3人次以上的；(6)纵容、授意、指使、强迫他人暴力取证，具有上述情形之一的；(7)其他暴力取证应予追究刑事责任的情形。

十三、虐待被监管人罪

虐待被监管人罪，是指监狱、拘留所、看守所等监管机构的监管人员对被监管人进行殴打或者体罚虐待，情节严重的行为。本罪对象是被监管的人。所谓被监管的人，是指一切已判决或未判决的在押人员以及因违反《治安管理处罚法》而被拘留的人和其他依法被监管的人。本罪的主体是特殊主体，即监狱、拘留所、看守所、劳教所等监管人员。

根据《刑法》第248条的规定，犯本罪的，处3年以下有期徒刑或者拘役；情节特别严重的，处3年以上10年以下有期徒刑。致人伤残、死亡的，依照《刑法》第234条规定的故意伤害罪、第232条规定的故意杀人罪定罪从重处罚。根据前述《立案标准的规定》，涉嫌下列情形之一的，应予立案：(1)以殴打、捆绑、违法使用械具等恶劣手段虐待被监管人的；(2)以较长时间冻、饿、晒、烤等手段虐待被监管人，严重损害其身体健康的；(3)虐待造成被监管人轻伤、重伤、死亡的；(4)虐待被监管人，情节严重，导致被监管人自杀、自残造成重伤、死亡，或者精神失常的；(5)殴打或者体罚虐待3人次以上的；(6)指使被监管人殴打、体罚虐待其他被监管人，具有上述情形之一的；(7)其他情节严重的情形。

第四节　侵犯名誉、人格的犯罪

一、侮辱罪

(一)侮辱罪的概念和构成

侮辱罪，是指以暴力或者其他方法公然贬低他人人格，破坏他人名誉，情节严重的行为。本罪具有如下构成要件：

1. 本罪的客体是他人的人格尊严和名誉权。所谓他人，是指自身以外的自然人。如果侮辱的只是已去世人的人格、名誉，不能以本罪论处；具备毁坏尸体等情节的，可以构成侮辱尸体罪。本罪的犯罪对象是特定的自然人，并不以我国公民为限，侮辱外国人的，亦可构成犯罪，但对象不包括国家机关、企业、事业单位和人民团体等组织。

2. 本罪的客观方面表现为以暴力或其他方法公然贬低他人人格，破坏他人名誉，情节严重的行为。包括以下条件：(1)必须侮辱他人。所谓侮辱他人，是指行为具有贬低他人人格，破坏他人名誉的性质。法律列举了暴力方法的侮辱，并以“其他方法”加以概括。暴力方法的侮辱,是指采取对人身具有一定强制性的方法损害他人的名誉或贬低他人人格。但这里的暴力不能理解为能够直接损害他人身体健康的暴力。例如,强迫他人当众作一些令人难堪的动作,如以暴力迫使他人学狗叫、学狗爬、钻胯及自己打自己耳光等。其他侮辱方法,是指暴力方法外,采用语言、文字、书画等方法侮辱他人,对此处的方法并无特别的限制。(2) 侮辱他人的行为必须是公然进行的。公然进行侮辱,是相对于秘密进行有损他人名誉、贬低他人人格的行为而言的,是指当着不特定多数人的面(或者第三者的面)或者利用可以使不特定多数人听到或看到的方式对他人进行侮辱,以破坏他人名誉、贬低他人人格。至于他人名誉、人格实际上是否受到损害并不影响侮辱罪的成立。(3) 侮辱行为必须针对特定的人。所谓特定的人,就是说被侮辱的必须是具体的人。此处具体的人可以是一个,也可以是数个,至于是否当着被害人的面,是否指名道姓,不影响认定。在公众场合,无具体目标、无特定侵害对象实施有损他人人格、名誉的行为,情节严重的,应以寻衅滋事罪论处,而不构成侮辱罪。(4) 必须情节严重。所谓情节严重,是指侮辱手段恶劣、动机卑鄙、造成恶劣的社会影响,或者引起严重的后果(如引起被害人自杀、精神失常)等。

3. 本罪的主体为已满 16 周岁具有刑事责任能力的自然人。

4. 本罪的主观方面是直接故意,并具有贬低他人人格,破坏他人名誉的目的。过失损害他人人格、名誉的,不能构成犯罪。

（二）侮辱罪的认定

1. 罪与非罪的界限。当行为针对特定对象实施时,应综合考察以下几点:

(1) 行为是否具有侮辱性质。除暴力方法外,必要时应考虑行为人的年龄、职业、受教育程度、与被害人的关系,以及当地的方言、土语和行为人用语习惯等因素。

(2) 行为是否具有公然性。如果行为不具有公然性,即使行为具有侮辱性,也不能构成犯罪。

(3) 侮辱的情节是否严重。侮辱的情节尚不能认为是严重的,不能构成本罪。

2. 本罪与强制猥亵、侮辱妇女罪的界限。二罪都具有破坏他人名誉、贬低他人人格的性质,都可以暴力方法实施,主观上都是直接故意,都是一般主体。二者的区别主要是:

(1) 对象不同。本罪的对象虽然必须是特定的,但可以是任何自然人。而强制猥亵、侮辱妇女罪的对象只能是妇女,并且不以特定的妇女为必要条件。

(2) 客观方面的条件不同。本罪的侮辱行为必须是公然进行的,至于侮辱性的行为是否具有强制性,在所不问;强制猥亵、侮辱妇女罪的猥亵、侮辱行为不要求公然实施,但必须具有抑制被害人反抗的对人身的强制性。

(3) 主观方面不同。本罪主观上具有破坏他人名誉、贬低他人人格的目的;强制猥亵、侮辱妇女罪主观上具有满足自己性欲要求或有损妇女人格的目的。

（三）侮辱罪的处罚

根据《刑法》第 246 条的规定,犯本罪的,处 3 年以下有期徒刑、拘役、管制或者剥夺政治权利。同时,犯本罪,告诉的才处理,但是严重危害社会秩序和国家利益的除外。所谓告诉的才处理,是指本罪的诉讼,必须由有权告诉之人提出控告才受理,否则,不告不理,即本罪属于“亲告罪”。有权告诉之人,除被害人本人外,还应当包括其近亲属、监护人。所谓严重危害社会秩序和国家利益的除外，是指当有权告诉之人因正当理由无法亲自告诉时，本罪的诉讼不受告诉才受理的约束。例如，侮辱造成被害人精神失常或者自杀的，侮辱外宾、国家领导人造成极恶劣的政治影响的等。通过信息网络实施侮辱行为，被害人向人民法院告诉，但提供证据确有困难的，人民法院可以要求公安机关提供协助。

二、诽谤罪

（一）诽谤罪的概念和构成

诽谤罪，是指故意捏造事实进行诽谤，损坏他人人格，破坏他人名誉，情节严重的行为。本罪具有如下构成要件：

1. 本罪的客体是他人的人格尊严和名誉权。所谓他人，是指自身以外的自然人。犯罪对象必须是特定的自然人，并不以我国公民为限，诽谤外国人的，亦可构成犯罪，但对象不包括国家机关、企业、事业单位和人民团体等组织。

2. 本罪客观方面表现为捏造事实诽谤他人的行为。所谓捏造事实诽谤他人，是指捏造某种事实并加以散布，破坏他人名誉，贬低他人人格的行为。具体包括以下内容：(1) 诽谤行为必须符合以下条件：首先，必须有捏造破坏他人名誉、贬低他人人格的事实。所谓捏造，是指无中生有，凭空虚构破坏他人名誉、贬低他人人格的虚假事实。其次，必须散布所捏造的事实。所谓散布，是指用语言或文字的方式扩散捏造的内容，使第三者或者众人知道。至于以何种方式加以散布，不影响认定。这两点必须同时具备，如果只有捏造破坏他人名誉、贬低他人人格的虚假事实，但并没有加以散布，或者散布的只是某种客观存在的或者略有夸张的客观事实，均不构成本罪，但后种情况下，虽然散布的是某种客观存在的或者略有夸张的客观事实，但破坏他人名誉、贬低他人人格，情节严重的，可构成侮辱罪。此外，散布他人捏造的破坏他人名誉、贬低他人人格的虚假事实的，由于并不是自己捏造的，也不构成犯罪。(2) 诽谤行为必须针对特定的人。所谓特定的人，是指被诽谤的必须是具体的人。此处具体的人，可以是一个，也可以是数个，至于是否当着被害人的面，是否指名道姓，不影响认定。(3) 必须情节严重。所谓情节严重，是指诽谤手段恶劣、动机卑鄙、造成恶劣的社会影响，或者引起严重的后果（如引起被害人自杀、精神失常）等。

3. 本罪的主体是已满 16 周岁具有刑事责任能力的自然人。

4. 本罪的主观方面是直接故意，具有贬低他人人格、破坏他人名誉的目的。过失贬低他人人格、破坏他人名誉的，不能构成犯罪。

（二）诽谤罪的认定

1. 罪与非罪的界限。主要综合考察以下几点：

(1) 捏造并散布的事实是否具有诽谤性质。

(2) 诽谤行为是否针对特定的对象，虽捏造并散布某种事实，但并不针对特定对象的，不构成犯罪。

(3) 诽谤的情节是否严重。

2. 本罪与侮辱罪的界限。侮辱罪与诽谤罪规定在同一个条文中，因此有诸多要件相同。其区别主要是：

(1) 本罪不可能采用暴力方法；而侮辱罪可以采用暴力方法。

(2) 本罪必须捏造并散布有损他人人格、名誉的事实，且法律没有以公然实施为条件；而侮辱罪必须公然实施侮辱行为，破坏他人名誉、贬低他人人格，但并不捏造有损他人名誉的事实。

(三) 诽谤罪的处罚

根据《刑法》第 246 条的规定，犯本罪的，处 3 年以下有期徒刑、拘役、管制或者剥夺政治权利。犯本罪，告诉的才处理，但是严重危害社会秩序和国家利益的除外。所谓告诉的才处理，是指本罪的诉讼必须由有权告诉之人提出控告才受理，否则，不告不理，即本罪属于"亲告罪"。有权告诉之人，除被害人本人，还应当包括其近亲属、监护人。所谓严重危害社会秩序和国家利益的除外，是指当有权告诉之人基于正当理由无法亲自告诉时，本罪的诉讼提起，不受必须告诉才受理的约束。对通过信息网络实施诽谤行为，被害人向人民法院告诉，但提供证据确有困难的，人民法院可以要求公安机关提供协助。①

三、煽动民族仇恨、民族歧视罪

煽动民族仇恨、民族歧视罪，是指故意以语言、文字或者其他方式煽动民族仇恨、民族歧视，情节严重的行为。所谓煽动民族仇恨，是指对民族的历史及现实中某些现象进行渲染，或捏造并散布某种虚假事实，公然掀起民族之间的强烈憎恨。所谓煽动民族歧视，是指利用民族历史、文化、传统、风俗、习惯、种族、肤色等差异，公然煽动其他民族对之鄙视、排斥、限制，损害民族平等。煽动应当是对多数人公开进行的，如果只是暗中对少数人宣扬，则不构成本罪。煽动行为必须情节严重。所谓情节严重，一般是指手段恶劣、多次煽动、引起民族公愤的，严重损害民族感情、民族尊严的，致使民族成员大量逃往国外的，以及引起其他影响民族团结、民族平等后果的等。

根据《刑法》第 249 条的规定，犯本罪的，处 3 年以下有期徒刑、拘役、管制或者剥夺政治权利；情节特别严重的，处 3 年以上 10 年以下有期徒刑。所谓情节特别严重，一般是指手段特别恶劣，长期进行煽动，引起民族纠纷、械斗或流血冲突，导致民族地方治安严重混乱或者骚乱等特别严重后果。

四、出版歧视、侮辱少数民族作品罪

出版歧视、侮辱少数民族作品罪，是指在出版物中刊载歧视、侮辱少数民族的内容，情节恶劣，造成严重后果的行为。具体包括：(1) 在出版物中刊载了歧视、侮辱少数民族的内容。所谓出版物，是指报纸、期刊、图书、音像制品和电子出版物等，包括公开出版物与内部出版物、合法出版物与非法出版物。所谓刊载，是指在出版物中发表、制作、转载。刊载

① 还可参阅《最高人民法院、最高人民检察院关于办理利用信息网络实施诽谤等刑事案件适用法律若干问题的解释》。

的表现形式，可以是文字、漫画，也可以是录像带、录音带、光盘中的画面等。所谓歧视、侮辱少数民族的内容，是指针对少数民族的形成历史、风俗、习惯等，对少数民族进行贬低、诬蔑、嘲讽、辱骂，以及其他歧视、侮辱。(2) 必须情节恶劣，造成严重后果。所谓情节恶劣，一般是指动机卑鄙、手段恶劣等。造成严重后果，是指造成恶劣的政治影响，引发民族纠纷、冲突、矛盾甚至骚乱等。本罪是结果犯。本罪的主体是在出版物中刊载歧视、侮辱少数民族内容的直接责任人员，包括作者、责任编辑以及其他对刊载上述内容负有直接责任的人员。

根据《刑法》第 250 条的规定，犯本罪的，处 3 年以下有期徒刑、拘役或者管制。

第五节　侵犯民主权利的犯罪

一、非法剥夺公民宗教信仰自由罪

非法剥夺公民宗教信仰自由罪，是指国家机关工作人员非法剥夺公民的宗教信仰自由，情节严重的行为。宗教信仰自由包括信仰宗教和不信仰宗教的自由、信仰此种宗教和信仰彼种宗教的自由、信仰同一宗教或信仰不同宗教的自由、改变宗教信仰和恢复宗教信仰的自由。本罪的主体为特殊主体，即国家机关工作人员。

根据《刑法》第 251 条的规定，犯本罪的，处 2 年以下有期徒刑或者拘役。

二、侵犯少数民族风俗习惯罪

侵犯少数民族风俗习惯罪，是指国家机关工作人员侵犯少数民族风俗习惯，情节严重的行为。所谓侵犯，主要是指以暴力、胁迫或其他方法破坏少数民族风俗习惯或者强迫其改变民族风俗习惯，以及阻止其改革本民族风俗习惯。所谓少数民族风俗习惯，是指各少数民族在历史发展中形成的在婚姻、饮食、丧葬、社交礼仪等方面具有本民族特色的习惯。本罪的主体为国家机关工作人员。既可以是汉族的国家机关工作人员，也可以是少数民族的国家机关工作人员。

根据《刑法》第 251 条的规定，犯本罪的，处 2 年以下有期徒刑或拘役。

三、侵犯通信自由罪

侵犯通信自由罪，是指隐匿、毁弃或者非法开拆他人信件，侵犯公民通信自由权利，情节严重的行为。本罪的对象是公民交付邮局递送的信件。如果明知信件是公文而毁灭的，可构成《刑法》第 280 条规定的毁灭国家机关公文、证件罪。所谓他人，是指自然人、法人及非法人组织（收件人或者发件人一方为自然人）。所谓隐匿，是指将他人的信件秘密隐藏起来。所谓毁弃，是指将他人的信件予以撕毁、烧毁或者丢弃。所谓非法开拆，是指未经收发件人同意或者司法机关批准私自开启他人的信件。

根据《刑法》第 252 条的规定，犯本罪的，处 1 年以下有期徒刑或者拘役。

四、私自开拆、隐匿、毁弃邮件、电报罪

私自开拆、隐匿、毁弃邮件、电报罪，是指邮政工作人员私自开拆或者隐匿、毁弃邮件、电报的行为。本罪的对象是邮件、电报，即各种信件、印刷品、包裹、汇票等。本罪客观方面表现为利用从事邮电业务工作的便利，非法开拆、隐匿、毁弃他人的邮件、电报。本罪的主体为特殊主体，即邮政工作人员，包括邮电部门从事邮递业务的营业员、分拣员、发行员、投递员、接发员、押运员以及有关的主管人员等。

根据《刑法》第 253 条的规定，犯本罪的，处 2 年以下有期徒刑或者拘役。邮政人员犯本罪而窃取财物的，应依《刑法》第 264 条的规定，以盗窃罪从重处罚。

五、侵犯公民个人信息罪

侵犯公民个人信息罪，是指违反国家有关规定，向他人出售或者提供公民个人信息，情节严重；或者违反国家有关规定，将在履行职责或者提供服务过程中获得的公民个人信息，出售或者提供给他人；或者窃取或以其他方法非法获取公民个人信息的行为。

本罪客体是公民个人信息的安全。公民个人信息涉及自然人个人信息（信息的隐秘以及个人隐私）安全以及社会生活的安宁。本罪的对象是公民个人信息，既包括所有能够揭示和识别特定公民个人的身份、健康状态、财产状态、社会地位、社会交友以及其他与个人生活、工作有关联的信息，也包括公民个人不愿使无关人员知悉的隐秘信息或隐私信息。明星、公众人物存在通过披露各种个人情况，借助发达的信息网络、媒体进行宣传、造势以获取相应社会地位的情况，即便如此，只要其不随意公布涉及隐私的个人信息，如生理状态、形体信息、经济状况、家庭成员、住址、联系方式等，上述信息也属于受保护之列。依法应该公示的个人信息，则不在受保护之列。例如，任职之前需要公示的个人性别、年龄、求学及获得现职的经历、家庭财产等。本罪的客观方面因主体不同分为以下几种具体情况：(1) 主体为一般主体的，表现为违反国家有关规定，向他人出售或者提供公民个人信息，情节严重，或者窃取或以其他方法非法获取公民个人信息。前者以“情节严重”为入罪条件，主要是提供或出售的批量大，出售、提供、窃取次数多，采用高科技手段，或获利数额较大，导致公民经济损失重大或公民正常生活被严重影响等；后者属于采取非法方法侵犯公民个人信息，既不以“情节严重”也不以将以非法方法获取的公民个人信息向他人出售或者提供为入罪条件。(2) 主体将在履行特定职务、从事特定业务活动中，利用履行职责或特定业务活动、提供服务过程中的便利条件获得的公民个人信息，出售或者提供给他人。该种情况，因涉及职责、业务活动，性质更为恶劣，不以“情节严重”为入罪条件。“违反国家有关规定”，是指违反已经颁行的涉及公民信息的相关法律、法规，如《身份证法》《护照法》《未成年人保护法》《预防未成年人犯罪法》《律师法》等均有保护公民个人信息的规定。对其他非国家机关的服务单位、机构，除服务项目属于国家法律、法规所规制的服务活动之外，对公民信息安全的保障，主要通过服务单位单方面承诺保护或行业自律进行，违反此类保护承诺、自律规定的，尚不属于“国家有关规定”所规制的范围。如手机、计算机维修行业在维修、维护服务过程中，可以轻易获取（窃取、以其他方法非法获取）大量公民个人信息，目前并没有形成保护

公民个人信息的统一法律规定，而是依靠维护、维修单位或个人的承诺。如违背承诺，在服务过程中窃取、以其他方法非法获取个人信息，虽然不以“违反国家有关规定”为前提，但符合窃取或者以其他方法非法获取公民个人信息的情况。利用计算机技术侵入计算机系统或者采用其他技术手段，获取计算机信息系统中存储、处理或者传输的公民个人信息的，为牵连犯，可以从一重罪处罚，也可考虑实施并罚。“他人”，泛指己身之外的自然人或单位。对于本罪，单位亦可构成。本罪主观方面为故意，不以特定目的为要件，动机不影响认定。

根据《刑法》第 253 条之一的规定，犯本罪的，处 3 年以下有期徒刑或者拘役，并处或者单处罚金；情节特别严重的，处 3 年以上 7 年以下有期徒刑，并处罚金。对在履行职责或者提供服务过程中，侵犯公民个人信息的，依照前款的法定刑从重处罚；对采取非法方法获取公民个人信息的，依照第 1 款的规定处罚。单位犯本罪的，对单位判处罚金，并对其直接负责的主管人员和其他直接责任人员，依照各该款的规定处罚。

六、报复陷害罪

（一）报复陷害罪的概念和构成

报复陷害罪，是指国家机关工作人员，滥用职权、假公济私，报复陷害控告人、申诉人、批评人、举报人的行为。本罪具有如下构成要件：

1. 本罪的客体是公民的控告权、申诉权、批评权、举报权和国家机关的正常活动。本罪的对象包括：⑴ 控告人，即因本人或他人的权益受到侵害而向国家机关或其他党政机关告发国家工作人员违法失职行为的人。⑵ 申诉人，即因对本人或他人的某种处分决定不服而向原处分部门或其上级部门提出申诉意见，请求改变原处分决定的人。⑶ 批评人，通常是指对国家机关及其工作人员的缺点、错误或工作作风提出批评意见的人。⑷ 举报人，是指向纪检、司法部门检举、揭发他人违法犯罪行为，或者提供犯罪线索的人。

2. 本罪的客观方面表现为滥用职权、假公济私，报复陷害控告人、申诉人、批评人、举报人的行为。报复陷害的行为必须符合以下条件：⑴ 必须滥用职权、假公济私。所谓滥用职权，是指国家机关工作人员在自己职权范围内非法行使权力，或者超越自己的职务权限实施越权行为。所谓假公济私，是指假借国家机关的名义或权力实施，即以合法形式掩盖其非法目的。⑵ 必须实施报复陷害行为。所谓报复陷害，是指利用国家赋予的权利和国家权力，为泄私愤，使被害人在社会政治待遇、经济利益、人身权利、民主权利等方面遭到损害。报复陷害与滥用职权、假公济私不可分离，虽然报复陷害但未滥用职权、假公济私的，不能构成本罪。至于报复陷害采取的手段，因部门、行业不同而不同，但手段不影响本罪成立。⑶ 必须针对控告人、申诉人、批评人、举报人实施。至于控告、申诉、批评、举报是否针对行为人，不影响本罪成立。

3. 本罪的主体是特殊主体，即国家机关工作人员。非国家机关工作人员不构成本罪。

4. 本罪的主观方面是直接故意，且具有报复陷害他人的目的。动机如何不影响本罪成立。

（二）报复陷害罪的认定

1. 罪与非罪的界限。国家机关工作人员由于业务水平不高，工作方法简单或者由于过失给控告人、申诉人、批评人、举报人造成一定损害的，不构成本罪。此外，本罪虽然没有以情节严重为构成要件，但是，在认定时必须考虑报复陷害的情节是否恶劣，后果是否严重。根据前述《立案标准的规定》，涉嫌下列情形之一的，应予立案：(1) 报复陷害，情节严重，导致控告人、申诉人、批评人、举报人或者其近亲属自杀、自残造成重伤、死亡，或者精神失常的；(2) 致使控告人、申诉人、批评人、举报人或者其近亲属的合法权利受到严重损害的；(3) 其他报复陷害应予追究刑事责任的情形。

2. 本罪与诬告陷害罪的界限。两者都有陷害他人的行为，主观上都是故意，但两罪仍有重大区别：

（1）对象不同。本罪的对象必须是与自己有利害关系的控告人、申诉人、批评人、举报人；而诬告陷害罪的对象可是任何人，包括犯人。

（2）客观方面不同。本罪表现为滥用职权、假公济私进行报复陷害，即以利用职权或国家权力为前提；而诬告陷害是捏造他人犯罪事实，进行告发，且行为的实施不要求利用职权，国家工作人员利用职权诬陷他人的，从重处罚。

（3）手段不同。本罪既可以捏造事实（不能是犯罪事实）的方式报复，也可利用客观存在的某种对被害人不利的事实进行报复；而诬告陷害罪必须以捏造犯罪事实的方式进行。

（4）犯罪主体不同。本罪的主体只能是国家机关工作人员；而诬告陷害罪的主体是一般主体。

（5）犯罪目的不同。本罪是以泄私愤报复他人为目的；而诬告陷害罪则以使他人受刑事处罚为目的。

（三）报复陷害罪的处罚

根据《刑法》第 254 条的规定，犯本罪的，处 2 年以下有期徒刑或者拘役；情节严重的，处 2 年以上 7 年以下有期徒刑。

七、打击报复会计、统计人员罪

打击报复会计、统计人员罪，是指公司、企业、事业单位、机关、团体的领导人对依法履行职责，抵制违反会计法、统计法行为的会计、统计人员实行打击报复，情节恶劣的行为。本罪的主体为特殊主体，即公司、企业、事业单位、机关、团体的领导人。

根据《刑法》第 255 条的规定，犯本罪的，处 3 年以下有期徒刑或者拘役。

八、破坏选举罪

破坏选举罪，是指以暴力、威胁、欺骗、贿赂、伪造选举文件、虚报选举票数等手段破坏选举或者妨害选民和代表自由行使选举权和被选举权，情节严重的行为。本罪的主体既可以是一般公民，也可以是选举工作人员；既可以是有选举权的公民，也可以是无选举权的公民。少数情况下，某些行为如虚报选举票数等，只能由选举工作人员构成。本罪的主观方面是直接故意，并且具有破坏选举工作的目的。基于工作上的过失造成妨害选举结果的，不构成本罪。动机如何不影响本罪的成立。

根据《刑法》第256条的规定，犯本罪的，处3年以下有期徒刑、拘役或者剥夺政治权利。根据前述《立案标准的规定》，涉嫌下列情形之一的，应予立案：(1)以暴力、威胁、欺骗、贿赂等手段，妨害选民、各级人民代表大会代表自由行使选举权和被选举权，致使选举无法正常进行，或者选举无效，或者选举结果不真实的；(2)以暴力破坏选举场所或者选举设备，致使选举无法正常进行的；(3)伪造选民证、选票等选举文件，虚报选举票数，产生不真实的选举结果或者强行宣布合法选举无效、非法选举有效的；(4)聚众冲击选举场所或者故意扰乱选举场所秩序，使选举工作无法进行的；(5)其他情节严重的情形。

第六节　妨害婚姻家庭权利的犯罪

一、暴力干涉婚姻自由罪

(一) 暴力干涉婚姻自由罪的概念和构成

暴力干涉婚姻自由罪，是指以暴力方法干涉他人婚姻自由的行为。本罪具有如下构成要件：

1. 本罪的客体是他人的婚姻自由及人身权利，为复杂客体。婚姻自由包括结婚自由(含恋爱自由)和离婚自由。同时，由于本罪的成立要求采取暴力方法，因此，必然侵犯他人的人身权利。

2. 本罪的客观方面表现为以暴力方法干涉他人婚姻自由的行为。所谓暴力方法，主要是指采用殴打、捆绑、强行禁闭、软禁、抢亲等使被干涉者精神、肉体遭到一定程度损害，迫使被干涉者屈从、不能行使婚姻自由的方法。实施了暴力行为，但程度比较轻微的，不构成本罪。本罪的暴力不包括以杀人和严重伤害进行干涉。如果使用严重的暴力干涉直接造成被害人重伤或死亡的，则属于想象竞合犯，以故意伤害罪或故意杀人罪论处。由于过失发生重伤、死亡结果的，属于本罪结果加重犯。实施暴力的目的必须是干涉婚姻自由。暴力并非因干涉婚姻自由而实施，或者为干涉婚姻自由而威胁将使用暴力但未使用的，或者暴力情节轻微的，即使引起严重后果(如引起自杀)，也不能构成本罪。

3. 本罪的主体为已满16周岁具有刑事责任能力的自然人，既可以是与被害人有亲属关系的人，也可以是其他人。

4. 本罪的主观方面是直接故意，目的是阻止他人结婚或离婚，动机如何不影响本罪的成立。

(二) 暴力干涉婚姻自由罪的认定

1. 罪与非罪的界限。区分罪与非罪的重点在于考察行为人使用暴力干涉，对他人婚姻自由的破坏程度。如果暴力干涉已经造成被害人不能行使婚姻自由，或者暴力行为直接造成严重后果，如造成重伤、死亡，或者暴力干涉引起严重后果，如引起被害人自杀、精神失常等，应构成犯罪。如果暴力轻微，并没有直接造成或引起严重后果，不构成本罪。

2. 本罪与罪数界限。暴力干涉婚姻自由在造成重伤、死亡的情况下，应当注意行为人的主观罪过及形式。在干涉他人婚姻自由的过程中直接实施了故意伤害、故意杀人行为的，应以故意伤害罪或故意杀人罪论处；如果行为人对造成重伤、死亡的结果是另起伤害、杀人的犯意而为之，则应当予以并罚。例如，长期干涉他人婚姻自由，但借故故意杀害或伤害被害人的，应按本罪与故意杀人罪或故意伤害罪实行数罪并罚。由于过失而造成重伤、死亡的，为本罪的结果加重犯。

（三）暴力干涉婚姻自由罪的处罚

根据《刑法》第 257 条的规定，犯本罪的，处 2 年以下有期徒刑或者拘役；致使被害人死亡的，处 2 年以上 7 年以下有期徒刑。致使被害人死亡，是指由于暴力干涉婚姻自由而直接引起被害人自杀身亡或者在实施暴力的过程中因过失导致被害人死亡。根据本条第 3 款的规定，除“致使被害人死亡的”以外，犯本罪的，告诉的才处理。

二、重婚罪

（一）重婚罪的概念和构成

重婚罪，是指有配偶而与他人结婚或者明知他人有配偶而与之结婚的行为。本罪具有如下构成要件：

1. 本罪的客体是一夫一妻制的婚姻关系。

2. 本罪的客观方面表现为有配偶而与他人结婚或者明知他人有配偶而与之结婚的行为。包括两种情况：(1) 有配偶者又与他人登记结婚，相婚者明知他人有配偶而与之登记结婚。(2) 有配偶者又与他人建立事实婚姻关系，相婚者明知他人有配偶而与之建立事实婚姻关系。所谓登记结婚，是指在婚姻登记机关或者国家认可的机构经过申请而建立的婚姻关系。所谓事实婚姻关系，是指以夫妻名义同居共同生活的关系。所以，这里所说的“结婚”“重婚”，既包括正式登记结婚，也包括未经结婚登记而以夫妻关系共同生活的事实婚姻。

3. 本罪的主体是已满 16 周岁具有刑事责任能力的自然人。但由于单独一人不能构成本罪，因此，本罪主体包括两种人：一是重婚者。所谓重婚者，是指有配偶而在其婚姻关系存续期间又与他人结婚的人。有配偶，是指男有妻、女有夫。二是相婚者。所谓相婚者，是指本人无配偶，但明知他人有配偶而与之结婚的人。无配偶的人原无婚姻关系的存在，与有配偶之人结婚也只有一个婚姻关系，严格讲无婚可重。但根据《刑法》的规定，如果明知他人有配偶而与之结婚可能构成本罪，但不明知者则不构成本罪。

4. 本罪的主观方面是直接故意，具体表现为：(1) 有配偶的人明知自己有配偶而与他人结婚。行为人基于某些合理的依据，认为自己的配偶已死亡而与第三人结婚的，不构成本罪。(2) 无配偶的人明知他人有配偶而与其结婚。无配偶的人受到有配偶的人的欺骗，误认为对方没有配偶而与其结婚的，无配偶的人不构成本罪，而由有配偶的人单独构成重婚罪。

（二）重婚罪的认定

1. 本罪与重婚行为的界限。因遭受自然灾害外流，迫于生存而重婚的；因配偶外出长期下落不明，迫于家庭生活困难又与他人结婚的；被拐卖后再婚的；因强迫、包办婚姻或者婚后受虐待外逃而又与他人结婚的等，由于都是受客观条件所迫而重婚，主观恶性较小，不以重婚罪论。

2. 本罪与同居行为的界限。同居既可以是双方有配偶的人或一方有配偶的人与另一方无配偶的人同居，也可以是双方都无配偶的人同居。当一方有配偶时，同居事实上是一种不合法的行为。《最高人民法院关于适用〈中华人民共和国民法典〉婚姻家庭编的解释（一）》（简称《婚姻家庭编的解释（一）》）第2条规定，与他人同居的情形，是指有配偶者与婚外异性，不以夫妻名义，持续、稳定地共同居住。因此，如果长期与他人不以夫妻名义实施婚外性行为的，属于同居行为，不构成本罪；如果以夫妻名义长期同居，成立事实婚姻的，可构成重婚罪。双方都无配偶的人同居，在尚未形成事实婚姻的情况下，不属于婚姻法调整的范围；成立事实婚姻的，可令其补办结婚登记手续，不构成重婚罪。

（三）重婚罪的处罚

根据《刑法》第258条的规定，犯本罪的，处2年以下有期徒刑或者拘役。

三、破坏军婚罪

（一）破坏军婚罪的概念和构成

破坏军婚罪，是指明知是现役军人的配偶而与之同居或者结婚的行为。本罪具有如下构成要件：

1. 本罪的客体为现役军人的婚姻关系。现役军人，是指具有军籍，并正在中国人民解放军或者人民武装警察部队服役的军人。退伍军人、转业军人、人民警察以及在部队、人民武装警察部队中工作但无军籍的工作人员不属于现役军人。

2. 本罪的客观方面表现为明知是现役军人的配偶而与之结婚或者同居的行为。所谓现役军人的配偶，是指与现役军人登记结婚，建立合法婚姻关系的人，即现役军人的妻子或者丈夫。破坏军婚的行为包括两种情况：一是与现役军人的配偶结婚，既包括登记结婚，也包括成立事实婚姻关系。二是与现役军人的配偶同居。这里的同居，是指有配偶的人与他人的同居。根据《婚姻家庭编的解释（一）》第2条的规定，“与他人同居”的情形，是指有配偶者与婚外异性，不以夫妻名义，持续、稳定地共同居住。所以，同居是以两性关系为基础，具有共同的经济生活和其他生活方面的姘居关系，包括公开的同居和秘密的同居；可以是长期的，也可以是短期的。同居不同于事实婚姻的地方在于，同居对外并不以夫妻名义实施。同居亦有别于与军人配偶的通奸。通奸，是指有配偶之人与他人基于因生理、情感的需要发生的婚外性关系。与现役军人配偶通奸的行为，不构成本罪。只要有与现役军人的配偶结婚或者同居,即符合本罪的客观要件。

3. 本罪的主体为已满16周岁具有刑事责任能力的自然人。可以是男性,也可以是女性;可以是现役军人,也可以是非现役军人。

4. 本罪的主观方面只能由故意构成,即明知对方是现役军人的配偶而与之同居或者结婚,不明知的,不构成本罪。

(二) 破坏军婚罪的认定

在认定本罪时,需要注意区分本罪与重婚罪的界限。二者都可以表现为重婚行为。两罪的主要区别是:(1) 客体不同。本罪的客体是现役军人的婚姻关系;重婚罪的客体为普通公民的婚姻关系。(2) 对象不同。本罪的对象只限于现役军人的配偶;重婚罪的对象是现役军人配偶之外的其他人。(3) 客观方面不完全相同。本罪表现为与现役军人的配偶同居或者结婚的行为;重婚罪表现为有配偶而与他人结婚或者明知他人有配偶而与之结婚的行为。(4) 处罚的主体范围不同。本罪中,军人配偶不是本罪的主体①,而重婚罪中双方都可构成犯罪。

(三) 破坏军婚罪的处罚

根据《刑法》第259条的规定,犯本罪的,处3年以下有期徒刑或者拘役。利用职权、从属关系以胁迫手段奸淫现役军人妻子的,依照《刑法》第236条的规定,以强奸罪论处。

四、虐待罪

(一) 虐待罪的概念和构成

虐待罪,是指经常以打骂、冻饿、强迫过度劳动、禁闭、限制自由、有病不予治疗、凌辱其人格等方法,从精神、肉体上摧残和折磨共同生活的家庭成员,情节恶劣的行为。

1. 本罪的客体是共同生活家庭成员的平等权以及人身权。本罪对象是共同生活的家庭成员,即基于血缘、婚姻、收养、赡养关系在同一个家庭中共同生活的成员。长期共同生活在同一个家庭中,事实上能够评价为家庭成员的,即便没有办理收养、赡养手续,也应视为共同生活家庭成员。

共同生活家庭成员中被监护、看护的未成年人、老年人、残疾人、患病之人,是普通虐待罪的对象还是《刑法》第260条之一虐待被监护、看护人罪的对象?如未成年人、老年人、残疾人、患病之人不是普通虐待罪共同生活的家庭成员,根据第260条之一的规定,形成普通虐待罪主体,将使处于优势地位的家庭成员,排除其对共同生活的未成年人、老年人、残疾人、患病之人的监护、看护职责,法理上难以解释。而且将其归于虐待被监护、看护人罪的对象,将使普通虐待罪有成为"过剩"立法之嫌。同时,普通虐待罪有致使被害人重伤、死亡,成立结果加重犯的规定,如将家庭成员中的未成年人、老年人、残疾人、患病之人只归于虐待被监护、看护人罪的对象,因后者没有结果加重规定,将导致造成被监护、看护人重伤、死亡

① 军人配偶是军人而与其他军人配偶结婚或者同居的,也构成本罪,因其破坏的是其他军人的婚姻。

的，在相同罪质内，处罚轻于普通虐待罪，在刑罚适用上不协调。基于上述矛盾，本书主张，普通虐待罪的对象中，不应排除共同生活在同一个家庭中的未成年人、老年人、残疾人、患病成员。本罪对象强调的是“共同生活的家庭成员”，至于是否一定属于“未成年人、老年人、残疾人、患病之人”，不是认定犯罪构成的必要条件，但具备这种特殊的身份特征，应该成为“情节恶劣”的情形。

虐待被监护、看护人罪，刑法修正案原本要规制的主体，是共同生活的家庭成员之外的，负有监护、看护职责的人和单位，即负有监护、看护职责的主体与监护、看护对象之间既无血缘、姻缘关系，又未办理收养、赡养手续，且在事实上不形成收养、赡养事实。监护者、看护者与扶养、教养、学习、医疗等单位或个人签订有扶养、教养、学习、医疗等合同或者虽没有合同，但依据法律规定[①]，与被监护、看护的未成年人、老年人、残疾人、患病之人之间形成特定时间内的扶养、教养、学习、医疗等服务关系时，不属于普通虐待罪对象，应成为虐待被监护、看护人罪的对象。

2. 客观方面表现为虐待共同生活的家庭成员。虐待，是以各种方法进行的精神、肉体折磨和摧残。虐待的方法不一而足，难以具体归纳，通常而言，即经常性打骂、冻饿、强迫过度劳动、禁闭、限制自由、有病不予治疗、凌辱其人格等。仅就打骂而言，也是难以穷尽具体的方式、方法的，开水烫、锥子扎、扫把打、皮带抽、脚踢、拳打等均属之。总之，虐待就是经常性进行的精神、肉体折磨和摧残。既然是在同一个家庭中共同生活，最典型的虐待行为即“家庭暴力”，是指行为人以殴打、捆绑、残害、强行限制人身自由或者其他手段，给其家庭成员的身体、精神等方面造成一定伤害后果的行为。持续性、经常性的家庭暴力，构成虐待。[②]虐待可以作为方式，如打骂、冻饿等为之；也可包括不作为因素，如在打骂后致其有伤而不予以治疗。多数说认为，纯粹不作为不可能构成虐待，如对有病之人不予送医治疗的，不是虐待而是遗弃。现实中，作为与包括不作为因素的虐待方法、手段存在交替使用的情况。能够构成虐待罪的虐待行为，要求具有经常性、一贯为之的特征，不具有该特征，偶尔有打骂、冻饿等行为的，性质上仍然是虐待，但不构成犯罪。虐待的实施具有“暴力”属性，在经常性、一贯为之的情况下，被害人身心备受折磨和摧残，造成身体健康状况恶化，甚至造成重伤、死亡，但是，身体健康状况恶化，造成重伤、死亡结果的，鉴于该结果系长期遭受虐待，日积月累逐渐造成，应为本罪的结果加重犯。

对被抚养人基于亲权实施有限度的惩戒行为，例如，因挑食而被“罚”不让吃饭，因不守纪律、家规被“罚”禁足等，因不具有精神、肉体折磨性质，阻却其违法性。但若基于亲权实施严重的“惩戒”，如连续殴打致轻伤、轻微伤等，则具有精神、肉体折磨的性质，不能阻却违法性。构成本罪必须是“情节恶劣”的虐待行为，应考察虐待的具体方法、手段，虐待的持续时间、对象，对被害人身心健康状况造成的伤害，以及造成的其他后果等因素，并进行综合评价。

3. 本罪主观方面为直接故意，主要有嫌弃、报复等。故意内容不影响认定，不排除具有惩戒、教育目的，动机如何不影响本罪的认定。

4. 本罪是特殊主体，为同一家庭中处于优势地位的家庭成员，要求其与被虐待人具有

---

① 如依法由收容机构承担监护、看护职责。

② 参见《婚姻家庭编的解释（一）》。

共同生活的密切关系。密切关系可以基于血缘、收养、抚养、赡养等法律事实形成。正是因为存在这种密切关系,法律才将追究普通虐待罪刑事责任的权利赋予被害人。虽有"例外"规定,但一般情况下是否需要追究行为人的刑事责任,由被害人决定(亲告),司法机关不主动追究。

(二)虐待罪的处罚

根据《刑法》第260条的规定,犯本罪,处2年以下有期徒刑、拘役或者管制。犯前款罪,致使被害人重伤、死亡的,处2年以上7年以下有期徒刑。第1款罪,告诉的才处理,但被害人没有能力告诉,或者因受到强制、威吓无法告诉的除外。有上述行为,同时构成其他犯罪的,依照处罚较重的规定定罪处罚。

"告诉的才处理",是指犯虐待罪可能判处2年以下有期徒刑刑罚,被害人亲告的,司法机关才能追究刑事责任。不适用亲告的例外情形是指被害人没有能力告诉,或者因受到强制、威吓无法告诉的,以及虐待"致使被害人重伤、死亡的",不受告诉才处理的限制,司法机关应主动追究行为人刑事责任。虐待"致使被害人重伤、死亡的",是本罪结果加重犯,是指在较长时间里被害人遭受虐待,身体健康状况恶化造成病患,或者行为人实施虐待中因不慎致使发生重伤、死亡结果。即行为人主观上仍然是出于虐待的故意,对造成重伤、死亡结果则出于过失。

"有第1款行为,同时构成其他犯罪的,依照处罚较重的规定定罪处罚",主要是指实施虐待时另起犯意,实施故意犯罪的情况,如基于一贯的虐待,某次使用的方法、手段一次性造成重伤、死亡结果的,超出本罪虐待的范围,如惯常以锥子扎为虐待方法,但该次使用锥扎其眼睛致盲的,就应以故意伤害定罪处罚;实施足以致人死亡的虐待行为,例如,对不听其监护、看护要求的老年人,在夏天强制穿戴拘束衣使之中暑死亡,以及将任性的幼儿禁闭在通风不畅的密室中致其中暑、缺氧死亡的,应按照(间接)故意杀人罪定罪处罚。

五、虐待被监护、看护人罪

虐待被监护、看护人罪,是指负有监护、看护职责的人虐待被监护、看护的未成年人、老年人、患病之人、残疾人等,情节恶劣的行为。本罪对象是与负有监护、看护职责主体没有血缘、姻缘关系,也未办理收养、赡养手续,且在事实上没有形成收养、赡养事实,不能够评价为家庭成员的人或者单位所监护、看护下的未成年人、老年人、残疾人[①]、患病之人[②]等。未成年人、老年人、残疾人以及患病之人,只要具备上述法律身份之一,即可为本罪对象,但其法律身份属性并非择一关系,可以在同一对象身上具有上述不同法律身份的属性。如未成年人可以是残疾人、患病之人,老年人可以是残疾人、患病之人等。

本罪中的虐待,与普通虐待罪中的虐待没有本质区别,多具有常态性,一贯对被监护、

---

① 未成年人,根据《未成年人保护法》的规定,是指未满18周岁的公民;老年人,根据《老年人权益保障法》的规定,是指60周岁以上的公民;残疾人,根据《残疾人保障法》的规定,是指在心理、生理、人体结构上,某种组织、功能丧失或者不正常,全部或者部分丧失以正常方式从事某种活动能力的人。其中,残疾包括视力残疾、听力残疾、言语残疾、肢体残疾、智力残疾、精神残疾、多重残疾和其他残疾。

② 指因各种致病因素而罹患病痛之人,至于是否因疾病致身体器官功能产生一定的障碍,则在所不问。

看护人进行精神、肉体折磨和摧残。基于被监护、看护人均具有异于正常人的身体状况（如年幼身体发育尚不成熟，所患疾病严重、复杂，年龄过大器官衰老，难以维持生命或其他异于正常人的体质，等等），在遭受虐待时，不排除在短期内造成被监护、看护人身体健康状况的恶化，甚至造成重伤、死亡。但本罪并没有规定结果加重犯，原因可能正是基于所监护、看护的对象，都具有异于正常人的身体状况。被监护、看护人确因年龄过小、过大，或本身疾病复杂重笃[①]或者已处晚期，其死亡、残疾或功能障碍与疾病、年龄本身的自然转归有一定关联的，则虐待行为与重伤、死亡之间的因果关系难以查明。当然，监护者、看护者实施性质严重的虐待造成重伤、死亡的，可以按照过失致人重伤罪、过失致人死亡罪论处；如监护者、看护者犯意发生变化，具有伤害、杀人故意的，即便行为仍然表现为虐待，也应按照故意伤害罪、故意杀人罪定罪处罚。基于监护、看护职责，对被监护、看护人实施必要管束的，应阻却违法性。例如，对入院治疗中精神病患者强制穿戴管束衣、对看护中的病患强制其穿戴防止排泄物溢流的衣裤、对多动症儿童的管束等，均不能视为违法。但超出监护、看护职责，实施具有惩罚性质的管束的，不阻却违法性，也不排除构成其他故意犯罪的可能性。本罪要求虐待“情节严重”，应考察被虐待的监护、看护对象的具体情况，如监护、看护对象的年龄、心智状况、疾病的严重程度等个人情况，虐待使用的方法、手段的恶劣程度，虐待的时间、地点，对被害人身心健康状况的影响，以及造成的后果、产生的社会影响等因素，进行综合评价。

本罪主体为负有监护、看护职责的人，包括负有监护、看护职责的单位。至于监护、看护职责，是长期的还是临时的，是有偿的还是无偿的，是基于血缘关系还是基于合同关系，是否签订监护、看护合同，均不影响认定。单位的雇员是正式员工还是临时雇用员工，与单位是否签订劳动合同，等等，也不影响认定。在事实上形成监护、看护职责的，如系未成年人父母、祖父母，也不影响认定。监护、看护合同一旦解除或因法律规定的事由归于无效的，虐待行为不构成本罪，触犯其他罪名的，可依照所构成的犯罪处罚。单位可构成本罪：一是监护、看护单位没有制定对监护、看护人员责任以及奖惩的规章制度，或者即便制定也形同虚设，导致雇员、工作人员肆无忌惮地对被监护、看护人实施虐待；二是监护、看护单位，明知其雇员、工作人员对被监护、看护人实施虐待，却放任不管，任其实施。本罪的主观方面为故意，故意内容不影响认定。但单位构成本罪，除间接故意之外，因放弃对雇员监管而有过失的，是否可以构成犯罪值得讨论，本书持不赞同态度。

本罪与普通虐待罪具有法条竞合关系，其中虐待被监护、看护人罪为特别条款。主体为共同生活的家庭成员中监护、看护人时，构成普通虐待罪，仍然为亲告罪，没有特别原因的，司法机关不应主动追究负有监护、看护职责的家庭成员的刑事责任。但是，监护、看护职责转移至相关单位以及家庭成员之外的个人，上述单位或个人实施虐待的，则构成虐待被监护、看护人罪，司法机关应主动追究负有监护、看护职责的个人、单位以及单位中直接负责的主管人员和其他直接责任人员的刑事责任。

根据《刑法》第 260 条之一的规定，犯本罪的，处 3 年以下有期徒刑或者拘役。单位犯本罪的，对单位判处罚金，并对其直接负责的主管人员和其他直接责任人员，依照本罪的法定刑处罚。有第 1 款行为，同时构成其他犯罪的，依照处罚较重的规定定罪处罚。

① “笃”是指病势沉重。参见中国社会科学院语言研究所词典编辑室编：《现代汉语词典》，商务印书馆 2012 年版，第 321 页。

六、遗弃罪

（一）遗弃罪的概念和构成

遗弃罪，是指对于年老、年幼、患病或者其他没有独立生活能力的人，负有扶养义务而拒绝扶养，情节恶劣的行为。本罪具有如下构成要件：

1. 本罪的客体是被遗弃人受扶养的权利。对象是年老、年幼、患病或其他没有独立生活能力的家庭成员。具体包括：因年老、伤残、疾病等原因丧失了劳动能力，没有生活来源的；虽有生活来源，但因年老、伤残、疾病等生活不能自理的；年幼尚无独立生活能力或者不能独立生活的。

2. 本罪的客观方面表现为对没有独立生活能力的家庭成员，负有扶养义务且能够履行扶养义务但拒绝扶养，情节严重的行为。首先，行为人具有履行义务的能力。如果行为人确实无能力履行扶养义务，不能认为构成遗弃罪。其次，不履行能够履行的扶养义务。此处的扶养，既包括向被扶养人提供其生活必需的物质，即经济上的供给，使其能维持正常生活，也包括对被扶养人在生活上给予必要的照料和帮助，使其能正常生活。只要有能力履行上述扶养义务而拒绝履行的，均属于遗弃行为。此外，本书认为，扶养的义务可基于血缘关系、婚姻关系产生，也可基于虽无血缘关系、婚姻关系，但在获得一定酬劳的情况下自愿承担的扶养义务。遗弃必须情节恶劣。所谓情节恶劣，通常包括：遗弃致被害人重伤、死亡；被害人因生活无着落流离失所；被害人因走投无路而自杀；遗弃动机卑鄙，手段恶劣，屡教不改；遗弃中兼有虐待行为等。本罪客观方面表现为纯粹不作为形式。

3. 本罪的主体是特殊主体，必须是对被害人负有扶养义务、具有履行义务能力的人。如果不负有扶养义务，不能成为本罪的主体。

4. 本罪的主观方面必须出于直接故意，即行为人为了达到某种目的故意不履行扶养义务。只要行为人明知自己不履行应当履行的扶养义务，会造成被扶养人生活困难，且自己具有履行能力但拒不履行，就具有本罪的故意。动机如何不影响本罪的成立。

（二）遗弃罪的认定

1. 罪与非罪的界限。本罪以情节恶劣为构成要件，因此，考察遗弃的情节是否恶劣是区分罪与非罪的主要界限。虽有遗弃的行为，但经过教育能够履行扶养义务，或者遗弃的情节尚未达到恶劣、严重程度的，不应当以犯罪论处。

2. 本罪与虐待罪的界限。本罪与虐待罪都属于侵犯家庭成员的犯罪，客观上虐待行为中可以有遗弃的情节，都以情节恶劣为构成要件。二罪的主要区别是：

（1）犯罪对象不同。本罪的对象是家庭成员中年老、年幼、患病或者其他没有独立生活能力的人。而虐待罪的对象是家庭成员，多为年老、年幼、患病或者其他没有独立生活能力的人，但是否必须具有上述身份特征不影响认定。

（2）客观方面的条件和表现不同。本罪以负有扶养义务能够履行而不履行为前提，表现为不作为形式。而虐待罪在客观上表现为长期、经常地摧残、折磨家庭成员，既可表现为作为形式，也可表现为不作为形式。

(3) 犯罪目的不同。本罪在主观上以逃避履行扶养义务为目的。而虐待罪的主观目的是使被害人在肉体上、精神上遭受痛苦。

3. 本罪与故意杀人罪的界限。区分二者,主要是由于实践中有些行为人将无任何独立生活能力的残疾人、年老的人或婴儿弃置野外,死亡结果时有发生。这种行为是遗弃还是故意杀人,应综合全案的各种情况分析。二者的区别从构成要件上看主要包括:

(1) 主观方面的故意内容不同。本罪的行为人并不希望或放任被害人死亡的结果发生,只是不愿履行扶养义务。而故意杀人罪的行为人则是希望或放任受害人死亡后果的发生。

(2) 本罪在客观上表现为不履行扶养义务的不作为。而故意杀人罪的行为既可以是作为,也可以是不作为。有无杀人的故意,是区别的主要界限。一般来说,可以从对被害人弃置的场所来看,如果故意地将被害人弃置于不可能生存下去的环境,如荒郊野外、高山深谷、严寒冬季等,实质上是一种故意杀人的行为,不应以遗弃罪处理。如弃置在人员来往较多,易被他人发现且无危险的场所,则说明行为人主观上并无杀人的故意。

(三) 遗弃罪的处罚

根据《刑法》第 261 条的规定,犯本罪的,处 5 年以下有期徒刑、拘役或者管制。

七、拐骗儿童罪

拐骗儿童罪,是指拐骗不满 14 周岁的儿童,脱离家庭或者其监护人的行为。本罪的对象是不满 14 周岁的男女儿童。以出卖或勒索财物为目的而偷盗婴幼儿的,则以拐卖儿童罪或绑架罪论处。

根据《刑法》第 262 条的规定,犯本罪的,处 5 年以下有期徒刑或者拘役。

八、组织残疾人、儿童乞讨罪

组织残疾人、儿童乞讨罪,是指以暴力、胁迫手段组织残疾人或者不满 14 周岁的未成年人乞讨的行为。本罪的对象是残疾人和不满 14 周岁的男女儿童。本罪的行为手段只限于使用"暴力""胁迫"。本罪的主体为已满 16 周岁具有刑事责任能力的自然人。

根据《刑法》第 262 条之一的规定,犯本罪的,处 3 年以下有期徒刑或者拘役,并处罚金;情节严重的,处 3 年以上 7 年以下有期徒刑,并处罚金。

九、组织未成年人进行违反治安管理活动罪[①]

组织未成年人进行违反治安管理活动罪,是指组织未成年人进行盗窃、诈骗、抢夺、敲诈勒索等违反治安管理活动的行为。本罪的对象是未成年人。本罪的主体为已满 16 周岁具有刑事责任能力的自然人。

---

① 本罪是《刑法修正案(七)》第 8 条在《刑法》第 262 条之二新增的罪名。

根据《刑法》第 262 条之二的规定，犯本罪的，处 3 年以下有期徒刑或者拘役，并处罚金；情节严重的，处 3 年以上 7 年以下有期徒刑，并处罚金。

拓展阅读

案例分析

争议问题

复习思考题

1. 故意杀人罪、故意伤害罪与使用暴力的有关犯罪致人重伤、死亡的联系与区别是什么？

2. 强奸罪的概念与特征是什么？强奸罪的构成要件有哪些？强奸罪与其他包括性活动内容的犯罪的联系与区别是什么？

3. 绑架罪的概念是什么？有哪些基本特征？绑架罪的既遂标准如何把握？如何认定绑架罪涉及的罪数问题？

4. 什么是拐卖妇女、儿童罪？它的构成要件是什么？

自测习题及参考答案

第十九章　侵犯财产罪

重点提示：

抢劫罪的概念和特征及认定，事后抢劫罪的类型和成立条件；敲诈勒索罪的概念和特征，与抢劫罪的区别；盗窃罪的概念和特征及认定；诈骗罪的概念和特征，与其他诈骗性质犯罪的区别；侵占罪的概念和特征，与盗窃罪的区别；挪用资金罪的概念和特征，与职务侵占罪的区别。

第一节　暴力、胁迫型财产犯罪

一、抢劫罪

（一）抢劫罪的概念和构成

抢劫罪，是指以非法占有为目的，使用暴力、胁迫或者其他方法，当场强行劫取公私财物的行为。本罪具有如下构成要件：

1. 本罪的客体是公私财产权利和他人的人身权利。抢劫行为使用暴力、胁迫或者其他方法侵犯被害人人身权利，进而达到获取公私财物的目的。抢劫罪既侵犯公私财产权利，也侵害人身权利，属于复杂客体，这是由实施抢劫罪必须使用暴力、胁迫或者其他方法本身的特点决定的。

通说认为，抢劫罪侵害的对象一般为动产和不动产中的可移动的附着物以及被害人的人身。所谓动产，是指可以当场非法获得，可以携带移离犯罪现场的财物。目前不动产是否可以成为本罪的对象，理论上还有不同的认识。比如，以暴力手段强占他人房产是否构成抢劫罪？当然这种案件实践中很少，但一般认为，不宜将不动产完全排除在抢劫罪之外。

《最高人民法院关于审理抢劫、抢夺刑事案件适用法律若干问题的意见》（简称《抢劫抢夺案件意见》）[①] 认为，以毒品、假币、淫秽物品等违禁品为对象，实施抢劫的，以抢劫罪定罪；抢劫的违禁品数量作为量刑情节予以考虑。抢劫违禁品后又以违禁品实施其他犯罪的，应以抢劫罪与具体实施的其他犯罪实行数罪并罚。

---

① 尚有较多内容，请具体参阅《抢劫抢夺案件意见》的规定。

抢劫赌资、犯罪所得的赃款赃物的，以抢劫罪定罪，但行为人仅以其所输赌资或所赢赌债为抢劫对象，一般不以抢劫罪定罪处罚。构成其他犯罪的，依照刑法的相关规定处罚。

为个人使用，以暴力、胁迫等手段取得家庭成员或近亲属财产的，一般不以抢劫罪定罪处罚，构成其他犯罪的，依照刑法的相关规定处理；教唆或者伙同他人采取暴力、胁迫等手段劫取家庭成员或近亲属财产的，可以抢劫罪定罪处罚。

2. 本罪的客观方面表现为实施暴力、胁迫或者其他方法，当场劫取财物的行为。本罪行为由方法行为与目的行为组成。方法行为，是指为劫取财物而对人身实施的能够排除其反抗的行为，立法对此规定了"暴力、胁迫或者其他方法"。目的行为，是指劫取财物的行为，要求当场取得财物，或者迫使被害人当场交出财物。二者的结合构成完整的抢劫行为。

（1）暴力方法。暴力方法，是指对人的身体实施具有攻击性的打击或者其他强暴手段，意在排除被害人的抵抗，使得被害人不敢反抗或者失去反抗能力，夺取或者迫使被害人当场交出财物，如殴打、伤害、捆绑、强行禁闭等。有观点认为，本罪的暴力还包括对物实施。本书认为，如果行为人只是对物实施暴力，意在使被害人精神上感到恐惧，应当属于使用胁迫的方法，而不是暴力方法的抢劫。抢劫罪中的暴力是行为人为排除被害人的反抗故意针对被害人人身实施的，因此，行为人在抢夺财物过程中非故意造成对方身体伤害的，不能构成抢劫罪，只能以抢夺罪论处，其伤害的后果可作为量刑情节考虑。如果暴力不是为劫取财物而实施，即使行为人利用暴力造成的后果临时起意获取财物，也不能构成本罪，应当以相应的犯罪论处。至于实施的暴力是针对被害人本人，还是针对在场的与被害人有某种关系的人，不影响认定。

何种程度的暴力构成抢劫罪的暴力？这实际上包括两个方面：

一是对暴力下限的理解。一种意见认为，其暴力必须足以危及被害人身体健康或者生命安全，致使被害人不能抗拒。足以危及被害人身体健康或者生命安全的暴力肯定可以构成本罪，但以此为标准也就意味着没有达到这种程度的暴力不能构成本罪。本书认为，实施暴力的意图在于排除被害人的反抗，剥夺被害人的反抗能力，并不是一定要对被害人身体健康或生命安全造成损害。因此，只要针对被害人身体，剥夺被害人保护自己财物的实际可能性就可以认为是暴力手段。

二是对暴力上限的理解，即是否包括为非法占有他人财物而当场故意杀人的行为。这涉及对本罪情节中"致人死亡"的理解。对此，理论上存在较大的争议。有观点认为，"抢劫致人死亡"是指因抢劫而过失致人死亡，不包括故意杀人。如果为占有他人财物，而当场故意致人死亡，应以故意杀人罪和抢劫罪实行并罚。也有观点认为，"抢劫致人死亡"可以包括过失或间接故意致人死亡，不包括直接故意致人死亡。如果为占有他人财物而直接故意致人死亡，应分别定抢劫罪和故意杀人罪，实行并罚。还有观点认为，"抢劫致人死亡"包括过失和故意致人死亡，因此，为了占有他人财物而当场杀死他人的，应定抢劫罪一罪。[①]

《最高人民法院关于抢劫过程中故意杀人案件如何定罪问题的批复》（简称《抢劫案件批复》）指出："行为人为劫取财物而预谋故意杀人，或者在劫取财物过程中，为制服被害人反抗而故意杀人的，以抢劫罪定罪处罚。行为人实施抢劫后，为灭口而故意杀人的，以抢劫

① 转引自高铭暄、马克昌主编：《刑法学》，北京大学出版社、高等教育出版社2007年版，第560页。

罪和故意杀人罪定罪,实行数罪并罚。”该司法文件已经统一了司法实践对抢劫致人死亡的定性问题,也就意味着抢劫暴力的上限可以包括直接故意杀人。

(2) 胁迫方法。胁迫方法,是指对被害人以当场将要实施暴力相威胁,使被害人精神上感到恐惧而不敢反抗,不得不当场交出财物或不敢阻止其劫取财物的行为。胁迫的内容是以当场将要实施暴力相威胁,即表达了如果有必要,就立即实施暴力的意思。本罪的胁迫内容不包括损坏名誉等。至于表达胁迫的方式,可以是赤裸裸的语言威胁,也可以是让被害人明白其意思的比较隐讳的语言,还可是肢体的动作。此外,本罪的胁迫必须是当场面对被害者发出的威胁、恐吓,而且胁迫的内容具有付诸实施的当场性,只要其行为能使被害者产生恐惧而不敢反抗即可。

(3) 其他方法。其他方法,是指采取暴力、胁迫以外的,使被害人处于不知反抗或丧失反抗能力的方法,如用酒灌醉、用药物麻醉等。其他方法只能对财物的持有者本人实施,即被害人不知反抗或失去反抗能力,必须是行为人的其他方法行为施加于被害人导致的;如果被害者基于自己的原因,或者因为某种意外而处于不知、不能反抗的状态,行为人利用这种状态乘机掠走财物的,不构成本罪。

3. 本罪的主体是已满 14 周岁具有刑事责任能力的自然人。

4. 本罪的主观方面表现为直接故意,即以非法占有财物为目的,动机如何不影响认定。

(二) 抢劫罪的认定

1. 罪与非罪的界限。本罪虽然是一种性质严重的犯罪,但并不意味着所有的抢劫行为都构成犯罪。未成年人实施轻微的暴力或者威胁,非法占有小额的财物,情节显著轻微、危害不大的,不宜作为犯罪处理。因正常的财产、债务纠纷,一方通过实施暴力或胁迫行为占有他人财物,或者行为人为抢回自己被骗的财物而采取暴力或胁迫行为的,因不具有非法占有他人财物的目的,不构成本罪,造成人身伤亡的,应按相应的犯罪论处。

2. 本罪既遂与未遂的界限。对于本罪既遂与未遂有不同的认识。有观点认为抢劫罪虽然侵犯的是复杂客体,但立法者将它规定在财产罪中,所以财产权利为主要客体,同时实施暴力等侵犯人身权利的行为也是为了取得财产,二者之间存在目的与手段的关系,所以,既遂与未遂应以是否取得财物为标准。只要未取得财物,即使将被害者杀死或因伤致死,也不能以既遂论处。也有观点认为,抢劫罪的两个客体结合为一个整体,前述观点是“见物不见人”,忽视了人身权利重于财产权利。因此,只要侵犯了人身权利,即使未取得财物也是抢劫既遂。只有既未抢到财物,也没有造成人身伤亡的,才是未遂。本书认为,对抢劫罪应具体分析:实施《刑法》第 263 条第 1 款所规定的一般抢劫的,应以是否取得财物作为判断是否既遂的标准。而对于属于结果加重犯和情节加重犯的抢劫,只要具有这些情节,就能够根据法定刑处罚,所以,无论是否取得财物都是既遂。

《抢劫抢夺案件意见》采纳的是第二种观点。《抢劫抢夺案件意见》第 10 条认为,抢劫罪侵犯的是复杂客体,既侵犯财产权利又侵犯人身权利,具备劫取财物或者造成他人轻伤以上两后果之一的,均属抢劫既遂;既未劫取财物,又未造成他人人身伤害后果的,属抢劫未遂。据此,《刑法》第 263 条规定的八种处罚情节中除“抢劫致人重伤、死亡的”这一结果加重情节之外,其余 7 种处罚情节同样存在既遂、未遂问题。属抢劫未遂的,应当根据刑法关于加重情节的法定刑规定,结合未遂犯的处理原则量刑。

3. 本罪与相似犯罪的界限。根据《抢劫抢夺案件意见》:

(1) 冒充正在执行公务的人民警察、联防人员,以抓卖淫嫖娼、赌博等违法行为为名非法占有财物的行为定性。行为人冒充正在执行公务的人民警察"抓赌""抓嫖",没收赌资或者罚款的行为,构成犯罪的,以招摇撞骗罪从重处罚;在实施上述行为中使用暴力或者以暴力威胁的,以抢劫罪定罪处罚。行为人冒充治安联防队员"抓赌""抓嫖"、没收赌资或者罚款的行为,构成犯罪的,以敲诈勒索罪定罪处罚;在实施上述行为中使用暴力或者以暴力威胁的,以抢劫罪定罪处罚。

(2) 以暴力、胁迫手段索取超出正常交易价钱、费用的钱财的行为定性。从事正常商品买卖、交易或者劳动服务的人,以暴力、胁迫手段迫使他人交出与合理价钱、费用相差不大钱物,情节严重的,以强迫交易罪定罪处罚;以非法占有为目的,以买卖、交易、服务为幌子采用暴力、胁迫手段迫使他人交出与合理价钱、费用相差悬殊的钱物的,以抢劫罪定罪处刑。在具体认定时,既要考虑超出合理价钱、费用的绝对数额,也要考虑超出合理价钱、费用的比例,综合判断。

(3) 抢劫罪与绑架罪的界限。绑架罪是侵害他人人身自由权利的犯罪,其与抢劫罪的区别在于:一是主观方面不尽相同。抢劫罪中,行为人一般出于非法占有他人财物的故意实施抢劫行为;绑架罪中,行为人既可能为勒索他人财物而实施绑架行为,也可能出于其他非经济目的实施绑架行为。二是行为手段不尽相同。抢劫罪中,行为人劫取财物的行为一般发生在同一时间、同一地点,具有当场性;绑架罪中,行为人以杀害、伤害等方式向被绑架人的亲属或其他人或单位发出威胁,索取赎金或提出其他非法要求,劫取财物一般不具有当场性。

绑架过程中又当场劫取被害人随身携带财物的,同时触犯绑架罪和抢劫罪两罪名,应择一重罪定罪处罚。

(4) 抢劫罪与寻衅滋事罪的界限。寻衅滋事罪是严重扰乱社会秩序的犯罪,行为人实施寻衅滋事的行为时,客观上也可能表现为强拿硬要公私财物的特征。这种强拿硬要的行为与抢劫罪的区别在于:首先,前者行为人主观上具有逞强好胜和通过强拿硬要来填补其精神空虚等目的;后者行为人一般只具有非法占有他人财物的目的。其次,前者行为人客观上一般不以严重侵犯他人人身权利的方法强拿硬要财物;而后者行为人则以暴力、胁迫等方式作为劫取他人财物的手段。司法实践中,对于未成年人使用或威胁使用轻微暴力强抢少量财物的行为,一般不宜以抢劫罪定罪处罚。其行为符合寻衅滋事罪特征的,可以寻衅滋事罪定罪处罚。

(5) 抢劫罪与故意伤害罪的界限。行为人为索取债务,使用暴力、暴力威胁等手段的,一般不以抢劫罪定罪处罚。构成故意伤害等其他犯罪的,依照《刑法》第 234 条等规定处罚。

4. 本罪的罪数形态。《抢劫抢夺案件意见》第 8 条认为,行为人实施伤害、强奸等犯罪行为,在被害人未失去知觉的情况下,利用被害人不能反抗、不敢反抗的处境,临时起意劫取他人财物的,应以此前所实施的具体犯罪与抢劫罪实行数罪并罚;在被害人失去知觉或者没有发觉的情况下,以及实施故意杀人犯罪行为之后,临时起意拿走他人财物的,应以此前所实施的具体犯罪与盗窃罪实行数罪并罚。

《抢劫抢夺案件意见》还规定,为实施抢劫以外的其他犯罪劫取机动车辆的,以抢劫罪和实施的其他犯罪实行数罪并罚。

（三）事后抢劫的认定

1. 对《刑法》第269条规定的理解。该条规定："犯盗窃、诈骗、抢夺罪，为窝藏赃物、抗拒抓捕或者毁灭罪证而当场使用暴力或者以暴力相威胁的，依照本法第二百六十三条的规定（抢劫罪——引者注）定罪处罚。"这种情况也被称为准抢劫罪，是在特定条件下由盗窃、诈骗、抢夺的犯罪转化为抢劫罪。该条规定的适用条件是：

(1) 实施了盗窃、诈骗、抢夺罪之一，而不能犯其他罪。如何理解"犯盗窃、诈骗、抢夺罪"？《最高人民法院关于审理抢劫刑事案件适用法律若干问题的指导意见》规定："根据刑法第二百六十九条的规定，'犯盗窃、诈骗、抢夺罪，为窝藏赃物、抗拒抓捕或者毁灭罪证而当场使用暴力或者以暴力相威胁的'，依照抢劫罪定罪处罚。'犯盗窃、诈骗、抢夺罪'，主要是指行为人已经着手实施盗窃、诈骗、抢夺行为，一般不考察盗窃、诈骗、抢夺行为是否既遂。但是所涉财物数额明显低于'数额较大'的标准，又不具有《两抢意见》第五条所列五种情节之一的，不构成抢劫罪。'当场'是指在盗窃、诈骗、抢夺的现场以及行为人刚离开现场即被他人发现并抓捕的情形。对于以摆脱的方式逃脱抓捕，暴力强度较小，未造成轻伤以上后果的，可不认定为'使用暴力'，不以抢劫罪论处。入户或者在公共交通工具上盗窃、诈骗、抢夺后，为了窝藏赃物、抗拒抓捕或者毁灭罪证，在户内或者公共交通工具上当场使用暴力或者以暴力相威胁的，构成'入户抢劫'或者'在公共交通工具上抢劫'。"

(2) 当场实施暴力或者以暴力相威胁。这是适用《刑法》第269条的客观方面要件。所谓当场，是指实施盗窃、诈骗、抢夺行为当时所在的场所，或者行为人刚一离开即被发觉并被跟踪抓捕的过程中。这是构成《刑法》第269条犯罪的特定时间和空间条件。但当场实施暴力或暴力威胁，应当是在实施盗窃、诈骗、抢夺行为之后，如是着手实施之前由于遇到阻力而立即使用暴力、胁迫等方法夺取财物，则应适用《刑法》第263条，不存在适用《刑法》第269条的可能。所谓"实施暴力或者以暴力相威胁"，与前述的"暴力""胁迫"是含义相同。

(3) 当场实施暴力或者以暴力相威胁的目的是窝藏赃物、抗拒抓捕或者毁灭罪证，这是适用《刑法》第269条的主观方面要件。所谓窝藏赃物，是指保护已到手的赃物不被被害人或其他人再追回；所谓抗拒抓捕，是指抗拒公安机关或任何公民特别是失主对他的抓捕、扭送；所谓毁灭罪证，是指毁灭现场犯罪的痕迹、物品或其他物证。如果出于其他目的，则应以相应犯罪论处，不构成本罪。

根据《抢劫抢夺案件意见》第5条的规定，行为人实施盗窃、诈骗、抢夺行为，未达到"数额较大"，为窝藏赃物、抗拒抓捕或者毁灭罪证当场使用暴力或者以暴力相威胁，情节较轻、危害不大的，一般不以犯罪论处；但具有下列情节之一的，可依照《刑法》第269条的规定，以抢劫罪定罪处罚：(1) 盗窃、诈骗、抢夺接近"数额较大"标准的；(2) 入户或在公共交通工具上盗窃、诈骗、抢夺后在户外或交通工具外实施上述行为的；(3) 使用暴力致人轻微伤以上后果的；(4) 使用凶器或以凶器相威胁的；(5) 具有其他严重情节的。

2. 对《刑法》第267条第2款的理解。该款规定："携带凶器抢夺的，依照本法第二百六十三条的规定定罪处罚。"根据上述规定，构成抢劫罪的条件是：(1) 携带凶器；(2) 实施抢夺犯罪行为。最高人民法院2000年11月17日《关于审理抢劫案件具体应用法律若干问题的解释》（简称《抢劫案件解释》）第6条规定："刑法第二百六十七条第二款规定的'携带凶器抢夺’,是指行为人随身携带枪支、爆炸物、管制刀具等国家禁止个人携带的器械进行抢夺或者为了实施犯罪而携带其他器械进行抢夺的行为。”《抢劫抢夺案件意见》第 4 条将“携带凶器抢夺”解释为行为人随身携带枪支、爆炸物、管制刀具等国家禁止个人携带的器械进行抢夺或者为了实施犯罪而携带其他器械进行抢夺的行为。行为人随身携带国家禁止个人携带的器械以外的其他器械抢夺,但有证据证明该器械确实不是为了实施犯罪准备的,不以抢劫罪定罪;行为人将随身携带凶器有意加以显示、能为被害人察觉到的,直接适用《刑法》第 263 条的规定定罪处罚;行为人携带凶器抢夺后,在逃跑过程中为窝藏赃物、抗拒抓捕或者毁灭罪证而当场使用暴力或者以暴力相威胁的,适用《刑法》第 267 条第 2 款的规定定罪处罚。目前理论上对此条规定还有不同的认识。

（四）抢劫罪的处罚

根据《刑法》第 263 条的规定,犯本罪的,处 3 年以上 10 年以下有期徒刑,并处罚金;有下列情形之一的,处 10 年以上有期徒刑、无期徒刑或者死刑,并处罚金或者没收财产:(1) 入户抢劫的。(2) 在公共交通工具上抢劫的。(3) 抢劫银行或者其他金融机构的。(4) 多次抢劫或者抢劫数额巨大的。(5) 抢劫致人重伤、死亡的。(6) 冒充军警人员抢劫的。(7) 持枪抢劫的。(8) 抢劫军用物资或者抢险、救灾、救济物资的。对上述有关情节的规定,《抢劫案件解释》第 1 条至第 5 条就“入户抢劫”“在公共交通工具上抢劫”“抢劫银行或者其他金融机构”“抢劫数额巨大”以及“持枪抢劫”作出具体解释;《抢劫抢夺案件意见》重申了《抢劫案件解释》的精神,同时提出了对“入户抢劫”“在公共交通工具上抢劫”“多次抢劫”等情节认定需要注意的问题。

(1) “入户抢劫”,是指为实施抢劫行为而进入他人生活的与外界相对隔离的住所,包括封闭的院落、牧民的帐篷、渔民作为家庭生活场所的渔船、为生活租用的房屋等,进行抢劫的行为。对于入户盗窃时被发现而当场使用暴力或者以暴力相威胁的行为,应当认定为入户抢劫。《抢劫抢夺案件意见》认为,认定“入户抢劫”时,应当注意以下三个问题:一是“户”的范围。“户”在这里是指住所,其特征表现为供他人家庭生活和与外界相对隔离两个方面,前者为功能特征,后者为场所特征。一般情况下,集体宿舍、旅店宾馆、临时搭建工棚等不应认定为“户”,但在特定情况下,如果确实具有上述两个特征的,也可以认定为“户”。二是“入户”目的的非法性。进入他人住所须以实施抢劫等犯罪为目的。抢劫行为虽然发生在户内,但行为人不以实施抢劫等犯罪为目的进入他人住所,而是在户内临时起意实施抢劫的,不属于“入户抢劫”。三是暴力或者暴力胁迫行为必须发生在户内。入户实施盗窃时被发现,行为人为窝藏赃物、抗拒抓捕或者毁灭罪证而当场使用暴力或者以暴力相威胁的,如果暴力或者暴力胁迫行为发生在户内,可以认定为“入户抢劫”;如果发生在户外,不能认定为“入户抢劫”。

(2) “在公共交通工具上抢劫”,既包括在从事旅客运输的各种公共汽车、大中型出租车、火车、船只、飞机等正在运营中的机动公共交通工具上对旅客、司售、乘务人员实施的抢劫,也包括对运行途中的机动公共交通工具加以拦截后,对公共交通工具上的人员实施的抢劫。《抢劫抢夺案件意见》认为,公共交通工具承载的旅客具有不特定多数人的特点。“在公共交通工具上抢劫”主要是指在从事旅客运输的各种公共汽车、大中型出租车、火车、船只、飞机等正在运营中的机动公共交通工具上对旅客、司售、乘务人员实施的抢劫。在未运营中的大中型公共交通工具上针对司售、乘务人员抢劫的,或者在小型出租车上抢劫的,不属于“在公共交通工具上抢劫”。

(3)“抢劫银行或者其他金融机构”,是指抢劫银行或者其他金融机构的经营资金、有价证券和客户的资金等。抢劫正在使用中的银行或者其他金融机构的运钞车的,视为“抢劫银行或者其他金融机构”。

(4)对“多次抢劫和抢劫数额巨大”的理解。《抢劫抢夺案件意见》认为“多次抢劫”是指抢劫3次以上。在认定上应以行为人实施的每一次抢劫行为均已构成犯罪为前提,综合考虑产生犯罪故意及实施犯罪行为的时间、地点等因素,客观分析、认定。对于行为人基于一个犯意实施犯罪的,如在同一地点同时对在场的多人实施抢劫的;或基于同一犯意在同一地点实施连续抢劫犯罪的,如在同一地点连续地对途经此地的多人进行抢劫的;或在一次犯罪中对一栋居民楼房中的几户居民连续实施入户抢劫的,一般应认定为一次犯罪。至于第263条第4项规定的“抢劫数额巨大”的认定标准,参照各地确定的盗窃罪数额巨大的认定标准执行。对于抢劫特定财产数额的计算,《抢劫抢夺案件意见》认为,抢劫信用卡后使用、消费的,其实际使用、消费的数额为抢劫数额;抢劫信用卡后未实际使用、消费的,不计数额,根据情节轻重量刑。所抢信用卡数额巨大,但未实际使用、消费或者实际使用、消费的数额未达到巨大标准的,不适用“抢劫数额巨大”的法定刑。《最高人民法院关于审理抢劫、抢夺刑事案件适用法律若干问题的意见》规定:“抢劫存折、机动车辆的数额计算,参照执行《关于审理盗窃案件具体应用法律若干问题的解释》的相关规定。”《最高人民法院、最高人民检察院关于办理盗窃刑事案件适用法律若干问题的解释》第5条规定:“盗窃有价支付凭证、有价证券、有价票证的,按照下列方法认定盗窃数额:(一)盗窃不记名、不挂失的有价支付凭证、有价证券、有价票证的,应当按票面数额和盗窃时应得的孳息、奖金或者奖品等可得收益一并计算盗窃数额;(二)盗窃记名的有价支付凭证、有价证券、有价票证,已经兑现的,按照兑现部分的财物价值计算盗窃数额;没有兑现,但失主无法通过挂失、补领、补办手续等方式避免损失的,按照给失主造成的实际损失计算盗窃数额。”第10条规定,偷开他人机动车的,按照下列规定处理:① 偷开机动车,导致车辆丢失的,以盗窃罪定罪处罚;② 为盗窃其他财物,偷开机动车作为犯罪工具使用后非法占有车辆,或者将车辆遗弃导致丢失的,被盗车辆的价值计入盗窃数额;③ 为实施其他犯罪,偷开机动车作为犯罪工具使用后非法占有车辆,或者将车辆遗弃导致丢失的,以盗窃罪和其他犯罪数罪并罚;将车辆送回未造成丢失的,按照其所实施的其他犯罪从重处罚。

(5)《抢劫案件解释》规定,“持枪抢劫”,是指行为人使用枪支或者向被害人显示持有、佩带的枪支进行抢劫的行为。“枪支”的概念和范围,适用《枪支管理法》的规定。

(6)“抢劫致人重伤、死亡”,是指行为人为劫取财物使用暴力或者其他针对人身的强制方法,故意或者过失致被害人重伤或者死亡。前述《抢劫案件批复》已经明确了在该种情况下,包括为劫取财物而实施的直接故意杀人的行为(请参阅“对暴力上限的理解”内容)。

(7)“冒充军警人员抢劫”,是指采取使一般人误认为是军警人员的方法,使用暴力或者以暴力相威胁劫取财物的行为。冒充非军警人员劫取财物的,并非不构成本罪,前述《抢劫抢夺案件意见》针对此种情况有明确规定(请参阅“本罪与相似犯罪的界限”内容)。

(8)对“抢劫军用物资或者抢险、救灾、救济物资”的理解。“军用物资”是指除枪支、弹药、爆炸物之外的武器装备或者其他军用装备、物资。“抢险、救灾、救济物资”是发生自然灾害事故等时,国家或者当地已确定用于抢险、救灾、救济的物资。军用物资或者抢险、救灾、救济物资当然包括车辆、船只、被服、粮秣、油料、施工器材等物资。

二、抢夺罪

抢夺罪,是指以非法占有为目的,不使用人身强制方法,公然夺取数额较大的公私财物,或者多次抢夺公私财物的行为。这里的"公私财物"不包括刑法规定的特定对象,如枪支、弹药、公文、证件等。"不使用人身强制方法",是指不采取暴力、胁迫等使被害人不敢反抗、不能反抗的方法。"公然夺取",是指采取了非隐秘,使被害人能够立即发觉的方式,公开夺取被害人的财物。根据《最高人民法院、最高人民检察院关于办理抢夺刑事案件适用法律若干问题的解释》(简称《抢夺案件解释》)的规定,抢夺公私财物"数额较大""数额巨大""数额特别巨大"的标准如下:(1)抢夺公私财物价值 1 000 元至 3 000 元以上、3 万元至 8 万元以上、20 万元至 40 万元以上的,应当分别认定为"数额较大""数额巨大""数额特别巨大"。此外,各省、自治区、直辖市高级人民法院、人民检察院可以根据本地区经济发展状况,并考虑社会治安状况,在前述规定的数额幅度内,确定本地区执行的具体数额标准,报最高人民法院、最高人民检察院批准。(2)抢夺公私财物,具有下列情形之一的,"数额较大"的标准按照前述标准的 50% 确定:① 曾因抢劫、抢夺或者聚众哄抢受过刑事处罚的;② 1 年内曾因抢夺或者哄抢受过行政处罚的;③ 1 年内抢夺 3 次以上的;④ 驾驶机动车、非机动车抢夺的;⑤ 组织、控制未成年人抢夺的;⑥ 抢夺老年人、未成年人、孕妇、携带婴幼儿的人、残疾人、丧失劳动能力人的财物的;⑦ 在医院抢夺病人或者其亲友财物的;⑧ 抢夺救灾、抢险、防汛、优抚、扶贫、移民、救济款物的;⑨ 自然灾害、事故灾害、社会安全事件等突发事件期间,在事件发生地抢夺的;⑩ 导致他人轻伤或者精神失常等严重后果的。《抢夺案件解释》)第 3、4 条规定,导致他人重伤、自杀或者具有本解释第 2 条第 3 项至第 10 项情形之一并且数额达到第 1 条规定的"数额巨大"的 50% 的,应当认定为"其他严重情节";导致他人死亡或者具有本解释第 2 条第 3 项至第 10 项情形之一并且数额达到第 1 条规定的"数额特别巨大"的 50% 的,应当认定为"其他特别严重情节"。根据《刑法修正案(九)》,"多次抢夺"亦构成抢夺罪,可按照"一年内抢夺三次以上"考虑,且该种情况下,不必考虑抢夺的数额。如此,抢夺罪中的"其他严重情节"或"其他特别严重情节"不再考虑"一年内抢夺三次以上"。

根据《刑法》第 267 条的规定,犯本罪的,处 3 年以下有期徒刑、拘役或者管制,并处或者单处罚金;数额巨大或者有其他严重情节的,处 3 年以上 10 年以下有期徒刑,并处罚金;数额特别巨大或者有其他特别严重情节的,处 10 年以上有期徒刑或者无期徒刑,并处罚金或者没收财产。携带凶器抢夺的,依照《刑法》第 263 条的规定定罪处罚。

三、聚众哄抢罪

聚众哄抢罪,是指以非法占有为目的,聚集多人,公然夺取公私财物,数额较大或者有其他严重情节的行为。所谓聚众,是指聚集 3 人以上。所谓哄抢,是指不采取暴力等人身强制方法,一哄而上公然夺取公私财物。聚众哄抢公私财物,数额较大或者情节严重的,才构成本罪。本罪的主体是已满16周岁具有刑事责任能力的自然人。但刑法只处罚聚众哄抢中的首要分子和积极参加者。

根据《刑法》第268条的规定，犯本罪的，处3年以下有期徒刑、拘役或者管制，并处罚金；数额巨大或者有其他特别严重情节的，处3年以上10年以下有期徒刑，并处罚金。

四、敲诈勒索罪

（一）敲诈勒索罪的概念和构成

敲诈勒索罪，是指以非法占有为目的，对被害人以将要实施暴力或其他损害行为相威胁或者要挟的方法，强行索取公私财物，数额较大或者多次敲诈勒索的行为。[①] 本罪具有如下构成要件：

1. 本罪的客体是公私财物的所有权，同时侵害被害人的人身权利或者其他权利，是复杂客体。本罪的对象是公私财物。在国外刑法中，有的规定敲诈勒索的对象也可以是某种财产上的利益或财产权利。我国也有学者认为以获取财产性利益为目的，迫使他人提供财产性利益的，也构成本罪。[②] 本书认为，对本罪的财物以作扩大解释为宜。敲诈勒索的对象可以是钱财、物品等有形的财物，也可是财产上的利益或财产权利等无形财物。

2. 本罪的客观方面表现为对被害人以将要实施暴力或其他损害行为相威胁或要挟，强行索取公私财物的行为，既包括当场逼人交出财物，也包括逼人限期交出一定数额的财物，但敲诈勒索并不实施能够致被害人伤亡的暴力。客观方面包括以下内容：(1) 实施威胁或要挟行为。所谓威胁或要挟，是指对被害人进行精神上的强制，造成其心理上的恐惧而不敢反抗。实施威胁、要挟，并不排除采取轻微暴力的方式。至于被害人有无处分该财物的权利，不影响本罪的成立。威胁或要挟的内容，概括起来讲就是如果不满足行为人索取财物的要求，就将对被害人采取不利的行动。所谓不利的行动，则是多种多样的，如以将杀害、伤害相威胁，或毁坏财产，揭发、张扬隐私，或不让被害人实现某种正当要求等。至于具体实施方式，则可多种多样，既可面对被害人直接实施，也可由第三者进行转达；既可以口头表示，也可通过书信表达；既可以赤裸裸地威胁，也可以采用隐晦的暗示方法；既可以凭借某种把柄或制造某种借口，例如，以自伤、自残要挟，也可以毫无把柄或借口而进行勒索。总之，不论以何种方法和方式，只要使被害人恐惧，即为本罪的威胁或要挟。敲诈勒索遭到拒绝之后，把威胁或要挟的内容付诸实施触犯其他罪名的，应以本罪与构成的犯罪合并论处。(2) 迫使被害人交付数额较大的财物，或者多次实施敲诈勒索（在立法精神上，敲诈勒索数额未达到数额较大程度，但多次实施敲诈勒索行为的，亦可入罪）。具体可以表现为以下方式：一是要求被害人在指定的地点、时间交付财物，否则以后将实现威胁或要挟的内容；二是以当场将实现威胁或要挟的内容，要求被害人在指定的地点、时间交付财物；三是要求当场交付财物，否则以后将实现威胁或要挟的内容。总之，威胁或要挟的内容即使可以当场实现，也不能当场获取财物，否则，应当构成抢劫罪。多次实施敲诈勒索的，亦构成犯罪。“多次”可以考虑

---

① 利用信息网络实施敲诈勒索行为的，亦可构成犯罪。请参见《最高人民法院、最高人民检察院关于办理利用信息网络实施诽谤等刑事案件适用法律若干问题的解释》。

② 参见王作富主编：《刑法》，中国人民大学出版社1999年版，第405页。

为一年内实施三次以上。对此,可以不考虑敲诈勒索的具体数额。

3. 本罪的主体是已满16周岁具有刑事责任能力的自然人。

4. 本罪的主观方面是直接故意,并以非法占有他人财物为目的,动机如何不影响本罪成立。

(二) 敲诈勒索罪的认定

1. 罪与非罪的界限。本罪以“数额较大”或者多次实施敲诈勒索为构成犯罪的选择性条件,敲诈勒索的数额,是认定犯罪及处刑的主要依据。根据《最高人民法院、最高人民检察院关于办理敲诈勒索刑事案件适用法律若干问题的解释》(简称《敲诈勒索案件解释》)第1条规定,敲诈勒索公私财物价值2 000元至5 000元以上、3万元至10万元以上、30万元至50万元以上的,应当分别认定为“数额较大”“数额巨大”“数额特别巨大”。各省、自治区、直辖市高级人民法院、人民检察院可以根据本地区经济发展状况和社会治安状况,在前述规定的数额幅度内,共同研究确定本地区执行的具体数额标准,报最高人民法院、最高人民检察院批准。敲诈勒索公私财物,具有下列情形之一的,“数额较大”的标准可以按照《敲诈勒索解释》第1条规定标准的50%确定:(1) 曾因敲诈勒索受过刑事处罚的;(2) 1年内曾因敲诈勒索受过行政处罚的;(3) 对未成年人、残疾人、老年人或者丧失劳动能力人敲诈勒索的;(4) 以将要实施放火、爆炸等危害公共安全犯罪或者故意杀人、绑架等严重侵犯公民人身权利犯罪相威胁敲诈勒索的;(5) 以黑恶势力名义敲诈勒索的;(6) 利用或者冒充国家机关工作人员、军人、新闻工作者等特殊身份敲诈勒索的;(7) 造成其他严重后果的。该解释第3条将“多次敲诈勒索”解释为2年内敲诈勒索3次以上。实践中对于下列情况,一般不认定为犯罪:(1) 情节显著轻微、危害不大的;(2) 基于其他目的而实施敲诈的,如为解除婚约;(3) 为索取债务而进行威胁或要挟的;(4) 基于无因管理的付出,为索取一定的报酬而威胁或要挟的。此外,《敲诈勒索解释》第6条规定,敲诈勒索近亲属的财物,获得谅解的,一般不认为是犯罪;认定为犯罪的,应当酌情从宽处理。被害人对敲诈勒索的发生存在过错的,根据被害人过错程度和案件其他情况,可以对行为人酌情从宽处理;情节显著轻微危害不大的,不认为是犯罪。

2. 本罪与抢劫罪的界限。本罪与抢劫罪有诸多相似之处:(1) 犯罪客体均为复杂客体,既侵犯他人的财产权利,也侵犯他人的人身权利;(2) 客观方面都可以当场对被害人实施威胁,当场取得财物;(3) 主观上都以非法占有为目的。两罪的区别主要是:(1) 威胁实施的方法不同。本罪的威胁可以当着被害人的面,也可以通过书信或第三者转达;抢劫的胁迫必须面对被害人直接实施。(2) 威胁内容不同。本罪的威胁内容比较广泛,除以实施暴力相威胁外,还可以毁坏名誉、破坏财产等相威胁,而且威胁的不利行为,不以违法为必要条件;抢劫罪威胁的内容以实施暴力为限,如以杀害、伤害相威胁。(3) 威胁的程度不同。本罪以将实施暴力或其他对被害人不利的行动相威胁,被害人在威胁面前尚有选择的余地;抢劫罪以当场实施暴力相威胁,被害人在威胁面前毫无选择的余地。(4) 索取利益的性质不同。本罪取得的可以是动产或不动产,也可以是财产性利益;而抢劫罪获取的一般只能是动产。(5) 获取利益的时间不同。本罪可以当场取得财物,而绝大多数情况下是在事后取得财物;抢劫罪只能在当场取得财物。

3. 本罪与绑架罪的界限。当为勒索财物绑架他人时,本罪与绑架罪有相似之处:(1) 犯罪客体都是复杂客体，既侵犯他人财产权利，也侵犯人身权利。(2) 客观上都是事后获取他人的财物。(3) 主观上都具有非法占有的目的。两罪的区别主要是：(1) 犯罪的主要客体不同。本罪的主要客体是他人的财产权利；绑架罪的主要客体是他人的人身权利。(2) 客观方面表现不同。本罪表现为实施威胁和要挟，迫使他人交付财物或者提供财产性利益；绑架罪则采用劫持人质的方法，勒索财物。(3) 威胁的内容不同。本罪的威胁内容范围广泛，可以利用任何对被害人不利的情况进行勒索；绑架罪的威胁则利用人质安危进行勒索。(4) 威胁的对象不同。本罪威胁的对象是被勒索者；绑架罪威胁的对象是与人质具有某种特定关系的人或者单位。(5) 完成犯罪的标准不同。本罪以行为人实际获得数额较大的财物或者财产性利益为既遂标准；绑架罪中，只要实施绑架行为，实际控制了人质，无论是否获得财物都构成既遂。

(三) 敲诈勒索罪的处罚

根据《刑法》第 274 条的规定，犯本罪的，处 3 年以下有期徒刑、拘役或者管制，并处或者单处罚金；数额巨大或者有其他严重情节的，处 3 年以上 10 年以下有期徒刑，并处罚金；数额特别巨大或者有其他特别严重情节的，处 10 年以上有期徒刑，并处罚金。

第二节　窃取、骗取型财产犯罪

一、盗窃罪

(一) 盗窃罪的概念和构成

盗窃罪，是指以非法占有为目的，秘密窃取公私财物数额较大或者多次盗窃、入户盗窃、携带凶器盗窃、扒窃公私财物的行为。本罪具有如下构成要件：

1. 本罪的客体是公私财产权利，本罪的对象是动产和可与不动产相分离的财物，具体是以各种形态表现的公私财物，但不包括刑法已有特别规定的对象，如枪支、弹药、公文、证件、印章、重要技术成果、林木等，电力、煤气、天然气等具有经济价值的物品，根据《最高人民法院、最高人民检察院关于办理盗窃刑事案件适用法律若干问题的解释》(简称《盗窃案件解释》)第 4 条第 3 项的规定，也可成为本罪对象。根据《刑法》第 265 条的规定，以牟利为目的，盗接他人通信线路、复制他人电信码号或者明知是盗接、复制的电信设备、设施而使用的，依照《刑法》第 264 条的规定定罪处罚。此外，根据《盗窃案件解释》第 8 条可知，偷拿家庭成员或者近亲属的财物，获得谅解的，一般不认为是犯罪；追究刑事责任的，应当酌情从宽。根据该解释第 9 条可知，盗窃国有馆藏文物或者民间收藏文物的，也可以构成盗窃罪。

2. 本罪的客观方面表现为秘密窃取公私财物数额较大的或者多次盗窃、入户盗窃、携带凶器盗窃、扒窃公私财物的行为。所谓秘密窃取，是指行为人主观上自认为采用不会使被害人发觉的方法取得并且占有公私财物的行为。秘密窃取的实质在于行为人自认为行为是隐秘的、暗中的，至于事实上是否隐秘、暗中，不影响行为的性质。所以，秘密窃取不以在暗中窃取或在被害人不知晓的情况下取得财物为必要条件。至于秘密窃取的方式,是多种多样的,常见的如撬门破锁、翻墙入院、扒窃掏包、顺手牵羊等,行为方式的不同不影响认定。通常情况下秘密窃取行为的特点是,随着窃取行为的实施,被窃财物在空间上会发生位置移动,但利用电子计算机等技术手段实施盗窃,则可以在不窃走原物的情况下实现秘密窃取。

"秘密窃取公私财物数额较大或者多次盗窃、入户盗窃、携带凶器盗窃、扒窃",是盗窃行为构成犯罪的选择性要件。数额较大是盗窃行为构成犯罪的基本条件。"数额",是指行为人窃取公私财物的数额,具体是指被盗财物的直接损失,不包括被盗财物的间接损失。根据《盗窃案件解释》有关规定,个人盗窃公私财物价值人民币 1 000 元至 3 000 元以上的,为"数额较大"。各省、自治区、直辖市高级人民法院、人民检察院可根据本地区经济发展状况,并考虑社会治安状况,在上述规定的数额幅度内,分别确定本地区执行的"数额较大"的标准。如果盗窃的财物数额较小,一般应当依照《治安管理处罚法》的规定予以处罚。

根据现行立法的规定,对于一些特定的盗窃行为,即使达不到数额较大的条件,也规定其构成犯罪。这些行为包括:(1) 多次盗窃。这主要是指盗窃行为已具有常习性,行为人又具有一定的反侦查能力,被抓获后,往往只能认定现场查获的数额,而对其关于以往数额的交代也难以查证。根据《盗窃案件解释》有关规定,2 年内盗窃 3 次以上的,应当认定为"多次盗窃",以盗窃罪定罪处罚。(2) 入户盗窃。这里所说的"户",根据 1999 年《全国法院维护农村稳定刑事审判工作座谈会纪要》,是指家庭及其成员与外界相对隔离的生活场所,包括封闭的院落、为家庭生活租用的房屋、牧民的帐篷以及渔民作为家庭生活场所的渔船等。集生活、经营于一体的处所,在经营时间内一般不视为"户",不包括纯粹用于办公的场所。根据《盗窃案件解释》规定,非法进入他人家庭生活的、与外界相对隔离的住所盗窃的,应当认定为"入户盗窃"。(3) 携带凶器盗窃。根据《盗窃案件解释》第 3 条第 3 款的规定,携带枪支、爆炸物、管制刀具等国家禁止个人携带的器械盗窃,或者为了实施违法犯罪携带其他足以危害他人人身安全的器械盗窃的,应当认定为"携带凶器盗窃"。这些物品均可用于实施暴力犯罪,如果持有而盗窃,行为人往往有恃无恐,一旦被发现或者被抓捕,则可用来进行反抗。这种行为以暴力为后盾,不仅侵犯他人的财产,而且对他人的人身形成严重威胁,应当予以刑事处罚。需要明确的是,这里的"携带凶器盗窃",是指行为人携带凶器而未使用的情况,如果行为人在携带凶器盗窃时,为窝藏赃物、抗拒抓捕或者毁灭罪证而当场使用凶器施暴或者相威胁的,根据《刑法》第 269 条的规定,应当以抢劫罪定罪处罚。(4) 扒窃。扒窃是指在公共场所或者公共交通工具上(随机地)窃取他人随身携带的财物。

3. 本罪的主体是已满 16 周岁具有刑事责任能力的自然人。

4. 本罪的主观方面是直接故意,并具有非法占有的目的,动机为何不影响认定。

(二) 盗窃罪的认定

1. 罪与非罪的界限。本罪与非罪的界限,根据《刑法》的规定,是盗窃"数额较大"。

数额较大是构成本罪的重要条件,但不是唯一条件,必须考虑其他情节。根据《盗窃案件解释》,这里的盗窃数额,是指行为人窃取的公私财物的数额。盗窃公私财物数额达到

《盗窃案件解释》第1条规定标准的50%，具有以下情形之一的，可以追究刑事责任：(1) 曾因盗窃受过刑事处罚的；(2) 1年内曾因盗窃受过行政处罚的；(3) 组织、控制未成年人盗窃的；(4) 自然灾害、事故灾害、社会安全事件等突发事件期间，在事件发生地盗窃的；(5) 盗窃残疾人、孤寡老人、丧失劳动能力人的财物的；(6) 在医院盗窃病人或者其亲友财物的；(7) 盗窃救灾、抢险、防汛、优抚、扶贫、移民、救济款物的；(8) 因盗窃造成严重后果的。反之，盗窃公私财物数额已达到"数额较大"，但行为人认罪、悔罪，退赃、退赔，且具有下列情形之一，情节轻微的，可以不起诉或者免予刑事处罚；必要时，由有关部门予以行政处罚：(1) 具有法定从宽处罚情节的；(2) 没有参与分赃或者获赃较少且不是主犯的；(3) 被害人谅解的；(4) 其他情节轻微、危害不大的。

已经窃取数额较大的公私财物的，属于犯罪既遂，在某些特定的情况下，即使没有窃得财物，也可构成犯罪。《盗窃案件解释》规定，属于盗窃未遂，但情节严重，如以数额巨大的财物或者珍贵文物为盗窃目标，或有其他情节严重情形的，应当定罪处罚。例如，夜间潜入金融机构、文物陈列馆盗窃的，即使未遂，也应当定盗窃罪。

对于特定盗窃行为，根据刑法的规定，数额较大不是入罪的主要条件，而以具有特定的情节作为入罪的必备条件。但即便如此，也应该考虑到具有的特定情节，符合相关司法解释所要求的条件。本书认为，"多次盗窃""入户盗窃""携带凶器盗窃""扒窃"入罪的前提，是盗窃的数额没有达到"数额较大"，也没有达到接近"数额较大"起点的标准。在盗窃活动中，数额已经达到较大标准，但同时具有"多次盗窃""入户盗窃""携带凶器盗窃""扒窃"情节的，应作为量刑情节考虑，不再视为入罪的条件。

2. 盗窃财物的数额计算。被窃取公私财物数额的大小是判断盗窃行为危害程度的主要标准，因此，如何计算其数额将直接影响正确的定罪和量刑。《盗窃案件解释》针对被盗窃的不同种类的物品的特点规定了详细的计算标准和方法。被盗物品的数额按照下列方法计算：

(1) 被盗财物有有效价格证明的，根据有效价格证明认定；无有效价格证明，或者根据价格证明认定盗窃数额明显不合理的，应当按照有关规定委托估价机构估价。

(2) 盗窃外币的，按照盗窃时中国外汇交易中心或者中国人民银行授权机构公布的人民币对该货币的中间价折合成人民币计算；中国外汇交易中心或者中国人民银行授权机构未公布汇率中间价的外币，按照盗窃时境内银行人民币对该货币的中间价折算成人民币，或者该货币在境内银行、国际外汇市场对美元汇率，与人民币对美元汇率中间价进行套算。

(3) 盗窃电力、燃气、自来水等财物，盗窃数量能够查实的，按照查实的数量计算盗窃数额；盗窃数量无法查实的，以盗窃前6个月月均正常用量减去盗窃后计量仪表显示的月均用量推算盗窃数额；盗窃前正常使用不足6个月的，按照正常使用期间的月均用量减去盗窃后计量仪表显示的月均用量推算盗窃数额。

(4) 明知是盗接他人通信线路、复制他人电信码号的电信设备、设施而使用的，按照合法用户为其支付的费用认定盗窃数额；无法直接确认的，以合法用户的电信设备、设施被盗接、复制后的月缴费额减去被盗接、复制前6个月的月均电话费推算盗窃数额；合法用户使用电信设备、设施不足6个月的，按照实际使用的月均电话费推算盗窃数额。

(5) 盗接他人通信线路、复制他人电信码号出售的，按照销赃数额认定盗窃数额。

(6) 盗窃行为给失主造成的损失大于盗窃数额的,损失数额可以作为量刑情节考虑。

(7) 盗窃有价支付凭证、有价证券、有价票证的,按照下列方法认定盗窃数额:① 盗窃不记名、不挂失的有价支付凭证、有价证券、有价票证的,应当按票面数额和盗窃时应得的孳息、奖金或者奖品等可得收益一并计算盗窃数额;② 盗窃记名的有价支付凭证、有价证券、有价票证,已经兑现的,按照兑现部分的财物价值计算盗窃数额;没有兑现,但失主无法通过挂失、补领、补办手续等方式避免损失的,按照给失主造成的实际损失计算盗窃数额。

3. 本罪与其他相近犯罪的界限。当盗窃行为涉及刑法特别规定的对象时,可能构成其他犯罪或者与其他犯罪具有牵连关系,应当予以认真区别。

(1) 盗窃广播电视设施、公用电信设施价值数额不大,但是构成危害公共安全犯罪的,依照《刑法》第 124 条的规定定罪处罚;盗窃广播电视设施、公用电信设施同时构成盗窃罪和破坏广播电视设施、公用电信设施罪的,从一重罪处罚。

(2) 盗窃使用中的电力设备,同时构成盗窃和破坏电力设备罪的,从一重罪处罚。

(3) 为盗窃其他财物,盗窃机动车辆作为犯罪工具使用后非法占有车辆,或者将车辆遗弃导致丢失的,被盗机动车辆的价值计入盗窃数额;为实施其他犯罪盗窃机动车辆后非法占有车辆,或者将车辆遗弃导致丢失的,以盗窃罪和所实施的其他犯罪实行数罪并罚。为实施其他犯罪,偷开机动车辆当犯罪工具使用后,将偷开的机动车辆送回原处或者停放到原处附近,车辆未丢失的,按照其所实施的犯罪从重处罚。

(4) 为练习开车、游乐等,多次偷开机动车辆,并将机动车辆丢失的,以盗窃罪定罪处罚;在偷开机动车辆过程中发生交通肇事构成犯罪,又构成其他罪的,应当以交通肇事罪和其他罪实行数罪并罚;偷开机动车辆造成车辆损坏的,按照《刑法》第 275 条的规定定罪处罚;偶尔偷开机动车辆,情节轻微的,可以不认为是犯罪。

(5) 实施盗窃犯罪,造成公私财物损毁的,以盗窃罪从重处罚;又构成其他犯罪的,择一重罪从重处罚;盗窃公私财物未构成盗窃罪,但因采用破坏性手段造成公私财物损毁数额较大的,以故意毁坏财物罪定罪处罚。盗窃后,为掩盖盗窃罪行或者为了报复等,故意破坏公私财物构成犯罪的,应当以盗窃罪和构成的其他罪实行数罪并罚。

(6) 盗窃技术成果等商业秘密的,按照《刑法》第 219 条的规定定罪处罚。

4. 盗窃自己家里或者近亲属的财物同在社会上盗窃作案的区别。社会上的盗窃作案只要达到盗窃财物数额较大或 2 年内进行 3 次以上盗窃,即可构成盗窃罪。盗窃自己家里或者近亲属的财物,由于发生的原因是多方面的,情况比较复杂,案发后被害人出于各种考虑,往往不希望司法机关追究行为人的刑事责任。根据《盗窃案件解释》,对这类偷窃案件,一般可不按犯罪处理;只有确有追究刑事责任必要的,才作犯罪处理,但在处罚上也应与社会上的盗窃作案有所区别。这里所谓的"近亲属",按照《刑事诉讼法》的规定,是指夫、妻、父母、子、女、同胞兄弟姐妹。"偷窃近亲属的财物"应包括偷窃已分居生活的近亲属的财物。偷窃自己家里的财物,既包括偷窃共同生活的近亲属的财物,也包括偷窃共同生活的其他非近亲属的财物。

5. 本罪与盗窃枪支、弹药、爆炸物罪的界限。前罪是一般规定,后罪是特别规定,二罪形成法条竞合关系,按照特别规定优于普通规定适用原则,既构成盗窃罪又构成盗窃枪支、弹药、爆炸物罪的,应按盗窃枪支、弹药、爆炸物罪定罪处罚。行为人在盗窃财物时,意外获得枪支、弹药,事后又未交出的,属于盗窃罪所牵连的结果行为,应按盗窃罪和非法持有、私藏枪支、弹药罪从一重罪处罚。

6. 对《刑法》第 265 条的理解。该条规定，以牟利为目的，盗接他人通信线路、复制他人电信码号或者明知是盗接、复制的电信设备、设施而使用的，按《刑法》第 264 条的规定定罪处罚。据此，构成该条盗窃罪应具备的条件是：(1) 主观方面出于直接故意，并具有牟利的目的。(2) 客观方面表现为盗接他人通信线路、复制他人电信码号或者明知是盗接、复制的电信设备、设施而使用的行为。盗接他人线路，是指未经权利人许可，采取秘密的方法连接他人的通信线路无偿使用或者转给他人使用，从而给权利人造成损失；复制他人的电信码号，是指取得他人的电信码号后，非法加以翻制并无偿使用，或者非法出租、出借和转让。(3) 必须数额较大或多次使用。盗接他人线路，复制他人电信码号，未及牟利或牟利数额微小即被查获的，或者偶尔使用盗接、复制的电信设备、设施，给他人造成经济损失很小的，可不作为犯罪处理。

7. 本罪既遂与未遂的界限。盗窃既遂与未遂，既是量刑的情节，在某种意义上讲也是罪与非罪的界限，如一般盗窃而未遂的，一般不作为犯罪处罚，但如果盗窃目标巨大，即便未遂也应依法定罪处罚。

盗窃的既遂与未遂在国内刑法理论上存在诸多的争论，有接触说、转移说、藏匿说、损失说、失控说、控制说、失控加控制说等，其中失控说、控制说、失控加控制说为三种主要观点。失控说主张，凡盗窃行为使财产所有人或保管人丧失了对财物的控制，即为盗窃既遂，反之为未遂。控制说主张，凡盗窃犯已实际控制了财物的，即为盗窃既遂，反之为未遂。失控加控制说则主张，凡被盗财物已脱离财物所有人或保管人的控制并且已实际置于行为人控制之下的，即为盗窃既遂，反之为未遂。

一般来说，盗窃罪的犯罪目的是非法占有公私财物，其结果是“财物的损失”，客观上表现为财物脱离物主，使物主失去占有和支配处分财物的条件。因此，盗窃罪应当以财物脱离物主的控制，已被行为人实际控制为既遂。至于行为人是否最终占有该财物，取得实际利益和实际控制该财物时间的长短，或者是否建立起新的支配关系，对于盗窃既遂不发生影响。

对于某些利用高科技方法秘密窃取财物的行为，由于财物在空间上不发生移动，即使失窃后，被害人也并未完全失去控制，失控加控制说不能很好地予以说明，但又不能认为这种情况是盗窃未遂。所以，有学者主张，对于一般财物的盗窃，以失控加控制说为标准，对于某些特殊财物的盗窃则以控制说为标准。[①] 本书认为这种观点比较恰当，即在具体案件中，应根据盗窃所采用的手段、侵害的对象特征、行为人对财物控制的不同表现，结合具体案件情况判断既遂与未遂。

（三）盗窃罪的处罚

《刑法》第 264 条根据盗窃罪的不同数额和情节，规定了三个档次的量刑幅度：(1) 盗窃公私财物，数额较大的，或者多次盗窃、入户盗窃、携带凶器盗窃、扒窃的，处 3 年以下有期徒刑、拘役或者管制，并处或者单处罚金；(2) 数额巨大或者有其他严重情节的，处 3 年以上 10 年以下有期徒刑，并处罚金；(3) 数额特别巨大或者有其他特别严重情节的，处 10 年以上有

① 参见高铭暄、马克昌主编：《刑法学》（下编），中国法制出版社 1999 年版，第 903 页。

期徒刑或者无期徒刑,并处罚金或者没收财产。此外,《最高人民法院关于对故意伤害、盗窃等严重破坏社会秩序的犯罪分子能否附加剥夺政治权利问题的批复》规定,对犯盗窃罪主观恶性较深、犯罪情节恶劣、罪行严重的犯罪分子,也可以依法剥夺政治权利。

根据《盗窃案件解释》,数额巨大,是指个人盗窃公私财物价值人民币 3 万元至 10 万元以上;数额特别巨大,是指个人盗窃公私财物 30 万元至 50 万元以上。各省、自治区、直辖市高级人民法院可在上述幅度内分别确定本地区执行的具体数额标准。“情节严重”“情节特别严重”是指个人盗窃公私财物虽未达到数额巨大、数额特别巨大,但具有以下情形之一,或者入户盗窃、携带凶器盗窃,数额达到《盗窃案件解释》第 1 条规定的“数额巨大”“数额特别巨大”50% 的,可以分别认定为“其他严重情节”或者“其他特别严重情节”:(1) 组织、控制未成年人盗窃的;(2) 自然灾害、事故灾害、社会安全事件等突发事件期间,在事件发生地盗窃的;(3) 盗窃残疾人、孤寡老人、丧失劳动能力人的财物的;(4) 在医院盗窃病人或者其亲友财物的;(5) 盗窃救灾、抢险、防汛、优抚、扶贫、移民、救济款物的;(6) 因盗窃造成严重后果的。

二、诈骗罪

(一) 诈骗罪的概念和构成

诈骗罪,是指以非法占有为目的,用虚构事实或者隐瞒真相的方法,骗取数额较大的公私财物的行为。本罪具有如下构成要件:

1. 本罪的客体是公私财产所有权,对象是公私财物。公私财物,既可以是有形财物,也可以是无形财物;既可以是动产,也可以是不动产。骗取财产性利益的,是否构成诈骗罪?对此,理论上有不同认识。有学者认为本罪的对象只限于财物,也有学者认为可以包括财产性利益。本书认为,由于财产性利益也是可以用具体数额的财物计算的,所以对于本罪的对象从广义上理解比较恰当。

根据《最高人民法院关于审理扰乱电信市场管理秩序案件具体应用法律若干问题的解释》第 9 条的规定,以虚假、冒用的身份证件办理入网手续并使用移动电话,造成电信资费损失数额较大的,依照《刑法》第 266 条的规定,以诈骗罪定罪处罚。

2. 本罪的客观方面表现为用虚构事实或者隐瞒真相的方法,骗取数额较大的公私财物的行为。

(1) 欺骗方法,主要表现为虚构事实和隐瞒事实真相。所谓虚构事实,是指捏造客观上并不存在的事实。至于捏造的是部分事实还是全部事实,不影响认定。所谓隐瞒真相,是指掩盖客观上存在的事实,至于掩盖的是部分事实还是全部事实,不影响认定。实践中也存在既捏造事实也掩盖事实的情况。由于虚构事实或者隐瞒真相,可使被害人产生错觉、受到蒙蔽,骗取被害人的信任,所以,从表面上看,被害人是自愿地将财物交付给行为人的,但这并不是被害人真实意愿的表现。交付财物是当场进行,还是事后进行,不影响犯罪的成立。

欺骗被害人的手段多种多样,可以口头编造谎言,也可以利用伪造的信件、证件,还可以使用盗窃的公文、印章、证件,或者假冒国家工作人员身份实施等。但需要注意,刑法中使用欺骗性质手段骗取财物的涉及多种犯罪，只要刑法另有规定，应按照刑法规定的犯罪处罚，不构成本罪。诈骗行为触犯其他罪名的，为牵连犯，按照牵连犯的原则处理。根据《最高人民法院、最高人民检察院关于办理诈骗刑事案件具体应用法律若干问题的解释》（简称《诈骗案件解释》）第 8 条的规定，冒充国家机关工作人员进行诈骗，同时构成诈骗罪和招摇撞骗罪的，依照处罚较重的规定定罪处罚。

(2) 骗取数额较大的财物，这是构成诈骗罪客观方面的一个要件。《诈骗案件解释》第 1 条规定，诈骗公私财物价值 3 000 元至 1 万元以上的，为数额较大。同时规定，各省、自治区、直辖市高级人民法院、人民检察院可以结合本地区经济社会发展状况，在前款规定的数额幅度内，共同研究确定本地区执行的具体数额标准，报最高人民法院、最高人民检察院备案。第 3 条规定，诈骗公私财物虽已达到第 1 条规定的"数额较大"的标准，但具有下列情形之一，且行为人认罪、悔罪的，可以根据《刑法》第 37 条、《刑事诉讼法》第 177 条的规定不起诉或者免予刑事处罚：① 具有法定从宽处罚情节的；② 一审宣判前全部退赃、退赔的；③ 没有参与分赃或者获赃较少且不是主犯的；④ 被害人谅解的；⑤ 其他情节轻微、危害不大的。

这里的数额，应是给被害人财产造成的实际损失。实施诈骗，没有造成财产损失的，为诈骗罪的犯罪未遂，也应当定罪处罚。

3. 本罪的主体是已满 16 周岁具有刑事责任能力的自然人。

4. 本罪的主观方面是直接故意，并具有非法占有公私财物的目的。如果不具有非法占有的目的，如以欺骗的方法骗回被他人久借不还的欠款，不构成犯罪。动机如何不影响本罪成立。

（二）诈骗罪的认定

1. 罪与非罪的界限。包括两个方面：一是诈骗行为与诈骗罪的界限，应当以骗取数额较大的公私财物为基本标准。《诈骗案件解释》第 4 条规定，诈骗近亲属财物，近亲属谅解的，一般可不按犯罪处理。确有必要追究刑事责任的，处理时也应酌情从宽。需注意，被害人的财产损失，并不是定罪的唯一依据，根据《诈骗案件解释》第 5 条第 1 款的规定，以数额巨大的财物为诈骗目标，或者有其他严重情节的，即使未造成财产损失，也应以诈骗未遂追究刑事责任。二是财产、债务纠纷与诈骗罪的界限，这主要涉及三种行为：(1) 借贷到期不能偿还的行为。(2) 代人购物拖欠贷款行为。(3) 经营亏损躲债行为。上述三种行为均是由借贷、委托、合同关系引起的财产、债务纠纷，即使基于种种原因不能完全履行合同，也不能构成犯罪。那么，应如何区别诈骗与财产、债务纠纷？关键在于查清行为人主观上有无非法占有的目的。

概括地讲，若这种纠纷之前是正常的借贷、委托和经营；借贷、委托和经营理由正当；钱款、物用于借贷、委托、合同关系成立时所述的正当用途，没有将钱挥霍一空、不赖账、不弄虚作假骗人；不能偿还、不能履行合同的原因正常，就属于正常的偿贷、拖欠贷款、因经营亏损躲债的经济纠纷。实践中，有的行为人为获得他人信任，也会夸大自己能力或隐瞒对自己不利的情况，不能将此看作欺骗而以诈骗罪论处。反之，编造谎言、隐瞒真相骗取款物，或以代购为名骗取定金、预付款后大肆挥霍，或以办企业为名，捞到钱就逃之夭夭的，就应以诈骗罪论处。

2. 本罪与特别诈骗犯罪的界限。特别诈骗犯罪，是指从本条诈骗罪中分离出来，由刑法其他条款规定的犯罪，主要集中在破坏社会主义市场经济秩序一类犯罪中。具体包括集资诈骗罪（第 192 条）、贷款诈骗罪（第 193 条）、票据诈骗罪（第 194 条第 1 款）、金融凭证诈骗罪（第 194 条第 2 款）、信用证诈骗罪（第 195 条）、信用卡诈骗罪（第 196 条）、有价证券诈骗罪（第 197 条）、保险诈骗罪（第 198 条）、骗取出口退税罪（第 204 条第 1 款）、合同诈骗罪（第 224 条）。可以说，这些诈骗犯罪都是为适应现实需要而从普通的诈骗罪中分离出来的。《刑法》第 266 条规定的“本法另有规定的，依照规定”表明，凡是行为符合上述规定的特别诈骗犯罪的，应当根据规定认定处罚，不构成本罪。

3. 本罪与盗窃罪的界限。在一般情况下，二者的界限不难区分。但在行为人实施犯罪活动中既使用了欺骗的手段，又使用了秘密窃取的手段的情况下，有时难以区分。区别的关键是在行为人非法占有财物中起主要作用的具体手段的性质。如果起主要作用的手段是欺骗，就应定诈骗罪；如果起主要作用的是秘密窃取，则应定盗窃罪。例如，行为人盗窃没有加盖公章、签名的空白支票，然后伪造公章和签名，自填金额，骗领财物，对非法获得财物起主要作用的是欺骗手段，应定诈骗罪。反之，如果行为人盗窃的是印鉴齐全的支票，然后假冒他人骗领财物，对非法获得财物起主要作用的是盗窃，应定盗窃罪。

4. 诈骗罪的特别规定。根据现代信息社会的特点，前述《诈骗案件解释》第 5 条第 2 款规定，利用发送短信、拨打电话、互联网等电信技术手段对不特定多数人实施诈骗，诈骗数额难以查证，但具有下列情形之一的，应当认定为《刑法》第 266 条规定的“其他严重情节”，以诈骗罪（未遂）定罪处罚：(1) 发送诈骗信息 5 000 条以上的；(2) 拨打诈骗电话 500 人次以上的；(3) 诈骗手段恶劣、危害严重的。实施前款规定行为，数量达到前款第 (1) (2) 项规定标准 10 倍以上的，或者诈骗手段特别恶劣、危害特别严重的，应当认定为《刑法》第 266 条规定的“其他特别严重情节”，以诈骗罪（未遂）定罪处罚。

（三）诈骗罪的处罚

《刑法》第 266 条根据诈骗罪的不同数额和情节，规定了三个量刑幅度：(1) 犯本罪，数额较大的，处 3 年以下有期徒刑、拘役或管制，并处或者单处罚金。(2) 犯本罪，数额巨大或者有其他严重情节的，处 3 年以上 10 年以下有期徒刑，并处罚金。“数额巨大”，根据前述《诈骗案件解释》，以诈骗公私财物价值在 3 万元至 10 万元以上为标准。(3) 犯本罪，数额特别巨大或者有其他特别严重情节的，处 10 年以上有期徒刑或者无期徒刑，并处罚金或者没收财产。根据《诈骗案件解释》诈骗公私财物价值 50 万元以上的，应当认定为《刑法》第 266 条规定的“数额特别巨大”。同时规定，各省、自治区、直辖市高级人民法院、人民检察院可以结合本地区社会经济发展状况，在前款规定的数额幅度内，共同研究确定本地区执行的具体数额标准，报最高人民法院、最高人民检察院备案。

《诈骗案件解释》第 2 条规定，诈骗数额接近第 1 条规定的“数额巨大”“数额特别巨大”的标准，并具有第 2 条第 1 款规定的情形之一或者属于诈骗集团首要分子的，应当分别认定为《刑法》第 266 条规定的“其他严重情节”“其他特别严重情节”。具体是指：(1) 通过发送短信、拨打电话或者利用互联网、广播电视、报纸杂志等发布虚假信息，对不特定多数人实施诈骗的；(2) 诈骗救灾、抢险、防汛、优抚、扶贫、移民、救济、医疗款物的；(3) 以赈灾募捐名义实施诈骗的；(4) 诈骗残疾人、老年人或者丧失劳动能力人的财物的；(5) 造成被害人自杀、精神失常或者其他严重后果的。

此外,诈骗财物的数额,可参照盗窃罪数额的计算方法确定。

第三节 侵占、挪用型财产犯罪

一、侵占罪

(一)侵占罪的概念和构成

侵占罪,是指以非法占有为目的,将代为保管的他人财物或者将他人的遗忘物、埋藏物非法占为己有,数额较大拒不退还或者拒不交出的行为。本罪具有如下构成要件:

1. 本罪的客体是公私财产所有权。本罪的对象是他人的财物。对于他人的财物是否限于私人财物,理论上有不同认识。第一种观点认为,应当限于私人财物[①];第二种观点认为应当既包括私人财物,也包括公共财物。本书同意第二种观点。作为侵占罪对象的财物,既可以是动产,也可以是不动产;既可以是有形财产,也可以是无形财产,但无形财产不包括科技秘密等无形物。根据《刑法》的规定,作为本罪对象的财物只限于两类:一是行为人代为保管的他人财物;二是行为人持有的他人的遗忘物或者埋藏物。

2. 本罪的客观方面表现为将代为保管的他人财物或者将他人的遗忘物、埋藏物非法占有、数额较大拒不退还或拒不交出的行为。具体包括以下内容:

(1) 侵占行为的前提在于行为人已经持有他人的财物。这是区别于盗窃、抢劫、诈骗等罪的特征。所谓已经持有他人的财物,有两种情形:一是代为保管他人的财物;[②] 二是拾得或发现他人的遗忘物或者挖掘出他人的埋藏物而持有。

代为保管他人的财物,是指基于委托、租赁、担保、借用等关系将他人的财物代为收受管理。对此,应以事实上或法律上对他人财物具有支配、控制力为条件,而不以行为人实际持有为条件。

拾得或发现他人的遗忘物或者挖掘出他人的埋藏物而持有,是指对因某种原因暂时脱离了权利人控制、管理的财物而代为收受管理。这里所说的因某种原因暂时脱离权利人控制、管理的财物仅指遗忘物和埋藏物。所谓遗忘物,是指由于权利人一时不慎而在一定的时间内脱离其控制、管理的财物。它与遗失物的区别主要在于,权利人对脱离控制、管理的财物的场所、地点、时间等各种因素是否具有比较准确的记忆不同。能够较快恢复对该财物控制可能性的,为遗忘物,反之为遗失物。拾得遗失物的,依法不能认定为侵占行为。所谓埋藏物,是埋藏在地表之下,但有明确的权利人,或者因年代久远无法明知其权利人而依法应属于国家的财物。

(2) 将他人的财物非法占为己有,即"侵占"。理论上对"侵占"的含义有两种不同的理解:一是占有行为说;二是越权行为说。本书认为支持占有行为说。占有的具体方法主要

---

① 参见高铭暄主编:《新编中国刑法学》(下册),中国人民大学出版社 1998 年版,第 789 页。

② 广义上的"代为保管他人的财物"包括基于委托、租赁、借用、担保、一定条件下的无因管理以及不当得利代为保管他人财物的情形。至于对"不法原因给付物""违禁品"的占有是否可以构成侵占罪,目前学界还有争议。

有:一是实施处分行为,即将自己持有的他人之物视为自己之物而加以处分。此处的处分行为,可以是法律上的处分行为,也可以是事实上的处分行为。前者如抵押、买卖等,后者如消费或送给他人。二是变持有为所有之行为,即令财物的所有人丧失其所有权,如伪造契约主张代管的他人财物为自己所有。

(3) 对代管的他人财物拒不退还,对他人的遗忘物、埋藏物拒不交出。所谓拒不退还,是指经权利人要求退还而拒绝退还。所谓拒不交出,是指对他人的遗忘物、埋藏物在明确权利人之后,经有关机关要求交出而拒绝交出。不能认为只要有非法占为己有的事实,就成立侵占罪。

(4) 行为人所侵占财物的数额较大。由于侵占行为是以非暴力的手段将他人财物非法占为己有的行为,其社会危害程度一般较轻,只有侵占财物的数额较大,社会危害性达到一定的程度,才能构成犯罪。至于数额较大的具体标准,有待司法机关作出解释。

3. 本罪的主体是已满 16 周岁具有刑事责任能力的自然人。

4. 本罪的主观方面是直接故意,并具有非法占有的目的,动机如何不影响本罪成立。但非法占有他人财物的目的,一般是在代为保管他人财物或持有他人遗忘物、埋藏物之后产生的。

(二) 侵占罪的认定

1. 罪与非罪的界限。主要考察以下方面:一是本罪以非法占有他人财物数额较大为必要条件,如果数额较小,则是民事侵权行为,不构成犯罪;二是虽然发生已经非法占有他人财物的事实,但在权利人要求其退还或者交出时,行为人退还或者交出的,不构成犯罪;三是本罪属于“亲告罪”,必须经被害人告诉的才处理,即只有被害人告诉,才可能认为是犯罪,否则是非罪行为。

2. 本罪与不当得利的界限。无合法根据取得财产性利益而造成他人财产损失的,是不当得利,属于民事侵权行为,受益人与受损人之间是一种债权债务关系。不当得利易与侵占罪混淆的原因是二者都表现为非法占有了他人的财物。二者的区别主要是:

(1) 故意的性质和产生的时间不同。本罪的故意内容是明知是他人财物而具有非法占有的目的,且故意产生于代为保管他人财物或持有他人遗忘物、埋藏物之后;不当得利行为人主观上不具有犯罪的故意,只是在获得利益时有过错,即在获取利益之前不具有非法占有他人财物的意图,只是明知自己没有获取该项利益的法律根据,不具有希望造成他人利益损失的内容。

(2) 非法占有的方式不同。本罪侵占他人的财物,是行为人积极主动造成的;不当得利,通常是由于受损人自己的过错、疏忽大意或者第三人的原因而使不当得利人受益,所以,不当得利是被动的,不能作为犯罪认定,其受益人只需承担返还不当得利的民事责任。但是,如果行为人拒绝返还不当得利(如有孳息应一并返还),则构成本罪。

3. 本罪与某些侵犯财产罪的界限。本罪与盗窃罪、诈骗罪、抢夺罪同属侵犯财产罪,在许多方面有相同或相似之处,如侵犯的客体都是公私财产所有权;在犯罪客观方面都不以暴力或以暴力相威胁作为其行为手段,都以情节严重,特别都是以非法占有财物数额较大作为罪与非罪的主要标准;在犯罪主观方面都出于直接故意,并具有非法占有他人财物的目的。本罪与盗窃罪、诈骗罪,抢夺罪的主要区别是:

(1) 犯罪对象范围不同。本罪的对象只限于行为人代为保管的他人财物或所持有的他人的遗忘物、埋藏物；而盗窃等罪则没有这样的限制。

(2) 犯罪客观方面不同。第一，本罪行为人非法占有财物时，被占有的财物已在行为人持有和控制下；盗窃罪等罪行为人在非法取得财物之前，财物并不在其实际控制下，行为人只有通过秘密窃取、欺骗、公然夺取的手段，才能实现非法占有。第二，本罪只有在行为人拒不退还或拒不交出财物时才能构成犯罪；盗窃罪等罪非法占有他人财物，只要数额较大或情节严重，就可构成犯罪，即使在窃取、诈骗、抢夺他人财物后又退还他人的，也不影响犯罪的成立。

(3) 犯罪故意形成的时间不同。本罪犯罪故意只能产生于持有他人财物之后；盗窃罪等罪的犯罪故意必须产生于持有、控制他人财物之前。

4. 本罪的既遂与未遂问题。根据《刑法》的规定，"拒不退还""拒不交出"是构成侵占罪的一个必要条件，行为人退还或交出的，不构成犯罪；反之，拒绝退还或交出的，构成侵占罪既遂。所以，这个条件既是区别罪与非罪的界限，又是确定犯罪既遂的标准。由于该条件要么使犯罪既遂，要么使行为人不构成犯罪，因此侵占罪几乎不可能存在未遂形态。因此，行为人非法占有他人财物，经所有权人要求其退还或交出而拒绝退还或交出的，构成犯罪，也就是本罪的既遂。

(三) 侵占罪的处罚

根据《刑法》第 270 条第 1 款的规定，犯本罪的，处 2 年以下有期徒刑、拘役或者罚金；数额巨大或者有其他严重情节的，处 2 年以上 5 年以下有期徒刑，并处罚金。"数额巨大""其他严重情节"，法律上均未作出规定，有待司法机关作出具体解释。

根据《刑法》第 270 条第 3 款的规定，犯本罪的，告诉的才处理。但是如果被害人因受强制、威吓无法告诉的，根据《刑法》第 98 条的规定，人民检察院和被害人的近亲属也可以告诉。

二、职务侵占罪

职务侵占罪，是指公司、企业或者其他单位的工作人员，利用职务上的便利，将本单位财物非法占为己有，数额较大的行为。本罪的对象是行为人所属的公司、企业的财物(含本单位占有的其他单位财物)，包括动产和不动产、有形财产和无形财产。如果不是本单位财物，不构成本罪。"数额较大"是区别本罪与非罪的重要界限。数额较大的标准(数额巨大)，根据相关司法解释执行。[①] 本罪的主体是特殊主体，即不属于国家工作人员的公司、企业或者其他单位的工作人员。实施该行为的如果是国有公司、企业或者其他国有单位中从事公务的人员和国有公司、企业或者其他国有单位委派到非国有公司、企业以及其他单位从事公务的人员即国家工作人员，应以《刑法》第 382 条、第 383 条的相关规定定罪处罚。

根据《刑法》第 271 条的规定，犯本罪的，处 3 年以下有期徒刑或者拘役，并处罚金；数

---

① 《最高人民法院、最高人民检察院关于办理贪污贿赂刑事案件适用法律若干问题的解释》第 11 条第 1 款规定："刑法第一百六十三条规定的非国家工作人员受贿罪、第二百七十一条规定的职务侵占罪中的'数额较大''数额巨大'的数额起点，按照本解释关于受贿罪、贪污罪相对应的数额标准规定的二倍、五倍执行。"

额巨大的，处3年以上10年以下有期徒刑，并处罚金；数额特别巨大的，处10年以上有期徒刑或者无期徒刑，并处罚金。

三、挪用资金罪

（一）挪用资金罪的概念和构成

挪用资金罪，是指公司、企业或者其他单位的工作人员，利用职务上的便利，挪用本单位资金归个人使用或者借贷给他人[①]，数额较大、超过3个月未还的，或者虽未超过3个月，但数额较大、进行营利活动的，或者进行非法活动的行为。

1. 本罪是复杂客体，即公私财产所有权和财经管理制度。本罪对象是行为人所在单位的资金。资金包括以货币形态表现的人民币[②]、外币和以有价证券形式存在的股票、国库券。

2. 本罪的客观方面表现为行为人利用职务上的便利，挪用本单位资金归个人使用或者借贷给他人，并符合法定条件的行为。(1) 必须实施了挪用本单位资金的行为。所谓挪用，是指行为人未经合法批准，擅自决定将本单位资金改变用途。具体表现为三种情况：一是挪用资金归个人使用或者借贷给他人，数额较大，超过3个月未还的。所谓归个人使用，是指将挪用的资金归自己使用。所谓借贷给他人，是指将挪用的资金出借或者以贷款方式提供给他人使用。所谓他人，包括自然人和其他公司、企业单位。[③]这种情况构成本罪必须具备数额较大、挪用时间超过3个月、案发时尚未归还三个条件。二是挪用资金虽未超过3个月，但数额较大，进行营利活动的。所谓进行营利活动，是指将挪用的资金用于合法的经营活动。这种情况下，数额较大和进行营利活动是必备要求，没有挪用时间长短的限制，发现时是否归还也不影响本罪的成立。三是挪用资金用于非法活动。所谓用于非法活动，是指将挪用的资金用于一般的违法活动和犯罪活动，如用于非法经营、走私、赌博、嫖娼、贩毒等活动，包括将挪用资金归个人或者他人用于非法活动。这种情况构成本罪，既没有挪用时间的限制，也没有案发前归还与否的要求。(2) 必须利用本人职务上的便利。所谓职务上的便利，是指行为人利用其在本单位中所担任的主管、掌管、管理本单位资金的职权和形成的便利条件。如果行为人的挪用行为没有利用职务上的便利，不能构成本罪。

3. 本罪的主体是特殊主体，即只能是公司、企业或者单位中的非国家工作人员。如果具有国家工作人员的身份，则构成挪用公款罪；不是本单位的工作人员不能构成本罪，但可依照其他相关犯罪论处。国有公司、企业或者其他国有单位中从事公务的人员和国有公司、企业或者其他国有单位委派到非国有公司、企业以及其他单位从事公务的人员有上述行为的，依照《刑法》第384条的规定定罪处罚。《最高人民法院关于对受委托管理、经

---

① 参见《最高人民法院关于如何理解刑法第二百七十二条规定的“挪用本单位资金归个人使用或者借贷给他人”问题的批复》。

② 参见《最高人民检察院关于挪用尚未注册成立公司资金的行为适用法律问题的批复》。

③ 根据《最高人民法院关于如何理解刑法第二百七十二条规定的“挪用本单位资金归个人使用或者借贷给他人”问题的批复》的规定，挪用人以个人名义将所挪用的资金借给其他自然人和单位，构成犯罪的，应当依照《刑法》第272条第1款的规定定罪处罚。

营国有财产人员挪用国有资金行为如何定罪问题的批复》指出，对于受国家机关、国有公司、企业、事业单位、人民团体委托，管理、经营国有财产的非国家工作人员，利用职务上的便利，挪用国有资金归个人使用构成犯罪的，应当依照《刑法》第272条第1款的规定定罪处罚。

4. 本罪主观方面是直接故意，犯罪的目的是非法暂时取得本单位资金的使用权，即行为人是准备以后归还的，动机如何不影响本罪成立。如果行为人携带挪用的资金潜逃的，应以职务侵占罪论处。

（二）挪用资金罪的认定

1. 本罪与职务侵占罪的界限。两罪的犯罪主体完全相同，主观上都是故意，客观上都表现为利用职务上的便利。两罪的区别表现在：

(1) 客体和对象不同。本罪没有侵犯所有权中的处分权，对象只能是本单位的资金；职务侵占罪侵犯了所有权的四项权能，其对象包括本单位的资金和其他财物。

(2) 客观方面不同。本罪并不转移资金的所有权，而是擅自将本单位资金挪归个人使用或者借贷给他人使用，只是对资金的暂时非法占用，而非永久性占有；职务侵占罪则表现为以侵吞、盗窃、骗取等手段，非法永久性占有本单位财物。

(3) 犯罪目的不同。本罪是以非法使用单位资金为目的；职务侵占罪以非法永久性地占有为目的。

2. 本罪与挪用特定款物罪的界限。两罪都表现为“挪用”，都是利用职务之便实施的。两罪的主要区别是：(1) 客体和对象不完全相同。本罪的客体是公司、企业或者其他单位的财产所有权和财经管理制度，犯罪对象必须是本单位的资金；挪用特定款物罪的客体是公共财物的所有权和国家规定的关于特定款物专用的财经管理制度，犯罪对象必须是用于救灾、抢险、防汛、优抚、扶贫、移民、救济款物。(2) 挪用的用途不同。本罪将挪用的资金归个人使用或者借贷给他人使用；挪用特定款物罪将挪用的特定款物改变原特定用途，但仍为公用。(3) 客观方面的条件不完全相同。对于本罪，法律并未明确规定要求的结果；对于挪用特定款物罪，法律则明确规定只有情节严重，致使国家和人民群众利益遭受重大损害的，才构成犯罪。(4) 犯罪主体不同。本罪的主体是公司、企业或者其他单位不具有国家工作人员身份的工作人员；挪用特定款物罪的主体则是掌管、经手救灾、抢险、防汛、优抚、扶贫、移民、救济款物的直接责任人员。

（三）挪用资金罪的处罚

根据《刑法》第272条的规定，犯本罪的，处3年以下有期徒刑或者拘役；挪用本单位资金数额巨大的[①]，处3年以上7年以下有期徒刑；数额特别巨大的，处7年以上有期徒刑。该条第3款规定，在提起公诉前将挪用的资金退还的，可以从轻或者减轻处罚。其中，犯罪较轻的，可以减轻或者免除处罚。

---

① 根据《最高人民法院、最高人民检察院关于办理贪污贿赂刑事案件适用法律若干问题的解释》第11条第2款的规定，《刑法》第272条规定的挪用资金罪中的“数额较大”“数额巨大”以及“进行非法活动”情形的数额起点，按照本解释关于挪用公款罪“数额较大”“情节严重”以及“进行非法活动”的数额标准规定的2倍执行。

四、挪用特定款物罪

挪用特定款物罪，是指违反国家财经管理制度，挪用救灾、抢险、防汛、优抚、扶贫、移民、救济款物[①]，情节严重，致使国家和人民群众利益遭受重大损害的行为。本罪主体是特殊主体，即国家机关工作人员、事业单位工作人员和社会团体工作人员中掌管、支配、使用特定款物的直接责任人员以及国家机关、事业单位、社会团体委托经手、管理特定款物的人员。

根据《刑法》第 273 条的规定，犯本罪的，处 3 年以下有期徒刑或者拘役；情节特别严重的，处 3 年以上 7 年以下有期徒刑。

五、拒不支付劳动报酬罪

拒不支付劳动报酬罪，是指以转移财产、逃匿等方法逃避支付劳动者的劳动报酬或者有能力支付而不支付劳动者的劳动报酬，数额较大[②]，经政府有关部门责令支付仍不支付的行为。本罪的客体是复杂客体，即国家劳动法保护的劳动秩序和劳动者依法取得劳动报酬的权利。这里的“取得劳动报酬”，应以劳资双方事实上具有劳动关系为依据，是否订立劳动合同在所不问。本罪客观方面表现为，以转移财产、逃匿等方法逃避支付劳动者的劳动报酬或者有能力支付而不支付劳动者的劳动报酬，数额较大，经政府有关部门责令支付仍不支付的行为。用人单位和雇主有依法向劳动者支付劳动报酬的义务；劳动者有依法取得劳动报酬的权利。用人单位和雇主有能力履行支付劳动者报酬而不履行，并且采取转移财产、逃匿等方法逃避支付，数额达到较大程度，且经政府有关部门责令支付仍不支付的，即构成犯罪。本罪为不作为犯罪。至于本罪认定拒不支付劳动报酬，是否必须经过劳动争议调解、劳动争议仲裁的前置程序，甚至经过民事、行政诉讼程序，则有不同认识。依据构成本罪须以经政府有关部门责令支付仍不支付为条件，本书认为，认定本罪须以前置性程序为必要。这里的“政府有关部门”，主要是指劳动监察机构、劳动争议调解机构、劳动争议仲裁机构以及人民法院。本罪的主体为特殊主体，即负有向劳动者支付劳动报酬的自然人和单位，包括用人单位及雇主。本罪的主观方面是故意，即明知负有支付劳动报酬的义务，有能力履行而不履行，且经政府有关部门责令支付仍拒不履行的心理态度。至于动机如何，不影响认定。

根据《刑法》第 276 条之一第 1、2 款的规定，犯本罪的，处 3 年以下有期徒刑或者拘役，并处或者单处罚金；造成严重后果的，处 3 年以上 7 年以下有期徒刑，并处罚金。单位犯前款罪的，对单位判处罚金，并对其直接负责的主管人员和其他直接责任人员，依照前款的规定处罚。依据第 3 款的规定，有前两款行为，尚未造成严重后果，在提起公诉前支付劳动者的劳动报酬，并依法承担相应赔偿责任的，可以减轻或者免除处罚。

---

① 《最高人民检察院关于挪用失业保险基金和下岗职工基本生活保障资金的行为适用法律问题的批复》规定，挪用失业保险基金和下岗职工基本生活保障资金属于挪用救济款物。挪用失业保险基金和下岗职工基本生活保障资金，情节严重，致使国家和人民群众利益遭受重大损害的，对直接责任人员，应当依照《刑法》第 273 条的规定，以挪用特定款物罪追究刑事责任；国家工作人员利用职务上的便利，挪用失业保险基金和下岗职工基本生活保障资金归个人使用，构成犯罪的，应当依照《刑法》第 384 条的规定，以挪用公款罪追究刑事责任。

② 参见《最高人民法院关于审理拒不支付劳动报酬刑事案件适用法律若干问题的解释》第 3 条。

第四节　毁坏、破坏型财产犯罪

一、故意毁坏财物罪

故意毁坏财物罪，是指故意毁灭或者损坏公私财物，数额较大或者情节严重的行为。

根据《刑法》第 275 条的规定，犯本罪的，处 3 年以下有期徒刑、拘役或者罚金；数额巨大或者有其他特别严重情节的，处 3 年以上 7 年以下有期徒刑。

二、破坏生产经营罪

破坏生产经营罪，是指基于泄愤报复或者其他个人目的，破坏机器设备、残害耕畜或者以其他方法破坏生产经营的行为。本罪的对象是与生产经营正常活动有直接联系的财物，即正在使用的各种设备和用具、耕畜，非此对象不能构成本罪。

根据《刑法》第 276 条的规定，犯本罪的，处 3 年以下有期徒刑、拘役或者管制；情节严重的，处 3 年以上 7 年以下有期徒刑。

拓展阅读

案例分析

争议问题

复习思考题

1. 什么是抢劫罪？它有哪些构成要件？抢劫致人重伤、死亡的案件应当如何定性？什么是准抢劫罪？其构成条件有哪些？

2. 敲诈勒索罪的概念和构成要件与抢劫罪的概念和构成要件有何异同？

3. 什么是盗窃罪？如何理解秘密窃取？

4. 什么是诈骗罪？其构成要件有哪些？

5. 什么是侵占罪？其构成要件有哪些？罪与非罪如何区别？

自测习题及参考答案

第二十章 妨害社会管理秩序罪

重点提示：

每一个具体妨害社会管理秩序罪的概念、构成要件、罪与非罪以及此罪与彼罪的界限。尤其是妨害公务罪，袭警罪，冒名顶替罪，聚众扰乱社会秩序罪，高空抛物罪，催收非法债务罪，组织参与国（境）外赌博罪，侵害英雄烈士名誉、荣誉罪，脱逃罪，妨害传染病防治罪，非法采集人类遗传资源、走私人类遗传资源材料罪，医疗事故罪，非法植入基因编辑、克隆胚胎罪，污染环境罪，非法猎捕、杀害珍贵、濒危野生动物罪，非法猎捕、收购、运输、出售陆生野生动物罪，破坏自然保护地罪，盗伐林木罪，非法引进、释放、丢弃外来入侵物种罪，走私、贩卖、运输、制造毒品罪，非法持有毒品罪，妨害兴奋剂管理罪，引诱、容留、介绍卖淫罪，传播性病罪，组织播放淫秽音像制品罪等犯罪的构成要件和认定。

第一节 扰乱公共秩序罪

一、妨害公务罪

（一）妨害公务罪的概念和构成

妨害公务罪，是指用暴力、威胁的方法阻碍国家工作人员、人大代表依法执行职务，阻碍红十字会工作人员依法履行职责，或者虽未使用暴力、威胁方法，但故意阻碍国家安全机关、公安机关依法执行国家安全工作任务，造成严重后果的行为。本罪具有如下构成要件：

1. 本罪的客体是国家机关、人民代表大会、红十字会、国家安全机关以及公安机关的公务活动。所谓公务，是指国家的公共事务，即上述人员代表国家所进行的对公共事务的管理活动，但不包括法律另有规定的其他公务，如征收税款。本罪侵犯的对象是依法执行上述公务的国家工作人员，因为只有国家工作人员才有权依法执行公务。根据相关司法解释，对于以暴力、威胁方法阻碍国有事业单位人员依照法律、行政法规的规定执行行政执法职务的，或者以暴力、威胁方法阻碍国家机关中受委托从事行政执法活动的事业编制人员执行行政执法职务的，可以对侵害人以妨害公务罪追究刑事责任。上述人员超越职权范围的活动，或者滥用职权、以权谋私、侵犯国家和群众利益的活动，受到他人阻止的，不能视为对公务的妨害。

2. 本罪的客观方面表现为行为人以暴力、威胁的方法阻碍国家机关工作人员、人大代表依法执行职务;或者在自然灾害或者突发事件中,以暴力、威胁方法阻碍红十字会工作人员依法履行职责;或者虽未使用暴力、威胁的方法,但故意阻碍国家安全机关、公安机关依法执行国家安全工作任务,造成严重后果的行为。

以暴力、威胁方法是构成本罪的必要条件。所谓暴力方法,是指对国家机关工作人员、各级人大代表或红十字会工作人员的身体实行打击或强制,如殴打、捆绑或其他强行限制其人身自由的强暴行为;所谓威胁方法,是指对国家机关工作人员、各级人大代表或红十字会工作人员进行精神上的恐吓,如以杀害、伤害、毁坏财产、损害名誉等相威胁。如果没有采用暴力、威胁方法,即使客观上妨害了国家机关工作人员、各级人大代表或红十字会工作人员正常执行职务,也不能以本罪论处。故意阻碍国家安全机关、公安机关依法执行国家安全工作任务,则不以使用暴力、威胁方法作为特定的手段要件,即使没有使用这种手段,只要造成了严重后果,也构成本罪。

以暴力、威胁方法阻碍国家机关工作人员或各级人大代表执行职务,必须发生在上述人员正在依法执行职务、履行职责之时,事先或者事后实施暴力、威胁方法的,不能以本罪论处。以暴力、威胁方法阻碍红十字会工作人员依法履行职责,必须发生在自然灾害或突发事件中,这是特定的时间要件。换句话说,如果不是发生在这一特定的时间里,就不构成本罪。

3. 本罪的主体为一般主体。

4. 本罪的主观方面为故意,即行为人明知对方是正在依法执行职务或履行职责的国家机关工作人员、人大代表或红十字会工作人员,而有意对其实施暴力、威胁,使之不能或不敢正常执行职务或者履行职责,或者明知对方正在依法执行国家安全工作任务,而有意进行阻碍。如果行为人对正在依法执行职务或履行职责的国家机关工作人员、人大代表或红十字会工作人员的身份基于错误认识实施了妨害公务行为的,此种错误属于事实错误。由于行为人缺乏对其侵害对象特定身份的明知,因而成为阻却其主观罪过成立的事由,不构成本罪。如果行为人对自己行为的性质产生了错误认识,即行为人对公务人员执行公务的合法性产生错误认识,此种错误也属事实错误,"凡是事实错误阻碍行为人认识其行为的危害社会结果的,便排除犯罪故意,符合过失心理的,负过失的罪责"[①]。犯罪的动机如何,不影响本罪的成立。

(二) 妨害公务罪的认定

1. 罪与非罪的界限。

(1) 要分清本罪与人民群众同国家机关工作人员的违法乱纪行为作斗争的界限。这主要反映在二者主观意图和客观表现有所不同。前者的行为人怀着明确的反社会意图而实施阻碍公务的行为;后者的行为人则基于社会公正的立场同违法乱纪行为进行斗争。对于人民群众同国家机关工作人员的违法乱纪行为作斗争的行为,不仅不能作为犯罪处理,还应予以保护和鼓励。

(2) 要分清本罪与人民群众一般的不服管理行为的界限。如果某些群众因为政治觉悟

---

① 高铭暄主编:《刑法学原理》(第2卷),中国人民大学出版社1993年版,第133~134页。

低或者认识水平有限而对正在执行公务或履行职责的前述人员实施了谩骂、顶撞等不服管理的行为，一般不应作为犯罪处理。

2. 本罪与相似犯罪的界限。

(1) 本罪与侮辱罪、故意伤害罪、故意毁坏财物罪的界限。由于本罪通常表现为行为人以暴力或威胁的方法实施犯罪，因此易与上述三种犯罪相混淆。区别在于：本罪行为人的暴力、威胁行为必须发生在前述人员依法执行职务或履行职责期间；而上述三种犯罪无时间性限制。如果行为人暴力妨害公务的行为造成了国家机关工作人员、人大代表或红十字会工作人员重伤或死亡，如何处理？对此，有两种意见：一种意见认为属于本罪与故意伤害罪或故意杀人罪的想象竞合犯，按照从一重处断的原则论处。[①] 另一种意见认为属于牵连犯，对此应按处理牵连犯的原则处理，即从一重罪处断。[②] 本书赞成前者观点，因为这是一行为触犯数罪名。

(2) 本罪与其他犯罪的牵连，一般按照牵连犯“从一重处断”的原则处理，但有两种例外情况：一是《刑法》第 157 条第 2 款规定：“以暴力、威胁方法抗拒缉私的，以走私罪和本法第二百七十七条规定的阻碍国家机关工作人员依法执行职务罪，依照数罪并罚的规定处罚。”以暴力、威胁方法抗拒缉私的情形，构成手段行为与目的行为的牵连犯，但是根据《刑法》第 157 条的规定，不再适用“从一重处断”的原则，而应当对走私罪和本罪进行数罪并罚。二是《刑法》第 318 条组织他人偷越国(边)境罪第 1 款第 5 项规定“以暴力、威胁方法抗拒检查的”，处 7 年以上有期徒刑或者无期徒刑，并处罚金或者没收财产。第 321 条运送他人偷越国(边)境罪第 2 款规定：“在运送他人偷越国(边)境中……以暴力、威胁方法抗拒检查的，处 7 年以上有期徒刑，并处罚金。”以暴力、威胁方法抗拒检查与组织他人偷越国(边)境及运送他人偷越国(边)境之间构成手段行为与目的行为的牵连，但上述这两项规定实际上是以组织他人偷越国(边)境罪和运送他人偷越国(边)境罪的情节加重犯处罚的，直接适用《刑法》第 318 条、第 321 条的规定，无须在法定刑范围内从重处罚。

(三) 妨害公务罪的处罚

根据《刑法》第 277 条的规定，犯本罪的，处 3 年以下有期徒刑、拘役、管制或者罚金。

二、袭警罪[③]

(一) 袭警罪的概念和构成

袭警罪，是指以暴力袭击正在依法执行职务的人民警察，或者使用枪支、管制刀具以及驾驶机动车撞击等手段严重危及人民警察人身安全的行为。本罪具有如下构成要件：

1. 本罪的客体是复杂客体，即公安机关的公务活动秩序和人民警察的人身安全。

2. 本罪的客观方面表现为两类：一是一般暴力袭警行为，即以暴力袭击正在依法执行

① 王作富主编：《刑法分则实务研究》(中)，中国方正出版社 2007 年版，第 1197 页。

② 周道鸾、张军主编：《刑法罪名精释》，人民法院出版社 2003 年版，第 466 页。

③ 本罪是《刑法修正案(十一)》第 31 条对《刑法》第 277 条第 5 款作出修订后新增的罪名，原条文为：“暴力袭击正在依法执行职务的人民警察的，依照第一款的规定从重处罚。”

职务的人民警察。根据《刑法修正案(十一)》出台前的相关司法解释[①],暴力袭击,是指以撕咬、踢打、抱摔、投掷物品等普通暴力对人民警察进行人身攻击。同时,袭警行为也不限于对人,为对人民警察正在使用的警用车辆、警械装备等实施打砸、毁坏、抢夺而对人民警察人身进行攻击的,也属于一般暴力袭警行为。二是严重暴力袭警行为,即使用枪支、管制刀具以及驾驶机动车撞击等手段严重危及正在依法执行职务的人民警察的人身安全。这里的严重暴力,相比第一类的一般暴力,具有手段的强烈性、严重危险性、后果严重性等特征。使用其他凶器或者方式实施严重暴力袭警行为的,应当具有与使用枪支、管制刀具以及驾驶机动车撞击等行为的手段相当性,否则,只能认定为第一类的一般暴力。另外,此类暴力中驾驶机动车撞击的方式也不是必须针对人民警察,也可以在针对正在使用当中的警车实施时严重危及人民警察的人身安全。

对于人民警察的界定,首先,从属性上来看,属于公务员的一个类别,应当具有公务员的基本特征,即依法履行公职、纳入国家行政编制、由国家财政负担工资福利的工作人员。[②]其次,从工作内容来看,不仅包括公安机关、国家安全机关、监狱、劳动教养管理机关的人民警察和人民法院、人民检察院的司法警察[③],公安机关内部还包括多个警种,如治安警、刑警、交警、特警等。最后,按照新公务论的观点,国有事业单位、国家机关中的事业编制工作人员完全符合国家机关工作人员的本质,即以具备资格为前提,以拥有职权和职责为基础,以职务名义从事国家管理、公共管理和社会管理为内容。[④]相关司法解释[⑤]对于事业编制人员依法执行职务的问题,也持肯定态度。因此,前述机关或者其直属机构中具有事业编制的人民警察,在依法执行职务时,行为人对其实施一般暴力或者严重暴力的,也可构成本罪。较具争议的是,上述机关中的警务辅助人员,是否可以成为本罪的犯罪对象?本书认为,依法执行职务的警务辅助人员遭遇一般暴力或者严重暴力袭击,符合条件的,也可以成立本罪。但如果正在进行的职务活动并没有人民警察参与,均由警务辅助人员实施的,由于该职务活动不具有合法性,不能成立本罪,但可能构成其他犯罪。

对于“正在依法执行职务”的理解,需要强调:(1)正在进行的职务活动必须具有合法性,否则,当事人可以对其行使正当防卫权。(2)人民警察在非工作时间履行职责的,应当认定为正在依法执行职务。[⑥]对其实施本罪行为的,也可成立本罪。(3)本罪是行为犯,并不要求情节严重,即完成本罪所规定的行为就成立本罪。

3. 本罪的主体是一般自然人主体,即年满16周岁且具有刑事责任能力的自然人。

4. 本罪的主观方面为故意,即明知是正在依法执行职务的人民警察,依然对其实施暴力袭击或者使用枪支、管制刀具以及驾驶机动车撞击等手段严重危及人民警察人身安全。对未着警察制服或者未亮明警察身份的人员实施暴力袭击,由于没有袭击人民警察的故意,不成立本罪,构成其他犯罪的,依照有关规定定罪处罚。

---

① 参见最高人民法院、最高人民检察院、公安部联合发布的《关于依法惩治袭警违法犯罪行为的指导意见》第1条的规定。

② 参见《公务员法》第2条第1款的规定。

③ 参见《人民警察法》第2条的规定。

④ 参见马克昌主编:《百罪通论》(下卷),北京大学出版社2014年版,第882~884页。

⑤ 参见最高人民检察院发布的《关于以暴力、威胁方法阻碍事业编制人员依法执行行政执法职务是否可对侵害人以妨害公务罪论处的批复》的规定。

⑥ 参见《人民警察法》第2条和最高人民法院、最高人民检察院、公安部联合发布的《关于依法惩治袭警违法犯罪行为的指导意见》第5条的规定。

（二）袭警罪的认定

1. 罪与非罪的界限。对于本罪的认定，需要把握以下几点：

第一，袭击的对象是正在依法执行职务的人民警察，其重点在于正在依法执行职务，对于不合法的职务行为实施暴力抗拒，不成立本罪。至于对依法执行职务的判定，应当侧重于依法执行职务行为的行为特征。实践中，人民警察与警务辅助人员共同依法执行职务遭遇暴力抗拒或者袭击的，才成立本罪。[①] 没有人民警察参与，仅由警务辅助人员实施的职务行为，因不具有合法性，不能成立本罪。

第二，人民警察在执法方式上存在瑕疵，且行为人实施的暴力程度较低，危险性较小的，根据《刑法》第13条的规定，可以认定为犯罪情节显著轻微、危害不大，不作为犯罪处理。

第三，以暴力相威胁或者使用暴力以外的手段如辱骂等妨碍人民警察依法执行职务，或者袭警情节轻微的，构成其他犯罪的，依照有关规定定罪处罚；尚不构成犯罪，但构成违反治安管理行为的，应当依法从重给予治安管理处罚。

第四，教唆、煽动他人实施袭警犯罪行为或者为他人实施袭警犯罪行为提供工具、帮助的，以共同犯罪论处。[②]

第五，人民警察在非工作时间非履行职责时，因与他人发生纠纷而受到他人攻击的，行为人不成立袭警罪，符合条件的，可构成其他犯罪或触犯《治安管理处罚法》的有关规定。

2. 此罪与彼罪的界限。

(1) 与妨害公务罪的区分。袭警罪与妨害公务罪的区别相对明确：一是在行为对象上，妨害公务罪的行为对象是正在依法执行职务的国家机关工作人员、人大代表、红十字会工作人员等。而袭警罪的行为对象仅限于人民警察。二是在行为方式上，妨害公务罪的行为手段明显广于袭警罪的行为手段，袭警罪的暴力手段应当达到一定的标准，即一般暴力和严重暴力。

值得注意的是，尽管本罪与妨害公务罪是法条竞合的关系，原则上按照特殊法条优先于一般法条的规则适用，但也存在例外情况。根据《刑法》第277条第4款的规定，如果故意阻碍公安机关依法执行国家安全工作，虽未使用暴力、威胁方法，但造成严重后果的，应当以妨害公务罪定罪处罚。但故意阻碍正在依法执行国家安全工作的人民警察，而使用的暴力又达到了袭警罪中的暴力标准时，则应当根据特殊法条规定的袭警罪定罪处罚。

此外，比较容易产生争议的是，对于规定袭警罪的《刑法修正案（十一）》生效之前实施但尚未审结的暴力袭警案件，应当如何定罪处罚？根据我国《刑法》第12条规定的从旧兼从轻的刑法适用原则，应当首先比较妨害公务罪中袭警行为的法定刑与袭警罪的法定刑。根据修订前的《刑法》第277条第5款的规定，暴力袭击正在依法执行职务的人民警察的，依照第1款的规定从重处罚，即按照3年以下有期徒刑、拘役、管制或者罚金的刑罚从重处罚。

---

① 参见2021年4月16日四川省广元市利州区人民法院一审公开审理判决的褚某某袭警案。在本案中，当地派出所民警李某带领辅警彭某外出处置行为人阻塞砖厂道路的警情，民警责令张某等人先将堵路的大货车移走以保证道路畅通，后褚某某夫妇对在场的报警人赵某某进行辱骂，为防止事态升级，辅警彭某对褚某某夫妇进行语言阻止，责令其停止违法行为。犯罪嫌疑人褚某某不听劝阻，将手中水杯砸向彭某头部，致使彭某前额和左面颊轻度受伤。后经人民法院依法审理，判处被告人褚某某有期徒刑6个月。

② 参见最高人民法院、最高人民检察院、公安部联合发布的《关于依法惩治袭警违法犯罪行为的指导意见》第2条的有关规定。

而根据修订后的《刑法》第 277 条第 5 款的规定，袭警罪的法定刑为两档：第一档为 3 年以下有期徒刑、拘役或者管制；第二档为 3 年以上 7 年以下有期徒刑。因此，需要比较袭警罪第一档法定刑与妨害公务罪从重处罚的刑罚孰轻孰重。对此，本书认为，单从理论上难以比较出哪一款规定的刑罚较轻，还需要有关部门出台司法解释予以进一步明确。

(2) 与故意伤害罪、故意杀人罪的区分。暴力袭警行为具有严重的危险性，但并不要求情节严重或者发生严重后果。因此，当行为人实施袭警行为造成人民警察受伤、死亡结果时，不仅会触犯本罪，还可能触犯故意伤害罪、故意杀人罪，由于只存在一个行为，应当按照想象竞合的原则处理，即从一重罪论处。但如果行为人是犯罪嫌疑人，为抗拒抓捕而对人民警察使用暴力，且符合本罪构成要件的，应当以本罪与其所犯罪行数罪并罚。造成人民警察伤害或者死亡结果的，应当以故意伤害罪、故意杀人罪与其所犯罪行数罪并罚。但需要注意的是，对于罪犯抗拒抓捕的并实施暴力的，如果以袭警罪定罪处罚，必须满足袭警罪中的暴力方式或程度，否则，不能构成本罪。

另外，有学者提出，在转化型抢劫的场合，对人民警察当场使用暴力的，只以抢劫罪一罪论处。[①] 本书赞同此种观点，之所以规定转化型抢劫，是因为行为人的行为已经由单纯侵犯财产权利转变为同时侵犯财产权利和人身权利，故以抢劫罪论处，不能因为抗拒的对象是人民警察就以抢劫罪和袭警罪数罪并罚，否则会造成重复评价，导致刑罚过重。

(3) 与以危险方法危害公共安全罪的区分。区分袭警罪与以危险方法危害公共安全罪，关键在于暴力袭警的具体手段及危害程度是否危及公共安全。根据相关司法解释[②]的规定，驾车冲撞、碾轧、拖拽、剐蹭民警，或者挤别、碰撞正在执行职务的警用车辆，危害公共安全，符合《刑法》第 114 条、第 115 条规定的，应当以以危险方法危害公共安全罪定罪，并酌情从重处罚。对此，本书认为，其实质还是遵循了想象竞合的原则，从一重罪论处。

（三）袭警罪的处罚

根据《刑法》第 277 条第 5 款的规定，根据行为的不同，本罪的法定刑分为两个档次：(1) 对于暴力袭击正在依法执行职务的人民警察的，处 3 年以下有期徒刑、拘役或者管制。(2) 使用枪支、管制刀具、以驾驶机动车撞击等手段，严重危及人民警察人身安全的，处 3 年以上 7 年以下有期徒刑。

三、煽动暴力抗拒法律实施罪

煽动暴力抗拒法律实施罪，是指煽动群众使用暴力抗拒国家法律、行政法规实施的行为。

根据《刑法》第 278 条的规定，犯本罪的，处 3 年以下有期徒刑、拘役、管制或者剥夺政治权利；造成严重后果的，处 3 年以上 7 年以下有期徒刑。所谓造成严重后果，一般是指造成人身伤害或较大财产损失的，造成生产、工作、教学、科研不能正常进行的，严重扰乱公共秩序的，等等。

---

① 参见赵秉志主编：《〈刑法修正案（十一）〉理解与适用》，中国人民大学出版社 2021 年版，第 251 页。

② 参见最高人民法院、最高人民检察院、公安部联合发布的《关于依法惩治袭警违法犯罪行为的指导意见》第 3 条的有关规定。

四、招摇撞骗罪

（一）招摇撞骗罪的概念和构成

招摇撞骗罪，是指为了谋取非法利益，冒充国家机关工作人员或者人民警察，进行招摇撞骗的行为。本罪具有如下构成要件：

1. 对于本罪的客体是简单客体还是复杂客体，学界存在不同意见。一些学者认为，本罪侵犯的客体是简单客体，即国家机关或公安机关的威信及其正当活动。因为国家机关工作人员或人民警察具有公务员的特殊身份，手中拥有一定的权力。冒充国家机关工作人员或人民警察并获取非法利益，势必影响国家机关或公安机关的威信，造成国家机关工作或人民公安工作的混乱。值得注意的是，招摇撞骗行为在骗取国家或个人的财物的同时可能给国家或者公民在经济上或其他方面的合法权益造成严重损失。故有学者认为，本罪侵犯的客体为复杂客体，主要客体是国家机关的威信及其对社会的管理秩序，次要客体是公共利益和公民、法人及其他组织的合法权益[①]。本书认为，后一观点值得重视。

2. 本罪在客观方面表现为行为人实施了冒充国家机关工作人员或人民警察进行招摇撞骗的行为。本罪在客观方面须同时具备两个基本条件：一是行为人必须冒充国家机关工作人员或人民警察的身份或职务。所谓冒充，是指不具备国家机关工作人员或人民警察身份的人，假冒具有国家机关工作人员或人民警察身份的人去行事。其基本特征是：没有某种职级、职衔的人，假冒具有某种职级、职衔的国家机关工作人员或人民警察。从司法实践情况来看，本罪的具体表现又包括三种情况：(1) 非国家机关工作人员或人民警察冒充国家机关工作人员或人民警察。(2) 国家机关或公安机关的下级工作人员冒充上级工作人员。(3) 此部门的国家机关工作人员冒充彼部门的国家机关工作人员。冒充非国家机关工作人员进行招摇撞骗的，不构成本罪。二是行为人必须实施招摇撞骗的行为。所谓招摇撞骗，指行为人利用人们对国家机关工作人员或人民警察的信任，假冒国家机关工作人员或人民警察的身份或职务炫耀并骗取非法利益。这种非法利益包括财物、政治荣誉、地位、职务、待遇，甚至还可以是他人（主要是妇女）的爱情，进而对妇女进行玩弄，等等。准确理解冒充国家机关工作人员或人民警察的身份或职务与骗取非法利益之间的客观联系是认定本罪的关键。如果行为人仅有冒充事实而未用之行骗，不能构成本罪；如果行为人的行骗活动与假冒的身份毫无关系，也不构成本罪。

3. 本罪的主体为一般主体，即已满 16 周岁且具有刑事责任能力的自然人。

4. 本罪的主观方面为直接故意，且具有骗取某种非法利益的目的，过失不构成本罪。

（二）招摇撞骗罪的认定

1. 罪与非罪的界限。由于本罪客观方面的行为是复合行为，即冒充国家机关工作人员或人民警察的行为与招摇撞骗行为的结合，其招摇撞骗行为具有两个特点，即行为的多次、多样性和行为造成的结果的多方面性。行为人招摇撞骗的行为只是偶然为之，或者造成的

---

① 王作富主编：《刑法分则实务研究》（中），中国方正出版社 2007 年版，第 1199 页。

后果显著轻微的，可以根据《刑法》第 13 条“但书”的规定，不认为是犯罪。

2. 本罪与相似犯罪的界限。

(1) 本罪与诈骗罪的界限。本罪与诈骗罪的犯罪手段都是“骗”，但二者有明显的区别：① 侵犯的客体不同。本罪侵犯的客体是国家机关或公安机关的正常活动，诈骗罪侵犯的客体则是公私财产所有权。② 犯罪手段不同。本罪的行为方式只能是冒充国家机关工作人员或人民警察行骗，而诈骗罪的行为手段则是多种多样的，不限于冒充有特定身份的人员行骗。③ 成立犯罪的标准不同。本罪是行为犯，没有诈骗所得财物数额的要求，只要行为人实施了冒充国家机关工作人员或人民警察招摇撞骗的行为，原则上便构成犯罪；诈骗罪是数额犯，诈骗所得财物数额较大的，才构成诈骗罪。行为人冒充国家机关工作人员或人民警察实施诈骗犯罪的，属于法条竞合的情况，按法条竞合犯的处罚原则追究刑事责任。

如果行为人冒充国家机关工作人员或人民警察的目的就是骗取公私财物，且诈骗数额巨大，或者特别巨大，究竟应按本罪论处，还是按诈骗罪论处？本书认为这种情况下应按牵连犯的原则以诈骗罪论处。因为虽然两种犯罪存在以上区别，但两罪毕竟有部分重合，诈骗罪的法定最高刑为无期徒刑，而本罪法定最高刑为 10 年有期徒刑，按照本罪论处不能罚当其罪。

(2) 本罪罪数形态的认定，即行为人实施招摇撞骗行为的同时触犯其他罪名的问题。司法实践中，由于行为人犯罪目的的具体内容不同，所采取的手段或结果往往同时触犯不同罪名。例如，为了冒充国家机关工作人员招摇撞骗而伪造、变造、盗窃国家机关公文、证件、印章的，其方法行为同时触犯伪造、变造、盗窃国家机关公文、证件、印章罪；冒充国家机关工作人员招摇撞骗，又以胁迫手段强奸妇女的，其结果行为同时触犯强奸罪；等等。这种情况均应以牵连犯“从一重处断”的原则处理。

(三) 招摇撞骗罪的处罚

根据《刑法》第 279 条的规定，犯本罪的，分三种情况处罚：(1) 一般犯本罪的，处 3 年以下有期徒刑、拘役、管制或者剥夺政治权利。(2) 犯本罪且情节严重的，处 3 年以上 10 年以下有期徒刑。所谓情节严重，一般是指：多次进行招摇撞骗的；招摇撞骗所得非法利益巨大的(如钱财数额巨大、骗取高级职务或荣誉等)；造成被骗人精神失常、自杀等严重后果或恶劣政治影响的；等等。(3) 冒充人民警察招摇撞骗的，从重处罚。

五、伪造、变造、买卖国家机关公文、证件、印章罪

伪造、变造、买卖国家机关公文、证件、印章罪，是指伪造、变造、买卖国家机关的公文、证件、印章的行为。本罪是选择性罪名，只要行为人实施了伪造、变造、买卖三种行为之一，便构成犯罪。司法实践中，对本罪的罪名可根据行为人实施的具体行为来确定。如果行为人只实施了伪造公文的行为，则对行为人定伪造公文罪即可。只有当行为人同时实施了伪造、变造、买卖国家机关的公文、证件、印章三种行为时，才定伪造、变造、买卖国家机关公文、证件、印章罪。本罪的主体为一般主体。

根据《刑法》第 280 条第 1 款的规定，犯本罪的，处 3 年以下有期徒刑、拘役、管制或者剥夺政治权利，并处罚金；情节严重的，处 3 年以上 10 年以下有期徒刑，并处罚金。所谓情

节严重，主要是指多次实施伪造、变造、买卖国家机关公文、证件、印章的，伪造、变造、买卖较高级别国家机关公文、证件、印章的，造成严重不良影响的，等等。

六、盗窃、抢夺、毁灭国家机关公文、证件、印章罪

盗窃、抢夺、毁灭国家机关公文、证件、印章罪，是指盗窃、抢夺、毁灭国家机关公文、证件、印章的行为。本罪的客体是国家机关的正常管理活动。本罪的客观方面表现为行为人实施了盗窃、抢夺、毁灭国家机关公文、证件、印章的行为。本罪也是一个选择性罪名，只要行为人实施了盗窃、抢夺、毁灭国家机关公文、证件、印章行为之一，便可成立犯罪。而司法实践中，可根据行为人实施的某一种行为定罪。

根据《刑法》第 280 条第 1 款的规定，犯本罪的，处 3 年以下有期徒刑、拘役、管制或者剥夺政治权利，并处罚金；情节严重的，处 3 年以上 10 年以下有期徒刑，并处罚金。

七、伪造公司、企业、事业单位、人民团体印章罪

伪造公司、企业、事业单位、人民团体印章罪，是指故意伪造公司、企业、事业单位、人民团体印章的行为。

根据《刑法》第 280 条第 2 款的规定，犯本罪的，处 3 年以下有期徒刑、拘役、管制或者剥夺政治权利，并处罚金。

八、伪造、变造、买卖身份证件罪[①]

伪造、变造、买卖身份证件罪，是指伪造、变造、买卖居民身份证、护照、社会保障卡、驾驶证等依法可以用于证明身份的证件的行为。本罪经《刑法修正案（九）》修正，与原伪造、变造居民身份证罪相比，在客观方面增加了买卖行为，在犯罪对象方面增加了护照、社会保障卡、驾驶证等其他依法可以用于证明身份的证件种类，有利于保护公民权益。构成本罪需要具备以下条件：一是行为人在主观上出于故意，至于出于何种动机不影响本罪成立。二是行为人客观上实施了伪造、变造、买卖身份证件的行为。其中，伪造是指制作虚假的身份证件的行为；变造是指对真的身份证件进行改制，变更其原有真实内容的行为；买卖是指基于某种目的，非法购买或者销售身份证件的行为。其中，居民身份证是指由公安机关依照相关居民身份证法律法规制作、发放的证件。护照是指公民国籍国发给公民的一种能在国外证明自己身份的证件，是公民出入本国国境和到国外旅行、居留时的必备证件，包括我国和外国依法发放的护照。社会保障卡是指社会保障主管部门依照规定向社会保障对象发放的拥有多种功能的证件。驾驶证是指道路交通管理部门依照《道路交通安全法》发放的，用于证明持证人具有相应驾驶资格的凭证。

根据《刑法》第 280 条第 3 款的规定，犯本罪的，处 3 年以下有期徒刑、拘役、管制或者剥夺政治权利，并处罚金；情节严重的，处 3 年以上 7 年以下有期徒刑，并处罚金。所谓情节

---

① 本罪是《刑法修正案（九）》第 22 条对《刑法》第 280 条第 3 款修正后规定的新罪名，取消伪造、变造居民身份证罪罪名。

严重,主要是指:多次或者大量伪造、变造、买卖居民身份证、护照、社会保障卡、驾驶证等依法可以用于证明身份的证件的;为牟取非法利益而伪造、变造、买卖居民身份证、护照、社会保障卡、驾驶证等依法可以用于证明身份的证件的;等等。

九、使用虚假身份证件、盗用身份证件罪[①]

使用虚假身份证件、盗用身份证件罪,是指在依照国家规定应当提供身份证明的活动中,使用伪造、变造的或者盗用他人的居民身份证、护照、社会保障卡、驾驶证等依法可以用于证明身份的证件,情节严重的行为。

根据《刑法》第280条之一的规定,犯本罪的,处拘役或者管制,并处或者单处罚金。有前款行为,同时构成其他犯罪的,依照处罚较重的规定定罪处罚。

十、冒名顶替罪[②]

冒名顶替罪,是指盗用、冒用他人身份,顶替他人取得高等学历教育入学资格、公务员录用资格、就业安置待遇的行为。本罪具有如下构成要件:

1. 本罪的客体是复杂客体,既包括国家高等学历教育入学管理制度、公务员录用管理制度和就业安置管理制度,也包括公民个人的合法权益,如接受高等学历教育的权利、就业权利和获得就业安置待遇的权利。

2. 本罪的客观方面表现为盗用、冒用他人身份,顶替他人取得高等学历教育入学资格、公务员录用资格、就业安置待遇的行为。高等学历教育,在层次上包括专科(高职、高专等)、本科、研究生(硕士、博士);在学习方式上,包括普通高等教育和成人高等教育(脱产、业余、函授)、高等教育自学考试、开放教育、网络教育。公务员录用资格,仅指最终录用资格,顶替过程中的面试资格、体检资格、政审资格等不作单独评价。就业安置待遇,是指按照国家政策或有关规定,烈士家属、残疾军人及其家属、随军家属、退役军人、失地农民、高校毕业大学生等群体享有的由政府提供工作岗位的权利。盗用,是指在权利人不知情的情况下,私自窃取他人身份信息作为自己的身份在高等教育入学、公务员录用、就业安置待遇享受方面加以使用;冒用,是指在权利人知情或者权利人授权的情况下合法获得权利人的身份信息,但在权利人不知情的情况下在高等教育入学、公务员录用、就业安置待遇享受方面将其作为自己的身份加以使用。行为人盗用或者冒用上述三种资格或待遇中的一种即构成本罪,且不要求情节严重。冒用的不是上述三种资格或者待遇的,不成立本罪。另外,冒名顶替的对象既包括已经取得的资格或待遇,也包括尚未取得但按照规定应当取得的资格或待遇。

3. 本罪的主体是一般主体,即年满16周岁且具有刑事责任能力的自然人。另外,组织、指使他人冒名顶替的行为人,也构成本罪,并从重处罚。国家工作人员冒名顶替或者组织、指使他人冒名顶替,同时构成其他犯罪的,按照数罪并罚的原则处理。冒名顶替过程中

---

① 本罪是《刑法修正案(九)》第23条在《刑法》第280条之一新增的罪名。

② 本罪是《刑法修正案(十一)》第32条在《刑法》第280条之二新增的罪名。

的帮助者,不构成本罪,按照有关规定给予党纪政务处分,构成其他犯罪的,按照刑法有关规定定罪处罚。

4. 本罪的主观方面为故意,且具有顶替他人取得高等学历教育入学资格、公务员录用资格、就业安置待遇的目的。

根据《刑法》第 280 条之二第 1 款的规定,犯本罪的,处 3 年以下有期徒刑、拘役或者管制,并处罚金。组织、指使他人实施第 1 款行为的,依照前述刑罚从重处罚。国家工作人员实施第 1 款、第 2 款行为,又构成其他犯罪的,数罪并罚。

十一、非法生产、买卖警用装备罪

非法生产、买卖警用装备罪,是指非法生产、买卖人民警察制式服装、车辆号牌等专用标志、警械,情节严重的行为。所谓情节严重,主要是指:多次或者大量生产、买卖警用装备的;为牟取非法利益而生产、买卖警用装备的;经有关机关责令停止生产、买卖警用装备仍不听从的;他人使用非法生产的警用装备进行违法犯罪活动的;等等。

根据《刑法》第 281 条的规定,犯本罪的,处 3 年以下有期徒刑、拘役或者管制,并处或者单处罚金。单位犯前款罪的,对单位判处罚金,并对其直接负责的主管人员和其他直接责任人员,依照上述规定处罚。

十二、非法获取国家秘密罪

非法获取国家秘密罪,是指以窃取、刺探或者收买方法,非法获取国家秘密的行为。本罪的客体是国家的保密制度。为了保守国家秘密,维护国家的安全和利益,我国制定了以《中华人民共和国保守国家秘密法》(简称《保密法》)为核心的一系列保守国家机密的法律、法规,形成了较完备的保密制度。非法窃取、刺探、收买国家秘密直接破坏了国家的保密制度,直接威胁到国家安全与全体人民的利益,具有较大的社会危害性,应当追究刑事责任。本罪的犯罪对象是国家秘密。所谓国家秘密,是指关系国家安全和利益,依照法定程序确定,在一定时间内只限于一定范围的人员知悉的事项。国家秘密分为绝密、机密和秘密三个等级,无论行为人非法获取何种密级、何种形式的国家秘密都构成本罪。本罪的客观方面表现为行为人实施了非法窃取、刺探或者收买国家秘密的行为。窃取,是指背着他人盗窃国家秘密;刺探,是指向他人暗中打听国家秘密;收买,是指以金钱、物质、美色等换取国家秘密。本罪是选择性罪名,只要行为人实施了窃取、刺探、收买三种行为之一,便构成犯罪。本罪的主体是已满 16 周岁且具有刑事责任能力的自然人。本罪的主观方面为故意,即明知自己不该知悉该种国家秘密,为了达到利用国家秘密谋取非法利益或进行其他违法活动的目的,仍以窃取、刺探、收买方法,非法获取国家秘密。至于行为人出于何种目的与动机,不影响本罪的成立。

根据《刑法》第 282 条第 1 款的规定,犯本罪的,处 3 年以下有期徒刑、拘役、管制或者剥夺政治权利;情节严重的,处 3 年以上 7 年以下有期徒刑。情节严重主要是指:多次或者大量非法获取国家重要机密的;非法获取国家秘密受过行政处分,屡教不改的;使用非法获得的国家秘密造成严重后果或恶劣社会影响的;等等。

十三、非法持有国家绝密、机密文件、资料、物品罪

非法持有国家绝密、机密文件、资料、物品罪，是指非法持有国家绝密、机密文件、资料或者其他物品，拒不说明来源与用途的行为。本罪是选择性罪名，诉讼中应根据实际案情选择适用或合并适用。本罪的客体是国家的保密制度，犯罪对象是国家绝密、机密文件、资料或者其他物品。本罪在客观方面有两个基本特征：一是行为人必须非法持有国家绝密、机密文件、资料或者其他物品，如果行为人合法持有，则不构成犯罪。二是行为人必须拒不说明来源与用途。行为人虽然非法持有国家绝密、机密文件、资料或者其他物品，但说明了其来源与用途的，也不能以本罪论处。

根据《刑法》第 282 条第 2 款的规定，犯本罪的，处 3 年以下有期徒刑、拘役或者管制。

十四、非法生产、销售专用间谍器材、窃听、窃照专用器材罪[①]

非法生产、销售专用间谍器材、窃听、窃照专用器材罪，是指非法生产、销售专用间谍器材或者窃听、窃照专用器材的行为。所谓非法生产、销售，是指未经国家主管机关许可、批准，无权或无资格，或者虽获许可但超指标、超范围生产、销售专用间谍器材或者窃听、窃照专用器材。本罪的客观方面表现为：一是非法生产专用间谍器材或者窃听、窃照专用器材；二是非法销售专用间谍器材或者窃听、窃照专用器材。本罪经《刑法修正案（九）》修正，与原非法生产、销售间谍专用器材罪相比，扩大了犯罪对象范围，明确将窃听、窃照专用器材纳入进来。本罪的主体是已满 16 周岁且具有刑事责任能力的自然人或单位。本罪的主观方面为故意，即明知自己无权或无资格生产、销售专用间谍器材或者窃听、窃照专用器材，但为了谋取非法利益而故意为之。至于出于何种动机不影响本罪成立。

根据《刑法》283 条的规定，犯本罪的，处 3 年以下有期徒刑、拘役或者管制，并处或者单处罚金；情节严重的，处 3 年以上 7 年以下有期徒刑，并处罚金。所谓情节严重，主要可从非法生产、销售的数量，取得非法利益的数额，流入社会的数量，因他人非法使用给国家利益、社会利益、公民合法权益造成的实际损害等情节综合考量。单位犯本罪的，对单位判处罚金，并对其直接负责的主管人员和其他直接责任人员，依照上述规定处罚。

十五、非法使用窃听、窃照专用器材罪

非法使用窃听、窃照专用器材罪，是指非法使用窃听、窃照专用器材，造成严重后果的行为。窃听、窃照专用器材属于国家特定机关专用，且使用程序极其严格，擅自窃听、窃照的行为严重侵犯公民的隐私权。所谓非法使用，是指未经国家主管机关特许而私自使用，或者虽经许可但未按授权范围和规定使用窃听、窃照专用器材。非法使用窃听、窃照专用器材造成

① 本罪是《刑法修正案（九）》第 24 条对《刑法》第 283 条修正后规定的新罪名，取消非法生产、销售间谍专用器材罪罪名。

严重后果的才构成犯罪。造成严重后果是指:危害国家安全;造成被窃听、窃照的单位商业秘密、科技秘密和其他秘密泄露,经济遭受严重损失;侵犯他人隐私权、人格名誉,造成被侵权人自杀、精神失常或者严重影响其工作、生活;等等。

根据《刑法》第284条的规定,犯本罪的,处2年以下有期徒刑、拘役或者管制。

十六、组织考试作弊罪①

(一)组织考试作弊罪的概念和构成

组织考试作弊罪,是指在法律规定的国家考试中,组织作弊,或者为他人组织作弊提供作弊器材或者其他帮助的行为。

1. 本罪的客体是国家正常的考试秩序和考生公平竞争的权利。考试是推进社会事业发展的良好制度,对于公民而言,可以通过考试督导个人通过学习提升文化水平,促进个人发展;对于国家而言,可以通过考试的选拔或调解功能对公民有效地分配社会资源,维持国家和社会秩序的良好运行。

2. 本罪的客观方面表现为在法律规定的国家考试中,组织作弊或帮助组织作弊的行为。

第一,行为对象的认定。我国是一个考试大国,考试类型和数量繁多,纳入刑法考量的考试理应有明确的范围。根据《最高人民法院、最高人民检察院关于办理组织考试作弊等刑事案件适用法律若干问题的解释》第1条的规定,“法律规定的国家考试”,是指全国人大及其常委会制定的法律所规定的考试,具体包括:(1)普通高等学校招生考试、研究生招生考试、高等教育自学考试、成人高等学校招生考试等国家教育考试;(2)中央和地方公务员录用考试;(3)国家统一法律职业资格考试、国家教师资格考试、注册会计师全国统一考试、会计专业技术资格考试、资产评估师资格考试、医师资格考试、执业药师职业资格考试、注册建筑师考试、建造师执业资格考试等专业技术资格考试;(4)其他依照法律由中央或者地方主管部门以及行业组织的国家考试。因此,判断上述司法解释未明确列举的考试,如水平评价考试和能力鉴定考试等,是否属于“法律规定的国家考试”,需要确定考试是否有国家法律依据。以外语水平考试和普通话水平测试为例,对于前者而言,《教育法》第14条规定,国务院和地方各级人民政府根据分级管理、分工负责的原则,领导和管理教育工作。而外语水平考试往往是各级政府依法律授权对教育工作中具体事项实施的管理,如四六级考试由教育部组织和颁发成绩单,因此,也属于依照法律由中央主管部门组织的国家考试。对于后者而言,《国家通用语言文字法》第24条规定,国务院语言文字工作部门颁布普通话水平测试等级标准。由国家语言文字工作委员会负责组织普通话水平测试,并颁发等级证书,因此,普通话水平测试也属于国家法律规定的考试。此外,上述考试涉及的特殊类型招生、特殊技能测试、面试等考试,均属于“法律规定的国家考试”。

第二,组织作弊行为的认定。《国家教育考试违规处理办法》对考试作弊行为的认定有着明确规定。考试作弊行为在利益的诱惑下呈现出分工协作、组织严密的有组织作案方式,

① 本罪是《刑法修正案(九)》第25条在《刑法》第284条之一第1、2款新增的罪名。

一般而言,组织行为对整个作弊流程起着主导作用。这里的组织作弊行为是指发起、组建和设立考试作弊的团伙,为组织考试作弊活动制订计划、进行谋划和布置,实际指挥、调整具体措施的实施、人员的分工与安排等。组织的对象也不限于考生,组织考生家长、监考人员或者相关辅导教师等参与作弊的,也属于组织作弊行为。

第三,帮助组织作弊行为的认定。帮助组织作弊行为是指明知他人实施组织作弊行为而提供作弊器材或者其他帮助的行为。作弊器材的作用是将考场内的试题传出去或将答案发送给考生,主要包括密拍设备、发送设备和接收设备三大类。对于这种帮助行为的具体认定,《最高人民法院、最高人民检察院关于办理组织考试作弊等刑事案件适用法律若干问题的解释》第 3 条予以了明确:(1) 具有避开或者突破考场防范作弊的安全管理措施,获取、记录、传递、接收、存储考试试题、答案等功能的程序、工具,以及专门设计用于作弊的程序、工具,应当认定为“作弊器材”。(2) 对于是否属于“作弊器材”难以确定的,依据省级以上公安机关或者考试主管部门出具的报告,结合其他证据作出认定;涉及专用间谍器材、窃听、窃照专用器材、“伪基站”等器材的,依照相关规定作出认定。而所谓提供,包括生产、销售、出租、出借等多种方式。提供其他帮助,主要包括进行无线作弊器材使用培训,窃取、出售考生信息,以及设立与维护作弊网站,等等。

这里将原本属于《刑法》总则规定的帮助行为明确规定在分则的犯罪客观构成要件之中,是帮助行为实行行为化。按照共同犯罪理论,对帮助行为原本不存在处罚上的困难,但《刑法修正案(九)》考虑到帮助组织考试作弊的现实情况,直接依照组织作弊的规定处罚,体现了从严惩治的立法意图。因为若将其认定为帮助行为,将按照《刑法》第 27 条的规定将行为人认定为从犯,而从犯应当从轻、减轻或免除处罚,将会导致罚不当罪,罪责刑不适应,所以,有必要使帮助行为实行行为化,适用正犯的刑罚。

3. 本罪的主体是一般主体,即年满 16 周岁且具有刑事责任能力的自然人。对于是否可以构成单位犯罪,《最高人民法院、最高人民检察院关于办理组织考试作弊等刑事案件适用法律若干问题的解释》从客观行为上予以承认,但对单位本身不定罪处罚,而是直接追究该单位实施组织作弊行为过程中的组织者、策划者、实施者的刑事责任。

4. 本罪的主观方面为故意。即行为人明知自己实施的是组织作弊或帮助他人组织作弊的行为,仍然为之。

(二) 组织考试作弊罪的认定

根据《最高人民法院、最高人民检察院关于办理组织考试作弊等刑事案件适用法律若干问题的解释》的规定,在本罪的认定过程当中,应当注意以下几个问题:

第一,在法律规定的国家考试以外的考试中,组织作弊,为他人组织作弊提供作弊器材或者其他帮助,或者非法出售、提供试题、答案,符合非法获取国家秘密罪,非法生产、销售窃听、窃照专用器材罪,非法使用窃听、窃照专用器材罪,非法利用信息网络罪,以及扰乱无线电通讯管理秩序罪等犯罪构成要件的,依照符合条件的罪名定罪处罚。

第二,设立用于实施考试作弊的网站、通讯群组或者发布有关考试作弊的信息,情节严重的,以非法利用信息网络罪定罪处罚。《最高人民法院、最高人民检察院关于办理非法利用信息网络、帮助信息网络犯罪活动等刑事案件适用法律若干问题的解释》的规定,“情节严重”是指以下情形:(1) 假冒国家机关、金融机构名义,设立用于实施违法犯罪活动的网站的。(2) 设立用于实施违法犯罪活动的网站，数量达到 3 个以上或者注册账号数累计达到 2 000 以上的。(3) 设立用于实施违法犯罪活动的通讯群组，数量达到 5 个以上或者群组成员账号数累计达到 1 000 以上的。(4) 发布有关考试作弊违法犯罪的信息，具有下列情形之一的：在网站上发布有关信息 100 条以上的；向 2 000 个以上用户账号发送有关信息的；向群组成员数累计达到 3 000 以上的通讯群组发送有关信息的；利用关注人员账号数累计达到 3 万以上的社交网络传播有关信息的。(5) 违法所得 1 万元以上的。(6) 2 年内曾因发布考试作弊信息受过行政处罚，又发布的。(7) 其他情节严重的情形。此外，如果同时构成组织考试作弊罪，非法出售、提供试题、答案罪，以及非法获取国家秘密罪等其他犯罪的，属于想象竞合，从一重罪定罪处罚。

第三，本罪属于行为犯，只要完成组织考试作弊的行为就成立犯罪，不要求情节严重或者造成严重后果，也不需要从中实际牟利。组织考试作弊行为在考试开始之前被查处，但考生已经非法获取考试试题、答案或者具有其他严重扰乱考试秩序情形的，也应当认定为本罪的既遂。

第四，本罪与非法出售、提供试题、答案罪，以及与代替考试罪的区别主要体现在客观行为方式上：本罪主要表现为组织作弊行为或者为他人组织作弊提供作弊器材等帮助行为，实质是谋划、布置和指挥以及帮助配合前述行为；后两者则是考试作弊当中的具体行为，即非法出售、提供试题、答案，代替他人考试，行为人既实施组织行为，又实施前述具体行为的，则需要进行数罪并罚。

（三）组织考试作弊罪的处罚

根据《刑法》第 284 条之一第 1 款和第 2 款的规定，犯本罪的，处 3 年以下有期徒刑或者拘役，并处或者单处罚金；情节严重的，处 3 年以上 7 年以下有期徒刑，并处罚金。在刑罚适用种类上，除了上述的主刑和罚金刑之外，前述司法解释还明确，可以根据犯罪情况和预防再犯罪的需要，依法宣告职业禁止；被判处管制、宣告缓刑的，可以根据犯罪情况，依法宣告禁止令。

十七、非法出售、提供试题、答案罪[①]

（一）非法出售、提供试题、答案罪的概念和构成

非法出售、提供试题、答案罪，是指为实施考试作弊行为，向他人非法出售或者提供法律规定的国家考试的试题、答案的行为。本罪具有如下构成要件：

1. 本罪的犯罪客体是国家正常的考试秩序和考生公平竞争的权利。

2. 本罪的客观方面表现为向他人非法出售或者提供法律规定的国家考试的试题、答案的行为。他人是指己身以外的自然人或单位。按照相关国家考试的规定进行的试题和答案的交接行为不在此列。对于试题和答案的完整性与真实性的认定标准，《最高人民法院、最高人民检察院关于办理组织考试作弊等刑事案件适用法律若干问题的解释》明确规定，只要

---

① 本罪是《刑法修正案（九）》第 25 条在《刑法》第 284 条之一第 3 款新增的罪名。

向他人非法出售或者提供法律规定的国家考试的试题、答案,试题不完整或者答案与标准答案不完全一致的,不影响本罪的认定。对于出售行为,并不要求已经实际获利;提供行为是指无偿提供。本罪是选择性罪名,根据实际案情选择适用或合并适用。

3. 本罪的主体是一般主体,即年满 16 周岁且具有刑事责任能力的自然人。对于单位是否可以成立本罪,《最高人民法院、最高人民检察院关于办理组织考试作弊等刑事案件适用法律若干问题的解释》规定,单位实施非法出售、提供试题、答案行为的,依照相应定罪量刑标准,追究组织者、策划者、实施者的刑事责任。即不对单位本身进行处罚,只对单位中直接从事犯罪行为的自然人进行定罪处罚。

4. 本罪的主观方面为故意,且以实施考试作弊行为为目的。

(二) 非法出售、提供试题、答案罪的认定

有学者对本罪增设的必要性以及与故意泄露国家秘密罪的关系存有不同意见。本书从解释学角度出发,认为本罪所涉及的法律规定的国家考试的试题、答案虽然在启封前或考试结束前属于国家秘密,但与故意泄露国家秘密罪存在以下不同:(1) 客体不同。故意泄露国家秘密罪侵犯的客体是国家的保密制度;而本罪侵犯的客体是国家正常的考试秩序和考生公平竞争的权利。(2) 主体不同。故意泄露国家秘密罪的主体一般情况下是特殊主体,需要具备国家机关工作人员的身份,非国家机关工作人员虽也可以构成故意泄露国家秘密罪,但性质上不属于渎职罪;而本罪的主体是一般主体。(3) 主观方面不同。本罪是目的犯,以实施考试作弊为行为目的;而故意泄露国家秘密罪出于何种目的与动机不影响犯罪的成立。

另外,在罪数问题上,《最高人民法院、最高人民检察院关于办理组织考试作弊等刑事案件适用法律若干问题的解释》作出规定,认为以窃取、刺探、收买方法非法获取法律规定的国家考试的试题、答案,又组织考试作弊或者非法出售、提供试题、答案,分别符合相关刑法条文规定的,应当以非法获取国家秘密罪和组织考试作弊罪或者非法出售、提供试题、答案罪,进行数罪并罚。对此,应当注意其与牵连犯的区别。对于牵连犯,一般认为应当从一重罪论处。若不是为追求一个(最终)犯罪目的而实施包含数个危害社会行为的犯罪,就不构成牵连犯。[①] 而就该司法解释描述的行为关系而言,并不构成目的行为与手段行为意义上的牵连关系,故应当进行数罪并罚。

(三) 非法出售、提供试题、答案罪的处罚

根据《刑法》第 284 条之一第 3 款的规定,犯本罪的,处 3 年以下有期徒刑或者拘役,并处或者单处罚金;情节严重的,处 3 年以上 7 年以下有期徒刑,并处罚金。对于"情节严重"的界定,《最高人民法院、最高人民检察院关于办理组织考试作弊等刑事案件适用法律若干问题的解释》已经作出明确规定,即必须具备下列情形之一:(1) 在普通高等学校招生考试、研究生招生考试、公务员录用考试中组织考试作弊的;(2) 导致考试推迟、取消或者启用备用试题的;(3) 考试工作人员组织考试作弊的;(4) 组织考生跨省、自治区、直辖市作弊的;(5) 多次组织考试作弊的;(6) 组织 30 人次以上作弊的;(7) 提供作弊器材 50 件以上的;(8) 违

① 参见高铭暄主编:《刑法学原理》(第 2 卷),中国人民大学出版社 2005 年版,第 625 页。

法所得30万元以上的;(9)其他情节严重的情形。同组织考试作弊罪一样,在刑罚适用种类上,除了上述的主刑和罚金刑之外,前述司法解释明确规定,可以根据犯罪情况和预防再犯罪的需要,依法宣告职业禁止;被判处管制、宣告缓刑的,可以根据犯罪情况,依法宣告禁止令。

十八、代替考试罪[①]

代替考试罪,是指代替他人或者让他人代替自己参加法律规定的国家考试的行为。所谓代替他人,是指行为人通过某种方式代替他人参加法律规定的国家考试的行为;所谓让他人代替自己,是指行为人通过某种方式让他人代替自己参加法律规定的国家考试的行为。有观点对本罪设立的必要性存在质疑,认为对替考的相关人员给予禁考、开除、解聘等处理,足以达到惩戒的效果,从刑法谦抑性原则考虑,不作为犯罪处理更为妥当。对此,尽管本罪是行为犯,不要求情节严重或者造成严重后果,但《最高人民法院、最高人民检察院关于办理组织考试作弊等刑事案件适用法律若干问题的解释》也强调了并非只要实施该行为就一律定罪,对于情节显著轻微危害不大的,应当不以犯罪论处。

根据《刑法》第284条之一第4款的规定,犯本罪的,处拘役或者管制,并处或者单处罚金。前述司法解释的内容也在刑罚上作出了完善,即对于行为人犯罪情节较轻,确有悔罪表现,综合考虑行为人替考情况以及考试类型等因素,认为符合缓刑适用条件的,可以宣告缓刑;犯罪情节轻微的,可以不起诉或者免予刑事处罚。

十九、非法侵入计算机信息系统罪

非法侵入计算机信息系统罪,是指违反国家规定,侵入国家事务、国防建设、尖端科学技术领域的计算机信息系统的行为。计算机信息系统,是指由计算机及其相关的和配套的设备、设施(含网络)构成的,按照一定的应用目标和规则进行采集、加工、存储、传输、检索等处理的人工系统。国家事务、国防建设、尖端科学技术领域的计算机信息系统,是指该系统所采集、加工、存储、传输、检索的信息属于国家事务、国防建设、尖端科学技术领域的信息范围。本罪的客观方面表现为:首先,行为人违反国家规定,即违反《计算机系统安全保护条例》《计算机信息网络国际联网安全保护管理办法》等规定,这是构成本罪的前提条件。其次,行为人实施了非法侵入国家事务、国防建设、尖端科学技术领域的计算机信息系统的行为。所谓侵入,是指未经允许,不具有合法身份者但冒充合法身份进入特定的计算机信息系统,或通过采取计算机技术破译密码,绕开特定的计算机信息系统的安全防卫机制擅自进入上述三个领域的计算机信息系统。

根据《刑法》第285条第1、4款的规定,犯本罪的,处3年以下有期徒刑或者拘役;单位犯本罪的,对单位判处罚金,并对其直接负责的主管人员和其他直接责任人员,依照上述规定处罚。

① 本罪是《刑法修正案(九)》第25条在《刑法》第284条之一第4款新增的罪名。

二十、非法获取计算机信息系统数据、非法控制计算机信息系统罪[①]

非法获取计算机信息系统数据、非法控制计算机信息系统罪，是指违反国家规定，侵入国家事务、国防建设、尖端科学技术领域以外的其他计算机信息系统或者采用其他技术手段，获取该计算机信息系统中存储、处理或者传输的数据，或者对该计算机信息系统实施非法控制，情节严重的行为。所谓侵入，是指未经允许而突破、绕过或解除特定计算机信息系统的安全防护体系，擅自进入该系统的行为。所谓采用其他技术手段，是指采用侵入以外的其他技术手段，如利用网关欺骗技术，不进入他人的计算机信息系统而获取其计算机处理、传输的数据信息等。所谓实施非法控制，是指未经允许，违背计算机信息系统合法用户的意愿操作该计算机信息系统或掌握其活动的行为。

根据《刑法》第 285 条第 2、4 款的规定，犯本罪，情节严重的，处 3 年以下有期徒刑或者拘役，并处或者单处罚金；情节特别严重的，处 3 年以上 7 年以下有期徒刑，并处罚金；单位犯前罪的，对单位判处罚金，并对其直接负责的主管人员和其他直接责任人员，依照上述规定处罚。

二十一、提供侵入、非法控制计算机信息系统程序、工具罪[②]

提供侵入、非法控制计算机信息系统程序、工具罪是指提供专门用于侵入、非法控制计算机信息系统的程序、工具，或者明知他人实施侵入、非法控制计算机信息系统的违法犯罪行为而为其提供程序、工具，情节严重的行为。

根据《刑法》第 285 条第 3、4 款的规定，犯本罪，情节严重的，处 3 年以下有期徒刑或者拘役，并处或者单处罚金；情节特别严重的，处 3 年以上 7 年以下有期徒刑，并处罚金；单位犯前罪的，对单位判处罚金，并对其直接负责的主管人员和其他直接责任人员，依照上述规定处罚。

二十二、破坏计算机信息系统罪

破坏计算机信息系统罪，是指违反国家规定，对计算机信息系统功能进行删除、修改、增加、干扰，造成计算机信息系统不能正常运行，或者对计算机信息系统中存储、处理或者传输的数据和应用程序进行删除、修改、增加的操作，或者故意制作、传播计算机病毒，影响计算机系统正常运行，后果严重的行为。本罪的客体是国家对计算机信息系统的安全运行管理制度和计算机信息系统的所有人和用户的合法权益。本罪的犯罪对象是计算机信息系统，包括数据、应用程序和系统功能。所谓数据，是指计算机处理的信息。计算机是当代最先进的信息传输工具，最初只是用于数值计算，后来才发展成为信息处理工具。它能将一切信息转化为两个数字，通过数字编码，使信息得以存储和传递，于是信息在计算机系统中转化成数据，从而扩大了数据的概念。所以，数据不仅指那些已经数值化的信息，还包括文图声像

---

① 本罪是《刑法修正案（七）》第 9 条在《刑法》第 285 条增设第 2 款规定的新罪名。

② 本罪是《刑法修正案（七）》第 9 条在《刑法》第 285 条增设第 3 款规定的新罪名。

等非数值化的信息。在计算机存储器中合理存放相互关联的数据(指记录类型的值)的集合体称为数据库。由于一切形式的信息在计算机内部都是以特定的数据表示的,所以,作为计算机软件的数据库,也是一种自动化的信息处理系统。所谓应用程序,是指为了得到某种结果而由计算机等具有信息处理能力的装置执行的代码化指令序列,或者可被自动转换成代码化指令序列的符号化指令序列或者符号化语句序列。应用程序则是数据库使用的一种方式,即根据数据库的结构和编码,对数据进行操作的逻辑流程和运算程序。所谓功能,是指按照一定的应用目的和规则对信息进行采集、加工、存贮、检索、传输的功用和能力。本罪的客观方面首先表现为行为人违反国家规定,即违反《计算机信息系统安全保护条例》《计算机信息网络国际联网安全保护管理办法》等规定,这是构成本罪的前提条件。其次,实施了破坏计算机信息系统的下列行为之一:(1) 破坏计算机信息系统功能,即对计算机信息系统功能进行删除、修改、增加、干扰,造成计算机信息系统不能正常运行。(2) 非法操作计算机信息系统,即对计算机信息系统中存储、处理或者传输的数据和应用程序进行删除、修改、增加的操作。(3) 故意制作、传播计算机病毒等破坏性程序,影响计算机系统正常运行。所谓制作,是指运用计算机设计、编制破坏程序。所谓传播,是指将自己或他人制作的计算机病毒等破坏程序,直接输入、侵入计算机信息系统使其感染扩散,或者将存贮、感染病毒等破坏程序的软件派送、散发或销售。所谓破坏性程序,是指植入并隐藏在计算机可执行程序或数据文件中的,对系统功能进行干扰、破坏或损毁数据、硬件的攻击程序。而计算机病毒则是以不特定的计算机信息系统为对象的破坏程序的总称。由于它具有潜伏性、激活性、传播性、繁殖性、变异性和反跟踪性与适时性,所以人们用“病毒”来比喻它。计算机病毒种类繁多,功能、目的和破坏能力各不相同,有的可以在一定条件下彻底摧毁被感染的计算机信息系统,造成灾难性的损失和极大的社会危害。上述三种破坏计算机信息系统的行为只有造成了严重后果才能以本罪论处。严重后果是指:破坏计算机信息系统给被害单位或个人造成较大经济损失的;破坏计算机信息系统导致大规模供电、供水、电信等中断的;制作、传播计算机病毒导致众多计算机信息系统功能、数据、硬件遭到严重破坏的;等等。

根据《刑法》第 286 条的规定,犯本罪,后果严重的,处 5 年以下有期徒刑或者拘役;后果特别严重的,处 5 年以上有期徒刑;单位犯本罪的,对单位判处罚金,并对其直接负责的主管人员和其他直接责任人员,依照上述规定处罚。所谓后果特别严重,主要是指:破坏国家重要领域计算机信息系统功能,致使一个地区、一个行业计算机信息系统陷于瘫痪的;破坏行为造成巨额经济损失的或者造成严重社会影响的;等等。故意制作、传播计算机病毒等破坏性程序,影响计算机系统正常运行,后果严重的,按照《刑法》第 286 条第 1 款的规定,处 5 年以上有期徒刑。

二十三、拒不履行信息网络安全管理义务罪[①]

(一) 拒不履行信息网络安全管理义务罪的概念和构成

拒不履行信息网络安全管理义务罪,是指网络服务提供者不履行法律、行政法规规定的

① 本罪是《刑法修正案(九)》第 28 条在《刑法》第 286 条之一新增的罪名。

信息网络安全管理义务，经监管部门责令采取改正措施而拒不改正，致使违法信息大量传播的；或致使用户信息泄露，造成严重后果的；或致使刑事案件证据灭失，情节严重的；或有其他严重情节的行为。本罪具有如下构成要件：

1. 本罪的客体是信息网络的安全和管理秩序。信息网络空间涉及国家安全、社会公共利益以及公民、法人和其他组织的合法权益。建设、运营网络或者通过网络提供服务，应当依照法律、法规的规定和国家标准、行业标准的强制性要求，采取技术措施和其他必要措施，保障网络安全、稳定运行，有效应对网络安全事件，防范违法犯罪活动，维护网络数据的完整性、保密性和可用性。因此，本罪侵犯的客体是信息网络的安全和管理秩序。

2. 本罪的客观方面表现为不履行法律、行政法规规定的信息网络安全管理义务，经监管部门责令采取改正措施而拒不改正，具有以下严重情节之一：

第一，致使违法信息大量传播。即达到以下标准之一：(1) 致使传播违法视频文件 200 个以上的；(2) 致使传播违法视频文件以外的其他违法信息 2 000 条以上的；(3) 致使传播违法信息，数量虽未达到第 1 项、第 2 项规定标准，但是按相应比例折算合计达到有关数量标准的；(4) 致使向 2 000 个以上用户账号传播违法信息的；(5) 致使利用群组成员账号数累计 3 000 以上的通讯群组或者关注人员账号数累计 3 万以上的社交网络传播违法信息的；(6) 致使违法信息实际被点击数达到 5 万以上的；(7) 其他致使违法信息大量传播的情形。①

第二，致使用户信息泄露，造成严重后果。即达到以下标准之一：(1) 致使泄露行踪轨迹信息、通信内容、征信信息、财产信息 500 条以上的；(2) 致使泄露住宿信息、通信记录、健康生理信息、交易信息等其他可能影响人身、财产安全的用户信息 5 000 条以上的；(3) 致使泄露第 1 项、第 2 项规定以外的用户信息 5 万条以上的；(4) 数量虽未达到第 1 项至第 3 项规定标准，但是按相应比例折算合计达到有关数量标准的；(5) 造成他人死亡、重伤、精神失常或者被绑架等严重后果的；(6) 造成重大经济损失的；(7) 严重扰乱社会秩序的；(8) 造成其他严重后果的。②

第三，致使刑事案件证据灭失，情节严重。即达到以下标准之一：(1) 造成危害国家安全犯罪、恐怖活动犯罪、黑社会性质组织犯罪、贪污贿赂犯罪案件的证据灭失的；(2) 造成可能判处 5 年有期徒刑以上刑罚犯罪案件的证据灭失的；(3) 多次造成刑事案件证据灭失的；(4) 致使刑事诉讼程序受到严重影响的；(5) 其他情节严重的情形。③

第四，有其他严重情节的行为。即达到以下标准之一：(1) 对绝大多数用户日志未留存或者未落实真实身份信息认证义务的；(2) 2 年内经多次责令改正拒不改正的；(3) 致使信息网络服务被主要用于违法犯罪的；(4) 致使信息网络服务、网络设施被用于实施网络攻击，严重影响生产、生活的；(5) 致使信息网络服务被用于实施危害国家安全犯罪、恐怖活动犯罪、黑社会性质组织犯罪、贪污贿赂犯罪或者其他重大犯罪的；(6) 致使国家机关或者通信、能源、交通、水利、金融、教育、医疗等领域提供公共服务的信息网络受到破坏，严重影响生产、

① 参见《最高人民法院、最高人民检察院关于办理非法利用信息网络、帮助信息网络犯罪活动等刑事案件适用法律若干问题的解释》第 3 条的规定。

② 参见《最高人民法院、最高人民检察院关于办理非法利用信息网络、帮助信息网络犯罪活动等刑事案件适用法律若干问题的解释》第 4 条的规定。

③ 参见《最高人民法院、最高人民检察院关于办理非法利用信息网络、帮助信息网络犯罪活动等刑事案件适用法律若干问题的解释》第 5 条的规定。

生活的;(7)其他严重违反信息网络安全管理义务的情形。[①]

本罪表现为不作为,即行为人有能力履行法律法规规定的网络安全管理义务,经监管部门责令履行仍拒不履行该义务。此外,网络服务提供者的不作为与“致使违法信息大量传播的;或致使用户信息泄露,造成严重后果的;或致使刑事案件证据灭失,情节严重的;或有其他严重情节的行为”存在客观的因果关系。这方面的法律法规主要有《全国人民代表大会常务委员会关于加强网络信息保护的决定》《互联网信息服务管理办法》《计算机信息网络国际联网安全保护管理办法》《中华人民共和国电信条例》等。根据这些法律法规,网络服务提供者的安全管理义务主要有:(1)落实信息网络安全管理制度和安全保护技术措施;(2)及时发现、处置违法信息;(3)对网上信息和网络日志信息记录进行备份和留存等。

“监管部门责令采取改正措施”,是指网信、电信、公安等依照法律、行政法规的规定承担信息网络安全监管职责的部门,以责令整改通知书或者其他文书形式,责令网络服务提供者采取改正措施。认定“经监管部门责令采取改正措施而拒不改正”,应当综合考虑监管部门责令改正是否具有法律、行政法规依据,改正措施及期限要求是否明确、合理,以及网络服务提供者是否具有按照要求采取改正措施的能力等因素进行判断。[②] 对于拒不改正,需要注意的是,若确实因为资源、技术等条件限制,没有或一时难以达到监管部门要求的,不能认为是拒不改正。

3. 本罪的主体是网络服务提供者。网络服务提供者(ISP),一般是指提供网络服务的主体,包括通过计算机互联网、广播电视网、固定通信网、移动通信网等信息网络,向公众提供网络服务的机构和个人。即通过信息网络向公众提供信息或者基于获取网络信息等目的提供服务的自然人或单位,包括一切提供设施、信息和中介、接入等技术服务的个人用户、网络服务商以及非营利组织。网络服务提供者一般可以分为网络接入服务提供者(IAP)、网络平台服务提供者(IPP)、网络内容及产品服务提供者(ICP)。根据《最高人民法院、最高人民检察院关于办理非法利用信息网络、帮助信息网络犯罪活动等刑事案件适用法律若干问题的解释》第1条的规定,提供以下服务的单位或者个人,应当认定为“网络服务提供者”:(1)网络接入、域名注册解析等信息网络接入、计算、存储、传输服务;(2)信息发布、搜索引擎、即时通讯、网络支付、网络预约、网络购物、网络游戏、网络直播、网站建设、安全防护、广告推广、应用商店等信息网络应用服务;(3)利用信息网络提供的电子政务、通信、能源、交通、水利、金融、教育、医疗等公共服务。

4. 本罪的主观方面为过失。即网络服务提供者在经监管部门责令采取改正措施时,对发生“致使违法信息大量传播的;或致使用户信息泄露,造成严重后果的;或致使刑事案件证据灭失,情节严重的;或有其他严重情节的行为”的危害结果具有认识,但在监督、审查方面存在过失。

(二)拒不履行信息网络安全管理义务罪的处罚

根据《刑法》第286条之一的规定,犯本罪的,处3年以下有期徒刑、拘役或者管制,并

---

① 参见《最高人民法院、最高人民检察院关于办理非法利用信息网络、帮助信息网络犯罪活动等刑事案件适用法律若干问题的解释》第6条的规定。

② 参见《最高人民法院、最高人民检察院关于办理非法利用信息网络、帮助信息网络犯罪活动等刑事案件适用法律若干问题的解释》第2条的规定。

处或者单处罚金。单位犯本罪的，对单位判处罚金，并对其直接负责的主管人员和其他直接责任人员，依照上述规定处罚。网络服务提供者实施拒不履行信息网络安全管理义务的行为，同时构成其他犯罪的，依照处罚较重的规定定罪处罚。

二十四、非法利用信息网络罪[①]

非法利用信息网络罪，是指利用信息网络设立用于实施诈骗，传授犯罪方法，制作或销售违禁物品、管制物品等违法犯罪活动的网站、通讯群组；或者发布有关制作或者销售毒品、枪支、淫秽物品等违禁物品、管制物品或者其他违法犯罪信息；或者为实施诈骗等违法犯罪活动发布信息，情节严重的行为。本罪的客体是信息网络安全和管理秩序。本罪的主体是年满16周岁且具有刑事责任能力的自然人或单位，本罪的主观方面为故意。

本罪的客观方面，包括以下三类行为：

一是利用信息网络设立用于实施诈骗，传授犯罪方法，制作或销售违禁物品、管制物品等违法犯罪活动的网站、通讯群组。所谓网站，是指其设立者或维护者制作的用于展示特定内容的相关网页的集合，便于使用者在其上发布信息或者获取信息。所谓通讯群组，是指网上供具有相同需求的人集合在一起进行交流的平台和工具，如QQ、微信等。以实施违法犯罪活动为目的而设立或者设立后主要用于实施违法犯罪活动的网站、通讯群组，应当认定为"用于实施诈骗、传授犯罪方法、制作或者销售违禁物品、管制物品等违法犯罪活动的网站、通讯群组"。[②]

二是利用信息网络发布有关制作或者销售毒品、枪支、淫秽物品等违禁物品、管制物品或者其他违法犯罪信息。利用信息网络提供信息的链接、截屏、二维码、访问账号密码及其他指引访问服务的，应当认定为"发布信息"。[③]

三是利用信息网络为实施诈骗等违法犯罪活动发布信息。利用信息网络提供信息的链接、截屏、二维码、访问账号密码及其他指引访问服务的，应当认定为"发布信息"。[④]

以上三类行为，需要达到情节严重才成立犯罪。"情节严重"，必须满足以下条件之一：(1)假冒国家机关、金融机构名义，设立用于实施违法犯罪活动的网站的。(2)设立用于实施违法犯罪活动的网站，数量达到3个以上或者注册账号数累计达到2 000以上的。(3)设立用于实施违法犯罪活动的通讯群组，数量达到5个以上或者群组成员账号数累计达到1 000以上的。(4)发布有关违法犯罪的信息或者为实施违法犯罪活动发布信息，具有下列情形之一的：在网站上发布有关信息100条以上的；向2 000个以上用户账号发送有关信息的；向群组成员数累计达到3 000以上的通讯群组发送有关信息的；利用关注人员账号数累计达到3万以上的社交网络传播有关信息的。(5)违法所得1万元以上的。(6)2年内曾因非法利用信息网络、帮助信息网络犯罪活动、危害计算机信息系统安全受过行政处罚，又非法利

① 本罪是《刑法修正案（九）》第29条在《刑法》第287条之一规定的新罪名。

② 参见《最高人民法院、最高人民检察院关于办理非法利用信息网络、帮助信息网络犯罪活动等刑事案件适用法律若干问题的解释》第8条的规定。

③ 参见《最高人民法院、最高人民检察院关于办理非法利用信息网络、帮助信息网络犯罪活动等刑事案件适用法律若干问题的解释》第9条的规定。

④ 参见《最高人民法院、最高人民检察院关于办理非法利用信息网络、帮助信息网络犯罪活动等刑事案件适用法律若干问题的解释》第9条的规定。

用信息网络的。(7)其他情节严重的情形。[①]

本罪被认为是针对违法犯罪活动的某些特定预备行为的实行化。需要注意以下几点：(1)并不是实施诈骗，传授犯罪方法，制作或销售违禁物品、管制物品等犯罪的所有预备行为都构成犯罪，而是将"准备工具、制造条件"的行为中的"设立网站(通讯群组)和发布网络信息"两种方式规定为犯罪行为。(2)本罪并不是将"设立网站(通讯群组)和发布网络信息"两种预备行为限定在某些犯罪中，而是针对所有的违法犯罪。因为法条在列举诈骗，传授犯罪方法，制作或销售违禁物品、管制物品等犯罪后，又加上"等违法犯罪活动""或者其他违法犯罪"内容，所以，只要利用信息网络实施"设立网站(通讯群组)和发布网络信息"两种预备行为是为了实施违法犯罪活动，就成立本罪。(3)实践中，犯罪预备一般不罚，为正确界定本罪的处罚界限，应当将"等违法犯罪活动""或者其他违法犯罪"的范围限定在与诈骗，传授犯罪方法，制作或销售违禁物品、管制物品等犯罪具有相同性质与危害的犯罪之中。此外，犯罪程度还应达到严重程度。

根据《刑法》第287条之一的规定，犯本罪的，处3年以下有期徒刑或者拘役，并处或者单处罚金。单位犯本罪的，对单位判处罚金，并对其直接负责的主管人员和其他直接责任人员，依照上述规定处罚。行为人非法利用信息网络的行为，同时构成其他犯罪的，依照处罚较重的规定定罪处罚。如设立销售毒品的网站并发布销售毒品的信息，并且实际销售了毒品，还构成贩卖毒品罪，依照规定应择一重罪论处。

二十五、帮助信息网络犯罪活动罪[②]

帮助信息网络犯罪活动罪，是指明知他人利用信息网络实施犯罪，仍为其犯罪提供互联网接入、服务器托管、网络存储、通信传输等技术支持，或者提供广告推广、支付结算等帮助，情节严重的行为。

本罪的帮助行为主要有以下几种形式：(1)为他人实施网络犯罪提供互联网接入、服务器托管、网络存储、通信传输等技术支持。其中，互联网接入是指为他人提供访问互联网或者在互联网发布信息的通路，目前常用的有电话线拨号接入、ADSL接入、光纤宽带接入、网线网络等方式。服务器托管是指将服务器及相关设备托管到具有专门数据中心的机房。网络存储是指通过网络存储管理数据的载体空间，如常用的百度网盘、QQ中转站及各种云盘等。通信传输是指用户之间传输信息的通路，如常用的通信传输通道VPN(虚拟专用网络)、电信诈骗犯罪中常用的VOIP电话等。其他技术支持如销售赌博网站代码、为病毒木马程序提供免杀服务等。(2)为他人实施网络犯罪提供广告推广、支付结算等帮助。提供广告推广，是指为利用信息网络实施犯罪的人做广告拉客户，或者为他人设立的犯罪网站拉广告客户以支持网站的运营。提供支付结算，是指为网络犯罪行为人最终获得的犯罪收益，提供各种网络支付结算服务，以完成收款、转账、取现等活动。此外，对情节严重的程度，主要结合行为人所帮助的具体网络犯罪的性质、危害后果，其帮助行为在相关网络犯罪中所起的实际作用，以及帮助行为非法获利的数额等情况进行综合考量。

---

① 参见《最高人民法院、最高人民检察院关于办理非法利用信息网络、帮助信息网络犯罪活动等刑事案件适用法律若干问题的解释》第10条的规定。

② 本罪是《刑法修正案(九)》第29条在《刑法》第287条之二新增的罪名。

上述帮助行为必须达到情节严重,才成立本罪。对于"情节严重"的界定,最高人民法院、最高人民检察院联合发布的《关于办理非法利用信息网络、帮助信息网络犯罪活动等刑事案件适用法律若干问题的解释》规定,满足下列条件之一的,为"情节严重":(1)为3个以上对象提供帮助的;(2)支付结算金额20万元以上的;(3)以投放广告等方式提供资金5万元以上的;(4)违法所得1万元以上的;(5)2年内曾因非法利用信息网络、帮助信息网络犯罪活动、危害计算机信息系统安全受过行政处罚,又帮助信息网络犯罪活动的;(6)被帮助对象实施的犯罪造成严重后果的;(7)其他情节严重的情形。如果确因客观条件限制无法查证被帮助对象是否达到犯罪的程度,但相关数额总计达到前述标准第2项至第4项规定标准5倍以上,或者造成特别严重后果的,应当以帮助信息网络犯罪活动罪定罪处罚。

本罪争议的焦点在于:(1)中立帮助行为处罚问题。对此,存在不同的观点。否定说认为,网络服务提供者难以辨别有关信息是否违法,单纯提供网络技术的"中立帮助行为"(经营行为),原则上不能处罚。如果该帮助行为是其正常业务行为,通常不定罪;如果实务中证据非常明确,以共犯(帮助犯)处理即可。[①] 肯定说认为,中立帮助行为与普通帮助犯一样,不应存在任何特殊性。如果认为某种经营行为的帮助方式有别于帮助犯,就会在此出现处罚漏洞,会被利用甚或激励实施这种有利可图却又无须承担责任的行为。限制肯定说认为,如果把中立帮助行为视为抽象的帮助犯,会导致刑罚过度扩张,因此主张限制处罚范围,这是主流观点。(2)中立帮助行为正犯化与信息网络发展之间的关系问题。《刑法修正案(九)》直接将理论上原本存在争议的中立帮助行为提升为正犯行为,进行定罪处罚。[②] 这被质疑:会不会给网络服务商赋予过重的实际上也难以承担的审核和甄别的责任?会不会在网络服务商与用户之间滋生出一种相互监督甚至敌视的关系?要求企业履行网络警察的义务,这样一个社会分工的错位,最终会不会阻碍甚至窒息整个互联网行业的发展?[③]

本罪在主观方面为故意,必须明知他人利用信息网络实施犯罪仍提供技术支持或者帮助。具有下列情形之一的,可以认定行为人明知他人利用信息网络实施犯罪,但是有相反证据的除外:(1)经监管部门告知后仍然实施有关行为的;(2)接到举报后不履行法定管理职责的;(3)交易价格或者方式明显异常的;(4)提供专门用于违法犯罪的程序、工具或者其他技术支持、帮助的;(5)频繁采用隐蔽上网、加密通信、销毁数据等措施或者使用虚假身份,逃避监管或者规避调查的;(6)为他人逃避监管或者规避调查提供技术支持、帮助的;(7)其他足以认定行为人明知的情形。[④]

根据《刑法》第287条之二的规定,犯本罪的,处3年以下有期徒刑或者拘役,并处或者单处罚金。单位犯本罪的,对单位判处罚金,并对其直接负责的主管人员和其他直接责任人员,依照上述规定处罚。行为人实施帮助信息网络犯罪活动的行为,同时构成其他犯罪的,依照处罚较重的规定定罪处罚。

---

① 参见周光权:《〈刑法修正案(九)〉草案的若干争议问题》,载《法学杂志》2015年第5期。

② 也有学者认为本罪并不属于帮助犯的正犯化,并认为分则条文对帮助犯设置独立法定刑时,存在帮助犯的绝对正犯化、帮助犯的相对正犯化以及帮助犯的量刑规则三种情形,本罪属于帮助犯的量刑规则的情形。参见张明楷:《论帮助信息网络犯罪活动罪》,载《政治与法律》2016年第2期。

③ 参见车浩:《刑事立法的法教义学反思——基于〈刑法修正案(九)〉的分析》,载《法学》2015年第10期。

④ 参见《最高人民法院、最高人民检察院关于办理非法利用信息网络、帮助信息网络犯罪活动等刑事案件适用法律若干问题的解释》第11条的规定。

此外，根据《最高人民法院、最高人民检察院关于办理非法利用信息网络、帮助信息网络犯罪活动等刑事案件适用法律若干问题的解释》，综合考虑社会危害程度、认罪悔罪态度等情节，认为犯罪情节轻微的，可以不起诉或者免予刑事处罚；情节显著轻微危害不大的，不以犯罪论处。此外，还可以根据犯罪情况和预防再犯罪的需要，依法宣告职业禁止；被判处管制、宣告缓刑的，可以根据犯罪情况，依法宣告禁止令。

二十六、扰乱无线电通讯管理秩序罪

扰乱无线电通讯管理秩序罪，是指违反国家规定，擅自设置、使用无线电台（站），或者擅自使用无线电频率，干扰无线电通讯秩序，情节严重的行为。本罪具有如下构成要件：

1. 本罪的客体是国家正常的无线电通讯秩序。

2. 本罪的客观方面表现为违反国家规定，擅自设置、使用无线电台（站），或者擅自使用无线电频率，干扰无线电通讯秩序。具体而言，是指具有以下情形之一：(1) 未经批准设置无线电广播电台（简称“黑广播”），非法使用广播电视专用频段的频率的；(2) 未经批准设置通信基站（简称“伪基站”），强行向不特定用户发送信息，非法使用公众移动通信频率的；(3) 未经批准使用卫星无线电频率的；(4) 非法设置、使用无线电干扰器的；(5) 其他擅自设置、使用无线电台（站），或者擅自使用无线电频率，干扰无线电通讯秩序的情形。[①] 成立本罪要求“情节严重”。满足以下条件之一的，属于“情节严重”：(1) 影响航天器、航空器、铁路机车、船舶专用无线电导航、遇险救助和安全通信等涉及公共安全的无线电频率正常使用的；(2) 自然灾害、事故灾难、公共卫生事件、社会安全事件等突发事件期间，在事件发生地使用“黑广播”“伪基站”的；(3) 举办国家或者省级重大活动期间，在活动场所及周边使用“黑广播”“伪基站”的；(4) 同时使用 3 个以上“黑广播”“伪基站”的；(5)“黑广播”的实测发射功率 500 瓦以上，或者覆盖范围 10 公里以上的；(6) 使用“伪基站”发送诈骗、赌博、招嫖、木马病毒、钓鱼网站链接等违法犯罪信息，数量在 5 000 条以上，或者销毁发送数量等记录的；(7) 雇佣、指使未成年人、残疾人等特定人员使用“伪基站”的；(8) 违法所得 3 万元以上的；(9) 曾因扰乱无线电通讯管理秩序受过刑事处罚，或者 2 年内曾因扰乱无线电通讯管理秩序受过行政处罚，又实施《刑法》第 288 条规定的行为的；(10) 其他情节严重的情形。[②]

在证据认定方面，相关司法解释予以了明确，即对案件所涉的有关专门性问题难以确定的，依据司法鉴定机构出具的鉴定意见，或者下列机构出具的报告，结合其他证据作出认定：(1) 省级以上无线电管理机构、省级无线电管理机构依法设立的派出机构、地市级以上广播电视主管部门就是否系“伪基站”“黑广播”出具的报告；(2) 省级以上广播电视主管部门及其指定的检测机构就“黑广播”功率、覆盖范围出具的报告；(3) 省级以上航空、铁路、船舶等主管部门就是否干扰导航、通信等出具的报告。对移动终端用户受影响的情况，可以依据相

---

① 参见《最高人民法院、最高人民检察院关于办理扰乱无线电通讯管理秩序等刑事案件适用法律若干问题的解释》第 1 条的规定。

② 参见《最高人民法院、最高人民检察院关于办理扰乱无线电通讯管理秩序等刑事案件适用法律若干问题的解释》第 2 条的规定。

关通信运营商出具的证明,结合被告人供述、终端用户证言等证据作出认定。①

对于本罪与其他犯罪发生竞合的处理原则,有关司法解释也作出了规定:擅自设置、使用无线电台(站),或者擅自使用无线电频率,同时构成其他犯罪的,按照处罚较重的规定定罪处罚。明知他人实施诈骗等犯罪,使用“黑广播”“伪基站”等无线电设备为其发送信息或者提供其他帮助,同时构成其他犯罪的,按照处罚较重的规定定罪处罚。②

此外,为合法经营活动,使用“黑广播”“伪基站”或者实施其他扰乱无线电通讯管理秩序的行为,构成扰乱无线电通讯管理秩序罪,但不属于“情节特别严重”;如果行为人系初犯,并确有悔罪表现的,可以认定为情节轻微,不起诉或者免予刑事处罚;确有必要判处刑罚的,也应当予以从宽处罚。③

3. 本罪的主体是一般主体,即年满 16 周岁的具有刑事责任能力的自然人和单位。

4. 本罪的主观方面为故意。

根据《刑法》第 288 条的规定,犯本罪的,有两档法定刑:一是基本刑,即符合本罪成立要件的,处 3 年以下有期徒刑、拘役或者管制,并处或者单处罚金。二是加重刑,即成立本罪且情节特别严重的,处 3 年以上 7 年以下有期徒刑,并处罚金。其中,“情节特别严重”是指满足下列条件之一:(1) 影响航天器、航空器、铁路机车、船舶专用无线电导航、遇险救助和安全通信等涉及公共安全的无线电频率正常使用,危及公共安全的;(2) 造成公共秩序混乱等严重后果的;(3) 自然灾害、事故灾难、公共卫生事件和社会安全事件等突发事件期间,在事件发生地使用“黑广播”“伪基站”,造成严重影响的;(4) 对国家或者省级重大活动造成严重影响的;(5) 同时使用 10 个以上“黑广播”“伪基站”的;(6)“黑广播”的实测发射功率 3 000 瓦以上,或者覆盖范围 20 公里以上的;(7) 违法所得 15 万元以上的;(8) 其他情节特别严重的情形。④

单位犯本罪的,对单位判处罚金,并对其直接负责的主管人员和其他直接责任人员,依照上述规定处罚。

二十七、聚众扰乱社会秩序罪

(一) 聚众扰乱社会秩序罪的概念和构成

聚众扰乱社会秩序罪,是指聚众扰乱社会秩序,情节严重,致使工作、生产、营业或教学、科研、医疗无法进行,造成严重损失的行为。需要注意的是,《刑法修正案(九)》根据近年来多发的“医闹”现象,将聚众扰乱医疗秩序造成严重后果的行为明确为犯罪,而不是增加新的犯罪情形。本罪具有如下构成要件:

① 参见《最高人民法院、最高人民检察院关于办理扰乱无线电通讯管理秩序等刑事案件适用法律若干问题的解释》第 9 条的规定。

② 参见《最高人民法院、最高人民检察院关于办理扰乱无线电通讯管理秩序等刑事案件适用法律若干问题的解释》第 6 条的规定。

③ 参见《最高人民法院、最高人民检察院关于办理扰乱无线电通讯管理秩序等刑事案件适用法律若干问题的解释》第 8 条的规定。

④ 参见《最高人民法院、最高人民检察院关于办理扰乱无线电通讯管理秩序等刑事案件适用法律若干问题的解释》第 3 条的规定。

1. 本罪的客体是狭义的社会秩序，即公司、企业、事业单位、社会团体的正常工作、生产、营业、教学、科研、医疗秩序。现行《刑法》已将聚众冲击国家机关、多次扰乱国家机关工作秩序的行为单独规定为聚众冲击国家机关罪、扰乱国家机关工作秩序罪，因此，本罪所侵犯的社会秩序不再包括党政机关的工作秩序。①

2. 本罪在客观方面必须具备两个要件：(1) 行为人实施了聚众扰乱社会秩序且情节严重的行为。所谓聚众，是指首要分子纠集特定或不特定的多数人，在一定的时间聚集于同一地点。如果只有意思上的联络，客观上尚未聚集在一起，不能作为聚众。所谓扰乱社会秩序，是指行为人的行为致使工作、生产、营业、教学、科研、医疗无法进行。本罪表现为复杂的危害行为，其中"聚众"是方法行为，"扰乱"是目的行为，二者之间存在内在联系。如果仅实施其中一个行为，则不能构成本罪。(2) 行为人扰乱社会秩序的行为必须造成了严重损失。所谓严重损失，是指行为人扰乱社会秩序的行为导致生产、营业等部门较长时间不能正常生产或营业，从而造成了经营损失；导致教学、研究、医疗单位不能正常进行教学、研究、医疗工作，从而严重阻滞了教学、研究、医疗工作等。值得注意的是，在通常以情节严重作为成立要件的犯罪中，结果包括在情节严重之列。但本罪的成立要求情节严重和犯罪结果并列，即情节严重不包括犯罪结果。行为人实施了聚众扰乱社会秩序且情节严重的行为，是构成本罪的情节要件。而致使工作、生产、营业、教学、科研、医疗无法进行，造成严重损失则是构成本罪的结果要件。相关司法解释对"医闹"作出了详细规定，如《关于依法惩处涉医违法犯罪维护正常医疗秩序的意见》指出，对聚众实施的在医疗机构私设灵堂、摆放花圈、焚烧纸钱、悬挂横幅、堵塞大门或者以其他方式扰乱医疗秩序行为，造成严重损失或者扰乱其他公共秩序情节严重，以及在医疗机构的病房、抢救室、重症监护室等场所及医疗机构的公共开放区域违规停放尸体、情节严重，构成犯罪的，可以根据聚众扰乱社会秩序罪，聚众扰乱公共场所秩序、交通秩序罪，寻衅滋事罪等追究刑事责任。

由于近年来信访工作中的"闹访"现象严重，《最高人民法院、最高人民检察院、公安部关于依法处理信访活动中违法犯罪行为的意见》对"闹访"作出了明确规定，即在各级党委、人大、政协、行政、监察、审判、检察、军事机关，厂矿、商场等企业单位，学校、医院、报社、电视台、科研院所等事业单位，工会、妇联等社会团体单位，机场、车站、码头等重要交通场站，或者在上述场所周边的其他公共场所，聚众实施统一着装、佩戴统一标识、静坐滞留、张贴散发材料、喊口号、打横幅、穿状衣等行为，或者实施跳楼、服毒等自杀、自伤行为以及扬言实施自杀、自伤行为，情节严重，致使工作、生产、营业和教学、科研、医疗活动无法进行，造成严重损失的，对首要分子和其他积极参加者，以聚众扰乱社会秩序罪定罪处罚；在各级党委、人大、政协、行政、监察、审判、检察、军事机关，聚众实施强行冲闯、围堵大门通道，围攻、辱骂工作人员，强占办公场所，投掷石块杂物等冲击国家机关行为，致使国家机关工作无法进行，造成严重损失的，对首要分子和其他积极参加者，以聚众冲击国家机关罪定罪处罚；聚众扰乱车站、码头、民用航空站、商场、公园、影剧院、展览会、运动场及周边公共场所或者其他公共场所秩序，聚众堵塞交通或者破坏交通秩序，抗拒、阻碍国家治安管理工作人员依法执行职务，情节严重的，对首要分子，以聚众扰乱公共场所秩序、交通秩序罪定罪处罚；个人多次扰乱国家机关的工作秩序，经行政处罚后仍不改正，造成严重后果的，以扰乱国家

① 参见王作富主编：《刑法分则实务研究》(中)，中国方正出版社 2007 年版，第 1251 页。

机关工作秩序罪定罪处罚。多次组织、资助他人到各级党委、人大、政协、行政、监察、审判、检察、军事机关，厂矿、商场等企业单位，学校、医院、报社、电视台、科研院所等事业单位，工会、妇联等社会团体单位，机场、车站、码头等重要交通场站，或者到上述场所周边的其他公共场所，非法聚集，扰乱社会秩序，情节严重的，以组织、资助非法聚集罪定罪处罚。另外，上述司法解释对在特定场所实施犯罪行为的认定也作出了详细规定，即对在天安门广场、中南海地区、党和国家领导人住地、国家重大活动举办场馆、中央国家机关所在地、中央军委大楼、中央主要新闻单位办公场所、外国驻华使领馆、国宾下榻处等非信访场所实施本条前述行为，在认定“造成严重损失”“情节严重”“造成严重后果”“造成公共场所秩序严重混乱”“情节恶劣”等入罪情节时，要将上述场所作为重要考虑因素，构成相关犯罪的，从重处罚。

3. 本罪的主体是一般主体，但仅限于“聚众”的首要分子和积极参加者。

4. 本罪的主观方面为故意。行为人的犯罪目的和动机多种多样，有的通过制造事端，给有关单位或部门施加压力，以实现自己的某种无理要求，借机泄愤报复或发泄不满情绪等，但无论出于何种目的与动机，均不影响本罪的成立。

（二）聚众扰乱社会秩序罪的认定

1. 罪与非罪的界限。

(1) 本罪与人民群众合法的游行、抗议、请愿活动的界限。根据我国宪法的规定，公民享有游行、示威表达自己意见的权利。如果人民群众由于对有关国家机关或部门及其工作人员的工作不满，如官僚主义、贪污腐败、领导处理问题不当或单位工作上的失误等聚集起来到有关党政部门或其他行政管理部门示威、请愿，或集体上访并有过激言行，不能以本罪论处。

(2) 要把聚众扰乱社会秩序的首要分子、积极参加者和那些不明真相而参加的一般群众严格区别开来。首要分子和积极参加者是制造事端、别有用心、故意扰乱社会秩序的人，而一般群众则是受蒙蔽参加的，由于不明事情的真相，他们在主观上没有扰乱社会秩序的故意，因而不是本罪的主体。

(3) 本罪与扰乱社会秩序的一般违法行为的界限。本罪的构成要件十分严格，只有聚众扰乱社会秩序，情节严重、造成严重损失的，才构成犯罪。对于扰乱社会秩序的一般违法行为，可给予行政处罚，但不能以犯罪论处。

2. 本罪与破坏生产经营罪的界限。二者的相似之处在于都破坏了正常的生产经营且造成了一定的经济损失，但二者的主要区别在于：

(1) 犯罪的性质不同。本罪属于妨害社会管理秩序罪范畴；而后者则属于侵犯财产罪的范畴。

(2) 客观方面不同。本罪表现为聚众扰乱生产经营秩序的行为；而后者则表现为毁坏机器设备、残害耕畜或者以其他方法破坏生产经营的行为。

(3) 故意内容不同。虽然二者都是直接故意，但本罪对目的、动机没有特别要求；而后者则要求必须出于泄愤报复或者其他个人目的。

(4) 犯罪主体不同。本罪是聚合性犯罪，只能由首要分子和积极参加者构成；而后者则由一般主体构成，可以由单个人实施，也可以由两人以上共同实施。

(5) 犯罪成立的标准不同。本罪是结果犯,即行为人的行为造成生产经营无法进行、造成严重损失、情节严重的结果。而后者是行为犯,只要行为人实施了破坏生产经营的行为,就构成犯罪。

(三) 聚众扰乱社会秩序罪的处罚

根据《刑法》第 290 条第 1 款的规定,犯本罪的,对首要分子,处 3 年以上 7 年以下有期徒刑;对其他积极参加的,处 3 年以下有期徒刑、拘役、管制或者剥夺政治权利。

二十八、聚众冲击国家机关罪

聚众冲击国家机关罪,是指聚众冲击国家机关,致使国家机关工作无法进行,造成严重损失的行为。所谓聚众冲击,是指首要分子聚集多人,冲撞或包围国家机关,强行进入国家机关或堵塞国家机关通道以及占据国家机关办公场所等。本罪的主体是一般主体,但仅限于首要分子和积极参加者。

根据《刑法》第 290 条第 2 款的规定,犯本罪的,对首要分子,处 5 年以上 10 年以下有期徒刑;对其他积极参加的,处 5 年以下有期徒刑、拘役、管制或者剥夺政治权利。

二十九、扰乱国家机关工作秩序罪①

扰乱国家机关工作秩序罪,是指多次扰乱国家机关工作秩序,经行政处罚后仍不改正,造成严重后果的行为。本罪的客体是国家机关工作秩序。本罪的客观方面表现为多次扰乱国家机关工作秩序的行为。需要注意的是,公民的自由发展和福祉是国家机关的存在根据和设立目标,因此,只要相关事务涉及公民的自由发展和福祉,围绕该事务所形成的工作程序及产生的争议与处理,都应属于国家机关工作秩序的组成部分。实践中存在的各类“信访”,一般涉及公民自身的自由发展和福祉,回应或解决“信访”诉求本是国家机关的工作职责。如果轻易将“信访”行为评价为扰乱国家机关工作秩序的行为,则无异于将国家机关的工作职责内容从国家机关工作秩序中抽离,使得国家机关工作秩序演变为对国家机关建筑物及其建筑物内的工作人员行使权力的不受干扰性和自在安宁性的保护。这样一来,排斥国家机关工作职责内容的国家机关工作秩序,也失去了存在和受到保护的理由和基础。本罪的主体是已满 16 周岁且具有刑事责任能力的自然人。需要注意的是,构成本罪无须“聚众”,即一两个人多次扰乱也能成立犯罪。然而,这里存在一个悖论,即若一两个人就能轻易扰乱国家机关工作秩序,则反衬出国家机关工作秩序易受侵害的脆弱程度,又怎能指望与信赖这样的国家机关保障公民的自由发展和福祉呢?本罪的主观方面是故意。此外,本罪也受到刑法谦抑性原则的质疑。

根据《刑法》第 290 条第 3 款的规定,犯本罪的,处 3 年以下有期徒刑、拘役或者管制。

---

① 本罪是《刑法修正案(九)》第 31 条在《刑法》第 290 条增设第 3 款所规定的新罪名。

三十、组织、资助非法聚集罪[①]

组织、资助非法聚集罪，是指多次组织、资助他人非法聚集，扰乱社会秩序，情节严重的行为。本罪的客观方面表现为组织、资助他人非法聚集的行为。组织是指组织、策划、指挥、协调非法聚集活动的行为；资助是指筹集、提供活动经费、物资以及其他物质便利的行为；非法聚集是指未经批准在公共场所集会、集结的行为；扰乱社会秩序是指造成社会秩序混乱，致使工作、生产、营业和教学、科研、医疗等活动受到严重干扰，甚至无法进行的情况。组织、资助的对象只能是己身之外的他人，但不排除本人参与非法聚集扰乱社会秩序的行为。

根据《刑法》第 290 条第 3、4 款的规定，犯本罪的，处 3 年以下有期徒刑、拘役或者管制。

三十一、聚众扰乱公共场所秩序、交通秩序罪

聚众扰乱公共场所秩序、交通秩序罪，是指聚众扰乱车站、码头、民用航空站、商场、公园、影剧院、展览会、运动场或其他公共场所秩序，聚众堵塞交通或者破坏交通秩序，抗拒、阻碍国家治安管理工作人员依法执行职务，情节严重的行为。本罪的客观方面必须具备两个要件：首先，犯罪地点必须是公共场所或交通要道。其次，实施如下三种行为之一：一是聚众扰乱公共场所秩序；二是聚众堵塞交通或者破坏交通秩序；三是聚众抗拒、阻碍国家治安管理工作人员依法执行职务。成立本罪必须达到情节严重的程度。所谓情节严重，是指：犯罪动机险恶、目的卑鄙的；聚集人数较多或扰乱时间较长的；经有关部门批评教育、劝阻拒不散去的；多次聚众扰乱公共场所、交通要道秩序的；在重大节假日、庆典、会议和外宾来访期间聚众扰乱的；以暴力手段抗拒、阻碍治安管理人员依法执行公务的；造成人员伤亡、严重经济损失和恶劣社会影响的；等等。本罪的主体是一般主体，但仅限于首要分子，即组织、策划、指挥聚众扰乱公共场所秩序的人。

根据《刑法》第 291 条的规定，犯本罪的，对首要分子，处 5 年以下有期徒刑、拘役或者管制。

三十二、投放虚假危险物质罪

投放虚假危险物质罪，是指行为人故意投放虚假的爆炸性、毒害性、放射性、传染病病原体等物质，严重扰乱社会秩序的行为。本罪的客观方面表现为：(1) 必须有投放虚假的爆炸性、毒害性、放射性、传染病病原体等物质的行为。所谓虚假的爆炸性、毒害性、放射性、传染病病原体等物质，是指使他人以为是爆炸性、毒害性、放射性、传染病病原体等物质，其实并不是这些物质。若是真实的爆炸性、毒害性、放射性、传染病病原体等物质，则构成危害公共安全的有关犯罪。(2) 必须达到严重扰乱社会秩序的程度，即造成了社会的恐慌，比如致使学生不敢上学、普通人不敢上街等。

根据《刑法》第 291 条之一的规定，犯本罪的，处 5 年以下有期徒刑、拘役或者管制；造成严重后果的，处 5 年以上有期徒刑。

---

① 本罪是《刑法修正案（九）》第 31 条在《刑法》第 290 条增设第 4 款所规定的新罪名。

三十三、高空抛物罪[①]

（一）高空抛物罪的概念和构成

高空抛物罪，是指从建筑物或者其他高空抛掷物品，情节严重的行为。本罪具有如下构成要件：

1. 本罪的客体是社会管理秩序，而非公共安全。

2. 本罪的客观方面表现为从建筑物或者其他高空抛掷物品。对此，需注意以下几点：

(1) 本罪的对象不仅包括人，也包括公私财物。即高空抛物行为对人和公私财产都具有潜在的危险。

(2) 对于抛掷物品场所的限定是建筑物或者其他高空。就建筑物而言，多高为“高空”？有学者认为，既不能照搬《高处作业分级》中将2米及以上认定为高空，也不能照搬民法中对于高空的认定。[②]本书赞同此种观点，并进一步认为，对于高空的认定需要结合具体抛掷物品进行综合判断，如抛掷菜刀等危险重物，由于本身危险性大、运动速度快，即便在二楼也属于高空抛物；若抛掷物品为生活垃圾，则不能认定为刑法中的高空抛物，而是生活中一般意义上的抛物行为。对于其他高空而言，不仅需要有类似于建筑物的外部特征，还需要具有社会生活公共空间的环境特征。

(3) 抛掷物品，是指故意将一定物品从高空抛下的行为。抛掷物品的危险性、高度、方式都会影响抛物行为的危险性。

(4) 成立本罪，需要满足情节严重的要求。对此，可以参考《最高人民法院关于依法妥善审理高空抛物、坠物案件的意见》在该罪名出台之前对高空抛物行为认定为情节严重而从重处罚时所列举的情形，包括：多次实施的；经劝阻仍继续实施的；受过刑事处罚或者行政处罚后又实施的；在人员密集场所实施的；等等。当然，出台司法解释对有关问题进一步明确有利于该罪名的准确适用。

(5) 本罪属于行为犯，即实施了高空抛物行为且情节严重的，即成立本罪，并不要求必须发生一定的危害结果。

3. 本罪的主体是一般主体，即年满16周岁且具有刑事责任能力的自然人。

4. 本罪的主观方面为故意。

（二）高空抛物罪的认定

1. 罪与非罪的界限。成立本罪需要情节严重，达不到情节严重的，不构成本罪。同时，过失造成物品从高空坠落的，也不成立本罪。但这二者都会涉及相应的民事侵权责任。

2. 共同犯罪的认定。教唆、帮助他人实施高空抛物行为的，可以构成本罪的教唆犯、帮助犯；利用未达到刑事责任年龄的未成年人或者不具有刑事责任能力的精神病人高空抛物的，成立间接正犯。另外，有学者认为，对人或者场所负有监管义务的人，在他人抛掷物品时不予制止，放任结果发生的，成立共犯；抛掷物品的人不具有刑事责任能力，监管义务人则属

① 本罪是《刑法修正案（十一）》第33条在《刑法》第291条之二新增的罪名。

② 参见赵秉志主编：《〈刑法修正案（十一）〉理解与适用》，中国人民大学出版社2021年版，第163页。

于间接正犯。[①]

3. 此罪与彼罪的界限。对于此罪与彼罪的区分，在《刑法修正案（十一）》出台之前，《最高人民法院关于依法妥善审理高空抛物、坠物案件的意见》已有明确规定，具体可以区分为以下几种情况：

⑴ 与以危险方法危害公共安全罪的区分。故意从高空抛掷物品，尚未造成严重后果，但足以危害公共安全的，依照《刑法》第 114 条的规定以危险方法危害公共安全罪定罪处罚；致人重伤、死亡或者使公私财产遭受重大损失的，依照《刑法》第 115 条第 1 款的规定处罚。

⑵ 与几种过失犯罪的区分。过失导致物品从高空坠落，致人死亡、重伤，符合《刑法》第 233 条、第 235 条规定的，依照过失致人死亡罪、过失致人重伤罪定罪处罚。在生产、作业中违反有关安全管理规定，从高空坠落物品，发生重大伤亡事故或者造成其他严重后果的，依照《刑法》第 134 条第 1 款的规定，以重大责任事故罪定罪处罚。

⑶ 与故意伤害罪、故意杀人罪的区分。为伤害、杀害特定人员实施本罪行为的，依照故意伤害罪、故意杀人罪定罪处罚。

（三）高空抛物罪的处罚

根据《刑法》第 291 条之二的规定，犯本罪的，处 1 年以下有期徒刑、拘役或者管制，并处或者单处罚金。有本罪行为，同时又构成其他犯罪的，依照处罚较重的罪名定罪处罚。

三十四、编造、故意传播虚假恐怖信息罪

编造、故意传播虚假恐怖信息罪，是指编造爆炸威胁、生化威胁、放射威胁等恐怖信息，或者明知是编造的恐怖信息而故意传播，严重扰乱社会秩序的行为。本罪是选择性罪名，诉讼中应根据实际案情选择适用或合并适用。由《最高人民法院关于审理编造、故意传播虚假恐怖信息刑事案件适用法律若干问题的解释》可知，本罪所称的虚假恐怖信息是指以发生爆炸威胁、生化威胁、放射威胁、劫持航空器威胁、重大灾情、重大疫情等严重威胁公共安全的事件为内容，可能引起社会恐慌或者公共安全危机的不真实信息。严重扰乱社会秩序是指：⑴ 致使机场、车站、码头、商场、影剧院、运动场馆等人员密集场所秩序混乱，或者采取紧急疏散措施的；⑵ 影响航空器、列车、船舶等大型客运交通工具正常运行的；⑶ 致使国家机关、学校、医院、厂矿企业等单位的工作、生产、经营、教学、科研等活动中断的；⑷ 造成行政村或者社区居民生活秩序严重混乱的；⑸ 致使公安、武警、消防、卫生检疫等职能部门采取紧急应对措施的；⑹ 其他严重扰乱社会秩序的。

根据《刑法》第 291 条之一的规定，犯本罪的，处 5 年以下有期徒刑、拘役或者管制；造成严重后果的，处 5 年以上有期徒刑。根据上述司法解释，严重后果是指：⑴ 造成 3 人以上轻伤或者 1 人以上重伤的；⑵ 造成直接经济损失 50 万元以上的；⑶ 造成县级以上区域范围居民生活秩序严重混乱的；⑷ 妨碍国家重大活动进行的；⑸ 造成其他严重后果的。

---

① 参见赵秉志主编：《〈刑法修正案（十一）〉理解与适用》，中国人民大学出版社 2021 年版，第 261、262 页。

三十五、编造、故意传播虚假信息罪[①]

编造、故意传播虚假信息罪，是指编造虚假的险情、疫情、灾情、警情，在信息网络或者其他媒体上传播，或者明知是上述虚假信息，故意在信息网络或者其他媒体上传播，严重扰乱社会秩序的行为。本罪是选择性罪名，诉讼中应根据实际案情选择使用或合并适用。如果编造、传播的虚假信息是爆炸威胁、生化威胁、放射威胁等恐怖信息，则定编造、故意传播虚假恐怖信息罪；如果编造、传播的是险情、疫情、灾情、警情等虚假信息，则定本罪。

根据《刑法》第 291 条之一第 2 款的规定，犯本罪的，处 3 年以下有期徒刑、拘役或者管制；造成严重后果的，处 3 年以上 7 年以下有期徒刑。

三十六、聚众斗殴罪

（一）聚众斗殴罪的概念和构成

聚众斗殴罪，是指组织、策划、指挥他人聚众斗殴或者积极参加聚众斗殴的行为。本罪具有如下构成要件：

1. 本罪的客体是社会公共秩序。所谓社会公共秩序，是指社会公共生活安定与宁静的状态，即在社会生活中长期形成并受法律保护的、人们应当共同遵守的行为规范及其所维系的正常生活状态。

2. 本罪的客观方面表现为行为人实施了聚众和斗殴两种行为。所谓聚众，是指聚集多人（一般在三人以上）。所谓斗殴，是指双方相互进行攻击或殴斗。虽然聚众斗殴的行为人常常使用刀、枪、棍、棒等凶器，但斗殴的双方是否使用了凶器，并不是本罪的构成要件，即使聚众徒手斗殴也可构成本罪。

3. 本罪的主体是一般主体，但仅限于聚众斗殴的首要分子和积极参加斗殴分子。因受蒙蔽、受胁迫等被动参加聚众斗殴的人，不构成本罪。

4. 本罪的主观方面为故意。有人认为，构成本罪，行为人一般都具有流氓动机和通过聚众斗殴行为寻求精神刺激的犯罪目的。[②] 本书认为，行为人的犯罪目的与动机如何，不影响本罪的成立。

（二）聚众斗殴罪的认定

1. 罪与非罪的界限。

（1）本罪与一般打群架行为的界限。虽然二者都表现为有多人参与，但后者的行为规模、暴力强度远不及聚众斗殴的犯罪。因此，既没有使用器械，又没有造成人身伤亡或财产损失或其他严重后果的，不能以本罪论处。

（2）本罪与村寨之间因土地、山林、水源等纠纷引起的斗殴行为的界限。村寨之间的这种纠纷，在山区、边区和少数民族地区时有发生，有时引起相邻两个村寨持械斗殴，其性质不

---

① 本罪是《刑法修正案（九）》第 32 条在《刑法》第 291 条之一增设第 2 款所规定的新罪名。

② 参见王作富主编：《刑法分则实务研究》（中），中国方正出版社 2007 年版，第 1275 页。

同于成帮结伙聚众斗殴,不可与本罪混同。

2. 本罪与聚众扰乱社会秩序罪的界限。二者都是聚众扰乱公共秩序,犯罪主体都是聚众犯罪的首要分子和积极参加者,但存在如下区别:

(1) 直接客体的范围不同。本罪侵犯的是公共秩序,而后者侵犯的只限于企事业单位、人民团体、个体经营户的工作、生产、营业和教学、科研、医疗秩序。

(2) 犯罪对象不同。本罪的对象是相互斗殴的对方或普通群众;而后者的对象则是企业、事业单位、人民团体等。

(3) 客观方面不同。本罪表现为行为人实施了聚众斗殴的行为;而后者则表现为行为人实施了聚众扰乱社会秩序的行为。

(4) 犯罪形态不同。本罪是行为犯,原则上只要行为人实施了聚众斗殴的行为,就成立犯罪;而后者是情节犯,行为人的行为只有情节严重,致使工作、生产、营业或教学、科研、医疗无法进行,造成严重损失的,才构成犯罪。

(三) 聚众斗殴罪的处罚

根据《刑法》第 292 条第 1 款的规定,犯本罪的,处 3 年以下有期徒刑、拘役或者管制;有下列情形之一的,处 3 年以上 10 年以下有期徒刑:(1) 多次聚众斗殴的;(2) 聚众斗殴人数多,规模大,社会影响恶劣的;(3) 在公共场所或者交通要道聚众斗殴,造成社会秩序严重混乱的;(4) 持械聚众斗殴的。根据《刑法》第 292 条第 2 款的规定,聚众斗殴,致人重伤、死亡的,依照《刑法》第 234 条、第 232 条的规定定罪处罚。

三十七、寻衅滋事罪

寻衅滋事罪,是指寻衅滋事,破坏社会秩序,情节恶劣的行为。本罪具有如下构成要件:

1. 本罪的客体是复杂客体,既侵犯了公共秩序,也侵犯了他人的人身权利、公私财产权利等。

2. 本罪的客观方面表现为寻衅滋事的行为。所谓寻衅滋事,是指寻找理由、借口无事生非,无理取闹,横行霸道,破坏公共秩序,情节严重、情节恶劣或者造成公共场所秩序严重混乱的行为。根据《最高人民法院、最高人民检察院关于办理寻衅滋事刑事案件适用法律若干问题的解释》,如果行为人因日常生活中的偶发矛盾纠纷,借故生非,实施《刑法》第 293 条规定的行为的,应当认定为"寻衅滋事",但矛盾系由被害人故意引发或者被害人对矛盾激化负有主要责任的除外。行为人因婚恋、家庭、邻里、债务等纠纷,实施殴打、辱骂、恐吓他人或者损毁、占用他人财物等行为的,一般不认定为"寻衅滋事",但经有关部门批评制止或者处理处罚后,继续实施前列行为,破坏社会秩序的除外。

本罪在客观方面具体表现为:

(1) 随意殴打他人,情节恶劣的行为。所谓情节恶劣,根据上述司法解释是指:致一人以上轻伤或者二人以上轻微伤的;引起他人精神失常、自杀等严重后果的;多次随意殴打他人的;持凶器随意殴打他人的;随意殴打精神病人、残疾人、流浪乞讨人员、老年人、孕妇、未成年人,造成恶劣社会影响的;在公共场所随意殴打他人,造成公共场所秩序严重混乱的;其他情节恶劣的情形。

(2) 追逐、拦截、辱骂、恐吓他人，情节恶劣的行为。这里的情节恶劣，根据上述司法解释是指：多次追逐、拦截、辱骂、恐吓他人，造成恶劣社会影响的；持凶器追逐、拦截、辱骂、恐吓他人的；追逐、拦截、辱骂、恐吓精神病人、残疾人、流浪乞讨人员、老年人、孕妇、未成年人，造成恶劣社会影响的；引起他人精神失常、自杀等严重后果的；严重影响他人的工作、生活、生产、经营的；其他情节恶劣的情形。其中，"恐吓"是《刑法修正案（八）》增设的行为方式，是指通过语言或其他方式要挟他人以满足寻求刺激的心理，属于精神强制的一种。[①] 当然，不同罪名中"精神强制"的程度会有所不同，本书认为，这里的精神强制程度相对较轻，不如其他具体罪名如抢劫罪中"精神强制"的程度重。黑恶势力有组织地采用滋扰、纠缠、哄闹、聚众造势等手段扰乱正常的工作、生活秩序，使他人产生心理恐惧的，属于本罪规定的"恐吓"。[②] 同时，采用"软暴力"手段使人产生心理恐惧的，也可以构成本罪的"恐吓"。[③]

(3) 强拿硬要或者任意损毁、占用公私财物，情节严重的行为。这里的情节严重，根据上述司法解释是指：强拿硬要公私财物价值 1 000 元以上，或者任意损毁、占用公私财物价值 2 000 元以上的；多次强拿硬要或者任意损毁、占用公私财物，造成恶劣社会影响的；强拿硬要或者任意损毁、占用精神病人、残疾人、流浪乞讨人员、老年人、孕妇、未成年人的财物，造成恶劣社会影响的；引起他人精神失常、自杀等严重后果的；严重影响他人的工作、生活、生产、经营的；其他情节严重的情形。

(4) 在公共场所起哄闹事，造成公共场所社会秩序严重混乱的行为。根据上述司法解释，在车站、码头、机场、医院、商场、公园、影剧院、展览会、运动场或者其他公共场所起哄闹事，应当根据公共场所的性质、公共活动的重要程度、公共场所的人数、起哄闹事的时间、公共场所受影响的范围与程度等因素，综合判断是否"造成公共场所秩序严重混乱"。根据相关司法解释[④]，如果在信访活动中或者以信访为名，为制造影响或者发泄不满，实施下列行为之一的，也应当以寻衅滋事罪定罪处罚：① 在各级党委、人大、政协、行政、监察、审判、检察、军事机关，厂矿、商场等企业单位，学校、医院、报社、电视台、科研院所等事业单位，工会、妇联等社会团体单位，机场、车站、码头等重要交通场站，或者在上述场所周边的其他公共场所，实施自杀、自伤、打横幅、撒传单、拦车辆、统一着装、佩戴统一标识等行为，起哄闹事，造成公共场所秩序严重混乱的；② 追逐、拦截、辱骂、恐吓、随意殴打他人，情节恶劣的，或者强拿硬要、任意损毁、占用公私财物，情节严重的；③ 编造虚假信息，或者明知是编造的虚假信息，在信息网络上散布，或者组织、指使人员在信息网络上散布，起哄闹事，造成公共秩序严重混乱的。

行为人只要实施了以上四种行为之一，即可构成本罪。根据有关司法解释[⑤]，上述行为中对"多次"的认定，一般应当理解为 2 年内实施寻衅滋事行为 3 次以上。2 年内多次实施

---

① 参见马克昌主编：《百罪通论》（下卷），北京大学出版社 2014 年版，第 943 页。

② 参见《最高人民法院、最高人民检察院、司法部、公安部关于办理黑恶势力犯罪案件若干问题的指导意见》第 17 条的相关规定。

③ 关于"软暴力"的定义及表现形式等参见《最高人民法院、最高人民检察院、公安部、司法部关于办理实施"软暴力"的刑事案件若干问题的意见》的相关规定。

④ 参见《最高人民法院、最高人民检察院、公安部关于依法处理信访活动中违法犯罪行为的意见》第 1 条第 3 项的规定。

⑤ 参见《最高人民法院、最高人民检察院、公安部、司法部关于办理黑恶势力犯罪案件若干问题的指导意见》第 17 条的相关规定；《最高人民法院、最高人民检察院、公安部、司法部关于办理实施"软暴力"的刑事案件若干问题的意见》第 5 条的相关规定。

不同种类寻衅滋事行为的，应当追究刑事责任。3 次以上寻衅滋事行为既包括同一类别的行为，也包括不同类别的行为；既包括未受行政处罚的行为，也包括已受行政处罚的行为。此外，由于寻衅滋事是恶势力、恶势力犯罪集团主要从事的违法犯罪活动之一，因此，在认定涉及恶势力的寻衅滋事犯罪行为时，还应当严格依照相关司法解释（如《关于办理恶势力刑事案件若干问题的意见》）认定犯罪及适用刑事政策。

3. 本罪的主体是年满 16 周岁且具有刑事责任能力的自然人。

4. 本罪的主观方面为故意。

根据《刑法》第 293 条的规定，犯本罪的，处 5 年以下有期徒刑、拘役或者管制。纠集他人多次实施前款行为，严重破坏社会秩序的，处 5 年以上 10 年以下有期徒刑，可以并处罚金。实施寻衅滋事行为，同时符合寻衅滋事罪和故意杀人罪、故意伤害罪、故意毁坏财物罪、敲诈勒索罪、抢夺罪、抢劫罪等罪的构成要件的，依照处罚较重的犯罪定罪处罚。行为人认罪、悔罪，积极赔偿被害人损失或者取得被害人谅解的，可以从轻处罚；犯罪情节轻微的，可以不起诉或者免予刑事处罚。此外，根据《最高人民法院、最高人民检察院、公安部、司法部关于办理黑恶势力犯罪案件若干问题的指导意见》，对于黑恶势力实施的寻衅滋事犯罪，要充分运用《刑法》总则关于共同犯罪和犯罪集团的规定加大惩处力度，充分利用资格刑、财产刑降低其再犯可能性。

三十八、催收非法债务罪[①]

催收非法债务罪，是指以暴力、胁迫、限制他人人身自由、侵入他人住宅、恐吓、跟踪、骚扰方式，催收高利放贷等产生的非法债务，情节严重的行为。本罪具有如下构成要件：

1. 本罪的客体是复杂客体，既侵犯了经济秩序和社会生活秩序，又侵犯了公民的人身权利和财产权利。

2. 本罪的客观方面为以暴力、胁迫、限制他人人身自由、侵入他人住宅、恐吓、跟踪、骚扰方式，催收高利贷、套路贷、赌债、毒资、嫖资等非法债务，情节严重的行为。有学者认为本罪没有采取列举加兜底的方式，只是列举了几种主要的催收方式。[②] 但本书认为，前述立法上这几种方式，在具体解释时，实质上就已经涵盖了所有类型的催收方式，如“骚扰”可以涵盖“软暴力”“威胁”等形式，其中“软暴力”的表现形式又包括拦路滋扰、断水断电、聚众滋扰、摆放花圈、贴报喷字、拉横幅、泼洒污物等。[③] 另外，对于暴力的解释，主要强调对身体的打击，如殴打、伤害、捆绑等，使被害人失去反抗能力或者不敢反抗。胁迫，主要强调以对被害人当场实施暴力相威胁，可以以语言形式实施，也可以通过肢体动作实施，但都使被害人产生恐惧而不敢反抗。本罪的行为对象是非法债务的债务人，这里的非法债务除高利贷外，还包括套路贷、赌债、毒资、嫖资等。如果是合法债务以本罪的行为方式进行催收的，不构成犯罪，但可能构成其他罪名或者被处以治安管理处罚。对于“情节严重”，一般结合催收手段、催收次数、对被害人造成的损害结果等综合界定，具体需要司法解释予以进一步明

---

① 本罪是《刑法修正案（十一）》第 34 条在《刑法》第 293 条之一新增的罪名。

② 参见赵秉志主编：《〈刑法修正案（十一）〉理解与适用》，中国人民大学出版社 2021 年版，第 163 页。

③ 具体参见《最高人民法院、最高人民检察院、公安部、司法部关于办理实施“软暴力”的刑事案件若干问题的意见》第 2 条的相关规定。

确。实施本罪行为触犯其他罪名的，按照想象竞合原则进行处理，规定数罪并罚的，进行数罪并罚。

3. 本罪的主体是一般主体，即年满 16 周岁且具有刑事责任能力的自然人，既可以是非法债务的债权人本人，也可以是前者雇用或者委托的第三方，尤其是职业催收人或者催收公司。这里的催收公司，由于主要从事违法催收活动，不能认定为合法的单位，而应按照自然人犯罪处罚。

4. 本罪的主观方面为故意。

根据《刑法》第 293 条之一的规定，犯本罪的，处 3 年以下有期徒刑、拘役或者管制，并处或者单处罚金。

三十九、组织、领导、参加黑社会性质组织罪[①]

（一）组织、领导、参加黑社会性质组织罪的概念和构成

组织、领导、参加黑社会性质组织罪，是指组织、领导或者参加黑社会性质组织的行为。本罪具有如下构成要件：

1. 本罪的客体是复杂客体，既侵犯了经济、社会生活秩序，又侵犯了公民的人身权利。黑社会性质组织对于国家、社会和人民群众的危害是多方面的，不仅严重破坏经济、社会生活秩序，还严重危及人民群众生命财产的安全，对社会治安造成严重威胁。

2. 本罪的客观方面表现为行为人实施了组织、领导、参加黑社会性质组织的行为。所谓组织黑社会性质组织，是指倡导、发起、策划、安排、组建黑社会性质组织。此外，合并、分立、重组黑社会性质组织的行为，也属于本罪中的“组织”行为。所谓领导黑社会性质组织，是指在黑社会性质组织中处于领导地位，对该组织的活动进行策划、决策、指挥、协调、管理的行为。这里的领导行为不仅包括基于领导身份实施的领导行为，还包括实质上对整个组织的发展、运行、活动进行决策、指挥、协调、管理的行为。通常，组织者即领导者，但也不尽然，非组织者（参加者）也可能成为领导者。组织者、领导者对于黑社会性质组织的成立、违法犯罪活动的发动起着关键作用，因此是刑法打击的重点。黑社会性质组织的组织者、领导者，既包括通过一定形式产生的有明确职务、称谓的组织者、领导者，也包括公认的事实上的组织者、领导者。所谓参加黑社会性质组织，是指虽然没有组织、领导，但积极主动地参加到他人组织的黑社会性质组织中去，并积极参与谋划、实施违法犯罪活动的行为。也就是说，凡与黑社会性质组织正式成员和骨干分子共同多次以该组织名义实行或准备实行违法犯罪活动，或自觉听令于该组织并多次参与违法犯罪活动，或多次自发参与该组织有组织违法犯罪行为的，都应视为参加。知道或者应当知道是以实施违法犯罪为基本活动内容的组织，仍

---

① 自中共中央、国务院开展扫黑除恶专项斗争以来，相关政法部门先后联合出台了一系列文件，主要包括《关于办理黑恶势力犯罪案件若干问题的指导意见》《关于办理黑恶势力刑事案件中财产处置若干问题的解释》《关于办理“套路贷”刑事案件若干问题的解释》《关于办理恶势力刑事案件若干问题的意见》《关于办理实施“软暴力”的刑事案件若干问题的意见》《关于办理利用信息网络实施黑恶势力犯罪刑事案件若干问题的意见》《关于在扫黑除恶专项斗争中分工负责、相互配合、相互制约严惩公职人员涉黑涉恶违反犯罪问题的通知》《关于跨省异地执行刑罚的黑恶势力罪犯坦白检举构成自首立功若干问题的意见》《关于依法严惩利用未成年人实施黑恶势力犯罪的意见》。根据以上文件，我国对涉黑涉恶犯罪的相关罪名作出了重要完善。

加入并接受其领导和管理的，应当认定为“参加黑社会性质组织”。没有加入黑社会性质组织的意愿，受雇到黑社会性质组织开办的公司、企业、社团工作，未参与黑社会性质组织违法犯罪活动的，不应认定为“参加黑社会性质组织”。如果行为人完全因受欺骗而加入黑社会性质组织，在了解真相后反悔，只是迫于黑社会性质组织的威吓而无法退出该组织的，不能认定为“参加黑社会性质组织”。当然，如果起初受欺骗加入黑社会性质组织，行为人了解真相后仍积极参加有关违法犯罪活动的策划或实施，符合参加黑社会性质组织罪特征的，应以参加黑社会性质组织罪定罪处罚。同时，参加分为积极参加和一般参加。积极参加是指明知是黑社会性质组织仍然热衷于加入的行为；一般参加是指除积极参加以外的其他参加行为。参加黑社会性质组织并具有以下情形之一的，一般应当认定为“积极参加黑社会性质组织”：多次积极参与黑社会性质组织的违法犯罪活动，或者积极参与较严重的黑社会性质组织的犯罪活动且作用突出，以及其他在组织中起重要作用的情形，如具体主管黑社会性质组织的财务、人员管理等事项。刑法惩罚的是积极参加的行为，对于一般参加者，不作为犯罪处理。本罪是行为犯，属选择性罪名，只要行为人实施了组织、领导、参加黑社会性质组织的行为之一，便成立本罪。

对于“组织”“领导”“积极参加”和“其他参加”这四种行为的判断，应从实质上进行考察，而不能单纯从行为人是否制定了组织纲领、章程，是否履行了参加手续等形式上进行考察。另外，行为人非主动地、经他人介绍参加黑社会性质组织后，在黑社会性质组织中的作用、地位发生变化，积极实施违法犯罪行为的，应当归入“积极参加”之列。对于起初加入时表现得比较积极，而后并没有参与违法犯罪活动的策划，在他人积极实施违法犯罪行为时也不积极实施的，应归入“其他参加”之列。根据《最高人民法院关于审理黑社会性质组织犯罪的案件具体应用法律若干问题的解释》(简称《黑社会性质组织案件解释》)第 3 条的规定，对于参加黑社会性质的组织，没有实施其他违法犯罪活动的，或者受蒙蔽、胁迫参加黑社会性质的组织，情节轻微的，可以不作为犯罪处理。

黑社会性质组织犯罪是有组织犯罪的一种形式。理论上一般认为，犯罪集团是有组织犯罪的初级形态，黑社会组织是有组织犯罪的高级形态，黑社会性质组织是犯罪集团与黑社会组织之间的一种过渡形态。根据《刑法》第 294 条第 5 款的规定，黑社会性质组织应当同时具备以下特征：

(1) 形成较稳定的犯罪组织，人数较多，有明确的组织者、领导者，骨干成员基本固定。组织形成后，在一定时期内持续存在，应当认定为“形成较稳定的犯罪组织”。黑社会性质组织一般在短时间内难以形成，而且成员人数较多，但鉴于“恶势力”团伙和犯罪集团向黑社会性质组织发展是个渐进的过程，没有明显的性质转变的节点，故对黑社会性质组织存在时间、成员人数问题不宜作出“一刀切”的规定。黑社会性质组织未举行成立仪式或者进行类似活动的，成立时间可以按照足以反映其初步形成非法影响的标志性事件的发生时间认定。没有明显标志性事件的，可以按照关于黑社会性质组织违法犯罪活动认定范围的规定，将组织者、领导者与其他组织成员首次共同实施该组织犯罪活动的时间认定为该组织的形成时间。该组织者、领导者因未到案或者因死亡等法定情形未被起诉的，不影响认定。黑社会性质组织成员既包括已有充分证据证明但尚未归案的组织成员，也包括虽有参加黑社会性质组织的行为但因尚未达到刑事责任年龄或其他法定情形而未被起诉，或者根据具体情节不作为犯罪处理的组织成员。

(2) 有组织地通过违法犯罪活动或者其他手段获取经济利益,具有一定的经济实力,以支持该组织的活动。在组织的形成、发展过程中通过以下方式获取经济利益的,应当认定为“有组织地通过违法犯罪活动或者其他手段获取经济利益”:① 有组织地通过违法犯罪活动或其他不正当手段聚敛;② 有组织地以投资、控股、参股、合伙等方式通过合法的生产、经营活动获取;③ 由组织成员提供或通过其他单位、组织、个人资助取得。通过上述方式获得一定数量的经济利益的,应当认定为“具有一定的经济实力”。同时经济实力也包括调动一定规模的经济资源支持该组织活动的能力。通过上述方式获取的经济利益,即使由部分组织成员个人掌控,也应计入黑社会性质组织的“经济实力”。组织成员主动将个人或者家庭资产中的一部分用于支持该组织活动,其个人或者家庭资产可全部计入“一定的经济实力”,但数额明显较小或者仅提供动产、不动产使用权的除外。需要强调的是,由于不同地区的经济发展水平、不同行业的利润空间均存在很大差异,加之黑社会性质组织存在、发展的时间也各有不同,不能一般性地要求黑社会性质组织所具有的经济实力必须达到特定规模或特定数额。

(3) 以暴力、威胁或者其他手段,有组织地多次进行违法犯罪活动,为非作恶,欺压、残害群众。黑社会性质组织实施的违法犯罪活动虽然包括非暴力性的违法犯罪活动,但暴力或以暴力相威胁始终是黑社会性质组织实施违法犯罪活动的基本手段,并随时可能付诸实施。暴力、威胁色彩虽不明显,但实际上以组织的势力、影响和犯罪能力为依托,以暴力威胁的现实可能性为基础,足以使他人产生恐惧、恐慌进而形成心理强制或者足以影响、限制人身自由、危及人身财产安全或者影响正常生产、工作、生活的手段,属于《刑法》第 294 条第 5 款第 3 项中的“其他手段”,包括但不限于所谓的“谈判”“协商”“调解”以及滋扰、纠缠、哄闹、聚众造势等手段。为确立、维护、扩大组织的势力、影响、利益或者按照纪律规约、组织惯例多次实施违法犯罪活动,侵犯不特定多人的人身权利、民主权利、财产权利,破坏经济秩序、社会秩序的,应当认定为“有组织地多次进行违法犯罪活动,为非作恶,欺压、残害群众”。符合以下情形之一的,应当认定为黑社会性质组织实施的违法犯罪活动:为该组织争夺势力范围打击竞争对手、形成强势地位、谋取经济利益、树立非法权威、扩大非法影响、寻求非法保护、增强犯罪能力等实施的;按照该组织的纪律规约、组织惯例实施的;组织者、领导者直接组织、策划、指挥、参与实施的;由组织成员以组织名义实施,并得到组织者、领导者认可或者默许的;多名组织成员为逞强争霸、插手纠纷、报复他人、替人行凶、非法敛财而共同实施,并得到组织者、领导者认可或者默许的;其他应当认定为黑社会性质组织实施的情形。

(4) 通过实施违法犯罪活动,或者利用国家工作人员的包庇或者纵容,称霸一方,在一定区域或者行业内,形成非法控制或者重大影响,严重破坏经济、社会生活秩序。鉴于黑社会性质组织非法控制和影响的“一定区域”的大小具有相对性,不能简单地要求“一定区域”必须达到某一特定的空间范围,而应当根据具体案情,并结合黑社会性质组织对经济社会生活秩序的危害程度加以综合分析判断。通过实施违法犯罪活动,或者利用国家工作人员的包庇或者不依法履行职责,放纵黑社会性质组织进行违法犯罪活动的行为,称霸一方,并具有以下情形之一的,可认定为“在一定区域或者行业内,形成非法控制或者重大影响,严重破坏经济、社会生活秩序”:致使在一定区域内生活或者在一定行业内从事生产、经营的多名群众,合法利益遭受犯罪或严重违法活动侵害后,不敢通过正当途径举报、控告的;对一定行业的生产、经营形成垄断,或者对涉及一定行业的准入、经营、竞争等经济活动形成重要影响的;插手民间纠纷、经济纠纷,在相关区域或者行业内造成严重影响的;干扰、破坏他人正常生产、经营、生活,并在相关区域或者行业内造成严重影响的;干扰、破坏公司、企业、事业单位及社会团体的正常生产、经营、工作秩序,在相关区域、行业内造成严重影响,或者致使其不能正常生产、经营、工作的;多次干扰、破坏党和国家机关、行业管理部门以及村委会居委会等基层群众自治组织的工作秩序,或者致使上述单位、组织的职能不能正常行使的;利用组织的势力、影响,帮助组织成员或他人获取政治地位,或者在党政机关、基层群众自治组织中担任一定职务的;其他形成非法控制或者重大影响,严重破坏经济、社会生活秩序的情形。

3. 本罪的主体是一般主体,即年满 16 周岁且具有刑事责任能力的自然人。单位不能构成本罪的犯罪主体。

4. 本罪的主观方面为故意,即行为人怀着明确的意图组织、领导黑社会性质组织,或者明知是黑社会性质组织仍参加。因此,如果行为人在不知是黑社会性质组织的情况下或者在被欺骗的情况下加入其中的,不构成犯罪。但行为人后来发现自己加入了黑社会性质组织而不退出,并参与犯罪活动的,仍可构成本罪。本罪的成立不要求行为人具有特定的目的。

(二) 组织、领导、参加黑社会性质组织罪的认定

1. 本罪与一般犯罪集团的界限。根据《刑法》第 26 条第 2 款的规定,一般犯罪集团是指 3 人以上为共同实施犯罪而组成的较为固定的犯罪组织。黑社会性质组织与一般犯罪集团的区别在于:

(1) 犯罪行为的多样性。黑社会性质组织的违法犯罪活动范围广泛,不像一般犯罪集团那样比较单一。盗窃、抢劫、伤害、杀人、强奸等几乎无所不为,有的还从事走私、贩毒、组织和强迫妇女卖淫等犯罪活动,具有犯罪行为多样化的特点。

(2) 犯罪组织的严密性。黑社会性质组织具有一般犯罪集团的组织特征,但组织结构更为严密,违法犯罪活动一般是有组织进行的。其组织规模大,人数众多;组织分工明确,有固定的组织成员,成员之间有一定的等级,并有向多层次发展的趋势;组织内部有严格的组织纪律。

(3) 犯罪手段的强制性。黑社会性质组织的犯罪手段充斥着暴力、威胁等身体强制和精神强制内容,他们不仅依靠强制手段争夺和建立势力范围,而且依靠强制手段恫吓群众,横行无忌,鱼肉百姓,逼人就范。一般犯罪集团虽然也使用暴力、威胁方式,但尚未形成手段强制性的特点。

(4) 犯罪活动的区域性。黑社会性质组织在一定的区域内称王称霸,有恃无恐,为非作恶,欺压、残害百姓。有的甚至具有一定的暴力武装和较强的经济实力,操纵一定区域、一定行业的经济,与乡村政权分庭抗礼。这是一般犯罪集团难以达到的。

(5) 社会危害的严重性。黑社会性质组织具有强烈的反社会意识,其违法犯罪活动严重破坏一定区域的经济秩序和社会生活秩序。特别是为了逃避打击,他们往往以金钱收买、色情引诱等不正当手段向政界渗透,寻求靠山或“保护伞”,借以扩大势力范围。犯罪集团虽然也有一定的组织形式,但它只是一种有组织的共同犯罪形式,结构通常较松散,没有统一行动纲领等。区别黑社会性质组织与一般犯罪集团的意义在于:组织、领导、参加黑社会性

质组织构成《刑法》第 294 条第 1 款规定的组织、领导、参加黑社会性质组织罪；组织、领导一般犯罪集团则成立共同犯罪，其具体罪名根据行为人具体实施的行为内容来确定，于组织者、领导者，应作为共同犯罪的主犯来处罚。

同时，还应当注意黑社会性质组织与恶势力团伙、恶势力犯罪集团的区分。由于恶势力团伙、恶势力犯罪集团往往会向黑社会性质组织发展与转化，因此，应当重视对其的认定与打击。对此，司法解释如《关于办理恶势力刑事案件若干问题的意见》[①] 作出了详细规定：

(1) 恶势力的定义及主要特征。恶势力，是指经常纠集在一起，以暴力、威胁或者其他手段，在一定区域或者行业内多次实施违法犯罪活动，为非作恶，欺压百姓，扰乱经济、社会生活秩序，造成较为恶劣的社会影响，但尚未形成黑社会性质组织的违法犯罪组织。全国人大常委会于 2021 年 12 月 24 日通过的《中华人民共和国反有组织犯罪法》（以下简称《反有组织犯罪法》）对此概念也予以确认，在用语上称之为“恶势力组织”。单纯为牟取不法经济利益而实施的“黄、赌、毒、盗、抢、骗”等违法犯罪活动，不具有为非作恶、欺压百姓特征的，或者本人及近亲属的婚恋纠纷、家庭纠纷、邻里纠纷、劳动纠纷、合法债务纠纷引发的以及其他确属事出有因的违法犯罪活动，不应作为恶势力案件处理。

恶势力一般为 3 人以上，纠集者相对固定。纠集者，是指在恶势力实施的违法犯罪活动中起组织、策划、指挥作用的违法犯罪分子。成员较为固定且符合恶势力其他认定条件，但多次实施的违法犯罪活动是由不同的成员组织、策划、指挥的，也可以认定为恶势力，有前述行为的成员均可以认定为纠集者。恶势力的其他成员，是指知道或应当知道与他人经常纠集在一起是为了共同实施违法犯罪，仍按照纠集者的组织、策划、指挥参与违法犯罪活动的违法犯罪分子，包括已有充分证据证明但尚未归案的人员，以及因法定情形不予追究法律责任，或者因参与实施恶势力违法犯罪活动已受到行政或刑事处罚的人员。仅因临时雇用或被雇用、利用或被利用以及受蒙蔽参与少量恶势力违法犯罪活动的，一般不应认定为恶势力成员。

“经常纠集在一起，以暴力、威胁或者其他手段，在一定区域或者行业内多次实施违法犯罪活动”，是指犯罪嫌疑人、被告人于 2 年之内，以暴力、威胁或者其他手段，在一定区域或者行业内多次实施违法犯罪活动，且包括纠集者在内，至少应有 2 名相同的成员多次参与实施违法犯罪活动。对于“纠集在一起”时间明显较短，实施违法犯罪活动刚刚达到“多次”标准，且尚不足以产生较为恶劣影响的，一般不应认定为恶势力。恶势力实施的违法犯罪活动，主要为强迫交易、故意伤害、非法拘禁、敲诈勒索、故意毁坏财物、聚众斗殴、寻衅滋事，但也包括具有为非作恶、欺压百姓特征，主要以暴力、威胁为手段的其他违法犯罪活动。恶势力还可能伴随实施开设赌场、组织卖淫、强迫卖淫、贩卖毒品、运输毒品、制造毒品、抢劫、抢夺、聚众扰乱社会秩序、聚众扰乱公共场所秩序和交通秩序以及聚众“打砸抢”等违法犯罪活动，但仅有前述伴随实施的违法犯罪活动，且不能认定具有为非作恶、欺压百姓特征的，一般不应认定为恶势力。办理恶势力刑事案件，“多次实施违法犯罪活动”至少应包括 1 次犯罪活动。对于反复实施强迫交易、非法拘禁、敲诈勒索、寻衅滋事等单一性质的违法行为，单次情节、数额尚不构成犯罪，但按照刑法或者有关司法解释、规范性文件的规定累加后应作

---

① 实际上，早在 2018 年出台的《关于办理黑恶势力犯罪案件若干问题的指导意见》就明确了“恶势力、恶势力犯罪集团”的定义和组织特征。后 2019 年又专门出台了《关于办理恶势力刑事案件若干问题的意见》，以便更加具体详细地、准确地对恶势力犯罪进行治理。

为犯罪处理的,在认定是否属于“多次实施违法犯罪活动”时,可将已用于累加的违法行为计为 1 次犯罪活动,其他违法行为单独计算违法活动的次数。已被处理或者已作为民间纠纷调处,后经查证确属恶势力违法犯罪活动的,均可以作为认定恶势力的事实依据,但不符合法定情形的,不得重新追究法律责任。

认定“扰乱经济、社会生活秩序,造成较为恶劣的社会影响”,应当结合侵害对象及其数量,违法犯罪的次数、手段、规模,人身损害后果、经济损失数额、违法所得数额、引起社会秩序混乱的程度,以及对人民群众安全感的影响程度等因素综合把握。

(2) 恶势力犯罪集团的定义及行为特征。恶势力犯罪集团,是指符合恶势力全部认定条件,同时又符合犯罪集团法定条件的犯罪组织。恶势力犯罪集团的首要分子,是指在恶势力犯罪集团中起组织、策划、指挥作用的犯罪分子。恶势力犯罪集团的其他成员,是指知道或者应当知道是为共同实施犯罪而组成的较为固定的犯罪组织,仍接受首要分子领导、管理、指挥,并参与该组织犯罪活动的犯罪分子。全部成员或者首要分子、纠集者以及其他重要成员均为未成年人、老年人、残疾人的,认定恶势力、恶势力犯罪集团时应当特别慎重。

恶势力犯罪集团应当有组织地实施多次犯罪活动,还可能伴随实施违法活动。这里的“多次”是指 3 次以上,一般在时间跨度上并无明确要求。恶势力犯罪集团所实施的违法犯罪活动,参照《关于办理黑恶势力犯罪案件若干问题的指导意见》第 10 条第 2 款所规定的黑社会性质组织实施的违法犯罪活动的规定认定。

此外,需要强调的是,无论对于黑社会性质组织,还是恶势力、恶势力犯罪集团,不仅应当重视其以暴力手段实施的违法犯罪活动,还应当重点关注其利用“软暴力”手段实施的违法犯罪活动;对于其从事的违法犯罪的类型,不仅应当重视采用传统方式实施的犯罪活动,还应当注重采用新型方式、变相形式实施的犯罪活动,如利用信息网络、“套路贷”等实施的犯罪活动。对此,已有系列专门的司法解释[①]对相关问题予以了明确规定。对于在扫黑除恶实践当中发现的未成年人被胁迫、被利诱参与、实施黑恶势力犯罪的现象,相关部门也联合出台了司法解释[②]依法从严惩治,以保障未成年人的合法权益与健康成长。《反有组织犯罪法》第 67 条也专门明确:“发展未成年人参加黑社会性质组织、境外的黑社会组织,教唆、诱骗未成年人实施有组织犯罪,或者实施有组织犯罪侵害未成年人合法权益的,依法从重追究刑事责任。”可见国家在反有组织犯罪方面对于未成年人的重视程度及保护力度。

2. 本罪与组织、领导、参加恐怖活动组织罪的界限。这两种犯罪有许多相同之处,如二者行为方式都为组织、领导、参加;行为的对象都是国家明令禁止的非法组织;同为行为犯,即一旦实施组织、领导、参加行为,不论是否实施其他犯罪行为,也不论是否已造成实际危害结果,均可构成犯罪;同为一般主体,在主观上也都表现为直接故意。二者的区别在于:

(1) 组织、领导、参加的组织的本质属性不同。本罪的对象是黑社会性质组织,而组织、领导、参加恐怖活动组织罪的对象是恐怖活动组织。

(2) 侵犯的客体不同。本罪侵犯的是社会管理秩序;组织、领导、参加恐怖活动组织罪侵犯的是不特定多数人的生命财产安全。

---

① 参见最高人民法院、最高人民检察院、公安部、司法部联合发布的《关于办理实施“软暴力”的刑事案件若干问题的意见》《关于办理“套路贷”刑事案件若干问题的意见》《关于办理利用信息网络实施黑恶势力犯罪刑事案件若干问题的意见》等专门文件的规定。

② 参见《最高人民法院、最高人民检察院、公安部、司法部关于依法严惩利用未成年人实施黑恶势力犯罪的意见》的规定。

3. 本罪与聚众斗殴罪、寻衅滋事罪的界限。本罪与聚众斗殴罪、寻衅滋事罪的区别在于：

(1) 本罪是有组织、有领导的犯罪；聚众斗殴罪、寻衅滋事罪虽然也存在团伙性，但这种团伙没有明确的组织者和领导者。

(2) 本罪一般都有固定的骨干成员，组织结构相对紧密；聚众斗殴、寻衅滋事的团伙犯罪，其成员一般都是临时纠集的。

(3) 黑社会性质组织实施的犯罪都是有组织地进行的，所以一般都比较周密，组织性、预谋性、目的性较强；非黑社会性质组织团伙作案表现出较强的冲动性、盲目性。

4. 本罪的罪数形态。本罪是行为犯，行为人只要实施了组织、领导、参加黑社会性质组织的行为就构成犯罪，并不以行为人实施了其他犯罪为构成要件。黑社会性质组织所具有的反社会性特点决定了其成立就是为了实施某种或某些违法犯罪活动，因而在其活动过程中必然会伴生其他各种各样的违法犯罪活动。行为人组织、领导、参加黑社会性质组织，实施的其他行为未达到犯罪程度的，直接以组织、领导、参加黑社会性质组织罪一罪定罪处罚；行为人组织、领导、参加黑社会性质组织，又实施了其他犯罪的，应当依照数罪并罚的规定处罚。

(三) 组织、领导、参加黑社会性质组织罪的处罚

根据《刑法》第 294 条第 1、4 款的规定，组织、领导黑社会性质的组织的，处 7 年以上有期徒刑，并处没收财产；积极参加的，处 3 年以上 7 年以下有期徒刑，可以并处罚金或者没收财产；其他参加的，处 3 年以下有期徒刑、拘役、管制或者剥夺政治权利，可以并处罚金。犯本罪又有其他犯罪行为的，依照数罪并罚的规定处罚。根据《黑社会性质组织案件解释》第 4 条的规定，国家机关工作人员组织、领导、参加黑社会性质组织的，从重处罚。

此外，《最高人民法院、最高人民检察院、公安部、司法部关于办理黑恶势力犯罪案件若干问题的指导意见》对于本罪的刑罚裁量进行了进一步的具体明确：(1) 对于组织者、领导者和因犯参加黑社会性质组织罪被判处 5 年以上有期徒刑的积极参加者，可以适用附加剥夺政治权利。对于符合适用刑法职业禁止规定的组织成员，应当依法禁止其从事相关职业。符合特殊累犯规定的组织成员，应当认定为累犯，依法从重处罚。对于因有组织的暴力性犯罪被判处死刑缓期执行的黑社会性质组织犯罪分子，可以根据规定同时决定对其限制减刑。对于因有组织的暴力性犯罪被判处 10 年以上有期徒刑、无期徒刑的黑社会性质组织犯罪分子，应当根据规定，不得假释。(2) 对于组织者、领导者一般应当并处没收个人全部财产。对于确属骨干成员或者为该组织转移、隐匿资产的积极参加者，可以并处没收个人全部财产。对于其他组织成员，应当根据所参与实施违法犯罪活动的次数、性质、地位、作用、违法所得数额以及造成损失的数额等情节，依法决定财产刑的适用。

应当强调的是，《反有组织犯罪法》从国家法律层面提出了办理有组织犯罪案件的原则，明确提出应当坚持宽严相济，并引入认罪认罚从宽制度，但也要求对有组织犯罪的组织者、领导者和骨干成员，严格掌握取保候审、不起诉、缓刑、减刑、假释和暂予监外执行的适用条件，并充分适用剥夺政治权利、没收财产、罚金等刑罚。[①] 不仅明确了可以依法从宽处罚的

---

① 参见《反有组织犯罪法》第 22 条的有关规定。

具体情形[①],也相对上述司法解释作出了相对明确的财产刑适用规定,即对黑社会性质的组织者、领导者,应当依法并处没收财产,而非“一般应当没收全部个人财产”;对于其他组织成员,根据具体情况也可以依法并处罚金或者没收财产,而非“依法决定财产刑的适用”。[②]由此可见,国家在黑社会性质组织犯罪治理方面的法治化水平正在不断提升。

四十、入境发展黑社会组织罪

入境发展黑社会组织罪,是指我国境外的黑社会组织的人员到我国境内发展其成员的行为。所谓境外的黑社会组织,是指被境外国家和地区确定为黑社会的组织。既包括外国的黑社会组织,也包括我国香港特别行政区、澳门特别行政区、台湾地区的黑社会组织。本罪的客体是社会治安管理秩序。本罪的客观方面必须同时具备两个要件:一是危害行为,即采取引诱、腐蚀、强迫、威胁、暴力、贿赂等手段发展境外黑社会组织成员的行为;二是犯罪地,即在中华人民共和国境内。根据《黑社会性质组织案件解释》,发展组织成员,是指将境内外人员吸收为该黑社会组织成员的行为。对黑社会组织成员进行内部调整等行为,可视为发展组织成员。内部调整,包括对黑社会组织成员职位的升迁、调换、降低以及选举等调整行为。在中华人民共和国境内,是指境外黑社会组织通过各种途径到我国境内发展组织成员,包括:行为人本人在我国境外,但其利用在我国境内的人员或者互联网将在我国国境内的人员发展成为其组织成员的;行为人本人在我国境外,委托在我国境内的该组织人员发展组织成员的;在境外通过互联网发布“招募”我国大陆成员信息的;等等。到我国境内不以行为人亲身到达我国境内为条件,因为刑法设立入境发展黑社会组织罪的宗旨,是维护我国境内的社会管理秩序,防止境外黑社会组织向我国境内的渗透。本罪是行为犯,只要行为人有发展黑社会组织成员的行为,即构成本罪既遂,而不要求他人最终被发展、吸收为组织成员,也不要求被发展的黑社会组织成员从事了违法犯罪活动。本罪的主体是特殊主体,只能是境外的黑社会组织人员。本罪的主观方面为直接故意,即明知我国法律禁止并取缔一切黑社会组织,仍在我国大陆发展其组织成员。动机如何,不影响本罪的成立。

根据《刑法》第 294 条第 2、4 款的规定,犯本罪的,处 3 年以上 10 年以下有期徒刑;犯本罪又有其他犯罪行为的,依照数罪并罚的规定处罚。

四十一、包庇、纵容黑社会性质组织罪

包庇、纵容黑社会性质组织罪,是指国家机关工作人员包庇黑社会性质组织,或者纵容黑社会性质组织进行违法犯罪活动的行为。本罪具有如下构成要件:

1. 本罪的客体是司法机关同黑社会性质组织作斗争的正常活动和社会治安管理秩序。

2. 本罪的客观方面表现为两种:一是包庇黑社会性质组织;二是纵容黑社会性质组织进行违法犯罪活动。行为人只要实施了上述行为中的一种,即可构成本罪。即使实施了两种行为,也只以一罪论处,不实行数罪并罚。根据《黑社会性质组织案件解释》,包庇黑社会

---

① 参见《反有组织犯罪法》第 33 条的有关规定。

② 参见《反有组织犯罪法》第 34 条的有关规定。

性质组织的方式主要有六种：(1) 为黑社会性质组织及其成员逃避查禁，通风报信；(2) 隐匿、毁灭、伪造证据；(3) 阻止他人作证、检举揭发；(4) 指使他人作伪证；(5) 帮助逃匿；(6) 阻挠其他国家机关工作人员依法查禁。这里的"包庇"行为，不要求相关国家机关工作人员利用职务便利；国家机关工作人员利用职务便利包庇黑社会性质组织的，酌情从重处罚。所谓纵容黑社会性质组织进行违法犯罪活动，以行为人有制止、打击黑社会性质组织犯罪的职责为前提，缺乏这一前提的知情不举，不属于纵容。纵容与共犯不同，纵容只是不履行职责，放任他人违法犯罪，并未参与黑社会性质组织的违法犯罪活动。纵容的对象是黑社会性质组织实施的违法犯罪活动，如果黑社会性质组织没有实施具体的违法犯罪行为，或刚刚建立还未来得及实施就被查处，行为人的纵容便不构成本罪。可见，"包庇"是一种积极作为，而"纵容"是一种消极不作为。包庇、纵容黑社会性质组织，事先有通谋的，以具体犯罪的共犯论处。

在罪数形态上，《关于在扫黑除恶专项斗争中分工负责、互相配合、互相制约严惩公职人员涉黑涉恶违法犯罪问题的通知》作出了详细规定：国家机关工作人员包庇黑社会性质的组织，或者纵容黑社会性质的组织进行违法犯罪活动的，以包庇、纵容黑社会性质组织罪定罪处罚。国家机关工作人员既组织、领导、参加黑社会性质组织，又对该组织进行包庇、纵容的，应当以组织、领导、参加黑社会性质组织罪从重处罚。国家机关工作人员包庇、纵容黑社会性质组织，该包庇、纵容行为同时还构成包庇罪、伪证罪、妨害作证罪、徇私枉法罪、滥用职权罪、帮助犯罪分子逃避处罚罪、徇私舞弊不移交刑事案件罪，以及徇私舞弊减刑、假释、暂予监外执行罪等其他犯罪的，应当从一重罪处罚。非国家机关工作人员与国家机关工作人员共同包庇、纵容黑社会性质组织，且不属于该组织成员的，以包庇、纵容黑社会性质组织罪的共犯论处。非国家机关工作人员的行为同时还构成其他犯罪，应当从一重罪处罚。

3. 本罪的主体是特殊主体，即国家机关工作人员，而不是所包庇、纵容的黑社会性质组织的成员。国家机关工作人员为黑社会性质组织及其人员提供隐藏处所、财物，帮助其逃匿或作假证明的，以本罪论处。

4. 本罪的主观方面为故意，即明知是黑社会性质的组织，或者明知该组织进行违法犯罪活动，仍故意包庇、纵容。

根据《刑法》第 294 条第 3、4 款的规定，犯本罪的，处 5 年以下有期徒刑；情节严重的，处 5 年以上有期徒刑。犯本罪又有其他犯罪行为的，依照数罪并罚的规定处罚。所谓情节严重，根据《黑社会性质组织案件解释》主要是指：(1) 包庇、纵容黑社会性质组织跨境实施违法犯罪活动的；(2) 包庇、纵容境外黑社会组织在境内实施违法犯罪活动；(3) 多次实施包庇、纵容行为；(4) 致使某一区域或者行业的经济、社会生活秩序遭受黑社会性质组织特别严重破坏的；(5) 致使黑社会性质组织的组织者、领导者逃匿，或者致使对黑社会性质组织的查禁工作严重受阻的；(6) 具有其他严重情节的。

近年来开展的扫黑除恶专项斗争，在依法严厉打击黑恶势力犯罪本身的同时，还提出深挖、严打"保护伞"，对于国家机关工作人员利用职务便利包庇黑社会性质组织的行为，要酌情从重处罚。值得注意的是，《反有组织犯罪法》第五章专门规定了国家工作人员涉有组织犯罪的处理。其中，第 50 条列举了国家工作人员涉有组织犯罪的违法犯罪行为；第 52 条明确了案件办理或协助、支持的国家工作人员不得实施的行为。对于前述行为，构成犯罪的，依法追究相关人员刑事责任。国家工作人员组织、领导、参加有组织犯罪的，应当依法从重处罚。

四十二、传授犯罪方法罪

（一）传授犯罪方法罪的概念和构成

传授犯罪方法罪，是指故意用语言、文字、动作或者其他方法传授犯罪方法的行为。本罪具有如下构成要件：

1. 本罪的客体是社会治安管理秩序。

2. 本罪的客观方面表现为用语言、文字、动作或者其他方法，将进行犯罪的具体经验、技能、手段传授给他人的行为。所谓犯罪方法，是指犯罪的经验、技能以及反侦查、逃避审判的方法，以及进行犯罪预备，在犯罪后逃匿、销毁罪证等方法。传授的形式，可以公开传授，也可以秘密传授；可以口头传授，也可以书面传授；可以言传身教，也可以通过放录像等方式传授；可以向一人传授，也可以同时向多人传授；等等。传授的犯罪方法并非一切犯罪的方法，而只能是直接故意犯罪的犯罪方法。因为过失犯罪不具有犯罪意图，不可能事先选择和学习犯罪的方法，而间接故意犯罪的行为人并不直接追求危害结果的发生，也不可能提前接受犯罪方法的传授。本罪的成立不要求被传授者学到或提高了犯罪技能，也不要求被传授者实施了被传授的犯罪行为，它属于行为犯，只要行为人实施了向他人传授犯罪方法的行为，就构成本罪。

3. 本罪的主体是已满 16 周岁且具有刑事责任能力的自然人。实践中往往是那些主观恶性较大的惯犯和累犯。

4. 本罪的主观方面为故意，即明知是犯罪方法仍向他人传授。

（二）传授犯罪方法罪的认定

应当特别提出的是，要划清本罪与教唆犯罪的界限。二者的区别在于：(1) 客体不同。本罪客体是确定的，即社会治安管理秩序；教唆犯罪的客体取决于被教唆者的犯罪性质。(2) 客观方面不同。本罪表现为行为人将自己的犯罪经验和方法传授给他人的行为；教唆犯罪表现为唆使他人实施犯罪的行为，即引起他人犯罪意图的行为。(3) 犯罪故意的内容不同。本罪是出于传授犯罪方法的故意，无论被教唆者原来有无犯罪意图；教唆犯罪是出于唆使他人实施犯罪的故意，不要求在犯罪方法上予以传授或提示。(4) 一罪与数罪的标准不同。由于本罪是独立的罪名，因此，无论行为人传授了多少犯罪方法，实施了几次传授行为，只能以一罪论处；教唆犯罪根据其教唆罪名的不同而构成不同的犯罪，无论其教唆的对象是一人还是数人，都应数罪并罚。(5) 共犯的成立不同。本罪是独立的罪名，传授人与被传授人之间不存在共犯关系；教唆犯罪属于共同犯罪的范畴，教唆人与被教唆人之间是一种共犯关系。(6) 犯罪的停止形态不同。本罪的行为人只要实行了传授犯罪方法的行为即构成犯罪既遂，没有未遂，且不要求被传授人接受、学会所传授的犯罪方法以及利用该方法去实施某种犯罪；教唆犯罪则不具有独立性，被教唆人的犯罪若停留在犯罪预备、未遂或中止状态，教唆犯应负未遂责任，被教唆人犯罪既遂，教唆犯也就承担既遂责任。(7) 定罪量刑及其依据不同。本罪具有独立的罪名和法定刑，依照《刑法》第295条的规定，依情节不同具有三个幅度的法定刑；教唆犯的罪名依教唆犯罪的性质而确定，按照其在犯罪中的不同作用分别按主犯、从犯及所教唆之罪的法定刑处罚。

（三）传授犯罪方法罪的处罚

根据《刑法》第295条的规定，犯本罪的，处5年以下有期徒刑、拘役或者管制；情节严重的，处5年以上10年以下有期徒刑；情节特别严重的，处10年以上有期徒刑或者无期徒刑。所谓情节严重，主要是指多次或向多人传授犯罪方法的，传授多种犯罪方法的，传授重大犯罪方法的，向未成年人传授犯罪方法的，等等。所谓情节特别严重，主要是指：传授残酷犯罪方法，被传授人利用该犯罪方法实施犯罪，造成严重危害后果的；传授高科技犯罪方法，被传授人利用该犯罪方法实施重大犯罪的；传授重大犯罪方法的；有组织传授犯罪方法的；公开招徒传授犯罪方法牟利，或以传授犯罪方法为生的；向未成年人传授犯罪方法导致其实施犯罪的；等等。

四十三、非法集会、游行、示威罪

非法集会、游行、示威罪，是指举行集会、游行、示威活动，未按照法律规定申请或者申请未获许可，或者未按照主管机关许可的起止时间、地点、路线进行，并且拒不服从解散命令，严重破坏社会秩序的行为。本罪的客观方面表现为：一是行为人实施了非法集会、游行、示威的行为。其行为方式有三种：未按照法律规定申请而举行；申请未获许可而举行；未按照主管机关许可的起止时间、地点、路线进行。二是拒不服从解散命令。三是严重破坏社会秩序。本罪是选择性罪名，只要行为人实施了非法集会、游行、示威三种行为之一，即可成立本罪。行为人实施了其中两种以上行为的，也只构成一罪，不存在数罪并罚。本罪的主体为一般主体，但只有集会、游行、示威活动的负责人和直接责任人员才负刑事责任。

根据《刑法》第296条的规定，犯本罪的，处5年以下有期徒刑、拘役、管制或者剥夺政治权利。

四十四、非法携带武器、管制刀具、爆炸物参加集会、游行、示威罪

非法携带武器、管制刀具、爆炸物参加集会、游行、示威罪，是指违反法律规定，携带武器、管制刀具、爆炸物参加集会、游行、示威的行为。本罪的客体是复杂客体，既违反了国家关于集会、游行、示威的管理制度，又破坏了社会治安管理秩序。

根据《刑法》第297条的规定，犯本罪的，处3年以下有期徒刑、拘役、管制或者剥夺政治权利。

四十五、破坏集会、游行、示威罪

破坏集会、游行、示威罪，是指以扰乱、冲击或者其他方法破坏依法举行的集会、游行、示威，造成公共秩序混乱的行为。本罪的客体是复杂客体，既侵犯了公民集会、游行、示威的政

治自由权利,又侵犯了社会公共秩序。本罪属结果犯,行为人的行为必须造成了公共秩序混乱的结果。

根据《刑法》第 298 条的规定,犯本罪的,处 5 年以下有期徒刑、拘役、管制或者剥夺政治权利。

四十六、侮辱国旗、国徽、国歌罪①

侮辱国旗、国徽、国歌罪,是指在公共场合,故意以焚烧、毁损、涂划、玷污、践踏等方式侮辱中华人民共和国国旗、国徽,或者故意篡改中华人民共和国国歌歌词、曲谱,以歪曲、贬损方式奏唱国歌,以其他方式侮辱国歌,情节严重的行为。

本罪是选择性罪名,侵害一个犯罪对象,只定相应罪名;同时侮辱国旗、国徽、国歌的,也只能以一罪论处,但在量刑时应有所区别。上述罪名中的行为方式不要求同时具备,只要实施其中一种行为即可构成相应罪名。其中,侮辱国歌,情节严重的,才成立犯罪。

根据《刑法》第 299 条的规定,犯本罪的,处 3 年以下有期徒刑、拘役、管制或者剥夺政治权利。

四十七、侵害英雄烈士名誉、荣誉罪②

侵害英雄烈士名誉、荣誉罪,是指侮辱、诽谤或者以其他方式侵害英雄烈士名誉、荣誉,损害社会公共利益,情节严重的行为。

1. 本罪的客体是社会公共利益,体现为一种社会价值,不同于公民的人身权利和民主权利。

2. 本罪的客观方面为侮辱、诽谤或者以其他方式侵害英雄烈士名誉、荣誉,情节严重的行为。本罪的对象是英雄烈士,对于"英雄烈士"的界定,需要注意的是,我国有关规定③只有对"烈士"的明确界定,有学者认为"英雄"作为"烈士"的形容词而存在。④本书赞同此种观点。另外,《英雄烈士保护法》对于本罪的理解与适用,也有重要参考价值。"损害社会公共利益"的表述,本书认为是对本罪客体的提示性表述,并不需要在关于客观方面的论述中予以强调。侮辱,是指以焚烧、毁坏、涂划、玷污、践踏等方式对英雄烈士雕像、故居、遗物、画像等设施、物品进行破坏的行为;诽谤,是指捏造某种事实并加以散布,破坏英雄烈士名誉、荣誉,贬低英雄烈士人格;其他方式,是指除侮辱、诽谤以外的程度相当的方式,如歪曲、丑化、亵渎、否定英雄烈士事迹和精神。名誉,是指国家、社会给予英雄烈士的褒扬。荣誉,是指国家给予英雄烈士的国家称号,包括生前称号和追授的称号。情节严重的,才构成本罪。至于何谓"情节严重",需要司法解释予以明确。但本罪是行为犯,只要实施本罪规定的行为即构成犯罪,不需要实际产生危害结果。行为人实施本罪行为,又触犯其他罪名的,属于想

---

①《刑法修正案(十)》对本罪曾作过修改。原条文内容为:"在公众场合,故意以焚烧、毁损、涂划、玷污、践踏等方式侮辱中华人民共和国国旗、国徽的,处三年以下有期徒刑、拘役、管制或者剥夺政治权利。"

② 本罪是《刑法修正案(十一)》第 35 条在《刑法》第 299 条之一新增的罪名。

③ 参见《烈士褒扬条例》第 8 条和《军人优待抚恤条例》第 8 条。

④ 参见赵秉志主编:《〈刑法修正案(十一)〉理解与适用》,中国人民大学出版社 2021 年版,第 266 页。

象竞合,按照从一重处断的原则处理。

3. 本罪的主体是一般主体,即年满16周岁且具有刑事责任能力的自然人,单位不构成本罪。

4. 本罪的主观方面为直接故意。

根据《刑法》第299条之一的规定,犯本罪的,处3年以下有期徒刑、拘役、管制或者剥夺政治权利。

四十八、组织、利用会道门、邪教组织、利用迷信破坏法律实施罪

(一)组织、利用会道门、邪教组织、利用迷信破坏法律实施罪的概念和构成

组织、利用会道门、邪教组织、利用迷信破坏法律实施罪,是指组织和利用会道门、邪教组织或者利用迷信破坏国家法律、行政法规实施的行为。本罪是选择性罪名,诉讼中应根据实际案情选择适用或合并适用。本罪具有如下犯罪构成:

1. 本罪的犯罪客体是国家实施法律、行政法规的正常活动。

2. 本罪的客观方面表现为:一是行为人实施了组织和利用会道门、邪教组织或者利用迷信活动的行为。根据《最高人民法院和最高人民检察院关于办理组织、利用邪教组织破坏法律实施等刑事案件适用法律若干问题的解释》(以下简称《邪教组织案件解释》)第1条的规定,邪教组织,是指冒用宗教、气功或者以其他名义建立,神化、鼓吹首要分子,利用制造、散布迷信邪说等手段蛊惑、蒙骗他人,发展、控制成员,危害社会的非法组织。二是行为人的行为破坏了国家法律、行政法规的实施。根据2017年《邪教组织案件解释》第2条的规定,具体包括以下情形:(1)建立邪教组织,或者邪教组织被取缔后又恢复、另行建立邪教组织的;(2)聚众包围、冲击、强占、哄闹国家机关、企业事业单位或者公共场所、宗教活动场所,扰乱社会秩序的;(3)非法举行集会、游行、示威,扰乱社会秩序的;(4)使用暴力、胁迫或者以其他方法强迫他人加入或者阻止他人退出邪教组织的;(5)组织、煽动、蒙骗成员或者他人不履行法定义务的;(6)使用"伪基站""黑广播"等无线电台(站)或者无线电频率宣扬邪教的;(7)曾因从事邪教活动被追究刑事责任或者2年内受过行政处罚,又从事邪教活动的;(8)发展邪教组织成员50人以上的;(9)敛取钱财或者造成经济损失100万元以上的;(10)以货币为载体宣扬邪教,数量在500张(枚)以上的;(11)制作、传播邪教宣传品,达到下列数量标准之一的:① 传单、喷图、图片、标语、报纸1 000份(张)以上的;② 书籍、刊物250册以上的;③ 录音带、录像带等音像制品250盒(张)以上的;④ 标识、标志物250件以上的;⑤ 光盘、U盘、储存卡、移动硬盘等移动存储介质100个以上的;⑥ 横幅、条幅50条(个)以上的。(12)利用通讯信息网络宣扬邪教,具有下列情形之一的:① 制作、传播宣扬邪教的电子图片、文章200张(篇)以上,电子书籍、刊物、音视频50册(个)以上,或者电子文档500万字符以上、电子音视频250分钟以上的;② 编发信息、拨打电话1 000条(次)以上的;③ 利用在线人数累计达到1 000以上的聊天室,或者利用群组成员、关注人员等账号数累计1 000以上的通讯群组、微信、微博等社交网络宣扬邪教的;④ 邪教信息实际被点击、浏览数达到5 000次以上的。(13)其他情节严重的情形。

3. 本罪的主体是已满16周岁且具有刑事责任能力的自然人。

4. 本罪的主观方面为故意,并具有蒙蔽和煽动他人抗拒法律、行政法规实施的目的。

（二）组织、利用会道门、邪教组织、利用迷信破坏法律实施罪的处罚

1. 罪与非罪的区分。根据《邪教组织案件解释》第4条、第9条的规定,组织、利用邪教组织破坏国家法律、行政法规实施,符合情节较轻情形,但行为人能够真诚悔罪,明确表示退出邪教组织、不再从事邪教活动,且行为人系受蒙蔽、胁迫参加邪教组织的,可以不作为犯罪处理。

2. 犯罪形态的认定。根据《邪教组织案件解释》第5条的规定,为了传播而持有、携带,或者传播过程中被当场查获,邪教宣传品数量达到本解释第2条至第4条规定的有关标准的,按照下列情形分别处理:(1)邪教宣传品是行为人制作的,以犯罪既遂处理;(2)邪教宣传品不是行为人制作,尚未传播的,以犯罪预备处理;(3)邪教宣传品不是行为人制作,传播过程中被查获的,以犯罪未遂处理;(4)邪教宣传品不是行为人制作,部分已经传播出去的,以犯罪既遂处理,对于没有传播的部分,可以在量刑时酌情考虑。

3. 此罪与彼罪的区分。根据《邪教组织案件解释》第11条、第12条的规定,组织、利用邪教组织,制造、散布迷信邪说,组织、策划、煽动、胁迫、教唆、帮助其成员或者他人实施自杀、自伤的,以故意杀人罪或者故意伤害罪定罪处罚;邪教组织人员以自焚、自爆或者其他危险方法危害公共安全的,以放火罪、爆炸罪、以危险方法危害公共安全罪等定罪处罚。

4. 致人重伤、死亡的认定。根据《邪教组织案件解释》第7条的规定,组织、利用邪教组织,制造、散布迷信邪说,蒙骗成员或者他人绝食、自虐等,或者蒙骗病人不接受正常治疗,致人重伤、死亡的,应当认定为《刑法》第300条第2款规定的组织、利用邪教组织"蒙骗他人,致人重伤、死亡"。

（三）组织、利用会道门、邪教组织、利用迷信破坏法律实施罪的处罚

根据《刑法》第300条第1款的规定,犯本罪的,处3年以上7年以下有期徒刑,并处罚金;情节特别严重的,处7年以上有期徒刑或者无期徒刑,并处罚金或者没收财产;情节较轻的,处3年以下有期徒刑、拘役、管制或者剥夺政治权利,并处或者单处罚金。根据《邪教组织案件解释》第3条的规定,情节严重是指具有下列情形之一:(1)实施本解释第2条第1项至第7项规定的行为,社会危害特别严重的;(2)实施本解释第2条第8项至第12项规定的行为,数量或者数额达到第2条规定相应标准5倍以上的;(3)其他情节特别严重的情形。组织、利用邪教组织,以迷信邪说引诱、胁迫、欺骗或者其他手段,实施奸淫妇女、诈骗财物等犯罪行为的,根据《刑法》第300条第3款的规定,依照数罪并罚的规定处罚。

根据《邪教组织案件解释》第8条的规定,实施本解释第2条至第5条规定的行为,具有下列情形之一的,从重处罚:(1)与境外机构、组织、人员勾结,从事邪教活动的;(2)跨省、自治区、直辖市建立邪教组织机构、发展成员或者组织邪教活动的;(3)在重要公共场所、监管场所或者国家重大节日、重大活动期间聚集滋事,公开进行邪教活动的;(4)邪教组织被取缔后,或者被认定为邪教组织后,仍然聚集滋事,公开进行邪教活动的;(5)国家工作人员从事邪教活动的;(6)向未成年人宣扬邪教的;(7)在学校或者其他教育培训机构宣扬邪教的。

四十九、组织、利用会道门、邪教组织、利用迷信致人重伤、死亡罪

组织、利用会道门、邪教组织、利用迷信致人重伤、死亡罪，是指组织和利用会道门、邪教组织以及利用迷信蒙骗他人，致人重伤、死亡的行为。本罪是选择性罪名，诉讼中应根据实际案情选择适用或并合适用。本罪的客体是社会治安管理秩序和他人的健康权、生命权。本罪的客观方面表现为：一是实施了组织和利用会道门、邪教组织或者利用迷信蒙骗他人的行为，如宣扬“世界末日来临”“死后可以升天”一类异端邪说，或利用迷信给人治病驱邪等；二是发生致人重伤、死亡的危害结果，如导致被害人绝食、自焚、殉道而死亡。

根据《刑法》第 300 条第 1、2 款的规定，犯本罪的，处 3 年以上 7 年以下有期徒刑，并处罚金；情节特别严重的，处 7 年以上有期徒刑或者无期徒刑，并处罚金或者没收财产；情节较轻的，处 3 年以下有期徒刑、拘役、管制或者剥夺政治权利，并处或者单处罚金。情节特别严重主要是指：造成 3 人以上死亡的；造成死亡人数不满 3 人，但造成多人重伤的；曾因邪教活动受过刑事或者行政处罚，又组织和利用邪教组织蒙骗他人，致人死亡的；造成其他特别严重后果的。

五十、聚众淫乱罪

聚众淫乱罪，是指聚集多人进行淫乱活动或者多次参加多人进行的淫乱活动的行为。本罪的客观方面表现为：一是聚集多人。多人，是指 3 人或 3 人以上的男女混杂，但也可能全是男性或女性。二是进行淫乱活动。淫乱活动是指多人相互进行性行为或者互相猥亵的行为，主要表现为群奸群宿、跳裸体舞或聚众性行为以外的其他性变态活动，如鸡奸等。

根据《刑法》第 301 条的规定，犯本罪的，处 5 年以下有期徒刑、拘役或者管制。

五十一、引诱未成年人聚众淫乱罪

引诱未成年人聚众淫乱罪，是指引诱未成年人参加聚众淫乱活动的行为。引诱是指通过金钱、物资或者语言、表演、示范、收听观看淫秽音像制品等手段，拉拢、腐蚀、诱惑未成年人参加多人的淫乱活动。

根据《刑法》第 301 条第 2 款的规定，犯本罪的，依照聚众淫乱罪的处罚规定从重处罚，即在 5 年以下有期徒刑、拘役或者管制幅度内从重处罚。

五十二、盗窃、侮辱、故意毁坏尸体、尸骨、骨灰罪[①]

盗窃、侮辱、故意毁坏尸体、尸骨、骨灰罪，是指盗窃、侮辱、故意毁坏尸体、尸骨、骨灰的行为。本罪是选择性罪名，诉讼中应根据实际案情选择适用或合并适用。盗窃尸体、尸

---

① 本罪是《刑法修正案（九）》第 34 条对《刑法》第 302 条修正后规定的新罪名，取消盗窃、侮辱尸体罪罪名。

骨、骨灰,是指行为人采取秘密的方法窃取他人尸体、尸骨、骨灰的行为。侮辱尸体、尸骨、骨灰,是指以暴露、猥亵、践踏等方式损害尸体、尸骨、骨灰的尊严或者伤害有关人员感情的行为。故意毁坏尸体、尸骨、骨灰,是指毁损、破坏他人尸体、尸骨、骨灰的行为。由于理论和实务中对于侮辱尸体是否包含毁损尸体存在不同认识,因此,《刑法修正案(九)》规定了故意毁坏的行为方式,进一步明确了法律适用,增强了其可操作性。由于理论和实务对于尸体是否包括尸骨、骨灰也存在不同认识,因此,《刑法修正案(九)》明确将犯罪对象扩展到尸骨和骨灰。根据《刑法》第 234 条之一第 3 款的规定,违背本人生前意愿摘取其尸体器官,或者本人生前未表示同意,违反国家规定,违背其近亲属意愿摘取其尸体器官的,依照本罪的规定定罪处罚。

根据《刑法》第 302 条的规定,犯本罪的,处 3 年以下有期徒刑、拘役或者管制。

五十三、赌博罪

(一) 赌博罪的概念和构成

赌博罪,是指以营利为目的,聚众赌博或者以赌博为业的行为。本罪具有如下构成要件:

1. 本罪的客体是良好的社会风尚和社会管理秩序。

2. 本罪的客观方面表现为:一是聚众赌博,即以公开或者秘密的方式,为赌博活动提供赌场、赌具,组织、招引他人参加赌博,本人从中抽头渔利的行为。行为人可以参加赌博,也可以不参加赌博。包括下列四种情形:(1) 组织 3 人以上赌博,抽头渔利数额累计达到 5 000 元以上的;(2) 组织 3 人以上赌博,赌资数额累计达到 5 万元以上的;(3) 组织 3 人以上赌博,参赌人数累计达到 20 人以上的。二是以赌博为业,即嗜赌成性,以赌博所得为主要生活来源或挥霍来源。虽有正当职业,却不务正业,把主要精力放在赌博上,长期在工余时间从事赌博活动,输赢数额巨大的,也视为以赌博为业。

3. 本罪的主体是已满 16 周岁且具有刑事责任能力的自然人。

4. 本罪的主观方面为直接故意,且具有营利的目的,即行为人实施赌博罪的目的是获取钱财,而不是消遣、娱乐。至于是输是赢,不影响本罪的成立。

(二) 赌博罪的认定

1. 罪与非罪的界限。二者区别的关键在于客观上是否实施聚众赌博或者以赌博为业的行为,主观上是否以营利为目的。如果亲朋好友数人经常聚集在一起,为娱乐消遣而以少量的货币输赢来刺激兴趣,进行掷骰、玩牌、打麻将等活动,不能认为是犯罪。《最高人民法院、最高人民检察院关于办理赌博刑事案件具体应用法律若干问题的解释》(简称《赌博案件解释》)第 9 条规定:“不以营利为目的,进行带有少量财物输赢的娱乐活动,以及提供棋牌室等娱乐场所只收取正常的场所和服务费用的经营行为等,不以赌博论处。”

2. 关于赌徒设置圈套诱骗他人参赌的问题。根据《最高人民法院关于对设置圈套诱骗他人参赌又向索还钱财的受骗者施以暴力或暴力威胁的行为应如何定罪问题的批复》的规定,行为人设置圈套诱骗他人参赌获取钱财,构成犯罪的,以赌博罪论处。在赌博过程中采取欺诈手段骗取钱财,达到数额较大的,则完全符合诈骗罪的构成要件,本书认为应以诈骗罪论处。

3. 关于抢赌资的问题。应当根据不同的情形分别对待：

（1）没有参加赌博的人，采用暴力或胁迫手段抢赌资的，应认定为抢劫罪；行为人没有采用暴力或胁迫手段公然夺取数额较大赌资的，可认定为抢夺罪；如果抢夺赌资数额较小，不能以犯罪论处。

（2）参加赌博的人抢赌场，如果行为符合赌博罪的构成要件，行为人因输钱不服，公然夺回自己所输赌资，以赌博罪从重处罚；如果使用暴力或胁迫手段抢他人赌资，应以抢劫罪处罚。

4. 关于本罪的共犯问题

《赌博案件解释》第4条规定："明知他人实施赌博犯罪活动，而为其提供资金、计算机网络、通讯、费用结算等直接帮助的，以赌博罪的共犯论处。"

（三）赌博罪的处罚

根据《刑法》第303条第1款的规定，犯本罪的，处3年以下有期徒刑、拘役或者管制，并处罚金。根据《赌博案件解释》第5条的规定，实施赌博犯罪，有下列情形之一的，从重处罚：(1) 具有国家工作人员身份的；(2) 组织国家工作人员赴境外赌博的；(3) 组织未成年人参与赌博；(4) 开设赌场吸引未成年人参与赌博的。

五十四、开设赌场罪

开设赌场罪是指以营利为目的，提供赌博场所的行为。本罪在客观方面表现为向参赌者提供赌博场所的行为。《赌博案件解释》规定，提供棋牌室等娱乐场所只收取正常的场所和服务费用的经营行为，不属于开设赌场行为；以营利为目的，在计算机网络上建立赌博网站，或者为赌博网站担任代理，接受投注的，属于开设赌场的行为。根据《最高人民法院、最高人民检察院、公安部关于办理利用赌博机开设赌场案件适用法律若干问题的意见》的规定，设置具有退币、退分、退钢珠等赌博功能的电子游戏设施设备，并以现金、有价证券等贵重款物作为奖品，或者以回购奖品方式给予他人现金、有价证券等贵重款物组织赌博活动的，应当认定为刑法第303条第2款规定的"开设赌场"行为。本罪的主体是一般主体。本罪的主观方面是故意。

根据《刑法》第303条第2款的规定，犯本罪的，处5年以下有期徒刑、拘役或者管制，并处罚金；情节严重的，处5年以上10年以下有期徒刑，并处罚金。

五十五、组织参与国（境）外赌博罪①

（一）组织参与国（境）外赌博罪的概念和构成

组织参与国（境）外赌博罪，是指组织中华人民共和国公民参与国（境）外赌博，数额巨

① 本罪是《刑法修正案（十一）》第36条在《刑法》第303条第3款新增的罪名。

大或者有其他严重情节的行为。本罪具有如下构成要件：

1. 本罪的客体是良好的社会风尚和社会管理秩序。

2. 本罪的客观方面为组织中华人民共和国公民参与国(境)外赌博,数额巨大或者有其他严重情节的行为。组织,是指策划、指挥、招揽、邀约、协调他人参加国(境)外赌博。对于组织行为,并不要求具有惯常性、职业性。实施一次组织行为,符合条件的,也可构成本罪。被组织参与赌博的必须是中国公民,即具有中华人民共和国国籍的自然人,因而,组织在我国境内的外国人参与国(境)外赌博的,不构成本罪。对于被组织参加者的人数没有要求,但可作为判断情节是否严重时考虑的因素。参与的方式,既可以是出国出境参加国(境)外的赌博,也可以是以信息网络的形式参加国(境)外的赌博。成立本罪需要满足数额巨大或者有其他严重情节的要求。至于其他严重情节的具体界定,本书认为可以考虑被组织者人数、被组织者是否为国家工作人员等情况,当然,需要司法解释予以进一步明确。

3. 本罪的主体是一般主体,即年满 16 周岁且具有刑事责任能力的自然人。但只有组织者才成立本罪,被组织者即参赌者不成立本罪,符合条件的,可成立赌博罪。

4. 本罪的主观方面为故意,不要求组织者以营利为目的或者实际从中牟利。

（二）组织参与国(境)外赌博罪的认定

1. 罪与非罪的界限。本罪并不要求以营利为目的,只要组织我国公民参与国(境)外赌博,达到数额巨大或者有其他严重情节的,即构成本罪。具体标准有待司法解释进一步明确。

2. 本罪与赌博罪、开设赌场罪的界限。

(1) 赌博罪的构成要件,在主观方面要求以营利为目的,在客观方面则要求聚众赌博或者以赌博为业;而本罪既不要求以营利为目的,也不要求组织多人或者以组织行为为业。

(2) 开设赌场罪的构成要件,在主观方面要求以营利为目的,在客观方面要求提供赌博场所;而本罪既不要求以营利为目的,也不要求组织者提供国(境)外的赌博场所或者网上赌博网站,只要策划、指挥、招揽、邀约、协调他人参加国(境)外赌博,达到数额巨大或者有其他严重情节,即可构成本罪。

3. 本罪的刑事管辖权问题。

(1) 根据我国《刑法》第 6 条关于地域管辖原则的规定,犯罪的行为或者结果有一项发生在我国领域内的,就认为是在我国领域内犯罪。因此,即便外国人在国外组织我国公民参与国(境)外的赌博,我国也可以进行刑事管辖。

(2) 根据我国《刑法》第 7 条关于属人管辖原则的规定,我国公民在我国领域外犯本法规定之罪的,适用本法,但是按照本法规定的最高刑期为 3 年以下有期徒刑的,可以不予追究。同时,由于《刑法修正案(十一)》将开设赌场罪的法定最高刑由 3 年有期徒刑调整为 5 年有期徒刑,相应地,根据《刑法》第 303 条第 3 款的规定,组织参与国(境)外赌博罪的法定最高刑至少也是在 5 年有期徒刑。因此,对于我国公民在国外、境外组织我国公民或内地居民参与国外、境外赌博的,依然可以进行刑事管辖。

4. 本罪的共同犯罪问题。对于关于跨境赌博的司法解释规定的认定共同犯罪的情形[①],本书认为,如果涉及组织行为的,也可以适用前述该解释的相关规定。对于罪名的认定,由于存在法条竞合,应当按照特别法条优于一般法条的原则,以本罪论处。

(三) 组织参与国(境)外赌博罪的处罚

根据《刑法》第 303 条第 3 款的规定,犯本罪的,依照第 2 款的规定处罚,即组织参与国(境)外赌博,数额巨大或者有其他严重情节的,处 5 年以下有期徒刑、拘役或者管制,并处罚金;至于第 2 款中第二档法定刑的“情节严重”,在本罪当中应当相应地提升为“情节特别严重”,才能够适用第二档法定刑即 5 年以上 10 年以下有期徒刑,并处罚金。但对于“情节特别严重”的界定依然需要司法解释进一步明确。

五十六、故意延误投递邮件罪

故意延误投递邮件罪,是指邮政工作人员严重不负责任,故意延误投递邮件,致使公共财产、国家和人民利益遭受重大损失的行为。本罪的客体是国家对邮政通信的管理秩序。行为对象是邮件,即通过邮政单位寄递的函件、邮包、汇款通知、印刷品、报刊等。

根据《刑法》第 304 条的规定,犯本罪的,处 2 年以下有期徒刑或者拘役。

第二节 妨害司法罪

一、伪证罪

(一) 伪证罪的概念和构成

伪证罪,是指在刑事诉讼中,证人、鉴定人、记录人、翻译人对与案件有重要关系的情节,故意作虚假证明、鉴定、记录、翻译,意图陷害他人或隐匿罪证的行为。本罪具有如下构成要件:

1. 本罪的客体是司法机关在刑事诉讼中的正常活动。

2. 本罪的客观方面表现为在刑事诉讼过程中,证人、鉴定人、记录人、翻译人对与案件有重要关系的情节作虚假的证明、鉴定、记录、翻译的行为。具体而言,伪证行为有三个特

---

① 参见《最高人民法院、最高人民检察院、公安部关于办理跨境赌博犯罪案件若干问题的意见》第 3 条的规定,具体内容为:“(一)三人以上为实施开设赌场犯罪而组成的较为固定的犯罪组织,应当依法认定为赌博犯罪集团。对组织、领导犯罪集团的首要分子,按照集团所犯的全部罪行处罚。对犯罪集团中组织、指挥、策划者和骨干分子,应当依法从严惩处。(二)明知他人实施开设赌场犯罪,为其提供场地、技术支持、资金、资金结算等服务的,以开设赌场罪的共犯论处。(三)明知是赌博网站、应用程序,有下列情形之一的,以开设赌场罪的共犯论处:1. 为赌博网站、应用程序提供软件开发、技术支持、互联网接入、服务器托管、网络存储空间、通讯传输通道、广告投放、会员发展、资金支付结算等服务的;2. 为赌博网站、应用程序担任代理并发展玩家、会员、下线的。为同一赌博网站、应用程序担任代理,既无上下级关系,又无犯意联络的,不构成共同犯罪。(四)对受雇佣为赌场从事接送参赌人员、望风看场、发牌坐庄、兑换筹码、发送宣传广告等活动的人员及赌博网站、应用程序中与组织赌博活动无直接关联的一般工作人员,除参与赌场、赌博网站、应用程序利润分成或者领取高额固定工资的外,可以不追究刑事责任,由公安机关依法给予治安管理处罚。”

征:(1) 虚假性,即行为人必须实施了虚假的证明、鉴定、记录、翻译中的任一行为。何谓虚假?外国刑法有主观说和客观说之争。主观说认为,虚假是指作为陈述内容的事实是违反证人主观记忆的事实。只要证人陈述违反自己记忆的事实,即使偶然符合客观事实,也成立伪证罪;反之,只要没有违反证人的记忆,即使与客观事实不相符合,也不成立伪证罪。客观说认为,虚假是指所陈述的事实内容违反了客观的真实性。证人以为是真实的事实而陈述时,即使不是真实事实,也因为没有伪证罪的故意而不成立伪证罪;行为人认为是虚伪的陈述,但其陈述与客观事实相符合的,也不成立伪证罪,因为只有当陈述与客观事实不相符合时,才侵害了国家的审判活动。由于我国刑法坚持主客观相统一的原则,本书认为,虚假是指违反证人的记忆且不符合客观事实的陈述。如果违反证人的记忆但符合客观事实,对于司法活动并无妨碍,不能认定为伪证罪;如果符合证人的记忆但与客观事实不符,则因行为人没有伪证罪的故意,不可能成立伪证罪。一般而言,虚假包括两种情况:一是无中生有或夸大其词,欲使他人承担有罪或重罪之责;二是化有为无或避重就轻,欲使他人逃避罪责或受轻罪之责。(2) 关联性,即虚假的证明、鉴定、记录、翻译的内容,必须与同案件有重要关系的情节相联系,只和案件的次要情节相联系的,不能构成本罪。与案件有重要关系的情节,是指对案件结论有影响的情节,即对罪与非罪、重罪与轻罪具有重要关系的情节。(3) 时间性,即虚假的证明、鉴定、记录、翻译行为必须发生在立案侦查后、审判终结前。在此之前或之后的陷害他人或包庇罪犯的行为以及发生在非刑事诉讼中的虚假鉴定、记录、翻译行为,均不能以本罪论处。

3. 本罪的主体是特殊主体,特指刑事诉讼中的证人、鉴定人、记录人、翻译人。证人,是指知道刑事案件的全部或部分真实情况,以自己的证言作为刑事证据的人;鉴定人,是指在刑事诉讼中,应侦查机关、检察机关、审判机关的指派或聘请对刑事案件中专门性问题进行科学鉴定和判断的具有专门知识的人员;记录人,是指为调查取证,询问证人、被害人或审问犯罪嫌疑人、被告人而作文、图、声、像记录的人;翻译人,是指受公安、检察机关或人民法院的指派或聘请,为案件中的外国人、少数民族或聋哑人等诉讼参与人充当翻译的人以及翻译案件中的法律文书或证据材料等有关资料的人。上述四种人在刑事诉讼中具有特定的义务,负有向司法机关如实提供案件客观情况的义务,如果他们不忠实履行该种义务,就会影响刑事案件的正确处理。非上述四种诉讼参与人,不构成本罪。

4. 本罪的主观方面只能是直接故意,并且具有陷害他人或为他人隐匿罪证的目的。即行为人明知自己的行为会产生陷害他人或者开脱罪责的结果,并且希望此结果的发生。证人因记忆不清作了与事实不相符的证明,鉴定人因技术不高作了错误鉴定,记录人因粗心大意错记漏记,翻译人因水平较低而错译漏译的,均因行为人主观上不具有陷害他人或为他人隐匿罪证的意图,而不能构成本罪。

(二) 伪证罪的认定

本罪与诬告陷害罪的界限。二者在某种程度上都侵害了司法机关的正常活动,但存在显著的区别:(1) 侵犯的主要客体不同。前者侵犯的主要客体是司法机关的正常活动,他人的人身权利则只是次要客体;后者侵犯的主要客体是他人的人身权利,司法机关的正常活动只不过是次要客体。(2) 犯罪发生的时间不同。前者发生在立案以后的刑事诉讼过程中;

而后者一般发生在立案侦查之前,是引起侦查的原因。(3)危害行为的对象和内容不同。前者只对与案件有重要关系的情节作伪证;而后者捏造整个犯罪事实。(4)犯罪主体不同。前者是特殊主体,即只能是参加刑事诉讼的证人、鉴定人、记录人或翻译人;而后者则是一般主体。(5)犯罪的主观目的不同。前者意图陷害他人或为他人开脱罪责;而后者的主观意图只能是陷害他人。

(三)伪证罪的处罚

根据《刑法》第 305 条的规定,犯本罪的,处 3 年以下有期徒刑或者拘役;情节严重的,处 3 年以上 7 年以下有期徒刑。情节严重,主要是指造成当事人自杀、错捕、错判或轻纵罪犯等严重后果,造成恶劣的社会影响,等等。

二、辩护人、诉讼代理人毁灭证据、伪造证据、妨害作证罪

辩护人、诉讼代理人毁灭证据、伪造证据、妨害作证罪,是指在刑事诉讼中,辩护人、诉讼代理人毁灭、伪造证据,帮助当事人毁灭、伪造证据,威胁、引诱证人违背事实改变证言或者作伪证的行为。本罪的主体是特殊主体,即刑事诉讼中的辩护人、诉讼代理人。辩护人,是指受犯罪嫌疑人、被告人委托或人民法院的指定,行使辩护权的诉讼参与人,包括律师、人民团体或者犯罪嫌疑人、被告人所在单位推荐的人,犯罪嫌疑人、被告人的监护人、亲友。诉讼代理人,是指公诉案件的被害人及其法定代理人或者近亲属、自诉案件的自诉人及其法定代理人委托代为参加诉讼的人,以及附带民事诉讼的当事人及其法定代理人委托代为参加诉讼的人。

根据《刑法》第 306 条的规定,犯本罪的,处 3 年以下有期徒刑或者拘役;情节严重的,处 3 年以上 7 年以下有期徒刑。情节严重,主要是指:毁灭、伪造重大犯罪的证据;多次毁灭、伪造证据;因毁灭、伪造证据造成当事人自杀、错捕、错判或轻纵罪犯等严重后果;造成恶劣的社会影响;等等。

三、妨害作证罪

妨害作证罪,是指以暴力、威胁、贿买等方法阻止证人作证或者指使他人作伪证的行为。本罪的客体是司法机关在诉讼中的正常活动和公民依法作证的权利。本罪通常发生于诉讼中,即在刑事诉讼、民事诉讼或行政诉讼等一切诉讼活动中。暴力,是指使用殴打、绑架等人身强制的方法,使证人不敢作证或者使他人作伪证;威胁,是指以杀害、伤害证人及其近亲属,毁坏其财产,揭露其隐私等方法相威胁,迫使证人不敢、不愿作证或者促使他人作伪证;贿买,是指以金钱、财物或其他利益进行收买、利诱,使证人不愿作证或者促使他人作伪证。此外,还包括使用暴力、威胁、贿买以外的其他方法阻止证人作证或指使他人作伪证,如用药物方法致使证人丧失作证能力。为阻止证人作证,故意杀害、伤害、非法拘禁证人的,或者在刑事诉讼中给予鉴定人、记录人、翻译人数额较大的财物,贿买其利用职务上的便利作伪证的,既构成本罪又分别构成故意杀人罪、故意伤害罪、非法拘禁罪或行贿罪。对此,本书认为,这种情形属于牵连犯,应从一重罪处断,不应进行数罪并罚。

根据《刑法》第 307 条第 1、3 款的规定，犯本罪的，处 3 年以下有期徒刑或者拘役；情节严重的，处 3 年以上 7 年以下有期徒刑。司法工作人员犯本罪的，从重处罚。情节严重，主要是指：在重大案件中的重要情节上，阻止证人作证或者指使他人作伪证；严重扰乱诉讼秩序，造成错捕、错判或使罪犯逃避刑事制裁；因妨害作证造成当事人自杀、精神失常或财产损失巨大，造成恶劣的社会影响；等等。

四、帮助毁灭、伪造证据罪

帮助毁灭、伪造证据罪，是指故意帮助当事人毁灭、伪造证据，情节严重的行为。本罪是一种妨害证据的行为，与《刑法》第 307 条第 1 款所规定的妨害作证罪本质相同。二者的区别在于：一是犯罪对象不同。前者的对象是诉讼活动中的当事人；而后者的对象则是在诉讼活动中依法作证的证人。二是客观方面不同。前者表现为帮助当事人毁灭、伪造证据，情节严重的行为；后者表现为以暴力、威胁、贿买等方法阻止证人作证或者指使他人作伪证的行为。

根据《刑法》第 307 条第 2、3 款的规定，犯本罪的，处 3 年以下有期徒刑或者拘役。司法工作人员犯本罪的，从重处罚。

五、虚假诉讼罪[①]

（一）虚假诉讼罪的概念和构成

虚假诉讼罪，是指以捏造的事实提起民事诉讼，妨害司法秩序或者严重侵害他人合法权益的行为。本罪具有如下构成要件：

1. 本罪的客体是司法机关的正常诉讼活动和他人的合法权益。虚假诉讼是行为人滥用诉权的表现，使国家权力成为实现非法目的的工具，浪费国家司法资源，妨害了司法机关的正常诉讼活动，损害了他人的合法权益，有损司法公正和权威。针对近年来出现的各种类型的虚假诉讼情形，我国相关部门发布了多部法律法规或司法解释予以规范。如最高人民法院于 2013 年 6 月发布了《关于房地产调控政策下人民法院严格审查各类虚假诉讼的紧急通知》，对规避税收、限贷及限购政策的虚假诉讼进行清理。

2. 本罪的客观方面表现为以捏造的事实提起民事诉讼。虚假诉讼的行为构造表现为：行为人捏造事实、伪造证据或捏造虚假的法律关系，向法院提起民事诉讼，使法院陷入错误认识。法院基于错误认识作出判决或裁定，行为人则基于法院的错误判决或裁定获取非法利益。实践中主要表现为三种类型：(1) 恶意串通型，即虚假诉讼双方当事人以捏造事实、伪造证据或捏造虚假的法律关系的方式向法院提起民事诉讼，共同侵害第三人的合法权益；(2) 单方欺诈型，即虚假诉讼行为人以他人为被告，捏造事实、伪造证据或捏造虚假的法律关系向法院提起民事诉讼，通过法院的胜诉判决或裁定的方式侵害他人的合法权益；(3) 无被害人型，即虚假诉讼行为人以捏造事实、伪造证据或捏造虚假的法律关系的方式向法

---

① 本罪是《刑法修正案（九）》第 35 条在《刑法》第 307 条之一规定的新罪名。

院提起民事诉讼,以确认自己具有或不具有某种资格、不享有某项权利、不负有某项义务等。

从统一、规范司法适用来看,最高人民法院、最高人民检察院联合出台的《关于办理虚假诉讼刑事案件适用法律若干问题的解释》对相关重要问题理解适用予以了明确。其中,"以捏造的事实提起民事诉讼"是指采取伪造证据、虚假陈述等手段,实施下列行为之一,捏造民事法律关系,虚构民事纠纷,向人民法院提起民事诉讼的:(1)与夫妻一方恶意串通,捏造夫妻共同债务的;(2)与他人恶意串通,捏造债权债务关系和以物抵债协议的;(3)与公司、企业的法定代表人、董事、监事、经理或者其他管理人员恶意串通,捏造公司、企业债务或者担保义务的;(4)捏造知识产权侵权关系或者不正当竞争关系的;(5)在破产案件审理过程中申报捏造的债权的;(6)与被执行人恶意串通,捏造债权或者对查封、扣押、冻结财产的优先权、担保物权的;(7)单方或者与他人恶意串通,捏造身份、合同、侵权、继承等民事法律关系的其他行为。隐瞒债务已经全部清偿的事实,向人民法院提起民事诉讼,要求他人履行债务的,以"以捏造的事实提起民事诉讼"论。向人民法院申请执行基于捏造的事实作出的仲裁裁决、公证债权文书,或者在民事执行过程中以捏造的事实对执行标的提出异议、申请参与执行财产分配的,也属于"以捏造的事实提起民事诉讼"。"妨害司法秩序或者严重侵害他人合法权益"具体是指:(1)致使人民法院基于捏造的事实采取财产保全或者行为保全措施的;(2)致使人民法院开庭审理,干扰正常司法活动的;(3)致使人民法院基于捏造的事实作出裁判文书、制作财产分配方案,或者立案执行基于捏造的事实作出的仲裁裁决、公证债权文书的;(4)多次以捏造的事实提起民事诉讼的;(5)曾因以捏造的事实提起民事诉讼被采取民事诉讼强制措施或者受过刑事追究的;(6)其他妨害司法秩序或者严重侵害他人合法权益的情形。而"情节严重"则是指:(1)有前述"妨害司法秩序或者严重侵害他人合法权益"第(1)项情形,造成他人经济损失100万元以上的;(2)有前述"妨害司法秩序或者严重侵害他人合法权益"第(2)项至第(4)项情形之一,严重干扰正常司法活动或者严重损害司法公信力的;(3)致使义务人自动履行生效裁判文书确定的财产给付义务或者人民法院强制执行财产权益,数额达到100万元以上的;(4)致使他人债权无法实现,数额达到100万元以上的;(5)非法占有他人财产,数额达到10万元以上的;(6)致使他人因为不执行人民法院基于捏造的事实作出的判决、裁定,被采取刑事拘留、逮捕措施或者受到刑事追究的;(7)其他情节严重的情形。

虚假诉讼是否仅限于民事诉讼?对此,有观点认为,从应然角度看,虚假诉讼也可能存在行政诉讼和仲裁之中,并且,还需要发生妨害司法秩序或者严重侵害他人合法权益的危害结果。此外,最高人民法院、最高人民检察院、公安部、司法部也联合出台了《关于进一步加强虚假诉讼犯罪惩治工作的意见》,对甄别、发现虚假诉讼及其查处、程序衔接、责任追究、协作机制等相关问题作出了详细规定。

3. 本罪的主体是年满16周岁且具有刑事责任能力的自然人或单位。司法工作人员利用职权,与他人共同实施虚假诉讼行为的,可以构成本罪,并应从重处罚。

4. 本罪的主观方面为故意。一般而言,行为人实施虚假诉讼是为了获取某种非法利益,但出于何种目的与动机不影响本罪的成立。

(二)虚假诉讼罪的认定

在《刑法修正案(九)》颁布实施之前,理论界和实务界对虚假诉讼行为主要有"无罪说”“诈骗罪说”“敲诈勒索罪说”“妨害司法罪说”以及“不同行为不同罪说”五种处理模式。因此，在立法将虚假诉讼规定为独立犯罪时，就涉及与上述犯罪的区分以及罪数竞合的问题。实践中，以骗取财物为目的的虚假诉讼行为，在构成本罪的同时，往往还构成刑法规定的其他侵财类犯罪。如国家工作人员利用职务便利，与他人串通通过虚假诉讼侵占公共财产的，还可能构成贪污罪；公司的工作人员利用职务便利，与他人串通通过虚假诉讼侵占单位财产的，还可能构成职务侵占罪；等等。对于这类情形，根据《刑法》第 307 条之一第 3 款的规定，应从一重罪处罚。

（三）虚假诉讼罪的处罚

根据《刑法》第 307 条之一的规定，犯本罪的，处 3 年以下有期徒刑、拘役或者管制，并处或者单处罚金；情节严重的，处 3 年以上 7 年以下有期徒刑，并处罚金。单位犯本罪的，对单位判处罚金，并对其直接负责的主管人员和其他直接责任人员，依照上述规定处罚。如果行为人实施虚假诉讼非法占有他人财产或者逃避合法债务，又构成其他犯罪的，依照处罚较重的规定定罪并从重处罚。司法工作人员利用职权，与他人共同实施虚假诉讼行为的，从重处罚；同时构成其他犯罪的，依照处罚较重的规定定罪并从重处罚。

六、打击报复证人罪

打击报复证人罪，是指故意对证人进行打击报复的行为。打击报复有多种形式，如降职降薪、解聘解雇、扣发工资奖金、恐吓伤害、骚扰安宁等。本罪的主体是一般主体，即已满 16 周岁且具有刑事责任能力的自然人。既可以是国家工作人员，也可以是一般公民，实践中多为诉讼的一方当事人及其亲友，或者与案件的处理有利害关系的人。

根据《刑法》第 308 条的规定，犯本罪的，处 3 年以下有期徒刑或者拘役；情节严重的，处 3 年以上 7 年以下有期徒刑。

七、泄露不应公开的案件信息罪[①]

泄露不应公开的案件信息罪，是指司法工作人员、辩护人、诉讼代理人、其他诉讼参与人，泄露依法不公开审理的案件中不应当公开的信息，造成信息公开传播或者其他严重后果的行为。本罪具有如下构成要件：

1. 本罪的客体是司法机关的正常诉讼活动和他人的合法权益。公开审判是现代诉讼活动的基本原则，但有一些案件由于情况特殊，公开审理可能对国家利益、公共利益或者当事人的合法权益造成不利影响，因此对于这些案件不公开审理更符合法治要求。实践中出现的诉讼活动参与人泄露或者借助媒体公开案件中不应公开的信息的行为，具有严重的社会危害性：⑴ 对司法机关正常的诉讼活动造成不利影响，不应公开的案件信息一旦泄露或公开传播往往形成舆论热点，甚至形成舆论战，干扰了司法机关的正常诉讼活动，有损司法的公信力和权威性。⑵ 损害他人的合法权益。法律规定不公开审理或不应公开的案件信

---

① 本罪是《刑法修正案（九）》第 36 条在《刑法》第 308 条之一第 1 款规定的新罪名。

息就是为了保护有关人员的个人隐私、商业秘密、人格尊严等合法权益。对于未成年人犯罪的刑事诉讼案件，甚至可能使免除前科报告义务和犯罪记录封存等制度落空。

2. 本罪的客观方面为泄露依法不公开审理案件中不应当公开的信息。犯罪对象是依法不公开审理的案件中不应当公开的信息，可以是商业秘密、个人隐私、未成年人犯罪等案件的信息，但不包括被认定为国家秘密的信息。具体包括两方面内容：(1) 泄露依法不公开审理的案件中不应当公开的信息。依法不公开审理的案件，是指依照三大诉讼法、未成年人保护法等法律规定，应当不公开审理或经当事人提出申请法院决定不公开审理的案件。不应当公开的信息，是指公开以后可能对国家安全和利益、当事人受法律保护的隐私权、商业秘密造成损害，以及对涉案未成年人的身心健康造成不利影响的信息。(2) 造成信息公开传播或者其他严重后果。信息公开传播是指信息在一定数量的公众中广泛传播，如果只为个别人私下知晓，没有公开传播的，不构成本罪。其他严重后果是指信息公开传播以外的其他严重的危害后果，如造成审判活动被干扰，无法顺利进行等。

3. 本罪的主体为特殊主体，仅限于司法工作人员、辩护人、诉讼代理人、其他诉讼参与人。司法工作人员，在刑事诉讼中，包括侦查、检察、审判和有监管职责的人员；在民事诉讼、行政诉讼中主要是审判人员。辩护人，是指在刑事诉讼中接受犯罪嫌疑人、被告人的委托或者法律援助机构的指派，为其提供法律帮助的人，包括律师、人民团体或者犯罪嫌疑人、被告人所在单位推荐的人和犯罪嫌疑人、被告人的监护人、亲友。诉讼代理人，是指接受诉讼当事人、被害人及其法定代理人等的委托，代为参加诉讼和提供法律帮助的人。其他诉讼参与人，是指除司法工作人员、辩护人、诉讼代理人之外的其他参加诉讼的人员，包括证人、鉴定人、出庭的有专门知识的人、记录人、翻译人等。

4. 本罪的主观方面为故意或过失，即故意或过失都能成立犯罪。

根据《刑法》第 308 条之一第 1、2 款的规定，犯本罪的，处 3 年以下有期徒刑、拘役或者管制，并处或者单处罚金。如行为人泄露不应公开的案件信息属于国家秘密，则依照泄露国家秘密罪定罪处罚。

八、披露、报道不应公开的案件信息罪[①]

披露、报道不应公开的案件信息罪，是指公开披露、报道依法不公开审理的案件中不应当公开的信息，情节严重的行为。实践中，有的个人、媒体等，通过各种渠道获得不公开审理案件的不应当公开的信息后，公开披露、报道，甚至大肆炒作，对司法机关的正常诉讼活动和他人的合法权益造成严重损害，对此，应当追究责任。公开披露，是指通过各种途径向公众发布有关案件信息；报道主要是指通过报刊、广播、电视、网站等媒体向公众公开传播有关案件信息。情节严重是指造成信息公开传播，给司法机关的正常诉讼活动和他人的合法权益造成严重损害，以及其他类似严重后果。

根据《刑法》第 308 条之一第 1、3、4 款的规定，犯本罪的，处 3 年以下有期徒刑、拘役或者管制，并处或者单处罚金。单位犯本罪的，对单位判处罚金，并对其直接负责的主管人员

---

① 本罪是《刑法修正案（九）》第 36 条在《刑法》第 308 条之一第 3 款规定的新罪名。

和其他直接责任人员,依照上述规定处罚。

九、扰乱法庭秩序罪

扰乱法庭秩序罪,是指聚众哄闹、冲击法庭,或者殴打司法工作人员或诉讼参与人,或者侮辱、诽谤、威胁司法工作人员或者诉讼参与人,不听法庭制止,严重扰乱法庭秩序,或者毁坏法庭设施,抢夺、损毁诉讼文书、证据等扰乱法庭秩序行为,情节严重的行为。本罪是《刑法修正案(九)》结合近年来扰乱法庭秩序行为的新情况所作的修正。本罪在客观方面包括两个条件:一是时空条件,即本罪必须发生在诉讼案件审理过程中,其场所是法庭所在地。对此有观点提出要将除开庭审理以外的审判工作秩序也纳入保护范围。二是行为条件,即行为人必须实施了以下四类扰乱法庭秩序的行为之一:(1) 聚众哄闹、冲击法庭。聚众哄闹法庭,是指纠集众人在法庭上肆意喧哗、吵闹等干扰诉讼活动正常进行的行为。聚众冲击法庭,是指纠集众人强行进入法庭甚至攻占庭审席位,致使法庭秩序混乱的行为。(2) 殴打司法工作人员或诉讼参与人。《刑法修正案(九)》加强了对诉讼参与人人身权利的保护。有观点认为,除在法庭内殴打司法工作人员或诉讼参与人外,在法庭外对正在准备参加开庭的司法工作人员或诉讼参与人进行暴力袭击的,也应视为本罪的构成要件行为。(3) 侮辱、诽谤、威胁司法工作人员或者诉讼参与人,不听法庭制止,严重扰乱法庭秩序的。本项是《刑法修正案(九)》为与《刑事诉讼法》第 199 条、《民事诉讼法》第 113 条衔接所增加的规定。因一时抑制不住情绪言辞激烈,经法庭制止及时停止的,或者没有严重扰乱法庭秩序的,不构成本罪。严重扰乱法庭秩序,是指致使庭审活动难以进行,如造成司法工作人员难以履行职责等。(4) 毁坏法庭设施,抢夺、损毁诉讼文书、证据等扰乱法庭秩序行为,情节严重的。法庭设施是进行庭审活动的重要物质保障,诉讼文书、证据是诉讼活动中重要的文件材料。情节严重是指对法庭秩序造成严重破坏,如损毁诉讼文书造成诉讼活动难以进行等。本罪的主体主要是参加庭审活动的人员,包括当事人、辩护人、诉讼代理人、鉴定人等,也包括法庭上的旁听人员和非法进入法庭的人员。本罪的主观方面是故意。如果行为人实施本罪的同时,故意伤害司法工作人员,或者故意毁坏公共财产数额巨大,或者扩大事态进而聚众冲击人民法院,致使审判工作无法进行并且造成严重损失,构成其他相关犯罪的,应作为想象竞合犯,从一重罪处断。

根据《刑法》第 309 条的规定,犯本罪的,处 3 年以下有期徒刑、拘役、管制或者罚金。

十、窝藏、包庇罪

(一) 窝藏、包庇罪的概念和构成

窝藏、包庇罪,是指明知是犯罪的人而为其提供隐藏处所、财物,帮助其逃匿或者作假证明进行包庇的行为。本罪具有如下构成要件:

1. 本罪的客体是司法机关的正常活动。本罪的对象必须是犯罪的人。何谓“犯罪的人”?对此问题存在很大的争议。中外刑法学界大致有两种观点:第一种观点认为犯罪的人包含基于犯罪的嫌疑而处于被搜查或追诉中的人;第二种观点认为犯罪的人仅限于查证

属实的犯有罪行的人。[①] 本书赞同第二种观点。此外,被判处管制、罚金、没收财产、剥夺政治权利,刑罚尚未执行完毕的犯罪分子,以及在缓刑或者假释考验期限内的犯罪分子,也可成为本罪的对象。但因犯罪情节轻微被检察机关决定不起诉的、被免予刑事处罚的以及刑罚被赦免的人不是本罪的对象。

2. 本罪在客观方面表现为窝藏或包庇犯罪的人这两种行为。窝藏犯罪的人是指:(1) 为犯罪的人提供隐藏处所;(2) 为犯罪的人提供财物,使其能够继续隐藏;(3) 为犯罪分子提供交通工具、伪造通行证、指示行动路线或逃匿方向等,帮助其逃匿;(4) 旅馆业、饮食服务业、文化娱乐业、出租汽车业等单位的人员,在公安机关查处卖淫、嫖娼活动时,为违法犯罪分子通风报信,情节严重的。包庇犯罪的人,是指为使犯罪的人逃避法律制裁向司法机关作虚假证明的行为。有的学者认为,包庇行为还包括为使犯罪分子逃避法律制裁而伪造或变造证据、隐藏证据、毁灭证据等。[②] 本书认为,这种观点是不恰当的,在现行刑法生效以前,这种行为确实是按包庇罪处理的[③],然而,在现行《刑法》第 306 条专门规定了帮助毁灭、伪造证据罪之后,该行为就从包庇罪中独立出来。上述两种行为,只需具备其中一种便可构成本罪。

3. 本罪的主体是已满 16 周岁且具有刑事责任能力的自然人。

4. 本罪在主观方面为故意,即行为人明知是犯罪的人仍予以窝藏、包庇。明知的内容仅以对象可能是犯罪的人为限,并不要求确知其犯罪的性质和危害程度等。

(二) 窝藏、包庇罪的认定

1. 本罪与知情不举的界限。知情不举,是指知晓犯罪事实或犯罪人的情况,而不主动向司法机关举报的行为。前者是积极行为,后者是消极行为。由于知情不举者没有实施窝藏、包庇犯罪分子的行为,加之我国刑法未将一般知情不举的行为规定为犯罪,所以,根据罪刑法定原则,对于知情不举的行为,应予批评教育或党纪、政纪处分,不认为是犯罪。

2. 本罪与事前有通谋的共同犯罪的界限。本罪是在被窝藏、包庇者犯罪后实施的,其犯罪故意也是在他人实施犯罪之后产生的。而有通谋的共犯的窝藏、包庇故意在被窝藏包庇者实施犯罪前或实施犯罪中就已产生。故而,《刑法》第 310 条第 2 款规定,犯窝藏、包庇罪,事前有通谋的,以共同犯罪论处。据此,即使共同犯罪所犯之罪的法定刑低于窝藏、包庇罪的法定刑,也应以共犯论处。

3. 本罪与伪证罪的界限。二者在提供虚假证明这一点是相同的,但也有明显的区别:

(1) 犯罪主体不同。前罪的主体是一般主体;而后罪的主体仅限于刑事诉讼中的证人、鉴定人、翻译人、记录人。

(2) 行为发生的时间不同。前罪没有时间限制;而后罪只能发生在刑事诉讼过程中。

(3) 行为对象不同。前罪的对象包括已决犯和未决犯;而后罪的对象只能是未决犯。

(4) 行为方式不同。前罪是为犯罪的人提供隐藏处所、财物,帮助其逃匿或者作假证明的包庇行为;而后罪则是行为人对与案件有重要关系的情节作虚假的证明、鉴定、记录或者

---

① 参见张明楷编著:《刑法学(教学参考书)》,法律出版社 1999 年版,第 660 页。

② 参见魏克家主编:《刑法教程》,法律出版社 1999 年版,第 484 页;吴大华、蒋宪平、詹复亮:《新刑法罪名通论》,中国方正出版社 1998 年版,第 352 页。

③ 参见高铭暄主编:《中国刑法学》,中国人民大学出版社 1989 年版,第 551 页。

翻译。

(5) 主观目的不同。前罪的目的是使犯罪分子逃避法律制裁;而后罪的目的则既包括隐匿罪证以使犯罪分子逃避法律制裁,又包括陷害他人使无罪者受到刑事追究。

(三) 窝藏、包庇罪的处罚

根据《刑法》第 310 条的规定,犯本罪的,处 3 年以下有期徒刑、拘役或者管制;情节严重的,处 3 年以上 10 年以下有期徒刑。

十一、拒绝提供间谍犯罪、恐怖主义犯罪、极端主义犯罪证据罪[①]

拒绝提供间谍犯罪、恐怖主义犯罪、极端主义犯罪证据罪,是指明知他人有间谍犯罪或者恐怖主义、极端主义犯罪行为,在司法机关向其调查有关情况、收集有关证据时,拒绝提供,情节严重的行为。《刑法修正案(九)》在原间谍犯罪的基础上增加了恐怖主义犯罪、极端主义犯罪的规定。本罪在客观方面表现为在司法机关向其调查有关情况、收集有关证据时拒绝提供的不作为行为。这里的司法机关,根据有关法律规定,主要是指负有侦查、检察、审判职责的机关,即国家安全机关、公安机关、检察院和法院。调查有关情况,主要是指司法机关了解间谍犯罪或者恐怖主义犯罪、极端主义犯罪三类犯罪行为及其有关情况。这种调查包括立案前的一般调查和立案后的调查询问。收集有关证据,主要是指侦查人员根据法律规定收集有关上述三类犯罪的证据材料。拒绝提供,主要表现为两种类型:一种是明示拒绝,即对知道的情况明确表示不知道或不说、不提供;另一种是暗示的拒绝,即虽未明确或直接拒绝,但对应该提供的情况推诿、躲避、装糊涂、故意隐瞒关键情节等。需要注意的是,在司法机关未向其了解情况、收集证据时,行为人不主动检举、揭发或提供有关情况和证据的,不构成本罪。此外,构成本罪需要达到情节严重的程度,如行为人采取暴力抗拒等恶劣拒绝提供手段的情形。行为人虽然拒绝提供,但没有影响司法机关的正常活动,没有造成犯罪分子逃避法律制裁等严重后果的,不构成本罪。本罪的主观方面是故意,即明知他人有间谍犯罪或者恐怖主义犯罪、极端主义犯罪行为,仍拒绝提供。明知是指行为人主观上知道他人实施上述三类犯罪的全部或部分情况。至于出于何种动机,不影响本罪认定。

根据《刑法》第 311 条的规定,犯本罪的,处 3 年以下有期徒刑、拘役或者管制。

十二、掩饰、隐瞒犯罪所得、犯罪所得收益罪

掩饰、隐瞒犯罪所得、犯罪所得收益罪,是指行为人明知是犯罪所得及其产生的收益而予以窝藏、转移、收购、代为销售或者以其他方法掩饰、隐瞒的行为。本罪具有如下构成要件:

1. 本罪的客体是司法机关追查犯罪、追缴犯罪所得及其收益的活动。本罪的对象包括犯罪所得及其收益。该罪名是选择性罪名,需依据具体犯罪行为方式及其所指向的对象确定适用的罪名。

---

① 本罪是《刑法修正案(九)》第 38 条对《刑法》第 311 条修正后规定的新罪名,取消拒绝提供间谍犯罪证据罪罪名。

2. 本罪的客观方面表现为窝藏、转移、收购、代为销售或者以其他方法掩饰、隐瞒犯罪所得及其收益的行为。窝藏，是指为犯罪分子提供隐藏犯罪所得及其收益的场所的行为。转移，是指帮助犯罪分子搬动、运输犯罪所得及其收益的行为。收购，是指有偿取得犯罪所得及其收益然后予以出卖的行为，一般是低价买进，高价卖出。这与购买赃物不同，购买赃物一般是指行为人贪图便宜，不问来路而买赃自用，此种情况不构成本罪。代为销售，是指接受犯罪分子的委托为其销售犯罪所得及其收益的行为。其他方法，是指除上述四种行为之外所有能够掩饰、隐瞒犯罪所得及其收益来源、性质的方法。根据《最高人民法院关于审理掩饰、隐瞒犯罪所得、犯罪所得收益刑事案件适用法律若干问题的解释》的规定，如居间介绍买卖，收受，持有，使用，加工，提供资金账户，协助将财物转换为现金、金融票据、有价证券，协助将资金转移、汇往境外等，就属于本罪所讲的其他方法。此外，掩饰、隐瞒犯罪所得及其产生的收益的数额，应当以实施掩饰、隐瞒行为时为准。收购或者代为销售财物的价格高于其实际价值的，以收购或者代为销售的价格计算。多次实施掩饰、隐瞒犯罪所得及其产生的收益行为，未经行政处罚，依法应当追诉的，犯罪所得、犯罪所得收益的数额应当累计计算。

根据上述司法解释，明知是犯罪所得及其产生的收益而予以窝藏、转移、收购、代为销售或者以其他方法掩饰、隐瞒，具有以下情形之一的，应当认定为掩饰、隐瞒犯罪所得、犯罪所得收益罪：(1) 一年内曾因掩饰、隐瞒犯罪所得及其产生的收益行为受过行政处罚，又实施掩饰、隐瞒犯罪所得及其产生的收益行为的；(2) 掩饰、隐瞒的犯罪所得系电力设备、交通设施、广播电视设施、公用电信设施、军事设施或者救灾、抢险、防汛、优抚、扶贫、移民、救济款物的；(3) 掩饰、隐瞒行为致使上游犯罪无法及时查处，并造成公私财物损失无法挽回的；(4) 实施其他掩饰、隐瞒犯罪所得及其产生的收益行为，妨害司法机关对上游犯罪进行追究的。此外，依据前述司法解释规定，依据全国人大常委会《关于〈中华人民共和国刑法〉第三百四十一条、第三百一十二条的解释》，明知是非法狩猎的野生动物而收购，数量达到 50 只以上的，以掩饰、隐瞒犯罪所得罪定罪处罚。

需要注意的是，根据前述司法解释，认定掩饰、隐瞒犯罪所得、犯罪所得收益罪，以上游犯罪事实成立为前提。上游犯罪尚未依法裁判，但查证属实的，不影响掩饰、隐瞒犯罪所得、犯罪所得收益罪的认定。上游犯罪事实经查证属实，但因行为人未达到刑事责任年龄等原因依法不予追究刑事责任的，不影响掩饰、隐瞒犯罪所得、犯罪所得收益罪的认定。但如果是认罪、悔罪并退赃、退赔，且具有下列情形之一的，可以认定为犯罪情节轻微，免予刑事处罚：(1) 具有法定从宽处罚情节的；(2) 为近亲属掩饰、隐瞒犯罪所得及其产生的收益，且系初犯、偶犯的；(3) 有其他情节轻微情形的。

3. 本罪的主体是除本犯[①]以外的、年满 16 周岁且具备刑事责任能力的自然人及单位。

4. 本罪的主观方面是故意，即明知是他人犯罪所得及其产生的收益，而予以掩饰、隐瞒。行为人是否"明知"是认定罪与非罪的关键。并且，这里的"明知"应当是事后的明知。事前与盗窃、抢劫、诈骗、抢夺等犯罪分子通谋，掩饰、隐瞒犯罪所得及其产生的收益的，以盗窃、抢劫、诈骗、抢夺等犯罪的共犯论处。

根据《刑法》第 312 条的规定，犯本罪的，处 3 年以下有期徒刑、拘役或者管制，并处或

---

① 本犯是指直接或者间接导致赃物产生的自然人，包括原犯罪的实行犯、教唆犯、帮助犯。

者单处罚金;情节严重的,处 3 年以上 7 年以下有期徒刑,并处罚金。根据《最高人民法院关于审理掩饰、隐瞒犯罪所得、犯罪所得收益刑事案件适用法律若干问题的解释》的规定,情节严重,是指下列情形之一:(1) 掩饰、隐瞒犯罪所得及其产生的收益价值总额达到 10 万元以上的;(2) 掩饰、隐瞒犯罪所得及其产生的收益 10 次以上,或者 3 次以上且价值总额达到 5 万元以上的;(3) 掩饰、隐瞒的犯罪所得系电力设备、交通设施、广播电视设施、公用电信设施、军事设施或者救灾、抢险、防汛、优抚、扶贫、移民、救济款物,价值总额达到 5 万元以上的;(4) 掩饰、隐瞒行为致使上游犯罪无法及时查处,并造成公私财物重大损失无法挽回或其他严重后果的;(5) 实施其他掩饰、隐瞒犯罪所得及其产生的收益行为,严重妨害司法机关对上游犯罪予以追究的。

单位犯本罪的,对单位判处罚金,并对其直接负责的主管人员和其他直接责任人员,依照上述规定处罚。明知是犯罪所得及其产生的收益而予以掩饰、隐瞒,构成本罪,同时又构成洗钱罪等其他犯罪的,依照处罚较重的罪定罪处罚。

十三、拒不执行判决、裁定罪

拒不执行判决、裁定罪,是指对人民法院已经发生法律效力的判决、裁定有能力执行而拒不执行,情节严重的行为。根据《全国人民代表大会常务委员会关于〈中华人民共和国刑法〉第三百一十三条的解释》的规定,人民法院的判决、裁定,是指人民法院依法作出的具有执行内容并已发生法律效力的判决、裁定。人民法院为依法执行支付令、生效的调解书、仲裁裁决、公证债权文书等所作的裁定属于该条规定的裁定。对人民法院发生法律效力的判决、裁定有能力执行,是指根据查实的证据证明,负有执行人民法院判决、裁定义务的人,有可供执行的财产或者具有履行特定行为义务的能力。负有执行人民法院判决、裁定义务的人具有下列情形之一的,应当认定为拒不执行人民法院判决、裁定的行为"情节严重":(1) 被执行人隐藏、转移、故意毁损财产或者无偿转让财产、以明显不合理的低价转让财产,致使判决、裁定无法执行的;(2) 担保人或者被执行人隐藏、转移、故意毁损或者转让已向人民法院提供担保的财产,致使判决、裁定无法执行的;(3) 协助执行义务人接到人民法院协助执行通知书后,拒不协助执行,致使判决、裁定无法执行的;(4) 被执行人、担保人、协助执行义务人与国家机关工作人员通谋,利用国家机关工作人员的职权妨害执行,致使判决、裁定无法执行的;(5) 其他有能力执行而拒不执行,情节严重的情形。根据《最高人民法院关于审理拒不执行判决、裁定刑事案件适用法律若干问题的解释》第 2 条的规定,以下八种情况属于立法解释中"其他有能力执行而拒不执行,情节严重的情形":(1) 具有拒绝报告或者虚假报告财产情况、违反人民法院限制高消费及有关消费令等拒不执行行为,经采取罚款或者拘留等强制措施后仍拒不执行的;(2) 伪造、毁灭有关被执行人履行能力的重要证据,以暴力、威胁、贿买方法阻止他人作证或者指使、贿买、胁迫他人作伪证,妨碍人民法院查明被执行人财产情况,致使判决、裁定无法执行的;(3) 拒不交付法律文书指定交付的财物、票证或者拒不迁出房屋、退出土地,致使判决、裁定无法执行的;(4) 与他人串通,通过虚假诉讼、虚假仲裁、虚假和解等方式妨害执行,致使判决、裁定无法执行的;(5) 以暴力、威胁方法阻碍执行人员进入执行现场或者聚众哄闹、冲击执行现场,致使执行工作无法进行的;(6) 对执行人员进行侮辱、围攻、扣押、殴打,致使执行工作无法进行的;(7) 毁损、抢夺执行案件材料、执行公务车辆和其他执行器械、执行人员服装以及执行公务证件，致使执行工作无法进行的；(8) 拒不执行法院判决、裁定，致使债权人遭受重大损失的。行为人在抗拒判决、裁定执行过程中，杀害、重伤执行人员的，以故意杀人罪、故意伤害罪定罪处罚。本罪的主体是特殊主体，指负有执行人民法院的判决、裁定义务且已满 16 周岁具有刑事责任能力的自然人和单位。

根据《刑法》第 313 条的规定，犯本罪的，处 3 年以下有期徒刑、拘役或者罚金；情节特别严重的，处 3 年以上 7 年以下有期徒刑，并处罚金。单位犯本罪的，对单位判处罚金，并对其直接负责的主管人员和其他直接责任人员，依照上述规定处罚。

十四、非法处置查封、扣押、冻结的财产罪

非法处置查封、扣押、冻结的财产罪，是指隐藏、转移、变卖、故意毁损已被司法机关查封、扣押、冻结的财产，情节严重的行为。

根据《刑法》第 314 条的规定，犯本罪的，处 3 年以下有期徒刑、拘役或者罚金。

十五、破坏监管秩序罪

破坏监管秩序罪，是指依法被关押的罪犯故意破坏监管秩序，情节严重的行为。本罪的客体是国家监管机关的监押管理秩序，即监狱、拘役所、看守所、劳改场所、少年犯管教所等关押已决犯的场所的管理秩序。本罪在客观方面必须具备三个条件：首先，实施以下四种破坏监管秩序行为之一：一是殴打监管人员；二是组织其他被监管人破坏监管秩序；三是聚众闹事，扰乱正常监管秩序；四是殴打、体罚或者指使他人殴打、体罚其他被监管人。行为人只要实施其中一种行为，便可构成本罪。其次，上述危害行为必须在依法被关押期间实施，至于行为实施的地点，既可以是监管场所，也可以是其他劳动作业场所。这就是说，罪犯在监外执行、保外就医、缓刑、假释、管制和独立适用或附加剥夺政治权利的期间，不可能实施本罪行为。最后，上述危害行为必须达到情节严重。情节严重一般是指：(1) 当众殴打监管人员，造成恶劣影响的；殴打监管人员多次或多人的；殴打监管人员造成一般伤害的；等等。(2) 多次组织他人或组织多人抗拒改造，有预谋、有计划地破坏监管秩序的。(3) 聚集多人起哄闹事，使监管人员无法正常管理监所的。(4) 多次殴打、体罚或指使他人殴打、体罚被监管人的等。被监管人破坏监管秩序，在殴打监管人员或在殴打、体罚其他被监管人员的过程中，致人重伤、死亡的，属于牵连犯。应查清行为人主观罪过形式，按照“从一重处断”的原则，分别以过失重伤罪、过失致人死亡罪、故意伤害罪或故意杀人罪定罪并适当从重处罚，不实行数罪并罚。

根据《刑法》第 315 条的规定，犯本罪的，处 3 年以下有期徒刑。

十六、脱逃罪

(一) 脱逃罪的概念和构成

脱逃罪，是指依法被关押的罪犯、被告人、犯罪嫌疑人逃脱公安、司法机关的羁押和监管

的行为。本罪具有如下构成要件:

1. 本罪的客体是司法机关的监管秩序和监管活动。

2. 本罪在客观方面表现为脱逃行为。脱逃是指行为人逃离公安、司法机关的监管场所(如从看守所、监狱逃跑),或摆脱公安、司法机关依法对其人身羁押的行为(如在押解途中逃跑)。脱逃的方法很多,有秘密脱逃的,有公开逃跑的;有使用暴力的,有未使用暴力的;等等。行为人在脱逃时,如果对监管人员使用了暴力,其暴力程度应以轻伤为限。如果其暴力手段造成了监管人员重伤甚至死亡,是本罪与故意伤害罪、故意杀人罪的牵连犯,从一重处断。

3. 本罪的主体是特殊主体,即被关押的犯罪嫌疑人、被告人和罪犯。非上述三种人,不能构成本罪。

4. 本罪在主观方面为直接故意,目的是逃脱公安、司法机关的羁押和监管,非法恢复其人身自由。

(二) 脱逃罪的认定

应当特别指出的是,要弄清本罪的既遂与未遂问题。我国刑法理论认为,脱逃罪是行为犯,在其完成形态上存在既遂与未遂之分。至于既遂与未遂的标准,学界有四种观点:(1)"脱离说"。该说认为,应以行为人是否脱离监管场所这一特定的地理环境为标准。(2)"控制说"。该说认为,区分脱逃的既遂与未遂,应该以行为人是否脱离看守人员的监视控制为标准。(3)"程度说"。该说认为,应以脱逃行为是否达到逃离羁押、关押的程度为标准。(4)"脱离控制结合说"。该说认为,脱逃行为是否得逞,应主要看行为人是否逃出了羁押、改造场所,是否摆脱了看管人员的控制。本书认为应以脱离说为主,没有羁押场所或范围时,才可以以控制说作为补充。具体而言,在犯罪的人处于监狱、看守所、拘役所、少年犯管教所或劳改农场院内以及在其他有明确的警戒范围的情况下,应以是否脱离这些警戒范围作为既遂与未遂的标准;在没有明确的关押范围和警戒线的情况下,才以脱逃者是否实际摆脱了监管、押解人员的实际控制来确定其既遂与未遂。

(三) 脱逃罪的处罚

根据《刑法》第 316 条第 1 款的规定,犯本罪的,处 5 年以下有期徒刑或者拘役。

十七、劫夺被押解人员罪

劫夺被押解人员罪,是指劫夺押解途中的罪犯、被告人、犯罪嫌疑人的行为。本罪的客观方面表现为:首先,劫夺行为必须发生在押解途中。押解途中,是指从 A 地押往 B 地之间的全过程,不仅包括交通途中,也包括临时住宿、停留、开庭等场所。其次,在押解途中实施劫夺被押解的罪犯、被告人、犯罪嫌疑人的行为。劫夺,是指从司法工作人员的押解控制中强行将被押解人员夺走,使司法机关失去对被押解人员的人身控制。劫夺的手段通常是使用一般暴力,拦劫车辆、船只,袭击押解人员等,但也不排除采取其他使押解人员不能还击或不知还击的手段。如果在押解途中聚众持械劫夺被押解人员,应按聚众持械劫狱罪定罪处罚。

根据《刑法》第 316 条第 2 款的规定，犯本罪的，处 3 年以上 7 年以下有期徒刑；情节严重的，处 7 年以上有期徒刑。

十八、组织越狱罪

组织越狱罪，是指依法被关押的犯罪嫌疑人、被告人和罪犯相互勾结，有组织、有计划地集体越狱逃跑的行为。

根据《刑法》第 317 条第 1 款的规定，犯本罪的，对首要分子和积极参加者处 5 年以上有期徒刑；对其他参加者处 5 年以下有期徒刑或者拘役。

十九、暴动越狱罪

暴动越狱罪，是指依法被关押的罪犯、被告人、犯罪嫌疑人相互勾结，使用暴力手段集体越狱逃跑的行为。

根据《刑法》第 317 条第 2 款的规定，犯本罪的，对首要分子和积极参加者处 10 年以上有期徒刑或者无期徒刑；情节特别严重的，处死刑；对其他参加者处 3 年以上 10 年以下有期徒刑。

二十、聚众持械劫狱罪

聚众持械劫狱罪，是指狱外的人聚集多人持械劫夺狱中被监管人的行为。

根据《刑法》第 317 条第 2 款的规定，犯本罪的，对首要分子和积极参加者处 10 年以上有期徒刑或者无期徒刑；情节特别严重的，处死刑；对其他积极参加者处 3 年以上 10 年以下有期徒刑。

第三节 妨害国(边)境管理罪

一、组织他人偷越国(边)境罪

(一) 组织他人偷越国(边)境罪的概念和构成

组织他人偷越国(边)境罪，是指违反国(边)境管理法规，领导、策划、指挥他人偷越国(边)境或者在首要分子的指挥下，实施拉拢、引诱、介绍他人偷越国(边)境等的行为。本罪具有如下构成要件：

1. 本罪的客体是国家对出入国(边)境的管理秩序。

2. 本罪在客观方面表现为违反国(边)境管理法规，非法组织他人偷越国(边)境的行为。具体而言，主要表现为以下两个方面：一是行为的非法性。行为违反了国家有关出入境管理规定是构成本罪的前提，具体是指《中华人民共和国出境入境管理法》等国(边)境管理法律法规,这些法律、法规明确规定,任何人出入我国国(边)境,只有履行必要的申请手续,经有关部门签发出入境证件,才能在规定的时间、地点出境或入境。二是行为方式的特定性。构成本罪,行为人必须有组织他人偷越国(边)境的行为。组织,一般表现为采取动员、串联、煽动、诱骗甚至胁迫等方式联络和动员他人偷越国(边)境,也表现为领导、策划、指挥他人偷越国(边)境或者实施拉拢、引诱、介绍他人偷越国(边)境。如拟订偷越计划、安排运送工具、确定偷越方式、制定联络方法、引导偷越地点等,不论采取什么手段和方法,也不论组织者是否直接参与偷越国(边)境,都构成组织行为。他人,是指被组织偷越国(边)境的人,包括自愿偷越者、被诱骗偷越者和被胁迫偷越者,被组织人一般是中国公民,但也不排除外国人或无国籍人。所谓偷越国(边)境,是指被组织人按组织者的计划安排和指挥引导,非法偷偷进出我国国(边)境。国境是指我国与邻国划定的疆界;边境一般是指大陆与香港特别行政区、澳门特别行政区、台湾地区在行政区划上的交界,有时也指我国与邻国尚未划定而双方实际控制的边界线。

3. 本罪的主体是已满 16 周岁且具有刑事责任能力的自然人。单位不构成本罪。

4. 本罪在主观方面为直接故意,行为人通常具有营利的目的,但也有例外。无论出于何种动机、目的,均不影响本罪的成立。

(二) 组织他人偷越国(边)境罪的认定

应当特别指出的是本罪一罪与数罪的界限。《刑法》第 318 条第 1 款第 3 项规定,造成被组织人重伤、死亡是本罪的结果加重犯,不能进行数罪并罚。例如,在行为人非法组织他人偷越国(边)境过程中,由于交通工具不安全、气候条件恶劣等原因,造成了被组织人员的死亡、重伤,对行为人仍应定本罪,适用《刑法》第 318 条第 1 款关于加重处罚的规定。但犯本罪的过程中,对被组织人有杀害、伤害、强奸、拐卖等犯罪行为,或者对检查人员有杀害、伤害等犯罪行为的,根据《刑法》第 318 条第 2 款规定,应以数罪论,依照数罪并罚的规定处罚。

(三) 组织他人偷越国(边)境罪的处罚

根据《刑法》第 318 条的规定,犯本罪的,处罚分三种情况:一是一般犯本罪的,处 2 年以上 7 年以下有期徒刑,并处罚金。二是有下列情形之一的,处 7 年以上有期徒刑或者无期徒刑,并处罚金或者没收财产:⑴ 组织他人偷越国(边)境集团的首要分子。⑵ 多次组织他人偷越国(边)境或者组织他人偷越国(边)境人数众多的。人数众多,一般是指组织、运送他人偷越国(边)境人数在 10 人以上。⑶ 造成被组织人重伤、死亡的。⑷ 剥夺或者限制被组织人人身自由的。⑸ 以暴力、威胁方法抗拒检查的。⑹ 违法所得数额巨大的,一般是指违法所得数额在 20 万元以上。⑺ 有其他特别严重情节的。三是犯本罪,对被组织人有杀害、伤害、强奸、拐卖等犯罪行为,或者对检查人员有杀害、伤害等犯罪行为的,依照数罪并罚的规定处罚。

二、骗取出境证件罪

骗取出境证件罪,是指以劳务输出、经贸往来或者其他名义,弄虚作假,骗取护照、签证等出境证件,为组织他人偷越国(边)境使用的行为。出境证件,是指能够作为从我国对外开放的或者指定的口岸验放出境凭证的证件,根据最高人民法院、最高人民检察院发布的《关于办理妨害国(边)境管理刑事案件应用法律若干问题的解释》第2条的规定,具体包括护照或者代替护照使用的国际旅行证件,中华人民共和国海员证,中华人民共和国出入境通行证,中华人民共和国旅行证,中国公民往来港、澳、台地区证件,边境地区出入境通行证,签证、签注、出国(境)证明、名单,以及其他出境时需要查验的资料。

根据《刑法》第319条的规定,犯本罪的,处3年以下有期徒刑,并处罚金;情节严重的,处3年以上10年以下有期徒刑,并处罚金。情节严重,是指为组织他人偷越国边境使用、骗取出境证件5份以上,或者非法收取办证费30万元以上的,等等。单位犯本罪的,对单位判处罚金,并对其直接负责的主管人员和其他直接责任人员,依照上述规定处罚。

三、提供伪造、变造的出入境证件罪

提供伪造、变造的出入境证件罪,是指为他人提供伪造、变造的护照、签证等出入境证件的行为。本罪的客观方面表现为:(1)行为方式是提供伪造、变造的出入境证件,而不是"伪造、变造出入境证件"。如果行为人既伪造、变造护照、签证等出入境证件,又提供给他人使用,应按本罪与伪造、变造国家机关证件、印章罪的牵连犯处理。如果是组织他人偷越国(边)境犯罪集团成员分工伪造、变造出入境证件,供犯罪集团使用,应以组织他人偷越国(边)境罪的共犯论处。(2)行为对象的特定性。本罪必须向他人提供伪造、变造的出入境证件,不包括伪造、变造出入境证件供本人使用的情况。本罪的对象是伪造、变造的出入境证件。所谓伪造,是指无权制作护照、签证等出入境证件的人,非法仿造真的出入境证件;所谓变造,是指在真的出入境证件上通过涂改、擦消、揭换、拼接等方法进行加工和改造。

根据《刑法》第320条的规定,犯本罪的,处5年以下有期徒刑,并处罚金;情节严重的,处5年以上有期徒刑,并处罚金。根据最高人民法院、最高人民检察院发布的《关于办理妨害国(边)境管理刑事案件应用法律若干问题的解释》第3条的规定,情节严重是指:为他人提供伪造、变造的出入境证件或者出售出入境证件5份以上的;非法收取费用30万元以上的;明知是国家规定的不准出入境的人员而为其提供伪造、变造的出入境证件或者向其出售出入境证件的;其他情节严重的情形。

四、出售出入境证件罪

出售出入境证件罪,是指向他人出售护照、签证等出入境证件的行为。出售,既包括出卖本人的护照、签证等出入境证件,也包括转手倒卖他人的护照、签证等出入境证件。出售的必须是国家有关机关制发的真实护照、签证等出入境证件,至于该证件是否在有效期内,不影响本罪的成立。如果出售的是伪造、变造的出入境证件,不构成本罪,应定提供伪造、变造的出入境证件罪。本罪的主体是已满16周岁且具有刑事责任能力的自然人,单位不构成本罪。本罪的主观方面为直接故意,并且具有营利的目的。

根据《刑法》第320条的规定,犯本罪的,处5年以下有期徒刑,并处罚金;情节严重的,

处5年以上有期徒刑,并处罚金。根据最高人民法院、最高人民检察院发布的《关于办理妨害国(边)境管理刑事案件应用法律若干问题的解释》第3条的规定,情节严重是指:为他人提供伪造、变造的出入境证件或者出售出入境证件5份以上的;非法收取费用30万元以上的;明知是国家规定的不准出入境的人员而为其提供伪造、变造的出入境证件或者向其出售出入境证件的;其他情节严重的情形。

五、运送他人偷越国(边)境罪

运送他人偷越国(边)境罪,是指非法将偷越国(边)境者送出或接入国(边)境的行为。本罪客观方面表现为非法运送他人偷越国(边)境的行为。所谓运送,是指使用交通工具或由行为人徒步带领等方法将他人非法送出或接入国(边)境的行为。在运送他人偷越国(边)境过程中,造成被运送人重伤、死亡,或者以暴力、威胁方法抗拒检查的,属于结果加重犯或情节加重犯。其中,行为人对造成被运送人重伤或者死亡的结果至多是过失的心理态度。如果在运送他人偷越国(边)境过程中,对被运送人实施杀害、伤害、强奸、拐卖等犯罪行为,或者对检查人员实施杀害、伤害等行为的,依照数罪并罚的规定处罚。

根据《刑法》第321条的规定,犯本罪的,处5年以下有期徒刑、拘役或者管制,并处罚金;有下列情形之一的,处5年以上10年以下有期徒刑,并处罚金:(1)多次实施运送行为或者运送人数众多的。人数众多,是指组织、运送他人偷越国(边)境人数在10人以上的。[①] (2)所使用的船只、车辆等交通工具不具备必要的安全条件,足以造成严重后果的。(3)违法所得数额巨大的。(4)有其他特别严重情节的。在运送他人偷越国(边)境中造成被运送人重伤、死亡,或者以暴力、威胁方法抗拒检查的,处7年以上有期徒刑,并处罚金。

六、偷越国(边)境罪

偷越国(边)境罪,是指违反国(边)境管理法规,偷越国(边)境,情节严重的行为。偷越国(边)境,是指不依法办理出入国(边)境手续或者不在指定地点出入国(边)境。根据司法解释[②]的规定,下列情形属于偷越国(边)境行为:没有出入境证件出入国(边)境或者逃避接受边防检查的;使用伪造、变造、无效的出入境证件出入国(边)境的;使用他人出入境证件出入国(边)境的;使用以虚假的出入境事由、隐瞒真实身份、冒用他人身份证件等方式骗取的出入境证件出入国(边)境的;采用其他方式非法出入国(边)境的。根据上述司法解释,情节严重是指:(1)在境外实施损害国家利益行为的;(2)偷越国(边)境3次以上或者3人以上结伙偷越国(边)境的;(3)拉拢、引诱他人一起偷越国(边)境的;(4)勾结境外组织、人员偷越国(边)境的;(5)因偷越国(边)境被行政处罚后一年内又偷越国(边)境的;(6)其他严重的情形,如伪造证件的、在出入境过程中行凶殴打或威胁边防执勤人员等。

---

① 参见《最高人民法院关于审理组织、运送他人偷越国(边)境等刑事案件适用法律若干问题的解释》第2条。

② 参见最高人民法院、最高人民检察院发布的《关于办理妨害国(边)境管理刑事案件应用法律若干问题的解释》第6条的规定。

根据《刑法》第 322 条的规定，犯本罪的，处 1 年以下有期徒刑、拘役或者管制，并处罚金；为参加恐怖活动组织、接受恐怖活动培训或者实施恐怖活动，偷越国（边）境的，处 1 年以上 3 年以下有期徒刑，并处罚金。

七、破坏界碑、界桩罪

破坏界碑、界桩罪，是指明知是国家边境的界碑、界桩仍故意破坏的行为。破坏，是指使界碑、界桩丧失其原有作用，常见的手段是捣毁、拆除、损坏、盗窃、掩埋、移动位置等。只要实施其中一种破坏行为，便可构成本罪。

根据《刑法》第 323 条的规定，犯本罪的，处 3 年以下有期徒刑或者拘役。

八、破坏永久性测量标志罪

破坏永久性测量标志罪，是指明知是国家设置的永久性测量标志仍故意破坏的行为。破坏，一般表现为捣毁、拆除、损坏、盗窃、掩埋、移动位置等行为，凡使永久性测量标志失去其原有作用，无论采取何种破坏手段，均可构成本罪。

根据《刑法》第 323 条的规定，犯本罪的，处 3 年以下有期徒刑或者拘役。

第四节　妨害文物管理罪

一、故意损毁文物罪

故意损毁文物罪，是指违反文物保护法规，明知是国家保护的珍贵文物或者被确定为全国重点文物保护单位、省级文物保护单位的文物而故意损毁的行为。本罪在客观方面表现为故意损毁珍贵文物的行为。损毁包括损坏和毁灭。前者是指文物的价值遭到部分破坏，后者是指文物的价值遭到全部破坏，甚至不复存在。只要故意造成珍贵文物改变原状，以致丧失或降低了其历史、艺术、科学价值，就应认定为损毁。损毁的方式多种多样，如拆卸、污损、刻画、挖掘、焚烧、爆炸、砸烂、捣毁等。值得探究的是，行为人所使用的损毁文物的方法可能触犯其他罪名时如何处理？行为人使用放火、爆炸等方法损毁文物，根据当时的具体情况，不可能触犯其他罪名的，以本罪论处；行为人使用放火、爆炸等方法损毁文物，已经造成危害公共安全后果或足以对公共安全造成严重威胁的，属于想象竞合犯，应从一重罪处罚。

根据《刑法》第 324 条第 1 款的规定，犯本罪的，处 3 年以下有期徒刑或者拘役，并处或者单处罚金；情节严重的，处 3 年以上 10 年以下有期徒刑，并处罚金。

二、故意损毁名胜古迹罪

故意损毁名胜古迹罪，是指故意损毁国家保护的名胜古迹，情节严重的行为。国家保护的名胜古迹,是指具有重大历史、文化、科学价值,被核定为国家或地方重点保护的风景区、建筑物以及与名人事迹、历史事件有关而值得后人登临凭吊的地点、遗址和建筑物。构成本罪要求情节严重。情节严重,一般是指造成名胜古迹严重损坏,损毁对象特别贵重,多次损毁名胜古迹,等等。损毁,是指拆卸、污损、刻画、挖掘、焚烧、爆炸、砸烂和捣毁等。

根据《刑法》第 324 条第 2 款的规定,犯本罪的,处 5 年以下有期徒刑或者拘役,并处或者单处罚金。

三、过失损毁文物罪

过失损毁文物罪,是指过失损毁国家保护的珍贵文物或被确定为全国重点文物保护单位、省级文物保护单位的文物,造成严重后果的行为。

根据《刑法》第 324 条第 3 款的规定,犯本罪的,处 3 年以下有期徒刑或者拘役。

四、非法向外国人出售、赠送珍贵文物罪

非法向外国人出售、赠送珍贵文物罪,是指违反文物保护法规,将收藏的国家禁止出口的珍贵文物私自出售或者私自赠送给外国人的行为。私自,是指违反文物保护法规,没有报经有关主管部门批准。出售或赠送的对象必须是外国人,包括无国籍人。

根据《刑法》第 325 条的规定,自然人犯本罪的,处 5 年以下有期徒刑或者拘役,可以并处罚金。单位犯本罪的,对单位判处罚金,并对其直接负责的主管人员和其他直接责任人员,依照上述规定处罚。

五、倒卖文物罪

倒卖文物罪,是指以牟利为目的,倒卖国家禁止经营的文物,情节严重的行为。本罪在客观方面表现为违反国家文物经营管理法规,倒卖国家禁止经营的文物的行为。倒卖行为,是指为谋取利润而买进卖出,如果收购或出卖文物不是为了赚取利润,不构成本罪。成立本罪必须达到倒卖文物情节严重的程度。情节严重,主要是指:倒卖三级以上文物的;倒卖三级以下文物多次或多件的;倒卖文物获利数额较大的;倒卖文物屡教不改的;抗拒有关部门检查的;等等。

根据《刑法》第 326 条的规定,犯本罪的,处 5 年以下有期徒刑或者拘役,并处罚金;情节特别严重的,处 5 年以上 10 年以下有期徒刑,并处罚金。单位犯本罪的,对单位判处罚金,并对其直接负责的主管人员和其他直接责任人员,依照上述规定处罚。

六、非法出售、私赠文物藏品罪

非法出售、私赠文物藏品罪,是指国有博物馆、图书馆等单位,违反文物保护法规,将国家保护的文物藏品出售或私自赠送给非国有单位或者个人的行为。本罪的主体为特殊主体,只能是国有博物馆、图书馆等单位,非国有单位和个人不能成为本罪的主体。

根据《刑法》第 327 条的规定，单位犯本罪的，对单位判处罚金，并对其直接负责的主管人员和其他直接责任人员，处 3 年以下有期徒刑或者拘役。

七、盗掘古文化遗址、古墓葬罪

盗掘古文化遗址、古墓葬罪，是指违反国家文物管理法规，未经国家有关部门批准，盗掘具有历史、艺术、科学价值的古文化遗址、古墓葬的行为。本罪的客体是国家对古文化遗址、古墓葬的管理秩序和国家对古文化遗址、古墓葬的所有权。本罪的对象包括清代和清代以前的具有历史、艺术、科学价值的古文化遗址、古墓葬以及辛亥革命以后与著名历史事件有关的名人墓葬、遗址和纪念地。

根据《刑法》第 328 条第 1 款的规定，犯本罪的，处 3 年以上 10 年以下有期徒刑，并处罚金；情节较轻的，处 3 年以下有期徒刑、拘役或者管制，并处罚金；有下列情形之一的，处 10 年以上有期徒刑或者无期徒刑，并处罚金或者没收财产：(1) 盗掘确定为全国重点文物保护单位和省级文物保护单位的古文化遗址、古墓葬的。(2) 盗掘古文化遗址、古墓葬集团的首要分子。(3) 多次盗掘古文化遗址、古墓葬的。(4) 盗掘古文化遗址、古墓葬，并盗窃珍贵文物或者造成珍贵文物严重破坏的。此种情况，属于牵连犯，根据“从一重处断”的原则，对行为人只定本罪即可。

八、盗掘古人类化石、古脊椎动物化石罪

盗掘古人类化石、古脊椎动物化石罪，是指未经国家批准，私自挖掘国家保护的具有科学价值的古人类化石、古脊椎动物化石的行为。

根据《刑法》第 328 条第 2 款的规定，犯本罪的，处 3 年以上 10 年以下有期徒刑，并处罚金；情节较轻的，处 3 年以下有期徒刑、拘役或者管制，并处罚金；有下列情形之一的，处 10 年以上有期徒刑或者无期徒刑，并处罚金或者没收财产：(1) 盗掘确定为全国重点保护和省级保护的古人类化石、古脊椎动物化石的。(2) 盗掘古人类化石、古脊椎动物化石集团的首要分子。(3) 多次盗掘古人类化石、古脊椎动物化石的。(4) 盗掘古人类化石、古脊椎动物化石，并盗窃珍贵化石或者造成珍贵化石严重破坏的。此种情况，属于牵连犯，以本罪定罪处罚。

九、抢夺、窃取国有档案罪

抢夺、窃取国有档案罪，是指乘他人不备公然夺取或秘密盗取国家所有的档案的行为。国家所有的档案是指由国家档案部门、国家机关、国有公司、企业、事业单位、人民团体管理的档案。

根据《刑法》第 329 条第 1、3 款的规定，犯本罪的，处 5 年以下有期徒刑或者拘役。犯本罪同时又构成刑法规定的其他犯罪的，依照处罚较重的规定定罪处罚。例如，盗窃属于国家秘密的国有档案，该行为既触犯了窃取国有档案罪，又构成非法获取国家秘密罪，属于典型的想象竞合犯，应从一重罪处罚。

十、擅自出卖、转让国有档案罪

擅自出卖、转让国有档案罪，是指违反档案法的规定，擅自出卖、转让国家所有的档案，情节严重的行为。擅自是指未经国家档案行政管理部门批准。出卖是指有偿转让国有档案或其复制件。转让是指把国有档案及其复制件转让给他人。情节严重，主要表现为：出卖、转让重要国有档案的；多次出卖、转让国有档案的；出卖、转让国有档案牟利较大的；出卖、转让国有档案给国家造成重大损失的；出卖、转让国有档案造成恶劣社会影响的；等等。

根据《刑法》第 329 条第 2、3 款的规定，犯本罪的，处 3 年以下有期徒刑或者拘役。犯本罪同时又构成刑法规定的其他犯罪的，依照处罚较重的规定定罪处罚。

第五节　危害公共卫生罪

一、妨害传染病防治罪[①]

妨害传染病防治罪，是指违反《传染病防治法》的规定，引起甲类传染病或者依法确定采取甲类传染病预防控制措施的传染病传播或者有传播严重危险的行为。本罪具有如下构成要件：

1. 本罪的客体是国家关于传染病防治的管理秩序和不特定多数人的生命健康安全。

2. 本罪在客观方面表现为：

第一，违反《传染病防治法》的规定。这是构成本罪的前提。

第二，具有下列情形之一：(1) 供水单位供应的饮用水不符合国家规定的卫生标准的。(2) 拒绝按照疾病预防控制机构提出的卫生要求，对传染病病原体污染的污水、污物、场所和物品进行消毒处理的。(3) 准许或者纵容传染病病人、病原携带者和疑似传染病病人从事国务院卫生行政部门相关规定禁止从事的易使该传染病扩散的工作的。其中，传染病病人是指符合传染病病人诊断标准感染传染病并已经发病的人；病原携带者是指已经感染传染病但尚未确诊为传染病病人的人；疑似传染病病人是指具备传染病发病全部或部分症状但尚未确诊为传染病病人的人。(4) 出售、运输疫区中被传染病病原体污染或者可能被传染病病原体污染的物品，未进行消毒处理的。根据《传染病防治法》第 43 条的规定，疫区是指发生甲类、乙类传染病暴发、流行时，由有权机关宣布采取紧急措施[②]的某行政区域的部分或者全部。同时，作为《刑法修正案（十一）》新增的该情形，本书认为存在不完善之处。立法的目的应当是禁止出售或运输疫区被传染病病原体污染或者可能被传染病病原体污染的物品以防止传染病扩散，而不是禁止出售或运输没有经过消毒的上述物品，因为即使经过消毒，

① 《刑法修正案（十一）》第 37 条对原《刑法》第 330 条第 1 款作出了修改，完善了本罪客观方面的行为方式和危害后果。

② 根据《传染病防治法》第 42 条的规定，“紧急措施”包括：(1) 限制或者停止集市、影剧院演出或者其他人群聚集的活动；(2) 停工、停业、停课；(3) 封闭或者封存被传染病病原体污染的公共饮用水源、食品以及相关物品；(4) 控制或者扑杀染疫野生动物、家畜家禽；(5) 封闭可能造成传染病扩散的场所。

也存在造成传染病传播的严重风险。另外，向疫区运输防疫物资的人员离开疫区后造成其他地区传染病传播的，只要不存在重大过失，如未经过消毒、擅离隔离区等，就不构成本罪。(5) 拒绝执行县级以上人民政府、疾病预防控制机构依照《传染病防治法》提出的预防、控制措施的。

第三，引起了甲类传染病或者依法确定采取甲类传染病预防控制措施的传染病传播或者有传播的严重危险。甲类传染病是危害严重的传染病，包括鼠疫和霍乱。依法确定采取甲类传染病预防控制措施的传染病，是指由国务院卫生行政部门报经国务院批准公布并实施甲类传染病预防、控制措施的传染病。国务院可以根据情况增加或减少甲类传染病病种。传播是指在一定的范围内传染、散布、流行。有传播的严重危险是指具体情况表明极有可能引起传染病传播，但尚未实际引起传播的情形。

3. 本罪的主体为一般主体。个人或单位均可构成本罪的主体，但前者只能是年满 16 周岁且具有刑事责任能力的自然人。

4. 本罪主观方面表现为过失，即应当预见自己违反《传染病防治法》规定的行为会引起甲类传染病传播或有传播的严重危险，因为疏忽大意而没有预见，或者已经预见而轻信能够避免。故意传播传染病，并危及公共安全的，构成以危险方法危害公共安全罪。本罪与过失以危险方法危害公共安全罪是法条竞合关系，按照特殊法优于一般法的原则，应以本罪论处。

根据《刑法》第 330 条的规定，犯本罪的，处 3 年以下有期徒刑或者拘役；后果特别严重的，处 3 年以上 7 年以下有期徒刑。单位犯本罪的，对单位判处罚金，并对其直接负责的主管人员和其他直接责任人员，依照上述规定处罚。

二、传染病菌种、毒种扩散罪

传染病菌种、毒种扩散罪，是指从事实验、保藏、携带、运输传染病菌种、毒种的人员，违反国务院卫生行政部门的有关规定，造成传染病菌种、毒种扩散，后果严重的行为。

根据《刑法》第 331 条的规定，犯本罪的，处 3 年以下有期徒刑或者拘役；后果特别严重的，处 3 年以上 7 年以下有期徒刑。

三、妨害国境卫生检疫罪

妨害国境卫生检疫罪，是指违反国境卫生检疫规定，引起检疫传染病传播或者有引起检疫传染病传播严重危险的行为。本罪具有如下犯罪构成：

1. 本罪的客体是我国的国境卫生检疫制度和不特定多数人的生命健康和财产安全。

2. 本罪在客观方面表现为违反国境卫生检疫规定，逃避或者抗拒国境卫生检疫，引起鼠疫、霍乱、黄热病以及新冠肺炎等国务院确定和公布的检疫传染病传播或者有传播严重危险的行为。具体而言，《最高人民法院、最高人民检察院、公安部、司法部、海关总署关于进一步加强国境卫生检疫工作依法惩治妨害国境卫生检疫违法犯罪的意见》明确了以下几种行为：(1) 检疫传染病染疫人或者染疫嫌疑人拒绝执行海关依照国境卫生检疫法等法律法规提出的健康申报、体温监测、医学巡查、流行病学调查、医学排查、采样等卫生检疫措施，或者隔离、留验、就地诊验、转诊等卫生处理措施的；(2) 检疫传染病染疫人或者染疫嫌疑人采取不如实填报健康申明卡等方式隐瞒疫情，或者伪造、涂改检疫单、证等方式伪造情节的；(3) 知道或者应当知道实施审批管理的微生物、人体组织、生物制品、血液及其制品等特殊物品可能造成检疫传染病传播，未经审批仍逃避检疫，携运、寄递出入境的；(4) 出入境交通工具上发现有检疫传染病染疫人或者染疫嫌疑人，交通工具负责人拒绝接受卫生检疫或者拒不接受卫生处理的；(5) 来自检疫传染病流行国家、地区的出入境交通工具上出现非意外伤害死亡且死因不明的人员，交通工具负责人故意隐瞒情况的；(6) 其他拒绝执行海关依照国境卫生检疫法等法律法规提出的检疫措施的。

3. 本罪的主体是进出我国国境的个人或者货物进出我国国境的单位。

4. 本罪的主观方面是过失。

根据《刑法》第 332 条的规定，犯本罪的，处 3 年以下有期徒刑或者拘役，并处或者单处罚金。单位犯本罪的，对单位判处罚金，并对其直接负责的主管人员和其他直接责任人员，依照上述规定处罚。对于本罪而言，前述司法解释明确，要注重把握宽严相济的刑事政策，即要重点打击情节恶劣、后果严重的犯罪行为；对于情节轻微且真诚悔改的，依法予以从宽处理。

四、非法组织卖血罪

非法组织卖血罪，是指行为人违反国家卫生行政部门的有关规定，擅自组织他人出卖血液的行为。本罪的客体是国家对血液采集、供应的管理制度和公众的身体健康与生命安全。所谓违反国家卫生行政部门的有关规定，是指未经国家卫生行政部门批准，不具有血液采集、供应许可资格或未受有关血液采供部门的指派或委托，擅自组织他人出卖血液。所谓擅自组织他人出卖血液，是指在违反国家卫生行政部门的有关规定的前提下，以招募、雇用、纠集、容留、引诱、串联、拉拢、诱骗等多种方法和手段，策划、领导、指挥并安排、控制多人出卖血液。暴力、威胁方法不在本罪犯罪手段之列。而且被组织者必须自愿地或因被欺骗而“自愿”地卖血。以暴力、威胁方法强迫他人出卖血液的，构成强迫卖血罪。本罪在主观方面表现为故意，一般情况下以牟利为目的。

根据《刑法》第 333 条第 1 款前段的规定，犯本罪的，处 5 年以下有期徒刑，并处罚金。根据该条第 2 款的规定，实施非法组织他人卖血的行为，对他人造成伤害的，依照《刑法》第 234 条规定的故意伤害罪定罪处罚。

五、强迫卖血罪

强迫卖血罪，是指以暴力、威胁方法强迫他人出卖血液的行为。所谓强迫，是指以殴打、捆绑、吊打、禁闭、麻醉等手段强制他人卖血，或者以损害生命、健康、财产、名誉、揭露隐私、伤害亲属相要挟，迫使他人违背意志而卖血。

根据《刑法》第 333 条第 1 款后段的规定，犯本罪的，处 5 年以上 10 年以下有期徒刑，并处罚金。对他人造成伤害的，依照《刑法》第 234 条规定的故意伤害罪定罪处罚。此处对他人造成的伤害仅限于行为人以暴力的方法致他人重伤。

六、非法采集、供应血液、制作、供应血液制品罪

非法采集、供应血液或者制作、供应血液制品罪，是指未经国家主管部门批准或者超过批准的业务范围，采集、供应血液或者制作、供应血液制品，不符合国家规定的标准，足以危害人体健康或者已经造成严重后果的行为。"血液制品"是指各种人血浆蛋白制品。"不符合国家规定的标准，足以危害人体健康"，是指具有导致血液途径传播的疾病传播的严重危险。具体包括：(1) 采集、供应的血液含有艾滋病病毒、乙型肝炎病毒、丙型肝炎病毒、梅毒螺旋体等病原微生物的；(2) 制作、供应的血液制品含有艾滋病病毒、乙型肝炎病毒、丙型肝炎病毒、梅毒螺旋体等病原微生物，或者将含有上述病原微生物的血液用于制作血液制品的；(3) 使用不符合国家规定的药品、诊断试剂、卫生器材，或者重复使用一次性采血器材采集血液，造成传染病传播危险的；(4) 违反规定对献血者、供血浆者超量、频繁采集血液、血浆，足以危害人体健康的；(5) 其他不符合国家有关采集、供应血液或者制作、供应血液制品的规定标准，足以危害人体健康的。"对人体健康造成严重危害"，具体包括：(1) 造成献血者、供血浆者、受血者感染乙型肝炎病毒、丙型肝炎病毒、梅毒螺旋体或者其他经血液传播的病原微生物的；(2) 造成献血者、供血浆者、受血者重度贫血、造血功能障碍或者其他器官组织损伤导致功能障碍等身体严重危害的；(3) 对人体健康造成其他严重危害的。"造成特别严重后果"，是指造成大面积经血液途径传播的疾病的传播或者造成多人的重伤、死亡。具体包括：(1) 因血液传播疾病导致人员死亡或者感染艾滋病病毒的；(2) 造成 5 人以上感染乙型肝炎病毒、丙型肝炎病毒、梅毒螺旋体或者其他经血液传播的病原微生物的；(3) 造成 5 人以上重度贫血、造血功能障碍或者其他器官组织损伤导致功能障碍等身体严重危害的；(4) 造成其他特别严重后果的。

根据《刑法》第 334 条第 1 款的规定，犯本罪的，处 5 年以下有期徒刑或者拘役，并处罚金；对人体健康造成严重危害的，处 5 年以上 10 年以下有期徒刑，并处罚金；造成特别严重后果的，处 10 年以上有期徒刑或者无期徒刑，并处罚金或者没收财产。

七、采集、供应血液、制作、供应血液制品事故罪

采集、供应血液、制作、供应血液制品事故罪，是指经国家主管部门批准采集、供应血液或者制作、供应血液制品的部门，不依照规定进行检测或者违背其他操作规定，造成危害他人身体健康后果的行为。本罪的主体只能是单位，而且必须是经国家主管部门批准的采供血机构和血液制品生产经营单位。其中，采供血机构包括血液中心、中心血站、中心血库、脐带血造血干细胞库和国家卫生行政主管部门根据医学发展需要批准、设置的其他类型血库、单采血浆站。"造成危害他人身体健康后果"具体包括：(1) 造成献血者、供血浆者、受血者感染艾滋病病毒、乙型肝炎病毒、丙型肝炎病毒、梅毒螺旋体或者其他经血液传播的病原微生物的；(2) 造成献血者、供血浆者、受血者重度贫血、造血功能障碍或者其他器官组织损伤导致功能障碍等身体严重危害的；(3) 造成其他危害他人身体健康后果的。

根据《刑法》第 334 条第 2 款的规定，犯本罪的，对单位判处罚金，并对其直接负责的主管人员和其他直接责任人员，处 5 年以下有期徒刑或者拘役。

八、非法采集人类遗传资源、走私人类遗传资源材料罪[①]

非法采集人类遗传资源、走私人类遗传资源材料罪，是指违反国家有关规定，非法采集我国人类遗传资源或者非法运送、邮寄、携带我国人类遗传资源材料出境，情节严重的行为。本罪具有如下构成要件：

1. 本罪的客体是复杂客体，具体包括国家人类遗传资源管理秩序、公众健康权和社会公共利益。这里的“社会公共利益”，是指公众健康利益以外的其他涉及人类遗传资源的相关社会公共利益，如国家对人类遗传资源方面医疗技术的研发等。

2. 本罪的客观方面表现为违反国家有关规定，非法采集我国人类遗传资源或者非法运送、邮寄、携带我国人类遗传资源材料出境，情节严重的行为。可见，本罪包含两种具体的行为方式：一是非法采集我国人类遗传资源；二是对外走私我国人类遗传资源材料。根据我国《人类遗传资源管理条例》第 2 条的规定，前者的行为对象包括：(1) 人类遗传资源材料，即含有人体基因组、基因等遗传物质的器官、组织、细胞等遗传材料。(2) 人类遗传资源信息，即利用人类遗传资源材料产生的数据等信息资料。而后者的行为对象则只包括(1)中的内容，且只有将我国的人类遗传资源材料非法运送、邮寄和携带出境才构成本罪。至于何谓“情节严重”，由于该罪名是《刑法修正案（十一）》新增罪名，尚需要司法解释予以进一步明确。对于条文中的“危害公众健康或者社会公共利益”，本书认为并不是对客观行为方式的限定，也不属于对“情节严重”的界定，而是对本罪客体的提示性规定。换言之，人类遗传资源关系重大，不能要求形成了实害结果或者结果达到严重程度才追究刑事责任，对于针对人类遗传资源的犯罪行为，应当完成相应行为就构成犯罪，情节严重只是对数量上的限制。至于造成的危害结果及其程度，应当是刑罚裁量考虑的因素。

3. 本罪的主体为一般主体，为年满 16 周岁且具有刑事责任能力的自然人。单位不构成本罪，但可以对单位中具体实施了犯罪行为的自然人追究刑事责任。

4. 本罪的主观方面是故意，包括直接故意和间接故意。

根据《刑法》第 334 条之一的规定，犯本罪的，处 3 年以下有期徒刑、拘役或者管制，并处或者单处罚金；情节特别严重的，处 3 年以上 7 年以下有期徒刑，并处罚金。对于“情节特别严重”的判断，需要司法解释予以明确。

九、医疗事故罪

（一）医疗事故罪的概念和构成

医疗事故罪，是指医务人员在诊疗护理工作中由于严重不负责任，造成就诊人死亡或者严重损害就诊人身体健康的行为。本罪具有如下构成要件：

1. 本罪的客体是国家对医疗工作的管理秩序和就诊人的生命、健康权利。

2. 本罪客观方面必须具备两个要件：首先，在医疗护理工作中必须严重不负责任，违反

① 本罪为《刑法修正案（十一）》第 38 条在《刑法》第 340 条之一新增的罪名。

了医疗规章制度。严重不负责任与违反医疗规章制度是紧密联系的。这里所说的医疗规章制度，是指国家或卫生行政部门、医疗单位制定的有关诊断、处方、用药、麻醉、手术、输血、护理、化验、消毒、查房等各个医务环节的规章制度和技术操作常规。总之，违反规章制度是造成重大医疗事故的原因，也是行为人承担刑事责任的前提。其次，必须造成了就诊人死亡或者严重损害就诊人身体健康的危害后果。只有发生这种危害后果，才是重大医疗事故。重大医疗事故分为造成病员死亡、造成病员严重残疾或者严重功能障碍、造成病员残疾或者功能障碍三个等级。本书认为，严重损害就诊人身体健康应包括《医疗事故处理条例》第 4 条规定的二级医疗事故和三级医疗事故。行为人严重不负责任的行为与上述特定危害结果之间必须存在因果关系。病人死亡或身体严重受损的后果不是由医务人员的严重不负责任行为导致的，不能认为是犯罪。上述两个要件必须同时具备，缺少其中任何一个要件，均不能构成本罪。

3. 本罪的主体为特殊主体，即医务人员。医务人员，是指经过医药院校教育，或经各级机构培养训练后，经考核合格，并经卫生行政机关批准，取得行医资格，从事医疗实践工作的各类医务人员。主要有医疗防疫人员、药剂人员、护理人员、麻醉人员等。既包括全民所有制和集体所有制医疗单位的医务人员，也包括具有合法行医执照的个体开业者。只有上述合法医务人员才能成为本罪的主体，其他人员不能构成本罪。有的学者认为，对本罪的医务人员应作广义的理解，即除上述人员外，还应包括医疗单位中的工程技术人员、工勤人员和党政管理人员。① 本书认为这种观点扩大了本罪的主体范围。在医疗单位从事行政管理及后勤服务的人员、党政管理人员，由于不直接从事医疗护理工作，不能成为本罪的主体。

4. 本罪在主观方面为过失，即行为人对造成就诊人死亡或者严重损害就诊人身体健康的后果，在主观上持否定的态度。如果行为人在医疗护理工作中故意致死就诊人或故意严重损害就诊人身体健康，应以故意杀人罪或故意伤害罪论处，而不以本罪认定。

（二）医疗事故罪的认定

1. 本罪与医疗意外的界限。二者的相同之处都是发生了严重的后果。医疗意外，是指在诊疗护理过程中，由于就诊人的病情或体质特殊发生了医务人员难以预料和难以抗拒的现象，使病员残疾、死亡或功能障碍。医疗意外虽有严重后果，但医务人员无过失，不存在违章行为，故不构成犯罪。本罪与医疗意外的区别主要在于医务人员主观上是否存有过失。

2. 本罪与医疗技术事故的界限。医疗技术事故是指医务人员在诊疗护理工作过程中，由于个人业务水平有限，经验不足，或者受单位技术设备条件限制等，造成就诊人功能障碍、残疾或死亡事件。二者的主要区别是：前者是医务人员在诊疗过程中的违章失职行为造成的，主观上为过失，构成犯罪；后者是医务人员在诊疗护理过程中造成的，没有违反规章制度，主观上无罪过，不构成犯罪。

3. 本罪与重大责任事故罪的区别。

（1）主体不同。前者的主体是医务人员；后者的主体是工厂、矿山、建筑企业或者其他企业、事业单位的领导或职工。

---

① 参见最高人民检察院办公厅编审：《中华人民共和国刑法释义与司法适用》，中国人民公安大学出版社 1997 年版，第 654 页。

(2) 危害结果不同。前者的危害结果仅限于就诊人死亡或身体健康受到严重损害;后者的危害结果除了重大伤亡外还包括重大财产损失。

(3) 客观方面不同。前者表现为行为人在诊疗护理过程中严重不负责任的行为;后者表现为工厂、矿山、建筑企业或者其他企业、事业单位的职工不服管理,违反规章制度的行为或者强令工人违章冒险作业的行为。

(4) 客体不同。前者的客体是国家医务工作管理秩序和就诊人的生命健康权利;后者的客体则是公共安全。

(三) 医疗事故罪的处罚

根据《刑法》第 335 条的规定,犯本罪的,处 3 年以下有期徒刑或者拘役。

十、非法行医罪

非法行医罪,是指未取得医生执业资格的人非法行医,情节严重的行为。本罪的客体是国家对医疗工作的管理秩序和就诊人的生命安全和健康权利。本罪客观方面表现为非法行医的行为。非法行医,是指未取得医生执业资格,非法开展诊疗活动。非法行医的方式是多种多样的,根据《最高人民法院关于审理非法行医刑事案件具体应用法律若干问题的解释》的规定,具有下列情形之一的,应认定为未取得医生执业资格的人非法行医:(1) 未取得或者以非法手段取得医师资格从事医疗活动的;(2) 被依法吊销医师执业证书期间从事医疗活动的;(3) 未取得乡村医生执业证书,从事乡村医疗活动的;(4) 家庭接生员实施家庭接生以外的医疗行为的。只有非法行医情节严重的行为才构成本罪。情节严重主要是指:(1) 造成就诊人轻度残疾、器官组织损伤导致一般功能障碍的;(2) 造成甲类传染病传播、流行或者有传播、流行危险的;(3) 使用假药、劣药或不符合国家规定标准的卫生材料、医疗器械,足以严重危害人体健康的;(4) 非法行医被卫生行政部门行政处罚两次以后,再次非法行医的;(5) 其他情节严重的情形。如果不是情节严重,不能成立本罪。本罪的主观方面为直接故意,即行为人明知自己没有取得医生执业资格,为了牟利而非法行医。但对非法行医所造成的危害结果一般是出于过失,即行为人不希望危害结果发生,也不放任危害结果发生。否则,可能构成其他犯罪。

根据《刑法》第 336 条第 1 款的规定,犯本罪的,处 3 年以下有期徒刑、拘役或者管制,并处或者单处罚金;严重损害就诊人身体健康的,处 3 年以上 10 年以下有期徒刑,并处罚金;造成就诊人死亡的,处 10 年以上有期徒刑,并处罚金。"严重损害就诊人身体健康"是指:(1) 造成就诊人中度以上残疾、器官组织损伤导致严重功能障碍的;(2) 造成 3 名以上就诊人轻度残疾、器官组织损伤导致一般功能障碍的。实施本罪,同时构成生产、销售假药罪,生产、销售劣药罪,以及诈骗罪等其他犯罪的,依照刑法处罚较重的规定定罪处罚。

十一、非法进行节育手术罪

非法进行节育手术罪,是指未取得医生执业资格的人擅自为他人进行节育复通手术、假节育手术、终止妊娠手术或者摘取宫内节育器,情节严重的行为。情节严重,主要是指:非法多次为他人进行节育手术的；非法进行节育手术致使他人健康、名誉受到损害的；对抗有关部门依法进行管理的；严重妨害计划生育工作顺利进行的；等等。

根据《刑法》第 336 条第 2 款的规定，犯本罪的，处 3 年以下有期徒刑、拘役或者管制，并处或者单处罚金；严重损害就诊人身体健康的，处 3 年以上 10 年以下有期徒刑，并处罚金；造成就诊人死亡的，处 10 年以上有期徒刑，并处罚金。

十二、非法植入基因编辑、克隆胚胎罪[①]

非法植入基因编辑、克隆胚胎罪，是指将基因编辑、克隆的人类胚胎植入人体或者动物体内，或者将基因编辑、克隆的动物胚胎植入人体内，情节严重的行为。本罪具有如下构成要件：

1. 本罪的客体是生物技术研发活动管理秩序、他人的生命健康权和社会公共利益。这里的“社会公共利益”，是指社会伦理、人类社会代际发展等社会正常运转所必需的利益需求。

2. 本罪的客观方面表现为两种形式：一是将基因编辑、克隆的人类胚胎植入人体或者动物体内；二是将基因编辑、克隆的动物胚胎植入人体内。将基因编辑、克隆的动物胚胎植入动物体内的，不论是否为同一物种，均不构成本罪。对于这两种行为方式，均要求情节严重才成立犯罪。但值得思考的是，对于生物安全犯罪中“情节严重”的司法界定，需要慎重，不能等到发生实际危害结果或者产生严重危险时才进行刑法干预，而应当以完成相应的行为作为犯罪成立的条件，至于危害结果及其程度则应作为刑罚裁量的考虑因素。

3. 本罪的主体为一般主体，即年满 16 周岁且具有刑事责任能力的自然人。本罪未规定单位犯罪，但可对单位中从事犯罪行为的自然人定罪处罚。

4. 本罪的主观方面为故意，包括直接故意或者间接故意。

根据《刑法》第 336 条之一的规定，犯本罪的，处 3 年以下有期徒刑或者拘役，并处罚金；情节特别严重的，处 3 年以上 7 年以下有期徒刑，并处罚金。至于“情节特别严重”的判断，需要将来出台司法解释予以明确。

十三、妨害动植物防疫、检疫罪[②]

妨害动植物防疫、检疫罪，是指违反有关动植物防疫、检疫的国家规定，引起重大动植物疫情，或者有引起重大动植物疫情危险，情节严重的行为。“引起重大动植物疫情”一般是指引起动物一类、二类疫病，寄生虫或植物危险性病、虫、杂草等爆发流行或者传播、滋生、蔓延的情况。一类疫病主要有炭疽热、口蹄疫等；二类疫病主要有焦虫病、猪丹毒等。“引起重大动植物疫情危险，情节严重”是指有引起上述重大动植物疫情的高度危险的情况。

根据《刑法》第 337 条的规定，犯本罪的，处 3 年以下有期徒刑或者拘役，并处或者单处罚金。单位犯本罪的，对单位判处罚金，并对其直接负责的主管人员和其他直接责任人员，依照上述规定处罚。

---

① 本罪为《刑法修正案（十一）》第 39 条在《刑法》第 336 条之一新增的罪名。

② 本罪是《刑法修正案（七）》对《刑法》第 337 条第 1 款逃避动植物检疫罪的规定修改后确定的新罪名。

第六节　破坏环境资源保护罪

一、污染环境罪[①]

污染环境罪，是指违反国家规定，排放、倾倒或者处置有放射性的废物、含传染病病原体的废物、有毒物质或者其他有害物质，严重污染环境的行为。本罪具有如下构成要件：

1. 本罪的客体是复杂客体，即国家环境保护和污染防治制度与公民生命健康、财产安全。环境保护制度，是指由《中华人民共和国环境保护法》《中华人民共和国水污染防治法》《中华人民共和国海洋环境保护法》《中华人民共和国大气污染防治法》等一系列法律法规构成的环境保护制度。

2. 本罪在客观方面要求具备以下三个条件：

(1) 违反国家环境保护方面的法律、法规规定，这是构成本罪的前提。

(2) 排放、倾倒或者处置有放射性的废物、含传染病病原体的废物、有毒物质或者其他有害物质。排放，是指将各种危险废物排入土地、水体、大气的行为，包括丢弃、投放、注入、溢出、泄出、喷出、倒出；倾倒，是指通过船舶、航空器、平台或者其他载运工具，向土地、水体、大气排放各种危险废物的行为；处置，是指以焚烧、填埋或其他改变危险废物的物理、化学、生物特性的方法处理危险废物，达到减少其数量、体积、危险成分，或者将其最终置于某种特定场所而不再取回的行为。危险的废物，是指列入国家危险废物名录或者根据国家规定的危险废物鉴别标准和鉴别方法认定的具有危险性的废物，具体包括放射性废物、含传染病病原体的废物、有毒物质或者其他有害物质。放射性废物，是指放射性核素超过国家规定限制的固体、液体和气体废弃物；含传染病病原体的废物，是指含有传染病病菌的污水、粪便等废物；有毒物质，是指对人体有毒害，可能对人体健康和环境造成严重危害的固体、泥状及液体废物；其他有害物质，是指上述列举之外的，列入国家危险废物名录或根据国家规定的危险废物鉴定标准和鉴别方法认定的具有危险特性的物质。作为本罪行为载体的土地，包括耕地、林地、草地、荒山、山岭、滩涂、河滩地及其他陆地；水体包括中华人民共和国领域内的江河、湖泊、运河、渠道、水库等地表水体及地下水体，以及内海、领海和中华人民共和国管辖的一切海域；大气是指包围地球的空气层。

(3) 必须严重污染环境，最高人民法院、最高人民检察院发布的《关于办理环境污染刑事案件适用法律若干问题的解释》对严重污染环境有明确详细的解释。具体列举了以下情形：① 在饮用水水源一级保护区、自然保护区核心区排放、倾倒、处置有放射性的废物、含传染病病原体的废物、有毒物质的；② 非法排放、倾倒、处置危险废物 3 吨以上的；③ 排放、倾倒、处置含铅、汞、镉、铬、砷、铊、锑的污染物，超过国家或者地方污染物排放标准 3 倍以上的；④ 排放、倾倒、处置含镍、铜、锌、银、钒、锰、钴的污染物，超过国家或者地方污染物排放标准 10 倍以上的；⑤ 通过暗管、渗井、渗坑、裂隙、溶洞、灌注等逃避监管的方式排放、倾倒、处置有放射性的废物、含传染病病原体的废物、有毒物质的；⑥ 2 年内曾因违反国家规定，排

① 《刑法修正案（十一）》对《刑法》第 338 条作出了重大修改，主要增加了法定刑档次及相应的法定情形。

放、倾倒、处置有放射性的废物、含传染病病原体的废物、有毒物质受过两次以上行政处罚，又实施前列行为的；⑦ 重点排污单位篡改、伪造自动监测数据或者干扰自动监测设施，排放化学需氧量、氨氮、二氧化硫、氮氧化物等污染物的；⑧ 违法减少防治污染设施运行支出 100 万元以上的；⑨ 违法所得或者致使公私财产损失 30 万元以上的；⑩ 造成生态环境严重损害的；⑪ 致使乡镇以上集中式饮用水水源取水中断 12 小时以上的；⑫ 致使基本农田、防护林地、特种用途林地 5 亩以上，其他农用地 10 亩以上，其他土地 20 亩以上基本功能丧失或者遭受永久性破坏的；⑬ 致使森林或者其他林木死亡 50 立方米以上，或者幼树死亡 2 500 株以上的；⑭ 致使疏散、转移群众 5 000 人以上的；⑮ 致使 30 人以上中毒的；⑯ 致使 3 人以上轻伤、轻度残疾或者器官组织损伤导致一般功能障碍的；⑰ 致使 1 人以上重伤、中度残疾或者器官组织损伤导致严重功能障碍的；⑱ 其他严重污染环境的情形。[①]

3. 本罪的主体是一般主体，即年满 16 周岁且具有刑事责任能力的自然人和单位。根据最高人民法院、最高人民检察院、公安部、司法部、生态环境部联合发布的《关于办理环境污染刑事案件有关问题座谈会纪要》第 1 条的规定，对于单位犯罪的认定，一方面应当是为了单位利益而实施污染环境的行为，另一方面，还应当具有如下情形之一：(1) 经单位决策机构按照决策程序决定的；(2) 经单位实际控制人、主要负责人或者授权的分管负责人决定、同意的；(3) 单位实际控制人、主要负责人或者授权的分管负责人得知单位成员个人实施环境污染犯罪行为，并未加以制止或者及时采取措施，而是予以追认、纵容或者默许的；(4) 使用单位营业执照、合同书、公章、印鉴等对外开展活动，并调用单位车辆、船舶、生产设备、原辅材料等实施环境污染犯罪行为的。而单位犯罪中的"直接负责的主管人员"，一般是指对单位犯罪起决定、批准、组织、策划、指挥、授意、纵容等作用的主管人员，包括单位实际控制人、主要负责人或者授权的分管负责人、高级管理人员等；"其他直接责任人员"，一般是指在直接负责的主管人员的指挥、授意下积极参与实施单位犯罪或者对具体实施单位犯罪起较大作用的人员。

4. 本罪的主观方面为过失。这里的过失是针对严重污染环境的结果而言的，对于违反国家规定，排放、倾倒或者处置有害物质的行为则必然是故意。至于如何判断这种故意，最高人民法院、最高人民检察院、公安部、司法部、生态环境部联合发布的《关于办理环境污染刑事案件有关问题座谈会纪要》指出，应当依据犯罪嫌疑人、被告人的任职情况、职业经历、专业背景、培训经历、本人因同类行为受到行政处罚或者刑事追究情况以及污染物种类、污染方式、资金流向等证据，结合其供述，进行综合分析判断。具体而言，具有下列情形之一，犯罪嫌疑人、被告人不能作出合理解释的，可以认定其故意实施环境污染犯罪，但有证据证明确系不知情的除外：(1) 企业没有依法通过环境影响评价，或者未依法取得排污许可证，排放污染物，或者已经通过环境影响评价并且防治污染设施验收合格后，擅自更改工艺流程、原辅材料，导致产生新的污染物质的；(2) 不使用验收合格的防治污染设施或者不按规范要求使用的；(3) 防治污染设施发生故障，发现后不及时排除，继续生产放任污染物排放的；(4) 生态环境部门责令限制生产、停产整治或者予以行政处罚后，继续生产放任污染物排放的；(5) 将危险废物委托第三方处置，没有尽到查验经营许可的义务，或者委托处置费用明显低于市场价格或者处置成本的；(6) 通过暗管、渗井、渗坑、裂隙、溶洞、灌注等逃避监管的方式排放污染物的；(7) 通过篡改、伪造监测数据的方式排放污染物的；(8) 其他足以认定的情形。

① 参见《最高人民法院、最高人民检察院关于办理环境污染刑事案件适用法律若干问题的解释》第 1 条的规定。

根据《刑法》第 338 条的规定，犯本罪的，有三个档次的法定刑：(1) 严重污染环境的，处 3 年以下有期徒刑或者拘役，并处或者单处罚金。(2) 情节严重的，[1] 处 3 年以上 7 年以下有期徒刑，并处罚金。(3) 情节特别严重的，处 7 年以上有期徒刑并处罚金。对于“严重污染环境”，最高人民法院、最高人民检察院发布的《关于办理环境污染刑事案件适用法律若干问题的解释》第 1 条已有明确界定。对于“情节严重”界定，由于《刑法修正案（十一）》作出了修改，上述司法解释对“后果特别严重”作出的解释是否可以将其解释为“情节严重”，需要司法解释予以明确。对于“情节特别严重”的界定，经过修改后的《刑法》338 条规定了四种情形，但也需要司法解释对其中的用语作出进一步详细的解释。同时，根据《刑法》第 346 条的规定，单位犯本罪的，对单位判处罚金，并对其直接负责的主管人员和其他直接责任人员，依照上述规定处罚。

二、非法处置进口的固体废物罪

非法处置进口的固体废物罪，是指违反国家规定，将境外固体废物进境倾倒、堆放、处置的行为。本罪属于行为犯，达到既遂并不要求有严重的危害结果的发生。有的学者认为，1997 年刑法生效后，对非法处置境外废物的行为一律按本罪处理，而对于非法处置境内固体废物造成重大环境污染的，则按污染环境罪处理。[2] 本书认为这种观点值得商榷，当发生重大环境污染事故时，属于本罪的结果加重犯，而不应成立污染环境罪。

根据《刑法》第 339 条第 1 款的规定，犯本罪的，处 5 年以下有期徒刑或者拘役，并处罚金；造成重大环境污染事故，致使公私财产遭受重大损失或者严重危害人体健康的，处 5 年以上 10 年以下有期徒刑，并处罚金；后果特别严重的，处 10 年以上有期徒刑，并处罚金。最高人民法院、最高人民检察院发布的《关于办理环境污染刑事案件适用法律若干问题的解释》第 3 条对后果特别严重有明确详细的解释。根据《刑法》第 346 条的规定，单位犯本罪的，对单位判处罚金，并对其直接负责的主管人员和其他直接责任人员，依照上述规定处罚。以原料利用为名，进口不能作为原料的固体废物、液态废物和气态废物的，依照《刑法》第 152 条第 2、3 款规定的走私废物罪定罪处罚。

三、擅自进口固体废物罪

擅自进口固体废物罪，是指未经国务院有关主管部门许可，擅自进口固体废物用作原料，造成重大环境污染事故，致使公私财产遭受重大损失或者严重危害人体健康的行为。我国《废物进口环境保护管理暂行规定》第 8 条规定：“列入附件一的任何废物，必须经国家环保局审查批准，方可进口。”同时第 9 条又规定了进口废物的申请和审批程序。这就是说，凡依法报经国家环保局审查批准而进口固体废物的，不构成本罪。进口的必须是可以用作原料的固体废物，如果行为人以利用原料为名，进口的是不能用作原料的固体废物，应以《刑法》第 155 条规定的走私罪论处。构成本罪，必须造成重大环境污染事故，致使公私财产遭

---

① 《刑法修正案（十一）》第 40 条对《刑法》第 338 条作出了重大修改，将法定刑改为三档，将原来的“后果特别严重”改为“情节严重”。

② 参见李希慧主编：《妨害社会管理秩序罪新论》，武汉大学出版社 2001 年版，第 509 页。

受重大损失或者发生严重危害人体健康的危害后果。

根据《刑法》第 339 条第 2 款的规定，犯本罪的，处 5 年以下有期徒刑或者拘役，并处罚金；后果特别严重的，处 5 年以上 10 年以下有期徒刑，并处罚金。根据《刑法》第 346 条的规定，单位犯本罪的，对单位判处罚金，并对其直接负责的主管人员和其他直接责任人员，依照上述规定处罚。根据《刑法》第 339 条第 3 款的规定，以原料利用为名，进口不能用作原料的固体废物、液态废物和气态废物的，依照《刑法》第 152 条第 2、3 款规定的走私废物罪定罪处罚。

四、非法捕捞水产品罪

非法捕捞水产品罪，是指违反保护水产资源法规，在禁渔区、禁渔期或者使用禁用的工具、方法捕捞水产品，情节严重的行为。本罪具有如下犯罪构成：

1. 本罪的客体是国家保护水产资源的管理制度。

2. 本罪的客观方面必须满足以下三个条件：一是违反保护水产资源法规，这是成立本罪的前提。二是在禁渔区、禁渔期或者使用禁用的工具、方法捕捞水产品。捕捞水产品行为只要违反此四项规定之一，便可构成本罪。三是情节严重。情节严重主要是指：非法捕捞水产品，造成水产资源重大损失的；非法捕捞水产品，数量巨大的；暴力或以暴力相威胁抗拒渔政管理人员执法的，此处的暴力仅限于轻伤及轻微伤；经常非法捕捞水产品屡教不改的；采用炸鱼、电鱼、毒鱼等毁灭性的捕捞方法，对水产资源造成重大损害的；等等。当然，用投放危险物质等方法危害公共安全的，以相关的危害公共安全罪认定。

需要注意的是，为了做好长江流域重点水域保护工作，最高人民法院、最高人民检察院、公安部、农业农村部于 2020 年 12 月 17 日联合出台了《依法惩治长江流域非法捕捞等违法犯罪的意见》，对在长江流域重点水域实施的非法捕捞行为作出了刑法规制，具体包括：(1) 非法捕捞水产品 500 公斤以上或者 1 万元以上的；(2) 非法捕捞具有重要经济价值的水生动物苗种、怀卵亲体或者在水产种质资源保护区内捕捞水产品 50 公斤以上或者 1000 元以上的；(3) 在禁捕区域使用电鱼、毒鱼、炸鱼等严重破坏渔业资源的禁用方法捕捞的；(4) 在禁捕区域使用农业农村部规定的禁用工具捕捞的；(5) 其他情节严重的情形。违反保护水产资源法规，具有上述情形之一的，则应当以本罪定罪处罚。多次实施本意见规定的行为构成犯罪，依法应当追诉的，或者 2 年内 2 次以上实施本意见规定的行为未经处理的，数量数额累计计算。

此外，如果是在长江流域重点水域非法猎捕、杀害中华鲟、长江鲟、长江江豚或者其他国家重点保护的珍贵、濒危水生野生动物，价值 2 万元以上不满 20 万元的；或者明知是前述珍贵、濒危水生野生动物及其制品而予以非法收购、运输、出售，价值 2 万元以上不满 20 万元的，均以非法猎捕、杀害珍贵、濒危野生动物罪定罪处罚，不构成本罪。但如果明知是在长江流域重点水域非法捕捞犯罪所得的水产品而收购、贩卖，价值 1 万元以上的，则以掩饰、隐瞒犯罪所得罪定罪处罚，这里需要注意的是，并不处罚单纯的运输行为。

3. 本罪的主体为一般主体，为年满 16 周岁且具有刑事责任能力的自然人和单位。

4. 本罪的主观方面为故意，但不要求以牟利或食用为目的。

根据《刑法》第 340 条的规定，犯本罪的，处 3 年以下有期徒刑、拘役、管制或者罚金。根据《刑法》第 346 条的规定，单位犯本罪的，对单位判处罚金，并对其直接负责的主管人员和其他直接责任人员，依照上述规定处罚。

根据前述司法文件，实施本罪行为，具有下列情形之一的，从重处罚：(1) 暴力抗拒、阻碍国家机关工作人员依法履行职务，尚未构成妨害公务罪的；(2) 2 年内曾因实施本意见规定的行为受过处罚的；(3) 对长江生物资源或水域生态造成严重损害的；(4) 具有造成重大社会影响等恶劣情节的。具有上述情形的，一般不适用不起诉、缓刑、免予刑事处罚。根据渔获物的数量、价值和捕捞方法、工具等情节，认为对水生生物资源危害明显较轻的，可以认定为犯罪情节轻微，依法不起诉或者免予刑事处罚，但是曾因破坏水产资源受过处罚的除外。

五、危害珍贵、濒危野生动物罪

危害珍贵、濒危野生动物罪，是指违反国家有关野生动物保护法规，危害珍贵、濒危野生动物的行为。本罪的客体是国家对珍贵、濒危野生动物资源的重点保护制度。本罪在客观方面表现为两种类型的行为：

一是非法猎捕、杀害珍贵、濒危野生动物的行为。行为的非法性是构成本罪的前提。只要实施猎捕和杀害两种行为中的一种便构成犯罪。当然，用投放危险物质、爆炸、设置电网等方法非法猎捕、杀害国家重点保护的珍贵、濒危野生动物，同时又危害公共安全的，以相关的危害公共安全罪认定。实施本罪，又以暴力、威胁的方法抗拒查处，构成其他犯罪的，依照数罪并罚的规定处罚。如果行为人未取得特许猎捕证而进行捕杀，或者虽有特许猎捕证，但未按特许猎捕证规定的种类、数量、地点、期限或方式捕杀的，均构成本罪。非法猎捕、杀害的必须是国家重点保护的珍贵、濒危野生动物，具体包括列入国家重点保护野生动物名录的国家一级、二级保护野生动物，列入《濒危野生动植物种国际贸易公约》附录一、附录二的野生动物，以及驯养繁殖的上述物种。

二是非法收购、运输、出售国家重点保护的珍贵、濒危野生动物及其制品的行为。珍贵、濒危野生动物制品，是指对国家重点保护的珍贵、濒危野生动物进行某种加工而获得的成品或半成品，如毛皮制品、骨肉食品和药品等。进一步而言，此种情形下构成犯罪，必须同时具备以下条件：(1) 行为人必须违反了《野生动物保护法》。该法第 27 条第 2 款规定："因科学研究、人工繁育、公众展示展演、文物保护或者其他特殊情况，需要出售、购买、利用国家重点保护野生动物及其制品的，应当经省、自治区、直辖市人民政府野生动物保护主管部门批准，并按照规定取得和使用专用标识，保证可追溯，但国务院对批准机关另有规定的除外。"第 33 条又规定："运输、携带、寄递国家重点保护野生动物及其制品、本法第二十八条第二款规定的野生动物及其制品出县境的，应当持有或者附有本法第二十一条、第二十五条、第二十七条或者第二十八条规定的许可证、批准文件的副本或者专用标识，以及检疫证明。运输非国家重点保护野生动物出县境的，应当持有狩猎、进出口等合法来源证明，以及检疫证明。" (2) 实施了收购、运输、出售国家重点保护的珍贵、濒危野生动物及其制品三种行为中的一种。凡没有经有关部门或单位批准，对国家重点保护的一级、二级野生动物及其制品，在我国境内收购、运输或出售的，就属于非法行为。其中，收购包括以营利、自用等为目的的购买行为，如《全国人民代表大会常务委员会关于〈中华人民共和国刑法〉第三百四十一条、第三百四十二条的解释》指出，知道或者应当知道是国家重点保护的珍贵、濒危野生动物及其制品，为食用或者其他目的而非法购买的，构成非法收购珍贵、濒危野生动物或者珍贵、濒危野生动物制品罪。但如果知道或者应当知道是非法狩猎的野生动物而购买的，则构成掩饰、隐瞒犯罪所得罪。运输包括采用携带、邮寄、利用他人、使用交通工具等方法进行运送的行为。出售包括出卖和以营利为目的的加工利用行为。实施本罪，又以暴力、威胁方法抗拒查处，构成其他犯罪的，依照数罪并罚的规定处罚。如果非法将珍贵、濒危野生动物及其制品运出国(边)境，则牵连构成走私珍贵动物、珍贵动物制品罪。

根据《刑法》第 341 条第 1 款的规定，犯本罪的，处 5 年以下有期徒刑或者拘役，并处罚金；情节严重的，处 5 年以上 10 年以下有期徒刑，并处罚金；情节特别严重的，处 10 年以上有期徒刑，并处罚金或者没收财产。根据《刑法》第 346 条的规定，单位犯本罪的，对单位判处罚金，并对其直接负责的主管人员和其他直接责任人员，依照上述规定处罚。

本罪中非法猎捕、杀害行为的“情节严重”，根据《最高人民法院关于审理破坏野生动物资源刑事案件具体应用法律若干问题的解释》(简称《野生动物案件解释》)的规定，主要指以下几种情况：(1) 达到本解释附表所列相应数量标准的；(2) 非法猎捕、杀害不同种类的珍贵、濒危野生动物，其中两种以上分别达到附表所列“情节严重”数量标准一半以上的；(3) 犯罪集团的首要分子；(4) 严重影响对野生动物的科研、养殖等工作顺利进行的；(5) 以武装掩护方法实施犯罪的；(6) 使用特种车、军用车等交通工具实施犯罪的；(7) 造成其他重大损失的。此处的“情节特别严重”，主要指以下几种情况：(1) 达到本解释附表所列相应数量标准的；(2) 非法捕猎、杀害不同种类的珍贵、濒危野生动物，其中两种以上分别达到附表所列“情节特别严重”数量标准一半以上的；(3) 至少具备上述“情节严重”中的(1)(2) 情形中的一种的同时，又至少具有上述(3)(4)(5)(6)(7) 情形中的一种的。

关于本罪中非法收购、运输、出售行为的“情节严重”，根据上述《野生动物案件解释》，主要指下列几种情况：(1) 达到本解释附表所列相应数量标准的；(2) 非法收购、运输、出售不同种类的珍贵、濒危野生动物，其中两种以上分别达到附表所列“情节严重”数量标准一半以上的；(3) 犯罪集团的首要分子；(4) 严重影响对野生动物的科研、养殖等工作顺利进行的；(5) 以武装掩护方法实施犯罪的；(6) 使用特种车、军用车等交通工具实施犯罪的；(7) 造成其他重大损失的；(8) 价值在 10 万元以上的；(9) 非法获利 5 万元以上的；(10) 具有其他严重情节的。此处的“情节特别严重”主要指以下几种情况：(1) 达到本解释附表所列相应数量标准的；(2) 非法猎捕、杀害不同种类的珍贵、濒危野生动物，其中两种以上分别达到附表所列“情节特别严重”数量标准一半以上的；(3) 至少具备上述“情节严重”中的(1)(2) 情形中的一种的同时，又至少具有上述(3)(4)(5)(6)(7) 情形中的一种的；(4) 价值在 20 万元以上的；(5) 非法获利 10 万元以上的；(6) 具有其他特别严重情节的。其中，珍贵、濒危野生动物制品的价值，依照国家野生动物保护主管部门的规定核定，核定价值低于实际交易价格的，以实际交易价格认定。

需要注意的是，根据《依法惩治长江流域非法捕捞等违法犯罪的意见》，对在长江流域重点水域非法猎捕、杀害中华鲟、长江鲟、长江江豚或者其他国家重点保护的珍贵、濒危水生野生动物，或者明知是在长江流域重点水域非法捕捞、杀害的中华鲟、长江鲟、长江江豚或者其他国家重点保护的珍贵、濒危水生野生动物及其制品而予以非法收购、运输、出售的，依据下列规定认定并处罚：(1) 价值 2 万元以上不满 20 万元的，处 5 年以下有期徒刑或者拘役，并处罚金；(2) 价值 20 万元以上不满 200 万元的，应当认定为“情节严重”，处 5 年以上 10 年以下有期徒刑，并处罚金；(3) 价值 200 万元以上的，应当认定为“情节特别严重”，处 10 年以上有期徒刑，并处罚金或者没收财产。上述规定体现了对长江流域重点水域的非法捕捞行为进行严厉打击的态度。

六、非法狩猎罪

非法狩猎罪，是指违反狩猎法规，在禁猎区、禁猎期或者使用禁用的工具、方法进行狩猎，破坏野生动物资源，情节严重的行为。本罪的客体是国家对野生动物资源的保护制度。本罪在客观方面表现为：一是违反狩猎法规。这是构成本罪的特定前提。狩猎法规，是指我国保护野生动物资源法规中有关狩猎的各种规定。二是在禁猎区、禁猎期或者使用禁用的工具、方法，非法实施狩猎行为。禁猎区，是指国家划定的禁止在进行狩猎活动的地区，主要包括：(1) 某些珍贵动物的主要栖息、繁殖地区等自然保护区。(2) 城镇、工矿区、革命圣地、名胜古迹等地区。(3) 各种风景区。禁猎期，是指根据野生动物的繁殖和皮毛、肉食、药材的成熟季节，分别规定的禁止猎捕的期间。禁用的工具，是指足以破坏野生动物资源，危害人畜安全以及破坏森林、草原的工具，如地弓、土枪、大铁夹、军用武器等。禁用方法，是指那些破坏、妨害野生动物正常繁殖、生长的方法，如投毒、爆炸、烟熏、火攻等方法。三是狩猎的对象必须是珍贵、濒危野生动物以外的其他野生动物资源，如果狩猎的对象是珍贵、濒危野生动物，则构成非法猎捕、杀害珍贵、濒危野生动物罪。四是非法狩猎必须达到情节严重。情节严重，是指：非法狩猎野生动物在 20 只以上的；违反狩猎法规，在禁猎区或者禁猎期使用禁用的工具、方法狩猎的；具有其他严重情节的。

根据《刑法》第 341 条第 2 款的规定，犯本罪的，处 3 年以下有期徒刑、拘役、管制或者罚金。根据《刑法》第 346 条的规定，单位犯本罪的，对单位判处罚金，并对其直接负责的主管人员和其他直接责任人员，依照上述规定处罚。

七、非法猎捕、收购、运输、出售陆生野生动物罪[①]

非法猎捕、收购、运输、出售陆生野生动物罪，是指违反野生动物保护管理法规，以食用为目的，非法猎捕、收购、运输、出售国家重点保护的珍贵、濒危野生动物以外的，在野外环境自然生长繁殖的陆生野生动物，情节严重的行为。本罪具有如下的构成要件：

1. 本罪的客体是复杂客体，即国家的野生动物保护制度和群众的健康权。

2. 本罪的客观方面表现为违反野生动物保护管理法规，以食用为目的，非法猎捕、收购、运输、出售国家重点保护的珍贵、濒危野生动物以外的在野外环境自然生长繁殖的陆生野生动物。本罪的对象是在野外环境自然生长繁殖的陆生野生动物，不包括人工繁育、饲养的可以食用的野生动物，这里需要与不能食用而目前又正在进行商业性经营利用的驯养繁殖野生动物（大致有 54 种）相区别。对于有学者提出根据全国人大常委会《关于全面禁止非法野生动物交易、革除滥食野生动物陋习，切实保障人民群众生命健康安全的决定》，对于陆生野生动物，不论是在野外环境自然生长繁殖的，还是人工繁育饲养的，均是本罪的对象。[②] 对此，本书认为，应当依照刑法规定来进行适用，《刑法》第 341 条第 3 款已经明确该

① 本罪是《刑法修正案（十一）》第 41 条在《刑法》第 341 条第 3 款新增的罪名。

② 参见赵秉志主编：《〈刑法修正案（十一）〉理解与适用》，中国人民大学出版社 2021 年版，第 299 页。

罪的行为对象是国家重点保护的珍贵、濒危野生动物以外的在野外环境自然生长繁殖的陆生野生动物,因此,不能扩大解释为人工繁育饲养的任何陆生野生动物。

此外,本罪保护的应当是野生动物资源,以及防范利用(包括食用)野外环境自然生长繁殖的野生动物可能对人体健康带来的威胁,而非"一刀切"地禁止包括正规的人工繁育饲养产业在内的所有利用(包括食用)野生动物的行为。另外,本罪的对象也不包括水生野生动物。但行为对象为国家重点保护的珍贵、濒危水生野生动物的,依然成立犯罪。此外,本罪与非法狩猎罪是法条竞合关系,应按照特别法优于一般法的原则,以本罪论处。

3. 本罪的主体是一般主体,包括年满 16 周岁且具有刑事责任能力的自然人和单位。

4. 本罪的主观方面为故意,并要求以食用为目的,旨在革除食用野生动物的陋习。尽管有学者提出并不一概禁止是为了保证学科研究和社会价值需要[①],但也存在不完善之处,无法打击以牟利为目的猎杀、收购、运输、出售陆生野生动物的行为。并且,对于"食用目的"的证明也存在难度,需要司法解释进一步明确。

根据《刑法》第 341 条第 3 款的规定,犯本罪的,依照本罪第 2 款的非法狩猎罪的刑罚进行处罚,即处 3 年以下有期徒刑、拘役、管制或者罚金。同时,根据《刑法》第 346 条的规定,单位犯本罪的,对单位判处罚金,并对其直接负责的主管人员和其他直接责任人员,依照前述刑罚进行处罚。

八、非法占用农用地罪

非法占用农用地罪,是指违反土地管理法规,非法占用耕地、林地等农用地,改变被占用土地用途,数量较大,造成耕地、林地等农用地大量毁坏的行为。耕地是指适宜种植农作物,能够进行耕作并取得收益的土地,包括可以连续耕种的熟地、休闲地(轮歇地)、撂荒地、新开荒的围垦地等种植粮食和经济作物的水田或旱地。林地主要用于种植经济林木或一般的林地。根据《最高人民法院关于审理破坏草原资源刑事案件应用法律若干问题的解释》的规定,非法占用草原,改变被占用草原用途,数量较大,造成草原大量毁坏的,也构成本罪。草原包括天然草原和人工草地。其中,天然草原包括草地、草山和草坡;人工草地包括改良草地和退耕还草地,不包括城镇草地。本罪在客观方面表现为:一是行为人违反土地管理法规,即违反土地管理法、森林法、草原法等法律以及有关行政法规中关于土地管理的规定,这是本罪成立的前提。二是行为人实施了改变被占用土地用途的行为。非法占用耕地、林地等农用地是指违反土地管理法规,未经批准擅自占用耕地、林地等农用地,或者采取欺骗手段骗取批准,或者超过批准的用地数量占用耕地、林地等农用地。改作他用是指行为人将土地管理部门批准使用的土地擅自改变土地用途。三是非法占用耕地、林地等农用地,必须达到数量较大,并造成耕地、林地等农用地大量毁坏。其中,数量较大是指非法占用基本农田 5 亩以上或者非法占用基本农田以外的耕地 10 亩以上。造成耕地大量毁坏是指行为人非法占用耕地建窑、建坟、建房、挖沙、采石、采矿、取土、堆放固体废弃物或者进行其他非农业建设,造成基本农田 5 亩以上或者基本农田以外的耕地 10 亩以上种植条件严重毁坏或者

① 参见赵秉志主编:《〈刑法修正案(十一)〉理解与适用》,中国人民大学出版社 2021 年版,第 298~299 页。

严重污染。[①]《最高人民法院关于审理破坏草原资源刑事案件应用法律若干问题的解释》第2条对破坏草原资源的“数量较大”和“造成耕地、林地等农用地大量毁坏”也作出了详细解释。其中数量较大，是指非法占用草原，改变被占用草原用途，数量在20亩以上的，或者曾因非法占用草原受过行政处罚，在3年内又非法占用草原，改变被占用草原用途，数量在10亩以上的。

根据《刑法》第342条的规定，犯本罪的，处5年以下有期徒刑或者拘役，并处或者单处罚金。根据《刑法》第346条的规定，单位犯本罪的，对单位判处罚金，并对其直接负责的主管人员和其他直接责任人员，依照上述规定处罚。

九、破坏自然保护地罪[②]

破坏自然保护地罪，是指违反自然保护地管理法规，在国家公园、国家级自然保护区进行开垦、开发活动或者修建建筑物，造成严重后果或者有其他恶劣情节的行为。本罪具有如下的构成要件：

1. 本罪的客体是国家自然地保护制度。

2. 本罪的客观方面表现为违反自然保护地管理法规，在国家公园、国家级自然保护区进行开垦、开发活动或者修建建筑物，造成严重后果或者有其他恶劣情节。本罪的行为对象限定为国家公园和国家级自然保护区。这里的自然保护地管理法规，主要是指《自然保护区条例》。对于开发活动的界定，根据该《条例》第26条的规定，禁止在自然保护区内进行砍伐、放牧、狩猎、捕捞、采药、开垦、烧荒、开矿、采石、挖沙等活动；但是，法律、行政法规另有规定的除外。另外，对于修建建筑物的详细解释，该《条例》第32条也有相应规定，在自然保护区的核心区和缓冲区内，不得建设任何生产设施。在自然保护区的实验区内，不得建设污染环境、破坏资源或者景观的生产设施；建设其他项目，其污染物排放不得超过国家和地方规定的污染物排放标准。因此，在适用本罪时需要结合具体情况予以判断。需要强调的是，对于“造成严重后果或有其他恶劣情节”的判断，需要司法解释予以进一步明确。此外，实施本罪行为，同时构成其他犯罪的，依照处罚较重的罪名定罪处罚。

3. 本罪的主体是一般主体，包括年满16周岁且具有刑事责任能力的自然人和单位。

4. 本罪的主观方面为故意。

根据《刑法》第342条之一的规定，犯本罪的，处5年以下有期徒刑或者拘役，并处或者单处罚金。同时，根据《刑法》第346条的规定，单位犯本罪的，对单位判处罚金，并对其直接负责的主管人员和其他直接责任人员，依照前述刑罚进行处罚。

十、非法采矿罪

非法采矿罪，是指违反矿产资源法的规定，未取得采矿许可证而擅自采矿，或者擅自进入国家规划矿区，在对国民经济具有重要价值的矿区和他人矿区采矿，或者擅自开采国家

① 参见《最高人民法院关于审理破坏土地资源刑事案件具体应用法律若干问题的解释》第3条的规定。

② 本罪系《刑法修正案（十一）》第42条在《刑法》第342条之一新增的罪名。

规定实行保护性开采的特定矿种,情节严重的行为。根据《最高人民法院、最高人民检察院关于办理非法采矿、破坏性采矿刑事案件适用法律若干问题的解释》的规定,这里的"矿产资源法"是指《中华人民共和国矿产资源法》《中华人民共和国水法》等法律、行政法规中有关矿产资源开发、利用、保护和管理的规定。"未取得采矿许可证"是指具有下列情形之一:(1) 无许可证的;(2) 许可证被注销、吊销、撤销的;(3) 超越许可证规定的矿区范围或者开采范围的;(4) 超出许可证规定的矿种的(共生、伴生矿种除外);(5) 其他未取得许可证的情形。"情节严重"是指具有下列情形之一:(1) 开采的矿产品价值或者造成矿产资源破坏的价值在10万元至30万元以上的;(2) 在国家规划矿区、对国民经济具有重要价值的矿区采矿,开采国家规定实行保护性开采的特定矿种,或者在禁采区、禁采期内采矿,开采的矿产品价值或者造成矿产资源破坏的价值在5万元至15万元以上的;(3) 2年内曾因非法采矿受过两次以上行政处罚,又实施非法采矿行为的;(4) 造成生态环境严重损害的;(5) 其他情节严重的情形。"情节特别严重"是指具有下列情形之一:(1) 数额达到上述"情节严重"第(1)(2)两种情形规定标准5倍以上的;(2) 造成生态环境特别严重损害的;(3) 其他情节特别严重的情形。"造成矿产资源严重破坏"是指造成矿产资源破坏的价值在50万元至100万元以上,或者造成国家规划矿区、对国民经济具有重要价值的矿区和国家规定实行保护性开采的特定矿种资源破坏的价值在25万元至50万元以上。

根据《刑法》第343条第1款的规定,犯本罪的,处3年以下有期徒刑、拘役或者管制,并处或者单处罚金;情节特别严重的,处3年以上7年以下有期徒刑,并处罚金。根据《刑法》第346条的规定,单位犯本罪的,对单位判处罚金,并对其直接负责的主管人员和其他直接责任人员,依照上述规定处罚。

十一、破坏性采矿罪

破坏性采矿罪,是指违反矿产资源法的规定,采取破坏性的方法开采矿产资源,造成矿产资源严重破坏的行为。造成矿产资源严重破坏,是指破坏性开采造成矿产资源破坏的价值数额在30万元以上。本罪的主体是特殊主体,即取得采矿许可证的自然人或单位。未取得采矿许可证的人采取破坏性的方法开采矿产资源的,应按非法采矿罪定罪处罚。本罪的主观方面为间接故意,即行为人明知采取破坏性开采方法采矿可能造成矿产资源严重破坏的结果,仍放任这种结果的发生。

根据《刑法》第343条第2款的规定,犯本罪的,处5年以下有期徒刑或者拘役,并处罚金。根据《刑法》第346条的规定,单位犯本罪的,对单位判处罚金,并对其直接负责的主管人员和其他直接责任人员,依照上述规定处罚。

十二、危害国家重点保护植物罪[①]

危害国家重点保护植物罪,是指违反国家规定,危害国家重点保护植物的行为。本罪

① 《最高人民法院、最高人民检察院关于执行〈中华人民共和国刑法〉确定罪名的补充规定(七)》取消了非法采伐、毁坏国家重点保护植物罪和非法收购、运输、加工、出售国家重点保护植物、国家重点保护植物制品罪罪名,将《刑法》第344条的罪名统一调整为"危害国家重点保护植物罪"。

在客观方面表现为两种类型的行为方式:一是非法采伐、毁坏珍贵树木或者国家重点保护的其他植物的行为。《最高人民法院关于审理破坏森林资源刑事案件具体应用法律若干问题的解释》第1条规定,“珍贵树木”是指由省级以上林业主管部门或者其他部门确定的具有重大历史纪念意义、科学研究价值或者年代久远的古树名木,国家禁止、限制出口的珍贵树木以及列入国家重点保护野生植物名录的树木。“国家重点保护的其他植物”,是指除珍贵树木以外列入国家重点保护野生植物名录的植物。“非法采伐珍贵树木”,是指未经省、自治区、直辖市林业主管部门批准采伐珍贵树木。“毁坏珍贵树木”,是指致使特定珍贵树木丧失部分、全部价值或使用价值以及造成珍贵树木死亡或濒临灭绝等。本罪属于行为犯,只要实施上述两种行为之一,就构成本罪。二是非法收购、运输、加工、出售珍贵树木或者国家重点保护的其他植物及其制品的行为。

根据《刑法》第344条的规定,犯本罪的,处3年以下有期徒刑、拘役或者管制,并处罚金;情节严重的,处3年以上7年以下有期徒刑,并处罚金。《最高人民法院关于审理破坏森林资源刑事案件具体应用法律若干问题的解释》第2条规定,情节严重主要包括以下几种情况:(1)非法采伐珍贵树木2株以上或者毁坏珍贵树木致使珍贵树木死亡3株以上的。(2)非法采伐珍贵树木2立方米以上的。(3)为首组织、策划、指挥非法采伐或者毁坏珍贵树木的。(4)其他情节严重的情形。其中林木数量以立木蓄积计算,计算方法为原木材积除以该树种的出材率。根据《刑法》第346条的规定,单位犯本罪的,对单位判处罚金,并对其直接负责的主管人员和其他直接责任人员,依照上述规定处罚。

十三、非法引进、释放、丢弃外来入侵物种罪[①]

非法引进、释放、丢弃外来入侵物种罪,是指违反国家规定,非法引进、释放或者丢弃外来入侵物种,情节严重的行为。本罪具有如下构成要件:

1. 本罪的客体是国家对外来生物的安全管理制度。

2. 本罪的客观方面表现为行为人违反国家规定,非法引进、释放或者丢弃外来入侵物种,情节严重的行为。外来入侵物种,是指境外的物种活体和繁殖材料,包括外来入侵动物和外来入侵植物,具体品种参见中国外来入侵物种名单[②]。这里的国家规定主要是指《野生动物保护法》《生物安全法》《植物检疫条例》等。根据《生物安全法》第60条的规定,任何单位和个人未经批准,不得擅自引进、释放或者丢弃外来物种。根据《野生动物保护法》的相关规定,从境外引进野生动物物种的,应当经国务院野生动物保护主管部门批准。并且,应当采取安全可靠的防范措施,经海关进境检疫。确需将其放归野外的,按照国家有关规定执行。

根据《植物检疫条例》的相关规定,从国外引进种子、苗木,引进单位应当向相应的植物检疫机构提出申请,办理检疫审批手续。从国外引进、可能潜伏有危险性病、虫的种子、苗木和其他繁殖材料,还必须遵守隔离试种的相应规定。实际上,对于外来物种是否为我国外来入侵物种名单中的种类的判断具有滞后性,重要的判断依据应是是否违反有关规定,如申请

① 本罪为《刑法修正案(十一)》第43条在《刑法》第344条之一新增的罪名。

② 详细参见中国外来入侵物种信息系统,http://www.iplant.cn/ias/protlist/1?page=4.

审批、进境检疫等，以防范生物安全风险。引进，是指从境外引入外来入侵物种；释放，是指将从境外引入的外来入侵动物放归我国自然环境中；丢弃，是指将从境外引入的外来入侵植物及其繁殖材料、动物繁殖材料丢弃。对于“情节严重”的界定，需要司法解释予以进一步明确。

3. 本罪的主体是一般主体，包括年满 16 周岁且具有刑事责任能力的自然人和单位。

4. 本罪的主观方面为故意，既包括直接故意，也包括间接故意。

根据《刑法》第 344 条之一的规定，犯本罪的，处 3 年以下有期徒刑或者拘役，并处或者单处罚金。同时，根据《刑法》第 346 条的规定，单位犯本罪的，对单位判处罚金，并对其直接负责的主管人员和其他直接责任人员，依照前述对自然人的刑罚规定进行处罚。

十四、盗伐林木罪

(一) 盗伐林木罪的概念和构成

盗伐林木罪，是指以非法占有为目的，盗伐森林或者其他林木，数量较大的行为。本罪具有如下构成要件：

1. 本罪的客体是国家对林业的管理制度和国家、集体或他人对林木的所有权。

2. 本罪在客观方面表现为：一是违反保护森林法规，这是构成本罪的前提。二是行为人实施了下列盗伐森林、林木的行为：(1) 擅自砍伐国家、集体、他人所有或者他人承包经营管理的森林或林木的。(2) 擅自砍伐本单位或者本人承包经营管理的森林或其他林木的。(3) 在林木采伐许可证规定的地点以外采伐国家、集体、他人所有或者他人承包经营管理的森林或者其他林木的。三是盗伐林木必须数量较大。如果盗伐林木没有达到数量较大，则不构成犯罪。数量较大以 2 至 5 立方米或者幼树 100 至 200 株为起点。[①] 以上三个要件必须同时具备，否则不能构成本罪。

3. 本罪的主体是已满 16 周岁具有刑事责任能力的自然人和单位。

4. 本罪的主观方面为故意，而且行为人具有非法占有林木的目的。

(二) 盗伐林木罪的认定

在认定本罪时，要注意区分本罪与盗窃罪的区别。二者的主要区别在于：(1) 侵犯的客体不同。本罪的客体主要是国家对林业的管理活动，同时在这一过程中必然侵犯国家、集体或他人对林木的所有权；而盗窃罪侵犯的客体只是公私财产所有权。(2) 成立犯罪的标准不同。盗伐林木数量较大以 2 至 5 立方米或者幼树 100 至 200 株为起点；盗窃罪成立标准中的数额较大，一般是指盗窃价值 500 元至 2 000 元以上。将国家、集体、他人所有并已经伐倒的树木窃为己有以及偷砍他人房前屋后、自留地种植的零星树木，数额较大的，依照《刑法》第 264 条规定的盗窃罪定罪处罚。盗伐珍贵树木，同时触犯《刑法》第 344 条规定的非法采伐、毁坏国家重点保护植物罪，属于想象竞合犯，应当从一重罪定罪处罚。

---

① 参见《最高人民法院关于审理破坏森林资源刑事案件具体应用法律若干问题的解释》第 4 条的规定。

（三）盗伐林木罪的处罚

根据《刑法》第345条第1、4款的规定，犯本罪的，处3年以下有期徒刑、拘役或者管制，并处或者单处罚金；数量巨大的，处3年以上7年以下有期徒刑，并处罚金；数量特别巨大的，处7年以上有期徒刑，并处罚金。"数量巨大"以20至50立方米或者幼树1 000至2 000株为起点；"数量特别巨大"以100至200立方米或者幼树5 000至10 000株为起点。对于一年内多次盗伐少量林木未经处罚的，累计其盗伐林木的数量，构成犯罪的，依法追究其刑事责任。"幼树"是指胸径5厘米以下的树木。盗伐国家级自然保护区内的森林或者其他林木的，从重处罚。根据《刑法》第346条的规定，单位犯本罪的，对单位判处罚金，并对其直接负责的主管人员和其他直接责任人员，依照上述规定处罚。

十五、滥伐林木罪

滥伐林木罪，是指违反森林法的规定，滥伐森林或者其他林木，数量较大的行为。本罪的客体是国家保护林业资源的管理制度。本罪的客观方面表现为行为人实施了下列滥伐林木的行为：(1)未经林业行政主管部门及法律规定的其他主管部门批准并核发林木采伐许可证，或者虽持有林木采伐许可证，但违反林木采伐许可证规定的时间、数量、树种或者方式，任意采伐本单位所有或者本人所有的森林或者其他林木的；(2)超过林木许可证规定的数量采伐他人所有的森林或者其他林木的；(3)林木权属争议一方在林木权属确权之前，擅自砍伐森林或者其他林木的行为。滥伐林木"数量较大"，以10至20立方米或者幼树500至1 000株为起点。滥伐珍贵树木，同时触犯《刑法》第344条规定的非法采伐、毁坏国家重点保护植物罪的，属于想象竞合犯，应当从一重罪定罪处罚。本罪的主体可以是自然人，也可以是单位，但前者必须是已满16周岁且具有刑事责任能力的自然人。本罪的主观方面为故意。

根据《刑法》第345条第2、4款的规定，犯本罪的，处3年以下有期徒刑、拘役或者管制，并处或者单处罚金；数量巨大的，处3年以上7年以下有期徒刑，并处罚金。"数量巨大"以50至100立方米或者幼树2 500至5 000株为起点。滥伐国家级自然保护区内的森林或者其他林木的，从重处罚。对于一年内多次盗伐少量林木未经处罚的，累计其盗伐林木的数量，构成犯罪的，依法追究其刑事责任。"幼树"是指胸径5厘米以下的树木。根据《刑法》第346条的规定，单位犯本罪的，对单位判处罚金，并对其直接负责的主管人员和其他直接责任人员，依照上述规定处罚。

十六、非法收购盗伐、滥伐的林木罪

非法收购盗伐、滥伐的林木罪是指以牟利为目的，在林区非法收购明知是盗伐、滥伐的林木，情节严重的行为。本罪的客观方面表现为：一是在林区实施收购盗伐、滥伐的树木的行为。林区是构成本罪不可缺少的特定犯罪地点。如果在林区以外的地点收购，或者在林区收购的是合法采伐的树木，均不构成本罪。二是构成本罪还必须达到情节严重。情节严重是指：(1)非法收购盗伐、滥伐的林木达20立方米以上或者幼树1 000株以上的。(2)非法收购盗伐、滥伐的珍贵树木达2立方米以上或者5株以上的。(3)其他情节严重的情形。本罪的主体可以是自然人,也可以是单位,但前者必须是已满16周岁且具有刑事责任能力的自然人。主观方面是故意,而且以牟利为目的。非法收购明知是盗伐、滥伐的林木中的"明知"是指知道或应当知道。具有下列情形之一的,可以视为应当知道,但是有证据证明确属被蒙骗的除外:(1)在非法的木材交易场所或者销售单位收购木材的。(2)收购以明显低于市场价格出售的木材的。(3)收购违反规定出售的木材的。[①]

根据《刑法》第345条第3款的规定,犯本罪的,处3年以下有期徒刑、拘役或者管制,并处或者单处罚金;情节特别严重的,处3年以上7年以下有期徒刑,并处罚金。情节特别严重,主要有以下几种情况:(1)非法收购盗伐、滥伐的林木达100立方米以上或者幼树5 000株以上的;(2)非法收购盗伐、滥伐的珍贵树木达5立方米以上或者10株以上的;(3)其他情节特别严重的情形。根据《刑法》第346条的规定,单位犯本罪的,对单位判处罚金,并对其直接负责的主管人员和其他直接责任人员,依照上述规定处罚。

第七节 走私、贩卖、运输、制造毒品罪

一、走私、贩卖、运输、制造毒品罪

(一)走私、贩卖、运输、制造毒品罪的概念和构成

走私、贩卖、运输、制造毒品罪,是指违反国家毒品管制法规,走私、贩卖、运输、制造毒品的行为。本罪是选择性罪名,诉讼中应根据实际案情选择适用或合并适用。本罪具有如下构成要件:

1. 本罪的客体是国家对毒品的管理制度。行为对象必须是毒品。毒品是指鸦片、海洛因、甲基苯丙胺(冰毒)、吗啡、大麻、可卡因以及国家规定管制的其他能够使人形成瘾癖的麻醉药品和精神药品。

关于《非药用类麻醉药品和精神药品管制品种增补目录》能否作为认定毒品依据,《最高人民检察院关于〈非药用类麻醉药品和精神药品管制品种增补目录〉能否作为认定毒品依据的批复》规定:"2015年10月1日起施行的公安部、国家食品药品监督管理总局、国家卫生和计划生育委员会、国家禁毒委员会办公室《非药用类麻醉药品和精神药品列管办法》及其附表《非药用类麻醉药品和精神药品管制品种增补目录》,是根据国务院《麻醉药品和精神药品管理条例》第三条第二款授权制定的,《非药用类麻醉药品和精神药品管制品种增补目录》可以作为认定毒品的依据。"自2017年3月以来,国家相关部门对上述增补目录进行了多次更新[②],但该批复将其作为认定毒品的依据后,在具体审理毒品案件的定罪量刑数

① 参见《最高人民法院关于审理破坏森林资源刑事案件具体应用法律若干问题的解释》第10条的规定。

② 如《关于将卡芬太尼等四种芬太尼类物质列入非药用类麻醉药品和精神药品管制品种增补目录的公告》(2017年3月1日)、《关于将N-甲基-N-(2-二甲氨基环己基)-3,4-二氯苯甲酰胺(U-47700)等四类物质列入非药用类麻醉药品和精神药品管制品种增补目录的公告》(2017年7月1日)、《关于将芬太尼类物质列入〈非药用类麻醉药品和精神药品管制品种增补目录〉的公告》(2019年5月1日)、《关于将含羟考酮复方制剂等品种列入精神药品管理的公告》(2019年9月1日)。

量标准认定上,还有待司法解释进一步明确。

2. 本罪在客观方面表现为走私、贩卖、运输、制造毒品的行为。

走私毒品,是指违反海关法规,逃避海关监管,非法运输、携带、邮寄毒品进出国(边)境的行为。在司法实践中,常见的有:(1) 在设立海关或边卡的地点,以谎报、藏匿、伪装等手段,逃避海关监管,非法运输、携带毒品进出境;(2) 在未设海关、边卡的陆地边境,非法运输、携带毒品进出境;(3) 以谎报、藏匿、伪装等手段,逃避邮件和海关查验,非法邮寄毒品进出国(边)境;(4) 在领海、内海运输、收购、贩卖国家禁止进出口的毒品;(5) 直接向走私毒品的犯罪分子购买毒品;(6) 与走私毒品的犯罪分子通谋,为其提供贷款、资金、实物或者提供保管、运输、藏匿及其他方便的;等等。

贩卖毒品,是指为销售而非法收购毒品或者明知是毒品而非法销售的行为。这种行为不以反复进行或现实牟利为必要,即使贩卖一次甚至亏本,也不影响本罪的成立。从实践来看,贩卖毒品的具体行为方式一般有以下几种:(1) 以较低价格将其他毒贩的毒品购进,再以较高的价格贩卖给他人的;(2) 自己先制造出毒品,然后将自制的毒品拿去销售的;(3) 将家中祖传的毒品卖出牟利的;(4) 以毒品折价劳务费或者偿还债务的;(5) 以毒品为流通手段交换商品或者其他货物的;(6) 容留他人吸毒并出售毒品的;(7) 居间介绍毒品买卖,从中牟利的;(8) 依法从事生产、运输、管理、使用国家管制的麻醉药品、精神药品的单位和人员,明知对方是贩卖毒品的犯罪分子,而向其提供国家管制的麻醉药品、精神药品的;(9) 依法从事生产、运输、管理、使用国家管制的麻醉药品、精神药品的单位和人员,违反国家规定,以牟利为目的,向吸食、注射毒品的人提供国家管制的麻醉药品、精神药品的。根据《武汉会议纪要》① 的解释,贩毒人员被抓获后,对于从其住所、车辆等处查获的毒品,一般均应认定为其贩卖的毒品,确有证据证明查获的毒品并非用于贩卖的,对其行为按非法持有毒品、窝藏毒品处理。行为人为他人代购仅用于吸食的毒品,在交通、食宿等必要开销之外收取“介绍费”“劳务费”,或者以贩卖为目的收取部分毒品作为酬劳的,应视为从中牟利,属于变相加价贩卖毒品,以贩卖毒品罪定罪处罚。

运输毒品,是指明知是毒品而采取携带、邮寄、利用他人或者使用交通工具等方法非法将毒品从一个地方运送到另一个地方的行为。运输毒品可以基于贩卖毒品集团成员的分工,也可以为获利而替别人运输。根据《武汉会议纪要》的解释,吸毒者在运输毒品过程中被查获,没有证据证明其是为了实施贩卖毒品等其他犯罪,毒品数量达到较大以上的,以运输毒品罪定罪处罚。行为人为吸毒者代购毒品,在运输过程中被查获,没有证据证明托购者、代购者是为了实施贩卖毒品等其他犯罪,毒品数量达到较大以上的,对托购者、代购者以运输毒品罪的共犯论处。

制造毒品,是指违反国家关于毒品的管理法规,非法用毒品原料提炼、加工、配制成可供人吸食、注射的毒品的行为。制造毒品的行为主要有以下几种表现形式:(1) 从罂粟中提炼、制造鸦片、吗啡、海洛因系列毒品。(2) 从古柯中提炼可卡因。(3) 从大麻中提炼、配制大麻子、大麻油等系列毒品。(4) 用化学原料配制冰毒。上述四种并列选择行为,实施其中一种或者几种,即可构成本罪。对同一宗毒品实施了两种以上犯罪行为并有相应确凿证据的,应

① 参见最高人民法院于 2015 年 5 月 18 日印发的《全国法院毒品犯罪审判工作座谈会纪要》,与 2008 年在大连召开的全国法院毒品犯罪审判工作座谈会简称为《大连会议纪要》相对,本次座谈会因在武汉召开,所以简称为《武汉会议纪要》。

当按照所实施的犯罪行为的性质并列确定罪名，毒品数量不重复计算，不实行数罪并罚。对同一宗毒品可能实施了两种以上犯罪行为，但相应证据只能认定其中一种或者几种行为，认定其他行为的证据不够确实充分的，则只按照依法能够认定的行为的性质定罪。如涉嫌为贩卖而运输毒品，认定贩卖的证据不够确实充分的，则只定运输毒品罪。对不同宗毒品分别实施了不同种犯罪行为的，应对不同行为并列确定罪名，累计毒品数量，不实行数罪并罚。对被告人一人走私、贩卖、运输、制造两种以上毒品的，不实行数罪并罚，量刑时可综合考虑毒品的种类、数量及危害，依法处理。罪名不以行为实施的先后、毒品数量或者危害大小排列，一律以刑法条文规定的顺序表述。如对同一宗毒品制造后又走私的，以走私、制造毒品罪定罪。走私、贩卖、运输或制造毒品，无论数量多少，都构成犯罪。

3. 本罪的主体是已满 16 周岁且具有刑事责任能力的自然人和单位。但是，根据《刑法》第 17 条第 2 款的规定，贩卖毒品罪可以由已满 14 周岁不满 16 周岁且具有刑事责任能力的自然人构成。

4. 本罪在主观方面是故意，指行为人明知是毒品仍故意走私、贩卖、运输和制造。"明知"，是指行为人知道或者应当知道所实施的行为是走私、贩卖、运输、制造毒品行为。具有下列情形之一，且犯罪嫌疑人、被告人不能作出合理解释的，可以认定其"应当知道"，但有证据证明确属被蒙骗的除外：(1) 执法人员在口岸、机场、车站、港口和其他检查站点检查时，要求行为人申报为他人携带的物品和其他疑似毒品物，并告知其法律责任，而行为人未如实申报，在其携带的物品中查获毒品的；(2) 以伪报、藏匿、伪装等蒙蔽手段，逃避海关、边防等检查，在其携带、运输、邮寄的物品中查获毒品的；(3) 执法人员检查时，有逃跑、丢弃携带物品或者逃避、抗拒检查等行为，在其携带或者丢弃的物品中查获毒品的；(4) 体内或者贴身隐秘处藏匿毒品的；(5) 为获取不同寻常的高额、不等值报酬为他人携带、运输物品，从中查获毒品的；(6) 采用高度隐蔽的方式携带、运输物品，从中查获毒品的；(7) 采用高度隐蔽的方式交接物品，明显违背合法物品惯常交接方式，从中查获毒品的；(8) 行程路线故意绕开检查站点，在其携带、运输的物品中查获毒品的；(9) 以虚假身份或者地址办理托运手续，在其托运的物品中查获毒品的；(10) 有其他证据足以认定行为人应当知道的。

（二）走私、贩卖、运输、制造毒品罪的认定

1. 罪与非罪的界限。首先，凡根据医疗、教学、科研等的需要，政府有关部门特许从事买卖、运输、制造麻醉药品和精神药品的，是合法行为，只有未经批准而非法买卖、运输、制造毒品的行为，才能认为是犯罪。其次，行为人只要实施了走私、贩卖、运输、制造毒品的行为，不论其数量多少，都构成犯罪，但是，如果确实属于情节显著轻微危害不大的，依照《刑法》第 13 条但书规定，不能以犯罪论处。

2. 关于毒品的数量计算问题。首先，根据《刑法》第 347 条第 7 款的规定，对多次走私、贩卖、运输、制造毒品，未经处理的，毒品数量累计计算；其次，根据《刑法》第 357 条第 2 款的规定，毒品的数量以查证属实的走私、贩卖、运输、制造、非法持有毒品的数量计算，不以纯度折算。但是，对可能判处被告人死刑的毒品犯罪案件，对涉案毒品可能大量掺假或者系成分复杂的新类型毒品的，应当作出毒品含量鉴定。根据《武汉会议纪要》的解释，走私、贩卖、运输、制造、非法持有两种以上毒品的，可以将不同种类的毒品分别折算为海洛因的数

量，以折算后累加的毒品总量作为量刑的根据。对于既未规定定罪量刑数量标准，又不具备折算条件的毒品，综合考虑其致瘾癖性、社会危害性、数量、纯度等因素。对于有吸毒情节的贩毒人员，一般应当按照其购买的毒品数量认定其贩卖毒品的数量，量刑时酌情考虑其吸食毒品的情节；购买的毒品数量无法查明的，按照能够证明的贩卖数量及查获的毒品数量认定其贩毒数量；确有证据证明其购买的部分毒品并非用于贩卖的，不应计入其贩毒数量。办理毒品犯罪案件，无论毒品纯度高低，一般均应将查证属实的毒品数量认定为毒品犯罪的数量，并据此确定适用的法定刑幅度，但司法解释另有规定或者为了隐蔽运输而临时改变毒品常规形态的除外。涉案毒品纯度明显低于同类毒品的正常纯度的，量刑时可以酌情考虑。制造毒品案件中，毒品成品、半成品的数量应当全部认定为制造毒品的数量，无法再加工出成品、半成品的废液、废料则不应计入制造毒品的数量。对于废液、废料的认定，可以根据其毒品成分的含量、外观形态，结合被告人对制毒过程的供述等证据进行分析判断，必要时可以听取鉴定机构的意见。

3. 本罪与诈骗罪的界限。故意制造假毒品出售，或明知是非毒品而冒充毒品贩卖的行为，由于行为人主观上不具有制造、贩卖毒品的故意，客观上制造、贩卖的对象也不是毒品，而是利用假毒品诈骗他人钱财，数额较大，符合诈骗罪构成要件的，应当按诈骗罪论处。行为人不知所获得的是假毒品，将其以真毒品贩卖获利的，由于其主观上具有贩毒的故意，应以贩卖毒品罪未遂论处。如果行为人在非毒品中掺杂毒品贩卖，只要贩卖物中含有毒品，应以贩卖毒品罪论处。

（三）走私、贩卖、运输、制造毒品罪的处罚

根据《刑法》第 347 条第 2 款的规定，犯本罪，有下列情形之一的，处 15 年有期徒刑、无期徒刑或者死刑，并处没收财产：(1) 走私、贩卖、运输、制造鸦片 1 000 克以上、海洛因或者甲基苯丙胺 50 克以上或者其他毒品数量大的。根据《最高人民法院关于审理毒品犯罪案件适用法律若干问题的解释》第 1 条的规定，此处的“其他毒品数量大”是指具有下列情形之一：① 可卡因 50 克以上；② 3,4- 亚甲二氧基甲基苯丙胺（MDMA）等苯丙胺类毒品（甲基苯丙胺除外）、吗啡 100 克以上；③ 芬太尼 125 克以上；④ 甲卡西酮 200 克以上；⑤ 二氢埃托啡 10 毫克以上；⑥ 哌替啶（度冷丁）250 克以上；⑦ 氯胺酮 500 克以上；⑧ 美沙酮 1 千克以上；⑨ 曲马多、γ-羟丁酸 2 千克以上；⑩ 大麻油 5 千克、大麻脂 10 千克、大麻叶及大麻烟 150 千克以上；⑪ 可待因、丁丙诺啡 5 千克以上；⑫ 三唑仑、安眠酮 50 千克以上；⑬ 阿普唑仑、恰特草 100 千克以上；⑭ 咖啡因、罂粟壳 200 千克以上；⑮ 巴比妥、苯巴比妥、安钠咖、尼美西泮 250 千克以上；⑯ 氯氮卓、艾司唑仑、地西泮、溴西泮 500 千克以上；⑰ 上述毒品以外的其他毒品数量大的。国家定点生产企业按照标准规格生产的麻醉药品或者精神药品被用于毒品犯罪的，根据药品中毒品成分的含量认定涉案毒品数量。(2) 系走私、贩卖、运输、制造毒品集团的首要分子的。(3) 武装掩护走私、贩卖、运输、制造毒品的。(4) 以暴力抗拒检查、拘留、逮捕，情节严重的。(5) 参与有组织的国际贩毒活动的。

根据《刑法》第 347 条第 3 款的规定，走私、贩卖、运输、制造鸦片 200 克以上不满 1 000 克、海洛因或者甲基苯丙胺 10 克以上不满 50 克或者其他毒品数量较大的，处 7 年以上有期徒刑，并处罚金。根据《最高人民法院关于审理毒品犯罪案件适用法律若干问题的解释》第 2 条的规定，此处的“其他毒品数量较大”是指具有下列情形之一：① 可卡因 10 克以上不满

50克；② 3,4-亚甲二氧基甲基苯丙胺（MDMA）等苯丙胺类毒品（甲基苯丙胺除外）、吗啡20克以上不满100克；③ 芬太尼25克以上不满125克；④ 甲卡西酮40克以上不满200克；⑤ 二氢埃托啡2毫克以上不满10毫克；⑥ 哌替啶（度冷丁）50克以上不满250克；⑦ 氯胺酮100克以上不满500克；⑧ 美沙酮200克以上不满1千克；⑨ 曲马多、γ-羟丁酸400克以上不满2千克；⑩ 大麻油1千克以上不满5千克、大麻脂2千克以上不满10千克、大麻叶及大麻烟30千克以上不满150千克；⑪ 可待因、丁丙诺啡1千克以上不满5千克；⑫ 三唑仑、安眠酮10千克以上不满50千克；⑬ 阿普唑仑、恰特草20千克以上不满100千克；⑭ 咖啡因、罂粟壳40千克以上不满200千克；⑮ 巴比妥、苯巴比妥、安钠咖、尼美西泮50千克以上不满250千克；⑯ 氯氮卓、艾司唑仑、地西泮、溴西泮100千克以上不满500千克；⑰ 上述毒品以外的其他毒品数量较大的。

根据《刑法》第347条第4款的规定，走私、贩卖、运输、制造鸦片不满200克、海洛因或者甲基苯丙胺不满10克或者其他少量毒品的，处3年以下有期徒刑、拘役或者管制，并处罚金；情节严重的，处3年以上7年以下有期徒刑，并处罚金。具体而言，“其他少量毒品”包括以下情况：(1) 二亚甲基双氧安非他明（MDMA）等苯丙胺类毒品（甲基苯丙胺除外）不满20克的。(2) 氯胺酮、美沙酮不满200克的。(3) 三唑仑、甲喹酮不满10千克的。(4) 氯氮卓、艾司唑仑、地西泮、溴西泮不满100千克的。(5) 上述毒品以外的其他少量毒品的。①

根据《刑法》第347条第5款的规定，单位犯本罪的，对单位判处罚金，并对其直接负责的主管人员和其他直接责任人员，依照上述规定处罚。

根据《刑法》第347条第6款的规定，利用、教唆未成年人犯本罪的，或者向未成年人出售毒品的，从重处罚；根据《刑法》第349条第3款的规定，缉毒人员或者其他国家机关工作人员掩护、包庇走私、贩卖、运输、制造毒品的犯罪分子且事先通谋的，依照本罪从重处罚；根据《刑法》第356条的规定，因犯本罪和非法持有毒品罪被判过刑又犯本罪的，从重处罚。

二、非法持有毒品罪

（一）非法持有毒品罪的概念和构成

非法持有毒品罪，是指违反国家毒品管理法规，持有数量较大的毒品，司法机关又无法证明行为人持有毒品的来源与用途的行为。本罪具有如下构成要件：

1. 本罪的客体是国家对毒品的管理制度。

2. 本罪在客观方面必须具备以下五个条件：(1) 持有毒品。“持有”是一种事实上的支配，即行为人与物之间有一种事实上的支配与被支配的关系。持有毒品，是指以藏匿、携带、保管、支配等方式掌握、控制毒品。(2) 持有的必须是毒品，即持有鸦片、海洛因、甲基苯丙胺（冰毒）、吗啡、大麻、可卡因以及国家规定管制的其他能够使人形成瘾癖的麻醉药品和精神药品。(3) 持有毒品是非法的。非法，即行为人持有毒品时，没有合法的根据，违反《药品管理法》《中华人民共和国麻醉药品管理法》和《中华人民共和国精神药品管理法》的有关规定。(4) 非法持有的毒品必须数量较大。数量较大，是指非法持有鸦片200克以上不满1 000克、

① 参见《最高人民法院、最高人民检察院、公安部办理毒品犯罪案件适用法律若干问题的意见》第3条第3项的规定。

海洛因或者甲基苯丙胺 10 克以上不满 50 克或者其他毒品数量较大的。如果非法持有毒品不是数量较大,不能以犯罪论处。(5) 司法机关对毒品的来源与用途无法证实。一般情况下,没有证据证明行为人实施了走私、贩卖、运输、制造毒品等犯罪行为的,以非法持有毒品罪定罪。

3. 本罪的主体是已满 16 周岁且具有刑事责任能力的自然人。

4. 本罪在主观方面为故意,即行为人明知是毒品仍然持有。其中,"明知"是指明确知道或者应当知道。行为人缺乏专业知识,不明确知道是毒品,但根据某种事实和现象,认识到该物品可能是毒品且事实上是毒品的,也属于明知。

(二) 非法持有毒品罪的认定

1. 吸毒者持有毒品行为的定性问题。对于吸毒者实施的毒品犯罪,在认定犯罪事实和确定罪名时要慎重。吸毒者在购买、运输、存储毒品过程中被查获的,如没有证据证明其是为了实施贩卖等其他毒品犯罪行为,毒品数量未超过《刑法》第 348 条规定的最低数量标准的,一般不定罪处罚;查获毒品数量达到较大以上的,应以非法持有毒品罪定罪处罚。对于以贩养吸的被告人,其被查获的毒品数量应认定为其犯罪的数量,但量刑时应考虑被告人吸食毒品的情节,酌情处理;被告人购买了一定数量的毒品后,部分已被其吸食的,应当按能够证明的贩卖数量及查获的毒品数量认定其贩毒的数量,已被吸食部分不计入在内。

2. 购毒者、代收者的定性问题。根据《武汉会议纪要》的解释,购毒者接收贩毒者通过物流寄递方式交付的毒品,没有证据证明其是为了实施贩卖毒品等其他犯罪,毒品数量达到《刑法》第 348 条规定的最低数量标准的,一般以非法持有毒品罪定罪处罚。代收者明知是物流寄递的毒品而代购毒者接收,没有证据证明其与购毒者有实施贩卖、运输毒品等犯罪的共同故意,毒品数量达到《刑法》第 348 条规定的最低数量标准的,对代收者以非法持有毒品罪定罪处罚。

3. 托购、代购毒品者的定性问题。有证据证明行为人不以牟利为目的,为他人代购仅用于吸食的毒品,毒品数量超过《刑法》第 348 条规定的最低数量标准的,对托购者、代购者应以非法持有毒品罪定罪。代购者从中牟利,变相加价贩卖毒品的,对代购者应以贩卖毒品罪定罪。明知他人实施毒品犯罪而为其居间介绍、代购代卖的,无论是否牟利,都应以相关毒品犯罪的共犯论处。

4. 本罪与走私、贩卖、运输、制造毒品罪的关系。运输、走私、贩卖、制造毒品罪客观上以非法持有毒品为前提。此种情况下应如何处理呢? 本书认为此种情况不能以数罪并罚认定,也不能按本罪处理。在司法实践中,有证据证明行为人非法持有毒品是为了走私、贩卖、运输、制造毒品或者窝藏毒品的,以走私、贩卖、运输、制造毒品罪或者窝藏毒品罪定罪。

(三) 非法持有毒品罪的处罚

根据《刑法》第 348 条的规定,犯本罪的,非法持有鸦片 200 克以上不满 1 000 克、海洛因或者甲基苯丙胺 10 克以上不满 50 克或者其他毒品数量较大的,处 3 年以下有期徒刑、拘役或者管制,并处罚金;情节严重的,处 3 年以上 7 年以下有期徒刑,并处罚金;非法持有鸦片 1 000 克以上、海洛因或者甲基苯丙胺 50 克以上或者其他毒品数量大的,处 7 年以上有期徒刑或者无期徒刑，并处罚金。此处“数量大”与“数量较大”的标准与走私、贩卖、运输、制造毒品罪的规定相同，不再赘述。根据《刑法》第356条的规定，因犯走私、贩卖、运输、制造毒品罪和本罪被判过刑，又犯本罪的，从重处罚。

三、包庇毒品犯罪分子罪

包庇毒品犯罪分子罪，是指明知是走私、贩卖、运输、制造毒品的犯罪分子而向司法机关作假证明掩盖其罪行，或者帮助其湮灭罪证，使其逃避法律制裁的行为。包庇的对象特指走私、贩卖、运输、制造毒品的犯罪分子，包庇其他毒品犯罪分子的，不构成本罪。本罪的客观方面表现为包庇走私、贩卖、运输、制造毒品的犯罪分子的行为。包庇，是指明知是走私、贩卖、运输、制造毒品的犯罪分子，为掩盖其罪行而向司法机关作虚假证明或湮灭罪证，以使其逃避法律制裁的行为。

根据《刑法》第349条的规定，犯本罪的，处3年以下有期徒刑、拘役或者管制；情节严重的，处3年以上10年以下有期徒刑。缉毒人员或者其他国家机关工作人员掩护、包庇走私、贩卖、运输、制造毒品的犯罪分子的，依照本罪的规定从重处罚。犯本罪事先通谋的，以走私、贩卖、运输、制造毒品罪的共犯论处。根据《刑法》第356条的规定，因走私、贩卖、运输、制造、非法持有毒品罪被判过刑，犯本罪的，从重处罚。

四、窝藏、转移、隐瞒毒品、毒赃罪

窝藏、转移、隐瞒毒品、毒赃罪，是指为犯罪分子窝藏、转移、隐瞒毒品或者实施毒品犯罪所得财物的行为。窝藏，是指将毒品、毒赃隐藏在自己住所或其他隐蔽场所，以逃避司法机关追查的行为；转移，是指将犯罪分子的毒品、毒赃从此处挪至彼处；隐瞒，是指明知是犯罪分子的毒品、毒赃而掩盖的行为。这种行为不包括知情不举的消极不作为，而是指转移司法人员的视线，避免毒品、毒赃暴露，有意阻挠司法工作人员查获毒品、毒赃等积极作为。行为人窝藏、转移、隐瞒的对象是毒品、毒赃，而且此处的毒品、毒赃特指走私、贩卖、运输、制造毒品的犯罪分子的毒品和其犯罪所得的财物。

根据《刑法》第349条的规定，犯本罪的，处3年以下有期徒刑、拘役或者管制；情节严重的，处3年以上10年以下有期徒刑。缉毒人员或者其他国家机关工作人员掩护、包庇走私、贩卖、运输、制造毒品的犯罪分子的，依照本罪的规定从重处罚。犯本罪事先通谋的，以走私、贩卖、运输、制造毒品罪的共犯论处。根据《刑法》第356条的规定，因走私、贩卖、运输、制造、非法持有毒品罪被判过刑，又犯本罪的，从重处罚。

五、非法生产、买卖、运输制毒物品、走私制毒物品罪[①]

非法生产、买卖、运输制毒物品、走私制毒物品罪，是指违反国家规定，非法生产、买卖、

① 本罪是《刑法修正案（九）》第41条对《刑法》第350条第1、2款修改后规定的新罪名，取消走私制毒物品罪和非法买卖制毒物品罪罪名。

运输醋酸酐、乙醚、三氯甲烷或者其他用于制造毒品的原料、配剂,或者携带上述物品进出境,情节较重的行为。本罪是选择性罪名,诉讼中应根据实际案情选择适用或合并适用。本罪具有如下构成要件:

1. 本罪的客体是国家对于制毒物品的管理制度。本罪的对象是醋酸酐、乙醚、三氯甲烷或者其他用于制造毒品的原料、配剂。用于制造毒品的原料、配剂,是指提炼、分解毒品使用的原材料及辅助性配料。其中醋酸酐是乙酰化试剂,是制造海洛因的关键化学品;乙醚、三氯甲烷是溶剂,广泛使用于各种毒品的制造过程中。其他用于制造毒品的原料、配剂,如《联合国禁止非法贩运麻醉药品和精神药物公约》附件表一、表二所列物质中的丙酮、磷氨基苯甲酸、苯乙酸等。根据《最高人民法院、最高人民检察院、公安部关于办理走私、非法买卖麻黄碱类复方制剂等刑事案件适用法律若干问题的意见》的规定,麻黄碱类复方制剂也属于制造毒品的原料、配剂。此外,近年来我国也对易制毒化学品的种类进行了增补,如《关于同意将N–苯乙基–4–哌啶酮、4–苯胺基–N–苯乙基哌啶、N–甲基–1苯基–1–氯–2–丙胺、溴素、1–苯基–1–丙酮列入易制毒化学品品种目录的函》《关于同意将N–苯乙基–4–哌啶酮、4–苯胺基–N–苯乙基哌啶、N–甲基–1–苯基–1–氯–2–丙胺、溴素、1–苯基–1–丙酮5种物质列入易制毒化学品管理的公告》《关于同意将α–苯乙酰乙酸甲酯等6种物质列入易制毒化学品品种目录的函》。

2. 本罪的客观方面表现为:(1)违反国家规定。违反国家规定,是指违反卫生部、对外经贸部、公安部、海关总署发布的《关于对三种特殊化学品实行出口准许证管理的通知》等有关管制制毒物品的法律、法规、措施、决定、命令和我国加入的《联合国禁止非法贩运麻醉药品和精神药物公约》。违反国家对制毒物品的管理规定是构成本罪的前提。依照相关规定,经过法定审批手续生产、买卖、运输制毒物品以及携带这些制毒物品进出境的,不构成本罪。(2)实施非法生产、买卖、运输以及走私制毒物品的行为。生产,包括制造、加工、提炼等不同环节。需要注意的是,有些易制毒物品一般同时具有正常的生产、生活、医药等用途,对于为正常生产、生活、医药需要而生产、买卖、运输易制毒物品,但在生产、买卖、运输过程中违反有关规定的行为,应当区分罪与非罪的界限。根据《最高人民法院关于办理制毒物品犯罪案件适用法律若干问题的意见》,易制毒化学品生产、经营、使用单位或者个人未办理许可证明或者备案证明,购买、销售易制毒化学品,有证据证明确实用于合法生产、生活需要,依法能够办理只是未及时办理,且未造成严重社会危害的,可不以非法买卖制毒物品罪论处。《刑法修正案(九)》在入罪条件中加入情节严重的规定,正是为了划清罪与非罪的界限。情节严重主要是指超过相关司法解释规定的一定的数量标准。

3. 本罪的主体为一般主体,即年满16周岁且具有刑事责任能力的自然人和单位。

4. 本罪的主观方面是故意,即明知是国家管制的制毒物品,故意违反国家规定,实施非法生产、买卖、运输以及走私制毒物品的行为。明知他人制造毒品而为其生产、买卖、运输醋酸酐、乙醚、三氯甲烷或者其他用于制造毒品的原料、配剂的,以制造毒品罪的共犯论处。《刑法》第350条第2款是关于构成制造毒品罪共犯的提示性规定,即对于有证据证明行为人明知他人制造毒品而为其生产、买卖、运输制毒物品的,其行为是整个制造毒品犯罪过程中的一个环节,应适用刑法总则关于共同犯罪的规定,构成制造毒品罪,而不能重罪轻罚,适用本罪定罪处罚。

根据《刑法》第350条第1、3款的规定,犯本罪的,处3年以下有期徒刑、拘役或者管制，并处罚金；情节严重的，处 3 年以上 7 年以下有期徒刑，并处罚金；情节特别严重的，处 7 年以上有期徒刑，并处罚金或者没收财产。单位犯本罪的，对单位判处罚金，并对其直接负责的主管人员和其他直接责任人员，依照上述规定处罚。单位明知他人制造毒品而为其生产、买卖、运输制毒物品的，以制造毒品罪的共犯论处，对单位判处罚金，并对其直接负责的主管人员和其他直接责任人员，依照制造毒品罪规定处罚。

六、非法种植毒品原植物罪

非法种植毒品原植物罪，是指违反毒品原植物种植管制法规，未经国家主管部门的批准，私自种植罂粟、大麻等毒品原植物，情节严重的行为。本罪的客体是国家对毒品原植物种植的管制。根据国务院颁布的《麻醉药品和精神药品管理条例》第 4 条的规定，国家对麻醉药品药用原植物以及麻醉药品和精神药品实行管制。除本条例另有规定的外，任何单位、个人不得进行麻醉药品药用原植物的种植以及麻醉药品和精神药品的实验研究、生产、经营、使用、储存、运输等活动。未经国家主管部门批准和指定，任何单位或个人私自种植毒品原植物的，就是对国家管制毒品原植物秩序的侵犯。本罪在客观方面必须同时具备三个条件：(1) 行为人种植毒品原植物必须是非法的。非法，是指未经国家主管部门批准和指定，私自种植毒品原植物以及没有按照批准的种植计划、限定数量进行种植。这是构成本罪的前提。(2) 实施了种植毒品原植物的行为。种植，是指播种、插苗、移栽、施肥、灌溉、收获等，无论行为人实施上述全部行为，还是只实施其中的一种行为，都视为种植。(3) 非法种植毒品原植物必须具有下列情形之一：一是种植罂粟 500 株以上不满 3 000 株，大麻 5 000 株以上不满 30 000 株，或者其他毒品原植物数量较大的。二是经公安机关处理后又种植的。三是抗拒铲除的。非法种植毒品原植物，但不具有上述三种情形中的一种的，不能构成本罪。本罪的主体是已满 16 周岁且具有刑事责任能力的自然人。本罪的主观方面为直接故意，即行为人明知是毒品原植物仍非法种植，或者经公安机关处理后又故意种植以及抗拒铲除。不论其种植毒品原植物的目的是营利，还是供自己使用，均不影响本罪的成立。

根据《刑法》第 351 条的规定，犯本罪的，处 5 年以下有期徒刑、拘役或者管制，并处罚金；非法种植罂粟 3 000 株以上或者其他毒品原植物数量大的，处 5 年以上有期徒刑，并处罚金或者没收财产。非法种植罂粟或者其他毒品原植物，在收获前自动铲除的，可以免除处罚。根据《刑法》第 356 条的规定，因走私、贩卖、运输、制造、非法持有毒品罪被判过刑，又犯本罪的，从重处罚。

七、非法买卖、运输、携带、持有毒品原植物种子、幼苗罪

非法买卖、运输、携带、持有毒品原植物种子、幼苗罪，是指违反国家规定，未经国家主管部门批准，明知是未经灭活的罂粟等毒品原植物种子或者幼苗，而买卖、运输、携带、持有的行为。未经灭活，是指没有经过烘烤、放射线照射等消灭植物繁殖和生长机能的处理。本罪的客观方面表现为：(1) 行为人实施了买卖、运输、携带、持有未经灭活的罂粟等毒品原植物种子、幼苗的行为。(2) 买卖、运输、携带、持有未经灭活的罂粟等毒品原植物种子、幼苗的行

为是非法的。(3) 买卖、运输、携带、持有未经灭活的罂粟等毒品原植物种子、幼苗数量较大,其下限有待司法解释作出规定。本罪的主体是已满 16 周岁且具有刑事责任能力的自然人。本罪的主观方面为故意。

根据《刑法》第 352 条的规定,犯本罪的,处 3 年以下有期徒刑、拘役或者管制,并处或者单处罚金。根据《刑法》第 356 条的规定,因走私、贩卖、运输、制造、非法持有毒品罪被判过刑,又犯本罪的,从重处罚。

八、引诱、教唆、欺骗他人吸毒罪

引诱、教唆、欺骗他人吸毒罪,是指违反国家法律规定,以引诱、教唆、欺骗的手段,致使他人吸食、注射毒品的行为。引诱,是指以金钱、物质及其他方法进行勾引、诱使,拉拢他人吸食、注射毒品的行为;教唆,是指以劝说、授意、请求、怂恿等方法唆使他人吸食、注射毒品的行为;欺骗,是指通过虚构事实,隐瞒真相和制造假象,蒙蔽或欺骗他人,使其在不知是毒品的情况下吸食、注射毒品的行为。行为人只要实施了上述三种行为之一便可构成本罪。

根据《刑法》第 353 条第 1 款、第 3 款的规定,犯本罪的,处 3 年以下有期徒刑、拘役或者管制,并处罚金;情节严重的,处 3 年以上 7 年以下有期徒刑,并处罚金。引诱、教唆、欺骗未成年人吸食、注射毒品的,从重处罚。根据《刑法》第 356 条的规定,因走私、贩卖、运输、制造、非法持有毒品罪被判过刑,又犯本罪的,从重处罚。

九、强迫他人吸毒罪

强迫他人吸毒罪,是指违背他人意志,使用暴力、胁迫或者其他强制手段,迫使他人吸食、注射毒品的行为。违背他人意志,是指违反他人不愿意吸食、注射毒品的意志。暴力,是指以殴打、捆绑、伤害、禁闭等人身强制方式,致使被害人不能反抗和不敢反抗的行为。胁迫,是指以立即实施暴力相威胁或对他人施以精神的强制,迫使其吸食、注射毒品。如果被害人是不能辨别、控制自己行为的人,无论采取何种方法迫使其吸食、注射毒品,均应以本罪论处。

根据《刑法》第 353 条第 2 款、第 3 款的规定,犯本罪的,处 3 年以上 10 年以下有期徒刑,并处罚金。强迫未成年人吸食、注射毒品的,从重处罚。根据《刑法》第 356 条的规定,因走私、贩卖、运输、制造、非法持有毒品罪被判过刑,又犯本罪的,从重处罚。

十、容留他人吸毒罪

容留他人吸毒罪,是指为他人吸食、注射毒品提供场所的行为。本罪的客体是国家关于毒品、麻醉药品、精神药品的管制和他人的身心健康。本罪的客观方面表现为他人吸食、注射毒品提供场所的行为。提供场所的方式多种多样,如行为人利用自己的住所、居所甚至专门租赁一些场所容留他人吸毒;汽车、轮船的管理员或使用者利用其交通工具容留他人吸毒;饭店、旅馆、咖啡厅等公共娱乐场所的经营管理人员或服务人员利用这些公共场所容留他人吸毒;等等。行为人是自愿提供还是应吸毒人的要求而提供,不影响本罪的成立。容留他人吸食、注射毒品的人数和次数、持续时间长短不是本罪的构成条件。但是,偶尔容留他人吸食、注射毒品,确实属于情节显著轻微危害不大的,依照《刑法》第13条但书的规定,不以犯罪论处。如果行为人容留他人吸食、注射毒品并向其出售毒品的,应按贩卖毒品罪处理。

根据《刑法》第354条的规定,犯本罪的,处3年以下有期徒刑、拘役或者管制,并处罚金。根据《刑法》第356条的规定,因走私、贩卖、运输、制造、非法持有毒品罪被判过刑,又犯本罪的,从重处罚。

十一、非法提供麻醉药品、精神药品罪

非法提供麻醉药品、精神药品罪,是指依法从事生产、运输、管理、使用国家管制的麻醉药品、精神药品的人员,违反国家规定,向吸食、注射毒品的人提供国家规定管制的能够使人形成瘾癖的麻醉药品、精神药品的行为。本罪的客体是国家对麻醉药品、精神药品的生产、运输、管理、使用制度和他人的身体健康。本罪的客观方面表现为:一是行为的非法性,即行为人违反国家规定,向吸毒者提供国家规定管制的能够使人形成瘾癖的麻醉药品、精神药品。二是行为的非牟利性,即提供的麻醉药品、精神药品必须是无偿的。否则,便构成贩卖毒品罪。三是对象的特定性,即必须向吸毒者提供麻醉药品、精神药品。本罪的主体是依法从事生产、运输、管理、使用国家管制的麻醉药品、精神药品的自然人和单位。本罪的主观方面为故意。

根据《刑法》第355条的规定,犯本罪的,处3年以下有期徒刑或者拘役,并处罚金;情节严重的,处3年以上7年以下有期徒刑,并处罚金。向走私、贩卖毒品的犯罪分子或者以牟利为目的,向吸食、注射毒品的人提供国家规定管制的能够使人形成瘾癖的麻醉药品、精神药品的,依照《刑法》第347条规定的贩卖毒品罪定罪处罚。单位犯本罪的,对单位判处罚金,并对其直接负责的主管人员和其他直接责任人员,依照上述规定处罚。根据《刑法》第356条的规定,因走私、贩卖、运输、制造、非法持有毒品罪被判过刑,又犯本罪的,从重处罚。

十二、妨害兴奋剂管理罪[①]

妨害兴奋剂管理罪,是指引诱、教唆、欺骗、组织、强迫运动员使用兴奋剂参加国际国内重大体育赛事,或者明知运动员参加上述竞赛而向其提供兴奋剂,情节严重的行为。本罪具有如下构成要件:

1. 本罪的客体是复杂客体,包括国家对兴奋剂的管理制度和重大体育赛事活动秩序,以及运动员的身心健康。本罪的行为对象为运动员,对于非运动员实施本罪所禁止行为的,不构成本罪。对于"运动员"的界定,本书认为,不应当以是否为职业选手进行区分,而应当以是否参加国际国内重大体育赛事为标准,即便业余选手,在参加国际国内重大体育赛事

① 本罪是《刑法修正案(十一)》第44条在《刑法》第355条之一新增的罪名。

时,如果违反本条,也可以构成本罪。当然,运动员是指直接参加重大体育赛事的人员,不包括裁判员、教练员等辅助人员。对于“国际国内重大体育赛事”的理解,应当结合2020年出台的《体育赛事活动管理办法》第3条、第6条和第7条的规定综合判断,主要是看审批权是否在体育总局或国务院。同时,还应当结合国务院体育主管部门出具的认定意见进行界定。

2. 本罪的客观方面表现为三类:引诱、教唆、欺骗运动员使用兴奋剂参加国际国内重大体育赛事,情节严重;或者明知运动员参加上述竞赛而向其提供兴奋剂,情节严重;或者组织、强迫运动员使用兴奋剂参加国内国际重大体育竞赛。

对于第一类行为,具体包括三种手段:(1)引诱,是指以金钱、物质、荣誉等其他方法勾引、诱使运动员使用兴奋剂;(2)教唆,是指以劝说、授意、请求、怂恿等方法唆使运动员使用兴奋剂;(3)欺骗,是指虚构事实、隐瞒真相和制造假象,蒙蔽运动员,使其在不知情的情况下误用兴奋剂。

第二类行为需要行为人明知提供的对象是参加国内国际重大体育赛事的运动员,至于提供兴奋剂的行为人的身份则不限,包括售卖兴奋剂的人员。

对于上述两类行为,需要情节严重,才构成本罪。至于对“情节严重”的界定,需要司法解释予以明确。

第三类行为,则具体包括两种手段:(1)组织,是指策划、指挥、协调运动员使用兴奋剂,对于运动员的人数并无要求,可以是组织多人“服务”一名或者多名运动员,这一点不同于对于“聚众”型犯罪的要求。(2)强迫,是指违背运动员意志,使用暴力、胁迫或者其他强制手段,迫使运动员使用兴奋剂。对于此类行为,不要求情节严重。对于兴奋剂的判定,应当根据国家体育总局、商务部、国家卫生健康委、海关总署和国家药品监督管理局五部门联合发布的《2021年兴奋剂目录公告》所列的兴奋剂品种予以明确。需要强调的是,兴奋剂品种与毒品品种是一种交叉关系,如果行为人使用的兴奋剂属于毒品,则可能构成相关毒品犯罪,如非法持有毒品罪。[①] 此种情形下,行为人的行为属于想象竞合,需从一重罪定罪处罚。

此外,《最高人民法院关于审理走私、非法经营、非法使用兴奋剂刑事案件适用法律若干问题的解释》也对特殊人群保护作出了规定:“对未成年人、残疾人负有监护、看护职责的人组织未成年人、残疾人在体育运动中非法使用兴奋剂,具有下列情形之一的,应当认定为刑法第二百六十条之一规定的‘情节恶劣’,以虐待被监护、看护人罪定罪处罚:(一)强迫未成年人、残疾人使用的;(二)引诱、欺骗未成年人、残疾人长期使用的;(三)其他严重损害未成年人、残疾人身心健康的情形。”

3. 本罪的主体是一般主体,即年满16周岁且具有刑事责任能力的自然人,不包括单位。

4. 本罪的主观方面为故意,既包括直接故意,也包括间接故意。

根据《刑法》第355条之一的规定,犯本罪的,处3年以下有期徒刑或者拘役,并处罚金;对于强迫、组织的行为,依照前述刑罚从重处罚。

---

① 参见赵秉志主编:《〈刑法修正案(十一)〉理解与适用》,中国人民大学出版社2021年版,第327页。

第八节　组织、强迫、引诱、容留、介绍卖淫罪

一、组织卖淫罪

（一）组织卖淫罪的概念和构成

组织卖淫罪，是指以招募、雇用、引诱、容留等手段控制多人卖淫的行为。本罪具有如下构成要件：

1. 本罪的客体是良好的社会道德风尚。

2. 本罪在客观方面表现为组织他人卖淫的行为。具体包括以下内容：

⑴ 组织行为，是指以招募、雇用、纠集、引诱、容留等手段，策划、控制多人从事卖淫活动。根据《最高人民法院、最高人民检察院关于办理组织、强迫、引诱、容留、介绍卖淫刑事案件适用法律若干问题的解释》以招募、雇用、纠集等手段，管理或者控制他人卖淫，卖淫人员在 3 人以上的，应当认定为“组织他人卖淫”。至于组织卖淫者是否设置固定的卖淫场所、组织卖淫者人数多少、规模大小，不影响组织卖淫行为的认定。策划，是指发起组织他人卖淫活动，制订组织他人卖淫的活动计划。控制，是指安排、布置或调度卖淫人员从事卖淫活动。一般情况下，组织行为主要表现为两种方式：一种是设置卖淫场所或者变相的卖淫场所，如有的犯罪分子以开饭店、旅馆，出租房屋等各种名义，故意容留或招募、纠集一些卖淫人员在该场所内进行卖淫活动；另一种是没有固定的卖淫场所，行为人组织其控制的卖淫人员进行卖淫活动，如有些饭店、旅馆、发廊、浴室、舞厅等服务业、娱乐业的老板，公然唆使、引诱、允许本店的服务员陪同顾客到店外进行卖淫活动，从中收取钱财；有些老板以特殊服务为名，向顾客提供各种名义、项目的陪伴女郎，而实际上是提供妓女进行卖淫。

⑵ 组织他人卖淫。他人既指女性也指男性，通常是那些愿意出卖自己肉体的男女，而且被组织者必须是多人。但在被组织者中也有不明真相被诱骗或因其他原因被胁迫而来的。他们不愿意卖淫，组织者以强制的手段迫使其卖淫的，属于强迫他人卖淫的行为。

⑶ 组织他人进行的是卖淫活动。卖淫，是指以营利为目的，与不特定的异性发生性行为或其他淫乱活动。把性行为以外的其他淫乱活动包含在卖淫之内的理由为：一是卖淫嫖娼行为是一个过程，在这一过程中卖淫者与嫖客之间的相互勾引、结识、讲价、支付、发生手淫、口淫、性交行为及与此有关的行为都是卖淫嫖娼的组成部分。二是从外国刑事立法的规定来看，凡规定了有关卖淫犯罪的，一般都不将行为方式限定为性行为，还包括性行为之外的猥亵行为。

3. 本罪的主体是已满 16 周岁且具有刑事责任能力的自然人，通常指类似旧社会开设妓院的老鸨，可以是一人，也可以是数人，包括旅馆业、饮食服务业、文化娱乐业、出租汽车业等单位中利用本单位的条件组织他人卖淫的人员。

4. 本罪主观方面是故意。

（二）组织卖淫罪的认定

在认定本罪时，应注意区分本罪与协助组织卖淫罪的界限。协助组织卖淫行为是组织

卖淫行为的帮助行为，因此二者容易混淆。区分二者的关键在于正确地认定组织卖淫的实行行为。如果行为人在组织卖淫活动中实施了招募、雇用、强迫、引诱、容留卖淫人员的组织行为，无论情节轻重，均以本罪论处。如果行为人只是在组织卖淫活动中为组织卖淫者充当打手、保镖、管账人，或者只是从物质上、精神上予以资助，无论其行为对组织卖淫活动的顺利实施帮助多大，都应以协助组织卖淫罪论处。但名义上充当保镖、打手或者管账人，实际上在组织卖淫活动中起策划、指挥作用的人，客观上实施了组织卖淫的行为，应以本罪论处。组织卖淫的行为人，同时又对被组织卖淫的人员实施了杀害、伤害、强奸、绑架等犯罪行为的，应当分别按照组织卖淫罪、故意杀人罪、故意伤害罪、强奸罪、绑架罪等定罪量刑，再依照《刑法》第 69 条的规定实行数罪并罚。

（三）组织卖淫罪的处罚

根据《刑法》第 358 条的规定，犯本罪的，处 5 年以上 10 年以下有期徒刑，并处罚金；组织他人卖淫，情节严重的，处 10 年以上有期徒刑或者无期徒刑，并处罚金或者没收财产。情节严重，是指长期组织他人卖淫，或卖淫集团的首要分子，或组织较多人员卖淫等其他严重情节。根据《刑法》第 358 条第 2 款的规定，组织未成年人卖淫的，依照上述规定从重处罚。根据《刑法》第 361 条的规定，旅馆业、饮食服务业、文化娱乐业、出租汽车业等单位的人员，利用本单位的条件，组织他人卖淫的，依照自然人犯本罪处罚。所列单位的主要负责人犯本罪的，从重处罚。

二、强迫卖淫罪

强迫卖淫罪，是指违背他人意志，采用暴力、胁迫、虐待或者其他手段，迫使他人卖淫的行为。本罪的客体是社会道德风尚和他人的人身权利。本罪的对象是他人，包括成年妇女、少女、幼女和男人。本罪的客观方面表现为：一是违背他人意志，这是成立本罪的关键性因素，也是本罪与引诱、容留、介绍卖淫罪的主要区别。二是手段的强制性，即以暴力、胁迫、虐待或者其他手段实施。暴力，是指对他人实施殴打、捆绑、拘禁等危及其人身安全和人身自由的行为。胁迫，是指通过对他人进行威胁、恐吓、要挟等实行精神强制的行为。虐待，是指对他人实行暴力、胁迫以外的肉体或精神的摧残、折磨的行为，如侮辱、咒骂、不给饭吃、有病不给治疗等。其他方法，是指利用被强迫人患病、醉酒、睡觉或被麻醉之机，使其处于无力反抗或不知反抗的状态。三是行为内容的特定性，即必须强迫他人从事卖淫活动，而不是迫使他人从事其他活动。本罪的主体是已满 16 周岁且具有刑事责任能力的自然人。一个值得注意的问题是，已满 14 周岁未满 16 周岁的自然人以强奸的方法或暴力致人重伤或者死亡的方法，迫使他人卖淫的，根据相关的司法解释，应直接定强奸罪或者故意伤害（致人重伤、死亡）罪，因为强迫卖淫罪没有被包含在《刑法》第 17 条第 2 款所规定的 8 种行为方式之中。本罪的主观方面是故意。

根据《刑法》第 358 条第 1、2、3 款的规定，犯本罪的，处 5 年以上 10 年以下有期徒刑，并处罚金；情节严重的，处 10 年以上有期徒刑或者无期徒刑，并处罚金或者没收财产。情节严重，是指：强迫多人卖淫的；多次强迫他人卖淫的；造成被强迫卖淫的人自残、自杀或者其他严重后果的。强迫未成年人卖淫的，依照上述规定从重处罚。强迫卖淫的行为人，同时又对被强迫卖淫的人员实施了杀害、伤害、强奸、绑架等犯罪行为的,应当分别按照强迫卖淫罪、故意杀人罪、故意伤害罪、强奸罪、绑架罪等定罪量刑,然后依照《刑法》第 69 条的规定实行数罪并罚。根据《刑法》第 361 条第 1 款的规定,旅馆业、饮食服务业、文化娱乐业、出租汽车业等单位的人员,利用本单位的条件,强迫他人卖淫的,按照本罪定罪处罚。根据《刑法》第 361 条第 2 款的规定,上列单位的主要负责人,利用本单位的条件,强迫卖淫的,从重处罚。

三、协助组织卖淫罪

协助组织卖淫罪,是指为组织卖淫的人招募、运送人员或者实施其他协助行为。从本质上讲,协助他人组织卖淫的行为是组织卖淫罪的一种帮助行为,由于立法者把它作为一种独立的犯罪加以规定,故而,它是本罪的实行行为,不是共同犯罪中的帮助行为。具体而言,协助行为可以发生在组织卖淫活动中的各个环节,其具体表现形式也多种多样,如有的以招聘为名,协助组织卖淫的犯罪分子诱骗、招募他人卖淫;有的为组织卖淫的犯罪分子充当"皮条客",四处招揽顾客;有的为组织卖淫的犯罪分子充当保镖、探子,看家护院;等等。一个值得研究的问题是:如何认定充当打手的性质?本书认为,如果行为人是强迫他人卖淫的打手,则不能认定为协助组织卖淫罪,而应为强迫他人卖淫罪的实行犯;如果行为人的协助行为(暴力行为)不是针对卖淫者,而是针对诸如嫖客等人的,则以本罪认定。

根据《刑法》第 358 条第 4 款的规定,犯本罪的,处 5 年以下有期徒刑,并处罚金;情节严重的,处 5 年以上 10 年以下有期徒刑,并处罚金。情节严重,主要是指:协助他人组织卖淫人员向港、澳、台同胞卖淫的;多次或长期协助他人组织卖淫的;协助组织多人卖淫的;以协助他人组织卖淫为收入主要来源的;协助他人组织未成年人卖淫的;协助组织他人向外国人卖淫或出境卖淫的;等等。

四、引诱、容留、介绍卖淫罪

(一) 引诱、容留、介绍卖淫罪的概念与构成

引诱、容留、介绍卖淫罪,是指以金钱、物质或其他利益诱使他人卖淫,或为他人卖淫提供场所,或介绍卖淫、嫖娼的行为。本罪具有如下构成要件:

1. 本罪的客体是良好的社会道德风尚。

2. 本罪在客观方面表现为引诱、容留、介绍他人卖淫的行为。具体而言,包括以下两点:(1) 对象是他人,既包括女性,也包括男性,但引诱行为的对象不包括幼女。(2) 行为方式表现为引诱、容留、介绍的行为。引诱,是指行为人以金钱、物质或者其他利益为诱饵,勾引、拉拢、唆使他人从事卖淫活动。容留,是指为他人卖淫提供场所。介绍,是指在娼妓和嫖客之间进行撮合,使得卖淫嫖娼行为得以顺利进行。这三种行为只要实施其中一种,便可构成本罪。同时实施上述行为的,也只认定一罪,不实行数罪并罚。

3. 本罪的主体是已满 16 周岁且具有刑事责任能力的自然人,包括旅馆业、饮食服务业、文化娱乐业、出租汽车业等利用本单位的条件实施引诱、容留、介绍他人卖淫的人员。

4. 本罪的主观方面为故意，即明知自己实施的是引诱、容留、介绍他人卖淫的行为，仍有意为之。

（二）引诱、容留、介绍卖淫罪的认定

1. 本罪与强迫卖淫罪的界限。两罪都是组织他人从事卖淫活动，但性质不同。区别的关键在于：

(1) 前者实施引诱、容留、介绍行为；后者以强迫手段迫使他人卖淫。

(2) 前者侵犯的客体是社会道德风尚和社会治安管理秩序；后者主要是他人的性的不可侵犯的权利，同时败坏社会道德风尚，危害社会治安，严重破坏社会管理秩序。

(3) 前者中的卖淫人员是自愿的；后者是违背卖淫者意愿的。如果在引诱中带有强迫，在强迫中辅以引诱，而他人始终不愿卖淫的，应认定为强迫卖淫罪。如果他人开始在行为人的引诱、容留、介绍下自愿卖淫，后来意志发生变化，不愿卖淫，行为人又使用强迫手段迫使他人继续卖淫的，应认定行为人同时构成本罪和强迫他人卖淫罪，实行数罪并罚。

2. 本罪与组织卖淫罪的界限。二者的区别主要在于：

(1) 主观故意内容不同。前者是引诱、容留、介绍他人卖淫的故意；后者是组织卖淫的故意。

(2) 客观行为不同。前者是引诱、容留、介绍；后者是组织。

(3) 行为对象的人数不尽相同。前者可以是多人或一人；而后者必是多人。以引诱、容留、介绍为手段组织他人卖淫的，由于这三种行为是组织他人卖淫的组织行为的组成部分，应以组织卖淫罪定罪。对于和组织他人卖淫的组织行为没有关系的，也就是单纯地引诱、容留、介绍他人卖淫的行为，才能以本罪定罪处罚。如果行为人既组织他人卖淫，又实施和自己组织他人卖淫没有关系的另外的、独立的容留、介绍他人卖淫行为的，应两罪并罚。

（三）引诱、容留、介绍卖淫罪的处罚

根据《刑法》第 359 条第 1 款的规定，犯本罪的，处 5 年以下有期徒刑、拘役或者管制，并处罚金；情节严重的，处 5 年以上有期徒刑，并处罚金。所谓情节严重，主要是指：多次引诱、容留、介绍他人卖淫的；引诱、容留、介绍多人卖淫的；引诱、容留、介绍明知是有严重性病的人卖淫的；容留、介绍不满 14 周岁的幼女卖淫或者具有其他严重情节的。根据《刑法》第 361 条的规定，旅馆业、饮食服务业、文化娱乐业、出租汽车业等单位的人员，利用本单位的条件，引诱、容留、介绍他人卖淫的，依照自然人犯本罪处罚。所列单位的主要负责人犯本罪的，从重处罚。

五、引诱幼女卖淫罪

引诱幼女卖淫罪，是指明知是不满 14 周岁的幼女而引诱其进行卖淫活动的行为。引诱，是指行为人以金钱、物质或其他利益为诱饵，引导、劝说、拉拢、鼓动无知幼女进行卖淫。构成本罪的行为仅限于引诱，至于采取何种方式进行引诱，不影响本罪的成立。如果只容留或介绍幼女卖淫，应定容留、介绍卖淫罪。

根据《刑法》第 359 条第 2 款的规定，犯本罪的，处 5 年以上有期徒刑，并处罚金。根据

《刑法》第361条的规定,旅馆业、饮食服务业、文化娱乐业、出租汽车业等单位的人员,利用本单位的条件,引诱未满14周岁的幼女卖淫的,依照自然人犯本罪处罚。所列单位的主要负责人犯本罪的,从重处罚。

六、传播性病罪

(一) 传播性病罪的概念与构成

传播性病罪,是指明知自己患有梅毒、淋病等严重性病而卖淫或者嫖娼的行为。本罪具有如下构成要件:

1. 本罪的客体是良好的社会道德风尚和他人的身体健康权利。

2. 本罪的客观方面表现为:一是行为人患有淋病、梅毒等严重性病,这是本罪成立的前提。性病,俗称“花柳病”,是指淋病、梅毒、软性下疳、性病性淋巴肉芽肿、腹股沟肉芽肿等,是由特定的病原生微生物引起的,以性的接触为主要传播途径的一组传染病。“严重性病”就是对人体健康危害较大,或者传染性较强、发病率较高的性病。艾滋病是否属于传播性病中的“性病”呢?对于此问题,本书认为,鉴于在目前状况下,艾滋病属于不治之症,被染上艾滋病者卖淫、嫖娼的多出于报复社会的心理。故而,对于明确知道自己已患有艾滋病而又卖淫、嫖娼的,定故意伤害罪比较合适。当然,最恰当的还是立法机关把传染艾滋病的行为直接独立成罪。二是必须有卖淫或者嫖娼的行为,具有其中一项即可成立本罪。卖淫,是指通过向不特定的人出卖肉体以获取报酬的行为。这里所说的不特定的人,是指以金钱或者财物买得他人肉体进行淫乱活动的嫖客。某一嫖客在较长时间内买下某一娼妓从事淫乱活动的,该娼妓的行为仍然是卖淫行为。嫖娼,是指以金钱或者财物为代价,与他人从事淫乱活动的行为。如果行为人实施的不是卖淫或者嫖娼行为,即使与他人发生性行为,也不能构成本罪。

3. 本罪的主体为特殊主体,指患有梅毒、淋病等严重性病,且已满16周岁具有刑事责任能力的自然人。

4. 本罪的主观方面为故意,即明知自己患有梅毒、淋病等严重性病,而故意实施卖淫、嫖娼的行为。此处的“明知”,表现为确知或应当知道。具体而言,包括以下三种情况:(1)有证据证明曾到医院就诊,被诊断患有严重性病的;(2)根据本人的知识和经验,能够知道自己患有严重性病的;(3)通过其他方法能够证明行为人是“明知”的。

(二) 传播性病罪的认定

1. 本罪与故意伤害罪的界限。二者之间的区别在于:

(1) 客体不同。前者的客体为良好的社会道德风尚,他人的身体健康是随意客体;而后者的客体为他人的身体健康。

(2) 行为表现形式不同。前者为卖淫、嫖娼的行为;后者更为多样,可以以卖淫、嫖娼的方式伤害他人。

(3) 主观内容不同。前者是行为人明知自己患有梅毒、淋病等严重性病,仍故意实施卖淫、嫖娼的行为;后者则有伤害他人身体健康的故意。

(4) 主体不同。前者为特殊主体;后者为一般主体。如果行为人为了伤害他人,以卖淫、嫖娼为手段,意在使他人染上性病,且客观上造成了这种结果的,则应以故意伤害罪论处。

2. 一罪与数罪的问题。如果行为人是严重的性病患者,又嫖宿了幼女的,属于刑法中的想象竞合犯,应从一重罪处罚,即以嫖宿幼女罪论处;如果行为人是严重的性病患者,既实施了组织、强迫、引诱、容留、介绍他人卖淫的行为,又从事了卖淫、嫖娼活动的,应以数罪并罚论处。

(三) 传播性病罪的处罚

根据《刑法》第360条的规定,犯本罪的,处5年以下有期徒刑、拘役或者管制,并处罚金。

第九节 制作、贩卖、传播淫秽物品罪

一、制作、复制、出版、贩卖、传播淫秽物品牟利罪

(一) 制作、复制、出版、贩卖、传播淫秽物品牟利罪的概念和构成

制作、复制、出版、贩卖、传播淫秽物品牟利罪,是指以牟利为目的,制作、复制、出版、贩卖、传播淫秽物品的行为。本罪具有如下构成要件:

1. 本罪的客体是良好的社会道德风尚和国家对文化市场的管理秩序。

2. 本罪在客观方面表现为:一是实施制作、复制、出版、贩卖或者传播淫秽物品的行为。制作,是指制造和创作,如生产、录制、摄取、编著、绘画、印刷等制造淫秽物品的行为。复制,是指重复制作淫秽物品的行为,如复印、拓印、翻印、洗印、翻拍、拷贝、抄写等行为。出版,是指以出版单位的名义实施制作、复印淫秽物品的行为。贩卖,是指销售和发行淫秽物品等行为。传播,是指通过播放、出租、出借、运输、携带淫秽物品等方式使淫秽物品流传的行为。以牟利为目的,网站建立者、直接负责的管理者明知他人制作、复制、出版、贩卖、传播的是淫秽电子信息,仍允许或者放任他人在自己所有、管理的网站或者网页上发布的;电信业务经营者、互联网信息服务提供者明知是淫秽网站,仍为其提供互联网接入、服务器托管、网络存储空间、通信传输通道、代收费等服务,并收取服务费的;或明知是淫秽网站,以牟利为目的,通过投放广告等方式向其直接或者间接提供资金,或者提供费用结算服务的,均属于传播淫秽物品牟利的行为。二是行为的对象只能是淫秽物品。根据《刑法》第367条第1款的规定,淫秽物品,是指具体描绘性行为或露骨宣扬色情的诲淫性的书刊、影片、录像带、录音带、图片及其他淫秽物品。三是制作、复制、出版、贩卖、传播淫秽物品必须达到一定的数量标准。具体包括:(1) 制作、复制、出版淫秽影碟、软件、录像带50至100张(盒)以上,淫秽音碟、录音带100至200张(盒)以上,淫秽扑克、书刊、画册100至200副(册)以上,淫秽照片、画片500至1 000张以上的;(2) 贩卖淫秽影碟、软件、录像带100至200张(盒)以上,贩卖淫秽音碟、录音带200至400张(盒)以上,淫秽扑克、书刊、画册200至400副(册)以上,淫秽照片、画片1 000至2 000张以上的;(3) 向他人传播淫秽物品达200至500人次以上,或者

组织播放淫秽影像达10至20场次以上的;(4)制作、复制、出版、贩卖或者传播淫秽物品,获利5 000至10 000元以上的。关于制作、复制、出版、贩卖、传播淫秽电子信息的数量标准可参考《最高人民法院、最高人民检察院关于办理利用互联网、移动通讯终端、声讯台制作、复制、出版、贩卖、传播淫秽电子信息刑事案件具体应用法律若干问题的解释》。只有达到上述规定的数量标准,方能构成犯罪。

3. 本罪的主体是已满16周岁且具有刑事责任能力的自然人和单位。

4. 本罪在主观方面为故意,即明知是淫秽物品而有意制作、复制、出版、贩卖或者传播,且以牟利为目的。至于行为人盈利与否不影响本罪的构成。不是以牟利为目的实施制作、复制、出版、贩卖、传播淫秽物品行为的,不能构成本罪,但可能构成其他淫秽物品犯罪。

(二)制作、复制、出版、贩卖、传播淫秽物品牟利罪的认定

在认定本罪时要注意区分本罪与走私淫秽物品罪的界限。两罪的相似之处在于:犯罪对象都是淫秽物品,侵犯的客体都是复杂客体,且都包括社会管理秩序。二者的区别在于:(1)犯罪客体不同。除侵犯了社会管理秩序,前者还侵犯了社会主义道德风尚;后者侵犯的则是国家对进出口物品的管理秩序。(2)犯罪的客观方面不同。前者表现为制作、复制、出版、贩卖、传播淫秽物品的行为;后者表现为违反海关法规,逃避海关监管,非法运输、携带或者邮寄淫秽物品进出国(边)境的走私行为。(3)犯罪主体不同。前者的主体仅限于出版单位;而后者无此限制。(4)主观故意内容不同。前者主观上具有牟利的目的;后者既可具有牟利目的,也可具有传播目的。行为人走私进口淫秽物品后予以贩卖、传播的,其贩卖、传播行为视为走私后续行为,以走私淫秽物品罪一罪论处。行为人走私进口淫秽物品后予以大量复制、出版的,应以复制、出版淫秽物品牟利罪和走私淫秽物品罪实行并罚。

(三)制作、复制、出版、贩卖、传播淫秽物品牟利罪的处罚

根据《刑法》第363条第1款的规定,犯本罪的,处3年以下有期徒刑、拘役或者管制,并处罚金;情节严重的,处3年以上10年以下有期徒刑,并处罚金;情节特别严重的,处10年以上有期徒刑或者无期徒刑,并处罚金或者没收财产。情节严重主要是指下列情形:(1)制作、复制、出版淫秽影碟、软件、录像带250至500张(盒)以上,淫秽音碟、录音带500至1 000张(盒)以上,淫秽扑克、书刊、画册500至1 000副(册)以上,淫秽照片、画片2 500至5 000张以上的;(2)贩卖淫秽影碟、软件、录像带500至1 000张(盒)以上,贩卖淫秽音碟、录音带1 000至2 000张(盒)以上,淫秽扑克、书刊、画册1 000至2 000副(册)以上,淫秽照片、画片5 000至10 000张以上的;(3)向他人传播淫秽物品达1 000至2 000人次以上,或者组织播放淫秽影像达50至100场次以上的;(4)制作、复制、出版、贩卖或者传播淫秽物品,获利30 000至50 000元以上的。情节特别严重是指以牟利为目的,实施《刑法》第363条第1款规定的行为,其数量(数额)达到"情节严重"所要求数量的5倍以上的。关于制作、复制、出版、贩卖、传播淫秽电子信息的数量标准可参考《最高人民法院、最高人民检察院关于办理利用互联网、移动通讯终端、声讯台制作、复制、出版、贩卖、传播淫秽电子信息刑事案件具体应用法律若干问题的解释》(一)(二)。根据《刑法》第366条的规定,单位犯本罪的,对单位判处罚金,并对其直接负责的主管人员和其他直接责任人员,依照上述规定处罚。

二、为他人提供书号出版淫秽书刊罪

为他人提供书号出版淫秽书刊罪，是指违反国家书号管理规定，向他人提供书号，致使淫秽书刊得以出版的行为。本罪的客体是国家对图书出版发行的管理活动和社会道德风尚。本罪在客观方面表现为：一是为他人出版淫秽书刊提供书号。书号是指依照国家新闻出版行政法规的规定，对全国出版物统一按类别、科目、顺序进行登记而产生的图书编号。二是致使一些淫秽书刊获得书号，印刷出版。本罪的主体为特殊主体，必须是出版社或出版公司及其工作人员。本罪在主观方面是过失。明知他人用于出版淫秽书刊而提供书号的，应当定出版淫秽物品牟利罪。

根据《刑法》第 363 条第 2 款的规定，自然人犯本罪的，处 3 年以下有期徒刑、拘役或者管制，并处或者单处罚金。根据《刑法》第 366 条的规定，单位犯本罪的，对单位判处罚金，并对其直接负责的主管人员和其他直接责任人员，依照上述规定处罚。

三、传播淫秽物品罪

传播淫秽物品罪，是指不以牟利为目的，传播淫秽书刊、影片、音像、图片或者其他淫秽物品，情节严重的行为。本罪的客体是良好的社会道德风尚和国家禁止传播淫秽物品的制度。本罪的客观方面表现为：一是向不特定的人传播淫秽的书刊、影片、音像、图片或其他淫秽物品。二是传播淫秽物品的行为必须达到情节严重。根据《最高人民法院关于审理非法出版物刑事案件具体应用法律若干问题的解释》（简称《非法出版物案件解释》）的规定，此处的“情节严重”，是指向他人传播淫秽的书刊、影片、音像、图片等出版物达 300 至 600 人次以上或者造成恶劣社会影响的。关于传播淫秽电子信息的数量标准可参考《最高人民法院、最高人民检察院关于办理利用互联网、移动通讯终端、声讯台制作、复制、出版、贩卖、传播淫秽电子信息刑事案件具体应用法律若干问题的解释》（一）（二）。本罪的主体是年满 16 周岁且具有刑事责任能力的自然人和单位。本罪的主观方面为故意，即行为人明知是淫秽物品仍故意向不特定的人传播，但必须排除以牟利为目的，否则将构成传播淫秽物品牟利罪。

根据《刑法》第 364 条第 1、4 款的规定，自然人犯本罪的，处 2 年以下有期徒刑、拘役或者管制；向不满 18 周岁的未成年人传播淫秽物品的，从重处罚。根据《刑法》第 366 条的规定，单位犯本罪的，对单位判处罚金，并对其直接负责的主管人员和其他直接责任人员，依照上述规定处罚。

四、组织播放淫秽音像制品罪

（一）组织播放淫秽音像制品罪的概念和构成

组织播放淫秽音像制品罪，是指不以牟利为目的，组织播放淫秽的电影、录像等音像制品的行为。本罪具有如下构成要件：

1. 本罪的客体是良好的社会道德风尚和国家对文化娱乐活动的管理秩序。

2. 本罪的客观方面表现为:一是组织播放淫秽音像制品。组织,是指安排、筹划、指挥他人播放或聚集多人收看、收听淫秽音像制品的行为。播放,是指利用录音机、录像机、CD机、影碟机等播放设备将图像、声音等信息予以展示供人观看或收听的行为。二是必须具备一定的情节。根据《非法出版物案件解释》的规定,组织播放淫秽的电影、录像等音像制品达15至30场次以上或者造成恶劣社会影响的,方能构成本罪。

3. 本罪的主体是年满16周岁且具有刑事责任能力的自然人和单位。

4. 本罪的主观方面是故意,即行为人明知是淫秽音像制品仍组织播放,但必须排除以牟利为目的,否则将构成传播淫秽物品牟利罪。

(二) 组织播放淫秽音像制品罪的认定

1. 本罪与传播淫秽物品罪的界限。二者的主体、侵犯的客体是相同的,区别主要在于:

(1) 对象不同。前者的对象仅限于淫秽音像制品;后者的对象则是包括淫秽音像制品在内的所有淫秽物品。

(2) 客观方面不同。前者表现为不以牟利为目的,组织播放淫秽的电影、录像等音像制品的行为;后者则表现为行为人采取除组织播放以外的各种形式进行传播。

2. 本罪与传播淫秽物品牟利罪的界限。二者区别的关键在于,行为人是否以牟利为目的。如果行为人组织播放淫秽音像制品的目的是营利,则构成传播淫秽物品牟利罪。否则,便构成本罪。

(三) 组织播放淫秽音像制品罪的处罚

根据《刑法》第364条第2、3、4款的规定,犯本罪的,处3年以下有期徒刑、拘役或者管制,并处罚金;情节严重的,处3年以上10年以下有期徒刑,并处罚金。情节严重,主要是指组织播放淫秽音像制品达30人次以上的,或者造成特别恶劣的社会影响等。制作、复制淫秽的电影、录像等音像制品组织播放的,或者向不满18周岁的未成年人播放的,从重处罚。根据《刑法》第366条的规定,单位犯本罪的,对单位判处罚金,并对其直接负责的主管人员和其他直接责任人员,依照上述规定追究刑事责任。

五、组织淫秽表演罪

组织淫秽表演罪,是指组织他人进行淫秽表演的行为。本罪的客体是良好的社会道德风尚和国家对文艺演出活动的管理秩序。本罪的客观方面表现为组织他人进行淫秽表演的行为。组织包括两方面:一是招募、雇用、诱骗甚至胁迫演艺人员在观众面前作淫秽表演。二是引诱、煽动、召集、招待多人观看淫秽演出。淫秽表演,是指通过表演者的语言、动作和化装具体描绘性行为或露骨地宣扬色情的、诲淫性演出。如果是展示人体健美的裸露身体表演或在表演中含有某些色情内容,没有猥亵淫荡和下流无耻的语言和动作,一般不以犯罪论处。本罪的主体是年满16周岁且具有刑事责任能力的自然人和单位。本罪的主观方面是故意。

根据《刑法》第365条的规定,犯本罪的,处3年以下有期徒刑、拘役或者管制,并处罚金;情节严重的,处3年以上10年以下有期徒刑,并处罚金。根据《刑法》第366条的规定,单位犯本罪的，对单位判处罚金，并对其直接负责的主管人员和其他直接责任人员，依照上述规定处罚。

拓展阅读

案例分析

争议问题

复习思考题

1. 妨害公务罪的构成要件是什么？
2. 窝藏、包庇罪与伪证罪有何异同？
3. 医疗事故罪与重大责任事故罪的区别是什么？
4. 强迫卖淫罪与强奸罪的主要区别是什么？
5. 制作、复制、出版、贩卖、传播淫秽物品牟利罪的构成要件是什么？

自测习题及参考答案

第二十一章　危害国防利益罪

重点提示：

非法生产、买卖武装部队制式服装罪的概念、构成和认定，阻碍军人执行职务罪的概念、构成和认定，破坏武器装备、军事设施、军事通信罪的概念、构成和认定。

第一节　平时危害国防利益的犯罪

一、阻碍军人执行职务罪

阻碍军人执行职务罪，是指以暴力、威胁方法，阻碍军人依法执行职务的行为。本罪的客体是军人依法执行职务的活动。本罪的客观方面表现为：一是行为方法的特定性，即以暴力、威胁的方法阻碍军人依法执行职务。暴力，是指对军人的人身进行袭击或采用强制的方法使其不敢或者不能反抗，通常表现为攻击、殴打、伤害、捆绑、拘禁等。此处的暴力，仅限于轻伤及轻微伤害；暴力行为致使军人重伤或者死亡的，则超出了本罪构成要件的预定范围，属于想象竞合犯，应以《刑法》第 234 条规定的故意伤害罪或第 232 条规定的故意杀人罪认定。威胁，是指以侵害人身、侵害财产、毁损名誉等相威胁、恫吓，进行精神强制，逼迫军人屈服而不敢履行职务。二是对象的特殊性，即必须针对现役军人。现役军人，是指中国人民解放军的现役军官、文职干部、士兵及具有军籍的学员和中国人民武装警察部队的现役警官、文职干部、士兵及具有军籍的学员。执行军事任务的预备役人员和其他人员，以军人论。已经复员、退伍的军人，由于他们不再履行军事职责，故不属于本罪对象。三是时空的限制性，侵害必须发生在军人正在依法履行职务活动之时。如果军人尚未开始履行职务或者职务已经履行完毕，均不属于本罪的范围。本罪的主体为已满 16 周岁且具有刑事责任能力的自然人。本罪的主观方面是故意。

根据《刑法》第 368 条第 1 款的规定，犯本罪的，处 3 年以下有期徒刑、拘役、管制或者罚金。

二、阻碍军事行动罪

阻碍军事行动罪，是指故意阻碍武装部队的军事行动，造成严重后果的行为。本罪的客体是武装部队的军事行动。军事行动,是指为达到一定目的而有组织地使用武装力量的活动,在和平时期表现为进行战争准备活动,包括兵力、兵器的部署及调动,预定战场的建设,以及训练和演习等;在战争时期表现为开展战争、战役和战斗。本罪的客观方面表现为:一是行为人实施了阻碍武装部队军事行动的行为。阻碍武装部队军事行动,是指阻碍作战行动、军事演习以及兵力及兵器的调动、部署,阻碍修筑军事设施,阻碍军事训练和其他军事行动,以及阻碍为完成上述任务而进行的准备行动。阻碍的方法既可以是暴力、威胁方法,也可以是其他方法。以武装叛乱或者武装暴乱的方式阻碍军事行动的,属于想象竞合犯,根据从一重罪处罚的原则,应以武装叛乱、暴乱罪处罚。二是必须是针对武装部队的行为。即是对武装部队整体的军事行动的侵犯,而不是侵犯某个军人。此处的武装部队整体至少应为 3 人的战斗组织。根据我国《国防法》的规定,武装部队包括中国人民解放军、中国人民武装警察部队、预备役部队和民兵组织。三是造成了严重后果。严重后果一般是指造成重大政治影响或者严重经济损失,战役、战斗失利,人员伤亡,使武器装备毁损或者军事任务的完成受到严重影响的,等等。行为人虽然实施了阻碍武装部队军事行动的行为,但没有造成严重后果的,只能按阻碍军人执行职务罪定罪处罚。本罪的主体是年满 16 周岁且具有刑事责任能力的自然人,包括军人和非军人。本罪的主观方面是故意。

根据《刑法》第 368 条第 2 款的规定,犯本罪的,处 5 年以下有期徒刑或者拘役。

三、破坏武器装备、军事设施、军事通信罪

破坏武器装备、军事设施、军事通信罪,是指故意破坏武器装备、军事设施、军事通信,危害国防利益的行为。本罪的客体是军队战斗力的物质保障,即国家防务及武装部队的战斗力和军事通信能力。本罪的对象是武器装备、军事设施和军事通信。武器装备,指武装部队直接用于实施和保障作战行动的武器、武器系统和军事技术器材的统称,包括冷兵器、枪械、火炮、火箭、导弹、弹药、爆破器材、坦克及其他装甲战斗车辆、作战飞机、战斗舰艇等。军事设施,指国家直接用于军事目的的建筑、场地和设施,包括指挥机关、地面和地下的指挥工程、作战工程,军用机械、港口、码头、营区、训练场、试验场、军用洞库、仓库等。军事通信,指军队运用各种通信手段,为实施指挥和武器控制而进行的信息传递,通常的手段有无线电通信、有线电通信、光通信、运动通信、简易信号通信等。本罪的客观方面表现为破坏武器装备、军事设施、军事通信的行为。本罪的主体是年满 16 周岁且具有刑事责任能力的自然人,包括军人和非军人。本罪的主观方面是故意。

根据《刑法》第 369 条第 1、3 款的规定,犯本罪的,处 3 年以下有期徒刑、拘役或者管制;破坏重要武器装备、军用设施、军事通信的,处 3 年以上 10 年以下有期徒刑;情节特别严重的,处 10 年以上有期徒刑、无期徒刑或者死刑,战时从重处罚。重要的武器装备、军事设施、军事通信,是指价值重大、用途重要的武器装备、军事设施以及具有特别意义的军事通信。例如,军用飞机、舰艇、导弹基地、军用港口与机场、战时军事指挥通信等。情节特别严重包括:造成重要武器装备严重毁损的;造成重要战备工程、军用机场、港口、码头丧失使用效能的;大型仓库爆炸、淹没、焚毁的;使指挥机关不能正常指挥的;长期严重干扰重要军事通信的;造成特别巨大经济损失的;使战役、战斗遭受重要损失的;伤亡多人的;等等。

四、过失损坏武器装备、军事设施、军事通信罪

过失损坏武器装备、军事设施、军事通信罪，是指过失损坏武器装备、军事设施、军事通信，危害国防利益，造成严重后果的行为。本罪在客观方面必须造成严重后果。本罪的主观方面是过失。

根据《刑法》第 369 条第 2、3 款的规定，犯本罪的，处 3 年以下有期徒刑或者拘役；造成特别严重后果的，处 3 年以上 7 年以下有期徒刑。战时犯本罪的，从重处罚。

五、故意提供不合格武器装备、军事设施罪

故意提供不合格武器装备、军事设施罪，是指明知是不合格的武器装备、军事设施而提供给武装部队的行为。不合格，是指不符合规定的标准，如用于制作、建造武器装备、军事设施的原材料不合格、产品性能不符合要求，或者所建设施的外部和内部结构、坚固程度未达到规定的设计要求等。这里的"提供"是广义的，不仅包括将不合格的武器装备、军事设施交给使用单位这一最后环节，还包括在武器装备的科研、勘探、设计、建造、生产、销售、修理、验收各环节中故意提供不合格的武器装备或军事设施。至于有偿提供还是无偿提供，均不影响本罪的成立。符合本罪构成，又符合生产、销售伪劣产品罪的，属于法条竞合，按照特别法优于普通法的原则，应以本罪论处。本罪的主体为一般主体，实践中实施本罪的通常是武器装备、军事设施的生产者、销售者。本罪的主观方面是故意。

根据《刑法》第 370 条第 1、3 款的规定，犯本罪的，处 5 年以下有期徒刑或者拘役；情节严重的，处 5 年以上 10 年以下有期徒刑；情节特别严重的，处 10 年以上有期徒刑、无期徒刑或者死刑。单位犯本罪的，对单位判处罚金，并对其直接负责的主管人员和其他直接责任人员，依照上述规定处罚。

六、过失提供不合格武器装备、军事设施罪

过失提供不合格武器装备、军事设施罪，是指违反武器装备、军事设施的质量管理规定，不严格履行武器装备、军事设施的检验职责，过失将不合格的武器装备、军事设施提供给武装部队，造成严重后果的行为。造成严重后果，是指：造成人员重伤、死亡的；造成巨大经济损失的；严重影响部队完成任务的，等等。

根据《刑法》第 370 条第 2 款的规定，犯本罪的，处 3 年以下有期徒刑或者拘役；造成特别严重后果的，处 3 年以上 7 年以下有期徒刑。特别严重后果，是指造成多人重伤、死亡的，严重影响部队完成重要作战任务的，造成特别巨大经济损失的；直接造成战斗、战役失利，我军损失惨重的；等等。

七、聚众冲击军事禁区罪

聚众冲击军事禁区罪，是指聚众冲击军事禁区，严重扰乱军事禁区秩序的行为。聚众，

是指许多人聚集在一起。冲击,是指用交通工具或徒步强行闯入。军事禁区,是指最重要或具有重大危险因素的军事设施保护性区域,包括陆域、水域和空域。严重扰乱军事禁区秩序,是指严重干扰了军事禁区内的指挥,妨害了军事交通,影响了作战、战备、训练、科研等正常工作的进行。对于以武装叛乱的形式冲击军事禁区,严重扰乱军事禁区秩序的,属于想象竞合犯,根据从一重罪处罚的原则,应以武装叛乱罪定罪处罚。本罪的主体为一般主体,即已满16周岁且具有刑事责任能力的自然人,但限定为聚众冲击军事禁区中的首要分子和其他积极参加者。首要分子是指在聚众冲击军事禁区中起组织、策划、指挥作用的犯罪分子。这种首要分子和其他积极参加者包括非军人和军人。本罪的主观方面是故意。

根据《刑法》第371条第1款的规定,犯本罪的,对首要分子,处5年以上10年以下有期徒刑;对其他积极参加的,处5年以下有期徒刑、拘役、管制或者剥夺政治权利。

八、聚众扰乱军事管理区秩序罪

聚众扰乱军事管理区秩序罪,是指聚众扰乱军事管理区秩序,情节严重,致使军事管理区工作无法进行,造成严重损失的行为。本罪的客体是军事管理区的管理秩序。本罪的客观方面表现为:一是实施聚众行为。聚众,是指聚集多人。二是扰乱军事管理区秩序,情节严重,致使军事管理区工作无法进行,造成严重损失。军事管理区,是指重要的军事设施保护区。情节严重,是指:在军事管理区内聚众斗殴的;有打砸抢行为或者其他违法行为,尚不构成其他犯罪的;长时间扰乱军事管理区秩序的;扰乱军事管理区秩序屡教不改的。造成严重损失,是指造成泄露军事秘密、恶劣政治影响和巨大经济损失等。本罪的主体为一般主体,但法律限定为聚众扰乱军事管理区秩序中的首要分子和其他积极参加者。本罪的主观方面是故意。

根据《刑法》第371条第2款的规定,犯本罪的,对首要分子,处3年以上7年以下有期徒刑;对其他积极参加的,处3年以下有期徒刑、拘役、管制或剥夺政治权利。

九、冒充军人招摇撞骗罪

冒充军人招摇撞骗罪,是指以谋取非法利益为目的,冒充军人招摇撞骗的行为。本罪的客体是军队的声誉及正常活动。本罪的客观方面表现为:一是实施冒充军人的行为。冒充军人身份包括三种情况:(1)非军人冒充军人。(2)级别较低的军人冒充级别较高的军人。(3)一般部门的军人冒充要害部门的军人。其行为表现为非军人身穿佩有军人标志的军服或者携带、使用军人身份证件,自称为某军事单位的军官、文职干部、士兵、学员。根据《最高人民法院、最高人民检察院关于办理妨害武装部队制式服装、车辆号牌管理秩序等刑事案件具体应用法律若干问题的解释》(以下简称《车辆号牌案件解释》第6条的规定,实施刑法第375条规定的犯罪行为,同时构成冒充军人招摇撞骗犯罪的,依照处罚较重的规定定罪处罚。二是必须有招摇撞骗的行为。招摇撞骗就是假借军人的名义、身份骗取非法利益的活动。如假借军人的名义、身份骗取政治荣誉、职务待遇,以军人或军事单位的名义开办企业、签订合同、提干、招兵、招工骗取钱财,以军人的名义谋取其他非法利益等。本罪的主体是已满16周岁具有刑事责任能力的自然人。本罪的主观方面是直接故意,并且具有谋取非法利益的目的。非法利益,既包括金钱、财物等物质利益,也包括荣誉、异性的爱情等非物质利益。

根据《刑法》第 372 条的规定,犯本罪的,处 3 年以下有期徒刑、拘役、管制或者剥夺政治权利;情节严重的,处 3 年以上 10 年以下有期徒刑。

十、煽动军人逃离部队罪

煽动军人逃离部队罪,是指以口头、书面等形式鼓动军人逃离部队,情节严重的行为。本罪的客体是部队的兵员管理秩序。本罪的客观方面表现为:一是实施煽动军人逃离部队的行为。煽动是指以口头的、书面的或者其他方式(如在互联网上发布一定的消息)鼓动、动员、唆使不特定多数的军人擅自离开部队。逃离部队,是指为逃避服役而离开部队,通常是指未经领导批准擅自离开服役的部队或者虽经领导批准离队,但逾期不归,逃避服兵役义务。二是情节严重。情节严重是指:战时煽动军人逃离部队的;煽动指挥人员、作战部队人员或负有其他重要职责的人员逃离部队的;煽动多人逃离部队的;煽动军人逃离部队影响重要军事任务完成的;煽动逃离部队后非法出境的;煽动后又窝藏离队军人的;后果严重的;等等。本罪的主体是已满 16 周岁具有刑事责任能力的自然人,包括非军人和军人。本罪的主观方面是故意。

根据《刑法》第 373 条的规定,犯本罪的,处 3 年以下有期徒刑、拘役或管制。

十一、雇用逃离部队军人罪

雇用逃离部队军人罪,是指明知是逃离部队的军人而雇用,情节严重的行为。雇用逃离部队军人,是指让逃离部队的军人为自己或者单位劳动。情节严重是指:雇用军队机要、保密和首脑机关人员的;雇用多名逃离部队军人的;雇用后影响部队作战和其他重要任务完成的;经教育后拒不改正的;等等。本罪的主体是非军人,包括国有企业的主管人员、民营公司或个体企业的经理、董事长。本罪的主观方面是故意。

根据《刑法》第 373 条的规定,犯本罪的,处 3 年以下有期徒刑、拘役或者管制。

十二、接送不合格兵员罪

接送不合格兵员罪,是指在征兵工作中徇私舞弊,接收或者向部队输送不合格兵员,情节严重的行为。本罪的客体是征兵工作的正常活动。本罪的客观方面表现为:一是时空条件,即发生在征兵工作中。征兵,是指按照兵役法的规定,征集应征公民到中国人民解放军和武装警察部队服现役,包括兵役登记、身体检查、政治审查、接收兵员等环节。二是行为条件,即徇私舞弊,接收或者向部队输送不合格兵员。徇私舞弊,是指为谋取私利,玩弄手段,违法乱纪。通常表现为:对身体条件不合格的人员,在体检表上不如实填写或者涂改;在政治审查中隐瞒不符合政治条件的情况,隐瞒真实年龄和文化程度;伪造、变造、涂改入伍登记表等。不合格兵员,是指不符合征兵条件的兵员,包括身体条件不合格、政治条件不合格和年龄、文化程度不合格等。三是程度条件,即必须达到情节严重。情节严重是指:为接送不合格兵员收受财物的;接送多名不合格兵员的;因接送的兵员不合格影响作战、训练等任务完成或者造成严重后果的;接送不合格兵员在当地造成恶劣影响的;等等。本罪的主体是特殊主体,即在征兵工作中负有征兵职责的征兵工作人员,包括地方负有征兵责任的工作人员和部队的接兵人员。本罪的主观方面是故意。

根据《刑法》第 374 条的规定,犯本罪的,处 3 年以下有期徒刑或者拘役;造成特别严重后果的,处 3 年以上 7 年以下有期徒刑。造成特别严重后果,是指:因违法接送造成大量不合格兵员进入部队的;接送的不合格兵员在部队违法犯罪或酿成重大恶性案件或政治事故的;接送的不合格兵员严重影响部队建设或作战、训练等重大任务完成的;等等。

十三、伪造、变造、买卖武装部队公文、证件、印章罪

伪造、变造、买卖武装部队公文、证件、印章罪,是指伪造、变造、买卖武装部队的公文、证件、印章的行为。伪造,是指无权制作的人员和单位非法制作。变造是指利用涂改、剪贴、更换照片等改变其真实内容的方法制作。买卖是指购买和出卖。只要具备上述行为中的一种,即可构成犯罪。武装部队公文,是指由武装部队某一级单位制作的,用于发布指示及命令、指导工作、处理问题的书面文件,包括指示、决议、决定、通知、命令、报告、信函、电文等。武装部队证件,是指由武装部队制作、签发的,用以证明武装部队人员身份、职权范围或其他有关事实的凭证。武装部队印章,是指由武装部队依法定作,刻有单位名称的公章及具有公务性质的个人印章。根据《车辆号牌案件解释》第 1 条的规定,盗窃、抢夺武装部队车辆行驶证、车辆驾驶证 2 本以上或者车辆牌证印章 1 枚以上的,以本罪论处。本罪的主体是一般主体,包括非军人和军人。本罪的主观方面是故意,其中买卖武装部队公文、证件、印章罪必须以非法获利为目的。

根据《刑法》第 375 条第 1 款的规定,犯本罪的,处 3 年以下有期徒刑、拘役、管制或者剥夺政治权利;情节严重的,处 3 年以上 10 年以下有期徒刑。此处的“情节严重”,是指伪造、变造、买卖武装部队车辆行驶证、车辆驾驶证 10 本以上或者车辆牌证印章 5 枚以上的,或者伪造、变造、买卖武装部队重要公文、证件、印章或者数量较大的,伪造、变造、买卖武装部队的公文、证件、印章为他人犯罪提供条件的,严重损害部队声誉的,引起军政、军民、军警纠纷等严重后果的,等等。

十四、盗窃、抢夺武装部队公文、证件、印章罪

盗窃、抢夺武装部队公文、证件、印章罪,是指以秘密手段窃取或者趁持有人不备公然夺取武装部队公文、证件、印章的行为。根据《车辆号牌案件解释》第 1 条的规定,盗窃、抢夺武装部队车辆行驶证、车辆驾驶证 2 本以上或者车辆牌证印章 1 枚以上的,以本罪论处。本罪的主观方面是故意,并有非法占有的目的。

根据《刑法》第 375 条第 1 款的规定,犯本罪的,处 3 年以下有期徒刑、拘役、管制或者剥夺政治权利;情节严重的,处 3 年以上 10 年以下有期徒刑。此处的“情节严重”,是指伪造、变造、买卖武装部队车辆行驶证、车辆驾驶证 10 本以上或者车辆牌证印章 5 枚以上的,或者伪造、变造、买卖武装部队重要公文、证件、印章或者数量较大的,伪造、变造、买卖武装

部队的公文、证件、印章为他人犯罪提供条件的，严重损害部队声誉的，引起军政、军民、军警纠纷等严重后果的，等等。

十五、非法生产、买卖武装部队制式服装罪[①]

非法生产、买卖武装部队制式服装罪，是指非法生产、买卖武装部队制式服装，情节严重的行为。本罪的客体是武装部队制式服装的管理秩序。武装部队制式服装的管理秩序是指武装部队有关部门依据相关法规进行制式服装生产、发放、使用的秩序。本罪的客观方面表现为：一是实施非法生产、买卖的行为。非法生产、买卖武装部队制式服装，是指违反有关法律、法规，未经主管部门允许而生产、买卖武装部队制式服装。指定生产的工厂超额生产、销售和其他工厂仿制、销售都是非法的。二是非法生产、买卖的必须是武装部队制式服装。武装部队制式服装，是指武装部队依法订购、监制的仅供武装部队官兵使用的服装，包括解放军和武警部队的军官服、警官服、文职干部服、士兵服。这些服装根据用途还可分为夏常服、冬常服、礼服、迷彩服和训练服等。三是必须达到情节严重。本罪的主体是一般主体。本罪的主观方面是故意。

根据《刑法》第 375 条第 2、4 款的规定，犯本罪的，处 3 年以下有期徒刑、拘役或者管制，并处或者单处罚金；单位犯本罪的，对单位判处罚金，并对其直接负责的主管人员和其他直接责任人员，依照上述规定处罚。

十六、伪造、盗窃、买卖、非法提供、非法使用武装部队专用标志罪[②]

伪造、盗窃、买卖、非法提供、非法使用武装部队专用标志罪，是指伪造、盗窃、买卖、非法提供、非法使用武装部队车辆号牌等专用标志，情节严重的行为。本罪的客体是武装部队专用标志管理秩序。武装部队专用标志管理秩序是指武装部队有关部门依据专用标志管理法规进行专用标志生产、发放、使用的秩序。本罪的客观方面表现为：一是实施伪造、盗窃、买卖、非法提供、非法使用的行为。二是上述行为的对象必须是武装部队专用标志。武装部队专用标志，是指武装部队依法订购、监制专供武装部队使用的车辆号牌以及其他表明武装部队性质和人员身份的军旗、军徽、胸徽、帽徽、肩章、袖标、领花等标志。三是必须达到情节严重。根据《车辆号牌案件解释》第 3 条的规定，“情节严重”是指伪造、盗窃、买卖或者非法提供、使用武装部队车辆号牌等专用标志，具有下列情形之一：(1) 伪造、盗窃、买卖或者非法提供、使用武装部队军以上领导机关车辆号牌 1 副以上或者其他车辆号牌 3 副以上的；(2) 非法提供、使用军以上领导机关车辆号牌之外的其他车辆号牌累计 6 个月以上的；(3) 伪造、盗窃、买卖或者非法提供、使用军徽、军旗、军种符号或者其他军用标志合计 100 件（副）以上的；(4) 造成严重后果或者恶劣影响的。本罪的主体是一般主体。本罪的主观方面是故意。

根据《刑法》第 375 条第 3、4 款的规定，犯本罪的，处 3 年以下有期徒刑、拘役或者管

---

① 本罪是《刑法修正案（七）》第 12 条对《刑法》第 375 条第 2 款修改后确定的新罪名。

② 本罪是《刑法修正案（七）》第 12 条在《刑法》第 375 条新增的第 3 款规定的新罪名。

制,并处或者单处罚金;情节特别严重的,处3年以上7年以下有期徒刑,并处罚金。根据《车辆号牌解释》第3条的规定,这里的"情节特别严重",是指具有下列情形之一:① 伪造、盗窃、买卖或者非法提供、使用武装部队军以上领导机关车辆号牌5副以上或者其他车辆号牌15副以上的;② 伪造、盗窃、买卖或者非法提供、使用军徽、军旗、军种符号或者其他军用标志合计500件(副)以上的;③ 非法提供、使用军以上领导机关车辆号牌累计6个月以上或者其他车辆号牌累计1年以上的;④ 造成特别严重后果或者特别恶劣影响的。单位犯本罪的,对单位判处罚金,并对其直接负责的主管人员和其他直接责任人员,依照上述规定处罚。

第二节　战时危害国防利益的犯罪

一、战时拒绝、逃避征召、军事训练罪

战时拒绝、逃避征召、军事训练罪,是指预备役人员在战时拒绝、逃避征召或者军事训练,情节严重的行为。本罪的客体是战时预备役人员的征召秩序和军事训练管理秩序。本罪的客观方面表现为:一是时空条件,即拒绝、逃避征召或军事训练的行为发生在战时。战时是指国家宣布进入战争状态、部队受领作战任务或者遭敌突然袭击时;部队执行戒严任务或者处置突发性暴力事件时,以战时论。二是必须有拒绝、逃避征召或军事训练的行为。拒绝,是指拒不接受征召或军事训练的通知,或者接到通知后拒不报到。逃避,是指故意躲开等,行为人往往伪装伤病或者故意自伤、藏匿、外出不归,或者让别人顶替。征召,是指兵役机关依法向预备役人员发出通知,要求其按规定时间和地点报到,准备转服现役。军事训练,是指军事理论教育和作战技能教练的活动。三是必须达到情节严重。所谓情节严重,是指:拒绝、逃避征召或军事训练影响军事任务完成的;以暴力方法抗拒的;煽动他人拒绝、逃避的;经多次教育仍拒绝、逃避的;等等。本罪的主体是特殊主体,仅限于预备役人员。根据《中华人民共和国兵役法》的规定,预备役人员是指预编到现役部队或者编入预备役部队服预备役的人员,包括预备役军官和预备役士兵。预备役军官包括退出现役转为预备役的军官和文职干部以及确定服军官预备役的退出现役的士兵、高等院校毕业生、专职人武干部和民兵干部、非军事部门的干部和专业技术人员。预备役士兵分为两类:一类为编入基干民兵组织的人员经过预备役登记的28岁以下退出现役的士兵和军外专业技术人员。另一类为编入普通民兵组织的人员和经过预备役登记的29岁至35岁退出现役的士兵及其他符合服士兵预备役条件的公民。本罪的主观方面是故意。

根据《刑法》第376条第1款的规定,犯本罪的,处3年以下有期徒刑或者拘役。

二、战时拒绝、逃避服役罪

战时拒绝、逃避服役罪,是指公民战时拒绝、逃避服役,情节严重的行为。拒绝服役,是指拒不履行兵役义务。逃避服役,是指以某种行为或虚假理由躲避服兵役。行为人往往以自伤身体、隐匿、假装病残逃避服役,或者雇请他人冒名顶替。情节严重,是指:经教育后仍

然拒绝、逃避服役义务的;拒绝、逃避服役影响作战或其他重要军事任务完成的;煽动他人拒绝、逃避服役的;以暴力手段拒绝服役的;等等。本罪的主体是依法应服兵役的公民,主要是应征公民。应征公民是指经兵役登记和初步审查符合服役条件的公民,包括男性应征公民和女性应征公民。本罪的主观方面是故意。

根据《刑法》第 376 条第 2 款的规定,犯本罪的,处 2 年以下有期徒刑或者拘役。

三、战时故意提供虚假敌情罪

战时故意提供虚假敌情罪,是指战时故意向武装部队提供虚假敌情,造成严重后果的行为。本罪的客体是我军的作战利益。本罪的客观方面表现为:一是向武装部队提供虚假敌情的行为发生在战时。二是必须有向武装部队提供虚假敌情的行为。虚假敌情是指不符合真实情况的敌情,包括虚假的敌方军事情况和与军事有关的政治、经济、科技、气象、地理等方面的情况。是否“虚假”不以行为人的认识为标准,而以客观事实为标准。三是必须造成严重后果。严重后果是指:对作战部署进行较大调整的;造成人员伤亡的;贻误战机的;等等。本罪的主体是非军人,即已满 16 周岁具有刑事责任能力的自然人。本罪的主观方面是故意。

根据《刑法》第 377 条的规定,犯本罪的,处 3 年以上 10 年以下有期徒刑;造成特别严重后果的,处 10 年以上有期徒刑或者无期徒刑。

四、战时造谣扰乱军心罪

战时造谣扰乱军心罪,是指战时造谣惑众、扰乱军心的行为。造谣惑众、扰乱军心,是指制造谣言并散布谣言,蛊惑官兵,或煽动怯战、厌战的情绪,扰乱军人心理,如故意夸大、渲染战争的残酷,捏造我军战败的谣言,极力夸大敌方武器的杀伤力和敌军的战斗力,极力贬低我军武器的杀伤力和我军的战斗力,等等。造谣惑众行为不以针对不特定军人实施为必要,即便向个别军人传谣,只要足以使不特定人得知造谣内容,进而扰乱军心的,也应认定为造谣惑众,可以说本罪的侧重点在于“造谣”。

根据《刑法》第 378 条的规定,犯本罪的,处 3 年以下有期徒刑、拘役或管制;情节严重的,处 3 年以上 10 年以下有期徒刑。情节严重,是指:大量散发造谣惑众、扰乱军心材料的;指挥、组织他人造谣惑众的;公开造谣惑众的;紧要关头或者危急时刻造谣惑众的;谣言内容煽动性大的;引起多名军人逃离部队的;影响作战或其他重要军事任务完成的;等等。

五、战时窝藏逃离部队军人罪

战时窝藏逃离部队军人罪,是指战时明知是逃离部队的军人仍为其提供隐蔽处所、财物,情节严重的行为。逃离部队的军人,是指为逃避服役而不经请假私自离队的军人和探亲、休假、住院、出差、学习逾期不归的军人。情节严重是指:因窝藏逃离部队军人影响部队作战及其他重要军事任务完成的;战时国家发布动员令后窝藏的;窝藏多名逃离部队军人的；经批评教育后继续窝藏的；造成其他严重后果的；等等。窝藏的内容，包括提供住所或者资助财物让其继续逃走。对于逃离部队的军人，应以战时临阵脱逃罪认定。在军人逃离部队之前有通谋的，以战时临阵脱逃罪的共犯论处。本罪的主体是一般主体，实践中，窝藏人多为逃离部队军人的亲属、朋友、同学、同乡。

根据《刑法》第 379 条的规定，犯本罪的，处 3 年以下有期徒刑或者拘役。

六、战时拒绝、故意延误军事订货罪

战时拒绝、故意延误军事订货罪，是指科研生产、销售单位战时无正当理由拒绝或者故意延误军事订货，情节严重的行为。军事订货是部队根据国防需要，同军工部门、科研单位和其他企业依法达成研究、生产、制造武器装备、军用物资及其他军用物品供部队使用的协议。军事订货是抵抗侵略、制止颠覆、巩固国防的需要，是完成作战、训练和其他任务的重要保障。企事业单位承担国防科研、生产、销售任务是其国防义务。科研、生产、销售单位无正当理由拒绝、故意延误军事订货的，必然削弱部队的战斗力，影响作战、训练各项军事任务的完成，危害国防利益。战时是本罪成立的时间条件。正当理由包括基于意外事件，不具备完成订货任务所需要的时间、人力、物力和财力；拒绝，是指不接受；延误，是指延期、耽误；拒绝军事订货，是指具备完成订货任务的条件，却以时间紧，原料、设备、人力、资金不足，技术达不到要求等为借口，拒不接受军事订货等。情节严重，包括：使用暴力抗拒的；拒绝或者故意延误重要军事订货的；因拒绝、延误军事订货而影响作战或其他重要军事行动的；等等。本罪的主体为特殊主体，即科研、生产、销售单位。本罪的主观方面是故意。

根据《刑法》第 380 条的规定，犯本罪的，对单位判处罚金，并对其直接负责的主管人员和其他直接责任人员，处 5 年以下有期徒刑或者拘役；造成严重后果的，处 5 年以上有期徒刑。造成严重后果，是指：因拒绝、故意延误军事订货，致使战役、战斗失利的；影响重大军事行动的；造成人员重大伤亡或者武器装备、军用物资毁损的；等等。

七、战时拒绝军事征收、征用罪①

战时拒绝征收、征用罪，是指战时拒绝军事征收、征用，情节严重的行为。军事征收、征用是武装力量在特定情况下为保证完成作战等军事任务所采取的紧急措施。根据我国《国防法》第 51 条第 1 款的规定，征收、征用的对象包括组织和个人的设备设施、交通工具、场所和其他财产。接受军事征收、征用是我国公民和组织应尽的国防义务，拒绝军事征收、征用而影响作战和其他军事行动的，将会危害国防利益。具体而言，拒绝军事征收、征用，是指行为人（包括公民和组织）有能力提供被征收、征用的设备设施、交通工具、场所或者其他财产给武装部队征购或使用而拒不提供。本罪的成立要求情节严重，具体包括：以暴力抗拒军事征收、征用的；严重影响作战等军事任务完成的；造成其他严重后果的；等等。

① 根据 2009 年 8 月 27 日第十一届全国人民代表大会常务委员会第十次会议通过的《全国人民代表大会常务委员会关于修改部分法律的决定》的规定，将《中华人民共和国刑法》第 381 条中的“征用”改为“征收、征用”。原条文为：“战时拒绝军事征用，情节严重的，处三年以下有期徒刑或者拘役。”

根据《刑法》第381条的规定,犯本罪的,处3年以下有期徒刑或者拘役。单位犯本罪的,对直接负责的主管人员和其他直接责任人员判处刑罚。

拓展阅读

案例分析

复习思考题

1. 危害国防利益罪的构成要件是什么?
2. 什么是阻碍军人执行职务罪? 它的构成要件是什么?
3. 破坏武器装备、军事设施、军事通信罪的概念和构成要件是什么?

自测习题及参考答案

第二十二章　贪污贿赂罪

重点提示：

贪污罪、受贿罪、挪用公款罪、行贿罪、巨额财产来源不明罪的概念、构成以及认定时应注意的问题。

第一节　贪污犯罪

一、贪污罪

（一）贪污罪的概念和构成

贪污罪，是指国家工作人员或者受国家机关、国有公司、企事业单位、人民团体委托管理、经营国有财产的人员，利用职务上的便利，侵吞、窃取、骗取或者以其他手段非法占有公共财物的行为。本罪具有如下构成要件：

1. 本罪的客体是复杂客体，既侵犯了国家工作人员职务行为的廉洁性，又侵犯了公共财产的所有权，其中前者是本罪的主要客体。职务行为的廉洁性，是指职务活动的内在规定性，它要求国家工作人员依据法律和有关制度规定承担国家赋予的特定义务，正确行使国家赋予的特定权力。本罪是国家工作人员中少数腐败分子滥用国家赋予的公共权力，实施对国家的背信行为，破坏了国家和政府的声誉，降低了国家机关的威信，破坏了党和群众、政府与人民的血肉关系。

本罪的对象主要是公共财物，还包括应交公的礼物和混合制经济组织中的财物。根据《刑法》第 91 条第 1 款的规定，公共财物是指：(1) 国有财产。(2) 劳动群众集体所有的财产。(3) 用于扶贫和其他公益事业的社会捐助或者专项基金的财产。此外，根据该条第 2 款的规定，在国家机关、国有公司、企业、集体企业和人民团体管理、使用或者运输中的私人财产，以公共财产论。

根据《刑法》第 271 条第 2 款的规定，国有公司、企业或者其他国有单位中从事公务的人员和国有公司、企业或者其他国有单位委派到非国有公司、企业以及其他单位从事公务的人员，利用职务上的便利，将本单位财物非法占为己有，数额较大的，依照贪污罪的规定定罪处罚。因此，无论是国有、集体还是股份制、中外合资经营的企业，只要其法人财产中包含公共财产的成分,国家工作人员以侵吞、窃取、骗取或者其他手段将本单位财物非法占为己有的,即应依照本罪定罪处罚。

2. 本罪的客观方面表现为行为人利用职务上的便利,侵吞、窃取、骗取或者以其他手段非法占有公共财物的行为。在这里,利用职务上的便利和非法占有公共财物二者缺一不可。

第一,行为人必须利用职务上的便利。对于"利用职务上的便利",理论上有不同的理解。但现在一般认为,利用职务上的便利,包括两种情况:一是利用自己职务范围内主管、管理、经营、经手公共财物所形成的便利条件;二是利用自己受托管理、经营国有财产的职务所形成的便利条件。这里所说的主管,是指审查、批准、调拨、转移和使用等支配公共财物的职权;管理,是指看管、保护、处理以及其他职权;经手,是指领取、支出等经办公共财物的职权;受托管理、经营,是指以承包、租赁等方式管理国有财产或者运用国有资产进行营业活动的职权。这里的利用职务上的便利,强调以下几点:首先是行为人的行为对其职责的背信性,即行为人违背职责,将国家和公众赋予的权力作为谋取私利的工具;其次是行为人的行为与其职权的关联性,即行为人利用的是自己的职权所形成的便利条件,而不是与其职权无关的方便条件;最后是利用职权范围的特定性,即行为人利用职权的范围,仅仅限于主管、管理、经手公共财物或者管理、经营国有财产的权力,而非任何其他职权。

第二,行为人必须侵吞、窃取、骗取或者以其他手段非法占有公共财物。侵吞,是指行为人将暂由自己合法管理、经营、使用的公共财物占为己有;窃取,是指行为人采用秘密的方法非法占有公共财物;骗取,是指行为人利用职务上的便利,采用虚构事实或者隐瞒真相的方法,非法占有公共财物;其他手段,是指采取除侵吞、窃取、骗取手段以外的方式,非法占有公共财物,如挪用公款存入银行攫取利息归自己所有。

根据《刑法》第394条的规定,国家工作人员在国内公务活动或者对外交往中接受礼物,依照国家规定应当交公而不交公,数额较大的,以贪污罪论处。

3. 本罪的主体是特殊主体。具体包括两类人员:

一类是国家工作人员。根据《刑法》第93条的规定,国家工作人员包括:(1) 国家机关中从事公务的人员,包括各级国家权力机关、行政机关、审判机关、检察机关和军事机关中从事公务的人员。此外,参照《中华人民共和国公务员法》进行管理的各级党委、政协机关中从事公务的人员,也应当视为国家机关工作人员。(2) 国有公司、企业、事业单位、人民团体中从事公务的人员。其中,国有公司指财产属于国家所有的公司,包括国有独资公司、两个以上国有企业组成的有限责任公司、股份有限公司;国有企业指财产属于国家所有的从事生产、经营活动的企业;国有事业单位指国家投资兴办管理的科研、教育、文化、卫生、体育、新闻、广播、出版等单位;人民团体指各民主党派、各级工会、共青团、妇联等群众性组织。(3) 国家机关、国有公司、企业、事业单位委派到非国有公司、企业、事业单位、社会团体从事公务的人员。(4) 其他依照法律从事公务的人员。这是指依照法律规定选举或者任命产生,从事某项公共事务管理的人员,如被依法选出的在人民法院履行职务的人民陪审员、经履行特定手续被人民检察院聘任的特邀检察员。根据《全国人民代表大会常务委员会关于〈中华人民共和国刑法〉第九十三条第二款的解释》,村民委员会等村基层组织人员协助人民政府从事下列行政管理工作时,属于"其他依照法律从事公务的人员":(1) 救灾、抢险、防汛、优抚、扶贫、移民、救济款物的管理。(2) 社会捐助公益事业款物的管理。(3) 国有土地的经营和管理。(4) 土地征收、征用补偿费用的管理。[①] (5) 代征、代缴税款。(6) 有关计划生育、户籍、征兵工作。(7) 协助人民政府从事的其他行政管理工作。这些人员从事上述规定的公务,利用职务上的便利,非法占有公共财物的,构成本罪。根据我国《监察法实施条例》第 278 条的规定,监察人员实施贪污行为的,依法构成本罪。

另一类是受国家机关、国有公司、企业、事业单位、人民团体委托管理、经营国有财产的人员。主要是指以承包、租赁等方式,管理、经营其承包、租赁的国有单位或者其中的一个部门的国有财产的人员。

4. 本罪的主观方面是故意,且具有非法占有公共财物的目的,过失不构成本罪。

(二) 贪污罪的认定

1. 罪与非罪的界限。

(1) 贪污罪与违反财经纪律行为的界限。在实践中,有些单位以各种名义滥发奖金、福利补助费,"集体私分"数量较少的公款公物,属于违反财经纪律的行为,不宜按犯罪处理。

(2) 贪污罪与一般贪污行为的界限。区分二者的关键:一是贪污的数额,二是情节。根据《刑法》第 383 条的规定,贪污数额较大或者有其他较重情节的,构成犯罪。根据"两高"《关于办理贪污贿赂刑事案件适用法律若干问题的解释》第 1 条规定,数额在 3 万元以上不满 20 万元的,应当认定为《刑法》第 383 条第 1 款规定的"数额较大",贪污数额在 1 万元以上不满 3 万元,具有该解释所列情形的,应当认定为《刑法》第 383 条第 1 款规定的"其他较重情节"。值得注意的是,根据最高人民检察院发布的《关于贪污养老、医疗等社会保险基金能否适用〈最高人民法院、最高人民检察院关于办理贪污贿赂刑事案件适用法律若干问题的解释〉第一条第二款第一项规定的批复》,可以将养老、医疗、工伤、失业、生育等社会保险基金认定为"特定款物"。

2. 本罪与盗窃罪、诈骗罪的界限。本罪与盗窃罪、诈骗罪主观上都出于故意,并且都以非法占有为目的,本罪在客观方面也可以采用窃取、骗取的手段。其主要区别是:(1) 犯罪客体和对象不同。本罪的客体是复杂客体,即国家工作人员职务行为的廉洁性和公共财产所有权,对象仅限于公共财物;而盗窃罪、诈骗罪的客体是简单客体,即公私财物所有权,对象是公私财物。(2) 犯罪客观方面不尽相同。本罪的窃取、骗取是利用职务上的便利进行的,与行为人的职务密不可分;而盗窃罪、诈骗罪的窃取、骗取则不存在利用职务上的便利问题。(3) 犯罪主体不同。本罪的主体是特殊主体,即国家工作人员和受委托管理、经营国有财产的人员,而盗窃罪、诈骗罪的主体是一般主体。

3. 本罪与职务侵占罪的界限。二者在主观方面都是故意,并且以非法占有为目的,客观上都以利用职务上的便利为必备内容。其主要区别在于:(1) 犯罪主体不同。本罪的主体是国家工作人员和受委托管理、经营国有财产的人员;而后者的主体是公司、企业或其他单位中不具有国家工作人员身份的工作人员。(2) 犯罪客体与对象不同。本罪的客体是复杂客体,即国家工作人员职务行为的廉洁性和公共财产的所有权,对象是包括国有财产在内的公共财物;后者的客体虽然也是复杂客体,但主要客体是单位财物的所有权,对象可以是公

---

① 2009 年 8 月《全国人民代表大会常务委员会关于修改部分法律的决定》将《全国人民代表大会常务委员会关于〈中华人民共和国刑法〉第九十三条第二款的解释》中的"征用"修改为"征收、征用"。

共财产,也可以是私营企业、合资企业、合作企业中的非公有财产,次要客体是职务或业务要求的诚信关系。

4. 本罪与私分国有资产罪、私分罚没财物罪的界限。本罪与后二者在犯罪主体、犯罪主观方面和犯罪对象上都相同,主要不同点是犯罪行为不同。本罪是利用职务之便,侵吞、窃取、骗取或者以其他手段非法占有公共财物的行为;而后两者是违反国家规定,以单位的名义将国有资产、罚没财物集体私分给个人的行为。

5. 本罪共犯的认定问题。《刑法》第 382 条第 3 款的规定,与前两款所列人员勾结,伙同贪污的,以共犯论处。据此,不具有国家工作人员身份的人员与具有国家工作人员身份的人员相互勾结,利用具有国家工作人员身份的人员职务上的便利,共同非法占有本单位财物的,按本罪的共犯处理。

(三) 贪污罪的处罚

根据《刑法》第 383 条以及“两高”《关于办理贪污贿赂刑事案件适用法律若干问题的解释》的规定,对犯本罪的,应当根据数额大小及情节轻重,分别依照下列规定处罚:

1. 贪污数额较大或者有其他较重情节的,处 3 年以下有期徒刑或者拘役,并处罚金。这里的“数额较大”是指,贪污数额在 3 万元以上不满 20 万元的;这里的“其他较重情节”是指:(1) 贪污救灾、抢险、防汛、优抚、扶贫、移民、救济、防疫、社会捐助等特定款物的;(2) 曾因贪污、受贿、挪用公款受过党纪、行政处分的;(3) 曾因故意犯罪受过刑事追究的;(4) 赃款赃物用于非法活动的;(5) 拒不交代赃款赃物去向或者拒不配合追缴工作,致使无法追缴的;(6)造成恶劣影响或者其他严重后果的。

2. 贪污数额巨大或者有其他严重情节的,处 3 年以上 10 年以下有期徒刑,并处罚金或者没收财产。这里的“数额巨大”是指贪污数额在 20 万元以上不满 300 万元的;贪污数额在 10 万元以上不满 20 万元,具有前述六种情形之一的,应当认定为具有“其他严重情节”。

3. 贪污数额特别巨大或者有其他特别严重情节的,处 10 年以上有期徒刑或者无期徒刑,并处罚金或者没收财产;数额特别巨大,并使国家和人民利益遭受特别重大损失的,处无期徒刑或者死刑,并处没收财产。这里的“数额特别巨大”是指贪污数额在 300 万元以上的;贪污数额在 150 万元以上不满 300 万元,具有前述六种情形之一的,应当认定为具有“其他特别严重情节”。

犯本罪,在提起公诉前如实供述自己罪行、真诚悔罪、积极退赃,避免、减少损害结果的发生,有上述第一种情形的,可以从轻、减轻或者免除处罚;有上述第二种、第三种情形的,可以从轻处罚。

同时,犯本罪,有第三种情形并被判处死刑缓期执行的,人民法院根据犯罪情节等情况可以同时决定在其死刑缓期执行二年期满依法减为无期徒刑后,终身监禁,不得减刑、假释。

另外,该司法解释还规定了对贪污犯罪分子违法所得的一切财物予以追缴或者责令退赔,对被害人的合法财产应当及时返还。同时规定,贪污罪判处 3 年以下有期徒刑或者拘役的,应当并处 10 万元以上 50 万元以下的罚金;判处 3 年以上 10 年以下有期徒刑的,应当并处 20 万元以上犯罪数额 2 倍以下的罚金或者没收财产;判处 10 年以上有期徒刑或者无期徒刑的,应当并处 50 万元以上犯罪数额 2 倍以下的罚金或者没收财产。

根据《刑法》第 383 条第 2 款的规定,对多次贪污未经处理的,按照累计贪污数额处罚。

这里的“多次贪污未经处理”,是指基于某种原因,贪污行为未被发现或者虽已被发现,但未给予刑事处罚或者行政处理的情况。

根据 1998 年 5 月 9 日施行的《最高人民法院关于审理挪用公款案件具体应用法律若干问题的解释》第 6 条的规定,携带挪用的公款潜逃的,按照贪污罪的规定定罪处罚。

二、挪用公款罪

(一)挪用公款罪的概念和构成

挪用公款罪,是指国家工作人员利用职务上的便利,挪用公款归个人使用,进行非法活动,或者挪用公款数额较大、进行营利活动,或者挪用公款数额较大、超过 3 个月未还的行为。本罪具有如下构成要件:

1. 本罪的客体是复杂客体,即国家工作人员职务行为的廉洁性和对公款的占有、使用、收益权。犯罪对象是公款,即公共财产中呈货币或者有价证券形态的那一部分,包括人民币、外国货币、支票、股票、国库券、债券等有价证券。后者直接代表一定数额的货币,是证券形式的货币财产。根据《刑法》第 384 条第 2 款的规定,挪用用于救灾、抢险、防汛、优抚、扶贫、移民、救济款物归个人使用的,从重处罚。按照这一规定,本罪的犯罪对象并不完全限于公款,还包括用于上述目的的特定物。但是,除上述特定物之外的一般公物,不属于本罪的犯罪对象。

2. 本罪在客观方面表现为行为人利用职务上的便利,挪用公款归个人使用,数额较大的行为。利用职务上的便利,是指行为人利用本人职务所形成的主管、管理、经手公款的便利条件,其中既包括利用本人直接经手、管理公款的便利条件,也包括行为人因其职务关系而具有的调拨、支配、使用公款的便利条件。根据全国人大常委会颁布的《关于〈中华人民共和国刑法〉第三百八十四条第一款的解释》,有下列情形之一的,属于挪用公款归个人使用:(1)将公款归本人、亲友或者其他自然人使用的。(2)以个人名义将公款供其他单位使用的。(3)个人决定以单位名义将公款供其他单位使用,谋求个人利益的。

挪用公款归个人使用有三种表现形式:(1)挪用公款进行非法活动。根据最高人民法院颁布的《关于审理挪用公款案件具体应用法律若干问题的解释》(简称《挪用公款案件解释》),非法活动是指进行走私、赌博等活动。危害程度和性质相似的违法活动自然包括在内,此种情况不受“数额较大”和挪用时间的限制。根据“两高”《关于办理贪污贿赂刑事案件适用法律若干问题的解释》的规定,挪用公款归个人使用,进行非法活动的,以 3 万元为追究刑事责任的数额起点。(2)挪用公款进行营利活动,数额较大。这里所说的营利活动,国内多数学者认为是指合法的经济行为,即国家法律所允许的经营性活动,包括开工厂、办商店、炒股票、购买国债、用于集资或者存入银行获取利息等,否则,其行为就属于“挪用公款进行非法活动”的范畴了。营利活动本身具有合法性,这是该种类型的挪用公款罪与前一类型的根本区别。如果行为人将挪用的公款用于返还本人或他人在过去的经营活动中所欠的债务,应视为挪用公款进行营利活动,至于行为人在实际营利活动中是否获利,不影响本罪的认定。这种挪用行为构成犯罪,不受挪用时间和是否归还的限制,但法律明确规定必须挪用数额较大。根据“两高”《关于办理贪污贿赂刑事案件适用法律若干问题的解释》的规定,挪用公款归个人使用,进行营利活动或者超过 3 个月未还的,以 5 万元为追究刑事责任的数额起点。(3) 挪用公款数额较大，超过 3 个月未还。这是指挪用公款用于自己或者他人的合法生活消费或者其他非经营性支出，如偿还债务（因经营活动而欠的债务除外）、购置家具、修缮房屋、支付医药费等。挪用公款归个人使用数额较大，超过 3 个月未还的，即构成本罪。但根据《挪用公款案件解释》，在案发前，即被司法机关、所在单位或有关部门发现之前全部归还本金的，可以从轻处罚或者免除处罚，给国家、集体造成利息损失的，应予追缴。挪用公款数额巨大，超过 3 个月，案发前全部归还的，可以酌情从轻处罚。多次挪用公款不还，挪用公款数额累计计算；多次挪用公款，并以后次挪用的公款归还前次挪用的公款，挪用公款数额以案发时未还的实际数额认定。

3. 本罪的主体是特殊主体，即国家工作人员。关于受国家机关、国有公司、企事业单位、人民团体的委托管理、经营国有财产的人员能否成为本罪主体的问题，刑法理论界有不同认识。通说认为以上人员不能构成本罪的主体。因为受国有单位委托管理、经营国有财产的人员属于非国家工作人员，与依照法律从事公务的准国家工作人员在性质上迥然有别，而且刑法只明确规定这类人员可以成为贪污罪的主体，没有规定其可以成为挪用公款罪的主体，已经表明了立法者的态度。另外，根据《刑法》第 185 条第 2 款的规定，国有商业银行、证券交易所、期货交易所、证券公司、期货经纪公司、保险公司或者其他国有金融机构的工作人员和国有商业银行、证券交易所、期货交易所、证券公司、期货经纪公司、保险公司或者其他国有金融机构委派到非国有商业银行、证券交易所、期货交易所、证券公司、期货经纪公司、保险公司或者其他非国有金融机构中从事公务的人员，利用职务上的便利，挪用本单位或者客户资金的，以挪用公款罪定罪处罚。

4. 本罪在主观方面是故意，即明知是公款仍有意违反有关规定予以挪用，目的是非法取得公款的使用权。挪用公款给他人使用，如果挪用人明知使用人用于营利活动或者非法活动，应当认定为挪用人挪用公款进行营利活动或者非法活动。

（二）挪用公款罪的认定

1. 罪与非罪的界限。

(1) 本罪与一般挪用公款行为的界限。区分本罪和一般挪用公款的行为，应从四个方面着手：首先，要考虑挪用公款的数额。对于不同类型的挪用公款罪来说，尽管标准有所不同，但均须达到构罪数额起点。其次，要考虑挪用公款的用途和时间。如果用来进行非法活动，不仅没有挪用时间的限制，而且构罪数额起点较低；如果用来进行营利活动，则没有挪用时间的限制，但构罪数额起点较高；如果用来进行合法的生活消费和其他非经营性活动，数额较大，必须超过 3 个月未还，才构成犯罪。再次，要考虑挪用是归个人使用还是归单位使用。如果挪归个人使用，必须符合前述全国人大常委会关于“归个人使用”的解释。最后，要考虑主观因素。挪用公款给他人用来进行营利活动或者非法活动的，须以行为人明知为前提。

(2) 本罪与合法借贷行为的界限。本罪根据行为表现形式，可以分为三种类型，即非法活动型、超期未还型和营利活动型。要划清本罪与合法借贷行为之间的界限，行为人是否办理了借贷审批手续，固然是个重要的判断要素，但更重要的是要结合本罪的不同类型具体分析，区别对待。首先，对于非法活动型，既然挪用公款进行非法活动，行为人就不可能是合法借贷。即使行为人办理了借贷审批手续，也是欺骗所致。其次，对于超期未还型，由于行为人挪用公款归个人使用是基于正当需要，其挪用用途具有合法性，因此存在与合法借贷行为划清界限的余地。只要行为人经过单位领导审批，并办理了借贷手续，应视为债权债务关系，不能按挪用公款罪处理。最后，对于营利活动型。这种类型的挪用公款罪比较复杂，在理论上也有不同看法。一般而言，经营性活动本身应具有合法性，但是将公款借出用于个人挣钱谋利，在本质上仍是违法的，是否构成犯罪，仍应以上述立法解释为根据。

2. 本罪与贪污罪的界限。二者在犯罪客体、主观故意和利用职务上的便利等方面有相同和相似之处，其主要区别是：(1) 犯罪的客体不完全相同。二者虽然都侵犯了公款的所有权，但具体来说，前者侵犯的是公款所有权中的占有、使用、收益权；后者侵犯的是公款的所有权整体。(2) 犯罪对象的范围不同。前者的对象原则上是公款，也包括用于救灾、抢险、防汛、优抚、扶贫、移民、救济的特定款物；后者的对象既包括公款，也包括其他公物。(3) 行为方式不同。前者从性质上说是暂时占有、使用公款；后者是采取侵吞、窃取、骗取或者其他非法手段非法将公共财物占为己有。(4) 犯罪的目的不同。前者以暂时占有、使用公款为目的；后者则以永久性非法占有为目的。

3. 本罪与挪用特定款物罪的界限。二者在行为方式上均表现为挪用，在主观要件、犯罪对象等方面也有许多相同和相似之处。当挪用的对象均为救灾、抢险、防汛等特定款物时，其主要区别是：(1) 客观方面表现不同。前者是行为人利用职务上的便利，挪用公款归个人使用；后者是行为人利用职务或者工作上的便利，挪用特定款物，情节严重，致使国家和人民利益遭受重大损失。(2) 挪用的用途不同。前者是公款私用；后者是公款公用。(3) 犯罪的主体不同。前者的主体是国家工作人员；后者的主体主要是经手管理国家救灾、救济款物的财会人员或有权调拨特定的 7 项款物的人员。(4) 目的不同。前者的目的是归个人使用；后者的目的是归单位使用，挪用特定款物归个人使用的，应按挪用公款罪论处。

4. 本罪与挪用资金罪的界限。二者在主观方面和客观方面有许多相同和相似之处。主观方面都是故意，并且都有使用资金的目的；客观方面都是利用职务上的便利进行的。其主要区别是：(1) 犯罪的客体和对象不同。本罪的客体是复杂客体，既侵犯了国家工作人员职务行为的廉洁性，也侵犯了公共财产的所有权，犯罪的对象是公款(也包括特定公物)；挪用资金罪的客体是简单客体，即侵犯了单位资金的所有权，犯罪的对象是非国有单位的资金。(2) 客观方面不同。前者的行为表现仅限于挪用公款归个人使用；后者表现为挪用本单位资金归个人使用或者借贷给他人。(3) 犯罪主体不同。本罪的主体只能是国家工作人员，受国有公司、企业或者其他国有单位委派到非国有公司、企业以及其他单位从事公务的人员挪用本单位资金的，以本罪定罪处罚；挪用资金罪的主体是国家工作人员以外的公司、企业及其他单位的人员。

(三) 挪用公款罪的处罚

根据《刑法》第 384 条第 1 款的规定，犯本罪的，处 5 年以下有期徒刑或者拘役；情节严重的，处 5 年以上有期徒刑。挪用公款数额巨大不退还的，处 10 年以上有期徒刑或者无期徒刑。根据"两高"《关于办理贪污贿赂刑事案件适用法律若干问题的解释》的规定，挪用公款归个人使用，进行非法活动，具有下列情形之一的，应当认定为"情节严重"：(1) 挪用公款数额在 100 万元以上的；(2) 挪用救灾、抢险、防汛、优抚、扶贫、移民、救济特定款物，数额在 50 万元以上不满 100 万元的；(3) 挪用公款不退还，数额在 50 万元以上不满 100 万元的；(4) 其他严重的情节。挪用公款归个人使用，进行营利活动或者超过 3 个月未还的，具有下列情形之一的,应当认定“情节严重”:(1)挪用公款数额在200万元以上的;(2)挪用救灾、抢险、防汛、优抚、扶贫、移民、救济特定款物,数额在100万元以上不满200万元的;(3)挪用公款不退还,数额在100万元以上不满200万元的;(4)其他严重的情节。这里的不退还,依照《挪用公款案件解释》,是指因客观原因在一审宣判前不能退还的情形。多次挪用公款不还,挪用公款的数额累计计算;多次挪用公款,并以后次挪用公款归还前次挪用的公款,挪用公款数额以案发时未还的实际数额认定。

根据《刑法》第384条第2款的规定,挪用用于救灾、抢险、防汛、优抚、扶贫、移民、救济款物归个人使用的,从重处罚。

根据《挪用公款案件解释》第8条的规定,挪用公款给他人使用,使用人与挪用人共谋,指使或者参与策划取得挪用款的,以挪用公款罪的共犯定罪处罚。这里的使用人既包括挪用人以外其他国家工作人员,也包括非国家工作人员。

三、私分国有资产罪

(一)私分国有资产罪的概念和构成

私分国有资产罪,是指国家机关、国有公司、企业、事业单位、人民团体,违反国家规定,以单位名义将国有资产私分给个人,数额较大的行为。本罪具有如下构成要件:

1. 本罪的客体是国家对国有资产的所有权及廉政建设制度。犯罪对象是国有资产,而且是具有可移性、可分性的国有资产。国有资产,是指属于国家所有的财产,即国家依法取得和认定的,或者国家以各种形式对企业投资和投资收益,国家向行政事业单位拨款等形成的资产。国有资产以外的财产不能成为本罪的犯罪对象。

2. 本罪在客观方面表现为违反国家规定,以单位名义将国有资产集体私分给个人,数额较大的行为。具体包括三个条件:(1)违反国家规定。违反国家规定,是指违反全国人民代表大会及其常委会和国务院有关使用、管理和保护国有资产的法律、行政法规。(2)以单位的名义将国有资产集体私分给个人。这是指由单位负责人或者单位决策机构集体讨论决定,将国有资产私分给单位所有职工,至少是单位大多数职工。(3)数额较大。关于判定数额较大的标准,刑法理论界有总数额标准和人均数额标准两种主张。本书认为,应采用双重标准。根据《最高人民检察院关于人民检察院直接受理立案侦查案件立案标准的规定(试行)》(简称《立案标准》),数额较大一般是私分国有资产累计数额在10万元以上。

3. 本罪的主体是特殊主体。关于本罪的主体是单位还是自然人,刑法理论界有争议。本书认为,本罪是纯正的单位犯罪,只是在处罚上采用了单罚制,即只处罚单位直接负责的主管人员和直接责任人员。

4. 本罪在主观方面是故意,即明知是国有资产,仍有意违反国家规定,以单位名义进行私分。至于动机如何不影响本罪的成立。

(二)私分国有资产罪的认定

1. 罪与非罪的界限。这里要把握三个方面的问题:

(1)数额问题。私分国有资产只有达到数额较大,才能构成犯罪。如果没有达到数额较大的标准,可由相应的主管部门按照国家有关规定处理,不构成犯罪。

⑵ 分产品代替发工资问题。实践中,有些国有企业因为经济效益不好,发不出工资,即将本单位产品代替工资发给职工。这是亏损企业应付工资支付的一种临时办法,与违反国家规定的私分国有资产性质不同,不应按犯罪处理。

⑶ 打击面问题。本罪的主体是特殊主体,只限于直接负责的主管人员和直接责任人员。据此,不仅对单位的一般职工不能追究刑事责任,没有参与决策未起主要作用的单位负责人,也不宜追究刑事责任。当然,私分的财物因是国有资产,应当退还。

2. 本罪与贪污罪的界限。二者的主要区别是:

⑴ 犯罪对象不同。本罪的犯罪对象仅限于国有资产;贪污罪的犯罪对象是公共财产,不仅包括国有财产,还包括其他公共财产。

⑵ 犯罪主体不同。本罪的主体是单位,但负刑事责任的人仅限于国有单位中对私分国有资产直接负责的主管人员和直接责任人员;贪污罪的主体是国家工作人员,不仅包括国有单位从事公务的人员,还包括其他准国家工作人员。

⑶ 行为表现不同。本罪表现为以单位名义私分国有资产,获得财物的人是单位所有员工或者大多数员工,具有一定的公开性;贪污罪表现为行为人采用窃取、骗取等手段将公共财产据为己有,具有一定的隐蔽性。

⑷ 主观方面不同。本罪作为单位犯罪,虽然形式上是单位直接负责的主管人员或者单位参与决策的领导的共同意志,但实质上是单位的意志;贪污罪中行为人非法占有公共财产是个人意志。

(三) 私分国有资产罪的处罚

根据《刑法》第 396 条第 1 款的规定,犯本罪的,对单位直接负责的主管人员和其他直接责任人员,处 3 年以下有期徒刑或者拘役,并处或者单处罚金;数额巨大的,处 3 年以上 7 年以下有期徒刑,并处罚金。

四、私分罚没财物罪

私分罚没财物罪,是指司法机关、行政执法机关违反国家规定,将应当上缴国家的罚没财物,以单位名义集体私分给个人的行为。本罪的客体是国家对罚没财物的管理制度及廉政建设制度。犯罪对象是罚没财物。本罪在客观方面表现为违反国家规定,将应当上缴国家的罚没财物,以单位名义集体私分给个人,数额较大的行为。以单位名义是指经单位领导集体研究决定,体现了单位的意识和意志。集体私分给个人,是指擅自决定将罚没财物分配给单位的所有成员或者绝大多数成员。单位领导和其他责任人员是否分得财物,对本罪的构成没有影响。这里的数额较大,根据《立案标准》,是指私分罚没财物累计数额在 10 万元以上。本罪的主体是司法机关或行政执法机关,承担刑事责任的人是其直接负责的主管人员和其他直接责任人员。司法机关是指法院、检察院、公安机关、国家安全机关。行政执法机关是指海关、市场监管机关、税务机关、卫生检疫机关、商检部门、环境执法部门等。本罪在主观方面是故意,即明知是应当上缴的罚没财物,仍决意以单位的名义进行集体私分。

根据《刑法》第 396 条第 2 款的规定，犯本罪的，对其直接负责的主管人员和其他直接责任人员，处 3 年以下有期徒刑或者拘役，并处或者单处罚金；数额巨大的，处 3 年以上 7 年以下有期徒刑，并处罚金。

五、巨额财产来源不明罪

（一）巨额财产来源不明罪的概念和构成

巨额财产来源不明罪，是指国家工作人员的财产、支出明显超过合法收入，且差额巨大，经责令说明来源，本人不能说明其来源的行为。本罪具有如下构成要件：

1. 本罪的客体是国家工作人员职务行为的廉洁性。关于本罪的客体，有的认为是国家特定的财产申报制度；有的认为既侵犯了公私财产所有权，又影响了国家机关的正常活动；有的认为侵犯的是国家工作人员公务行为的廉洁性和公私财产的所有权。本书认为，法律规定本罪的目的主要是维护国家工作人员职务行为的廉洁，从立法的原意考虑，本罪的客体为国家工作人员职务行为的廉洁性比较妥当。犯罪对象是行为人本人不能说明其合法来源的巨额财产。

2. 本罪在客观方面表现为行为人不能说明其明显超过合法收入的财产来源是合法的行为。具体包括两个方面的内容：一是财产、支出明显超过合法收入，且差额巨大。这里所说的财产，是行为人实际拥有的财物，包括现金、有价证券以及其他物品。至于差额的标准，根据《立案标准》，为 30 万元以上。二是行为人不能说明明显超过其合法收入的巨额财产的来源。这里的不能说明，包括：(1) 行为人拒不说明财产来源。(2) 行为人无法说明财产的具体来源。(3) 行为人所说的财产来源经司法机关查证并不属实。(4) 行为人所说的财产来源因线索不具体等，司法机关无法查实，但能排除存在来源合法的可能性和合理性。理论界对于本罪的实行行为的性质存在争议，有人认为是持有行为，有人认为是不作为，有人认为是持有行为与不作为的结合，是一种复行为，这还有待进一步探讨。

3. 本罪的主体是特殊主体，仅限于国家工作人员。

4. 本罪的主观方面是故意。

（二）巨额财产来源不明罪的认定

在认定犯罪的过程中，应根据不同的具体情况加以考察：行为人拥有巨额财产，但不能说明合法来源的，应认定为本罪；行为人拥有巨额财产，并且说明了合法来源的，不能认定为犯罪；行为人拥有巨额财产，但说明的是非法来源，且经查证属实的，按其行为的性质定罪处罚。

（三）巨额财产来源不明罪的处罚

《刑法修正案（七）》将本罪的最高刑从 5 年有期徒刑提高到 10 年有期徒刑，同时将原来的一个量刑档次修改为两个量刑档次。根据《刑法》第 395 条第 1 款的规定，犯本罪的，处 5 年以下有期徒刑或者拘役；差额特别巨大的，处 5 年以上 10 年以下有期徒刑。财产的差额部分予以追缴。

六、隐瞒境外存款罪

隐瞒境外存款罪，是指国家工作人员对于个人在境外的存款，依照国家规定应当申报而隐瞒不报，数额较大的行为。本罪的客体是国家关于国家工作人员境外存款的申报制度。本罪的客观方面包括三个方面的内容：(1) 行为人负有依照国家规定申报其境外存款的义务。这里所说的境外存款是指行为人在国(边)境外的金融机构中的存款。所存之款包括外币、有价证券、股票等。(2) 行为人隐瞒不报其境外存款，即不履行其申报义务。(3) 隐瞒境外存款的数额较大。这里的数额较大，根据《立案标准》，指折合人民币数额在 30 万元以上。本罪的主体是特殊主体，即国家工作人员。本罪的主观方面是故意，即行为人明知依照国家规定应当如实申报其境外存款仍有意隐瞒不报。如果行为人不是故意隐瞒不报，而是由于对国家申报制度不了解，或者由于其他客观原因而未作申报的，不能构成犯罪。

根据《刑法》第 395 条第 2 款的规定，犯本罪的，处 2 年以下有期徒刑或者拘役；情节较轻的，由其所在单位或者上级主管机关酌情给予行政处分。

第二节　贿赂犯罪

一、受贿罪

(一) 受贿罪的概念和构成

受贿罪，是指国家工作人员利用职务上的便利，索取他人财物，或者非法收受他人财物，为他人谋取利益的行为。本罪具有如下构成要件：

1. 本罪的客体是国家工作人员职务行为的廉洁性。我国是社会主义国家，一切权力属于人民。国家工作人员的职权是人民赋予的，代表人民依法管理政治、经济、文化以及其他社会各方面的事务。受贿行为不仅背离了国家工作人员为政清廉的义务，而且妨碍了国家机关对内对外职能的行使。因此，本罪的客体是国家工作人员职务行为的廉洁性。

本罪的对象是贿赂。贿赂是指行为人索取或者收受的他人财物。如何界定贿赂的范围，概括起来主要有三种观点：(1) 财物说，认为贿赂仅限于金钱和可以用金钱计算的物品，不包括其他利益。(2) 物质利益说，认为贿赂除了包括金钱及其他财物而外，还应当包括可以用金钱计算的物质利益，如提供房屋使用权、免费旅游、免除债权等。(3) 需要说，又称利益说，认为凡是能够满足人的物质或精神需求的一切有形利益或者无形利益、物质利益或者非物质利益、财产性利益或者非财产性利益均应视为贿赂。其中非财产性利益，如安排子女就业、解决招工指标、提供出国机会、提职晋级乃至提供色情服务等。本书认为，虽然刑法中明确规定贿赂只能是财物，但是我国相关的其他法律则作了不同的界定，如《中华人民共和国反不正当竞争法》(简称《反不正当竞争法》)第 7 条规定，经营者不得采用财物或者其他手段进行贿赂以获取交易机会或者竞争优势。这里的其他手段显然包括超出财物范围的财产性利益和非财产性利益,并且,收取财产性利益和非财产性利益对于国家工作人员职务行为的廉洁性的侵犯也不亚于收取财物。因此,贿赂应该包括财产性利益和非财产性利益。根据《关于办理贪污贿赂刑事案件适用法律若干问题的解释》第 12 条规定,贿赂犯罪中的财物,包括货币、物品和财产性利益。财产性利益包括可以折算为货币的物质利益如房屋装修、债务免除等,以及需要支付货币的其他利益如会员服务、旅游等。后者的犯罪数额,以实际支付或者应当支付的数额计算。

2. 本罪在客观方面表现为利用职务上的便利,索取他人财物,或者非法收受他人财物并为他人谋利益的行为。具体包括以下几方面的内容:

(1) 利用职务上的便利。根据《立案标准》,利用职务上的便利,是指利用本人职务范围内的权力,即自己职务上主管、负责或者承办某项公共事务的职权及其所形成的便利条件。

(2) 索取、收受他人财物。索取他人财物,是指行为人利用职务上的便利,主动向他人索要或勒索并收取财物。索取贿赂的基本特征是行为人索要贿赂的主动性和他人交付财物的被动性。索贿行为可以是明示的,也可以是暗示的;可以由本人直接索取,也可以通过他人间接索取。收受他人财物,是指行为人以许诺或者实际为他人谋取利益为条件,被动地接受对方给付的财物。收受贿赂的基本特征是行贿人给付财物的主动性、自愿性和受贿人接受他人财物的被动性。

(3) 为他人谋取利益。为他人谋取利益,是指受贿人为他人谋求取得某种特定利益。这里所说的利益,可以是合法的利益,也可以是非法的利益;可以是物质性利益,也可以是非物质性利益。一般认为,为他人谋取利益包括四种情况:一是已经许诺为他人谋取利益,但尚未实际进行;二是正在实施为他人谋取利益的行为,但尚未取得结果;三是为他人谋取利益已经取得一定的进展,但尚未完全实现;四是已经全部实现了他人的要求。由此可以看出,为他人谋取利益,不能仅限于为他人谋取到了利益,只要许诺为他人谋取利益即可。至于这种许诺是明示的还是默许的,可以不问。根据《关于办理贪污贿赂刑事案件适用法律若干问题的解释》第 13 条规定,下列行为应认定为“为他人谋取利益”:① 实际或者承诺为他人谋取利益的;② 明知他人有具体请托事项的;③ 履职时未被请托,但事后基于该履职事由收受他人财物的;④ 国家工作人员索取、收受具有上下级关系的下属或者具有行政管理关系的被管理人员的财物价值 3 万元以上,可能影响职权行使的,视为承诺为他人谋取利益。

为他人谋取利益是否任何形式的受贿罪的必备要件?根据《立案标准》,索取他人财物的,不论是否“为他人谋取利益”,均可构成受贿罪;非法收受他人财物的,只有同时具备“为他人谋取利益”的条件,才能构成受贿罪。这已成为理论界的共识。关于为他人谋取利益是主观要件还是客观要件,学界也有不同意见。有人认为是主观要件,有人认为是客观要件。本书认为,为他人谋取利益,始自许诺,终至实现,是一种行为。因此,把为他人谋取利益理解为客观要件似乎更为适当。

(4) 斡旋受贿的客观方面。《刑法》第 388 条规定,国家工作人员利用本人职权或者地位形成的便利条件,通过其他工作人员职务上的行为,为请托人谋取不正当利益,索取请托人财物或者收受请托人财物的,以受贿论处。这就是理论上所说的斡旋受贿或间接受贿,其客观方面表现为利用本人职权或者地位形成的便利条件,通过其他国家工作人员职务上的行为,为请托人谋取不正当利益,索取或者收受请托人财物的行为。斡旋受贿的行为特征是:首先,利用本人职权或者地位形成的便利条件,也就是间接利用职务之便。这里所说的本人职权,是指在行为人职务范围内,并能对其他国家工作人员形成制约或者施加影响的权力,不包括直接利用本人掌握的职权。地位,是指行为人所在的能对其他国家工作人员形成制约或者施加影响的领导岗位,或者在领导身边工作或负有特定职责并从事公务活动的工作岗位。无论是利用本人职权还是利用本人地位形成的便利条件,都是源于本人的职务。如果行为人利用自己与其他国家工作人员的亲友关系,则不属于斡旋受贿行为。其次,为请托人谋取不正当利益。这是受贿人用以同请托人进行权钱交易、权物交易的条件。如果说索取贿赂形式的一般受贿罪,不要求行为人为他人谋取利益;收受贿赂形式的一般受贿罪,虽要求行为人为他人谋取利益,但不问谋取的是合法利益还是非法利益的话,斡旋受贿罪则要求必须为请托人谋取不正当利益。如何理解不正当利益?国内理论界是有分歧的。本书认为,不正当利益是指根据法律、法规和有关政策不应当得到的利益。利益的正当与否取决于其性质本身,而不取决于取得利益的手段。请托人依法应当或者可能得到,但限于一定的条件而无法得到,或者暂时未能得到的利益,不属于不正当利益。即使采用送钱送物的手段得到了,也不应当视为不正当利益。再次,通过其他国家工作人员的职务行为,为请托人谋取不正当利益。这里的职务行为,是指其他国家工作人员实施的职权范围内的行为。通过其他国家工作人员的职务行为以行为人利用职务之便为前提和基础,又是行为人利用本人职权或者地位形成的便利条件的一种表现形式。最后,索取或者收受请托人财物。在斡旋受贿罪中,行为人取得贿赂的形式也有两种:索取和收受。与一般受贿罪不同的是,斡旋受贿罪中,无论是索取贿赂的形式还是收受贿赂的形式,均以为请托人谋取不正当利益为必要条件。

3. 本罪的主体是特殊主体,即国家工作人员。根据 2009 年全国人大常委会《关于〈中华人民共和国刑法〉第九十三条第二款的解释》,村民委员会等村基层组织人员协助人民政府从事下列行政管理工作,属于依照法律从事公务的人员:(1) 救灾、抢险、防汛、优抚、扶贫、移民、救济款物的管理;(2) 社会捐助公益事业款物的管理;(3) 国有土地的经营和管理;(4) 土地征用补偿费用的管理;(5) 代征、代缴税款;(6) 有关计划生育、户籍、征兵工作;(7) 协助人民政府从事的其他行政管理工作。利用职务上的便利,索取或者非法收受他人财物,构成受贿罪。

4. 本罪在主观方面是故意,而且只能是直接故意,即行为人明知其利用职务上的便利,索取他人财物或者非法收受他人财物并为他人谋取利益的行为会损害国家工作人员职务行为的廉洁性,仍然决意为之。

(二) 受贿罪的认定

1. 罪与非罪的界限。

(1) 经济往来中受贿罪的认定。《刑法》第 385 条第 2 款规定,国家工作人员在经济往来中,违反国家规定,收受各种名义的回扣、手续费,归个人所有的,以受贿论处。违反国家规定,是指违反全国人大及其常务委员会制定的法律,国务院制定的行政法规、规定的行政措施、发布的决定和命令,如《反不正当竞争法》等。这些法律法规中都有关于收受回扣、手续费方面的规定,如有违反,即违反国家规定。关于回扣的定义、性质、表现形式等诸多问题,学界存在争议。本书认为,回扣是指在经济活动中,卖方从收取的价款中扣出一部分回送给买方或其代理人的财物。其表现形式应与受贿罪的对象协调一致,即不仅限于金钱,还包括其他实物。按照我国《反不正当竞争法》的规定,单位或者个人在账外暗中收受回扣的,以受贿论处。据此,可以认为国家法律允许的回扣,必须是公开收受且在有关财务账目上如实记载的,否则即属受贿。手续费,是指因办理一定的事务或付出一定的劳动而收取的费用。手续费就其本身而言,是一种劳务报酬,并无非法性,但是,如果国家工作人员未付出劳动而收受财物,或者以少量劳动换取高额报酬,那是以其职务行为与所谓的手续费相互交易,是假手续费之名收受贿赂。以受贿论处的手续费指的就是这种手续费。这种手续费可以有各种名义,如好处费、辛苦费、介绍费、活动费、信息费、酬谢费等,但究其实质都是贿赂。因收受回扣、手续费而构成受贿罪的,在构成条件上与受贿罪有所不同:一是主体必须是国家工作人员;二是必须发生在经济往来中;三是必须违反国家有关规定;四是收受的回扣、手续费归个人所有。

(2) 本罪与接受亲友馈赠的界限。亲朋好友之间礼尚往来,有时伴有物品馈赠,这是联络感情的正当行为。受贿罪中的收受他人财物与接受亲友馈赠在表面上颇为相似,但在法律性质上存在根本性区别。划清二者之间的界限,首先要看行为人接受亲友的财物是否利用职务上的便利为亲友谋取利益,这是主要的。但不能仅限于此,还要综合考虑双方之间亲友情谊的发展程度,收受财物的数额是否正常,以及接受财物目的、方式等诸因素,不能一概而论。如果行为人利用自己的职权,为亲友谋取利益,并收受了亲友的部分财物,但双方之间亲友情谊发展几十年,经济交往数额较大,其收受财物的数额与经济交往的数额大体相当,那就不宜认定为受贿。

(3) 本罪与取得合法报酬的界限。在法律、政策允许的范围内,利用自己的知识、技术和劳动,为其他单位或个人承揽业务、提供咨询或者进行其他服务,从中获得劳动报酬的,是合法收入,不属于受贿。即使略有瑕疵,如并非完全利用业余时间、在领取劳动报酬时没有签真名等,也不宜按受贿处理。但是,实践中有些贿赂是以辛苦费、酬谢费、劳务费的名义出现的,实际上并没有付出劳动,是借取得劳动报酬之名行受贿之实。如一些以兼职名义收受贿赂的犯罪中,行为人就是以劳务费、辛苦费的形式掩盖其受贿的实质的。所以,划清受贿罪与取得合法报酬的界限,关键要看行为人是否利用职务上的便利为他人谋取利益。此外,还要结合分析行为人是否付出了必要的劳动,因为没有必要的劳动其合法报酬即无从谈起。

(4) 本罪与一般受贿行为的界限。区分二者的标准是受贿数额和受贿情节。根据《刑法》第 386 条的规定,受贿罪的数额起点与贪污罪相当,即个人受贿的数额满 3 万元的,构成受贿罪,依法追究刑事责任;个人受贿数额在 1 万元以上不满 3 万元,有其他较重情节的,也构成受贿罪。这里的其他较重情节,是指:① 多次索贿的;② 为他人谋取不正当利益,致使公共财产、国家和人民利益遭受损失的;③ 为他人谋取职务提拔、调整的;④ 曾因贪污、受贿、挪用公款受过党纪、行政处分的;⑤ 曾因故意犯罪受过刑事追究的;⑥ 将赃款赃物用于非法活动的;⑦ 拒不交代赃款赃物去向或者拒不配合追缴工作,致使无法追缴的;⑧ 造成恶劣影响或者其他严重后果的。

2. 新型受贿行为的认定。近年来,随着经济和社会的快速发展,受贿犯罪出现了一些新情况,给司法实践的认定带来了一定的困难。鉴于此,2007 年 7 月,最高人民法院、最高人民检察院联合发布《关于办理受贿刑事案件适用法律若干问题的意见》(简称《受贿案件意见》),针对各种新型、复杂、隐蔽的案件规定了司法认定规则。

(1) 关于以交易形式收受贿赂问题。国家工作人员利用职务上的便利为请托人谋取利益,以下列交易形式收受请托人财物的,以受贿论处:一是以明显低于市场的价格向请托人购买房屋、汽车等物品的;二是以明显高于市场的价格向请托人出售房屋、汽车等物品的;三是以其他交易形式非法收受请托人财物的。受贿数额按照交易时当地市场价格与实际支付价格的差额计算。这里所说的市场价格包括商品经营者事先设定的不针对特定人的最低优惠价格。根据商品经营者事先设定的各种优惠交易条件,以优惠价格购买商品的,不属于受贿。

(2) 关于收受干股问题。干股是指未出资而获得的股份。国家工作人员利用职务上的便利为请托人谋取利益,收受请托人提供的干股的,以受贿论处。进行了股权转让登记,或者相关证据证明股份发生了实际转让的,受贿数额按转让行为时的股份价值计算,所分红利按受贿孳息处理。股份未实际转让,以股份分红名义获取利益的,实际获利数额应当认定为受贿数额。

(3) 关于以开办公司等合作投资名义收受贿赂问题。国家工作人员利用职务上的便利为请托人谋取利益,以合作开办公司或者其他合作投资的名义获取"利润",没有实际出资和参与管理、经营的,以受贿论处。受贿数额为请托人给国家工作人员的出资额。

(4) 关于以委托请托人投资证券、期货或者其他委托理财的名义收受贿赂问题。国家工作人员利用职务上的便利为请托人谋取利益,以委托请托人投资证券、期货或者其他委托理财的名义,未实际出资中获取"收益",或者虽然实际出资,但获取"收益"明显高于出资应得收益的,以受贿论处。受贿数额,前一情形,以"收益"额计算;后一情形,以"收益"额与出资应得收益额的差额计算。

(5) 关于以赌博形式收受贿赂的认定问题。根据《最高人民法院、最高人民检察院关于办理赌博刑事案件具体应用法律若干问题的解释》第 7 条的规定,国家工作人员利用职务上的便利为请托人谋取利益,通过赌博方式收受请托人财物的,构成受贿。实践中应注意区分贿赂与赌博活动、娱乐活动的界限。具体认定时,主要应当结合以下因素进行判断:一是赌博的背景、场合、时间、次数;二是赌资来源;三是其他赌博参与者有无事先通谋;四是输赢钱物的具体情况和金额大小。

(6) 关于特定关系人"挂名"领取薪酬问题。国家工作人员利用职务上的便利为请托人谋取利益,要求或者接受请托人以给特定关系人安排工作为名,使特定关系人不实际工作却获取所谓薪酬的,以受贿论处。特定关系人,是指与国家工作人员有近亲属、情妇(夫)以及其他共同利益关系的人。

(7) 关于由特定关系人收受贿赂问题。国家工作人员利用职务上的便利为请托人谋取利益,授意请托人以《受贿案件意见》所列形式,将有关财物给予特定关系人的,以受贿论处。特定关系人与国家工作人员通谋,共同实施上述行为的,对特定关系人以受贿罪的共犯论处。特定关系人以外的其他人与国家工作人员通谋,由国家工作人员利用职务上的便利为请托人谋取利益,收受请托人财物后双方共同占有的,以受贿罪的共犯论处。

(8) 关于收受贿赂物品未办理权属变更问题。国家工作人员利用职务上的便利为请托人谋取利益,收受请托人房屋、汽车等物品,未变更权属登记或者借用他人名义办理权属变更登记的,不影响受贿的认定。认定以房屋、汽车等物品为对象的受贿,应注意其与借用的区分。具体认定时,除双方交代或者书面协议之外,主要应当结合以下因素进行判断:一是有无借用的合理事由;二是是否实际使用;三是借用时间的长短;四是有无归还的条件;五是有无归还的意思表示及行为。

(9) 关于收受财物后退还或者上交问题。国家工作人员收受请托人财物后及时退还或者上交的,不是受贿。国家工作人员受贿后,因自身或者与其受贿有关联的人、事被查处,为掩饰犯罪而退还或者上交的,不影响认定受贿罪。

(10) 关于在职时为请托人谋利,离职后收受财物问题。国家工作人员利用职务上的便利为请托人谋取利益之前或者之后,约定在其离职后收受请托人财物,并在离职后收受的,以受贿论处。国家工作人员利用职务上的便利为请托人谋取利益,离职前后连续收受请托人财物的,离职前后收受部分均应计入受贿数额。

3. 本罪与贪污罪的界限。本罪与贪污罪都是特殊主体,主观方面均为故意。其主要区别是:(1) 主体范围不同。本罪的主体只限于国家工作人员;贪污罪的主体除了国家工作人员以外,还包括非国家工作人员中受国有单位委托管理、经营国有财产的人员。(2) 犯罪客体和对象不同。本罪侵犯的客体是简单客体,即国家工作人员职务行为的廉洁性,犯罪对象是贿赂,即他人的财物,既可以是私人所有的财物,也可以是公共财物;贪污罪侵犯的客体是复杂客体,即国家工作人员职务行为的廉洁性和公共财物的所有权,犯罪对象仅限于公共财产。(3) 客观表现形式不同。本罪一般表现为行为人利用职务上的便利,索取他人财物,或者非法收受他人财物并为他人谋取利益的行为;贪污罪表现为行为人利用职务上的便利,使用侵吞、窃取、骗取或者其他手段非法占有公共财物的行为。而且在利用职务上的便利的含义上也不尽相同。前者的职务范围较广,既包括直接利用本人的职权,也包括利用与职务有关的便利条件;后者的职务范围较窄,一般仅限于直接利用本人的职权。(4) 犯罪目的不同。本罪的目的在于获取他人的贿赂;贪污罪的目的在于非法占有公共财物。

4. 本罪与敲诈勒索罪的界限。二者难以区分的是索贿形式的受贿罪与敲诈勒索罪的界限。两罪之间除了主体、客体不同而外,关键在于客观方面的区别。敲诈勒索罪表现为行为人单纯使用威胁、要挟的手段迫使被害人交付财物;本罪表现为行为人利用职务上的便利,主动向请托人索要或勒索财物。国家工作人员对请托人采用威胁、要挟的方式向请托人勒索财物,以此作为为请托人谋取利益的交换条件的,其性质应如何认定?对此,学界有不同看法。本书认为,从理论上说索取贿赂中的索取,既可以是索要,也可以是勒索。因此,国家工作人员利用职务上的便利,使用威胁、要挟手段向请托人敲诈勒索财物,在目前的情况下,如果符合受贿罪的数额或情节要求,仍然应当按照受贿罪定罪处罚。

5. 本罪与非国家工作人员受贿罪的界限。二者在主观方面都是故意,在客观方面均有利用职务上的便利索取或者非法收受他人财物的行为。其主要区别是:(1) 犯罪客体不同。前者侵犯的客体是国家工作人员职务行为的廉洁性;后者侵犯的客体是公司、企业、其他单位人员职务的廉洁性和公司、企业、其他单位的正常管理秩序。(2) 客观方面有所不同。本罪的索贿不以为他人谋取利益为要件,只有收受贿赂的受贿形式必须以为他人谋取利益为必备要件;后者则无论是索取贿赂还是收受贿赂,均以为他人谋取利益为必备要件。(3) 犯罪主体不同。前者的主体是国家工作人员;后者的主体是非国有公司、企业、其他单位中没有国家工作人员身份的人员。

（三）受贿罪的处罚

根据《刑法》第386条的规定，犯本罪的，根据受贿所得数额及情节，依照贪污罪的处罚规定予以处罚。索贿的，从重处罚。具体处罚标准是：

(1) 受贿数额在3万元以上不满20万元的，或者受贿数额在1万元以上不满3万元，且具有下列情形之一的，依法判处3年以下有期徒刑或者拘役，并处罚金：① 多次索贿的；② 为他人谋取不正当利益，致使公共财产、国家和人民利益遭受损失的；③ 为他人谋取职务提拔、调整的；④ 曾因贪污、受贿、挪用公款受过党纪、行政处分的；⑤ 曾因故意犯罪受过刑事追究的；⑥ 赃款赃物用于非法活动的；⑦ 拒不交代赃款赃物去向或者拒不配合追缴工作，致使无法追缴的；⑧ 造成恶劣影响或者其他严重后果的。

(2) 受贿数额在20万元以上不满300万元的，或者受贿数额在10万元以上不满20万元，且具有上述(1)中八项情况之一，依法判处3年以上10年以下有期徒刑，并处罚金或者没收财产。

(3) 受贿数额在300万元以上的，或者受贿数额在150万元以上不满300万元，且具有上述(1)中八项情况之一，应当依法判处10年以上有期徒刑、无期徒刑或者死刑，并处罚金或者没收财产。

(4) 受贿数额特别巨大，犯罪情节特别严重、社会影响特别恶劣、给国家和人民利益造成特别重大损失的，可以判处死刑。符合上述情形，但具有自首，立功，如实供述自己罪行、真诚悔罪、积极退赃，或者避免、减少损害结果的发生等情节，不是必须立即执行的，可以判处死刑缓期二年执行。符合(1)中规定的八种情形，根据犯罪情节等情况可以判处死刑缓期二年执行，同时裁判决定在其死刑缓期执行二年期满依法减为无期徒刑后，终身监禁，不得减刑、假释。

(5) 在提起公诉前如实供述自己罪行、真诚悔罪、积极退赃，避免、减少损害结果的发生，有(1)中规定的情形的，可以从轻、减轻或者免除处罚；有(2)(3)规定的情形的，可以从轻处罚。

二、利用影响力受贿罪[①]

利用影响力受贿罪，是指国家工作人员的近亲属或者其他与该国家工作人员关系密切的人，通过该国家工作人员职务上的行为，或者利用该国家工作人员职权或者地位形成的便利条件，通过其他国家工作人员职务上的行为，或者离职的国家工作人员或者其近亲属以及其他与其关系密切的人，利用该离职的国家工作人员原职权或者地位形成的便利条件，通过其他国家工作人员职务上的行为，为请托人谋取不正当利益，索取请托人财物或者收受请托人财物，数额较大或者有其他较重情节的行为。

本罪具有如下构成要件：

1. 本罪的客体是国家工作人员职务行为的正当性。如前所述，受贿罪侵犯的客体是国家工作人员职务行为的廉洁性。而本罪的行为人利用国家工作人员的职务行为或者利用国

---

① 本罪是《刑法修正案（七）》第13条在《刑法》第388条之一规定的新罪名。

家工作人员职权或地位形成的便利条件，通过其他国家工作人员职务上的行为，为请托人谋取不正当利益，侵犯的是国家工作人员职务行为的正当性。国家工作人员的职权是国家依法授予的，只能在职权范围内依法行使，一切基于“近亲属”“关系密切”的人情关系而超越职权、不正确履行职权的行为都是不正当的行为，为法律所禁止。

2. 本罪的客观方面包括两种情况：(1) 当主体是国家工作人员的近亲属或者其他与该国家工作人员关系密切的人时，其客观方面表现为：通过国家工作人员职务上的行为，或者利用该国家工作人员职权或地位形成的便利条件，通过其他国家工作人员职务上的行为，为请托人谋取不正当利益，而索取请托人财物或收受请托人财物。(2) 当主体是离职的国家工作人员或者其近亲属以及其他与其关系密切的人时，其客观方面表现为：利用该离职的国家工作人员原职权或者地位形成的便利条件，通过其他国家工作人员职务上的行为，为请托人谋取不正当利益，索取请托人财物或者收受请托人财物。本罪的客观方面具有以下特征：

(1) 利用影响力。这是本罪的本质特征，也是与其他受贿犯罪的关键区别。根据刑法的规定，构成本罪，行为人利用的只能是影响力而不能是自己的职权。利用影响力主要表现在以下三个方面：一是国家工作人员的近亲属和与其关系密切的人，利用与国家工作人员“关系密切”这种盘根错节的联系所形成的影响力。如利用父母子女之间的关爱，配偶、情人之间的感情，朋友、同事之间的友情或联系等产生的影响力。二是国家工作人员的近亲属、与其关系密切的人，利用与之有密切关系的国家工作人员的职权或者地位形成的便利条件所形成的影响力。三是离职的国家工作人员或者其近亲属、与其关系密切的人，利用该离职的国家工作人员原职权或者地位形成的便利条件所形成的影响力。

(2) 利用与之有密切关系的国家工作人员或其他国家工作人员的职务上的行为。本罪中无论哪种形式的利用影响力的行为，最终都必须通过行为人以外的国家工作人员职务上的行为发生作用。职务上的行为，是指国家工作人员根据自己主管、管理、负责、承办某项公共事务的职权而实施的行为。

(3) 为请托人谋取不正当利益。谋取不正当利益，根据《最高人民法院、最高人民检察院关于办理行贿刑事案件具体应用法律若干问题的解释》第 12 条规定，是指行贿人谋取的利益违反法律、法规、规章、政策规定，或者要求国家工作人员违反法律、法规、规章、政策、行业规范的规定，为自己提供帮助或者方便条件。违背公平、公正原则，在经济、组织人事管理等活动中，谋取竞争优势的，应当认定为“谋取不正当利益”。

(4) 索取或收受请托人财物。索取是指主动地以明示或者暗示的方法向他人索要或勒索并收取财物。收受是指行为人被动地接受对方给付的财物。

3. 本罪的主体是特殊主体，既包括年满 16 周岁具有刑事责任能力的国家工作人员的近亲属或者其他与该国家工作人员关系密切的人，也包括离职的国家工作人员或者其近亲属以及其他与其关系密切的人。本罪属自然人犯罪，单位不能构成本罪。

(1) 国家工作人员的近亲属。我国不同部门法对于近亲属的范围的规定不尽相同。根据《刑事诉讼法》第 108 条第 6 款的规定，近亲属是指夫、妻、父、母、子、女、同胞兄弟姐妹。《民法典》第 1045 条规定的近亲属包括配偶、父母、子女、兄弟姐妹、祖父母、外祖父母、孙子女、外孙子女。从与刑法的关联性上看，似应根据《刑事诉讼法》的规定来理解近亲属的范围。但如果比较上述法律规定并结合设立本罪的立法目的，《刑事诉讼法》将祖父母、外祖父母、孙子女、外孙子女以及养兄弟姐妹、继兄弟姐妹等非同胞兄弟姐妹的亲属排除出近亲属之列,不仅与我国民事、行政方面的法律规定及司法解释相矛盾,也不符合我国传统的亲属观念,缺乏现实合理性。这一问题还值得进一步研究。

(2) 其他与该国家工作人员关系密切的人。关系密切是指行为人与国家工作人员之间的联系非常紧密,这主要表现为以下几种形式:一是基于血缘关系形成的“关系密切”,即近亲属之外的其他直系血亲关系,三代以内的旁系血亲、近姻亲关系等。二是基于地缘关系形成的“关系密切”,即出身或居住在同一个地域所产生的同乡关系、邻里关系等人际关系。三是基于职业关系形成的“密切关系”,即因为职业、行业而形成的同事关系、上下级关系、合作关系等。四是基于情感关系形成的“关系密切”,如情妇、情夫等关系。五是基于特定利益关系形成的“关系密切”,即为了获取某种特定利益而形成的“关系密切”。

(3) 离职的国家工作人员或者其近亲属以及其他与其关系密切的人。这些人也有可能利用原职权或者地位形成的便利条件,通过其他国家工作人员职务上的行为,为请托人谋取不正当利益,从而索取或收受请托人财物,所以本罪将这些人列为犯罪主体。

需要注意的是,《受贿案件意见》提出了“特定关系人”的概念并作了具体解释。但立法机关考虑到特定关系人往往限定在近亲属、情人,有共同财产、共同利益这样的关系,现实中很多并没有也很难证明他们之间有这样的关系,因此在立法中使用了“关系密切的人”这一表述。“关系密切的人”是一个范围更广的概念,它涵盖了全部“特定关系人”且不限于此,“特定关系人”只是“关系密切的人”的一部分。

4. 本罪的主观方面是故意。即行为人明知其利用影响力为请托人谋取不正当利益并索取或收受财物的行为会损害国家工作人员职务行为的正当性,仍然决意为之。

根据《刑法》第 388 条之一的规定,犯本罪的,处 3 年以下有期徒刑或者拘役,并处罚金;数额巨大或者有其他严重情节的,处 3 年以上 7 年以下有期徒刑,并处罚金;数额特别巨大或者有其他特别严重情节的,处 7 年以上有期徒刑,并处罚金或者没收财产。

三、单位受贿罪

单位受贿罪,是指国家机关、国有公司、企业、事业单位、人民团体,索取、非法收受他人财物,为他人谋取利益,情节严重的行为。本罪的客体是国有单位公务活动的廉洁制度。本罪在客观方面表现为索取、非法收受他人财物,为他人谋取利益,情节严重的行为。无论是索取贿赂形式还是收受贿赂形式,本罪都要求具备为他人谋取利益的要件(不同于受贿罪),而且必须情节严重。情节严重,根据《立案标准》,是指:(1) 单位受贿数额在 10 万元以上的。(2) 单位受贿数额不满 10 万元,但具有下列情形之一的:故意刁难、要挟有关单位、个人造成恶劣影响的;强行索取财物的;致使国家或者社会利益遭受重大损失的。本罪的主体是国家机关、国有公司、企业、事业单位、人民团体。非国有性质的任何企业、事业单位,都不能成为单位受贿罪的主体。本罪在主观方面是直接故意,并且为了单位的利益,目的是为单位收取非法贿赂。收受财物归自己所有的,则构成受贿罪。

根据《刑法》第 387 条第 1 款的规定,犯本罪的,对单位判处罚金,并对其直接负责的主管人员和其他直接责任人员,处 5 年以下有期徒刑或者拘役。根据《刑法》第 387 条第 2 款的规定,在经济往来中,在账外暗中收受各种名义的回扣、手续费的,以受贿论,并依照第1款的规定处罚。

四、行贿罪

行贿罪,是指行为人为谋取不正当利益,给予国家工作人员财物的行为。本罪的客体是国家工作人员职务行为的廉洁性。犯罪对象仅限于国家工作人员。本罪在客观方面表现为行为人给予国家工作人员财物的行为。行贿分为两种情形:一是行为人主动给予受贿人财物。在这种情况下,无论行贿人意图谋取的不正当利益是否实现,均不影响行贿罪的成立,即使受贿人实际上并未实施为其谋取不正当利益的行为,也可以构成行贿罪。二是行为人被勒索被动地给予受贿人财物。根据《刑法》第389条第3款的规定,因被勒索给予国家工作人员以财物,没有获得不正当利益的,不是行贿。只有行为人实际获取了不正当利益,才能构成行贿罪。另外,《刑法》第389条第2款规定,在经济往来中,违反国家规定,给予国家工作人员财物,数额较大的,或者违反国家规定,给予国家工作人员各种名义的回扣、手续费的,以行贿论处。对于这种行贿,并不要求必须具备以谋取不正当利益为目的,只要具有本条款规定的行为,即构成行贿。本罪的主体是一般主体,凡已满16周岁具有刑事责任能力的自然人均可成为本罪的主体。本罪在主观方面是直接故意,且具有谋取不正当利益的目的。不正当利益,根据《最高人民法院、最高人民检察院关于办理行贿刑事案件具体应用法律若干问题的解释》第12条规定,是指行贿人谋取的利益违反法律、法规、规章、政策规定,或者要求国家工作人员违反法律、法规、规章、政策、行业规范的规定,为自己提供帮助或者方便条件。违背公平、公正原则,在经济、组织人事管理等活动中,谋取竞争优势的,应当认定为“谋取不正当利益”。应当引用新解释。

根据《刑法》第390条第1款的规定,犯本罪的,处5年以下有期徒刑或者拘役,并处罚金;因行贿谋取不正当利益,情节严重的,或者使国家利益遭受重大损失的,处5年以上10年以下有期徒刑,并处罚金;情节特别严重的,或者使国家利益遭受特别重大损失的,处10年以上有期徒刑或者无期徒刑,并处罚金或者没收财产。根据《刑法》第390条第2款的规定,行贿人在被追诉前主动交代行贿行为的,可以从轻或者减轻处罚。其中,犯罪较轻的,对侦破重大案件起关键作用的,或者有重大立功表现的,可以减轻或者免除处罚。

五、对有影响力的人行贿罪

对有影响力的人行贿罪,是指为谋取不正当利益,向国家工作人员的近亲属或者其他与该国家工作人员关系密切的人,或者向离职的国家工作人员或者其近亲属以及其他与其关系密切的人行贿的行为。

根据《刑法》第390条之一的规定,犯本罪的,处3年以下有期徒刑或者拘役,并处罚金;情节严重的,或者使国家利益遭受重大损失的,处3年以上7年以下有期徒刑,并处罚金;情节特别严重的,或者使国家利益遭受特别重大损失的,处7年以上10年以下有期徒刑,并处罚金。单位犯本罪的,对单位判处罚金,并对其直接负责的主管人员和其他直接责任人员,处 3 年以下有期徒刑或者拘役,并处罚金。

六、对单位行贿罪

对单位行贿罪,是指行为人为谋取不正当利益,给予国家机关、国有公司、企业、事业单位、人民团体财物,或者在经济往来中,违反国家规定,给予前述单位各种名义的回扣、手续费的行为。

根据《刑法》第 391 条的规定,犯本罪的,处 3 年以下有期徒刑或者拘役,并处罚金。单位犯本罪的,对单位判处罚金,并对其直接负责的主管人员或其他直接责任人员,依照上述规定处罚。

七、单位行贿罪

单位行贿罪,是指单位为谋取不正当利益而行贿,或者违反国家规定,给予国家工作人员回扣、手续费,情节严重的行为。本罪在客观方面表现为两种形式:一是单位为谋取不正当利益而行贿;二是违反国家规定,给予国家工作人员回扣、手续费,情节严重的行为。按照法律规定,本罪中第二种行为方式只有达到情节严重的程度,才能构成犯罪。根据《立案标准》,情节严重是指:⑴ 单位行贿数额在 20 万元以上的。⑵ 单位为谋取不正当利益而行贿,数额在 10 万元以上不满 20 万元,但具有下列情形之一的:① 为谋取非法利益而行贿的。② 向 3 人以上行贿的。③ 向党政领导、司法工作人员、行政执法人员行贿的。④ 致使国家或者社会利益遭受重大损失的。本罪的主体是任何所有制形式的单位。

根据《刑法》第 393 条的规定,犯本罪的,对单位判处罚金,并对其直接负责的主管人员和其他直接责任人员,处 5 年以下有期徒刑或者拘役,并处罚金。因行贿取得的违法所得归个人所有的,依照行贿罪定罪处罚。

八、介绍贿赂罪

介绍贿赂罪,是指向国家工作人员介绍贿赂,情节严重的行为。本罪的犯罪对象只能是国家工作人员。向国家工作人员介绍贿赂,即在行贿人与国家工作人员之间进行引见、沟通、撮合,促使行贿与受贿得以实现。介绍贿赂通常表现为两种形式:一是受行贿人之托,为其物色行贿对象,疏通行贿渠道,引荐受贿人,转达行贿的信息,为行贿人转交贿赂物,向受贿人转达行贿人的要求等;二是按照受贿人的意图,为其物色行贿人,居间介绍。根据《立案标准》,情节严重是指:⑴ 介绍个人向国家工作人员行贿,数额在 2 万元以上的;介绍单位向国家工作人员行贿,数额在 20 万元以上的。⑵ 介绍贿赂不满上述标准,但具有下列情形之一的:① 为使行贿人获得非法利益而介绍贿赂的。② 3 次以上或者为 3 人以上介绍贿赂的。③ 向党政领导、司法工作人员、行政执法人员介绍贿赂的。④ 致使国家或者社会利益遭受重大损失的。本罪的主体是一般主体,且仅限于自然人,不包括单位。本罪的主观方面是故意。至于行为人出于何种动机,是否因介绍贿赂从行贿方或者受贿方得到某种利益,不影响本罪的成立。

根据《刑法》第 392 条的规定,犯本罪的,处 3 年以下有期徒刑或者拘役,并处罚金。介绍贿赂人在被追诉前主动交代介绍贿赂行为的,可以减轻处罚或者免除处罚。

拓展阅读

案例分析

争议问题

复习思考题

1. 什么是贪污罪? 贪污罪的构成要件有哪些?
2. 如何理解挪用公款罪的犯罪构成?
3. 如何理解巨额财产来源不明罪的犯罪构成?
4. 如何理解受贿罪的犯罪构成?
5. 如何理解行贿罪的犯罪构成?

自测习题及参考答案

第二十三章　渎职罪

重点提示：

滥用职权罪，玩忽职守罪，徇私枉法罪，民事、行政枉法裁判罪，私放在押人员罪等罪的概念、构成要件以及认定时应注意的问题。

第一节　一般国家机关工作人员的渎职罪

一、滥用职权罪

（一）滥用职权罪的概念和构成

滥用职权罪，是指国家机关工作人员滥用职权，致使公共财产、国家和人民利益遭受重大损失的行为。本罪具有如下构成要件：

1. 本罪的客体是国家机关的正常管理活动，即各级各类国家机关对于社会生活各领域的管理活动，如各级政府机关、政府机关的各级职能部门对社会各方面的管理活动。

2. 本罪客观方面表现为滥用职权，致使公共财产、国家利益和人民利益遭受重大损失的行为。通常情况下，滥用职权表现为不正当履行职权和超越职权。不正当履行职权，是指不合理地利用职务上的地位或者法律赋予的职权，违反规定，随心所欲地对事务作出处理或决定。超越职权，是指行为人实施了自己无权实施的危害社会的行为，擅自决定或处理无权决定、处理的事项。本罪是结果犯，只有使公共财产、国家和人民利益遭受重大损失的才按犯罪处理。何为重大损失？根据最高人民法院、最高人民检察院发布的《关于办理渎职刑事案件适用法律若干问题的解释（一）》，重大损失是指：(1) 造成死亡 1 人以上，或者重伤 3 人以上，或者轻伤 9 人以上，或者重伤 2 人、轻伤 3 人以上，或者重伤 1 人、轻伤 6 人以上的；(2) 造成经济损失 30 万元以上的；(3) 造成恶劣社会影响的；(4) 其他致使公共财产、国家和人民利益遭受重大损失的情形。

3. 本罪的主体是特殊主体，只有具有国家机关工作人员身份的人才能构成。非国家机关工作人员滥用职权，致使公共财产、国家和人民利益遭受重大损失，构成其他犯罪的，按其他罪处理，不成立本罪。

4. 本罪在主观方面是故意，可以是直接故意，也可以是间接故意。但从司法实务来看，滥用职权者对危害结果持间接故意的情况比较多。至于行为人滥用职权是为了自己利益还是他人利益,或者基于其他目的,不影响本罪的成立。

(二) 滥用职权罪的认定

1. 罪与非罪的界限。区分罪与非罪的关键有以下几点:首先,看行为人是否滥用职权,包括是否不正当行使职权,是否超越职权。不正当行使职权或者超越职权的,可能构成犯罪;反之,则不能构成犯罪。其次,看滥用职权行为是否造成重大损失,本罪是结果犯,只有给公共财产、国家利益和人民利益造成重大损失的,才能构成本罪;反之,不构成本罪。

2. 本罪与其他滥用职权犯罪的界限。《刑法》分则第九章除规定滥用职权罪一般条款外,还规定了滥用职权犯罪的特别条款。且《刑法》第 397 条明文规定,本法另有规定的,依照规定。这是法条竞合现象,根据特别法条优于普通法条的原理,应按照特别法条处理。因此,对于《刑法》第 397 条规定以外的滥用职权犯罪行为,应按具体条文规定定罪处罚。如林业部门主管人员违反森林法的有关规定,超过批准的年采伐限额发放林木采伐许可证或者违反规定滥发林木采伐许可证,情节严重,致使森林资源遭受严重破坏的,也属于滥用职权的行为,但由于《刑法》第 407 条将其独立规定为犯罪,那么对该行为就应按照第 407 条规定的违法发放林木采伐许可证罪处罚,而不应按滥用职权罪处罚。同理,《刑法》第 399 条规定了徇私枉法罪,民事、行政枉法裁判罪,实际上这也是滥用职权行为,行为人的行为同时触犯了《刑法》第 397 条和第 399 条,应按第 399 条定罪处罚,而不能按第 397 条定罪处罚。

(三) 滥用职权罪的处罚

根据《刑法》第 397 条的规定,犯本罪的,处 3 年以下有期徒刑或拘役;情节特别严重的,处 3 年以上 7 年以下有期徒刑;国家机关工作人员徇私舞弊犯滥用职权罪的,处 5 年以下有期徒刑或者拘役;国家机关工作人员徇私舞弊犯滥用职权罪情节特别严重的,处 5 年以上 10 年以下有期徒刑。

二、玩忽职守罪

(一) 玩忽职守罪的概念和构成

玩忽职守罪,是指国家机关工作人员严重不负责任,不履行或不认真履行职责,致使公共财产、国家利益和人民利益遭受重大损失的行为。本罪具有如下构成要件:

1. 本罪的客体是国家机关的正常管理活动,即本罪的客体是国家机关对社会的正常管理职能。

2. 本罪在客观方面主要有以下几种情况:(1) 不履行职责,指行为人有能力且有条件履行自己应尽的职责,而不履行或不正确履行。(2) 擅离职守,指行为人在执行职务期间,违背其职责义务,擅自离开自己工作岗位的行为,如对工作不闻不问,不落实,不检查,等等。(3) 未尽职责,是指行为人虽然有履行职责的行为,但并未完全履行职责。构成本罪还要求对公共财产、国家利益和人民利益遭受重大损失。根据最高人民法院、最高人民检察院发布的《关于办理渎职刑事案件适用法律若干问题的解释（一）》，下列情形属于重大损失：(1) 造成死亡 1 人以上，或者重伤 3 人以上，或者轻伤 9 人以上，或者重伤 2 人、轻伤 3 人以上，或者重伤 1 人、轻伤 6 人以上的；(2) 造成经济损失 30 万元以上的；(3) 造成恶劣社会影响的；(4) 其他致使公共财产、国家和人民利益遭受重大损失的情形。

3. 本罪的主体为特殊主体。一般而言，只有具有国家机关工作人员身份的人才能成为本罪的主体，但根据《最高人民法院、最高人民检察院关于办理渎职刑事案件适用法律若干问题的解释（一）》第 7 条规定，依法或者受委托行使国家行政管理职权的公司、企业、事业单位的工作人员，在行使行政管理职权时滥用职权或者玩忽职守，构成犯罪的，应当依照《全国人民代表大会常务委员会关于〈中华人民共和国刑法〉第九章渎职罪主体适用问题的解释》的规定，适用渎职罪的规定追究刑事责任。根据全国人大常委会《关于〈中华人民共和国刑法〉第九章渎职罪主体适用问题的解释》，在依照法律、法规规定行使国家行政管理职权的组织中从事公务的人员，或者在受国家机关委托代表国家机关行使职权的组织中从事公务的人员，或者虽未列入国家机关人员编制但在国家机关中从事公务的人员，在代表国家机关行使职权时，有渎职行为，构成犯罪的，依照刑法关于渎职罪的规定追究刑事责任。

4. 本罪的主观方面为过失，即应当预见到自己玩忽职守的行为可能产生使公共财产、国家利益和人民利益遭受重大损失的危害结果，但因疏忽大意而没预见，或者已经预见而轻信能够避免的心理态度。

（二）玩忽职守罪的认定

1. 罪与非罪的界限。

(1) 本罪与一般玩忽职守行为的界限。二者区别的关键在于是否给公共财产、国家利益和人民利益造成重大损失。造成重大损失的，按玩忽职守罪定罪处刑；否则，就不能按犯罪处理。

(2) 本罪与工作失败、工作失误的界限。工作失败是人类对于自然规律认识的有限性所致，行为人主观上往往并无过错；工作失误是行为人因为业务水平与工作能力不足，在基于完成任务的“积极”心态下实施行为，但造成了危害社会的后果。对上述两种情况不宜按犯罪处理。

2. 本罪与滥用职权罪的界限。二者的区别在于：本罪的行为方式多为不作为，而滥用职权的行为方式一般是作为。本罪表现为不履行或不正当履行职责，滥用职权主要是过度地或任意超出其正当权限范围。本罪的主观方面为过失，而滥用职权罪的主观方面为故意。

3. 本罪与危害公共安全罪中有关责任事故罪的界限。本罪与它们的区别在于：首先，客体不同。本罪的客体是国家机关的正常管理活动；而后者侵犯的是公共安全。其次，本罪一般发生在对社会公共事务的管理活动中；而后者往往发生在各种生产、作业过程中。最后，本罪的主体只能是国家机关工作人员；后者的主体既可以是国家机关工作人员，也可以是一般国家工作人员，或其他责任人员。

（三）玩忽职守罪的处罚

根据《刑法》第 397 条的规定，犯本罪的，处 3 年以下有期徒刑或者拘役；情节特别严重的，处 3 年以上 7 年以下有期徒刑。本法另有规定的，依照规定。国家机关工作人员徇私舞弊,犯前款罪的,处 5 年以下有期徒刑或者拘役;情节特别严重的,处 5 年以上 10 年以下有期徒刑。本法另有规定的,依照规定。

三、故意泄露国家秘密罪

(一) 故意泄露国家秘密罪的概念和构成

故意泄露国家秘密罪,是指国家机关工作人员或者非国家机关工作人员违反保守国家秘密法的相关规定,故意泄露国家秘密,情节严重的行为。本罪具有如下构成要件:

1. 本罪的客体是国家的保密制度。保密制度是指基于我国现行有效的保守国家秘密的法律、法规的规定所形成的法律制度。世界上各个国家都制定了关于保守政治、经济、军事、科技等方面秘密的法律制度,以保护本国的利益。从现行的情况看,我国主要有《保密法》《中华人民共和国保守国家秘密法实施条例》(简称《保密法实施条例》)《国家秘密技术出口审查规定》《科学技术保密规定》等保守国家秘密的法律法规。此外,在《法官法》《检察官法》《人民银行法》《地图编制出版条例》等一系列法律法规中也有关于保守国家秘密的规定。国家秘密,是指基于对国家安全和利益的保护,依照法定程序确定,在一定时间内只限一定范围的人知悉的事项。国家秘密分为三级:绝密是最重要的国家秘密,如果泄露就会使国家安全和利益遭受特别严重的损害;机密是重要的国家秘密,如果泄露就使国家安全和利益遭到严重损害;秘密是一般的国家秘密,若泄露,就会使国家安全和利益遭到损害。从知悉的范围来看,绝密是国家最高级秘密,只允许极少数人知悉;机密是仅次于绝密的国家重要信息,只允许特定的专门工作人员知悉;秘密是不宜在社会大范围传播而限于一定范围人员知悉的国家重要信息。无论是国家工作人员还是一般民众,都负有保守国家秘密的义务。如果有人违反保密义务,故意泄露国家秘密,必将使国家整体利益受到侵害。因此,一切国家公民,特别是国家工作人员,必须严格遵守国家的保密制度,以维护国家的整体利益。

2. 本罪在客观方面表现为:首先,行为人违反国家保密法的规定,即违反了《保密法》《保密法实施条例》等。行为人泄露的秘密不属于保密法规定的保密范围的,不能按犯罪处理。其次,必须有泄露秘密的行为,即行为人把国家秘密泄露给不应知道的人。根据《保密法》第 9 条的规定,国家秘密的范围包括:(1) 国家事务重大决策中的秘密事项。(2) 国防建设和武装力量活动中的秘密事项。(3) 外交和外事活动中的秘密事项以及对外承担保密义务的秘密事项。(4) 国民经济和社会发展中的秘密事项。(5) 科学技术中的秘密事项。(6) 维护国家安全活动和追查刑事犯罪中的秘密事项。(7) 经国家保密行政管理部门确定的其他秘密事项。此外,政党的秘密事项中符合《保密法》第 2 条关于国家秘密规定的,应属于国家秘密的范围。泄露的方式多种多样,可以口头的或书面的方式泄露,也可以交付实物或影印、复制的方式泄露。最后,必须情节严重。根据《立案标准》,情节严重是指:(1) 泄露绝密级国家秘密 1 项(件)以上的。(2) 泄露机密级国家秘密 2 项(件)以上的。(3) 泄露秘密级国家秘密 3 项(件)以上的。(4) 向非境外机构、组织、人员泄露国家秘密,造成或者可能造成危害社会稳定、经济发展、国防安全或者其他严重危害后果的。(5) 通过口头、书面或者网络等方式向公众散布、传播国家秘密的。(6) 利用职权指使或者强迫他人违反国家保守秘密法的规定泄露国家秘密的。(7) 以牟取私利为目的泄露国家秘密的。(8) 其他情节严重的情形。

3. 本罪的主体主要是国家机关工作人员。根据《刑法》第 398 条第 2 款的规定,非国家机关工作人员泄露国家秘密的,以本罪酌情处罚。

4. 本罪的主观方面是故意。动机如何不影响本罪的成立。行为人出于危害国家安全的目的故意将国家秘密提供给境外的机构、组织或人员的,应按《刑法》第 111 条规定的为境外窃取、刺探、收买、非法提供国家秘密、情报罪定罪处罚。

(二) 故意泄露国家秘密罪的认定

1. 罪与非罪的界限。根据《刑法》第 398 条的规定,泄露国家秘密,情节严重的才能构成本罪。只有具备最高人民检察院发布的《关于渎职侵权犯罪案件立案标准的规定》(简称《渎职侵权案件规定》)所规定情形的,才能按本罪处理。

2. 本罪与为境外窃取、刺探、收买、非法提供国家秘密、情报罪的界限。二者主要区别表现为:前者侵犯的客体是国家保密制度;后者侵犯的客体是国家安全。前者的对象为国家秘密;后者的对象为国家秘密与情报。从客观行为上看,前者表现为泄露国家秘密给他人(任何人);后者表现为为境外机构、组织、人员窃取、刺探、收买、非法提供国家秘密或情报。此外,泄露国家秘密只有情节严重的才构成犯罪;而后者不考虑情节是否严重的问题。从主体上看,泄露国家秘密罪的主体主要是国家机关工作人员;后者的主体无特别限制,只要具有刑事责任能力的人都可以成为该罪的主体。

3. 本罪与侵犯商业秘密罪的界限。首先,客体不同。前者侵犯的是国家的保密制度;后者侵犯的是商业秘密。其次,犯罪对象不同。前者的对象是国家保密法所规定的国家秘密;后者的对象仅限于商业秘密。如果国家机关工作人员将属于国家秘密的商业秘密泄露出去,则应按照想象竞合犯,从一重罪处断。

4. 本罪与非法获取国家秘密罪、非法持有国家绝密、机密文件、资料、物品罪的界限。其主要区别在于:一是客观方面不同。前者通常将自己通过合法途径得来的国家秘密泄露出去;后者则是以窃取、刺探、收买方法非法获取国家秘密或非法持有属于国家绝密、机密文件、资料或物品,拒不说明来源或用途。非法获取国家秘密后又泄露该国家秘密的,属于吸收犯,按从一重罪原则处断。二是主体不同。本罪的主体主要是国家机关工作人员;而后者的主体是一般主体,只要是具有刑事责任能力的人都可以成为该罪的主体。

(三) 故意泄露国家秘密罪的处罚

根据《刑法》第 398 条的规定,犯本罪的,处 3 年以下有期徒刑或拘役;情节特别严重的,处 3 年以上 7 年以下有期徒刑。非国家机关工作人员犯故意泄露国家秘密罪的,依照前述规定酌情处罚。这里的酌情处罚,是指应当轻于对国家机关工作人员犯该罪的处罚。

四、过失泄露国家秘密罪

过失泄露国家秘密罪,是指国家机关工作人员或非国家机关工作人员,违反国家保密法过失泄露国家秘密,情节严重的行为。情节严重,根据前述《渎职侵权案件规定》,是指:

(1) 泄露绝密级国家秘密 1 项(件)以上的;(2) 泄露机密级国家秘密 3 项(件)以上的;(3) 泄露秘密级国家秘密 4 项(件)以上的;(4) 违反保密规定,将涉及国家秘密的计算机或者计算机信息系统与互联网相连接,泄露国家秘密的;(5) 泄露国家秘密或者遗失国家秘密载体,隐瞒不报、不如实提供有关情况或者不采取补救措施的;(6) 其他情节严重的情形。本罪的主观方面是过失。

依据《刑法》第 398 条的规定,犯本罪的,处 3 年以下有期徒刑或者拘役;情节特别严重的,处 3 年以上 7 年以下有期徒刑。非国家机关工作人员犯本罪的,依照前述规定酌情处罚,即对于本罪的处罚应当轻于故意泄露国家秘密罪的处罚。

五、国家机关工作人员签订、履行合同失职被骗罪

国家机关工作人员签订、履行合同失职被骗罪,是指国家机关工作人员在签订、履行合同的过程中,因严重不负责任,不履行或不认真履行职责而被诈骗,致使国家利益遭受重大损失的行为。本罪在客观方面表现为:首先,这种行为发生在签订、履行合同过程中。其次,行为人存在严重不负责任的行为。严重不负责任通常表现为:行为人不进行调查研究,不了解对方资产情况就盲目签约;或对于合同的内容不进行严格审查;或者对于产品的质量、数量不进行查验,发现对方违约后,仍不采取积极的救助措施。最后,这种行为致使国家利益遭受重大损失。根据《立案标准》,重大损失是指:(1) 造成直接经济损失 30 万元以上,或者直接经济损失虽不满 30 万元,但间接经济损失达 150 万元以上的;(2) 其他致使国家利益遭受重大损失的情形。本罪的主体是特殊主体,即国家机关工作人员,包括政府及其职能部门的主管人员。本罪的主观方面是过失。

根据《刑法》第 406 条的规定,犯本罪的,处 3 年以下有期徒刑或者拘役;致使国家利益遭受特别重大损失的,处 3 年以上 7 年以下有期徒刑。

六、非法批准征收、征用、占用土地罪

非法批准征收、征用、占用土地罪,是指国家机关工作人员徇私舞弊,违反土地管理法规,滥用职权,非法批准征收、征用、占用土地,情节严重的行为。情节严重,根据前述《渎职侵权案件规定》,是指:(1) 非法批准征用、占用基本农田 10 亩以上的。(2) 非法批准征用、占用基本农田以外的耕地 30 亩以上的。(3) 非法批准征用、占用其他土地 50 亩以上的。(4) 虽未达到上述数量标准,但造成有关单位、个人直接经济损失 30 万元以上,或者造成耕地大量毁坏或者植被遭到严重破坏的。(5) 非法批准征用、占用土地,影响群众生产、生活,引起纠纷,造成恶劣影响或者其他严重后果的。(6) 非法批准征用、占用防护林地、特种用途林地分别或者合计 10 亩以上的。(7) 非法批准征用、占用其他林地 20 亩以上的。(8) 非法批准征用、占用林地造成直接经济损失 30 万元以上,或者造成防护林地、特种用途林地分别或者合计 5 亩以上或者其他林地 10 亩以上毁坏的。(9) 其他情节严重的情形。同时,根据《最高人民法院关于审理破坏草原资源刑事案件应用法律若干问题的解释》第 3 条,国家机关工作人员徇私舞弊,违反草原法等土地管理法规,具有下列情形之一的,应当认定为《刑法》第 410 条规定的"情节严重":(1) 非法批准征收、征用、占用草原 40 亩以上的;(2) 非法批

准征收、征用、占用草原,造成20亩以上草原被毁坏的;(3)非法批准征收、征用、占用草原,造成直接经济损失30万元以上,或者具有其他恶劣情节的。本罪的主体为特殊主体,只有具有土地审批权限的国家机关工作人员才能成为本罪的主体。本罪在主观方面为故意,即行为人明知徇私舞弊,非法批准征收、征用、占用土地的行为会侵害国家土地管理制度,仍实施这种行为。

根据《刑法》第410条的规定,犯本罪的,处3年以下有期徒刑或拘役;致使国家或者集体利益遭受特别重大损失的,处3年以上7年以下有期徒刑。

七、非法低价出让国有土地使用权罪

非法低价出让国有土地使用权罪,是指国家机关工作人员徇私舞弊,违反土地管理法规,滥用职权,非法低价出让国有土地使用权,情节严重的行为。情节严重,根据前述《立案标准》,是指:(1)非法低价出让国有土地30亩以上,并且出让价额低于国家规定的最低价额标准的60%的。(2)造成国有土地资产流失价额30万元以上的。(3)非法低价出让国有土地使用权,影响群众生产、生活,引起纠纷,造成恶劣影响或者其他严重后果的。(4)非法低价出让林地合计30亩以上,并且出让价额低于国家规定的最低价额标准的60%的。(5)造成国有资产流失30万元以上的。(6)其他情节严重的情形。

根据《刑法》第410条的规定,犯本罪的,处3年以下有期徒刑或者拘役;致使国家或者集体利益遭受特别重大损失的,处3年以上7年以下有期徒刑。

八、招收公务员、学生徇私舞弊罪

招收公务员、学生徇私舞弊罪,是指国家机关工作人员在招收公务员、学生工作中徇私舞弊,情节严重的行为。本罪在客观方面表现为:首先,行为发生在国家机关工作人员招收公务员、学生的过程中。其次,行为人在招收公务员、学生过程中徇私舞弊,招收不合格公务员或学生等。最后,必须情节严重。根据前述《渎职侵权案件规定》,情节严重是指:(1)徇私舞弊,利用职务便利,伪造、变造人事、户口档案、考试成绩或者其他影响招收工作的有关资料,或者明知是伪造、变造的上述材料而予以认可的。(2)徇私舞弊,利用职务便利,帮助5名以上考生作弊的。(3)徇私舞弊招收不合格的公务员、学生3人次以上的。(4)因徇私舞弊招收不合格的公务员、学生,导致被排挤的合格人员或者其近亲属自杀、自残造成重伤、死亡,或者精神失常的。(5)因徇私舞弊招收公务员、学生,导致该项招收工作重新进行的。(6)其他情节严重的情形。本罪的主观方面为故意。

根据《刑法》第418条的规定,犯本罪的,处3年以下有期徒刑或者拘役。

九、失职造成珍贵文物损毁、流失罪

失职造成珍贵文物损毁、流失罪,是指国家机关工作人员严重不负责任,造成珍贵文物损毁或流失,后果严重的行为。本罪在客观方面表现为:首先,行为人对文物保护工作严重不负责任,即国家文物工作人员在珍贵文物的发掘、运输、保管、维护、交易以及其他管理和

保护工作中马虎从事，敷衍塞责。其次，行为人不负责任的行为致使珍贵文物损毁、灭失，部分或者全部丧失价值，或者造成珍贵文物散落或丢失等。根据《文物藏品定级标准》的规定，我国文物分为一、二、三级，其中一、二级文物为珍贵文物。最后，要求造成严重后果。根据《最高人民法院、最高人民检察院关于办理妨害文物管理等刑事案件适用法律若干问题的解释》第 10 条规定，国家机关工作人员严重不负责任，造成珍贵文物损毁或者流失，具有下列情形之一的，应当认定为《刑法》第 419 条规定的“后果严重”：(1) 导致二级以上文物或者五件以上三级文物损毁或者流失的；(2) 导致全国重点文物保护单位、省级文物保护单位的本体严重损毁或者灭失的；(3) 其他后果严重的情形。本罪的主观方面为过失。行为人故意损毁文物的，应按《刑法》第 324 条第 1、2 款规定的故意损毁文物罪、故意损毁名胜古迹罪定罪处罚。

根据《刑法》第 419 条的规定，犯本罪的，处 3 年以下有期徒刑或者拘役。

第二节　司法工作人员的渎职罪

一、徇私枉法罪

(一) 徇私枉法罪的概念和构成

徇私枉法罪，是指司法工作人员徇私枉法、徇情枉法，对明知无罪的人而使他受追诉，对明知有罪的人故意包庇不使他受追诉，或者在刑事审判活动中故意违背事实和法律作枉法裁判的行为。本罪具有如下构成要件：

1. 本罪的客体是国家司法机关的正常活动和国家的司法公正。

2. 本罪在客观方面表现为：(1) 对明知是没有犯罪事实或者其他依法不应当追究刑事责任的人，采取伪造、隐匿、毁灭证据或者其他隐瞒事实、违反法律的手段，以追究刑事责任为目的立案、侦查、起诉、审判的；(2) 对明知是有犯罪事实需要追究刑事责任的人，采取伪造、隐匿、毁灭证据或者其他隐瞒事实、违反法律的手段，故意包庇使其不受立案、侦查、起诉、审判的；(3) 采取伪造、隐匿、毁灭证据或者其他隐瞒事实、违反法律的手段，故意使罪重的人受较轻的追诉，或者使罪轻的人受较重的追诉的；(4) 在立案后，采取伪造、隐匿、毁灭证据或者其他隐瞒事实、违反法律的手段，应当采取强制措施而不采取强制措施，或者虽然采取强制措施，但中断侦查或者超过法定期限不采取任何措施，实际放任不管以及违法撤销、变更强制措施，致使犯罪嫌疑人、被告人实际脱离司法机关侦控的；(5) 在刑事审判活动中故意违背事实和法律，作出枉法判决、裁定，即有罪判无罪、无罪判有罪，或者重罪轻判、轻罪重判的；(6) 其他徇私枉法应予追究刑事责任的情形。此外，从行为形式上看，本罪既可以是作为形式，如对无罪者积极地追诉，也可以是不作为的形式，如对本应当追诉的犯罪分子不予追诉。

3. 本罪的主体为司法工作人员。根据《刑法》第 94 条的规定，这里的司法工作人员是指负有侦查、检察、审判、监管职责的工作人员。司法机关工作人员集体研究，为谋取某种利益而共同犯罪的，应当依法追究直接负责的主管人员和其他直接责任人员的刑事责任。

4. 本罪的主观方面只能是故意。因过失造成无罪者受追诉或者有罪者不受追诉的，不构成本罪。

（二）徇私枉法罪的认定

1. 本罪与窝藏、包庇罪，妨害作证罪，帮助毁灭、伪造证据罪的界限。由于本罪中的行为也可能伪造、隐匿、毁灭证据，篡改有罪之人的有罪供述，这与窝藏、包庇罪，妨害作证罪，帮助毁灭、伪造证据罪等有相似之处。但二者存在以下区别：首先，客体不同。本罪的客体为司法机关的正常活动与司法公正；后三罪的客体均为妨害社会管理秩序中的司法秩序。其次，客观表现不同。在本罪中，行为人实施的行为与职务有关；而后三罪的行为与行为人职务无关。司法机关的工作人员在职务活动以外实施了帮助毁灭、伪造证据及窝藏、包庇行为的，不再按本罪处理，而应按妨害作证罪，帮助毁灭、伪造证据罪处理。司法工作人员在职务活动中实施了毁灭、伪造证据或窝藏、包庇行为的，属于一行为触犯数个罪名，应从一重罪处断。最后，主体不同。本罪的主体仅为司法工作人员；而后三罪的主体为一般主体。

2. 本罪与诬告陷害罪的界限。诬告陷害罪是捏造犯罪事实，向司法机关或有关单位告发，意图使他人受刑事追究，情节严重的行为。这与本罪中"对明知无罪的人而使他受追诉"有相似之处。但二者存在以下区别：首先，客体不同。本罪的客体是司法机关的正常活动与司法公正；而诬告陷害罪的客体是公民的人身权利。其次，客观方面不同。本罪是行为人利用职权实施的徇私枉法、徇情枉法行为；而诬告陷害罪不需要行为人利用职权。最后，主体不同。前者主体为司法机关工作人员；后者主体为一般主体，只要具有刑事责任能力的人都可以成为该罪的主体。

（三）徇私枉法罪的处罚

根据《刑法》第 399 条第 1、4 款的规定，犯本罪的，处 5 年以下有期徒刑或者拘役；情节严重的，处 5 年以上 10 年以下有期徒刑；情节特别严重的，处 10 年以上有期徒刑。司法工作人员收受贿赂，有上述行为的，同时又构成《刑法》第 385 条规定之罪的，依照处罚较重的规定定罪处罚。

二、民事、行政枉法裁判罪

（一）民事、行政枉法裁判罪的概念和构成

民事、行政枉法裁判罪，是指审判人员在民事、行政审判活动中，故意违背事实和法律作枉法裁判，情节严重的行为。本罪具有如下构成要件：

1. 本罪的客体是国家司法机关的正常活动与司法公正。

2. 本罪在客观方面表现为：首先，枉法裁判行为必须发生在民事、行政审判活动中。其次，行为人违背事实和法律枉法裁判。行为表现方式多样，如在民事、行政审判活动中违反程序，篡改、隐瞒、销毁证据，故意曲解、违背法律，以及伪造、隐匿、毁灭证据或伪造法律文书等。此外，要求枉法裁判行为必须达到情节严重。根据前述《渎职侵权案件规定》，情节严重是指：(1) 枉法裁判，致使当事人或者其近亲属自杀、自残造成重伤、死亡，或者精神失常的；

(2) 枉法裁判,造成个人财产直接经济损失 10 万元以上,或者直接经济损失不满 10 万元,但间接经济损失 50 万元以上的;(3) 枉法裁判,造成法人或者其他组织财产直接经济损失 20 万元以上,或者直接经济损失不满 20 万元,但间接经济损失 100 万元以上的;(4) 伪造、变造有关材料、证据,制造假案枉法裁判的;(5) 串通当事人制造伪证,毁灭证据或者篡改庭审笔录而枉法裁判的;(6) 徇私情、私利,明知是伪造、变造的证据予以采信,或者故意对应当采信的证据不予采信,或者故意违反法定程序,或者故意错误适用法律而枉法裁判的;(7) 其他情节严重的情形。

3. 本罪的主体为从事民事、行政审判的司法工作人员及其主管人员。司法机关的其他工作人员利用自己和民事、行政审判人员及其主管人员的关系,致使民事、行政审判人员实施枉法裁判行为的,应按照本罪的共犯处理。

4. 本罪的主观方面必须是故意,即明知其行为违背事实和法律会造成枉法裁判的结果,仍故意实施这种行为。过失不可能成立本罪。

(二) 民事、行政枉法裁判罪的认定

1. 罪与非罪的界限。区分本罪与非罪的关键在于枉法裁判行为是否情节严重,情节显著轻微,危害不大的,不认为是犯罪。

2. 本罪与徇私枉法罪的界限。首先,客体不同。本罪的客体是民事、行政审判正常活动和民事、行政审判的公正性;而徇私枉法罪的客体是正常的刑事司法活动和刑事司法公正。其次,发生的时间不同。本罪只能发生在人民法院的审判过程中;而徇私枉法罪可以发生在刑事司法的各个阶段,既可以发生在立案侦查、审查起诉阶段,也可以发生在审判阶段。再次,行为针对的对象不同。前者针对的是民事、行政诉讼当事人;后者针对的是一般公民及刑事案件的犯罪嫌疑人或被告人。最后,本罪要求情节严重;而徇私枉法罪不要求情节严重。

3. 本罪与受贿罪的界限。犯本罪的司法工作人员往往在实施这些行为的过程中有收受他人财物的现象。根据《刑法》第 399 条第 4 款的规定,犯本罪的行为人,在实施行为的过程中收受贿赂,未达到受贿罪立案标准的,属于一般受贿行为,不按受贿罪处理,而按本罪定罪处罚。受贿行为达到或超过受贿罪的立案标准的,则属于一行为触犯数个罪名的情况,择其重罪论处,而不能一概按受贿罪定罪处罚。

(三) 枉法裁判罪的处罚

根据《刑法》第 399 条第 2、4 款的规定,犯本罪的,处 5 年以下有期徒刑或拘役;情节特别严重的,处 5 年以上 10 年以下有期徒刑。

三、执行判决、裁定失职罪

执行判决、裁定失职罪,是指司法工作人员在执行判决、裁定活动中,严重不负责任,不依法采取诉讼保全措施、不履行法定执行职责,或者违法采取保全措施、强制执行措施,致使当事人或者其他人的利益遭受重大损失的行为。重大损失,根据前述《渎职侵权案件规定》,是指:(1) 致使当事人或者其近亲属自杀、自残造成重伤、死亡,或者精神失常的;(2) 造成个人财产直接经济损失 15 万元以上,或者直接经济损失不满 15 万元,但间接经济损失 75 万

元以上的;(3) 造成法人或者其他组织财产直接经济损失 30 万元以上,或者直接经济损失不满 30 万元,但间接经济损失 150 万元以上的;(4) 造成公司、企业等单位停业、停产 1 年以上,或者破产的;(5) 其他致使当事人或者其他人的利益遭受重大损失的情形。本罪的主体是司法工作人员。本罪的主观方面是过失。

根据《刑法》第 399 条第 3、4 款的规定,犯本罪的,处 5 年以下有期徒刑或者拘役;情节严重的,处 5 年以上 10 年以下有期徒刑。司法工作人员收受贿赂,有上述行为的,同时又构成《刑法》第 385 条规定之罪的,依照处罚较重的规定定罪处罚。

四、执行判决、裁定滥用职权罪

执行判决、裁定滥用职权罪,是指司法工作人员在执行判决、裁定活动中,滥用职权,不依法采取诉讼保全措施、不履行法定执行职责,或者违法采取诉讼保全措施、强制执行措施,致使当事人或者其他人的利益遭受重大损失的行为。重大损失,根据前述《渎职侵权案件规定》,是指:(1) 致使当事人或者其近亲属自杀、自残造成重伤、死亡,或者精神失常的;(2) 造成个人财产直接经济损失 10 万元以上,或者直接经济损失不满 10 万元,但间接经济损失 50 万元以上的;(3) 造成法人或者其他组织财产直接经济损失 20 万元以上,或者直接经济损失不满 20 万元,但间接经济损失 100 万元以上的;(4) 造成公司、企业等单位停业、停产 6 个月以上,或者破产的;(5) 其他致使当事人或者其他人的利益遭受重大损失的情形。

根据《刑法》第 399 条第 3、4 款的规定,犯本罪的,处 5 年以下有期徒刑或拘役;情节严重的,处 5 年以上 10 年以下有期徒刑。司法工作人员收受贿赂,有上述行为,同时又构成《刑法》第 385 条规定之罪的,依照处罚较重的规定定罪处罚。

五、枉法仲裁罪

枉法仲裁罪,是指依法承担仲裁职责的人员,在仲裁活动中故意违背事实和法律作枉法裁决,情节严重的行为。本罪的主体是依法承担仲裁职责的人员。

根据《刑法》第 399 条之一的规定,犯本罪的,处 3 年以下有期徒刑或者拘役;情节特别严重的,处 3 年以上 7 年以下有期徒刑。

六、私放在押人员罪

(一) 私放在押人员罪的概念和构成

私放在押人员罪,是指司法工作人员私放在押(包括在羁押场所和押解途中)的犯罪嫌疑人、被告人或者罪犯的行为。本罪具有如下构成要件:

1. 本罪的客体是司法机关对犯罪嫌疑人、被告人或者罪犯的监管制度。

2. 本罪在客观方面表现为:首先,私放的对象应是被关押的犯罪嫌疑人、被告人或者罪犯。在人民检察院向人民法院提起公诉以前,处在侦查、起诉阶段的涉嫌犯罪的人为犯罪嫌疑人;人民检察院将犯罪嫌疑人起诉到人民法院以后,犯罪嫌疑人便称为被告人。两者都不是罪犯。根据《刑事诉讼法》第 12 条之规定，未经人民法院依法判决，对任何人都不得确定有罪，因此，罪犯是已决犯，即被人民法院定罪判刑的人。被关押，包括在羁押场所和押解的途中。私放是指未经正当的法律程序将犯罪嫌疑人、被告人或者罪犯予以释放。行为方式既可以是作为，也可以是不作为。根据前述《渎职侵权案件规定》，行为方式具体包括：(1) 私自将在押的犯罪嫌疑人、被告人、罪犯放走，或者授意、指使、强迫他人将在押的犯罪嫌疑人、被告人、罪犯放走的；(2) 伪造、变造有关法律文书、证明材料，以使在押的犯罪嫌疑人、被告人、罪犯逃跑或者被释放的；(3) 为私放在押的犯罪嫌疑人、被告人、罪犯，故意向其通风报信、提供条件，致使该在押的犯罪嫌疑人、被告人、罪犯脱逃的；(4) 其他私放在押的犯罪嫌疑人、被告人、罪犯应予追究刑事责任的情形。其次，司法工作人员放走在押人员是利用职务上的便利。羁押的场所包括监狱、看守所、拘留所及押解途中、狱外作业场所等。

3. 本罪的主体为负有监管在押人员职责的司法工作人员。包括公安机关、国家安全机关、检察机关、审判机关、监狱的工作人员及其他负有押解职责的工作人员。但从司法实践来看，主要是在监狱、看守所、拘留所及其他劳动改造场所负有监管职责的司法工作人员。此外，还包括负责监所看守的武警人员。根据最高人民检察院发布的《关于工人等非监管机关在编监管人员私放在押人员行为和失职致使在押人员脱逃行为适用法律问题的解释》，工人等非在编监管人员在被监管机关聘用受托履行监管职责过程中，私放在押人员的，应按本罪处理。因此，他们也可成为本罪的主体。

4. 本罪的主观方面为故意，即明知是在押的犯罪嫌疑人、被告人或罪犯，仍非法将其放走，对罪犯的脱逃持希望或者放任态度。

（二）私放在押人员罪的认定

1. 本罪与脱逃罪共犯的界限。二者的关键区别在于：首先，主体不同。本罪的主体只能是特殊主体，即负有在押看管职责的司法工作人员；而脱逃罪的共犯是一般主体，只要具有刑事责任能力的人都可以成为本罪的主体。其次，本罪的行为人需要利用自己职务上的便利；而脱逃罪的共犯一般不利用职务上的便利。当然，司法工作人员不利用自己职务上的便利帮助在押人犯脱逃的，同样可以构成脱逃罪的共犯。

2. 本罪与徇私枉法罪的界限。二者的区别在于：实施本罪的行为人需要利用职务上的便利；而徇私枉法罪的行为人通常通过伪造、篡改证据，伪造文书，故意曲解法律等方式，为犯罪分子“洗清”罪责或者给无辜者妄加罪名。

（三）私放在押人员罪的处罚

根据《刑法》第 400 条第 1 款的规定，犯本罪的，处 5 年以下有期徒刑或拘役；情节严重的，处 5 年以上 10 年以下有期徒刑；情节特别严重的，处 10 年以上有期徒刑。

七、失职致使在押人员脱逃罪

失职致使在押人员脱逃罪，是指司法工作人员由于严重不负责任，不履行或不认真履行职责，致使在押的犯罪嫌疑人、被告人、罪犯脱逃，造成严重后果的行为。本罪在客观方面具有以下两个特点：首先，必须对工作严重不负责任。指司法工作人员不履行或不正确履行监管、关押犯罪嫌疑人、被告人或者罪犯的职责，致使上述三种人员取得了脱逃的机会。其次，必须是司法工作人员对工作严重不负责任，致使犯罪嫌疑人、被告人、犯罪分子脱逃，造成了严重后果。根据前述《渎职侵权案件规定》，严重后果是指：(1) 致使依法可能判处或者已经判处 10 年以上有期徒刑、无期徒刑、死刑的犯罪嫌疑人、被告人、罪犯脱逃的。(2) 致使犯罪嫌疑人、被告人、罪犯脱逃 3 人次以上的。(3) 犯罪嫌疑人、被告人、罪犯脱逃以后，打击报复报案人、控告人、举报人、被害人、证人和司法工作人员等，或者继续犯罪的。(4) 其他致使在押的犯罪嫌疑人、被告人、罪犯脱逃，造成严重后果的情形。本罪的主观方面为过失，因不可抗力造成在押犯罪嫌疑人、被告人或者罪犯脱逃的，不构成犯罪。

根据《刑法》第 400 条第 2 款的规定，犯本罪的，处 3 年以下有期徒刑或者拘役；造成特别严重后果的，处 3 年以上 10 年以下有期徒刑。

八、徇私舞弊减刑、假释、暂予监外执行罪

徇私舞弊减刑、假释、暂予监外执行罪，是指司法工作人员徇私舞弊，对不符合减刑、假释、暂予监外执行条件的罪犯，予以减刑、假释、暂予监外执行的行为。根据前述《渎职侵权案件规定》，本罪在客观方面通常表现为以下几种情形：(1) 刑罚执行机关的工作人员对不符合减刑、假释、暂予监外执行条件的罪犯，捏造事实，伪造材料，违法报请减刑、假释、暂予监外执行的；(2) 审判人员对不符合减刑、假释、暂予监外执行条件的罪犯，徇私舞弊，违法裁定减刑、假释或者违法决定暂予监外执行的；(3) 监狱管理机关、公安机关的工作人员对不符合暂予监外执行条件的罪犯，徇私舞弊，违法批准暂予监外执行的；(4) 不具有报请、裁定、决定或者批准减刑、假释、暂予监外执行权的司法工作人员利用职务上的便利，伪造有关材料，导致不符合减刑、假释、暂予监外执行条件的罪犯被减刑、假释、暂予监外执行的；(5) 其他徇私舞弊减刑、假释、暂予监外执行应予追究刑事责任的情形。本罪的主体为特殊主体，即司法工作人员。从司法实践来看，本罪的主体为人民法院审判人员，以及监狱、看守所等司法机关中负责执行刑罚的司法工作人员。本罪的主观方面为故意，过失不构成本罪。

根据《刑法》第 401 条的规定，犯本罪的，处 3 年以下有期徒刑或拘役；情节严重的，处 3 年以上 7 年以下有期徒刑。

第三节　特定机关工作人员的渎职罪

一、徇私舞弊不移交刑事案件罪

徇私舞弊不移交刑事案件罪，是指行政执法人员徇私舞弊，对依法应当移交司法机关追究刑事责任的案件不移交，情节严重的行为。本罪的情节严重，根据前述《渎职侵权案件规定》，是指：(1) 对依法可能判处 3 年以上有期徒刑、无期徒刑、死刑的犯罪案件不移交的；(2) 不移交刑事案件涉及 3 人次以上的；(3) 司法机关提出意见后，无正当理由仍然不予移交的；(4) 以罚代刑，放纵犯罪嫌疑人，致使犯罪嫌疑人继续进行违法犯罪活动的；(5) 行政执法部门主管领导阻止移交的；(6) 隐瞒、毁灭证据，伪造材料，改变刑事案件性质的；(7) 直

接负责的主管人员和其他直接责任人员为牟取本单位私利而不移交刑事案件,情节严重的;(8)其他情节严重的情形。本罪的主体为特殊主体,主要是市场监督管理、税务、监察等行政执法人员。本罪在主观方面是故意,而且为直接故意,过失不构成本罪。

根据《刑法》第402条的规定,犯本罪的,处3年以下有期徒刑或者拘役;造成严重后果的,处3年以上7年以下有期徒刑。

二、滥用管理公司、证券职权罪

滥用管理公司、证券职权罪,是指国家有关主管部门的国家机关工作人员,徇私舞弊,滥用职权,对不符合法律规定条件的公司设立、登记申请或者股票、债券发行、上市申请,予以批准或者登记,致使公共财产、国家利益和人民利益遭受重大损失的行为,以及上级部门、当地政府强令登记机关及其工作人员实施上述行为的行为。重大损失,根据前述《渎职侵权案件规定》,是指:(1)造成直接经济损失50万元以上的;(2)市场监督管理部门的工作人员对不符合法律规定条件的公司设立、登记申请,违法予以批准、登记,严重扰乱市场秩序的;(3)金融证券管理机构工作人员对不符合法律规定条件的股票、债券发行、上市申请,违法予以批准,严重损害公众利益,或者严重扰乱金融秩序的;(4)市场监督管理部门、金融证券管理机构的工作人员对不符合法律规定条件的公司设立、登记申请或者股票、债券发行、上市申请违法予以批准或者登记,致使犯罪行为得逞的;(5)上级部门、当地政府直接负责的主管人员强令登记机关及其工作人员,对不符合法律规定条件的公司设立、登记申请或者股票、债券发行、上市申请予以批准或者登记,致使公共财产、国家利益和人民利益遭受重大损失的;(6)其他致使公共财产、国家利益和人民利益遭受重大损失的情形。本罪的主体为特殊主体,只有市场监督管理部门、金融证券管理部门等主管部门的国家机关工作人员,才能成为本罪的主体。本罪的主观方面为故意,即行为人对公司的设立、登记申请或者股票、债券发行、上市申请不符合法定条件是明知的,对非法批准、登记可能造成公共财产、国家利益和人民利益遭受重大损失的结果持放任态度。

根据《刑法》第403条第1款的规定,犯本罪的,处5年以下有期徒刑或者拘役。根据该条第2款规定,上级部门强令登记机关及其工作人员实施前款行为的,对其直接负责的主管人员,依照前款规定处罚。

三、徇私舞弊不征、少征税款罪

徇私舞弊不征、少征税款罪,是指税务机关工作人员徇私舞弊,不征、少征应征税款,致使国家税收遭受重大损失的行为。本罪的重大损失,根据前述《渎职侵权案件规定》,是指:(1)徇私舞弊不征、少征应征税款,致使国家税收损失累计达10万元以上的;(2)上级主管部门工作人员指使税务机关工作人员徇私舞弊不征、少征应征税款,致使国家税收损失累计达10万元以上的;(3)徇私舞弊不征、少征应征税款不满10万元,但具有索取或者收受贿赂或者其他恶劣情节的;(4)其他致使国家税收遭受重大损失的情形。本罪的主体为特殊主体,即只有税务机关的工作人员才能成为本罪的主体。本罪的主观方面为故意,过失不构成犯罪。

根据《刑法》第404条的规定,犯本罪的,处5年以下有期徒刑或者拘役;造成特别重大损失的,处 5 年以上有期徒刑。

四、徇私舞弊发售发票、抵扣税款、出口退税罪

徇私舞弊发售发票、抵扣税款、出口退税罪,是指税务机关工作人员违反法律、行政法规的规定,在办理发售发票、抵扣税款、出口退税工作中徇私舞弊,致使国家利益遭受重大损失的行为。本罪在客观方面表现为:首先,违反了法律、行政法规的规定。其次,在发售发票、抵扣税款、出口退税工作中徇私舞弊,非法发售发票、抵扣税款,办理出口退税。最后,国家利益造成重大损失。重大损失,根据前述《渎职侵权案件规定》,是指:(1) 徇私舞弊,致使国家税收损失累计达 10 万元以上的;(2) 徇私舞弊,致使国家税收损失累计不满 10 万元,但发售增值税专用发票 25 份以上或者其他发票 50 份以上或者增值税专用发票与其他发票合计 50 份以上,或者具有索取、收受贿赂或者其他恶劣情节的;(3) 其他致使国家利益遭受重大损失的情形。本罪的主体为特殊主体,只有国家税务机关的工作人员才能成为本罪的主体。本罪的主观方面为故意。

根据《刑法》第 405 条第 1 款的规定,犯本罪的,处 5 年以下有期徒刑或者拘役;致使国家利益遭受特别重大损失的,处 5 年以上有期徒刑。

五、违法提供出口退税凭证罪

违法提供出口退税凭证罪,是指海关、商检、外汇管理等非税务机关国家工作人员违反国家规定,在提供出口货物报关单、出口收汇核销单等出口退税凭证的工作中徇私舞弊,致使国家利益遭受重大损失的行为。重大损失,根据前述《渎职侵权案件规定》,是指:(1) 徇私舞弊,致使国家税收损失累计达 10 万元以上的;(2) 徇私舞弊,致使国家税收损失累计不满 10 万元,但具有索取、收受贿赂或者其他恶劣情节的;(3) 其他致使国家利益遭受重大损失的情形。本罪的主体为税务机关以外的其他国家机关工作人员。本罪的主观方面为故意,过失不构成本罪。

根据《刑法》第 405 条第 2 款的规定,犯本罪的,处 5 年以下有期徒刑或拘役;致使国家利益遭受特别重大损失的,处 5 年以上有期徒刑。

六、违法发放林木采伐许可证罪

违法发放林木采伐许可证罪,是指林业主管部门的工作人员违反森林法的规定,超过批准的年采伐限额发放林木采伐许可证或者违反规定滥发林木采伐许可证,情节严重,致使森林遭受严重破坏的行为。本罪在客观方面表现为:首先,行为人违反森林法规。其次,行为人具有滥用职权,发放林木采伐许可证的行为:一是超过批准的年采伐限额发放采伐许可证;二是违反森林法及其他规定,滥发林木采伐许可证。最后,必须情节严重。情节严重,根据前述《渎职侵权案件规定》,是指:(1) 发放林木采伐许可证允许采伐数量累计超过批准的年采伐限额,导致林木被超限额采伐 10 立方米以上的;(2) 滥发林木采伐许可证,导致林木被滥伐 20 立方米以上,或者导致幼树被滥伐 1 000 株以上的;(3) 滥发林木采伐许可证,导致

防护林、特种用途林被滥伐5立方米以上,或者幼树被滥伐200株以上的;(4)滥发林木采伐许可证,导致珍贵树木或者国家重点保护的其他树木被滥伐的;(5)滥发林木采伐许可证,导致国家禁止采伐的林木被采伐的;(6)其他情节严重,致使森林遭受严重破坏的情形。另外,林业主管部门工作人员之外的国家机关工作人员,违反森林法的规定,滥用职权或者玩忽职守,致使林木被滥伐40立方米以上或者幼树被滥伐2 000株以上,或者致使防护林、特种用途林被滥伐10立方米以上或者幼树被滥伐400株以上,或者致使珍贵树木被采伐、毁坏4立方米或者4株以上,或者致使国家重点保护的其他植物被采伐、毁坏后果严重的,或者致使国家严禁采伐的林木被采伐、毁坏情节恶劣的,按照《刑法》第397条的规定以滥用职权罪或者玩忽职守罪追究刑事责任。本罪的主体为特殊主体,只能是林业主管部门工作人员。本罪的主观方面为故意,过失不构成本罪。

根据《刑法》第407条的规定,犯本罪的,处3年以下有期徒刑或者拘役。

七、环境监管失职罪

环境监管失职罪,是指负有环境保护监督管理职责的国家机关工作人员严重不负责任,不履行或者不认真履行环境保护监督职责,导致发生重大环境污染事故,致使公私财产遭受重大损失或者造成人身伤亡的严重后果的行为。本罪在客观方面必须致使公私财产遭受重大损失或造成人身伤亡的严重后果。根据《最高人民法院、最高人民检察院关于办理环境污染刑事案件适用法律若干问题的解释》第1条规定,具有下列情形之一的,应当认定为“严重污染环境”,予以立案:(1)在饮用水水源一级保护区、自然保护区核心区排放、倾倒、处置有放射性的废物、含传染病病原体的废物、有毒物质的;(2)非法排放、倾倒、处置危险废物3吨以上的;(3)排放、倾倒、处置含铅、汞、镉、铬、砷、铊、锑的污染物,超过国家或者地方污染物排放标准3倍以上的;(4)排放、倾倒、处置含镍、铜、锌、银、钒、锰、钴的污染物,超过国家或者地方污染物排放标准10倍以上的;(5)通过暗管、渗井、渗坑、裂隙、溶洞、灌注等逃避监管的方式排放、倾倒、处置有放射性的废物、含传染病病原体的废物、有毒物质的;(6)2年内曾因违反国家规定,排放、倾倒、处置有放射性的废物、含传染病病原体的废物、有毒物质受过两次以上行政处罚,又实施前列行为的;(7)重点排污单位篡改、伪造自动监测数据或者干扰自动监测设施,排放化学需氧量、氨氮、二氧化硫、氮氧化物等污染物的;(8)违法减少防治污染设施运行支出100万元以上的;(9)违法所得或者致使公私财产损失30万元以上的;(10)造成生态环境严重损害的;(11)致使乡镇以上集中式饮用水水源取水中断12小时以上的;(12)致使基本农田、防护林地、特种用途林地5亩以上,其他农用地10亩以上,其他土地20亩以上基本功能丧失或者遭受永久性破坏的;(13)致使森林或者其他林木死亡50立方米以上,或者幼树死亡2500株以上的;(14)致使疏散、转移群众5000人以上的;(15)致使30人以上中毒的;(16)致使3人以上轻伤、轻度残疾或者器官组织损伤导致一般功能障碍的;(17)致使1人以上重伤、中度残疾或者器官组织损伤导致严重功能障碍的;(18)其他严重污染环境的情形。第2条规定,实施《刑法》第339条、第408条规定的行为,致使公私财产损失30万元以上,或者具有本解释第1条第10项至第17项规定情形之一的,应当认定为“致使公私财产遭受重大损失或者严重危害人体健康”或者“致使公私财产遭受重大损失或者造成人身伤亡的严重后果”。本罪的主体为特殊主体,只有负有环境保护监督管理职责的国家机关工作人员才能成为本罪的主体。本罪的主观方面为过失。

根据《刑法》第 408 条的规定,犯本罪的,处 3 年以下有期徒刑或者拘役。

八、食品、药品监管渎职罪

食品、药品监管渎职罪是指负有食品、药品安全监督管理职责的国家机关工作人员,滥用职权或者玩忽职守,造成严重后果或者有其他严重情节的行为。本罪的具体行为方式包括:(1) 瞒报、谎报食品安全事故、药品安全事件的;(2) 对发现的严重食品药品安全违法行为未按规定查处的;(3) 在药品和特殊食品审批审评过程中,对不符合条件的申请准予许可的;(4) 依法应当移交司法机关追究刑事责任不移交的;(5) 有其他滥用职权或者玩忽职守行为的。本罪是《刑法修正案(八)》新增的一个罪名,作为第 408 条之一,《刑法修正案(十一)》修订了本条。本罪在客观方面表现为:首先,行为人滥用职权或者玩忽职守。其中,滥用职权是指国家机关工作人员超越职权,违法决定、处理其无权决定、处理的事项,或者违反规定处理公务的行为。具体到本罪,是指负责食品、药品安全监督管理的国家机关工作人员滥用职权,不依法行使食品、药品安全监督管理职责的行为。玩忽职守是指国家机关工作人员严重不负责任,不履行或者不正确履行其职责的行为,如擅离职守、马虎行事、搪塞敷衍等。不履行职责,是指行为人应当履行且有条件、有能力履行职责,但没有履行职责,包括擅离职守的行为;不正确履行职责,是指在履行职责的过程中,违反职责规定,马虎草率、粗心大意。其次,行为人的行为导致造成严重后果或者有其他严重情节。本罪的主体是特殊主体,即国家机关工作人员,具体是指负有食品、药品安全监督管理职责的卫生行政、农业行政、质量监督、市场监督管理等部门的国家机关工作人员。本罪的主观方面既可以是故意也可以是过失。

根据《刑法》第 408 条之一的规定,犯本罪的,处 5 年以下有期徒刑或者拘役;造成特别严重后果的,处 5 年以上 10 年以下有期徒刑。徇私舞弊犯本罪的,从重处罚。

九、传染病防治失职罪

传染病防治失职罪,是指从事传染病防治的政府卫生行政部门的工作人员严重不负责任,不履行或不认真履行传染病防治监督职责,导致传染病传播或者流行,情节严重的行为。本罪在客观方面表现为:首先,行为人严重不负责任,不履行或者不认真履行传染病防治监督职责;其次,行为人的行为导致传染病传播或者流行;最后,要求情节严重。情节严重,根据前述《渎职侵权案件规定》,是指:(1) 导致甲类传染病传播的。(2) 导致乙类、丙类传染病流行的。(3) 因传染病传播或者流行,造成人员重伤或者死亡的。(4) 因传染病传播或者流行,严重影响正常的生产、生活秩序的。(5) 在国家对突发传染病疫情等灾害采取预防、控制措施后,对发生突发传染病疫情等灾害的地区或者突发传染病病人、病原携带者、疑似突发传染病病人,未按照预防、控制突发传染病疫情等灾害工作规范的要求做好防疫、检疫、隔离、防护、救治等工作,或者采取的预防、控制措施不当,造成传染范围扩大或者疫情、灾情加重的。(6) 在国家对突发传染病疫情等灾害采取预防、控制措施后,隐瞒、缓报、谎报或者授意、指使、强令他人隐瞒、缓报、谎报疫情、灾情,造成传染范围扩大或者疫情、灾情加重的。

(7) 在国家对突发传染病疫情等灾害采取预防、控制措施后，拒不执行突发传染病疫情等灾害应急处理指挥机构的决定、命令，造成传染范围扩大或者疫情、灾情加重的。(8) 其他情节严重的情形。本罪的主体为特殊主体，只有从事传染病防治的政府卫生行政部门的工作人员才能成为本罪的主体。本罪的主观方面为过失。

根据《刑法》第 409 条的规定，犯本罪的，处 3 年以下有期徒刑或者拘役。

十、放纵走私罪

放纵走私罪，是指海关工作人员徇私舞弊，放纵走私，情节严重的行为。本罪在客观方面可以表现为隐瞒真相、虚构事实、篡改材料、伪造证据，也可以表现为对走私行为佯装不知、放弃职守等。此外，只有情节严重，才能构成本罪。情节严重，根据前述《渎职侵权案件规定》，是指：(1) 放纵走私犯罪的。(2) 因放纵走私致使国家应收税额损失累计达 10 万元以上的。(3) 放纵走私行为 3 起次以上的。(4) 放纵走私行为，具有索取或者收受贿赂情节的。(5) 其他情节严重的情形。本罪的主体为特殊主体，只能是海关工作人员。本罪的主观方面只能是故意，动机多种多样。过失不构成本罪。

根据《刑法》第 411 条的规定，犯本罪的，处 5 年以下有期徒刑或者拘役；情节特别严重的，处 5 年以上有期徒刑。

十一、商检徇私舞弊罪

商检徇私舞弊罪是指国家商检部门、商检机构的工作人员徇私舞弊，伪造检验结果的行为。本罪在客观方面，根据前述《渎职侵权案件规定》，具体表现为：(1) 采取伪造、变造的手段对报检的商品的单证、印章、标志、封识、质量认证标志等作虚假的证明或者出具不真实的证明结论的；(2) 将送检的合格商品检验为不合格，或者将不合格商品检验为合格的；(3) 对明知是不合格的商品，不检验而出具合格检验结果的；(4) 其他伪造检验结果应予追究刑事责任的情形。本罪的主体为特殊主体，即国家商检部门、商检机构的工作人员。本罪的主观方面为故意，动机多种多样。

根据《刑法》第 412 条第 1 款的规定，犯本罪的，处 5 年以下有期徒刑或者拘役；造成严重后果的，处 5 年以上 10 年以下有期徒刑。

十二、商检失职罪

商检失职罪，是指国家商检部门、商检机构的工作人员严重不负责任，对应当检验的物品不检验，或者延误检验出证、错误出证，致使国家利益遭受重大损失的行为。重大损失，根据前述《渎职侵权案件规定》，是指：(1) 致使不合格的食品、药品、医疗器械等商品出入境，严重危害生命健康的；(2) 造成个人财产直接经济损失 15 万元以上，或者直接经济损失不满 15 万元，但间接经济损失 75 万元以上的；(3) 造成公共财产、法人或者其他组织财产直接经济损失 30 万元以上，或者直接经济损失不满 30 万元，但间接经济损失 150 万元以上的；(4) 未经检验，出具合格检验结果，致使国家禁止进口的固体废物、液态废物和气态废物等进入境内的;(5) 不检验或者延误检验出证、错误出证,引起国际经济贸易纠纷,严重影响国家对外经贸关系,或者严重损害国家声誉的;(6) 其他致使国家利益遭受重大损失的情形。本罪的主体为特殊主体,即国家商检部门、商检机构的工作人员。本罪的主观方面为过失。

根据《刑法》第 412 条第 2 款的规定,犯本罪的,处 3 年以下有期徒刑或者拘役。

十三、动植物检疫徇私舞弊罪

动植物检疫徇私舞弊罪,是指国家检验检疫部门及检验检疫机构中从事动植物检疫工作的人员徇私舞弊,伪造检疫结果的行为。本罪在客观方面,根据前述《渎职侵权案件规定》,表现为:(1) 采取伪造、变造的手段对检疫的单证、印章、标志、封识等作虚假的证明或者出具不真实的结论的;(2) 将送检的合格动植物检疫为不合格,或者将不合格动植物检疫为合格的;(3) 对明知是不合格的动植物,不检疫而出具合格检疫结果的;(4) 其他伪造检疫结果应予追究刑事责任的情形。本罪的主体为特殊主体,只有国家检验检疫部门及检验检疫机构中从事动植物的人员才能成为本罪的主体。本罪的主观方面为故意。

根据《刑法》第 413 条第 1 款的规定,犯本罪的,处 5 年以下有期徒刑或者拘役;造成严重后果的,处 5 年以上 10 年以下有期徒刑。

十四、动植物检疫失职罪

动植物检疫失职罪,是指国家检验检疫部门及检验检疫机构中从事动植物检疫工作的人员严重不负责任,对应当检疫的动植物不检疫,或者延误检疫出证、错误出证,致使国家利益遭受重大损失的行为。重大损失,根据前述《渎职侵权案件规定》,是指:(1) 导致疫情发生,造成人员重伤或者死亡的;(2) 导致重大疫情发生、传播或者流行的;(3) 造成个人财产直接经济损失 15 万元以上,或者直接经济损失不满 15 万元,但间接经济损失 75 万元以上的;(4) 造成公共财产或者法人、其他组织财产直接经济损失 30 万元以上,或者直接经济损失不满 30 万元,但间接经济损失 150 万元以上的;(5) 不检疫或者延误检疫出证、错误出证,引起国际经济贸易纠纷,严重影响国家对外经贸关系,或者严重损害国家声誉的;(6) 其他致使国家利益遭受重大损失的情形。本罪的主观方面为过失。

根据《刑法》第 413 条第 2 款的规定,犯本罪的,处 3 年以下有期徒刑或者拘役。

十五、放纵制售伪劣商品犯罪行为罪

放纵制售伪劣商品犯罪行为罪,是指对生产、销售伪劣商品犯罪行为负有追究责任的国家市场监督管理等机关工作人员徇私舞弊,不履行法律规定的追究职责,情节严重的行为。情节严重,根据前述《渎职侵权案件规定》,是指:(1) 放纵生产、销售假药或者有毒、有害食品犯罪行为的;(2) 放纵生产、销售伪劣农药、兽药、化肥、种子犯罪行为的;(3) 放纵依法可能判处 3 年有期徒刑以上刑罚的生产、销售伪劣商品犯罪行为的;(4) 对生产、销售伪劣商品犯罪行为不履行追究职责,致使生产、销售伪劣商品犯罪行为得以继续的;(5) 3 次以上不履行追究职责,或者对 3 个以上有生产、销售伪劣商品犯罪行为的单位或者个

人不履行追究职责的;(6) 其他情节严重的情形。本罪的主体为特殊主体,即对生产、销售商品犯罪行为负有追究职责的国家机关工作人员,在实践中多为市场监督管理等部门的工作人员。本罪的主观方面为故意,过失不可能构成本罪。

根据《刑法》第 414 条的规定,犯本罪的,处 5 年以下有期徒刑或者拘役。

十六、办理偷越国(边)境人员出入境证件罪

办理偷越国(边)境人员出入境证件罪,是指负责办理护照、签证以及其他出入境证件的国家机关工作人员,对明知企图偷越国(边)境的人员,予以办理出入境证件的行为。本罪的主体为特殊主体,即负责办理护照、签证以及其他出入境证件的国家机关工作人员,通常为公安、外交、外事部门的国家机关工作人员。本罪的主观方面为故意,即行为人明知他人意图偷越国(边)境仍然为其办理出入境证件。过失不构成本罪。

根据《刑法》第 415 条的规定,犯本罪的,处 3 年以下有期徒刑或者拘役;情节严重的,处 3 年以上 7 年以下有期徒刑。

十七、放行偷越国(边)境人员罪

放行偷越国(边)境人员罪,是指边防、海关等国家机关的工作人员,对明知是偷越(边)境的人员予以放行的行为。

根据《刑法》第 415 条的规定,犯本罪的,处 3 年以下有期徒刑或者拘役;情节严重的,处 3 年以上 7 年以下有期徒刑。

十八、不解救被拐卖、绑架的妇女、儿童罪

不解救被拐卖、绑架的妇女、儿童罪,是指对被拐卖、绑架的妇女、儿童有解救职责的国家机关工作人员,接到被拐卖、绑架的妇女、儿童及其家属的解救要求或者接到其他人的举报,对被拐卖、绑架的妇女、儿童不进行解救,造成严重后果的行为。严重后果,根据前述《渎职侵权案件规定》,是指:(1) 导致被拐卖、绑架的妇女、儿童或者其家属重伤、死亡或者精神失常的;(2) 导致被拐卖、绑架的妇女、儿童被转移、隐匿、转卖,不能及时进行解救的;(3) 对被拐卖、绑架的妇女、儿童不进行解救 3 人次以上的;(4) 对被拐卖、绑架的妇女、儿童不进行解救,造成恶劣社会影响的;(5) 其他造成严重后果的情形。本罪的主体是对被拐卖、绑架的妇女、儿童负有解救职责的国家机关工作人员。在司法实践中,这些人员主要是公安、司法机关的工作人员。本罪的主观方面是故意。

根据《刑法》第 416 条第 1 款的规定,犯本罪的,处 5 年以下有期徒刑或者拘役。

十九、阻碍解救被拐卖、绑架妇女、儿童罪

阻碍解救被拐卖、绑架妇女、儿童罪,是指对被拐卖、绑架的妇女、儿童负有解救职责的国家机关工作人员利用职务阻碍解救被拐卖、绑架的妇女、儿童的行为。本罪在客观方面,

根据前述《渎职侵权案件规定》,具体表现为:(1) 利用职权,禁止、阻止或者妨碍有关部门、人员解救被拐卖、绑架的妇女、儿童的;(2) 利用职务上的便利,向拐卖、绑架者或者收买者通风报信,妨碍解救工作正常进行的;(3) 其他利用职务阻碍解救被拐卖、绑架的妇女、儿童应予追究刑事责任的情形。本罪的主观方面是故意。

根据《刑法》第 416 条第 2 款的规定,犯本罪的,处 2 年以上 7 年以下有期徒刑;情节较轻的,处 2 年以下有期徒刑或者拘役。

二十、帮助犯罪分子逃避处罚罪

帮助犯罪分子逃避处罚罪,是指负有查禁犯罪活动职责的国家机关工作人员向犯罪分子通风报信、提供便利,帮助犯罪分子逃避处罚的行为。本罪在客观方面,根据前述《渎职侵权案件规定》,具体表现为:(1) 向犯罪分子泄露有关部门查禁犯罪活动的部署、人员、措施、时间、地点等情况的。(2) 向犯罪分子提供钱物、交通工具、通信设备、隐藏处所等便利条件的。(3) 向犯罪分子泄露案情的。(4) 帮助、示意犯罪分子隐匿、毁灭、伪造证据,或者串供、翻供的。(5) 其他帮助犯罪分子逃避处罚应予追究刑事责任的情形。本罪的主体为特殊主体,即负有查禁犯罪活动职责的国家机关工作人员。本罪的主观方面是故意,过失不构成本罪。

根据《刑法》第 417 条的规定,犯本罪的,处 3 年以下有期徒刑或者拘役;情节严重的,处 3 年以上 10 年以下有期徒刑。

拓展阅读

案例分析

争议问题

复习思考题

1. 如何理解滥用职权罪的犯罪构成?
2. 如何理解玩忽职守罪的犯罪构成?
3. 如何理解徇私枉法罪的犯罪构成?
4. 如何理解私放在押人员罪的犯罪构成?

自测习题及参考答案

第二十四章　军人违反职责罪

重点提示：

战时违抗命令罪，擅离、玩忽军事职守罪，非法获取军事秘密罪，为境外窃取、刺探、收买、非法提供军事秘密罪，虐待部属罪等罪的概念和构成。

第一节　危害作战利益的犯罪

一、战时违抗命令罪

战时违抗命令罪，是指部属人员战时故意违背并抗拒执行上级的命令，对作战造成危害的行为。本罪的客体是作战指挥秩序（本节各罪皆同）。本罪在客观方面表现为：首先，违抗命令的行为只有发生在战时才能构成犯罪。根据《刑法》第451条的规定，战时，是指国家宣布进入战争状态、部队受领作战任务或者遭敌突然袭击时；部队执行戒严任务或处置突发性暴力事件时，以战时论。其次，必须有违抗作战命令的行为，主要表现为三种情况：一是拒不执行作战命令；二是拖延或迟缓执行作战命令；三是实施不符合作战命令的行为。最后，必须对作战造成危害，如扰乱了作战部署、贻误战机、影响作战任务的完成、使部队遭受较大损失等。本罪的主体是军人。根据《内务条令》的规定，首长有权对部属下达命令，因此，在违抗命令的行为人与该命令的发布人之间，行政职务上必须有隶属关系。本罪的主观方面是故意。

根据《刑法》第421条的规定，犯本罪的，处3年以上10年以下有期徒刑；致使战斗、战役遭受重大损失的，如造成我军人员重大伤亡，武器装备和物资严重损失直至战斗、战役失利等，处10年以上有期徒刑、无期徒刑或者死刑。

二、隐瞒、谎报军情罪

隐瞒、谎报军情罪，是指故意隐瞒、谎报军情，对作战造成危害的行为。隐瞒是指掩盖真实情况，应当报告而不报告。谎报是指故意报告捏造的或者篡改的军事情况。军情是指与军事特别是与作战有关的情况，如敌军的兵力、装备、部署等情况，我军部队的兵员、装备、作战准备、战斗进展等情况，战区的地形、地貌、水文、气象等自然情况，与军事有关的政治、经济、科学等方面的情况等。军事情报机关收集的情报，不论其内容与军事活动有无直接关系，都属军情。隐瞒或者谎报军情对作战造成危害的才构成犯罪。对作战造成的危害，一般是指隐瞒、谎报军情导致军事机关或者首长作出错误决定，使战争失利，造成人员伤亡，放纵敌人，等等。本罪的主体是军人，通常是各级指挥人员和情报工作人员，但在特殊情况下，其他军人也可成为本罪的主体。本罪的主观方面是故意。

根据《刑法》第422条的规定，犯本罪的，处3年以上10年以下有期徒刑；致使战斗、战役遭受重大损失的，如造成我军人员重大伤亡，武器装备和物资严重损失直至战斗、战役失利等，处10年以上有期徒刑、无期徒刑或者死刑。

三、拒传、假传军令罪

拒传、假传军令罪，是指拒传军令或者假传军令，对作战造成危害的行为。拒传军令，是指故意不传递、不执行军事机关或者军事首长的命令的行为。假传军令，是指明知是假的军事命令而进行传达或执行的行为。军令是指与部队军事行动有关的命令，如平时部队的设防，担负的战备任务，进入或者解除相应等级战备状态，受领作战任务，战时部队开进、集结，兵力部署，火力配置，战斗梯队编成，协同计划，以及保障方案等涉及作战准备和实施内容的命令。本罪是结果犯，只有对作战造成危害的，才构成犯罪。因为战时拒传或假传军令才会对作战造成危害结果，所以本罪只能发生在战时。拒传或者假传军令对作战造成的危害，表现为由于拒传或假传军令，扰乱了作战部署，导致作战失利，造成人员伤亡。本罪的主体是特殊主体，主要指负有传递军令职责的军人，如通信、机要员等。本罪的犯罪主体除了负有传递军令职责的军人外，还包括其他军人。本罪的主观方面是故意。

根据《刑法》第422条的规定，犯本罪的，处3年以上10年以下有期徒刑；致使战斗、战役遭受重大损失的，如造成我军人员重大伤亡，处10年以上有期徒刑、无期徒刑或者死刑。

四、投降罪

投降罪，是指在战场上贪生怕死，自动放下武器向敌人投降的行为。战场是指敌我双方直接交战的地方。自动放下武器，是指行为人能够使用武器杀伤敌人而不使用武器，自行放弃抵抗。向敌人投降，是指向战争或者武装冲突中的敌对一方投降。

根据《刑法》第423条第1款的规定，犯本罪的，处3年以上10年以下有期徒刑；情节严重的，处10年以上有期徒刑或者无期徒刑。本条第2款规定，投降后为敌人效劳的，处10年以上有期徒刑、无期徒刑或者死刑。投降后为敌人效劳，是指自动投降敌人后又从事各种有利于敌人的活动，这种情况下并不是投降罪和投敌叛变罪的结合犯，而是将军人特定的投敌叛变行为规定为投降罪的法定刑的升格条件。根据特别法优于普通法的原则，对该行为不得以投敌叛变罪论处，而应以本罪论处。

五、战时临阵脱逃罪

战时临阵脱逃罪，是指面临战斗，脱离岗位，逃避参加战斗的行为。本罪客观方面要求“临阵脱逃”。“临阵”是指在战场上或者在临战或战斗状态，具体包括两种情况：一种是正在进行战斗;另一种是已受领具体的战斗任务,正在准备实施,如待命出击,面临进入阵地换防等。不论哪种情况,面临的战斗任务都应该是具体的、明确的。因此,部队奉命向战区开进、集结,在战区休整待命等,不应视为已面临战斗任务。脱离岗位,是指脱离正在进行战斗的特定区域或者准备参加战斗的部队,包括作为、不作为两种方式,如与敌交战中擅自撤出战斗、从遭敌攻击的阵地上退下来、有意不随部队进入阵地等。脱离岗位只是为了逃避参加战斗,并不一定要逃离部队。本罪的主体是军人,并且是战时面临战斗的军人。本罪的主观方面是故意。

根据《刑法》第 424 条的规定,犯本罪的,处 3 年以下有期徒刑;情节严重的,处 3 年以上 10 年以下有期徒刑;致使战斗、战役遭受重大损失的,处 10 年以上有期徒刑、无期徒刑或者死刑。

六、违令作战消极罪

违令作战消极罪,是指指挥人员违抗命令,临阵畏缩,作战消极,造成严重后果的行为。本罪只能发生在作战过程中,平时不构成本罪。违抗命令,是指违反并拒不执行上级命令。临阵畏缩,作战消极,是指害怕战斗,害怕牺牲,不主动参加作战。构成本罪必须造成了严重后果,尚未造成严重后果的,应给予批评教育或军纪处分。严重后果主要指没有按照上级要求完成任务,或者造成不必要的人员伤亡,武器装备损失,贻误了战机等。本罪的主体是各级指挥人员,即对部队和部属负有领导、管理职责的军人,属于军人违反职责罪中的特殊主体。本罪的主观方面是故意。

根据《刑法》第 428 条的规定,犯本罪的,处 5 年以下有期徒刑;致使战斗、战役遭受重大损失或者有其他特别严重情节的,处 5 年以上有期徒刑。

七、拒不救援友邻部队罪

拒不救援友邻部队罪,是指指挥人员在战场上明知友邻部队处境危急请求救援,能救援而不救援,致使友邻部队遭受重大损失的行为。本罪在客观方面表现为:首先,在战场上友邻部队处境危急,有关人员有义务率部队救援;其次,必须具有救援友邻部队的可能;最后,由于没有救援友邻部队,致使友邻部队遭受重大损失。友邻部队是指驻地、配置地域相邻的没有隶属关系的部队及其分队。处境危急是指被敌人包围、追击或者阵地将被攻陷等紧急情况。能救援而不救援是指根据当时自己部队及其分队所处的环境、作战能力及所担负的任务,完全有条件组织支援,却没有组织救援。虽发现友邻部队处境危急,但友邻部队没有请求救援,行为人因此没有及时组织救援的,不能认为是见危不救。本罪的主体是部队的各级指挥人员,即对部队和部属负有领导、管理职责的军人,属于军人违反职责罪中的特殊主体。本罪的主观方面是故意。

根据《刑法》第 429 条的规定,犯本罪的,处 5 年以下有期徒刑。

八、战时造谣惑众罪

战时造谣惑众罪是指军人战时造谣惑众,动摇军心的行为。本罪只能发生在战时。造谣惑众，动摇军心，是指编造虚假的不利于稳定军心、鼓舞士气的情况，在部队中散布、煽动怯战、厌战或者恐怖情绪，蛊惑官兵，造成部队情绪恐慌，士气不振，军心涣散。行为人所散布的内容必须是虚假的，而且与作战有直接关系，如夸大敌人的兵力和装备优势，虚构敌方的战绩和对我方不利的战况等。如果行为人所散布的内容确属实情，即使对我军不利，也不宜认定为造谣。只要行为人制造并散布的谣言足以动摇军心，不论是否已经产生了动摇军心的实际后果，如引起部队混乱、指挥失控、人员逃亡等，均属造谣惑众，动摇军心。行为人散布谣言的方式，可以是在公开场合散布，也可以是私下传播；可以是口头散布，也可以通过文字、图像或其他途径散布。本罪的主体是军人，包括参战的军职人员和非参战的军职人员。本罪的主观方面是故意。

根据《刑法》第 433 条的规定，战时造谣惑众，动摇军心的，处 3 年以下有期徒刑；情节严重的，处 3 年以上 10 年以下有期徒刑；情节特别严重的，处 10 年以上有期徒刑或者无期徒刑。

九、战时自伤罪

战时自伤罪，是指战时自伤身体，逃避军事义务的行为。本罪只能发生在战时。自伤身体，是指有意识地伤害自己的身体，包括加重已有的伤害。对自伤的部位、方法和伤害的程度，应从广义上理解。不论伤害哪一部位，不论造成轻伤还是重伤，不论采取何种方法，也不论行为人自己伤害自己的身体，还是利用他人的故意或者过失行为伤害自己的身体，均属自伤身体的行为。军事义务泛指要求军人履行的与作战有关的义务，如向战区开进、集结，临战待命和准备实施战斗，担负战场勤务和各种作战保障等。如果行为人自伤身体的目的不是逃避军事义务，而是骗取荣誉或掩盖失误，则不构成本罪。本罪的主观方面是直接故意。

根据《刑法》第 434 条的规定，犯本罪的，处 3 年以下有期徒刑；情节严重的，处 3 年以上 7 年以下有期徒刑。

第二节　违反部队管理制度的犯罪

一、擅离、玩忽军事职守罪

擅离、玩忽军事职守罪，是指军事指挥人员或者值班、值勤人员擅离职守或者玩忽职守，造成严重后果的行为。本罪的客体是指挥和值班、值勤秩序。擅离职守，是指行为人擅自离开正在履行职责的岗位，不履行职责的行为。玩忽职守，是指行为人在履行职责的岗位上，严重不负责任，不履行或者不正确履行职责，如值班人员酗酒、哨兵睡觉等。前者是一种擅离职守、不履行应尽义务的行为；后者是玩忽职守、不认真履行应尽义务的行为。擅离职守或者玩忽职守所造成的严重后果通常是指贻误战机，发生重大事故，造成部队人员伤亡、武器装备或者其他财产遭受重大损失等。本罪的主体是特殊主体，主要是军队中的指挥人员和值班、值勤人员。指挥人员，是指对部队的作战、训练及其他各项工作和日常生活负有组织、领导、管理职责的军人。值班人员，是指军队各单位、各部门为保持指挥或者职责不间断而设立的、定期轮流代表本单位、本部门履行职责的人员，如各级值班首长，作战、通信、机要部门的值班员，各单位节假日的值班员等。值勤人员，是指正在担任某项勤务工作的人员，如正在担任警戒守卫、巡逻、观察、军事交通运输押运等勤务的人员，在城市担任警备勤务的纠察人员等。本罪的主观方面是过失。

根据《刑法》第 425 条规定，犯本罪的，处 3 年以下有期徒刑或者拘役；造成特别严重后果的，处 3 年以上 7 年以下有期徒刑。战时犯本罪的，处 5 年以上有期徒刑。

二、阻碍执行军事职务罪

阻碍执行军事职务罪，是指以暴力、威胁方法阻碍指挥人员或者值班、值勤人员执行职务的行为。本罪的客体是指挥和值班、值勤秩序。本罪的对象是正在执行职务的部队指挥人员或者值班值勤人员。暴力是指实施暴力袭击，如采取捆绑、殴打、伤害等方法危害人身安全和人身自由，使军人不能依法执行职务。威胁是指以暴力相胁迫，使军人不敢执行职务，如果行为人以非暴力方法对被害人进行要挟，则不属于本罪的威胁方法。本罪的主观方面是故意。

根据《刑法》第 426 条的规定，犯本罪的，处 5 年以下有期徒刑或者拘役；情节严重的，处 5 年以上 10 年以下有期徒刑；情节特别严重的，处 10 年以上有期徒刑或者无期徒刑。战时从重处罚。

三、指使部属违反职责罪

指使部属违反职责罪，是指滥用职权，指使部属进行违反职责的活动，造成严重后果的行为。本罪的客体是正当行使指挥权的秩序。本罪在客观方面表现为滥用职权，指使部属进行违反职责的活动，造成严重后果的行为。滥用职权即指超越职责范围，不正当地运用职务上的权力，包括超越职权和不按法定程序行使职权。指使部属进行违反职责的活动，是指指使部属实施军队条令、条例和国家法律、法规所禁止的行为。本罪的主体是军队中的各级首长和其他有权指挥他人的人员，属于特殊主体。本罪的主观方面是故意。

根据《刑法》第 427 条的规定，犯本罪的，处 5 年以下有期徒刑或者拘役，情节特别严重的，处 5 年以上 10 年以下有期徒刑。

四、军人叛逃罪

军人叛逃罪，是指军人在履行公务期间，擅离岗位，叛逃境外或者在境外叛逃，危害国家军事利益的行为。本罪的客体是国防安全秩序。本罪的本质特征是叛逃，包括叛逃境外和在境外叛逃。叛逃境外，是指行为人以背叛祖国为目的从境内逃往境外，包括通过合法手续出境和采取非法手段出境。在境外叛逃，是指因履行公务出境后擅自离队或者与派出单位和有关部门脱离关系，并滞留境外不归。履行公务期间是构成本罪的时间界限，如果不是在履行公务期间，而是因私合法出境后与派出单位和有关部门脱离关系，并滞留境外不归的，属于出走，不应认定为在境外叛逃。本罪的主观方面是故意。

根据《刑法》第 430 条的规定,犯本罪的,处 5 年以下有期徒刑或者拘役;情节严重的,如担负重要职责的人员叛逃的,策动他人叛逃的,携带军事秘密叛逃的等,处 5 年以上有期徒刑;驾驶航空器、舰船叛逃的,或者有其他特别严重情节的,如胁迫他人叛逃的,策动多人或者策动指挥人员和其他负有重要职责的人员叛逃的,携带重要或者大量军事秘密叛逃的,叛逃后积极从事危害国家安全和国防利益活动的等,处 10 年以上有期徒刑、无期徒刑或者死刑。

五、逃离部队罪

逃离部队罪,是指违反兵役法规,逃离部队,情节严重的行为。本罪的客体是国家的兵役秩序。逃离部队,是指为逃避服役而擅自离开部队,其行为方式通常表现为未经批准擅自离队,请假离队后逾期不归,工作调动或者学员分配离开原单位后拒不向新单位报到,等等。本罪的客观方面包括以下内容:(1) 违反了兵役法的规定;(2) 实施逃跑行为,并已逃离部队;(3) 只有情节严重,才能构成本罪。这里的情节严重指携带武器逃跑,驾驶车船逃跑,组织他人逃跑或屡教不改多次逃跑,等等。本罪的主体是负有服兵役义务的现役军人,包括现役军官(警官)、文职干部、士兵和具有军籍的学员。本罪的主观方面是故意,并且有逃避服兵役的目的。

根据《刑法》第 435 条的规定,犯本罪的,处 3 年以下有期徒刑或者拘役;战时犯本罪的,处 3 年以上 7 年以下有期徒刑。

六、私放俘虏罪

私放俘虏罪,是指非法私自将俘虏放走的行为。本罪的客体是部队的俘虏管理秩序。俘虏,是指在作战中被我方俘获不再反抗的敌方武装人员及其他为武装部队服务的人员。私自将俘虏放走,是指看押人员在未经上级批准或未接到上级释放命令的情况下,擅自将俘虏放走。非法私自将俘虏放走的行为既可以发生在战时,也可以发生在战后,所以本罪没有限定为战时犯罪。本罪的主体是军人,在司法实践中多为负有看押、管理俘虏职责的军人,既包括主管人员,也包括直接的看押人员。本罪的主观方面是故意。

根据《刑法》第 447 条的规定,犯本罪的,处 5 年以下有期徒刑;私放重要俘虏、私放俘虏多人或者有其他严重情节的,处 5 年以上有期徒刑。

第三节 危害军事秘密的犯罪

一、非法获取军事秘密罪

非法获取军事秘密罪,是指以窃取、刺探、收买方法,非法获取军事秘密的行为。本罪的客体是国家和军队的军事秘密制度。窃取,是指秘密获取。刺探,是指到处打听、观察、偷听。收买,是指以财物交换。其他一些行为,如骗取、敲诈等,从广义上看也属窃取行为。本罪的主体是军人。本罪的主观方面是故意。

根据《刑法》第 431 条第 1 款的规定，犯本罪的，处 5 年以下有期徒刑；情节严重的，处 5 年以上 10 年以下有期徒刑；情节特别严重的，处 10 年以上有期徒刑。

二、为境外窃取、刺探、收买、非法提供军事秘密罪

为境外窃取、刺探、收买、非法提供军事秘密罪，是指为境外的机构、组织、人员窃取、刺探、收买、非法提供军事秘密的行为。本罪的客体是军事秘密的安全和国防安全。境外的机构、组织、人员，是指外国的或者境外地区的机构、组织、人员。窃取、刺探、收买，属于非法获取军事秘密的方法。非法提供，是指在对外交往与合作中，违反《保密法》的规定，未经事先批准，向境外的机构、组织、人员提供军事秘密。军事秘密包括一切国家军事秘密。本罪的主体是军人。本罪的主观方面是故意。

根据《刑法》第 431 条第 2 款的规定，犯本罪的，处 5 年以上 10 年以下有期徒刑；情节严重的，处 10 年以上有期徒刑、无期徒刑或者死刑。

三、故意泄露军事秘密罪

故意泄露军事秘密罪，是指违反保守国家秘密法规，故意泄露军事秘密，情节严重的行为。本罪的客体是军事保密制度。本罪的对象是军事秘密，是指在一定时间内只限一定范围的人员知悉，不能对外公开并直接关系到国防和军队安全与利益的事项，主要包括与国防、军事行动有关的战略方针、部署，军队建设的规划及组织编制、番号、作战计划、方案，部队的调动、实力、装备、后勤保障能力，等等。本罪的客观方面表现为故意泄露军事秘密的行为，其表现方式是多种多样的，包括口头泄密、书面泄密以及在高科技条件下进行计算机网络泄密，不论哪种形式，只要能让无关人员知悉军事秘密的内容，均属泄露军事秘密的行为。本罪要求情节严重。情节严重一般是指利用军事秘密谋取利益，军事机要人员泄露秘密，泄露重要军事秘密，因泄露军事秘密给国家造成重大损失，等等。本罪的主体是军人，既包括对军事秘密负有特殊保密义务的军人，如机要、通信、保密人员等，也包括了解军事秘密的普通军人。本罪的主观方面是故意。

根据《刑法》第 432 条的规定，犯本罪的，处 5 年以下有期徒刑或者拘役；情节特别严重的，如机要、保密人员或者其他负有特殊保密职责的人员泄露重要或者大量军事秘密的，出卖重要或者大量军事秘密的，因泄密造成特别严重后果的等，处 5 年以上 10 年以下有期徒刑。战时犯本罪的，处 5 年以上 10 年以下有期徒刑；情节特别严重的，处 10 年以上有期徒刑或者无期徒刑。

四、过失泄露军事秘密罪

过失泄露军事秘密罪，是指违反保守国家秘密法规，过失泄露军事秘密，情节严重的行为。本罪的客体是军事保密制度。本罪在客观方面主要表现为将军事秘密的文件、照片、图纸、实物等泄露给不应当知悉的人的行为。过失泄露军事秘密的行为多种多样，既可以由行为人直接实施，也可以由他人实施。本罪的主体是军人，既包括负有特殊保守军事秘密义务

的军人,也包括其他了解军事秘密的普通军人。本罪的主观方面是过失。

根据《刑法》第 432 条的规定,犯本罪的,处 5 年以下有期徒刑或者拘役;情节特别严重的,处 5 年以上 10 年以下有期徒刑。战时犯本罪的,处 5 年以上 10 年以下有期徒刑;情节特别严重的,处 10 年以上有期徒刑或者无期徒刑。应当指出,本条对故意和过失犯泄露军事秘密罪的处罚,适用同样的法定刑,这不能不说是立法上的一个缺陷。

第四节　危害部队物资保障的犯罪

一、武器装备肇事罪

武器装备肇事罪,是指违反武器装备使用规定,情节严重,因而发生责任事故,致人重伤、死亡或者造成其他严重后果的行为。本罪的客体是部队武器装备的使用秩序。武器装备,是指部队用于实施和保障作战行动的武器、武器系统和军事技术准备,通常包括冷兵器、枪械、火炮、导弹、弹药、爆破器材、坦克及其他装甲战斗车辆、作战飞机、战斗舰艇、鱼雷、水雷、核武器、通信指挥器材、侦察探测器材、军用测绘器材、气象保障器材、雷达、电子对抗装备、情报处理设备、军用电子计算机、野战工程机械、渡河器材、伪装器材、“三防”装备、辅助飞机、勤务舰船、军用车辆等。使用规定,是指中央军委、各总部、各军兵种根据各种武器装备的用途和技术性能制定和颁发的,关于武器装备的日常维护保养、保管、检查及使用的规定,以及各种武器装备的操作规程和安全规范等。责任事故,是指行为人违反规章制度,违背职责规定而造成的事故。其他严重后果,包括武器装备的毁损,重大财产损失,因武器装备肇事而引起的爆炸、火灾、大面积污染等。本罪的主体是军人,从司法实践看,主要是武器装备的操作使用人员。本罪的主观方面是过失。

根据《刑法》第 436 条的规定,犯本罪的,处 3 年以下有期徒刑或者拘役;后果特别严重的,如毁损重要武器装备的,造成多人伤亡的,致使国家财产遭受特别重大损失的等,处 3 年以上 7 年以下有期徒刑。

二、擅自改变武器装备编配用途罪

擅自改变武器装备编配用途罪,是指违反武器装备管理规定,擅自改变武器装备的编配用途,造成严重后果的行为。本罪的客体是部队武器装备的管理秩序。武器装备管理规定是相对于武器装备的操作规程、安全规范等使用规定而言的,主要是指涉及武器装备的动用权限、编配用途、使用范围等管理内容的规定。擅自改变武器装备的编配用途,是指未经上级批准而自行将用于某一用途的武器装备改作其他用途,如随意启封使用作战储备的武器装备,将火炮牵引车改作运输车,随意将武器装备出租、出借等。本罪必须造成严重后果。严重后果,主要是指武器装备毁损,人员伤亡,公私财产遭受重大损失,影响部队执行重要任务,等等。本罪的主体是军人,从司法实践看,主要是各级指挥人员和武器装备的管理人员。本罪的主观方面是过失。

根据《刑法》第 437 条的规定,犯本罪的,处 3 年以下有期徒刑或者拘役;造成特别严重后果的,如毁损重要武器装备的,伤亡多人的,严重影响部队执行作战任务的,等等,处3年以上7年以下有期徒刑。

三、盗窃、抢夺武器装备、军用物资罪

盗窃、抢夺武器装备、军用物资罪,是指采取秘密窃取或者乘人不备公然夺取的方法,非法占有部队武器装备或者军用物资的行为。本罪的客体是部队武器装备、军用物资的所有权。本罪的犯罪对象是部队在编的、正在使用的以及储存备用的武器装备或者军用物资,不包括已确定退役报废的武器装备、军用物资。武器装备的重要零件、部件以武器装备论。武器装备,是指正在部队使用的或者储存的军用武器装备;军用物资,是指武器装备以外,供军事上使用的其他物资。本罪的主体是军人。本罪的主观方面是故意,并且具有非法占有武器装备、军用物资的目的。

根据《刑法》第438条第1款的规定,犯本罪的,处5年以下有期徒刑或者拘役;情节严重的,处5年以上10年以下有期徒刑;情节特别严重的,处10年以上有期徒刑、无期徒刑或者死刑。

四、非法出卖、转让武器装备罪

非法出卖、转让武器装备罪,是指违反军队武器装备管理规定,非法将部队的武器装备出卖或者转让给他人的行为。本罪的客体是部队武器装备的管理秩序。本罪的犯罪对象是部队在编的、正在使用的或者储存的武器装备,不包括已确定退役报废的武器装备,因为退役报废的武器装备不能直接形成部队的战斗力。武器装备的重要零件、部件应以武器装备论。非法出卖、转让,是指未经有权机关的批准,擅自将武器装备出售给他人、送给他人或者与他人交换其他物品。其中的出卖,是指有偿转让武器装备的所有权。出让,是指有偿或无偿转让武器装备的所有权。行为人非法出卖、转让武器装备的目的是改变武器装备的所有权,如果行为人将武器装备暂时出借、出租给他人,不打算改变所有权,不能认定为转让武器装备,造成严重后果的,可以擅自改变武器装备编配用途罪论处。非法出卖、转让的武器装备既可以是配发给行为人个人使用的,也可以是依照职权由其管理的,还可以是行为人通过非法手段占有的。本罪的主体是军人。本罪的主观方面是故意。

根据《刑法》第439条的规定,犯本罪的,处3年以上10年以下有期徒刑,出卖、转让大量武器装备或者有其他特别严重情节的,如出卖、转让重要武器装备的,致使武器装备流散社会造成严重后果的,影响部队执行重要任务的,出卖、转让武器装备给境外的机构、组织、人员的,等等,处10年以上有期徒刑、无期徒刑或者死刑。

五、遗弃武器装备罪

遗弃武器装备罪,是指违抗命令,遗弃武器装备的行为。本罪的客体是部队武器装备的管理秩序。本罪的对象,一般是行为人依法持有或者有权管理的能供部队使用的武器装备,包括虽暂时损坏但是可以修复的武器装备。违抗命令,是指违反并拒不执行上级的命令。

遗弃,是指故意丢掉,弃置不顾的行为。遗弃包括两种情况:一是抛弃现有的能够发挥作用的武器装备,二是应当将置于安全地方的武器装备妥善管理却不妥善管理。对于遗弃的场所,法律没有限制,一般是指战场、军事行动地区和野外训练场等。盗窃、抢夺武器装备又遗弃的,应以盗窃、抢夺武器装备罪从重处罚。本罪的主体是军人。本罪的主观方面是故意。

根据《刑法》第440条的规定,犯本罪的,处5年以下有期徒刑或者拘役;遗弃重要或者大量武器装备的,或者有其他严重情节的,处5年以上有期徒刑。

六、遗失武器装备罪

遗失武器装备罪,是指遗失武器装备,不及时报告或者有其他严重情节的行为。本罪的客体是部队武器的管理秩序。遗失包括丢失和被盗。遗失的武器装备是行为人依法持有和使用的。不及时报告包括故意隐瞒情况不报告或者没有按规定立即报告。武器装备一时找不到,正在积极设法寻找,不能确认已遗失而未向上级报告的,不能认定为不及时报告。其他严重情节,是指:遗失重要武器装备的;值班、值勤时遗失武器装备的;遗失后编造假情况欺骗组织或者嫁祸于人的;影响部队执行重要任务的;造成其他严重后果的;等等。本罪的主体是军人,从司法实践看,主要是操作使用武器装备的人员。本罪的主观方面是过失。

根据《刑法》第441条的规定,犯本罪的,处3年以下有期徒刑或者拘役。

七、擅自出卖、转让军队房地产罪

擅自出卖、转让军队房地产罪,是指违反军队房地产管理规定,擅自出卖、转让军队房地产,情节严重的行为。本罪的客体是军队房地产的管理秩序。军队房地产,是指由军队管理、使用的房屋及其附属设施、设备和土地、林木等。违反军队房地产管理规定,是指违反《内务条令》《中国人民解放军房地产管理条例》及其他有关军队房地产管理和使用的规定。出卖、转让,是指有偿或者无偿改变军队房地产的产权关系。临时出租、出借,到期收回,不改变产权关系的,不属于出卖或者转让的行为。本罪要求情节严重。情节严重一般指出卖、转让军队房地产数量较大,造成严重损失的,或者造成严重后果,严重影响军队的正常训练、工作、生活的,或者将非法出卖、转让房地产的非法所得供自己挥霍等。本罪的主体是军队各单位的主管人员和有房地产管理职责的人员,属于特殊主体。本罪的主观方面是故意。

根据《刑法》第442条的规定,犯本罪的,对直接责任人员,处3年以下有期徒刑或者拘役;情节特别严重的,处3年以上10年以下有期徒刑。

第五节　侵犯部属、伤病军人、平民、俘虏利益的犯罪

一、虐待部属罪

虐待部属罪,是指处于领导地位的军职人员,滥用职权,虐待部属,情节恶劣,致人重伤或者造成其他严重后果的行为。本罪的客体是我军官兵一致的上下级关系和部属的人身权

利。滥用职权,是指超越职责范围,不正当地使用职权。在行政职务上具有隶属关系的军人中,行政职务高的是首长,行政职务低的是部属。虐待部属,是指上级首长对部属进行肉体上和精神上的折磨、摧残,如殴打、体罚、冻饿、有病不让治疗、强迫进行有损健康的劳动等。情节恶劣,是指虐待动机卑劣、手段残酷、影响恶劣等。致人重伤或者造成其他严重后果是构成本罪的必要条件,而致人死亡则是本罪加重处罚的条件。其他严重后果,是指:引起官兵义愤诱发暴力事件的;导致部属多人逃离部队的;部属不堪忍受虐待而自杀的,等等。本罪的主体是部队中的各级首长和有指挥权的人员。本罪的主观方面是故意。

根据《刑法》第443条的规定,犯本罪的,处5年以下有期徒刑或者拘役;致人死亡的,处5年以上有期徒刑。

二、遗弃伤病军人罪

遗弃伤病军人罪,是指战场上故意遗弃伤病军人,情节恶劣的行为。本罪的客体是战场救护秩序。遗弃的对象应是因负伤、生病需要他人救护的我方军人,不包括受伤、生病的俘虏。遗弃,是指对有条件救护的伤病军人弃置不顾,一般表现为不作为的形式。遗弃行为必须发生在战场上。本罪要求情节恶劣。情节恶劣是指:有条件抢救而不抢救的;因贪生怕死,急于逃跑而遗弃伤病军人的;致使伤病军人抢救不及时而死亡或者被敌人俘获的;等等。本罪的主体是军人,包括各级指挥人员、救护人员及其他实施遗弃行为的军人。本罪的主观方面是故意。

根据《刑法》第444条的规定,犯本罪的,对直接责任人员,处5年以下有期徒刑。

三、战时拒不救治伤病军人罪

战时拒不救治伤病军人罪,是指战时有条件救治而拒不救治危重伤病军人的行为。本罪的客体是战时救护秩序。本罪的对象是我军的危重伤病军人。危重伤病,是指伤情、病情危险、紧急、严重,如不及时给予救治,将可能危及生命安全或者终身严重残疾。本罪的客观方面表现为:首先,本罪只有在战时才能构成。其次,必须有条件救治而拒不救治。拒不救治表现为拒绝提供必要的抢救、治疗,以控制、缓解伤情、病情,挽救伤病军人的生命,避免造成更大的伤害。拒不救治的行为可以发生在医疗救护的各个环节,如值班护士拒不接诊,医生拒不检诊和进行抢救,检验人员拒不检验,等等。有条件救治是构成本罪的关键,应根据伤病军人的伤情、病情,结合救护人员的技术水平、医疗单位的医疗条件及当时的客观环境,综合分析认定。最后,拒不救治的必须是危重伤病军人。本罪的主体是正在履行救护治疗职责的医务工作人员,属于特殊主体。本罪的主观方面是故意。

根据《刑法》第445条的规定,犯本罪的,处5年以下有期徒刑或者拘役;造成伤病军人重残、死亡的或者有其他严重情节的,处5年以上10年以下有期徒刑。

四、战时残害居民、掠夺居民财物罪

战时残害居民、掠夺居民财物罪,是指战时在军事行动地区残害无辜居民,或者掠夺无辜居民财物的行为。本罪的客体是战时群众工作秩序。本罪的对象是战区无辜居民,即对我军没有采取武装敌对行动的平民。本罪只能发生在战时,而且是在军事行动地区,即战区,包括境内战区和境外战区。残害不是一种具体的犯罪行为表现,而是一个集合的犯罪行为概念,往往包括一系列违法犯罪行为,如殴打、体罚、虐待、监禁、焚烧、奸淫、杀伤等。掠夺财物也是一个集合的犯罪行为概念,包括抢劫、抢夺、敲诈勒索等。在司法实践中,犯罪分子实施本罪往往既残害无辜居民又掠夺无辜居民财物,所以本罪是选择性罪名,不进行数罪并罚。本罪的主体是军人。本罪的主观方面是故意。

根据《刑法》第 446 条的规定,犯本罪的,处 5 年以下有期徒刑;情节严重的,处 5 年以上 10 年以下有期徒刑;情节特别严重的,处 10 年以上有期徒刑、无期徒刑或者死刑。

五、虐待俘虏罪

虐待俘虏罪,是指虐待俘虏,情节恶劣的行为。本罪的客体是俘虏管理秩序。本罪的对象是俘虏,即在作战中被我方俘获的敌方武装人员及其他为武装部队服务的人员。本罪的虐待行为,一般表现为不人道的生活待遇,如打骂、体罚、折磨及施以其他酷刑,强迫从事危险性和屈辱性的工作或者从事超体力的活动,摧残其身体等。随意杀死俘虏的行为属于严重侵害俘虏人身权利的犯罪,不应以本罪论处。情节恶劣,是指:指挥人员带头虐待俘虏;多次虐待屡教不改;虐待俘虏的手段特别恶劣;虐待危重病伤俘虏;由于虐待俘虏造成俘虏自杀等。虐待俘虏的行为既可以发生在战时,也可以发生在战后。本罪的主体是军人,在司法实践中,多为负有看押、管理俘虏职责的军人。本罪的主观方面是故意。

根据《刑法》第 448 条的规定,犯本罪的,处 3 年以下有期徒刑。

复习思考题

1. 如何理解军人违反职责罪的犯罪主体?
2. 如何理解战时违抗命令罪的犯罪构成?
3. 如何理解军人叛逃罪的犯罪构成? 军人叛逃罪与《刑法》第 108 条的投敌叛变罪、第 109 条的叛逃罪有何区别?
4. 如何理解故意泄露军事秘密罪的犯罪构成?
5. 如何理解武器装备肇事罪的客观方面?

自测习题及参考答案

主要参考书目

[1] 马克昌 . 犯罪通论[M]. 武汉:武汉大学出版社,1999.

[2] 马克昌 . 刑罚通论[M]. 武汉:武汉大学出版社,2002.

[3] 马克昌 . 比较刑法原理:外国刑法学总论[M]. 武汉:武汉大学出版社,2002.

[4] 马克昌 . 百罪通论:上、下卷[M]. 北京:北京大学出版社,2014.

[5] 高铭暄,马克昌 . 刑法学[M]. 5 版 . 北京:北京大学出版社,高等教育出版社,2011.

[6] 高铭暄 . 刑法专论:上、下编[M]. 2 版 . 北京:高等教育出版社,2002.

[7] 王作富 . 刑法分则实务研究:上、中、下[M]. 4 版 . 北京:中国方正出版社,2010.

[8] 储槐植 . 美国刑法[M]. 3 版 . 北京:北京大学出版社,2005.

[9] 周道鸾,张军 . 刑法罪名精释[M]. 3 版 . 北京:人民法院出版社,2007.

[10] 赵秉志 . 刑法新教程[M]. 3 版 . 北京:中国人民大学出版社,2009.

[11] 赵秉志 . 现代刑法问题新思考:1-4 卷[M]. 北京:北京大学出版社,2010.

[12] 赵秉志 .《刑法修正案(十一)》理解与适用[M]. 北京:中国人民大学出版社,2021.

[13] 张明楷 . 刑法学[M]. 4 版 . 北京:法律出版社,2011.

[14] 陈兴良 . 本体刑法学[M]. 2 版 . 北京:中国人民大学出版社,2011.

[15] 陈兴良 . 刑法各论精释:上、下[M]. 3 版 . 北京:人民法院出版社,2015.

[16] 贾宇 . 刑法学[M]. 北京:中国政法大学出版社,2009.

[17] 黄京平 . 刑法[M]. 3 版 . 北京:中国人民大学出版社,2008.

[18] 刘宪权 . 中国刑法学[M]. 上海:上海人民出版社,2008.

[19] 齐文远 . 刑法学[M]. 2 版 . 北京:北京大学出版社,2011.

[20] 李洁 . 刑法学:上下册[M]. 北京:中国人民大学出版社,2008.

[21] 黎宏 . 刑法总论问题思考[M]. 北京:中国人民大学出版社,2007.

[22] 陈忠林 . 刑法(分论)[M]. 3 版 . 北京:中国人民大学出版社,2011.

[23] 康均心 . 刑法学同步辅导与习题集[M]. 上海:上海财经大学出版社,2018.

[24] 徐永安 . 中华人民共和国刑法修正案(十一)解读[M]. 北京:中国法制出版社,2021.

第五版后记

我国刑法学泰斗、著名刑法学家马克昌教授生前组织编写的《刑法》教材于2007年8月由高等教育出版社出版发行，2010年8月修订，2012年7月第二次修订，2017年3月第三次修订，受到读者普遍好评。其中，本教材第四版于2021年荣获首届全国教材建设奖全国优秀教材二等奖。

应出版社和广大读者的需求，我们根据《刑法修正案（十）》《刑法修正案（十一）》及一系列司法解释和司法文件，对该教材进行第四次全面修订，以适应教学实践需要。根据教育部《法学类教学质量国家标准（2021年版）》，本教材修订过程中注重将习近平新时代中国特色社会主义思想、习近平法治思想与刑法基础理论相结合，立足于我国刑事法治实践，构建科学的内容体系；充分反映刑法理论最新研究成果，进一步丰富本教材的内容。

今年是马克昌教授逝世10周年，我们通过对该教材的修订完善纪念、缅怀敬爱的先生。

本次修订具体分工如下：

马克昌：第一章至第三章第三节、第五章第一节（陈金林副教授承担马克昌教授撰写内容的修订工作）

夏　勇：第三章第四节至第四章、第五章第二节至第四节

齐文远：第六章至第十章

于改之：第十一章至第十四章

李希慧：第十五章、第十七章（陈家林教授承担李希慧教授撰写内容的修订工作）

林亚刚：第十六章、第十八章、第十九章

莫洪宪：第二十章、第二十一章

康均心：第二十二章至第二十四章

高等教育出版社长期以来对本教材的出版、修订工作给予了鼎力支持，程传省编辑等同仁为本教材第五版修订工作付出了艰辛的努力，在此一并致以衷心的感谢！

编　者

2021年11月

第四版后记

我国刑法学泰斗、著名刑法学家马克昌教授生前组织编写的《刑法》教材于2007年8月由高等教育出版社出版发行,2010年8月修订,2012年7月第二次修订。我们根据刑事立法和司法解释的更新,对该教材进行及时修订完善,使该教材以新的面貌问世,并受到读者普遍好评。应出版社和广大读者的需求,我们根据《刑法修正案(九)》及司法解释对该教材进行第三次全面修订,且吸收刑法理论界近年新的研究成果,进一步丰富了教材内容。今年是马克昌教授诞辰90周年,我们通过对该教材的修订完善来纪念、缅怀敬爱的先生。

《刑法》教材撰写的具体分工如下:

马克昌:第一章至第三章第三节,第五章第一节;

夏　勇:第三章第四节至第四章,第五章第二节至第四节;

齐文远:第六章至第十章;

于改之:第十一章至第十四章;

李希慧:第十五章、第十七章;

林亚刚:第十六章、第十八章、第十九章;

莫洪宪:第二十章、第二十一章;

康均心:第二十二章至第二十四章。

陈家林:《刑法修正案(七)》所涉及罪名的修改,以及2007年4月至2010年4月施行的有关《刑法》的立法解释和司法解释的内容修改。

在全书的修订过程中,感谢陈金林副教授承担了马克昌教授撰写部分内容的修订;陈家林教授承担了李希慧教授撰写部分内容的修订。

编　者

2016年8月

第三版后记

本书是普通高等教育“十一五”国家级规划教材之一，根据教学要求在体例上有所创新。此外，近几年来，全国人大常委会陆续公布了八个刑法修正案，对1997年《刑法》作了较多修改和补充；最高人民法院、最高人民检察院对刑法规定作了为数不少的司法解释；刑法理论界发表了相当数量的新的研究成果。这些使本书在内容上也增加了新的观点和资料。

本书的体系基本上以中华人民共和国司法部制定的国家司法考试大纲中的刑法大纲为依据，并根据高等学校刑法学教学的要求和刑法修正案的规定以及司法解释作了适当修改。对存在争议的问题采用通说，理论上的主要争论则在“争议问题”中适当加以介绍。意在既能适应高等学校刑法学教学的需要，也可以给司法考试应试人员以方便。各章之后均附有“复习思考题”，多数章之后附有“案例分析”，以便读者复习参考或联系实际。

本书主要是由活跃在大学刑法学教学第一线的中青年骨干教师撰写的。撰写章节的具体分工如下：

马克昌：第一章至第三章第三节，第五章第一节；

夏　勇：第三章第四节至第四章，第五章第二节至第四节；

齐文远：第六章至第十章；

于改之：第十一章至第十四章；

李希慧：第十五章、第十七章；

林亚刚：第十六章、第十八章、第十九章；

莫洪宪：第二十章、第二十一章；

康均心：第二十二章至第二十四章。

陈家林：《刑法修正案（七）》涉及罪名的修改和增写以及2007年4月至2010年4月施行的有关《刑法》的立法解释和司法解释涉及内容的修改。

本书作者结合《刑法修正案（八）》以及2010年4月以来施行的有关《刑法》的立法解释和司法解释对本教材进行全面修订。陈家林教授负责马克昌教授撰写部分内容的修订工作。

在编写方法上，由执笔人按照大纲分工进行撰写，然后由主编进行统稿、定稿。由于水平所限，错讹恐难避免，诚望读者批评指正。高等教育出版社对本书的出版给予了大力支持，宋军编辑和王亚敏编辑为本书第三版修订工作付出诸多努力，投入大量精力，在此一并致以衷心的感谢！

编　者

2012年2月于珞珈山